Monika Müller, Walter Eschenbacher, Helmut Karg, Siegfried Kaulfersch

Deutsch

für die berufliche Oberstufe

1. Auflage, 1. korrigierter Nachdruck 2011

Bestellnummer 41300

Bildungsverlag EINS

Haben Sie Anregungen oder Kritikpunkte zu diesem Produkt?
Dann senden Sie eine E-Mail an 41300_001@bv-1.de
Autoren und Verlag freuen sich auf Ihre Rückmeldung.

Dieses Werk folgt der reformierten Rechtschreibung und Zeichensetzung. Ausnahmen bilden Texte, bei denen künstlerische, philologische oder lizenzrechtliche Gründe einer Änderung entgegenstehen.

www.bildungsverlag1.de

Bildungsverlag EINS GmbH
Hansestraße 115, 51149 Köln

ISBN 978-3-427-**41300**-4

Vorwort

Das vorliegende Unterrichtswerk ist konzipiert als Lehr-, Text- und Arbeitsbuch für die berufliche Oberschule (Fachoberschule, Berufsoberschule), Berufsgymnasium und ähnliche Schultypen.

Auf sie sind die fachwissenschaftlichen Ansprüche des Lehrbuchs abgestimmt. Aufbau, Inhalte, methodisch-didaktische Vermittlung, Textauswahl, Aufgabenstellungen und Lösungsvorschläge orientieren sich an den aktuellen Lehrplänen und Prüfungsmaßstäben.

Den Verfassern erscheint die Einbändigkeit des Lernmittels als Vorteil, weil in jeder Stunde alle Lerninhalte und Unterrichtsmaterialien verfügbar und somit Querverbindungen zwischen allen Kapiteln jederzeit möglich sind. Das zeigt sich besonders am inneren Zusammenhang zwischen dem Kapitel „Umgang mit Texten" (Kap. 4) und dem breiten Textangebot in den Kapiteln zur Gattungsgeschichte (Kap. 8–10). Hieraus resultiert die ganzheitliche und jahrgangsübergreifende Konzeption des Buches.

Das reichhaltige Textangebot sowie die Vielzahl der Arbeitsaufträge und Lösungsmodelle dienen einer möglichst großen Wahl- und Gestaltungsfreiheit in Bezug auf einen inhaltlich und methodisch abwechslungsreichen Unterricht.
Dabei wird ein Lernen in zeitgemäßen Sozialformen angeregt. Der inhaltliche Aufbau ist so angelegt, dass die Schülerinnen und Schüler im Sinne der Schüleraktivierung und Handlungsorientierung selbstständig arbeiten und üben können. Die detaillierte Darstellung von Lösungswegen dient als Anhaltspunkt und Hilfestellung und steht in allen Kapiteln im jeweiligen Kontext mit selbstständigen Übungs- und Vertiefungsmöglichkeiten

- Das erste Kapitel führt in wesentliche Arbeitstechniken ein und gibt vielfältige Hilfen für die Erschließung von Informationen und deren Verwendung. Hierbei werden Anwendungsmöglichkeiten im Rahmen komplexer Unterrichts- und Arbeitsformen wie Lernzirkel- und Projektarbeit aufgezeigt.

- Dem zweiten Kapitel, das sich dem mündlichen Sprachgebrauch widmet, sind Ausführungen und Texte zur Sprachtheorie vorangestellt. Ausgehend vom Kommunikationsmodell werden verschiedene Formen der mündlichen Rede sowohl theoretisch als auch anhand konkreter Beispiele erarbeitet. Schließlich werden ausgewählte Aspekte mündlicher, aber auch schriftlicher Kommunikationsstrategien erläutert.

- Kapitel 3 und 4 beziehen sich auf die zentralen schulspezifischen schriftlichen Arbeitsformen. Auf einführende Passagen, in denen grundsätzliche Fachbegriffe und Methoden definiert, erklärt und erläutert werden, folgen die Vorstellung und Einübung der einzelnen Arbeitsschritte anhand eines Basistextes. Die konkreten Lösungsvorschläge zu relevanten Aufgabenstellungen sind jeweils mit methodischen Hinweisen versehen und bieten zudem auch Denk- und Formulierungshilfen. Am Ende der beiden Kapitel finden sich weitere Textbeispiele mit ausgearbeiteten Lösungsvorschlägen, an die sich Aufgaben zur Übung, Vertiefung und zum Transfer anschließen.

- Kapitel 5 und 6 sollen das Interesse der Schülerinnen und Schüler für die außerschulische kulturelle Dimension des Faches Deutsch wecken. Sie geben Einblick in strukturelle, organisatorische und ökonomische Aspekte der komplexen Medienwelt und des aktuellen Literaturbetriebs. Anhand der Wiedergabe kontroverser Positionen werden wichtige Tendenzen der Medien- und Theaterentwicklung und des literarischen Lebens erfahrbar; dabei kommen Medienmacher, Kunstschaffende und Kritiker zu Wort. Viele Texte in diesen beiden Kapiteln sind auch als Stoffgrundlage für Stellungnahmen und Referate oder als Ausgangspunkt für die Textarbeit verwendbar.

- Einer ersten gesamtgeschichtlichen Einordnung der Literatur dient die Synopse zu Beginn des 7. Kapitels; ihr folgt ein chronologischer Abriss der literaturgeschichtlichen Epochen vom frühen Mittelalter bis zur Gegenwart.

- Die Kapitel 8 bis 10 verfolgen die Hauptgattungen Epik/Prosa, Dramatik und Lyrik in ihrem Wandel im Laufe der Jahrhunderte. Dabei werden die unterschiedlichen Gattungsformen und deren Entwicklung vorgestellt und durch entsprechende Textauszüge jeweils veranschaulicht. Das Schwergewicht des Literaturteils liegt auf der Epoche der deutschsprachigen Literatur nach 1945, wobei ein ganz besonderer Wert auf gegenwartsnahe Texte gelegt wird. Die Zusammenstellung von neuester deutschsprachiger Literatur erfolgt unter thematischen bzw. gattungsspezifischen Aspekten; sie soll unter anderem Anregungen für Projektarbeit bieten.

Die beigefügte CD-ROM bietet zusätzliche Materialien zur Übung und Vertiefung.

Ein besonderer Dank gilt den Kolleginnen und Kollegen sowie Schülerinnen und Schülern der beruflichen Oberschule Memmingen für ihre hilfreichen und wertvollen Anregungen.

Die vorliegende Auflage ist unserer geschätzten Kollegin Monika Müller gewidmet, deren besonderes Engagement bei der Entstehung des Buches unvergessen ist.

Memmingen, im Dezember 2009

Die Verfasser

Inhaltsverzeichnis

Kapitel 4: Umgang mit Texten

Kapitel 1: Arbeitstechniken und Methoden

I Informationsbeschaffung

1 Informationsquellen

Fundierte Kenntnisse und Fähigkeiten im Bereich der Arbeitstechniken und Lernmethoden sind die Grundlage für ein erfolgreiches Lernen. Schlüsselqualifikationen wie informieren, rezipieren, markieren, memorieren, strukturieren sowie Ergebnisse visualisieren und präsentieren bestimmen den Alltag in Schule, Studium und Beruf gleichermaßen.

Wie jedes andere Fach verlangt auch das Fach Deutsch den Umgang mit spezifischen Hilfsmitteln und die Anwendung besonderer Arbeitstechniken. So ist es in vielen Fällen (z. B. Referat, Facharbeit, Seminararbeit) notwendig, sich Informationen zu beschaffen.

Das Internet bietet eine Fülle an Informationsquellen.

Zugang zu herkömmlich gedruckten Informationsmedien bieten in erster Linie Bibliotheken. Sie unterscheiden zwischen **allgemeinen Nachschlagewerken** (z. B. Konversationslexikon, Wörterbuch), **speziellen Nachschlagewerken** (z. B. Fachlexikon, Handbuch oder Sachwörterbuch) und **sonstigen Nachschlagewerken** (z. B. Jahrbücher).

Buchhandlungen verfügen über umfangreiche Unterlagen sowohl zu allen käuflich erwerbbaren Publikationen in Form von Buchhändler- und Verlagskatalogen und Prospekten als auch über den Zugriff auf Auskünfte, die im PC gespeichert sind. Bedeutendstes und aktuelles Informationsmittel dieser Art ist das mehrbändige Verzeichnis lieferbarer Bücher (VLB), das vor Ort eingesehen oder über Internet abgefragt werden kann unter:
http://www.buchhandel.de; http://www.buch.de; http://www.buchkatalog.de

Hinzu kommen noch die **biografischen Nachschlagewerke**. Zur weitergehenden Informationsbeschaffung dienen **Schriften verschiedenen Inhalts (Sachbücher** insgesamt), **Zeitungen** und **Zeitschriften**. Tages- und Wochenzeitungen sind eine wichtige Quelle für allgemeine, in der Regel aktuelle Informationen; Spezialinformationen zu einer bestimmten Fachrichtung finden sich in den **Fachzeitschriften**. Sehr hilfreich können auch die zahlreichen **Veröffentlichungen unterschiedlicher Institutionen** (z. B. Ministerien, Bundes- und Landeszentralen für politische Bildung, Parteien, Berufsorganisationen, Kirchen, Naturschutzverbände, Unicef, Amnesty International, Greenpeace) und **Fachverbände** sein, von denen man fachspezifische und praxisbezogene Auskünfte erhält. Außerdem kann man sich an kommerzielle **Zeitungsausschnittdienste** und die **Archive** diverser Zeitungen wenden. Schließlich sind die **elektronischen Informationsmedien** einzubeziehen.

■ **Beispiele für neue Informationsmedien**

- Suchmaschinenverzeichnis: http://www.suchmaschinen-online.de
- Online-Datenbank für Presseinformationen: http://www.presseportal.de
- Zeitschriftendatenbank (ZDB) mit Hinweisen: http://www.zeitschriftendatenbank.de
- Service für Lehrer, Schüler, Eltern u.a.: http://www.bildungsserver.de
- Karlsruher Virtueller Katalog (KVK): http://www.ubka.uni-karlsruhe.de/kvk.html

Sekundärliteratur

Bei wissenschaftlichen schriftlichen Arbeiten im **Fach Deutsch** unterscheidet man zwischen **Primärliteratur** („Erst-Texte"), d.h. dem zu untersuchenden Text, **Sekundärliteratur** („Zweit-Texte"), d.h. Forschungsliteratur, die den Primärtext untersucht und kommentiert, und **allgemeiner Literatur**, d.h. wissenschaftlichen oder Sachbüchern mit allgemeinen Informationen zu verschiedenen Gebieten, die mit dem Thema der Arbeit in Verbindung stehen.

Das Suchen, Zusammentragen und Ordnen von Sekundär- und allgemeiner Literatur für eine schriftliche oder mündliche Arbeit nennt man **Bibliografieren**; das Literaturverzeichnis am Ende einer schriftlichen Arbeit ist die **Bibliografie**. Wissenschaftliche und manche populäre Sachbücher enthalten nicht nur ein Inhaltsverzeichnis, das den Buchinhalt lediglich grob gliedert, sondern auch ein **Personen-** und/oder **Sachregister**, in dem wichtige Personennamen und Sachbegriffe alphabetisch verzeichnet sind mit der jeweiligen Seite im Buch. Diese Methode erleichtert das Auffinden gesuchter Stellen in einem Buch.
Für gehobene wissenschaftliche Arbeiten, bei denen die gesamte bisherige Sekundärliteratur gesichtet werden muss, benutzt man allgemeine oder spezielle **Bibliografien**, die die gesamte Fachliteratur verzeichnet haben.
Für erste Auskünfte zu einem bestimmten Thema steht das Lexikon zur Verfügung. Man unterscheidet zwischen ein- oder mehrbändigen **Konversationslexika**, in denen das Gesamtwissen der Zeit – nach Stichwörtern alphabetisch geordnet – zusammengefasst ist, und den unzähligen **Speziallexika**, die sich auf Einzelbereiche beschränken (z.B. Kunst, Technik, Sport). Die Vorläufer der heutigen Lexika waren die sogenannten **Enzyklopädien** der Aufklärungszeit.

■ **Beispiel**

Das wohl bekannteste deutschsprachige Konversationslexikon ist der „Brockhaus".
Brockhaus Enzyklopädie in dreißig Bänden, Mannheim ^{21}2007

Dieses und weitere Konversationslexika liegen heute auch in digitaler Fassung vor. Der entscheidende Vorteil dieser Form liegt in der ständigen Möglichkeit der Aktualisierung. Die sich permanent beschleunigende Wissensgesellschaft braucht selbstverständlich Wissensinformationen auf dem neuesten Stand; andererseits verlangt die Informationsüberflutung stets auch deren Verarbeitung und kritische Hinterfragung.

1. Informieren Sie sich in verschiedenen Nachschlagewerken über Begriffe und vergleichen Sie Artikel zu folgenden Beispielen: Hospitalismus, Ökologie, Handelsschranken, Abschreibung, Emissionswerte, Technologietransfer, Medienverbund.
2. Vergleichen Sie diese Artikel mit dem entsprechenden Angebot im Internet.

Steht nicht die Informationsbeschaffung im Vordergrund, sondern geht es darum, lediglich einen Begriff zu verstehen bzw. zu erklären, so greift man zum **Wörterbuch**. Auch hier ist zwischen allgemeinen Wörterbüchern und speziellen Sachwörterbüchern zu unterscheiden (z. B. Medizin, Psychologie, Soziologie).
Ein wichtiges deutsches Wörterbuch ist der vielbändige **Duden**, der unter anderem beinhaltet: „Die deutsche Rechtschreibung", „Grammatik", „Fremdwörterbuch", „Richtiges und gutes Deutsch".

Beispiel

Am Beginn der Geschichte des deutschen Wörterbuchs steht das ehrgeizige Projekt der Brüder Grimm, das erst lange nach ihrem Tod beendet wurde:
Grimm, Wilhelm und Jacob, Deutsches Wörterbuch, 16 Bde. in 32 Bdn., Leipzig 1854–1961

Zu den speziellen Nachschlagewerken gehören Fachlexika, Handbücher und Sachwörterbücher, die das Fachwissen in Artikeln bzw. Worterklärungen zu den wichtigen Begriffen – in alphabetischer Reihenfolge – enthalten.

Beispiele

- Fischer, Peter; Hofer, Peter, Lexikon der Informatik, Berlin ^{14}2008
- Römpp, Hermann, Römpp Lexikon Chemie, 6 Bde., 44.000 Stichwörter, Stuttgart ^{10}1996
- Schneck, Ottmar (Hrsg.), Lexikon der Betriebswirtschaft. 3.500 grundlegende und aktuelle Begriffe für Studium und Beruf, München ^{7}2007
- Stimmer, Franz u. a., Lexikon der Sozialpädagogik und der Sozialarbeit, München ^{4}2000

Unter sonstigen Nachschlagewerken versteht man vor allem die verschiedensten Jahrbücher, biografische Nachschlagewerke und Spezialbibliografien.
Weil gebundene Bücher rasch veralten, ist man für aktuelle Informationen neben dem Internet immer noch auf Zeitungen, (Fach-)Zeitschriften und Loseblattsammlungen angewiesen, die ständig aktualisiert werden können. Der bekannteste deutsche Verlag für diese Nachschlagewerke in Form von Ringbüchern mit losen Blättern ist das *Munzinger Archiv*.
Das gleiche Prinzip steht hinter dem ***Kritischen Lexikon zur deutschsprachigen Gegenwartsliteratur (KLG)***, dem wichtigsten Nachschlagewerk für die deutschsprachige Literatur nach 1945. Diese Loseblattsammlung ist alphabetisch nach Autorennamen geordnet; nach einem biografischen Abriss folgt ein mehrseitiger Artikel, in dem die Werke knapp vorgestellt und interpretiert werden. Daran schließt sich ein zeitlich geordnetes (chronologisches) Werkverzeichnis an, das auch Verfilmungen und andere Bearbeitungen enthält. Äußerst hilfreich für die Informationsbeschaffung ist die umfassende Aufstellung der Sekundärliteratur zu den einzelnen Werken des jeweiligen Autors, in der auch aktuelle Zeitungsartikel Berücksichtigung finden. Mehrmals im Jahr werden Nachlieferungen zu einzelnen Autoren herausgegeben, sodass die Artikel nach und nach auf den neuesten Stand – der Redaktionsschluss ist jeweils vermerkt – gebracht werden. Der Verlag unterhält auch einen Textdienst, der auf Anfrage Kopien der entsprechenden Zeitungsartikel aus dem eigenen Archiv zusendet.
Auf der Frankfurter Buchmesse 1999 präsentierte der Verlag das KLG als erstes Nachschlagewerk auf CD-ROM. Seit November 2001 sind die Artikel des KLG auch im Internet unter www.klgonline.de zu finden.

Beispiel

KLG. Kritisches Lexikon zur deutschsprachigen Gegenwartsliteratur, hrsg. von Heinz Ludwig Arnold (edition text + kritik), München 1978 ff.

Wenn es weniger um Autoren oder Einzelwerke, sondern vorrangig um den Epochenzusammenhang geht, helfen **Literaturgeschichten** weiter. In chronologischer Anordnung werden hier die einzelnen Epochen charakterisiert, wobei das Schwergewicht unterschiedlich gesetzt sein kann, z. B. geistesgeschichtlich, sozialgeschichtlich, gattungsgeschichtlich, produktions- oder rezeptionsgeschichtlich (Geschichte der Entstehungsbedingungen und der Aufnahme beim Publikum). Natürlich beinhalten Literaturgeschichten immer auch Angaben zu einzelnen Autoren und Werken.

■ **Beispiele für einbändige Literaturgeschichten**
- Beutin, Wolfgang, Deutsche Literaturgeschichte. Von den Anfängen bis zur Gegenwart, Stuttgart ^{6}2001
- Cornelsen Verlag und FWU Grünwald (Hrsg.), Panorama der deutschen Literatur: Zeitgenössische Literatur, CD-ROM, Berlin 2002
- Rothmann, Kurt, Kleine Geschichte der deutschen Literatur, Ditzingen 2003
- Rötzer, Hans G., Geschichte der deutschen Literatur. Epochen, Autoren, Werke, Bamberg ^{3}2007
- Schnell, Ralf, Geschichte der deutschsprachigen Literatur seit 1945, Stuttgart ^{2}2003
- Weidermann, Volker, Lichtjahre. Eine kurze Geschichte der deutschen Literatur von 1945 bis heute, Köln 2006
- Wellbery, David E. u.a., Eine neue Geschichte der deutschen Literatur, Berlin 2007

■ **Beispiele für mehrbändige Literaturgeschichten**
- Kindlers Neues Literaturlexikon 2009. 18 Bände, hrsg. von Walter Jens, CD-ROM, München 2009
- Die deutsche Literatur in Text und Darstellung. 17 Bände, hrsg. von Otto F. Best und Hans-Jürgen Schmitt, Stuttgart 2000

Übersicht über die Möglichkeiten der Materialbeschaffung
- Wörterbuch (zur reinen Begriffserklärung)
- Konversationslexikon (allgemeines Nachschlagewerk zur Erstinformation)
- Fachlexikon (spezielles Nachschlagewerk)
- Fachzeitschrift (Orientierung mithilfe des Registers, d.h. des alphabetischen Stichwortverzeichnisses)
- Spezielle Literatur (aus dem Schlagwort- bzw. Stichwortkatalog; Hinweise aus Lexikon- bzw. Zeitschriftenartikeln)
- Kommerzielle Zeitungsausschnittdienste und Archive von Zeitungen und Zeitschriften
- Internet
- CD-ROM
- Online-Dienste, z.B. Rundfunk- und Fernsehanstalten, Zeitungen und Zeitschriften

2 Internetrecherche und WebQuest

Internetrecherche

Die Internetrecherche ist neben der Informationssammlung in Bibliotheken die wichtigste Methode der Informationsgewinnung. Ungeachtet zahlreicher bekannter Vorzüge des Internets hat eine überlegte Internetrecherche auch problematische Aspekte im Auge zu behalten:

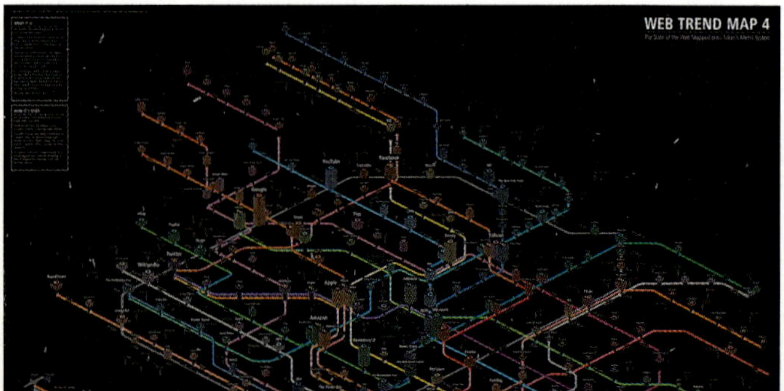

Die wichtigsten Webdomains und Webpersönlichkeiten wurden für die Web Trend Map auf das Tokioer U-Bahn-Netz übertragen.

- Desorientierung angesichts der Hyperlink-Struktur des Internets
- Informationsüberflutung
- Nebeneinander von Informationen höchst unterschiedlicher Qualität und Herkunft
- Fehlen einer fachkundigen Hilfestellung (im Vergleich zu Bibliotheken)
- Unsicherheit über Optimierungsmöglichkeiten der Suchergebnisse

Wer aus dem Internet oder World Wide Web Informationen gewinnen will, muss die Informationssuche planen bzw. die **Suchstrategie** (vgl. Mind-Map, S. 37) entwickeln:

- **Orientierungsphase**
  - Überlegungen zur Notwendigkeit einer Internetrecherche vor dem Hintergrund bewährter konventioneller Informationsquellen
  - Überblick über die Anforderungen des Themas (Themaerschließung)

- **Vorbereitungsphase**
  - Sammlung aufgabenrelevanter Gedanken, Begriffe etc.
  - Erstellung einer Stichwortliste zu wesentlichen Inhalten in Bezug auf mögliche Suchbegriffe
  - Berücksichtigung der Präsentationsvorgabe: (Fach-)Referat, Kurzreferat, Schaubild, Wandzeitung, Seminararbeit usw.
  - Überblick über hilfreiche Institutionen (Universitäten, Ministerien, Firmen etc.)

- **Suchphase**
  - Auswahl geeigneter Suchbegriffe und Eingabe in mehrere Suchmaschinen
  - Starten mehrerer Suchanfragen, evtl. Änderung der Reihenfolge
  - Nutzung des Links „Erweiterte Suche“ und zusätzlicher Suchwerkzeuge (Web-Katalog, Meta-Suchmaschinen, Portale usw.)
  - Verknüpfung mehrerer Begriffe (+/AND) bzw. Ausschluss von Begriffen (-/NOT)
  - Anlegen von Linksammlungen zum Thema
  - Kritische Distanz gegenüber privaten Seiten
  - Bevorzugung von offiziellen Seiten von Institutionen (Universitäten, Bibliotheken, wissenschaftlichen Instituten etc.; erkennbar an der Domain .org) und staatlichen Stellen (Ministerien, Behörden usw.; Regierungsorgane der USA sind erkennbar an der Domain .gov; deutsche Internetadressen haben die Domain .de)
  - Auffinden des Autors bzw. der Organisation, der die Website gehört, mithilfe der Internetadresse (URL – uniform resource locator, Methode: Kürzen der URL, Klick ins Impressum der Homepage)

- **Auswertungs- und Verwaltungsphase**
  - Sortieren und Archivieren der aufgabenrelevanten Links mit Inhalten (URL beachten)
  - Vergleichen der gefundenen Seiten, evtl. Löschen von Unbrauchbarem
  - Anlegen eines Suchprotokolls zur Suchphase mit Suchbegriff – Suchwerkzeug – URL – Inhalt der Webseite
  - Ausdrucken/Archivieren der Seiten

Verschiedene Suchmaschinen im Überblick

Die Technik der **Websuche** stellt in unserem Kommunikationszeitalter eine Schlüsseltechnik dar. Wer weiß, wie Informationen/Wissen zu finden ist, wer darüber hinaus den Informationsfluss kontrollieren kann, der besitzt großen Einfluss auf die Gesellschaft. Wer die Kontrolle über Wissen hat, besitzt die Macht zur **Kanalisierung** und **Selektion** von **Informationen**. Angesichts der meist kommerziell kontrollierten Mechanismen der Internetrecherche muss sich der Nutzer der Gefahren des möglichen Missbrauchs von Informationen bewusst sein. Ein kritischer Umgang mit der Suchmaschinentechnologie, z. B. bei der Internetrecherche, erscheint also sinnvoll.
Im Wesentlichen stehen dem Nutzer die folgenden **Suchwerkzeuge** zur Verfügung: Web-Kataloge, Volltext-Suchmaschinen, Meta-Suchmaschinen, spezielle Suchhilfen wie z. B. Portale, Netzwerke, Spezialsuchmaschinen.

Web-Kataloge sind thematisch geordnete Verzeichnisse von World-Wide-Web-Adressen. Sie haben sich als gute Einstiegsmöglichkeit in eine Recherche sowie bei der Suche zu spezifischen Themen und Sachgebieten erwiesen. Der Aufbau ähnelt dem Schlagwortkatalog einer Bibliothek; Dokumente werden in der Regel überprüft und manuell eingetragen. Die Struktur des Web-Katalogs ist hierarchisch, weshalb die Recherche sich der gewünschten Information Stufe für Stufe annähert.

■ **Beispiele**

http://www.web.de; http://www.yahoo.de; http://dmoz.de

Volltext-Suchmaschinen durchsuchen mithilfe sogenannter Suchrobots das Netz. Diese Programme hangeln sich sozusagen von Website zu Website, nehmen die Information im Volltext auf, komprimieren und sortieren sie in einer Datenbank des Betreibers.

■ **Beispiele**

http://www.google.de; http://www.msn.de; http://www.fireball.de

Bei **Meta-Suchmaschinen** liegt ein Programm vor, das mehrere Suchmaschinen und Kataloge parallel nutzt und sich damit gut für eine breit angelegte Suche oder für Ungewöhnliches und Seltenes eignet.

■ **Beispiele**

http://www.metager.de; http://metacrawler.com; http://www.clusty.con; http://suchlexikon.de

Eine ausführliche Liste deutscher und internationaler (Meta-)Suchmaschinen bietet die Universität Konstanz:

■ **Beispiel**

http://www.ub.uni-Konstanz.de/fi/pha/such.html

Allgemeine Suchhilfen wie Web-Kataloge und (Meta-)Suchmaschinen decken nicht das gesamte Internet ab. Hier leisten **spezielle Suchhilfen** wertvolle Hilfe, indem sie ein spezifisches Sachgebiet umfassen und aktuell abdecken. **Portale** bieten spezielle Einstiegschancen ins Internet und beinhalten spezielle Suchdienste, aktualisierte Tipps, Zugriffe auf Nachschlagewerke sowie wissenschaftliche Informationsdienste.

■ **Beispiele**

- http://www.leselupe.de (Literaturplattform)
- http://www.pro-physik.de (Physik-Portal)
- http://www.e-teaching.org (Portal für digitale Medien in der Hochschullehre)

Experten-Netzwerke und Communities dienen in erster Linie dem Wissenstransfer und beruhen auf dem Prinzip der Gegenseitigkeit: Eigenes Wissen wird zur Verfügung gestellt; im Gegenzug helfen andere Fachleute bei eigenen Problemen.

■ **Beispiele**

- http://www.internetbibliothek.de
- http://www.wikipedia.de
- http://www.wissenistmacht.de

Spezialsuchmaschinen konzentrieren sich umfassend und aktuell auf ganz bestimmte Inhalte und ausgewähltes Material.

■ **Beispiele (für Übersichten zu Spezialsuchmaschinen)**

- http://www.scirus.com (durchsucht Server von Universitäten und Forschungseinrichtungen)
- http://www.forschungsportal.net
- http://www.suchlexikon.de

Weitere Formen der Informationsbereitstellung sind Weblogs und RSS-Feeds.
Weblogs, ein Kunstwort aus Web und Log(-buch), sind Webseiten mit neuen Eintragungen an oberster Stelle, entweder privat oder professionell als Online-Journal. Verknüpft durch Hyperlinks bilden Blogs ein Kommunikationsnetzwerk im Internet.

- **Beispiele**

http://blogs.seekport.de; http://blogs.de; http://de.ask.com/#subject:blos

Bei **RSS-Feeds** handelt es sich um eine Technologie zur Abonnierung einer Webseite.

- **Beispiele für RSS-Verzeichnisse und -Suchmaschinen**

http://www.syndic8.com; http://www.rss-verzeichnis.de; http://www.feedster.com

Mithilfe der **Presserecherche** schließlich kann der Suchende im Internet schnell auf Informationen von Zeitungen und Zeitschriften zugreifen. Der große Vorteil von Internet-Tageszeitungen gegenüber den Printmedien ist sicherlich die große Aktualität. Viele Verlage bieten ihre Archive über Datenbanken an (vgl. www.genios.de).

- **Beispiele**

http://www.sueddeutsche.de; http://www.zeit.de; http://www.pressekatalog.de; http://www.perlentaucher.de

Für die **Bewertung** der Internetquellen gelten folgende Prinzipien:

- **Qualität der Quelle:** Internetseiten unterscheiden sich hinsichtlich ihrer Qualität. Nicht-wissenschaftliche Quellen sind Seiten von Privatpersonen oder nicht-institutionellen Quellen. Als Faustregel zur Qualitätssicherung kann gelten: Eine hochwertige Internetquelle wird von einer Institution vertreten, hat ein Impressum bzw. einen Ansprechpartner und ist deshalb auch in der realen Welt nachverfolgbar.

- **Konsistenz der Quelle:** Internetseiten können sich verändern und Internetadressen sind nicht gleich bleibend, weil sich die Inhalte physikalisch verändern (neuer Serverplatz, neuer Speicherplatz, neue URL). Um die Dynamik der Quelle zu dokumentieren, ist es zwingend notwendig, zusätzlich zur Internetadresse das Datum des Zugriffs im Literaturverzeichnis festzuhalten.

- **Überprüfbarkeit der Quelle:** Dies ist eine Grundregel des wissenschaftlichen Arbeitens und ermöglicht Dritten das Nachvollziehen der wissenschaftlichen Arbeitsschritte durch die Überprüfung der Quellen. Deshalb müssen gerade auch Internetquellen bei einer wissenschaftlichen Arbeit korrekt angegeben werden. Sinnvoll ist zudem auch das Speichern der Quelle als Datei auf einem Datenträger.

Netz voller Wahrheiten

Wie man im Internet nicht auf falsche Informationen hereinfällt

von Kai Biermann

Im April 2004 sicherte sich ein Spaßvogel für knapp zehn Dollar die Internetdomain www.world-cnn.com. Später stand dort zu lesen: „Kanada klagt Präsidenten wegen Kriegsverbrechen an – Bush festgenommen". Angeblicher Grund: die Vorfälle im irakischen Abu-Ghraib-Gefängnis. Die Fälschung war gut gemacht. Die Seite ahmte nicht nur die Internetadresse des Nachrichtensenders CNN nach, sie sah auch dessen Homepage zum Verwechseln ähnlich. Und alle Links auf ihr führten zu Original-CNN-Seiten. […]

Wer die Wahrheit will, muss sich mühen. Erster Grundsatz: Traue niemals nur einer Quelle! Ist eine Information nur auf einer einzigen Seite zu finden, sollte man in Erwägung ziehen, dass sie vielleicht nicht wahr ist.
Ein weiteres Kriterium, um die Qualität von Gefundenem zu beurteilen, ist der Name des Autors. Ist er angegeben? Wenn ja, ist der Herr oder die Dame bekannt, vielleicht gar für Äußerungen dieser Art? Googeln hilft, mehr zu erfahren. Auch das Alter der Information ist wichtig: Ist der gefundene Text viel-

leicht schon fünf Jahre alt, also längst überholt? Wann wurde die Seite, auf der er steht, das letzte Mal aktualisiert (auf vielen Websites ist das irgendwo klein vermerkt). Manchmal nutzt ein Blick in den Quelltext, den jeder Browser unter „Ansicht" zeigen kann. Auch tote Links auf der Seite sind ein deutliches Zeichen, dass sich schon lange niemand mehr um den Inhalt kümmert.

Gegenüber Wikipedia-Einträgen empfiehlt sich eine prinzipielle Skepsis. Der Wikipedia-Eintrag zu Kasachstan war beispielsweise eine Zeit lang gesperrt, da immer wieder Fans des Komikers Borat dort ihre Spuren hinterließen und Borat beharrlich zum kasachischen Staatsoberhaupt ernannten. Glücklicherweise kann man aber mit ein paar Klicks erkennen, ob um ein Thema seit Wochen ein Krieg verschiedener Fraktionen im Gange ist – oder ob ein Text gar gesperrt wurde, um Veränderungen und Vandalismus zu verhindern. Dank des „Wikiscanners" lässt sich sehen, ob ein Eintrag von einer interessierten Organisation geändert wurde.

Um eine Website einschätzen zu können, hilft manchmal ein Blick ins Impressum. Dort müssen kommerzielle Anbieter unter anderem einen Verantwortlichen angeben und wie man ihn persönlich erreichen kann. Gibt es kein Impressum, verrät das Network Information Centre mehr über den Urheber der Seite: Jede Domain ist irgendwo registriert worden. Für deutsche Seiten (.de) erfährt man Näheres bei der Denic.

Biermann, Kai, Netz voller Wahrheiten. Wie man im Internet nicht auf falsche Informationen hereinfällt, in: Die Zeit vom 01.05.2005, Sonderbeilage DIE ZEIT Internet Spezial. Erster Teil, S. 9, gekürzt

1. Welche Ratschläge gibt Kai Biermann im Text „Netz voller Wahrheiten"?

2. Legen Sie für die Internetsuche in Ihrem Textprogramm ein Dokument an mit Aufgabennummer, Ergebnis sowie URL, Anmerkungen zu Suchmethoden und Suchmaschine.

3. Suchen Sie – ohne Suchmaschine – die deutschen Webseiten
- der Firma SAP,
- des FC Bayern München,
- der Technischen Universität München.

4. Erklären Sie mithilfe diverser Suchmaschinen folgende Begriffe und vergleichen Sie die Ergebnisse:
- Onomatopoesie
- Wannseekonferenz
- Hip-Hop

5. Welcher Quäker war mit neun Jahren Vollwaise, später Bauingenieur und schließlich US-Präsident?
- A: Franklin D. Roosevelt
- B: Harry S. Truman
- C: Herbert Hoover
- D: Jimmy Carter

6. In welchem Goethe-Drama heißt es: „Im Deutschen lügt man, wenn man höflich ist."?
- A: Egmont
- B: Clavigo
- C: Stella
- D: Faust

7. Welcher Sänger einer deutschen Pop-Band ist bekennender Anhänger des englischen Fußballs?
- A: Peter Maffay
- B: Sven Regener
- C: Campino
- D: Bill Kaulitz

8. Finden Sie mithilfe verschiedener Suchmaschinen folgende Texte:
- Liedtext „Hier kommt Alex"
- Verfassungsschutzbericht 2008
- „Streiflicht" der Süddeutschen Zeitung zum Thema Denglish

9. Finden Sie mithilfe von Suchmaschinen entsprechende Informationen und
- nennen Sie die Namen der Büchner-Preisträger seit dem Jahr 2000,
- verfassen Sie ein Kurzreferat zu Thomas Manns Exilzeit,
- erstellen Sie eine Übersicht über Annette Pehnts Prosa-Werke,
- schreiben Sie eine Kurzkritik zur Neuverfilmung (2007) von Martin Walsers Novelle „Ein fliehendes Pferd".

10. Erstellen Sie mithilfe einer Internetrecherche eine Präsentation (Informationen, Anschauungsmaterial):
- Vertrag von Lissabon
- Wasserstofftechnologie
- Essstörungen
- Passivhaus

WebQuest

Wie die „normale" Internetrecherche streben WebQuests (Quest = gelenkte, anspruchsvolle Suche, Nachforschung, Recherche) die Bewältigung von Aufgaben mithilfe von Informationen aus dem Internet an. Darüber hinaus geht es der von B. Dodge und T. March entwickelten WebQuest-Methode jedoch um eine grundsätzliche Verbesserung der Lernkultur mittels der Einbeziehung des Internets. WebQuests als komplexe internetgestützte Lehr- und Lernarrangements zielen durch ihr didaktisches Konzept auf
- projektorientiertes Lernen mit aktuellem, authentischem und bearbeitbarem Material vorwiegend aus dem Internet, aber auch aus Multimediaquellen oder traditionellen Medien (Fachbuch, Lexikon, Zeitschrift ...),
- handlungsorientiertes, selbstgesteuertes und kooperatives Lernen,
- Lernen in Partner- oder Gruppenarbeit, Projektunterricht, Freiarbeit.

Ganz wesentlich für die Verwirklichung dieser Zielsetzungen ist dabei die Aufgabenstellung. Nach Dodge beinhaltet die Beschreibung eines WebQuests sechs Aspekte:
- Einführung in das Thema
- Formulierung der Aufgabenstellung
- Hinweise auf Internetlinks und weitere Materialien
- Beschreibung des Arbeitsprozesses
- Präsentation der Arbeitsergebnisse
- Angaben zur Evaluation (und Hinweise zur Bewertung)

Die **Einführung in das Thema** beschränkt sich nicht auf die bloße Formulierung der Aufgabe (wie es bei der normalen Internetrecherche der Fall ist), sondern enthält die Beschreibung der Ausgangssituation und bemüht sich um die Einbettung der Aufgabe in eine Problemstellung. Eine problemorientierte Einführung ist motivierender; zudem erfordern viele WebQuests weiter die Zuweisung unterschiedlicher Rollen und Teilaufgaben (Expertenteams) oder warten mit affektiv einstimmenden Inhalten auf. Mit der Übernahme individueller Verantwortung und der Notwendigkeit der Zusammenarbeit wird also auch kooperatives Lernen gefördert. Die Bewältigung umfangreicher und anspruchsvollerer Aufgaben wird so ermöglicht. Grundsätzlich soll die Einführung interessant, anschaulich und motivierend sein.

Die **Formulierung der Aufgabenstellung** sollte im Idealfall so komplex sein, dass ein arbeitsteiliges Vorgehen sinnvoll bzw. notwendig wird. Weiterhin hat sie zu berücksichtigen, dass Form und Wortlaut des Suchberichts sich klar von den übernommenen Informationen unterscheiden müssen.
In Bezug auf Auswahl und Präsentation der Informationen besitzt der Lernende genügend Spielraum. Fähigkeiten zur aufgabenbezogenen und zielgerichteten Auswahl, zur abstrahierenden Zusammenfassung und Strukturierung sowie zur sinnvollen Präsentation werden durch die Aufgabenstellung ebenso gefördert wie die Denkfähigkeiten Vergleichen und Klassifizieren, Analysieren und Argumentieren.

Die WebQuest-Methode basiert zwar auf einer konsequenten Nutzung des Internets, jedoch steht die Förderung der Internetkompetenz nicht an erster Stelle. Deshalb enthält der WebQuest neben **Hinweisen auf Internetlinks** auch eine **Sammlung weiteren Materials** (Multimedia, Fachbücher, Lexika, Expertenauskünfte per E-Mail etc.).

Aus der Zielsetzung von WebQuests, zum selbstständigen Lernen anzuleiten, ergibt sich, dass die **Beschreibung des Arbeitsprozesses** einschließlich der Hinweise auf Hilfsmittel sowie der Angaben zur Evaluation ausführlich und detailliert ausfallen müssen. Auch angesichts der Zielsetzung eines selbstständigen und eigenverantwortlichen Lernens werden die Schüler jedoch nicht alleine gelassen, sondern sie erhalten konkrete Hinweise, z. B. auf die Arbeitsschritte, die zur Bewältigung der Aufgabe nötig sind (Fragenkataloge, Verfahrensvorschläge zur Entwicklung von Leitfragen durch die Gruppenmitglieder usw.). Ein sorgfältig konzipierter WebQuest hat unter dem Aspekt „Arbeitsprozess" klare Angaben zu Instrumenten und Strategien zu liefern, die die Schüler – ihrem Leistungsniveau entsprechend – zur selbstständigen Lösung von Aufgaben befähigen. Der Lehrer begleitet die Schüler auch bei der **Präsentation der Arbeitsergebnisse**. Dies kann in Form von Vereinbarungen/Festlegungen zu Medien (Tafel, Folien, Plakat, Wandzeitung, moderne Präsentationsprogramme etc.) geschehen, in Form der Vorgaben zum mündlichen Vortrag, in Bezug auf Textverarbeitungsprogramme (Formationen) bzw. ganz grundsätzlich auf relevante Methoden und Arbeitstechniken.

Zur Beschreibung von WebQuests gehören schließlich auch differenzierte bzw. detaillierte **Angaben zur Evaluation**. Im Hinblick auf die Bewertung des Arbeitsprozesses wird zwischen Fragen zur Selbstevaluation und zur Evaluation des Gruppenprozesses unterschieden. Die Evaluation dient dazu, sowohl über die Planung des Lernwegs und über das Arbeitsergebnis nachzudenken als auch über die individuelle Leistung und Gruppenergebnisse sowie über soziale Prozesse zu reflektieren.
Hilfreich für den Schüler ist schließlich die Bekanntgabe der Beurteilungskriterien im WebQuest.

Beispiel: WebQuest zum Thema „Kinderarbeit"

Recherchieren Sie in Kleingruppen im Internet zur Problematik Kinderarbeit. Bei den nachfolgenden Institutionen finden Sie Informationen und Materialien für die Bearbeitung der Arbeitsaufträge. Geben Sie jeweils im Suchfeld der Website den Begriff „Kinderarbeit" ein.

Arbeitsgruppe 1: Informieren Sie sich bei der **Bundeszentrale für politische Bildung**:
1. Sammeln Sie Beispiele, in welchen Formen Kinderarbeit stattfindet.
2. Suchen Sie statistisches Material, das den Umfang von Kinderarbeit thematisiert.
3. Veranschaulichen Sie das Ausmaß von Kinderarbeit anhand konkreter Zahlen für eine Region bzw. ein Land.
4. Differenzieren Sie die Problematik von Kinderarbeit im Hinblick auf Alter und Geschlecht.
5. Stellen Sie den Teufelskreis dar, in dem sich Kinder in der Dritten Welt aufgrund von Kinderarbeit befinden.
6. Welche Wechselwirkungen zwischen Kinderarbeit und dem Konsumentenverhalten in Industrienationen sind feststellbar?

Arbeitsgruppe 2: Informieren Sie sich beim **Kinderhilfswerk der Vereinten Nationen (UNICEF)**:
1. Zeigen Sie anhand von vier Beispielen auf, welche Aktionen am „Welttag gegen Kinderarbeit" stattfinden.
2. Welche Ziele verfolgt der alljährliche Aktionstag?
3. Inwiefern lassen sich Erfolge dieser Aktionen beobachten?
4. Welche verschiedenen Institutionen arbeiten gegenwärtig zusammen, um Kinderarbeit abzubauen?

Arbeitsgruppe 3: Informieren Sie sich bei der Kinderhilfsorganisation **terre des hommes**:
1. In welchen Branchen ist Kinderarbeit weit verbreitet?
2. Erklären Sie, inwiefern sich Globalisierung auf die Kinderarbeit auswirkt.
3. Erläutern Sie die Bedeutung von fairem Handel für den Abbau von Kinderarbeit.
4. Stellen Sie ein konkretes Hilfsprojekt vor, das die Problematik der Kinderarbeit erfolgreich bekämpft.

Arbeitsgruppe 4: Informieren Sie sich bei kirchlichen Hilfswerken wie **Misereor** und **Adveniat**:
1. Sammeln Sie Schlüsselbegriffe, die im Zusammenhang mit Kinderarbeit stehen.
2. Stellen Sie einige zentrale Positionen der kirchlichen Hilfswerke zum Thema „Kinderarbeit“ dar.
3. Was versteht man unter „Hilfe zur Selbsthilfe“?
4. Warum zerstört Kinderarbeit Bildungschancen?
5. Welche konkreten Entwicklungshilfemaßnahmen leisten einen nachhaltigen Beitrag zum Rückgang von Kinderarbeit?
6. Erläutern Sie Projekte, die kirchliche Hilfswerke zum Schutz von Kindern unterstützen.

Arbeitsgruppe 5: Informieren Sie sich bei dem Medienangebot von **Planet Wissen**:
1. Stellen Sie die wesentlichen Ursachen von Kinderarbeit zusammen.
2. Anhand welcher Kriterien definiert die UNICEF Kinderarbeit als „schädliche Ausbeutung“?
3. Informieren Sie sich über das Schicksal der „Schwabenkinder“ und die Geschichte der Kinderarbeit in Europa.
4. Klären Sie den Zusammenhang zwischen fehlender Bildung und Kinderarbeit/Kinderprostitution am Beispiel Osteuropa.
5. Zeigen Sie am Beispiel Portugals, dass Kinderarbeit auch in Europa als Problem vorhanden ist.
6. Fassen Sie die Hauptaussagen des Art. 32 der Kinderrechtskonvention der Vereinten Nationen zum Schutz vor wirtschaftlicher Ausbeutung zusammen.
7. Kann das Verbot von Kinderarbeit das Problem lösen?
8. Welche Möglichkeiten besitzt der (europäische) Verbraucher im Kampf gegen Kinderarbeit?

Arbeitsgruppe 6: Informieren Sie sich bei der Hilfsorganisation **„Brot für die Welt“**:
1. Wie definiert die Internationale Arbeitsorganisation (ILO) Kinderarbeit?
2. Fassen Sie die wesentlichen Bestimmungen der Kinderechtskonvention der Vereinten Nationen und der ILO-Konvention zum Schutz von Kindern zusammen.
3. Stellen Sie die Bereiche dar, in denen Kinderarbeit besonders häufig vorkommt, und berücksichtigen Sie dabei die besondere Rolle der Mädchen.
4. Klären Sie im Zusammenhang mit Kinderarbeit die Begriffe „Zwangsarbeit“ und „Schuldknechtschaft“.
5. Erläutern Sie grundsätzliche Schritte zur Überwindung ausbeuterischer Kinderarbeit.
6. Welche Bedeutung im Kampf gegen Kinderarbeit besitzen Nicht-Regierungsorganisationen und Kirchen?

Arbeitsgruppe 7: Informieren Sie sich in der Wochenzeitung **„Die Zeit“**:
1. Beschreiben Sie die Umstände der Kinderarbeit auf den Kakaoplantagen an der Elfenbeinküste.
2. Legen Sie den Zusammenhang zwischen den Missständen und dem Kakaomarkt dar.
3. Vergleichen Sie die Situation der am Kakao- und der am Schokoladenmarkt-Beteiligten.
4. Erläutern Sie Inhalt und Folgen des sogenannten Harkin-Engel-Protokolls.
5. Stellen Sie das unterschiedliche Verhalten einzelner Schokoladenproduzenten gegenüber.

Arbeitsgruppen 1-7:
Recherchieren Sie im Internet nach Bildmaterial zum Thema „Kinderarbeit“.

Präsentieren Sie die jeweils in der Gruppe erarbeiteten Ergebnisse informativ und ansprechend (siehe S. 40 ff., z. B. in Form einer Wandzeitung oder einer Mind-Map).

Erstellen Sie WebQuests zu folgenden Aufgabenstellungen:
- Klassenexkursion/Studienfahrt nach Weimar
- Tourismus im Allgäu
- Migrantenkinder in meiner Stadt
- Familie im Wandel
- Der 9. November in der deutschen Geschichte
- Bundeswehreinsätze in Krisengebieten
- Entwicklung der Katalysatorentechnik

Hilfreiche Internetadressen:
- http://www.webquests.de
- http://www.webquest-forum.de
- http://www.lehrerfortbildung-bw.de/unterricht/webquest/beispiele

3 Bibliotheksnutzung

Das Internet ersetzt nicht den Gang zur Bibliothek. Für wissenschaftliche Arbeiten, also auch für Fach- und Seminararbeiten sowie Referate in der Sekundarstufe II, ist man weiterhin auf die Benutzung von Bibliotheken und Mediotheken (Aufstellung von Büchern bzw. Medien wie Kassetten, Filmen, CD-ROMs etc.) angewiesen. Die umfangreichen Bestände sind systematisch geordnet und über die Kataloge zu erschließen. **Systematische Ordnung** bedeutet eine Trennung nach Sachgebieten und eine Kennzeichnung durch **Signaturen** (Kennbuchstaben und -ziffern). Die Signatur am Bücherregal bzw. auf dem Buchrücken ist identisch mit der Angabe zu diesem Buch (bzw. Medium) im **Katalog**.

Der Zugang zu den verschiedenen Katalogen (Verfasserkatalog, Titelkatalog, Schlagwort- bzw. Stichwortkatalog, systematischer Katalog) erfolgt heutzutage in der Regel über einen **Computerauskunftsplatz**. Hier kann sich der Benutzer alle notwendigen Informationen beschaffen und Auskunft erhalten über Ausleihstatus, Standort und bibliografische Angaben.

In vielen Bibliotheken sind die Buchbestände für den Benutzer frei zugänglich. Während die meisten Bände ausleihbar sind **(Ausleih-Bibliothek)**, darf ein Teil (meistens die Nachschlagewerke) nur in der Bibliothek benutzt werden **(Präsenzbibliothek)**. Darüber hinaus besteht die Möglichkeit, Bücher und andere Medien, die in der örtlichen Bibliothek nicht vorhanden sind, über **Fernleihe** zu bestellen.
Die meisten Bibliotheken stehen im Verbund mit einem Archiv, in dem die historischen Bestände gelagert sind.

Ein uneingeschränktes kostenloses Rechercheangebot steht dem Nutzer über den elektronischen Verbund wissenschaftlicher Bibliotheken in Deutschland **OPAC** (Online Public Access Catalogue) zur Verfügung. Die Katalogsuche erfolgt dabei weitgehend über ein Webportal. Diese Portale können auch verteilte Suchdienste über mehrere Bibliothekskataloge anbieten wie beispielsweise den Karlsruher Virtuellen Katalog (KVK). Standardmäßig stehen meist folgende **Sucheinstiege** zur Verfügung:
- Autor
- Titel
- Körperschaft
- Schlagwort
- ISBN
- Verlag
- Erscheinungsjahr

Beispiele
- http://ub.info@bib.uni-erlangen.de
- http://opacplus.bsb-muenchen.de (Online-Katalog der Bayerischen Staatsbibliothek)
- http://gateway-bayern.bib-bvb.de (Internet-Portal des Bibliotheksverbundes Bayern)

Ein Vorteil von OPAC gegenüber herkömmlichen wie auch CD-ROM-Katalogen ist die schnelle Möglichkeit der Aktualisierung und Korrektur. Auch können beim CD-ROM-Katalog der Ausleihstatus nicht abgefragt und Vormerkungen auf Medien nicht getroffen werden. Die **Aktualisierungsproblematik** gilt in gewisser Hinsicht auch für Mikrofiche-Kataloge: Diese sind das Ergebnis der EDV-Katalogisierung im Offlineverfahren. Die im Computer gespeicherten Titelaufnahmen werden in sehr starker Verkleinerung (DIN A6) auf Mikrofiches ausgegeben (COM – Computer Output on Microfilm). Daneben können auch normale Zettelkataloge mikroverfilmt werden. Im Sinne einer angestrebten Aktualität erfolgt die Neuausgabe eines gesamten Kataloges in regelmäßigen Abständen.

1. Besuchen Sie die örtliche Bibliothek und informieren Sie sich über deren Bestand und Aufbau.

2. Suchen Sie Sekundärliteratur zum Thema:
- Martin Mosebach „Das Mädchen und der Mond"
- Romantische Ironie
- Dramatiker Moritz Rinke

3. Recherchieren Sie mithilfe von OPAC zu folgenden Themen:
- Hartz IV
- Hedge-Fond
- Hybrid-Motorentechnik
- Postmoderne in der deutschen Literatur

4. Halten Sie Bibliotheken im Internet-Zeitalter noch für zeitgemäß?

Herzogin Anna Amalia Bibliothek in Weimar

II Informationsverwendung und Informationsspeicherung

1 Arbeitsplanung und Zeitmanagement

Jede berufliche oder schulische Arbeit verlangt eine sinnvolle Organisation und einen realistischen Zeitplan. Während für den Unterricht der Lehrer verantwortlich ist, ist der Schüler zuständig für die täglichen Hausaufgaben. Er muss aber auch lernen, Aufgaben, die sich über einen längeren Zeitraum erstrecken, ökonomisch und in angemessenen Arbeitsschritten zu erledigen. Dabei ist die zur Verfügung stehende Gesamtzeit realistisch auf die einzelnen Arbeitsgänge zu verteilen, wobei für unvorhergesehene Verzögerungen (Öffnungszeiten der Bibliothek, Wartefristen bei Materialbeschaffung) und absehbare Belastungen (schulisch und privat) Pufferzonen eingeplant werden sollten. Nur so sind Zeitdruck und eine daraus resultierende Qualitätsminderung der Arbeit zu vermeiden.
Zum Arbeitsverlauf gehört unter Umständen auch das begleitende Gespräch mit der jeweiligen Lehrkraft. Teamwork, in der Arbeitswelt längst selbstverständlich, sollte auch in der Schule vermehrt zur Anwendung kommen.

Anregungen für eine inhaltliche und zeitliche Arbeitsplanung (z. B. Fachreferat, Seminararbeit, Projektarbeit etc.)

Arbeitsschritte	Konkrete Aufgabenstellungen	Zeitleiste
Thema eingrenzen	– Aufgabenstellung (auch hinsichtlich der Zielgruppe) und eigene Zielsetzung klären – Thema hinsichtlich Aufgabenstellung, Umfang, Arbeits- bzw. Vortragszeit eingrenzen	1. Woche
Informationen und Literatur suchen	– Relevante Suchbegriffe überlegen – Internetrecherche mithilfe von speziellen Suchhilfen (Portale, Expertennetzwerke, Spezialsuchmaschinen)	
Material beschaffen	– Geeignete Texte herunterladen – Bibliotheken (Benutzung der Präsenzbibliothek – Auswahl der Ausleihbücher) und Buchhandlungen nutzen – Kontakte mit Institutionen, Firmen, Behörden etc. herstellen	2. Woche
Material sichten, lesen und auswerten	– Gesammelte Unterlagen auf Qualität und Relevanz prüfen und gewichten – Exzerpte anfertigen und Quellenprotokoll anlegen (am PC)	3. Woche
Struktur festlegen	– Fragestellungen präzisieren – Gliederungsentwurf erstellen	4. Woche
Informationen aufbereiten	– Wichtige Inhalte aus den gesammelten Unterlagen verdichten, strukturieren und evtl. belegen (z. B. Zitate) – Ergänzungsbedarf abklären – Zusammenhänge herstellen und visualisieren	

Konzeptbausteine ausarbeiten	– Gliederungsentwurf kontinuierlich präzisieren und differenzieren hin zu einer Feingliederung – Einzelne Textpassagen (Einleitung, Hauptteil, Schluss) ausformulieren – Argumentationen mit Zitaten stützen – Überleitungen und Zusammenfassungen berücksichtigen – Anmerkungen (Fußnoten) festhalten und Literaturverzeichnis anlegen – Medieneinsatz planen und gestalten – Thesenpapier verfassen – Stichwortzettel anfertigen	5. Woche
Endfassung überarbeiten und korrigieren	– Ausdruck, Rechtschreibung und Grammatik kontrollieren – Literaturverzeichnis und Fußnoten überprüfen – Texte formatieren, speichern und drucken – Vortragsweise üben	6. Woche

Setzen Sie sich mit Ihrer individuellen Zeitplanung auseinander, indem Sie mithilfe der ALPEN-Methode Ihr persönliches Zeitmanagement überdenken und optimieren:

Aufgaben, Aktivitäten und Termine in einer Tabelle präzise aufschreiben
Länge (Dauer) der verschiedenen schulischen und privaten Aktivitäten schätzen
Pufferzeit für Unerwartetes und Spontanes in ausreichendem Maß reservieren
Entscheidungen zielgerichtet treffen und Prioritäten setzen
Nachkontrolle der absolvierten und noch nicht erledigten, vertagten Aktivitäten

2 Aktiv-Lesetechnik in sechs Schritten

Der Einsatz verschiedener Lesetechniken hängt im Wesentlichen ab vom Gegenstand und Ziel des Lesens. Diesbezüglich kann man zwischen unterhaltendem, informatorischem, kognitivem und literarischem Lesen unterscheiden.

Im Einzelnen kann also das reine Lesevergnügen oder die Suche nach Einzelinformationen, die Einarbeitung in ein fremdes Sachgebiet und die Vertiefung von vorhandenem Wissen im Vordergrund stehen. Schließlich erfordert die Lektüre eines literarischen Werkes, z. B. im Rahmen einer Seminararbeit, ein gründliches literarisches Lesen.

Für die fundierte Erschließung von Texten, d. h. das lernende Durcharbeiten, Verstehen und Behalten wesentlicher Inhalte, hat sich die Aktiv-Lesetechnik in sechs Schritten bewährt:

Um den Überblick über die Informationsfülle zu behalten, können verschiedene Techniken angewandt werden.

Schritt 1: Überfliegen
Hier soll mithilfe kursorischen Lesens ein grober Überblick über Autor, Titel, Thema, Absicht, Inhalte und Struktur des Textes oder mithilfe des Inhaltsverzeichnisses, Klappentextes, Vorwortes über Inhalt und Aufbau eines Buches erlangt werden.

Schritt 2: Fragen
Durch Fragenstellen (W-Fragen; gedanklich und/oder schriftlich) erkennt man das wirklich Wesentliche im Text besser und kann dabei auch dessen Inhalte gezielter für die praktische Anwendung herausarbeiten.

Schritt 3: Lesen und Markieren
Der Text wird abschnittsweise, gründlich und zielgerichtet unter Berücksichtigung der Fragen gelesen. Dabei findet über das gleichzeitige Markieren (s. u.) eine Konzentrierung auf aufgabenrelevante Inhalte statt. Mithilfe von Notizen sowie durch Skizzen und Lernposter können Zusammenhänge dargestellt und Wesentliches gespeichert werden.

Schritt 4: Nachdenken
Pausen und das Überdenken des Inhaltes des jeweiligen Abschnitts dienen der Einprägung der Kerngedanken und der kritischen Auseinandersetzung mit ihnen.

Schritt 5: Zusammenfassen
Die wichtigen Aussagen werden aus dem Gedächtnis in Form knapper Zusammenfassungen (schriftlich/mündlich) festgehalten.

Schritt 6: Wiederholen
Anhand eines Vergleichs von Text und eigenen Aufzeichnungen erfolgt eine Überprüfung auf Richtigkeit und Vollständigkeit. Mittels einer verdichteten Zusammenfassung oder einer Visualisierung wird Wesentliches abschließend gespeichert.

3 Markieren

Eine wesentliche Unterstützung für das gründliche verstehende Lesen ist das Markieren. Dabei kann es sich ganz allgemein um die Hervorhebung von wesentlichen Inhalten oder aber um eine Auswahl unter einem bestimmten Gesichtspunkt handeln. In beiden Fällen wird der Text konzentriert, d. h. verdichtet und verkürzt, sodass im Idealfall bei einer erneuten Lektüre die Beschränkung auf die markierten Stellen ausreicht. Diese Technik ist sowohl eine Lernhilfe als auch ein Arbeitsschritt bei der Verwendung des Gelesenen für eigene Arbeiten.

Ziffern dienen dazu, den Text einzuteilen, zu strukturieren oder womöglich zu gliedern. Stichworte setzt man ein, um eigene Ergänzungen, Verweise, Kommentare und Zusammenfassungen anzumerken. Jeder muss hier für die Handhabung dieser Techniken seinen eigenen Stil finden, den individuellen Weg zwischen zu vielen und zu wenigen Markierungen. Markierungen in geliehenen Büchern verbieten sich selbstverständlich grundsätzlich.

Die Art und Weise des Markierens kann unterschiedlich sein:

Ein- oder mehrfarbige Textmarkierungen	Randmarkierungen
■ durch Unterstreichen bzw. Unterringeln	■ mit Symbolen
■ durch Einrahmen bzw. Einkreisen	■ mit Ziffern
■ mit Textmarkern	■ mit Stichworten

Zu den Symbolen gehören:

- Randbalken oder Kreise
- Fragezeichen, Ausrufezeichen
  - erstaunlich !
  - fragwürdig ?
- Gleich- oder Ungleichzeichen ⊥
- Verweispfeile
  - führt zu →
  - kommt von ←
  - steht im Widerspruch zu →←
  - steht in Beziehung mit ←→
- ist vergleichbar mit //
- gut +
- schlecht —

Inhaltliche Strukturhilfen

- Th (These)
- Arg (Argument)
- Def (Definition)
- Log? (Logik) Widersprüche in der Argumentation
- Bsp (Beispiel)

4 Exzerpieren

Beim **Exzerpieren** (lat. excerpere = herausklauben, auswählen) wird der wesentliche Gedankengang in eigenen Worten verdichtet wiedergegeben bzw. umschrieben (Paraphrase) und festgehalten. Dazu werden Texte in Abschnitte eingeteilt und deren Kernaussagen ermittelt. Kapitelüberschriften und zentrale Aussagen werden wörtlich übernommen; letztere müssen als Zitat gekennzeichnet sein.
Grundsätzlich unterscheidet man zwischen einer vollständigen Zusammenfassung oder einer teilweisen, die von einer besonderen Aufgabenstellung ausgeht. Exzerpte sollten vor allem im Zusammenhang mit Seminar- oder Facharbeiten und (Fach-)Referaten angefertigt werden, um auf wesentliche Inhalte eines gelesenen Textes schnell zurückgreifen zu können. Im Hinblick auf eine effektive Prüfungsvorbereitung erleichtern sie auch die Wiederholung und Vertiefung des Gelernten.
Zu den formalen Vorgaben gehören eine standardisierte äußere Form sowie das Festhalten bibliografischer Angaben.
Beim Exzerpt kann man auch Anmerkungen, Ergänzungen und Querverweise etc. einbeziehen, muss diese aber als solche stets kenntlich machen.
Der Computer erleichtert die Aktualisierung, Speicherung, Systematisierung und Archivierung des Exzerpts, was einen schnellen und zuverlässigen Zugriff auf das gesammelte Material gewährleistet.
Weitere Möglichkeiten der Materialauswertung und -speicherung stellen das **Konskript** und das **Resümee** dar.
Beim **Konskribieren** (lat. conscribere = mitschreiben) erstellt man einen stark verkürzten Text unter weitgehender Verwendung der **Originalformulierungen** aus der Textvorlage. Ein Konskript ist also lediglich eine Auswahl und Zusammenstellung wichtiger wörtlich übernommener Textstellen mit eigenen Verbindungstexten.
Das **Resümee** (lat. resumere = wiederholen, wieder [vor]nehmen) fasst weniger den Gedankengang und Argumentationsverlauf zusammen, sondern zielt auf **Kerninhalt und Ergebnis** des Textes.

Die Kultur der Kopisten
Führt der Betrug mit dem Internet zum Moralverfall?
von Andrian Kreye

Donald McCabe, Professor für Management an der Rutgers University in New Jersey, untersucht seit zehn Jahren die Integrität an den akademischen Institutionen Amerikas. Nach seiner jüngsten Studie schlug er Alarm. 38 Prozent der 16.000 befragten Studenten gaben an, Hausarbeiten ganz oder teilweise aus dem Internet kopiert zu haben. Fast viermal so viele wie vor drei Jahren. 44 Prozent aller Studenten fanden das digitale Schummeln auch noch in Ordnung. [...] Die New York Times titelte neulich: „Eine Nation von Kopisten". Und der Politologe David Callahan wird im Januar ein Buch mit dem Titel „The Cheating Culture" (Die Betrugskultur) veröffentlichen, in dem er nachzuweisen versucht, dass das Betrügen im kleinen wie im großen Rahmen während der letzten zwei Jahrzehnte epidemische Ausmaße angenommen hat.

Die Schuldigen sind auch schon ausgemacht. Allen voran das Internet und die digitalen Technologien. Das sogenannte File Sharing, der unbegrenzte Austausch von Musik und Filmdateien über das Internet, gilt zwar rein rechtlich als Diebstahl, ist inzwischen allerdings so weit verbreitet, dass er von der Gesellschaft längst als Kavaliersdelikt, von seinen Befürwortern sogar als gutes Recht der Konsumenten betrachtet wird. Das, so die Kritiker, schafft ein Klima, in dem es für den Betrug per Mausklick auch dann kein Schuldbewusstsein mehr gibt, wenn es nicht nur um ein paar Popsongs geht, sondern um eine akademische Karriere. Nun war es schon immer einfach, neue Technologien für gesellschaftliche Missstände verantwortlich zu machen. Doch die digitale Welt verwischt nicht nur die moralischen Grenzen, sie macht es auch immer schwieriger, sie zu erkennen.
Computervergehen sind scheinbar Verbrechen ohne Opfer. Da werden keine physischen Werte bewegt oder Menschen geschädigt. Mit den gleichen Tastaturbefehlen, mit denen man die Hausarbeit absichert, einen Liebesbrief absendet oder ein legal erworbenes Computerprogramm vom Netz lädt, kann man auch jede digitale Medienform kopieren, digitales Diebesgut verbreiten oder sich besorgen. Für die Betrugsdezernate der Polizei ist der illegale Datenaustausch sogar die Einstiegsdroge für die Verbrechensform mit der derzeit höchsten Zuwachsrate – den Identitätsdiebstahl. Bei dem kopiert man die persönlichen und finanziellen Daten seines Opfers aus dem Netz, um dann mit der geraubten Identität Einkäufe zu tätigen oder Kredite aufzunehmen. Aber auch die Spurensuche wird immer schwieriger. In der digitalen Welt gibt es keinen Unterschied mehr zwischen Original und Fälschung. Das unterscheidet sie von den traditionellen Vervielfältigungstechniken. Selbst der Vergleich mit dem Klonen reicht nicht aus, um die Perfektion zu beschreiben, mit der sich digitale Dateien vervielfältigen lassen. Ein biologischer Klon steht am Anfang einer Entwicklung. Das Schaf Dolly mochte das identische Erbgut seines geklonten Ebenbildes haben, Umwelteinflüsse und die eigene Entwicklung hätten aus dem Klonschaf nach biologischen Gesichtspunkten schon von der ersten Lebensminute an ein eigenständiges Subjekt gemacht. Ein digitaler Klon ist jedoch nicht der Ausgangs-, sondern der Endpunkt eines Schöpfungsprozesses. Sämtliche Entwicklungsstufen sind bereits abgeschlossen.
Bei der Vervielfältigung eines digitalen Produktes gibt es weder Reibungs- noch sonstige Qualitätsverluste. Bei zwei Musikdateien desselben Popsongs ist es beispielsweise unmöglich, nachzuweisen, welche Datei das Original und welche die Kopie ist. Wenn es aber das Prinzip des Originales nicht mehr gibt, kann es auch keinen Maßstab für seinen Wert mehr geben. Doch wo setzt man die Grenzen? Sind die Klangcollagen eines Hip-Hop-DJs noch Zitat oder schon Plagiat? Ist die Mix-CD, die ein Schüler seinen Freunden bastelt, Privatvergnügen oder Diebstahl? Entlässt die Fußnote den Autor eines Textes aus der Verantwortung, selbst zu formulieren? So hatten sich das die Propheten der neuen Mediengesellschaft natürlich nicht vorgestellt – eine Welt der digitalen Langfinger. Doch der Betrug mit dem Internet hat inzwischen sogar die tragenden Säulen der Gesellschaft erreicht.
Der inzwischen gefeuerte „New York Times"-Reporter Jayson Blair täuschte seine Arbeit mit Material aus dem Internet vor. Die britische Regierung beschwor die Gefahren von Saddam Husseins Regime mithilfe der Arbeit eines Studenten, die sie aus dem Netz kopiert hatte. Wenn das Internet aber zum Betrugswerkzeug wird, stellt dies das Wertesystem der Mediengesellschaft infrage. [...]

Kreye, Andrian, Die Kultur der Kopisten. Führt der Betrug mit dem Internet zum Moralverfall?, in: Süddeutsche Zeitung, e-paper vom 03.11.2003, unter: http://www.brinkmann-literatur.de/ztgpdf/Die_Kultur_der_Kopisten_sueddeutsche_de.pdf, gekürzt

Teillösung

Konskript (Z. 1–17)
Amerikanischer Professor McCabe untersucht seit zehn Jahren die Integrität akademischer Institutionen.
38 Prozent der befragten Studenten kopieren für ihre Hausarbeiten aus dem Internet und haben dabei kaum ein Schuldbewusstsein.
Das Betrügen in der amerik. Gesellschaft hat laut dem Politologen Callahan in den vergangenen zwei Jahrzehnten epidemische Ausmaße angenommen.

Exzerpt (Z. 1–17)
1. Abschnitt: Wissenschaftliche Untersuchungen zur „Betrugskultur" in der amerikanischen Gesellschaft
- Herunterladen von Material aus Internet ohne Quellenangabe nimmt an Universitäten stark zu
- Politologe Callahan: Rasante Zunahme von (Internet-)Betrügereien überhaupt

Konskript (Z. 18–34)
Schuld: Internet und digitale Technologien ermöglichen Austausch und Diebstahl von Informationen. Wird von Konsumenten sogar als Kavaliersdelikt gewertet.
Schuldbewusstsein fehlt nicht nur beim Herunterladen von Popsongs, sondern betrifft bereits auch wissenschaftliches Arbeiten.
Aber: Digitale Welt erschwert Erkennen moralischer Grenzen.

Exzerpt (Z. 18–34)
2. Abschnitt: Digitale Medien und der Wandel der Moral
- Rechtlich unzulässige Übernahme von diversen Internetdateien als ein weit verbreitetes Phänomen
- Kein Schuldbewusstsein bei den Nutzern der Informationen für private bzw. berufliche Zwecke
- „Kultur der Kopisten" = Aufweichen der Moral

Resümee für Abschnitt 1 und 2 (Z. 1–34)
Die Übernahme von Informationen aus dem Internet ohne Nachweis und deren Verwendung für wissenschaftliche Arbeiten haben in den vergangenen Jahrzehnten stark zugenommen. Ein Schuldbewusstsein ist allerdings nur schwach ausgeprägt und Ausdruck eines beobachtbaren Moralverfalls.

Besonders im Internet ist die Frage nach dem Copyright für Bilder und Texte von großer Bedeutung.

1. Vervollständigen Sie das Konskript bzw. Exzerpt zum Text „Die Kultur der Kopisten. Führt der Betrug mit dem Internet zum Moralverfall?".
2. Fertigen Sie für den Text „Was die Not lehrt" (vgl. S. 164 f.) ein Exzerpt, ein Konskript und ein Resümee an.
3. Vergleichen Sie die vorgestellten Arbeitsformen.

5 Abstrahieren

Das Wort „Abstraktion“ (lat. abstractus = abziehen, entfernen, trennen) bezeichnet meist allgemein einen Vorgang des gezielten Weglassens von Einzelheiten und des Überführens auf etwas Allgemeines. Unter „Abstraktion“ wird gemeinhin der Prozess verstanden, der aus dem konkreten Gegenstand (z. B. Flugzeug, Zug, Bus) das Allgemeine, das allen ähnlichen konkreten Gegenständen innewohnende Gleiche (z. B. Verkehrsmittel) herausfiltert.

Die Fähigkeit zu sinnvollem Kürzen und Abstrahieren ist vor allem vor dem Hintergrund einer wachsenden Informationsflut gefragt. Alle Aufgabenstellungen mit dem Ziel einer Textverdichtung (z. B. literarische Inhaltsangabe, strukturierende Textwiedergabe, Inhaltsangabe in Thesenform) setzen ein bestimmtes Abstraktionsvermögen voraus.

Beispiel 1

Folgende Unterbegriffe lassen sich mit einem bestimmten Oberbegriff gut abstrahieren:
- Verunsicherung
- Orientierungslosigkeit
- Ziellosigkeit
- Mangelndes Selbstwertgefühl

Zur Auswahl stehen dabei Oberbegriffe:
- Menschliche Nöte
- Menschliche Fehler
- Menschliches Versagen
- Menschliche Defizite

Alle Oberbegriffe außer „menschliche Nöte“ beinhalten schuldhaftes Verhalten, das mit den vorgegebenen Begriffen nicht – oder zumindest nicht zwingend – ausgesagt wird. Der Begriff „menschliche Not“ blendet die Schuldfrage aus und bezieht sich nur auf das Fehlen von Positivem und Notwendigem.

Beispiel 2

Dem Oberbegriff „Pressewesen“ lassen sich Unterbegriffe zuordnen:
- Wochenzeitung
- Illustrierte
- Zeitschriften usw.

Beispiel 3

Zu dem Oberbegriff „Tätigkeiten“ passen folgende Unterbegriffe:
- malen
- singen
- rechnen
- faulenzen
- arbeiten

Suchen Sie jeweils vier geeignete Unterbegriffe zu „Empfindungen“, „Fähigkeiten“, „Verhaltensweisen“.

Beispiel für die abstrahierende Zusammenfassung eines Sachtextes

Geraubte Zukunft
von Heidrun Graupner

Allein am Gesundheitszustand der Kinder lässt sich der Grad von Armut exakt messen. Je weniger Geld eine Familie hat, desto häufiger leiden die Kinder an Asthma oder Neurodermitis, sind zu dick, sie hören, sehen und sprechen schlechter oder nässen ein. 13,8 Prozent aller armen Kinder sind in ihrer geistigen Entwicklung beeinträchtigt, bei den Reichen sind es nur 0,8 Prozent. Allein diese Zahlen müssten aufrütteln. Diese Kinder werden aber nicht zum Arzt gebracht, sie fehlen im Kindergarten, sie versagen und brechen die Schule ab, sie haben kaum Aussicht auf einen Ausbildungsplatz. Die Kinder resignieren mit ihren Eltern, deren Armut vererbt sich auf sie, nicht nur psychisch, auch physisch, Armut schändet, sie raubt den Kindern die Zukunft, klagen Ärzte, die sich um sie kümmern. Politik für arme Kinder aber entsteht nach wie vor aus dem Moment heraus, hektisch und ineffektiv. Wenn in Hauptschulen wie an der Berliner Rütlischule ein Ausnahmezustand von Gewalt herrscht, wenn ein vernachlässigtes, misshandeltes Kind tot gefunden wird – eines von mehr als zehntausend vernachlässigten Kindern –, dann werden aufgeregt Konsequenzen verlangt. Umfassende und langfristige Ansätze fehlen, die vereinzelten Hilfen und Netzwerke, die derzeit entstehen, genügen noch nicht.

Graupner, Heidrun, Geraubte Zukunft, in: Süddeutsche Zeitung vom 28.07.2006, gekürzt

Lösung

Je weniger Geld eine Familie hat, desto häufiger leiden die Kinder an schweren Erkrankungen oder Entwicklungsstörungen. Kinder aus ärmeren Familien sind wesentlich häufiger in ihrer geistigen Entwicklung beeinträchtigt als solche aus wohlhabenden.

Solche Kinder leiden unter einer schlechten Versorgung und Betreuung sowie geringen Chancen auf eine berufliche Zukunft.

Folge von Armut ist deren Vererbung, psychisch und physisch, daraus folgend Resignation und Perspektivlosigkeit.

Politik für arme Kinder ist nach wie vor zu wenig nachhaltig.

Nur wenn spektakuläre Fälle vorliegen, werden aufgeregt Konsequenzen verlangt.

Grundlegende Ansätze fehlen.

Üben Sie das Abstrahieren anhand folgender Texte:
- Gemeinsam auf die Suche gehen (vgl. CD-ROM, Kapitel 5, I)
- Unser Leben im Netz (vgl. S. 352 f.)
- Selbstdarstellung statt Information (vgl. S. 354 f.)

6 Strukturieren

Die Arbeitsschritte Abstrahieren und Strukturieren sind eng miteinander verknüpft.
So bildet die Fähigkeit zur Abstraktion unter anderem eine Voraussetzung für die gedankliche Strukturierung eines vorliegenden Textes im Hinblick auf eine bestimmte Fragestellung.

Methode BUWE
Der Name BUWE für eine hilfreiche Methode der Strukturierung setzt sich zusammen aus den Anfangsbuchstaben:
Beschaffenheit
Ursache
Wirkung
Endzweck

Die Kinder sind schuld

von Jürgen Kaube

Nein, die Killerspiele sind es nicht. Die Wissenschaft hat's nachgewiesen, oder besser: kann's nicht nachweisen. Nein, vier, fünf Stunden Fernsehen am Tag sind es auch nicht. Die Dauerpopbeschallung aus Kopfhörern? Wer wollte behaupten, daran liege es? Das sind doch auch nur fiktionale Welten. Dass Zwölfjährige in Filme für Achtzehnjährige gehen, das heißt: gelassen werden – was soll das schon ausmachen? Dass sie umfangreich telefonieren – 1,6 Millionen Mobiltelefone waren 2004 im Besitz deutscher Kinder –, downloaden, surfen, das ist eben modern. So ist das nun mal, sie gehen etwa 10.000 Stunden ihres Lebens zur Schule und konsumieren währenddessen im Durchschnitt 12.000 Stunden lang Bildmedien und Musik. Das ist doch bloß gelebte Binnenkonjunktur, wenn die Hälfte von ihnen einen eigenen Fernseher hat. Da muss doch eigentlich nur noch Medienkompetenz her, am besten von den Medienwissenschaftlern, die sich bei den Killerspielen – was für ein gemeiner Name für so ein Gesamtkunstwerk – oder in der Horrorfilmfolgenentwarnungsforschung auskennen. Apropos Kompetenz: Siebzig Prozent der Kinder zwischen sechs und dreizehn entscheiden selber, was sie anziehen. Und wenn ihre Mode sich dann an der Popwelt und diese sich an Praktiken aus der Exklusionszone – Tätowieren, Piercen, Gefangenenhosen, Animierkostüme – orientiert, was wäre denn harmloser? Sie wollen doch nur spielen. Das war doch schon immer so. Und an dem bisschen Alkohol bei Feiern, daran kann es ja nun wirklich nicht liegen, wie sollten denn ausgerechnet Eltern daran Anstoß nehmen, die selbst gehascht haben? Und, hat es ihnen geschadet? Spaß muss sein. Und wenn sie nun einmal nicht gern frühstücken. Und mit sieben eben um Pokemon quengeln. Und mit zwölf stundenlang auf virtuelle Puppen ballern. Und es mit vierzehn uncool finden, vor Mitternacht wiederzukommen. Und wenn sie dann beim stillen Lesen nervös werden, weil das Buch selbst nicht flimmert. Und darum das Lesen einstellen, bis hinauf ins Studium. Und andere sich folgerichtig auch beim Sprechen auf die paar Signale einschränken, mit denen man durchkommt, ey Alter, du verstehst schon. Wenn überhaupt alles entweder gleich passiert oder blöd ist. Und wenn sie darum glauben, am besten sei es, wenn einem das gute Leben in Form von Geld und Bräuten senkrecht vor die Füße fällt wie dem Popstar, weil es ja

Lösung

Textzitate	Methode BUWE
„Killerspiele" „vier, fünf Stunden Fernsehen" „Dauerpopbeschallung" „Zwölfjährige in Filme[n] für Achtzehnjährige" „1,6 Millionen Mobiltelefone" „downloaden, surfen" „12.000 Stunden lang Bildmedien und Musik" „Alkohol bei Feiern" „Tätowieren, Piercen, Gefangenenhosen, Animierkostüme"	**B Erscheinungsformen problematischer Entwicklungen** Intensiver und nicht altersgemäßer (Unterhaltungs-) Medienkonsum Ausgeprägte und unreflektierte Handy- und Internetnutzung Abhängigkeit von Modetrends und Spaßkultur
„Das sind doch auch nur fiktionale Welten" „was soll das schon ausmachen" „das ist eben modern" „Das ist doch bloß gelebte Binnenkonjunktur" „was wäre denn harmloser? Sie wollen doch nur spielen. Das war doch schon immer so" „Und an dem bisschen Alkohol bei Feiern, daran kann es ja nun wirklich nicht liegen" „Und, hat es ihnen geschadet?"	**U Ursachen der Fehlentwicklungen** Verharmlosung, Gleichgültigkeit, Verantwortungslosigkeit oder Ignoranz gegenüber den oben genannten Einflüssen bei Eltern und Medien, in Gesellschaft, Wissenschaft und Wirtschaft
„Lesen einstellen, bis hinauf ins Studium" „Kopieren praktischer finden als Nachschlagen, -lesen, -denken" „das gute Leben […] senkrecht vor die Füße fällt" „die nervösen Kinder und die Schulabbrecher und die Jugendgewalt und die leseunfähigen Fünfzehnjährigen"	**W Wirkung der Fehlentwicklungen** Gewaltbereitschaft, Bildungsferne, Passivität und Konsumorientierung, Manipulierbarkeit zu einem Leben in Scheinwelten, falsche Vorbilder, Verkennung der Anforderungen des täglichen Lebens

eh nur einen Klick weit entfernt ist. Und denken, Erfolg sei eine Funktion von Reaktionsgeschwindigkeit. Und Kopieren praktischer finden als Nachschlagen, -lesen, -denken. Und wenn die Wirklichkeit für sie ein Glücksspiel ist, mit ein paar Drahtziehern hinter der Benutzeroberfläche, auf der weder Naturgesetze gelten noch andere. Wenn das alles geschieht – und jeder Lehrer weiß, dass es geschieht –, dann sind sie es alle nicht gewesen: McDonald's und Nintendo nicht, die Eltern nicht, die Schulen nicht und nicht die Universitäten, das Fernsehen nicht und nicht die Pop- und nicht die Filmindustrie, weder die Erziehungs- noch die Medienwissenschaftler […]. Niemand von ihnen ist's gewesen, und alles ist ganz normal, Ballern ist folgenlos, Fernsehen auch, und die nervösen Kinder und die Schulabbrecher und die Jugendgewalt und die leseunfähigen Fünfzehnjährigen, die bringt der Storch.

„McDonald's und Nintendo nicht, die Eltern nicht, die Schulen nicht und nicht die Universitäten, das Fernsehen nicht und nicht die Pop- und nicht die Filmindustrie, weder die Erziehungs- noch die Medienwissenschaftler […]. Niemand von ihnen ist's gewesen"

E Endzweck

Bewusstseins- und Verhaltensänderung im Hinblick auf eine werteorientierte und zeitgemäße Erziehung

Kaube, Jürgen, Die Kinder sind schuld, in: Frankfurter Allgemeine Zeitung vom 18.11.2005, leicht gekürzt und überarbeitet

Auch für zahlreiche Aspekte einer Themenanalyse bietet die **Methode BUWE** eine Hilfestellung. Das gilt z. B. für Erörterungen und Seminararbeiten, unabhängig davon, ob sie Sachprobleme aufgreifen oder literarische Themen behandeln.

Das hierfür notwendige problemlösende Denken verlangt ebenfalls eine bestimmte gedankliche Strategie, die ein umfassendes und logisches, zielgerichtetes und prägnantes Strukturierungsraster erfordert.

		Hilfsfragen	Funktion	Formulierungshilfen
B	Beschaffenheit	Worin besteht das Problem? Welche Charakteristika liegen vor? Welche Merkmale sind erkennbar? Welche Erscheinungsformen kommen vor?	Klärung des Ist-Zustands	Charakteristische Merkmale von … Erscheinungsformen von … Erkennungsmerkmale für … Probleme des … Kennzeichen von …
U	Ursache	Welche Ursachen gibt es? Welche Gründe liegen vor? Welche Voraussetzungen sind gegeben? Welche Motive sind wirksam?	Klärung des Vorausgegangenen (bezogen auf den Ist-Zustand)	Ursachen, Gründe für … Hintergründe von … Motive für … Vorliegende Voraussetzungen für …

		Hilfsfragen	Funktion	Formulierungshilfen
W	Wirkung	Welche Folgen gibt es? Welche Resultate sind zu erwarten? Welche Wirkungen sind abzusehen?	Klärung des Nachfolgenden (bezogen auf den Ist-Zustand)	Konsequenzen, Wirkungen von … Folgen aus … Resultate
E	Endzweck Sachproblem	Was ist zu tun, zu lassen, zu ändern? Welche Ziele sind anzustreben? Was soll erreicht werden? Welche Lösungsansätze gibt es?	Klärung des Soll-Zustands	Zielvorstellungen Notwendige Änderungen Zukunftsvorstellungen für …
	Literarisches Problem	Welche Absichten verfolgt der Autor?	Gedanken zum Gehalt	

1. Nutzen Sie die Methode BUWE zur Strukturierung der Texte „Netz voller Wahrheiten" (S. 19 f.), „Neue Arbeitswelt" (S. 210).
2. Wenden Sie die Methode BUWE an im Rahmen einer Erschließung folgender komplexer Themenbereiche: Arbeitslosigkeit, Beziehungen, Entwicklungshilfe, Globalisierung, nachwachsende Rohstoffe, Rauchverbot, Schulmüdigkeit, Technikfeindlichkeit.

7 Mind-Mapping

Ausgehend von Erkenntnissen der Gehirnforschung entwickelte der Brite Tony Buzan mit der **Mind-Map** („Gedankenlandkarte") eine Arbeits- und Darstellungsmethode, die gleichermaßen das sprachlich-logische (linke Gehirnhälfte) als auch das intuitiv-bildhafte Denken (rechte Gehirnhälfte) anspricht. Die Aktivierung beider Gehirnregionen führt zu einer erheblichen Steigerung der geistigen Leistung und verbessert maßgeblich die Speicherung von Informationen im Gedächtnis. Wird diese Technik gut beherrscht, bringt sie enorme Vorteile, wenn große Informationsmengen, z. B. im Hinblick auf Prüfungen, verarbeitet werden müssen.

Mit der Mind-Mapping-Methode können Ideen entwickelt, Informationen dargestellt, Ergebnisse strukturiert und visualisiert werden. Sachverhalten und Begriffen werden Teilaspekte zugeordnet. Die Mind-Map kann bei der Erarbeitung, Strukturierung und Wiederholung von Stoff- und Themengebieten eingesetzt werden, ebenso bei der Planung und Durchführung von Projekten.

Folgende Grundregeln sollten bei der Anfertigung einer Mind-Map beachtet werden:

1. Verwenden Sie weißes, unliniertes, glattes Papier im Format DIN A4 oder größer. Unliniertes Papier im Querformat bietet mehr Entfaltungsmöglichkeiten und die Aufzeichnungen werden eher als Bild wahrgenommen.
2. Legen Sie sich mindestens drei Farbstifte zurecht. Besorgen Sie sich auch Textmarker mit breiter Schreibkante. Farben regen das Gehirn an und beeinflussen die Vorstellungskraft positiv.
3. Beginnen Sie in der Mitte, arbeiten Sie von innen nach außen und dann im Uhrzeigersinn von oben (Mitte) nach rechts unten.

4. Geben Sie in die Mitte des Blattes die zentrale Aufgaben- oder Fragestellung (Blockschrift), am besten in Form eines Bildes oder einer Skizze.
5. Die Hauptäste führen vom zentralen Bild weg. Auf ihnen stehen in Blockschrift die Schlüsselwörter. Die Äste sind nie länger als das Schlüsselwort. Der erste Ast wird rechts oben angesetzt, die anderen folgen (in jeweils einer anderen Farbe) im Uhrzeigersinn.
6. Von den Hauptästen weg führen (dünnere) Nebenäste. Auf ihnen stehen Stichwörter, für die auch Kleinbuchstaben verwendet werden dürfen. Sie bilden die weiteren Gedankenebenen und führen „in die Tiefe".
7. Verwenden Sie zur Verdeutlichung der Stich- oder Schlüsselwörter Bilder, Symbole, Markierungen und Rahmen. Die assoziativ gestaltete Mind-Map gleicht dann eher einer Landkarte oder einem Baum. Bemühen Sie sich darum, jede Mind-Map fantasievoll und farbig zu gestalten. Die Lesbarkeit darf aber darunter nicht leiden.

Beispiel für eine Mind-Map:

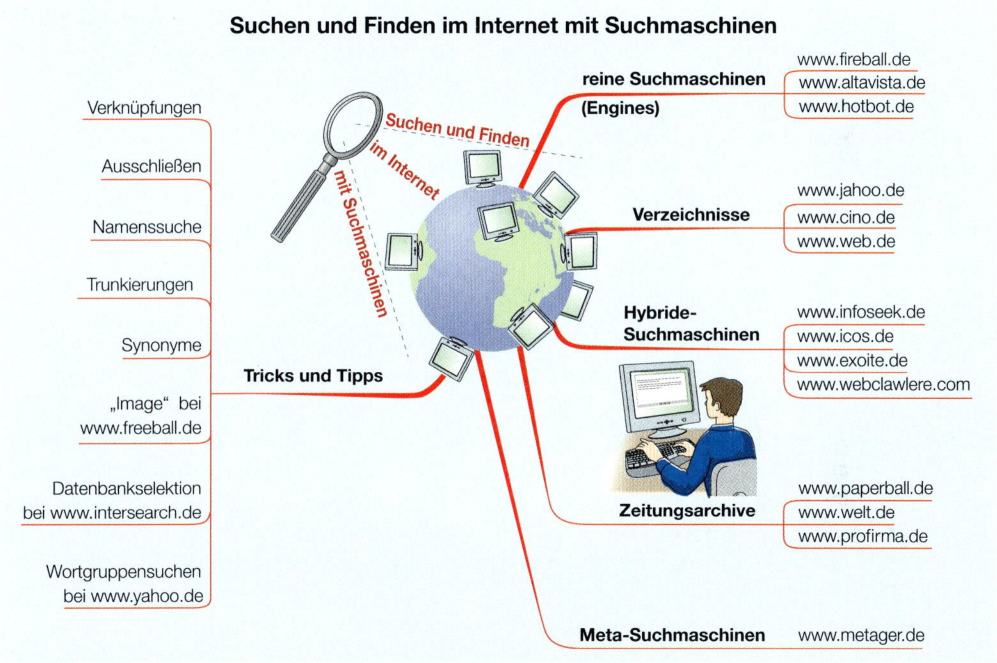

aus: Wobser, Bernd (2006), Internetsuchmaschinen, online unter: http://www.mind-mapping-seminare.de/wobser-suchmaschinen.html, zugegriffen am 20.01.2008

Gerade im schulischen Bereich weist die Mind-Map **vielfältige Anwendungsgebiete** sowie Vorzüge auf:

- Mind-Maps unterstützen eine strukturierende Notiztechnik (Informationsverarbeitung/Lernen mit Schul- und Fachbüchern; Mitschriften in Vorlesungen; Redemanuskript; Projekt- und Sitzungsprotokoll; Visualisierung bei Präsentationen).
- Mind-Maps unterstützen die Ideenentwicklung (z. B. Themenerschließung, Stoffsammlung für (Fach-)Referat und Seminararbeit).
- Mind-Maps tragen bei zur Problemlösung sowie zur Planung und Visualisierung von Arbeitsprozessen (z. B. Projektarbeit).
- Mind-Maps unterstützen das schnelle Erfassen, Festhalten und Einprägen eines Grundproblems und der damit zusammenhängenden komplexen Sachverhalte durch die Reduzierung der Komplexität und die Konzentration auf das Wesentliche (z. B. Prüfungsvorbereitung).

- Mind-Maps, die mithilfe von Kreativ-Software am PC entwickelt worden sind, bieten vielfältige gestalterische Möglichkeiten. Neben der größeren Übersichtlichkeit eröffnen PC-Maps vor allem die Möglichkeit zu einfacher Umstrukturierung, zum Hinterlegen von Begriffen mit Erklärungen, zu kreativer farblicher und grafischer Gestaltung und Präsentation.

1. Erstellen Sie eine Mind-Map mit den wichtigsten Regeln zur gegliederten Inhaltsangabe in Thesenform (vgl. S. 188 f.).
2. Erarbeiten Sie sich zentrale Inhalte der literarischen Epoche des Naturalismus mithilfe einer Mind-Map (vgl. S. 426).
3. Entwickeln Sie Mind-Maps zu den Themen Kalter Krieg, Friedenssicherung durch die UNO, Globalisierung, regenerative Energien, Analyse gebrochen rationaler Funktionen.
4. Fassen Sie den folgenden Text mithilfe einer Mind-Map zusammen.

Lerntypen

Die Menschen haben nicht nur unterschiedliche Frisuren und Nasen, sie lernen auch ganz unterschiedlich. Je nach Lerntyp kann man Informationen, die auf einem bestimmten Weg, über einen bestimmten Sinn aufgenommen werden, besser oder schlechter verarbeiten. Für alle Lernenden gilt, dass sie dann am effektivsten lernen können, wenn sie Informationen ihren unterschiedlichen Sinnen schmackhaft garniert darbieten: Das Auge isst nicht nur mit, genau wie das Ohr und die Hand lernt es auch mit.

Der visuelle Lerntyp kann sich diejenigen Informationen am besten einprägen, die ihn über seine Augen erreichen: Wenn er Bilder, Schaubilder, gestalteten Text, Filme usw. betrachtet, dann sieht sein scharfer Blick dabei mehr als andere. Sein geübtes Auge erkennt treffsicher, worauf es ankommt, er kann sich gut orientieren und erfasst, wie die dargestellten Dinge miteinander in Beziehung stehen. Außerdem besitzt er ein gutes bildhaftes Vorstellungsvermögen und kann sich einmal gesehene Bilder gut merken.

Der auditiv Lernende ist ein Typ, der gehörte Informationen besonders gut verarbeiten kann (er ist in der Schule gut aufgehoben, weil dort viele Informationen ausgesprochen werden und also erhört werden müssen). Mit seinen „scharfen Ohren" kann er an der Stimmlage schon erkennen, ob der Sprecher einer Information ein besonderes Gewicht beimisst oder ob er sie nur nebenbei erwähnt. Außerdem nimmt er durch sein geübtes Sprachgefühl mitschwingende Bedeutungen von Worten so wahr, dass sich die Satzgefüge in seinen Ohren logischer und klarer anhören als für andere Lerntypen, deshalb verliert er nicht so leicht den roten Faden und ist ein guter Zuhörer, der nicht nur die Ohren spitzt, sondern der aktiv zuhört, und also in Gedanken das Gehörte nachvollzieht und analysiert.

Der Bewegungstyp dagegen lernt haptisch, also über seinen Tastsinn. Er ist nicht so sehr an theoretischen Lösungen als an Modellen interessiert, mit welchen er abstrakte Gedankengänge gut konkretisieren kann. Es genügt ihm nicht, etwas nur von Weitem zu betrachten oder von etwas nur zu hören, er muss es anfassen, spüren, es selber in die Tat umsetzen. Wenn er es einmal selbst gemacht hat, dann kann er es auch auf ähnliche Fälle übertragen und Fehlendes oder Neues durch geschicktes Probieren ergänzen: Sogar große Probleme kann er dadurch lösen, dass er – auch ohne das Ziel schon zu sehen – weiß, was er zu tun hat, um sich in kleinen Schritten einer Lösung zu nähern: Er kann „basteln".

Zum Glück sind die meisten Menschen Lern-Mischtypen und können Informationen auf unterschiedliche Weisen aufnehmen und verarbeiten, denn nur die wenigsten wissen, welcher Lerntyp sie vor allem sind. Für Lernwillige bedeutet dies, dass sie Informationen auf unterschiedliche Weise aufnehmen sollten und dass sie sich dabei beobachten müssen, um herauszufinden, welcher Lerntyp sie sind.

Wenn Sie wissen, welcher Lerntyp Sie sind, sollten Sie die folgenden Tipps beherzigen: Dem visuellen Typ wird empfohlen, sein Lernmaterial (solange es nicht aus der Bibliothek ausgeliehen wurde!) farblich zu markieren, Lernposter mit Mind-Maps zu erstellen und bevorzugt Bücher mit vielen Illustrationen zu verwenden. Der auditive Lerntyp sollte vor allem im Unterricht aufpassen, weil er ganz entscheidend von den Unterrichtsgesprächen lernt – außerdem sollte er seinen Lernstoff mit anderen besprechen und darüber diskutieren – also nicht nur zuhören, sondern auch mitreden. Der haptische Lerntyp sollte sich Übungsaufgaben besorgen und versuchen, den Lernstoff mit seinen praktischen Lebenserfahrungen zu verbinden.

aus: Mühlhäusler, Claudius, www.Teleunterricht.de, Lerntypen, online unter: www.teleunterricht.de/teleunterricht2/Materialien/Deutsch/Lerntypen.pdf, zugegriffen am 15.11.2008

8 Memotechnik

Möglichst schnell möglichst viele Informationen im Gehirn zu speichern und wiedergeben zu können, stellt eine wichtige Arbeitstechnik dar. Im Folgenden werden einige Möglichkeiten zum schnellen Einprägen von Fakten vorgestellt. Alle diese Techniken versuchen, sich das jeweils unterschiedliche Vermögen von rechter und linker Gehirnhälfte zunutze zu machen und den Lernstoff dadurch dauerhafter zu sichern.

1. Kettenmethode: Bei dieser Methode werden die zu lernenden Begriffe wie die Glieder einer Kette so aneinandergehängt, dass die richtige Reihenfolge erhalten bleibt.

Beispiel

„Reiseroute"

Bahnhof – Hotel – Park – Kirche – Café – See

Ich steige am Bahnhof aus und gehe zum Hotel, das in einem wunderschönen, großen Park liegt. Wenn ich mitten im Park stehe, kann ich die Kirche sehen, und direkt neben der Kirche ist ein Café, dessen Terrasse auf den See hinausgeht.

Wichtig ist, sich nicht nur die einzelnen Begriffe vorzustellen, sondern praktisch einen „Film" zu drehen; mit der Kamera ganz langsam von einem Begriff zum nächsten zu schwenken, sodass die Begriffe wirklich miteinander verknüpft werden.

2. Lokalisationsmethode: Ein Lokaltermin ist ein Ortstermin, und so geht es hier darum, die wichtigen Begriffe an bestimmten Orten aufzuhängen. Es bietet sich an, sich das eigene Zimmer vorzustellen und die Begriffe in Gedanken an die Wände zu malen, in die Ecken zu stellen, auf den Fußboden zu legen, an die Decke oder an bestimmte Gegenstände zu hängen.

Gehen Sie gedanklich Ihren Schulweg nach und legen Sie dort chemische Formeln, Englischvokabeln, bestimmte Schlüsselbegriffe oder historische Daten etc. ab. Wiederholen Sie den Weg öfter, um sich die verschiedenen Lernbegriffe/Details besser einzuprägen.

III Präsentationstechniken

1 Referieren

Der Schulung mündlicher Sprachkompetenz dienen sämtliche Formen des Referierens – und zwar in allen Unterrichtsfächern. Dies kann von einer Rechenschaftsablage und einem mündlichen Wochenbericht über ein Kurzreferat und eine Buchvorstellung bis hin zum Fachreferat reichen. Auch im Zusammenhang mit gruppenspezifischen Arbeitsformen wie zum Beispiel Lernzirkel und Projektarbeit ergeben sich weitere Übungsfelder für das Referieren.

Bei einem freien mündlichen Vortrag ist zu beachten:

- Angemessene Anrede der Zuhörer zu Beginn
- Motivierender Einstieg in die Thematik
- Angabe und Abgrenzung des Themas, Benennung des Ziels sowie des Referataufbaus, eventuell methodische Vorbemerkungen (benutzte Literatur, Schwierigkeiten etc.)
- Bewusster Einsatz von Körpersprache (Haltung, Gestik, Mimik)
- Durchgängige Bemühungen um lebendigen Blickkontakt zu allen Hörern
- Variation von Sprechtempo, Lautstärke, Stimmlage
- Bewusste Wiederholungen und Zusammenfassungen als Mittel der Hervorhebung und als Gedächtnisstütze für den Zuhörer
- Beachtung der besonderen Notwendigkeit von Anschaulichkeit (Beispiele, Zitate, Vergleiche)
- Einbau wörtlicher Zitate mit der Anfangsformel (Ich zitiere: „...) und der Endformel (..." Zitatende)
- Vermeidung von Dialekt, Umgangssprache, abgedroschenen Redewendungen, Redefloskeln und Lieblingswörtern
- Wahrnehmung und u. U. Einbeziehung von Zuhörerreaktionen
- Notwendigkeit einer Zusammenfassung und Abrundung zum Schluss

Freies Sprechen über ein Thema erreicht man am sichersten dadurch, dass man schon in der Vorbereitungsphase auf eine schriftliche Formulierung im Wortlaut verzichtet. Stattdessen empfiehlt sich ein optisch klar strukturierter Stichwortzettel, der die Funktion einer Gedankenstütze erfüllt. Der Zuhörer wird unmittelbar angesprochen, wenn er das Gefühl hat, dass der Redner spontan spricht und nicht Auswendiggelerntes wie ein Schauspieler vorträgt.

Beispiel für einen Stichwortzettel in DIN-A5-Format

Mauerbau 1961

Hintergrund:
anhaltende Fluchtwelle in den Westen
neg. Konsequenzen für DDR-Wirtschaft (vgl. Facharbeitermangel)

Haltung der UdSSR:
Nachdenken über Möglichkeiten der Verdrängung der Westalliierten aus Berlin
(Blockade-Politik!?)
Forderung nach Entmilitarisierung Berlins (Verhandlungsultimatum!?)

Haltung der USA: Kein Nachgeben gegenüber sowj. Druck

Folgen: Angst der Bevölk. vor Konflikten, Anschwellen der Flüchtl.ströme
Reakt. der DDR: Bau der Mauer
aber: kein Widerstand d. Westmächte

Kennedy: „Die Mauer ist zwar keine schöne Lösung, aber immer noch besser als Krieg."

Berlin – Symbol f. Ost-West-Konfl.

Gestaltungshinweise

Verständliche Abkürzungen

Gezielte Hervorhebungen

Schlüssel- und Fachbegriffe

Leicht verständliche Strukturen

Zitate

Prägnante Kernaussagen

Beispiel: Schülervortrag im Wortlaut

Der Berliner Mauerbau im Jahre 1961

Der Freiheitswunsch vieler Ostberliner war dafür verantwortlich, dass immer mehr Menschen die DDR in Richtung West-Berlin verließen. Diese wurden dann mit Flugzeugen nach Westdeutschland gebracht. Der DDR fehlte es bald an Arbeitern. Sie erwirtschaftete Verluste. Die Sowjetunion wollte die Westmächte daraufhin aus Berlin vertreiben. Eine Landblockade konnte nicht als Druckmittel benutzt werden, da Westberlin als Vorsichtsmaßnahme nun Vorräte für ein Jahr lagerte. Die Sowjetunion forderte trotzdem die Umwandlung Westberlins in eine „freie, entmilitarisierte Stadt". Die Moskauer Regierung stellte den Westalliierten eine Frist, über den Abzug ihrer Truppen zu verhandeln. Die Westmächte gingen nicht auf die Forderung ein. Die Amerikaner verstärkten daraufhin ihre Armee in Berlin. Aus Angst stieg die Anzahl der Menschen, welche aus der DDR flüchteten. Ab Mitte Juli 1961 waren es an jedem Werktag mind. 1.000 Flüchtlinge. Aufgrund der hohen Flüchtlingszahl und der damit immer schlechter werdenden wirtschaftlichen Lage der DDR beschlossen die Parteichefs den Bau der „Berliner Mauer". Die Westalliierten unternahmen nichts gegen den Bau, sie protestierten nur im Nachhinein. J. F. Kennedy rechtfertigt die Untätigkeit der Amerikaner: „Die Mauer ist zwar keine schöne Lösung, aber immer noch besser als Krieg." Diese Aussage zeigt deutlich, dass unüberwindbare Differenzen zwischen Ost und West bestanden. Der Mauerbau kann als besonders markantes Symbol für den Ost-West-Konflikt gesehen werden.

1. Gestalten Sie zu einem Vortrag „Lerntypen" (vgl. S. 38) einen Stichwortzettel.
2. Entwerfen Sie einen Stichwortzettel zum Text „Der Einfall touristischer Horden führt zur Ausrottung des Schönen ..." (vgl. S. 207 f.). Es geht dabei nur um die Argumentation, nicht um die rhetorischen Mittel des Textes.

Nicht nur der Referent sollte sich nach bestimmten Regeln richten, auch der Zuhörer beeinflusst mit seinem Verhalten den Erfolg des Vortrags/Referats. Er sollte deshalb ein aufmerksamer, interessierter und kritisch-solidarischer Zuhörer sein. Während der Redezeit sollten störende Kommentare und Zwischenrufe ebenso unterlassen werden wie die Bekundung von Missfallen oder Langeweile. Eine Ausnahme können Zwischenfragen darstellen, aber nur, wenn sie ausdrücklich zugelassen oder sogar gewünscht wurden.

2 Visualisieren

Bei der Präsentation ist darauf zu achten, dass die inhaltlichen Aussagen anschaulich und zugleich anregend gestaltet werden. Die überlegte Auswahl der zu visualisierenden Inhalte hilft dem Zuhörer, Kernaussagen leichter zu verstehen und auch besser zu behalten. Mittel der Visualisierung müssen stets Aufgabenstellung, Zielrichtung und Gliederung des Vortrags im Auge behalten, dürfen also nie zum bloßen Selbstzweck werden. Die Planung des Medieneinsatzes muss sowohl den Zeitrahmen des Referats als auch das Auffassungsvermögen des Publikums berücksichtigen. Eine Visualisierung sollte also den Vortrag sinnvoll unterstützen und der Persönlichkeit des Referenten genügend Raum zur Entfaltung lassen.

Beispiele für

Medien	Nutzungsmöglichkeiten
– Fernsehgerät – DVD-Player – CD-Player – Kassettenrekorder – Laptop – Beamer – Dia-Projektor – Overhead-Projektor – Flipchart – Pinnwand – Tafel	– Film- bzw. Videoausschnitte – moderne Präsentationsprogramme – Folien – Mind-Maps – Bilder und Fotos – Plakate und Collagen – Modelle – Anschauungsobjekte – Wandkarten – schriftliche Unterlagen und Dokumente – Musik – Sprechtexte – eigene Notizen

Um den Erfolg der Visualisierung, z. B. mithilfe von Folie, Plakat oder im Rahmen eines modernen Präsentationsprogrammes zu gewährleisten, ist auf Folgendes zu achten:

Vorbereitung	Durchführung
– Organisation und Abstimmung des gesamten Medieneinsatzes – Berücksichtigung der räumlichen Verhältnisse – Rechtzeitige Reservierung technischer Hilfsmittel und Überprüfung auf Funktionstüchtigkeit – Überlegungen zum Adressatenkreis	– Übersichtliche Anordnung der Kerninformationen und Schlüsselbegriffe (z. B. einheitliches Layout, gut lesbare Schriftart und -größe, Abstimmung von Schrift und Hintergrund) – Nutzung der Visualisierungsvielfalt (themabezogene, verständliche Bilder, Diagramme, Grafiken, Organigramme, Tabellen, Videoausschnitte …) – Verwendung anregender Impulse (z. B. funktionale Farbverwendung, Symbole, witzige Elemente in Form von Karikaturen etc.) – Verzicht auf störende Gestaltungsmittel (z. B. zu viele Spezialeffekte)

Beispiel für ein Lernplakat

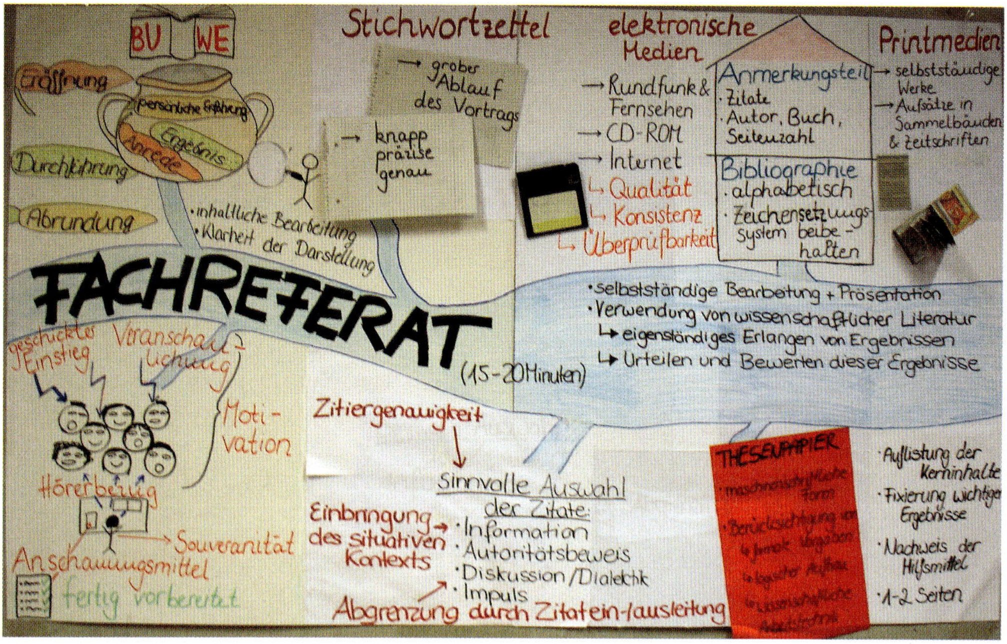

1. Untersuchen Sie das vorliegende Plakat im Hinblick auf folgende Gestaltungselemente:
   – Schriftart (groß/klein/kursiv/unterstrichen)
   – Farben (zur Verdeutlichung von Inhalten)
   – Bilder (Fotos/Karikaturen/Kollagen)
   – Symbole (Pfeile/Piktogramme/Satzzeichen)
   – Übersichtlichkeit (Tabellen/Diagramme/Schaubilder)
2. Entwerfen Sie zum Thema „Kinderarbeit in der 3. Welt“ (vgl. S. 22 f.) eine Text-/Bildcollage.
3. Gestalten Sie eine Wandzeitung bzw. eine Präsentation am PC zum Thema Integration.

IV Unterrichtsspezifische Arbeitsformen

1 Mitschrift – Ergebnisprotokoll – Thesenpapier

Mitschrift

Zu den elementarsten Arbeitsformen in Bildung und Weiterbildung zählt das Mitschreiben.
Beim Studium ist diese Technik eine grundlegende Voraussetzung und Notwendigkeit in den Vorlesungen und meisten Übungen.
Das Mitschreiben gelingt bei einem klar gegliederten und übersichtlich aufgebauten Referat natürlich leichter als bei einem weniger geordneten, assoziativ gestalteten Vortrag mit Gedankensprüngen und Abschweifungen. Die Technik des gleichzeitigen Zuhörens, Auswählens und Mitschreibens wird je nach der persönlichen Eigenart des Mitschreibenden unterschiedlich sein, sollte sich aber auf jeden Fall am Zweck der Mitschrift orientieren: Wiederholung und Auswertung des Gehörten, Nutzung für eigene Lernprozesse oder Verwendung für Weitervermittlung. Die Reduzierung darf auf keinen Fall so weit gehen, dass nach einer bestimmten Frist Zusammenhänge nicht mehr rekonstruierbar sind. Umgekehrt soll man aber auch nicht versuchen, zu vieles wörtlich mitzuschreiben; dies bleibt einem Stenogramm vorbehalten.
Es ist nicht immer leicht, beim einmaligen Hören sofort Wichtiges vom Unwichtigen zu unterscheiden; gerade das ist jedoch das Ziel. Eine Nachbereitung (Durchlesen, Nachschlagen, Fragen, Verbesserung der äußeren Form) erweist sich als hilfreich in Bezug auf Vertiefung und Speicherung des Gehörten.

Empfehlungen zur Mitschrift

- Schreiben Sie erst dann, wenn ein Gedanke beendet ist.
- Fassen Sie die zentralen Aussagen stichwortartig zusammen.
- Kürzen Sie Wörter sinnvoll ab und nutzen Sie auch Zeichen und Symbole, um Zeit zu sparen.
- Notieren Sie Namen, Daten und Begriffe möglichst vollständig, um sie in häuslicher Nacharbeit später nachschlagen zu können.
- Ordnen Sie Ihre Stichworte auf dem Papier so an, dass Zusammenhänge und Beziehungen erkennbar werden.
- Lassen Sie beim Schreiben auf dem Papier genügend Raum für Ergänzungen und Verweise.
- Notieren Sie Zitatbelege und Literaturhinweise sorgfältig.

■ **Beispiel für die Mitschrift zu einem Fachreferat (Auszug)**

Auszug aus dem Fachreferat

Friedensgefährdung durch Krisen des Kräftegleichgewichts im Zeitalter des Imperialismus

1. Definition Imperialismus

Imperialismus stellt eine politische Haltung dar, welche die Herrschaft über das eigene Staatsgebiet hinaus auf möglichst viele Teile der Erde ausdehnen will. Als Endziel wird dabei die Weltherrschaft gesehen. Zu unterscheiden sind zwei Typen, die aber beide darauf ausgehen, auf Dauer eine Herrschaft über eine fremde Gesellschaft zu errichten. Die indirekte Herrschaft (informal Empire) ist keine Territorialherrschaft über fremde Gebiete, sondern eine effektive Kontrolle der fremden Wirtschaft. Diese wird an den eigenen Interessen ausgerichtet und das fremde Land ist gezwungen, sich auch politische Vorschriften machen zu lassen. Die direkte Herrschaft (formal Empire, Kolonialismus) meint die Herrschaft über ein fremdes Gebiet, das militärisch besetzt und vom sogenannten Mutterland verwaltet wird.
Im Verlauf des 19. Jahrhunderts wächst die Welt immer mehr zusammen, und es entsteht eine den gesamten Erdball umspannende Politik. Diese Entwicklung bringt aber auch eine Wechselwirkung mit sich (in Form von Bündnissen und einer Kolonialpolitik), die nach und nach unheilvoller wird und sich letztendlich im Ersten Weltkrieg entlädt.

2. Ursachen und Motive für zunehmende imperialistische Interessen der Großmächte

Zu den wirtschaftlichen Ursachen zählen der Aufbau von Absatzmärkten (Möglichkeit der Ausfuhr von Waren und Kapital), die Sicherung günstiger Rohstoffquellen und die Schaffung neuer Arbeitsplätze. Die Ausweitung des Handels- bzw. des Wirtschaftsraumes dient letztendlich dazu, Wirtschaftskrisen zu vermeiden. Hierbei spricht man auch von Wirtschaftsimperialismus.

Technische Neuerungen sind erkennbar in einer Revolution hinsichtlich der Verkehrsmittel (Motortechnologie, Dampfschifffahrt), der Errichtung neuer Verkehrswege (Suezkanal, Ausbau des Eisenbahnnetzes) und der Entstehung der Schwerindustrie (Stahlproduktion). Wissenschaft und Technik veränderten den Alltag der Menschen radikal. Ferner spielen auch politische Hintergründe wie die Stabilisierung der innenpolitischen Ordnung und die Ablenkung der gesellschaftlichen Konflikte nach außen eine Rolle. Cecil Rhodes zieht hierzu folgendes Fazit: „Wenn man einen Bürgerkrieg vermeiden will, muss man Imperialist sein.“ Ferner erfordert die demografische Entwicklung die Schaffung von neuen Lebensräumen aufgrund des Bevölkerungswachstums. Allgemein sollte die Expansion nach außen die inneren Verhältnisse stabilisieren und die Probleme des Bevölkerungswachstums lösen. Dies wird als Sozialimperialismus bezeichnet. Schließlich sind ideologische Beweggründe mitverantwortlich für imperialistisches Denken und Handeln: Die Idee des Nationalismus zeigt sich im Sezessionskrieg in den USA und in Einigungsbestrebungen Italiens bzw. Deutschlands gleichermaßen. Der Sezessionskrieg in den USA führte zu einem nationalen Aufschwung; die Einigung Deutschlands unter Bismarck in zwei Einigungskriegen führte nach seinem Rücktritt ebenfalls zu nationalistischen Überschätzungen, die in imperialistische Politik umschlug.

Rassismus äußerte sich in einem Überlegenheitsgefühl der Weißen über die Farbigen und daraus resultierendem Missionsgefühl. Cecil Rhodes als britischer Kolonialpolitiker stellte dabei folgende These auf, „[…] dass es umso besser ist für die menschliche Rasse, je mehr von der Welt wir bewohnen.“

Schließlich fand der Militarismus als dritter seinen Ausdruck in einer Verherrlichung des Krieges bzw. Huldigung an das Recht des Stärkeren. Die Vielfalt der Ursachen und Motive unterstreicht die Komplexität imperialistischer Interessen der Großmächte.

Lösungsvorschlag

Text der Mitschrift

Thema: Friedensgefährdung durch Krisen des Kräftegleichgewichts im Zeitalter des Imperialismus

1. Def. Imperialismus: Herrschaft über das eigene Staatsgebiet hinaus ausdehnen
Ziel: Weltherrschaft
zwei Typen
indirekte Herrschaft: effektive Kontrolle der fremden Wirtschaft
direkte Herrschaft: militärische Herrschaft über fremdes Gebiet (Bsp. Kolonialismus)

19. Jh.: Weltumspannende Politik:
Wechselwirkung in Form von Bündnissen und Kolonialpolitik ➡ Folge: 1. Weltkrieg

2. Ursachen für imperialistische Interessen der Großmächte

wirtschaftlich: Aufbau von Absatzmärkten (Ausfuhr von Waren und Kapital!)
Sicherung von Rohstoffquellen
Schaffung neuer Arbeitsplätze

!! Ausweitung des Wirtschaftsraums zur Vermeidung von Wirtschaftskrisen im Innern (Wirtschaftsimperialismus) !!

technisch: Revolution = Verkehrsmittel (Dampfschifffahrt), Verkehrswege (Suezkanal, Eisenbahnnetze); Schwerindustrie (Stahlproduktion)

!! Wissenschaft und Technik veränderten den Alltag der Menschen radikal!!

politisch: Cecil Rhodes: „Wenn man einen Bürgerkrieg vermeiden will, muss man Imperialist sein."
➡ ■ innenpolitische Ordnung stabilisieren
■ gesellschaftliche Konflikte ableiten

demografisch: Bevölkerungswachstum ➡ neuer Lebensraum!! Sozialimperialismus !!

ideologisch: a) Nationalismus (vgl. USA; D)
b) Rassismus (Überlegenheitsanspruch der Weißen – Rhodes-Zitat – Missionierungsanspruch)
c) Militarismus (Verherrlichung des Krieges/Dominanz der Gesellschaft)

also: !! Ursachenvielfalt!!

1. Fertigen Sie die Mitschrift einer Unterweisung im Rahmen der fachpraktischen Ausbildung an.
2. Suchen Sie sich eine geeignete Veranstaltung außerhalb des Schulunterrichts, zu der Sie eine Mitschrift anfertigen (z. B. Studienberatung, Informationstag an Hochschulen, ehrenamtliche Tätigkeiten).

Ergebnisprotokoll

Beim reinen Ergebnisprotokoll (vgl. auch Protokoll S. 109 f.) verkürzt sich die Endfassung der Mitschrift auf die wichtigsten Ergebnisse.
In allen Fällen hängt die Ausführlichkeit vom Zweck des Protokolls ab; Abstimmungsergebnisse, Entscheidungen bzw. Beschlüsse sind in jedem Fall genau festzuhalten.
Für das Protokoll empfiehlt sich die Zeitstufe des Präsens, allein schon, um der Gefahr des Nacherzählens vorzubeugen.

Eine Niederschrift des Protokolls verlangt zwingend folgende Angaben:

- Adressenkopf, Institution, Rahmen
- Anlass mit Datum
- Veranstaltungsort
- Beginn, Ende
- Anwesenheitsliste, ergänzt mit Funktionsangaben
- Abwesenheitsliste mit Begründung des Fehlens
- Tagesordnung
- Protokolltext, gegliedert nach der Tagesordnung
- Unterschriften mit Ort und Datum

Beispiel für ein Ergebnisprotokoll

Berufliche Oberschule Memmingen
Claußweg 10
87700 Memmingen

Schuljahr 2008/09

Protokoll
über eine Unterrichtsstunde im Fach Geschichte/Sozialkunde am 9. Januar 2009

Beginn:	11.30 Uhr
Ende:	12.15 Uhr
Ort:	Klassenzimmer 126 der Beruflichen Oberschule Memmingen
Anwesend:	OStR Hans-Peter Klein 21 Schülerinnen und Schüler der Klasse BW 13a
Abwesend:	Isolde Weiß, Klaus Wagner (erkrankt)
Protokoll:	Felix Huber
Tagesordnung:	1. Einführung in die Unterrichtsstunde 2. Fachreferat zum Thema „Friedensgefährdung aufgrund von Krisen des Kräftegleichgewichts im Zeitalter des Imperialismus" 3. Nachbesprechung des Fachreferates

Zu TOP 1:
Beobachtungsaufgaben im Hinblick auf das Fachreferat des Schülers Christian Mayer beziehen sich im Rahmen arbeitsteiliger Gruppen auf Referataufbau, Medieneinsatz, Zeitmanagement und Vortragsstil. Ergebnisse des Arbeitsauftrages werden stichpunktartig festgehalten.

Zu TOP 2:
Die PowerPoint-Präsentation zum 25-minütigen Fachreferat „Friedensgefährdung aufgrund von Krisen des Kräftegleichgewichts im Zeitalter des Imperialismus" enthält neben den inhaltlichen Kernaussagen eine Reihe von Veranschaulichungen, z. B. in Form von Landkarten, Karikaturen und Bild-, Ton- und Filmdokumenten zu Personen und historischen Ereignissen.
Imperialismus als eine politische Haltung will die Herrschaft über das eigene Staatsgebiet hinaus auf möglichst viele Teile der Erde ausdehnen. Zu unterscheiden sind zwei Typen: indirekte Herrschaft und direkte Herrschaft.

Im Verlauf des 19. Jahrhunderts ist die Welt immer stärker zusammengewachsen. Ursachen und Motive der zunehmenden imperialistischen Interessen der Großmächte sind wirtschaftliche Überlegungen und technische Neuerungen. Wissenschaft und Technik verändern den Alltag der Menschen radikal. Ferner spielen politische Hintergründe und die demografische Entwicklung eine Rolle. Schließlich sind ideologische Beweggründe mitverantwortlich für imperialistisches Denken und Handeln, was sich in Nationalismus, Rassismus und Militarismus äußert.

Die Entwicklung der Großmächte vor dem Hintergrund ihrer imperialistischen Interessen und die daraus resultierenden Krisen und Konflikte zeigen sich am Beispiel der energischen Außenpolitik der USA und der Kolonialpolitik Englands, Frankreichs und Deutschlands.
Motive der Aufteilung Afrikas sind hauptsächlich Machtgewinn und Machterhalt. Dabei werden an die Kolonien mitunter zu hohe wirtschaftliche Erwartungen gestellt. Der Nutzen für die Kolonialmächte ist am Ende oft geringer als erhofft. In der Folge kommt es zu Krisen und Konflikten zwischen europäischen Staaten mit einhergehender Kräfteverschiebung, besonders zwischen England, Russland, Frankreich, Deutschland, Italien und Österreich-Ungarn. Hauptsächlich die aus den Kolonialgebieten auf Europa zurückstrahlenden Konflikte bringen das Kräftegleichgewicht zwischen den Großmächten aus der Balance. Insbesondere der Krisenherd Balkan entwickelt zunehmend friedensgefährdende Risiken für Europa. Trotz des mäßigenden Einwirkens Deutschlands und Englands auf ihre Bündnispartner kann die Entladung der Spannungen im Ersten Weltkrieg nicht verhindert werden. Kolonialfragen, das außenpolitische Auftreten, das veränderte Kräfteverhältnis und die Einstellung zur Balkanfrage sind also entscheidende Faktoren dafür, dass sich die neu herauskristallisierenden Mittelmächte und die Flügelmächte kritisch gegenüberstehen. Das Attentat von Sarajewo gilt zwar als der Auslöser des Krieges, die Ursachen müssen aber in den vorhergehenden Krisen gesucht werden.

Zu TOP 3:
Die abrundende Diskussion thematisiert die sehr informative, anschauliche und gut verständliche Gestaltung des Fachreferats. Besonders hervorgehoben werden auch das gute Zeitmanagement und der souveräne Vortragstil. Inhaltliche Nachfragen beziehen sich auf die Rolle Deutschlands in den Konflikten und insbesondere auf die Kriegsschuldfrage.
Als Hausaufgabe ist eine Mind-Map zu dem Thema „Imperialismus" anhand des ausgeteilten Thesenpapiers zu erstellen.

Memmingen, 9. Januar 2009

Leitung

Unterschrift
(Hans-Peter Klein, OStR)

Protokollführer

Unterschrift
(Felix Huber)

1. Halten Sie wesentliche Unterschiede zwischen Mitschrift und Protokoll fest und erläutern Sie Gründe für diese Unterschiede.
2. Erstellen Sie ein Protokoll einer Gruppendiskussion bzw. einer Teamsitzung im Rahmen einer Projektarbeit.

Thesenpapier

Inhalt und Form des Thesenpapiers sind im Wesentlichen abhängig von Thema und Aufgabenstellung. Es stellt mehr dar als eine bloß formale Gliederung; vielmehr bedeutet es eine prägnante Zusammenfassung der wichtigsten Ergebnisse. Entscheidend ist dabei das richtige Verhältnis von Abstrahierung und Konkretisierung, damit sich Referat und Thesenpapier sinnvoll ergänzen und nicht überschneiden. Das Thesenpapier soll dem Referenten dazu dienen, Kernaussagen seines Vortrags klar und übersichtlich, d. h. in Form von Thesen zu bündeln. Für das Publikum erleichtert es die Nachvollziehbarkeit von Aufbau und Inhalt eines Vortrags. Ferner kann es als Impuls und Grundlage einer anschließenden Diskussion dienen.

Bei der Erstellung eines Thesenpapiers ist zu berücksichtigen:

- Umfang: ca. zwei Seiten
- Einhaltung formaler Vorgaben
- Sinnvoller und übersichtlicher Aufbau
- Strukturierung in Ober- und Unterpunkten mit Überschriften
- Komplexe und präzise Formulierungen
- Begrenzter Einsatz von Zahlen-, Daten- und Bildmaterial
- Berücksichtigung fachspezifischer Erfordernisse
- Nutzung kreativer Gestaltungsmöglichkeiten
- Korrekte Wiedergabe und Nachweis von Zitaten
- Exaktes Literaturverzeichnis

Beispiel für ein Thesenpapier

Staatliche Fachoberschule und Berufsoberschule Memmingen
Thema des Fachreferats:
Die Rolle Berlins für die Deutschen nach 1945 – exemplarisch bis zur Gegenwart
Andrea Weinlaub Klasse BW12b 16.02.2007

Thesenpapier

„Berlin liegt im Nordosten Deutschlands und in der Mitte Europas, etwa auf der Breite von London und der Länge von Neapel. Bei Berlin schneiden sich die Achsen Paris-Warschau-Moskau und Stockholm-Prag-Wien-Budapest. Warschau ist 500 Kilometer entfernt, Paris 870 Kilometer. Zur Grenze nach Polen sind es nur 90 Kilometer. Das achtgrößte Bundesland hat 3,5 Millionen Einwohner und eine Fläche von 889 Quadratkilometern. Es ist zugleich die größte deutsche Stadt."[1]

1. Berlin nach dem Krieg

1.1 <u>1945 Teilung Berlins</u>
Berlin hatte den völkerrechtlichen Status eines „[b]esonderen Gebiets"[2] und wurde daher unter den Siegermächten in vier Sektoren aufgeteilt. Berlin ist Sinnbild für die Teilung Deutschlands.

1.2 <u>1949 Gründung der BRD</u>
Die Westmächte erlaubten ihren Besatzungszonen eine „Demokratie auf Probe"[3]. Das Beharren auf der Sonderstellung im Interesse der Stadt machte die volle rechtliche Einbeziehung Berlins in die BRD jedoch unmöglich.[4]

1.3 1949 Gründung der DDR
Trotz der rechtlichen Sonderstellung Berlins wurde Ostberlin Hauptstadt und Regierungssitz der DDR.

1.4 Berliner Luftbrücke
Berlin wurde dadurch in der demokratischen Welt zum Sinnbild westlichen Freiheitswillens. Der Preis dafür war die Spaltung.[5]

2. Die Eskalation in der DDR und der Konflikt DDR und BRD

2.1 1953 Volksaufstand in der DDR/Ostberlin
Da der Ministerrat sich weigerte, die beschlossene Erhöhung der technischen Arbeitsnorm um mind. 10 % zurückzunehmen, starteten Bauarbeiter in Ostberlin einen Streik. Der Streik weitete sich auf die ganze DDR aus.[6]
Dieser Aufstand ist das Sinnbild für den Freiheitswunsch der DDR-Bevölkerung.

2.2 1961 Mauerbau
Aufgrund der vielen DDR-Flüchtlinge sah die DDR keinen anderen Ausweg, sich vor einem wirtschaftlichen Bankrott zu schützen, als eine Mauer zu errichten.[7] Berlin ist Symbol für den Ost-West-Konflikt.

3. Die Gegenwart

3.1 1989 Mauerfall/1990 Wiedervereinigung
Nach 28 Jahren wird die Mauer geöffnet. Berlin wird wieder zur Hauptstadt und ist Sinnbild für ein vereintes Deutschland.

3.2 1997 Berliner Bankenskandal
Die landeseigene Bankgesellschaft „Berlin Hyp" ist verantwortlich für die Vergabe von unzureichend gesicherten Krediten über ca. 240 Mio. € an die Immobilienfirma Aubis. Auch zahlreiche Politiker sind in diese Angelegenheit verstrickt. Dies ist der größte Bankenskandal in der Berliner Nachkriegsgeschichte.[8]

3.3 Finanzlage Berlins
Berlin ist seit Jahren das finanzschwächste Bundesland. Sinnbild für das Anspruchsdenken der Deutschen.
„In Berlin sind die Spuren der ferneren und jüngeren Vergangenheit augenfällig. Diese unmittelbare Anschauung kann den Deutschen helfen, sich ihrer Geschichte mit all den Brüchen bewusst zu bleiben. Zugleich lässt sich in Berlin erkennen, wie das Land insgesamt heute wieder zusammenwächst, welche Fortschritte es macht, aber auch, welche Schwierigkeiten es zu überwinden gilt, bis die ‚innere' Einheit schließlich erreicht sein wird."[9]

Anmerkungen

Anm. 1: O. V., (o. J.), Berlins Bedeutung für Deutschland, herausgegeben von: Bundeszentrale für politische Bildung, online unter: http://www.deutschegeschichten.de/popup/objekt.asp?OzlID=5679& Obj, [Stand: 31.01.2007], zugegriffen am 15.11.2008.
Anm. 2: Apraku, Eva u. a., Berlin mit Potsdam, München [6]2003, S. 41.
Anm. 3: Weber, Jürgen, Regieren unter alliierter Aufsicht. Besatzungsstatus und Petersberger Abkommen, in: Ders. (Hrsg.), Gründung des neuen Staates 1949, München [4]1997, S. 212.
Anm. 4: Vgl. Land Berlin, (o. J.), online unter: http://www.bpb.de/wissen/09613486769953637427848646935326,0,0,Land_Berlin, [Stand: 31.01.2007], zugegriffen am 14.01.2009.
Anm. 5: Vgl. Apraku u. a., a.a.O., S. 45.

Anm. 6: Vgl. Lehmann, Hans Georg, Deutschland-Chronik 1945 bis 2000, Bonn 2002, S. 77–78.
Anm. 7: Vgl. Apraku u. a., a.a.O., S. 48–49.
Anm. 8: Vgl. o.V. (o. J.), Prozess um Bankenskandal ist rekordverdächtig. 15 Angeklagte, rund 30 Verteidiger, bergeweise Akten: Das Verfahren gegen Landowsky und die Exmanager der Berlin Hyp könnte sich Jahre hinziehen, online unter: Der Tagesspiegel online, online unter: http://archiv.tagesspiegel.de/archiv/11.05.2005/1809382.asp, [Stand: 30.01.2007], zugegriffen am 17.10.2008.
Anm. 9: O. V., Berlins Bedeutung für Deutschland, a.a.O.

Literaturverzeichnis

Apraku, Eva u. a., Berlin mit Potsdam, München [6]2003

Füchsel, Katja (2005), Prozess um Bankenskandal ist rekordverdächtig. 15 Angeklagte, rund 30 Verteidiger, bergeweise Akten: Das Verfahren gegen Landowsky und die Ex-Manager der Berlin Hyp könnte sich Jahre hinziehen, online unter: Der Tagesspiegel online, online unter: http://archiv.tagesspiegel.de/archiv/11.05.2005/1809382.asp, [Stand: 30.01.2007]

Lehmann, Hans Georg, Deutschland-Chronik 1945 bis 2000, Bonn 2002

Weber, Jürgen, Regieren unter alliierter Aufsicht. Besatzungsstatus und Petersberger Abkommen, in: Ders. (Hrsg.), Gründung des neuen Staates 1949, München [4]1997

o.V., (o. J.), Berlins Bedeutung für Deutschland, Bundeszentrale für politische Bildung (Hrsg.), online unter: http://www.deutschegeschichten.de/popup/objekt.asp?OzlID=5679& Obj, [Stand:31.01.2007]

o.V., (o. J.), Land Berlin, hrsg. von Bundeszentrale für politische Bildung, online unter: http://www.bpb.de/wissen/09613486769953637427848646935326,0,0,Land_Berlin [Stand: 03.02.2007]

o.V., (o. J.), Zur Haushaltsnotlagenklage Berlins, online unter: http://www.berlin.de/sen/finanzen/haushalt/notlage/index.html, [Stand: 04.02.2007]

1. Diskutieren Sie inhaltliche Verbesserungsmöglichkeiten des Thesenpapiers.
2. Überlegen Sie sich Möglichkeiten einer kreativen Gestaltung des Thesenpapiers.

2 Fachreferat

Neben anderen Formen gesprochener Sprache (vgl. Kap. 2) soll vor allem das Fachreferat einen wichtigen Beitrag dazu leisten, dass Schüler gezielt ihre mündliche Sprachkompetenz verbessern. Das Fachreferat ist ein umfangreicherer Schülervortrag, der mindestens 20 Minuten dauern soll; es bietet eine gute Grundlage für eine anschließende Diskussion, bei der einzelne inhaltliche Aspekte des Referatthemas noch zusätzlich vertieft werden können.

Auf der Basis erlernter Informations- und Verarbeitungstechniken stellt das Fachreferat zudem eine konkrete Möglichkeit dar, bereits im Rahmen der Vorbereitung wissenschaftliches Arbeiten exemplarisch zu erproben.

So gehört zu dem mündlichen Vortrag ein Thesenpapier im Umfang von ein bis zwei Seiten. Es sollte sich nicht in einer Gliederung erschöpfen, also kein bloßes Inhaltsverzeichnis sein, sondern folgende Funktionen erfüllen:
- Auflistung der Kerninhalte des Referats
- Fixierung wichtiger Arbeits- und/oder Untersuchungsergebnisse
- Darbietung zentraler Textstellen aus Fachliteratur bzw. Primärliteratur bei literarischen Themen
- Nachweis der verwendeten Literatur und anderer Quellen

Dabei ist es auch zweckmäßig, Zitate und dazugehörige Anmerkungen einzubinden.
Beim Vortrag selbst besteht die Möglichkeit, die unterschiedlichen Zitierweisen (wörtliches Zitat, sinngemäße Wiedergabe) zu verwenden und verbal kenntlich zu machen. In Bezug auf Vortrag und Thesenpapier haben unterschiedliche Formen der Präsentation einen höheren Stellenwert erhalten.

Die Vorbereitungszeit umfasst ca. 6 Wochen.

Strukturierung des Fachreferats

Eröffnung
- Anrede, Begrüßung
- Thema, Ziele, Ablauf
- Aufhänger, Motivation

Durchführung
- Logische Gliederung für den Zuhörer (z. B. BUWE)
- Aufrechterhaltung der Motivation
- Visualisierung

Abrundung
- Zusammenfassung der wesentlichen Aspekte
- Persönliche Erfahrungen und Wertungen
- Ausblick und Eröffnung der Diskussion

Hilfreiche Tipps für einen gelungenen Vortrag
- Positive Grundeinstellung zum Thema und zum Publikum auf der Basis einer sorgfältigen Vorbereitung
- Bewusstwerden der Bedeutung eines motivierenden Einstiegs
- Engagement während der Präsentation
- Aussenden positiver Beziehungsbotschaften (offene Gestik, freundliche Mimik, ruhiger Blick)
- Lebendigkeit des Vortrags (z. B. wirkungsvolles Sprechen, Standortwechsel, Blickkontakt zum Publikum, Aufnahme von Publikumsreaktionen etc.)
- Sichern der Aufmerksamkeit der Zuhörer (z. B. mithilfe ansprechender Medien, erzählerischer Elemente etc.)
- Notwendigkeit eines verständlichen Vortrags (z. B. kürzere Sätze, überlegter Einsatz technischer Hilfsmittel etc.)
- Souveräner Umgang mit dem Stichwortzettel
- Übung in Form eines Probevortrags (z. B. vor Freunden)

Eine Diskussion in der Klasse über **Kriterien der Bewertung** kann eine wertvolle Hilfestellung für eine Erfolg versprechende Vorbereitung und Durchführung sein.

Inhalt
- Bearbeitung des Themas
- Themenerfassung, Abgrenzung, Zielangabe
- Sachliche Richtigkeit
- Vollständigkeit, Begründung für Einschränkungen
- Materialauswertung
- Problematisierung, eigenes Urteil
- Klarheit der Darstellung
- Gedanklicher Aufbau
- Sprachliche Korrektheit
- Sprachlich-stilistisches Niveau

Präsentation
- Zielgruppe/Hörerbezug
- Interesse weckender, motivierender Einstieg
- Verständlichkeit für Adressatengruppe
- Sicherung von Zwischenergebnissen
- Kommentierung von Quellen und Hilfsmitteln
- Blickkontakt/Eingehen auf Hörerreaktionen
- Souveränität des Vortrags
- Sicheres Auftreten, Körpersprache
- Freies, deutliches, lebendiges Sprechen
- Eingehen auf Zusatzfragen, Bewährung in der anschließenden Diskussion
- Anschauungsmittel
- Hilfreiche Visualisierungen
- Sinnvoller Medieneinsatz
- Einhaltung der vorgegebenen Redezeit

Thesenpapier
- Aufbau des Thesenpapiers
  - Klare, einprägsame Formulierung von Kernaussagen
  - Übersichtliche Gestaltung
- Bibliografie und Zitiertechnik
  - Konkrete und korrekte Quellenangaben
  - Sinnvolle Verwendung von klar abgegrenzten Zitaten und Verweisen

1. Ordnen und diskutieren Sie die einzelnen Stationen der Referatvorbereitung:
Gestaltung der Medien nach den Prinzipien der Einfachheit und Klarheit, Prägnanz und des Anreizes – Gestaltung eines Stichwortzettels – Grobgliederung – Themenwahl auf der Basis von Interesse und Vorwissen – Planung konkreter Teilschritte des Vortrags, z. B. Einstieg – Vorbereitung auf Diskussion – Themenerschließung und Eingrenzung des Inhalts (vgl. S. 116 ff.) – Erstellen eines Thesenpapiers – Beschaffung der Informationen – Einüben des Vortrags – Auswertung der Informationen – Erarbeiten einer Feingliederung – Konzeption eines Arbeitsplans

2. Überlegen Sie sich jeweils einen motivierenden Einstieg sowie einen abrundenden Schluss zu den Fachreferatsthemen (vgl. S.148 ff.).

3. Zeichnen Sie ein Schülerreferat auf und besprechen Sie es auf der Grundlage der einzelnen Bewertungskriterien.

4. Diskutieren Sie Vorzüge und Schwächen unterschiedlicher Einzelmedien.

3 Gruppenarbeit

In vielen beruflichen Bereichen hat sich Gruppenarbeit bereits als effiziente Methode bewährt; sie ist auch selbstbestimmter, abwechslungsreicher und aufgrund von gegenseitigen Impulsen kreativer.
Eine wichtige Voraussetzung für eine erfolgreiche Gruppenarbeit ist eine solidarische Haltung innerhalb der Kleingruppe und unter den einzelnen Gruppen insgesamt, damit nicht wieder nur Einzelne die ganze Arbeit – oder einen Großteil – machen. Ein weiterer wichtiger Gesichtspunkt ist eine durchdachte und zielgerichtete Planung.
Grundsätzlich sind zwei Arten von Gruppenarbeit im Klassenverband zu unterscheiden:
a) Jede Gruppe bearbeitet den gleichen Auftrag.
b) Gruppen übernehmen unterschiedliche Aufgaben.

Im ersten Fall wird ein Vergleich der Ergebnisse das Ziel sein, im zweiten soll die Sammlung der Einzelergebnisse einen umfangreicheren Ertrag sichern.

Wichtige Arbeitsphasen in einer Klasse

- Gruppenbildung auf freiwilliger Basis oder über einen Losentscheid
- Klärung der Rollen in den Gruppen, z. B. Schriftführer, Diskussionsleiter, Sprecher
- Verteilung einzelner Arbeitsaufträge in der Gruppe
- Austausch und Diskussion der Ergebnisse, inhaltliche Abstimmung zwischen den Mitgliedern
- Festhalten der Ergebnisse durch alle Gruppenmitglieder
- Auswahl und Gestaltung von Medien
- Planung und Realisierung der Präsentation der Gruppenergebnisse vor dem Plenum
- Selbstevaluierung in der Gruppe und Klasse

Leitfaden für eine Lektürebesprechung auf der Basis einer arbeitsteiligen Gruppenarbeit

	Thema	Medien	Arbeitsauftrag
1	**Handlung und Figurenkonstellation**	Plakat Arbeitsblatt Folie Präsentationsprogramm Flipchart Wandzeitung …	Entwerfen Sie eine informative, klar beschriftete und kreative Strukturskizze zu Ort und Zeit, Handlung und Figuren.
2	**Charakterisierung zentraler Figuren**		Charakterisieren Sie umfassend zentrale Figuren Ihrer Wahl. Berücksichtigen Sie dabei auch deren Beziehungen. Wählen Sie verschiedene differenzierende, abstrahierende Adjektive. Werten Sie exemplarisch wichtige Textstellen aus.
3	**Analyse des Kernproblems**		Erstellen Sie eine informative und kreative Collage zum dargestellten Kernproblem. Welche Textstellen charakterisieren das Problem treffend?
4	**Konfliktanalyse**		Erstellen Sie eine informative und kreative Mind-Map zu inneren und äußeren Konflikten. Erläutern Sie dies anhand geeigneter Textstellen. Stellen Sie ein ausgewähltes Beispiel dieses Konfliktes in einem Rollenspiel dar.
5	**Erzähltechnik des Romans bzw. Dramentheorie**		Erstellen Sie eine informative Mind-Map zum Thema Erzähltechnik (vgl. S. 216 ff.) bzw. Dramentheorie (vgl. S. 260 ff.). Untersuchen Sie das Werk im Hinblick auf die verschiedenen Elemente der Erzähltechnik/Dramentheorie unter Nutzung geeigneter Textbelege.
6	**Sekundärliteratur Kritiken**		Recherchieren Sie geeignete Sekundärliteratur und Rezensionen, auch im Internet. Überlegen Sie sich Vergleichskriterien und werten Sie die Quellen diesbezüglich aus.

1. Vergleichen Sie fünf Tageszeitungen in arbeitsteiliger Gruppenarbeit mithilfe folgender Arbeitsschritte:
- Vorbereitung: Gruppenbildung (z. B. fünf Gruppen)
- Auswahl und Bereitstellung der fünf Zeitungsexemplare
- Erstellung eines Aufgabenkatalogs (z. B. Umfang, Inhalt, Schwerpunkte, Aufmachung etc. der einzelnen Zeitungen)
- Arbeit in Gruppen: Gemeinsame Erarbeitung und Besprechung der Teilaufgaben
- Schriftliche Fixierung der Gruppenergebnisse
- Arbeit im Plenum: Vortrag der Resultate der Einzelgruppen
- Auswertung bzw. Zusammenfassung der Ergebnisse

2. Analysieren Sie in arbeitsteiliger Form das Fallbeispiel Dennis (vgl. S. 102) unter Zuhilfenahme unterschiedlicher psychologischer Schulen.

3. Bestimmen Sie in arbeitsgleicher Gruppenarbeit die sprachlichen Mittel der einzelnen Textbeispiele aus „Die Saat geht auf" (vgl. S. 206).

4 Lernzirkelarbeit

Das Hauptmerkmal eines Lernzirkels besteht darin, dass die Lernenden die Möglichkeit haben, mit ihren unterschiedlichen Lernbegabungen eine Aufgabe zu lösen. Das Arbeiten an Zirkelstationen ist eine Form des **selbstständigen, selbsttätigen** und **differenzierenden Lernens** bzw. Unterrichts.

Der Lernzirkel nimmt Rücksicht auf die vielfältigen Lerntypen, fördert die Selbstständigkeit der Schüler und hält sie an, sich auf neue Aufgabengebiete einzustellen. Diese Methode regt dazu an, neues Wissen eigenständig zu erwerben.

Im Lernzirkel sind mehrere Stationen aufgebaut, die sich an einem bestimmten Unterrichtsthema orientieren. Für die Gestaltung der Stationen wird das meist umfangreiche Thema in kleinere Themenbereiche zerlegt.

Der Schüler wählt selbst, an welchen Stationen er allein oder mit anderen arbeiten will, da er von jeder angebotenen Seite zum Kern des Lernproblems vorstoßen kann.

An den Stationen eines Zirkels können jeweils mehrere Schüler zusammenarbeiten, wobei die Zahl der an einer Station Arbeitenden variieren kann. Jeder kann einmal alleine, zu zweit oder zu dritt, immer mit dem gleichen oder auch mit wechselnden Partnern zusammenarbeiten.
Alle Schüler arbeiten praktisch gleichzeitig auf dasselbe Lernziel hin, obwohl sie mit unterschiedlichen Aufgaben beschäftigt sind. Trotzdem besteht bei der Arbeit im Lernzirkel eine notwendige inhaltliche Steuerung.

Im Allgemeinen wird zwischen „geschlossenen" und „offenen" Lernzirkeln unterschieden.
Der **geschlossene Lernzirkel** ist dadurch gekennzeichnet, dass sich einzelne Stationen auf andere beziehen. Es ist also notwendig, dass die Teilnehmer bei der ersten Station beginnen und bei der letzten aufhören.
Der **offene Lernzirkel** bietet den Schülern dagegen die Möglichkeit, eine Station auszusuchen und so viel Zeit zu investieren, wie sie möchten. Dabei wählen viele Schüler oft zuerst eine Station, die ihrem Lerntyp oder Interesse entspricht.

Beispiel für einen Lernzirkel: Epoche des Expressionismus

Arbeitsanweisung

„Dieser Lernzirkel ist in acht Stationen eingeteilt, die Sie sich frei und eigenverantwortlich aneignen sollen. Die Nummerierung hat, mit Ausnahme der Station 1, die für alle an erster Stelle steht, reine Ordnungsfunktion, denn nach der ersten Station sind Sie in der Reihenfolge der Bearbeitung der Stationen frei.

Sichern Sie die Arbeitsergebnisse in Ihrem Ordner und achten Sie darauf, dass Sie diese Ergebnisse jederzeit zuordnen können.

Falls sich Fragen oder Probleme ergeben, wenden Sie sich bitte an Klassenkameraden, die gerade dieselbe Station bearbeiten, oder an Ihren Lehrer.

Der Laufzettel dient vorrangig zu Ihrer Kontrolle, informiert aber auch den Lehrer über Ihren Arbeits- und Lernfortschritt.

Manche Stationen (2, 4, 5, 6, 7) enthalten alternative Arbeitsaufträge und bieten für Lernende mit hohem Arbeitstempo, die früher mit den Pflichtstationen fertig sind, weitere Möglichkeiten zur Vertiefung und Erweiterung.

Halten Sie bitte grundsätzlich Ihr Deutschbuch und folgende Arbeitsmittel bereit:

Schere, Klebstoff, Textmarker, Buntstifte, Acrylfarben etc.

Wenn Sie im Besitz eines MP3-Players oder einer Digitalkamera sind, wäre es sehr hilfreich, wenn Sie diese mitbringen könnten.

Es stehen Ihnen acht Unterrichtsstunden für die Bearbeitung des Lernzirkels zur Verfügung; der Laufzettel hält den Arbeitsablauf und -fortschritt fest."

Station	Thema der Station	bearbeitet am	Dauer
1	Basisinformation zur Epoche		
2	Musik/Film		
3	Malerei und Plastik		
4	Kreative Umsetzungen von literarischen Texten		
5	Präsentationsaufgabe		
6	Auseinandersetzung mit literarischen Texten		
7	Internetrecherche zu Persönlichkeiten, Orten und Werken		

Station 1

1. Informieren Sie sich im Schulbuch (vgl. S. 428 f.) über die Epoche des Expressionismus.
2. Studieren Sie den Kulturfahrplan im entsprechenden Bereich (vgl. S. 410).
3. Halten Sie das Wesentliche in Form einer Mind-Map fest.
4. Überprüfen Sie Ihre Kenntnisse anhand folgender Fragen:
   - Wie ist die Epoche zeitlich begrenzt?
   - Nennen Sie drei historische Ereignisse bzw. politische Strömungen dieser Zeit.
   - Was versteht man unter „Expressionismus", „Surrealismus" und „Dadaismus"?
   - Nennen Sie jeweils drei Namen expressionistischer Dichter und Werke.

Station 2

Wählen Sie aus den beiden Aufgabenstellungen aus.

Alternative 1: Analyse von Filmsequenzen

Schauen Sie sich unter Berücksichtigung der unten aufgeführten Fragen folgende Filmausschnitte zweimal an:

- Flaherty, Robert J., Man of Aran. Dokumentarfilm, 1934
- Lang, Fritz, M – Eine Stadt sucht einen Mörder, 1931
- Lang, Fritz, Metropolis, 1927

1. Welche Thematik – auch Motive – wird bzw. werden angesprochen?
2. Welches Verhältnis zwischen Mensch/Figuren und Umgebung ist erkennbar?
3. Versuchen Sie, die Atmosphäre/Stimmung in wenigen Sätzen zu beschreiben.
4. Welche expressionistischen Elemente erkennen Sie in den Filmausschnitten?
   Für die Analyse hilfreich: vgl. Seite 348 f.

Alternative 2: Analyse von Beispielen expressionistischer Musik

Hören Sie sich die Ausschnitte folgender Musikstücke an:

- Schönberg, Arnold, „Gurrelieder", Chor: Seht die Sonne, 1901–1911
- Strauss, Richard, „Elektra", Schlussszene, 1909
- Strawinsky, Igor, „Sacre du printemps", Anfangsszene, 1913
- Schönberg, Arnold, „Moses und Aaron", 1932
- Honegger, Arthur, „Pacific 231", 1940

1. Verwenden Sie zehn Adjektive zur Charakterisierung Ihrer Höreindrücke.
2. Suchen Sie fünf Substantive zu Bereichen, die Sie mit der Musik assoziieren.
3. Setzen Sie ein Musikstück in Farbe um.
4. Drücken Sie ein Musikstück tänzerisch aus.

Station 3

Teil 1

Zum Material der Station gehört das Bild „Hölle der Vögel" von Max Beckmann mit zwei Bildbeschreibungen (vgl. S. 105 f.).

1. Betrachten Sie das Bild sehr intensiv in seiner Gesamtheit und in seinen Details.
2. Studieren Sie die beiden Beschreibungen.
3. Halten Sie Gemeinsamkeiten und Unterschiede der Beschreibungen fest.

Teil 2

Ihnen stehen folgende Bilder in Farbe zur Verfügung (vgl. S. 430 f.):

- Beckmann, Max, „Die Synagoge"
- Munch, Edvard, „Der Schrei"
- Grosz, George, „Metropolis"
- Dix, Otto, „Selbstbildnis als Mars"

1. Betrachten Sie die vier Bilder sehr intensiv.
2. Fertigen Sie zu einem der vier Bilder eine eigene Bildbeschreibung an.

Teil 3

Ihnen liegen vier „Werkzustände" eines Bildmotivs von Gabriele Münter vor. (vgl. S. 432)

1. Beschreiben Sie stichwortartig die wesentlichen Veränderungen gegenüber dem jeweils vorangegangenen Bildzustand.
2. Formulieren Sie eine Annäherung an den Begriff „abstrakte Kunst".

Station 4

Wichtiger Hinweis:
Informieren Sie sich frühzeitig über die Aufgabenstellung von Station 4, weil Sie geeignete Materialien sammeln und in die Schule mitbringen müssen.
Die Station enthält die Gedichte

- Werfel, Franz, „Als mich dein Wandel an den Tod verzückte" (vgl. S. 301)
- Trakl, Georg, „Verfall" (vgl. S. 590)
- Ball, Hugo, „Karawane" (vgl. S. 607)

1. Lesen Sie die drei Gedichte mehrmals intensiv durch.
2. Welche Bilder assoziieren Sie bei der Lektüre der Gedichte?
3. Sie haben nun die Wahl:
- Alternative 1: Erarbeitung eines Standbilds zum Gedicht „Als mich dein Wandeln an den Tod verzückte"
- Alternative 2: Gestaltung einer Collage zum Gedicht „Verfall"
- Alternative 3: Malerische Umsetzung des Gedichts „Karawane"
- Alternative 4: Filmische Umsetzung eines der drei Gedichte

Hinweise:
Unter einem Standbild versteht man die sozusagen eingefrorene Darstellung des Zustandes einer Person in ihrer momentanen Mimik und Körpersprache (wie bei einer Fotografie). Kontrollieren, korrigieren und leiten Sie sich gegenseitig an. Erst wenn Sie mit Ihrem Ergebnis völlig zufrieden sind, fotografieren Sie sich als lebende Standbilder. Die Mimik können Sie in der Übungsphase auch am Spiegel im Klassenzimmer kontrollieren.
Unter einer Collage versteht man die Zusammenfügung unterschiedlicher Bildelemente und Materialien mittels Klebstoff zu einem Gesamtbild.
Bilder, Collagen und gegebenenfalls Fotos werden im Klassenzimmer zur Bewertung ausgestellt.
Bedenken Sie an dieser Station die Möglichkeit zur Gruppenarbeit.

Station 5

Wählen Sie aus den fünf Vorschlägen eine Aufgabenstellung aus:

1. Gestalten Sie die vorliegende Szene aus Georg Kaisers Drama „Gas I" (vgl. S. 541 f.) szenisch.
2. Lernen Sie das Gedicht von Ernst Stadler „Fahrt über die Kölner Rheinbrücke bei Nacht" (vgl. CD-ROM, Kap. 10/II) auswendig und tragen Sie es vor.
3. Vertonen Sie das Gedicht „Verfall" von Georg Trakl (vgl. S. 590), z. B. als Song, Hip-Hop oder Rap.
4. Erstellen Sie eine Präsentation zu Gottfried Benns Gedicht „Schöne Jugend" (vgl. S. 608).
5. Schreiben Sie ein Gedicht oder eine dramatische Szene zum Bild „Stützen der Gesellschaft" von George Grosz (vgl. S. 434).

Station 6

Die folgenden drei Texte repräsentieren die drei literarischen Gattungen:
- Heym, Georg, „Der Gott der Stadt" (vgl. S. 606)
- Kafka, Franz, „Kaiserliche Botschaft" (vgl. S. 467)
- Kaiser, Georg, „Gas I" (vgl. S. 541 f.)

1. Setzen Sie sich anhand dieser drei literarischen Zeugnisse mit Motiven expressionistischer Literatur auseinander.
2. Halten Sie in Ihrem Heft fest, welche Aussageabsichten die Autoren literarisch gestalten, und ordnen Sie jeweils zentrale sprachliche Mittel zu.

Station 7

Sie haben die Wahl.

Führen Sie eine Internetrecherche zu einem der Themen durch:
- Blauer Reiter/Die Brücke: Mitglieder, Lebensläufe der Künstler
- Ernst Toller: Dichter und Politiker
- Lenbachhaus München
- Brecht als expressionistischer Lyriker

Mögliche Lernzirkelarbeit zu einer literarischen Ganzschrift

Beispiel
„Der Vorleser" von Bernhard Schlink

Szene aus dem Film „Der Vorleser"

Station 1	Informieren Sie sich über verschiedene Blickwinkel bei der Analyse des Romans. http://www.lehrerfortbildung-bw.de/faecher/deutsch/projekte/epik/der_vorleser/index.html/
Station 2	Analphabetismus und die Reaktionen Recherchieren Sie den heutigen gesellschaftlichen Umgang mit Analphabetismus. Vergleichen Sie Ihre Ergebnisse mit den Reaktionen Hannas.
Station 3	Bildbeschreibung und Reflexion Nutzen Sie die Botschaft des oben abgebildeten Szenenfotos als Hilfe für eine Interpretation des Romans.
Station 4	Rezension Löhndorf, Marion, Die Banalität des Bösen, in: Neue Zürcher Zeitung vom 28.10.1995 Arbeiten Sie die zentralen Aussagen der Interpretation heraus.
Station 5	Roman und Gedicht in einer Gegenüberstellung Stellen Sie eine Verbindung zwischen dem Roman und dem Gedicht „Hiroshima" von M. L. Kaschnitz her.
Station 6	Eine Rezension beleuchtet die Eigenart eines Buches. Formulieren Sie eine eigene knappe Rezension, die Ihre sachlich begründete Meinung über das Buch zum Ausdruck bringt.
Station 7	Problematik der Verfilmung von Prosatexten Vergleichen Sie den literarischen Text mit der Verfilmung.

5 Projektarbeit

Als offene und problemorientierte Lehrform setzt Projektarbeit auf starken Praxisbezug und fördert mittels Teamarbeit die Kommunikations- und Kooperationsfähigkeit. Projektaufgaben bringen das schulische Lernen der Arbeitswelt näher, vor allem dann, wenn dies fächerübergreifend geschieht. Eine realitätsnahe Aufgabenstellung, selbst gewählt oder vorgegeben, wird vollständig im Team bearbeitet.
Die Projektarbeit wird zunehmend als Ergänzung und Alternative zu traditionellen Arbeits- und Prüfungsformen angeboten. Sie zielt auf eine aktive Beteiligung der Schüler ab, wodurch auch bessere Lernergebnisse erwartet werden. Allerdings stellt sie hohe Anforderungen an die selbst verantwortete Gestaltung des Lern- und Arbeitsprozesses und setzt die Bereitschaft zur Auseinandersetzung mit einer vergleichsweise komplexen Problemstellung voraus.

Im Rahmen einer Projektarbeit – Komplexität und zeitlicher Umfang können sehr unterschiedlich sein – sollen die Schüler lernen, in Gruppen vielschichtige Probleme kritisch zu analysieren, gemeinsame Lösungen zu erarbeiten und zu dokumentieren. Bei dieser Arbeit werden die in den vorangegangenen Kapiteln bereits behandelten Methoden und Techniken praktisch angewandt.

Fahrplan der Projektarbeit

- **Organisation und Planung der Gruppe**
  - Zusammenstellung der Gruppe (z. B. mittels Losverfahren)
  - Gerechte Verteilung der individuellen Arbeitsleistung
  - Festhalten der individuellen Verantwortlichkeit für den Projekterfolg der Gruppe (z. B. mithilfe eines selbst entworfenen Gruppenvertrags mit Regeln)
  - Einhalten der Termine und zuverlässige Erledigung der Arbeit
  - Rechtzeitige Information bei Verhinderung
  - Nutzung moderner Kommunikationsmittel beim Austausch von Ergebnissen
  - Zuständigkeit des Teamleiters für die jeweilige Teamsitzung und Kontakt mit dem Lehrer
  - Austausch und Festhalten des gegenwärtigen Arbeitsstandes
  - Notwendigkeit außerschulischen Engagements
  - Reservierung schuleigener Hilfsmittel

- **Festlegung von Thema und Ziel**
  - Entscheidung für spezielle Thematik und Überlegungen zu Teilaufgaben
  - Berücksichtigung individueller Interessen/Vorkenntnisse/Fähigkeiten für Teilbereiche des Projektes
  - Festlegung eines gruppeninternen Zeitplans in Bezug auf die Realisierung der Arbeitsschritte
  - Einsatz projektrelevanter Arbeitstechniken
  - Stete Vergegenwärtigung der Zielsetzung des Projektes

- **Auswertung und Strukturierung des Materials**
  - Überlegungen zum projektbezogenen Informationsbedarf
  - Organisation und Durchführung der Recherche (Was? Wer? Wann? Wo? Wie?)
  - Aufteilung und gegenseitige Überprüfung der Informationsauswertung
  - Arbeitsteilige Strukturierung des Materials
  - Vorbereitung auf die individuelle Leistungsüberprüfung (z. B. Fachgespräch, Zwischenpräsentation, Protokoll)

- **Zusammenfassung und Präsentation des Projekts**
  - Diskussion und Verbesserung bzw. Erweiterung des Rohentwurfs
  - Erarbeitung einer projektgerechten Präsentation (Aufbau/Inhalt/Medien)
  - Vorbereitung, Abstimmung und Endkontrolle der Einzelbausteine der Präsentation
  - Durchführung der Präsentation
  - Nachbesprechung der Präsentation bzw. des Projektes

Hinweise auf ein mögliches Literaturprojekt: „Werte – Wertewandel"

Die Konzeption des folgenden Projekts verfolgt die Ziele einer vertiefenden Auseinandersetzung mit der literarischen Gestaltung des Wertewandels einerseits und der Vermittlung von inhaltlich-methodischen Qualifikationen für die Analyse poetischer Texte andererseits.

a) Klären Sie in den jeweiligen Projektgruppen die grundlegenden Begriffe: Wert, Wertewandel, Wertediskussion, Wertekonservativismus, Werterelativismus, Wertezerfall

b) Entwickeln Sie einen kurzen Fragebogen für Interviews zum Stichwort „Werte – Wertewandel".

c) Führen Sie diese Interviews mit einem möglichst repräsentativen Personenkreis durch und werten Sie die Ergebnisse aus.

d) Bearbeiten Sie in der Gruppe eines der folgenden Werke:

Werte im Hinblick auf:	Literarisches Werk:
Beziehung	Walser, Martin, Ein fliehendes Pferd Frisch, Max, Homo faber Treichel, Hans-Ulrich, Der Verlorene Dirks, Liane, Vier Arten meinen Vater zu beerdigen Düffel, John von, Houwelandt Hahn, Ulla, Unscharfe Bilder
Jugend	Remarque, Erich Maria, Im Westen nichts Neues Delius, Friedrich Chr., Der Sonntag, an dem ich Weltmeister wurde Walter, Otto F., Wie wird Beton zu Gras Torberg, Friedrich, Der Schüler Gerber Horvath, Ödön von, Jugend ohne Gott Lenz, Siegfried, Die Deutschstunde Niemann, Norbert, Schule der Gewalt Ossowski, Leonie, Die große Flatter Werner, Markus, Zündels Abgang Grass, Günter, Katz und Maus
Religion/Ethik, Sinnsuche	Hesse, Hermann, Narziß und Goldmund Hesse, Hermann, Steppenwolf Suter, Martin, Die dunkle Seite des Mondes Woelk, Ulrich, Freigang
Gesellschaft	Dürrenmatt, Friedrich, Besuch der alten Dame Düffel, John von, Ego Grän, Christine, Hurenkind Hein, Christoph, Drachenblut Rehmann, Ruth, Die Leute im Tal Böll, Heinrich, Ansichten eines Clowns Mann, Heinrich, Der Untertan Hilsenrath, Edgar, Der Nazi und der Friseur Pehnt, Annette, Mobbing
Minderheiten	Becker, Jurek, Jakob der Lügner Hackl, Erich, Abschied von Sidonie Demski, Eva, Afra Nadolny, Sten, Die Entdeckung der Langsamkeit Zoderer, Joseph, Die Walsche
Nation, Staat, politische Systeme	Brecht, Bertolt, Der aufhaltsame Aufstieg des Arturo Ui Timm, Uwe, Am Beispiel meines Bruders Sparschuh, Jens, Der Zimmerspringbrunnen Schneider, Peter, Mauerspringer Maron, Monika, Flugasche Andersch, Alfred, Der Vater eines Mörders Harig, Ludwig, Ordnung ist das ganze Lesen Hein, Christoph, Horns Ende

Frau/Emanzipation	Mlynkec, Kerstin, Drachentochter Franck, Julia, Die Mittagsfrau Drewitz, Ingeborg, Gestern war heute Hackl, Erich, Auroras Anlaß Haushofer, Marlen, Die Wand Duwe, Karin, Dies ist kein Liebeslied
Fortschritt, Wissenschaft	Kehlmann, Daniel, Die Vermessung der Welt Beyer, Marcel, Flughunde Süskind, Patrick, Das Parfum Kerner, Charlotte, Blue Print Härtling, Peter, Windrad Timm, Uwe, Der Mann auf dem Hochrad

e) Nutzen Sie die folgenden **Leitfragen** als Anregung für die Analyse und Interpretation des jeweiligen Werkes.

B **B**eschaffenheit	Welche Werte werden im literarischen Werk thematisiert? Welche Bedeutung haben die thematisierten Werte für die Gesellschaft, für den Einzelnen? Wie kommt es zu einer Konfrontation unterschiedlicher Werte? Welche Faktoren (z. B. Zeithintergrund, politisches System, Emanzipation, Pluralismus) prägen die Entwicklung/Veränderung von Werten besonders? Was sind die Wurzeln dieser Werte?
U **U**rsache	Worin zeigen sich Ursachen eines Wertewandels? Worin lassen sich die Folgen eines Wertewandels erkennen?
W **W**irkung	Welche Chancen und Risiken sind im Zusammenhang mit diesen Werten erkennbar? Welche Folgen haben die Werte für die literarischen Figuren?
E **E**ndzweck	Welche Absicht verfolgt der Autor mit der Darstellung der Werte? Welche Zukunftsvisionen sind denkbar?

f) Nutzen Sie zur **Selbstkontrolle** der Gruppenarbeit eine der folgenden Möglichkeiten:
- Protokoll über eine ausgewählte Teamsitzung
- Zwischenpräsentation
- Fachgespräch mit dem Lehrer

g) Berücksichtigen Sie in der Präsentation der literarischen Projektarbeit folgende **inhaltliche bzw. formale Elemente**:
Aufgabenbezogene Personenkonstellation, Inhaltsangabe, Charakterisierung, Interpretation eines äußeren/inneren Konfliktes auf der Basis von BUWE, Interpretation auf der Basis einer gezielten Auswertung von Sekundärliteratur, biografische Deutung, Sprachanalyse
- Zwei Seiten Thesenpapier, kreatives Plakat
- Auswertung eines Interviews über das Thema Wertewandel (Kleiner Fragebogen/mündliche Befragungen)
- Weitere zweckmäßige Medien, z. B. PowerPoint-Präsentation
- Literaturverzeichnis
- Kreative Zusatzaufgabe (z. B. dramatische Umsetzung einer Szene, Videoclip, künstlerische oder gestalterische Umsetzung der Botschaft des Werkes in Form einer Zeichnung, Grafik, Collage, eines Drucks, Foto usw.)
- Schaufenster, Zusammenarbeit mit Theater, lokalen Medien, Bibliothek, Literaturtag an der Schule

Anregungen zur Projektarbeit

1. Der Entwurf eines Beurteilungsbogens für eine Projektarbeit in der Klasse soll konkrete Kriterien der Bewertung thematisieren. Klären Sie die folgenden Anforderungen ab und überlegen Sie, welche Aspekte Sie als Teil einer Gruppenleistung bzw. einer Einzelleistung sehen.
   - Engagement, Kommunikationsverhalten, Zielorientierung, Selbstständigkeit
   - Sachkompetenz, Erläuterung von Hintergründen, Problembewusstsein
   - Inhaltliches Niveau, Vortragsstil, sprachliche Qualität, Umgang mit Medien
   - Einordnung in das Team, Beachtung des Zeitlimits, sachliche Richtigkeit, Informationsgehalt, Strukturierung der Inhalte, Gestaltung des Plakats, Gestaltung weiterer Medien, Niveau der kreativen Aufgabe, Thesenpapier, Literaturverzeichnis
2. Wie stark wollen Sie die einzelnen Aspekte gewichten?
3. Für Projektarbeit geeignete Themen:
   - Jugendsprache
   - Begegnung mit einem zeitgenössischen Autor/einer zeitgenössischen Autorin
   - Literarisches Leben in der Region – eine kulturelle Spurensuche
   - Das Theater unserer Stadt – eine Institution für eine Minderheit?
   - Zeitung in der Schule (Projekte der großen überregionalen Zeitungen)
   - Minderheiten in der Heimatregion
   - Globalisierung im alltäglichen Leben
   - Weimarer Republik im Spiegel der deutschen Literatur
   - Die 68er
   - Politischer Extremismus
   - Weibliche Vorbilder im 20. Jahrhundert
   - Die Wende im Spiegel der Literatur
   - Energiesparen als Herausforderung
   - Jugendaustausch – Idee und Realität
4. Aus der Bündelung mehrerer Referate zu einem Themenkomplex könnten sich Projekttage entwickeln:
   - Drogen (Religionslehre, Ethik, Biologie, Gestaltung, Sozialkunde, Wirtschaft, Deutsch, Englisch)
   - Integration (Religionslehre, Ethik, Sozialkunde, Geschichte, Deutsch, Wirtschaft, Englisch)
   - Alternative Energiequellen (Religionslehre, Ethik, Biologie, Physik, Chemie, Technologie, Wirtschaft, Sozialkunde, Englisch)
   - Das soziale Netz in den Industriestaaten (Wirtschaft, Mathematik, Psychologie, Sozialkunde, Geschichte, Religionslehre, Ethik, Englisch)
   - Wandel in der dörflichen Welt (Geschichte, Sozialkunde, Religionslehre, Ethik, Psychologie, Wirtschaft, Technologie, Gestaltung, Biologie, Chemie)
   - Europäische Einigung (Geschichte, Sozialkunde, Gestaltung, Recht, Wirtschaft, Englisch)
   - Globalisierung (Wirtschaft, Sozialkunde, Geschichte, Deutsch, Biologie, Religionslehre, Ethik, Gestaltung, Fremdsprachen)
5. Ein Projekttag zum Thema „Wandel der dörflichen Welt" könnte sich z. B. mit folgenden Einzelfragen befassen:
   - Der Zusammenhang zwischen dörflicher Welt und Werteorientierung (Ethik)
   - Vom religiösen Brauchtum zur Folklore? (Religionslehre)
   - Die Geschichte eines heimatlichen Dorfes vor und nach der Säkularisation (Geschichte)
   - Gemeindeordnungen im Wandel der Zeit (Sozialkunde)
   - Die Konsequenzen der Flurbereinigung (Sozialkunde, Biologie)
   - Die Entwicklung alternativer Lebensformen im Gebiet von ... (Sozialkunde, Psychologie)
   - Die Veränderung der Berufsstrukturen seit 1803 (Geschichte, Sozialkunde)
   - Die Entwicklung des Schulwesens/Kindergartenwesens im Landkreis (Pädagogik, Sozialkunde, Geschichte)

- Medizinische Versorgung auf dem Land im Wandel der Zeit (Geschichte, Sozialkunde)
- Ertragssteigerung um jeden Preis? Das Problem der Düngung (Chemie, Biologie, Wirtschaft)
- Technisierung in der Landwirtschaft (Technologie, Wirtschaft)
- Die Integration von Zuwanderern auf dem Lande (Psychologie, Sozialkunde)
- Die Auswirkungen der europäischen Einigung auf die hiesige Landwirtschaft (Wirtschaft, Sozialkunde)
- Wettbewerb Dorfentwicklung „Unser Dorf hat Zukunft" – Anspruch und Wirklichkeit (Gestaltung, Kunsterziehung)
- Probleme der Dorferneuerung am Beispiel von ... (Sozialkunde, Gestaltung, Kunsterziehung)
- Organisierte Belustigung auf dem Land (Sozialkunde, Psychologie)
- Das Wahlverhalten auf dem Land im Wandel der Zeit (Geschichte, Sozialkunde)
- Das Wahlverhalten der Bürger im Vergleich zwischen Landkreis und Kreisstadt (Geschichte, Sozialkunde)
- Industrialisierung auf dem Land (Wirtschaft, Sozialkunde)
- Ferien auf dem Land – Entwicklung einer Werbekampagne (Deutsch, Gestaltung)
- Gefährdung von Flora und Fauna im Landkreis ... (Biologie)
- Verkehrswesen im Landkreis ... (Sozialkunde)
- Die Entwicklung des Vereinslebens in den letzten 100 Jahren (Geschichte, Sozialkunde)

Denken Sie bei der Vorbereitung bzw. der Informationsbeschaffung an die vielerorts vorhandenen Landkreisbücher.
Die Frageaspekte sind natürlich erweiterbar und variierbar und sollen nur als Anregungen verstanden werden.
Als Alternative bietet sich an: Wandel der städtischen Welt.

6. Bausteine für die Erarbeitung und Durchführung des fächerübergreifenden Projekts „Bioprodukte – eine alternative Ernährung im Spannungsfeld von Profit und Gesundheit":

Themenbausteine
Nahrungsmittelproduktion und Umweltthematik – Pflanzenschutz und Ertragssteigerung – Verhältnis von Ökonomie und Ökologie – Volkswirtschaftliche Bedeutung in der Wertschöpfungskette: Produktion, Verarbeitung, Handel, Gastronomie und Konsum – Betriebswirtschaftliche Kostenkalkulation – Verhältnis: Lebensmittelkosten-Haushaltsbudget, Entwicklung der Lebensmittelpreise – Bio-Marketing – Strategien im Überblick und Vergleich – Marketinginstitutionen im ökologischen Landbau (CMA, Ökolandbau.de) - Regionale Bedeutung der Bioprodukte – Export/Import – Dritte Welt und fairer Handel – Ethische Komponente der Nahrungsmittelproduktion – Medien und gesunde Nahrungsmittel – Wandel der Ernährungsgewohnheiten – Lifestyle-Problematik – Schule und Ernährung

Projekt-Realisierung
Analyse von Zahlen und Fakten aus der Bio-Branche – Erstellung einer Wandzeitung mit Bio-Werbeslogans – Interviews mit Konsumenten, Hofladen, Landwirten ... – Herstellung einer CD, Film, Video, PowerPoint-Präsentation, Internetseite – Leserbrief zum Thema „Fairer Handel" – Einladen von Referenten aus der Bio-Branche – Erstellung von Werbung für konkrete Produkte – Broschüre zum Thema „Biolebensmittel" – Informationsstand in der Fußgängerzone – Experimente in Chemie/Biologie – Erstellung von Speiseplänen für Ganztagesschulen – Schulinterner Wettbewerb zur Propagierung von Bio-Produkten – Ausstellung in der Aula: „heimische Landwirtschaft" – Kochen mit Bio-Produkten – Aktionswoche „gesunde Ernährung aus der Region" in der Schule

Auf der beigefügten CD finden Sie zusätzlich Erläuterungen zur Arbeitsform Kugellagermethode.

Kapitel 2: Mündlicher Sprachgebrauch

I Sprache und Kommunikation

Menschliches Zusammenleben ist ohne Verständigung nicht vorstellbar. Das wichtigste Mittel dabei ist die **Sprache**. Sie ist ein von Menschen geschaffenes **symbolisches Zeichensystem**, das die Wirklichkeit nicht unmittelbar erfasst, sondern sie so wiedergibt, wie sie sich im Bewusstsein einzelner oder mehrerer darstellt. Die Verständigungsmöglichkeit mithilfe dieser Laut- und Schriftzeichen beruht auf der Übereinkunft der jeweiligen Sprachgemeinschaft.

Sprache

im eigentl. Sinne die menschl. Sp., die eine so zentrale, komplexe und vielseitige Erscheinung ist, dass sie sich einer einfachen Definition entzieht. Man hat, indem man jeweils einen Aspekt hervorhob, Sp. u.a. definiert als angeborene artspezif. Fähigkeit des Menschen, als strukturiertes System von Zeichen, als internalisiertes System von Regeln, das Laut und Bedeutung in Beziehung setzt, als Ausdruck von Gedanken durch Laute, als Werkzeug und prägendes Element des Denkens, als Form menschl. Erfahrung und Welterfassung, als Kommunikations- und Verständigungsmittel, als Menge von erlernten Gewohnheiten, auf Reize der Umwelt angemessen zu reagieren, als soziale Institution, als System von Mustern oder Regeln sozialen Handelns, als Voraussetzung und Form von Geschichte, Kultur und Kunst. Da Sp. mit fast allen Bereichen des menschl. Lebens zusammenhängt, kann sie unter einer unüberschaubaren Zahl von Gesichtspunkten analysiert werden. – Im übertragenen Sinne bezeichnet man auch tier. Kommunikationssysteme (z.B. die Bienen-Sp.), log. und mathemat. Kalküle, techn. Kommunikationssysteme (z.B. Programmier-Sp. u.a. in der Datenverarbeitung) als Sp.n. obwohl ihnen grundlegende Eigenschaften menschl. Sp.n fehlen.

Meyers Enzyklopädisches Lexikon, Bd. 22, Bibliographisches Institut Mannheim Wien Zürich, Mannheim 91971, S. 331

Sprache

(ahd. Sprahha „Sprache“: „Aussage“, „Rede“, „Beratung“), im weitesten Sinne von Semiotik und Informationstheorie ein konventionelles System von Zeichen zu Kommunikationszwecken; dazu gehören neben den natürlichen Sprachen auch künstliche Sprachsysteme (Welthilfssprachen, Systeme logisch-mathemat. Kalküle, Programmiersprachen und Sprachsynthesen), Kommunikationssysteme von Tieren sowie allg. ein Symbolverständnis voraussetzende Zeichensysteme (z.B. Gebärden-S., Trommel-S., Flaggensignale, Morsealphabet).

Sprache, Gesellschaft und Kommunikation

Danach kann es Gesellschaft nur geben durch Kommunikation und Interaktion, also gemeinsames Handeln, wie umgekehrt S. wesentlich gesellschaftlich und in gemeinsame Handlungszusammenhänge eingebettet ist. Eine Gesellschaft ist sprachlich geprägt, indem S. Identität schafft und Nationen und Minderheitengruppen sich weithin durch ihre gemeinsame S. definieren. Sie ist ein entscheidendes Mittel für subkulturelle Gruppen, sich von der Außenwelt zu unterscheiden und ihren Zusammenhalt als „In-group“ zu stärken. […]

Zentral für die Bestimmung des Verhältnisses von S. und Kommunikation ist das Konzept der kommunikativen Kompetenz. Sprachfähigkeit beinhaltet demnach – über die grammatisch korrekte Verwendung von S. hinaus – die Berücksichtigung der angemessenen Gebrauchskontexte und die sozial und kulturell determinierten Normen für Produktion und Interpretation von Äußerungen.

Brockhaus Enzyklopädie, Bibliographisches Institut, Mannheim Wien Zürich 1978, S. 696 ff.

1. Klären Sie die Ihnen unbekannten oder wenig vertrauten Fachbegriffe der beiden Artikel unter Zuhilfenahme von Lexika oder Internet.
2. Vergleichen Sie die beiden Artikel im Hinblick auf Inhalt und Verständlichkeit.

Peter Bichsels Kurzgeschichte bietet eine literarische Auseinandersetzung mit dem Verhältnis zwischen Sprache und Wirklichkeit, die die Willkürlichkeit von Bezeichnungen offenlegt.

Ein Tisch ist ein Tisch (1966) | Peter Bichsel

Ich will von einem alten Mann erzählen, von einem Mann, der kein Wort mehr sagt, ein müdes Gesicht hat, zu müd zum Lächeln und zu müd, um böse zu sein. Er wohnt in einer kleinen Stadt, am Ende der Straße oder nahe der Kreuzung. Es lohnt sich fast nicht, ihn zu beschreiben, kaum etwas unterscheidet ihn von andern. Er trägt einen grauen Hut, graue Hosen, einen grauen Rock und im Winter den langen grauen Mantel, und er hat einen dünnen Hals, dessen Haut trocken und runzelig ist, die weißen Hemdkragen sind ihm viel zu weit.

Im obersten Stock des Hauses hat er sein Zimmer, vielleicht war er verheiratet und hatte Kinder, vielleicht wohnte er früher in einer andern Stadt. Bestimmt war er einmal ein Kind, aber das war zu einer Zeit, wo die Kinder wie Erwachsene angezogen waren. Man sieht sie so im Fotoalbum der Großmutter. In seinem Zimmer sind zwei Stühle, ein Tisch, ein Teppich, ein Bett und ein Schrank. Auf einem kleinen Tisch steht ein Wecker, daneben liegen alte Zeitungen und das Fotoalbum, an der Wand hängen ein Spiegel und ein Bild.

Der alte Mann machte morgens einen Spaziergang und nachmittags einen Spaziergang, sprach ein paar Worte mit seinem Nachbarn, und abends saß er an seinem Tisch.

Das änderte sich nie, auch sonntags war das so. Und wenn der Mann am Tisch saß, hörte er den Wecker ticken, immer den Wecker ticken.

Dann gab es einmal einen besonderen Tag, einen Tag mit Sonne, nicht zu heiß, nicht zu kalt, mit Vogelgezwitscher, mit freundlichen Leuten, mit Kindern, die spielten – und das Besondere war, daß das alles dem Mann plötzlich gefiel.

Er lächelte.

„Jetzt wird sich alles ändern", dachte er. Er öffnete den obersten Hemdknopf, nahm den Hut in die Hand, beschleunigte seinen Gang, wippte sogar beim Gehen in den Knien und freute sich. Er kam in seine Straße, nickte den Kindern zu, ging vor sein Haus, stieg die Treppe hoch, nahm die Schlüssel aus der Tasche und schloß sein Zimmer auf.

Aber im Zimmer war alles gleich, ein Tisch, zwei Stühle, ein Bett. Und wie er sich hinsetzte, hörte er wieder das Ticken, und alle Freude war vorbei, denn nichts hatte sich geändert. Und den Mann überkam eine große Wut. Er sah im Spiegel sein Gesicht rot anlaufen, sah, wie er die Augen zukniff; dann verkrampfte er seine Hände zu Fäusten, hob sie und schlug mit ihnen auf die Tischplatte, erst nur einen Schlag, dann noch einen, und dann begann er auf den Tisch zu trommeln und schrie dazu immer wieder:

„Es muß sich ändern, es muß sich ändern."

Und er hörte den Wecker nicht mehr. Dann begannen seine Hände zu schmerzen, seine Stimme versagte, dann hörte er den Wecker wieder, und nichts änderte sich.

„Immer derselbe Tisch", sagte der Mann, „dieselben Stühle, das Bett, das Bild. Und dem Tisch sage ich Tisch, dem Bild sage ich Bild, das Bett heißt Bett, und den Stuhl nennt man Stuhl. Warum denn eigentlich?" Die Franzosen sagen dem Bett „li", dem Tisch „tabl", nennen das Bild „tablo" und den Stuhl „schäs", und sie verstehen sich. Und die Chinesen verstehen sich auch.

„Warum heißt das Bett nicht Bild", dachte der Mann und lächelte, dann lachte er, lachte, bis die Nachbarn an die Wand klopften und „Ruhe" riefen.

„Jetzt ändert es sich", rief er, und er sagte von nun an dem Bett „Bild".

„Ich bin müde, ich will ins Bild", sagte er, und morgens blieb er oft lange im Bild liegen und überlegte, wie er nun dem Stuhl sagen wolle, und er nannte den Stuhl „Wecker". Hie und da träumte er schon in der neuen Sprache, und dann übersetzte er die Lieder aus seiner Schulzeit in seine Sprache, und er sang sie leise vor sich hin.

Er stand also auf, zog sich an, setzte sich auf den Wecker und stützte die Arme auf den Tisch. Aber der Tisch hieß jetzt nicht mehr Tisch, er hieß jetzt Teppich. Am Morgen verließ also der Mann das Bild, zog sich an, setzte sich an den Teppich auf den Wecker und überlegte, wem er wie sagen könnte.

Dem Bett sagte er Bild.
Dem Tisch sagte er Teppich.
Dem Stuhl sagte er Wecker.
Der Zeitung sagte er Bett.
Dem Spiegel sagte er Stuhl.
Dem Wecker sagte er Fotoalbum.
Dem Schrank sagte er Zeitung.
Dem Teppich sagte er Schrank.
Dem Bild sagte er Tisch.
Und dem Fotoalbum sagte er Spiegel.
Also:

Am Morgen blieb der alte Mann lange im Bild liegen, um neun läutete das Fotoalbum, der Mann stand auf und stellte sich auf den Schrank, damit er nicht an den Füßen fror, dann nahm er seine Kleider aus der Zeitung, zog sich an, schaute in den Stuhl an der Wand, setzte sich dann auf den Wecker an den Teppich und blätterte den Spiegel durch, bis er den Tisch seiner Mutter fand.

Der Mann fand das lustig, und er übte den ganzen Tag und prägte sich die neuen Wörter ein. Jetzt wurde alles umbenannt: Er war jetzt kein Mann mehr, sondern ein Fuß, und der Fuß war ein Morgen und der Morgen ein Mann.

Jetzt könnt ihr die Geschichte selbst weiterschreiben. Und dann könnt ihr, so wie es der Mann machte, auch die anderen Wörter austauschen. […]

Aber eine lustige Geschichte ist das nicht. Sie hat traurig angefangen und hört traurig auf. Der alte Mann im grauen Mantel konnte die Leute nicht mehr verstehen, das war nicht so schlimm.

Viel schlimmer war, sie konnten ihn nicht mehr verstehen.

Und deshalb sagte er nichts mehr.

Er schwieg, sprach nur noch mit sich selbst, grüßte nicht einmal mehr.

Bichsel, Peter, Kindergeschichten, Luchterhand Verlag, Neuwied und Berlin 1969, S. 21ff.

1. Schreiben Sie die Geschichte ab Z. 109 weiter.
2. Weshalb kann das in der Kurzgeschichte beschriebene Experiment des alten Mannes nicht funktionieren?

In einer kulturkritischen Rede vor dem Bayerischen Landtag setzte sich der Abgeordnete Erich Schosser mit dem Sprachwandel auseinander, den er auch als Sprachverfall wertet:

Rede zum Thema „Sprache und Literatur in Bayern“ von Erich Schosser

Als sie in der Morgendämmerung der menschlichen Geschichte auftauchte – die Sprache –, wurde sie zum Fundament aller späteren Entwicklung. Als sie, nach Zehntausenden von Jahren, vom flüchtigen Laut die Qualität des Beständigen – durch die Schrift – erfuhr, war die Grundlage für die Hochkulturen geschaffen. Durch sie war es möglich, die Fülle an Ideen weiterzugeben, die Voraussetzung war für die Entstehung von Literatur. Die Erfindung des Buchdrucks war dann zwar für die Verbreitung der Literatur von immenser Bedeutung, aber keineswegs Voraussetzung. Tatsächlich ist es nicht übertrieben, zu sagen, dass viele der größten die Menschheit bewegenden Ideen – sei es in der Religion, der Philosophie, der Poesie – vor der Erfindung Gutenbergs entstanden sind; was wiederum die später entstandenen Juwele geistiger Arbeit nicht verdunkelt. Gewiss ist, dass mit dem Buchdruck eine neue Dimension entstanden ist: Die Esoterik des Wissens – in Europa überwiegend in Klöstern und gelehrten Zirkeln vorhanden – verschwand: Wissen wurde öffentlich, jedermann zugänglich, der die Technik des Lesens beherrschte.

Kaum, dass diese Fähigkeit zum wirklichen Allgemeingut geworden ist – in diesem Jahrhundert, mancherorts auch schon im 19. –, stellen neue Techniken der Informationsvermittlung diese unsere Kultur, die auf dem Buche gründet, infrage. Es wäre töricht, diese Entwicklung, an deren Anfang wir stehen, bekämpfen zu wollen. Es kann nur darum gehen, sie verstehen zu lernen, sie zu integrieren in unsere Kultur, ohne dabei die gewordene Sprache zu beschädigen. [...]

In einem Aspekt sind die elektronischen Übermittler dem Buch weit überlegen: Sie haben eine ungeheure Kapazität. Der Inhalt ganzer Bibliotheken könnte, so man es wollte, in einem einzigen großen Regal von Kompaktplatten gespeichert werden. Als Randbemerkung: Ist das die Zukunft unserer Bibliotheken, die an der Überfülle zu ersticken drohen? Die elektronischen Medien haben indessen eine andere Auswirkung, die ich, im Unterschied zu jener, die man als positiv bewerten kann, als durchaus fragwürdig bezeichnen möchte: Ich rede von der neuen, andersartigen Sprache der Computer. Es ist bemerkenswert, dass diese dem Apparat angemessene Sprache von Kindern mit Interesse, oft mit Begeisterung gelernt wird. Die Fachleute dürfen sich freuen: An Nachwuchs für die neuen Techniken fehlt es nicht. Man wird freilich in Kauf nehmen müssen, dass damit eine neue Schicht von Alphabeten entsteht und umgekehrt der größte Teil des Volkes, zumindest auf absehbare Zeit, zu Analphabeten gemacht wird. Vielleicht ist eine solche Entwicklung an sich noch keine Katastrophe. Eine echte könnte es aber werden, wenn die Beherrscher jener neuen Sprachen die Fähigkeit verlören, ihre Muttersprache noch angemessen zu beherrschen. Diese Entwicklung hat bereits eingesetzt, allein schon durch die elektronischen Medien. Der Niedergang der Hochsprache ist in vollem Gange. Gewiss wäre es billig, aber auch falsch, die alleinige Ursache im Fernsehen zu sehen. Zwar ist meines Erachtens die Sprache dieses Mediums in weiten Bereichen alles andere als qualitätsvoll. Zum Erziehen in der Kunst der deutschen Sprache ist es in der gegenwärtigen Verfassung nicht imstande. Doch damit befindet sich das Fernsehen in bester Gesellschaft. Was sich in Teilen der Presselandschaft abspielt, ist oft noch ärger. Es werden Gesetze der deutschen Sprache souverän missachtet: falsche Konjunktive, geschraubte oder primitive Wendungen, verkehrter Satzbau, Rechtschreibfehler sonder Zahl. Manchmal könnte man meinen, eine fremde Sprache vor sich zu haben. Dass dadurch das Empfinden für die richtige Sprache bei den Massen verloren geht, ist fast zwangsläufig. Von einer Verstümmelung der Sprache zu reden, ist keine Übertreibung. Man mag den groben Verstößen gegenüber anderen Mängeln als gering erachten, obschon sie es nicht sind. Etwa wenn Günter Grass das Seltenwerden des Semikolons beklagt, oder wenn man die grässliche Falschanwendung des Apostrophs beklagt, der das alte Genitiv-s weithin ersetzt hat. Trauer muss man tragen, sieht man allerorts das Verkommen der Hochsprache. Beileibe sind es nicht allein die Journalisten, die daran Schuld tragen. Nebenbei bemerkt: Bestes Deutsch wird bei uns, von Literaten von Rang abgesehen, gerade bei Journalisten gefunden; freilich sind sie zählbar im Gegensatz zu den anderen, den Degradierern und Verstümmlern. In einem Parlament ist es jedoch angebracht, die Sonde der Kritik an die Sprache der Politiker anzulegen. Fürwahr – welch unermesslicher Fundus bietet sich den Zeitgenossen! Wie viel an Banalitäten, an Übertreibungen, abgenutzten Metaphern, falschen Vergleichen, bürokratischen Floskeln wird dem Bürger geboten! Wie leichtfertig werden auch die Regeln der Sprache missachtet! Der Volkssouverän geht oft zu souverän mit ihnen um. Da bleibt dann vieles auf der Strecke. Wenn dann auch noch Begriffe falsch verstanden werden – nur ein Beispiel: die fast ständige Verwechslung von Technik und Technologie –, bleibt kein Recht mehr, sich zu wundern. Falsche Begriffe bewirken falsches Denken. Die Folge: Man versteht den anderen nicht mehr. Die Politiker haben deshalb in hohem Maße eine Verantwortung für die deutsche Sprache. Sie sind, wie die Journalisten aller Sparten, in besonderer Weise Hüter der Sprache, sie sollten sich zumindest so empfinden. [...] Spätestens hier ist die Frage nach den Schulen zu erwarten. Sind denn nicht sie die eigentlich Verantwortlichen für die Sprachkultur? Ist es nicht ihre Aufgabe, in die Schwierigkeiten und die Schönheiten der Muttersprache einzuführen? Natürlich ist dies die Aufgabe der Schule. Es wäre unredlich, dies zu bestreiten; es wäre gleichermaßen unredlich, ihr die ganze Verantwortung zuzuschieben. Es wurde vorhin schon gesagt, wo besondere Verantwortungen liegen. Man kann die genannten Gruppen durchaus um andere ergänzen. Eine Tatsache ist doch unübersehbar: Erziehung, in der Sprache und auf anderen Gebieten, findet in unserer Epoche in großem Maße außerhalb der Schule statt. Was soll der Deutschlehrer, wenn die Kinder Comic-Strips oder schlecht geschriebene Zeitschriften lesen? Ist diese Konkurrenz überhaupt zu bestehen? Ich wage die Frage nicht zu beantworten. Sie soll jedoch hindeuten auf die beispiellos großen Schwierigkeiten, denen sich die Schule heute gegenübersieht in ihrem Erziehungs- und Bildungsauftrag. Doch muss dieser Auftrag und diese Verantwortung bei ihr bleiben. Ich meine schon, dass in gewissen Bereichen all die Tugenden wieder gepflegt werden sollten. Um vom Unverbindlichen ins Verbindliche zu kommen: Ich halte es für eine falsche Haltung, die Rechtschreibung als sekundär zu behandeln. Diese Toleranz stellt zwar eine Erleichterung für die Schüler dar, aber sie findet sich am verkehrten Platz. Der Verzicht auf die genormte Rechtschreibung ist zugleich auch ein Verzicht auf die Anforderungen an das Gedächtnis. So kommt es denn, neben anderen Einflüssen, dass das Gedächtnis zu wenig trainiert wird. Die Folge: Es entwickelt sich zu wenig; die weitere Folge: Klar strukturiertes Denken fällt schwer. [...]

Schosser, Erich, Rede im Bayerischen Landtag zur Debatte „Sprache und Literatur in Bayern", in: Literatur in Bayern Nr. 16, Juni 1989, gekürzt

1. Welche Ursachen macht Erich Schosser für den Sprachwandel verantwortlich?
2. Mit welchen Beispielen werden Argumente veranschaulicht?
3. Welche rhetorischen Mittel werden verwendet?
4. Woran erkennt Schosser Anzeichen des Sprachverfalls, und wie beurteilt er diesen?
5. Diskutieren Sie Schossers Schuldzuweisungen und Forderungen.

Arm, alt, nackt

Ihr da oben, wir da unten: Das Retro-Deutsch grassiert

von Christopher Schmidt

Wenn es stimmt, dass im Augenblick des Todes noch einmal das ganze Leben vor unserem geistigen Auge vorüberfliegt, dann gleicht das Fernsehen einer permanenten Nahtoderfahrung. Täglich macht es die menschliche Entwicklung noch einmal im Zeitraffer durch, und sein Reifegrad spiegelt sich in der Sprache. Morgens erwachen wir als Teletubbies und sagen „Ah-oh" und „Winke-Winke". Mittags sind wir pöbelnde Halbwüchsige und setzen uns die Hasskappe des Jugendslangs auf, bevor uns die Fernsehrichter die Grenzen zeigen.

Wir lernen, unsere Triebe zu unterdrücken, und werden für diese Kulturleistung belohnt mit den wohltemperierten Schaumbädern der TV-Movie-Dialoge („Wir müssen reden", „Du willst es doch auch" und „Gib mir Zeit"). Danach sind wir geläutert und schauen in den „Tagesthemen" aufs große Ganze, wo wir uns mit den Floskeln der Politik („Das Zeitfenster steht nicht mehr lange offen") vertraut machen. Die Nacht endlich gehört der Rache des Verdrängten. Krimis und Sex-Clips reinigen die Festplatte für den morgendlichen Neustart, und Harald Schmidt wildert uns wieder aus, nachdem die Konsensgesellschaft uns mürbe und zahm gemacht hat.

Seit einiger Zeit ist diese schöne Ordnung des Aufstiegs vom Primitiven zum Komplexen in Unordnung geraten. Immer häufiger schleichen sich hinter dem Rücken der Fernseh-Dompteure verbotene Wörter weg und wandern als regressiver Schub vom Krawall-Nachmittag in den Abend, den lange die Staatsbürger und mündigen Verbraucher regierten.

Zuerst wurde der „Geiz", der doch eine Todsünde darstellt, „geil", was ebenfalls eine Todsünde beim Namen nennt. Die flache Einflugschneise ermöglichte später den „Heuschrecken" ihren Touchdown im öffentlichen Diskurs. Der Kapitalismus wurde rhetorisch zur alttestamentarischen Plage, dicht gefolgt von der „Unterschicht", und mittlerweile ist in den Nachrichten nicht mehr von „sozialer Benachteiligung" die Rede, sondern von „Armut", zeigt das Wimmelbild der Arbeitslosen nicht bloß „Geringverdiener", sondern „Arme".

Noch immer sind die Ursachen für den Stromausfall am vergangenen Wochenende nicht geklärt. Während die Experten rätseln, waren die Generalisten des Fernsehens schon am Sonntag mit einer Erklärung bei der Hand. Die Gier sei schuld, sagten sie, die Gier der Energiekonzerne, die ihre Gewinne in die eigene Tasche stecken, statt einen angemessenen Prozentsatz davon in die Erneuerung des maroden Stromnetzes zu investieren.

Nun zeigt sich die Gier bekanntlich immer „nackt", genauso wie die Wahrheit nur „hässlich" sein kann. Und sie ist eine weitere Todsünde, die aber beweist, dass das Retro-Deutsch nicht zu stoppen ist. Es schien mit seinen plakativen Schlagwörtern, die immer so wirken, als wären sie dem Volksmund direkt von der Hechelzunge geklaubt, lange verbannt aus der öffentlichen Rede und hatten sich in Reservate zurückgezogen. Umzingelt von den Palisaden der politischen Korrektheit, konnte sich die Boulevardpresse als Spartakus gerieren, wenn sie die Ketten der Denkverbote sprengt. [...]

Komplizierte Sachverhalte auf einfache Versäumnisse herunterzubrechen, lullt uns ein und nährt die falsche Hoffnung, es müssten einfach nur die richtigen Leute an den Schalthebeln sitzen. Mit einem Begriff wie „Gier" kommt die Psychologie in die Volkswirtschaft, wo sie wahrlich nichts verloren hat. Denn den Zustand eines Gemeinwesens nicht an den mehr oder weniger wohltätigen Folgen des Handelns Einzelner abzulesen, sondern an den Motiven, die sie dabei leiten, bedeutet, den Menschen bessern und bekehren zu müssen. Es mag konservativ sein, ist aber nachweislich aussichtsreicher, sich dabei auf den Eigennutz zu verlassen, den Verdammungsworte ohnehin nicht exorzieren.

Vielleicht ist es aber auch nur so, dass wir uns den Luxus verklausulierter Euphemismen nicht mehr leisten können. Wir haben die „Peanuts" erlebt, das „Humankapital" und das „sozialverträgliche Frühableben" – Blender-Vokabeln, die wie Seifenblasen waren, Begleitfloskeln der New-Economy und selbst sprachliche Spekulationsobjekte von Leuten, die ihre Statements als Investment verstehen. Heute sind wir wieder „arm" und „alt", „geizig", „gierig" und „geil". Und morgen reden wir wie die Teletubbies.

Schmidt, Christopher, Arm, alt, nackt. Ihr da oben, wir da unten: Das Retro-Deutsch grassiert, in: Süddeutsche Zeitung vom 08.11.2006, gekürzt

Spiegel-Titelbild vom 02.10.2006

1. Erklären Sie den Begriff „Retro-Deutsch".
2. Welche Ursachen sieht Schmidt für die Entwicklung des „Retro-Deutsch"?
3. Nehmen Sie Stellung zur pessimistischen Einschätzung des Autors bezüglich der Zukunft der deutschen Sprache.
4. Gestalten Sie eine Collage „Retro-Deutsch".

Auf der beigefügten CD finden Sie zusätzlich den Text „Also, ‚voll' sag' ich sauoft" von Sarah-Maria Goerlitz zum Thema Jugendsprache.

II Kommunikationsmodell

Kunstprojekt aus dem Museum für Kommunikation in Berlin

Neben dem semantischen, auf die Einzelwörter bezogenen Bedeutungsaspekt gibt es eine syntaktische (Wortverknüpfungen, Satzbau) und eine pragmatische Dimension (Verhältnis der Mitteilung zum Verhalten) des Zeichensystems. Mündliches Verstehen hängt aber auch von außersprachlichen Verständigungszeichen (Gestik, Mimik, Zeichensprache usw.) ab. Für jede Art von Verständigung und Mitteilung – aber auch Übermittlung von Information – hat sich der Begriff **Kommunikation** eingebürgert.
Dabei wird zwischen **verbaler Kommunikation** (sprachliche Verständigung) und **nonverbaler Kommunikation** (nicht sprachliche Verständigung) unterschieden. Weil die technischen Mittel der Kommunikation unser Jahrhundert verändert haben und noch weiter verändern, nennt man unsere Industriegesellschaft häufig auch **Kommunikationsgesellschaft** oder **Massenkommunikationsgesellschaft**.

Die moderne Kommunikationswissenschaft unterscheidet **drei Formen der Kommunikation**:
1. „Intrapersonale Kommunikation" bezeichnet die Aufnahme und Verarbeitung von Inhalten aus der Umwelt, die **innerhalb** eines Individuums erfolgen.
2. „Interpersonale Kommunikation" bezeichnet den „normalen" Austausch von Inhalten **zwischen** mindestens zwei Einzelpersonen (Gesprächspartnern).
3. „Mediengebundene Kommunikation" (Massenkommunikation) bezeichnet die **Nutzung von Medien** zum Austausch von Inhalten zwischen den beteiligten Personen.

Zur Veranschaulichung des Kommunikationsvorgangs wird in vielen Fachgebieten mit Kommunikationsmodellen unterschiedlicher Ausprägung gearbeitet.

Grundmodell

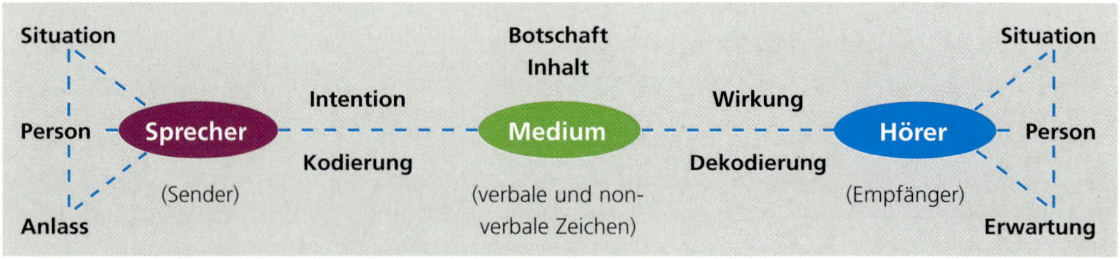

Organon-Modell nach Karl Bühler (1879–1963)

Bühler geht davon aus, dass die Sprache ein Werkzeug, ein Instrument (organon) ist, mit dem einer dem anderen etwas über Dinge mitteilt. Er unterscheidet drei Bezüge der Sprache, die er „Ausdruck", „Appell" und „Darstellung" nennt. Ausdruck ist dabei der senderbezogene Aspekt, Appell der hörerbezogene und Darstellung der sachbezogene (Inhalt, Botschaft).

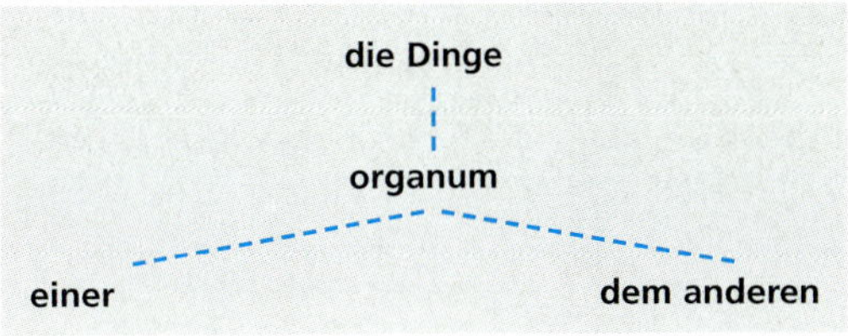

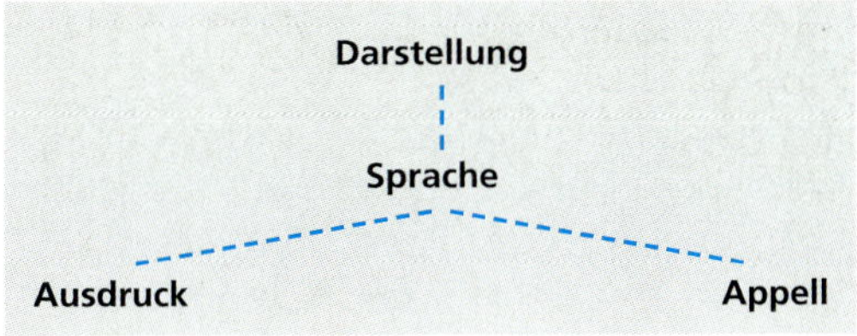

Die folgende Grafik Bühlers stellt die Sprache als Zeichensystem (Z) in den Mittelpunkt. Die drei Seiten des Dreiecks zeigen die drei Komponenten des sprachlichen Zeichens: die auf die Sache bzw. den Gegenstand bezogene darstellende Funktion, die auf den Sprecher bzw. Sender bezogene Ausdrucksfunktion und die auf den Empfänger bzw. Hörer bezogene Appellfunktion.

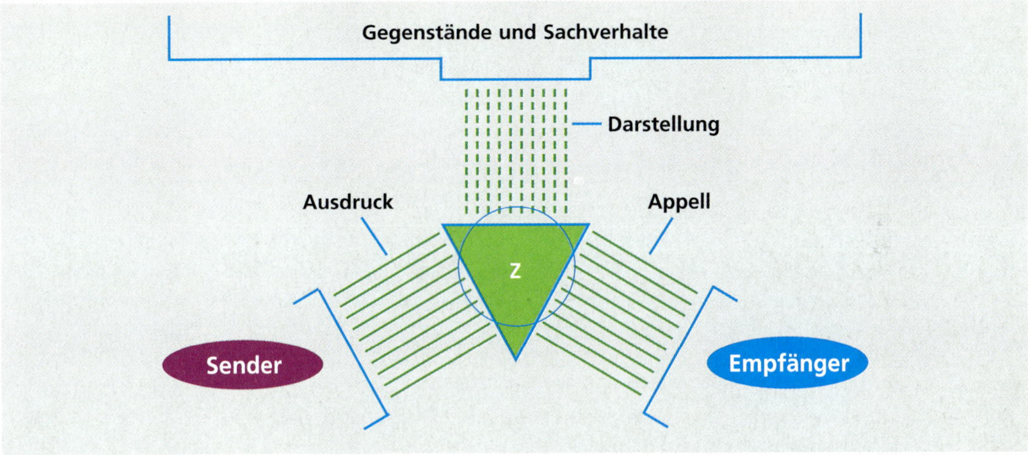

Bühler, Karl, Sprachtheorie. Die Darstellungsfunktion der Sprache, Verlag G. Fischer, Stuttgart ²1965, S. 28

Kommunikationsmodell nach Friedemann Schulz von Thun (*1944)

Schulz von Thun hat dieses Bühler'sche Modell um eine vierte Komponente, die der (zwischenmenschlichen) Beziehung zwischen Sprecher und Hörer, erweitert. Er behält Bühlers Begriff „Appell" bei, benennt jedoch „Ausdruck" in „Selbstoffenbarung" und „Darstellung" in „Sachinhalt" um:

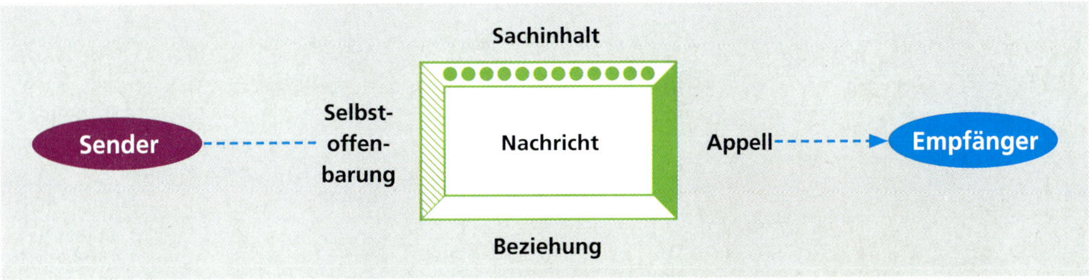

Schulz von Thun, Friedemann, Miteinander reden: Störungen und Klärungen. Psychologie der zwischenmenschlichen Kommunikation, Rowohlt Taschenbuch Verlag, Reinbek 1986, S. 30

- Sachaspekt: Wie kann ich Sachverhalte klar und verständlich mitteilen?
- Beziehungsaspekt: Wie behandle ich meinen Mitmenschen durch die Art meiner Kommunikation?
- Selbstoffenbarungsaspekt: Wenn einer etwas von sich gibt, gibt er auch etwas von *sich*.
- Appellaspekt: Wenn einer etwas von sich gibt, will er in der Regel auch etwas bewirken.

1 Sprecher: Person – Situation – Anlass – Intention

Die mündliche Kommunikation wird zunächst vom **Sprecher** bestimmt, d. h. einer individuellen Person. Dabei ist die **Person** des Sprechers durch Geschlecht und Alter, Erziehung und Bildungsgrad, Milieu und Beruf, Rolle und Status, Aussehen und Charakter, Lebensgeschichte und aktuelle Verfassung geprägt. Der Sprecher ist aber nicht nur personell festgelegt, sondern befindet sich auch in einer jeweils spezifischen **Situation**, die seine Sprechweise beeinflusst. Im privaten Gespräch wird man sich anders äußern als bei einer Dienstbesprechung, bei einer Geschäftsverhandlung anders als bei einer politischen Diskussion. Von der Situation aus ergibt sich ein fließender Übergang zum konkreten **Anlass**, der bereits im Zusammenhang mit der **Intention** (Absicht) zu sehen ist. Das Verhältnis zwischen Anlass und Intention kann an folgendem Beispiel erläutert werden: Die bestandene Fachhochschulreifeprüfung ist der Anlass für einen Glückwunsch; die Übermittlung von Bewunderung und teilhabender Freude ist die Intention, die auch Hoffnung für eine erfolgreiche Zukunft mit einschließt. Intentionen können umgekehrt aber auch Anlässe suchen: Wenn ein Lehrer schon längere Zeit einen Schüler ermahnen möchte (Intention), wartet er vielleicht das nächste konkrete Versäumnis ab (Anlass).

2 Botschaft – Medium – Kodierung – Dekodierung

Die **Botschaft** ist die Information, die der Sprecher dem Hörer mitteilen will, also der Inhalt der mündlichen Rede einschließlich ihrer Wirkungsabsicht – das, was der Sprecher mitteilen will. Das **Medium** ist das jeweilige Mittel, das diese Botschaft, die sogenannte „message", transportiert; beim Gespräch übernehmen verbales Zeichensystem (gesprochene Sprache) und nonverbales Zeichensystem (Mimik, Gestik) diese Aufgabe. Informationsträger sind also nicht die Wörter allein, sondern auch die Stimmführung (z. B. Betonung, Tempo, Lautstärke) und die begleitende Körpersprache. Die Übertragung der Information durch den Sprecher in das Medium nennt man **Kodierung**, die Entschlüsselung des Kodes durch den Hörer nennt man **Dekodierung**.
Eine gelingende Kommunikation hängt von der Menge des gemeinsamen Zeichenvorrats ab. Richtig verstanden können nur die Zeichen werden, über die Sprecher und Hörer gemeinsam verfügen und die der Hörer wahrnimmt.

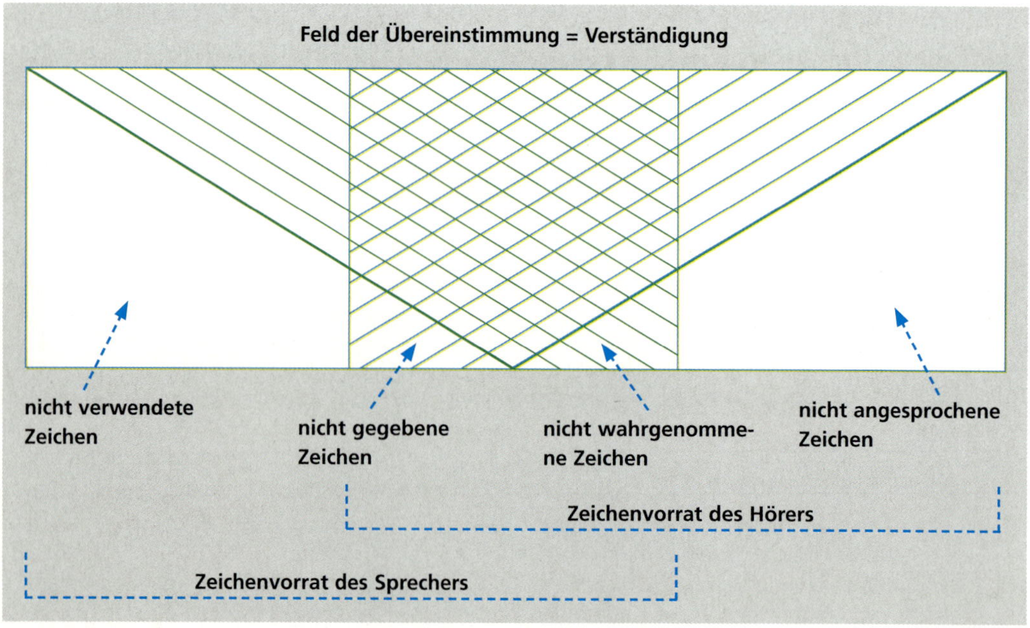

Stadler, Hermann (Hrsg.), Deutsch Verstehen – Sprechen – Schreiben, in: Fischer Kolleg 6, Frankfurt 1973, S. 115

Außerdem spielen bei jeder Kommunikation neben den sprachlichen auch die außersprachlichen, nonverbalen Zeichen eine Rolle.

Beispiel

Bei der Rückgabe einer Schularbeit (Situation) z. B. möchte der Lehrer seine Schüler zu mehr Arbeitseinsatz motivieren (Intention). Ein Schüler hat besonders schlecht abgeschnitten (Anlass), sodass der Lehrer zu ihm sagt: „Meinst du nicht auch, dass es jetzt Zeit wäre, mehr Einsatz für die Schule zu zeigen?" (Botschaft in sprachlicher Kodierung = Medium). Dabei macht er ein ernstes Gesicht (Mimik als Botschaft in nonverbaler Kodierung = Medium) und schüttelt den Kopf (Gestik als nonverbale Kodierung = Medium). Der Schüler hört die Mahnung und versteht deren Inhalt als Aufforderung zu mehr Fleiß (Dekodierung); gleichzeitig liest er aus dem Gesicht des Lehrers Besorgnis ab und entnimmt seiner Miene, dass es sich um einen wohlgemeinten Ratschlag und nicht um eine echte Frage handelt (Dekodierung).

Erscheinungsformen nonverbalen Verhaltens

Kode	Merkmal
Körperkontakt	Schulterklopfen; Verweigern des Handschlags usw.
Abstände	Persönliche, soziale und institutionelle Abstände, aber auch symbolische Grenzen in Chefbüros, Klassenzimmern usw.
Körperstellung	Orientierung auf Gesprächspartner oder „kalte Schulter" zeigen
Auftreten/ Erscheinungsbild	Kleidung/Hautbräune/Lippenstift/Schmuck/bescheiden bis aufdringlich
Kopfzeichen	Lenkung des Gesprächs durch Kopfnicken usw. (Unterbrechung …)
Gesichtsausdrücke	Ermutigende oder abschreckende Mimik durch Öffnen und Schließen der Augen, Blick an die Decke usw., Formung des Mundes
Gesten	Bewegung der Hände zur Unterstreichung des Gesagten/Gehörten oder Abweisung des Gesagten
Körperhaltung	Offenheit der Runde, Sitz-/Stehhaltung
Augen	Bewegung und Kontakte
Stimmfärbung	Nervosität, Unsicherheit, Lautstärke

Watzlawik, Paul, Menschliche Kommunikation, Verlag Hans Huber, Bern 1988, S.17

1. Ergänzen Sie die Liste mit weiteren Beispielen nonverbalen Verhaltens.
2. Beobachten Sie nonverbales Verhalten von Mitschülern und Lehrern während einer Unterrichtsstunde, Präsentation etc. Nutzen Sie dabei auch die Möglichkeiten der Videoanalyse.
3. Wählen Sie eine Szene aus einem Drama, z. B. „Top Dogs" von Urs Widmer (vgl. S. 96 f.), die Sie als Gruppe vorspielen können. Beobachten Sie die anderen Gruppen und analysieren Sie anhand der Tabelle die verschiedenen Formen nonverbalen Verhaltens.

3 Hörer: Wirkung – Erwartung – Situation – Person

Die entschlüsselte Botschaft übt auf den **Hörer** eine **Wirkung** aus, die mit seiner **Erwartung** gekoppelt ist. Es besteht also ein Unterschied in der Wirkung der vorhin erwähnten Lehrerermahnung, je nachdem ob sie vom Schüler erwartet worden ist oder ihn das schlechte Schulaufgabenergebnis und die „Strafpredigt" völlig unvorbereitet überraschen. Auch ist es nicht unerheblich, in welcher Tagesverfassung sich der Getadelte befindet (Situation), welches Temperament er besitzt oder wie selbstkritisch er ist (Person). Zudem spielen sicher gruppendynamische Prozesse (Situation) eine Rolle, indem sie die vom Lehrer beabsichtigte Wirkung verstärken oder abschwächen. Handelt es sich um eine insgesamt ehrgeizige Klasse, kann die Mahnung verstärkt werden, wenn der Ermahnte nicht zum Außenseiter werden will. Gilt es in der Klasse als selbstverständlich, Lehrer und Schule nicht ernst zu nehmen, wird das die beabsichtigte Wirkung der Botschaft sicher abschwächen. Für die Person und Situation des Hörers trifft also zu, was schon für den Sprecher gesagt wurde.

Das folgende Beispiel illustriert, wie gesendete und empfangene Nachricht völlig unterschiedlich ausfallen können (s. Abb. unten):

Ehepaar beim Mittagessen

Diese Zusammenhänge von Sachebene und Beziehungsebene in der Kommunikation behandelt Schulz von Thun an einem konkreten Beispiel:

Die vier Seiten der gesendeten und der empfangenen Nachricht in einer Gegenüberstellung

Nehmen wir an, der Mann habe eine reine Informationsfrage stellen wollen (Kapern sind ihm unbekannt). Wir können dann den geschilderten Vorfall analysieren, indem wir die gesendete und die empfangene Nachricht einander gegenüberstellen (s. Abb.):
Reagieren konnte die Frau natürlich nur auf die empfangene Nachricht. Da ihre Antwort auf den Beziehungsteil der Nachricht gerichtet war, wird das Missverständnis sofort offenbar und damit auch prinzipiell reparabel. Anders wäre es gewesen, wenn die Frau – innerlich wütend und verletzt, aber dennoch bemüht, sachlich zu bleiben – knapp geantwortet hätte: „Das sind Kapern." Weder für den Mann noch für die Frau noch für einen Außenstehenden wäre offenkundig, dass sich hier ein Missverständnis ereignet hat. Vielleicht wird der Mann nach einiger Zeit merken, dass seine Frau verstimmt ist. Dann wird er vielleicht fragen: „Ist irgendwas?" Und es besteht noch eine Chance zur nachträglichen Metakommunikation. Vielfach aber bleiben solche verdeckten Missverständnisse unaufgeklärt und stören künftig die Beziehung aus dem Verborgenen. Verdeckte Missverständnisse entstehen durch einseitige (an Stelle von vierseitiger) Kommunikation. Missverständnisse sind das Natürlichste von der Welt, sie ergeben sich fast zwangsläufig schon aus der Quadratur der Nachricht. Sender und Empfänger sollten daher beim Aufdecken und Besprechen von Missverständnissen nicht davon ausgehen, dass sich eine peinliche Panne ereignet hat, für die man den Nachweis der eigenen Schuldlosigkeit erbringen sollte. Wer „recht hat", ist weder eine entscheidbare noch eine wichtige Frage. Es stimmt eben beides: Der eine hat dieses gesagt, der andere jenes gehört.

Schulz von Thun, Friedemann, Miteinander reden: Störungen und Klärungen. Psychologie der zwischenmenschlichen Kommunikation, Rowohlt Taschenbuch Verlag, Reinbek 1986, S.62 f.

1. Arbeiten Sie die Unterschiede der verschiedenen Kommunikationsmodelle klar heraus.
2. Wenden Sie die verschiedenen Kommunikationsmodelle auf die Kurzgeschichte von Peter Bichsel (vgl. S. 65 f.) an. Welche Einsichten ergeben sich in Bezug auf Sprache?
3. Erläutern Sie anhand der Szene „Groß und klein" aus dem gleichnamigen Stück von Botho Strauß (vgl. CD-ROM, Kap. 4/IV) die einzelnen Elemente des Kommunikationsmodells.

4 Kommunikationsstörungen

Unter **Kommunikationsstörungen** versteht man alle Faktoren, die Verständigung beeinträchtigen oder im Extremfall gänzlich verhindern. Sie können an jeder Stelle des Kommunikationsprozesses auftreten: beim Sprecher, bei der Übermittlung oder beim Hörer.

Der Sprecher kann z. B. aufgeregt sein (Situation), zu leise sprechen (Person), ungerechtfertigte Vorwürfe erheben (Anlass), die Sprache falsch wählen oder nicht beherrschen (Kodierung).

Der Hörer kann Probleme haben, das Gesagte richtig zu verstehen, weil sich sein Zeichenvorrat (Wortschatz, Sprachvermögen) nicht mit dem des Sprechers deckt (Dekodierung) oder er von falschen Voraussetzungen ausgeht (Erwartung). Natürlich kann er auch schwerhörig sein (Person) oder vor lauter Zorn alles missverstehen (Situation). Eine häufige Kommunikationsstörung geht zurück auf einen zu hohen Geräuschpegel von außen.

Folgender Text thematisiert die Verständigungsschwierigkeiten beim Versuch eines politischen Gesprächs:

Verstehst nix von der Politik (1946) | Karl Valentin

A: Wennst nix von der Politik verstehst, nacha redst net so saudumm daher – dös hoaßt net Komponist, sondern Kommonist.

B: Kommonist?

A: A Komponist is ja a soichana, der zum Beispiel an ‚Tölzer Schützenmarsch' komponiert hat.

B: Naa! Dös is net wahr, an Tölzer Schützenmarsch hat – dös woaß i zufälligerweis – a Gastwirt von Tölz komponiert.

A: Is ja verkehrt – Du moanst ja musiziert.

B: Naa! – Oana, der wo a Musi macht, is koa Komponist – dös is a Musikant.

A: Naa – der wo die Musi spielt, is a Musikant.

B: Du spinnst ja – dann waar ja mei Radio dahoam aa a Musikant, der spielt aa oft a Musi.

A: Du redst no grad so dumm daher wie damals im Weltkrieg 1914 – da hast aa daherpolitisiert und hast allaweil vom Bierverband anstatt vom Vierverband dahergredt.

B: Aber Du hast aa nix verstanden, weilst damals gmoant hast, die Entente, dös waar das hintere Ende von einer Ente.

A: Geh, Du alter Sprüchmacher. – Wie saudumm hast Di damals gstellt beim Wählen, wost zu mir gsagt hast, i wähl einen Konditor statt einen Kandidaten, und wie Du zu mir gsagt hast – für an Kaminkehrer is jetzt a harte Zeit, weil, wenn der an Radio hört, is er a Schwarzhörer.

B: Dös hab i doch nur aus Gaudi gsagt.

A: A Gaudi – hast vielleicht da aa a Gaudi gmacht, wia Du gsagt hast, Dei Schwager is Strumpfbandführer worn, statt Sturmbannführer?

B: Da hab i mi ja nur versprochen.

A: Daß Du für Dei Alter no so saudumm bist, da hab i heut noch den Beweis. Kannst Dich noch erinnern, wia am Anfang vom Kriag die Verdunklungsvorschriften in der Zeitung gstanden san, da hab ich Dir gsagt, daß im Englischen Garten Plakat angeschlagn sind mit der Aufschrift: Das Herumschwirren von Glühwürmchen ist bei eintretender Dunkelheit polizeilich verboten. – Dann bist am andern Tag mit Dein'm Radl nuntergfahrn, weilst as net glaubt hast.

B: Ja, weil i anstatt Glühwürmchen Glühlämpchen verstanden hab.

A: Geh, geh, geh, geh, geh, geh, geh! – Glühlämpchen hast Du verstandn, als wia wann im Englischen Garten Glühlämpchen umanandaschwirrn tatn.

B: Mhm. – Du brauchst koa Angst ham, daß Dir oana d'Weltmeisterschaft im Blödsei streitig macht! Kannst Dich no erinnern, wia damals auf der Insel Kreta die Fallschirmspringer gelandet san – da hast Du zu mir gsagt, obs auf dera Insel allaweil regnen tut, weil die Fallschirmspringer alle an Schirm dabei ghabt ham.

A: Du hast ja aa damals an Blödsinn dahergredt, wiast gsagt hast, da Hitler hat a Glück ghabt, daß er net Adolf Kräuter ghoaßn hat, sonst hättn ma schrein ... „müassn" Heil Kräuter!

B: Aber Dei ganze politische Anschauung is ja nur a Kas gwesen, denn wenn's nach Deiner Ansicht ganga wär, hättn mir den Kriag verlorn.

A: Mir ham ihn ja verlorn.

B: Dös woaß i scho! Ja, moanst Du, daß Du alloa bloß an Kas dahergredt hast?

Valentin, Karl, Karl Valentins Gesammelte Werke, Piper & Co. Verlag, München 1961, S. 83

1. Bestimmen und erläutern Sie die Kommunikationsstörungen und deren Hintergründe im Text von Karl Valentin.
2. Suchen Sie häufige Kommunikationsstörungen in Alltagssituationen und gestalten Sie dazu Rollenspiele.

III Kommunikationsformen

Man unterscheidet zwischen einseitig und wechselseitig ausgerichteten Kommunikationsweisen. Zur einseitigen (monologischen) Kommunikation gehören **Rede** und **Vortrag**; dabei wendet sich ein Sprecher an das Publikum, dessen Rolle sich im Wesentlichen auf das Zuhören beschränkt. Wenn zwei oder mehrere Personen zu Wort kommen, handelt es sich um eine dialogische Kommunikationssituation. Neben der Vielzahl sprachlicher Kontakte im Alltagsbereich gibt es im öffentlichen Bereich vier gebräuchliche Gesprächsformen: **Interview** und **Gespräch** (im engeren Sinn), **Diskussion** und **Debatte**.

1 Rede und Vortrag

Während der Vortrag als die vorrangig sachorientierte Vortragsform gilt, kommt bei der Rede dem Anlass und der Zuhörerschaft ein größeres Gewicht zu. Der Vortrag steht also mehr im Dienst der Sache, über die der Vortragende/Referent zu informieren hat; die Rede räumt dem Redner größeren Spielraum zur Selbstdarstellung, zur Einbeziehung des Publikums und zur sprachlich-stilistischen Kreativität ein. An den Unterschied sind gewisse Erwartungshaltungen geknüpft, aus denen sich wiederum Regeln ableiten. Wirklich gelungene Reden basieren zwar auch auf gewissen Grundregeln der Kommunikation (z. B. Klarheit, Verständlichkeit, angemessene Sprachebene), lassen sich jedoch nicht auf diese reduzieren.

Die Kunst der (öffentlichen) **Rede** wurde bereits in der griechischen Antike als ein eigenes Fach gelehrt: die **Rhetorik.** Sie besteht aus theoretischem Wissen und praktischen Anweisungen. Eine erste Systematisierung der Rhetorik stammt von **Aristoteles** (384–322 v. Chr.), der die Vielzahl möglicher Reden in bestimmte Gattungen (Gerichtsrede, Staatsrede, Gelegenheitsrede) mit unterschiedlichen Absichten (Anklage und Verteidigung, Warnung und Empfehlung, Tadel und Lob) einteilt. Seine Rhetorik enthält auch eine Argumentations- und Stillehre, die Anweisungen für überzeugende Begründungen und die angemessene Verwendung von Metaphern und rhetorischen Figuren, Satzbau und Rhythmus enthält. **Cicero** (106–43 v. Chr.) erschloss diese Lehre der römischen Antike; von ihm stammen nicht nur berühmte musterbildende Reden, sondern auch die Forderung nach einem in allen geistigen Disziplinen ausgebildeten Redner. Im europäischen Mittelalter gehörte die Rhetorik zu den sieben freien Künsten, die man an den Universitäten studierte (Grammatik, Rhetorik, Dialektik, Arithmetik, Geometrie, Musik und Astronomie). Die Rhetorik in der Neuzeit ist einerseits belastet durch das Wissen über die Verführbarkeit des Menschen durch rhetorische Manipulation (politische Propaganda-Reden) und andererseits anerkannt als Ausbildungsfaktor in vielen Bereichen (z. B. Wirtschaft, Wissenschaft, Medien).

- Die klassische Rhetorik ordnet sämtliche rhetorische Mittel folgenden vier **Änderungskategorien** zu:
  - **Erweiterung:** Steigerung von Umfang und Gewicht der Rede zu größerer Eindringlichkeit (Klimax, Anapher, Emphase, Synonymie, Vergleich, Definition, Antithese)
  - **Verkürzung:** Reduktion und Konzentration auf das Wesentliche (Ellipse, Befehl)
  - **Ersetzung:** Austausch der Alltagssprache zugunsten der sprachlichen Besonderheit (Synonymie, Periphrase, Ironie, Metapher, Metonymie)
  - **Umstellung:** Hervorhebung durch ungewöhnlichen Satzbau (Inversion, Parallelismus, Parenthese)

- Neben den Änderungskategorien unterscheidet die Rhetorik vier **Wirkungskategorien**:
  - **Klangfiguren:** Spezifische Lautgestalt der Wörter
  - **Wortfiguren:** Sinn und Bedeutung von Einzelwörtern
  - **Satzfiguren:** Besonderheiten des Satzbaus
  - **Gedankenfigur:** Besondere Gestaltung von Textteilen

Jedes rhetorische Mittel kann also sowohl unter dem Aspekt der Änderungskategorie als auch der Wirkungskategorie betrachtet werden.
Die Erklärung und Erläuterung zu den einzelnen rhetorischen Mitteln erfolgt im Zusammenhang mit der Analyse von Sachtexten in Kapitel 4 (vgl. S. 196 ff.).

Rhetorik als Kunst der Rede wird als erlernbare Technik verstanden, um die appellative Wirkung zu verbessern. Dazu dient z. B. die Anweisung für den **Aufbau der Rede**:
- Herstellung des Kontakts zum Publikum in der Einleitung
- Klare Darstellung des Sachverhalts
- Präzisierung des Tatbestandes
- Beweisführung mit Bestätigung der eigenen Auffassung und Zurückweisung tatsächlicher und möglicher Einwände
- Sicherstellung der Wirkung der Rede im Schluss

- Die rhetorische Stillehre enthält eine **Reihe von Grundforderungen** an eine gute Rede:
  - Knappe, grammatikalisch richtig formulierte Sätze
  - Verständliche und deutliche Gedankenführung
  - Angemessene Sprache (Redner, Publikum, Inhalt, Anlass)
  - Sprachästhetische Mittel zur Unterscheidung von der Alltagssprache

Die öffentliche Rede spielt in den verschiedensten gesellschaftlichen Bereichen eine Rolle. Große Beachtung finden in Deutschland im kulturellen Bereich alljährlich z. B. folgende Reden: Friedenspreis des deutschen Buchhandels, Büchner-Preis, Karls-Preis, Berliner Rede. In solchen Reden geht es meistens um sprachlich bemerkenswerte Analysen wichtiger Zeitgenossen, die oft eine breite Diskussion in Gang setzen. Am häufigsten begegnet man der öffentlichen Rede aber im politischen Bereich (Parlamentsrede, Wahlrede, Rundfunk- und Fernsehansprache).
Die folgenden Beispiele gehören nicht in den Bereich üblicher politischer Reden, sondern sind bedenkenswerte Reden zu besonderen Anlässen.

Auf der beigefügten CD finden Sie zusätzlich folgende Reden:
- Rundfunkansprache zur Kapitulation Deutschlands (7. Mai 1945) von Lutz Graf Schwerin von Krosigk (vgl. Kapitel 2/III)
- Rundfunkansprache aus dem amerikanischen Exil an deutsche Hörer (10. Mai 1945) von Thomas Mann (vgl. Kapitel 2/III)

Rede zur 40. Wiederkehr der Kapitulation Deutschlands (Auszug) von Richard von Weizsäcker (1985)

Richard von Weizsäcker

Manche junge Menschen haben sich und uns in den letzten Monaten gefragt, warum es vierzig Jahre nach Ende des Krieges zu so lebhaften Auseinandersetzungen über die Vergangenheit gekommen ist. Warum lebhafter als nach fünfundzwanzig oder dreißig Jahren? Worin liegt die innere Notwendigkeit dafür?
Es ist nicht leicht, solche Fragen zu beantworten. Aber wir sollten die Gründe dafür nicht vornehmlich in äußeren Einflüssen suchen, obwohl es diese zweifellos auch gegeben hat.
Vierzig Jahre spielen in der Zeitspanne von Menschenleben und Völkerschicksalen eine große Rolle. Auch hier erlauben Sie mir einmal einen Blick auf

das Alte Testament, das für jeden Menschen unabhängig von seinem Glauben tiefe Einsichten aufbewahrt. Dort spielen vierzig Jahre eine häufig wiederkehrende, eine wesentliche Rolle.
Vierzig Jahre sollte Israel in der Wüste bleiben, bevor der neue Abschnitt in der Geschichte mit dem Einzug ins verheißene Land begann. Vierzig Jahre waren notwendig für einen vollständigen Wechsel der damals verantwortlichen Vätergeneration. An anderer Stelle aber (Buch der Richter) wird aufgezeichnet, wie oft die Erinnerung an erfahrene Hilfe und Rettung nur vierzig Jahre dauerte. Wenn die Erinnerung abriß, war die Ruhe zu Ende.
So bedeuten vierzig Jahre stets einen großen Einschnitt. Sie wirken sich aus im Bewußtsein der Menschen, sei es als Ende einer dunklen Zeit mit der Zuversicht auf eine neue und gute Zukunft, sei es als Gefahr des Vergessens und als Warnung vor den Folgen. Über beides lohnt es sich nachzudenken.
Bei uns ist eine neue Generation in die politische Verantwortung hereingewachsen. Die Jungen sind nicht verantwortlich für das, was damals geschah. Aber sie sind verantwortlich für das, was in der Geschichte daraus wird.
Wir Älteren schulden der Jugend nicht die Erfüllung von Träumen, sondern Aufrichtigkeit. Wir müssen den Jüngeren helfen zu verstehen, warum es lebenswichtig ist, die Erinnerung wachzuhalten. Wir wollen ihnen helfen, sich auf die geschichtliche Wahrheit nüchtern und ohne Einseitigkeit einzulassen, ohne Flucht in utopische Heilslehren, aber auch ohne moralische Überheblichkeit.
Wir lernen aus unserer eigenen Geschichte, wozu der Mensch fähig ist. Deshalb dürfen wir uns nicht einbilden, wir seien nun als Menschen anders und besser geworden. Es gibt keine endgültig errungene moralische Vollkommenheit – für niemanden und kein Land! Wir haben als Menschen gelernt, wir bleiben als Menschen gefährdet. Aber wir haben die Kraft, Gefährdungen immer von neuem zu überwinden.
Hitler hat stets damit gearbeitet, Vorurteile, Feindschaften und Haß zu schüren.
Die Bitte an die jungen Menschen lautet: Lassen Sie sich nicht hineintreiben in Feindschaft und Haß
gegen andere Menschen,
gegen Russen oder Amerikaner,
gegen Juden oder Türken,
gegen Alternative oder Konservative,
gegen Schwarz oder Weiß.
Lernen Sie, miteinander zu leben, nicht gegeneinander. Lassen Sie auch uns als demokratisch gewählte Politiker dies immer wieder beherzigen und ein Beispiel geben.
Ehren wir die Freiheit.
Arbeiten wir für den Frieden.
Halten wir uns an das Recht.
Dienen wir unseren inneren Maßstäben der Gerechtigkeit.
Schauen wir am heutigen 8. Mai, so gut wir es können, der Wahrheit ins Auge.

von Weizsäcker, Richard, Von Deutschland aus. Reden des Bundespräsidenten, DTV, München 1987, S. 33 ff.

1. Erstellen Sie zu der Rede von Richard von Weizsäcker eine Überblicksinformation.
2. Fassen Sie in Form eines Konskripts, Exzerpts und Resümees die wesentlichen Aussagen zusammen.
3. Woran erkennt man den Redecharakter dieses Textes?

Vortrag „Ich liebe unsere deutsche Sprache“ von Jutta Limbach (2005)

Jutta Limbach

Sprache ist nicht nur ein Mittel der Kommunikation. Sprache ist Kultur. Allein schon die Tatsache, für welche Sachverhalte, Befindlichkeiten und Eigenschaften eine Sprache Worte besitzt oder nicht besitzt, teilt etwas über kulturelle Eigenheiten mit. Der Geist einer Sprache, so Marie Ebner-Eschenbach, offenbart sich am deutlichsten in ihren unübersetzbaren Worten. Für die deutsche Sprache sei auf die Gratwanderung, das Fingerspitzengefühl, den Zugzwang, das Waldsterben, den Weltschmerz, den Zeitgeist, die Schadenfreude und die Bildung hingewiesen – alles Worte, für die es in anderen Sprachen häufig keine entsprechenden Vokabeln gibt.
Worte sind nicht nur Bestandteile unserer Sprache, sie gleichen vielmehr einem Netz von Befindlichkeiten und Denkbarkeiten. Sprache ist – so Wilhelm von Humboldt – auch Ausdruck der Verschiedenheit des Denkens, jede Sprache ist „auch eine Ansicht von der Welt“. Für den, der eine Fremdsprache erlernt, sind Wörter gleichsam Fenster in eine andere Welt.

Regen Sie doch zum Vergleich wie zum Nachdenken an und befördern die Lust, sich auf eine fremde Welt einzulassen. Das Erlernen einer Fremdsprache trägt auch mit dazu bei, dass man über die Eigenheiten der eigenen Sprache nachzudenken beginnt. Wer fremde Sprachen nicht lernt, so Goethe, kennt seine eigene nicht.

Falsche Bescheidenheit

Eine aktive deutsche Sprachpolitik ist angesichts des unterkühlten Verhältnisses der Deutschen zu ihrer Muttersprache nicht immer leicht. Denn viele Deutsche empfinden keine besondere Freude an ihrer Muttersprache. In einigen großen deutschen Unternehmen wird selbst in den in Deutschland gelegenen Zentralen die englische Sprache gesprochen. Laden deutsche Stiftungen oder Unternehmen zu Kongressen in Deutschland ein, wird dem Adressaten der Einladung heute prompt die Frage gestellt, ob er sich der englischen oder der deutschen Sprache bedienen wolle. Es ist für die deutsche Außen- und Kulturpolitik nicht eben einfach, die Bedeutung der deutschen Sprache in der Welt aufzuwerten, wenn unsere Landsleute selbst auf deren Gebrauch keinen besonderen Wert legen. […] Wir Deutschen ziehen es vor, durch den Gebrauch des Englischen Weltoffenheit, Modernität und das Gefeitsein vor dem Nationalsozialismus zu demonstrieren.

So sehr uns die Franzosen in ihrer Liebe zur Muttersprache ein Vorbild sind, so wenig verdient ihre auf Regeln und Verbote erpichte sprachpuristische Politik unsere Gefolgschaft. Fremdwörter bereichern unsere Sprache. Charme oder Engagement, Weekend oder Fairness sind Begriffe, die unsere Sprache nicht nur ergänzen. Sie sind vielmehr mit Assoziationen verknüpft, die das entsprechende deutsche Wort nicht aufweist. Mitunter bringen sie einen vielschichtigen Tatbestand besser auf einen kurzen Begriff. Vergessen wir bitte auch nicht, in welchem Maße unsere Sprache mit ihrem reichen Wortschatz das Ausdrucksvermögen anderer Sprachen bereichert. Über die bereits genannten Wörter hinaus ist an Kindergarten, Rechtsstaat, Angst und Kitsch zu denken. Die Gemütlichkeit und das Frollein seien nicht vergessen. Diese Anleihen bei der jeweils anderen Sprache geben überdies interessante Auskünfte über unterschiedliche Mentalitäten, Problem- und Weltsichten.

Das französische Beispiel lehrt, dass man das stattliche Wachstum von Anglizismen nicht mit einer militanten staatlichen Sprachpolitik aufhalten kann. Gesetzliche Austreibungsversuche scheiden schon deshalb aus, weil man Kultur nicht administrieren kann. Kultur – dazu gehört auch die Sprache – kann ihrem Wesen nach nicht staatlich verwaltet werden. […]

Lassen wir […] unserer Jugend ihr cool und einer Geschäftskette ihr come in – find out. Die zum Teil hausgemachte Produktion von Anglizismen treibt mitunter kuriose Blüten. Die Rucksäcke, die neuerdings als body bags in allen Farben und Größen in Supermärkten und bei E-Bay feilgehalten werden, sind das trefflichste Beispiel. Die Verkaufsstrategen hatten hier offenbar keine Zeit, einmal in das Englisch-Lexikon zu schauen. Dann hätten sie nämlich entdeckt, dass „body bag“ nicht Rucksack, sondern Leichensack bedeutet. Bastian Sick, der Autor des Buches „Der Dativ ist dem Genetiv sein Tod“, hat sich die Mühe gemacht, sein Englisch-Wörterbuch zu konsultieren, um zu erfahren, was Rucksack eigentlich auf Englisch heißt. Und dort fand er das Wort back-pack als Bezeichnung für die großen Wanderrucksäcke, aber gleich an erster Stelle – man glaubt es kaum –: rucksack. Dennoch: Die deutsche Sprache wird nicht an dem Gebrauch von Anglizismen und Fremdwörtern anderer Herkunft zugrunde gehen. Wenn Bastian Sick mit seinem Buch so viel Leser wie Käufer findet, ist bald ein nachdenklicher Umgang mit der schönen englischen Sprache angesagt. Denn Ironie ist noch immer die stärkste Waffe der Vernunft.

Statt uns gegen etwas zusammenzutun, sollten wir uns für etwas gemeinsam stark machen. […] Fernab von jeder Deutschtümelei wollen wir die Freude an der deutschen Sprache wieder beleben. Unser gemeinsamer Wettbewerb um das schönste deutsche Wort im vergangenen Jahr diente diesem Ziel. Die Aufmerksamkeit sollte auf den Reichtum der deutschen Sprache gelenkt werden. […]

Wie erwartet haben deutsche Wörter der Empfindsamkeit bei der Suche nach dem schönsten deutschen Wort den Sieg davongetragen. […] Offenbar sind wir Deutschen Weltmeister im Erfinden gefühlsbetonter Wörter wie Weltschmerz, Heimweh und Fernweh, die häufig in deutscher Wortgestalt auch in anderen Sprachen verwendet werden. […]

Eine spanische Teilnehmerin unseres Wettbewerbs, die sich für Fernweh entschieden hat, schrieb: „Dieses Wort ist für mich das schönste deutsche Wort, weil es das Wort ist, das ich lebenslang gesucht habe. Bis ich angefangen habe, Deutsch zu lernen, habe ich dieses Gefühl nicht benennen können. Es ist komisch, etwas zu spüren, und kein Wort dafür zu haben.“ Besser kann wohl gar nicht zum Ausdruck gebracht werden, dass Deutsch ein Plus ist. […]

Eine aktive Sprachpolitik im Innern wie außerhalb unseres Landes gehört dazu. Diese steht nicht nur im Einklang mit der künftigen europäischen Verfassung, laut der die Union den Reichtum der kulturellen und sprachlichen Vielfalt wahren soll. Frankreich und Deutschland kommt in der Abwehr einer sprachlichen Monokultur eine tragende Rolle zu. Kraft der Bedeutung ihrer Sprache sind beide Länder in besonderer Weise für den Erhalt der Mehrsprachigkeit in Europa verantwortlich. Denn die Entwicklung der Sprachen verläuft nicht naturgesetzlich, sondern ist beeinflussbar. Wir haben alles daran zu setzen, dass das von Gerd Stickel gezeichnete pessimistische Zukunfts-Szenario Fiktion bleibt: Danach werde in fünfzig bis siebzig Jahren „Französisch, Deutsch, Italienisch und Finnisch nur noch in der Familie und mit Freunden in der Freizeit gesprochen werden". In allen anderen Situationen des Lebens, in denen Wichtiges zu tun sei, werde eine Art „kreolisiertes Englisch" gesprochen werden, während die europäischen Hochsprachen, einschließlich der englischen (!), dann nur noch auf Folklore-Nischen beschränkt sein werden. [...] Ein slowakisches Sprichwort sagt es so schön: „Mit jeder neu erlernten Sprache erwirbst Du eine neue Seele." Die erste Seele gewinnt der junge Mensch mit dem Erlernen der Muttersprache. Die mit der Sprache gegebene Fähigkeit, Gedanken auszudrücken, wenn nicht überhaupt zu denken, Gedanken aufzunehmen und zu begreifen, prägt den Menschen von Kindestagen an – sowohl als Individuum als auch als geselliges Wesen. Die Muttersprache stiftet Identität und gesellschaftlichen Zusammenhalt. Weit mehr als die territoriale Bodenhaftung lässt die Sprache eine „geistig-emotionale Heimat erwachsen". [...]

Limbach, Jutta, Ich liebe unsere deutsche Sprache, 30.01.2005, online unter: http://www.goethe.de/mmo/priv/367926-STANDARD.pdf, zugegriffen am 11.06.2008, gekürzt und überarbeitet

1. Erläutern Sie am Beispiel des Vortrags von Jutta Limbach das Grundmodell der Kommunikation (vgl. S. 70).
2. Welche rhetorischen Strategien dienen der Verstärkung, Aufwertung, Abwertung etc.?
3. Welche Hauptaussagen enthält der Vortrag?
4. Welche Mittel der Veranschaulichung sind erkennbar?
5. Welche Besonderheiten der sprachlichen Gestaltung sind auffällig?

2 Interview und Gespräch

Wenn zwei oder mehrere Personen zu Wort kommen, handelt es sich um eine dialogische Kommunikationssituation.

Neben der Vielzahl sprachlicher Kontakte im Alltagsbereich gibt es im öffentlichen Bereich vier gebräuchliche Gesprächsformen: **Interview** und **Gespräch** (im engeren Sinn), **Diskussion** und **Debatte**. Im **Interview** sind die Rollen klar zwischen einem Fragesteller und dem verteilt, der die Fragen beantwortet. Die Interviewfragen können sich auf eine Sache, eine Meinung oder eine Person beziehen. Journalisten befragen z.B. Politiker, Soziologen für Meinungsumfragen die Bundesbürger, Marktforscher potenzielle Kunden; aber auch der Arzt oder ein Personalchef führen bei der ersten Begegnung eine Befragung durch nach der Krankheitsgeschichte bzw. dem beruflichen Werdegang. Jedes Verhör hat ebenfalls Interviewcharakter.

Bei Interviews in den Medien erkennt man den guten Interviewer daran, dass er aufgrund seiner Sachkenntnis und der nötigen Vorbereitung kompetente und gezielte Fragen stellt, das richtige Verhältnis findet zwischen Provokation und Unterwürfigkeit, sich nicht vorschnell abspeisen lässt, aber auch nicht penetrant beharrt. Inzwischen ist es häufig journalistische Gepflogenheit, Interviews vor der Veröffentlichung dem Interviewpartner vorzulegen und sie genehmigen (autorisieren) zu lassen.

Am Anfang eines Interviews empfiehlt es sich, solche Fragen zu stellen, die dem Befragten die Möglichkeit geben, sich vorzustellen. Außerdem sollte die Anfangsphase so gestaltet werden, dass die Gesprächspartner sich einstimmen und gegenseitig abtasten können. Erst dann sollten die eventuell etwas heikleren Themen kommen. Ziel eines guten Interviewers ist es, mit seinen Fragen an die jeweiligen Antworten anzuknüpfen, sodass aus dem Interview eine Art Gespräch wird. Es ist nicht ganz leicht, die richtige Mischung aus Sachfragen und emotionalen Privatfragen zu finden.

Interview „Weil der Mensch Mensch ist" mit Anton Losinger

Domradio befragte das Mitglied des Nationalen Ethikrats, Weihbischof Anton Losinger, zu einem Experiment, wonach laut Medienberichten britische Forscher einen Chimären, ein Wesen halb Mensch, halb Kuh, geschaffen haben.

domradio: Was sagen Sie zu diesem Versuch britischer Stammzellenforscher?

Weihbischof Anton Losinger: Der embryonale Mensch ist ein Mensch – weil der Mensch vom ersten Augenblick seiner Zeugung an bis hin zu einem friedlichen Tod das Lebensrecht und die Würde der menschlichen Person hat. Deswegen haben wir im Bereich der Kirchen immer schon grundsätzliche Gegnerschaft gegen Embryonen verbrauchende Forschung angemeldet.

domradio: Nun ist das nicht nur embryonale Forschung, sondern geht es auch ganz klar um Chimären. Forscher sprechen hier von einem großen Erfolg. Warum spielen der Wert des menschlichen Lebens und auch ethische Bedenken überhaupt keine Rolle mehr in der heutigen Wissenschaft?

Weihbischof Anton Losinger: Ich denke, dass wir im Bereich der Biomedizin und Gentechnik zurzeit einen Hype haben. Man gibt sich Erfolgsversprechungen hin und der Hoffnung auf Heilung, die bisher wissenschaftlich nicht nachgewiesen und auch medizinisch nicht gedeckt sind. Es gibt Gegenargumente in zweierlei Richtung: Das Erste ist, dass überall dort, wo mit diesen Zellen experimentiert wird, der Tumor-Effekt noch nicht endgültig in seiner Deutlichkeit berücksichtigt wird. Etwa das Max-Planck-Institut und das Primatenzentrum in Göttingen haben ja damit experimentiert. Bei der Sektion der davon betroffenen Tiere hat man als Ergebnis letztendlich festgestellt, dass der Tumor-Verdacht, der dadurch auftrat, eigentlich nie zu einer Implantation dieser Zellen – im Sinne einer Therapie – möglich gewesen wäre [sic].
Das zweite Argument hängt sehr stark mit dem Problem eines hohen Widerwillens der Menschen zusammen, Mensch und Tier als Chimäre zu vermischen. Letztendlich ist das auch eine Kulturaufgabe und eine grundsätzliche Überzeugung, dass der Mensch in seiner Identität erhalten werden muss. Deswegen sind wir hier aus ethischen Gründen vehement dagegen.

domradio: Kann denn die Stammzellenforschung weltweit überhaupt noch kontrolliert und von Kirchen oder auch Sozialverbänden beeinflusst werden nachdem, was jetzt in Großbritannien passiert ist?

Weihbischof Anton Losinger: Leider sind ethische Positionen viel zu sehr nationalisiert. Wir brauchen zumindest gemeinsame europäische Grundsätze – und letztendlich auch weltweite gemeinsame Grundsätze. Wenn das stimmt, was in der allgemeinen Erklärung der Menschenrechte steht, dass nämlich menschliches Leben mit einer Würde und mit Lebensrecht versehen ist, dann muss ein solches Menschenrecht auch im Hinblick auf die embryonale Stammzellenforschung weltweit unteilbar sein. Wir wissen allerdings mit aller Klarheit, dass man sich heute im Grunde genommen in Singapur alles Mögliche kaufen kann, was in Deutschland und auch in Europa gar nicht denkbar wäre. Insofern ist das, was mit einer weltweiten Herausforderung einer ethischen Dimensionierung der Stammzellenforschung gemeint ist, eine große und wichtige Herausforderung.

domradio: Was kann denn getan werden, um so etwas in Zukunft zu verhindern?

Weihbischof Anton Losinger: Von meiner Beobachtung der gesellschaftlichen Wirklichkeit in Deutschland ausgehend, dass ein grundsätzliches Missbehagen und ein Unverständnis der Menschen gegenüber einer solchen Technik dazu führt, dass sie letztendlich nicht gegen den Willen der Bürger realisierbar ist. Der Bürger – der mündige Demokrat – hat durch seine Möglichkeit der Abstimmung, die Möglichkeit auch hier einzugreifen. Was mich mit positiver Hoffnung erfüllt, ist etwa, dass derzeit in der Frage des Klimawandels, der ja auch ein weltweiter Effekt ist, solche Einigungsbewegungen der Menschen möglich sind. Warum sollte das in dieser bizarren Situation im Bereich der Gentechnik nicht möglich sein?

domradio: Vielen Dank für das Gespräch!

Domradio, Weil der Mensch Mensch ist. Interview mit Weihbischof Anton Losinger, 18.06.2008, online unter: http://www.domradio.de/aktuell/artikel_39928.html, zugegriffen am 15.08.2008

1. Welche weiteren Fragen würden Sie an Weihbischof Losinger richten?
2. Formulieren Sie Interviewfragen für eine Schüler- bzw. Lehrerbefragung zum Thema Gentechnik, die Sie in der Schülerzeitung/Abschlusszeitung veröffentlichen wollen.
3. Begründen Sie, welche Fragetypen Sie für sinnvoll halten?
   - Geschlossene Frage: Ist es richtig, dass Gentechnik auf breite Ablehnung stößt?
   - Alternativfrage: Sollte beim Thema Genmanipulation ein enger oder ein weiter gesetzlicher Rahmen gesteckt werden?
   - Rhetorische Frage: Sind Sie nicht auch der Meinung, dass Gentechnik eine Gefahr darstellt?
   - Offene Frage: Sind Sie der Meinung, dass die Gentechnik eine Gefahr darstellt?

Lässt ein Interview den reinen Frage-Antwort-Charakter hinter sich, sodass man von einer Art **Gleichberechtigung** beider Seiten sprechen kann, handelt es sich um ein **Gespräch im engeren Sinn**. Zwar bleibt im gesendeten oder gedruckten Gespräch die grundsätzliche Rollenverteilung gewahrt, doch nimmt der Gesprächsanteil des Journalisten zu – quantitativ und qualitativ.
Bei der **Talkshow** ist die Zahl der Gesprächsteilnehmer nicht auf zwei beschränkt; im Programm der Medien haben sich solche **Gesprächsrunden** inzwischen fest etabliert. Der Moderator einer Gesprächsrunde hat die wichtige Funktion, die richtige Auswahl an Gesprächspartnern zu treffen, das Gespräch zügig in Gang zu setzen, ihm immer wieder Impulse zu geben, geschickt zu vermitteln und es unaufdringlich zu steuern.
Eine spezifische Kommunikationsform im schulischen und beruflichen Alltag stellen Prüfungs- und Vorstellungsgespräche dar.

Prüfungsgespräch

Mündlichen Prüfungen müssen sich Schüler und Schülerinnen in den verschiedenen Fächern laufend unterziehen. Eine Sonderstellung nimmt in der Schule die mündliche Prüfung im Rahmen der Fachhochschul- oder Hochschulreifeprüfung ein, weil sie sich von den vielen mündlichen Prüfungen während des Jahres dadurch unterscheidet, dass sie vor einer Prüfungskommission über relativ umfangreiche Stoffgebiete stattfindet.
Es gibt einige hilfreiche Tipps für das Verhalten in mündlichen Prüfungen:

1. Denken Sie laut.

Weil die mündliche Prüfung eine Art Gespräch ist, stirbt die Unterhaltung, wenn man glaubt, nur fertige Ergebnisse vortragen zu dürfen. Wichtig ist, dem Prüfer Gelegenheit zu geben zu erkennen, wie man zu den Ergebnissen kommt. Zudem wird der Prüfer den Redefluss des Prüflings in der Regel nicht unterbrechen. Eigenes Sprechen verhindert also für eine gewisse Zeit neue Fragen.

■ **Beispiel**

Nennen Sie bei der Textvorstellung nicht nur die Textsorte, sondern erläutern Sie, wieso Sie sich für einen Kommentar und doch nicht für eine Glosse entschieden haben.

2. Beachten Sie die Fragestellung genau.

Der Prüfer erwartet eine Reaktion auf seine Fragestellung. Geben Sie zu erkennen, ob Sie die Aufgabe gehört und verstanden haben, z. B. mit der Wiederholung oder mit einer Formulierung der Aufgabe mit eigenen Worten. Mit dieser wiederholenden Formulierung kann man testen, ob die Richtung des angestrebten Lösungswegs stimmt.

■ **Beispiel**

Wenn Sie zu einer thematischen Zusammenfassung aufgefordert werden, vergewissern Sie sich etwa: „Sie wollen jetzt von mir also die Angabe des Themas, nicht die Vorstellung des Buchinhalts."

3. **Resignieren Sie nicht gleich.**
   Die meisten Prüfungen werden Abschnitte enthalten, in denen man Fragen nur teilweise oder gar nicht beantworten kann. Es empfiehlt sich dann, anstatt aufzugeben oder zu verstummen, Lücken offen einzugestehen, aber das zu äußern, was man weiß.

   ■ **Beispiel**
   „Ich bin mir nicht ganz sicher, aber ich glaube, es könnte ungefähr so sein, dass …"
   „Mir fällt im Augenblick der Fachbegriff nicht mehr ein, aber …" (Jetzt versuchen Sie, den Begriff mit anderen Worten zu umschreiben.)

4. **Verstecken Sie Ihre Kenntnisse und Fähigkeiten nicht.**
   Bieten Sie dem Prüfer Gelegenheit dazu, Sie über Stoffgebiete zu prüfen, in denen Sie sich besonders sicher fühlen. Oft lässt sich in Prüfungen der Prüfer mit geschickter „Lenkung" veranlassen, auf Hinweise des Prüflings einzugehen.

   ■ **Beispiel**
   „Mir scheint in dem Zusammenhang wichtig zu sein, dass …"

5. **Achten Sie auf eine effiziente Arbeitstechnik.**
   In manchen Prüfungen besteht die Möglichkeit, in einem Vorbereitungsraum einen Text zu analysieren bzw. eine Aufgabenstellung aufzuarbeiten, die als Grundlage für ein folgendes Prüfungsgespräch dienen. Kennzeichnen Sie auf Ihrem Textblatt, welche Erkenntnisse Sie auf jeden Fall im Prüfungsgespräch unterbringen wollen.

   ■ **Beispiel**
   Markieren Sie gezielt und sinnvoll mit Unterstreichungen und Logikpfeilen, notieren Sie sich Schlüsselbegriffe für Ihre Ausführungen.

6. **Stehen Sie zu Ihrer Nervosität.**
   Feuchte Hände, zitternde Knie und nervöse Gesten können Begleiterscheinungen mündlicher Prüfungen sein. Akzeptieren Sie Ihre Anspannung und schaffen Sie sich Selbstvertrauen über eine gründliche Prüfungsvorbereitung. Auf keinen Fall sollte man Prüfungen vorzeitig abbrechen.

7. **Achten Sie auf die sprachliche Gestaltung Ihrer Aussagen.**
   Nicht nur die fachlichen Kenntnisse sind entscheidend, sondern auch die Art ihrer Darbietung. Neben dem Faktenwissen geht es ebenso um gedankliche Ordnung und Klarheit, Flüssigkeit und Deutlichkeit Ihrer Darstellung. Wählen Sie eine der Prüfungssituation angemessene Sprachebene und strukturieren Sie Ihre Äußerungen sinnvoll. Fachterminologie und Methodenkenntnis fallen ebenso ins Gewicht wie Flexibilität im Gespräch.

8. **Gehen Sie mit realistischen Erwartungen in die Prüfung.**
   Eine realistische Einschätzung der eigenen Fähigkeiten und Kenntnisse und damit der erreichbaren Prüfungsergebnisse baut Angst vor Versagen, Selbstüberschätzung und übersteigerte Erwartungen ab und stabilisiert Psyche und Nerven.

Vorstellungsgespräch

Nach Beendigung der Schulzeit, aber auch im gesamten Berufsleben kann das **Vorstellungsgespräch** über eine berufliche Laufbahn entscheiden. Eine zielgerichtete Vorbereitung kann sich auszahlen: Wenn Sie aufgefordert werden, sich bei einem Arbeitgeber vorzustellen, ist das bereits eine große Chance, die Sie nutzen sollten. Das Gleiche gilt natürlich auch, wenn Sie sich unaufgefordert aus eigener Initiative vorstellen.

Wichtig ist, dass Sie sich auf das **Vorstellungsgespräch** sorgfältig vorbereiten. Das beginnt wie bei der schriftlichen Bewerbung mit dem **äußeren Erscheinungsbild**: Geben Sie von sich ein sauberes, korrektes Bild.

1. **Bereiten Sie sich in Gedanken gründlich auf das Bewerbungsgespräch vor**, indem Sie sich auf eine Reihe möglicher Fragen qualifizierte Antworten überlegen, so z. B.:
   - Warum interessieren Sie sich für die ausgeschriebene Position?
   - Welche Vorstellungen haben Sie über Führung und Zusammenarbeit?
   - Welche Erfahrungen und Ereignisse haben Sie positiv geprägt?
   - Gab es Personen, die Sie persönlich beeinflusst haben?
   - Inwieweit sind Sie bereit, dem Beruf Prioritäten einzuräumen?
   - Wie bewerten Sie Privatleben und Familie im Rahmen Ihrer beruflichen Planung?
   - Was bezeichnen Sie als Ihre persönlichen Stärken?
   - Sind Sie team- und kommunikationsfähig (Begründung)?
   - Wie charakterisieren Sie Ihren persönlichen Arbeitsstil?
   - Was sind Ihrer Meinung nach Ihre negativen Eigenschaften?
   - Stellen Sie doch in fünf Minuten einmal für den Laien verständlich dar, was Sie in Ihrer Ausbildung/Ihrem Studium gelernt haben.
   - Lassen Sie sich leicht aus der Ruhe bringen?

2. **Gehen Sie nie ohne Informationen über das Unternehmen**, bei dem Sie sich vorstellen, **in das Bewerbungsgespräch**. Arbeitgeber werten es oft negativ, wenn Bewerber nicht informiert sind. Je höher und qualifizierter die Stelle ist, für die Sie sich bewerben, desto besser sollten Sie über Ihren möglicherweise künftigen Arbeitgeber unterrichtet sein.
   - Was motiviert Sie für eine Mitarbeit in unserem Unternehmen?
   - Weshalb glauben Sie, für diese Tätigkeit geeignet zu sein?
   - Was ist Ihnen bei der künftigen Tätigkeit wichtig?
   - Warum glauben Sie, Ihre Berufsvorstellungen gerade in unserer Firma verwirklichen zu können?
   - Wie schätzen Sie unsere Firma im Vergleich zu Konkurrenzunternehmen ein?
   - Was möchten Sie bei uns in den nächsten fünf Jahren erreicht haben?
   - Sind Sie nach Ihrer beruflichen Etablierung bereit zur Mobilität?

3. **Stellen Sie sich darauf ein, dass Sie vieles gefragt werden**. Vergessen Sie dabei nicht, dass auch Sie sich entscheiden müssen, ob die Stelle für Sie geeignet ist: Fragen Sie deshalb nach allen Informationen, die Sie als Bewerber für Ihre Entscheidung brauchen.
   - Wie verläuft die Einarbeitung in Ihrem Haus?
   - Welche Fortbildungsmaßnahmen bietet Ihr Unternehmen?
   - Haben Sie ein System, nach dem Sie meine Leistungen beurteilen?
   - Besteht die Möglichkeit, mir den Arbeitsplatz näher anzuschauen?
   - Inwieweit sind spätere Auslandseinsätze möglich?
   - Gibt es konkrete Zielsetzungen für die Position (Umsatz- und Gewinnvorgaben)?
   - Wie viel Wert legt das Unternehmen auf das Betriebsklima?
   - Inwieweit ist es möglich, eigenverantwortlich in Ihrem Betrieb zu arbeiten?
   - Welche Sozialleistungen bietet Ihr Unternehmen (z. B. betriebliche Altersversorgung, Urlaubsgeld)?

4. **Überzeugen Sie beim Vorstellungsgespräch, ohne zu übertreiben**. Äußern Sie sich jedoch niemals negativ über andere, auch nicht über frühere Arbeitgeber oder Kollegen. Bleiben Sie in jeder Gesprächssituation sachlich.

Lassen Sie sich durch den Misserfolg einer Bewerbung oder Vorstellung nicht entmutigen. Meistens sind dafür sachliche und nicht persönliche Gründe entscheidend. Sehen Sie solche „vergeblichen" Gespräche auch positiv. Nutzen Sie diese Erfahrungen bei neuen Bewerbungen.

Trainieren Sie die Situation eines Vorstellungsgesprächs in der Schule oder im Freundeskreis in Form von Rollenspielen. Beobachtungskriterien können sein:
Gesprächsbereitschaft, Dialogfähigkeit und Sprachniveau des Bewerbers, Niveau der gestellten Fragen, Verhalten im Hinblick auf Blickkontakt, Gestik, Mimik, Haltung, Engagement, Selbstsicherheit und Spontaneität.

3 Diskussion und Debatte

Gespräche sind im Normalfall nicht sehr streng normiert, richten sich aber nach gewissen Konventionen (z. B. Höflichkeit im Ton; den Gesprächspartner zu Wort kommen lassen), folgen bestimmten Mustern (aufeinander eingehen, Bestätigung, korrigieren) und verlangen vor allem die Bereitschaft sich zu verständigen und zu verstehen. **Diskussionen** hingegen unterliegen strengeren Regeln und verlaufen meistens zielorientierter. Man unterscheidet im Wesentlichen zwischen Plenumsdiskussion (Rederecht aller Anwesenden) und Podiumsdiskussion (Rederecht ausgewählter Personen).

Eine Sonderform der Diskussion ist die **Debatte**, weil bei ihr am Ende eine Abstimmung erfolgt. In der Regel stehen zwei oder mehrere Vorschläge zur Wahl, über die eine Entscheidung herbeigeführt werden soll, die auch als Kompromiss erfolgen kann. Der Ablauf von Debatten sollte durch eine Geschäftsordnung festgelegt werden (vgl. z. B. Bundestag, Gemeinderat, Kongress, Schulforum). Während Debatten im kleineren Rahmen der Diskussion sehr ähneln, unterscheiden sich die meisten Bundestagsdebatten von einer normalen Diskussion durch eine deutlichere Polarisierung, schärfere Auseinandersetzung und einen aggressiven Redestil. Gerade die Übertragungen in Rundfunk und Fernsehen verleiten die Politiker häufig dazu, ihre Debattenbeiträge parteipolitisch zu überspitzen. Im Rahmen der Rollenverteilung zwischen Regierung und Opposition verlaufen Debattenbeiträge oft nach dem Schema von Angriff und Verteidigung. Bei Debatten in anderen Gremien, in denen Abstimmungsergebnisse offener sind, wird mehr auf einen Konsens (Einigung) hin debattiert.
Die **Redetechniken** bei kontroversen Debatten folgen meistens den Modellen von Aufwertung (eigene Position) und Abwertung (Position des Gegners).

Bundestagsdebatte zum Schulsport vom 16.02.2006

Dr. Hermann Otto Solms, Vizepräsident des Deutschen Bundestages

Ich rufe jetzt den Tagesordnungspunkt 12 auf: Beratung des Antrags der Abgeordneten Detlef Parr, Jens Ackermann, Dr. Karl Addicks, weiterer Abgeordneter und der Fraktion der FDP:
Sprint-Studie des Deutschen Sportbundes darf nicht folgenlos bleiben – Jetzt bundesweite Wende im Schulsport einleiten (Drucksache 16/392)
Nach einer interfraktionellen Vereinbarung ist für die Debatte eine halbe Stunde vorgesehen. – Es gibt keinen Widerspruch. Dann ist so beschlossen.
Ich eröffne die Aussprache und erteile als erstem Redner dem Kollegen Detlef Parr von der FDP-Fraktion das Wort.
(Beifall bei der FDP)

Detlef Parr (FDP):

Herr Präsident! Meine Damen und Herren! Liebe Kolleginnen und Kollegen! Fast zwei Jahrzehnte herrschte wissenschaftliche Zurückhaltung hinsichtlich einer umfassenden Untersuchung des Schulsports in Deutschland. Jetzt liegt endlich in Form der Sprint-Studie eine systematische Bedingungs- und Situationsanalyse vor, die die bisherigen Einzeluntersuchungen weit übertrifft. […]
Zu eindeutig sind auch die in anderen Untersuchungen getroffenen Feststellungen zum Gesundheitszustand unserer Kinder einerseits und zum sportlichen Leistungsvermögen und der Leistungsbereitschaft andererseits.
Wir müssen diese Botschaften ernst nehmen. Zu lange haben wir die Spaß- und Kuschelpädagogik als vermeintlichen Fortschritt gepflegt
(Zuruf von der FDP: Sehr richtig!)

und die Werte des Sich-Anstrengens und Leistens und eines damit verbundenen anspruchsvollen Übens und Trainierens.
(Beifall bei Abgeordneten der FDP)
Der Sportausschuss des Deutschen Bundestages beschäftigt sich jetzt schon in der dritten Legislaturperiode mit dem Schulsport. Die Bildungspolitik ist zwar Ländersache und wir wollen nicht am föderalen Prinzip rütteln, aber wenn die zunehmenden Alarmmeldungen vor allem aus dem Gesundheitsbereich – ich nenne nur die Stichworte „Übergewicht“, „Herz-Kreislauf-Probleme“ und „Haltungsschäden“ –, aber auch aus dem Leistungssport keine wesentlichen Konsequenzen nach sich ziehen, dann dürfen wir uns als Bundespolitiker und der Bund als Mitglied in der Kultus- und Sportministerkonferenz nicht vor der Verantwortung drücken.
(Beifall bei der FDP)
Deshalb stellt die FDP diesen Antrag heute zur Diskussion, um einen Anstoß zu einer bundesweiten Wende im Schulsport zu geben, die wir alle gemeinsam tragen sollten.
(Beifall bei der FDP) […]
Die neue schulische Sportkultur muss auf drei Säulen basieren: auf Bewegungsvielfalt, sportlichem Können und Leisten sowie durch Fairness geprägter sozialer Kompetenz.
(Beifall bei der FDP)
Das alles muss sich am Leistungsvermögen jedes Einzelnen orientieren, das auch in der Benotung zum Ausdruck kommen sollte, und zwar weg von den wenig differenzierenden Ziffernnoten hin zu einer verbalen Beurteilung der Leistungen, die auch außerschulisches Engagement und ehrenamtliche Tätigkeiten mit einbeziehen.
(Beifall bei der FDP sowie des Abg. Eberhard Gienger [CDU/CSU])
Wir wollen über den Sportunterricht Sport und Bewegung für möglichst viele Menschen zu einem selbstverständlichen Teil ihres Lebens machen. Präventives Verhalten nimmt vor dem Hintergrund der Entwicklung unseres Gesundheitssystems an Bedeutung zu. Es ist zuallererst eine Frage der Verbesserung der Lebensqualität für jeden Einzelnen. Aber auch volkswirtschaftlich werden wir auf lange Sicht Nutzen daraus ziehen können. […]
Die Kooperation von Schule und Verein ist nichts Neues, kann aber zum Beispiel durch die teilweise Freistellung von Lehrkräften für diese Aufgaben intensiviert werden. In diesem Zusammenhang gehören unsere Eliteschulen des Sports auf den Prüfstand. Die unterschiedlichen Ergebnisse in Ost und West geben zu denken.
Nach den Abgeordneten Klaus Riegert (CDU /CSU), Katrin Kunert (DIE LINKE) und dem Abgeordneten Martin Gerster (SPD) schließt die Debatte mit folgendem Beitrag:

Winfried Hermann
(BÜNDNIS 90/DIE GRÜNEN):
Ich halte jetzt auch eine Jungfernrede, denn ich durfte noch nie als letzter Redner zu so später Stunde vor so viel Publikum sprechen. Ich bedanke mich im Voraus für Ihre Aufmerksamkeit.
(Zurufe von der CDU/CSU)
Die Kollegen haben ja schon alles Mögliche aus der Sprint-Studie angeführt. In der Kürze meiner Redezeit kann ich nur ein paar neue Aspekte hinzufügen. Im Rahmen dieser Studie wurden die Schüler ja zum ersten Mal befragt, wie sie Sportunterricht wahrnehmen, was sie von ihm erwarten, was ihnen fehlt und was sie stört. Interessant ist, dass die Studie zutage gefördert hat, dass im Unterschied zu früher Sportunterricht inzwischen bei Schülern einen hohen Stellenwert hat, ja mit am besten im Fächerkanon der Schule angesehen ist und dass inzwischen auch die Schulleiter, die Kollegen und die Eltern den Sportunterricht weitaus höher einschätzen als früher. Umso bitterer ist es, wenn dieser Unterricht häufig ausfällt.
Andererseits beklagen die Schüler, dass der Unterricht oft nicht das bringt, was sie erwarten. Sie vermissen Elemente, die sie aus der modernen Sportwelt mitbekommen. Was erwarten diese Schüler genau? Sie wollen die neuen Freizeit- und Erlebnismöglichkeiten, die es auf der Straße gibt, kennenlernen; das würden sie gerne auch in der Schule vermittelt bekommen. Ein anderer Punkt, über den sich beklagt wird, sind die Leistungsanforderungen. Es ist richtig, Herr Kollege Parr, dass herausgekommen ist, dass die Schüler den Sportunterricht als einen Ort ansehen, wo sie sich beweisen können, wo sie etwas leisten können, wo sie gefordert werden wollen. Das leistet schlechter Sportunterricht teilweise nicht.
Das Problem ist nicht, dass hier Kuschelpädagogik betrieben wird.
(Detlef Parr [FDP]: Sehr wohl!)
Darum geht es nicht, sondern es geht um falsche Leistungsanforderungen. Es stört die Schüler, wenn man an alle den gleichen Maßstab legt, obwohl sie höchst unterschiedlich sind, wenn man sich formaler Messmethoden bedient, wenn man sie in altherge-

brachter Art und Weise auf die immer gleiche Art und Weise Runden laufen und immer nur dieselben alten Sportarten betreiben lässt.
(Detlef Parr [FDP]: Es geht um die individuelle Leistung!)
Hier liegt das Problem. Ein solcher Unterricht ist nicht wirklich interessant für sie. Ich komme nun zum Antrag der FDP. Hierzu wurde schon einiges Kritisches gesagt. Aus meiner Sicht ist dieser Antrag nicht Fisch und nicht Fleisch. Er hat extrem zentralistische Züge und ist sehr staatsfixiert – ganz im Gegensatz zu dem, was Sie sonst immer fordern. Sie erwarten vom Bund, dass er alles richtet.
(Detlef Parr [FDP]: Was? Sie müssen einen anderen Antrag gelesen haben!)
– Nein, Sie müssen einmal Ihren eigenen Antrag ernst nehmen.
(Swen Schulz [Spandau] [SPD]: Mehr Freiheit wagen!)
Es ist absurd, welche Forderungen Sie darin an die Bundesregierung stellen. Das geht ja bis hin zur Aufforderung, flächendeckend für eine angemessene Sportinfrastruktur zu sorgen. Das ist aber nicht Aufgabe der Bundesregierung. Was ist zu tun? Ich glaube, wir müssen das Sportkonzept durch Einbeziehung moderner Sportarten und Schaffung vielfältiger Bewegungs-, aber auch Auswahlmöglichkeiten weiterentwickeln. Auf gar keinen Fall – da kann ich dem Kollegen Gerster voll und ganz zustimmen – kann die richtige Antwort die Rückkehr zu alten Konzepten sein. Gerade die Sportartenpädagogik ist in den Unterrichtsplänen längst überholt. In allen Bundesländern geht man eher von modernen Bewegungsfeldansätzen aus, die Sie in Ihrem Antrag beschimpfen. Genau das, was Fortschritt bedeutet und was die Schüler anerkennen, wollen Sie zugunsten der alten Sportarten wieder abschaffen. Das ist beschränkt; es ist kein Fortschritt und bringt uns nicht weiter. Es ist, lieber Kollege, leider keine Wende im Sportunterricht.
Eine Wende ist übrigens auch gar nicht nötig. Wir brauchen eine Weiterentwicklung, einen Sprung nach vorne. Was Sie vorschlagen, ist jedoch eine Wende rückwärts, jedenfalls in Teilbereichen. Sie erwähnen auch den Gesundheitsaspekt; das ist gut. Aber in anderen Bereichen bedeuten Ihre Forderungen keinen Fortschritt. Ich finde, Ihr Antrag ist kein besonders intelligenter Anstoß für eine Debatte über einen modernen Sportunterricht. Ich bedanke mich.
(Beifall beim BÜNDNIS 90/DIE GRÜNEN und bei der SPD)

Vizepräsident Dr. Hermann Otto Solms:
Ich schließe die Aussprache. Interfraktionell wird Überweisung der Vorlage auf Drucksache 16/392 an die in der Tagesordnung aufgeführten Ausschüsse vorgeschlagen. Sind Sie damit einverstanden? – Das ist der Fall. Dann ist die Überweisung so beschlossen.

Deutscher Bundestag, Protokoll der Bundestagsdebatte zum Schulsport, 16.02.2006, online unter: http://www.bundestag.de/bic/plenarprotokolle/pp/19/index.html, zugegriffen am 19.06.2008

1. Woran erkennt man den mündlichen Charakter dieser Debatte? Achten Sie dabei auch auf die sprachlichen Mittel der beiden Redner.
2. Wie beurteilen Sie Zwischenrufe im Verlauf von Debatten?
3. Untersuchen Sie am Beispiel einer im Fernsehen übertragenen Bundestagdebatte nonverbales Verhalten der Redner und Zuhörer.

4 Gruppendiskussion im Unterricht

Übungen zur Gruppendiskussion im Unterricht sollen dazu beitragen, die mündliche Kommunikationsfähigkeit zu verbessern: So lernt man, ein kontroverses Thema sicher zu treffen, sich kurzzufassen, zum Punkt zu kommen. Argumente für die eigene Sicht anzugeben und die Argumente der anderen genau zu prüfen, zeichnen diese besonders intensive und zielorientierte Kommunikationsform aus. Zudem können Schüler im Unterricht mithilfe dieser Form des mündlichen Sprachgebrauchs einen differenzierten Überblick über eine Vielzahl aktueller Themen bekommen; sie lernen dabei, gegensätzliche Meinungen auszuhalten und Konflikte sprachlich zu lösen. Es gilt, die eigene Position auf Entgegnungen und Nachfragen hin zu verteidigen, aber auch Argumente der Gegenseite einzubeziehen.

Grundlagen einer Gruppendiskussion sind oftmals politisch und gesellschaftlich relevante Streitfragen, die mit Ja oder Nein beantwortet werden können.

Vorbereitung einer gelungenen Gruppendiskussion

Im Rahmen der Vorbereitung können neben obligatorischen Arbeitsschritten zusätzliche Elemente einbezogen werden, die sich an der Intensität und der Zielsetzung der Gruppendiskussion orientieren:

Grundstruktur einer Gruppendiskussion	Zusatzelemente
– (Freiwillige oder ausgeloste) Bildung von Gruppen mit fünf Mitgliedern – (Freiwillige oder ausgeloste) Auswahl des Diskussionsthemas – Sammlung von themenspezifischen Sachinformationen in der Gruppe im Rahmen einer Erarbeitungsphase (z. B. mit einer Dauer von zwei Wochen) – Abklärung der thematischen Unterpunkte der Recherche zu Beginn der Erarbeitungsphase zur Vermeidung von inhaltlichen Überschneidungen – Vorbereitender Austausch der einzelnen Rechercheergebnisse in Gruppensitzungen – Abschließende Erstellung einer klaren und übersichtlichen Gliederung des Debattenthemas – Beachtung räumlicher Gegebenheiten, Sitzordnung etc. – Wahl bzw. Verlosung der verschiedenen Gesprächspositionen (Pro- bzw. Kontra-Redner) und der Aufgabe des Gesprächsleiters	– Erstellung eines nach wissenschaftlichen Gesichtspunkten konzipierten Literaturverzeichnisses auf der Basis fundierter Quellen – Gründliche Auswertung und sorgfältiges Archivieren der von den einzelnen Schülern recherchierten und ausgewerteten Materialien – Erstellung einer Gruppenmappe – Erstellung eines Ergebnis- bzw. Verlaufsprotokolls

Drei Phasen bei der Durchführung einer Gruppendiskussion

Im folgenden Beispiel wird in einer Gruppe mit fünf Personen diskutiert. Zwei sprechen sich für, zwei gegen das Gefragte aus. Ein Moderator übernimmt die Leitung des Gesprächs.

1. Eröffnungsrunde: Stellung beziehen		
In der Eröffnungsrunde hält der Gesprächsleiter ein Eingangsstatement, in dem er in das Thema einführt und die exakte Vorgabe des Diskussionsthemas erfolgt. Er klärt die Zielsetzung und den Ablauf der Diskussion.	3 Min.	Einführung des Moderators
Im Folgenden hat jede der beteiligten Personen die Debattenfrage kurz aus ihrer Sicht begründet zu beantworten. Auf inhaltliche Details oder konkrete Beispiele ist in dieser Phase zu verzichten. Pro- und Kontra-Redner wechseln einander ab; es ist keine Unterbrechung der Einzelbeiträge erlaubt.	2 Min. 2 Min. 2 Min. 2 Min.	Kurze Statements der vier Redner
2. Freie Aussprache: Abgleich und Klärung		
In einer freien Aussprache wird die Debatte im freien Wechsel und unter Leitung des Moderators fortgesetzt; der Austausch soll in freiem Wechsel erfolgen.	2 Min. 2 Min. 2 Min. 2 Min.	z. B. Erster Pro-Redner Erster Kontra-Redner Zweiter Pro-Redner Zweiter Kontra-Redner

3. Schlussrunde: erneut Stellung beziehen (Entscheidung)		
In der Schlussrunde muss jeder die Frage noch einmal beantworten, jetzt im Licht der durchgeführten Aussprache. Die Meinungen dürfen geändert werden. Die Reihenfolge der Redner entspricht der der Eröffnungsrunde. Anstelle neuer weiterer Argumente sollen hier bereits entfaltete Argumente in Form eines Resümees zusammengetragen und als inhaltlicher Ertrag der Debatte formuliert werden.	1 Min. 1 Min. 1 Min. 1 Min.	Statements der vier Redner
Zusammenfassung des Moderators	2 Min.	Schlusswort des Moderators

Die dargestellte Debatte dauert 25 Minuten, kann aber auch reduziert werden, indem die Eröffnungsrunde und die freie Aussprache bei Bedarf gekürzt werden. Für die Schlussrunde sollte jedem immer eine Minute zur Verfügung stehen. Außerdem besteht die Möglichkeit, die Debatte auszuweiten, z. B. indem das Publikum in die Diskussion mit einbezogen wird.

Ferner kann die Rolle des Moderators sicher unterschiedlich definiert werden, indem dieser z. B. eine mehr oder weniger umfassende Ergebniszusammenfassung liefert, eine Schlussabstimmung leitet und die Debatte mit einem Schlusswort abrundet.

Auch über die Einhaltung der Redezeiten wacht der Moderator. Fünfzehn Sekunden vor Ablauf der Redezeit wird ihr nahes Ende durch einmaliges Klingelzeichen angezeigt. Das Überschreiten der Redezeit wird durch zweimaliges Klingelzeichen angezeigt und anschließend durch dauerndes Klingelzeichen unterbunden.

Nachbereitung

Um Kommunikations- und Argumentationsstrategien der Diskussion in der Klasse besser untersuchen und nachbesprechen zu können, bietet es sich an, die Debatte mit einem Aufnahmegerät bzw. einer Videokamera festzuhalten. Dies leistet auch eine Hilfestellung, wenn eine Nachbesprechung im Hinblick auf zuvor festgelegte Beurteilungskriterien erfolgen soll.

- Eine Gruppendiskussion kann als gelungen bezeichnet werden,
  - wenn Streitfragen differenziert und ausgewogen von verschiedenen Seiten betrachtet werden,
  - wenn der eigene Standpunkt gestärkt und gegen Einwände verteidigt werden kann,
  - wenn eine gründliche und ernsthafte Auseinandersetzung mit der Meinung der anderen Teilnehmer erfolgt,
  - wenn die verschiedenen Schritte der Vorbereitung, Durchführung und Nachbereitung zielgerichtet erfolgen.

Beispiel für einen Beobachtungs- und Bewertungsbogen

Kriterien der Beobachtung/Bewertung	Redner 1	Redner 2	Redner 3	Redner 4	Moderator
Sachkenntnis: Wie gut kennt sich der Redner im Thema aus? – Kenntnis des Sachverhalts – Kenntnis von Wertungsgesichtspunkten – Richtigkeit/Aktualität eigener Angaben					
Ausdrucksvermögen: Wie sagt er, was er meint? – Lebendigkeit in Gestik und Mimik – Deutliche Artikulation – Flüssiger Vortrag – Klare Gliederung – Angemessenes Sprachniveau – Anschaulichkeit der Formulierung					
Gesprächsfähigkeit: Wie gut geht er auf die anderen ein? – Bereitschaft zum Zuhören – Anknüpfen an die Vorredner – Rücksicht auf Beiträge anderer – Angreifen gegnerischer Schwachstellen – Verzicht auf persönliche Attacken					
Überzeugungskraft: Wie gut begründet er, was er sagt? – Passendes Auftreten – Schlüssige, logische Begründungen – Stellenwert vorgetragener Argumente					

Themenbeispiele für eine Gruppendiskussion

- Wie beurteilen Sie Castingshows und Model-Wettbewerbe?
- Stellt das Rauchverbot einen sinnvollen Beitrag zur Suchtprävention dar?
- Spielen Sport und musische Bildung an Schulen eine zu geringe Rolle?
- Halten Sie die heutige Jugend für verwöhnt?
- Ist die Jugend besonders anfällig für Modetrends?
- Wie beurteilen Sie die Senkung des Führerscheinalters?
- Was halten Sie von der Einführung der Null-Promille-Grenze für Fahranfänger?
- Wie stehen Sie zu einer Absenkung des Wahlalters bei Kommunalwahlen?
- Wie beurteilen Sie Schönheitsoperationen bei Jugendlichen?
- Nehmen Sie Stellung zu einer Einführung einer Berufsarmee anstelle der Wehrpflicht.
- Halten Sie eine höhere Besteuerung für Singles – im Vergleich zu Familien – für gerecht?
- Wie beurteilen Sie ein Verbot von gewaltverherrlichenden Medien?
- Halten Sie die riesigen Ausgaben für Werbung für sinnvoll?
- Hat der Massentourismus eine Zukunft?

IV Kommunikationsstrategien

1 Information und Argumentation

Weil Kommunikationsformen zielgerichtet sind und eine Absicht verfolgen, gibt es bestimmte Strategien, die benutzt werden, auf das Gegenüber – in sehr unterschiedlicher Weise – Einfluss zu nehmen. Im Vordergrund der meisten Kommunikationssituationen stehen Mitteilung und Meinungsbildung, Sachbezogenheit und Überzeugungskunst.

Bei der **Information** liegt der Akzent auf überprüfbaren Fakten, Sachlichkeit und Verständlichkeit. Information als Kommunikationsstrategie bedeutet, dass sich der Sprecher als Person im Interesse der Sache zurücknimmt. Sein Wissen über einen Sachverhalt versetzt ihn in die Lage, mit Kenntnissen aufzuwarten, ohne den Diskussionspartner manipulativ oder polemisch beeinflussen zu müssen. Auch die Weitergabe von Wissen, um ein Wissensdefizit des Hörers auszugleichen (Schule, Ausbildung, Beruf), fällt unter die Kommunikationsstrategie Information.

Wenn es nicht um die Vermittlung bloßer Einzelfakten, sondern um das Aufzeigen von kausalen Zusammenhängen (Ursachen – Folgen) und um die Meinungsbildung bzw. Bewertung von Sachverhalten geht, ist die angemessenste Kommunikationsstrategie die **Argumentation**. Man versteht darunter die gedanklich und sprachlich logische Beweisführung, die die Richtigkeit einer Behauptung belegt (vgl. S. 125 f.).

Generell werden drei **Argumentationstypen** unterschieden:

- Die **Plausibilitätsargumentation** beruft sich auf Selbstverständlichkeiten, allgemein Akzeptiertes, den „gesunden Menschenverstand".

  Häufige Formulierungen sind:
  - Keiner wird bezweifeln/bestreiten, dass (der Unterricht in großen Klassen schwieriger ist).
  - Es ist allgemein bekannt/anerkannt, dass (Leistung belohnt werden muss).
  - Es gilt als sicher, dass (neben der Begabung auch der Fleiß zu Erfolgen führt).

- Die **rationale Argumentation** stützt sich auf überprüfbare Angaben und logische Schlussfolgerungen wie z. B. Zahlenmaterial, wissenschaftliche Gesetzmäßigkeiten, nachprüfbare Tatsachen aus dem menschlichen Erfahrungsbereich, Widerspruchsfreiheit.

  Formulierungsmöglichkeiten sind etwa:
  - Laut Angaben des Statistischen Bundesamtes hat im letzten Jahr die Zahl der Single-Haushalte weiter zugenommen. (Zahlenmaterial)
  - Die Flucht in die Sachwerte bei einer hohen Inflationsrate lässt die Sparquoten sinken. (Wirtschaftswissenschaftliche Gesetzmäßigkeit)
  - Erfahrungsgemäß unterliegt der Mensch in der Anonymität leichter politischer Propaganda. (Menschliche Erfahrung)
  - Falsch: Auch heute noch besitzt das Auto ein sehr hohes Prestige in der Gesellschaft, nur heutzutage kann sich jeder ein Auto leisten.
  - Richtig: Obwohl sich heutzutage die meisten ein Auto leisten können, sehen manche im Luxusauto immer noch ein Prestigeobjekt. (Widerspruchsfreiheit)

- Die **moralisch-ethische Argumentation** bezieht sich auf allgemein anerkannte Normen und Werte, wie sie z. B. in den Grund- und Menschenrechten festgelegt sind. Eine solche Argumentation kann etwa lauten:
  - Da es keinen inneren Frieden ohne soziale Gerechtigkeit gibt, muss das Prinzip der Solidarität beachtet werden.
  - Die Abschaffung der Rassentrennung ist eine Notwendigkeit, weil Menschenwürde und Toleranz dies fordern.

Berliner Rede 2008 von Bundespräsident Horst Köhler

Horst Köhler

[...] Wenn zum Beispiel in einer Familie mit Kindern der Vater oder die Mutter wieder eine Vollzeitbeschäftigung aufnehmen, dann ist für diese Familie die Gefahr zu verarmen in fünf von sechs Fällen gebannt. Arbeit haben bringt aber nicht nur Geld ins Haus. Arbeit macht auch zufriedener, denn die meisten von uns wollen aus eigener Kraft für sich und die Ihren sorgen.

[...] Viel Beschäftigung, am besten Vollbeschäftigung hilft uns allen. Das senkt die Ausgaben fürs Arbeitslosengeld und erlaubt es, die Abgaben dafür zu senken. Viel Beschäftigung stärkt die Kraft zur persönlichen Altersvorsorge und entlastet auch dadurch die Solidarkassen. Viel Beschäftigung stärkt die Binnennachfrage, weil die Summe der gezahlten Löhne und Gehälter steigt, und schafft dadurch weitere Arbeitsplätze. So erwirtschaften wir nicht allein privaten, sondern auch gesellschaftlichen Wohlstand, weil Bund, Länder und Gemeinden in dessen Grundlagen investieren können statt in soziale Nothilfen und Schuldzinsen.

[...] Im Mittelpunkt des Bemühens um Bildung stehen nicht die Bedürfnisse von Wirtschaft und Arbeitsmarkt, sondern steht der einzelne Mensch. Wer sich bildet, will nicht nur etwas können, sondern etwas werden: orientierungssicher und selbstkritisch, aufgeschlossen für neue Ideen und unbestechlich bei ihrer Prüfung, der eigenen Wurzeln bewusst und weltoffen, selbstbestimmt und verantwortungsbereit. So zu werden, das soll jeder und jedem von uns offenstehen.

[...] Deutschland muss endlich gute Bildungschancen für alle bieten. Es ist beschämend, wie oft in unserem Bildungswesen die Herkunft eines Menschen seine Zukunft belastet. Zum Beispiel bekommen Kinder, deren Eltern nicht studiert haben, nur ein Drittel der Chancen zum Besuch des Gymnasiums wie ihre Altersgenossen aus Akademiker-Haushalten, und während von denen 83 von 100 studieren, sind es bei den Nichtakademiker-Kindern von 100 nur 23.

[...] Unser Bildungswesen darf niemanden aufgeben und zurücklassen und niemandem gestatten, sich treiben zu lassen. Auf Seiten der Lernenden und der Ausgebildeten braucht es die Erkenntnis: Wissen, Können und Bildung kommen nicht per Nürnberger Trichter und nicht ein für alle Mal, sondern sie sind das Ergebnis eigener Anstrengung ein Leben lang.

[...] Was hilft den Schulen und Universitäten, dieses Ziel zu erreichen? Es helfen ihnen mehr Raum zur eigenständigen Gestaltung und weniger bürokratische Gängelung; mehr Lehrende und mehr pädagogischer Ehrgeiz; noch mehr Verständnis und Hilfe vonseiten der Eltern und viel mehr Interesse und Beistand vonseiten der Öffentlichkeit.

[...] Das Mindeste, was alle für unsere Demokratie aufbringen sollten, ist Aufmerksamkeit. Leider geht das Interesse an Politik bei uns seit Jahren zurück, vor allem bei den Jüngeren. Das ist nicht gut. Eine vitale politische Öffentlichkeit ist sowohl für die Regierenden als auch für die Regierten unersetzlich.

Köhler, Horst, Berliner Rede 2008, 17.06.2008, online unter: http://www.bundespraesident.de/Anlage/original_646734/Arbeit_-Bildung_-Integration-Berliner-Rede-2008-von-Bundespraesident-Horst-Koehler.pdf, zugegriffen am 25.02.2009

1. Bestimmen Sie die Argumentationstypen in den Auszügen aus der Berliner Rede 2008 des ehemaligen Bundespräsidenten Horst Köhler.

2. Stellen Sie Argumente für und gegen
- Schülerausflüge/Landschulaufenthalte,
- Auslandsaufenthalte von Schülern im Rahmen des Praktikums,
- Benimmkurse in der Schule,
- Berufsakademie als Alternative zum Studium,
- Studiengebühren

zusammen und ordnen Sie diese den drei Argumentationstypen zu.

2 Einfühlung und Verständnis

Eine weitere, oft unterschätzte Kommunikationsstrategie kann man mit **Einfühlung** und **Verständnis** bezeichnen. Man meint damit vorurteilsfreie Offenheit, positive Zuwendung und emotionale Anteilnahme, aber auch geduldige Zurückhaltung und aufmerksames Zuhören. Diese Kommunikationsstrategie prägt vor allem therapeutische Gespräche, weil nur so die Voraussetzungen für Hilfe oder Selbsthilfe geschaffen werden. Eine einfühlsame und verständnisbereite Haltung kommt jedem Gespräch zugute, weil das darin enthaltene Wohlwollen auf sprachliche Unterdrückung verzichtet, Barrieren abbaut und sich der Sprecher in die Rolle und Situation des anderen hineinversetzt und damit Gleichberechtigung schafft. Im besonderen Maße sind Einfühlung und Verständnis immer dann verlangt, wenn die Gesprächspartner in einem hierarchischen oder abhängigen Verhältnis zueinander stehen oder wenn es sich um besondere Krisensituationen handelt:

Verzicht auf:
- Ratschläge und Überlegenheit
- Bevormundung und Besserwisserei
- Vorwürfe und Kritik
- Bedrängende Fragen

Stattdessen:
- Abbau von Barrieren
- Wiederholen als Bestätigung der Wahrnehmung
- Ertragen von Gesprächspausen
- Signale des Einfühlens und Verstehens
- Äußerungen des Sicheinlassens
- Aufmunterung und Ermutigung

Ein Gespräch, das sich nach diesen Regeln richtet, nennt man **empathisch** (gr. em-pátheia = einfühlend).

Im folgenden Text spricht der elfjährige Henry mit einem Therapeuten über seinen psychischen Zustand:

Henry: Einmal sagte meine Mutter, sie würde mich mit nach Baltimore nehmen. Ich stand also früh auf, um sieben, und ging ins Wohnzimmer. Niemand war da. Ich hätte um sechs Uhr aufstehen sollen. Sie hatte Michael *(den älteren Bruder)* mitgenommen.
Therapeut: Sie haben dich allein gelassen, obwohl du gehofft hattest, sie würden dich mitnehmen.
Henry: (Nickt. Weint wieder) Bis ich sechs war, hatte ich eine Kinderschwester, Miss Palmer. Sie hat mich vor allen in Schutz genommen, aber jetzt ist sie weg und ... *(weint)*
Therapeut: Du bist ganz allein und hast niemand, der dich beschützt?
Henry: Ja. Sie sagen, Miss Palmer hätte mich verzogen, aber das glaube ich nicht.
Therapeut: Vermisst du sie?
Henry: O ja. Ich hab' eine Cousine, Jean. Hm, ich hab' mich in sie verliebt. Michael sagt „Jean interessiert sich überhaupt nicht für dich". Er sagt, Jean habe ihn viel lieber.
Therapeut: Er will nicht, dass du glücklich bist?
Henry: Nein, das will er nicht. Er tut alles, um mir wehzutun. Mein Vater sagt immer, Michael sei im Recht. Wenn ich mich wehren will, gibt er mir eine Spritze.
Therapeut: Zu Hause scheint es dir nicht sehr gut zu gehen.
Henry: Nein, bestimmt nicht!
(Er weint wieder. Er erzählt von weiteren Vorfällen. Dann will er unbedingt wissen, ob und wie Therapie helfen kann. Zu Beginn der Stunde hatte der Therapeut ihm erklärt, er sei da, um mit ihm über die Dinge zu reden.)
Henry: Was nützt es mir, wenn ich das alles erzähle; ich verstehe das nicht.
Therapeut: Du meinst, reden hilft nichts?
Henry: Ja. Was nützt es?
Therapeut: Manchmal fühlen sich die Leute besser, wenn sie über die Sachen gesprochen haben.
(Der Therapeut macht den Fehler, eine emotionelle Frage zu beantworten, als wäre sie nur eine Bitte um Information. Das führt zu Schwierigkeiten.)
Henry: Ja, aber was hilft es, wenn man sich besser fühlt und die Dinge trotzdem so bleiben, wie sie sind?

Therapeut: Manchmal können Jungen und Mädchen verstehen, wie sie bei den Dingen wirklich fühlen, und das hilft ihnen zu erkennen, was sie aus ihrer Situation wirklich machen wollen.
(Der Therapeut versucht immer noch, dem Kind die Therapie zu „verkaufen".)
Henry: Ja, aber was ist, wenn ich alles erzähle, und es geht trotzdem so weiter?
Therapeut: Ich weiß, dass du dich ziemlich hoffnungslos fühlst, Henry. Ich kann deine Eltern nicht ändern. Ich kann dir nur dabei helfen, deine Probleme selbst zu durchdenken. *(Pause)* Das ist im Augenblick schwer zu verstehen für dich, das weiß ich, aber manchmal hilft es.
Henry: Gut ... *(Erzählt weiter)* Ich verstehe es immer noch nicht. Was nützt das alles, wenn sie trotzdem so bleiben, wie sie sind?
Therapeut: Du meinst, was du tun sollst, wenn sie sich nicht ändern?
Henry: Ja.
Therapeut: Ich weiß es nicht genau. Aber ich hoffe, dass wir es zusammen herausbekommen, wenn du zu mir kommst.
Henry: Angenommen, es dauert zehn oder fünfzehn Jahre und sie machen immer so weiter?
Therapeut: Du überlegst gerade, wie lange du das aushalten kannst? *(Das wäre vorhin die richtige Antwort gewesen.)*
Henry: Ja, o ja. *(Er weint einige Minuten lang.)*
Therapeut: Es sieht alles ziemlich düster aus.
Henry: (Nickt) Manchmal träume ich, meine Mutter wäre tot und dann käme jemand, der mich versteht. Ich weiß nicht, warum ich das träume.
Therapeut: Du fragst dich, ob dich überhaupt jemals irgendjemand verstehen wird?
Henry: Hm. Manchmal denke ich, dass etwas Schreckliches passieren muss, ehe sie ihre Fehler merken.
Therapeut: Als ob nur etwas Schlimmes helfen würde?
Henry: Hm. *(Pause)* Ich frage mich oft, ob das stimmt, was sie im Radio sagen.
Therapeut: Ja?
Henry: Dr. Preston Bradley sagt, Gott zählt jede Träne.
Therapeut: Und du überlegst, ob Gott auch deine Tränen zählt?
Henry: Ja, o ja! *(Seufzt laut, legt den Kopf auf die gefalteten Arme und weint.)*

Rogers, Carl R., Die klientenzentrierte Gesprächstherapie, übersetzt von Erika Nosbüsch, Kindler Verlag, München 1992, S. 229 f.

1. Weisen Sie am Text die Methoden des Therapeuten anhand der Forderungen nach, die an eine empathische Gesprächsführung gestellt werden.

2. Üben Sie Einfühlung und Verständnis des empathischen Gesprächs in Rollenspielen:
- Sohn/Tochter gesteht zu Hause eine ungeplante Schwangerschaft.
- Sohn/Tochter (nicht volljährig) will ausziehen.
- Freund/Freundin hat eben den positiven HIV-Befund erfahren.

3 Manipulation und Polemik

Missbraucht man Sprache zur Steuerung der Hörer, ohne dass es diesen bewusst wird, so handelt es sich um **Manipulation**. Der Einsatz von sprachlichen Mitteln ist in diesem Fall darauf ausgerichtet zu beeinflussen, in eine gewünschte Richtung zu lenken, Macht und Herrschaft auszuüben und im schlimmsten Fall zu entmündigen. Das Gefährliche daran ist, dass ein so Manipulierter keine Gegenwehr ergreifen kann, da der sprachliche Prozess der raffinierten Vereinnahmung von ihm gar nicht bemerkt wird. Im Gegensatz zur Propaganda, die mit deutlichen und direkten sprachlichen Mitteln arbeitet, bedient sich die Manipulation subtiler (feiner) und versteckter Methoden.
Manipulation im öffentlichen Bereich nützt politische, gesellschaftliche und wirtschaftliche Faktoren aus und bedient sich der technischen Medien; im privaten Bereich wird sie durch die emotionale Situation und Rollenmuster erleichtert. So sind jüngere Kinder z. B. durch ihre Eltern manipulierbar, weil sie deren Zuneigung nicht verlieren wollen und außerdem der elterlichen Autorität unterliegen.

Sprachliche Mittel der Manipulation können sein:
- Schmeichelei
- Herstellung eines Wir-Gefühls bzw. eines Feindbildes
- Beschönigungen bzw. Ausklammern von Negativem (Tabuisierung)
- Bestätigung vermuteter Vorurteile
- Vereinfachungen, Ablenkungsmanöver
- Gezielte Fehlinformationen und Verfälschungen
- Versprechung bzw. Drohung, Verheißung bzw. Panikmache
- Appell an niedere Instinkte bzw. hehre Ideale
- Weckung künstlicher Bedürfnisse

Top Dogs (1997) | Urs Widmer

Vorbemerkung: Das Stück thematisiert die Auswirkungen der Globalisierung auf Spitzenmanager (vgl. S. 146 f.).

2. Szene:
HEUTE SIND WIEDER DIE CHURCHILLS GEFRAGT

Bihler, Tschudi

Szene aus einer Inszenierung von Top Dogs

BIHLER *Chefpose* Herr Tschudi. Danke, daß Sie gleich rüberkommen konnten. Ich kenne ja Ihren Terminkalender. Ein, zwei Minuten nur. Wir redimensionieren das Management. Sie waren ja selber am Konzept beteiligt und haben ihm zugestimmt. Ich habe jetzt von jedem meiner Mitarbeiter auf der mittleren und höheren Managementebene eine Leistungsanalyse erstellen lassen. Kinley and Finley, Sie haben sich ja mit den Herren unterhalten. Die sind zum Schluß gekommen, daß Sie sich zu sehr auf Ihren Lorbeeren ausruhen, Tschudi. Natürlich haben sie Leistung erbracht. Selbstverständlich. Aber Lorbeeren gehören auf den Kopf, in die Suppe vielleicht, aber nicht unter den Hintern. Ich muß mich auf den Ersten Dritten von Ihnen trennen.
TSCHUDI Aber wieso, ich habe doch immer …
BIHLER Es ist vorbei mit den fetten Jahren. Da haben wir gerade im Management großzügig eingekauft. Auf Halde sozusagen, nur für den Fall, daß. Und damit die Konkurrenz die nicht kriegt. Leute mit dreihunderttausend per annum und einem Output von plus minus Null. Jetzt sitzen wir mit einem Überhang an Managern da. Die Schweiz ist keine Insel der Seligen mehr. Jetzt bläst auch bei uns ein kalter Wind. Wir müssen ein GLOBAL PLAYER sein, oder die Konkurrenz dreht uns die Luft ab. Wir sind nicht mehr 1980. Wo soll ich einen wie Sie einsetzen, Tschudi, in diesem neuen Klima, das ja schon weit härtere Burschen schier umbringt. Jüngere. Sagen Sie doch selbst.
TSCHUDI Einer in meinem Alter hat ein Know-how, das nicht so leicht …
BIHLER Im Krieg brauche ich andere Männer als im Frieden. Heute brauche ich Generäle, die als allererste in den Dschungel gehen. Die draufhalten können. Heute gibt es echte Tote. Sie müssen mit dem Flammenwerfer in die Konkurrenz rein und die ausräuchern. Sonst sind SIE dran. Churchill war im Frieden eine Niete. Aber im Krieg war er ein As. Heute sind wieder die Churchills gefragt.
TSCHUDI Wie wollen Sie die laufenden Projekte mit Leuten, die keine Ahnung …
BIHLER Ich bin froh, daß Sie das ansprechen. Ich wollte es eben selber tun. Natürlich, die laufenden Projekte. Ich mache Ihnen einen Vorschlag. Ich kenne Ihre Qualitäten, Tschudi. Und unter uns, gerade um Sie tut es mir besonders leid. Ich bin sehr froh, daß ich Ihnen für Ihr laufendes Projekt einen Teilzeitvertrag anbieten kann. Befristet. Übers Gehalt einigen wir uns sicher, da sind sicher fünfzig Prozent Ihrer bisherigen Bezüge drin, wenn nicht mehr.
TSCHUDI Fünfzig Prozent? Aber das sind ja dann ganze …
BIHLER Da draußen sind Hunderte von solchen, wie

Sie einer sind. WHITE-COLLAR-Schrott. Die kriechen auf den Knien in mein Büro, nur um von mir einen Vertrag zu kriegen, für die Hälfte, ohne Sozialabgaben, ohne Alterssicherung. Ich muß nur so machen. *Schnipst.* Business, das ist Krieg. Blut und Tränen. So ist das.

TSCHUDI *schreit* Sie sind ein Monster. Ein Monster sind Sie. Mit mir machen Sie das nicht. Nicht mit mir. *Will ab.* Aber:

BIHLER *ganz anderer Ton, den Tränen nahe* So hat der mit mir geredet. Wörtlich so. Fast wörtlich. Mehr als zwanzig Jahre lang habe ich ein Know-how für die Firma aufgebaut, da können Sie lange suchen. Und dann eliminiert der ganze Managementebenen mit einem Federstrich. Eine flache und transparente Führungsstruktur, schnelle Entscheidungsprozesse, und dann ein paar junge Spunde, die mit den Flammenwerfern. Die bearbeiten jetzt den asiatischen Raum. Rein in den Markt und ausräuchern. Manche kommen da natürlich im Leichensack zurück, eine Handvoll Kohle. Aber die Hälfte schafft es. Der Markt, das ist ein Schlachtfeld. Der Handel ist Krieg. Blut und Tränen.

TSCHUDI Nehmen Sie es nicht zu tragisch. Herr Bihler. Es spricht für Sie, daß Sie nicht alles mitmachen.

BIHLER *schluchzend* Genau.

TSCHUDI Die sind wie die Säue. Da haben Sie ganz recht. So was wie 'ne Ethik, eine Moral, das war einmal. Die scheuen vor nichts zurück.

BIHLER *sich allmählich erholend* Woher wissen die überhaupt, daß ich das nicht könnte? Beim Militär war ich Panzerfahrer, da hab ich jede Menge Infanterienester plattgefahren.

TSCHUDI Das haben wir hinter uns, Gott sei Dank.

BIHLER Supponiert natürlich. War ja kein Ernstfall weit und breit.

TSCHUDI Das war ein Festtag, als ich den ganzen Krempel zurückfaßte, für immer!

BIHLER Wer sagt, wenn man mir einen Flammenwerfer gibt, daß ich das nicht kann? Gerade im asiatischen Markt. Die Asiaten, die haben auch keine Hemmungen. Hat man in Vietnam gesehen, wie die mit den Amerikanern umgesprungen sind. Draufhalten, einfach draufhalten. Dann rennen die wie die Fackeln.

TSCHUDI Jetzt machen sie aber einen Punkt.

BIHLER Richtiggehend gern würd ich das machen, voll Rohr den Feind wegfegen, und dann rein in den Markt und die strategischen Positionen besetzen, bevor die paar Überlebenden auch nur den Kopf heben.

TSCHUDI Beruhigen Sie sich doch.

BIHLER Da hätt ich richtiggehend Spaß dran.

TSCHUDI Jetzt gehen Sie aber zu weit.

BIHLER Wieso fragen die mich nicht mal? Können Sie mir das sagen?

TSCHUDI Ich habs gleich gesagt. Ein Monster.

BIHLER *stolz* Ja. Bin ich. Der Markt braucht heute Monster. Monster. Monster …

Er entfernt sich aufgebracht, die Schlacht der Wörter beginnt.

Widmer, Urs, Top Dogs, Verlag der Autoren, Frankfurt/M. [13]2007, S. 19 ff.

1. Untersuchen Sie den Gesprächsverlauf und das Redeverhalten.
2. Welche spezifischen sprachlichen Mittel der Manipulation sind in der Dramen-Szene zu finden?
3. Beschreiben und analysieren Sie Beispiele von Manipulationen aus eigener Erfahrung.

Nicht verschleiernd und vereinnahmend wie die Manipulation, sondern provokativ und Konfrontation suchend geht die **Polemik** vor. Der Begriff geht auf das griechische Wort für „feindselig", „streitbar" zurück und damit ist bereits die Grundhaltung polemischer Kommunikation charakterisiert: Polemik will polarisieren, den Gegner herausfordern und verletzen, ihn bloßstellen oder gar erniedrigen.

Die Aggressivität dieser Kommunikationsform dient dazu, dass der Angreifer sich und seine Position aufwertet und als eindeutig überlegen herausstellt. Neben dieser bösartigen Polemik, die das Gegenüber ausschalten will, gibt es aber auch eine Spielart, der es darauf ankommt, den Gesprächspartner aus der Reserve zu locken, ihn zu pointierten Aussagen zu reizen. Einer solchen Polemik geht es mehr um die Sache als um die Person. Polemik kann grundsätzlich in jeder Kommunikationssituation auftreten; am häufigsten wird sie in Politik und Journalismus eingesetzt. Redner, die die Techniken der Manipulation und Polemik einsetzen, um ihr Publikum aufzuhetzen und zu verführen, nennt man **Demagogen**.

Mittel der Polemik können sein:

- Ironie, Zynismus, Sarkasmus
- Beschimpfung, Beleidigung
- Vorwurf, Abwertung
- Übertreibung, Untertreibung
- Unterstellung, Verdächtigung
- Vereinfachung, negative Verallgemeinerung
- Schlagwort, Klischee
- Anwendung der Assoziationstechnik
- Schärfe der Wortwahl und des Tonfalls

Eine Rede an die Abiturienten des Jahrgangs 2004

von Raoul Schrott

Liebe Abiturienten, viel halte ich nicht von Euch. Und beneide Euch auch nicht. Wenn ich nach einem Schlagwort suchen müsste, um Eure Generation auf einen Nenner zu bringen, würde ich Euch Konformisten schimpfen. Ein paar Jahre älter, und ich sehe Euch schon vollkommen eingegliedert in diese neue Gesellschaftsschicht, die einem überall in den deutschen Fußgängerzonen begegnet: Gel im Haar, Sonnenbrillen auch im Winter, ledrig braun vom wöchentlichen Solarium, Silikonsäcke in der Brust der Frauen, die Männer hart am Waschbrettbauch arbeitend, aber allesamt geistige Bügelbretter. Metrosexuelle[1] in der Nachfolge von in die Jahre gekommenen Yuppies und Singles, androgyn zwischen Anämie und Bulimie, nur den Job im Kopf, den nächsten All-inclusive-Urlaub, Amerika als Traumziel, kulturell zwischen Hollywood und Viva. Schamrasur und Pay-TV als Kick, Naturschutz als Konfessionsbekenntnis und die politische Haltung von reinen Konsumenten. [...]

Nichts Schlimmeres gibt es für Euch als Langeweile. Und nichts Tabuisierteres als das, was in die Tiefe geht: Tod; Gewalt; Gefühle, sobald sie pathetisch werden; sogar Humor, wenn er abgründig wird. Stattdessen habt Ihr einen untrüglichen Sinn für das entwickelt, was zeitgeistig ist. Welche Themen diskutierbar, welche Vokabeln zulässig sind und welche nicht. Damit aber habt Ihr auch Eure freiwillige Unmündigkeit erklärt. Wenn ich Euch reden höre, ist das, worüber Ihr Euch definiert, Kleidung und Musik.

Bei meiner Generation war es ebenso, nur mit dem Unterschied, dass wir uns noch nicht über Industriemarken mit einem Rollenbild identifizierten. Und die Musik für uns wenigstens noch den Anstrich von Verbotenem und Subversivem an sich hatte, mit Texten, die sich am Kritischen und am Poetischen maßen. Musik und Kleidung boten uns Identifikationsmöglichkeiten für etwas, das erst im Entstehen begriffen war, mit dem man sich erst auseinandersetzen musste, sie waren Träger einer Aufbruchsstimmung, die in den Sechzigerjahren begann und in den Achtzigern scheiterte. Statt Woodstock habt Ihr jetzt eine Love Parade als registered trademark für das Abtanzen in ein besinnungsloses Nirwana; statt Punk Pink: Auf die eigene Fahne schreiben kann und will ich dies nicht, umso weniger, als jene Epoche jetzt nur mehr als nostalgische Randerscheinung eines noch nie dagewesenen Industrialisierungsschubes aufleuchtet. Und Ihr könnt nichts dafür, dass alles, was danach kam, nur mehr vermarktet wurde. Sich selbst ähnlich und sich selbst nach vorgegebenen Formeln reproduzierend, hört und sieht es sich nun überall gleich an, in Japan, Amerika oder hier: Das Konzept der Globalisierung misst sich ja daran, dass Coca Cola und ein Hamburger überall gleich schmecken. Kein Wunder also, dass auch Ihr ausseht wie geklont.

Man begreift sich ja meist erst über die anderen. In diesem Rollenspiel, das die Jugend ist, diesem Ausprobieren von Posen und Possen, erkennt man sich auch im Spiegel der anderen. Umgeben von Masken aber, die wie Latex sitzen, mit denselben vom Video einstudierten Gesten und den überall gleichen Floskeln, entzieht sich Euch die eigene Person im gleichen Maß, wie Euch unter diesen Gummigesichtern das Individuelle der anderen verborgen bleiben muss. Was sich als wahres Ich darunter zeigt, nimmt man da natürlich zuerst [...] als Blöße wahr. Die dann, in einem perfekt inszenierten Gesellschaftsspiel, das sich über Konsumentenschicht und Quote klar definiert, wieder weiter vermarktet wird. Woher rührt sonst diese Faszination für Realityshows für jedes Lebensalter? [...]

Wo sonst mag etwa für Euch die Faszination eines so erbärmlichen Spektakels wie DeutschlandSuchtDenSuperStar liegen? Im Wunsch wahrscheinlich, im Mittelpunkt aller Aufmerksamkeit zu stehen und beklatscht zu werden. Nicht aus Narzissmus, sondern eher aus einem am Virtuellen und Gleichmacherischen aller Realitäten verzweifelnden Exhibitionismus: Um endlich allen zu zeigen, schaut her, das bin ich, so bin ich, Ich. Und dabei doch nur wieder das Stereotype zu finden: kulturelle Flächenwirkung statt Selbstverwirklichung. […]

Ja, ich beneide Euch nicht. Und wenn ich wenig von Euch halte, dann weil Ihr keinen Gebrauch macht vom Vorrecht der Jugend, alles infrage zu stellen. Es zu müssen, weil man bei diesem Erwachsenwerden doch alles beinahe zwangsläufig hinterfragt, bevor man es sich zu eigen macht, erst in der Konfrontation mit den Dingen zu sich findet. Denn jede Generation erfindet sich ihre Welt von Neuem. Wo aber ist Euer Sturm und Drang? Wo das Bilderstürmende und Denkmalstürzende? Wo das Anarchische und Idealistische der Pubertät? Feige Konformisten seid Ihr. Langweiler. Nein, es geht nicht darum, Revolutionen anzuzetteln, obwohl das eine gute Übung wäre. Sondern um das, was die Franzosen état d'esprit[2] nennen. Bei Euch müsste man ihn umdrehen: Ihr habt nichts als einen Esprit d'État[3]. Staatsbürgerlich verbeamtete Gesinnungen statt einer individuellen Geisteshaltung. […]

---

1 Metrosexueller: heterosexueller Mann, der feminine Züge kultiviert
2 État d'esprit: (frz.) Geisteshaltung
3 Esprit d'État: (wörtl.) Geist des Staates

Schrott, Raoul, Eine Rede an die Abiturienten des Jahrgangs 2004, in: Wochenendbeilage der Süddeutschen Zeitung vom 3./4. Juli 2004, S. VII, gekürzt

1. Welche Textstellen zeigen am deutlichsten Mittel der Polemik?
2. Verfassen Sie eine „Gegen-Polemik".

Kapitel 3: Verfassen von Texten

I Referierendes Schreiben

1 Beschreibung

Jeder kennt – als Fragender oder Befragter – die Schwierigkeit einer klaren und verständlichen Wegbeschreibung. Offensichtlich ist es gar nicht so leicht, etwas, und kennt man es noch so gut, einem anderen sprachlich so mitzuteilen, dass dieser es sich genau vorstellen kann. Damit ist das Kernproblem jeder Beschreibung angesprochen, sei es die Vorgangs- oder Fallbeschreibung, die Gegenstands- oder Personenbeschreibung bzw. die Bild- oder Grafikbeschreibung.

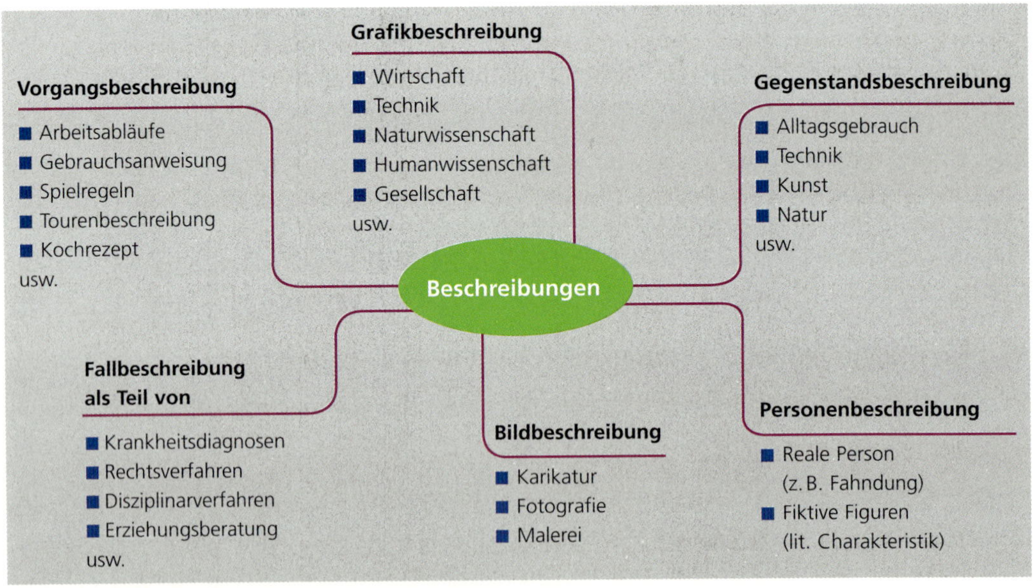

Alle Beschreibungen zielen darauf ab, dem Leser (bzw. Hörer) eine zutreffende Vorstellung des Beschriebenen zu vermitteln. Dies wird erreicht durch:

- Genaue Beobachtung
- Eindeutige Benennung
- Vollständige Angaben
- Sinnvolle Reihenfolge
- Klare Zusammenhänge
- Anschauliche Darstellung
- Präzise Wortwahl
- Angemessene Fachbegriffe
- Verständliche Ausdrucksweise

Beschreibungen müssen stets im **Indikativ Präsens** abgefasst werden und dürfen keine erlebnishaften Schilderungen und Wertungen enthalten; bei der Beschreibung steht das Beschriebene ganz im Vordergrund – nicht der Beschreibende. Das schließt nicht aus, dass in vielen Fällen Beschreibungen nur eine Vorstufe sind für Analysen, Interpretationen und Bewertungen, z. B. bei der Beschäftigung mit Werbeplakaten oder mit Kunstwerken. Die Grenzen zum Bericht sind fließend.

Versuchsbeschreibung

In naturwissenschaftlichen Fächern informieren Versuchsbeschreibungen über den Ablauf und die Ergebnisse eines durchgeführten Experiments. Am Beispiel des sogenannten Thermitverfahrens werden der mögliche Aufbau und die Gestaltung einer Versuchsbeschreibung aus dem Bereich Chemie dargestellt.

Beispiel für Vorgangsbeschreibung

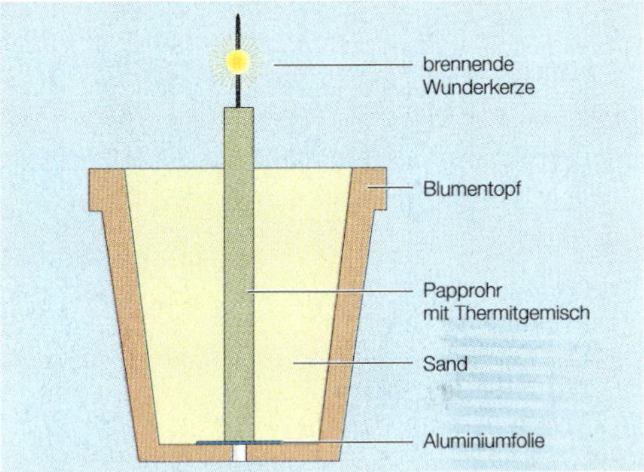

Versuchsaufbau

Ein Thermitgemisch wird aus 40 g Eisen(III)-oxid und 14 g Aluminium hergestellt.

Durchführung

Der Wasserablauf eines eingespannten Blumentopfs wird mit einer Aluminiumfolie verschlossen und darauf ein Papprohr mit einem Durchmesser von 2 bis 3 cm gestellt. Der Topf wird um das Papprohr herum mit Sand gefüllt. Das Thermitgemisch wird in die Papprõhre gegeben. Unter den Blumentopf wird ein feuerfestes Gefäß mit Sand gestellt. Das Thermitgemisch wird mit einem Magnesiumband oder einer brennenden Wunderkerze gezündet. Neben den vorgeschriebenen labortechnischen Sicherheitshinweisen ist bei diesem Versuch, der sich nicht für geschlossene Räume eignet, zudem ein Sicherheitsabstand von 5 m einzuhalten.

Beobachtung

Nach dem Zünden kommt es zu einer sehr heftigen Reaktion. Aus der Öffnung des Blumentopfs tropft flüssiges Metall. Die Reaktion ist stark exotherm; so entstehen Temperaturen von ca. 2.000 °C. Zudem ist ein grelles Leuchten zu beobachten.

Ergebnis

Bei diesem Verfahren wird die starke Reaktivität des Aluminiums gegenüber Sauerstoff genutzt.

$$Fe_2O_3 + 2\,Al \longrightarrow 2\,Fe + Al_2O_3$$

Es findet eine Redoxreaktion statt. Eisen(III)-oxid wird durch Aluminium zu Eisen reduziert, Aluminium wird zu Aluminiumoxid reduziert. Dabei findet ein Übergang von insgesamt sechs Elektronen statt.

Oxidation	Al	$\longrightarrow$	$Al^{3+} + 3e^-$
Reduktion	$Fe^{3+} + 3\,e^-$	$\longrightarrow$	Fe
Redoxreaktion	$Al + Fe^{3+}$	$\rightleftarrows$	$Al^{3+} + Fe$

Aus der Redoxreihe der Metalle lässt sich ableiten, dass das im Vergleich zu Eisen unedlere Aluminium seine Valenzelektronen an das in Ionenform vorliegende Eisen abgibt. Das heiße flüssige Eisen ermöglicht einen Schweißvorgang. Dieses chemische Experiment findet im Alltag seine Anwendung beim Verschweißen von Eisenbahnschienen.

Fallbeschreibung

Auf der Grundlage von Fallbeschreibungen, etwa zum Thema Jugendgewalt, können Verantwortliche ihre Positionen (zu Gewaltphänomenen Jugendlicher) austauschen und Ansätze (zur Gewaltprävention) entwickeln.

Beispiel für Fallbeschreibung

Dennis, 15 Jahre alt, ist in diesem Jahr bereits zehn Mal bei der Polizei bzgl. von Anzeigen wegen Vergewaltigung, Raub, Nötigung aufgefallen. Er besucht seit Monaten kaum die Schule (8. Kl. Förderzentrum/Lernbehinderter im 10. Schulbesuchsjahr). Wenn er anwesend ist, arbeitet er so gut wie nicht mit, zeigt sich überfordert, hat kein Arbeitsmaterial oder keine Hausaufgaben bei sich, hört nicht zu, macht, was er will, beschimpft oder bedroht andere Schüler oder auch mal die Lehrer/innen.
Schulische Erziehungs- oder Ordnungsmaßnahmen blieben ohne Wirkung. Der letzte Schritt (Verweis nach § 63 Schulgesetz) würde eine Verlagerung, aber keine Veränderung seines renitenten Verhaltens bedeuten. Die Mutter ist ohne Einfluss auf den Sohn, der Vater ist seit Langem nicht mehr präsent in der Familie. Diverse Jugendhilfemaßnahmen (Familienhilfe, soziale Gruppenarbeit) blieben ohne sichtbaren Erfolg. Die Kollegin vom Sozialpädagogischen Dienst wird auf der Hilfekonferenz seitens der Schule gefragt: „Ist nicht die Herausnahme aus der Familie und eine stationäre Unterbringung angebracht?" Die Antwort: „Das können wir nur machen, wenn die Mutter oder der Junge selber einen Antrag, z. B. auf Heimunterbringung, stellen. Das tun die aber nicht. Sie sind auch nicht zur Hilfekonferenz erschienen."

Neumann, Gerhard, Gemeinsam sind wir stärker! Vernetzung als Voraussetzung für verantwortliches, erzieherisches Handeln, 24.11.2005, online unter: www.berlin.de/imperia/md/content/lb-lkbgg/bfg/nummer24/17_neumann.pdf, zugegriffen am 20.08.2008

Grafikbeschreibung

In sprachlich-stilistischer Hinsicht liegt bei diesem Typus der Beschreibung eine Gefahr in Wortwiederholungen und monotonen Satzbauplänen. Einige **wichtige Wortfelder** können als Formulierungshilfen dienen:

- **sehen:** ablesen, beobachten, wahrnehmen, erkennen, feststellen, bemerken, finden, entnehmen, registrieren, entdecken
- **zeigen:** signalisieren, verdeutlichen, hinweisen, ausdrücken, offenkundig machen, demonstrieren, verweisen
- **deuten:** auswerten, interpretieren, umsetzen, weiterführen, bewerten, einordnen, folgern, zuordnen, vergleichen, in Beziehung setzen

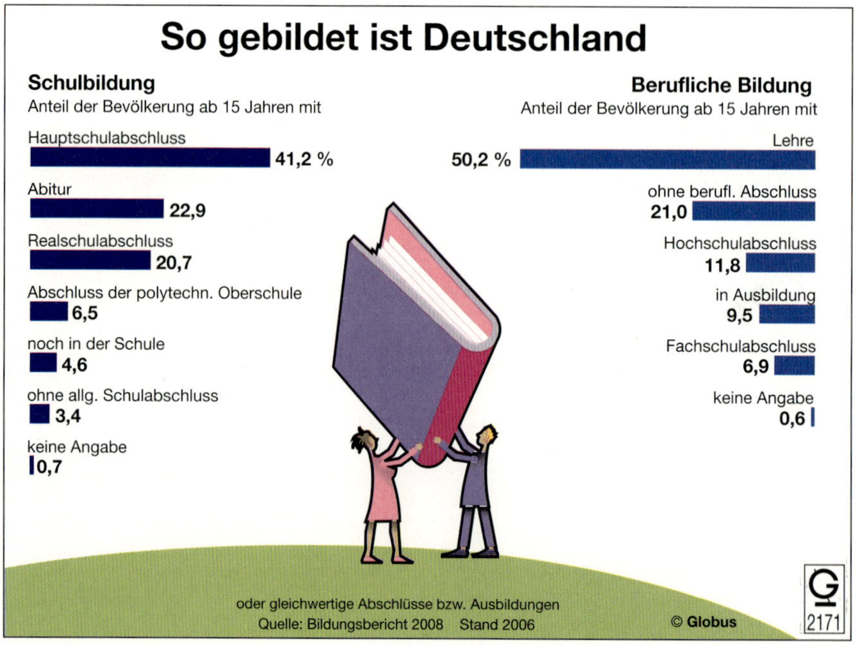

Beispiel für Grafikbeschreibung

Die vorliegende Grafik trägt den Titel „So gebildet ist Deutschland" und beschreibt in einer Gegenüberstellung die Themen Schulbildung und berufliche Bildung.

Die Grafik entstammt der Reihe „Globus" und trägt in der Ecke unten rechts die Nummerierung 2171. Als Quelle liegt der Darstellung der deutsche Bildungsbericht 2008 zugrunde; das Zahlenmaterial basiert auf einer Erhebung aus dem Jahr 2006.

Die halbseitige DIN-A5-Grafik liegt im Querformat vor, deren Rand mithilfe einer schwarzen Linie eingefasst ist.

Thematisch veranschaulicht die Grafik einerseits die verschiedenen schulischen Qualifikationen der Bevölkerung in Deutschland im Alter von über 15 Jahren. 41,2 % der Einwohner verfügen über einen Hauptschulabschluss, 22,9 % über Abitur und 20,7 % über einen Realschulabschluss. 6,5 % haben sich einen Abschluss an der polytechnischen Oberschule erworben. Ein Anteil von 4,6 % der Gesamtbevölkerung über 15 Jahren besucht noch die Schule, während 3,4 % ohne einen allgemeinen Abschluss die Schule verlassen haben. 0,7 % haben sich zu diesem Thema nicht geäußert.

Im Bereich der beruflichen Bildung steht die Lehre mit 50,2 % an erster Stelle der Bildungsabschlüsse der Gesamtbevölkerung ab 15 Jahren. 21 % verfügen über keinen beruflichen Abschluss, 11,8 % haben die Hochschule absolviert und 9,5 % stehen noch in Ausbildung. Den Fachschulabschluss haben 6,9% erworben. Von 0,6 % der Bevölkerung fehlen die diesbezüglichen Angaben.

Die farblich gestaltete Grafik mit weißem Hintergrund lässt sich in zwei Hälften unterteilen. So spiegeln sieben horizontale, dunkelblau gefärbte, linksbündige Balken-Diagramme maßstabsgerecht die jeweiligen Prozentwerte wider. Gleiches gilt für die rechte Hälfte der Grafik, wo man rechtsbündig im Kontrast dazu sechs hellblaue Balken erkennen kann. Ferner ist links wie rechts eine Staffelung der Länge der Balken von oben nach unten zu beobachten. Auf den einzelnen Balken sind die oben genannten Schul- bzw. Berufsabschlüsse abzulesen; seitlich sind die exakten Prozentangaben erkennbar. Der Freiraum in der Mitte zwischen den beiden Balkenreihen und an der unteren Bildkante ist mit einer stilisierten bildhaften Darstellung ausgefüllt: Zwei flächig gestaltete Figuren, eine Frau in rötlichem und ein Mann in blauem Farbton, halten ein überdimensioniertes Buch, das als Symbol für Bildung zu deuten ist, in die Höhe. Die Figuren stehen auf einem grünen, eventuell die Erdkugel symbolisierenden Boden.

Besonders überraschend kann dem Betrachter der hohe Anteil der deutschen Bevölkerung erscheinen, die ohne einen beruflichen Bildungsabschluss auskommen muss. Im Hinblick auf denkbare Personengruppen könnten hier vor allem Frauen und insbesondere auch die Altersgruppe der über 60-Jährigen infrage kommen. Hieraus resultiert im Blick auf die Gegenwart und Zukunft eine Mahnung an die Bildungspolitik, die Gesellschaft und insbesondere an die derzeitigen Schulabgänger, dass die Zahl der beruflich nicht qualifizierten Männer und Frauen dringend verringert werden muss. Die berufliche Qualifikation stellt schließlich eine wichtige Grundlage für die persönliche Entwicklung des Einzelnen, aber auch für den gesamtgesellschaftlichen Fortschritt dar.

Bausteine einer Grafikbeschreibung

- Angabe des Titels und des Gesamtthemas
- Genaue Quellenangabe und Quellenverweis
- Benennung von Format, Größe, Rand
- Beschreibung der Grafikinhalte und der Einzelergebnisse
- Beschreibung der Gestaltung Symbole, Koordinaten, Kurven Größenverhältnisse, Farben, Texte Flächen- und Linienattribute, Zahlen
- Evtl. Wiedergabe der Legende
- Auswertung und Interpretation der Grafik
- Einordnung in größeren Zusammenhang

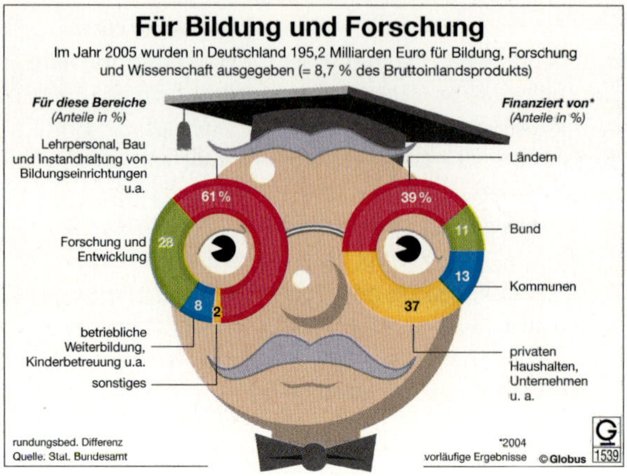

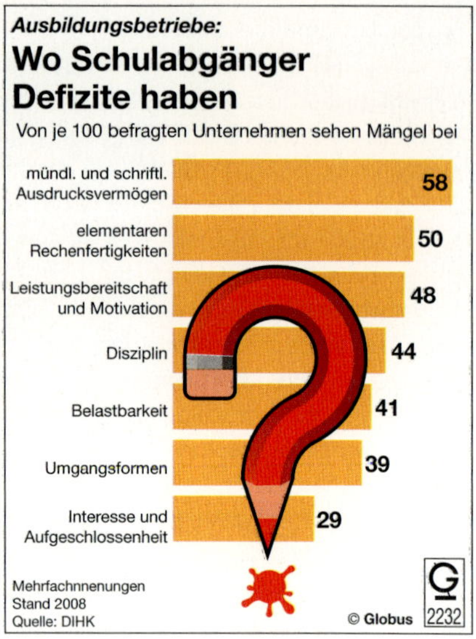

Fertigen Sie zu den beiden Schaubildern jeweils eine Grafikbeschreibung an.

Bildbeschreibung

Auch wenn eine Bildbeschreibung, die ebenfalls stets im Präsens verfasst wird, in erster Linie neutral und wertungsfrei erfolgen soll, dürfen in einem zweiten Arbeitsschritt auch subjektive und emotionale Gedanken in eine Gesamtbetrachtung einfließen.

Mögliche Elemente einer Bildbeschreibung sind:

- **Einleitung:** Informationen über die Art des Bildes (Foto, Gemälde etc.), den Künstler (Name), Bildtitel (wenn bekannt), das Thema und den groben Bildinhalt geben einen ersten Überblick.
- **Hauptteil:** Gestalterische Einzelheiten des Bildes werden in ihrer Beziehung zueinander und in einer sinnvollen Reihenfolge dargestellt. Bei der Nennung der einzelnen Elemente des Bildes ist es notwendig, ihre Lage im Bild anzugeben. Hier kann die Orientierung am jeweiligen Bildrand oder einer bestimmten Bildhälfte als Strukturierungshilfe dienen. Auch die Ordnungsmerkmale Vordergrund, Mittelgrund, Hintergrund und die Perspektive des Bildes (Vogelperspektive, Froschperspektive, Normalperspektive) sind für die Verständlichkeit der Beschreibung hilfreich. Als Strategie einer zielgerichteten Ausarbeitung bietet es sich an, Beobachtungen über Details des Hintergrundes (Gebäude, Natur, Farben ...) darzustellen und diese mit Einzelheiten des Vordergrundes (z. B. Personen und deren Aussehen, Körperhaltung, Ausdruck ...) zu verknüpfen. Die Antwort auf die Frage, welche Stimmung von den Details ausgeht und welchen Gesamteindruck das Bild vermittelt, kann den Hauptteil abschließen.
- **Schluss:** Bei einem künstlerischen Bild kann dieser Teil die Wirkung des Bildes auf den Betrachter und die mögliche Absicht des Künstlers thematisieren.

Allgemein kommt es darauf an, Formen, Farben und Linien unter Berücksichtigung der Lichtverhältnisse wiederzugeben. Deshalb wird die Sprache oftmals bei den zu beschreibenden Bildern auch Eindrücke, Stimmungen, Wertungen widerspiegeln.

Beispiele für Bildbeschreibung

Hölle der Vögel (1938) von Max Beckmann

Bildbeschreibungen

Beispiel 1

Die albtraumhafte Szenerie, in der die Brutalität und Grausamkeit der Darstellung von einer ungewöhnlich aggressiven Farbigkeit und ungestümen, oft nahezu gestisch wirkenden Malweise getragen wird, ist, wie so oft bei Beckmann, unterschiedlich interpretierbar. Mit ebenso großer Wahrscheinlichkeit kann ihr ein konkret politischer, ein religiöser oder ein philosophischer Gedankengang zugrunde liegen oder auch eine Kombination aus allen dreien.

Riesenhafte, leuchtend bunte Vögel, die zu Ungeheuern verwandelten und geheimnisvollen Beckmann'schen Paradiesvögel, sind zu einer lautstarken Folterung in einem Kellergewölbe angetreten: Einem nackten, gefesselten jungen Mann wird mit einem Messer der Rücken aufgeschnitten, weitere nackte Menschen stehen mit erhobenem rechtem Arm, einen Kommandospruch schreiend, in der linken, rot leuchtenden Toröffnung, erwartet von einem mit Messer bewaffneten Vogelungeheuer. Daneben ein schwarzgelber Adler, der Goldstücke bewacht und eine furienähnliche Fruchtbarkeitsgöttin, die einem Ei entsteigt. Hinter ihr weiße, nackte weibliche Figuren, die sich verschreckt aneinanderdrängen. Die kreisrunden, schwarzgelben Formen finden sich bei Beckmann häufiger und können sowohl frontal gesehene Grammophontrichter als auch Blasinstrumente bedeuten. Durch den feuerroten Hintergrund legen sie darüber hinaus die Assoziation von Ofenöffnungen nahe. Das Stilllebenarrangement vorne enthält neben brennender Kerze und Weintrauben ein kleines Meerbild mit untergehender Sonne.

Der politische Bezug auf den Nationalsozialismus scheint offensichtlich zu sein; es gibt kein anderes Gemälde des Künstlers, das so unverhüllt und unmittelbar Stellung bezieht. Stephan Lackner, der das Bild in dieser Richtung deutet, verweist u. a. auf den Hitlergruß, die brüllende Masse, den preußischen Adler, der von den Nazis als Wappentier adaptiert wurde, die „Muttererde mit vielen Brüsten und Hitlergruß", in der sich die Blut- und Boden-Ideologie personifiziert hat. Dass allerdings die weißen Frauen „arische Maiden" sein sollen, die die „Heerscharen erwarten, die links triumphierend Einzug halten", sehe ich für unwahrscheinlich an. Denn wirken beide nicht gleichermaßen verängstigt, sichtlich gezwungen, den „deutschen Gruß" zu brüllen, bevor auch sie ein entsetzliches Ende finden? Die nicht in Sprache fassbaren Grausamkeiten des Regimes werden in der sowohl formal als auch farblich nahezu orgiastischen Malerei bedrückender Albtraum, real und irreal zugleich. In einem weniger konkreten, übergreifenderen Verständnis könnte in dem Bild eine Metapher für Terrorismus, entfesselte „unmenschliche" Gewalt gesehen werden, auch eine Allegorie der Hölle, wobei allerdings zu fragen bleibt, welcher Art diese bei Beckmann sein kann. Sicher ist dabei nicht an eine christlich intendierte Hölle als Gegensatz zum Himmel gedacht. Eher könnte bei Beckmann eine im einzelnen Individuum begründete Hölle gemeint sein, die sich ihm dann auftut, wenn er sich ganz menschlichen Begierden hingibt. [...]

Schulz-Hoffmann, Carla; Weiss, Judith C. (Hrsg.), Max Beckmann. Retrospektive, Prestel Verlag, München 1984, S. 270 f., gekürzt

Beispiel 2

Das Bild wurde wohl schon 1937 in Amsterdam begonnen, doch geht aus einem Brief aus Paris an Rudolf Freiherr von Simolin hervor, dass Beckmann am 21. Dezember 1938 an der „Hölle der Vögel", die er als „ein neues Tableaux" bezeichnet, arbeitete.

Die albtraumhafte Vision erinnert durch die Figur des Gefolterten an Märtyrerdarstellungen auf mittelalterlichen Altären. Folterszenen kommen im Werk von Beckmann besonders in der Zeit während und nach dem Ersten Weltkrieg häufig vor [...]. Drei Vögel in Menschengröße mit orangeblauem Gefieder geben in der vehement gemalten „Hölle der Vögel" auch farblich den Ton an.

Die Verwandlung der Akteure in Vögel rückt die makabre Szenerie in den Bereich des Surrealen. Beckmann könnte von dem gerade Ende der Dreißigerjahre sowohl in Paris wie in London florierenden Surrealismus animiert worden sein.

Lackner allerdings hat die „Hölle der Vögel" bis in Details hinein als zeitkritische Allegorie auf Nazideutschland gedeutet. Er erinnert daran, dass die Parteibonzen in ihren betressten Uniformen und Abzeichen „Goldfasane" genannt wurden, und tatsächlich gebärden sich die drei Vögel als eitle Diktatoren und gespenstische Exekutoren. Der schwarze Adler zwischen ihnen verweist auf das heraldische Emblem des preußischen Reichsadlers, mit dem sich auch die Nazimachthaber umgaben. Die Goldmünzen, die vor dem Adler verstreut sind, deuten auf die Verquickung des Hitlerregimes mit dem Großkapital. Selbst der schwarz-weiße Vogel zur Rechten mit der Brille ist mit der Anbiederung der Kirche – speziell der „Deutschen Christen" von Reichsbischof Müller – in Verbindung zu bringen. Er steht bei einem schnatternden „Goldfasan" unter einem Bündel von Lautsprechern, die aber – noch betont durch den feuerroten Rundbogen, aus dem sie hervorblitzen – auch an Kanonenmündungen erinnern. Als Pendant zu dieser Gruppe erscheint auf der linken Seite, gleichfalls vor einem brandroten Toreingang, eine Männerriege mit hochgerecktem Arm – im Hitlergruß erstarrt. Ein „Goldfasan" mit gezücktem Messer hat sich bedrohlich vor ihr aufgepflanzt.

Im Zentrum des Bildes reckt sich eine vierbrüstige Frau aus einem riesigen Ei empor und salutiert ebenfalls mit dem Hitlergruß. Die blaue Farbe ihres Inkarnats könnte auf „Blaublütigkeit" im Sinne des reinrassigen Herrschervolks hindeuten. Als persiflierende Allegorie der nationalsozialistischen „Blut und Boden"-Ideologie verkörpert sie eine Art germanische Mutter Erde und Fruchtbarkeitsgöttin, die zur Züchtung der neuen Kriegerrasse antreibt. Die arischen Maiden, die ängstlich hinter ihr aufgereiht sind, sollen offenbar den Männern zur Linken zugeführt werden. Auf der rechten Seite, unter den Knien des Gefolterten, liegt eine Zeitung, die vermuten lässt, dass die Schreckensmeldungen (von der Kristallnacht), die der Gefolterte (vielleicht ein Jude) gerade gelesen hat, sich in dem Bild widerspiegeln. Die Massakrierung steht in krassem Gegensatz zu dem runden Tisch im linken Vordergrund, auf dem sich ein friedliches Stillleben mit Kerze, einem Teller mit Trauben und einem Bild mit Sonnenuntergang befindet.

Lackners Auslegung der politischen Zeitbezüge sollte eher nur als Hintergrundaufklärung verstanden werden, um die weit über die Aktualität hinausweisende Beschwörungskraft und Mehrdeutigkeit dieser orgiastischen Höllenvision nicht einzuengen. So wurde das Bild auch als eine übergreifende Metapher für entfesselte Gewalt gedeutet, als eine Allegorie der Hölle, nicht im christlichen Sinne, sondern einer im einzelnen Individuum begründeten Hölle, die sich dann auftut, wenn es sich ganz menschlichen Begierden hingibt.

Maur, Karin von, Max Beckmann. Meisterwerke 1907–1950, Hatje Cantz Verlag, Stuttgart 1994, S.128, gekürzt

Vergleichen Sie die beiden Bildbeschreibungen im Hinblick auf Gemeinsamkeiten und Unterschiede.

Im Vergleich zu Bildern ist bei der Beschreibung einer **Karikatur** zusätzlich deren verschlüsselter Charakter zu berücksichtigen. Als Wesensmerkmal einer Karikatur gilt, dass sie ein Problem zuspitzt und dabei in Form und Inhalt übertreibend, verzerrend, verkürzend direkt oder indirekt Kritik an Personen, Institutionen oder an gesellschaftlichen Vorgängen übt. Bei der Beschreibung gilt es also besonders auf die Mittel der Stilisierung, Übertreibung, Andeutung etc. zu achten und diese in die Gesamtdeutung der Aussageabsicht einzubeziehen.

Dabei empfiehlt sich eine Auswertung nach folgendem „Dreischritt" auf der Basis von Leitfragen:

- **Darstellung**
  - Was wird zeichnerisch dargestellt?
  - Welche Personen, Gegenstände und Hintergründe enthält die Karikatur?
  - Welches Detail ist besonders auffällig?
  - Welche Symbole werden verwendet?
  - Was ist mit den Textteilen gemeint?

- **Deutung**
  - Um welches Problem oder Thema geht es in der Karikatur?
  - Was bedeutet das Dargestellte?
  - Welche Aussage beinhalten die Symbole?
  - Was kritisiert, was lobt der Zeichner?
  - Welche Meinung vertritt der Karikaturist?
  - Welche Absicht verfolgt er mit seiner Darstellung?

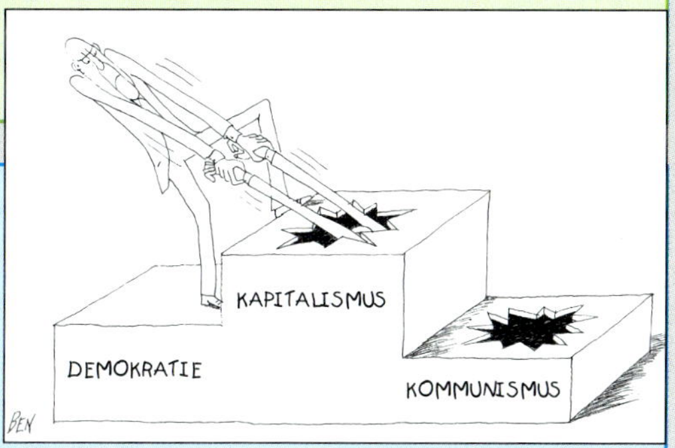

Benedek, Gabor, Karikatur, in: Süddeutsche Zeitung vom 07.10.2008

- **Beurteilung**
  - Inwiefern liegen Unter- bzw. Übertreibungen vor?
  - Wie wirkt die Gestaltung der Karikatur auf den Betrachter?
  - Gibt es Übereinstimmungen bzw. Diskrepanzen zwischen der eigenen Position und der des Karikaturisten?

1. Suchen Sie aus den beiden Bildbeschreibungen zu „Hölle der Vögel" die Informationsbausteine heraus und vergleichen Sie diese im Hinblick auf Gemeinsamkeiten und Unterschiede.

2. Suchen Sie nach missglückten Gebrauchsanweisungen und verbessern Sie diese.

3. Verfassen Sie aus Ihrem fachpraktischen Bereich eine Versuchsbeschreibung, eine Fallstudie oder die Beschreibung eines Geschäftsvorgangs bzw. eines Kunstgegenstandes.

4. Beschreiben und kommentieren Sie die Grafikbeispiele „Für Bildung und Forschung" und „Wo Schulabgänger Defizite haben" (vgl. S. 104).

5. Üben Sie die Bildbeschreibung anhand eines mitgebrachten Kunstdrucks oder Posters.

6. Analysieren Sie die Karikatur von Gabor Benedek (s. o.) nach dem vorgegebenen methodischen Dreischritt.

7. Suchen Sie zwei aktuelle Karikaturen zum selben Thema/Problem und vergleichen Sie diese im Hinblick auf
- die erkennbare Kernaussage und inhaltliche Position,
- verwendete Metaphern, Symbole und Stilmittel.

8. Beurteilen Sie Personenbeschreibungen in der Süddeutschen Zeitung (täglich S. 3) und in der Frankfurter Allgemeinen Zeitung (täglich letzte Seite politischer Teil).

9. Suchen Sie in weiteren Zeitungen bzw. Zeitschriften nach Porträts.

10. Verfassen Sie Charakteristiken von Mitschülern und Lehrern – eventuell als Ratespiel.

2 Bericht

Im Unterschied zur Beschreibung, die einen Gegenstand (Sachverhalt, Person) oder wiederholbaren Vorgang als Stoff hat, gibt der Bericht ein datierbares einmaliges Ereignis oder eine bestimmte Tätigkeit zusammenhängend, manchmal auch tabellarisch, wieder. Wichtige Regeln der Beschreibung gelten auch hier, z. B. Genauigkeit, Sachlichkeit, Verständlichkeit. Die Reihenfolge im Bericht muss sich an die tatsächliche Chronologie des Geschehens halten; aus der Berücksichtigung von Ursache und Wirkung ergibt sich die Folgerichtigkeit. Berichte können – entsprechend ihrer jeweiligen Funktion – relativ ausführlich und detailliert oder zusammenfassend und damit knapper sein. Die Sprache des Berichts ähnelt der der Beschreibung, d. h., sie muss immer streng sachlich bleiben, genau und exakt Einzeldinge und Zusammenhänge wiedergeben. Anschaulichkeit hilft dem Leser, eine zutreffende Vorstellung vom Gegenstand des Berichts zu entwickeln. Die Verwendung von Fachbegriffen (vgl. z. B. Forschungsbericht) richtet sich nach dem Adressatenkreis des Berichts.

Berichte müssen unbedingt Angaben enthalten zu:
- Ort
- Zeitraum
- Personenkreis
- Sachverhalt, Vorgang, Ereignis

Im Alltagsleben spielen Berichte eine große Rolle:

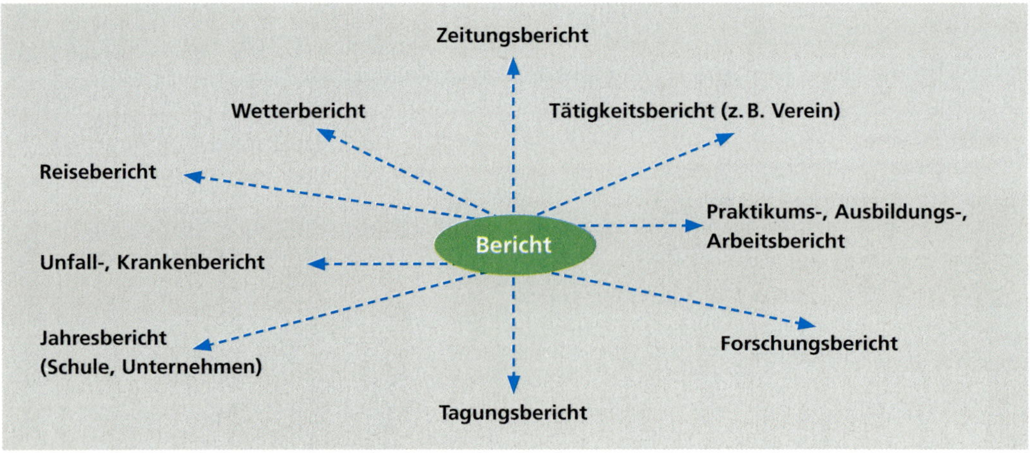

- **Beispiel für einen Praktikumsbericht**
einer Schülerin im Rahmen der fachpraktischen Ausbildung im Bereich Sozialwesen über den Berichtszeitraum vom 12.01. bis 27.02.2009 (Teilausarbeitung und Konzept)

1. Kurze Vorstellung der Einrichtung „Sonderpädagogisches Förderzentrum"

1.1 Ziele der Einrichtung

Ein sonderpädagogisches Förderzentrum ist gedacht für Kinder und Jugendliche, die in der Regelschule bzw. im Regelkindergarten nicht ausreichend gefördert werden können und deshalb besondere sonderpädagogische Hilfen brauchen. Angeboten wird eine Vielzahl vorbeugender, ergänzender, kooperativer und integrativer Fördermöglichkeiten. Das Förderzentrum ist eine Schule für die besondere Betreuung förderbedürftiger Schüler und bietet zudem mobile sonderpädagogische Dienstleistungen für Kinder an Kindergärten und allgemeinen Schulen an. Ferner übernimmt es die Beratung von Eltern, Lehrern und Erziehern. Auch hat es eine Reihe sonderpädagogischer Bildungs- und Fortbildungsmaßnahmen in seinem Angebot. Somit können Kinder und Jugendliche vorbeugend, rechtzeitig und individuell gefördert werden. Störungen und Defiziten wird auf diese Weise wirksam begegnet, noch bevor sie sich verfestigen. Durch eine ganzheitliche und fundierte Diagnostik, Beratung und Förderung können Probleme und Defizite in der Entwicklung, im Verhalten, Lernen und der Sprache umfassend angegangen werden. Vielfältige Hilfen sind in einer Hand und an einem Ort zusammengefasst. Die Schullaufbahn lässt sich offen, flexibel und durchlässig gestalten. Es erfolgt keine Etikettierung und Festlegung auf einen Störungsbereich. Gefährdete und von Behinderung bedrohte Kinder und Jugendliche können in das individuelle, soziale und berufliche Leben integriert werden.

1.2 Struktureller Aufbau der Einrichtung
Die interdisziplinäre Frühförderung stellt eine ambulante und stationäre Förderung von Kindern im Alter von null bis sechs Jahren dar. Die Schulvorbereitende Einrichtung (SVE) ist für die sonderpädagogische Förderung von entwicklungsverzögerten und sprachauffälligen Kindern im Alter von drei bis sechs Jahren vorgesehen. In sonderpädagogischen Diagnose- und Förderklassen erfolgt die spezielle schulische Förderung von Kindern, die in der Regelschule nicht ausreichend gefördert werden können; der Unterricht richtet sich nach dem Grundschullehrplan. In den Diagnose- und Förderklassen der Stufe I wird der Stoff der ersten beiden Jahre auf drei Jahre verteilt. Ein Ziel der Diagnose- und Förderklassen ist der anschließende Besuch der Grundschule. Im Mittelpunkt der Förderstufe II (Jahrgangsstufen 3 und 4) steht die pädagogische schulische Förderung von Schülern in den Bereichen Sprechen, Lesen, Schreiben und Rechnen sowie in der Gestaltung des Gemeinschaftslebens. Ein Ziel dieser Klassen ist der anschließende Besuch der Hauptschule oder die weitere Beschulung am sonderpädagogischen Förderzentrum. Die Förderstufe III (Klassen 5 und 6) hat die Anbahnung von Selbstständigkeit und Kooperationsfähigkeit als Schwerpunkt. Anhand von vielen Themen in den Sachfächern wird Wissen erarbeitet und gefestigt. Die Klassen 7–9 (Förderstufe IV) widmen sich Schülern mit erhöhtem sonderpädagogischen Förderbedarf unter besonderer Berücksichtigung der Vorbereitung auf das spätere Berufsleben durch das Unterrichtsfach „Berufs- und Lebensorientierung" (BLO).

2. Ergebnisse einer strukturierten Personenbeobachtung
2.1 Soziales Verhalten des Schülers in der Klasse
2.2 Sprachliches Verhalten und dessen Besonderheiten
2.3 Motorisches Verhalten im Sportunterricht

3. Reflexion über die Erfahrungen des absolvierten Praktikums
3.1 Veränderungen im Verhalten als Praktikant
3.2 Veränderungen der Beziehung zwischen dem Praktikanten und den Kindern
3.3 Bedeutung des Praktikums für die eigene Berufswahl
3.4 Umgang mit Extremsituationen im Schulalltag

1. Weisen Sie die typischen Merkmale eines Berichts am Beispiel der Teilausarbeitung des Praktikumsberichts nach.
2. Schreiben Sie für die Schüler- bzw. Abschlusszeitung einen Bericht über
   - Betriebsbesichtigung, Lehrfahrt, Schulwandertag
   - Ballspieltag, Schulsporttag, Theaterfahrt
   - sonstige schulische Aktivitäten
3. Vergleichen Sie Berichte zum selben Ereignis in unterschiedlichen Zeitungen.

3 Protokoll

Dem Bericht verwandt ist das Protokoll, das nach streng festgelegten formalen Regeln angefertigt werden muss. Als Dokument mit offiziellem Charakter, für dessen Richtigkeit der Protokollant mit seiner Unterschrift bürgt, muss es hohen Ansprüchen im Hinblick auf Vollständigkeit, Genauigkeit und Wirklichkeitstreue genügen.
Protokolle werden bei vielen Gelegenheiten angefertigt, z. B. bei Amtsgeschäften (Polizei, Gericht, Notariat), Sitzungen beruflicher oder öffentlicher Gremien (Parlament, Gemeinderat, Firmenvorstand, Lehrerkonferenz) und Verhandlungen (Geschäftsabkommen, Vertragsabschlüsse), aber auch in Forschung und Wissenschaft (Versuchsprotokoll).
Man unterscheidet zwischen **Verlaufsprotokoll** und **Ergebnisprotokoll** (vgl. S. 46 f.). Verlaufsprotokolle halten den tatsächlichen Hergang in chronologischer Reihenfolge bzw. folgerichtig fest und geben wieder, von wem die einzelnen Beiträge stammen (unter Namensangabe und auf Wunsch als

wörtliches Zitat) und welchen Umfang sie haben. Außerdem vermerkt es auch die Reaktionen auf die einzelnen Beiträge, sodass der tatsächliche Ablauf des Vorgangs (z. B. Diskussion) nachvollziehbar ist. Abgesehen von Einzelfällen, bei denen alles mitstenografiert und protokolliert wird (Bundestagssitzung), kommt es in der Regel beim Protokoll darauf an, das Wesentliche auszuwählen und niederzuschreiben. Abstimmungsergebnisse, Entscheidungen bzw. Beschlüsse sind in jedem Fall genau festzuhalten. Bei der Anfertigung des Protokolls ist auf die Zeitstufe Präsens zu achten. Die äußere Form ist entweder durch ein Formblatt vorgegeben oder muss vom Protokollanten selbst mit Sorgfalt gestaltet werden.

Beispiel für einen Auszug eines Verlaufsprotokolls zu einer SMV-Sitzung

Protokollkopf

- Institution, Rahmen
- Anlass mit Datum
- Veranstaltungsort
- Beginn, Ende
- Anwesenheitsliste, ergänzt mit Funktionsangaben
- Abwesenheitsliste mit Begründung des Fehlens
- Tagesordnung: TOP 1
TOP 2
TOP 3

Protokolltext

Zu TOP 1

Verbindungslehrer Mayer führt aus, dass in den vergangenen Jahren im Rahmen einer Weihnachtsfeier am letzten Schultag vor den Weihnachtsferien eine Vielzahl an Aktivitäten stattgefunden habe. Die letztjährige Feier habe „eine sehr positive Resonanz bei den Schülern, Lehrern und in der Öffentlichkeit hervorgerufen". Er regt an, dass sich die neu gewählten Schülersprecher der FOS und BOS Gedanken machen sollen über mögliche Beiträge zu dieser Schulveranstaltung. Schülersprecherin Nadine Schmidt (Klasse W 12b) schlägt vor, eine ihr bekannte Breakdance-Gruppe einzuladen. Auch eine Tombola sei nach Auffassung von Schmidt eine gute Möglichkeit, ein attraktives Angebot für die Schüler und schulisches Engagement für einen sozialen Zweck zu verknüpfen. Hr. Mayer erinnert daran, dass bereits in den Vorgängerjahren mit dem Erlös einer solchen Tombola ein Kinderprojekt in Indien finanziert worden sei. Schülersprecher Kunz (Klasse BOS S 12a) sichert zu, dass er und seine Mitschüler der Klasse sich für die Beschaffung von Sachspenden einsetzen werden. Schülersprecherin Hauser (Klasse T 12a) erklärt sich bereit, die Moderation des Vormittags zu übernehmen. Zudem werden die Klassen aufgerufen, sich lustige Einlagen zu überlegen. Hr. Mayer sichert zu, dass er auch im Kreis des Lehrerkollegiums für Engagement werben werde. Kontrovers diskutiert wird die Frage, ob Glühwein angeboten werden solle. Einstimmig sprechen sich die Sitzungsteilnehmer gegen das Angebot von Glühwein aus. Detailplanungen der Veranstaltung, vor allem im Hinblick auf den Verkauf von Getränken und Speisen, erfolgen in der nächsten SMV-Sitzung.

Zu TOP 2

...

Zu TOP 3

...

Protokollfuß (vgl. S. 47)

- Ort, Datum
- Unterschriften des Sitzungsleiters und Schriftführers

1. Protokollieren Sie geeignete Unterrichtsstunden.

2. Fertigen Sie zu einer Gruppendiskussion/Debatte ein Verlaufsprotokoll an. Vergleichen Sie die angefertigten Protokolle und wandeln Sie diese gemeinsam in ein Ergebnisprotokoll um.

4 Bewerbung – Lebenslauf – Geschäftsbrief

Bei der **Bewerbung** um einen Ausbildungsplatz oder eine Arbeitsstelle spielen Inhalt und Form des Bewerbungsschreibens eine wichtige Rolle, weil diese „Visitenkarte" dem künftigen Arbeitgeber einen ersten Eindruck des Bewerbers vermittelt und die maßgebliche Entscheidungsgrundlage dafür darstellt, ob man zu einem Vorstellungsgespräch (vgl. S. 84–86) eingeladen wird.

- Eine vorbildlich gestaltete **Bewerbungsmappe** enthält:
  - Anschreiben auf weißem, unliniertem Papier in DIN-A4-Format mit Seitenrand von jeweils 2,5 cm
  - Lebenslauf mit vollständigen Angaben
  - Professionelles Bewerbungsfoto
  - Kopien der Zeugnisse
  - Bescheinigungen von Kursen, Praktika etc.

Beispiel eines Bewerbungsschreibens

Hanna Mayer
Lange Gasse 12
24553 Musterhausen
Telefon: 0235 276678
E-Mail: Hanna@Mayer.de

Musterhausen, 20..-05-04

.

Krankenkasse Muster
Personalabteilung
Herrn Karl Herbst
Residenzplatz 2a
23553 Musterhausen

.
.
.
.

Ihre Anzeige „Ausbildungsplatz zum/zur Sozialversicherungsfachangestellten" im Musterhausener Tagesspiegel vom 2. Mai 20..

.

Sehr geehrter Herr Herbst,

.

mit großem Interesse habe ich Ihre Anzeige im Musterhausener Tagesspiegel gelesen. Das beschriebene Tätigkeitsgebiet entspricht meinem Berufswunsch. Deshalb bewerbe ich mich um den ausgeschriebenen Ausbildungsplatz zur Sozialversicherungsfachangestellten.

Derzeit besuche ich die elfte Klasse der Fachoberschule Musterhausen, die ich im Juli 2009 mit dem Abschluss der Fachhochschulreife verlassen werde.

Im Rahmen eines sechswöchigen Schülerpraktikums in der Ausbildungsrichtung „Wirtschaft, Verwaltung und Rechtspflege" der Fachoberschule Musterhausen hatte ich im Februar und März 2008 bei der Geschäftsstelle der Krankenkasse ABC die Gelegenheit, das Tätigkeitsgebiet einer Sozialversicherungsfachangestellten aus nächster Nähe kennenzulernen. Die positiven Eindrücke, die ich hier gesammelt habe, bestärken mich in meiner Entscheidung, den Beruf einer Sozialversicherungsfachangestellten zu erlernen. Ich verfüge über eine rasche Auffassungsgabe, bin kontaktfreudig und teamfähig – Eigenschaften, die mir für diesen Beruf sehr wichtig erscheinen.

Über die Einladung zu einem Vorstellungsgespräch freue ich mich.

.
.

Mit freundlichen Grüßen

Hanna Mayer

.

Anlagen

Formale Gestaltungsaspekte
Schreibweise des Datums nach ISO 8601/EN 28601: Jahr – Monat – Tag.

Gemäß DIN 5008 keine Leerzeile nach der Straßenangabe im Adressfeld

Das Adressfeld beginnt ca. 3,39 cm unterhalb des oberen Blattrandes.

Die Punkte visualisieren den Zeilenabstand.

Betreff

Bezug zu Anzeige/Telefonat

Begründung für die Bewerbung

Bitte um Vorstellungsgespräch

Handschriftliche Unterschrift

Anlagen wie Zeugniskopien, Bescheinigungen

Beispiel eines Lebenslaufs

Hanna Mayer
Lange Gasse 12
24553 Musterhausen
Telefon: 0235 276678
E-Mail: Hanna@Mayer.de

Lebenslauf

Persönliche Daten:	
Name:	Hanna Mayer
Geburtsdatum:	1991-04-22
Geburtsort:	Musterhausen
Nationalität:	deutsch
Vater:	Karl Mayer, Ausbildungsleiter
Mutter:	Katharina Mayer, geb. Huber, Bürokauffrau
Geschwister:	eine Schwester, Sonja, 13 Jahre
Ausbildungsdaten:	
Schulbildung:	1997–2001 Grundschule Musterhausen 2001–2007 Karl-Gustav-Realschule Musterhausen seit 09/2007 Fachoberschule Musterhausen
Angestrebter Schulabschluss:	Fachhochschulreife
Praktika:	2/08–3/08: Praktikum in der Geschäftsstelle der Krankenkasse ABC mit Schwerpunkt Kundenbetreuung
Hobbys:	Schwimmen, Fahrradfahren, Lesen
Sonstiges:	sicherer Umgang mit Microsoft-Office-Programmen, Klassensprecherin, Übungsleiterin im Jugendschwimmen

Musterhausen, 20..-05-04

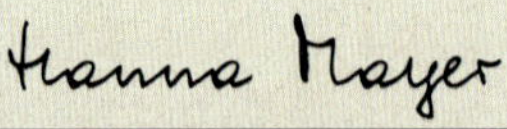

Formale Gestaltungsaspekte

Nach ISO 8601/EN 28601gilt folgende Schreibweise des Datums: Jahr-Monat-Tag

Lückenlose Wiedergabe des schulischen und beruflichen Werdegangs

Erzielte bzw. angestrebte Qualifikationen

Besondere Fertigkeiten, ehrenamtliches Engagement

Handschriftliche Unterschrift

Geschäftsbrief

Auch im Zeitalter des Internets ist es immer wieder notwendig, mit Ämtern, Behörden oder Firmen schriftlich in Kontakt zu treten, wenn es um Mitteilungen, Bestellungen oder Reklamationen geht oder um einen Nachweis bzw. eine Dokumentation. Für den geschäftlichen Schriftverkehr gibt es Regeln und Normen, die im DIN-Blatt 5008 niedergelegt sind. Folgender Geschäftsbrief gibt einen formal korrekten Aufbau wieder:

Beispiel eines Geschäftsbriefs

links 2,4 cm / oben 2,5 cm, unten 2,0 cm / rechts 0,8 cm	Randeinstellungen bei Textverarbeitung
Hanna Mayer Lange Gasse 12 24553 Musterhausen Telefon: 0235 276678 E-Mail: Hanna@Mayer.de 20..-01-16	Briefkopf des Absenders und Absendedatum
. . . . .	Berücksichtigung von Freizeilen
Hanna Mayer, Lange Gasse 12, 24553 Musterhausen .	Evtl. Postanschrift des Absenders
Mediacenter Herrn Klaus Müller Marktplatz 15 12345 Glückstadt . . .	Anschrift der Firma
Reklamation über Falschlieferung	Betreff
Ihre Lieferung vom 15.01.20.. .	Bezug
Sehr geehrter Herr Müller, .	Anrede
vielen Dank für die Lieferung des Fernsehgerätes. Wie ich jedoch feststellen musste, entspricht die gelieferte Ware nicht meiner Bestellung. Bestellt hatte ich einen LCD-TV mit einer 40"-Bilddiagonale; das Modell, das mir geliefert wurde, verfügt jedoch lediglich über eine 37"-Bilddiagonale und eine schlechtere Auflösung.	Benennung des Sachverhalts
Liefern Sie bitte deshalb das ursprünglich bestellte Gerät bis spätestens zum 25.01.20.. und lassen Sie die Fehllieferung bei dieser Gelegenheit wieder abholen.	Aufzeigen der Konsequenzen
Sollte es Ihnen nicht möglich sein, bis zu diesem Zeitpunkt für Ersatz zu sorgen, werde ich den Auftrag an einen anderen Anbieter vergeben. Bitte geben Sie mir telefonisch oder per E-Mail bis zum 20. Januar Bescheid. . .	Aufforderung zu konkretem Tun
Mit freundlichen Grüßen	Grußformel
Hanna Mayer (Unterschrift) Hanna Mayer .	Handschriftliche Unterschrift
Anlagen	Evtl. Anlagen

1. Verfassen Sie ein Schreiben an die Schulleitung mit der Bitte um Befreiung vom Unterricht wegen einer ehrenamtlichen Verpflichtung.
2. Formulieren Sie ein Bewerbungsschreiben im Hinblick auf eine angestrebte Praktikumsstelle im Anschluss an Ihre Schulausbildung.
3. Entwerfen Sie einen Beschwerdebrief an den Vermieter Ihres Appartements aufgrund von Schimmelpilzbildung im gesamten Wohnbereich.

In aller Deutlichkeit

Wie Briefe, E-Mails und andere Texte beim Adressaten gut ankommen

von Norbert Franck

In Bürojobs verbringt man rund ein Viertel der Zeit mit dem Verfassen von Texten. Dabei steigen die Anforderungen an Briefe, Rundschreiben und Protokolle: Immer mehr Menschen kämpfen mit dem Problem, aus der Fülle von Informationen die wichtigen zu filtern. In virtuellen Teams wird zum Teil ausschließlich schriftlich kommuniziert. Da ist es unbedingt notwendig, verständlich und situationsangemessen schreiben zu können. Wie aber bringt man gute Texte zu Papier oder auf den Bildschirm?

1 Kurz und klar.
„Der Tisch ist rund.“ So beschreibt man einen runden Tisch. Man kann – spottet Tucholsky – diesen Sachverhalt auch so formulieren: „Rein möbeltechnisch hat der Tisch eine kreisrunde Gestalt.“ Die erste Version ist präzise und verständlich. Die zweite ist nicht „anspruchsvoll“, sondern umständlich. Wer so schreibt, macht sich und anderen das Leben schwer. Auch sollte man Sätze nicht verschachteln. Nebensätze zu Hauptsätzen!

2 Kein Fachchinesisch.
Abkürzungen und Fremdwörter zurückhaltend verwenden. Wenn diese Verständnishürden wirklich nötig sind, müssen sie eingeführt werden – es sei denn, es schreibt der Spezialist seinem Spezialisten-Spezi.

3 Interesse wecken.
Briefe, die eine Geschäftsbeziehung anbahnen sollen, Einladungen oder Ankündigungen müssen mehr als verständlich sein: Sie müssen Interesse wecken, neugierig machen. Langweilige Texte entstehen meist durch Formulierungen, die man schon häufig gelesen hat. Viele Menschen eröffnen zum Beispiel Briefe mit „Bezug nehmend auf Ihr Schreiben vom …“. Ein steifer Anfang! Damit bringt man sich um die Chance, einen Brief gewinnend mit „vielen Dank für ...“ zu eröffnen. Man muss auch nicht „anbei erhalten Sie …“ schreiben, wenn man etwas verschickt. Man kann vielmehr freundlich beginnen mit „gerne senden wir Ihnen ...“ Mehr Mut zur persönlichen Wortwahl!

4 Einfühlsam sein.
„Die Bearbeitung Ihrer Bewerbung wird einige Zeit in Anspruch nehmen. Wir bitten Sie, von Rückfragen abzusehen. Sie erhalten zu gegebener Zeit weitere Nachricht.“ Aus welcher Perspektive werden solche Bescheide geschrieben? Aus der Perspektive der Sachbearbeitung: Ihr Brief macht mir Arbeit, kommen Sie bloß nicht auf die Idee zu fragen, wann Sie mit einer Antwort rechnen können. Wir entscheiden, was „zu gegebener Zeit“ bedeutet. Die Empfänger spüren: Die eigentliche Mitteilung hinter der Bitte um Geduld ist die Abwehr. Wer Kunden gewinnen oder binden will, wer am Image seines Unternehmens interessiert ist, nimmt beim Schreiben die Perspektive des Empfängers ein. Wenn die Schreibperspektive stimmt, entstehen zum Beispiel Antworten auf Reklamationen, die nicht frustrieren, sondern für den Absender einnehmen.

5 Lebendig schreiben.
„Schreibe nur, wie du reden würdest, und so wirst du einen guten Brief schreiben“, empfahl Goethe einst. Soll man sich beim Schreiben an Goethe halten? Ja und nein. Umgangssprache bringt Leben in Texte. Zum Beispiel ist es schöner, wenn Sie helfen können – statt dienlich zu sein. Aber: Unsere Alltagssprache ist voller Tücken. Zum Beispiel hat (statt: ergibt) etwas Sinn oder irgendwer macht einen guten Job (statt: seine Sache gut). Solche Schludrigkeiten sollte man vermeiden.

6 E-Mails sind auch Briefe.

Elektronische Post wird häufig im flapsigen Stil der „Net-Kids" geschrieben. Diese Laxheit ist im Geschäftsleben unangebracht. Hier gelten für E-Mails dieselben Regeln wie für Briefe, die per Post verschickt werden: Eine höfliche Anrede und ein freundlicher Gruß sind ebenso selbstverständlich wie die Einhaltung der Rechtschreib- und Grammatikregeln.

7 Ruf doch mal an.

Frau A. möchte Herrn B. etwas fragen. Telefonisch erreicht sie ihn nicht. Daher schickt sie ihm eine E-Mail. Frau A. setzt zwei Fragezeichen hinter ihre Frage, die ausdrücken sollen: Ihre Antwort ist wichtig für mich. Herr B. interpretiert dies als Vorwurf. Im Gespräch kann man ein Missverständnis umgehend aufklären, in Besprechungen Argumente aufeinander beziehen. In E-Mails geht das nicht. Daher sollte man zurückhaltend sein mit Füllwörtern („Ich würde wirklich gerne wissen, warum ...") und nie mehr als ein Ausrufe- oder Fragezeichen setzen. Vor allem sollte man (wieder) häufiger zum Telefonhörer greifen. Ein Gespräch schont die Augen und oft auch die Nerven.

Franck, Norbert, In aller Deutlichkeit. Wie Briefe, E-Mails und andere Texte beim Adressaten gut ankommen, in: Süddeutsche Zeitung vom 21./22.06.2008

Wie beurteilen Sie die Empfehlungen Norbert Francks?

II Argumentierendes Schreiben: Sacherörterung

Bei referierenden Texten stehen genaue Beobachtung und Wiedergabe, zuverlässige Information und sachlich-objektive Darstellung im Vordergrund. Argumentierende Texte dagegen verlangen mehr Kreativität und Selbstständigkeit, weil in der Regel nur ein **Thema** vorgegeben ist und nicht – wie bei referierenden Texten – Abläufe, Gegenstände, Personen oder Texte. Zwar sind Realitätsbezug und Sachkenntnisse auch für Erörterungen unabdingbare Voraussetzung, doch kommt es entscheidend auf **gute Einfälle, einsichtige Gedankenentwicklungen und überzeugende Begründungen** an. Kenntnisse, Problembewusstsein und Argumentationsvermögen führen erst dann zu einer gelungenen Erörterung, wenn auch das methodische Vorgehen sach- und aufgabengerecht erfolgt.

Arbeitsschritte bei der Erörterung

- Bestimmung der Aufgabenart (linear, dialektisch, gemischt linear-dialektisch)
- Erschließung des Themas (Themenbegriffe, Themafrage, Grobgliederung)
- Stoffsammlung und Formulierung der Gliederung
- Ausarbeitung der einzelnen Gliederungspunkte (Einleitung, Hauptteil, Schluss)
- Bei Bedarf Korrektur der Gliederung
- Durchsicht und Verbesserung der sprachlichen Gestaltung

1 Aufgabenstellung und Themaerfassung

Grundsätzlich unterscheidet man zwischen **linearer** und **dialektischer Themenstellung**. Die lineare Erörterung – auch „steigernde" genannt – schlägt nur eine Richtung ein und ordnet die Argumente in steigernder Reihenfolge an; Aufgaben, die unterschiedliche Positionen gegenüberstellen und bewerten und eine Lösung anstreben, heißen „dialektisch". **Lineare** Themen zielen auf die Beantwortung von Auskunftsfragen, **dialektische** Themen auf die Beantwortung von Alternativfragen. Ist das Thema nicht in Frageform, sondern als Arbeitsauftrag formuliert, kann man durch eine Umwandlung des Auftrags in eine Frage klären, um welchen Erörterungstyp es sich handelt.

Wer kommt?	=	**Auskunftsfrage**	→	**linear**
Kommt jemand?	=	**Alternativfrage**	→	**dialektisch**
Untersuchen Sie die Ursachen!	=	**Auftrag**		
		↓		
Worin liegen die Ursachen?	=	**Auskunftsfrage**	→	**linear**

Neben diesen beiden Grundformen gibt es aber auch gemischt **linear-dialektische** Themen, die nach einer Untersuchung (linear) eine Stellungnahme bzw. Bewertung (dialektisch) verlangen.

Erst die richtige Zuordnung des jeweiligen Themas zu den Aufgabentypen linear, dialektisch oder gemischt linear-dialektisch macht eine korrekte Themaerfassung möglich; ansonsten kommt es zur Themaverfehlung. Deshalb ist schon bei der Themawahl dieser Aspekt besonders zu beachten.

lineare Aufgaben	dialektische Aufgaben
■ Auskunftsfragen ■ Aufträge, die in lineare Fragen umgestaltet werden können	■ Alternativfragen („... oder nicht?") ■ Aufträge zu einer: – Beurteilung – Bewertung – Diskussion – Stellungnahme

Bestimmen Sie den jeweiligen Typ der Aufgabenstellung:

- Zeigen Sie, wie sich ... äußert.
- Nehmen Sie Stellung zu ...
- Welche Ursachen gibt es?
- Legen Sie die Gründe dar.
- Wie beurteilen Sie ...?
- Wie stehen Sie zu dieser Auffassung?
- Wie erklären Sie sich ...?
- Lassen sich ... ableiten?
- Stimmen Sie zu?
- Was sind Ihrer Meinung nach die Ursachen und Folgen?
- Sehen Sie darin eine begrüßenswerte oder eine bedenkliche Erscheinung?
- Beurteilen Sie.
- Erläutern Sie.
- Stellen Sie die Ursachen dar.
- Halten Sie ... für bedenklich?
- Zeigen Sie auf, welche Probleme sich ergeben.
- Diskutieren Sie die Möglichkeiten.
- Stellen Sie die Veränderungen dar.
- Wie bewerten Sie ...?
- Worin sehen Sie die Ursachen?
- Kann man verallgemeinern?
- Welche Folgen ergeben sich?
- Bietet der Autor eine Lösung an?
- Welche Lösungsmöglichkeiten gibt es?
- Ist es gerechtfertigt?
- Inwiefern spiegelt sich ...?
- Geben Sie eine Erläuterung.
- Welche Chancen ergeben sich?
- Halten Sie ... für vertretbar?
- Welche Konsequenzen ergeben sich?
- Erörtern Sie Maßnahmen.
- Wie könnte man ...?
- Wie reagieren ...?

Manchmal erfolgt die Themenstellung einer **Erörterung im Anschluss an ein vorgegebenes Zitat**. In diesem Fall sollte, auch wenn dies nicht ausdrücklich verlangt ist, der Zitatinhalt zunächst eigenständig, d. h. in eigenen Worten, formuliert und erklärt werden – eventuell in der Einleitung. Damit wird auch die Hinführung zur Themafrage mit Gedanken der Themaerschließung geleistet.

Thema:
„Problematisch am Fernsehen ist nicht, dass es unterhaltsame Themen präsentiert, problematisch ist, dass es jedes Thema als Unterhaltung präsentiert." Das sagt der amerikanische Kritiker Neil Postman in seinem Buch „Wir amüsieren uns zu Tode".
Halten Sie die Tendenz für bedenklich, Fernsehsendungen auch in Deutschland zunehmend unterhaltsam darzubieten?

Lösungsvorschlag für eine kurze Erläuterung des Zitats (als Teil der Einleitung)

Zweifellos liefern die heutigen Fernsehprogramme in den meisten Staaten der Welt den größten Beitrag zur Unterhaltung der Menschheit. Von Neil Postman stammt die Aussage: „Problematisch am Fernsehen ist nicht, dass es unterhaltsame Themen präsentiert, problematisch ist, dass es jedes Thema als Unterhaltung präsentiert." Zwar ist die Formulierung „jedes Thema" sicher überspitzt, aber sie trifft die gegenwärtige Entwicklung, dass der Unterhaltungscharakter in immer mehr Fernsehsendungen den Informationscharakter in den Hintergrund rückt. Postmans Einwand richtet sich also dagegen, dass nahezu alle Sendungen auf unterhaltsame Art und Weise dargeboten werden. Nicht nur in Amerika, der Heimat Postmans, sondern auch bei uns in Deutschland stellt sich die Frage, ob die Tendenz bedenklich ist, Themen im Fernsehen zunehmend unterhaltsam darzubieten.

1. Diskutieren Sie in der Klasse, wie die beiden Zitate in den folgenden Themen zu verstehen sind.
2. Bestimmen Sie den jeweiligen Erörterungstyp.

Thema 1: Die Autorin Ilse Aichinger forderte anlässlich der Verleihung des Weilheimer Literaturpreises 1988 ihr jugendliches Publikum auf, sich nicht von Zukunftsangst beherrschen zu lassen, sondern „die Träume aus dem Schlaf zu holen, sie der Ernüchterung auszusetzen und sich ihnen doch anzuvertrauen".
Erläutern Sie das Zitat.
Nehmen Sie Stellung zur Aufforderung der Autorin.
Thema 2: „Wir leben in einem reichen Land. Wir leben, was nicht hoch genug geschätzt werden kann, unter demokratischen Verhältnissen. Aber es ist kalt in diesem Land." So oder ähnlich charakterisieren Migranten in Deutschland ihre neue Heimat.
Kann man diese Erfahrung, die viele Zuwanderer gemacht haben, Ihrer Meinung nach für unser Land verallgemeinern?

2 Stoffsammlung und Gliederung

Aus Gründen der Arbeitsökonomie und der gedanklichen Konzentration empfiehlt es sich, eine bereits vorstrukturierte Sammlung von Einfällen und Stichworten (z. B. im Rahmen eines Brainstorming) anzustreben. Ziel ist die zügige Erststellung einer aufgabengemäßen **Grobgliederung**, die anschließend gezielt stofflich aufgefüllt wird (**geordnete Stoffsammlung**). Als eine Methode zur ersten Stoffordnung kann die Mind-Map-Methode hilfreich sein. Dabei geht es wie bei jeder anderen Methode zur Ordnung des Stoffes darum, eine Begriffshierarchie, also geeignete Oberbegriffe, zu finden, unter denen sich die bei der Stoffsammlung gefundenen Einfälle, Gedanken, Schlagworte zusammenfassen lassen.

Thema:
Angesichts der negativen Auswirkungen des herkömmlichen Tourismus wird von verschiedenen Seiten ein umweltverträglicheres Reisen gefordert – ein „sanfter Tourismus". Nehmen Sie kritisch Stellung zu dieser Forderung.

Bausteine einer ersten Stoffsammlung als Mind-Map

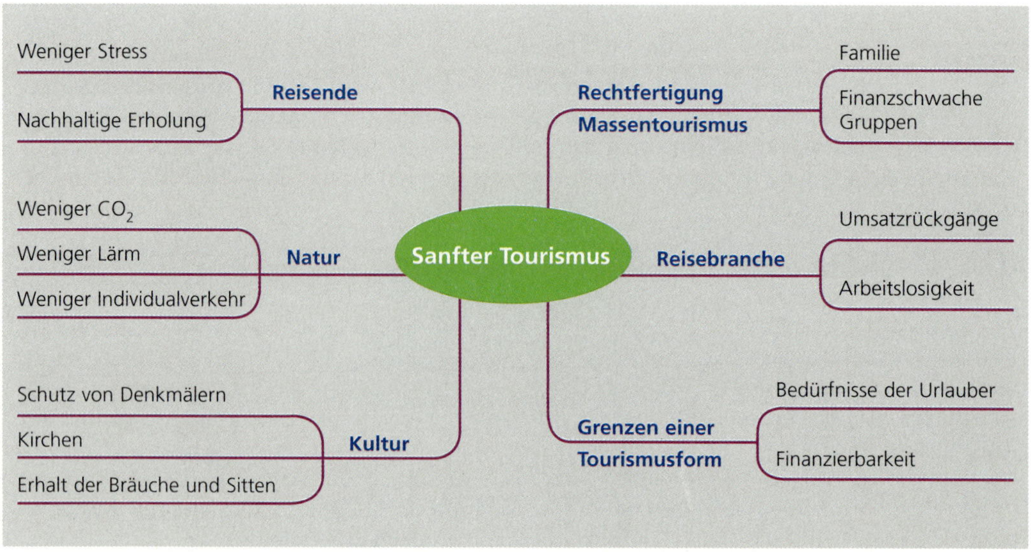

Die in der Stoffsammlung enthaltenen Stichpunkte werden überarbeitet (ergänzt, neu geordnet, abstrahiert) und in die Form einer Gliederung gebracht.

Lösungsvorschlag

Gliederung einer dialektischen Erörterung

		Sprachlich abstrakte Formulierungen im Nominalstil	**Aufbau**
	A.	Massentourismus im Spiegel der Statistik	Einleitung
N			
	B.	Kritische Diskussion über den sanften Tourismus	Hauptteil mit Themafrage
U			
	I.	Argumente gegen den sanften Tourismus	These
M	1.	Finanzielle Einbußen im Vergleich zum herkömmlichen Tourismus	mit Argumenten
M	2.	Einschränkung von Freiheit und Chancengleichheit innerhalb des Massentourismus	
	3.	Bloße Verlagerung statt echter Beseitigung der Umweltbelastung	
E			
	II.	Argumente für den sanften Tourismus	Antithese
R	1.	Langfristige wirtschaftliche Chancen für den Tourismus	mit Argumenten
I	2.	Positive Konsequenzen einer sinnvollen Urlaubsgestaltung sowohl für Urlauber als auch Einheimische	
E	3.	Vermeidung weiterer Umweltschäden und Anstoß für umweltbewusstes Leben	
R	III.	Voraussetzungen für die praktische Realisierung eines alternativen Tourismuskonzeptes	Synthese mit Argumenten
U	1.	Umfassende Aufklärungsarbeit und Verbreiterung des Angebots	
N	2.	Durchdachtes staatliches Gesamtkonzept notwendiger Einschränkungen und Fördermaßnahmen	
	3.	Einsatz von Aufgeschlossenheit und Flexibilität des Einzelnen	
G			
	C.	Umweltbewusstes Verhalten – auch im Alltag	Schluss

Thema:

Schenkt man den Medien Glauben, so sind Auswüchse des Sports längst keine Einzelfälle mehr.
Zeigen Sie an Beispielen negative Entwicklungen im heutigen Sportbetrieb und deren Ursachen auf. Wodurch könnte man eine gesunde sportliche Betätigung für alle Bevölkerungskreise fördern?

Lösungsvorschlag

Gliederung zu einer linearen Erörterung

A. Medienereignis „Olympische Spiele"

B. Gedanken zum gegenwärtigen Leistungs- und Breitensport

I. Auswüchse im heutigen Sportbetrieb
1. Betrug an fairen Konkurrenten und Zuschauern beim Leistungssport
2. Häufige und gravierende gesundheitliche Schädigungen beim rücksichtslosen Leistungssport und beim unsachgemäßen Breitensport
3. Verbrauch von Landschaft und daraus resultierende ökologische Gefahren

II. Ursachen für die Fehlentwicklungen im Sport
1. Sportives Image als unerlässliches Attribut des modernen Menschen ohne entsprechende Vorbereitung und ohne echten Sportsgeist
2. Ungeheurer Leistungsdruck aufgrund persönlichen Ehrgeizes und nationalen Erwartungsdrucks
3. Weitgespannter Rahmen kommerziellen Interesses von der Industrie bis zum Spitzensportler

III. Vorschläge für eine Förderung gesunder sportlicher Betätigung aller Bevölkerungskreise
1. Weitere Aufwertung des Schul- und Vereinssports
2. Betonung des spielerischen Aspekts im Sport
3. Weiterentwicklung eines angemessenen Gesundheitsbewusstseins in der Bevölkerung

C. „Treibe Sport oder bleibe gesund!"?

Thema:

Angesichts der negativen Auswirkungen des herkömmlichen Tourismus wird von verschiedenen Seiten umweltverträgliches Reisen gefordert – ein „sanfter Tourismus". Welche Erfahrungen mit dem herkömmlichen Tourismus haben zu dieser Forderung geführt? Nehmen Sie Stellung zu dieser Forderung.

Lösungsvorschlag

Gliederung zu einer gemischt linear-dialektischen Erörterung

Diesen Gliederungstyp in gleicher Arbeitszeit zu bewältigen wie die jeweils „reine" Form hat zwangsläufig zur Folge, dass sowohl der lineare als auch der dialektische Teil bereits in der Gliederung vom Umfang her deutlich reduziert wird.

A. Ferienbeginn auf bundesdeutschen Straßen	Einleitung
B. Gedanken zum sanften Tourismus	Hauptteil
I. Negative Erfahrungen mit dem Massentourismus	**Linearer Teil**
1. Schwindende Urlaubsqualität für den Touristen in herkömmlichen Urlaubshochburgen	
2. Die Gefährdung von Gesellschaft und Kultur in Touristenzentren	
3. Die Grenzen der Belastbarkeit der Natur	
II. Kritische Diskussion über den sanften Tourismus	**Dialektischer Teil**
1. Die Probleme des sanften Tourismus in wirtschaftlicher, gesellschaftlicher und ökologischer Hinsicht als Argument gegen den sanften Tourismus	These
2. Die zukunftsträchtigen Vorteile des sanften Tourismus für Urlauber, Anbieter und Natur als Argument für sanften Tourismus	Antithese
3. Die Schwierigkeiten bei der Realisierung eines alternativen Tourismuskonzeptes in einer prinzipiell freiheitlichen Grundordnung	Synthese
C. Ökologie im Alltag	Schluss

Aufbau der Gliederung

Bei der **Einleitung** (A) und beim **Schluss** (C) ist eine Untergliederung in Unterpunkte nicht sinnvoll. Der **Hauptteil** (B) enthält in der Gliederung als Überschrift die Themafrage in Aussageform und die Teilaufgaben als Hauptgesichtspunkte (römische Ziffern).

Schon die Formulierung der Überschrift zum Hauptteil B (= Thema) sollte signalisieren, um welche Art der Aufgabenstellung es sich handelt. Dafür bieten sich bei linearen Aufgabenstellungen Formulierungen wie „Gedanken", „Überlegungen" o. Ä. an, bei dialektischen Themenstellungen empfehlen sich Begriffe wie „Kontroverse", „Diskussion", „Auseinandersetzung", „Streitfrage" etc. Bei gemischten Themen liegt die Verwendung neutraler und damit umfassender Überschriften nahe, wie z. B. „kritische Gedanken" oder „kritische Überlegungen". Neben diesen Signalbegriffen sollte die Überschrift auch die abstrahierende Zusammenfassung der einzelnen Teilaufgaben enthalten.

Bei der dialektischen Erörterung sind die Hauptgesichtspunkte **These** und **Antithese** in ihrer Reihenfolge frei; man kann also auch mit der Antithese beginnen. Aus praktischen Erwägungen einer passenden Überleitung zur Synthese bietet sich an, den aus der Sicht des Verfassers gewichtigeren Argumentationsblock an die zweite Stelle zu setzen.

Schwierigkeiten bieten dialektische Themen, bei denen Schüler spontan der einen oder anderen Seite (Pro oder Kontra) zustimmen möchten – und zwar ganz entschieden und eindeutig. In diesem Fall entbindet auch die bereits getroffene Entscheidung zugunsten der einen oder anderen Position nicht davon, die **Gegenposition** in der Gliederung möglichst **gleichrangig** und **gleichgewichtig** (Anzahl der Argumente) und auch **ausgewogen** zu gestalten.

Nummerierung der Gliederungspunkte

Im naturwissenschaftlichen Bereich ist die **Dezimalgliederung** üblich und sinnvoll, doch empfiehlt sich dieses System aus Gründen der Übersichtlichkeit und der Kontrolle des gedanklichen Gleichgewichts für die Gliederung einer Erörterung nicht so sehr. Bewährt hat sich dafür ein **gemischtes Klassifikationssystem** aus Großbuchstaben, römischen und arabischen Ziffern.
Die folgende Gegenüberstellung zeigt die Entsprechungen der beiden Gliederungssysteme:

A.		**1.**	
B.		**2.**	
I.		**2.1**	
1.		**2.1.1**	
2.	**Gemischtes**	**2.1.2**	**Dezimales**
II.	**Klassifikationssystem**	**2.2**	**Gliederungssystem**
1.		**2.2.1**	
2.		**2.2.2**	
usw.		**usw.**	
C.		**3.**	

Sprachliche Formulierung der Gliederungspunkte

Formulierungen auf gleicher Signaturebene der Gliederung (römische Ziffern – arabische Ziffern) müssen auf gleicher Abstraktionsebene stehen, d. h. „Obst" und „Gemüse" erfüllen z. B. diese Bedingung, „Obst" und „Kirsche" dagegen nicht. Das Abstraktionsniveau lässt sich in einer **Begriffspyramide** veranschaulichen, in der Begriffe auf gleicher Ebene durch zusammenfassende Abstraktionen wieder zu Begriffen führen, die ihrerseits wieder auf gleichem, aber höherem Abstraktionsniveau stehen. Der jeweils mittlere Begriff deckt als Überschrift alle Zeilen darunter ab, nicht aber die – gleichgeordneten – Begriffe der gleichen Zeile.

Beispiel einer Begriffshierarchie

komplex
abstrakt, z. B. in Gliederungen und in der Behauptung im Rahmen der Argumentation

Unterschiede
im Abstraktionsniveau

konkret
z. B. Beispielsebene bei Argumentationen

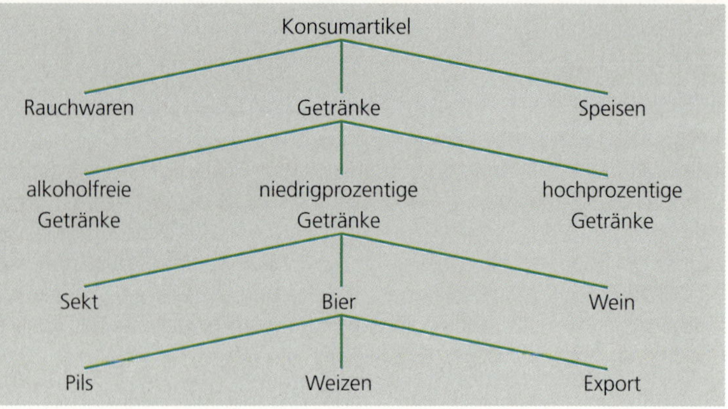

In sprachlicher Hinsicht ist in der Sekundarstufe II bei Gliederungen der **Nominalstil** anstelle vollständiger Sätze verbindlich. Zum einen werden dabei eher abstrakte Begriffe bereitgestellt, die für eine Systematisierung des Sachverhaltes hilfreich sind und später in der Ausarbeitung eine abstrakte Argumentation erleichtern. Andererseits fordert aber auch der Nominalstil komplexe, d. h. umfassende und differenzierende Formulierungen, die den Gedankengang der Argumentation andeuten. Der Nominalstil ist also keineswegs zu verwechseln mit sogenannten Ein-Wort-Formulierungen der Gliederungspunkte. Auf jeden Fall wird eine **Einheitlichkeit der Gliederungsformulierungen** verlangt.

Beispiele für Nominalisierung

Vom Satz zum Nominalausdruck

- Die Kopfnoten fördern unerwünschtes Anpassungsverhalten und Duckmäusertum.
  → Förderung unerwünschten Anpassungsverhaltens und Duckmäusertums durch die Kopfnoten
- Kopfnoten signalisieren die Bedeutung von Schlüsselqualifikationen und motivieren die Schüler zu verstärkter Anstrengung.
  → Signalwirkung für die Bedeutung von Schlüsselqualifikationen und damit einhergehende Motivation der Schüler zu verstärkter Anstrengung mithilfe von Kopfnoten

Beispiele für die Steigerung der Komplexität

- Verwendung von **Präpositionalausdrücken** oder verbindenden Konjunktionen: in Bezug auf, im Hinblick auf, angesichts von, vor dem Hintergrund von, als Konsequenz von, mit der Folge von, als Resultat aus, in Form von, als Ausdruck von, als Beitrag zu
- **Wertende Adjektive** als Zeichen positiver oder negativer Argumentationsausrichtung

Schlechte Lösung:	**Erstrebenswerte Lösung:**
I. Argumente für die Einführung von Kopfnoten	I. Argumente für die Einführung von Kopfnoten in Schulzeugnissen
1. Information	1. Aufschlussreiche Information für Eltern und Ausbildungsbetriebe [Wertendes Adjektiv] [Stichwort] [inhaltliche Ergänzung mit Präposition]
2. Schlüsselqualifikation	2. Kopfnoten als hilfreicher Hinweis auf Schlüsselqualifikationen [inhaltliche Ergänzung mit Konjunktion „als"] [Stichwort]

Das Schwierigste bei der Gliederung eines dialektischen Aufsatzes ist zweifellos die **Synthese**, weil hier gedankliche Bewältigung und sprachliche Gestaltung hohe Anforderungen stellen.

Synthesegestaltung

Eine Synthese darf die Argumente von These und Antithese nicht dadurch entwerten, dass nur eine von beiden Positionen wiederholt wird. Die Synthese kann sich auch nicht darauf beschränken, lediglich die „eigene Meinung" auszudrücken. Der Sinn eines dialektischen Schulaufsatzes liegt nicht in erster Linie darin, dass am Schluss eine Art „Glaubensbekenntnis" oder die Zugehörigkeit zu einer bestimmten Richtung bzw. Gruppierung dokumentiert wird; die dialektische Erörterung dient vielmehr dazu, Problembewusstsein zu beweisen und Möglichkeiten einer **gedanklichen Problemlösung** durchzuspielen.

Dies kann bedeuten, dass z. B. Voraussetzungen, Einschränkungen, Bedingungen geklärt oder Forderungen erhoben werden, mit denen **These** und **Antithese relativiert** werden. Lautet z. B. ein Einwand (Antithese), dass die Kosten zu hoch sind, kann in der Synthese die Forderung nach preisgünstiger Gestaltung eine Perspektive eröffnen. Spricht die Gefährlichkeit (Antithese) gegen etwas, kann man als Voraussetzung zur Akzeptanz erhöhte Sicherheit (Synthese) anmahnen. Gilt eine Entwicklung nur in beschränktem Umfang als wünschenswert (Antithese), kann man notwendige Einschränkungen zur Auflage machen (Synthese).

Hier wird also eine bedingungslose, einfachere Antwort, zu der naturgemäß These bzw. Antithese neigen, auf eine **umfassendere und differenzierte Reflexionsebene** gehoben. Dabei können dann auch **Rahmenbedingungen und Relativierungen** mitbedacht werden. (Denkmodell: „ja, aber" bzw. „nein, wenn nicht"). Bei manchen Fällen kann man in der Synthese auch **Kompromisse im Sinn eines Mittelwegs** entwickeln.

In vielen Fällen empfiehlt es sich, den konkreten Meinungsstreit hinter sich zu lassen und das Problem auf höherer gedanklicher Ebene unter **neuem Blickwinkel** zu beleuchten. Dies geschieht, indem man die konkrete Frage in ein **größeres thematisches Umfeld**, in **längerfristige Zeiträume** oder in einen **erweiterten Bewusstseinshorizont** einordnet.

Hinweise zur Synthese

Die Synthese
- ist Ausdruck eines eigenen Problembewusstseins und beinhaltet Perspektiven;
- vermittelt praktikable Lösungsvorschläge und eine begründete Wertentscheidung;
- ist keine bloße Wiederholung von Thesen- bzw. Antithesen-Argumenten;
- basiert auf einer differenzierten Argumentationstechnik mit plausibler Behauptung und anschaulicher Entfaltung;
- zielt nicht auf die Darstellung der „eigenen Meinung" ab;
- verzichtet auf Appellcharakter (ethisch-moralisch);
- verzichtet auf den Konjunktiv-Stil (wäre, könnte, hätte …).

Denk- und Formulierungshilfen für die Synthese

- Voraussetzungen/Bedingungen für die bessere Erfüllung …
- Beschränkungen für die Einhaltung …
- Zielvorstellung eines/einer …
- Kompromiss einer/eines …
- Notwendigkeit eines neuen/anderen/besseren Verständnisses von …
- Schwierigkeiten eines/einer …
- Ziel eines neuen/anderen/geänderten Bewusstseins von …
- Utopie von …

3 Einleitung und Schluss

Die Funktion der **Einleitung** besteht darin, das Interesse des Lesers zu wecken und ihn zum Thema hinzuführen. Dabei genügt ein Gedanke, aus dem sich am Ende die Themenfrage einsichtig und gewissermaßen „zwingend" ergibt. Diese Hinführung darf weder das Thema als bekannt voraussetzen (die Überschrift gilt als nicht vorhanden; deshalb verbietet sich die Formulierung „Dieses Thema ...") noch Argumentationen des Hauptteils vorwegnehmen, sondern soll ohne Umwege das Ziel der Themafrage ansteuern. Die Themafrage muss vollständig und ohne inhaltliche Veränderungen gestellt werden. Zwar endet die Einleitung mit der Themafrage; doch verlangt der Beginn des Hauptteils, die Punkte B. und B.I. der Gliederung anzusprechen (= Überleitung), bevor die eigentliche Argumentation beginnen kann.

Einstiegsmöglichkeiten für Einleitungen

- Historischer Rückblick (nicht zu weit ausholen)
- Zitat, Redewendung, Sprichwort (nicht gar zu abgedroschen)
- Definition bzw. Erläuterung (bezieht sich auf Thema bzw. Aufgabenstellung)
- Aktuelles Ereignis (direkt oder indirekt über Medienerfahrung)
- Persönliche oder allgemein gesellschaftliche Erfahrung (aber nicht im Erlebnisstil)

Thema:

Angesichts der negativen Auswirkungen des herkömmlichen Tourismus wird von verschiedenen Seiten umweltverträgliches Reisen gefordert – ein „sanfter Tourismus". Nehmen Sie zu dieser Forderung kritisch Stellung.

Lösungsvorschlag

Einleitung

Alljährlich, vor allem zu Beginn der Schulferien, wiederholen sich die Szenen: Stau auf den Autobahnen, Wartezeit an Flughäfen, Verspätung bei Charterflügen, Menschenmengen auf den Bahnhöfen und in den Urlaubszentren, überall Lärm und Gedränge, verschmutzte Strände oder überfüllte Pisten. Touristen selbst klagen immer häufiger darüber, dass in den Feriengebieten noch weiter erschlossen und gebaut wird, obwohl das Maß des Erträglichen vielerorts längst schon überschritten sei. Sowohl die Anbieter als auch die Konsumenten beginnen allmählich umzudenken und einen Urlaub zu fordern, der mit der Natur, der Kultur und den Menschen selbst schonender umgeht. Zu dieser Forderung soll nun kritisch Stellung bezogen werden.

Besteht die Funktion der Einleitung in der Hinführung des Lesers zur Themafrage, so soll der **Schluss** für eine Abrundung sorgen. Ebenso wie die Einleitung nichts vom Hauptteil vorwegnehmen darf, soll der Schluss nicht Argumente des Hauptteils wiederholen, sondern sein gedankliches bzw. argumentatives Eigengewicht bekommen.

Möglichkeiten für die Gestaltung des Schlusses

- Rückführung auf den Einleitungsgedanken
- Ausblick (räumlich oder zeitlich)
- Relativierung des Themas durch vergleichbare Fragestellungen
- Subjektive Erfahrung mit dem Problem
- Randaspekte oder Minderheitenmeinungen, die im Hauptteil unberücksichtigt bleiben mussten
- Appell an den Leser

Thema:

Schenkt man den Medien Glauben, so sind Auswüchse des Sports längst keine Einzelfälle mehr.
Zeigen Sie an Beispielen negative Entwicklungen des heutigen Sportbetriebs und deren Ursachen auf. Wodurch könnte man eine gesunde sportliche Betätigung für alle Bevölkerungskreise fördern?

Lösungsvorschlag

Einleitung

Für viele Menschen heute ist ein Leben ohne Sport nicht oder nur schwer vorstellbar, und diese Einschätzung bezieht sich sowohl auf eigene sportliche Aktivitäten als auch auf den passiven Sportgenuss in der Rolle des Zuschauers. Daran ist auf den ersten Blick auch nichts zu kritisieren, wird doch immer wieder die Bedeutung des Sports für die Erhaltung der Gesundheit betont. Schaut man sich aber den modernen Sport einmal genauer an, so entdeckt man mit großer Wahrscheinlichkeit sehr schnell Gegebenheiten, die nicht in das positive Bild passen, das man sich auf Anhieb auf das Stichwort „Sport" hin macht. Im Folgenden soll untersucht werden, wie Auswüchse des modernen Sportbetriebs aussehen, wo deren Ursachen zu suchen sind und wie man die gesunde sportliche Betätigung breiter Bevölkerungsschichten fördern könnte.

Lösungsvorschlag

Schluss

Der Sport ist sicher ein beunruhigendes Beispiel für die Tendenz der zunehmenden Kommerzialisierung in unserer heutigen Welt; die Prämien, Gehälter oder Werbesummen sind manchmal unvorstellbar. Aber der Sport ist beileibe nicht das einzige Gebiet, in dem solche Entwicklungen beobachtbar sind. Auch auf dem kulturellen Sektor gibt es ähnliche Tendenzen. Opernhäuser, Theater und Konzertveranstalter klagen, dass die Stars kaum mehr zu bezahlen seien, es sei denn, man erhöhe die Eintrittspreise derart, dass schon wieder die Gefahr besteht, dass sich niemand mehr die Veranstaltung leisten kann. Im Bereich der Medien, vor allem des Fernsehens, werden ebenfalls Summen veranschlagt, die den Normalverdiener erschauern lassen. Wir leben also insgesamt in einer Welt, die Höchstleistungen, auf welchem Gebiet auch immer, anscheinend nur noch gegen Höchstbezahlung zulässt. So ist es ja schließlich auch im Wirtschaftsleben selbst, wo die führenden Manager sich ihre Erfolge auch nicht gerade gering bezahlen lassen. Man muss sich fragen, ob dieses Phänomen gewissermaßen ein „Gesetz" unseres ganzen Systems ist oder nur eine tendenzielle Fehlentwicklung, die auch beeinflussbar sein könnte.

4 Argumentation

Die Ausführung der **Argumentation** bestimmt letztlich die Qualität des Aufsatzes. Es geht darum, das in der Gliederung erarbeitete Gedankenkonzept überzeugend, schlüssig und nachvollziehbar auszuformulieren, wobei der angemessene Mittelweg zwischen abstrakter Erörterung und konkreter Illustration gefunden werden muss. Dabei kann man sowohl vom Abstrakten zum Konkreten als auch vom Konkreten zum Abstrakten gelangen. Diese beiden Vorgehensweisen nennt man die **deduktive** und die **induktive** Methode.

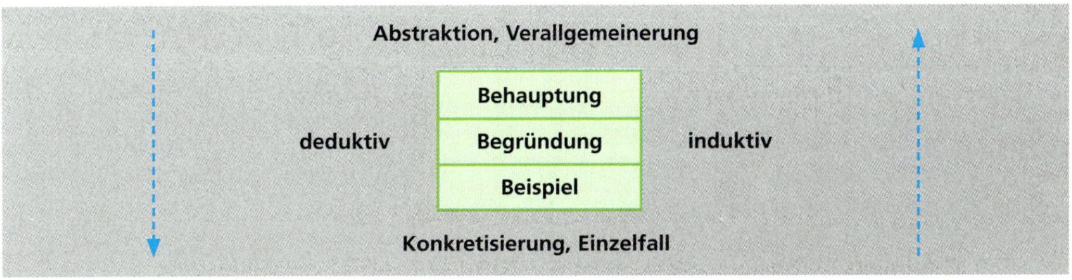

Weil im schulischen Aufsatz die Argumentation von der Gliederung ausgeht, liegt die deduktive Methode nahe, also der Weg vom Allgemeinen (Gliederungspunkt) zum konkreten Einzelfall. Aber mitunter bietet es sich z. B. aus Gründen einer passenden Überleitung an, auch einmal induktiv zu verfahren: Dann schließt sich an das Beispiel des vorangegangenen Arguments direkt das neue Beispiel an, aus dem induktiv das nächste Argument entwickelt wird. Außerdem soll der Argumentationsaufbau nicht zu eintönig, mechanistisch erscheinen, sondern variieren.

Behauptung 1	**Beispiel 1**	**Überleitung**	**Beispiel 2**	**Behauptung 2**
Betrug beim Leistungssport	konkreter Dopingfall	andere körperliche Veränderung	Rücktritt einer jungen Turnerin wegen Wirbelsäulenschäden	gesundheitliche Schädigung beim Leistungssport
deduktive Argumentation			induktive Argumentation	

Das einfachste Argumentationsmodell geht von drei Bausteinen aus:

Behauptung	dass-Stufe	**These**
Begründung	weil-Stufe denn-Stufe	**Argument**
Beispiel	wie-Stufe	**Illustration**

Die Erörterung in der Oberstufe verlangt jedoch ein differenzierteres Vorgehen, das sich aus fünf Elementen aufbaut.

1. Behauptung	dass-Stufe
2. Begründung, Entfaltung	weil-Stufe denn-Stufe
3. Veranschaulichung, Beleg	wie-Stufe
4. Folgerung	deshalb-Stufe sodass-Stufe
3. Rückbezug auf die Behauptung	also-Stufe

Die **Behauptung** ist gedanklich und begrifflich in der Gliederung vorgegeben; sie muss jedoch in der Ausarbeitung genauer ausformuliert und erläutert werden.
Begründung und **Entfaltung** dienen dazu, die These zu belegen, zu untermauern, ihr Überzeugungskraft zu geben und sie damit stichhaltig zu machen. Dazu können, wie im mündlichen Sprachgebrauch bei Diskussionen, bestimmte Argumentationstypen dienen (vgl. S. 92 f.).
Zur Begründung lassen sich heranziehen:
- Tatsachen
- Erfahrungswerte
- Überzeugende Vergleiche
- Logische Schlussfolgerungen bzw. Analogieschluss
- Autoritätsverweise
- Allgemein akzeptierte gesellschaftliche und moralisch-ethische Wertvorstellungen

Ein Leser wird sich leichter von **Begründungen** überzeugen lassen, wenn sie entweder unbestreitbar bzw. eindeutig nachprüfbar oder zumindest allgemein verbindlich bzw. einfach nachvollziehbar sind. Ganz entscheidend für die Qualität der Argumentation ist der Verzicht auf Pauschalurteile, Verabsolutierungen, Schwarz-Weiß-Malereien und Übertreibungen; stattdessen gewinnen **Differenzierungen**, **Einschränkungen**, **Zugeständnisse** und **Ausgewogenheit** die Sympathie des Lesers und zeugen auch von der Sachkompetenz des Schreibers.

Selbst bei einer noch so schlüssigen abstrakten Argumentationsweise fehlt etwas, wenn sie nicht durch anschauliche **Beispiele** ergänzt, verständlicher gemacht und abgesichert wird. Diese Beispiele illustrieren das Gemeinte, haben in gewissem Umfang zusätzlichen Beweis- und Belegcharakter und stellen die Konkretisierung des Arguments sicher. Beispiele gewährleisten aber auch Lebendigkeit und Wirklichkeitssinn, Praxisnähe und Einprägsamkeit. Manchmal ist das schlagende Beispiel überzeugender als das abstrakte Argument; in anderen Fällen wirkt eine Beispielreihe eindringlicher. Auf jeden Fall sorgen Beispiele für die nötige **Anschaulichkeit**.

Die **Folgerung** dient dazu, den Problemzusammenhang zu erweitern, die Argumentation auf mögliche Konsequenzen des beschriebenen Sachverhalts hinzuführen.

Am Ende der Argumentationsschritte muss bei der deduktiven Methode eine **Rückführung** auf die Ausgangsstufe (These/Gliederungspunkt) erfolgen, damit man beim Lesen den Faden nicht verliert, sondern an den Kontext (gedanklichen Zusammenhang) der Beispiele erinnert wird.

Lösungsvorschlag

Argumentation zu B.I.1 Finanzielle Einbußen im Vergleich zum herkömmlichen Tourismus (vgl. S. 119)

Im Vergleich zum herkömmlichen Massentourismus muss man bei der Durchsetzung des sanften Tourismus zunächst damit rechnen, dass finanzielle Einbußen zu verzeichnen sind.	These
Denn wenn der sanfte Tourismus wirklich ernst genommen wird, bedeutet er einen spürbaren Rückgang der Urlauberzahlen. Die behördlichen Auflagen und die freiwilligen Selbstbeschränkungen der Tourismusanbieter führen zwangsläufig zu einem Einfrieren, wenn nicht gar Rückgang der Gästezahlen, weil Restriktionen potenzielle Gäste abschrecken oder die Urlauberkapazität rasch ausgelastet ist. Weniger Gäste bedeuten aber weniger Einnahmen, im schlimmsten Fall sogar den Verlust von Arbeitsplätzen.	Begründung, Entfaltung
Busunternehmer klagen z. B., dass Städte wie Meersburg oder Venedig über restriktive Parkplatzregelungen die Zahl der Tagesbesucher drastisch begrenzen wollen. Manche lukrative Fahrt muss gestrichen werden, was sich beim Umsatz bemerkbar macht. Ebenso betrifft dieser Rückgang der Besucherzahlen die örtlichen Geschäftsleute, die vielleicht mit ihren Investitionen auf Wachstum gesetzt haben und nun möglicherweise mit dem finanziellen Überleben zu kämpfen haben.	Beispiel
Deshalb bedeuten Maßnahmen zum sanften Tourismus wegen des damit verbundenen Rückgangs der Urlauberzahlen und vor allem der Tagesgäste das Risiko wirtschaftlicher Nachteile für die im Fremdenverkehr Beschäftigten, ja sogar für ganze Regionen.	Folgerung
Die Forderung nach sanftem Tourismus ist also wegen der damit verbundenen finanziellen Einbußen kritisch zu beurteilen.	Rückführung
Gegen den sanften Tourismus sprechen aber nicht nur materielle Einwände, sondern auch ...	Überleitung

Ein zweites Argumentationsbeispiel soll dazu dienen, auf Fehler und deren Verbesserungsmöglichkeiten aufmerksam zu machen.

Zwei Lösungsvorschläge im Vergleich

Argumentation zu B.I.1 Betrug an fairen Konkurrenten und Zuschauern im Leistungssport (vgl. S. 119 f.)

Lösungsvorschlag 1

Wer sich mit dem heutigen Sportbetrieb auseinandersetzt, kommt nicht umhin, sich mit dessen Auswüchsen zu befassen. Dazu gehört der Betrug an fairen Konkurrenten und Zuschauern im Leistungssport. Viele Sportler greifen zu unerlaubten Mitteln, sprich Doping, um sich einen entscheidenden Vorteil zu verschaffen. Dabei wissen sie aber meistens überhaupt nicht, was sie damit tun. Sie betrügen dadurch nicht nur ihre Mitkonkurrenten im Kampf um den Sieg, sondern vor allem auch das Publikum im Stadion und die Fernsehzuschauer auf der ganzen Welt. Sie machen ihren Sport dadurch bei den Zuschauern unglaubwürdig. Das Zuschauerinteresse an einer Leichtathletikveranstaltung wird wahrscheinlich stark nachlassen, wenn man weiß, dass z. B. ein Sportler gedopt ist und das Rennen sowieso gewinnt. Da gewinnt dann nicht mehr der beste oder schnellste Athlet, sondern derjenige, der sich am besten gedopt hat. Außerdem betrügt er seine „sauberen" Mitkonkurrenten. Diese trainieren mehrmals täglich, haben aber doch nie die Chance, schneller zu sein als der gedopte Sportler.

Verbesserter Lösungsvorschlag

Wer sich mit dem heutigen Sportbetrieb auseinandersetzt, kommt nicht umhin, sich mit dessen Auswüchsen zu befassen. Dazu gehört der Betrug an fairen Konkurrenten und Zuschauern im Leistungssport. Viele Sportler greifen zu unerlaubten Mitteln, um sich einen entscheidenden Vorteil zu verschaffen, und verletzen damit das Prinzip der Chancengleichheit. Sie betrügen dadurch nicht nur ihre Mitkonkurrenten im Kampf um den Sieg, sondern auch das Publikum im Stadion und die Fernsehzuschauer auf der ganzen Welt. Denn sie machen ihren Sport mit dieser Verfälschung bei ihren Anhängern unglaubwürdig und verschaffen sich dazu noch unrechtmäßige finanzielle Vorteile aus dem Sieg, worum es heutzutage sehr oft geht. Das Zuschauerinteresse an einer Sportveranstaltung wird wahrscheinlich stark nachlassen, wenn man erfährt, dass nicht der beste Athlet gewinnt, sondern derjenige, der sich unlauterer Mittel bedient. Oft geht es ja bei solchen Wettbewerbsverzerrungen den „sauberen" Mitkonkurrenten nach anstrengendem Training und trotz ihres hohen Einsatzes wie dem Hasen: Der Igel ist immer schon da. Die Fälle solch unlauteren Wettbewerbs reichen von Anabolikamissbrauch bis zum Bestechungsskandal. Erinnert sei nur an das Aussehen der Leichtathletinnen oder Schwimmerinnen aus dem früheren Ostblock, an Dopingfälle im Radsport, z. B. bei der Tour de France, den Olympischen Spielen oder Weltmeisterschaften oder an Bestechungsvorwürfe im Profifußball. All das zeigt, dass Betrug im Leistungssport keine Seltenheit mehr ist.

Worin bestehen die Vorzüge des verbesserten Vorschlags?

5 Übungsteil: Themen mit Aufgabenstellungen – Lösungen

Beispiele für Aufgabenstellungen

1. Arbeitszeitverkürzung in verschiedenen Formen ist als Instrument zur Bekämpfung der Arbeitslosigkeit umstritten. Stellen Sie die Positionen der Befürworter und Kritiker der Arbeitszeitverkürzung dar und nehmen Sie dazu Stellung.
2. Politiker, Wissenschaftler, Eltern und Lehrer beklagen die zunehmende Gewaltbereitschaft von Schülern. Wo sehen Sie die Ursachen? Sind Sie der Ansicht, dass härtere Bestrafungen eine abschreckende Wirkung haben könnten?

3. Trotz aller Annehmlichkeiten und Freiheiten, die das Auto den Menschen ermöglicht, fragen sich heute viele, ob die Menschen dem Auto zu viel geopfert haben. Zeigen Sie, wie die Entwicklung des Autos zum Massenverkehrsmittel Wohnumwelt und Lebensweise des Menschen negativ verändert hat, und welche Möglichkeiten es gibt, diese Auswirkungen des automobilen Individualverkehrs zu mildern.
4. In den letzten Jahrzehnten vollzog sich im ländlichen Raum ein tief greifender Wandel. Charakterisieren Sie diesen Wandel und beurteilen Sie ihn.
5. Der Wunsch nach einer gesunden Lebensführung hat in den letzten Jahren zunehmend an Bedeutung gewonnen. Welche Ursachen sind für diesen Bewusstseinswandel verantwortlich und welche Folgen ergeben sich daraus?
6. „Es ist ja nun einmal nicht anders: Die meisten Menschen leben mehr nach der Mode als nach der Vernunft." Erläutern und diskutieren Sie diese Aussage des Aufklärers Georg Christoph Lichtenberg (1742–1799).
7. Rund die Hälfte aller Haushalte in den deutschen Großstädten sind bereits Ein-Personen-Haushalte. Worauf ist dies Ihrer Meinung nach zurückzuführen und welche Konsequenzen ergeben sich daraus?
8. Angesichts der veränderten weltpolitischen Lage fordern viele eine Umstrukturierung von der bisherigen Wehrpflichtigen-Armee zu einem kleineren und spezialisierten Berufsheer. Diskutieren Sie diesen Vorschlag.
9. Der Anteil alter Menschen in unserer Gesellschaft nimmt beständig zu. Zeigen Sie, welche Folgen sich daraus ergeben und wie man ihnen begegnen kann.
10. Der Energiepreis spielt nach Auffassung von Sachverständigen eine Schlüsselrolle in der Verkehrs- und Umweltpolitik. Sollte man mit einer entsprechenden Preisgestaltung das Verkehrsaufkommen zu reduzieren versuchen?
11. Politische Sendungen im Fernsehen werden zunehmend personalisiert und als sogenanntes Infotainment angeboten. Beurteilen Sie diese Entwicklung.
12. Karrieredenken ist zu einer Art Markenzeichen vieler junger Menschen geworden. Zeigen Sie auf, woraus dieser Trend resultiert und welche Probleme sich daraus ergeben können.

1. Bestimmen Sie den jeweiligen Erörterungstyp (linear, dialektisch, gemischt linear-dialektisch).
2. Entwerfen Sie mithilfe einer Mind-Map eine Stoffsammlung zu einem Thema Ihrer Wahl.
3. Gestalten Sie zu einem Thema Ihrer Wahl eine Einleitung.
4. Überlegen Sie sich zu einem dialektischen Thema ein Gliederungskonzept für die Synthese.

Lösungen mit Arbeitsaufträgen

Thema:
Die staatliche Förderung von Krippenplätzen ist in der Öffentlichkeit umstritten. Nehmen Sie dazu kritisch Stellung.

Lösungsvorschlag
Gliederung

A. Aktuelle Diskussion um familienpolitische Hilfen

B. Kontroverse um die staatliche Förderung von Krippenplätzen

I. Argumente für den Ausbau staatlicher Kinderbetreuung
1. Notwendigkeit staatlichen Engagements wegen der zunehmenden Auflösung herkömmlicher Familienstrukturen
2. Erhöhung der Chancen von Frauen in Bezug auf eine Berufsausübung zur Existenzsicherung
3. Gewährleistung einer kontinuierlichen Kinderbetreuung durch professionell geschultes Personal
4. Verringerung des Zusammenhangs zwischen sozialer Herkunft und Bildungschancen der Kinder

II. Argumente gegen den Ausbau staatlicher Krippenplätze
1. Benachteiligung bzw. Diskriminierung der privat organisierten Kinderbetreuung
2. Subventionierung der Berufstätigkeit von Frauen auf Kosten häuslicher Erziehung
3. Bedeutung fester Bindungen für Selbstwertgefühl und Beziehungsfähigkeit der Kinder
4. Negative (historische) Erfahrungen mit staatlichen Kinderkrippen im Hinblick auf die Qualität der Betreuung

III. Zielvorstellungen einer kindergerechten Gestaltung von Staat und Gesellschaft
1. Aufwertung und Intensivierung weiterer familienpolitischer Maßnahmen des Staates
2. Verbesserung der Rahmenbedingungen in Wirtschaft und Gesellschaft für die Vereinbarkeit von Kindererziehung und Berufstätigkeit
3. Gestaltung der Kinderkrippe als qualitativ hochwertige Betreuungs- und Bildungseinrichtung
4. Notwendigkeit eines wachsenden Bewusstseins in Politik und Gesellschaft für die Belange von Kindern

C. Hoher Stellenwert der Familie in Meinungsumfragen

1. Welche inhaltlichen Verbesserungsmöglichkeiten im Hinblick auf die Gliederung sehen Sie?
2. Welche Formulierungen dienen der Steigerung des Informationswertes der Gliederungspunkte?
3. Arbeiten Sie einzelne Argumente der Gliederung aus.
4. Formulieren Sie zum vorliegenden Thema Einleitung und Schluss.

Auf der beigefügten CD finden Sie weitere Materialien zum Thema „Gliederung".

Thema:
Die Embryonenforschung stellt eine konkrete Anwendung der Gentechnik dar. Nehmen Sie kritisch Stellung.

Verbessern Sie die aus inhaltlicher, sprachlicher und formaler Sicht teilweise **fehlerhafte Gliederung**.

FEHLERHAFTE Gliederung

A. Der Embryonenforschung kommt im Bereich der Zukunftstechnologien eine herausragende Stellung zu.

B. Ursachen für die Problematik der Embryonenforschung

I. Embryonenforschung soll gefördert werden.
1. Embryonen als wichtiges Hilfsmittel für die medizinische Forschung
2. Erfolgversprechender Kampf gegen bislang unheilbare Krankheiten
3. Verbesserung der Produktqualität bei Genpflanzen

II. Argumente gegen die Embryonenforschung
1. Lukrativer Zukunftsmarkt im Bereich der Forschung
2. Gefahren des Missbrauchs ungenutzter Embryonen mit damit verbundenen unabschätzbaren Risiken für die Zukunft der Menschheit
3. Drastischer Eingriff in die Schöpfung und die Überschreitung ethischer Grenzen
4. Menschenversuche
5. Eltern haben große Angst vor Monsterbabys.

III. Zielsetzungen für eine verantwortungsvolle Embryonenforschung
1. Entstehung eines breiten gesellschaftlichen Konsens über die Grenzen dieser Technologie und den Schutz des menschlichen Lebens
2. Auf internationaler Ebene müssen klare ethische und juristische Grundsätze formuliert werden.

C. Schluss: eigene Meinung

Lösungsvorschlag

Komplette Ausarbeitung zum Thema:
Angesichts der negativen Auswirkungen des herkömmlichen Tourismus wird von verschiedenen Seiten umweltverträgliches Reisen gefordert – ein „sanfter Tourismus".
Nehmen Sie zu dieser Forderung kritisch Stellung (vgl. Gliederung S. 119).

Ende des sorglosen Tourismus-Konsums; Respekt gegenüber dem Lebensraum von Tieren und Pflanzen; Verzicht auf den Ausbau weiterer Parkplätze; Auszeichnung umweltbewusst geführter Hotels; geführte ökologische Wanderungen: Solche Formulierungen charakterisieren das gegenwärtige Umdenken im Tourismus. Nach einem jahrzehntelangen Boom des Massentourismus hat man die verheerenden Folgen für Umwelt, Kultur und Einheimische erkannt und umzudenken begonnen. Vor allem die Natur- und Tierschutzverbände, aber auch Städte und Gemeinden in den Urlaubsregionen und selbst die Reiseveranstalter setzen auf neue, umwelt- und sozialverträglichere Formen des Reisens bzw. Urlaubs – den sogenannten sanften Tourismus, was aber nicht unumstritten ist. Deshalb soll die Forderung nach sanftem Tourismus hier diskutiert werden.

Bei einer Stellungnahme zur Forderung nach sanftem Tourismus setzt die Kritik am Konzept des sanften Tourismus bei vielen, die von der Tourismusbranche leben, damit ein, dass sie finanzielle Einbußen befürchten. Wenn Städte und Gemeinden in den touristischen Zentren ökologische Maßnahmen durchführen oder wenn Ferienreisende in Zukunft wegen vermehrter Aufklärung über den sanften Tourismus die Zentren des Massentourismus von sich aus meiden, müssen Reiseveranstalter, Hoteliers, Restaurantbesitzer, Eigentümer von Freizeitanlagen und deren Angestellte mit Verlusten rechnen. Einerseits verlangt der sanfte Tourismus kostspielige Investitionen – Abwasserentsorgung, Müllbeseitigung, Landschaftsschutz, Energiesparmaßnahmen. Andererseits kommt es zu Beschränkungen bei der Neuerschließung, vielleicht sogar zum absoluten Baustopp. Solche Auflagen, so befürchtet die Reisebranche, belasten die Anbieter durch höhere Unkosten und stagnierende Einnahmen. Negative Folgen haben auch umweltbedingte Verkehrsregelungen wie Parkverbote, Maßnahmen zur Verkehrsberuhigung oder autofreie Zonen, weil sie mögliche Gäste abhalten können, die solche Beschränkungen nicht hinnehmen wollen. Wenn es sich zum Beispiel herumspricht, dass bekannte Skiorte am Wochenende eine Höchstgrenze für Tagesskipässe festlegen, kann dies zum Ausbleiben der bisherigen Massen von Wochenendskifahrern führen – und die Liftbesitzer haben das Nachsehen, natürlich auch die Gastronomie des Ortes. Das Programm des sanften Tourismus muss deshalb auch an die wirtschaftlichen Folgen denken, nicht zuletzt an die vielen, womöglich gefährdeten Arbeitsplätze. Die Umstellung vom Massentourismus auf den alternativen Tourismus birgt somit die Gefahr finanzieller Einbußen, die nicht übersehen werden dürfen.

Gegen den sanften Tourismus sprechen aber nicht nur materielle, sondern auch ideelle Überlegungen. Viele Regelungen und Vorschriften eines umwelt- und sozialverträglichen Reisens schränken nämlich die im Massentourismus gewohnte Freiheit des Einzelnen ein. Weil die natürliche Umwelt – Boden, Wasser und Luft –, aber auch die kulturelle und soziale Umwelt der Einheimischen innerhalb eines sanften Tourismus mehr als bisher geschützt werden, muss der Besucher bzw. Feriengast sein Verhalten den neuen Bestimmungen anpassen. Viele Touristen beklagen sich heute schon, wenn sie nicht mehr wie früher mit ihrem Auto direkt an einen bestimmten Strandabschnitt oder auf einen Berggipfel fahren dürfen, weil man diese Straßen wegen der starken Abgasbelastung gesperrt hat. Meistens wird zwar ein öffentliches Verkehrsmittel stattdessen angeboten; aber das schränkt manche „Individualisten" schon zu sehr ein. Noch strenger sind wohl die Eingriffe des sanften Tourismus bei den Extremsportarten wie Helikopter-Skiing, Mountain-Biking, Paragliding und Rafting. Ein Teil der „unsanften" Ferien- bzw. Wochenendaktivitäten könnte durch die Regeln des sanften Tourismus eingeengt, kontrolliert oder gar ganz verboten werden, und das wäre eine Beschränkung der Freiheit, die nicht jeder Tourist gerne hinnimmt. Deshalb ist das Konzept des sanften Tourismus in einer freiheitlichen Gesellschaft nicht unumstritten.

Das vielleicht gewichtigste Argument gegen den sanften Tourismus ergibt sich, wenn man nicht nur die unmittelbare Gegenwart betrachtet, sondern auch die zukünftige Entwicklung bedenkt. Ist es nicht wahrscheinlich, dass es durch diese alternative Form des Reisens nur zu einer Verlagerung der Umweltprobleme, aber nicht zu einer echten Beseitigung bzw. Vermeidung der Schäden kommt? Wenn einem Urlaubsgebiet die Umstellung auf den sanften Tourismus gelungen ist, d. h. wenn dort der Andrang der Massen zurückgegangen ist und das Verhalten der Urlauber sich umweltschonend verändert hat, dann werden die anderen, wird die restliche Masse, neue Ziele suchen – und finden, in denen die ökologischen Regeln und Gesetze noch nicht oder zumindest noch nicht so streng gelten. Wir erleben diesen Mechanismus ja bereits heute innerhalb des Massentourismus: Ist die Umwelt eines Urlaubsgebietes „verbraucht“ oder ein malerischer Ort durch die Besuchermassen unattraktiv geworden, dann zieht die Touristenkarawane eben einfach weiter in noch unverdorbene, unentdeckte Gegenden, wo dann das gleiche Spiel wieder von vorne anfängt. Man hat dies in den letzten Jahren deutlich beobachten können. Erst hießen die ausländischen Ziele für die Deutschen Italien oder Frankreich, dann Spanien oder die Türkei, und heute müssen es mindestens Nepal oder Jamaica sein, die allmählich unter dem Massentourismus fast ebenso leiden wie Mallorca, Rimini oder Saint Tropez. Der sanfte Tourismus läuft Gefahr, die Probleme des Massentourismus, d. h. vor allem Umweltbelastung und Zerstörung der soziokulturellen Umgebung in Urlaubsgebieten, nicht wie beabsichtigt zu beseitigen, sondern lediglich zu verlagern, gewissermaßen neu zu verteilen. Auch diese Überlegung lässt Zweifel gegenüber dem Konzept des ökologischen Tourismus aufkommen.

Obwohl die Skeptiker sich also kritisch gegenüber dem sanften Tourismus äußern, sollte man auch dessen positive Seiten ins Auge fassen. Den kurzfristig auftretenden finanziellen Einbußen stehen auf lange Sicht gesehen wirtschaftliche Chancen gegenüber, die sich mancherorts schon heute abzeichnen. Der Massentourismus hat es nämlich geschafft, dass in manchen bekannten Urlaubsgebieten die Gästezahlen zurückgehen, während umgekehrt Orte, die das Programm des sanften Tourismus übernommen und zum Teil bereits realisiert haben, ansteigende Zahlen verbuchen können. Außerdem können die Anbieter in solchen Gegenden etwas höhere Preise verlangen, ähnlich wie ökologisch produzierende Landwirte für ihre Produkte. Das heißt: Der alternative Tourismus wird angenommen und bezahlt, weil vielen Urlaubern der Schutz der Natur, die rücksichtsvollere Erschließung und Bebauung oder die bessere Luft und die größere Ruhe lieber sind als die billigen Angebote des Massentourismus. Das Skigebiet am Arlberg zum Beispiel mit seiner Beschränkung der Tagesskifahrer hat die zunächst entstandenen Verluste ermittelt, setzt aber trotzdem auf dieses zukunftsweisende Konzept. Und wenn ein Ferienort wie Hindelang im Allgäu die Übernachtungszahlen nicht mehr anheben will, so wird man auch diese Entscheidung nicht ganz gegen die ökonomische Vernunft getroffen haben. Ein Nachteil könnte sich vielleicht beim Tourismus der Zukunft ergeben, nämlich der einer „Zwei-Klassen-Gesellschaft“: ein ökologischer Tourismus mit teureren Angeboten für die eine Klasse, die sich das leisten kann, und der weiter existierende Massentourismus mit seinen Billigangeboten für die weniger gut Verdienenden oder Anspruchslosen. Dennoch bleibt der sanfte Tourismus insgesamt auch ökonomisch betrachtet eine große Zukunftschance.

Noch wichtiger ist jedoch der Gewinn an Lebensqualität der Menschen durch die Formen des neuen Tourismus. Der übliche Massentourismus bringt häufig nicht die erwünschte Erholung, sondern eher Hektik, Stress, Überforderung und nervliche Überbelastung durch die anstrengende An- und Abreise und die ungünstigen Verhältnisse am Urlaubsort. Man denke nur an Staus, Wartezeiten, Überfüllung, Lärm- oder Geruchsbelästigung usw. Hier bietet der sanfte Tourismus, auch wenn er diese Massenprobleme nur zum Teil steuern und mildern kann, den einzigen Ausweg. Ganz wichtig sind deshalb alternative Verkehrskonzepte für die Qualität des Reisens. Öffentliche Verkehrsmittel oder zum Beispiel ein Fahrrad vor Ort sind allemal „erholsamere“ Fortbewegungsmittel als das Privatauto. Eine Urlaubsgestaltung ohne eigenes Fahrzeug – oder zumindest mit dessen sehr zurückhaltender Benutzung – kommt auch der einheimischen Bevölkerung sehr zugute, die ja häufig unter den verstopften Straßen oder Stadtzentren leidet. Statt hektischen Herumfahrens bietet der sanfte Tourismus auch bessere Vorschläge für die Urlaubsgestaltung an: ökologische Wanderungen, Besichtigungen regionaler Museen oder Betriebe, vermehrte Kontakte zur einheimischen Bevölkerung, um auch auf deren Probleme aufmerksam zu machen. Das könnte insgesamt zu einem besseren Verhältnis zwischen Gast und Gastgeber im Tourismus führen, was ebenfalls ein Ziel des sanften Tourismus ist. Es gibt also eine Alternative zu der bisherigen verbreiteten Form des Reisens, die nur viele Autokilometer, übertriebene Sportaktivitäten oder tägliches Sonnenbaden im Sinn hat. Der sanfte Tourismus zielt auf eine überlegte, vernünftige Urlaubsgestaltung ab, die Erholung und Entspannung, aber auch Bildung in den Mittelpunkt rückt.

Das entscheidende, ja zwingende Argument für den sanften Tourismus ist aber sicherlich die Berücksichtigung der natürlichen Umwelt. Nur durch eine Vermeidung weiterer Umweltschäden wird der Tourismus überhaupt eine Zukunft haben. Es gibt, gerade in den Fremdenverkehrszentren, schon derartige Belastungen und Zerstörungen, den Boden, das Wasser und die Luft betreffend, dass nur eine Veränderung des bisherigen Tourismus noch helfen kann. Der Tourismus ist hierbei gar keine Ausnahme; auch die Industrie, der allgemeine Verkehr und das Alltags- bzw. Freizeitverhalten der Menschen müssen sich in Zukunft umstellen. Man muss wohl heutzutage nicht mehr im Einzelnen auf die verheerenden Folgen des Massentourismus hinweisen: Meldungen über Badeverbote wegen Wasserverschmutzung, Bilder der durch Liftanlagen und Pistenspuren verunstalteten Bergwelt, negative Folgen des zunehmenden Flugverkehrs für unser Klima. Der sanfte Tourismus ist deshalb eine pure Notwendigkeit für die Zukunft, weil es sonst irgendwann einmal fast überhaupt keine einigermaßen erträglichen Reise- und Erholungsmöglichkeiten mehr gibt. Außerdem sind Ferien eine recht günstige Gelegenheit, in besonders schönen Landschaften oder städtischen Regionen einen Sinn dafür zu entwickeln, wie wichtig der Erhalt unserer natürlichen Umwelt für die Menschen ist. Durch besondere Maßnahmen, Projekte, Seminare, Vorträge oder Führungen kann der sanfte Tourismus auch hierzu einen besonderen Beitrag leisten.

Damit sich die neuen Formen des Reisens und der Urlaubsgestaltung in Zukunft mehr durchsetzen, muss noch sehr viel Aufklärungsarbeit geleistet werden. Die Medien helfen bei dieser Aufgabe in jüngster Zeit schon sehr gut mit; es häufen sich Artikel und Kommentare, Berichte und Features. Auch wenn es häufig nur Hinweise auf bescheidene Anfänge sind – man erfährt immerhin genügend über die Zukunftssorgen infolge des Massentourismus, die ja der eigentliche Auslöser für den sanften Tourismus waren und sind. Außerdem werden bereits erste Maßnahmen und einzelne Projekte vorgestellt, wie zum Beispiel eine Kampagne des Bundes Naturschutz in Bayern unter dem Motto „Urlaub und Freizeit mit der Natur“. Wiederholt werden Fachleute interviewt; kompetente Kommentatoren nehmen kritisch Stellung. Medien sprechen sogar schon von einer „neuen Ethik“ des Reisens oder davon, dass man das Reisen neu lernen müsse. Das Interesse bei den Meinungsmachern ist also vorhanden; jetzt kommt es nur noch darauf an, dass auch der Markt noch stärker reagiert: Den Informationen müssen die Angebote folgen. Reiseveranstalter, Fremdenverkehrsvereine und Hoteliers bzw. Besitzer von Ferienwohnungen sollten die vielen Ideen und Vorschläge zum sanften Tourismus aufnehmen und in die Tat umsetzen. Wettbewerbe und Auszeichnungen wie zum Beispiel das Gütesiegel „Grüner Koffer“ für umweltfreundliche Modellorte können diese Aktivitäten fördern und als zusätzliche Werbung genutzt werden. Erst wenn sich das Gesamtkonzept und die vielen einzelnen Projekte des sanften Tourismus herumgesprochen und die Angebote weiter zugenommen und sich verbessert haben, kann der sanfte Tourismus die nötigen Marktanteile erreichen und dadurch vielleicht zu einer Richtungsänderung der Branche insgesamt beitragen.

Der Staat und die Gemeinden müssen den alternativen Tourismus in doppelter Weise unterstützen: mit den notwendigen Vorschriften und Gesetzen zur Begrenzung der Umweltbelastungen in bestimmten Feriengebieten oder Freizeitlandschaften und mit indirekten oder direkten Unterstützungsmaßnahmen für Projekte eines fortschrittlichen Tourismus, sei es steuerrechtlich, verwaltungstechnisch oder durch den wirkungsvollen persönlichen Einsatz von Politikern. Man sollte die Initiative nicht allein den Naturschutzverbänden oder alternativen Reiseveranstaltern überlassen; Gemeinderäte, Bürgermeister, Landräte, Kurdirektoren, aber auch Bürgerinitiativen und die Bevölkerung müssen mitwirken an der Entwicklung eines Zukunftstourismus, der den Schutz der natürlichen und soziokulturellen Umwelt genauso berücksichtigt wie die legitimen ökonomischen Interessen eines wichtigen Wirtschaftssektors. Natürlich ist das ein sehr schwieriger Mittelweg, der Konflikte nicht ausschließt, aber Kompromisse finden kann. Diese Forderung nach neuen Konzepten geht vor allem auch die sogenannte Dritte Welt an, vor der die Welle des Tourismus nicht haltmacht. Hier, wo oft in der Vergangenheit noch keine gravierenden Fehler begangen werden konnten, kommt es sehr darauf an, von Anfang an eine durchdachte, steuernde Tourismuspolitik zu betreiben, damit nicht auch dort die Natur, die Kultur und letztlich die Menschen dem reinen Gewinnstreben zum Opfer fallen. Der sanfte Tourismus der Zukunft ist also eine Frage politischer Grundsatzentscheidungen und zukunftsorientierter Konzepte, die Auflagen und Restriktionen mit Unterstützungs- und Hilfsmaßnahmen verknüpfen müssen.

Aber letztlich hängt die Zukunft des Tourismus von den Touristen selbst ab. Nur wenn sie in Zukunft aufgeschlossen und flexibel reagieren, d.h. wegkommen vom aggressiven Massentourismus, hat der Tourismus überhaupt noch eine Chance. Gerade die Europäer wie auch die Amerikaner oder Japaner müssen ihre Ansprüche, ihre Luxuswünsche, ihre Gier nach immer mehr zurücknehmen, damit die Urlaubsregionen unserer Erde nicht vollends ruiniert werden durch eine touristische Erlebnisgesellschaft, die rücksichtslos auf Wachstum setzt. Die Ferien in den westlichen Industriestaaten dürfen nicht noch mehr als bloße Reise- und Urlaubsvergnügungen gestaltet werden; die weitverbreitete Freizeitmobilität muss ebenso wie die sportliche Freizeitaktivität neu überdacht werden. Das Ziel des Umdenkens ist in letzter Konsequenz die Reduzierung der Reise- und Ferienaktivitäten, eine Rückbesinnung auf andere, schonendere Tätigkeiten, die nicht verbunden sind mit Mobilität, Umweltbelastung oder Landschaftszerstörung.

Ein Vergleich der üblichen Formen des Massentourismus mit den neuen Vorschlägen des sanften Tourismus zeigt Unterschiede im Umgang mit der natürlichen, kulturellen und sozialen Umwelt, die auch für das Alltagsleben von Bedeutung sein können. Für die Bereiche Produktion und Dienstleistung, für die Erschließung und Bebauung neuer Wohnviertel oder für den Berufs- bzw. Alltagsverkehr gelten ganz ähnliche Zukunftsgedanken: Ressourcenknappheit muss beachtet und Energie gespart werden; Landschaft und Kultur müssen geschont werden; die Lebensqualität der Menschen sollte wieder stärker berücksichtigt werden als reines Wachstumsdenken oder Gewinnstreben.

1. Analysieren Sie den groben Aufbau (Einleitung, Hauptteil, Schluss) der Erörterung und unterscheiden Sie in den vorgestellten Argumentationen die Elemente:
Behauptung, Begründung/Entfaltung, Veranschaulichung/Beleg, Folgerung und Rückbezug.

2. Die Folgerichtigkeit einer Argumentation hängt sprachlich auch vom richtigen Gebrauch der Konjunktionen ab. Sammeln Sie deshalb möglichst viele Konjunktionen und ordnen Sie diese nach den Kategorien
a) kausal (begründend),
b) konsekutiv (folgernd),
c) temporal (zeitlich),
d) adversativ (entgegenstellend),
e) kopulativ (verbindend).

3. Überprüfen Sie die Vollständigkeit der gesammelten Konjunktionen mithilfe einer Grammatik, z. B. der Duden-Grammatik.

4. Wie werden in den Lösungsvorschlägen Gedanken sprachlich verknüpft?

5. Wo finden sich Einschränkungen und Zugeständnisse und wie wirken sie auf den Leser?

6. Sammeln Sie Formulierungen, mit denen man Meinungen einleiten kann.

7. Ersetzen Sie die Beispiele im Lösungsvorschlag zum Thema „sanfter Tourismus" durch andere.

8. Gestalten Sie einzelne Ausarbeitungspunkte dieses Lösungsvorschlags um, indem Sie von der deduktiven zur induktiven Methode wechseln. Diskutieren Sie die Vorzüge und Nachteile der Methoden.

9. Unterscheiden Sie die Argumentationen nach den Argumentationstypen.

10. Erstellen Sie zu folgenden Themen jeweils eine ausgearbeitete Gliederung:
- Die Medienzensur soll die Gewaltbereitschaft Jugendlicher senken. Wie beurteilen Sie diesen Vorschlag?
- Sehr viele Menschen können sich heute größere Urlaubsreisen leisten. Nehmen Sie kritisch Stellung zum Phänomen des Massentourismus.

III Argumentierendes Schreiben: Literarische Erörterung

Die literarische Erörterung gehört ebenso wie die Sacherörterung zum **argumentierenden Schreiben**, weil auch hier überzeugende Argumentationen verlangt sind. Daneben gelten gleichermaßen die Einteilung in Einleitung, Hauptteil und Schluss, die gezielte Themenerschließung mit der daraus resultierenden Entscheidung für die lineare und dialektische Bearbeitung und die Alternative einer deduktiven oder induktiven Argumentation.

1 Gliederung

Die **Gliederung** der **literarischen Erörterung** entspricht im Prinzip jener der Sacherörterung.

Titelfigur im Film „Homo Faber"

Thema:

Ivy ist als Freundin der Titelfigur in Max Frischs Roman „Homo faber" nicht ohne Bedeutung. Zeigen Sie auf, worin die charakteristischen Elemente dieser Beziehung bestehen, und überlegen Sie, worin die Ursachen dafür zu suchen sind. Welche Funktion hat Frisch dieser Figur im Romanganzen zugeordnet?

■ **Lösungsvorschlag**

Gliederung

A. Max Frisch und sein Roman „Homo faber"	Einleitung
B. Gedanken zu Ivy und ihrem Verhältnis zu Walter Faber in Frischs Roman	Hauptteil – lineare Aufgabenstellung
I. Charakteristische Aspekte des Verhältnisses	Gliederungspunkt zu Teilaufgabe 1
1. Nomen est omen: Ivy als der lästige Kletterefeu für Walter 2. Ivys Kritik an Walter Fabers Herzlosigkeit und Gefühlsarmut und ihr Beharren auf der Beziehung	Argumente mit abstrakten begrifflichen Festlegungen
II. Ursachen für die spezifische Art der Beziehung	Gliederungspunkt zu Teilaufgabe 2
1. Walter Fabers menschliche Reduzierung auf kühle Rationalität eines konsequenten „homo faber" 2. Ivy als Verkörperung des auf bloßen Schein ausgerichteten „american way of life"	Argumente mit abstrakten begrifflichen Festlegungen
III. Ivys Funktion im Romanganzen	Gliederungspunkt zu Teilaufgabe 3
1. Ivy, Verkörperung der kritisierten amerikanischen Lebensweise, als Gegenbild zu Fabers „natürlicher" Tochter Sabeth 2. Fabers Trennung von Ivy als Ausdruck gänzlicher Isolation und Unbehaustheit Fabers bei seinem zweiten Aufenthalt in New York	Argumente mit abstrakten begrifflichen Festlegungen
C. Wandel der Beziehung zwischen Mann und Frau als Thema der zeitgenössischen Literatur	Schluss

2 Einleitung und Schluss

Die Funktion der **Einleitung** der **literarischen Erörterung** entspricht derjenigen in der Problemerörterung: Hinführung zur Themafrage.

In jedem Fall muss die Einleitung den Autor, den Titel und die Textsorte nennen und eine – sehr knappe – Inhaltsübersicht über den Gesamttext einschließlich des Kernproblems bieten. Diese Inhaltsübersicht ist notwendig, damit der Leser einen Rahmen hat, in den er die inhaltlichen Elemente der im Hauptteil folgenden Argumentation einordnen kann. Weil das Hauptproblem eines literarischen Werkes nicht identisch sein muss mit der jeweiligen speziellen Aufgabenstellung, ist es erforderlich, dass die Einleitung die Thematik so anordnet, dass sich die Themafrage logisch ergibt.

Vorgehensweisen bei der Einleitung

Autorbezogenes Modell	Problembezogenes Modell
■ Autor, eventuell mit biografischen Hinweisen ■ Titel, Textsorte ■ Inhaltsübersicht über den Gesamttext ■ Hauptproblem ■ Hinführung zur Aufgabenstellung ■ Themafrage mit allen Teilaufgaben	■ Problem in der Realität, im Leben ■ Problem als Thema der literarischen Fiktion des Autors ■ Titel, Textsorte ■ Inhaltsübersicht über den Gesamttext ■ Hinführung zum Blickwinkel der speziellen Aufgabenstellung ■ Vollständige Themafrage

Thema:

Ivy ist als Freundin der Titelfigur nicht ohne Bedeutung in Max Frischs Roman „Homo faber". Zeigen Sie auf, worin die charakteristischen Elemente dieser Beziehung bestehen, und überlegen Sie, worin die Ursachen dafür zu suchen sind. Welche Funktion hat Frisch der Figur im Romanganzen zugeordnet?

■ **Lösungsvorschlag**

Autorbezogene Einleitung

Max Frisch war vor seiner schriftstellerischen Karriere Architekt von Beruf. Daraus ergab sich wohl sein Interesse für den Zusammenhang zwischen Gesellschaft und technischem Fortschritt. Auch sein Roman „Homo faber" hat etwas zu tun mit Technik, denn in der Hauptfigur, dem Ingenieur Walter Faber, werden dessen technische Weltsicht und die Konsequenzen aus seinem betont rationalen Weltzugriff problematisiert. Die Titelfigur Faber lässt sich wissend-unwissend in ein Inzestverhältnis mit seiner Tochter Sabeth ein, von deren Existenz er nichts wusste, da sich seine damalige Freundin Hanna mit dem vorgegebenen Entschluss zur Abtreibung von ihm trennte. Auf einer gemeinsamen Reise mit Faber nach Athen zu Sabeths Mutter verunglückt Sabeth tödlich, wobei Faber mittelbar am Tod seiner Tochter beteiligt ist. Fabers Reisen enden nach dem Zusammenbruch seines einst so festgefügten Weltbilds in einer Athener Klinik, wo er wegen Magenkrebs operiert werden soll. Schon am Beginn von Fabers Aufzeichnungen, die in zwei Stationen erfolgen und die Zeit zwischen März und Juli 1957 umfassen und Rückblenden in die Zeit seiner Freundschaft mit Hanna einschließen, ist mehrmals von Ivy, seiner amerikanischen Freundin, die Rede. Die Beziehung zu dieser Frau soll nun in ihren charakteristischen Elementen herausgearbeitet werden; außerdem werden die Ursachen für die spezifische Art des Verhältnisses und die Funktion Ivys im Romanganzen untersucht.

Für den **Schluss** der **literarischen Erörterung** gelten vergleichbare Vorgaben wie für die Problemerörterung:

Möglich:	– Rückgriff auf die Einleitung – Neue Fragestellung(en)
Manchmal möglich:	– Verweise auf Inszenierungen bzw. Verfilmungen – Eignung als Klassenlektüre – Bewertung der eigenen Leseerfahrung
Gefährlich:	– Sehr umfassende und allgemeine Wertungen über die Qualität des Dichters und der Dichtung (Gefahr: ungewollte Komik) – Ausblick in die Zukunft der Romanfiguren (Gefahr: „Weiterdichten") – Moralische Wertungen fiktionaler Figuren (Gefahr: Vorschnelle Gleichsetzung von realen Personen und fiktionalen Figuren. Fiktionale Figuren können nicht beurteilt werden wie tatsächliche, weil sie einer bestimmten Aussageabsicht des Autors dienen.)

3 Textgebundenes Argumentieren

Der entscheidende Unterschied zwischen einer literarischen und einer Sacherörterung liegt darin, dass die literarische Erörterung **auf einen konkreten** und **begrenzten literarischen Text bezogen** ist.

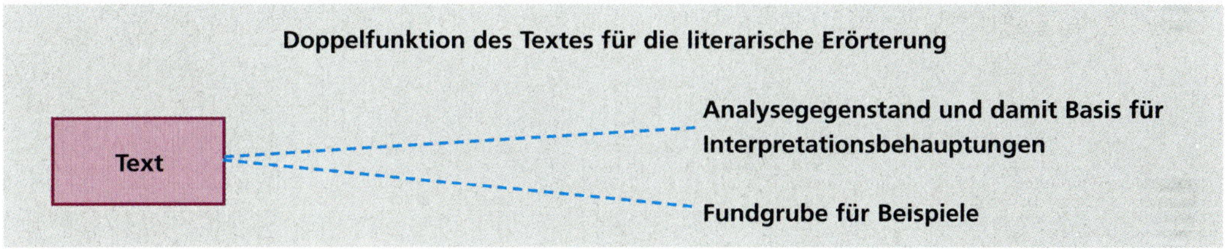

Aus dieser Doppelfunktion resultiert der hohe Stellenwert des literarischen Textes im Argumentationsaufbau.

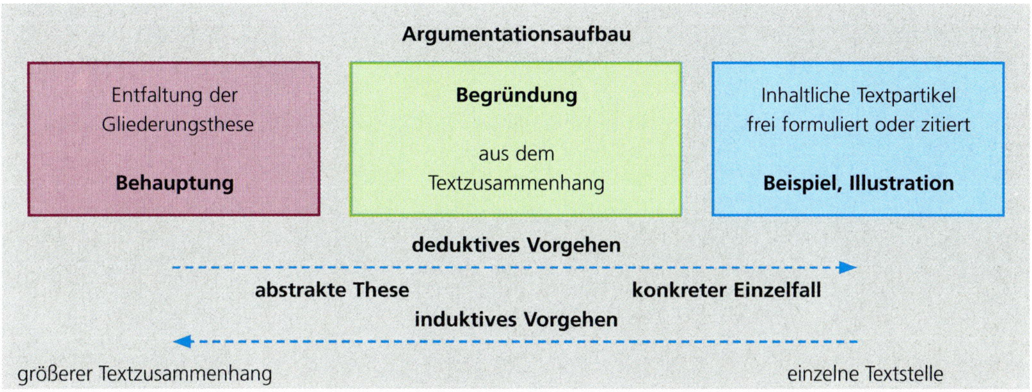

Das Besondere der literarischen Erörterung liegt in der Verwendung der Textvorlage. Dabei darf man bei der **sprachlichen Gestaltung** nie außer Acht lassen, dass es sich nicht um reales Geschehen und um wirkliche Personen handelt, sondern dass ein Autor eine Handlung so – und nicht anders – erfindet und seine Figuren so – und nicht anders – gestaltet, damit sie seine **Aussageabsicht** zum Ausdruck bringen. In der Erörterung sollte dieser Aspekt der **literarischen Fiktionalität** immer wieder bewusst gemacht werden.

Formulierungsbeispiele zur Betonung der Fiktionalität
- Der Autor lässt seine Heldin sagen ...
- Die Verfasserin gibt dem Geschehen ...
- Im Roman äußert sich dies ...
- Die Erzählerin vermittelt dem Leser die Vorstellung ...
- Der Dramatiker arbeitet mit dem Mittel/Prinzip ...
- Die Autorin gestaltet den Konflikt ...

usw.

Entsprechend zur literarischen Inhaltsangabe müssen auch die einzelnen **inhaltlichen Wiedergaben im Präsens** stehen, womit beim Leser die stets neue Vergegenwärtigung der Fiktion unterstrichen wird. Aus diesem Grund lassen sich auch fiktionale Figuren moralisch nicht so bewerten, als wären sie wirkliche Menschen, die auch anders handeln könnten. Der Autor hat sie so – und nicht anders – erfunden, um etwas Besonderes/Bestimmtes mit ihnen zu demonstrieren.

Bedeutung des Zitats für die literarische Erörterung

Steht bei einer literarischen Erörterung der Text nicht zur Verfügung (z. B. Schulaufgabe), so kann man natürlich in der Argumentation – bei Begründungen und Beispielen – die gemeinten Textstellen nur sinngemäß referieren. Eine intensivere Auseinandersetzung mit dem Text (z. B. in einem Hausaufsatz oder in der Seminar- bzw. Facharbeit; vgl. S. 155 f.) setzt die direkte Verwendung des Textes und damit das **wörtliche Zitat** voraus.

Das entscheidende inhaltliche Kriterium für die ausgewählten Zitate sind die Bedeutung und Aussagekraft der gewählten Textstellen in Bezug auf das Gesamtwerk, die Aufgabenstellung und den jeweiligen Argumentationszusammenhang. Zitate sollen etwas begründen oder belegen, sie sollen und können auch veranschaulichen und illustrieren; aber sie sind nicht dazu da, lediglich eine eigene inhaltliche Zusammenfassung zu ersetzen.

Das bloße **Wortzitat** bietet sich nur dann an, wenn es sich dabei um Begriffe mit besonderer Bedeutung oder auffällige Wortneuschöpfungen handelt.

Beim **Teilsatzzitat** kann es manchmal schwierig sein, den Original-Wortlaut ohne grammatikalische Fehler mit dem eigenen Satzbau zu verbinden (Wechsel der Person und der entsprechenden Pronomen, Veränderungen in der Deklination). Da innerhalb der Anführungszeichen am Wortlaut bzw. Buchstabenbestand der zitierten Vorlage nichts geändert werden darf, hilft es manchmal, die Anführungszeichen zu verschieben. Eine andere Möglichkeit besteht darin, eigene, grammatikalisch notwendige Änderungen mit eckigen Klammern zu versehen. Man muss auch bereit sein, zugunsten eines wichtigen Zitats die eigene ursprüngliche Satzkonstruktion zu verändern.

Bei Teilsatz- und Ganzsatzzitaten ist es unerlässlich, den **situativen Kontext** einzubringen; nur so kann der Leser den in der Einleitung vorgegebenen Rahmen auffüllen und den Wortlaut des Zitats richtig einordnen. Situative Zitatein- oder Zitatausleitungen sind wichtig im Hinblick auf Textverständnis und textgerechte Interpretation einerseits sowie deren Nachvollziehbarkeit andererseits.

In der literarischen Erörterung mithilfe der Primärliteratur, d. h. ohne Sekundärliteratur, stammen die Zitate nur aus dem einen Primärtext; somit genügt es, als Zitatbeleg die jeweilige Seitenzahl am Ende des Zitats – in Klammern – anzugeben. Dabei darf die Belegstelle, d. h. die Seitenzahl, nicht einfach in den eigenen Text eingearbeitet werden. Man kann also nicht formulieren „... sagt auf S. 17" oder „... heißt es auf S. 17". Vielmehr ist es gerade bei literarischen Texten eine zwingende Notwendigkeit, den situativen Kontext zu formulieren.

Lösungsvorschlag
Textgebundene Argumentation

Der Auszug der Gliederung lautet:

B. Gedanken zu Ivy und ihrem Verhältnis zu Walter Faber in Frischs Roman

I. Charakteristische Aspekte des Verhältnisses

1. Nomen est omen: Ivy als der lästige Kletterefeu für Walter
2. Ivys Kritik an Walter Fabers Herzlosigkeit und Gefühlsarmut und ihr Beharren auf der Beziehung

(Zitiert wird nach Frisch, Max, Homo faber. Ein Bericht, Suhrkamp Verlag, Frankfurt 1977; Ersterscheinung 1957)

Bei der Analyse der Bindung zwischen dem Ich-Erzähler Walter und Ivy fällt als charakteristischer Aspekt sofort Ivys Umklammerung von Walter auf, ist doch schon ihr Name von Frisch bedeutungsgeladen im Sinn des Vorzeichens gewählt. Da Ivy „Efeu" heißt und diese Pflanze sich an anderes klammernd emporrankt, kann man in ihrem Fall wirklich sagen: Nomen est omen. Ivy, die Amerikanerin, steht dabei in Walters Erinnerung für alle Frauen, wenn er vermerkt: „Ivy heißt Efeu, und so heißen für mich alle Frauen" (S. 91). Gegen eine solche symbiotische Lebensgemeinschaft wehrt er sich mit dem Ausruf: „Ich will allein sein!" (S. 91). Sein Drang nach Ungebundenheit ist so stark, dass „Doppelzimmer als Dauereinrichtung" in ihm die quälende Vorstellung von „Fremdenlegion" wachrufen (S. 91). Es ist seinem Urteil nach die Muße der Frauen, die ihn stört, wenn sie etwa, wie Ivy, am Morgen Blumen in Vasen umarrangieren, bevor sie angekleidet sind, oder gar schon zu diesem Zeitpunkt über Empfindungen reden wollen, was ihm besonders unerträglich vorkommt. Faber schätzt Ungebundenheit, wie sie für ihn etwa in der kurzfristigen Zweisamkeit in Hotel-Doppelzimmern gegeben ist, wo nicht Wertschätzung und Bereitschaft zur Verantwortung zählen, sondern ausschließlich die Befriedigung sexueller Bedürfnisse. Aber selbst in dieser Hinsicht geht Ivy Walter Faber auf die Nerven, weil sie daraus Erwartungen auf eine gemeinsame Zukunft ableitet. So hat sie nach Fabers Angaben in La Guardia, dem New Yorker Flughafen, „drei Stunden lang" auf ihn „eingeschwatzt" (S. 7), um ihn während der Flugverspätung zu einer Heirat zu bewegen, obwohl sie seine grundsätzliche Heiratsverweigerung kennt. Dieses Insistieren, dieses Bedrängen, wie es aus dem Wort „einschwatzen" deutlich wird, dieses efeuhafte Klammern „nervt" den auf Alleinsein bedachten Walter, der, wie er anmerkt, Frühstück mit Frauen nur „ausnahmsweise in den Ferien" erträgt, in einer Zeit, wo er „sowieso nicht weiß, was anfangen mit dem ganzen Tag" (S. 91). Der Eindruck von Ivys Efeuhaftigkeit verstärkt sich dadurch, dass sie sich offensichtlich von seiner Ablehnung nicht stören lässt, obwohl „nur noch Krach", „Krach um jede Kleinigkeit" (S. 30) das Zusammensein belastet. So kommt es, dass Walter ihr während des Wartens auf Hilfe nach der Notlandung in der Wüste von Tamaulipas auf seiner Reiseschreibmaschine einen Abschiedsbrief schreibt. Weil er sie „satt" hat und ihm daran liegt, ihnen „ein Wiedersehen zu ersparen", teilt er Ivy seine Absicht „schwarz auf weiß", „mit Durchschlag" mit (S. 31). Seine Wortwahl ist durchweg geringschätzig, wenn er auf Ivy zu sprechen kommt, er ist wütend, weil Ivy später trotz nun auch schriftlicher Trennung „ja nicht zu wissen" schien, „dass man sich getrennt hatte" (S. 59). Sein Abreisewunsch nach seiner Rückkehr nach New York ist, er weiß es, „ein Strich durch ihre Rechnung" (S. 60). Aber wiederum behält Ivy vorerst die Oberhand, sodass Walter sich nicht von der sich klettenartig verhaltenden Frau lösen kann und sich erinnert: „Es kam genau, wie ich's nicht wollte" (S. 62).

Bausteine der textgebundenen Argumentation

Gliederungsthese B.I.1.
Behauptung und Erläuterung
Zitateinleitung
Zitat
Interpretation
Wiedergabe von Textinhalten
Erläuterungen
Textinhalte und Interpretation
inhaltliche Differenzierung
Textinhalt
Teilsatzzitate
Textinhalt und Interpretation
Zitateinleitung
Zitat

Diese Ohnmacht gegenüber ihrer sexuellen Annäherung löst in ihm die Reaktion des Hasses aus, er „haßte die ganze Zeit" (S. 62), die er mit Ivy verbracht hatte. Ihn überkommt Ekel, und wieder vermittelt Frisch dem Leser die Vorstellung eines klammernden Efeus, wenn Walter notiert: „[I]hre Hand auf meinem Knie, ihre Hand auf meiner Hand, ihr Arm auf meiner Schulter, ihre Schulter an meiner Brust, ihr Kuß" (S. 62). Hier wird körperliche Nähe zur Pein und dadurch wird intensiv vermittelt, dass Ivys Umklammerungsversuche und das Nicht-Wahrhaben-Wollen des Endes ihrer gemeinsamen Zeit ihre Beziehung besonders charakterisiert.
Dass Ivy die Verhaltensweisen Fabers und sein Denken kritisiert, wird ganz deutlich an dem Vokabular, mit dem sie ihren Partner bedenkt. Er ist für sie „ein Rohling, ein Egoist, ein Unmensch", der „überhaupt keine Gefühle" hat (S. 58), wenn er sich mit Dick zum Schachspiel verabredet, statt mit ihr das Wiedersehen und die Errettung aus der Wüste zu feiern, wozu sie Blumen, Hummer und Sauternes besorgt, um eine besonders romantische und gefühlvolle Atmosphäre zu schaffen. Auf seinen Rückzugsversuch antwortet sie mit Tränen und Aggression, sodass Walter Faber in seinen Bericht einfügt: „Sie schlägt mit beiden Fäusten, schluchzend [...]" (S. 58). Auch der Abschied auf dem Flughafen mit der Trennungsankündigung veranlasst Ivy zu einer ähnlichen Reaktion: „Ivy hatte sogar geweint", erinnert sich Faber, und diese Erinnerung dient ihm in der Wüste zur Vergewisserung, dass Ivy seine Worte wahrgenommen hatte (S. 31). Dass Ivys Kritik an Faber kein Einzelfall ist, dass sich Faber der gegen ihn erhobenen Vorwürfe durchaus bewusst ist, wird auch daran ersichtlich, dass er im Zusammenhang mit der Abfassung des Abschiedsbriefes sich an eine Situation erinnert, in der er beim Autokauf nach Ivys Ansicht zu wenig Rücksicht auf ihre Garderobe genommen hatte: „Ich kannte ihre Vorwürfe und hatte sie satt [...]. Das fand sie unmöglich, beziehungsweise typisch für mich, [...] denn ich sei ein Egoist, ein Rohling, ein Barbar in bezug auf Geschmack, ein Unmensch in bezug auf die Frau" (S. 31). Wie auch an anderen Stellen im Roman arbeitet der Autor hier mit dem Prinzip der Doppelung, und die variierende Wiederholung des identischen Vorwurfs wirkt eindringlich und prägt sich dem Leser besonders ein. So sieht er sich einer Beziehung gegenüber, die nicht besonders sympathisch wirkt, und er wird sich fragen, wie der Autor die Ursachen dieses hohen Maßes an Egoismus und Oberflächlichkeit gestaltet, mit dem er das Verhältnis zwischen Walter Faber und Ivy darstellt.

Verweis auf Fiktionalität
Interpretation
Rückführung
Gliederungsthese B.I.2
Behauptung
Zitat
Textinhalt
Zitateinleitung
Zitat
Zitatausleitung
Verallgemeinerung
Zitat
Hinweis auf Fiktionalität
Zusammenfassung, Rückführung

4 Übungsteil: Themen mit Aufgabenstellungen – Lösungen

Beispiele für Aufgabenstellungen

- Versuche der Lebensbewältigung werden in der Literatur häufig dargestellt. Zeigen Sie an einem Werk Ihrer Wahl, worin die vom Autor dargestellten Lebensprobleme bestehen und wo ihre Ursachen liegen. Kann Ihrer Meinung nach die Lektüre dieses Werkes Hilfe zur Bewältigung der Lebensprobleme des Lesers bieten?
- Frauengestalten spielen in der Literatur des 19. und 20. Jahrhunderts eine zentrale Rolle. Zeigen Sie an einem Roman oder Drama, wie Frauen die gesellschaftlichen Bedingungen und Erwartungen erleben und wie sie darauf reagieren.
- Zeigen Sie an einem literarischen Werk, wie Personen, Gruppen oder Institutionen sich über Gefühle, Interessen oder Rechte einzelner Menschen hinwegsetzen. Wie reagieren die Betroffenen darauf? Bietet der Autor eine Lösung für die dargestellten Missstände an?
- In vielen Werken der neueren Literatur findet sich die Kritik an den gesellschaftlichen oder politischen Zuständen der Zeit. Zeigen Sie an einem Werk Ihrer Wahl, welche Zeiterscheinungen kritisch beleuchtet werden. Wie wird die Kritik im Verhalten der Personen und in der Darstellung ihres Umfeldes erkennbar? Beurteilen Sie die Sichtweise des Autors.

- In der neuen Literatur wird die Rolle von Naturwissenschaft und Technik überwiegend kritisch dargestellt. Zeigen Sie dies anhand eines oder mehrerer Werke der neuen Literatur. Lassen sich aus der Lektüre Orientierungshilfen für einen besseren Umgang mit Naturwissenschaft und Technik ableiten?
- In vielen Werken setzen sich Schriftsteller mit Geschichte auseinander. Zeigen Sie anhand eines Werkes, wie die dargestellten Verhältnisse das Denken und Handeln der Personen beeinflussen. Lohnt sich Ihrer Meinung nach heute noch eine Beschäftigung mit diesem Werk?
- Viele deutsche Schriftsteller beschäftigen sich in ihren Werken mit der Zeit des Nationalsozialismus, der Nachkriegszeit und/oder den Anfangsjahren der Bundesrepublik Deutschland. Zeigen Sie an einem oder mehreren literarischen Werken die jeweilige inhaltlich-thematische Auseinandersetzung, die sprachliche Gestaltung und die mutmaßliche Wirkungsabsicht.
- Beschreiben Sie anhand eines oder mehrerer deutschsprachiger Werke, wie die 50er- und 60er-Jahre des letzten Jahrhunderts dargestellt und bewertet werden.
- Literatur von Frauen für Frauen gewinnt immer mehr an Bedeutung. Arbeiten Sie an einem oder mehreren Beispielen typische Themenbereiche und die spezifische Art der Behandlung des jeweiligen Themas heraus. Wie beurteilen Sie persönlich diese literarische Erscheinung?
- Anpassung oder Widerstand – dieser Konflikt ist ein häufiges Thema in der Literatur. Stellen Sie anhand mindestens zweier Beispiele dar, wie dieser Konflikt unterschiedlich aufgefasst und entschieden wird.
- Das Schicksal vieler literarischer Figuren wird von der Auseinandersetzung mit Bevormundungsversuchen und Rollenerwartungen bestimmt. Zeigen Sie dies an einem oder mehreren literarischen Werken.
- Viele literarische Werke handeln von Menschen in bestimmten Zeiten und Orten, sie haben aber auch eine darüber hinausgehende Geltung. Zeigen Sie die doppelte Dimension der dichterischen Aussage an einem oder mehreren Werken Ihrer Wahl.
- In der Literatur aller Epochen sieht sich der Einzelne mit gesellschaftlichen Normen konfrontiert, die ihn scheitern lassen. Erörtern Sie an einem Beispiel den Konflikt zwischen den Ansprüchen des Individuums und den Erwartungen der Gesellschaft.

1. Bestimmen Sie den jeweiligen Erörterungstyp.
2. Ordnen Sie – unter Nutzung des Literaturteils des Buches – den Themen geeignete literarische Werke bzw. Autoren zu.

Lösung mit Arbeitsaufträgen

Thema:

Jurek Becker setzt sich in seinem Roman „Bronsteins Kinder" mit der Vergangenheit auseinander. Zeigen Sie auf, wie er sie im Roman literarisch vergegenwärtigt, und überprüfen Sie, ob für Hans Bronstein, den Ich-Erzähler in Beckers Roman, das Wort von der „Gnade der späten Geburt" gilt.

Lösungsvorschlag

Gliederung

A. Jurek Becker und sein Roman „Bronsteins Kinder"

Einleitung

B. Kritische Überlegungen zu Jurek Beckers Auseinandersetzung mit der Vergangenheit im Roman „Bronsteins Kinder"

Überschrift Hauptteil
Gemischt linear-dialektische Themafrage

I. Gedanken zur literarischen Vergegenwärtigung der Vergangenheit im Roman
1. Die biografische Verwurzelung von Elle und Arno Bronstein in der NS-Zeit und ihr daraus resultierendes Erinnern

Linearer Gliederungsteil

2. Martha Lepschitz' Rolle als „echte Jüdin" in einem Film über die NS-Vergangenheit	
3. Die Selbstjustiz-Aktion des Vaters und seiner Freunde an dem ehemaligen KZ-Aufseher Heppner und ihre Konsequenz für die Romanhandlung	
II. Überprüfung der Gültigkeit der Aussage von der „Gnade der späten Geburt" für den Ich-Erzähler	Dialektischer Gliederungsteil
1. Der Versuch einer bewussten Ablehnung und Verdrängung seiner familiären Wurzeln als Argument für diese Aussage	These – Argument
2. Die allmähliche Einsicht in seine Mitverantwortlichkeit als Argument gegen die These	Antithese – Argument
3. Die Bedeutung einer bewussten Auseinandersetzung mit der Vergangenheit als Aspekt einer angemessenen Interpretation der Aussage	Synthese – Argument
C. Der spezifische Umgang mit Vergangenheit, gerade in Deutschland	Schluss

Thema:

Jurek Becker hat in seinem Roman „Bronsteins Kinder" auch das Verhältnis zwischen den Titelfiguren, den Geschwistern Hans und Elle Bronstein, thematisiert. Zeigen Sie auf, welche besonderen Merkmale diese Beziehung charakterisieren, welche Ursachen dafür zu finden sind und welche Funktion für die Romanaussage darin enthalten ist.

Lösungsvorschlag

Einleitung

Jurek Becker, selbst jüdischer Abstammung und aufgrund des eigenen und des Schicksals seiner Familie Opfer des Nationalsozialismus, lässt in seinem Roman „Bronsteins Kinder" den jüdischen Ich-Erzähler Hans Bronstein Irritationen seines Lebens erzählen. Seit dem Tod seines Vaters, der vor einem Jahr die Lebenssituation von Hans grundlegend verändert hat, lebt der introvertierte und unentschlossene Neunzehnjährige in der Familie seiner ehemaligen Freundin Martha Lepschitz. Auch ihr hat er sich nicht anvertrauen können, als er zufällig Zeuge geworden ist, wie sein Vater und dessen Freunde Privatjustiz an ihrem ehemaligen KZ-Aufseher geübt haben, indem sie ihn in Bronsteins Waldhäuschen gefangen gehalten und gefoltert haben. Einzig und allein seine Schwester Elle erfährt von seiner ungeheuerlichen Entdeckung, die letztlich den Tod des Vaters zur Konsequenz hat. Schon allein daran wird die Bedeutung der zweiten Titelfigur deutlich, sodass die Frage naheliegt, wie Becker das Verhältnis zwischen den Geschwistern gestaltet, wo die Ursachen für die besondere Art der Beziehung zwischen Hans und Elle zu sehen sind und welche Funktion innerhalb der Romanaussage diesem Verhältnis zukommt.

1. Welche Vorgehensweise liegt in der Einleitung vor?
2. Fertigen Sie zu Ihrer Klassenlektüre Einleitungen nach den beiden Modellen (vgl. S. 136) zu verschiedenen Aufgabenstellungen an.

Christoph Hein
„Die Ritter der Tafelrunde" (1986)

Voraussetzung: Die Ganzschrift wurde im Rahmen der Klassenlektüre gelesen und erarbeitet, steht aber bei der Ausführung der literarischen Erörterung nicht zur Verfügung (Verzicht auf direkte Zitate mit Seitenangaben).

Thema:

Viele Werke der modernen Literatur stellen die Auseinandersetzung des jungen Menschen mit der Welt der Erwachsenen in den Mittelpunkt. Zeigen Sie an einem Werk Ihrer Wahl, welche Probleme angesprochen werden und wie sich der junge Mensch mit ihnen auseinandersetzt. Inwiefern spiegelt sich in diesem Werk die Lebensproblematik junger Menschen Ihrer Generation wider?

Lösungsvorschlag

Gliederung

A. Christoph Hein und sein Drama „Die Ritter der Tafelrunde"

B. Gedanken zum Generationenkonflikt zwischen der Jugend und der Welt der Erwachsenen in Heins Drama „Die Ritter der Tafelrunde"

I. Wesentliche Probleme in der Auseinandersetzung zwischen Jung und Alt
1. Unterschiedliche Beurteilung der Vergangenheit und der politischen Zukunft
2. Gravierende Veränderungen innerhalb des Gesellschaftssystems

II. Reaktionen innerhalb des Generationenkonfliktes aus der Sicht Mordreds
1. Gleichgültigkeit und Resignation als Zeichen der Verachtung und Nichtakzeptanz der Erwachsenenwelt
2. Gesprächsbereitschaft von Artus als Signal für Einsicht und Akzeptanz

III. Darlegung der Übertragbarkeit der Probleme
1. Allgemeingültigkeit der dargestellten Probleme junger Menschen
2. Spezifische Situation von jungen Menschen in der ehemaligen DDR

C. Gesprächsbereitschaft als Ansatzpunkt zur Konfliktlösung

Lösungsvorschlag

Ausarbeitung der literarischen Erörterung

Die unterschiedlichen Anschauungen und Wertvorstellungen von jungen Menschen und Erwachsenen waren und sind häufig Gegenstand der Untersuchung von Pädagogen, Sozialwissenschaftlern und Psychologen. Aufgrund dieser Tatsache kann es nicht ausbleiben, dass hiervon Impulse auf die Literatur ausgehen. So ist auch in der Literatur der Generationenkonflikt oftmals Thema geworden, wie z. B. in Christoph Heins 1986 entstandenem Drama „Die Ritter der Tafelrunde", wenngleich das Werk auch noch andere Anliegen hat – unter anderem die Aufarbeitung der Vergangenheit der DDR. Im vorliegenden Stück problematisiert Hein eine Umbruchsituation in einer Spätzeit der Werte, verknüpft so Geschichte und Gegenwart. Wenn Gegenwärtiges keine Legitimation mehr findet, weil es keine Zukunft hat, so ist nach Hein ein Überdenken des Bestehenden unabdingbar. Die „Ritter der Tafelrunde" und ihre Untertanen wollen nichts mehr vom Gral hören. Niemand schätzt das „Paradies", in das die Artusrunde ihre Untertanen mehr oder weniger hineingezwungen hat. Artus' Sohn Mordred sieht den Gral gar als Phantom, dem sie ihr Leben lang nachgejagt und darüber Greise geworden sind. Auch andere Ritter wie Gawain, Lancelot, Keie oder Parzival erkennen die Sinnlosigkeit ihres Tuns und geben ihrer Resignation auf unterschiedliche Weise Ausdruck. Nur Artus hält dem eigenen Scheitern stand, sieht er im Ende doch den Beginn von etwas Neuem. In Heins Spiegelung gesellschaftlicher Verhältnisse der DDR in die Zeit König Artus' und seiner Tafelrunde wird die Auseinandersetzung mit der jungen Generation präsentiert, wobei Mordred als deren Vertreter agiert. Das Verhalten Mordreds innerhalb der gesellschaftlichen Situation des Werkes ist Anlass, die Probleme zu untersuchen, die zur Auseinandersetzung führen, sowie die Art und Weise Mordreds, auf diese zu reagieren. Schließlich soll analysiert werden, ob die geschilderten Probleme bei der Lebensbewältigung für die jüngere Generation repräsentativ sind.

Wenn man die Grundzüge der problembeladenen Auseinandersetzung ergründen will, gilt es zunächst, die verschiedenen Standpunkte bei der Einschätzung von Vergangenheit und politischer Zukunft zu untersuchen. Während Artus und seine Männer, die Erwachsenen des Stückes, ihr Reich in vielen Kämpfen zusammengeschmiedet haben und dabei die bestehenden gesellschaftlichen Formen prägten, die sie nun auch erhalten wollen, steht Mordred, der in dieser Gemeinschaft aufgewachsen ist, den Dingen anders gegenüber. Die Männer stehen zu ihrem Reich, zur Vergangenheit – auch wenn diese überschattet ist – und wollen die Zukunft ihres Landes auf ihre traditionelle Art gestalten. Das heißt: Die Mittel des Erfolgs in der Vergangenheit sind für sie auch in der Zukunft anwendbar und bedürfen keiner Veränderung. Mordred, der die Vergangenheit als Schulstoff kennt, bewertet sie anders, indem er die Schattenseiten des Erfolgswegs der Elterngeneration anmahnt und Zweifel an der politischen Zukunft – sowie der Zukunft allgemein – hat. Hein skizziert hier den Dissens zwischen der Aufgeschlossenheit dem Neuen gegenüber und der Verlängerung von Tradition, wobei sich Erstere dem Rahmen des Letzteren anpassen muss. Mordred bezweifelt den Kurs der Eltern, die nicht konforme Ritter getötet haben, weiterhin das seiner Meinung nach überkommene Feindbild (Klingsor) und die hoffnungslose Suche nach dem Gral. Der Gral aber, das Feindbild Klingsor und die strengen Richtlinien sind für die Erwachsenen Eckpfeiler ihres Lebens, sodass die Konfrontation unausweichlich bleibt, denn die verschiedenen Wertmaßstäbe scheinen unvereinbar. Diese verschiedenen Anschauungen bestehen in einer Gesellschaft, welche sich mittlerweile drastisch verändert hat. So ist zum Beispiel die Rolle der Frau völlig neu zu bewerten. Keie und Orilus, Mitstreiter des Artus, dulden zwar die Gegenwart und Mitspracherechte des anderen Geschlechts, sind aber im Grunde damit nicht einverstanden. Dieser Schritt der Respektierung, aber noch nicht Akzeptanz, zeigt einen Wandel innerhalb der gesellschaftlichen Situation auf. Mordreds persönliche wie auch geschlechtliche Beziehung zu Jeschute demonstriert neben dem Verfall der Moral trotz allem einen anderen Umgang miteinander. Das typische Rollenverhalten von Mann, Frau und Kind entspricht nicht mehr dem der Vergangenheit. Hein verdeutlicht dies ebenfalls durch die Zusammenarbeit von Parzival und Cunneware beim gemeinsamen Redigieren von Zeitungsartikeln. Die Erwachsenenwelt – hier lässt Hein die Ritter Keie und Orilus agieren – steht dem erbost gegenüber, ist aber durch das Verhaftetsein in eigenen Traditionen handlungsunfähig. Dadurch werden die Beziehungen von Jung und Alt zunehmend gestört.

Aufgrund des vorgegebenen starren Rahmens die politische Zukunft betreffend reagiert Mordred auf die Zustände immer resignierender. Er sieht in der Beibehaltung des allgemeinen Kurses keinen Sinn mehr. Turniere, politische Verantwortung, Mystifizierung von alten Riten sind für ihn nicht umsetzbar. In ihm macht sich ein Gefühl der Entmündigung breit, weil er durch keine ihm wichtigen Aufgaben gefordert ist. Selbst Provokationen von Seiten Keies, die ihn zum Kampf herausfordern, begegnet er mit der kalten Schulter. Die Lächerlichkeit dieser Mittel ist abstoßend – Mordred lässt sich nicht mehr darauf ein. Die ihn in der Zukunft erwartende politische Verantwortung des Artusreiches will er nicht annehmen, zumindest nicht in den jetzigen Formen, schon gar nicht unter den wahrscheinlichen Bedingungen. Trotz der Ablehnung traditioneller Werte ist er selbst ohne konkrete Vorstellungen für sein eigenes Leben und die damit verbundenen Aufgaben; er ist bar jeden Mutes. Hein zeichnet einen Menschen, den die Erwachsenen in die Orientierungslosigkeit führten. Da er keine Möglichkeit sieht, dem zu entkommen – trotz aller Erkenntnis –, verzweifelt er und beginnt ein moralisch fragwürdiges Verhältnis mit Jeschute, der wesentlich älteren Frau, die eigentlich zu Orilus gehört. Lediglich die Worte des Vaters, gerichtet an den Sohn, zeigen auf, dass noch nicht alles zu spät ist. Artus ist der Einsichtigste unter den Älteren und bezweifelt selbst den eigenen festgefahrenen Weg. Für Mordred ist dies ein Ansatzpunkt der Hoffnung, und indem er mit dem Vater redet, signalisiert er Bereitschaft zur Diskussion, den Willen zur Änderung bestehender Zustände. Man ahnt, dass dieses Leben ohne jede wirkliche Entwicklung für ihn zum Überdruss wird. Seine Ungeduld verdeutlicht dies nachhaltig. Er will etwas tun, will handeln, aber nicht nach dem Schema des Vorgegebenen. Auf der Suche nach eigener Persönlichkeit und eigenen Vorstellungen braucht er Raum, welcher ihm bislang versagt geblieben ist. Die Befürchtung der Älteren, dass Mordred vieles zerstören wird, beunruhigt den Vater nicht. Er weiß, dass Überkommenes abgeschafft werden muss, und setzt ebenfalls auf seinen Sohn. Das Gespräch zwischen Vater und Sohn ist der Hoffnungsschimmer in Heins düsterer, aber berechtigter Sichtweise. Mordred findet trotz aller Zweifel Halt, zum Teil an seinem gegenwärtigen Lebensumfeld – vor allem an seinem Vater. Dieser bildet den Rückhalt, den er als Suchender braucht.

In der Auseinandersetzung zwischen Jugendlichen und Erwachsenen taucht oft das Argument auf, die Schwierigkeiten junger Leute mit ihrer Umgebung seien einfach entwicklungspsychologischer Natur. Davon leitet man den komplizierten Umgang mit jungen Menschen ab. Sicher: Jung und Alt geraten schon seit ewigen Zeiten aneinander, aber man übersieht dabei oft die Haltung der Erwachsenen, die auch nicht immer unkompliziert ist. Stets hat das Neue, Junge dem Althergebrachten, Verbrauchten den „Garaus gemacht" und Platz geschaffen für neue Ideen. In dieser Hinsicht bildet der Generationenkonflikt in Heins Tafelrunde keine Ausnahme. Er beweist Gültigkeit für das fünfte Jahrhundert wie für die Gegenwart und gibt damit die Probleme bei der Bewältigung von Lebensaufgaben real wieder. Andererseits muss man einräumen, dass die Situationen in Heins Drama, welche diesen Konflikt widerspiegeln, natürlich spezielle Wesenszüge der Lage und des Verhaltens gegenüber den Erwachsenen in der DDR repräsentieren. Beispiel dafür ist das ständige Verbleiben in der „eigenen Burg" – ob freiwillig oder nicht, sei dahingestellt. In diesem Rahmen zeigen sich andere Verhaltensweisen, wie zum Beispiel die Flucht ins Private (Mordred – Jeschute). Hier muss man also zweifellos Einschränkungen vornehmen und differenzieren, was die Allgemeingültigkeit der Aussage des Stückes anbelangt.

Ansatzpunkt der Konfliktlösung wird aber immer die Bereitschaft sein, den anderen anzuhören und zu verstehen. Literarische Modelle sollten jedoch kein Anlass sein, die Auseinandersetzung zu schematisieren. Der Wille zum gegenseitigen Verstehen kann nur umgesetzt werden, wenn man den „Ruf" des anderen hört. Dabei kommt es nicht nur auf die Worte selbst an, sondern auch auf den Umstand, zwischen den Zeilen bzw. Worten lesen bzw. hören zu können. Die DDR ist hierfür Beispiel genug. Auseinandersetzungen dort mussten scheitern, weil man, statt zuzuhören, einfach abhörte. „Zuhören" heißt „mitdenken" und dies wiederum heißt „bewusst machen". Nur so kann die gesellschaftlich lebensnotwendige Auseinandersetzung zwischen den Generationen fruchtbar sein.

Diskussionen um den Generationenkonflikt unterliegen mitunter der Gefahr, „zer-redet", „zer-diskutiert" zu werden, indem man die unterschiedlichen Stufen des Konfliktes hochstilisiert oder dramatisiert. Fehleinschätzungen und Fehlurteile sind die Folge, die ihrerseits die Konfliktparteien unnötig unter Druck setzen. Die Gefahr, schulmeisterlich mit erhobenem Zeigefinger herumzufuchteln, sei es in der realen oder der fiktionalen Welt, ist bekannt und muss von jedem selbst richtig eingeschätzt werden. Das Gleiche gilt aber fast noch mehr für die Jugend, die gern in Konfliktsituationen noch aggressiver antwortet und handelt. Die Anerkennung dieser sich ständig wiederholenden Auseinandersetzung als eine ganz normale Angelegenheit würde der Lösung mancher Frage zwischen Jung und Alt dienlich sein und viele Reibungsflächen von vornherein entschärfen. Aber wir alle sind nur Menschen; junge Menschen sind Suchende und Suchende haben immer Probleme, vor allem wenn es um das eigene Profil, die eigene Persönlichkeit geht.

1. Welcher Baustein einer problembezogenen Einleitung (vgl. S. 136) ist nicht realisiert?
2. Verfassen Sie eine autorenbezogene Einleitung.
3. Analysieren Sie den Aufbau der textgebundenen Argumentation von Gliederungspunkt B.II.
4 Wo und wie wird die Fiktionalität des Dramas zum Ausdruck gebracht?
5. Verfassen Sie einen Schluss unter Einbeziehung des Einleitungsgedankens.

Probeszene der Komödie „Die Ritter der Tafelrunde" des DDR-Autors Christoph Hein am 02.03.1990 im Kasseler Staatstheater.

Thema:

Urs Widmers Drama „Top Dogs" thematisiert die Auswirkungen der Globalisierung auf das Schicksal von Spitzenmanagern. Stellen Sie dar, welche Bedeutung Arbeitslosigkeit für die ehemaligen Topmanager besitzt. Charakterisieren Sie wesentliche Bewältigungsstrategien der arbeitslosen „Macher". Welche Absicht verfolgt Widmer mit der Darstellung der Arbeit der Outplacement-Agentur?

Lösungsvorschlag

Gliederung

A. Urs Widmer und sein zeitkritisches Drama „Top Dogs"

B. Gedanken zur Auseinandersetzung mit der Arbeitslosenproblematik von Spitzenmanagern im Drama „Top Dogs"

I. Bedeutung der Arbeitslosigkeit für die ehemaligen Topmanager
1. Identitätsverlust im Hinblick auf die Selbstwahrnehmung in der Managerrolle
2. Zunehmendes Empfinden des persönlichen Versagens und der eigenen Nutzlosigkeit im ökonomischen Bezugssystem
3. Wahrnehmung der Arbeitslosigkeit als eine Art „sozialer Tod"

II. Bewältigungsstrategien der Top Dogs
1. Verdrängung der Realität im Berufs- und Privatleben
2. Abspaltung der Gefühlswelt von der rationalen Wahrnehmung
3. Identifikation mit dem ehemaligen Arbeitgeber

III. Absicht Widmers in Bezug auf die Darstellung der Arbeit der Outplacement-Agentur
1. Kritik an der Unfähigkeit von Spitzenmanagern zur Bewältigung der Globalisierungsprobleme
2. Anprangerung der Manipulation von Menschen durch die globalisierte Ökonomie
3. Entlarvung der versteckten Ironie eines globalisierten ökonomischen Denkens und Handelns

C. Zunehmende Auseinandersetzung mit dem Thema Arbeitslosigkeit in der jungen deutschen Dramatik

Lösungsvorschlag

Teilausarbeitung zur literarischen Erörterung

A. Die Auswirkungen der Globalisierung sind für Menschen des beginnenden 21. Jahrhunderts in politischer, sozialer, ökonomischer und kultureller Hinsicht alltäglich. Die Arbeitslosigkeit in den sich wandelnden ehemaligen Industriegesellschaften scheint ein durchgängiger Reflex auf die immer globaler werdende Arbeitsverteilung zu sein, der mit Kostendruck- und Anpassungsargumenten begründet wird. Diese Erfahrung machte auch der 1938 in Basel geborene Autor Urs Widmer bei seinen Vorrecherchen zu seinem zeitkritischen Drama „Top Dogs". Das in den 90er-Jahren in der Schweiz spielende Drama ist in 12 monologisch und dialogisch aufgebaute Szenen gegliedert. Acht wegen ihrer unerwarteten Entlassung traumatisierte Top Dogs, also Spitzenmanager, befinden sich in einem sogenannten Outplacement-Center, um dort eine Therapie zur Wiedereingliederung in den zunehmend globaler werdenden Arbeitsmarkt zu beginnen. Diese beinhaltet Maßnahmen wie Rollenspiele, Gesprächstherapien und Gangübungen. In den Szenen werden nacheinander die isolierten Einzeleindrücke der Entlassenen vermittelt. Nach der Vorstellung der Figuren und der Funktion des Outplacement-Centers erhält der Leser einen ersten Einblick in die therapeutische Arbeit. Die Teilnehmer, die zunächst scheinbar souverän mit ihrer Kündigung umgehen, werden zum Erfahrungsaustausch aufgefordert. Nach dem emotionalen Ausbruch des gedemütigten ehemaligen Topmanagers Krause entwickelt sich das Therapiegespräch zu einer „gefühlsbetonten" Auseinandersetzung mit der Realität. Dabei werden auch die Auswirkungen der Entlassungen auf das soziale Umfeld der nun Arbeitslosen angesprochen. In der Therapie werden ebenso Träume und Märchen der Entlassenen berücksichtigt, die ihre unterdrückten Wünsche und Gefühle offenbaren. Die allgemeinen Auswirkungen der Globalisierung kommen besonders am Ende des Dramas zum Vorschein. Hier wird eine Assoziation zur Apokalypse hergestellt. Letztendlich wird durch den vermeintlich erfolgreichen Abschluss der Therapie der Topmanagerin Jenkins der Therapiekreislauf wieder geschlossen. Im Folgenden soll nun dargestellt werden, welche Bedeutung Arbeitslosigkeit für die ehemaligen Topmanager besitzt. Dabei werden wesentliche Bewältigungsstrategien der arbeitslosen Macher charakterisiert. Zuletzt wird auf die Aussageabsicht Widmers in Bezug auf die Arbeit der Outplacement-Agentur eingegangen. [...]

II.3 Ein weiterer Aspekt, der im Zusammenhang mit den Bewältigungsstrategien der arbeitslosen Macher im Umgang mit ihrer unerwarteten Arbeitslosigkeit genannt werden muss, ist die Identifikation mit dem ehemaligen Arbeitgeber. Diese kommt besonders in der 2. Szene, einem Rollenspiel zwischen Bihler und Tschudi, zum Vorschein. Bihler übernimmt hierbei die Chefrolle, während Tschudi die Rolle des Untergebenen zugeteilt wird, der entlassen werden soll. Schon im jeweiligen Gesprächsanteil wird die Hierarchie zwischen den beiden Figuren deutlich. Bihler hat den umfangreichsten Redeanteil und verwendet hohle Floskeln zur Erklärung der Kündigungsgründe. Er identifiziert sich mit der Managerrolle und fühlt sich ausgesprochen wohl in seiner Position. Die Kriegsmetaphorik der Szene wird von Bihler überzeugend benutzt. Er erwähnt den Verdrängungskampf zwischen den Generationen und lässt sozialdarwinistische Denkmuster durchblicken, nach dem Motto: Der Stärkere überlebt. Dies verdeutlicht ebenso die Anspielung auf Winston Churchill, der laut Bihler im Frieden eine Niete, im Krieg jedoch ein Ass gewesen sei. Solche Leute braucht seiner Ansicht nach der Markt. Auf diese Äußerungen hin bricht Tschudi aus und beschimpft Bihler als „Monster" (vgl. Szene 2). Dies fasst Bihler wiederum als Kompliment und Ansporn zugleich auf. Sein Ziel ist es, immer noch härter und stärker zu werden. Mithilfe der Solidarisierung mit der Gegenseite, also seinem früheren Chef, setzt Bihler sich mit seinen eigenen Entlassungsgründen auseinander und versucht diese zu verstehen, um den ihm zugefügten Schmerz besser akzeptieren und verarbeiten zu können. Er gibt sich selbst die Schuld an seiner Kündigung, da er sich als Versager wahrnimmt. Diese groteske „Wahrnehmungsphilosophie" verdeutlicht zudem die Unselbstständigkeit und Labilität des Managers. Daher wird in der Sekundärliteratur die 2. Szene auch als Schlüsselszene des von Widmer dargestellten Wirtschaftlichkeitsdenkens bezeichnet. Der Lerneffekt Bihlers durch das Rollenspiel entspricht dem Unternehmensziel des Outplacement-Centers: die Reintegration gestärkter Manager in die Berufswelt. Bihlers Wunsch, entstanden durch die Identifikation mit dem ehemaligen Arbeitgeber, ist es, ein Monster zu werden, um im „business", das Blut, Krieg und Tränen bedeutet, überleben zu können. [...]

1. Wodurch wird eine hohe Komplexität der Gliederungspunkte erreicht?
2. Aus welchen inhaltlichen Bausteinen besteht die Einleitung?
3. Untersuchen Sie den Argumentationsaufbau des Gliederungspunktes II.3.

IV Argumentierendes Schreiben: Seminar- bzw. Facharbeit

1 Zielsetzung

Die **Seminar-** bzw. **Facharbeit** ist eine umfangreiche schriftliche Hausarbeit, die in einer Arbeitszeit von mehreren Wochen selbstständig zu verfassen ist. Sie ist besonders geeignet, Schüler mit den Prinzipien und Formen des eigenständigen wissenschaftlichen Arbeitens vertraut zu machen. Die Ergebnisse der Arbeit müssen sachgerecht, problemorientiert und optisch ansprechend dargestellt werden.

Bei der Erstellung von Seminararbeiten sollen die Schüler
- selbstständig Themen auswählen, eingrenzen und strukturieren,
- komplexe Arbeitsschritte der Planung und Gestaltung sinnvoll koordinieren,
- Methoden der Informationsbeschaffung zeitökonomisch und problembewusst einsetzen,
- Informationen ziel- und sachgerecht auswerten und strukturieren,
- Ergebnisse in den unterschiedlichen Arbeitsphasen überprüfen und strukturiert darstellen,
- erarbeitete Inhalte den Mitschülern im Seminar präsentieren und Kritik konstruktiv nutzen,
- eine angemessene und korrekte schriftliche Darstellung anfertigen,
- wissenschaftliche Darstellungsformen, z. B. im Rahmen der Zitiertechnik und Bibliografie, beherrschen lernen.

Trotz der großen inhaltlichen Unterschiede zwischen den Unterrichtsfächern, in denen Seminar- bzw. Facharbeiten geschrieben werden können, gibt es fünf grundsätzliche **Anforderungen**:
- Die Seminararbeit muss der konkreten Aufgabenstellung umfassend, fundiert und problembewusst gerecht werden.
- Die Seminararbeit muss die Fähigkeit zu einer fachspezifischen methodischen Vorgehensweise und zum korrekten Umgang mit Fachliteratur nachweisen.
- Die Seminararbeit muss logisch aufgebaut sein, die inhaltlichen Zusammenhänge müssen sinnvoll und sachgerecht dargestellt und die wesentlichen Aussagen angemessen konkretisiert und veranschaulicht werden.
- Die Seminararbeit muss Ergebnisse klar und verständlich herausarbeiten und hierbei die Fähigkeit zu selbstständigem Urteil unter Beweis stellen.
- Die Seminararbeit muss sämtliche Aspekte einer sorgfältigen formalen Gestaltung erfüllen.

Das Anfertigen einer Facharbeit ermöglicht es, einen Einblick in wissenschaftliches Arbeiten zu gewinnen.

2 Formale Gestaltung

Die grundsätzlichen inhaltlichen Erfordernisse an eine Seminar- bzw. Facharbeit werden ergänzt durch eine Reihe **formaler Aspekte**, die mit der betreuenden Lehrkraft frühzeitig abzuklären sind. Als zweckmäßige Vorgaben haben sich bewährt:

Umfang ca. zwölf Seiten Text, d.h. ca. 450 Textzeilen	**Format** einseitig beschriebenes DIN-A4-Blatt Zeilenabstand: 1,5 Blocksatz
Satzspiegel Linker Rand (Heftrand): 2,5 cm Rechter Rand (Korrekturrand): 4,0 cm Oberer Rand: 3,0 cm Unterer Rand: 2,0 cm	**Schrift** Schriftgröße beim Text: 12 Schriftgröße längerer Zitate/Fußnoten: 10 Schriftart: z. B. Times New Roman, Arial
Anordnung – Titelblatt mit folgenden Angaben: Schule, Verfasser, Schuljahr, Klasse, Fach, betreuende Lehrkraft, Aufgabenstellung, Abgabedatum – Inhaltsverzeichnis: inhaltlich aussagekräftige Gliederung und Anhang mit Seitenangaben in Rubrikschreibweise – Ausarbeitung als fortlaufender Text mit Kapitelüberschriften – Anhang: Bildmaterial, Grafiken, Tabellen, Schemata etc., soweit nicht in den Text integriert – Abbildungsverzeichnis – Literatur- und Quellenverzeichnis auf eigenem Blatt in alphabetischer Reihenfolge – Schülererklärung mit exaktem Wortlaut	**Nummerierung** – der Ausarbeitung anhand von Kapitelüberschriften entsprechend dem Inhaltsverzeichnis – des Titelblatts und Inhaltverzeichnisses ohne Angabe der Seitenzahl – der folgenden Textseiten in Form von oben – zentriert angeordneten – Seitenzahlen im Abstand von zwei Zentimetern von der Blattkante – des Anhangs, Literaturverzeichnisses und der Schülererklärung mittels fortlaufender Seitenzählung – der Zitatnachweise mit fortlaufenden Anmerkungsziffern am Zitatende und den zugeordneten Fußnoten am Seitenende

3 Arbeitsplanung

Während der Anfertigung einer Seminar- bzw. Facharbeit soll eine Unterstützung des Schülers bei der **Planung und Durchführung der Arbeitsschritte** durch den Betreuungslehrer stattfinden.

Eine Beratung bei der Themenwahl, Anregungen bei der Auswahl und Beschaffung von Material, Hinweise auf den Fortgang der Arbeit und die Kontrolle inhaltlicher und zeitlicher Zielvereinbarungen sowie die Verdeutlichung der Leistungserwartungen und Beurteilungskriterien können Schwerpunkte im Dialog zwischen dem Schüler, den anderen Seminarteilnehmern und dem Betreuungslehrer sein.

Die Arbeitsplanung unterscheidet sich nicht prinzipiell von der Planung eines (Fach-)Referats (vgl. S. 26 f.) und umfasst folgende Arbeitsschritte:

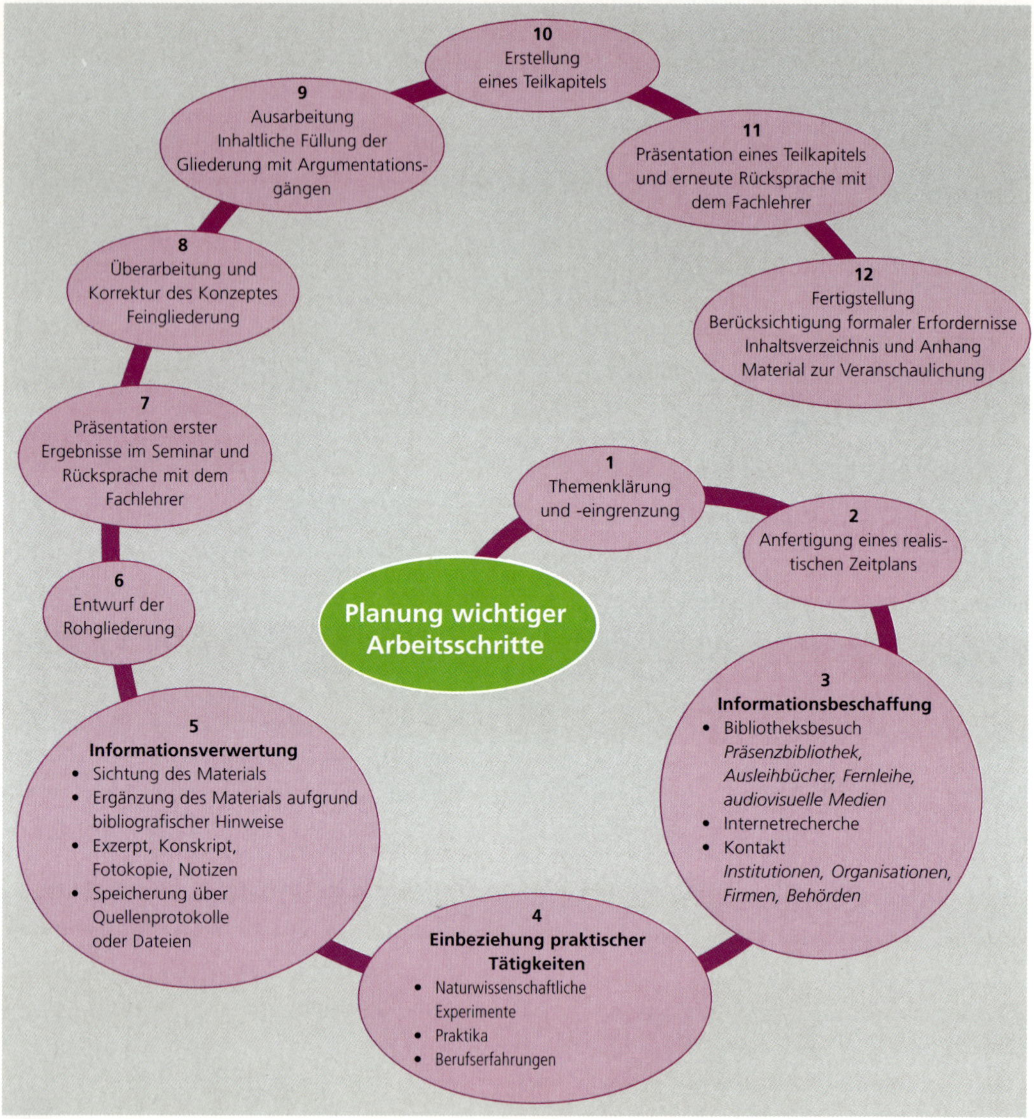

1. Wiederholen Sie die Kapitel über Informationsbeschaffung und Informationsverwendung.
2. Bei welchen Arbeitsschritten ist eine Zusammenarbeit mit Mitschülern besonders wertvoll?

4 Themenerschließung und Ausarbeitung

Die natur-, wirtschafts-, sozial- und gesellschaftswissenschaftlichen Aufgabenfelder bieten eine Fülle von Themen, wobei jedoch bei der Auswahl bestimmte Gesichtspunkte beachtet werden sollten. Wichtig ist, dass alle Aspekte eines Themas auch wirklich geklärt sind, so z. B. die Begrifflichkeiten der Themenformulierung und der Aufgabentyp der konkreten Fragestellung. Sollte in der Themenformulierung noch die Möglichkeit der Eingrenzung gegeben sein, so muss dies mit dem Betreuungslehrer abgesprochen und in der Einleitung der Seminararbeit thematisiert werden.

Eine wichtige andere Form der Eingrenzung besteht in der genaueren Bestimmung eines Untersuchungsgegenstandes (z. B. lokaler Bezug). Unterschiedliche Zugangsweisen können aufgrund verschiedener Blickrichtungen die Bestimmung konkreter Themen erleichtern, z. B.:

Problemorientiert:	Analyse eines sozialen, politischen, wirtschaftlichen, technischen etc. Problems: Auswirkungen der Euro-Umstellung auf das Sparverhalten junger Menschen
Historisch orientiert:	Untersuchung der Geschichte von Menschen, Gebäuden usw.: Die Geschichte des jüdischen Friedhofs in …
Strukturorientiert:	Analyse der Beschaffenheit, des Aufbaus, der Implikationen … Marktchancen von TransFair-Produkten
Inhaltsanalytisch:	Untersucht werden Werke und Medienformate, z. B.: Die Rolle der Frau in der Castingshow „Germany's Next Top Model"
Handlungs-orientiert:	Auseinandersetzung mit Strategien zur Durchsetzung von Interessen, zur Lösung von Problemen bzw. Konflikten, Darstellung von Prozessen des Interessenausgleichs etc.: Der Konflikt um den Allgäu-Airport Memmingen Der Streit um die Verlegung des Passionsspiels in Oberammergau in die Abendstunden
Biografisch orientiert:	Analyse von Biografien, Autobiografien (u. a. als Widerspiegelung historischer/gesellschaftlicher Ereignisse): Die 68er-Revolte in München im Erleben damaliger junger Menschen
Kombination:	Die Arbeit des Ausländerbeirats in …
Fächerübergreifend:	Der Wandel der Marketingstrategien sog. Familienbrauereien in der Region

Seminar- bzw. Facharbeiten im Fach Deutsch basieren auf den Techniken der Erörterung und der Textanalyse. Deshalb muss nach der Entscheidung für ein Thema die Auseinandersetzung mit der Aufgabenstellung, d. h. die **Themenerschließung** stehen (vgl. S. 116 ff. und S. 135).

Thema einer Seminar- bzw. Facharbeit

Ein Vergleich der Protagonisten Narziß und Goldmund in Hermann Hesses gleichnamiger Erzählung unter Berücksichtigung der literarischen Gestaltung

Mögliche Überlegungen zur Themenerschließung:

- Konkrete Auffüllung des Begriffs „Vergleich"
- Auswahl der Inhalte der Erzählung „Narziß und Goldmund" entsprechend der Themenstellung
- Klärung des Begriffs **literarische Gestaltung**
  - Bewusstwerden der **Fiktionalität** im Hinblick auf fiktionale Figuren, Handlungen, Gedanken, Gefühle, Motive
  - Untersuchung **literarischer** Gestaltungsmittel (z. B. Erzählhaltung, Zeitgerüst, Redeweisen usw.)
- Biografie des Autors Hesse in Bezug auf die Erzählung (Lebenszeit, Herkunft, Werdegang etc.)

Hermann Hesse

Schon für die Bewältigung dieses Arbeitsschrittes ist die Benutzung von Sekundärliteratur empfehlenswert, wenn nicht unerlässlich.

Auf die Themenerschließung folgt die aufgabenorientierte **Stoffsammlung**, aus der sich die **Gliederung** ergibt (vgl. S. 118 ff. und S. 135). Diese Gliederung, ergänzt durch Anhang und Seitenzahlen in Rubrikschreibung, stellt das Inhaltsverzeichnis dar, das zwischen Titelblatt und Einleitung (Vorbemerkung) eingeordnet wird.

Lösungsvorschlag

Inhaltsverzeichnis

Im konkreten Beispiel könnte sich daraus folgende **Einleitung (Vorbemerkung)** der Seminararbeit ergeben:

Lösungsvorschlag

Hermann Hesse wird am 02. Juli 1877 in Calw geboren. Er flüchtet 1892 aus dem evangelisch-theologischen Klosterseminar Maulbronn, da er sich immer mehr seiner Berufung zum Schriftsteller bewusst wird. Nach dem Gymnasium in Cannstatt beginnt er 1894 eine Buchhändlerlehre in Tübingen. In den folgenden Jahrzehnten entwickelt sich Hesse zu einem der bedeutendsten deutschsprachigen Autoren, der 1946 den Nobelpreis für Literatur erhält. Hesse verstirbt am 09. August 1962 in Montagnola (Schweiz).
Dass Hermann Hesses Erzählung „Narziß und Goldmund" für den Schriftsteller selbst ein außergewöhnliches Werk

darstellt, ist einem Begleitschreiben des Manuskripts zu entnehmen, welches er seinem Freund Hans C. Bodmer zusendet. Darin vermerkt er, er verspüre zu diesem Werk, das ihn „mehr gekostet hat als alle andern zusammen, eine besondere Liebe"[1]. Die Arbeiten zur Erzählung beginnt Hesse in Montagnola im April 1927; er überreicht das Manuskript am 9./10. April 1929 dem S. Fischer Verlag, Berlin, zur Erstausgabe[2]. Zu dieser Zeit befindet sich Deutschland als Folge des Ersten Weltkriegs und aufgrund des Zusammenbruchs des wilhelminischen Kaiserreichs in einem wirtschaftlichen, politischen und gesellschaftlichen Umbruch, der die Lebensumstände in Deutschland prägt.[3]
Die Erzählung kann laut Egon Schwarz aufgrund des dehnbar gewordenen Begriffs auch als Roman bezeichnet werden. Sie enthalte unverkennbare Züge des Bildungs- sowie des Schelmenromans.[4]

Die Geschichte einer intensiven und tief gehenden Freundschaft zwischen dem Schüler Goldmund und dem Novizen Narziß spielt im 14./15. Jahrhundert, und zwar in einem Kloster namens Mariabronn.[5]
Über Gespräche problematisiert Narziß bei Goldmund dessen neurotische Verdrängung seines Mutterbildes und führt ihn damit auf den Weg zu sich selbst. Schon bald darauf verlässt Goldmund das Kloster, um dem Ruf seiner Mutter zu folgen und seine Askese aufzugeben. Die Wanderschaft führt ihn durch die schönen, leidenschaftlichen Seiten des Lebens zu vielen Frauen, die ihn beglücken, aber auch zu den dunklen Seiten, in denen er mit Tod, Leid und schließlich mit Mord Bekanntschaft schließen muss. In dieser Zeit wird ihm die Liebschaft zu Agnes fast zum Verhängnis, bevor ihm – schon im Todeskerker – Narziß zum Lebensretter wird, denn dieser erwirkt die Freilassung im letzten Moment. Beide kehren zurück nach Mariabronn, wo sie einige Jahre verweilen. Nochmals von der Wanderlust gepackt, kehrt Goldmund jedoch schon nach kurzer Zeit enttäuscht und todkrank zurück und stirbt alsbald im Beisein von Narziß.
Das Erzählen pendelt zwischen auktorialer und personaler Erzählperspektive. Der Erzähler verfügt zwar ständig über das Geschehen und kennt die Gefühle der Figuren, jedoch gewinnt man mehrmals den Eindruck, er verberge sich hinter den Figuren, was dem Leser das Gefühl vermittelt, am Erzählten sehr direkt teilzunehmen. Szenisches Erzählen zeigt sich insbesondere in lebhaften, sehr detaillierten und anschaulichen Darstellungen von Handlungen. Es sind jedoch auch immer wieder Passagen im Stile des Erzählberichts erkennbar. Daneben prägen Dialoge und viele innere Monologe das Buch. Da sich die Erzählung über eine ganze Generation hinweg erstreckt, liegt insgesamt eine Zeitraffung vor.
Hermann Hesse möchte mit diesem Werk Fragen der Selbstverwirklichung ansprechen, was er anschaulich mithilfe zweier ausgeprägter Persönlichkeiten umsetzt. Die Darstellung zweier unterschiedlicher Charaktere legt es nahe, Überlegungen zum Vergleich dieser beiden Figuren und ihrer literarischen Gestaltung anzustellen. Zunächst gilt es, auf die Gemeinsamkeiten und Unterschiede der Figuren einzugehen unter Berücksichtigung der literarischen Gestaltung. Schließlich folgt die Auseinandersetzung mit den Intentionen des Schriftstellers.

---

1 Schwarz, Egon, Interpretationen. Hermann Hesse Romane, Ditzingen 2003, S. 113.
2 Vgl. Pfeifer, Martin, Hesse – Kommentar zu sämtlichen Werken, München 1990, S. 242f.
3 Vgl. Herforth, Maria-Felicitas, Königs Erläuterungen und Materialien. Hermann Hesse. Narziß und Goldmund, Hollfeld 2001, S. 12.
4 Vgl. Schwarz, Egon, a. a. O., S. 115.
5 Vgl. Kleßmann, Eckart, Geheimnis ohne Duft, in: Reich-Ranicki, Marcel, Romane von gestern heute gelesen. 1918–1933, Frankfurt am Main [2]1989, S. 231.

Die **Ausarbeitung** einer literarischen Seminar- bzw. Facharbeit ist eine Art Kombination aus literarischer Erörterung und Analyse eines literarischen Textes. Die **Argumentation** folgt meist dem Schema von Behauptung, Begründung und Illustration. Weil aber Veranschaulichung und Konkretisierung in der Regel durch Textzitate erfolgen, die kommentiert und interpretiert werden müssen, sind dabei die Methoden der **Textanalyse** anzuwenden. Neben der selbstständigen Suche nach ergiebigen Zitaten aus dem literarischen Werk selbst (**Primärzitate**), kommt der Verwendung von **Zitaten** aus der **Sekundärliteratur** eine besondere Bedeutung zu. Sie müssen geschickt in den eigenen Argumentationszusammenhang eingeflochten werden.

Solche Zitate können verschiedene Funktionen übernehmen:
- Darstellung von Sachverhalten, die man selbst nicht wissen kann (reine Information)
- Bestätigung der eigenen Auffassung (Autoritätsbeweis)
- Widerspruch zur eigenen Meinung (Diskussion, Dialektik)
- Anregung für eine eigene Meinungsbildung (Impuls)

Die Auseinandersetzung mit der Sekundärliteratur ist ein wichtiges Merkmal wissenschaftlichen Arbeitens, sollte aber eigenständiges Denken nicht ersetzen.

Der folgende Ausschnitt aus der Seminararbeit zu Hesses Erzählung „Narziß und Goldmund" zeigt das Nebeneinander von Erörterung und Textanalyse und veranschaulicht Möglichkeiten des Zitierens und des Umgangs mit Sekundärliteratur:

Lösungsvorschlag

I. 1. Übereinstimmende Zielvorstellung einer vollkommenen Selbstverwirklichung im Leben beider Protagonisten anhand der Figurengestaltung

Zunächst gilt es, sich den Gemeinsamkeiten der Protagonisten zu widmen, im Konkreten dem übereinstimmenden Ziel der vollkommenen Selbstverwirklichung von Narziß und Goldmund in ihrem Leben. Die Wege zu diesem Ziel – dies zeigt sich eindringlich in der Figurengestaltung des Autors – sind sehr verschieden. Narziß erkennt, dass seine Bestimmung die Wissenschaft ist, denn er sei seinem Wesen nach Gelehrter[1]. Weiter beschreibt er seine Berufung mit folgenden Worten: „Das Ziel ist dies: mich immer dahin zu stellen, wo ich am besten dienen kann, wo meine Art, meine Eigenschaften und Gaben den besten Boden, das größte Wirkungsfeld finden. Es gibt kein anderes Ziel."[2] Im gleichen Dialog fährt Narziß fort: „Ich will weder den Reichtum des Klosters vermehren noch den Orden reformieren oder die Kirche. Ich will innerhalb des mir Möglichen dem Geist dienen, so wie ich ihn verstehe, nichts anderes."[3] Für Ralf R. Nicolai sind dies bedeutende Worte, denn an diesen sei zu erkennen, dass Narziß die notwendige Reformierung des Klosters zugunsten seines eigenen Ziels in den Hintergrund rückt. Die Reformierung des Klosters sei im Mittelalter eine Grundaufgabe eines Mönchs gewesen. Infolgedessen sei dieser individualistische Zug Narziß' nicht mit den Traditionen und dem autokratischen Denken zu vereinbaren, vielmehr zeuge diese Aussage von einer Frage der Selbstverwirklichung[4]. Martin Pfeifer beschreibt Narziß als literarische Gestalt, die von Beginn an gewusst hat, dass sie „zum Mönch und Asketen bestimmt war"[5]. Narziß' persönliches Ziel der Selbstverwirklichung bedeutet für ihn die Annäherung an Gott und die Vollkommenheit. Goldmund sieht zu Beginn des Romans seine Erfüllung ebenfalls im Dienst des Klosters. Dies rührt jedoch nicht aus einem Gefühl der Bestimmung her, sondern aus der Unterdrückung seines Mutterbildes und dem damit verbundenen Leistungsanspruch seines Vaters, dem er mit diesem Ziel gerecht zu werden versucht. Dies ruft eine schwere Krise bei dem jungen Schüler hervor. Eine weitere Ursache für Goldmunds „innere Zerrissenheit äußert sich darin, dass er bei dem Versuch der eigenen Realitätsbewältigung und Selbstverwirklichung den in Abt Daniel und in Narziß personifizierten ‚unvereinbaren' Idealen nacheifert"[6], erklärt Nicolai. Narziß spürt in Goldmund „seinen Gegenpol und seine Ergänzung"[7], weshalb er sich des jungen Schülers annimmt und ihm hilft, den Weg zur Selbstverwirklichung zu finden. Goldmund findet auf der Wanderschaft heraus, dass die Kunst für ihn ein Mittel ist, sich zu verwirklichen. So schafft er einzigartige Figuren, deren Bilder er geschliffen und geglättet in seinem Inneren trägt. Narziß erkennt und versteht diese tiefe Beziehung zur Kunst, als der gealterte Goldmund von ihm befreit

Nummerierte Kapitelüberschrift

Hinführung
Behauptung

Sinngemäßes Primärliteratur-Zitat

Wörtliches Primärliteratur-Zitat

Wörtliches Primärliteratur-Zitat

Sinngemäßes Sekundärliteratur-Zitat einer Rezension von Nicolai

Wörtliches Sekundärliteratur-Zitat einer Studie von Pfeifer

Eigene Bewertung des Schülers

Wörtliches Sekundärliteratur-Zitat einer Untersuchung von Nicolai

Wörtliches Primärliteratur-Zitat

Eigene Bewertung des Schülers

---

1 Hesse, Hermann, Narziß und Goldmund, a. a. O., S. 47.
2 A. a. O., S. 72.
3 Ebd.
4 Vgl. Nicolai, Ralf R., Hesses ‚Narziß und Goldmund'. Kommentar und Deutung, Würzburg 1997, S. 79 f.
5 Pfeifer, Martin, Königs Erläuterungen und Materialien, a. a. O., S. 53.
6 Nicolai, a. a. O., S. 26.
7 Hesse, a. a. O., S. 25.

wird und zum ersten Mal ins Kloster zurückkehrt. Er gesteht ihm, Gott zu danken, dass Goldmund Künstler geworden sei und er sich der Bilderwelt bemächtigt habe, wo er ein Schöpfer und Herr sein könne[8]. Schon aus den anfänglichen Dialogen und Diskussionen, welche die beiden führen, ist dem Leser ersichtlich, dass diese Figuren ein hohes Ziel in ihrem Leben verfolgen: das Streben nach der Vollkommenheit. Narziß fasst diese Gemeinsamkeit der beiden mit folgendem Satz zusammen: „Unser Ziel ist […] einander zu erkennen und einer im andern das sehen und ehren zu lernen, was er ist: des andern Gegenstück und Ergänzung."[9]

Sinngemäßes Primärliteratur-Zitat

Wörtliches Primärliteratur-Zitat

[8] Vgl. a. a. O., S. 294 f.
[9] A. a. O., S. 49.

5 Zitiertechnik und Zitatnachweis

Zitieren heißt, den geschriebenen oder gesprochenen Text eines anderen **wörtlich** oder **sinngemäß** zu übernehmen. Hierfür gibt es drei Möglichkeiten:
- Einbindung eines Wort- bzw. Teilsatzzitats in eigene hinführende oder erläuternde Sätze
- Integration eines umfangreicheren Textzitats als in sich geschlossener Satz oder als Folge von Sätzen
- Indirekte, meist stark zusammenfassende Wiedergabe des Gelesenen/Gehörten in Form von sinngemäßem Zitieren in eigenen Worten unter Verwendung des Konjunktivs.

Zitate sollen nicht um des Zitats willen eingebaut werden, sondern sind wertvoll, wenn z. B. ein Fremdautor einen Gedanken exakt auf den Punkt bringt und spezifische Begrifflichkeiten verwendet. Des Weiteren bietet sich ein Zitat an, wenn die eigene Position von der des Fremdautors so sehr absticht, dass man dessen Position im Wortlaut vorstellen möchte. Zitate können ferner als Ergänzung, Begründung oder Veranschaulichung eigener Aussagen oder als Ausgangspunkt für die Auseinandersetzung mit einer anderen Position dienen.

Folgende Prinzipien sind beim Zitieren besonders hervorzuheben:

- **Hohe Zitiergenauigkeit**
  Ein wörtliches Zitat muss formal und inhaltlich völlig mit dem Original übereinstimmen; das gilt auch für Rechtschreibfehler, Hervorhebungen, Unterstreichungen, gesperrt Gedrucktes, eigenwillige Interpunktion usw. Besonderheiten des Originals werden mit „sic" in eckigen Klammern gekennzeichnet:
  „Er ist dof [sic]"
  Auslassungen müssen durch eckige Klammer und drei Punkte kenntlich gemacht werden. Dabei darf es keinesfalls zu sinnentstellenden Auslassungen kommen:
  „Er wusch sich die […] Hände."
  Ein wörtliches Zitat wird gekennzeichnet durch Anführungszeichen. Das Zitat innerhalb eines Zitats wird durch halbe Anführungszeichen markiert:
  „Schnell lässt er dann ein Wir in ein ‚Ich und Wir' zerfallen."
  Wird die Quelle als Zitat eines Zitats genannt, so ist neben der Quelle auch das Werk zu nennen, in dem das Zitat gefunden wurde, mit dem Zusatz „zit. nach".

- **Verständlicher Zitatkontext**
  Eigene Hervorhebungen oder eingeschobene Erläuterungen müssen durch einen Hinweis verdeutlicht, d.h. in eckige Klammern gesetzt und mit dem Vermerk „Anmerkung des Verfassers" ergänzt werden:
  „Er [der Computer; Anm. des Verfassers] ist ein wichtiges Hilfsmittel."

- **Harmonischer Zitateinbau**
  Der Einbau eines Zitats in einen eigenen Text mit Anpassung der grammatischen Veränderungen muss verdeutlicht werden:

  Man sollte, wie Vogt und Sirridge schon 2003 festgestellt haben, „in der Herausforderung des Sohnes durch den Vater [...] ein[en] wichtige[n] Meilenstein der Entwicklung im Leben beider" sehen.

- **Beispiele zur Zitiertechnik**

Zitieren eines ganzen Satzes mit Einleitung und Autorenbezug:	Karl R. Popper behauptet in Bezug auf die Gefährlichkeit neuer Medien: „Diese konstante Überwachung ist viel effizienter als die Zensur."[4]
Weglassen von Zitatteilen:	„Darum können wir anhand dieser Zahlen gar nicht wissen [...], was das Publikum auswählen würde."[6]
Ergänzung innerhalb eines Zitats:	„Darum können wir [die Philosophen, Anm. des Verfassers] gar nichts beweisen."[9]
Einfügen des Zitats in den eigenen Satz:	Die Aussage Poppers „Wer Fernsehen macht, muss wissen, was es zu verhindern gilt"[10] zeigt, wie kritisch er sich mit dem Medium befasst.
Zitieren einzelner Wörter:	Die Begriffe „Qualitätsniveau"[14] und „Bildungsniveau"[15] werden von Popper bewusst instrumentalisiert.
Fehler im Zitat:	„Meine langem [sic] Haare stören mich."[20]

Die Notwendigkeit eines fundierten Zitatnachweises bezieht sich nicht nur auf Texte, sondern auch auf Grafiken, Tabellen, Bilder, Schemata etc., die aus zuverlässigen Quellen entnommen wurden. Tabellen oder Bilder ohne Anmerkung besagen nämlich, dass sie vom Verfasser selbst erstellt wurden.
In die Ausarbeitung integrierte Tabellen werden fortlaufend nummeriert und tragen Überschriften. Ebenfalls nummeriert werden Grafiken, Bilder usw., die jedoch Unterschriften bekommen. Umfangreichere Quellen dieser Art können auch am Ende der Arbeit in einem sogenannten Anhang erscheinen; sie müssen jedoch im Text selbst durch Fußnoten eindeutig belegt/nachgewiesen werden.

Anmerkungen/Fußnoten

Am Ende des Zitats bzw. einer verwendeten Quelle steht die Ziffer der Anmerkung, die sich in der Fußnote widerspiegelt. Mithilfe moderner Textverarbeitung und der möglichen Fußnotenverwaltung lassen sich diese in fortlaufender Zählung am jeweiligen Seitenende einfügen. Die Nummerierung der Anmerkung steht um eine halbe Zeile erhöht und verkleinert: „... wofür dies ein Beispiel sein soll."[1] Der Fußnotentext ist üblicherweise in einer kleineren Schriftgröße (10 p) als der Haupttext zu setzen. Langzitate mit mehr als drei Zeilen werden linksbündig, in einzeiligem Zeilenabstand und ebenfalls kleiner Schriftgröße formatiert. Zitate, die kürzer sind als drei Zeilen, werden nicht vom Text abgegrenzt. Die Fußnoten enthalten die genauen Angaben zu den jeweiligen Fundstellen der im Text verzeichneten wörtlichen Zitate. Sinngemäße Textverweise, also nicht wörtliche Zitate, werden in den Fußnoten mit der Abkürzung „**Vgl.**" eingeleitet. Im Unterschied zum Bibliografieren muss bei der Fußnote immer die Seitenzahl angegeben werden. Für die zweite und jede weitere Nennung einer Quelle genügt der Verweis auf den **Verfassernamen** mit dem **Zusatz** „**A. a. O.**" (am angegebenen Ort), nur „**A. a. O.**" (bezieht sich nur auf die unmittelbar vorangegangene Anmerkung) bzw. nur „**Ebd.**" (ebenda, bezieht sich nur auf die unmittelbar vorangegangene Anmerkung **und** die gleiche Seitenzahl). Fußnoten beginnen üblicherweise mit einem Großbuchstaben und sollten mit einem Punkt abgeschlossen werden. Die Angabe „S. 4 f." verweist auf die Folgeseite; „S. 4 ff." auf mehrere Folgeseiten und die Angabe „S. 4–20" auf einen größeren Folgeabschnitt.

1. Erklären Sie anhand folgender Fußnoten die jeweilige Funktion der Anmerkung:

---

1 Kuhn, Heribert, Herausgetreten aus der ‚Totschlägerreihe', in: Hesse, Hermann, Narziß und Goldmund. Text und Kommentar, Frankfurt am Main 2003, S. 356.
2 Hesse, Hermann, Narziß und Goldmund, a. a. O., S. 69.
3 Ebd.
4 A. a. O., S. 51.
5 Vgl. a. a. O., S. 49 f.
6 Vgl. Nicolai, Ralf R., Hesses ‚Narziß und Goldmund'. Kommentar und Deutung, Würzburg 1997, S. 79 f.
7 A. a. O., S. 51.
8 Hesse, Hermann, Narziß und Goldmund, a. a. O., S. 65.
9 Nicolai, Ralf R., a. a. O., S. 59.
10 Vgl. ebd.

2. Ordnen Sie die Bausteine der folgenden Fußnoten in der richtigen Reihenfolge an.

---

1 Geschichte Spaniens | vgl. | Huber, Horst | ^{6}2004 | S. 15 ff. | Bamberg
2 S. 138. | vgl. | Kluger, Achim | St. Jakobsweg – Traum und Wirklichkeit | 2001 | Ulm
3 Conrady, Karl Otto (Hrsg.) | Düsseldorf | S. 45 f. | Das Buch deutscher Gedichte von den Anfängen bis zur Gegenwart | 2008 | Der große Conrady
4 Das Fremdwörterbuch | Bd. 5 | ^{9}2006 | Duden | S. 225. | Mannheim

6 Literaturverzeichnis

Vor der Erstellung des Literaturverzeichnisses ist bei Bedarf der sogenannte Anhang einzufügen.

Als **Anhang** werden Informationen und Materialien bezeichnet, die unmittelbar dem eigentlichen Textteil der Seminar- bzw. Facharbeit „angehängt" werden. Der Text einer Arbeit darf nie unter dem Begriff „Anhang" fortgesetzt werden. Inhaltlich darf in einem Anhang nur das stehen, was nicht zwingend zum Verständnis des Textes benötigt wird.
Hauptbestandteile eines informativen Anhangs können zum Beispiel Fragebogen eines Interviews, ergänzende Tabellen, zusätzliche Dokumente, erläuternde Bilder, Grafiken, Skizzen usw. sein, die weitere themabezogene Informationen enthalten. Die Verknüpfung von Textteil und Anhang wird mit einem Querverweis angezeigt (z. B. „vgl. Anhang Tabelle 1"). Ferner kann erforderlich sein, dass dem Anhang ein **Abbildungsverzeichnis** folgt, das die Herkunft der im Textteil der Arbeit integrierten Bilder und Grafiken auflistet.

Das **Literaturverzeichnis** im Anschluss an den Anhang ist ein zwingender Bestandteil jeder wissenschaftlichen Arbeit und vermittelt einen ersten Eindruck über den möglichen Inhalt und Tiefgang der vorgelegten Arbeit. Die dort angeführte Literatur muss vor allem tatsächlich auch in der Arbeit verarbeitet und richtig zitiert werden.
Die Bezeichnung für diesen Teil der Arbeit ist nicht einheitlich; so werden auch Begriffe wie „Bibliografie", „Quellenverzeichnis" oder „Werkverzeichnis" häufig synonym verwendet. Es fasst alle verwendeten Hilfsmittel zusammen, also alle verarbeiteten und zitierten Quellen. Deshalb muss dann von einem „Literatur- und Quellenverzeichnis" gesprochen werden. Der formalen Gestaltung und inhaltlichen Zusammenstellung des Literaturverzeichnisses ist größte Aufmerksamkeit und Sorgfalt zu widmen.
Die notwendigen Angaben finden sich im Impressum eines Druckerzeugnisses. Wissenschaftliches Bibliografieren verzichtet auf buchhändlerische Hinweise wie Verlagsangabe oder Bestellnummer ebenso wie auf Titelangaben (Prof., Dr. etc.) oder Anredeformen (Frau usw.) des Verfassers. Die Zeichensetzung bei bibliografischen Angaben ist im deutschen Sprachraum nicht ganz einheitlich geregelt. Neben der Regelung, die einen Doppelpunkt nach dem Verfassernamen macht, hat sich auch die Kommaregel durchgesetzt, die hier benutzt wird. Entscheidend ist, dass das einmal gewählte System der Zeichensetzung konsequent beibehalten wird.

Die Titel im Literaturverzeichnis erscheinen – jeweils alphabetisch geordnet – nach **Literaturgruppen**, z. B. Primärliteratur, Sekundärliteratur, elektronische Medien, Internet etc. Zwischen den einzelnen Titeln wird dabei eine Zeile frei gelassen; die Titel selbst werden fortlaufend – in der zweiten Zeile mit hängendem Einzug (vgl. Einstellungen des Textprogramms) – getippt. Die Reihenfolge der bibliografischen Angaben und die erforderliche Interpunktion (Komma, Punkt oder Verzicht auf Satzzeichen) können der folgenden Übersicht entnommen werden:

Beispiele

Literatur-gruppe		Beispiele für exaktes Bibliografieren
PRIMÄR-LITERATUR	Literarisches Werk	**Buch mit einem Verfasser** Nachname, Vorname, Titel. Untertitel, Erscheinungsort Auflage **(hochgestellte Auflagenziffer ab der 2. Auflage)** Erscheinungsjahr Torberg, Friedrich, Der Schüler Gerber. Roman, München ^{35}2007
SEKUNDÄRLITERATUR	Interpretation in Buchform	**Buch mit einem Verfasser** Nachname, Vorname, Titel. Untertitel, Erscheinungsort Erscheinungsjahr Nicolai, Ralf R., Hesses ‚Narziß und Goldmund'. Kommentar und Deutung, Würzburg 1997
	Sammelwerke	**Artikel aus Sammelbänden** Nachname, Vorname, Titel. Untertitel, in: Titel des Sammelbandes. Untertitel, hrsg. von Vorname Nachname, Erscheinungsort Erscheinungsjahr, S. n–n Maier, Hans, Die neue Lehrerbildung, in: Wissenschaft zwischen Forschung und Ausbildung. Ansprachen und Vorträge anlässlich der Errichtung der Philosophischen Fachbereiche I und II der Universität Augsburg, hrsg. von Josef Becker und Rolf Bergmann, München 1975, S. 17–25
	Nachschlagewerke	**Buch, das vorrangig unter seinem Titel bekannt ist** Titel. Untertitel, hrsg. von Vorname Nachname, Erscheinungsort ^{Auflage}Erscheinungsjahr Vorschläge für eine strukturale Grammatik des Deutschen. Eine kritische Bestandsaufnahme, hrsg. von Hugo Steger, Frankfurt 2006 **Buch mit einem oder mehreren Herausgebern** Nachname, Vorname (Hrsg.), Titel. Untertitel, Erscheinungsort evtl. ^{Auflage}Erscheinungsjahr Steger, Hugo (Hrsg.), Vorschläge für eine strukturale Grammatik des Deutschen. Eine kritische Bestandsaufnahme, Frankfurt 2006
	Zeitungen	**Artikel aus Zeitungen** Nachname, Vorname, Titel. Untertitel, in: Name der Zeitung vom Datum Roller, Walter, Der Kandidat aus Bayern, in: Memminger Zeitung vom 17.01.2007
	Zeitschriften	**Artikel aus Fachzeitschriften** Nachname, Vorname, Titel. Untertitel, in: Name der Fachzeitschrift Bandnummer (Jahr), S. n–n Riesner, Helmut, 15 Fragenkomplexe zur Beurteilung von Lehrbüchern für den Fremdsprachenunterricht, in: Der fremdsprachliche Unterricht 94 (2001), S. 68–74 **Artikel aus Zeitschriften** Nachname, Vorname, Titel, in: Zeitschriftentitel, Jahrgang, Heftnummer, S. n–n Mader, Michaela, Erkenntnisse über das Biotop von Aich-Aspach, in: Zeitschrift für Umweltschutz, Jahrgang 2005, Heft 3, S. 17–38

SEKUNDÄRLITERATUR	Elektronische Medien	**Rundfunk und Fernsehen** Titel, Sender, Sendetag, Sendezeit Gesundheitliche Gefährdung durch Mobilfunk?, 3sat, 11.02.2007, 22.15 Uhr **CD-ROM/CD/DVD/Video VHS** Nachname, Vorname, Titel, Firma Jahr (Medium) Blaschke, Franz, Galaxis, Spin Software 1999 (CD-ROM)
	Internet	**Informationen auf einer Internetseite (html/pdf-Format)** Nachname, Vorname (Jahr), Titel, online unter: URL, [Stand: Datum], zugegriffen am Datum Müller, Reinhard (2002), Biografie Emile Durkheim, online unter: 50 Klassiker der Soziologie,durkheim/12bio.htm, [Stand: 28.01.2004], zugegriffen am 17.06.2008 **Informationen aus einer Datenbank** ohne Verfasser (Jahr), Titel, in: Name der Datenbank, online unter: URL, [Stand: Datum], zugegriffen am Datum o.V. (2006), Reemtsma kämpft um sein Image, in: Financial Times Deutschland vom 16.01.2006, online unter: Hamburgisches Weltwirtschaftsarchiv/Institut für Weltwirtschaft, Kiel, zugegriffen am 16.02.2007 **Informationen aus Online-Magazinen** Nachname, Vorname (Jahr), Titel, Branchenmagazin, online unter: URL, [Stand: Datum], zugegriffen am Datum Ebert, Helmut (2003), Höflichkeit als Strategie der Unternehmenskultur und -kommunikation, Online-Beitrag im PR-Guide Februar 2003, online unter: hlv-kommunikationsmanagement.de/hlv/mp/home.nsf/special/inh?OpenDocument, [Stand: 13.10.2008], zugegriffen am 26.10.2008
	Personen/ Institutionen	**Persönliche Mitteilungen, Interviews** Nachname, Vorname, Funktion, Ort, Datum, Zeit Leist, Ludwig, Abteilungsleiter Marketing bei der Firma Flachstahl, Ulm, 14.03.2008, 9.30–11.00 Uhr

Lösungsvorschlag

Literatur- und Quellenverzeichnis

Primärliteratur

Hesse, Hermann, Narziß und Goldmund. Text und Kommentar, Frankfurt am Main 2001

Sekundärliteratur

Duden. Das große Fremdwörterbuch, hrsg. vom Wissenschaftlichen Rat der Dudenredaktion, Mannheim, Leipzig, Wien, Zürich ²2000

Hesse, Hermann, Das Glasperlenspiel, Zürich 1972

Hesse, Hermann, Eine Arbeitsnacht, in: Hesse, Hermann, Narziß und Goldmund. Text und Kommentar, Frankfurt am Main 2001

Kleßmann, Eckart, Geheimnis ohne Duft, in: Reich-Ranicki, Marcel, Romane von gestern heute gelesen. 1918–1933, Frankfurt am Main ²1989

Kuhn, Heribert, Herausgetreten aus der ‚Totschlägerreihe', in: Hesse, Hermann, Narziß und Goldmund. Text und Kommentar, Frankfurt am Main 2003

Mileck, Joseph, Hermann Hesse. Dichter, Sucher, Bekenner, Biografie, München 1978

Nicolai, Ralf R., Hesses ‚Narziß und Goldmund'. Kommentar und Deutung, Würzburg 1997

Pfeifer, Martin, Hesse Kommentar zu sämtlichen Werken, München 1990

Schwarz, Egon, Interpretationen. Hermann Hesse Romane, Ditzingen 2003

Varnhorn, Beate, Das Große Wissen.de Lexikon, Gütersloh/München 2001

Internet

Dorostkar, Niku, Hermann Hesse. Deutsch – Spezialthemenbereich 2001 im Rahmen der mündlichen Matura an der Theresianischen Akademie Wien, (2001), online unter: http://www.unet.univie.ac.at/~a9701151/Hesse.pdf, zugegriffen am 30. Juli 2006

Kolbeck, Markus (2004), Vater-Sohn-Konflikt bei Hesse, online unter: http://www.bibliomaniac.de/hesse/bio/misc.htm, [Stand: 12.06.2006], zugegriffen am 02. September 2006

Limberg, Michael, Hermann-Hesse-Literatur. 3. Jahrgang 1996, Düsseldorf 1997. (Hermann-Hesse-Projekt unter der Führung von Prof. Günther Gottschalk von der University of California, Santa Barbara), online unter: http://www.gss.ucsb.edu/projects/hesse/publications/biblio96.PDF, zugegriffen am 02. September 2006

Ordnen Sie die einzelnen bibliografischen Angaben in der richtigen Reihenfolge an. Achten Sie dabei auf eine sachgerechte Zeichensetzung.

- Frankfurt/M. | Der bürgerliche Roman. Aufstieg einer Gattung | Watt, Ian u. a. | Aus dem Englischen von Kurt Wölfel/²2001
- Von Wort zu Wort | hrsg. von Heinrich Pleticha und Hans Peter Thiel | Schülerhandbuch Deutsch | Berlin | 2004
- Spanisches Abenteuer. Mit dem Fahrrad unterwegs | ⁴2009/Meier Franz | München
- in: Die Zeit | Sichtermann Barbara | Das Laster der Mediengeilheit, Medien und Mäßigung oder: Vom Recht, die Aussage zu verweigern | vom 21.10.1988 | Nr. 43
- zugegriffen am 22.06.2008 | o.V. (2005) | online unter: 221507,00html | Der große Online-Schwindel. Eine Professorin auf Plagiate-Jagd | [Stand: 27.09.2006] | in: SPIEGEL-online vom 16.11.2005
- hrsg. von Manfred Brauneck | Der deutsche Roman im 20. Jahrhundert | Bd. II: Analysen und Materialien zur Theorie und Soziologie des Romans | Bamberg | 1976
- 7. Jg. | Huber, Alois | S. 21–25 | Erkenntnisse über das Biotop von Feuchtwang | Heft 3 | in: Zeitschrift für Umweltschutz | 1994
- Wirtschaftsstandort Deutschland | in: Reden zur Nation. Eine Bestandsaufnahme | Müller, Isidor | hrsg. von Julius Maier | S. 44–51 | Hamburg | 2003

Schülererklärung

Die Seminar- bzw. Facharbeit endet auf einem separaten Blatt mit der handschriftlich unterzeichneten **Schülererklärung**. Diese bestätigt, dass keine anderen als die angegebenen Quellen bei der Erstellung der Arbeit verwendet wurden. Die Formulierung lautet:

„Ich erkläre, dass ich die Seminararbeit selbstständig und nur mit den angegebenen Hilfsmitteln angefertigt habe."

Ort, Abgabedatum handschriftliche Unterschrift

V Pragmatisches Schreiben

1 Nachricht und Reportage

Im engeren Sinn versteht man unter **Nachricht** eine journalistische Form im Medienbereich: Zeitung, Hörfunk, Fernsehen, Internet. Die Nachricht ist eine Mitteilung über ein aktuelles Ereignis, an dem ein öffentliches Interesse besteht. Sie kann in Wort, Bild oder Film übermittelt werden, gibt Antwort auf W-Fragen und bezieht sich dabei auf Vergangenes oder Zukünftiges. Die Nachricht ist kurz und prägnant, sachlich und wertfrei.

Nachrichten übermittelnde Massenmedien verfügen über ein internationales System von Nachrichtenagenturen, Korrespondenten und Reportern. Während der Reporter in der Regel von Fall zu Fall den Ort wechselt, sind Korrespondenten für ein festgelegtes Gebiet zuständig. Ein vielfältiges, politisch nicht gelenktes und zensiertes Nachrichtenangebot sowie der ungehinderte Zugang dazu sind unabdingbarer Bestandteil einer Demokratie und Voraussetzung der freien politischen Willensbildung (vgl. GG Art. 5). Nachrichten sind inzwischen auch ein wesentlicher Wirtschaftsfaktor, zumal sie an ständige technische Veränderungen geknüpft sind.

Seit dem 19. Jahrhundert gibt es sogenannte Nachrichtenagenturen; die bekanntesten sind: Presseagentur Reuter (rtr), Deutscher Depeschendienst (ddp), Deutsche Presseagentur (dpa), Associated Press (ap) und Agence France Press (afp). Diese Agenturen beliefern die einzelnen Nachrichtenredaktionen mit den neuesten Nachrichten aus aller Welt. Dort wird das Nachrichtenmaterial gesichtet, ausgewählt, bearbeitet und veröffentlicht bzw. gesendet.

Zum Wesen einer Nachricht gehören:
- Bemerkenswertes aktuelles Ereignis
- Knappe Darstellung folgender Angaben
  – Ereignis und nähere Umstände
  – Beteiligte
  – Ort und Zeit
  – Ursache und Folge

Selbst wertungsfreie Nachrichten sind nicht das Ereignis selbst und meistens auch nicht Ergebnis ursprünglicher Erfahrungen, sondern sprachliche Vermittlung, oft über mehrere Stationen. Sie sind also damit mehrfach gefiltert, ehe sie den Adressaten erreichen, sodass man nicht von absoluter Objektivität sprechen kann. Trotzdem kommen Nachrichten unter den journalistischen Formen dem Anspruch der Objektivität am nächsten. Der formale Aufbau einer Nachricht unterliegt gewissen Regeln:

Bankpleite erschüttert die Börsen der Welt
Dax fällt zeitweise unter 6.000 Punkte

Frankfurt/New York – Eine der größten Bankpleiten der Geschichte erschüttert das Finanzsystem. Nach dem Kollaps der Investmentbank Lehman Brothers brachen die Kurse weltweit ein. Um noch schlimmere Turbulenzen zu verhindern, drangen Politik und Aufseher auf einen Verkauf von Merrill Lynch. Auch der US-Versicherungskonzern AIG ist in Not.
Der deutsche Leitindex Dax verlor am Montag zeitweise mehr als vier Prozent. Erstmals seit 2006 fiel er vorübergehend unter 6.000 Punkte. Die amerikanischen Börsen sackten zur Eröffnung um drei Prozent ab. Anleger flohen aus Angst vor weiteren Pleiten vor allem aus Finanzaktien. Commerzbank-Papiere verloren zeitweise mehr als 14 Prozent an Wert, Allianz und Deutsche Bank büßten bis zu acht Prozent ein. Das Bundesfinanzministerium, die Finanzaufsicht und die Bundesbank versuchten, die Aktionäre zu beruhigen. Sie versicherten, die Engagements deutscher Kreditinstitute bei Lehman hielten sich in einem überschaubaren Rahmen und seien verkraftbar. Gegen Abend erholten sich die Kurse etwas. [...]

Hesse, Martin; Koch, Moritz, Bankpleite erschüttert die Börsen der Welt. Dax fällt zeitweise unter 6.000 Punkte, in: Süddeutsche Zeitung vom 16.10.2008, gekürzt

Wie die Nachricht hält sich die **Reportage** (lat. reportare = überbringen) an Tatsachen und Beobachtungen, ist aber meistens ausführlicher und anschaulicher, auch persönlicher gefärbt. Oft stellt die Reportage das Menschliche oder Persönliche in den Vordergrund, versucht dem Leser das Gefühl zu vermitteln, dabei gewesen zu sein. Das geschieht vielfach mit spannungserzeugenden Mitteln und der Einbeziehung atmosphärischer Eindrücke. Eine gute Reportage erfordert vom Journalisten vorbereitende Recherchen; er unterliegt der Verpflichtung zu journalistischer Sorgfalt, was jedoch durch die Tendenz zum Enthüllungs- und Sensationsjournalismus erschwert wird.
Die Lebhaftigkeit einer Reportage spiegelt sich im abwechslungsreichen Stil wider: Erlebnisbericht, Schilderung, Dialog, Tempuswechsel, Montage, Konkretisierung und Verallgemeinerung, Naheinstellung und Totale sind bevorzugte Mittel. Daran wird deutlich, dass die Reportage freier und kreativer ist als die Nachricht und viele andere journalistische Formen.

„Wir sitzen in einem fetten Krisenzug“
von Markus Zydra

Frankfurt – Der verbale Ausbruch kommt unvermittelt. „Hab' ich wieder verschenkt die Stücke hier, verschenkt!“ brüllt ein junger Händler und dreht sich auf seinem Stuhl blitzschnell weg vom Computerbildschirm. Er knallt die Handflächen auf die Oberschenkel. Es sind solche Augenblicke, in denen der ungeheure Stress deutlich wird bei den Händlern auf dem Frankfurter Börsenparkett. „Stücke verschenken“ – das ist der Leitsatz des Tages. Die Aktien gehen nur zu Tiefstpreisen weg.

Auf der großen Dax-Anzeigetafel, wo der Stand des deutschen Leitindex im Sekundentakt aktualisiert wird, ist die Katastrophe vom frühen Morgen festgehalten. Tiefstand des Dax: 4.870 Punkte um 9.59 Uhr. Die Notierung am Vortag lag bei 5.326 Punkten. Das entspricht einem Verlust von 8,5 Prozent innerhalb der ersten Börsenstunde. „Ein Crash, ganz klar“, sagt Oliver Roth, Direktor und Börsenhändler von Close Brothers Seydler. Der hochgewachsene Mann mit den schwarzen Haaren wirkt gelassen. Seit 20 Jahren ist er im Geschäft. „Die Kombination von Finanz- und Wirtschaftskrise deutet auf eine lange Rezession hin.“ Gleichzeitig will er beruhigen. Die Maßnahmen der Regierungen und Zentralbanken würden Wirkung zeigen – bald, demnächst. Wann genau, das wisse niemand. „Wir sitzen in einem fetten Krisenzug, den man nicht von einem Tag auf den anderen stoppen kann.“

Die Welt hat Angst. Investoren ziehen ihr Kapital ab. Aus Asien, Südamerika, Russland und Japan – zurück nach Europa und in die USA. Repatriierung von dringend benötigtem Bargeld nennen das die Experten. Die Finanzhasen hasten in ihren Bau. Im Frankfurter Börsensaal laufen die Börsennotierungen aus Mexiko, Sao Paulo, Lima und Tokio über die elektronischen Laufbänder. Überall Verluste, die dem Rest der Welt die Stimmung noch mehr vermiesen. Ein teuflischer Kreislauf. „Psychologie macht die Kurse, nicht mehr der Verstand", sagt einer in die Fernsehkamera.

Von Verantwortung ist die Rede an diesem Tag, die Verantwortung, sachlich zu bleiben. Das ist eine brutale, emotionale Situation, der Glaube ans System muss erhalten bleiben", sagt Roth. Er will deshalb die Lage durch panische Aussagen nicht verschlimmern. „Noch nie waren Spargelder in Deutschland so sicher wie heute", meint Roth. „Sicher, wir haben eine solche Krise seit den 30er-Jahren nicht mehr erlebt – es ist aber nicht so schlimm wie damals."

Roth und seine Händlerkollegen stehen unter einem ungeheuren Druck. Sie nehmen Aufträge ihrer Kunden entgegen. An diesem Tag will fast jeder Aktien verkaufen. Es fehlt die Nachfrage. „Da steht der Börsenhändler voll im Risiko", sagt der Makler Dirk Müller. Es drohen hohe Verluste an solchen Tagen. „Die Händler müssen die Verkaufsaufträge ausführen. Wenn sich kein Käufer findet, dann sind wir die Besitzer der Aktien", sagt Müller. „Fallen die Kurse weiter, kostet das richtig Geld."

Auf den eng nebeneinanderstehenden Arbeitsplätzen häufen sich die Wasserflaschen, mancher Börsianer kaut ein Brot, während er den Computerbildschirm fixiert. Dort laufen Aktienkurse und Nachrichten ein. Die Ärmel der Hemden sind hochgekrempelt. „Ich nehm' Salat", ruft einer, als die Bestellungen für den Mittag aufgenommen werden. Dafür ist doch noch Zeit. Die Stimmung im Saal wirkt auf den ersten Blick unaufgeregt. Vereinzelt machen sich die Profis mit lautstarken Sprüchen Luft. Meist hören Besucher nur ein monotones Dröhnen der Computersysteme. Gesprochen wird wenig, wenn, dann am Telefon.

„Nach dem Platzen der Internetblase fiel der Dax im Jahr 2003 auf 2.300 Punkte", sagt Börsenhändler Müller. „Jetzt haben wir eine Weltfinanzkrise, und der Dax ist noch bei 5.000 Punkten." Müller ist pessimistisch. Er gibt das freimütig zu. Das sei Ausdruck seiner Verantwortung. „Die Leute hören sowieso viele Beschwichtigungen, es gibt auch andere Meinungen", sagt der Mann mit dem Spitznamen „Mister Dax".

Plötzlich brüllt der junge Händler wieder, der vorhin „Stücke verschenkt" hat. „So macht man dat, ich verdiene Geld hier", sagt er nun. Im Überschwang würgt er freundschaftlich seinen Kollegen. Offenbar ein Gewinngeschäft. Es ist 13.02 Uhr. Die großen Zentralbanken senken überraschend die Leitzinsen. Einer ruft: „Kaufen, Jungs!" Der Dax steigt. Ganz schnell, ganz kurz. Dann geht es wieder abwärts.

Zydra, Markus, „Wir sitzen in einem fetten Krisenzug", in: Süddeutsche Zeitung vom 09.10.2008

1. Benennen Sie das Thema der Reportage.
2. An welchen Stellen bzw. gestalterischen Mitteln zeigt sich der Reportagestil?

2 Kommentar und Glosse

Alle konkreten aktuellen Ereignisse, die für eine Nachricht relevant sind, können auch Anlass zu einem Kommentar oder einer Glosse werden. Der wesentliche Unterschied zwischen Nachricht und Bericht einerseits und Kommentar und Glosse andererseits besteht in der Einbeziehung der Meinung.

Im **Kommentar** (lat. commentari = überdenken, Betrachtungen anstellen) findet in argumentativer Form eine Auseinandersetzung mit einem Sachverhalt statt. Dieser wird zwar auch informativ und faktenbezogen dargestellt, aber das Hauptgewicht liegt auf der Meinungsäußerung, Problematisierung und Bewertung, den Lösungsangeboten und Handlungsaufforderungen des Kommentators. Intention und Wertung eines Kommentators hängen entscheidend von dessen Grundeinstellungen ab.

Auch der **Leitartikel** ist ein Kommentar; er befindet sich in einer Zeitung stets an gleicher Stelle, ist zwar namentlich gekennzeichnet, versteht sich aber als Meinungsäußerung der Redaktion einer Zeitung. Man nennt den Leitartikel auch die „Flagge einer Zeitung".

Im Unterschied dazu ist die **Kolumne** eine eher persönliche Meinungsäußerung einer einzelnen, oft bekannten Persönlichkeit. Der Kommentarteil hat in einer Zeitung seinen festen Platz und ist meistens optisch besonders hervorgehoben.

Was die Not lehrt

von Heribert Prantl

Bis vor Kurzem gab es Leute, die einen höchst merkwürdigen Traum träumten. Sie wollten den Staat ganz klein schrumpfen – so klein, dass sie ihn „ins Badezimmer schleppen und in der Badewanne ersäufen" können. Diesen Traum vom staatsbefreiten Markt, es war ein amerikanischer Traum, erzählen sie feixend in den Talkshows und ließen anschließend schon einmal das Wasser einlaufen. […]

Nun ist der Wasserhahn abgedreht, das Badezimmer zugesperrt. In der globalen Finanzkrise träumen die einstigen Badewannen-Mörder und ihre vielen Gehilfen, die es auch in Europa gab, nicht mehr vom schrumpfenden, sondern vom wachsenden Staat, sie träumen von einem starken und hilfreichen Gemeinwesen, das sie und die maroden Banken in die Arme nimmt und ihren Bankrott abwendet. Aus der Staatsverspottung von gestern ist über Nacht eine neue Staatsvergötterung geworden. Selbst der […] Chef der Deutschen Bank macht sich zum Ministranten dieses neuen lieben Gottes, der doch bitte schnell seine guten Gaben ausschütten sollte.

Sind die Groß-Manager konvertiert? Haben sie abgeschworen? Haben sie endlich eingesehen, dass der Neoliberalismus etwas ganz Entscheidendes verdrängt hatte: dass auch der Liberalismus von Voraussetzungen lebt, die er selbst nicht schaffen kann. Ohne einen starken Staat gibt es nämlich keinen Rechtsstaat, keine funktionierende Marktwirtschaft, keine Demokratie und keinen Sozialstaat, der für inneren Frieden sorgt. Womöglich ist es aber mit dieser Einsicht nicht so weit her; womöglich ist der starke Staat von der moribunden Finanzwirtschaft in Wahrheit nur als nützlicher Idiot gefragt: Der Staat soll zunächst die angeschlagenen Flaggschiffe der Finanzwirtschaft in seine Docks schleppen und dort mit viel Geld reparieren, sie aber dann anschließend wieder in den kapitalistischen Ozean auslaufen lassen. Dann hätten die kleinen Steuerzahler die Reparatur bezahlt, und die alte Besatzung und die alten Passagiere könnten wieder auf den alten Kurs gehen.

Das wird so nicht funktionieren. Es wird nicht funktionieren, weil nicht nur das Geld, sondern auch das Vertrauen zur Finanzwirtschaft und zu ihren Protagonisten geschwunden sind. Es sind also nicht nur die Schiffe leck, es trocknet auch der Ozean aus, den diese befahren. Wenn die Bundeskanzlerin und viele andere davon reden, dass es zuallererst gelte, das Vertrauen wiederherzustellen – es kann nicht das Vertrauen in das alte gierige System sein. Im alten Turbokapitalismus gab es tatsächlich eine Zeit, in der fast jeder jedem traute, weil man miteinander an die „unsichtbare Hand" des Marktes glaubte, die alles zum Besten und zum Lukrativsten wenden würde. Dieses Vertrauen war auch ein Mechanismus der Reduktion wirtschaftlicher Komplexität: Die Politik traute also der Wirtschaft, die Banken trauten einander, die Großmanager spielten sich ohnehin die Bälle zu, und auch ein großer Teil der Bürger traute diesem System, das ewiges Wachstum, billiges Geld und immer steigende Renditen versprach. Indes: Der Krug geht nur so lange zum Brunnen, bis er bricht. Aus einem börsenboomgestützten Grundvertrauen ist nun ein börsensturzgestütztes Grundmisstrauen geworden. [...]

Deshalb ruft nun alle Welt nach strenger Kontrolle und nach strengen Regeln. Deshalb folgt jetzt jeder dem Lehrsatz, der Lenin zugeschrieben wird: „Vertrauen ist gut, Kontrolle ist besser." Das ist ein heikler, ja ein bedrohlich totalitärer Spruch. Wenn er derzeit trotzdem richtig ist, dann indiziert das die Gefährlichkeit der Lage. Verträgliche Zustände werden erst dann wieder einkehren, wenn wieder das Umgekehrte gilt: Kontrolle ist gut, Vertrauen ist besser. Vertrauen, nicht Kontrolle ist nämlich das Band der Gesellschaft. Dieses Band ist zerrissen – und die Spitzenpolitiker der Welt halten in ihren G-7- und sonstigen Konferenzen die einzelnen Stücke in der Hand und überlegen, was sie jetzt damit anfangen sollen. Not lehrt beten, hieß es früher. In den Zeiten größter Not waren deshalb stets die Kirchen voll. Die Not von heute lässt erst einmal den Glauben an den Staat, an die Gemeinschaft der Staaten und ihre Bündnisse und Organisationen wieder wachsen; der Staat und die Staaten werden wieder zum Vertrauensanker – weil sie es sind, die Regeln setzen, aussetzen, neu machen und hoffentlich auch durchsetzen können. Es ist dies kein irrationales Vertrauen. […]

Die Großstädte haben ihre Unternehmungen, darunter Straßenbahnen, Wasserversorgung und Kanalnetze, an Investoren ausgeliefert, von denen etliche zu den globalen Groß-Pleitiers der Finanzkrise zählen. Die Kommunen haben sich hier mit seltsamen Leasing-Verträgen einem Markt ausgeliefert, den sie nicht überblicken konnten und können. Dutzende Stadtkämmerer wissen daher nicht, was im Gefolge der Finanzkrise auf sie und ihre Bürger zukommt. Die Not lehrt die Politik nun, dem Staat wieder zu geben, was des Staates ist […]

Es ist Zeit für die Abkehr von dem kapitalen Fehldenken, das zur Finanzkrise geführt hat. Es gibt Symbolhandlungen, mit denen man das deutlich machen kann: Die Fernsehsender zum Beispiel könnten die elektronischen Laufbänder abschalten, die in Endlosschleife auf dem Bildschirm die Börsenkurse einblenden. Das Ende der Börsenticker wäre ein Zeichen für das Ende des Börsenticks.

Prantl, Heribert, Was die Not lehrt, in: Süddeutsche Zeitung vom 11.10.2008, gekürzt

Die **Glosse** (griech. glotta = Zunge) ist wie der Kommentar eine Meinungsäußerung, unterscheidet sich jedoch von diesem durch ihren ironischen oder satirischen Stil. Sie zeichnet sich aus durch einen freieren Aufbau, eine zugespitzte und subjektive Sichtweise mit einer gewissen Nähe zur Umgangssprache (Plauderton). Oft weisen Glossen eine ausgeprägte Pointe auf, wirken durch Sprachwitz, Humor oder Spott und wollen besonders geistreich und unterhaltsam sein. Sie haben thematisch einen großen Spielraum, beziehen sich aber meistens auf aktuelle Anlässe. Häufig jedoch werden dabei Nebenaspekte des politischen, wirtschaftlichen, gesellschaftlichen oder kulturellen Lebens thematisiert.

Das Streiflicht

Je wilder die Finanzkrise tobt, desto leichter gerät in Vergessenheit, wie sie entstanden ist. Darum hier noch mal in Kürze der Hintergrund. Die Amerikaner, die noch keine Häuser hatten, wollten welche bauen. Da sie indessen nicht nur keine Häuser hatten, sondern auch kein Geld für den Bau, gingen sie zu denen, die Geld hatten, und liehen sich welches. Als die Häuser fertig waren und die Geldleute ihr Geld zurückhaben wollten, war dieses aber weg, weswegen die Geldleute zu wiederum anderen Geldleuten gingen und sie fragten, ob denn vielleicht nicht sie das verschwundene Geld haben wollten. Au fein, sagten die, Subprime Loans, und ob wir die wollen! Sie nahmen den Plunder, mischten alles neu und gaben das Zeug ihrerseits weiter, und so kam es, wie es kommen musste. Und warum musste es so kommen? Weil die Leute ihre Bibel nicht mehr lesen, beispielsweise das Buch Jesus Sirach. Wer sein Haus mit fremdem Geld baut, sammelt Steine für sein Grab, heißt es da, und mit diesem Wort zum Hypothekenwesen geben wir ab nach Rom.

Ob auch die päpstlichen Finanzen von der Krise betroffen sind, wissen nur die Insider. Doch selbst wenn der Vatikan auf das eine oder andere faule Zertifikat hereingefallen sein sollte, hätte Papst Benedikt XVI. recht mit dem, was er jetzt sagte: Dass auf Gottes Wort mehr Verlass sei als auf Geld und dass, wer auf Materielles setze, auf Sand baue. In den Ohren derer, die gerade ihr gutes Geld auf- und davonfliegen sehen, hört sich das wahrscheinlich als billiges Gerede an, möglicherweise sogar als Hohn. Benedikt steht mit seinem aktuellen Hirtenwort aber in erprobter geldkritischer Tradition; als Mann der Wissenschaft könnte er dabei an den schlauen Salomon gedacht haben, der in seinen Sprüchen die Frage stellt, wozu ein Narr Geld brauche, da er sich Weisheit eh nicht kaufen könne. Um mir wenigstens ein Haus zu kaufen, wird der Narr darauf antworten, und bei diesem Stand der Dinge übernimmt Claudio Maria Celli, lange Jahre der Verwaltungschef des Vatikans. Celli zufolge hat die Kirche keine Antwort auf die Krise, rät jedoch den Bankern, christlich zu handeln. Der Narr aber steht da und denkt über ein anderes Schriftwort nach: Was hat der Weise mehr als der Narr?

Es ist jetzt höchste Zeit, den Mammon aufzurufen. Der Papst hat es wohlweislich unterlassen, denn die entsprechende Bibelstelle ist nicht nur für Christen verwirrend. Macht euch Freunde mit dem ungerechten Mammon, heißt es bei Lukas, und das wird üblicherweise in dem Sinn ausgelegt, dass man mithilfe des sogenannten schnöden Geldes viel Gutes tun kann und dass der Christ auf diesem Gebiet von den Kindern der Welt allemal lernen kann. Das gilt weiterhin, mit der Einschränkung freilich, dass dubiose Derivate fürs Erste nicht mehr unter dem Ehrentitel schnöder Mammon laufen.

o. V., Das Streiflicht, Süddeutsche Zeitung vom 08.10.2008

1. Arbeiten Sie die informierenden und meinungsbildenden Textstellen des Kommentars heraus.
2. Wodurch zeichnet sich die Überzeugungskraft der Argumentation aus?
3. Suchen Sie nach besonders wirkungsvollen Stilelementen des Kommentars.
   Gehen Sie dabei auch auf Schlüsselbegriffe ein.
4. Worin weicht die Glosse inhaltlich deutlich vom Kommentar ab?
5. Vergleichen Sie Kommentar und Glosse im Hinblick auf die sprachliche Gestaltung.
6. Stellen Sie Überlegungen zur Funktion und Bedeutung der beiden Texte an – sowohl für den Leser als auch für die Zeitung.

3 Rezension und Leserbrief

„Der Film war echt cool" – „So ein Käse" – mit solchen oder ähnlichen Sätzen reagieren viele spontan nach einem Kino- oder Theaterbesuch bzw. auf eine Fernsehsendung. Solche „Kurzkritiken" enthalten zwar ein eindeutiges Urteil, stellen jedoch noch keine fundierte kritische Meinung dar, weil die Begründung fehlt. Erst aus einer gründlichen Auseinandersetzung mit dem Gesehenen und Gehörten oder dem Erlebten und Geprüften kann sich eine ernst zu nehmende Kritik entwickeln. Diese soll zwar durchaus persönlich sein, muss aber für das Gegenüber nachvollziehbar sein. Deshalb muss die Subjektivität sich immer im Rahmen allgemein akzeptierter Denk- und Sprechweisen bewegen.

Eine gute **Kritik** wiederholt nicht beständig bestehende (Vor-)Urteile, sondern lässt sich stets neu auf ihren Gegenstand ein und versucht, auch Ungewohntem und Überraschendem gerecht zu werden. Zunächst kommt eine Kritik nicht aus ohne beschreibende Elemente (vgl. S. 100 ff.), die einen ersten, möglichst wertneutralen Gesamteindruck vermitteln sollen. Erst dann kann man seine begründete Meinung über Gelungenes oder Misslungenes, Überzeugendes oder Fragwürdiges äußern, wobei die angelegten Wertmaßstäbe – direkt oder indirekt – aus dem Urteil ersichtlich werden müssen. Dabei helfen Vergleiche und Relativierungen ebenso wie das Eingehen auf unterschiedliche Voraussetzungen und Ansprüche. Ein einziges Beispiel dafür: Schülertheater ist nicht Stadttheater, und Stadttheater nicht Staatstheater – also muss man unterschiedliche Wertmaßstäbe anlegen. Hüten sollte man sich vor übereilten und pauschalen Wertungen, vor allem dann, wenn die Möglichkeit besteht, dass man selbst, als Kritiker, nicht alle Aspekte des Kritisierten sogleich richtig erfasst. In den Medien nimmt die Kritik einen breiten Raum ein. Die traditionelle Form ist die Kunstkritik (Theater, Oper, Konzert, Ausstellung, Unterhaltungsveranstaltungen usw.); inzwischen gibt es eine ganze Flut von Themen und Bereichen, die regelmäßig kritischer Bewertung unterzogen werden, deren Kritiken aber zum Teil auch Reklamecharakter annehmen (z. B. SZ-Kostprobe, „Zeit"-Schmecker, Autotests, Stiftung Warentest, Modekritik, Sportkritik, Freizeitkritik usw.)

Für die Buchkritik hat sich der Begriff **Rezension** eingebürgert. Ein Rezensent stellt neue Bücher vor, beschreibt ihren Inhalt und ihre Form und liefert dabei sein wertendes Urteil, ohne dass diese drei Teile strikt voneinander getrennt werden müssten. Vorgegebene Wertmaßstäbe, Interessen und Erwartungen bestimmen – wie bei jeder anderen Kritik auch – die persönliche Einschätzung. Rezensionen beginnen meistens mit Angaben zum Autor; oft wird die Neuerscheinung mit seinen früheren Werken in Beziehung gesetzt oder mit thematisch ähnlichen Büchern anderer Autoren verglichen. Dies zeigt, dass auch bei Rezensionen die Wertmaßstäbe vergleichender Natur sind, zumindest sein können.

Fast noch wichtiger als das Urteil ist bei einer Rezension die aussagekräftige **Vorstellung** des Buches, die folgende Elemente enthalten sollte:

Belletristik | **Sachbuch**

- Angaben zum Autor
- Einordnung ins Gesamtwerk
- Vergleich mit themenverwandten Büchern

Belletristik

- Literaturgeschichtliche Einordnung
- Textsorte/Gattung
- Inhalt, Zielsetzung, Zielgruppe
- Handlung, Personen, Schauplatz, Zeit
- Erzähl- bzw. Dramentechnik, Lyrikformen
- Sprache und Stil
- Interpretationsansätze

Sachbuch

- Aktualität
- Sachbereich
- Inhalt, Thema, Problemstellung
- Aufbau, Gliederung, Umfang
- Aufmachung, Materialaufbereitung
- Sprache und Stil
- Standort des Autors

Kirschgeistreich

Die Geschichte vom „Brandner Kaspar" wurde von Joseph Vilsmaier verfilmt

von Rainer Gansera

Panik im Himmel der Bayern. Ein Preuße will rein. Alle Engel – sehr neckische Engerl: halb nackt, nur mit Lederhosen und Flügeln bekleidet – stemmen sich mit Vehemenz gegen die Tür. Der Portner (Himmelspförtner Petrus), der gerade vom Weißwurst-Essen kommt, muss die Gemüter beruhigen: „Koa Angst, mir lassen s' scho net rei. Sonst wär's ja koa Paradies nimmer", und präpariert sein Personal dafür, dass es sich von den Redelawinen der Preußen nicht beeindrucken lässt: „Die Preußen sprechen ihren ganzen Denkvorgang mit. Der Bayer gibt's Ergebnis nur bekannt."

Das Publikum im Münchner Volkstheater hat auf diese längst sprichwörtliche Pointe nur gewartet und jubelt. Christian Stückls „Der Brandner Kaspar und das ewig' Leben"-Inszenierung, die 2005 Premiere hatte und mittlerweile die hundertsechzigste ausverkaufte Aufführung verzeichnet, ist auf dem besten Weg zum Kultphänomen. Stückl hat eine kantigere, wildere, eigenwillige Version aus seiner Vorlage geschnitzt: der Dramatisierung des Brandner-Stoffes durch Kurt Wilhelm, die 1975 im Residenztheater uraufgeführt wurde und es zu phänomenalen eintausend Aufführungen brachte.

Und das Volkstheater-Publikum geht begeistert mit. Von Anfang an wird mitgeklatscht, wenn die Riederinger Musikanten aufspielen, viele Zuschauer kennen die Text-Highlights auswendig, und so stellt sich die Vision ein, dass sich demnächst im Volkstheater Szenen abspielen werden wie einst bei der Rocky Horror Picture Show. Da werden dann im Zuschauerraum als Boanlkramer (der leibhaftige Tod) Maskierte sitzen, neben den Engeln und jenen (die gestrenge Fraktion), die sich lieber als flammenschwertschwingender Erzengel Michael verkleiden, und die Stimmung wird beim Preußen-Bashing den Siedepunkt erreichen. […]

Szene aus der Verfilmung von Joseph Vilsmaier

Das Faszinosum dieser Aufführung beschrieb Peter Zadek so: „Ein wirkliches Volksstück, eine richtige Legende, ein Wunschtraum: Der Tod kommt, und du siehst zu, dass du ihn ansaufst, damit er dich nicht mitnimmt. Etwas, das naiv und optimistisch in seinem Empfinden ist, ohne blöd und albern zu sein."

Im Kern erzählt diese Legende vom grandiosen Sieg des Karnevalesken gegen den Überich-Himmel. Der alte Konflikt zwischen Wirtshaus und Kanzel, zwischen Lachen und Predigt, Rauschen und Ins-Gewissen-Reden wird triumphalistisch zugunsten des Wirtshauses entschieden. Ein Sieg des Karnevales-

ken in Gestalt bayerisch-anarchischer Lebensart: Wildern, Weißwürste, Kirschgeist, Karteln und natürlich das Preußen-Feindbild. […]
Und nun Vilsmaier. Nach dem Überraschungserfolg von Marcus H. Rosenmüllers bayerisch-surrealistischer Lausbuben-Groteske „Wer früher stirbt ist länger tot", die man durchaus als eigenwillige Variante des Brandner-Stoffes sehen kann, und der Erfahrung, dass man Mundartliches und bayerisch Zünftiges einem gesamtdeutschen Kinopublikum zumuten kann, hat sich Joseph Vilsmaier („Herbstmilch", „Stalingrad", „Schlafes Bruder", „Marlene") an die Brandner-Story herangemacht und präsentiert eine irgendwie nette, aber weich gespülte und zahnlose Version. Kein Zufall, dass dem Boanlkramer einmal das Gebiss aus dem Mund fällt.
Der Boanlkramer – immer die Paraderolle, spannender, als die Brandner-Figur, wie eben Mephisto spannender ist als Faust – bleibt in Michael Bully Herbigs Darstellung merkwürdig unentschieden. Einerseits folgt Bully den großen Vorbildern (Toni Berger bei Kurt Wilhelm, Maximilian Brückner bei Stückl), ohne deren Spannungskurven zwischen Unheimlichkeit und Kindisch-Grotesk hinzukriegen, andererseits versucht er seinen Comedy-Witz einzubringen. Manchmal wünscht man sich, dass Bully sich die Figur völlig zu eigen machte und in seinem Idiom durchbuchstabieren würde. So kommt es, dass die Brandner-Figur an Gewicht gewinnt und zum Rückgrat der Erzählung wird. Franz Xaver Kroetz macht aus dem alten, gewitzten Brandner einen herrlich auftrumpfenden rebellischen Geist, der sich sein Weiterleben gegen einen „Depperl"-Boanl zu Recht ertrotzt.
Vilsmaier kann Berglandschaften wunderbar fotografieren, er formt „Die Geschichte vom Brandner Kaspar" wie ein gut gebeiztes Bauernmöbel, aber für die Boanl-Groteske und den Bayernhimmel (den Kurt Wilhelm im prächtigsten Jesuiten-Barock-Stil ausstaffierte) fehlen ihm Gespür und Fantasie. Sein größter Fehltritt: Wie alles andere zeichnet er auch den forsch auftretenden Preußen (Detlev Buck) als supernette Erscheinung und raubt damit dem Stoff sein polemisches Bayern-Pathos. Da die Brandner-Legende im Kern unzerstörbar ist, wird sie auch in der Vilsmaier-Variante ihren Zuspruch finden. Aber diese „Geschichte vom Brandner Kaspar" kann nicht beanspruchen, in den bayerischen Filmhimmel aufgenommen zu werden. Ab mit ihr ins Fegefeuer.

Gansera, Rainer, Kirschgeistreich. Die Geschichte vom „Brandner Kaspar" wurde von Joseph Vilsmaier verfilmt, in: Süddeutsche Zeitung vom 15.10.2008, gekürzt

1. Benennen Sie die einzelnen Elemente der Rezension von Rainer Gansera. Unterscheiden Sie dabei auch zwischen Sachinformation und Wertung.
2. Arbeiten Sie die der Rezension zugrunde gelegten Wertmaßstäbe heraus.
3. Versuchen Sie sich als Rezensent eines Buches, eines Filmes oder einer Theateraufführung.
4. Verfassen Sie Kritiken, z. B. über einen Restaurantbesuch, ein touristisches Angebot, eine soziale Einrichtung, die Warenrepräsentation in einem Kaufhaus, ein neues technisches Produkt, das modische Erscheinungsbild Ihres Lehrerkollegiums, eine schulische oder öffentliche Veranstaltung, ein Rockkonzert oder eine neue CD, eine Kino- oder Theateraufführung.

Während z. B. Reportage, Kommentar, Glosse und Rezension Textsorten sind, die im Normalfall dem Journalisten als professionellem Schreiber vorbehalten sind, ist der **Leserbrief** eine Form, die dem Laien eine Möglichkeit zur öffentlichen Äußerung bietet. Der Anlass, der zur Stellungnahme herausfordert, ist in der Regel ein öffentliches Thema oder ein Zeitungsartikel. Am ehesten ist der Leserbrief vergleichbar mit einer Stellungnahme (vgl. S. 193 f.); manchmal handelt es sich auch nur um Ergänzungen oder Korrekturen zu einem bestimmten Vorgang. Auf jeden Fall hängt – wie bei der schulischen Erörterung – die Überzeugungskraft des Leserbriefs von seiner schlüssigen Argumentation (vgl. S. 125 ff.) ab.

Ein Leserbrief muss mit der Angabe des Anlasses bzw. des Bezugstextes beginnen, um dann erst Position zu beziehen. Bei aller Subjektivität und Deutlichkeit des eigenen Standpunktes darf der Leserbrief weder beleidigen noch verleumden. Selbstverständlich muss jeder Leserbrief namentlich unterzeichnet und mit Adresse versehen werden. Viele Zeitungen verfügen über eine feste Rubrik; die Redaktionen behalten sich eventuelle Kürzungen vor. Darum sollten Leserbriefe möglichst kurz und prägnant formuliert sein.

Beispiel

Zwei Leserbriefe zu einer Rezension von Rainer Gansera

Herzerwärmender Totentanz
Kirschgeistreich
SZ vom 15. Oktober 2008

Rainer Gansera gibt uns dankenswerterweise einen literaturhistorischen Abriss, aber hat er den Film verstanden? Der Boanlkramer Bully ist keineswegs ein Depp, sondern ein einsamer armer Hund. Nur als ferner Schattenriss ist er ein wenig zum Fürchten, bei näherer Betrachtung ist er eben geradezu menschlich. Hat man je zuvor einen herzerwärmenden Totentanz gesehen? Wo sich heutzutage die Zwölfjährigen Horrorvideos reinziehen, braucht´s keinen Gruseltod mehr. Der wunderbare Boanlkramer Bully kommt in der beginnenden Moderne an mit seiner Dampfmaschine und der Entfremdung von seinem Pferd – und mit ihm die ganze Geschichte!

Angelika Klüpfel, Hohenroth

Mit der Filmkritik bin ich ganz und gar nicht einverstanden. Vorab möchte ich bemerken, dass ich selten so gelacht habe, aber doch auch nachdenklich geworden bin. Es kann keinen Zweifel geben, dass Joseph Vilsmaier bei der Verfilmung dieser Geschichte zumindest die Urfassung im altbairischen Dialekt von Franz von Kobell durchgelesen haben muss. Gerade wenn man sie genau durchliest, wird deutlich, dass nicht der Boanlkramer die Hauptrolle spielt, sondern der Brandner Kaspar.
Bereits in der altbairischen Fassung blitzt die bayrische Schlitzohrigkeit und das Aufrührerische, garniert mit bäuerlicher Deftigkeit, unübersehbar auf. Der Boanlkramer wird bereits in der Urfassung als Depperl dargestellt, was auch logisch ist, geht es in diesem bayrisch-barocken Stück doch darum, bayerische Lebensfreude, die „unbandige“ Lust am Leben, auszudrücken. Und das hat Vilsmaier bestens erfasst und filmisch umgesetzt. Seinen feinen Humor zu verstehen, ist nicht jedermanns Sache.

Oswald Poplas, München

Herzerwärmender Totentanz, in: Süddeutsche Zeitung vom 13.11.2008

1. Weisen Sie den grundsätzlichen Unterschied zwischen den beiden Leserbriefen nach.
2. Arbeiten Sie stichwortartig die Einzelargumente aus den beiden Leserbriefen heraus.
3. Vergleichen Sie die Rezension und die dazu verfassten Leserbriefe.
4. Verfassen Sie einen Leserbrief zu einem aktuellen Thema bzw. Artikel aus Ihrer Tageszeitung.

4 Tagebuch und Weblog

Als **Tagebuch** bezeichnet man regelmäßige und datierte Aufzeichnungen in chronologischer oder doch eher unsystematischer bzw. bruchstückhafter Form. Das Tagebuch hält Begebenheiten des täglichen Lebens ebenso fest wie Stimmungen und Gefühle, Gedanken und Überlegungen, Erinnerungen und Hoffnungen; es berichtet über kulturelle und gesellschaftliche, historische und politische Begebenheiten und versieht die Aufzeichnungen mit persönlichen Wertungen und Kommentaren. Das Tagebuch ist ein Medium der Selbstdarstellung, es ist sehr subjektiv gehalten und aufgrund seiner Privatheit und Intimität in der Regel nicht im Hinblick oder Bewusstsein einer späteren Publizierung verfasst. Insbesondere „private" Tagebücher wirken sehr unmittelbar und direkt. Letztlich setzt das Tagebuch die bewusste Individualität des Schreibenden voraus, sein Interesse, sich selbst zum Thema zu machen.
Im Hinblick auf Inhalte und Schreibweisen ist das Tagebuch ähnlich offen und vielfältig wie der Brief, unterscheidet sich von diesem aber aufgrund seiner eher monologischen Struktur. Stil und Inhalt des Tagebuchs können höchst unterschiedlich sein: Es kann alltägliche Gebrauchsform sein (vgl. Deutsches Tagebucharchiv), es kann zur historischen Quelle werden (vgl. Victor Klemperer) oder es wird literarisiert und fiktionalisiert.

Schriftsteller nutzen seit jeher die vielfältigen Möglichkeiten der **Tagebuchliteratur** sehr unterschiedlich (vgl. u. a. Theodor Fontane, E.T.A. Hoffmann, Erich Kästner, Walter Kempowski, Brigitte Reimann, Peter Rühmkorf, Stefan Zweig). Stellen Goethes Tagebücher einen eher alltäglichen Rechenschaftsbericht dar, sind Franz Kafkas Aufschreibungen das Zeugnis einer radikalen Selbstanalyse. Hält Thomas Mann fast buchhalterisch Alltägliches fest bis hin zu Verdauungsbeschwerden, verzichtet Bertolt Brechts Tagebuch nahezu auf Privates und enthält als sogenanntes Arbeitsjournal eine Material- und Ideensammlung für spätere Projekte.

Auf historisch-politische Ereignisse wie Kriegsgefangenschaft, Verfolgung und Nachkriegszeit verweisen „In Stahlgewittern" (E. Jünger), „Das Tagebuch der Anne Frank" (A. Frank) oder Max Frischs Nachkriegs-„Tagebuch".

Schließlich kann das Tagebuch – wie der Brief – auch als Modell für fiktives Erzählen benutzt werden: „Die Aufzeichnungen des Malte Laurids Brigge" (R. M. Rilke), „Stiller" (M. Frisch), „Jahrestage" (U. Johnson).

Die moderne Variante des Tagebuchs ist das Weblog.

Das **Weblog** (oder Blog) ist ein regelmäßig aktualisiertes Online-Tagebuch, das auf einer Webseite geführt und damit über das Internet jedermann zugänglich ist; einige dieser Internet-Tagebücher haben inzwischen publizistischen Status. Der aus der Wortverknüpfung vom World Wide Web und Logbuch hervorgegangene Begriff steht für eine Endlosliste von Einträgen, die in bestimmten Abständen unterbrochen wird. Im Unterschied zu herkömmlichen Webseiten erscheint der chronologisch letzte Eintrag am Beginn der Seite. Die fortlaufende, thematisch nicht immer strukturierte, oft mehrmals täglich ergänzte Seite enthält Artikel zu einem spezifischen Themenbereich oder zu unterschiedlichen Themen – entweder von einem Autor oder von mehreren Autoren, die aufeinander Bezug nehmen. So entsteht eine Art „Gesprächsprotokoll" und zusammen mit Links zu anderen Webseiten schließlich ein kommunikatives Netzwerk (Blogosphäre); vor allem persönlich gehaltene Weblogs erinnern diesbezüglich an den traditionellen Briefwechsel, der – wie bestimmte Tagebücher – durchaus für eine spätere Veröffentlichung gedacht war. Die einzelnen Beiträge können von den Autoren bzw. den Administratoren (Herausgebern) eines Weblogs verändert oder gelöscht werden. Das Blog enthält zudem Angaben zum Blogger (Name/Pseudonym) und zum Zeitpunkt der Veröffentlichung.

Etwa ein Drittel der Blogger liefert Informationen, Nachrichten, Berichte oder Kommentare zu speziellen Themen oder Ereignissen aus höchst unterschiedlichen gängigen oder eher außergewöhnlichen Bereichen in einem oft witzigen, ironischen oder sarkastischen Stil (vgl. Fachblog, Watchblog, Warblog u. v. m.). Dagegen möchten ca. zwei Drittel eher persönliche Erlebnisse, Erfahrungen und Empfindungen publizieren, die Öffentlichkeit – im Gegensatz zum traditionellen Tagebuch – am Privaten teilhaben lassen.

Während Kritiker die schier grenzenlose Entblößung des Einzelnen oder auch die Aufgabe wichtiger journalistischer Standards beklagen, erhoffen Befürworter von Weblogs einen Beitrag zur Wiederbelebung der Meinungsvielfalt angesichts dominierender Medienkonzerne.

In manchen Gegenden der Welt entfalten Weblogs emanzipatorische Eigenschaften, indem sie verbotene Ansichten – sehr schnell – transportieren und damit zum Medium der Rebellion werden. So sind Blogger in diktatorischen Staaten gefürchtet und gefährdet.

20 Jahre Haft für Blogger

von Oliver Meiler

Singapur – Seine Fotos zeigten protestierende Mönche, seine Texte erzählten von der Revolte der Geistlichen gegen Birmas Regime im vergangenen Herbst und von der Niederschlagung des Aufstandes in Rangun. Nun hat ein birmanisches Gericht den bekannten 28-jährigen Blogger Nay Phone Latt zu einer Haftstrafe von zwanzig Jahren und sechs Monaten verurteilt. Dem Besitzer von drei Internet-Cafés wird vorgeworfen, er habe mit seinen Einträgen den Staat diffamiert und gegen jene Gesetze verstoßen, die auch den Gebrauch elektronischer Medien regelten. [...] Vom Urteil erfuhr die Mutter des Bloggers, als sie am Montag ins Gefängnis bestellt wurde, den Sohn durfte sie aber nicht sehen. [...]

Für die Militärjunta stellt die Arbeit der Blogger eine neue Herausforderung dar. Bis dahin war es ihr dank der Kontrolle über die herkömmlichen Medien stets gelungen, den Informationsfluss stark einzuschränken. Die Blogger schafften es, mit den Bildern, die sie unter anderem mit Mobiltelefonen aufnahmen und versandten, die Kontrolle zu durchbrechen. Das Regime schaltete zwar das Internet ab, doch das Material gelangte trotzdem ins Ausland und wurde dort von Internetplattformen oppositioneller Exilbirmanen veröffentlicht. [...]

Meiler, Oliver, 20 Jahre Haft für Blogger, in: Süddeutsche Zeitung vom 12.11.2008, gekürzt

5 Flugblatt und Werbung

Die Erfindung des Buchdrucks ermöglichte die rasche Vervielfältigung und Verbreitung von Texten auch in Form von **Flugblättern**. Diese ein- bis zweiseitigen Druckschriften dienten entweder der Nachrichtenverbreitung oder standen im Dienst der Meinungsbeeinflussung. Politische, religiöse, moralische und soziale Fragen und Ideen wurden auf diese Weise, häufig anonym, publik gemacht. Luther bediente sich in seiner Schrift „An den christlichen Adel deutscher Nation" dieser Form ebenso wie z. B. Georg Büchner in seinem „Hessischen Landboten". Vor allem in revolutionären Zeiten und in Kriegen kommt dieser Form von Propaganda große Bedeutung zu. Heutzutage nutzen die vielfältigen Interessengruppen in einer pluralistischen Gesellschaft solche Blätter zur Information, als Appell oder zur kritischen Bewusstseinsbildung.

Die äußere Form und das Anliegen von Flugblättern bringen meistens eine plakative Aufmachung und einen einprägsamen Stil mit sich. Dabei sind die rhetorischen Mittel der Eindringlichkeit besonders häufig. Seit einigen Jahren wird immer häufiger für diese Form der Öffentlichkeitsarbeit der Begriff **Flyer** verwendet. Ein Beispiel für einen Flyer finden Sie auf S. 172 oben.

Spielwaren aus China?

Teddybären: Sie sind stumm und können nicht protestieren gegen die zum Himmel schreienden Bedingungen, unter denen sie hergestellt werden!

Etwa 75 Prozent aller Spielwaren, Teddybären, Plüschtiere und Kunststoff-Spielzeuge werden in China produziert. „Made in China" bedeutet in der Regel auch günstige Preise. Erschütternde Berichte zeigen jedoch, dass die chinesischen Arbeiterinnen und Arbeiter als Folge der Billigproduktion unter miserablen Arbeitsbedingungen zu leiden haben:

- **überlange Arbeitszeiten von bis zu 14 Stunden täglich während 6 oder gar 7 Tagen pro Woche**
- **gesundheitsgefährdende Arbeitsbedingungen z.B. durch Chemikalien**
- **Löhne unterhalb des gesetzlichen Mindestlohns, vorenthaltene Sozialversicherungen**
- **gravierende Sicherheitsmängel für Mensch und Umwelt**
- **Verbot von unabhängigen Arbeitnehmerorganisationen, womit das chinesische Regime verhindert, dass sich die ArbeitnehmerInnen gegen die ausbeuterische Behandlung wehren können.**

Spielwaren für Weihnachten, die unter solch menschenverachtenden Bedingungen produziert werden, machen keine Freude! Doch über Ihren Einkaufskorb können Sie als KonsumentIn mithelfen, etwas zu verändern.

EvB
Erklärung von Bern
Dichiarazione di Berna
Déclaration de Berne

GSTF
GESELLSCHAFT SCHWEIZERISCH-TIBETISCHE FREUNDSCHAFT

Gesellschaft Schweizerisch-Tibetische Freundschaft (2008), Erklärung von Bern, Spielwaren aus China? Online unter: http://www.tibetfocus.com/infoblaetter/china_teddy_flugi.pdf, zugegriffen am 12.10.2008

Auch die **Werbung** gehört zu den Formen beeinflussender Kommunikation. Man definiert sie als planmäßigen Einsatz von Bild und Sprache zur Steuerung menschlicher Entscheidungen, aber auch zur Weckung von Bedürfnissen. Die beiden wichtigsten Bereiche der Werbung sind heute die Politik, vor allem aber die Wirtschaft. Werbestrategien werden von Erkenntnissen der Sozialwissenschaften, der Massenpsychologie, der Sprachpsychologie und der Informationstheorie beeinflusst. Obwohl Werbung in den audiovisuellen Medien immer wichtiger wird, behält sie auch in den Printmedien ihren Stellenwert, weil sie konserviert und daher beliebig verfügbar ist. In Werbetexten findet sich fast immer das Zusammenwirken der drei Komponenten: Hersteller/Anbieter – Ware/Idee – Käufer/Interessent. Neben der eindeutig erkennbaren Werbeanzeige gibt es auch die sich als Information tarnende indirekte Werbung. Auch eindeutig positive Produkte, Organisationen oder Initiativen benötigen heutzutage gewisse Werbestrategien, um bekannt zu werden, Anhänger zu gewinnen und Gelder zu sammeln.

Bei der Analyse und Beurteilung von Werbetexten empfehlen sich folgende Überlegungen:

- Wer ist der Auftraggeber?
- Wer ist der Adressat (Zielgruppe)?
- Wie wird die Zielgruppe von den Werbestrategen eingeschätzt?
- Welches Ziel, welche Interessen werden angestrebt?
- Wie ist die Aufmachung (Bild-, Grafik-, Textelemente) gestaltet?
- Welche Sachinformationen sind enthalten?
- Welche manipulativen Scheininformationen liegen vor?
- Welche gefühlsmäßigen Assoziationen (z. B. Prestige, Sicherheit, Sexualität ...) sollen beim Adressaten geweckt werden?
- Welche sprachlichen Mittel werden verwendet?

VORWEG GEHEN

Und mit Windenergie den Erhalt der Galapagos-Inseln sichern.

Galapagos-Schildkröten und ihre Inselmitbewohner können aufatmen. Saubere Windenergie löst mithilfe von RWE veraltete Dieselgeneratoren auf dem „Weltkulturerbe Galapagos-Inseln" ab. Für eine sichere Stromversorgung der 7.000 Einwohner von San Cristobal und sogar die Hälfte des gesamten Inselbedarfs. Ohne die bisherigen Schadstoff- und Lärmbelastungen für die Natur. So wird hier mit globalem Know-how der RWE das Risiko von Ölverschmutzung für die einmalige Tier- und Pflanzenwelt deutlich reduziert. Die 2,4-Megawatt-Windfarm ist Teil mehrerer Initiativen mit den Vereinten Nationen, Treibhausgase weltweit zu minimieren. Dort, wo es am effizientesten für das Klima ist, ungeachtet der Länder- oder Kontinentgrenzen. Schließlich wollen wir nicht reden, sondern handeln. www.vorweggehen.com

RWE, Werbeanzeige, in: Süddeutsche Zeitung vom 26.09.2008

1. Analysieren Sie das Flugblatt auf S. 172 im Hinblick auf seinen Informations- und Appellcharakter.
2. Entwerfen Sie in Gruppenarbeit ein Flugblatt für Initiativen Ihrer Wahl (z. B. Obdachlosenhilfe, SMV, Ökogruppe, Tierschutz...).
3. Setzen Sie sich mit der Überschrift der Werbeanzeige auseinander.
4. Beschreiben Sie den Zusammenhang zwischen Bild und Text der Werbeanzeige.
5. Arbeiten Sie die Sachinformationen und die Scheininformationen heraus.
6. Suchen Sie wesentliche sprachliche Mittel heraus.
7. Mit welchen psychologischen Mitteln arbeitet die Anzeige?
8. Welche Probleme gibt es im Zusammenhang mit Werbung? Beziehen Sie konkrete Beispiele der Werbung aus jüngster Zeit mit ein.
9. Gestalten Sie eine Werbeanzeige für eine Veranstaltung Ihrer Schule.

VI Kreatives Schreiben

Kreatives Schreiben verzichtet auf einen konkreten Verwendungszweck. Oft geht es darum, Freude und Ideenreichtum am schreibenden Umgang mit Sprache zu entwickeln oder die persönliche Rolle des „Schreibers" zu reflektieren. Kreatives Schreiben kann über die eigene freie literarische Produktionserfahrung auch neue Einsichten für die Analyse fremder Texte vermitteln. Die folgenden Beispiele sind – beschränkt auf eine kleine Auswahl von Möglichkeiten – als Anregungen zu verstehen und beliebig ergänzbar oder variierbar.

1 Umformen

Inventur (1946) | Günter Eich

Dies ist meine Mütze,
dies ist mein Mantel,
hier mein Rasierzeug
im Beutel aus Leinen.

Konservenbüchse:
Mein Teller, mein Becher
ich hab in das Weißblech
den Namen geritzt.

Geritzt hier mit diesem
kostbaren Nagel,
den vor begehrlichen
Augen ich berge.

Im Brotbeutel sind
ein Paar wollene Socken
und einiges, was ich
niemand verrate,

so dient es als Kissen
nachts meinem Kopf.
Die Pappe hier liegt
zwischen mir und der Erde.

Die Bleistiftmine
lieb ich am meisten:
Tags schreibt sie mir Verse,
die nachts ich erdacht.

Dies ist mein Notizbuch,
dies meine Zeltbahn,
dies ist mein Handtuch,
dies ist mein Zwirn.

Eich, Günter, Inventur, in: Der große Conrady. Das Buch deutscher Gedichte, Patmos Verlag, Düsseldorf 2008, S. 773

1. Formen Sie das Gedicht „Inventur" von Günter Eich um, indem Sie die angegebenen Gegenstände durch heutzutage gebräuchliche ersetzen.
2. Was ist die Aussage des Gedichts vor dem Hintergrund seines Entstehungsdatums?

2 Weiterschreiben

Von wegen „Ende gut, alles gut“!

Harald Beck hat Romanschlüsse gepaart und dabei sein blaues Wunder erlebt

Grüß dich, Deutschland, aus Herzensgrund!

Eckhard Henscheid, *Die Mätresse des Bischofs*

Rollo, der bei diesen Worten aufwachte, schüttelte den Kopf langsam hin und her, und Briest sagte ruhig: „Ach, Luise, laß ... das ist ein zu weites Feld.“

Theodor Fontane, *Effi Briest*

Doch an der Tür, wohin ich sie begleitet hatte, wandte sie sich um und sagte mit fester Stimme: „Peter Iwanowitsch ist ein Erleuchteter.“

Joseph Conrad, *Mit den Augen des Westens*

(Dabei hatte ich leedicklich meine Haustür-Lampe angeknipst.)

Arno Schmidt, *Kaff auch Mare Crisium*

Mozart wartete auf mich.

Hermann Hesse, *Der Steppenwolf*

Wir werden, wie Gewöhnliche, ein Glas Wein zusammen trinken, eine stille Partie Bezique spielen und vielleicht von alten Zeiten sprechen, da wir beide den neuen mit wenig Spannung entgegensehen.

Wolfgang Hildesheimer, *Paradies der falschen Vögel*

Jeder badet für sich.

Günter Grass, *Hundejahre*

Dann klaubte sie mir das durchweichte Ahornblatt von der Stirn, strich es glatt und breitete es mit einer versöhnlichen Geste über die haarige Menschlichkeit, die unsereiner nunmal am Leibe hat.

Ulrich Horstmann, *Patzer*

„Ich liebe dich, Weltgeist!“

Paul Scheerbart, *Ich liebe dich. Ein Eisenbahnroman mit 66 Intermezzos*

Auf die erste Heiratsanzeige, die Melzer aufgegeben hat, hat er drei Zuschriften bekommen.

Gernot Wolfgruber, *Herrenjahre*

Diederich war schon entwichen.

Heinrich Mann, *Der Untertan*

Kein Geistlicher hat ihn begleitet.

Johann Wolfgang Goethe, *Die Leiden des jungen Werther*

Beck, Harald, Von wegen „Ende gut, alles gut“! in: Süddeutsche Zeitung vom 05./06.02.1994, gekürzt

1. Wählen Sie aus der Zitatensammlung von Harald Beck Anfangs- und Schlusssatzpaare aus und füllen Sie diese mit einem Zwischenstück.

2. Gehen Sie von folgenden Sätzen aus und setzen Sie die Geschichte fort:
„Diederich Heßling war ein weiches Kind, das am liebsten träumte, sich vor allem fürchtete und viel an den Ohren litt.“
(Mann, Heinrich, Der Untertan, München ^{5}1969, S. 5; Erstausgabe 1916)
„Die Stadt ist von zwei Menschenkategorien bevölkert, von Geschäftemachern und ihren Opfern, dem Lernenden und Studierenden nur auf die schmerzhafte, eine jede Natur störende, mit der Zeit verstörende und zerstörende, sehr oft nur auf die heimtückisch-tödliche Weise bewohnbar.“
(Bernhard, Thomas, Die Ursache, Salzburg 1975, S. 9)

3. Entwickeln Sie einen Text zu folgendem Schlusssatz:
„‚Man begreift's nicht', seufzte Giebenrath. ‚Er ist so begabt gewesen, und alles ist ja auch gutgegangen, Schule, Examen – und dann auf einmal ein Unglück übers andere.'“
(Hesse, Hermann, Unterm Rad, Frankfurt/Main ^{5}1975, S. 165; Erstausgabe 1906)

3 Neuschreiben

Elfchen als kurze Gedichtform wollen Kreativität und Mitteilsamkeit anregen. Formale Regeln zum Textaufbau sollen dabei lediglich als Hilfestellung verstanden werden. Das Elfchen besteht aus elf Wörtern, die in festgelegter Folge auf fünf Zeilen verteilt werden. Für jede Zeile wird eine Anforderung, die jeweils auch variiert werden kann, formuliert:

Erste Zeile: ein Wort (ein abstrakter Gedanke, ein konkreter Gegenstand, eine Farbe, eine Sinneswahrnehmung etc.)
Zweite Zeile: zwei Wörter (Was macht das Wort aus Zeile 1?)
Dritte Zeile: drei Wörter (Wo oder wie ist das Wort aus Zeile 1?)
Vierte Zeile: vier Wörter (Was meinen sie?)
Fünfte Zeile: ein Wort (Was kommt dabei heraus?)

Beispiel Elfchen

Hochsommer
Grelles Licht
Sonne schenkt Wärme
Pracht der Früchte erfreut
Erfüllung

Die ursprünglich japanische Form des **Haiku** hat sich mittlerweile auch im deutschsprachigen Raum als kreative Schreibform etabliert. Üblicherweise wird dabei das Silbenmuster 5-7-5, verteilt auf drei Zeilen, verwendet. Ein Haiku ist eine Momentaufnahme. Es wird genau beobachtet, eine Stimmung zum Ausdruck gebracht. Gedankensprünge wecken und fördern dabei das Assoziationsvermögen beim Lesen eines Haiku.

Beispiele Haiku

Sonnenuntergang.
Die strahlenden Gesichter
verblassen wieder.

Bei Schwalbenflügen
der Klang des leisen Abschieds
in stiller Sehnsucht.

1. Gestalten Sie – in Einzel- oder Gruppenarbeit – Elfchen zu verschiedenen Jahreszeiten, Stimmungen oder Tugenden.
2. Entwerfen Sie jeweils ein Haiku, das einen der folgenden Begriffe enthält: Atem, Schmetterling, Dunkel, Orchidee, Herbstsonne. Tauschen Sie Ihre Erfahrungen in der Gruppe aus.

4 Übungsteil

	Beispiele produktiver kreativer Textarbeit	Beispiele für Textvorlagen
1.	Gestalten Sie einen epischen Text in einen Sketch um.	Erzählung „Furcht" von Marlen Haushofer (vgl. CD-ROM, Kap. 4/III)
2.	Nutzen Sie eine Kurzgeschichte als Anregung für lyrische Versuche.	Kurzgeschichte „Abgefertigt" von Helga M. Novak (vgl. S. 254 f.)
3.	Tauschen Sie in einem Text enthaltene Adjektive, Metaphern, Vergleiche und Gegenstände so aus, dass der Text möglichst stark verändert wird.	Romanauszug „Stille Zeile sechs" von Monika Maron (vgl. S. 520 f.)

4.	Aktualisieren Sie einen Text.	Märchen vom „Sterntaler" der Brüder Grimm (vgl. S. 462)
5.	Entwerfen Sie anhand des Romanauszugs einen Zeitungsbericht.	Romanauszug „Das Spinnennetz" von Joseph Roth (vgl. CD-ROM, Kap.8/II)
6.	Schreiben Sie eine E-Mail an Werther als Antwort auf seine Auslassungen vom 10. Mai oder 21. August.	Romanauszug „Die Leiden des jungen Werthers" von Johann Wolfgang von Goethe (vgl. S. 479)
7.	Gestalten Sie für Effi Briest einen inneren Monolog im Anschluss an ihr Weinen: „... darin sich ihr Herz erleichterte."	Roman „Effi Briest" von Theodor Fontane (vgl. CD-ROM, Kap. 8/II; Z. 80 f.)
8.	Schreiben Sie einen Textauszug weiter.	Romanauszug „Transit" von Anna Seghers (vgl. CD-ROM, Kap. 8/II)
9.	Verfassen Sie einen Paralleltext. Das Thema eines Gedichts, z. B. Abend, wird umgestaltet in ein Gedicht mit dem Thema Morgen.	Sonett „Abend" von Andreas Gryphius (vgl. S. 282)
10.	Ergänzen Sie das Schicksal der trauernden Braut ab der Textstelle: „[...] und vergaß ihn nie."	Kalendergeschichte „Unverhofftes Wiedersehen" von Johann Peter Hebel (vgl. S. 464 f.)
11.	Erfinden Sie auf der Grundlage eines Gedichts eine Kurzgeschichte oder Filmszene.	Gedicht „Einer jener Klassischen" von Rolf Dieter Brinkmann (vgl. S. 616)
12.	Formulieren Sie einen Gegentext, d. h., wandeln Sie z. B. eine gestörte Beziehung in eine harmonische Beziehung um.	Dramenszene „Geschichten aus dem Wiener Wald" von Ödön von Horvath (vgl. S. 266 ff.)
13.	Überlegen sich eine Vorgeschichte zu einer einzelnen Figur, z. B. Mutter.	Roman „Blue Print" von Charlotte Kerner (vgl. S. 223 f.)
14.	Schreiben Sie eine Dramenszene in einen Prosatext um.	Dramenszene „Mensch Meier" von Franz Xaver Kroetz (vgl. S. 568 f.)
15.	Lassen Sie sich von einem Dramenauszug zu einem Gedicht inspirieren.	Dramenauszug „Draußen vor der Tür" von Wolfgang Borchert (vgl. S. 550 f.)
16.	Verknüpfen Sie ein Gedicht mit Interpretationen, d. h., fügen Sie zwischen die originalen Zeilen Kommentare, Zwischenrufe, Bemerkungen, Gegenaussagen, Beschwichtigungen ein.	Gedicht „Mit Haut und Haar" von Ulla Hahn (vgl. S. 287)
17.	Entwerfen Sie die Vorstellung einer fiktionalen Figur in Ich-Form, z. B. „Ich heiße Simrock und ..."	Romanauszug „Schlaflose Tage" von Jurek Becker (vgl. CD-ROM, Kap. 4/III)
18.	Machen Sie aus den Brüdern Moor die Schwestern Moor.	Dramenszene „Die Räuber" von Friedrich Schiller (vgl. S. 533)
19.	Schreiben Sie eine Textstelle von der Hochsprache in einen Dialekt um.	„Top Dogs" von Urs Widmer (vgl. S. 96 f.)
20.	Schmücken Sie eine im Text nur angedeutete Handlung aus.	Auszug der Erzählung „Abschied von Sidonie" von Erich Hackl (vgl. S. 252)

21. Führen Sie folgende Gedichtanfänge fort:

An dich denken (1979) | Erich Fried

An dich denken
und unglücklich sein?
Wieso?
...

Fried, Erich, An dich denken, in: Nichts ist versprochen. Liebesgedichte der Gegenwart, hrsg. von Hiltrud Gnüg, Reclam Verlag, Stuttgart 1989, S. 202 f.

Frühmärz (1979) | Ursula Krechel

Sprech ich in diesem Frühjahr noch
von meiner arbeitslosen Liebe?
Die liegt danieder, krankt
...

Krechel, Ursula, Frühmärz, in: Krechel, Ursula, Verwundbar wie in den besten Zeiten, Luchterhand Verlag, Darmstadt/Neuwied 1979.

22. Verwenden Sie Zeitungsmeldungen als Impulse für Kurzgeschichten oder Drehbuchkonzepte.

23. Kombinieren und verknüpfen Sie Werbesprüche so, dass ein überraschender oder witziger Effekt zustande kommt.

24. Wählen Sie eine Ihnen zusagende literarische Textsorte und schreiben Sie etwas zu folgenden Überschriften:
- Nicht immer, aber immer öfter
- Geiz ist geil
- Unverhofftes Wiedersehen
- Angst essen Seele auf
- Endlos
- Bei uns sitzen Sie in der ersten Reihe

25. Schreiben Sie zu dem Titel „Ausgetrickst" eine Fabel.

26. Dichten Sie einen Schlagertext zum Thema „Sanfter Tourismus".

27. Erzählen Sie Einschlafgeschichten für Kinder.

28. Legen Sie Charaktere fest für eine Familienserie und gestalten Sie in Gruppenarbeit Szenen.

29. Verfassen Sie ein Gedicht mit dem Titel „Enttäuschung".

30. Gestalten Sie eine Kurzgeschichte mit dem Titel „Das Klassenfoto".

31. Familienalbum – Verfassen Sie in Gruppenarbeit Porträts für einen Sammelband.

32. Schreiben Sie einen klassentypischen Sketch für die Abschlussfeier.

33. Gestalten Sie eine Parodie zum Thema „Pause im Lehrerzimmer".

Kapitel 4: Umgang mit Texten

I Einteilung von Texten

1 Begriffserklärungen

Der Begriff **Text** (lat. textus = Gewebe) ist die allgemeinste Benennung für einen mündlichen oder schriftlichen Wortlaut. Im Kommunikationsmodell stellt der Text die sprachliche Kodierung der Botschaft des Senders an den Empfänger dar (vgl. S. 70 ff.). Statt des Textbegriffs kann man auch das Wort **Literatur** als allgemeinste Bezeichnung verwenden, wenn die ursprüngliche Wortbedeutung (lat. literae = Buchstaben) zugrunde liegt. Allerdings wird der Begriff „Literatur" meistens für **fiktionale** (erfundene, erdachte, poetische) **Texte** verwendet, selten für nicht fiktionale, d. h. **expositorische Texte** (Gebrauchstexte, Sachtexte), die für einen realen Sachzusammenhang entstanden sind.

Gemäß den möglichen Hauptabsichten, die der Sender mit seiner Botschaft verbindet, kann man die Texte nach **Textarten** unterteilen:

Expositorische Texte	Fiktionale Texte
■ Informierende Texte ■ Argumentierende Texte ■ Appellierende Texte ■ Normierende Texte ■ Ästhetisch-kreative Texte	■ Epische Texte (Prosa) ■ Dramatische Texte ■ Lyrische Texte

Unter **informierenden Texten** versteht man Sachtexte, bei denen es vorrangig um die Vermittlung von Fakten (Vorgänge, Gegenstände, Abläufe) geht. Steht die begründende Meinungsäußerung im Vordergrund, spricht man von **argumentierenden Texten**. Mit **appellierenden Texten** bezeichnet man Texte, die vor allem ein bestimmtes Verhalten bewirken wollen. **Normierende Texte** legen in Gebots- oder Verbotsform Handlungsmaßstäbe eindeutig fest. **Ästhetisch-kreative Texte** gelten zwar als Sachtexte, stehen aber durch ihr Ausdrucksniveau, ihre künstlerische Freiheit und ihre schöpferische Eigenständigkeit poetischen Texten am nächsten.
Die folgende (siehe S. 180) Einteilung ist idealtypisch; in der Praxis enthalten Texte oft die Merkmale verschiedener Textarten. Ein Werbetext kann u. U. alle Absichten – unterschiedlich stark ausgeprägt – auf sich vereinen.

2 Stammbaum

Texte

- **fiktional**
  - **Lyrik**
    - Alltagslyrik
    - Ballade
    - Dinggedicht
    - Engagierte Lyrik
    - Erlebnisgedicht
    - Expressionistisches Gedicht
    - Gedankenlyrik
    - Hermetische Lyrik
    - Hymne
    - Kirchenlied
    - Konkrete Poesie
    - Lehrgedicht
    - Lied
    - Minnesang
    - Naturgedicht
    - Ode
    - Politisches Gedicht
    - Sonett
    - Song
    - Symbolistisches Gedicht
  - **Epik (Prosa)**
    - Anekdote
    - Briefroman
    - Dorfroman
    - Erzählung
    - Exilroman
    - Gesellschaftsroman
    - Großstadtroman
    - Historischer Roman
    - Höfisches Epos
    - Kalendergeschichte
    - Kurzgeschichte
    - Legende
    - Märchen
    - Novelle
    - Parabel
    - Roman
    - Sage
    - Schelmenroman
    - Zeitroman
  - **Drama**
    - Absurdes Theater
    - Bürgerliches Trauerspiel
    - Dokumentarisches Theater
    - Einakter
    - Episches Theater
    - Experimentelles Theater
    - Fernsehspiel
    - Grotesk-zeitkritisches Theater
    - Historisches Drama
    - Hörspiel
    - Komödie
    - Kritisches Volksstück
    - Neorealistisches Theater
    - Parabelstück
    - Politische Revue
    - Postdramatisches Theater
    - Realistisches Volksstück
    - Schauspiel
    - Soziales Drama
    - Spielfilm
    - Traditionelles Volksstück
    - Tragikomödie
    - Tragödie
- **expositorisch**
  - **ästhetisch-kreativ**
    - Brief
    - Essay
    - Glosse
    - Tagebuch
  - **informierend**
    - Bericht
    - Beschreibung
    - Dokumentation
    - Protokoll
    - Reportage
    - Weblog
  - **argumentierend**
    - Ansprache
    - Erörterung
    - Interpretation
    - Kommentar
    - Kritik
    - Rezension
  - **appellierend**
    - Aufruf
    - Flugblatt
    - Wahlrede
    - Werbetext
  - **normierend**
    - Anordnung
    - Gesetz
    - Satzung
    - Verordnung
    - Vorschrift

Diese Einteilung ist idealtypisch; in der Praxis enthalten Texte oft die Merkmale verschiedener Textarten. Ein Werbetext kann u. U. alle Absichten – unterschiedlich stark ausgeprägt – auf sich vereinen.

Unterteilt man Texte nicht vorrangig nach der Aussageabsicht, sondern mehr nach formalen Kriterien, so verwendet man den Begriff **Textsorte**. Textsortenbezeichnungen sind sozusagen Etiketten oder Ordnungsbegriffe; **Textarten** charakterisieren die Hauptabsicht. Ein Leserbrief (= Textsorte) ist äußerlich an verschiedenen Merkmalen (Bezugspunkt, Absenderangabe, Ort der Veröffentlichung etc.) erkennbar, kann jedoch – je nach Absicht des Schreibers – mehr informativ, appellativ oder argumentativ etc. sein (= Textarten).

Im Bereich der fiktionalen Texte verwendet man den Begriff **Gattung** in erster Linie für die drei **Dichtungsarten** Lyrik, Prosa (Epik) und Drama, mitunter auch für die konkreten Formen (z. B. Komödie, Ode, Novelle etc.), für die aber immer häufiger der Begriff „Textsorte" Verwendung findet.

Ähnlich wie Textart eine Schreibhaltung kennzeichnet und Textsorte eine Form, kennzeichnen bei literarischen Texten die Substantive **Lyrik, Epik** und **Drama** die Form, die zugehörigen Adjektive ebenfalls Schreibhaltungen bzw. Wesensmerkmale. Die Ordnungsbegriffe teilen die Gattungen nach äußeren Kennzeichen ein, wobei als einfachstes Unterscheidungsmerkmal das Druckbild gelten kann: In der Lyrik sind die Zeilen nur teilweise genutzt, beim Drama steht zu Beginn jeder Redepartie der Name des Sprechers mit Doppelpunkt und bei epischen Texten wird das Erzählte zwar in Abschnitte unterteilt, aber insgesamt fortlaufend – in der Regel bis an den Zeilenrand – geschrieben.

Weiterreichende Definitionen der drei Ordnungsbegriffe „Lyrik", „Epik", „Drama" werden zwar immer wieder versucht, aber da Gattungsbeschreibungen sich immer nach neuen Produktionen auszurichten haben und nicht umgekehrt, sind solche Definitionen nur Hilfskonstruktionen zur Einteilung einer großen Textvielfalt. Im Gegensatz zu diesen Ordnungsbegriffen charakterisieren die zugehörigen Adjektive **lyrisch, episch** und **dramatisch** die Grundhaltungen, Wesensmerkmale und inneren Eigenschaften der poetischen Texte. Ein Text gilt als lyrisch, wenn er stimmungshaft, subjektiv, sinnlich, innerlich bewegt und musikalisch geschrieben ist; als dramatisch, wenn er spannungsvoll, aufregend, gegensätzlich, handlungs- und konfliktreich gestaltet ist; episch ist ein Text, wenn er aus einer gewissen räumlichen und zeitlichen Distanz mitteilsam, ausholend, anschaulich äußeres und inneres Geschehen schildert. Durch diese von der jeweiligen Bedeutung der Substantive abweichenden Adjektive ergibt sich die Möglichkeit, dass konkrete literarische Texte nicht nur der jeweiligen „Schublade" (Lyrik, Epik, Drama) zugeordnet, sondern mit dem entsprechenden Adjektiv „lyrisch", „episch", „dramatisch" auch näher beschrieben werden können, z. B. lyrisches Drama, dramatische Lyrik, episches Drama etc.

3 Textsortenglossar

Absurdes Theater	Drama, dessen Handlung und Dialog sich einer Sinngebung weitgehend entziehen und somit eine pessimistische Weltdeutung ausdrücken
Alltagslyrik	Gedicht über Alltägliches
Anekdote	Knappe, pointierte Erzählung über historische Personen und Ereignisse
Anordnung	Anweisung mit offiziellem Charakter
Ansprache	Fest- oder Gedenkrede zu einem bestimmten Anlass mit relativ großem Gestaltungsspielraum
Aufruf	Öffentliche Aufforderung im Dienste einer Sache, Idee, Initiative etc.
Autobiografie	Sonderform der Biografie; Hauptperson und Autor identisch
Ballade	Gedicht, das ein oft tragisches Geschehen – auch unter Einbeziehung dramatischer und epischer Elemente – gestaltet
Bericht	Wertungsfreie Beschreibung eines datierbaren Geschehens

Beschreibung	Sachlicher Text mit genauen Angaben zu einer Person, einem Gegenstand oder Vorgang
Biografie	Lebensbeschreibung von meist bedeutenden Persönlichkeiten in unterschiedlichen Darstellungsformen, z. B. wissenschaftlich, unterhaltsam, literarisch (Romanbiografie)
Brief	Absichtsgebundene schriftliche Mitteilungsform eines bestimmten Absenders an einen festgelegten Empfänger (Privat-, Geschäfts-, offener Brief)
Briefroman	Weitgehend in Brief- und Tagebuchform gehaltener Roman, meist über das Innenleben der Romanfigur
Bürgerliches Trauerspiel	Drama seit dem ausgehenden 18. Jahrhundert, in dem die Ständeklausel des aristotelischen Dramas nicht mehr gilt und bürgerliche Personen zu tragischen Figuren werden
Dinggedicht	Gedicht, das einen (Kunst-)Gegenstand oder ein Lebewesen distanziert beschreibt und sein inneres Wesen ergründet
Dokumentation	Umfassende Sammlung und Aufbereitung authentischer Zeugnisse zu einem Thema
Dokumentarisches Theater	Drama, das authentisches Quellenmaterial im Sinne einer bestimmten Aussageabsicht auswählt und zu einer Bühnenhandlung zusammenfügt
Dorfroman	Gegenstück zum Großstadtroman, in dem die bäuerliche Lebenswelt und die ländliche Sozialstruktur den Inhalt bestimmen
Drama	Dichterische Grundform, bei der dem Zuschauer, Hörer, Leser die Handlung durch mimisch-gestische Aktionen und Dialoge der Rollenträger direkt vermittelt wird
Einakter	Bühnenstück in einem Akt, das einen ausschnitthaften Eindruck – z. B. einer Epoche, einer Gesellschaftsschicht – vermittelt
Engagierte Lyrik	Gedicht, das Stellung zu aktuellen gesellschaftlichen und politischen Problemen bezieht
Episches Theater	Von Brecht begründetes Drama mit lehrhafter Absicht, das die illusionäre Identifikation des Zuschauers mit dem Bühnengeschehen zugunsten kritisch-distanzierten Bewusstseins mit Mitteln der Verfremdung verhindern will
Erlebnisgedicht	Betont autobiografisches Gedicht, das Erlebnisse und Eindrücke gefühlsstark gestaltet
Erörterung	Sachbezogene, argumentativ begründende Auseinandersetzung mit einem Thema unter vorgegebener Fragestellung
Erzählung	Der Novelle verwandte Darstellung zusammenhängender Begebenheiten ohne strenge Komposition
Essay	Eine über die Tagesaktualität hinausgehende, relativ freie Aufsatzform auf hohem, fast literarischem Niveau
Exilroman	Während der nationalsozialistischen Zeit von Autoren in der Emigration geschriebener Roman, der sich kritisch mit der NS-Diktatur auseinandersetzt und/oder die Exilsituation thematisiert
Experimetelles Theater	Dramenform, die durch den Einsatz ungewohnter theatralischer Mittel und Sprachspiele die traditionellen Hör-, Seh- und Beurteilungskriterien infrage stellen will
Fernsehspiel	Aus der frühen Fernsehtradition stammende Dramenform, die die erweiterten technischen Möglichkeiten des Mediums für eine meist wirklichkeitsnahe Darstellung aktueller Stoffe nutzt
Flugblatt	Öffentlich verbreitete Handzettel mit appellativem, aufklärendem oder bekennendem Inhalt
Gedankenlyrik	Gedicht, das sich mit gedanklich-weltanschaulichen Inhalten erlebnishaft auseinandersetzt
Gesellschaftsroman	Roman, der die historisch-politischen, sozialen, kulturellen und psychischen Begebenheiten einer oder mehrerer Schichten am Schicksal von Einzelfiguren beleuchtet
Gesetz	Für alle Angehörigen eines Gemeinwesens geltende Norm, die Gebote und Verbote aufstellt, um das Zusammenleben zu regeln
Glosse	Spöttischer, mitunter satirischer Kommentar, der Tagesaktualitäten geistreich-ironisch und witzig beleuchtet

Großstadt-roman	Roman, der die Verhältnisse der modernen Industrie- und Massengesellschaft im Bild des hektischen und anonymen Großstadtlebens spiegelt
Grotesk-zeitkritisches Theater	Drama, das mit den Mitteln der Übertreibung und Verzerrung sowie skurrilen Einfällen und schrillen Effekten arbeitet, um das politische Bewusstsein des Zuschauers zu schärfen
Hermetische Lyrik	Gedicht, das in dunklen, geheimnisvollen Symbolen und Chiffren die Wirklichkeit verrätselt
Historisches Drama	Drama mit geschichtlichen Stoffen und geschichtsphilosophischen Aussageabsichten
Historischer Roman	Fiktionale Gestaltung der geschichtlichen Vergangenheit aus einem gewissen zeitlichen Abstand heraus
Höfisches Epos	Mittelalterliche Erzähldichtung in vierhebigen Reimpaarversen mit ritterlichen Stoffen
Hörspiel	Für den Rundfunk konzipierte Dramenform, die sich auf Gesprochenes und akustische Signale beschränkt
Hymne	Gedicht, das in gehobener, frei rhythmischer Sprache seinen Gegenstand – nahezu – religiös besingt
Interpreta-tion	Analyse und Deutung eines künstlerischen Werkes
Kalender-geschichte	Unterhaltsame und belehrende kürzere Erzählung, die ursprünglich in Kalendern veröffentlicht wurde
Kirchenlied	Gedicht, das zur religiösen Erbauung und Belehrung im Gottesdienst oder privat gesungen wird
Kolumne	Kommentarähnliche Äußerung eines (Gast-)Autors in einer Zeitung oder Zeitschrift zu einem aktuellen Thema
Kommentar	Meinungsbetonte Auseinandersetzung mit einem Thema aufgrund eines aktuellen Anlasses
Komödie	Drama, dessen Verwicklungen auf heiter-komische Art zum glücklichen Ende kommen
Konkrete Poesie	Gedicht, das mit Sprache optisch und akustisch spielt und damit besondere Effekte erzielt
Kritik	Beschreibende und wertende Beschäftigung mit (künstlerischen) Produkten und Ereignissen
Kritisches Volksstück	Fortsetzung des realistischen Volksstückes nach 1945 mit erweitertem Personenkreis und verschärfter Kritik an den politischen Verhältnissen
Kurz-geschichte	Aus dem anglo-amerikanischen Sprachraum stammende, kurze, ausschnitthafte Erzählung mit offenem Anfang und Ende sowie mit meist realistischem alltäglichem Inhalt
Legende	Fromme, erbauliche und lehrhafte Erzählung, die wundersame Begebenheiten aus dem Leben von Heiligen wiedergibt
Lehrgedicht	Gedicht, bei dem die belehrende Tendenz und die praktische Nutzanwendung im Vordergrund stehen
Lied	Sangbares und strophisch gebautes Gedicht, das aus der Volkstradition (Volkslied) stammt oder in Anlehnung daran künstlerisch gestaltet ist (Kunstlied)
Märchen	Aus der Volkstradition kommende fantastische Erzählung mit fest gefügtem Wertesystem von Gut und Böse, die mythische Motive bewahrt (Volksmärchen); seit der Romantik auch eigenständige Kunstmärchen
Minnesang	Höfisches Liebesgedicht des Mittelalters mit Rollenspielcharakter
Naturgedicht	Gedicht, in dessen Zentrum das Erleben von Naturerscheinungen steht; moderne Form der Naturlyrik: irritierte Naturwahrnehmung
Novelle	Erzählung mittleren Umfangs mit einer „unerhörten Begebenheit", kunstvollem Aufbau und Dingsymbolen

Ode	Gedicht, das meist reimlos in feierlicher Sprache nach antikem Muster gesteigerte Empfindungen zum Ausdruck bringt
Parabel	Gleichnishafte Erzählung, in der modellhaft eine Wahrheit ausgedrückt wird
Parabelstück	Dramatische Handlung, deren lehrhafter Modellcharakter auf konkrete politische Zustände übertragbar ist
Politisches Gedicht	Gedicht, das sich mit Themen von öffentlichem Interesse kritisch oder affirmativ (bestätigend) auseinandersetzt
Politische Revue	Drama, das mit spektakulären Mitteln des Bühnenbilds, der Musik und der Bewegungsregie politische Inhalte provozierend gestaltet
Protokoll	Formal streng geregelter Bericht über Verlauf oder Ergebnisse eines Vorgangs
Realistisches Volksstück	Dramatische Handlung aus dem bürgerlichen Milieu, die die begrenzte Einsicht und Freiheit sowie die eingeschränkten Sprachmöglichkeiten der Figuren offenlegt
Reportage	Lebendiger, auch die Stimmung einfangender Bericht vor Ort mit subjektiver Note des Berichterstatters
Rezension	Kritik von Neuerscheinungen auf dem Büchermarkt oder anderen wichtigen Publikationen
Roman	Weit ausholende Erzählung eines Welt- oder Lebensausschnittes
Sage	Mündlich überlieferte Erzählung, die an historische Ereignisse, Personen oder lokalisierbare Schauplätze anknüpft, den realen Rahmen jedoch sprengt
Satzung	Schriftlich niedergelegtes gesetztes Recht von Verbänden
Schauspiel	Ernstes Drama mit tragischen Elementen, aber versöhnlichem Ausgang
Schelmenroman	Satirischer Gesellschaftsroman über die Abenteuer eines gewitzten Vagabunden
Sonett	Gedicht mit genau festgelegtem Aufbau (zwei Quartette, zwei Terzette) und Reimschema
Song	Balladeskes, oft parodistisches Lied aus dem Umkreis des Kabaretts; bei Brecht verfremdendes Element im epischen Theater
Soziales Drama	Naturalistische Wiedergabe der Konflikte determinierter Personen in einer milieubestimmten Handlung
Spielfilm	Auf optische Ästhetik, sinnliche Fantasie und Unterhaltung abzielende Dramenproduktion, die technisch reproduzierbar ist, industriellen und markttechnischen Gesetzen unterliegt und ursprünglich an die öffentliche Vorführung im Kino gebunden war
Symbolistisches Gedicht	Gedicht, bei dem das Konkrete auf seinen Zeichen- und Verweischarakter hin gedeutet werden muss
Tagebuch	Regelmäßige Aufzeichnungen privater Natur, können literarischen Charakter annehmen; Veröffentlichung in Buchform aus biografischen, zeitgeschichtlichen oder literarischen Gründen
Traditionelles Volksstück	Volkstümliches, gemüthaftes Drama mit märchenhaften Zügen und Gesangseinlagen (Posse), aber auch mit leiser Sozialkritik
Tragikomödie	Verbindung von tragischen und komischen Elementen in einer Handlung, die aus der Zwiespältigkeit der Welt resultieren
Tragödie	Drama, das aus innerer Notwendigkeit mit dem Untergang des Helden oder einem ungelösten Konflikt endet
Verordnung	Allgemein geltende, von einer Behörde erlassene Anordnung
Vorschrift	Verbindliche Regelung, deren Einhaltung überwacht wird
Wahlrede	Parteiische Werbung für eine bestimmte politische Richtung
Werbetext	Verbale, oft mit nonverbalen Elementen verknüpfte (Kauf-)Aufforderung oder Beeinflussung zugunsten eines Produktes oder Ziels
Zeitroman	Anderer Begriff für Gesellschaftsroman, der den Zeitcharakter des Werkes betont

II Analyse von Sachtexten

Neben dem Verfassen von eigenen Texten kommt im Deutschunterricht der Analyse fremder Texte eine große Bedeutung zu. In Anbetracht der immensen Menge von Druckerzeugnissen hat die Fähigkeit eines sachgerechten Umgangs mit Texten auch außerhalb des Schulalltags einen hohen Stellenwert. Daher ist es notwendig, die Techniken und Methoden der Textanalyse gründlich zu erlernen.

Das folgende Textbeispiel ist die Grundlage für die Bearbeitung der beiden Aufgabenstellungen: **Wiedergabe von Inhalt und Aufbau einerseits und Stellungnahme andererseits.**

Die Entdeckung der Kinder

von Felix Berth

Der klassische deutsche Sozialstaat gewährte seinen Bürgern Sicherheit in schwierigen Lebenslagen. Ihr mögt krank werden, doch die Arztrechnungen müsst ihr nicht alleine bezahlen, verhießen die Gesetze des Reichskanzlers Bismarck. Ihr könnt alt werden, doch ihr müsst nicht verarmen, versprachen die Rentenreformen Adenauers. Ihr dürft ins Altersheim gehen, ohne dass eure Familien dies finanzieren müssen, kündigte die Pflegeversicherung des Sozialministers Blüm an. Viele Versprechungen, viele Leistungen – und eine Leerstelle: Wie es den Familien ging, interessierte den westdeutschen Sozialstaat kaum; lediglich im Fall großer Probleme sollten Behörden eingreifen. Der Staat gab den Familien Geld; alles weitere überließ er Vätern und Müttern.

Diese jahrzehntelange Zurückhaltung ließ sich in einer Formel bündeln: Politik hat sich nicht einzumischen in die Sphäre der Familien. Dies war Abgrenzung mit historischem wie aktuell-politischem Kern – zum einen vom Nationalsozialismus mit seiner Bevormundung der Familien, zum anderen von der DDR mit ihren massiven Interventionen, die von der Geburtenförderung bis zur Bespitzelung reichten.

Doch das alte westdeutsche Modell von der staatlichen Enthaltsamkeit zerbröselt. Nun haben sich die Sozialminister der Bundesländer darauf geeinigt, in einem überschaubaren Zeitraum etwa eine halbe Million Krippenplätze zu schaffen. Manche Länder senken überdies die Gebühren für die Kindergärten drastisch, und alle reden davon, dass der Staat die Bildungschancen für die Kleinsten steigern muss. Was vor ein paar Jahren nur eine Minderheit formulierte, erscheint plötzlich beinahe als Konsens: Mit Geld allein ist den Familien nicht geholfen.

Ein erstaunlich schneller Lernprozess. Dass er – mit gelegentlichen Rückschlägen – zu gelingen scheint, hat mehrere Ursachen. So ist den Jüngeren längst klar, dass dem alten Modell die Basis weggebrochen ist: Ehen sind nicht mehr stabil wie früher. Gut ausgebildete Frauen finden sich nicht damit ab, unbezahlte Hausarbeit zu erledigen. Männer können ihre Rolle als „Oberhaupt" einer Familie immer seltener erfüllen, schon weil die Jobs nicht mehr sicher sind wie noch vor ein paar Jahrzehnten.

All das fügt sich bei den meisten Jüngeren zu einem neuen, realistischen Blick auf die Familien. Im Mittelpunkt steht dabei die Erwerbstätigkeit der Frauen. Denn ohne sie wird das fragile Konstrukt einer modernen Familie viel zu unsicher – was geschieht denn sonst, falls der Mann den Job verliert oder die Beziehung scheitert? Es drohen Armut und Abstieg. Verhindern lässt sich das aus Sicht vieler Betroffener nur, wenn die Frauen arbeiten, was sich überdies häufig mit ihren persönlichen Ambitionen deckt.

Bei den Älteren treffen sie diesbezüglich auf Verständnis: Wer als Großvater erlebt, dass die akademisch gebildete Tochter wegen der Betreuung des Enkels kaum arbeiten kann, entwickelt schnell Verständnis für die Forderung nach mehr und besserer Kinderbetreuung. Und auch den meisten Kinderlosen dämmert die Bedeutung des Nachwuchses: Kinder sind in der Bundesrepublik zu einem knappen Gut geworden; jeder, der in den nächsten Jahrzehnten in Rente geht, hat ein Interesse daran, dass die nachfolgende Generation aus möglichst vielen und gut ausgebildeten Menschen besteht.

Die Große Koalition hat auf diesen Wandel der Mentalitäten bisher angemessen reagiert. Sie hat das Elterngeld beschlossen, die Betreuungs-Freibeträge erhöht, die Krippen-Diskussion angestoßen und auf einen erfolgversprechenden Weg gebracht. Vieles davon geschieht unter erschwerten, weil föderalistischen Bedingungen: Wenn 16 Bundesländer die Notwendigkeit von Kinderkrippen einsehen sollen, dauert das länger als in einem Zentralstaat wie Frankreich, wo „durchregiert" werden kann und überdies eine Familienkasse die staatlichen Leistungen für Eltern und Kinder bündelt. Doch das Ergebnis des „Krippengipfels" von letzter Woche zeigt, dass das Krippen-Projekt kaum noch Gegner hat.

Ein politischer Erfolg erscheint auch möglich, weil die zentralen Ziele einer modernen Familienpolitik glücklicherweise parallel erreichbar sind. Zum einen brauchen Frauen eine Chance auf Erwerbstätigkeit trotz Mutterschaft, zum anderen benötigen Kinder einen besseren Start in ihre Bildungskarrieren. Der Auf- und Ausbau einer hochwertigen Kinderbetreuung ermöglicht beides und kann sich als zentrales Projekt eines modernen Sozialstaats erweisen.

Auch Armut lässt sich auf diese Weise effektiv bekämpfen. Denn sobald in einer Familie beide Partner arbeiten, sinken die Armutsquoten drastisch – ein Grund, dieses Familienmodell politisch zu fördern. Und anders als der Neubau von Hallenbädern oder Autobahnen hat der Ausbau der Kinderbetreuung eine höchst erwünschte Signalwirkung: Er demonstriert ganz nebenbei, dass sich der deutsche Staat von seiner Fixierung auf die Sicherung der Renten löst und sich für die Lebenswirklichkeit junger Familien engagiert. Ein Land, das einen „Krieg der Generationen" in der Zukunft verhindern will, kann nichts Besseres tun als sich um die Kinder von heute kümmern.

Berth, Felix, Die Entdeckung der Kinder, in: Süddeutsche Zeitung vom 03.04.2007, überarbeitet

1 Wiedergabe von Inhalt und Aufbau: Überblicksinformation – Inhaltsangabe in Thesenform – Strukturierende Textwiedergabe

Überblicksinformation

Da man bei der Textanalyse davon ausgeht, dass sie für einen Leser angefertigt wird, der die Textvorlage nicht kennt, besteht die erste Aufgabe immer darin, ihm einen Überblick über den Text zu verschaffen. Diese Überblicksinformation muss bestimmte Angaben verbindlich enthalten. Weil die in der Überblicksinformation erforderlichen Informationen stets nach gleichbleibendem Muster erfolgen, bezeichnet man sie auch als **stereotypes Regest**.

Das stereotype Regest muss Auskunft geben über	
Autor	Neben dem Namen sind – falls bekannt oder angegeben – knappe biografische Hinweise sinnvoll (z. B. Beruf, Position, Funktion).
Titel	Zur Titelangabe gehört auch die Mitteilung eventuell vorhandener Unter- oder Obertitel.
Quelle	Bei Zeitungs- oder Zeitschriftenartikeln werden der Name und das Erscheinungsdatum genannt, bei Buchausschnitten die üblichen bibliografischen Angaben.
Textsorte	Zum reinen Textsortenbegriff (z. B. Kommentar) empfiehlt sich als Ergänzung die Differenzierung nach Sparten (z. B. gesellschaftskritisch, wirtschafts-, umwelt-, sportpolitisch).
Textart/ sprachliche Besonderheit	Hier können die vorherrschende Kommunikationsstruktur (z. B. informativ, argumentativ, appellativ) und/oder ein auffälliges Stilmerkmal (z. B. Ironie, Metaphorik, Antithetik) benannt werden.
Anlass	Damit ist das konkrete aktuelle Ereignis gemeint, von dem der Autor ausgeht (z. B. Ausschreitungen bei einem Fußballspiel). Diesen direkt benennbaren Anlass haben in der Regel nur Kommentare.

Hintergrund	Hierunter versteht man den Verweis auf den größeren zeitlichen und thematischen Rahmen, innerhalb dessen das Problem angesiedelt ist (z. B. zunehmende Brutalisierung der Gesellschaft als Hintergrund für Ausschreitungen im Stadion).
Thema/ Kernaussagen	Die Titelangabe reicht als Themenbeschreibung nicht aus; hier geht es um die kompakte Zusammenfassung dessen, womit sich der Autor beschäftigt. Anschließend müssen in den Kernaussagen die entscheidenden Kerninhalte so abstrakt wie möglich und so konkret wie nötig herausgearbeitet werden. (Was schreibt der Autor zu dem Thema? Welchen Standpunkt nimmt er ein?)
Absicht	Das Ziel des Autors ist, u. U. unter Einbeziehung des Adressatenkreises, so genau wie möglich zu benennen (verboten: „Der Text will zum Nachdenken anregen").

Die Überblicksinformation ist nicht in tabellarischer Form, sondern als zusammenhängender Text in möglichst wenigen, komplexen Sätzen auszuformulieren. Zwar ist die Reihenfolge der einzelnen Angaben zum Text nicht vorgeschrieben, doch ist auf eine sinnvolle Verknüpfung zu achten.

Beispiel

Konzept für eine Überblicksinformation

Autor:	Felix Berth
Titel:	„Die Entdeckung der Kinder"
Quelle:	Süddeutsche Zeitung vom 3.04.2007, überarbeitet
Textsorte:	gesellschaftspolitischer/sozialpolitischer Kommentar
Textart:	vorwiegend argumentativer Stil
Anlass:	„Krippengipfel" (Z. 78 f.), d. h. Konferenz der deutschen Sozialminister
Hintergrund:	tief greifender Wandel der familiären Strukturen und Rahmenbedingungen
Thema/Kernaussagen:	Verbesserung der Familienpolitik/Bündel familienpolitischer Maßnahmen, vor allem im Bereich der Kinderbetreuung, mit dem Ziel einer Verbesserung der Lebenschancen für Kinder als Antwort auf sich rasch ändernde Lebensbedingungen für Familien
Absicht:	positive Bewertung der Unterstützung der Kinder und Familien zum Wohl der gesamten Gesellschaft

Lösungsvorschlag

Überblicksinformation

Der vorliegende Text „Die Entdeckung der Kinder", der am 03. April 2007 in der „Süddeutsche[n] Zeitung" erschienen ist und überarbeitet vorliegt, wurde von Felix Berth verfasst. Der gesellschaftspolitische Kommentar beschäftigt sich anlässlich des Krippengipfels, einer Konferenz der deutschen Sozialminister, mit der aktuellen Familienpolitik im Rahmen zahlreicher Sozialreformen. Diese Diskussion ist vor allem vor dem Hintergrund eines tief greifenden Wandels der Strukturen und Rahmenbedingungen für Familien in Deutschland zu sehen. Nach Auffassung des Autors lasse die deutsche Politik nach einer langen Phase der Passivität gegenwärtig ein neues Interesse für die Familie erkennen, was sich in einer geplanten höheren finanziellen Förderung und einer Verbesserung der Rahmenbedingungen für junge Familien äußere. Aufgrund sich ändernder Lebensbedingungen solle ein Bündel familienpolitischer Maßnahmen, vor allem im Bereich der Kinderbetreuung, die Chancen der Kinder erhöhen. Dieses sozialpolitische Engagement eröffne Möglichkeiten der Armutsbekämpfung und Zukunftssicherung. Berth bewertet die Unterstützung der Kinder und Familien zum Wohl der gesamten Gesellschaft sehr positiv, auch im Hinblick auf die Vermeidung eines Generationenkonfliktes.

Inhaltsangabe in Thesenform

Ziel der Inhaltsangabe in Thesenform ist – neben einer sinnvollen Kürzung – die abstrahierende Textzusammenfassung unter Herausarbeitung der Grobstruktur des Textes und seiner wesentlichen Inhalte. Für den Schüler gilt hierbei die Einhaltung absoluter Neutralität und strikter Sachlichkeit. Mit der Inhaltsangabe in Thesenform soll die gedankliche Vorgehensweise des Autors bzw. der gedankliche Aufbau des Textes (= **Grobstruktur**) mithilfe der Kennzeichnung der einzelnen Sinnabschnitte deutlich gemacht werden. Die Grobstruktur weist auf den Autorenbezug, die Struktur und den Inhalt des vorliegenden Sinnabschnitts hin. Hierbei gilt folgendes Satzmodell:

Autor	+	**Strukturbegriff**	+	**Inhalt**
Der Autor	+	kritisiert	+	das geringe familienpolitische Engagement.

Der **Strukturbegriff** charakterisiert die **inhaltliche Aussageabsicht**. Die Verknüpfung von zwei Strukturbegriffen bzw. Inhalten in einer Grobstruktur ist verboten.

Auswahl einiger Strukturbegriffe zur Kennzeichnung bestimmter Aussageabsichten:
beobachten, darstellen, informieren, charakterisieren, veranschaulichen, konkretisieren, erläutern, begründen, analysieren, untersuchen, kritisieren, verurteilen, kommentieren, bewerten, befürworten, hinterfragen, einräumen, vergleichen, folgern, appellieren, aufrufen, verlangen, mahnen, warnen, zusammenfassen, ein Resümee/Fazit ziehen etc.

Die Einzelinhalte des jeweiligen **Sinnabschnitts** werden thesenartig in Einzelaussagen (= **Teilthesen**) zusammengefasst und in grafisch übersichtlicher Form wiedergegeben. Das Ausmaß der Zusammenfassung bzw. Kürzung hängt entscheidend von der Textdichte der Textvorlage ab; gelegentlich kann eine sehr umfangreiche Textpassage stark komprimiert werden, manchmal ist kaum Spielraum für Zusammenfassungen.
Grobstruktur und Teilthesen zusammen verdeutlichen die Aussageabsicht des Sinnabschnitts im Textganzen. Dabei ist stets auf deren gegenseitigen Bezug zu achten. Heißt z. B. der Strukturbegriff in der Grobstruktur „kritisieren", dann müssen alle Teilthesen negative Wertungen enthalten („schlecht", „teuer", „ungeeignet"); enthält die Grobstruktur als Strukturbegriff den Appell, müssen die Teilthesen als Forderungen formuliert sein („muss", „soll", „ist zu ...", „darf nicht").

Im Falle einer Glosse ist daran zu denken, dass der Inhalt des Textes so wiedergegeben werden muss, wie er gemeint ist, und nicht in seiner ironischen Verfremdung.

Vorgaben für die Formulierung von Teilthesen

- Zuordnung von mindestens zwei Teilthesen pro Sinnabschnitt
- Formulierung präziser vollständiger Hauptsätze
- Verwendung des Aussagemodus Indikativ
- Verzicht auf Zitate und Beispiele
- Neutrale Wiedergabe von Inhalten ohne eigene Meinung
- Teilthesen ohne Nennung des Autorennamens bzw. ohne Verwendung von Strukturbegriffen
- Richtiges Maß zwischen Abstrahierung und Konkretisierung
- Beachtung und Verdeutlichung inhaltlicher Zusammenhänge
- Konsequente Berücksichtigung des Bezugs zur Grobstruktur

Arbeitsschritte

1. Exaktes Lesen – notwendige Markierungen
2. Einteilung des Textes in Sinnabschnitte (in der Regel drei bis sechs)
3. Formulierung der Grobstruktur (Hilfsfrage: Was macht der Autor?)
4. Erledigung formaler Vorgaben (Nummerierung, Zeilenangaben etc.)
5. Textgemäße Zusammenfassung der Teilinhalte in Aussagesätzen (Thesenform)
6. Überprüfung der inhaltlichen Übereinstimmung der Teilthesen mit der Grobstruktur

Modell der grafischen Gestaltung einer Inhaltsangabe in Thesenform

1. Autor + Strukturbegriff + abstrahierende inhaltliche Zusammenfassung ← **Grobstruktur**
   - Einzelinhalte in Form eines Aussagesatzes (Teilthese)
   - Einzelinhalte in Form eines Aussagesatzes (Teilthese)
   - Einzelinhalte in Form eines Aussagesatzes (Teilthese)

2. Autor + Strukturbegriff + abstrahierende inhaltliche Zusammenfassung ← **Grobstruktur**
   - Einzelinhalte in Form eines Aussagesatzes (Teilthese)
   - Einzelinhalte in Form eines Aussagesatzes (Teilthese)

3. Autor + Strukturbegriff + abstrahierende inhaltliche Zusammenfassung ← **Grobstruktur**
   - Einzelinhalte in Form eines Aussagesatzes (Teilthese)
   - Einzelinhalte in Form eines Aussagesatzes (Teilthese)
   - Einzelinhalte in Form eines Aussagesatzes (Teilthese)

...

Lösungsvorschlag

Inhaltsangabe in Thesenform

1. Felix Berth erläutert die geschichtlichen Entwicklungen des deutschen Sozialstaates (Z. 1–23):
   - Der bisherige Sozialstaat versprach den Bürgern eine sichere Unterstützung im Gesundheitswesen, bei der Rentenversicherung und im Pflegebereich.
   - Bei der Unterstützung der Familie beschränkte sich die Politik weitgehend auf finanzielle Hilfen.
   - Die deutliche Distanz zwischen Staat und Familie zeigte sich in Deutschland in zwei totalitären politischen Systemen des 20. Jahrhunderts.

2. Der Autor charakterisiert den Bewusstseinswandel in der derzeitigen Gesellschaft (Z. 24–44):
   - Die Sozialpolitik erkennt ihre Verantwortung für die Betreuung kleiner Kinder.
   - Die Verbesserung der frühkindlichen Bildung hat für den Staat in den nächsten Jahren einen höheren Stellenwert.
   - Hohe Scheidungsraten, der Wandel der Rolle der Frau und die Arbeitslosigkeit von Familienvätern führen zu einer Neubewertung von familiärer Förderung.

3. Der Verfasser bewertet das aktuelle Engagement der Politik im Hinblick auf die Familie (Z. 45–80):
   - Die Planung der finanziellen und institutionellen Verbesserung der Rahmenbedingungen für Kinder und Familien verläuft erfolgreich.
   - Trotz der Eigenständigkeit der einzelnen Bundesländer ist eine einheitliche Linie in der deutschen Familienpolitik möglich.

4. Er zieht ein Resümee zur Notwendigkeit der Förderung von Familien (Z. 81–103):
   - Eine überlegte Familienpolitik kann die Bedürfnisse erwerbstätiger Frauen sowie die Betreuung und Förderung der Kinder gleichermaßen erfüllen.
   - Eine professionelle Kinderbetreuung ist ein wichtiger Bestandteil eines modernen Sozialstaates.
   - Die Bekämpfung von Armut ist eine wertvolle Folge einer fundierten Kinderbetreuung.
   - Die verstärkte Orientierung des Staates am Wohl der Kinder eröffnet Familien neue Perspektiven.
   - Das staatliche Engagement für Kinder sichert langfristig den sozialen Frieden zwischen den Generationen.

1. Wie wird die Grobstruktur in den Teilthesen inhaltlich und strukturell realisiert?
2. Überprüfen Sie, ob es Alternativen zu den festgelegten Sinnabschnitten gibt.

Strukturierende Textwiedergabe

Die **strukturierende Textwiedergabe** verlangt nicht nur wie jede Inhaltsangabe eine kürzende und abstrahierende Zusammenfassung des Inhalts, sondern auch die präzise Charakterisierung der einzelnen Aussagen des Autors („Was beabsichtigt der Autor?"). Statt der ungenauen und sich wiederholenden Formulierung „Der Autor sagt, ..." müssen exakte Bestimmungen für seine Absichten und Textstrategien gefunden werden. Erst damit wird genau bestimmt, **wie** er **vorgeht**.

An dem ganz einfachen Beispiel inhaltlicher Aussagen über den Regen (s. u.) wird deutlich, dass der Inhalt „Regen" mit höchst unterschiedlichen Aussageabsichten verwendet werden kann.
Die Auswahl von Beispielen zeigt, wie unterschiedlich der **Stellenwert eines Teilinhalts** im Gesamtzusammenhang eines Textes sein kann. Dieser Stellenwert wird durch einen entsprechenden **Strukturbegriff** ausgedrückt.

Textaussage	Strukturbegriff
Es regnet.	Feststellung, Beobachtung, Information
Der April ist ein Regenmonat.	Behauptung
Ich bleibe daheim, weil es regnet.	Begründung
Ein heftiger Regen beseitigt die Schäden der Trockenheit noch nicht.	Einschränkung
Es regnete.	Rückblick
Es wird regnen.	Prognose
Vielleicht wird es regnen.	Vermutung
Der Wind weht auf West, sodass es regnet.	Folgerung
Oh, wenn es doch regnen würde.	Wunsch
Es regnet, öffne sofort den Schirm!	Befehl
Regnet es?	Frage
Dieser blöde Regen!	Kritik
Der Regen besteht aus Wasser.	Analyse
Regen ist eine Niederschlagsform.	Definition
Nicht immer regnet es dann, wenn es der Wetterbericht vorhersagt.	Einräumung, Zugeständnis
Der Monsunregen ist eine heftige Form des Regens.	Beispiel
Regen gibt es in Skandinavien häufiger als in Italien.	Vergleich
Regen ist angenehm.	Bewertung
Bei Dauerregen kann es zu Aquaplaning kommen.	Warnung, Mahnung
Regen ist eine Niederschlagsform, die wesentlich bestimmt ist von klimatischen Faktoren.	Erläuterung
Regen ist also zu analysieren im Hinblick auf Klima, Jahreszeit und Geografie.	Resümee, Fazit, Zusammenfassung

Hinweise für die Arbeitsschritte einer strukturierenden Textwiedergabe

1. Nach genauer Lektüre wird der Text zunächst in einzelne argumentative **Gedankenschritte** unterteilt **(Feinstruktur)**.
2. Jeder dieser **Gedankenschritte** wird in eigenen Worten **abstrahierend zusammengefasst**.
3. Die einzelne inhaltliche Zusammenfassung muss jeweils durch einen möglichst differenzierenden und präzisen **Strukturbegriff** charakterisiert werden **(Aussageabsicht)**.
4. Das Ausmaß der **Textkürzung** in der strukturierenden Textwiedergabe hängt von der jeweiligen Textdichte ab: Breite Darstellungen lassen sich proportional stärker zusammenfassen als Texte, in denen die Gedanken schon sehr komprimiert formuliert sind.
5. Die Kürzung darf nur auf dem Weg abstrahierenden Zusammenfassens erfolgen, nicht durch bloße Auslassungen; Beispiele sollen, wenn sie nicht eine besonders wichtige Funktion im Text haben, überhaupt nicht inhaltlich ausgeführt, sondern nur strukturell erwähnt werden. („Sie belegt die Behauptung ... mit Beispielen.“)
6. Für die Ausarbeitung der strukturierenden Textwiedergabe ergibt sich folgendes **Satzmodell**:

Strukturbegriff + **Autor** + **Inhalt**
Weiterhin **räumt** **der Autor** **eine Teilschuld des Autofahrers am Unfall ein.**

Das Satzmuster muss aber aus Gründen **sprachlicher Abwechslung** bewusst variiert werden, um stilistisch störende Satzbauwiederholungen zu vermeiden (also nicht: Der Autor fragt ..., Der Autor informiert ..., Der Autor vermutet ... usw.). Mit geschickten Konjunktionen lassen sich die Einzelaussagen sinnvoll verknüpfen.

Das SPO-Modell (Subjekt – Prädikat – Objekt) lässt sich z. B. abwandeln durch
- Satzanfangsstellung des Objekts (Diese Vermutung äußert der Autor),
- Präpositionalausdrücke (In Bezug auf diese Vermutung),
- Anfangsstellung des Nebensatzes (Wie der Autor vermutet),
- Substantivierte Strukturwörter (Die Vermutung des Autors),
- Konjunktionen am Satzanfang (Deshalb vermutet der Autor).

7. Die Konjunktivform der **indirekten Rede** soll den Autorenbezug verdeutlichen – auch und gerade im abhängigen Nebensatz.

Beispiel
Der Autor vermutet, dass der Grund dafür in Unfähigkeit *liegen müsse*, weil guter Wille ja *vorhanden sei.*

8. Die strukturierende Textwiedergabe verlangt eine strikte Wertungsfreiheit, den Verzicht auf jeglichen Kommentar, aber eine Übersetzung von Ironie in das, was tatsächlich gemeint ist.

Vergleichende Gegenüberstellung

Vergleichskriterien	Inhaltsangabe in Thesenform	Strukturierende Textwiedergabe
Textgestalt	Grafisch übersichtlich	Zusammenhängender Text (Fließtext)
Gedankenschritte	Umfassende Sinnabschnitte	Einzelne Argumentationsschritte
Struktureller Aufbau	Grobstruktur und Teilthesen	Feinstruktur
Strukturbegriffe	Wenige in der Grobstruktur	Zahlreiche in der Feinstruktur
Einzelinhalte	Teilthesen	Mit Strukturbegriffen verknüpfte Aussagen
Modus	Indikativ	Konjunktiv

Lösungsvorschlag

Konzept für eine strukturierende Textwiedergabe (vgl. Text S. 185)

Versprechen des bisherigen Sozialstaates im Hinblick auf eine sichere Unterstützung für die Bürger	Rückblick
Hilfen im Gesundheitswesen, bei der Rentenversicherung und im Pflegebereich	Konkretisierung
Unterstützung der Familie lediglich in Form von finanziellen Hilfen	Kritik
Deutliche Zurückhaltung des Staates im Hinblick auf Familie	Feststellung
Im 20. Jahrhundert zwei belastende politische Systeme in Deutschland	Begründung
Sozialpolitik und ihre Verantwortung für die Betreuung kleiner Kinder	Beobachtung
Höherer Stellenwert der frühkindlichen Bildung in den nächsten Jahren	Betonung
Hohe Scheidungsraten, der Wandel der Rolle der Frau und die Arbeitslosigkeit von Familienvätern	Analyse
Neubewertung von familiärer Förderung	Folgerung
Erfolgreiche Planung der finanziellen und institutionellen Verbesserung der Rahmenbedingungen für Kinder und Familien	Lob
Einheitliche Linie in der deutschen Familienpolitik trotz der Eigenständigkeit der einzelnen Bundesländer möglich	Bewertung
Überlegte Familienpolitik mit Betreuung und Förderung als Chance für erwerbstätige Frauen und Kinder gleichermaßen	Resümee
Fundierte Kinderbetreuung und ihr Beitrag zur Bekämpfung von Armut	Ausblick
Professionelle Kinderbetreuung als ein wichtiger Bestandteil eines modernen und zukunftsfähigen Sozialstaates	Fazit

Lösungsvorschlag

Ausarbeitung der strukturierenden Textwiedergabe

Zu Beginn seines Kommentars blickt der Autor Felix Berth auf den bisherigen deutschen Sozialstaat zurück, der seinen Bürgern eine sichere Unterstützung versprochen habe. Diese Versprechen konkretisiert er, indem er auf vielfältige Hilfen im Gesundheitswesen, bei der Rentenversicherung und im Pflegebereich verweist. Kritisch merkt er jedoch an, dass diese Unterstützung der Familie nur in Form von finanziellen Hilfen realisiert worden sei. Die Feststellung, dass sich der bundesdeutsche Staat familienpolitisch zurückgehalten habe, begründet er damit, dass die beiden totalitären Systeme auf deutschem Boden die Familienpolitik missbraucht hätten. In der Gegenwart jedoch, so beobachtet er, habe die Sozialpolitik ihre Verantwortung zum Beispiel für die Betreuung kleiner Kinder entdeckt. Er betont, dass die frühkindliche Bildung in den nächsten Jahren einen höheren Stellenwert einnehmen werde. Im Weiteren analysiert er die Ursachen für den rasanten Wandel in der Familienpolitik, die sich in hohen Scheidungsraten, dem Wandel der Rolle der Frau und in der Gefahr der Arbeitslosigkeit von Familienvätern widerspiegeln. Hieraus folgert Berth, dass die Neubewertung von familiärer Förderung eng mit der Erwerbstätigkeit der Frau zusammenhänge. Die erfolgreiche Planung der finanziellen und institutionellen Verbesserung der Rahmenbedingungen für Kinder und Familien erfährt vom Autor ein großes Lob. Ferner bewertet er die einheitliche Linie in der deutschen Familienpolitik trotz der Eigenständigkeit der einzelnen Bundesländer sehr positiv. In einem Resümee gelangt der Autor zu der Überzeugung, dass eine überlegte Familienpolitik mit Betreuung und Förderung der Kinder sich mit den Bedürfnissen erwerbstätiger Frauen decke. Mit dem Ausblick, dass die fundierte Kinderbetreuung einen wertvollen Beitrag zur Bekämpfung von Armut leiste, verknüpft er sein Fazit, dass eine professionelle Kinderbetreuung ein wichtiger Bestandteil eines modernen und zukunftsfähigen Sozialstaates darstelle.

1. Suchen Sie aus der Ausarbeitung der Textwiedergabe die Strukturbegriffe heraus.
2. Erstellen Sie zu Sätzen der vorliegenden strukturierenden Textwiedergabe möglichst viele Satzvariationen.
3. Sammeln Sie aus Zeitungen Berichte, in denen Journalisten Strukturbegriffe benutzen.

2 Stellungnahme

Allgemein ist die Stellungnahme eine dialektische Erörterung mit reduziertem Argumentationsumfang. Wie die dialektische Erörterung (textunabhängige Stellungnahme) erfordert auch die Stellungnahme mit mehr oder weniger starkem Textbezug ein dialektisches gedankliches Konzept. Anstelle einer Gliederung bietet sich im Sinne einer strukturierten Argumentation die Gestaltung eines kurzen Schreibplans an.

Die Formulierung der Aufgabenstellung kann unterschiedlich sein: **alternative Frage** (ergänzbar mit „oder nicht") oder **Aufforderung zur Bewertung, Diskussion, Beurteilung, kritische Auseinandersetzung oder Stellungnahme**.

Die Stellungnahme zum Text besteht immer aus vier Teilen:

1. Die **präzise Darstellung des Diskussionsthemas** im ersten Arbeitsschritt – vergleichbar der Themafrage am Ende der Einleitung einer dialektischen Erörterung – dient dazu, das Diskussionsziel nicht aus den Augen zu verlieren. Man muss den Sinn des Themas bzw. der zu diskutierenden Textstelle genau erfassen und wiedergeben, ist aber nicht an den Wortlaut gebunden (vgl. Themaerschließung S. 116)
2. In der **Thesenargumentation** arbeitet man die wichtigsten Pro-Argumente weitgehend auf der Basis eigenständiger Gedanken aus, wenn die Aufgabenstellung sich nur punktuell auf den vorgegebenen Text bezieht. Bezieht sich die Aufgabenstellung jedoch konkret auf einen im Text enthaltenen Standpunkt des Autors, wird man dessen Argumente aufgreifen, sie aber auch mit eigenen Gedanken – natürlich in der gleichen Argumentationsrichtung – erweitern und vertiefen.
3. Die **Antithesenargumentation** enthält eine Gegenposition, für die ebenfalls einleuchtende Argumente zu erbringen sind. Im Hinblick auf den möglichen Textbezug der Argumente gelten die vorigen Aussagen zur Thesenargumentation. Auch wenn man grundsätzlich die Meinung des Autors teilt (These), ist man verpflichtet – wie bei jeder dialektischen Erörterung –, die Gegenseite angemessen und gleichgewichtig darzustellen.
4. Das Ziel der **Synthese** ist – wieder wie bei der dialektischen Erörterung – ein Lösungsvorschlag, ein neuer Denkansatz oder zumindest die Formulierung von Zielsetzungen, Bedingungen, Voraussetzungen, Einschränkungen, Zugeständnissen.

Beispiele für Aufgabenstellungen

a) mit weniger Textbezug

Droht unserem Land ein „Krieg der Generationen"?

Wie beurteilen Sie die starke Zunahme der Zahl der Kindertagesstätten für Kleinkinder?

b) mit mehr Textbezug

Ist Deutschland ein kinderfreundliches Land?

Diskutieren Sie folgende Textaussage: „Mit Geld allein ist den Familien nicht geholfen" (vgl. S. 185, Z. 33 f.).

Der Argumentationsaufbau der einzelnen Argumente von These, Antithese und Synthese folgt dem bekannten Muster: Behauptung – Begründung – Beispiel – Folgerung – Rückführung. Formulierungshilfen erleichtern die Umsetzung des Konzeptes.

Hilfen für die Stellungnahme innerhalb einer stark textbezogenen Aufgabenstellung

Arbeitsschritte	Formulierungshilfen
1. Formulierung dessen, wozu Stellung bezogen wird	Der Autor ist der Auffassung, dass ...
2. Thesenargumentation	Man wird ihm sicher insofern zustimmen können, als ..., weil ... Ein deutliches Beispiel dafür ist ...
3. Antithesenargumentation	Andererseits muss man ihm ... entgegenhalten, denn ... Man braucht ja nur zu denken an ...
4. Synthesenargumentation	Eine wertvolle Zielvorstellung besteht darin, dass ... Konkret könnte dies so aussehen, dass ...

Thema:
Ist Deutschland ein kinderfreundliches Land?

Lösungsvorschlag
Schreibplan für eine Stellungnahme

Argumente für eine erkennbare Kinderfreundlichkeit
- Vielfältige staatliche finanzielle Förderungen im Hinblick auf die Schaffung guter Rahmenbedingungen für Kinder und Familien
- Großes Interesse an einer fundierten Bildung und Erziehung der Kinder in vielen Gesellschaftsbereichen

Argumente gegen eine erkennbare Kinderfreundlichkeit
- Abnahme der Geburtenzahlen als Indiz für ungünstige Rahmenbedingungen für Kinder
- Hohe Bedeutung der Selbstverwirklichung bei vielen gesellschaftlichen Gruppen zulasten der Kinder
- Geringes Bewusstsein in Wirtschaft und Gesellschaft bezüglich der hohen Bedeutung der Kinder für die Zukunft Deutschlands

Zielsetzungen für eine nachhaltige Familienpolitik
- Bewusstwerden des hohen sozialen Stellenwertes einer kinderfreundlichen Gesellschaft in der deutschen Bevölkerung
- Entwicklung und Realisierung gezielter, langfristiger Konzepte zur Förderung der Kinder und zur Stützung der Familie

Lösungsvorschlag
Teilausarbeitung einer Stellungnahme

Deutschland setzt sich verstärkt für seine Kinder ein. Dies ist besonders gut an der Familienpolitik zu erkennen. Sie beschließt das Elterngeld, erhöht die Elternfreibeträge und debattiert über den Ausbau von Kinderkrippen. Es ist jedoch fraglich, ob alle Bereiche Deutschlands so kinderfreundlich sind. Im Folgenden soll deshalb diskutiert werden, ob Deutschland ein kinderfreundliches Land ist.

Die kontroverse Problematik weist einige positive Aspekte im Hinblick auf die Kinderfreundlichkeit Deutschlands auf. Hierzu zählen die zahlreichen finanziellen Fördermittel des Staates zur Bezuschussung einer Familie. Kinder zu haben stellt eine sehr große finanzielle Belastung der Eltern dar. Diese große Lücke in der Haushaltskasse, verursacht durch die Ausgaben für die Kinder, hilft der Staat zu schließen. So bekommt jede Familie in Deutschland Kindergeld, das sich nach der Anzahl der Kinder richtet. Das sozialstaatliche Prinzip Deutschlands versucht keine Verarmung nur aufgrund von Nachwuchs zuzulassen. Durch das Kindergeld ist somit schon ein gewisser Teil der Existenzsicherung der Kinder abgedeckt, die v. a. in Ausgaben für Kleidung und Nahrung besteht. Die Familie wird außerdem auch indirekt durch die finanziellen Mittel des Staates unterstützt, der maßgeblich an der Einrichtung von Bildungs- und Versorgungseinrichtungen beteiligt ist. Somit bleibt die Belastung der Familienkassen durch eventuelle Schulgebühren oder die Pflicht zur vollen Bezahlung der Kindergartengebühren. Eltern haben die Möglichkeit, ihren Kindern einen gewissen Lebensstandard zu bieten; einer Verarmung wird entgegengewirkt. Auch die Wahl eines höheren Bildungswegs wird durch eine finanzielle Bezuschussung des Staates unterstützt, da wegen der Verlagerung und Einschränkung der finanziellen Belastung der Familie das Geld in anderen Bereichen, zum Beispiel eben für die Bildungskarriere der Kinder, eingesetzt werden kann. All diese Aspekte führen zur Erkenntnis, dass Deutschland im Hinblick auf Kinderfreundlichkeit eine durchaus führende Rolle innehat und wegen der Prinzipien eines Sozialstaates weiter behalten wird.

Gegen die Kinderfreundlichkeit Deutschlands spricht jedoch die sinkende Geburtenrate. Seit 1997 kommen nämlich jährlich immer weniger Kinder in Deutschland zur Welt. Dies geht auf den Rückgang der Geburtenrate, gerade in der Bevölkerungsgruppe zwischen 20 und 30 Jahren, zurück. In dieser Lebensphase sind heutzutage viele Deutsche Singles oder leben in einer offenen Beziehung. Noch vor 20 Jahren war ein Großteil der Mittzwanziger bereits verheiratet, was natürlich auch zu Nachwuchs und der Gründung einer Familie führte. Heutzutage ist der Wunsch nach Ehe und Kindern sehr in den Hintergrund geraten. Häufige Scheidungen schrecken die Altersgenossen ab, sich fest zu binden. Gegen das Kinderkriegen sprechen oftmals auch der Wunsch nach Karriere und die Schwierigkeiten für eine Mutter, ihren Job und die Erziehung des Kindes unter einen Hut zu bringen. Die Emanzipation und das schwindende Verlangen nach Gründung einer Familie lassen also die Geburtenraten bei Frauen zwischen 20 und 30 Jahren zurückgehen. Oftmals erreicht der Familienwunsch ein Paar dann erst Jahre später, was dazu führt, dass in vielen Familien nur ein Kind pro Familie vorhanden ist. Große Familien wie früher gibt es immer seltener. Einzelkinder dagegen sind immer öfter die Regel in deutschen Familien. Der sich daraus ergebende Rückgang der Geburtenrate ist also ein Spiegelbild einer deutschen Gesellschaft, deren Wunsch nach Kindern und Familie oft der Karriere oder anderen Faktoren zum Opfer fällt. Dies ist ein Beleg dafür, dass die Kinderfreundlichkeit in Deutschland nachlässt.

Die Problematik der Kinderfreundlichkeit muss allerdings weitaus komplexer angegangen werden. Es sind sinnvolle Zielsetzungen vonnöten, um Deutschland kinderfreundlicher zu gestalten. Hierzu gehört sicherlich, dass sich die heutige Gesellschaft der hohen Bedeutung der Kinder im Hinblick auf die Zukunft bewusst werden muss. Diese bedeutende Rolle nimmt unser Nachwuchs vor allem aufgrund der aktuellen Entwicklung im Sozialversicherungssystem ein. Die Rentenversicherung musste aufgrund der akuten demografischen Entwicklung in Deutschland bereits reformiert werden und wird dies sicherlich noch einige Male erfahren. Diese Problematik, dass in einigen Jahren eine Gewährleistung der Rente nicht mehr sichergestellt ist, ist dennoch vielen Bundesbürgern nicht wirklich bewusst. Oft wird die allgemeine Meinung vertreten, dass der Staat die Altersvorsorge auch mit sinkenden Beiträgen aufrechterhalten könne. Dem ist aber nicht so. Die Allgemeinheit erkennt die Vorzüge einer hohen Kinderanzahl in Deutschland nicht wirklich. Dies lässt sich an einem einfachen Beispiel erläutern. Jeder hat sicher schon die Erfahrung gemacht, dass sich der Nachbar durch Kinder gestört fühlt und bei den Eltern beschwert. Dies führt oft sogar zu einer regelrechten Kinderfeindlichkeit. Doch genau solche Menschen sind sich der unersetzlichen Rolle der Kinder nicht bewusst. Die Kinder sind die Zukunft Deutschlands, sei es in Bezug auf die Rente oder auf die kritische Arbeitsmarktsituation mit beängstigendem Fachkräftemangel. Dieses Denken muss für die Allgemeinheit der deutschen Bundesbürger gelten, Unfreundlichkeiten gegenüber Kindern sollen und dürfen nicht die Regel sein. Entwickelt sich ein Bewusstsein für die hohe Bedeutung von Kindern für die Zukunft einer Gesellschaft, so ist Deutschland auf dem besten Weg, noch kinderfreundlicher zu werden und somit seine eigene soziale Zukunft selbst zu lenken.

1. Untersuchen Sie den Lösungsvorschlag im Hinblick auf den Argumentationsaufbau.
2. Suchen Sie für die Argumente des Schreibplans weitere bzw. alternative Beispiele.

3 Analyse von Absicht und sprachlichen Mitteln

Während Textwiedergabe und Stellungnahme das inhaltliche Verständnis eines Textes dokumentieren, erschließt die **Sprachanalyse** den Zusammenhang zwischen der Intention (Absicht) des Textes und den jeweiligen sprachlichen Mitteln. Dabei ergibt sich die Gesamtaussageabsicht eines Textes aus verschiedenen Teilaussageabsichten, die durch bestimmte sprachliche Mittel erzielt werden. Somit wird die **Aussageabsicht** des Textes in sprachlicher Hinsicht durch Einsatz bestimmter Satzbaustrategien (Syntax), die Auswahl eines spezifischen Wortschatzes (Semantik) und die Anwendung spezieller Mittel (rhetorische Mittel) realisiert.

Die Sprachanalyse darf sich jedoch auf keinen Fall in der bloßen Aufzählung der jeweiligen sprachlichen Mittel erschöpfen, sondern muss immer im Zusammenhang mit der entsprechenden Aussageabsicht gedeutet werden. Ebenso sollte der Fehler vermieden werden, die sprachlichen Mittel lediglich „am Text entlang", Zeile für Zeile, aufzulisten. Andererseits darf sich eine Sprachanalyse in einer bloßen Wiederholung von Textinhalten und Aussageabsichten erschöpfen, ohne zur eigentlichen Sprachbetrachtung zu gelangen.

Die Analyse sprachlicher Mittel setzt ein gewisses Sprachgespür voraus, das trainiert werden kann. Es geht um die Sensibilisierung für sprachliche Besonderheiten, für Ungewöhnliches, Auffälliges, Überraschendes, Originelles, also für alles, was sich von gebräuchlicher und durchschnittlicher Sprachverwendung abhebt. Man muss sich bei einer Sprachuntersuchung stets vor der Banalität des Selbstverständlichen hüten, wie sie z. B. in austauschbaren und nichtssagenden Formulierungen zum Ausdruck kommt: „Der Text enthält Substantive und Verben"; „Es kommen Haupt- und Nebensätze vor"; „Der Autor will zum Nachdenken anregen".

Stattdessen müssen die **spezifischen Merkmale** erfasst und gedeutet werden, die das **unverwechselbare sprachliche Vorgehen** des Textes kennzeichnen. Um solche Besonderheiten überhaupt wahrzunehmen, kann in der Übungsphase eine Art Kontrollliste (vgl. S. 198) helfen, mit der man den Text überprüft.

Nach der Lektüre des Textes unter dem Aspekt der konkreten Aufgabenstellung, in der sprachliche Besonderheiten gekennzeichnet und festgehalten werden, folgt die Ausführung der eigentlichen Sprachanalyse, die sich aus den drei **Arbeitsschritten** benennen – belegen – interpretieren zusammensetzt.

Das folgende Schaubild veranschaulicht die Gewichtung der einzelnen Arbeitsschritte:

benennen	**belegen**	**interpretieren**
Das jeweilige sprachliche Mittel muss mit dem Fachbegriff bezeichnet werden. Die Auswahl sprachlicher Besonderheiten als Beispiele im Text ist nur sinnvoll, wenn die daraus resultierenden Interpretationen aufschlussreich und inhaltlich ergiebig sind.	Für die Integration der Belegstellen gibt es verschiedene Möglichkeiten: Kürzere Textstellen zitiert man vollständig, längere u. U. mit Auslassungen (Pünktchen), aber so, dass die wesentlichen sprachlichen Mittel, aber auch der inhaltliche Satzzusammenhang erhalten bleiben. In manchen Fällen genügt auch ein Teilsatz- oder Wortzitat. Die Zeilenangabe steht am Schluss in Klammern. Dies ist auch der Platz für Hinweise auf weitere Textstellen (vgl. Zeile ...).	Zu einer textgerechten und anschaulichen Interpretation gelangt man mithilfe von Fragen nach der Aussageabsicht des Autors: **Absichtsanalyse** Was will der Autor bewirken? **Wirkungsanalyse** Wie wirkt der Sprachgebrauch auf den Leser? – Woran denkt der Leser? – Was empfindet der Leser? – Was assoziiert der Leser?

Neben der inhaltlichen Aussageabsicht des einzelnen sprachlichen Mittels gilt es auch seine generelle **Wirkung** zu berücksichtigen. Die Zuordnungen sind nicht starr und ausschließlich; ein und dasselbe sprachliche Mittel kann in unterschiedlichem Kontext unterschiedliche Wirkungen erzeugen.

Beispiele für Wirkungsakzente

Die Wirkung der **Eindringlichkeit** kann z. B. durch Emphasen, Anaphern, Wiederholungen, Aufzählungen, Ausrufe oder parataktischen Satzbau erreicht werden.

Um **Spannung** zu erzielen im Sinne von **Gegensätzen, Steigerungen, Vertiefungen, Häufungen usw.,** eignen sich u. a. Antithesen, Klimax oder Reihung von Fragen.

Ein Text erhält **Anschaulichkeit** durch eine bildhafte Sprache, d. h. durch entsprechende Wortwahl, Beispiele, Vergleiche, Metaphern und Symbole.

Die Wirkung der **ästhetischen Anschaulichkeit** erlaubt dem Leser Rückschlüsse auf die sprachliche Kreativität des Autors. Ihr sind vor allem Wortspiele, Wortneuschöpfungen und Anspielungen zugeordnet.

Zur **Kommunikation mit dem Leser** dienen direkte Anrede, Parenthese, (rhetorische) Fragen u. a.

Eine Sprachabsichtsanalyse setzt sich also aus folgenden Bausteinen zusammen:
Benennung des jeweiligen sprachlichen Mittels, Belegstelle, inhaltliche Einbindung/situativer Kontext, Wirkungsakzent, Interpretation (Absichts- u. Wirkungsanalyse).

Die Ausarbeitung der Sprachanalyse muss nicht nur inhaltlich stimmen, sondern sollte sprachlich so gestaltet sein, dass auch ein Leser ohne Textkenntnisse den Ausführungen folgen kann und durch die Interpretationen und Belegstellen eine zutreffende Vorstellung von der charakteristischen Sprachstrategie des Textes erhält.

Die Vorgehensweise einer Absichts- und Sprachanalyse lässt sich abstrakt in mehrere Stufen gliedern:

Gesamtabsicht auf der Basis des Gesamttextes

Teilabsichten, aus denen sich die Gesamtabsicht zusammensetzt

Analyse der Wirkungen des einzelnen Stilmittels mithilfe bestimmter Wirkungsakzente

Analyse und Interpretation der einzelnen Stilmittel in Bezug auf die jeweilige Teilabsicht

Konkrete Umsetzung

Gesamtabsicht

Teilabsicht 1	Teilabsicht 2	Teilabsicht 3
Stilmittel Stilmittel	Stilmittel Stilmittel Stilmittel Stilmittel	Stilmittel Stilmittel Stilmittel

I N T E R P R E T A T I O N E N
mit inhaltlicher Einbindung und Wirkungsakzent

Die gezeigte Methode eignet sich vor allem für argumentative Texte (z. B. Kommentare), weil die sprachlichen Mittel im Dienste der Aussageabsichten des Verfassers gezeigt werden sollen.
Demgegenüber kann man methodisch einen anderen Weg einschlagen, wenn die Sprache des Textes einen höheren Stellenwert, ja beinahe Eigenwert besitzt. Bei diesen vornehmlich ästhetisch-kreativen Texten bietet sich eine Reihenfolge der Arbeitsschritte, z. B. nach folgendem Schema an:

Gesamtabsicht		
Satzbau/Syntax	Wortwahl/Semantik	Rhetorische Mittel
Stilmittel Stilmittel	Stilmittel Stilmittel Stilmittel Stilmittel	Stilmittel Stilmittel Stilmittel
I N T E R P R E T A T I O N E N mit inhaltlicher Einbindung und Wirkungsakzent		

Kontrollliste der sprachlichen Mittel (Die Erklärung der Fachbegriffe erfolgt im Glossar auf S. 199.)

Satzbau	Wortwahl	Rhetorische Mittel
Satzarten Aussage Befehl Frage – Alternativfrage – Auskunftsfrage – Rhetorische Frage (Häufung von Frage- und Ausrufezeichen als Hinweis auf Textemotionalität) **Satzvollständigkeit** Ellipse (Betonung, Emotionalität, Umgangssprache) Parenthese (Differenzierung, Hervorhebung, Einschränkung usw.) **Satzkomplexität** Parataxe (Eindringlichkeit, Einfachheit) Hypotaxe (Analyse, Zusammenhänge) **Besondere Satzbaupläne** Reihung (Nachdruck, Vielfalt) Parallelismus (Vergleichbarkeit, Einprägsamkeit) Anapher (Hervorhebung) Emphatische Umstellung (Betonung)	**Wortarten** Substantiv (bei gehäuftem Vorkommen u. U. Hinweis auf Abstraktionsniveau) Verb (bei Häufung u. U. Dynamik) Adjektiv (Anschaulichkeit) Personalpronomen (wir: Vereinnahmung; man: Verallgemeinerung; ich: Ausgrenzung) **Sprachebene** – Hochsprache – Fachsprache – Umgangssprache – Soziolekt – Dialekt – Jargon (Bezug zum Adressaten oder Autor) Wortfelder/Wortfamilien (Verdichtung, Gewichtung) Leitwort/Schlüsselwort (Gedankenführung) Schlagwort (Vereinfachung, Zeitgeist) Neologismus (Pointierung) (wertende) Konnotation (positive bzw. negative Assoziation)	Metapher Beispiel Vergleich (Anschaulichkeit und damit geringeres Abstraktionsniveau) Klimax Emphase Hyperbel (Hervorhebung) Wortspiel/Anspielung (Originalität) Euphemismus (Manipulation) Ironie (Distanz, Überlegenheit, Spott) Antithese (Hervorhebung) Rhetorische Frage (Verstärkung, Manipulation, versteckter Befehl) Alliteration (Hervorhebung, Pointierung)

Glossar: Sprachliche Mittel

Begriff	Erklärung	Beispiel
Akkumulation	Anhäufung von Wörtern ohne Nennung des Oberbegriffs	Buch, Zeitung, Zeitschrift, Radio, Fernsehen, Fax und Computer
Allegorie	Verbildlichung eines abstrakten Begriffs; oft als Personifikation	Justitia (Gerechtigkeit) Amor (Liebe) Sensenmann (Tod)
Alliteration	Gleicher Anlaut der Stammsilbe aufeinanderfolgender Wörter (Stabreim)	Haus und Hof; Kind und Kegel; bei Wind und Wetter; was Küche und Keller hergeben
Anapher	Wiederholung desselben Wortes oder derselben Wortgruppe an gleicher Stelle in aufeinanderfolgenden Sätzen oder Satzteilen	Das Wasser rauscht, das Wasser schwoll; Klar ist, dass wir gewinnen wollen; klar ist, dass wir noch nicht gewonnen haben.
Antithese	Gegensatzpaar; Gegenüberstellung entgegengesetzter Begriffe	hell und dunkel; Tag und Nacht; Stärke und Schwäche; nicht nur ..., sondern auch ...
Chiasmus	Überkreuzstellung von Satzgliedern	Einer ist der Erfinder, Nachahmer sind viele; Die Kunst ist lang und kurz ist unser Leben.
Chiffre	Moderne Form des Symbols; verweisendes (Geheim-)Zeichen mit verschlüsselter Bedeutung – meist autorbezogen. Häufig Kennzeichen moderner Lyrik	Schwarze Milch der Frühe (Paul Celan) Blaues Klavier (Else Lasker-Schüler) Tierauge (Gottfried Benn)
Ellipse	Unvollständiger Satz	Du, mein Gegner? Feuer! Hilfe! Je schneller, desto besser.
Emphase	Betonung	Es kann überhaupt keinen Zweifel geben, dass wir gewinnen. Das ist ja total irre.
Emphatische Umstellung	Betonung durch Umstellung	Überraschend kam dies nicht.
Euphemismus	Beschönigung; Verschleierung	Minuswachstum (Rezession) Entsorgungspark (Atommülldeponie) Bruderhilfe (militärische Intervention) Reichskristallnacht (Pogrom)
Hyperbel	Übertreibung	ein einmaliger Abend
Hypotaxe	Satzgefüge mit Satzverknüpfung durch Unterordnung	Den ungeheuersten Witz, der vielleicht, so lange die Erde steht, über Menschenlippen gekommen ist, hat, im Lauf des letztverflossenen Krieges, ein Tambour gemacht; ... (Kleist).
Ironie	Das Gemeinte ist das Gegenteil des Gesagten. Spöttische Bloßstellung. Verletzende, bösartige Form: Sarkasmus bzw. Zynismus	Das ist ja eine schöne Bescherung. Du siehst heute aber gut aus. Und Brutus ist ein ehrenwerter Mann (Shakespeare).

Begriff	Erklärung	Beispiel
Klimax	Steigerung; oft als Reihung bzw. innerhalb einer Relation	Am Anfang war der Verkehr lebhaft, später zähflüssig, am Ende standen wir im Stau.
Konnotation	Beiklang; mitschwingende Bedeutung; Assoziation – positiv oder negativ	Vollwertkost; Biolandwirt; Technokrat; Hinterbänkler; Ross – Gaul; Pauker; Bulle
Metapher	Sprachliches Bild; abgekürzter Vergleich durch Übertragung der ursprünglichen Bedeutung des Wortes in einen anderen Zusammenhang	Am Fuß des Berges; EU-Gipfel; Verkehrsfluss; Sprachbarriere; Schneckentempo; Verhandlungsmarathon; Buchrücken
Verblasste Metapher	Bildhaftigkeit wird kaum mehr wahrgenommen	Glühbirne; Kopf hängen lassen; weg vom Fenster
Metonymie	Sprachliches Bild, das in realer Beziehung zum Gemeinten steht	Kreml; Weißes Haus; einen guten Tropfen trinken; Goethe lesen
Neologismus	Wortneuschöpfung	Ossi – Wessi; Quotenfrau; Polittourismus; zappen
Parallelismus	Sich wiederholende Satzkonstruktion oder Wortfolge	Der Maler steht vor der Staffelei und malt – hinter ihm steht einer. Der Komponist improvisiert auf dem Pianoforte – auf seinem Sofa schläft einer.
Parenthese	Einschub; unverbundene Einfügung in den Satzablauf	Gestern kam ich – der Zug hatte Verspätung – erst kurz vor Mitternacht an.
Periphrase	Umschreibung	Der Allmächtige (Gott)
Personifikation	Vermenschlichung von Abstraktem oder Gegenständlichem	Der Fremdenhass nimmt schon Platz im Klassenzimmer oder pöbelt in der S-Bahn. Gelassen stieg die Nacht ans Land (Mörike). Die Sonne lacht.
Reihung	Aufzählung	Sonne, Mond und Sterne; Amsel, Drossel, Fink und Star ...
Rhetorische Frage	Scheinfrage, die sich selbst beantwortet	Reicht es, dass Bürger demonstrieren? Sind nicht längst die Grenzen überschritten?
Symbol	Sprachliches Bild (Sinnbild), ein Ding wird durchsichtig auf eine höhere Bedeutung hin	Rose (für Liebe); Wasser (für Leben); Kette (für Bindung); Kreuz (christlicher Glaube); Vogelflug (Freiheit)
Synekdoche	Ersetzung eines Wortes durch einen Begriff aus demselben Begriffsfeld, z. B. Teil fürs Ganze (Pars pro toto)	Traube statt Wein
Vergleich	Veranschaulichendes Stilmittel; Form des Bildes	Zustände wie im alten Rom; stark wie ein Löwe
Wortspiel	Spiel mit Klang oder Bedeutung von Wörtern; Wort- bzw. Sprachwitz	Braucht die Genetik eine neue Gen-Ethik? Natürlich ist die Natur schon lange nicht mehr natürlich.

Das folgende Textbeispiel ist die Grundlage für die Bearbeitung der Aufgabenstellungen:
erweiterte Überblicksinformation, Sprachabsichtsanalyse, Erläuterung.

Welche Zukunft hat das Soziale?

von Rainer Bonhorst

Die griffigste Losung lautet: Sozial ist, was Arbeit schafft. Sie ist prima, hat aber einen Haken: Wo die Arbeit fehlt, hilft es wenig zu sagen: „Ruhig Blut. Wenn ihr wieder einen Job habt, geht es euch wieder besser.“ Nein. Ganz ohne die sogenannte soziale Hängematte geht es nicht. Sie wird gebraucht, um Härtezeiten in Würde zu überbrücken. Dauereinrichtung kann sie nur im Ausnahmefall sein: Wo keine Aussicht auf Arbeit besteht, muss dennoch ein Leben in Würde möglich sein.

Das ist das europäische Modell der sozialen Marktwirtschaft. Es gibt Sicherheit in der Not. Es ist ein exzellentes Modell, ein politisches Meisterstück Europas, wie jüngst in einer französischen Tageszeitung nachzulesen war. Es versucht, die Dynamik des Kapitalismus zu nutzen, seine Brutalität aber in zivilisierte Bahnen zu lenken.

Dieses wunderbare Modell der sozialen Marktwirtschaft wird von zwei Seiten angegriffen. Von außen attackiert uns ein Brutalokapitalismus, der sich die Globalisierung unserer Wirtschaftswelt zunutze macht. Von innen zersetzt unser Sozialsystem eine Krankheit, die aus Verschwendung und Egoismus besteht. Wenn ganze Scharen fleißig Stütze kassieren und nebenher schwarz Kohle machen, dann ist das ebenso gesellschaftsschädlich wie die Gier und Rücksichtslosigkeit jener Kapitalisten, für die nur der schnelle, börsenwirksame Profit gilt.

Unser europäisches Modell funktioniert, wenn es verantwortungsbewusst gehandhabt und nicht überfrachtet wird und wenn wir durch unsere Arbeit genug verdienen, um es finanzieren zu können. Leider hat es Zeiten gegeben, in denen wir das Sozialnetz immer kuscheliger gemacht haben, ohne Rücksicht darauf, ob unserer Hände und Köpfe Arbeit es auch bezahlen konnten. Inzwischen stehen wir da, haben zu wenig Arbeit, also immer mehr Anwärter auf das Netz und immer weniger Geld, um es stabil zu halten. Und obendrein schwemmt die Globalisierung billige Arbeiter auf den Markt, mit denen unsere Arbeitnehmer nicht konkurrieren können.

Ein Teufelskreis. Wir können uns immer weniger soziale Sicherheit leisten und bei der Schaffung neuer Arbeitsplätze kommen wir nur mühsam voran. Schuld ist nicht nur die Globalisierung, schuld sind auch wir selber: Wir haben unseren Arbeitsmarkt so sehr mit Regeln zugepfropft, dass er nur mühsam die Dynamik entwickelt, die er braucht. Wie Ritter in Eisenrüstungen treten wir gegen die schnellen Truppen der Globalisierung an.

Auch wenn das Wort Reform heute Unmut auslöst: Wir müssen unsere soziale Marktwirtschaft weiter reformieren und befreien, um unser Modell zu retten. Eine Unterschicht passt nicht zu uns. Dulden wir sie, wird sie zu einer zusätzlichen Bedrohung, vor allem aber zu einer Verhöhnung unseres Sozialmodells. Werden die kapitalistischen Raubritter der Globalisierung das letzte Wort haben? Es gibt zweierlei Hoffnung. Die eine: dass überall in der Welt, wo der Wohlstand wächst, auch der Bedarf an sozialem Frieden wächst. Die andere: dass wir unser Sozialmodell so modern und attraktiv machen, dass es exportfähig wird. Wenn nicht, werden die Raubritter der Globalisierung kommen und siegen.

Bonhorst, Rainer, Welche Zukunft hat das Soziale?, in: Augsburger Allgemeine Zeitung vom 21.10.2006, überarbeitet

Erweiterte Überblicksinformation

Bei Aufgabenstellungen der Sachtextanalyse, die auf eine umfassende Analyse von Inhalt und Aufbau verzichten, ist eine erweiterte Überblicksinformation notwendig, die inhaltliche Kernaussagen ausführlicher und detaillierter als bei der herkömmlichen Überblicksinformation wiedergibt.

Lösungsvorschlag
Erweiterte Überblicksinformation

Der vorliegende sozialpolitische Kommentar stammt von Rainer Bonhorst und ist in der „Augsburger Allgemeine[n] Zeitung" vom 21. Oktober 2006 anlässlich eines aktuellen Artikels einer französischen Zeitung erschienen. Der sachlich argumentierende, punktuell auch appellierende Text mit dem Titel „Welche Zukunft hat das Soziale?" ist vor dem Hintergrund eines sich stark verändernden Sozialstaates entstanden. Bonhorst thematisiert einleitend die hohe Bedeutung eines funktionierenden Sozialstaates für die Würde jedes einzelnen Menschen, weil das bewährte Modell der sozialen Marktwirtschaft ein Sozialgefälle in weiten Kreisen der Bevölkerung verhindere. In einer Ursachenanalyse werden die zunehmende Globalisierung sowie die beobachtbare Mentalität eines unsolidarischen Missbrauchs sozialer Leistungen als Gefahren für das deutsche Sozialsystem erläutert. Die Finanzierbarkeit dieses Modells sei in steigendem Maße gefährdet; notwendige Lösungsansätze zur Sanierung dieses Systems würden jedoch aufgrund mangelnder Flexibilität in der Sozialpolitik nur zögerlich realisiert. Schließlich betont der Autor die Notwendigkeit einer fundierten Reform des bisherigen Sozialstaates zum Schutz vor internationalen Einflüssen und einer problematischen gesellschaftlichen Segmentierung in Arm und Reich.

Lösungsvorschlag
Sprachabsichtsanalyse

Der Autor appelliert auf der Basis positiver Erfahrungen mit dem Modell der sozialen Marktwirtschaft an die Bereitschaft aller Verantwortlichen, mit einer überlegten Reform die Vorteile dieses Modells auch für die Zukunft zu sichern, zum Wohle aller. Um diese Absicht zu verwirklichen, bedient sich Bonhorst zahlreicher sprachlicher Besonderheiten, die sich auf die Bereiche Wortwahl, Satzbau und rhetorische Mittel beziehen.

Beim Satzbau sticht bereits die als **Frage** formulierte Überschrift ins Auge: „Welche Zukunft hat das Soziale?". Diese unmittelbare Wendung an den Leser regt zum Weiterlesen des Textes an und berührt einen Themenkomplex, der für die breite Leserschaft von großem Interesse sein dürfte. Das Modell der sozialen Marktwirtschaft würdigt der Verfasser anhand einer **anaphorischen Reihung** von Vorteilen: „Es gibt Sicherheit in der Not. Es ist ein exzellentes Modell [...]. Es versucht die Dynamik des Kapitalismus zu nutzen [...]" (Z. 12 ff.). Eindringlich führt der Journalist den Lesern damit die Erfolgsgeschichte der sozialen Marktwirtschaft vor Augen. Die Bedrohung dieses Modells zeigt sich allerdings in zunehmendem Maße, indem Bonhorst formuliert: „Schuld ist nicht nur die Globalisierung, schuld sind auch wir selber" (Z. 45 f.). Mit dieser **anaphorischen Reihung**, die auch eine **emphatische Umstellung** beinhaltet, betont er, dass die Verantwortung für die bestehende Misere auch in Deutschland liege. Dabei könnte auch eine selbstkritische Reflexion beim Leser bezüglich seines eigenen Verhaltens bei der Nutzung sozialstaatlicher Leistungen einsetzen. Mit der metaphorischen **Ellipse**, wonach „ein Teufelskreis" (Z. 42) vorliege, veranschaulicht Bonhorst die nahezu ausweglose Krise des bisherigen Sozialstaates, weil sich die Einnahmen und die Ausgaben des Sozialsystems gegenläufig entwickeln.

Mit dem vielen Bürgern bekannten **Slogan** „Sozial ist, was Arbeit schafft" (Z. 1 f.) stimmt Bonhorst den Leser auch mit seiner Wortwahl in die Kernthematik des Textes ein. Dieser Formulierung setzt er eine **umgangssprachlich** formulierte, teilweise auch **elliptische** Aussage gegenüber, die den Leser an eine vom Autor zitierte beruhigende **Floskel** mancher Politiker erinnert: „Ruhig Blut. Wenn ihr wieder einen Job habt, geht es euch wieder besser" (Z. 3 ff.). Die sich daran anschließende, schroff wirkende elliptische **Negation** „Nein" (Z. 5) weist den Leser eindringlich darauf hin, dass genau diese abwartende, passive Einstellung dem Verfasser dieses Kommentars nicht überzeugend zu sein scheint. Die zweimalige Verwendung eines **Schlüsselbegriffs**, nämlich des abstrakten **Substantivs** „Würde" (Z. 7, Z. 10), hebt die große Leistung des bisherigen Sozialsystems für Hilfsbedürftige hervor. Die **positive Konnotation** des Wortes „Würde" erzeugt beim Leser einen nachhaltigen Eindruck im Hinblick auf den hohen Wert sozialstaatlicher Sicherheit. Als nahezu eine Liebeserklärung wirkt die Textstelle mit dem **positiv konnotierten Adjektiv**, wenn er an das „wunderbare Modell der sozialen Marktwirtschaft" (Z. 18 f.) erinnert. Dass jedoch keine heile Welt im Bereich der deutschen Sozialpolitik vorliegt, untermauert er in Form einer weiteren **Anapher**, die auch mit **negativ konnotierten Verben** die Brisanz gegenwärtiger Entwicklungen veranschaulicht und als **Parallelismus** verstärkt: „Von außen attackiert uns ein Brutalokapitalismus [...]. Von innen zersetzt unser Sozialsystem eine Krankheit [...]" (Z. 19 ff.). Insbesondere der **Neologismus** „Brutalokapitalismus" (Z. 20) weckt beim Leser dabei Gefühle der Angst vor menschenverachtenden Wirtschaftsentwicklungen. Diese negative Wertung aktueller Entwicklungen führt er fort mit einer Fülle **negativ konnotierter Substantive** wie „Verschwendung" (Z. 23), „Egoismus" (Z. 23), „Gier" (Z. 26) und „Rücksichtslosigkeit" (Z. 27). Damit konkretisiert er auch die derzeitige gesellschaftliche Situation in Deutschland und Europa sowie eine Krise der Werte. Anhand von **umgangssprachlichen Begriffen** bringt er bildhaft und etwas übertreibend die materialistische Einstellung einzelner Bürger zum Ausdruck, wenn er vorwurfsvoll formuliert, dass „ganze Scharen fleißig Stütze kassieren und nebenher schwarz Kohle machen" (Z. 24 ff.). Mehrmals ist die Verwendung des **Personalpronomens** „wir" (Z. 31) und des entsprechenden **Possessivpronomens** „unser" (Z. 29) zu beobachten. Dies bewirkt eine sehr eindringliche Kommunikation mit dem Leser, weil der Journalist den Leser vereinnahmt und dieser sich mit den dargestellten Problemen zwangsläufig auseinandersetzen muss. Auch die notwendige sozialpolitische Reformbereitschaft ist ja mit dem Engagement des Einzelnen verknüpft.

Bei den rhetorischen Mitteln fällt vor allem eine ausdrucksstarke **Metaphorik** auf, die die trägen Reaktionen und die mangelnde Reformbereitschaft der deutschen Politik im Hinblick auf internationale Einflüsse veranschaulicht: „Wie Ritter in Eisenrüstungen treten wir gegen die schnellen Truppen der Globalisierung an" (Z. 48 ff.). Auf den Leser könnte diese Formulierung, die auch einen **Vergleich** beinhaltet, etwas übertrieben wirken. Die Erinnerung an das Mittelalter vermag eine Reihe negativer Assoziationen auszulösen: Der Einzelne fühlt sich einem bedrohlichen, stürmischen, unheilvollen Überfall hilflos ausgeliefert. Mit diesem Bild ist auch das Anachronistische zum Ausdruck gebracht. Die zweimalige **Wiederholung der Metapher** „Raubritter der Globalisierung" (Z. 57 f. u. 63 f.) trägt mit ihrer Abwertung ebenfalls eindringlich dazu bei, beim Leser für die Notwendigkeit einer baldigen Reform des Sozialsystems zu werben. Dieses unterstützt der Verfasser, indem er **antithetisch** die Begriffe „Dynamik" (Z. 15) und „Brutalität" (Z. 16) verwendet. Damit wägt er Chancen und mögliche Gefahren des Kapitalismus ab. Die Synthese stellt für Bonhorst ein funktionierender Sozialstaat dar. Eine nahezu euphorische Würdigung und Einschätzung des Sozialstaatsprinzips nimmt Bonhorst in der **hyperbolisch** wirkenden Aussage vor: „Es ist ein exzellentes Modell, ein politisches Meisterstück Europas" (Z. 12 ff.). Diese **Klimax** hebt die Leistung eines Modells hervor, das über Jahre hinweg sachkundig und mit großem Einsatz erfolgreich und vorbildlich ausgestaltet wurde. Insofern sieht er die „soziale Hängematte" (Z. 5 f.) als eine unverzichtbare Garantie für das Überleben des Einzelnen. Wenngleich diese **Metapher** auch einen negativen Unterton aufzuweisen hat, sieht er in ihr eine Chance für alle, die effektive Hilfe brauchen. Dass in der Vergangenheit Fehler von der Politik begangen wurden, konkretisiert er mit einer weiteren **Metapher**, wonach der deutsche Arbeitsmarkt sehr stark mit „Regeln zugepfropft" (Z. 47) sei. Hier denkt der Leser vielleicht an die Auswüchse eines überregulierten Staates, der aufgrund übertriebener Bürokratie unflexibel auf die Bedürfnisse der Bürger reagiert. Diese negative Begleiterscheinung sozialpolitischen Handelns verknüpft Bonhorst mit der **metaphorischen** Aussage, wonach die deutsche Politik „das Sozialnetz immer kuscheliger" (Z. 33 f.) gemacht habe. Diese Textstelle veranschaulicht das Lebensgefühl vieler, dass sich Eigeninitiative nicht mehr lohnt und jeder Bürger, unabhängig von seiner Leistung, einen möglichst hohen Lebensstandard genießen will. Die beiden Wörter „zugepropft" und „kuschelig" erzeugen in diesem Kontext natürlich negative Assoziationen.

Insgesamt fällt auf, dass der Autor über eine geschickt gewählte Metaphorik und eine Fülle positiver und negativer Konnotationen den Leser zu einer Auseinandersetzung mit dem Modell der sozialen Marktwirtschaft motivieren möchte. Ergänzend unterstreicht er mit seinen analytischen und nachdenklich stimmenden Gedanken die Notwendigkeit einer zielstrebigen Reformierung dieser wertvollen sozialpolitischen Errungenschaft.

1. Arbeiten Sie im Lösungsvorschlag die folgenden Bausteine einer Sprachabsichtsanalyse heraus:
- Belege
- Inhaltliche Einbindungen
- Wirkungsakzente
- Interpretationen

2. Suchen Sie nach Synonymen für die verwendeten Begriffe der Wirkungsakzente.

3. Erläutern Sie den unterschiedlichen Umgang mit Textzitaten innerhalb der Sprachabsichtsanalyse.

4 Erläuterung

Ein umfassendes Textverständnis erfordert oft eine genaue Klärung von Einzelbegriffen, Sätzen oder ganzen Textpassagen. Dabei geht es darum, aus dem Gesamttext heraus im Sinne des Verfassers Einzelstellen des Textes in eigenen Worten so zu erläutern, dass sich ein erweitertes und vertieftes Textverständnis ergibt. Um dieses Ziel zu erreichen, empfehlen sich folgende Arbeitsschritte:

Arbeitsschritte	Hinweise	Formulierungshilfen
1. Darstellung des Gesagten in eigenen Worten	„Übersetzung" Was ist gemeint?	Wenn der Autor von ... spricht, dann meint er damit, dass ...
2. Begründung	Wie kommt der Autor zu seiner Aussage? (Aus dem Text oder eigenständig)	Er kommt zu dieser Aussage, weil ...
3. Illustration, Konkretisierung	Woran kann man erkennen, was gemeint ist?	Konkret sieht man das daran, dass ...
4. Ausweitung, Vergleichbares, Parallelen	Eigenständige Weiterführung	Stellt man die Äußerung des Autors in einen größeren Zusammenhang, so fühlt man sich erinnert an .../so könnte man denken an ... Eine vergleichbare Situation ist etwa gegeben bei ...
5. Akzentuierung, Einschränkung – Lautet die Aufgabenstellung „Erläutern Sie ... und nehmen Sie Stellung!" setzt anstelle des 5. Arbeitsschritts die dialektische Diskussion ein. In diesem Fall entfällt die Darstellung dessen, wozu man Stellung bezieht, da es bereits in vier Arbeitsschritten erläutert ist.	Was ist besonders zu betonen/bedenken/abzuschwächen? (Andeutung eines eigenen Urteils)	Darüber sollte man nicht vergessen, dass ... Besonders bedeutsam daran ist ...

Dem ersten Arbeitsschritt – **Übersetzung** – kommt ein besonderes Gewicht zu, was sich bereits quantitativ auswirken sollte. Gefordert ist nämlich ein nicht zu knapper, sprachlich klarer und überzeugender Nachweis – und zwar in eigenen Worten und Formulierungen –, dass die Textstelle richtig und ganz verstanden worden ist. Grundsätzlich sollte man dabei keinen Begriff als schon bekannt voraussetzen, vor allem keine Fachbegriffe und metaphorischen Umschreibungen. Bei längeren Textpassagen ist eine Zerlegung in kleinere Abschnitte sinnvoll. Man erstellt eine Art Textparaphrase (verdeutlichende Umschreibung) und arbeitet dabei häufig mit Synonymen (bedeutungsgleiche bzw. -ähnliche Wörter).

Die **Begründung** gibt Antwort auf die Frage, wie der Autor zu seiner Aussage kommt. In den meisten Fällen bietet der Text selbst hierzu entsprechende Hinweise, wenn auch nicht immer in unmittelbarer Nachbarschaft der zu erläuternden Textstelle. Im Einzelfall können (und sollen) zusätzliche eigene Begründungen herangezogen werden, die aber mit dem Sinn des Textes übereinstimmen müssen, ihm also nicht widersprechen dürfen. Dieser Arbeitsschritt sollte möglichst abstrakt bewältigt werden.

Die **Konkretisierung** liefert erst der dritte Schritt. Auch hier gibt es wieder die alternative Möglichkeit einer weiteren Textauswertung oder der eigenen Illustrationen; die Beispiele müssen also nicht nur dem Text entnommen werden. Im Wesentlichen benutzt man den Gesamttext als eine Art „Steinbruch", indem man einzelne Textbausteine aus dem ursprünglichen Kontext löst und nach den Erfordernissen der Erläuterung neu zusammenfügt.

Erst die beiden letzten Schritte ergänzen die Gedankenwelt des Textes, in dem sie auf **vergleichbare Sachverhalte** verweisen und im Schlusssatz eine **persönliche Gewichtung** vornehmen. Diese kann in einer Einschränkung oder einer Akzentuierung bestehen. Gerade die geschickte Wahl einer Parallele bezeugt noch einmal das echte und solide Textverständnis beim Verfassen einer Texterläuterung.

Die oben genannten Formulierungshilfen haben lediglich „Angebotscharakter" und entbinden nicht von einer intensiven gedanklichen Auseinandersetzung mit der vorgegebenen Textstelle und ihrem Bedeutungsgehalt. Sie bieten Gedankenanstöße, leisten Hilfe bei der Ordnung der eigenen Gedanken und beugen einer sich nur wiederholenden Argumentation vor.

Erläutern Sie folgende Aussage im Textzusammenhang:
„Wie Ritter in Eisenrüstungen treten wir gegen die schnellen Truppen der Globalisierung an" (vgl. S. 201, Z. 48 ff.).

Lösungsvorschlag

Wenn der Journalist Rainer Bonhorst davon spricht, dass wir wie Ritter in Eisenrüstungen gegen die schnellen Truppen der Globalisierung antreten, dann zielt er mit diesem Vergleich auf unser kritikwürdiges Verhalten in einer globalisierten Arbeitswelt. Laut Bonhorst agieren wir auf dem Arbeitsmarkt wie mittelalterliche Ritter, die sich mithilfe schwerer Eisenrüstungen vor Attacken von außen schützen wollen; unsere Eisenrüstungen, d. h. Schutz- bzw. Abwehrmechanismen, machen uns jedoch – zum Beispiel auf dem Arbeitsmarkt – zu unbeweglich, um auf Herausforderungen einer neuen Zeit reagieren zu können. Unser Verhalten ist also unzeitgemäß und uns droht wie dem mittelalterlichen Ritterstand der Abstieg, wenn wir auf die schnellen Truppen der Globalisierung, d. h. auf den Ansturm mobiler und flexibler Arbeitskräfte, nicht entsprechend reagieren.

Bonhorst kommt zu dieser Aussage, da er vor allem den deutschen Arbeitsmarkt für zu reguliert bzw. reglementiert hält, sodass unsere Wirtschaft nicht mit der schnelleren und flexibleren weltweiten Konkurrenz mithalten kann. Der starre Arbeitsmarkt stammt aus einer Zeit, in der sich deutsche Arbeitnehmer bzw. deutsche Firmen noch nicht einem derart globalisierten Wettbewerb stellen mussten. Regelmäßige Einkommenszuwächse für alle, ein eng geknüpftes soziales Netz, ein durch tarifrechtliche Regelungen geschützter Arbeitsmarkt vermittelten das Gefühl von Sicherheit und Stabilität. Mit der Globalisierung sieht sich der Arbeitsmarkt nun neuen Herausforderungen ausgesetzt – z. B. in Bezug auf die Öffnung des deutschen Arbeitsmarkts für ausländische Arbeitnehmer. Vielerorts begegnet man dieser Entwicklung mit einem Abwehrreflex. Wie die Ritter am Ende des Mittelalters versuchen wir an Altem und Bewährtem festzuhalten. Mit dem Hinweis auf den Ritterstand deutet Bonhorst jedoch auch an, dass wir auf Dauer die Herausforderungen der Globalisierung nicht mit unserer alten Einstellung bewältigen können.

Konkret sieht man unsere Schwierigkeiten, die richtigen Antworten auf neue Fragen finden bzw. von Besitzständen Abschied nehmen zu können, an den erbitterten Auseinandersetzungen um tarifrechtliche Regelungen. Es liegt auf der Hand, dass z. B. die Erhöhung der Arbeitszeit ohne Lohnausgleich oder die Liberalisierung der Ladenschlussgesetze bei den betroffenen Arbeitnehmern kaum auf Gegenliebe stoßen und auch die Kürzung des Weihnachtsgeldes viele Privathaushalte trifft. Andererseits gilt: Die Konkurrenz im Ausland schläft nicht und in manchen Bereichen können deutsche Firmen im weltweiten Wettbewerb nicht mehr mithalten.

Stellt man die Äußerungen des Autors in einen größeren Zusammenhang, so lassen sich auch in anderen Bereichen ähnliche Einstellungen und Verhaltensweisen im Hinblick auf veränderte Rahmenbedingen bzw. neue Herausforderungen beobachten. Wie in der Wirtschaft verlor Deutschland z. B. auch im professionellen Fußball den Anschluss an die Weltspitze, weil bestimmte Entwicklungen nicht erkannt oder negiert wurden. Als der deutsche Vereinsfußball und die Nationalmannschaft schon längst nicht mehr Top-Niveau besaßen, sprachen die Beteiligten noch immer davon, dass die Bundesliga nach wie vor zu den stärksten gehöre. Kritische Stimmen wollte man ebenso wenig hören wie die Forderung nach Reformen. Erst allmählich erkannten die Verantwortlichen die Notwendigkeit, Altes infrage zu stellen und Neuerungen zu wagen, um in Zeiten eines globalisierten Fußballs der Konkurrenz erfolgreich begegnen zu können.

Bonhorst hat sicher recht, wenn er uns mit dem provokanten Vergleich den Spiegel vorhält und die Notwendigkeit anmahnt, Besitzstände aufzugeben und auf Herausforderungen einer globalen Welt angemessen zu reagieren. Vor Verallgemeinerungen ist allerdings zu warnen. Eine differenzierte Betrachtung der Problematik zeigt nämlich, dass die Tarifpartner durchaus Verantwortung zeigen und bereit sind, angesichts einer wachsenden internationalen Konkurrenz von Besitzständen Abschied zu nehmen. Andererseits ist auch zu bedenken, dass man Bewährtes nicht einem bloßen Zeitgeist oder unkontrolliertem Profitdenken opfern sollte. Die Weiterentwicklung unserer bewährten sozialen Marktwirtschaft ist sicher ein Weg in die richtige Richtung.

1. Welche Textbausteine der Textvorlage enthält der Lösungsvorschlag?
2. Ergänzen Sie die Konkretisierung des Lösungsvorschlags durch eigene Beispiele.
3. Ersetzen Sie den Arbeitsschritt „Vergleich" durch eigene parallele Gedanken.
4. Erläutern Sie folgende Textaussage:
   „Von innen zersetzt unser Sozialsystem eine Krankheit, die aus Verschwendung und Egoismus besteht" (vgl. Text S. 201, Z. 22 ff.).

5 Übungsteil: Texte mit Teillösungen – Texte mit Arbeitsaufträgen

Stilistisch interessante Textbelege aus dem Kommentar „Die Saat geht auf: Ausländerhass"

Bestimmen Sie die sprachlichen Mittel in den folgenden Beispielen und achten Sie auf mögliche Mehrfacheinordnungen:

- Der Ausländerhass kommt frei Haus per Postwurfsendung.
- Der Ausländerhass fährt – man kann es täglich erleben – im Stadtbus und kann dort ungeniert pöbeln.
- Die Konservativen sind konsterniert. Doch schuldlos sind sie nicht.
- Jahrelang haben vor allem sie die Vorurteile genährt und gestärkt, ein angsterregendes Spiel mit Worten und Zahlen getrieben. Jahrelang wurden Ressentiments gefüttert. Jahrelang hat sich Flüchtlingspolitik auf Abschreckung beschränkt.
- Die Politiker haben nur noch Statistiken publiziert und die Schicksale vergessen.
- Die Initiative, Sozialhilfe für Asylbewerber pauschal zu kürzen, gaukelt vor, Flüchtlinge hätten bislang ein Leben gehabt wie Gott in Frankreich. In Wirklichkeit steht jedem Flüchtling so viel Platz zu wie einem Deutschen Schäferhund mittlerer Größe.
- Mit Wunderrezepturen haben nur Marktschreier kurzfristig Erfolg.
- Es ist Zeit, den Wählern die Wahrheit zu sagen. Der Anteil anerkannter Flüchtlinge ist im europäischen Vergleich sehr gering. Deutsche Politik kann keine Mauern bauen. Sie kann freilich die Tür nach Osteuropa wieder anlehnen. Und sie muss endlich für ein kurzes Anerkennungsverfahren sorgen.
- Haben Europäer wirklich das Recht zu behaupten, das Boot sei voll? Droht uns wirklich der Untergang der eigenen Kultur?
- Bloße Angstmacherei! Reine Demagogie!

Prantl, Heribert, Die Saat geht auf: Ausländerhass, in: Süddeutsche Zeitung vom 8.2.1989, gekürzt und bearbeitet

Der Einfall touristischer Horden führt zur Ausrottung des Schönen ...

André Heller

Sehr geehrte Damen und Herren, die in diesem Raum Versammelten wissen, dass der Tourismus mit einem Umsatz von 2.000 Milliarden Dollar das größte Industrieunternehmen des Planeten Erde ist. Als Arbeitgeber für 100 Millionen – mehr und sehr häufig auch weniger – qualifizierter Dienstleistender ist er ebenfalls in der Beschäftigungsstatistik unübertroffen.

Zumindest den Fachleuten allgemein bekannt ist weiter, dass von dieser Tourismusindustrie fortgesetzt verheerendere Gefahren für unsere Lebensgrundlagen ausgehen als von den gesamthaftenden Tschernobyl-Industrien. Das freie Reisen gehört zwar zu den großen Errungenschaften der Demokratie, aber die demokratischen Grundrechte verlieren ihre Priorität, wo sie zur Zuhälterei des Weltuntergangs ausarten. Ebenso wenig wie ein Rosenstrauch von der Schöpfung dafür eingerichtet wurde, einer rabiaten Heuschreckenplage als Kost und Quartier zu dienen, wurden die Kontinente und Meere von ihrer ökologischen und soziologischen Statik als Bedürfnisanstalt für die grölende Ausflugsnotdurft einer Menschheit geschaffen, deren philosophisches Idol seit Langem der Elefant im Porzellanladen ist. Selbst von unbegrenzten Wachstumsträumen korrumpierte Politiker und fortschrittsgläubige Lemminge aller Nationalitäten beginnen sich langsam unter dem Druck einer zu Recht panischen Basis mit der Frage „Gibt es in Zukunft noch ein achtenswertes Leben vor dem Tode?“ zu beschäftigen.

[...] Das große allerletzte Tabu unserer Gesellschaft ist tatsächlich der Tourismus. Mir ist kein bedeutender weltlicher oder kirchlicher Regierungschef bekannt, der laut und unmissverständlich erklärt hätte, dass der Verkrüppelung der Erde durch generelle Flughafen-Baustopps, durch radikale Autobahn-Verringerungen, durch Verbote von Gletscherskiliften und Baumschlägerungen für Wintersportloipen, durch Verweigerung von Baugenehmigungen für Hotelgemeinheiten in jeder Höhe und jedem Ausmaß, um nur einiges zu nennen, begegnet werden muss. [...]

Die in Jahrtausenden gewachsene Eigenart einzelner Völker und Stämme mutiert in wenigen Monaten durch den Einfluss der Reisebüros, und gesponsert durch die verheerende Not in der dritten und vierten Welt, in eine glanzlose Anbiederung an das Portemonnaie ewig nörgelnder Sommer- oder Winterfrischler, die zwar bei sich zu Hause häufig nur alle drei Wochen die Bett- oder gar Leibwäsche wechseln, aber auf Abenteuerurlaub in Gebieten der Eskimos oder Pygmäen ohne Zögern auf das Fehlen von Anschlüssen für elektrische Massagebürsten im Iglu oder in der Baumhütte reklamieren ...

Das Reisen, meine Damen und Herren, war ursprünglich eine Tat der Gottsuchenden und später der Handeltreibenden, noch später der Eroberer und ganz spät eine der Touristen. Man begreift, es kam jeweils Schlimmeres nach. Das Wesen einer Reise war das Erfahren des sogenannten Anderen, denn im Grunde liegt das Wunderbare nicht in dem verborgen, was wir gemeinsam haben, sondern in dem, was uns voneinander unterscheidet. Umso verurteilungswürdiger ist die Tatsache, dass wenn Millionen und Abermillionen unterwegs sind, um Unterschiede und Eigenarten von Menschen, Orten und Landschaften zu erfahren, sich eben diese Unterschiede und Eigenarten im Schutt der Vereinheitlichung aufzulösen beginnen. Auch dies ist unumstößliches Gesetz: Der Einfall touristischer Horden führt zur Ausrottung des Schönen. [...]

Die europäischen, amerikanischen und japanischen Reise-Herrenmenschen plündern unter dem Pseudonym „Urlaub“ alles und jeden und hinterlassen die Maßstäbe ihrer bizarren Geschmacklosigkeit, die Grobheiten ihrer Manieren, die Muffigkeit ihrer gnadenlosen Fantasiearmut. Die Welt, die uns ja – oft genug zitiert – nur geliehen ist von denen, die nach uns kommen, darf nicht von den Auswirkungen der Touristenbranche geschlachtet werden. Ich plädiere daher, und nur zur Hälfte ironisch, für die Schaffung eines reinen Tourismuslandes, das all das beinhaltet, was die Tourismus-Industrie als Köder verwendet. Wesentliche Museen wesentlicher Städte zeigen schon seit Längerem in ihren Sammlungen täuschend echt wirkende Duplikate ihrer größten Kostbarkeiten, da die Gefährdung der Originale durch Geisteskranke, Temperaturschwankungen, Luftverschmutzung und dergleichen von keinem Kustos mehr zu verantworten wäre. Was uns für Michelangelo und Dürer recht erscheint, sollte doch auch für Landschaft und Menschen billig sein. Das sogenannte Replika-Territorium soll entstehen.

Eine Musterkollektion von kaleidoskophaft wechselnden Eindrücken mit klimatischen Zonen aller Geschmacksrichtungen. Eiswüsten neben zaghaft aktiven Vulkanen, elektronisch gesteuerte Atlantik-Brandung neben provenzalischen Lavendelfeldern, lawinensichere Tiefschneeabfahrten neben tahitianischen Transvestitenbordellen. Eine Mischung aus Disneyland, Zisterzienserkloster und Club Mediterranée, Vatikan und Kreml, McDonalds und Gault Millau. Kurzum, die sonst über alle Kontinente und Meere verteilten Einrichtungen, Aussichten und Absichten auf einem Terrain in etwa der dreifachen Größe der Schweiz zusammengefasst und als Joint Venture aller bisherigen Tourismusnationen ... Dieser Alptraum könnte das Gros der Reiselustigen mit Sonnenuntergängen und Barbecue-Veranstaltungen, Eiffelturm und Niagarafällen, Hüttenzauber und Eisstockschießen beschäftigen. Und ich behaupte, dass die Mehrheit aller Kunden nach kurzer Eingewöhnungszeit schrecklicherweise damit ihre Vorstellung vom Paradies verwirklicht sähe, solange nur die Kanalisation funktioniert und Gaunereien sich in Grenzen halten [...]

Die radikale Minderheit, zu der auch ich mich zähle, der diese Lösung als Hölle erscheint, könnte ein allgemeines Reisepatent erwerben. Zur Erlangung dieses Dokuments wäre ein umfassendes Studium mit vielfältigen Prüfungen vonnöten, zu dem allerdings Menschen aller Altersgruppen und aller sozialen Schichten vorbehaltlos zugelassen sind. Man würde hierbei zu einem die Eigenheiten der jeweiligen Gastländer liebevoll achtenden Privatgelehrten ausgebildet, dessen Wissensbereich die Botanik und Tierkunde ebenso umfassen würde wie eine Kostümgeschichte der Völker und Einführung in ihre Sprache. Lediglich die Besitzer solch eines Reisepatents würden in Zukunft einen Begriff von der tatsächlichen Beschaffenheit unseres Sterns haben [...] Lassen Sie mich aber zum Schluss noch einen völlig anderen Gedanken in die Diskussion bringen, der von einem klugen Mann stammt, den wir den heiligen Augustinus nennen. Er schreibt: „Et eunt homines admirari alta montium et ingentes fluctus maris et latissimos lapsus fluminum et oceani ambitum et gyros siderum et relinquunt se ipsos" – „Auch reisen die Menschen, um die Höhen des Gebirgs zu bewundern und die gewaltigen Fluten des Meeres, die breitesten Flussläufe, den Umkreis des Ozeans und die Bahnen der Gestirne, und verlieren dabei sich selbst." – Diesen Satz uns allen ins Stammbuch.

Heller, André, Der Einfall touristischer Horden führt zur Ausrottung des Schönen ..., in: Süddeutsche Zeitung vom 07.11.1989, gekürzt

Lösungsvorschlag

Sprachabsichtsanalyse

André Heller will mit seiner Rede seinem Publikum die Augen öffnen für die erschreckenden Folgen des Massentourismus. Er zeigt den Umschlag der Grundfreiheit des Reisens in eine lebenszerstörende Gewalt, rechnet mit den für diese Zerstörung Verantwortlichen ab und entwickelt utopisch-ironische Gegenmodelle für das Reisen der Zukunft.

Der Verfasser macht die Entartung der Reisefreiheit auf drastische Weise deutlich, indem er auffallend **hyperbolisch** formuliert, wenn er z. B. **superlativische Wendungen** oder **Emphasen** verwendet. So ist bei ihm die Rede davon, „dass von dieser Tourismusindustrie fortgesetzt verheerendere Gefahren für unsere Lebensgrundlagen ausgehen als von den gesamthaftenden Tschernobyl-Industrien" (Z. 9 ff.). Auch spricht er vom Tourismus als „größte[m] Industrieunternehmen des Planeten Erde" (Z. 3 f.), dessen Beschäftigungszahlen „unübertroffen" (Z. 7) seien. Im Zusammenhang mit der verwendeten **Wortwahl** stellt er so die Größe der Gefährdung vor Augen. Das Grundrecht des Reisens artet für ihn aus zur „Zuhälterei des Weltuntergangs" (Z. 15 f.), er **vergleicht** Touristen mit einer „rabiaten Heuschreckenplage" (Z. 18) und setzt touristische Ziele gleich mit einer „Bedürfnisanstalt für die grölende Ausflugsnotdurft der Menschheit", deren „philosophisches Idol" der „Elefant im Porzellan-

Gesamtabsicht
Teilabsicht 1
Teilabsicht 2
Teilabsicht 3
Ausarbeitung zur Teilabsicht 1
Bezug zur Teilabsicht 1
Benennungen sprachlicher Mittel
Teilsatzzitat als Textbeleg
Teilsatzzitat als Textbeleg
Wortzitat als Textbeleg
Bezug zur Teilabsicht 1
Mehrere Teilsatzzitate als Textbelege

laden" (Z. 20 ff.) sei. All diesen **Bildern** ist ein sehr **negativ konnotativer Gehalt** eigen, wobei Assoziationen von der Unmoral des Ausbeutens über den biblischen Fluch bis hin zum unbedarften, rücksichtslosen und selbstgefälligen Missbrauch wertvoller Ressourcen als Sammelbecken menschlicher Fäkalien reichen. Verstärkt wird der Eindruck vom geradezu sündhaften Missbrauch noch dadurch, dass das, was missbraucht wird, mit einem „Rosenstrauch" (Z. 16) **verglichen** wird, mit dem sich nicht nur die Vorstellung von ästhetischem Wert verbindet, sondern der mit dem theologischen Begriff „Schöpfung" (Z. 17) noch als Gottesgeschenk aufgewertet wird. Heller hält zudem die Tourismusgefahren für gravierender als die Gefahren der Atomenergie, und um diese Einschätzung wirkungsvoll zu vermitteln, wählt er für diesen Vergleich das **Reizwort** „Tschernobyl" (vgl. Z. 12), bei dem er besonders mit dem Assoziationsvermögen des Hörers rechnen kann.

Wirkungsanalyse
Bezug auf Teilabsicht 1
Wortzitat als Textbeleg
Wirkungsanalyse
Bezug zur Teilabsicht 1
Textbeleg als Wortzitat

Sprachabsichtsanalyse zu Teilabsicht 3: vgl. Aufgaben

Daraus resultiert – Heller greift **metaphorisch** die juristische Sprache erneut auf – sein Plädoyer. „Ich plädiere daher" (Z. 76). Damit leitet er seine Forderung eines irreal-futuristischen Modell-Urlaubslandes ein, das alle denkbaren touristischen Bedürfnisse mit „Duplikaten" (vgl. Z. 82) befriedigen soll, ohne das Original weiter zu schädigen. Der Redner malt die Schaffung eines „reinen Tourismuslandes" aus, das „täuschend echt" all das bieten soll, womit die Tourismusbranche Kunden anlockt (Z. 78 ff.). Beim **Bild** des Köders **konnotiert** der Zuhörer reiche Beute, aber auch Täuschung. Am **Beispiel** des Vorgehens „wesentliche[r] Museen wesentlicher Städte" – die **Wiederholung** verstärkt die **Ironie** – wird das Angebot von Duplikaten statt Originalen mit der Gefährdung der präsentierten Kostbarkeiten „durch Geisteskranke, Temperaturschwankungen, Luftverschmutzung und dergleichen" (Z. 79 ff.) begründet. Aus der **Aufzählung** geht die Vergleichbarkeit des Schutzbedarfs von Kunst, repräsentiert in der Nennung der Beispiele Michelangelo und Dürer, und Natur hervor. Wenn Heller im Folgenden **ironisch** eine „Musterkollektion" (Z. 89) touristischer Reize für jeden Geschmack anbietet, so überrascht er seine Hörer mit einer Fülle antithetisch angeordneter **Beispiele**, die aufgrund ihrer fantasievollen Exotik, ihrer Absurdität und ihrer im Einzelfall bereits Wirklichkeit gewordenen technischen Realisierung noch einprägsamer wirken. Das Publikum wird sich über die in ihm wachgerufene Vorstellung eines solchen Miniaturparks amüsieren, der „zaghaft aktive Vulkane" neben „Eiswüsten", „tahitianische Transvestitenbordelle" bietet, bunt gemischt etwa mit „Kreml" und „Vatikan", „McDonalds" und Feinschmeckerlokalen, und so alle denkbaren touristischen Glanzpunkte der ganzen Welt auf begrenztem Raum umfasst (Z. 91 ff.). Doch der Redner macht klar, dass dieser „Alptraum" für die große Mehrzahl der Reisenden kaum mehr Wünsche offenlässt, werden sie doch vielmehr – erneut folgt eine bunte **Aufzählung** touristischer Animationen – einen solchen Urlaub als „Paradies" (Z. 108) empfinden. Die traurige Komik der entwickelten Utopie erreicht in der realistischen Einschränkung „solange nur die Kanalisation funktioniert und die Gaunereien sich in Grenzen halten" (Z. 108 f.) einen weiteren Höhepunkt. Einem derartigen „Paradies" für die Mehrheit stellt Heller **metaphorisch** die Einschätzung solcher Urlaubsfreuden durch eine elitäre Minderheit gegenüber, wozu er sich selbst zählt. Der „Hölle" will er mit dem **ironischen** Vorschlag eines „Reisepatents" entgegenwirken (Z. 112 f.). Reisende hätten sich demnach als „die Eigenheiten der jeweiligen Gastländer liebevoll achtende Privatgelehrte" (Z. 118 f.) auszuweisen – ein krasser **Kontrast** zur „plündernden Horde", die die bereisten Gegenden als „Bedürfnisanstalt für grölende Ausflugsnotdurft" (Z. 20 f.) missbraucht. Die hörerfreundliche **Bildhaftigkeit** der Rede, die auch den kommunikativen Kontakt zum Zuhörer in **Anreden** und **Parenthesen** sucht, mündet zum Schluss in eine ernsthafte Moral. Heller endet seine Rede, indem er Augustinus mit einem Satz über die Reiselust des Menschen **zitiert**, der sich dabei selbst verliere. Die im Gegensatz zum bisherigen Stil sehr knappe **Ellipse**: „Diesen Satz uns allen ins Stammbuch" (Z. 137), mit dem er die Rede beendet, wirkt im Kontrast zu seiner bisherigen Fabulierlust und Wortfülle besonders eindringlich.

Heller gelingt es mit dem eindringlichen, anschaulichen und vor allem provokanten Stil seiner Rede, beim Zuhörer eine kritische Reflexion des eigenen Verhaltens hervorzurufen.

1. Arbeiten Sie eine Sprachabsichtsanalyse zur Teilabsicht 2 aus.
2. Welche Wirkungsakzente sind in der Ausarbeitung erkennbar?

Neue Arbeitswelt
Viele Menschen haben mehr als einen Job – weil sie gerne arbeiten
von Sibylle Haas

Die Szenarien sind erschreckend: 70-Jährige, die in Supermärkten Regale auffüllen oder Parks saubermachen, die in Einzimmerapartments hausen und im Abfall nach Essbarem suchen. Alte Menschen, die kein Geld für Medikamente haben. Rentner, die zum Pflegefall geworden sind und in drittklassigen Heimen verkümmern. Altersarmut, so warnt der Deutsche Gewerkschaftsbund (DGB), wird das Problem der Zukunft sein. Derzeit lebe die letzte Rentnergeneration mit auskömmlichem Einkommen. In spätestens 15 Jahren müssten Millionen Rentner von der Sozialhilfe leben, so DGB-Chef Michael Sommer in der Bild-Zeitung.

Schon heute bessern viele Rentner als Minijobber ihre Einkommen auf. Doch ist das gleich schon Altersarmut? Nein, denn wenn Rentner jobben, dann kann das viele Gründe haben. Natürlich wird, wer mehrere Jahre arbeitslos war oder sich als Billigarbeiter durchs Erwerbsleben geschlagen hat, auch im Alter nur eine mickrige Rente erhalten. Natürlich wird die staatliche Rente auch bei allen, die immer gearbeitet haben, nicht das Niveau ihres letzten Jahresgehalts erreichen können. Das alles weiß man spätestens dann, wenn man ins Arbeitsleben einsteigt. Fakt ist schon lange: Wer im Alter gut leben will, muss in der Jugend sparen oder weiterarbeiten.

Arbeiten hat aber nicht nur einen pekuniären Wert. In Wohlstandsgesellschaften dient der Job kaum mehr dem Überleben, weil im schlimmsten Fall der Staat für die Grundsicherung geradesteht. In Wohlstandsgesellschaften ist die Arbeit vor allem ein Prestigegewinn. Wer arbeitet, gilt als aktiv, als jung und als jemand, der etwas tun und verändern will. Wer arbeitet, der leistet einen Beitrag – auch für andere. Allein das kann Antrieb genug fürs Jobben im Ruhestand sein. Immer mehr Rentner wollen auch im Alter etwas tun, um am gesellschaftlichen Leben teilzunehmen. Einige übernehmen ein Ehrenamt, andere hüten die Kinder der Nachbarn, wieder andere füllen eben Regale im Supermarkt auf. Der Staat fördert das mitunter, etwa indem er den Hinzuverdienst ohne Rentenabstriche in gewissem Umfang zulässt.

Den Rentnern in Deutschland geht es nicht besser, aber auch nicht schlechter als vielen, die in Lohn und Brot stehen. Freilich haben Rentenkürzungen ihre Kaufkraft geschwächt. Doch Tariflöhne sind in den vergangenen Jahren ebenfalls kaum gestiegen. Mancher, der im öffentlichen Dienst beschäftigt ist, musste seit 2004 Lohneinbußen von bis zu 20 Prozent verkraften.

Es liegt vor allem an den gesetzlichen Rahmenbedingungen, dass es immer mehr Menschen gibt, die zwei oder mehr Jobs haben. So können zum Beispiel seit Frühjahr 2003 bei einem Minijob bis zu 400 Euro monatlich steuer- und abgabenfrei hinzuverdient werden, auch wenn man einer sozialversicherungspflichtigen Hauptbeschäftigung nachgeht. Der Zweitjob lohnt sich also seitdem besonders. Die Entwicklung zeigt auf, dass sich die Arbeitswelt ändert.

Klassische Arbeitsverhältnisse sind in Deutschland zwar noch immer das Gros, doch sie lösen sich allmählich auf. Leiharbeit, zeitlich befristete Arbeitsverträge und Interims-Management sind einige Beispiele dafür. Das kann man beklagen, wie die Gewerkschaften, die in die unsichere Beschäftigung lediglich ausbeuterische Motive der Arbeitgeber hineindeuten. Dies mag an der einen oder anderen Stelle stimmen – etwa, wenn Firmen die durch neue Arten der Beschäftigung gewonnene Flexibilität nicht ordentlich bezahlen. Denn: Wer keinen Kündigungsschutz hat, sollte mehr verdienen als sein festangestellter Kollege, weil er ja das Risiko der schnelleren Arbeitslosigkeit trägt. Man kann die neuen Beschäftigungsverhältnisse aber auch gut finden. Es gibt Menschen, die gerne von einer Firma zur anderen ziehen, weil sie wechselnde Jobs interessant finden. Und es gibt auch Arbeitnehmer, denen lange Kündigungsfristen bei der Suche nach einem neuen Job hinderlich sind. Mehr Durchlässigkeit am Arbeitsmarkt kann auch den Beschäftigten nutzen – und wer als Rentner noch arbeitet, der muss keineswegs ein armer Mensch sein.

Haas, Sibylle, Neue Arbeitswelt. Viele Menschen haben mehr als einen Job – weil sie gerne arbeiten, in: Süddeutsche Zeitung vom 16.04.2008

1. Sammeln Sie in tabellarischer Form die für das stereotype Regest notwendigen Informationen und formulieren Sie das Konzept aus.
2. Geben Sie Inhalt und Aufbau des Textes wieder.
3. Welche Gesamtabsicht und welche Teilabsichten sind erkennbar?
4. Erläutern Sie folgende Textstelle: „In Wohlstandsgesellschaften ist die Arbeit vor allem ein Prestigegewinn" (Z. 31 ff.).
5. Nehmen Sie kritisch Stellung zu der Tendenz, dass Beschäftigte heute und in Zukunft mehrere Arbeitsstellen annehmen müssen.

Erst kommt die Moral
In der Umweltpolitik erweisen sich die Idealisten als die wahren Realisten
von Bernd Ulrich

Wir wollen nicht nachtragend sein. Trotzdem muss hier noch einmal die Rede sein von den „Öko-Idealisten". So lauteten die Spottnamen für jene, die schon vor zwanzig Jahren vor dem Klimawandel warnten und Vorschläge machten, wie er noch abzuwenden sei. Die da so spotteten, das waren die harten Realpolitiker, die sich mit weichen Themen wie Ökologie nicht abgeben konnten, weil sie so arg mit Kriegen und Aktienkursen beschäftigt waren. Nun stellt sich heraus, dass die Idealisten die Realisten waren und die Realisten die Wirklichkeitsverweigerer.
Darüber würde man, wie gesagt, gern wortlos hinweggehen. Doch leider haben sich die Leute, die zwei Jahrzehnte lang den Klimawandel geleugnet haben, keineswegs ein, sagen wir, vierwöchiges Bußschweigen auferlegt. Vielmehr warnen ausgerechnet die nun lauthals vor zu großer Eile, die eine vernünftige Politik so lange blockiert haben, dass es nun ganz schnell gehen muss mit dem Klima. Einzelne amerikanische Politiker erheben für ihre Amerikaner den Anspruch, noch ein paar Jahrzehnte lang immer mehr Kohlendioxid in die Luft blasen zu dürfen. Und die deutsche Autoindustrie wirft sich wie ein Mann vor ihre tonnenschweren Geschosse.
Die Öko-Reaktionäre machen es sich zunutze, dass die Klimadebatte zurzeit geradezu explodiert – und dabei auch verwirrt. Da ist leicht desorientieren. In der Tat lässt sich vieles nicht kurz und bündig erklären in der Diskussion um die globale Erwärmung. Warum zum Beispiel das Meerwasser sauer wird, warum Europa eine Eiszeit droht oder wie das genau läuft mit dem Emissionshandel. Doch der politisch-moralische Kern des Ganzen ist leicht zu verstehen (wenn auch schwer zu ertragen).
Der Klimawandel versetzt die Menschheit in eine nie da gewesene Situation. Binnen zwanzig Jahren muss sich unsere Art und Weise, zu leben und zu wirtschaften, radikal ändern. Damit wird die altehrwürdige Definition von Max Weber, Politik sei „das langsame Bohren dicker Bretter", außer Kraft gesetzt. Nunmehr gilt: Die Politik muss genauso schnell sein wie die Erwärmung. Dagegen regt sich Widerwille. Das ist menschlich, macht aber keinen Sinn. Die Grundbotschaft der Verweigerung lautet seit Neustem nicht mehr, dass es gar keinen Klimawandel gebe oder dass er nicht menschengemacht sei, sondern dass all die unabweisbaren Veränderungen grosso modo in den Maschinen stattfinden müssten und fast gar nicht bei den Menschen. Das ist natürlich falsch. Wenn nur ein, zwei Jahrzehnte Zeit ist, dann müssen die meisten Innovationen mit schon vorhandenen Technologien erfolgen. Auf eine ökologische Wunderwaffe zu warten, dafür fehlt uns die Zeit. Also wird es ohne spürbare Verhaltensänderungen nicht gehen. Fragt sich nur: Für wen?
Auch hier ist die Ausgangslage denkbar klar. Es ist mit keinem Argument der Welt zu begründen, warum die Menschen beim Klimaschutz nicht gleich sein sollen. Der Anspruch der US-Regierung, dass Amerikaner auch in Zukunft doppelt so viel Abgase in die Luft pusten dürfen wie Europäer, fünfmal so viel wie Chinesen und zwanzigmal so viel wie Afrikaner, ist ökologischer Rassismus und im Übrigen politisch nicht durchzuhalten.
Ist der globale Gleichheitsanspruch prinzipiell nicht zu bestreiten, so kann man ihn gleichwohl umschiffen wollen. Auf diese Weise ist das erdumspannende Klima-Dilemma entstanden: Die Amerikaner sagen, sie seien nur dann bereit, CO_2 zu reduzieren, wenn es die Chinesen auch täten, weil die ja schon die zweitgrößten Verschmutzer seien. Die Chinesen entgegnen, solange ein Amerikaner fünfmal mehr verbrauche, dächten sie gar nicht daran, sich einzuschränken, höchstens, um die unmittelbare

Luftverpestung daheim etwas zu vermindern. Natürlich haben die Chinesen recht und die Amerikaner auch. Nur kommt es nicht mehr darauf an, wer recht hat, sondern ob das Argument etwas bewegt oder ob es blockiert.

An dieser Stelle kommen Europäer und Deutsche ins Spiel. Sie verbrauchen viel mehr als die einen und viel weniger als die anderen. Sie liegen also moralisch und energetisch in der Mitte. Das prädestiniert sie zu der Kraft, die dieses Dilemma auflösen könnte. Aber nur, wenn sie selbst vorangehen und so Amerikaner und Chinesen mitziehen. Dafür ist die gegenwärtige Konjunktur des Klimathemas eine gute, aber flüchtige Voraussetzung. Auch das konnte Max Weber nicht ahnen: Für das Regieren in einer Weltmediengesellschaft am Rande des Umweltkollapses gilt, Politik ist die Verwandlung von kurzfristigen Erregungen in nachhaltige Entscheidungen.

Gegen diese Avantgarde-Rolle der Politik formiert sich Widerstand, kein offener mehr, sondern partisanenhafter, kein politischer, sondern sardonischer. Die inneren und äußeren Schweinehunde flüstern den Bürgern zu: Die anderen wollen euch nur ausbeuten, ihr müsstet ständig das Klima schonen, während die Chinesen in ihren Kohlekraftwerken und die Amerikaner in ihren Geländewagen über euch lachen!

Dazu ist zweierlei zu sagen. Erstens wird denen das Lachen sowieso bald vergehen. Und zweitens können die Deutschen anfangen, über Klima-Ungerechtigkeit zu lamentieren, sobald sich die CO_2-Kurven eines Deutschen und eines Chinesen zum ersten Mal schneiden, also in dreißig Jahren. Der deutsche Widerspruch ist ebenso leicht zu begreifen wie zu missbrauchen: Wir sind bei der Reduzierung schon und bei der Verschmutzung immer noch weit vorn. Was folgt daraus?

Mit dieser Frage sind wir erneut beim Idealismus. Oder bei der Würde. Es wird immer noch gern behauptet, (zu viel) Ökologie koste Arbeitsplätze. Das stimmt unter dem Strich zwar gewiss nicht, aber es gibt dem Kampf gegen den ökologischen Fortschritt den Anstrich des Existenziellen. Mein Arbeitsplatz im moralischen Zweikampf mit der Klimakatastrophe – das geht so gerade noch. Mein Wochenendtrip nach Barcelona, meine Erdbeeren im Winter – das hält nicht stand gegen das Aussterben der Eisbären, den Untergang Bangladeschs, die hungernden Afrikaner. Das ist eigentlich unwürdig. Ob die Europäer vorangehen, ist also keine rein ökologische oder ökonomische Frage, es ist eine Frage unserer Selbstachtung.

Manchmal fragt man sich, warum die europäische Politik in der Ökologie so wenig an den Idealismus der Menschen appelliert. Sind die Politiker möglicherweise alle Marxisten, glauben sie, dass erst das Fressen komme, dann die Moral – sogar in übersatten Gesellschaften? Oder meinen sie, man könne keinen Idealismus aufbringen für ein rein negatives Ziel, die Vermeidung einer Katastrophe? Letzteres zumindest ist zu kurz gedacht. Denn beim Klima kann die Menschheit nur dann zur einem guten Ende kommen, wenn sie sich zuvor über ein paar Gerechtigkeitsfragen einigt. Niemand hätte das erwartet: Das Klima macht die Menschen zur Menschheit, die Ökologie erzwingt mehr Gerechtigkeit, als es sie je gegeben hat. Ist das nun idealistisch? Oder nur Realismus ohne Scheuklappen?

Ulrich, Bernd, Erst kommt die Moral. In der Umweltpolitik erweisen sich die Idealisten als die wahren Realisten, in: Die Zeit vom 08.03.2007

Lösungsvorschlag

Überblicksinformation

Der umweltpolitische Essay „Erst kommt die Moral. In der Umweltpolitik erweisen sich die Idealisten als die wahren Realisten" von Bernd Ulrich erschien am 8. März 2007 in der politischen Wochenzeitung „Die Zeit". Vor dem Hintergrund kontroverser, oft ideologisch motivierter Debatten über die Ursachen des Klimawandels befasst sich der vorwiegend argumentierende Text in sprachlich pointierter Weise mit der Umweltproblematik im Kontext von Ethik und Moral. Ulrich vertritt die Auffassung, dass der Klimaschutz eine Frage der Moral sei; Idealismus und Realismus müssten bei seiner Umsetzung deshalb Hand in Hand gehen. Es sei notwendig, dass sich die Politik der einzelnen Staaten, aber auch das Verhalten jedes Einzelnen ändere, um die prognostizierte Klimakatastrophe noch verhindern zu können. Der Autor möchte das Bewusstsein in Politik und Gesellschaft vertiefen, dass ein schneller und nachhaltiger Klimaschutz sehr viel mit Gerechtigkeit im Weltmaßstab zu tun habe.

Lösungsvorschlag

Strukturierende Textwiedergabe

Eingangs skizziert Ulrich ironisch die Umweltschutzdebatte der letzten 20 Jahre, in deren Verlauf Umweltschützer des Öfteren von selbst ernannten Realisten als weltfremde Idealisten denunziert worden seien. Der Verfasser merkt kritisch an, dass nun, nachdem sich manche Prognose bewahrheitet habe, die Verhinderer mittels ihrer Verzögerungstaktik eine wirksame Klimaschutzpolitik verhinderten. Beispiele seien die USA oder die deutsche Autoindustrie, deren Hinhaltetaktik zudem die Komplexität der Materie bzw. die Unübersichtlichkeit der Debatte in die Hände spielten. Trotzdem, betont Ulrich, sei der moralische Kernaspekt der Diskussion leicht zu verstehen.

Angesichts der Dramatik der Klimaveränderungen sieht Ulrich die Notwendigkeit eines raschen Handelns im Gegensatz zur bisherigen Politik der bedächtigen Entscheidungsfindung. Er gesteht zu, dass Widerstand gegen Veränderungen zwar menschlich, letztlich aber doch unsinnig sei, da nur Verhaltensänderungen und nicht Maschinen das Problem lösen könnten. Ulrich attackiert in diesem Zusammenhang Negativbeispiele wie die USA und China. So geißelt er den Anspruch der USA auf eine Sonderstellung als einen Verstoß gegen den globalen Gleichberechtigungsgrundsatz und ebenso kritisch sieht er die gegenseitigen Schuldzuweisungen von Seiten der USA und Chinas. Europa bzw. Deutschland weist der Verfasser deshalb eine Mittlerrolle zu, jedoch nur für den Fall einer wirklich forcierten Klimaschutzpolitik hierzulande.

Weiter beleuchtet der Autor die subtilen Strategien gegen eine als richtig erkannte Klimaschutzpolitik. Das Bewusstsein des Bürgers werde dahingehend bearbeitet, es nicht zu richtigen Einsichten und Verhaltensänderungen kommen zu lassen. In Bezug auf das Verhalten des Einzelnen rückt Ulrich damit ethische Fragen in den Mittelpunkt seiner Gedanken. Für ihn geht es bei der Abwägung des Menschen zwischen ökonomischen und ökologischen Aspekten letztlich um die Frage der Selbstständigkeit und Selbstbestimmung. Abschließend bringt Ulrich die ethische Dimension der Thematik auf den Punkt, wenn er daran erinnert, dass der Klimaschutz nur durch die gesamte Menschheit zu gewährleisten sei – und damit auch der zentrale Aspekt der Gerechtigkeit berührt werde.

1. Welche Strukturbegriffe sind im Lösungsvorschlag enthalten?
2. Analysieren Sie die verschiedenen Möglichkeiten eines abwechslungsreichen Satzbaus.

Lösungsvorschlag

Konzept einer Absichts- und Sprachanalyse

Gesamtabsicht:
Klimaschutz als Frage der Moral, d. h. Realisierung einer nachhaltigen Klimaschutzpolitik nur durch eine Verbindung von Idealismus und Realismus

Teilabsicht 1:	**Teilabsicht 2:**	**Teilabsicht 3:**	**Teilabsicht 4:**
Erläuterung der Moralität der Umweltschutzpolitik, Gegensatz/Differenzierung von Idealisten und Realisten	Erklären der notwendigen Veränderungen in den politischen Entscheidungsstrukturen, Kritik an den Vermeidungsstrategien und Appell zur Verhaltensänderung	Veranschaulichung der Vorgehensweisen bestimmter Staaten, Bezug auf Gleichheitsgrundsatz und korrektes staatliches Handeln	Zurückweisen der Widerstände gegen eine effiziente Klimaschutzpolitik; Aufzeigen der Verantwortung des Einzelnen vor dem Hintergrund der ethischen Dimension der Klimaschutzproblematik
Sprachliche Mittel:	**Sprachliche Mittel:**	**Sprachliche Mittel:**	**Sprachliche Mittel:**
Paradoxon Zitate Antithesen Parenthesen Personifikation Sarkasmus Metapher Dreierfigur	Parataxen Emphase Fremdwort Konditionalgefüge Metapher Ironie/Sarkasmus Ellipse	Emphasen/Hyperbel Umgangssprache Neg. Konnotation Klimax Metapher Neologismen Parallelismus Antithesen	Neologismus Antithesen Metaphern Emphase/Ironie Parallelismus Alliteration Rhetorische Fragen/ Ellipse

1. Entdecken Sie noch weitere sprachliche Besonderheiten.
2. Arbeiten Sie auf der Grundlage des Konzeptes eine Sprachabsichtanalyse aus.
3. Achten Sie im Rahmen der Zitiertechnik auf eine überzeugende Zitatgestaltung und -integration.

Auf der beigefügten CD finden Sie als zusätzliches Übungsmaterial den Essay „Wie wollen wir leben – Wie wäre es, gebildet zu sein?" von Peter Bieri.

III Analyse von Prosatexten

1 Grundsätze zur Behandlung von Prosatexten

Analyse und Interpretation epischer (erzählender) Texte haben im Wesentlichen drei Aspekte zu berücksichtigen:

- Aspekte des **Geschehens**: Ereignisse und Handlungen, handelnde Personen, Zeitpunkt bzw. Dauer der Geschehnisse, Ort des Geschehens
- Aspekte der **Geschichte**: Gestaltung der einzelnen Elemente nach einem vom Autor spezifisch komponierten Konzept
- Aspekte des **erzählenden Textes**: Erzähltechnik – Personencharakterisierung bzw. Personenkonstellation – Gestaltung der Zeit – Schauplatz – Vergegenwärtigung der Geschichte durch spezifische Sprach- bzw. Stilmittel

Bei der Analyse von Prosatexten sind grundsätzliche Gedanken zum **Realitätsgehalt** der Texte sinnvoll. Im Unterschied zum Sachtext muss das erzählte Geschehen vom Erzähler (nicht identisch mit dem Autor) nicht real erlebt werden; vielmehr liegt eine **fiktive**, d. h. erfundene bzw. erdachte **Welt** vor, die jedoch vom Leser durchaus als real empfunden werden kann. Fiktionale Texte benötigen keinen „äußeren" Schreibanlass; Sprache dient hier nicht nur als Informationsträger, sondern in erster Linie als künstlerisches Ausdrucksmittel. Wichtig ist auch, Meinungsäußerungen und Wertungen innerhalb eines Prosatextes nicht direkt auf den Verfasser (Autor) zu beziehen, sondern zunächst immer auf den Erzähler bzw. die handelnden Figuren. Man spricht hier von **Rollenprosa**.

Weitere Kennzeichen der **Fiktionalität** sind **spezifische Textmerkmale** wie z. B. die Perspektivierung der Erzählung oder charakteristische Redeweisen (erlebte Rede, Bewusstseinsstrom, innerer Monolog etc.), vor allem jedoch die fiktionale **Kommunikationssituation**. Sie erlaubt dem Autor/Leser bzw. Sprecher/Hörer einen freien Umgang mit der Beziehung zwischen Realität und erzählerischem Konzept. Gerade wenn der Schriftsteller Fiktionales und Nonfiktionales vermischt, die Grenze zwischen Fiktion und Realität bewusst überschreitet, ist im Hinblick auf eine textgerechte Interpretation die literarische Kommunikationssituation sorgfältig zu überprüfen.

Letztlich wird der **Realitätsgehalt** beim Märchen anders anzusetzen sein als bei einer Novelle des 19. Jahrhunderts oder einer Kurzgeschichte aus der Adenauer-Ära. Ein rein äußerlich geringer Wirklichkeitsgehalt, z. B. sprechende Tiere in Fabeln, sagt jedoch nichts Endgültiges über den eigentlichen Aussagegehalt eines poetischen Textes in Bezug auf die realen Verhältnisse der Entstehungszeit (z. B. Machtstrukturen in der vorrevolutionären Aufklärungszeit). Da fiktionale Texte immer auch Produkte ihrer Entstehungszeit sind, erschließen sie sich also erst dann vollständig, wenn auch der **Epochenhintergrund** berücksichtigt wird. Hierzu gehören z. B. politische, gesellschaftliche und soziale Verhältnisse ebenso wie weltanschauliche Ausrichtungen und geistige Horizonte, Vorlieben für Stoffe, Formen und Motive, die Orientierung an zeitgenössischen Poetiken sowie charakteristische Sprachmerkmale und stilistische Besonderheiten.

2 Erzählerische Elemente: Erzählperspektiven – Erzählweisen – Redeweisen – Zeitgestaltung – Schauplatz – Sprache und Stil

Prosatexte unterscheiden sich von dramatischen und lyrischen Texten nicht zuletzt dadurch, dass der Autor eine **Erzählsituation** schafft, aus der heraus dem Leser das Erzählte vermittelt wird. Die Interpretation eines Prosatextes ist deshalb nie möglich ohne Berücksichtigung dieser **Erzählperspektive**.

Man unterscheidet im Wesentlichen vier Erzählperspektiven:

Auktorialer Erzähler

(lat. auctoritas = Gewähr, Bürgschaft, Glaubwürdigkeit)

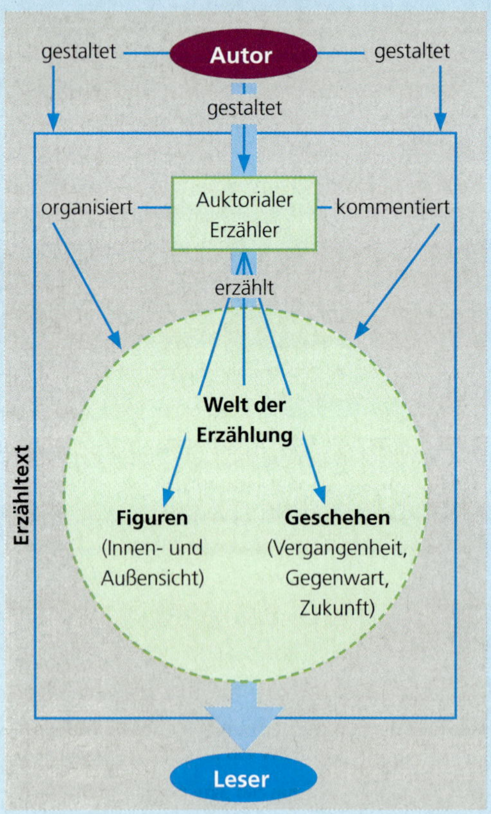

Merkmale

„Allwissender", „allmächtiger", sog. olympischer Erzähler

Erzählerfigur gehört nicht zum Kreis der fiktionalen Figuren.

Erzählerfigur kennt die fiktionalen Figuren, ihre Gedanken und Empfindungen.

Innen- und Außensicht ist jederzeit möglich.

Erzählerfigur hält Distanz zum Geschehen – oder organisiert es, mischt sich ein und kommentiert es, spricht den Leser an, hält Exkurse oder einen fiktiven Diskurs mit dem Leser, nimmt Rückgriffe oder Vorausdeutungen wahr.

Erzählerfigur verfügt frei über das Geschehen, regt den Erzählvorgang an und lenkt diesen, legt wichtige Erzählerentscheidungen offen.

Seine Haltung im Vermittlungsprozess ist jederzeit – mehr oder minder – spürbar.

Ich-Erzähler

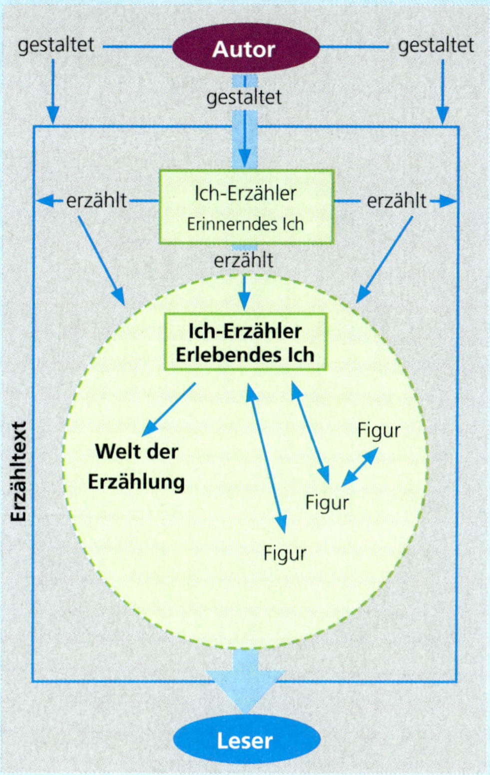

Merkmale

Erzählerfigur gehört – als Haupt-/Neben-Figur – zur Welt der fiktionalen Figuren.

Erzählerfigur besitzt eingeschränktes Blickfeld/ begrenzten Horizont (Beschränkung seines Blickfeldes im Bezug auf andere Figuren, d. h. bloße Außenperspektive).

Eine Erweiterung des Blickwinkels durch Umgang mit anderen Figuren ist aber möglich.

Unterscheidung:
- **Erinnerndes Ich** (Präteritum): Erinnerung an Vergangenes, bereits Erlebtes
- **Erlebendes Ich** (Präsens): Äußerung über momentanes Erleben, Denken und Fühlen

Neutraler Erzähler

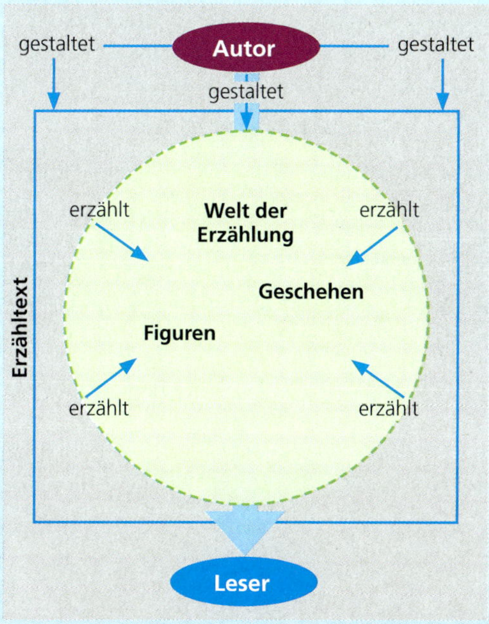

Merkmale

Erzählerfigur zieht sich völlig aus der Welt der Figuren zurück.

Verzicht auf auktoriales Eingreifen/Kommentieren, aber auch Verzicht auf die subjektive Optik einer beteiligten Figur (vgl. personale Erzählsituation)

„Erzählerloses Erzählen" (camera-eye), unsichtbarer Beobachter, insbesondere beim szenischen Erzählen

Personale Erzählsituation

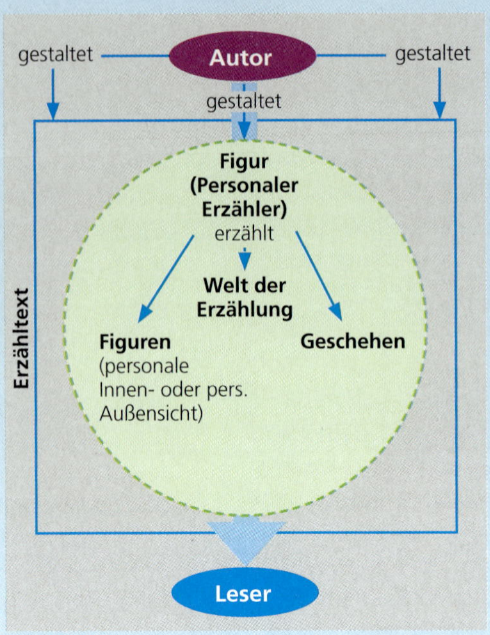

Merkmale

Fehlen einer Erzählerfigur innerhalb (Ich-Erzähler) oder außerhalb (auktorialer Erzähler) des fiktiven Geschehens

Blick auf die dargestellte Wirklichkeit (Denken/Handeln) mit den „Augen" der Figur(en), im Bewusstsein der Figur(en)

Eindruck/Illusion des Lesers, Teil des fiktiven Geschehens zu sein, d. h. der Leser sieht, hört, denkt, urteilt, fühlt ... aus der subjektiven Perspektive einer oder mehrerer Figuren (personale Multiperspektive)

Häufige Beschränkung der Perspektive auf die äußere/innere Wahrnehmung einer zum Geschehen gehörenden Figur

Betonung des unmittelbaren Erlebens der fiktiven Figuren
Kennzeichen: szenisches Erzählen, erlebte Rede ...
Die zwangsläufige Beschränkung des Blickwinkels durch die personale Erzählperspektive wird aber oft vom Autor wieder durchbrochen durch den **Wechsel der Perspektive**, d. h. durch die Übertragung des Blickwinkels von einer Figur auf eine andere.

Copyright für die vier Grafiken: Gert Egle, teachSam - Lehren und lernen online, unter: http://www.teachsam.de/deutsch/d_literatur/d_gat/d_epik/strukt/erzpers/erzpers0.htm, Stand: 22.06.2009 (leicht geändert)

Perspektivenwechsel

Vor allem in der modernen erzählenden Literatur gibt es häufig **Perspektivenwechsel** zwischen auktorialem Erzählen/personalem Erzählen/Ich-Perspektive.
Ein grundsätzlich anderer Perspektivenwechsel liegt vor, je nachdem, ob eine Figur von außen betrachtet (**Außenperspektive**) oder sozusagen in sie eingeblendet und ihr Blickwinkel eingenommen wird (**Innenperspektive**).
Das Erkennen solcher Perspektivenwechsel ist daher Voraussetzung eines richtigen Textverständnisses, wobei es immer wieder vorkommen kann, dass einzelne Textpassagen sich einer eindeutigen Zuordnung entziehen, zumal den Fachbegriffen ihrerseits lediglich idealtypische Vorstellungen zugrunde liegen.
Berühmte Romanbeispiele für den Perspektivenwechsel als durchgängiges Formprinzip sind z. B.: Heinrich Böll, „Haus ohne Hüter"; Max Frisch, „Stiller"; Alfred Andersch, „Sansibar oder der letzte Grund".

Erzählweisen

Eine andere typische Unterscheidung bei Prosatexten betrifft die Erzählweisen mit den beiden Grundformen Erzählerbericht und szenisches Erzählen.
Der Begriff **Erzählerbericht** („Telling") dient im Allgemeinen zur Bezeichnung der Textelemente, die dem Erzähler bzw. einer Erzählinstanz zugeschrieben werden. Kennzeichen des Erzählerberichts sind u. a. die Mittelbarkeit des Erzählens sowie die Wiedergabe der Gegebenheiten.
Die gestraffte und sachliche Wiedergabe von Handlungen und Zuständen (von Figuren und Sachen) gilt ebenso als wesentliche Funktionen des Erzählerberichts wie Beschreibung, Erörterung, Reflexion, Kommentar, Exkurs, Gespräch (z. B. mit dem Leser) etc.

Szenisches Erzählen („Showing") dagegen vermittelt dem Leser einen direkten und lebendigen Eindruck des Geschehens, das dadurch unmittelbarer, bewegter und gegenwärtig wirkt. Als Kennzeichen des szenischen Erzählens gilt deshalb die Unmittelbarkeit des Erzählens (direkte Rede, dialogischer und dramatischer Charakter, Szenenhaftigkeit des Erzählens).

Redeweisen

Neben die Erzählweisen des Erzählers treten in der Prosa die **Redeweisen** der handelnden Figuren **(Figuren- bzw. Personenrede)**.

Bei der Figuren- bzw. Personenrede wird das erzählte Geschehen in Form von Äußerungen und Gedanken der einzelnen Figuren vermittelt. Dies kann auf unterschiedliche Weise erfolgen:

- **Direkte Rede**
  Unveränderte Wiedergabe des Wortlauts von Gesprochenem, in der Regel mit Nennung der sprechenden Person, mit Redeeinleitung, Doppelpunkt und Anführungszeichen; unmittelbare, szenische Wirkung mit Nähe zum Drama; Zurücktreten des Erzählers hinter die Figur(en)
- **Indirekte Rede**
  Wiedergabe der Reden und Gedanken fiktionaler Figuren durch den Erzähler (grammatikalisch in den Konjunktiv umgeformt); mittelbare, distanzierende Wirkung in Bezug auf das Erzählte; Erkennbarkeit der Vermittlerrolle des Erzählers
- **Erlebte Rede**
  Wiedergabe der Gedanken und Gefühle der fiktionalen Figuren in deren eigenen Formulierungen, aber in der 3. Person Indikativ Präteritum; unmittelbare Wiedergabe innerer Vorgänge aus der Perspektive der diese Vorgänge selbst erlebenden Figur (Innensicht); Unmittelbarkeit des Mitfühlens; aber gewisse Distanz zur Innensicht wegen des noch spürbaren Erzählers und der objektiv-unpersönlich erscheinenden Form der Wiedergabe
- **Innerer Monolog**
  Wiedergabe der Gedanken und Gefühle einer Person in der Ich-Form bzw. in der Du-Form der Selbstanrede; Innensicht der Figur ohne kommentierende Einmischung des Erzählers bzw. der Erzählinstanz; nicht mehr wahrnehmbare Präsenz des Erzählers; Unmittelbarkeit des Mitfühlens
- **Bewusstseinsstrom**
  Wiedergabe der Gedanken und Gefühle einer Figur in einer sprachlichen Form („stream of consciousness"), die den assoziativen Charakter des „ungeordneten" Innenlebens nachzubilden versucht; suggestiv wirkende Unmittelbarkeit; Innensicht ohne kommentierende Einmischung des Erzählers bzw. einer Erzählerinstanz; unvollständige grammatikalische Form, assoziative Verknüpfungen, Lautmalerei, Neologismen etc.

Die drei letztgenannten Redeweisen sind Kennzeichen modernen Erzählens (vgl. S. 493 f.).

Folgende Übungen betreffen die Analyse und Anwendung von Elementen der Erzähltechnik:

- Suchen Sie sich eine Zeitungsmeldung aus der Rubrik „Vermischtes" aus und schreiben Sie dazu eine Geschichte in auktorialer Erzählperspektive.
- Verfolgen Sie aufmerksam auf dem Schulhof, im Internet-Café, in der Disco, beim Einkauf an der Ladentheke oder bei einer Familienfeier etc. die Gespräche. Halten Sie Ihre Beobachtungen schriftlich fest und verfassen Sie einen Text in neutraler Erzählperspektive in Form eines Erzählerberichts oder szenischen Erzählens.
  Ersetzen Sie den neutralen Erzähler durch einen auktorialen, der das Gespräch zum Teil indirekt wiedergibt, der Kommentare und Reflexionen einstreut.

- Überlegen Sie sich Situationen, in denen zwei Menschen kurz vor einem unliebsamen Zusammentreffen stehen (ein junger Mann auf dem Weg zur Freundin, die die Beziehung beenden will; ein Schwarzfahrer in der S-Bahn und ein Kontrolleur; Schüler vor einer mündlichen Abfrage etc.). Geben Sie die Wahrnehmungen, Gedanken und Gefühle einer Figur in personaler Erzählperspektive in Form der erlebten Rede wieder.

- Beschreiben Sie eine Situation (Zuschauertribüne, Café in der Fußgängerzone, Liegewiese des Freibads), an die Sie sich erinnern, möglichst genau. Beschränken Sie sich dabei auf die Außensicht. Wechseln Sie dann – auf der Grundlage der gleichen Situation – zur Innensicht in Form der erlebten Rede.

- Schildern Sie in der Bewusstseinsstromtechnik in Zeitdehnung die Sekunden vor einem wichtigen Ereignis: Führerscheinprüfung, der Prüfer steigt in das Auto ein; vor Ihren Augen passiert ein Unfall, Sie sind bei der Ersten Hilfe gefordert; Sie begegnen einem Sport- oder Musikstar; das erste Treffen mit der großen Liebe, Sie möchten ihn/sie gern ansprechen.

- Lassen Sie sich von einem expressionistischen Bild (vgl. S. 430 f.) zum Schreiben einer Geschichte anregen. In der Auswahl Ihrer erzählerischen Mittel sind Sie frei.

Zeitgestaltung

„Erzählen" heißt immer „über Zeit verfügen", d. h. nach zeitlichen Kriterien auswählen, anordnen und gewichten. Deshalb verlangt die Interpretation eines Prosatextes die Berücksichtigung der **Zeitgestaltung (Zeitgerüst)** mit den Aspekten Ausschnitt, Dauer und Reihenfolge.

Der erzählte **Ausschnitt** muss einen Anfang und ein Ende besitzen, zwischen denen Veränderungen erfolgen. Der Beginn eines Prosatextes kann offen sein, kann unter einem spezifischen Aspekt zur Geschichte hinführen, er kann mitten in ihr oder an ihrem Ende beginnen. Ebenso bietet die Schlussgestaltung zahlreiche Varianten, vom offenen Ende über die Pointe bis hin zum erwarteten Ende und zum typischen Schluss.

Im Hinblick auf die **Dauer** ist die Unterscheidung von erzählter Zeit und Erzählzeit grundlegend:

Mit **erzählter Zeit (e)** meint man die Zeit, über die erzählt wird, die Handlungszeit. Sie umfasst die Zeitspanne vom frühesten Zeitpunkt des Geschehens bis zum Handlungsende. Im Falle des Romans „Effi Briest" von Theodor Fontane z. B. reicht die erzählte Zeit von der Jugend der Titelheldin bis zu ihrem Tod.

Die **Erzählzeit (E)** hingegen umfasst die Zeit, die das Erzählen (bzw. Lesen) der Geschichte beansprucht, den Umfang des Textes, messbar an der Seitenzahl (Lesezeit). Für „Effi Briest" bedeutet das, dass etwa zehn Jahre erzählte Zeit auf ungefähr 300 Seiten (Erzählzeit) erzählt werden, was einer Lesezeit von Stunden, höchstens Tagen entsprechen dürfte. Nicht jeder Tag und jede Stunde in Effis Leben sind in diesem Roman erzählt, sondern der Erzähler wählt nur die wichtigsten Stationen und Episoden aus, die er dann wiederum in unterschiedlicher Ausführlichkeit darstellt. Aus dieser freien Verfügbarkeit der Zeit durch den Erzähler resultieren unterschiedliche Relationen zwischen Erzählzeit und erzählter Zeit.

In Bezug auf den Gesamtverlauf des Romans übersteigt die erzählte Zeit (zehn Jahre) die Erzählzeit bei Weitem. Daraus ergibt sich, dass vieles übersprungen oder zusammengefasst erzählt wird, was mit dem Begriff **„Zeitraffung"** bezeichnet wird.

Enthält das Erzählte viele Dialoge, was für „Effi Briest" zutrifft, so herrscht in solchen Erzählpassagen ein anderes Verhältnis zwischen erzählter Zeit und Erzählzeit, nämlich das der **Zeitdeckung**: Das Erzählte dauert genau so lang wie das Gespräch im Handlungsgeschehen.

Seltener im traditionellen, häufiger im modernen Erzählen begegnet einem der dritte Fall: die **Zeitdehnung**. Hier dauert das Erzählen länger als das Handlungsgeschehen, weil entweder sehr genaue und ausführliche Beschreibungen gegeben, parallele, d. h. gleichzeitig stattfindende Vorgänge nacheinander erzählt oder Gedanken, Erinnerungen, Empfindungen, Assoziationen (Bewusstseinsstrom) entfaltet werden.

- E = e Zeitdeckung
- E > e Zeitdehnung
- E < e Zeitraffung

Auch die **Reihenfolge** des Erzählens liegt in der Verfügungsgewalt des Autors. Er entscheidet, ob er sich an die **chronologische Reihenfolge** des Geschehens hält und linear erzählt oder ob er den chronologischen Ablauf mit **Rückblenden** oder **Vorausdeutungen** durchbricht (nicht-lineares Erzählen). In der modernen Prosa erwachsen aus der Möglichkeit nicht-linearen Erzählens oft komplizierte Zeitstrukturen mit häufigem Zeitenwechsel, ständigen Unterbrechungen und raffinierten Verschränkungen.

Schauplatz

Eng verbunden mit den angeführten strukturellen Erzählelementen ist die erzählerische Gestaltung des Schauplatzes. Im Hinblick auf den Zusammenhang von Handlung und **Raum** wird idealtypisch zwischen fünf Funktionen des Raumes unterschieden (Überschneidungen/Verknüpfungen möglich):

- **(Idealer) Handlungsraum:** Umgebung und Handeln der Figuren im Einklang; der Raum bildet den Bedingungsrahmen für Ereignisse, Handlungen usw., er ist auch gewisser Orientierungspunkt für die Figuren.
- **Sozialer Lebensraum:** Heimat, Zuhause, Milieu der Figuren; der Raum prägt Wirklichkeit und Weltbild der handelnden Personen.
- **Konfliktbeladener Raum:** Spannungsverhältnis zwischen Handlung und Schauplatz; der Raum dient zur Verdeutlichung von Gegensätzen, Widersprüchen, Konflikten etc.
- **Expressiver Raum:** Stimmungsraum als Ausdrucksträger; im Schauplatz drückt sich das Handeln und Erleben der Figuren aus.
- **Symbolischer Raum:** Raum mit Verweischarakter in Bezug auf den Gegenstand des Erzählten

Sprache und Stil

Alle strukturellen Elemente des Erzählens gehen ein in die sprachliche Gestaltung des Prosatextes. Sie hängt nicht nur ab vom individuellen Stil des Autors und von einem zeitbedingten Stil der Epoche, sondern auch von der jeweiligen **Schreibhaltung** gegenüber Stoff, Figuren, Zeit usw., die z. B. wie folgt charakterisiert werden kann:

sachlich	neutral	nüchtern
anteilnehmend	engagiert	pathetisch
humorvoll	ironisch	satirisch

Die **literarische Sprache** basiert zwar auf der allgemeinen Hoch- bzw. Alltagssprache des jeweiligen Autors; wenn dieser jedoch zum Erzähler wird, sollte er seinen eigenen Sprachstil finden, der natürlich von epochenspezifischen Stilmerkmalen mitgeprägt wird. Dieser spezifische literarische Prosastil ist in der Regel gekennzeichnet durch eine besondere **Konzentration** und **Intensität** der **sprachlichen Gestaltung** sowie eine besondere **Ausdruckskraft** in den Bereichen Wortwahl, Satzbau, Bildlichkeit, Symbolik, Klang und Sprachebene. Andererseits können Merkmale literarischer Sprache nicht zwingend spezifiziert werden. So kann jede Art von Sprache u. U. diese Funktionen erfüllen.
Von Bedeutung für die Charakterisierung als literarische Sprache ist demnach in erster Linie die Funktion bzw. der Zweck. Literarische Sprache ist keinen isolierten Inhalten und keinen Botschaften verpflichtet, vielmehr stellt sie Inhalte und Botschaften erst her – Form und Inhalt sind untrennbar miteinander verbunden.

Ein Kennzeichen der literarischen Sprache in Prosatexten ist häufig die Verwendung von **Leitmotiven** und **Symbolen**. Leitmotive sind gezielt wiederkehrende, zeichenhafte Verweisungen (Handlungselemente, Bilder, Redewendungen bzw. Formulierungen etc.). In gliedernder oder verbindender Funktion eingesetzt, sollen sie in poetischen Texten beim Leser eine besondere kompositorische Wirkung erzielen.
Eine ähnliche Funktion besitzen Symbole als fassbare und bildhafte Zeichen, die auf eine höhere allgemeine Idee bzw. einen bedeutungsvollen abstrakten Begriff verweisen. In der Regel dienen Symbole der bildhaften Konzentration des Gehalts, der vertiefenden Darstellung eines Empfindens und der Verbildlichung einer über das tatsächliche Ereignis hinausgehenden Bedeutsamkeit.
Neben der Bildlichkeit und Symbolik hat sich die Analyse von Sprache und Stil eines Prosatextes mit weiteren spezifischen Erscheinungsformen von Semantik, Syntax und Sprachebene auseinanderzusetzen.

Für die Analyse der sprachlichen Gestaltung eines Prosatextes gilt im Übrigen alles, was auch für die Sprachanalyse von Sachtexten Gültigkeit besitzt – natürlich unter Berücksichtigung der Fiktionalität (vgl. S. 196 ff.).

Bestimmen Sie die Schreibhaltung in folgenden Textauszügen:
- Erich Hackl, „Abschied von Sidonie" (S. 252)
- Uwe Johnson, „Jahrestage" (S. 513 f.)
- Christa Wolf, „Störfall" (S. 515 f.)
- Monika Maron, „Stille Zeile Sechs" (S. 520 f.)
- Christoph Ransmayr, „Die letzte Welt" (S. 523 f.)
- Johann Wolfgang von Goethe, „Die Leiden des jungen Werthers" (S. 479 f.)
- Martin Walser, „Verteidigung der Kindheit" (S. 507)
- Heinrich Böll, „Ansichten eines Clowns" (S. 501 f.)
- Günter Grass, „Die Blechtrommel" (S. 504 f.)

Auf der beigefügten CD finden Sie als zusätzliches Übungsmaterial den Text „Zwischenzeit" von Hermann Unterstöger.

Mögliche Aufgabenstellungen werden im Folgenden anhand des Textauszugs aus „Blueprint Blaupause" von Charlotte Kerner exemplarisch dargestellt:

Wiedergabe von Inhalt und Aufbau, Figurencharakterisierung und Figurenkonstellation, Sprachanalyse, Teilinterpretation, literarische Stellungnahme.

Blueprint Blaupause (1999) | Charlotte Kerner

Der Roman erzählt die Geschichte der kinderlosen, unheilbar kranken Komponistin Iris Sellin, die sich klonen lässt. Zwischen Iris und ihrer Tochter Siri, aus biologischer Sicht eine Kopie, ein Blueprint der Mutter, entwickelt sich eine ganz besondere Beziehung. Der Tod der Mutter führt bei Siri zu einer Reflexion dieses Mutter-Tochter-Verhältnisses.

Als Iris mich zum ersten Mal gedacht hat, war sie sicher genau so allein und verzweifelt, wie ich es bin, seit sie mich verlassen hat. Und deshalb bin ich ihr nun wieder so nah, dass es wehtut. Es ist schrecklich, allein zu sein, wenn man krank ist. Das wissen wir beide. Sie hatte damals MS und ich bin heute seelenkrank.

Dass ich einer der ersten Menschenklone bin und noch dazu eine der Ersten unserer Art, die erwachsen geworden sind und überlebt haben, sieht man mir natürlich nicht an. Äußerlich wirke ich ganz normal, sehe aus und rede wie jeder Einling. Der Horror spielt sich innen ab und der beste Horror war schon immer der von der unsichtbaren Sorte. Wer sich im Dunkeln fürchtet, singt manchmal laut.

Was ich aufschreiben will, ist ganz radikal nur meine Geschichte unseres Lebens: Siris Geschichte. Trotzdem bemühe ich mich, die Wahrheit zu schreiben. Doch was ist das schon, die Wahrheit?

Wahr ist, was Iris mir erzählt oder mein medizinischer „Vater" mir geantwortet hat, als ich ihn später traf und mit ihm gesprochen habe.

Wahr meint aber zuallererst und vor allem das, an was ich mich erinnere. Also erwartet keine normale Biografie. Denn wahr ist auch das, was ich als Zwillingsschwester, als Iris-Klon, hinter den Fakten erfühle. Und weil wir doch immer schon ein Herz und eine Seele waren – und vielleicht auch noch sind –, kann ich ganz leicht in Iris´ Haut und Hirn schlüpfen. Als Klon kann ich schließlich Iris oder Siri sein oder ich bin uns beide gleichzeitig. Manchmal steige ich auch einfach aus und werde jemand Drittes, der die Geschichte von Iris und Siri erzählt. Dann kann ich mich/sie/uns betrachten, wie eine Forscherin ihre Versuchsanordnung im kalten, blauen Laborlicht beobachtet.

Iris war gerade dreißig Jahre alt geworden, als sich ihr Sehnerv zum zweiten Mal entzündet hatte und sie die letzten Hoffnungen begraben musste. Nun gab es keinen Zweifel mehr: Sie hatte die Multiple Sklerose im Leib und das bestätigten auch die verschiedensten medizinischen Tests.

Iris hatte sich genau informiert, was MS bedeutete. Die Sellins wollen immer die Wahrheit wissen, sonst

Szene aus der Verfilmung des gleichnamigen Romans mit Franka Potente

fühlen sie sich ohnmächtig! Die harte Statistik sagte: Innerhalb von zehn Jahren würde die Krankheit wahrscheinlich ausbrechen. Immer mehr Entzündungen, kleinen Kabelbränden gleich, würden im Laufe der Zeit die Nervenhüllen und Nervenfasern in ihrem Körper schädigen und sie am Ende vielleicht lahm, blind oder auch verwirrt zurücklassen. Wie der Verlauf auch sein würde – leicht, schwer oder sehr bösartig – in jedem Fall drohte ihr, der berühmten Pianistin Iris Sellin, ein unaufhaltsamer Abstieg.

Bei dieser zweiten Sehnerventzündung im Sommer vor dem Jahr null schoben sich von rechts und links dunkle Wände in ihr Blickfeld und bildeten eine schwarze Gasse, die in einen Abgrund führte. In ihren Träumen sah Iris in dieses dunkle Loch, von wo es keinen Weg zurück gab. Doch sie würde nicht abstürzen, das schwor sie sich. Sie schlug ihr Nein in die Tasten des Flügels, bis die Finger schmerzten.

Die Diagnose MS schleuderte sie heraus aus der normalen Welt und machte sie aufsässig und trotzig. Sie wollte sich diesem Schicksal nicht beugen, nicht sie! Niemals! Nacht um Nacht wälzte sie sich schlaflos im Bett und verfluchte ihren Körper, der so jämmerlich versagte. „Warum gerade ich!", schrie sie.

Ihre Karriere, ihre Kunst, das Komponieren waren immer alles für sie gewesen. Doch plötzlich zählte das nicht mehr. Plötzlich trauerte sie, dass sie keine Kinder hatte. Niemand, dem sie ihr Talent, ihr Wissen weitergeben konnte. Niemand, der ihr Erbe antreten würde. Niemand, in dem sie weiterleben würde. Niemand, den sie wirklich liebte und der sie wiederliebte. Iris hatte nie geahnt, wie allein sie war. In tiefster Ausweglosigkeit überfielen sie Gefühle, die sie zuvor als primitive Fortpflanzungsinstinkte belächelt hatte.

In dieser Zeit der Verzweiflung stieß sie zufällig auf einen Zeitungsartikel über Professor Mortimer G. Fisher aus dem Center for Reproductive Medicine and Bioengineering in Montreal, Kanada. Zu einer anderen Zeit hätte sie den Bericht wohl überlesen oder bestenfalls überflogen und genauso schnell wieder vergessen. Aber was hier stand, elektrisierte sie: Der englische Forscher hatte das Klonen von Säugetieren sicherer gemacht, denn endlich hatte er den so lange gesuchten zentralen Entwicklungsschalter in den Genen entdeckt und konnte ihn nun ganz gezielt „anschalten". Nachdem Iris den Bericht mehrmals durchgelesen hatte, wusste sie, was sie zu tun hatte, um ihr Schicksal zu ändern.

Als es dir schlecht ging, Iris, erst dann sehntest du dich nach einem Kind. Du wolltest neues Leben dem alten, kranken entgegenstellen. Aus Wut! Weil du nicht glauben konntest, dass man vergeht. Weiterleben wolltest du in der anderen oder noch besser, ewig leben! Ein verzweifelter Wunsch, der nur Verzweifeltes hervorbringen konnte.

Als du den Bericht über Fisher gelesen hattest, dachtest du zum ersten Mal an mich, deine Klon-Tochter, und dieser Gedanke ließ dich nicht mehr los. Er gab deinem Leben einen neuen Sinn und ein neues Ziel: mich. Oder genauer, dich noch einmal. Iris Sellin zum Ersten und zum Zweiten. Bieten Sie mit?

Meine Mutter in spe war ihrer Zeit nicht voraus, sie handelte nur zeitgemäß. Wir Klone waren im Kommen. Die Einelternfamilie ab dem Zeitpunkt der Zeugung stand auf der gesellschaftlichen Tagesordnung. Ob Mann oder Frau – endlich war jeder ganz unabhängig vom anderen Geschlecht. Die Jungfernzeugung für Frau und Mann – welch ein Fortschritt! Ein Schritt in die Zukunft, aber Vorsicht! Stolpergefahr mit blauen Beulen, blau wie eine Blaupause, blue like a blueprint. […]

Du warst der Stamm, Iris, und ich dein frühlingsgrüner Spross oder Schössling. Genau das bedeutet der aus dem Griechischen kommende Ausdruck Klon. Alle erbgleichen Nachkommen, die durch eine ungeschlechtliche Vermehrung entstanden sind, hießen zunächst so, zum Beispiel die Stecklinge von Pflanzen oder auch Einzeller, die sich teilen. Später übernahm man die Bezeichnung auch für alle künstlich hergestellten Mehrlinge, die Zwillinge, Drillinge oder Vierlinge von Tieren und Säugetieren. Und schließlich wurden Menschen mit denselben Erbinformationen, Wesen wie du und ich, ebenfalls so genannt.

Klon heißt auch Zweig, und Zweige brechen leicht, wenn sie gerade erst wachsen und noch so dünn und wenig widerstandsfähig sind und wenn man ihnen zu viel auflädt und sie zu früh ihrem Schicksal überlässt. Ich war damals noch sehr klein.

Nie warst du da, wann ich es wollte. Deshalb frage ich dich heute, tote Mutter-Schwester: Wo warst du, als ich mit Janne[1] und Dada[2] lebte und langsam größer wurde? Einmal, als du eine Tournee gemacht hast, soll ich dich sogar in dem schwarzen Konzertflügel gesucht haben.

Nach deinen Reisen fielst du dann so schrecklich unverhofft und plötzlich in mein kleines Kinderleben ein, dass mir ganz schwindelig wurde. Du bestimmtest allein, wann du erscheinen wolltest. Aus glänzenden, steifen Stoffen waren deine Konzertproben gemacht, sie raschelten bei deinen Auftritten. Es ist dieses Geräusch, das mich am stärksten an unser Zusammenleben erinnert.

Verdutzt schaute ich auf, wenn du in unsere Wohnung hereingerauscht kamst. Genauso habe ich dich später auf unzählige Bühnen treten sehen und jedes Mal hat mich das an deine Auftritte zu Hause erinnert und mich beklommen gemacht. Ich war das willige, dankbare Publikum, und du, Iris, hast gekonnt Theater gespielt.

Manchmal war ich einfach überrascht, dass es dich wirklich noch gab. Meine Mutter war also kein Wort, keine Geschichte, keine Traumgestalt, sie stand tatsächlich vor mir.

Einmal, nach einem Konzert, hattest du ein langes Kleid an und das war genauso blau wie mein allerliebstes Lieblingskleid. Eigentlich hatte ich ja böse sein wollen, weil du so lange weg gewesen warst, aber es ging nicht. Ich konnte dir nie böse sein und rannte dir entgegen. Weil wir im Einklang waren? Oder getrieben von Zwang?

Kerner, Charlotte, Blueprint Blaupause. Roman, Beltz und Gelberg Verlag, Weinheim und Basel 2001, S. 11 ff., S. 44 ff.

---

1 Janne: vierjähriger Sohn von Dada
2 Dada: Name der Kinderfrau, die Siri betreute

3 Wiedergabe von Inhalt und Aufbau: Textvorstellung – literarische Inhaltsangabe – Inhalt und Erzählschritte

Textvorstellung

Der einleitenden Überblicksinformation beim Sachtext entspricht bei der Analyse eines poetischen (fiktionalen) Textes die Textvorstellung.
Sie enthält verschiedene Bausteine, die dazu dienen, dem Leser einen ersten Einblick zu bieten; sie kann auch als Einleitung für eine sich daran anschließende Inhaltsangabe genutzt werden.

Lösungsvorschlag

	Bausteine
Die vorliegenden Textauszüge sind dem 1999 entstandenen Roman „Blueprint Blaupause" von Charlotte Kerner entnommen und entstammen einer im Jahr 2001 in Weinheim und Zürich erschienenen Auflage.	Textsorte, Titel Autor Quelle
Der Leser wird dabei mit den Reflexionen der psychisch angeschlagenen Tochter Siri bezüglich ihres Befindens und ihrer zwiespältigen Beziehung zu ihrer inzwischen verstorbenen Mutter Iris konfrontiert. Er erhält Einblicke in ausgewählte Lebensstationen der Mutter und in die Motive und Hintergründe für deren Entscheidung, sich klonen zu lassen.	Kerninhalt
Im Bereich der Erzähltechnik wählt die Autorin die Perspektive der Ich-Erzählerin Siri. Es handelt sich dabei um ein punktuell erlebendes, später sich erinnerndes und reflektierendes Ich. Zudem fügt die Verfasserin Passagen ein, die einen auktorialen Erzähler erkennen lassen. Bei der Erzählweise liegt ein Erzählerbericht vor. Die Redeweise umfasst innere Monologe.	Erzähltechnische Elemente: Erzählperspektive Erzählweise Redeweise
Der vorliegende Text veranschaulicht eine angespannte, schwierige Mutter-Tochter-Beziehung, die ihre Eigenart dadurch erhält, dass die Erfahrungen mit der Klon-Technik tief in die Gefühlswelt der Figuren und deren Beziehungen hineinwirken.	Textaussage

Formulieren Sie eine Textvorstellung zu folgenden Texten:
- Duve, Karen, „Dies ist kein Liebeslied" (CD-ROM, Kap. 6/III)
- Fontane, Theodor, „Effi Briest" (CD-ROM, Kap. 8/II)
- Mann, Heinrich, „Der Untertan" (CD-ROM, Kap. 8/II)
- Horváth, Ödön von, „Jugend ohne Gott" (CD-ROM, Kap. 4/III)

Literarische Inhaltsangabe

Im Unterschied zur literarischen Erörterung bzw. Facharbeit, die sich mit einer Ganzschrift auseinandersetzt, geht es bei der Interpretation eines Prosatextes um die Textanalyse von relativ kurzen epischen Texten (z. B. Kurzgeschichte, Parabel) oder Auszügen aus längeren Prosawerken (z. B. Roman, Novelle). Aus dem geringen Umfang von nur wenigen Seiten ergibt sich die Notwendigkeit, den Inhalt relativ ausführlich und genau wiederzugeben.

Die Qualität der Inhaltsanalyse eines Prosatextes hängt davon ab, wie gut ein Leser der Inhaltsangabe (ohne Kenntnis der Textvorlage) in die Lage versetzt wird, **inneres und äußeres Geschehen** des Textes in seinem wesentlichen Ablauf nachvollziehen zu können und damit die Aussageabsicht des Textes zu verstehen.

Voraussetzung sind in jedem Fall eine gründliche Lektüre und ein fundiertes Textverständnis.

Inhaltsangaben müssen das Wesentliche herausarbeiten. Kürzungen dürfen nicht nur durch Auslassungen erzielt werden, sondern vor allem durch abstrahierende Zusammenfassungen. Dabei kommt der Verdeutlichung von kausalen, finalen und temporalen Zusammenhängen (Ursache – Wirkung, Absicht, Zeitstruktur) entscheidende Bedeutung zu. Die Inhaltsangabe sollte die Erzählschritte der Textvorlage berücksichtigen, wie sie sich in Abschnitten zeigen. Im Hinblick auf den Leser der Inhaltsangabe ist bei der Formulierung auf Übersichtlichkeit, Klarheit und Verständlichkeit zu achten. Aus der Forderung nach Sachlichkeit ergibt sich der Verzicht auf Schilderung und erzählerische Spannungselemente.

Hinweise für die literarische Inhaltsangabe

- Die Einleitung gibt Auskunft über Titel, Textsorte und Quelle, umreißt das Thema bzw. die Problemstellung und stellt Ort, Zeit, Handlung und Personen vor. Eine umfassendere Textvorstellung (siehe oben) kann diese Einleitung ersetzen.
- Im Hauptteil erfährt der Leser die wesentlichen Erzählinhalte, die sowohl die äußere Handlung als auch das innere Geschehen (Gedanken, Empfindungen) umfassen.
- Die Inhaltsangabe muss so nüchtern und distanziert sein, dass keine Spannung aufgebaut wird.
- Personen werden nur so weit charakterisiert, wie es für den Sinnzusammenhang notwendig ist.
- Die chronologische Reihenfolge des Textes kann in der Inhaltsangabe geändert werden, wenn sich dadurch sinnvolle Zusammenhänge ergeben und die Umstellung das Verständnis des Lesers erleichtert.
- Eine optische Gliederung in Abschnitte hilft dem Leser, den gedanklichen Aufbau der Textvorlage nachzuvollziehen.
- Die Inhaltsangabe muss immer im Präsens verfasst werden; Vorzeitigkeit im Geschehensablauf wird mit dem Perfekt ausgedrückt.
- Wörtliche Rede muss in indirekte Rede (Konjunktiv) umgeformt werden.
- Die sprachlich-stilistische Gestaltung darf den Sprachstil der Textvorlage weder unbewusst übernehmen noch nachahmen.
- Inhaltsangaben müssen sich in all diesen Punkten deutlich von einer Nacherzählung abgrenzen.
- Als mögliche Abrundung bietet sich ein knapper Interpretationsgedanke an.

Lösungsvorschlag

Literarische Inhaltsangabe (ohne Einleitung und Abrundung)

Im vorliegenden Textauszug beschreibt Siri als Ich-Erzählerin ihre schwierige psychische Situation nach dem Tod der Mutter Iris. Dabei wird ihr bewusst, dass sie und ihre Mutter gleichermaßen das Gefühl der Verzweiflung kennen beziehungsweise gekannt haben. Ihre Seelenqualen verknüpft Siri eng mit der Tatsache, dass sie ein geklontes Kind ihrer Mutter ist. Im Wissen um ihren subjektiven Blickwinkel setzt sie sich mit ihrem besonderen Schicksal als Klonkind auseinander. Ihre Erinnerungen an die Mutter kann sie nur vor dem Hintergrund der biologischen Identität von Tochter und Mutter sehen.

Im Rahmen einer Rückblende wird zunächst von dem Lebensabschnitt der Mutter Iris erzählt, in dem sich diese mit einer lebensbedrohlichen Krankheit konfrontiert sieht. Die Diagnose „Multiple Sklerose" führt bei Iris dazu, dass sie sich mit ihrer Zukunft und dem zu erwartenden Krankheitsbild auseinandersetzen muss. Als berühmte Pianistin sieht sie ihre berufliche Karriere bedroht, woraus eine tiefe Verzweiflung resultiert. Weil sie damit rechnen muss, als Musikerin bald in Vergessenheit zu geraten, will sie ihr Talent wenigstens an ein Kind weitergeben. In dieser Phase der Depression stößt sie auf den Artikel über einen englischen Forscher, der das menschliche Klonen thematisiert. Hierin sieht sie, die sich früher nie ein eigenes Kind hat vorstellen können, eine persönliche Chance. Die Entscheidung, sich klonen zu lassen, sieht die Klon-Tochter Siri sehr negativ. Nach ihrem Empfinden basiert die Entscheidung ihrer Mutter zu sehr auf einer tiefen Verzweiflung: Um sich selbst eine Zukunft zu sichern, habe diese die Klon-Technik für sich genutzt. Das besondere Mutter-Tochter-Verhältnis ist also maßgeblich geprägt vom Wissen um die besondere biologische Identität eines Klons mit seiner Mutter.

In Form von Erinnerungen charakterisiert Siri dann ihre Stimmungslage als Kind in der sehr angespannten Beziehung zur Mutter. Sie klagt darüber, dass ihr die Mutter als Bezugsperson gefehlt habe. Die spontane, oftmals nur kurze Anwesenheit und die wenig herzlichen Begegnungen haben sie als Kind überfordert und verärgert. Trotzdem spürt der Leser Siris Sehnsucht nach mütterlicher Nähe.

Inhalt und Erzählschritte

Ausgehend von den Angaben der Textvorstellung (handelnde Figuren, Handlungsort, Handlungszeit) wird das Handlungsgeschehen in seinen einzelnen Erzählschritten zusammengefasst und wiedergegeben.

Erzählschritte bestimmen in einem Prosatext den Aufbau; sie können inhaltlicher und/oder formaler Art sein. Unter **inhaltlichen Erzählschritten** versteht man Abschnitte in der äußeren und inneren Handlung (Ereignisse und Begebenheiten, Schauplatz- und Zeitwechsel, Veränderungen bei den Figuren, ihren Gedanken, Gefühlen, Beziehungen); unter **formalen Erzählschritten** versteht man Textabschnitte, die sich aus erzähltechnischen Veränderungen ergeben (Standortwechsel des Erzählens, Wechsel vom Erzählerbericht zum szenischen Erzählen oder zu Formen der Personenrede, erzählerische Rückgriffe und Vorausdeutungen, Montagetechnik, Einmischungen des Erzählers, Wechsel von der Rahmen- zur Binnenhandlung).

Lösungsvorschlag

Inhalt und Aufbau

Der vorliegende Textauszug des Romans lässt sich in fünf Abschnitte unterteilen.
Im ersten Abschnitt (Z. 1–36) erfährt der Leser von der Ich-Erzählerin Siri im Rahmen einer kritischen Reflexion im Präsens einige Details über ihre schwierige psychische Situation nach dem Tod ihrer Mutter Iris.
Dabei wird ihr bewusst, dass sie und ihre Mutter gleichermaßen das Gefühl der Verzweiflung kennen beziehungsweise gekannt haben. Ihre Seelenqualen verknüpft Siri eng mit der Tatsache, dass sie ein geklontes Kind ihrer Mutter ist. Im Wissen um ihren subjektiven Blickwinkel kann sie sich mit ihrem besonderen Schicksal als Klonkind auseinandersetzen. Ihre Erinnerungen an die Mutter kann sie nur vor dem Hintergrund der biologischen Identität von Tochter und Mutter sehen.

Hinweise zur Textstrukturierung

Inhaltliche Abstrahierung als Überschrift für den jeweiligen Erzählschritt
Wichtige erzähltechnische Details

Abstrahierte Kerninhalte in eigensprachlichen Formulierungen

Im nächsten Abschnitt (Z. 37–93) schildert ein auktorialer Erzähler im Rahmen einer Rückblende im Präteritum den Lebensabschnitt der Mutter Iris, als sich diese mit einer lebensbedrohlichen Krankheit konfrontiert sieht. Die Diagnose „Multiple Sklerose" führt bei Iris dazu, dass sie sich mit ihrer Zukunft und dem zu erwartenden Krankheitsbild auseinandersetzen muss. Als berühmte Pianistin sieht sie ihre berufliche Karriere bedroht, woraus eine tiefe Verzweiflung resultiert. Weil sie damit rechnen muss, als Musikerin bald in Vergessenheit zu geraten, will sie ihr Talent wenigstens an ein Kind weitergeben. In dieser Phase der Depression stößt sie auf den Artikel über einen englischen Forscher, der neue Möglichkeiten des gentechnischen Fortschritts thematisiert. Hierin sieht sie, die sich früher nie ein eigenes Kind hat vorstellen können, eine persönliche Chance.

Im folgenden Absatz (Z. 94–116) erfährt der Leser, wie die Ich-Erzählerin die durch ihre Mutter realisierte Klontechnik kritisch bewertet. Nach ihrem Empfinden basiert die Entscheidung ihrer Mutter zu sehr auf einer tiefen Verzweiflung. Um sich selbst eine Zukunft zu sichern, habe diese die Klontechnik für sich genutzt.

Die Textpassage (Z. 117–132) beginnt mit einer nüchternen Erläuterung des Begriffs „Klon", bevor Siri in einem weiteren Rückblick Erinnerungen an ihre schwierige Kindheit schildert. Das besondere Mutter-Tochter-Verhältnis ist also maßgeblich geprägt vom Wissen um die besondere biologische Identität eines Klons mit seiner Mutter.

In Form von Erinnerungen (Z. 133–165) charakterisiert Siri dann ihre Stimmungslage als Kind in der sehr angespannten Beziehung zur Mutter. Sie klagt darüber, dass ihr die Mutter als Bezugsperson gefehlt habe. Die spontane, oftmals nur kurze Anwesenheit und die wenig herzlichen Begegnungen haben sie als Kind überfordert und verärgert. Trotzdem spürt der Leser Siris Sehnsucht nach mütterlicher Nähe.

Vergleichen Sie die beiden Ausarbeitungen der Inhaltsangabe auf S. 226 und S. 227 im Hinblick auf Gemeinsamkeiten und Unterschiede.

4 Figurencharakterisierung und Figurenkonstellation

Neben der Abfolge von Handlungen und Ereignissen (Fabel) bilden fiktional gestaltete **Figuren** den Kern erzählender Texte. Im Hinblick auf die Figurengestaltung bzw. auf die Funktion der Figuren sind insbesondere die Aspekte Figurenkonzeption, Figurencharakterisierung und Figurenkonstellation von zentraler Bedeutung.

Bei der **Figurenkonzeption** ist v. a. nach der Eindeutigkeit bzw. Nicht-Eindeutigkeit, der Ausformung oder der Entwicklung einer Figur zu fragen: Gestaltet der Autor eine Figur als Typus oder Charakter, lässt er sie statisch oder dynamisch erscheinen, gibt er ihr eindimensionale oder komplexe Züge, ist die Figur zeittypisch oder überzeitlich angelegt. Der **Typus** ist z. B. Vertreter einer bestimmten Epoche, einer sozialen Schicht, einer Weltanschauung; er besitzt Merkmale, die er diesbezüglich mit zahlreichen anderen Personen gemeinsam hat. Der **Charakter** dagegen vereinigt auf sich spezifische, ganz individuelle Merkmale, die ihn als Individuum kennzeichnen.

Die **Figurencharakterisierung** geht der Frage nach, mit welchen spezifischen Merkmalen der Autor die Figur ausstattet und welche Aussageabsichten damit eventuell verbunden sind. Diese Figurencharakterisierung muss das konkrete Handlungsmoment und den situativen Hintergrund ausdrücklich mit einschließen. Dabei spielen psychische und soziale Aspekte ebenso eine Rolle wie Prägung, Sozialisation, individuelles Verhalten, Rollenmuster, Milieu usw.

Die Charakterisierung einer Figur kann in einem Prosatext auf der Ebene des Erzählers bzw. der Erzählinstanz, aber auch auf der Ebene der Figuren erfolgen. Zu den wesentlichen Gestaltungsmitteln der Figurenzeichnung auf der **Erzählerebene** (Erzählerbericht) gehören u. a. die Beschreibung einer Figur (Außensicht), die Darstellung des Verhaltens einer Figur gegenüber anderen Personen, die Einordnung einer Figur in den Handlungszusammenhang einer Geschichte, die Wiedergabe von Rede- /Gesprächsinhalten, das Gesprächsverhalten der Figur sowie die Darlegung von Gefühlen und Wahrnehmungen.

Wird eine Figur vom Autor auf diese Weise gestaltet, dann werden also unmittelbar auf die Figur bezogene Aussagen gemacht, Eigenschaften werden ausdrücklich, d. h. explizit formuliert. Zu den Gestaltungsmöglichkeiten des Autors gehören jedoch auch implizite, nicht ausdrücklich bezeichnete Charakterisierungen von Seiten des Erzählers. Solche Charakterisierungen sind also mit enthalten, ohne dass etwas direkt gesagt wird, z. B. mittels Kontrastierung mit anderen Figuren, durch „sprechende" Namen oder durch Einordnung und Häufigkeit des Auftretens.

Die Gestaltung einer Figur kann jedoch auch auf der **Figurenebene** erfolgen, d. h. durch die Figuren selbst. Sie geschieht hier entweder in Form direkter Redewiedergabe oder in Form einer Gedankenwiedergabe (Innensicht) einer Person; gleiches gilt für die Selbstcharakterisierung einer Figur.

Zahlreiche **Merkmale** können für die Charakterisierung von Bedeutung sein:

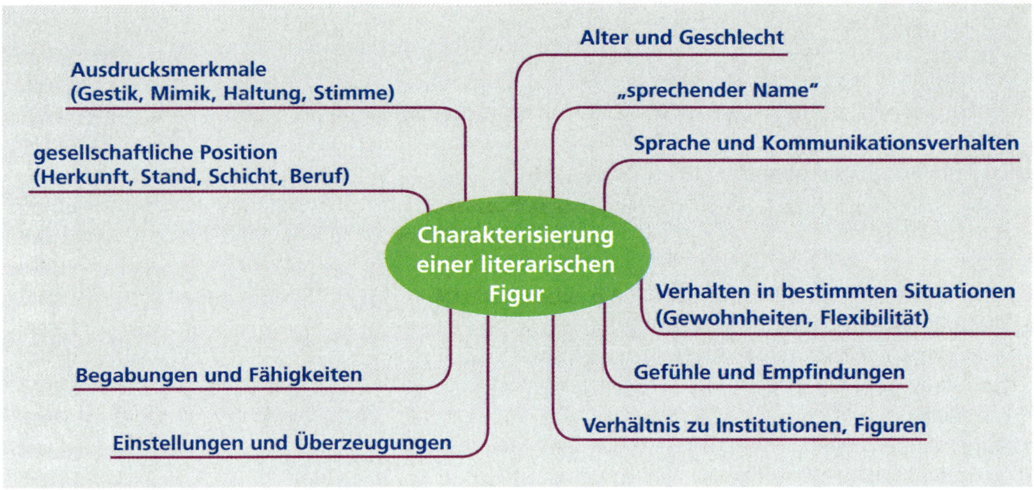

Die **Figurenanalyse** umschließt Fragen, z. B. nach
- Macht- und Herrschaftsverhältnissen,
- Autorität und Emanzipation,
- Konflikt und Konfliktbewältigung,
- Held und Antiheld,
- Täter und Opfer,
- Auflehnung und Anpassung,
- Aktivität und Passivität,
- Optimismus, Pessimismus und Resignation.

Aus diesem Katalog von Untersuchungskriterien, der noch gar nicht vollständig ist, sind bei der konkreten Textinterpretation immer nur jeweils diejenigen heranzuziehen, die für den betreffenden Text und die Aufgabenstellung aussagekräftig und ergiebig sind.

Beschäftigt man sich mit Figuren aus Prosatexten, Dramen, Filmen usw. (fiktive Figuren) im Gegensatz zu Personen aus dem realen Leben, muss beachtet werden, dass hinter der fiktionalen Figur immer der Gestaltungswille des Autors steckt. Bei der literarischen **Figurencharakterisierung** wird eine literarische Figur in ihrer spezifischen Eigenart und Funktion (Aussageabsicht) innerhalb eines fiktionalen Textes dargestellt. Die Trennung zwischen realem Menschen und literarischer Figur fällt vor allem dann schwer, wenn historische Personen in einem literarischen Text erscheinen.

Der Begriff der **Figurenkonstellation** umfasst das gesamte institutionelle und emotionale Beziehungsgefüge der Personen, wie es aus dem Text hervorgeht. Dazu gehören verwandtschaftliche, gesellschaftliche, geschlechtsspezifische, altersbedingte oder berufliche Faktoren ebenso wie Liebe, Zuneigung, Gleichgültigkeit, Ablehnung oder Hass. Diese Konstellationen müssen auch auf ihre Statik (gleichbleibende Beziehung) oder Dynamik (sich verändernde Beziehung) hin untersucht werden, wobei stets die Frage nach den Ursachen einzubeziehen ist.

Mittels der Figurenkonstellation lässt sich weiter erfassen und beschreiben, wie Figuren zueinander stehen, wie sich Beziehungen und/oder dabei die Figuren selbst verändern. Sie stellt deshalb ein wesentliches Strukturelement eines Textes dar und erfasst die einzelnen Figuren in ihrer Funktion und Interaktion. Somit bietet die Figurenkonstellation einen wertvollen Einblick in die Verhältnisse der Figuren untereinander und deren Dynamik. Kriterien für die Zuordnung der einzelnen Figuren können

z. B. sein: Geschlechtszugehörigkeit, Generationszugehörigkeit, sozialer Status und Wertorientierungen. Auch Beziehungsaspekte sind für die Analyse einer Figurenkonstellation oftmals hilfreich: Familie, Liebesbeziehung, Geschäftsbeziehung usw.

Arbeitsschritte der literarischen Charakterisierung

- **Erschließung des Themas**
  Es gilt, abhängig von der Aufgabenstellung, den Inhalt des Textes, in dessen Kontext eine bestimmte Figur oder mehrere Figuren agieren, zu erfassen. Dazu ist es zweckmäßig, die Themabegriffe herauszusuchen und zu klären.

- **Systematische Stoffsammlung**
  Beim intensiven Lesen des Textes findet eine Auswahl von Textstellen statt, die für die Charakterisierung besonders aussagekräftig sind. Das Markieren der ausgewählten Textstellen, gegebenenfalls auch Exzerpieren dieser Stellen und Randbemerkungen bieten eine Grundlage für eine Ausarbeitung. Um die Auswahl geeigneter Textstellen für die Charakterisierung treffen zu können, kann man sich auch an einem allgemeinen Katalog von W-Fragen orientieren. Zur Stoffsammlung bietet sich die Methode des Mind-Mapping (vgl. S. 36 ff.) an.

- **Stoffordnung**
  Bei der Stoffordnung werden Textdetails mithilfe abstrahierender Oberbegriffe sinnvoll geordnet; Ziel ist hier die Erarbeitung begrifflicher Festlegungen (Thesenbildung). Gleichzeitig soll aufgezeigt werden, wie sich die Eigenschaften der Figur (Figuren) aufeinander beziehen. Die inhaltlichen Gesichtspunkte, unter denen die bei der Stoffsammlung gefundenen Textstellen geordnet werden müssen, hängen von der geforderten Form der Charakteristik und/oder dem vorgegebenen Aspekt ab, unter dem die Charakterisierung vorgenommen werden soll. Ein hilfreicher Ansatz zur Analyse einer Figurencharakterisierung bzw. einer Figurenkonstellation ist die Unterscheidung von direktem und indirektem Charakterisieren durch den Autor.

  Bei der **direkten Charakterisierung** werden einer Figur ausdrücklich bestimmte Merkmale zugeschrieben, Charaktereigenschaften in intellektueller und psychischer Hinsicht, Aussagen über sozialen Stand, Beziehungen zu anderen Figuren usw. Dies geschieht durch Erzählerkommentare, durch die Aussagen anderer Figuren (Fremdcharakterisierung) und Aussagen der zu charakterisierenden Figur selbst (Selbstcharakterisierung).

  Zur **indirekten Charakterisierung** gehört, was ohne nähere Kommentierung, Bewertung oder Beurteilung über die äußere Erscheinung einer Figur (Kleidung, Figur, Alter usw.) vom Erzähler oder anderen Figuren mitgeteilt wird. Ebenso ist das ganze erzählte Verhalten einer Figur, sofern es kommentarlos erfolgt, als indirekt charakterisierend aufzufassen. Ob eine Figur z. B. etwas sagt oder nicht, etwas so oder so sagt, kann sehr viel über sie aussagen, offenbart sie doch, kommunikationspsychologisch betrachtet, mit dem, was sie sagt, immer auch etwas über sich. Analog gilt dies natürlich auch für den Beziehungsaspekt der Kommunikation, der sich in verbalem und nonverbalem Verhalten (Körpersprache) niederschlägt.

  Bei beiden Formen der Charakterisierung muss jedoch beachtet werden, dass direkte oder indirekte Aussagen nicht zwingend Tatsachenbeschreibungen sind, sondern die ganz subjektive Sicht des Erzählers oder einer anderen Figur spiegeln. Deshalb hat die Interpretation einer Textpassage immer den Gesamtzusammenhang zu berücksichtigen. Um einer Figur gerecht zu werden, muss zudem auch die Entstehungszeit des Textes berücksichtigt werden bzw. die Zeit, in der die Geschichte spielt. Nicht zuletzt muss auch davon Abstand genommen werden, etwas in fiktive Figuren hineininterpretieren zu wollen.

- **Ausarbeitung**
  Für die Ausarbeitung gilt: keine bloße Wiedergabe von Textinhalten, sondern aufgabenbezogenes, textgebundenes Argumentieren auf der Basis begrifflicher Festlegungen (Thesen) und aussagekräftiger Textstellen (Zitiertechnik). Oft folgen Schreibpläne für eine Charakterisierung einem der folgenden Aufbaumuster: Charakterisierung einer Figur von „außen nach innen", d.h. von äußeren Merkmalen hin zu spezifischen Wesenszügen; Charakterisierung nach einigen zentralen Merkmalen, denen weniger wichtige zugeordnet werden; Darstellung einer Entwicklung im chronologischen Ablauf (wichtig: nicht Handlung, sondern Charaktermerkmale stehen im Vordergrund).

Beispiele für Aufgabenstellungen zur literarischen Charakterisierung

– In der Regel sind eine einzelne Figur oder mehrere einzelne Figuren im Hinblick auf ihre charakteristischen Merkmale zu untersuchen.

Beispiel

Charakterisieren Sie die Romanfigur Diederich Heßling.
Mann, Heinrich, Der Untertan, München 1964, S. 337–341

– Bei einer vergleichenden Charakteristik werden verschiedene Einzelfiguren in einem literarischen Text unter dem Aspekt ihrer jeweiligen charakteristischen Merkmale und Eigenarten miteinander verglichen. Dabei werden entweder sinnvolle Vergleichsgesichtspunkte vorgegeben oder diese müssen im Zuge der literarischen Charakteristik, z.B. bei der Erschließung des Themas oder der Stoffordnung, erst herausgearbeitet werden.

Beispiel

Vergleichen Sie die Darstellung der Vaterfiguren und ihrer jeweiligen Beziehung zum Kind.
Rehmann, Ruth, Der Mann auf der Kanzel – Fragen an einen Vater, München 1980, S. 21, 24, 25
Härtling, Peter, Nachgetragene Liebe, Darmstadt/Neuwied 1980, S. 11–13

– Bestimmte Figuren oder Figurengruppen werden als Typen menschlichen Verhaltens betrachtet und im Hinblick auf ihre typischen charakterlichen Merkmale hin analysiert.

Beispiel

Arbeiten Sie das unterschiedliche Frauenbild heraus, das Mutter und Tochter verkörpern.
Schriber, Margit, Luftwurzeln, Frauenfeld 1981, S. 9–13

Thema:

Charakterisieren Sie die Figur Iris. Gehen Sie dabei auch auf die Mutter-Tochter-Beziehung ein. Berücksichtigen Sie auch die sprachlich-stilistische Gestaltung (vgl. S. 223 f.).

Der folgende Lösungsvorschlag verdeutlicht zunächst die Methode des textgebundenen Argumentierens im Hinblick auf eine Figurencharakterisierung (unter Ausklammerung sprachlicher Gestaltungsmittel).

Lösungsvorschlag

Charlotte Kerner gestaltet Iris als sehr komplexe literarische Figur, wobei der Leser aufgrund der Reflexionen der Tochter Siri vielfältige Einblicke in ihre Krankheitsgeschichte und ihre Entscheidung, sich klonen zu lassen, gewinnen kann. Hinzu kommt ein differenzierter Einblick in die Gefühlswelt von Iris mit all ihren Höhen und Tiefen. Das Verhalten von Iris erhält dabei vor dem Hintergrund, dass sie sich klonen lässt, eine besondere Note. Die damit eng verknüpfte Darstellung von Iris' Mutterrolle aus dem Blickwinkel der Klon-Tochter Siri ermöglicht zudem die Analyse einer recht ambivalenten Mutter-Tochter-Beziehung.

Grundprinzipien:

Einleitung:
– Bezug zur Aufgabenstellung
– Zentrale abstrakte Aussagen des Textes („Roter Faden")

Nach dem Hinweis der Tochter Siri über den Tod ihrer Mutter Iris vermittelt der Erzählerbericht im Rahmen einer Rückblende Iris' **Hoffnungslosigkeit** aufgrund der niederschmetternden Diagnose Multiple Sklerose folgendermaßen: „Iris war gerade dreißig Jahre alt geworden, als sich ihr Sehnerv zum zweiten Mal entzündet hatte und sie die letzten Hoffnungen begraben musste" (Z. 37 ff.). Aufgrund dieser Diagnose ist Iris gezwungen, sich mit ihrer lebensbedrohlichen Erkrankung auseinanderzusetzen. Hieraus resultieren **gravierende Veränderungen in der Selbstwahrnehmung und in ihrem Bewusstseinsprozess**, sodass sich ihr Leben grundlegend verändert. Dieser Einschnitt kommt in folgenden Formulierungen zum Ausdruck: „ Wie der Verlauf auch sein würde – leicht, schwer oder sehr bösartig – in jedem Fall drohte ihr [...] ein unaufhaltsamer Abstieg" (Z. 51 ff.). Iris wird von einem **tief greifenden Gefühl der inneren Leere und Verzweiflung** ergriffen.

Situativer, erzähltechnischer Kontext
Charaktermerkmal
Zitatstützung
Auswertung
Charaktermerkmal
Zitatstützung
Charaktermerkmal

In der Fortführung der Charakterisierung der Figur Iris werden jetzt auch sprachlich-stilistische Gestaltungsmittel aufgezeigt:

... Und an anderer Stelle formuliert Kerner über Iris:
„ Bei dieser zweiten Sehnerventzündung im Sommer vor dem Jahr null schoben sich von rechts und links dunkle Wände in ihr Blickfeld und bildeten eine schwarze Gasse, die in einen Abgrund führte. In ihren Träumen sah Iris in dieses dunkle Loch, von wo es keinen Weg zurück gab" (Z. 55 ff.).

Diese **Metaphern**, die eine düstere Stimmung bei Iris veranschaulichen, können beim Leser negative Assoziationen bis hin zum Tod wecken.

Auch das schmerzliche Bewusstwerden der Erkrankung erzeugt bei Iris ein tiefes Gefühl der Bedrohung ihrer Gesundheit und eine Gefahr für ihre bislang hoffnungsvolle Karriere als Pianistin. „[...] in jedem Fall drohte ihr, der berühmten Pianistin Iris Sellin, ein unaufhaltsamer Abstieg" (Z. 53 f.).

Die im Einschub erkennbare **Emphase** betont die hohe soziale Stellung von Iris. Die **negative Konnotation** des Abstiegs hebt die Diskrepanz zwischen der glanzvollen Gegenwart und düsteren Zukunft hervor.

Dass diese künstlerische Berufung für die bislang vom Erfolg verwöhnte Iris den zentralen Lebensinhalt darstellt, zeigt folgende Bewertung des auktorialen Erzählers: „Ihre Karriere, ihre Kunst, das Komponieren waren immer alles für sie gewesen" (Z. 69 f.).

Die **Akkumulation** als Dreierfigur, verstärkt durch die **Alliteration**, verstärkt das breit gefächerte Tätigkeitsfeld von Iris und lässt sie vordergründig als sehr souveräne Persönlichkeit wirken.

Gerade dieser Erfolg, den sie wohl auch großem Ehrgeiz zu verdanken hat, ist für sie das Motiv zur Auseinandersetzung mit ihrer Krankheit.

Die **Metapher** „Sie schlug ihr Nein in die Tasten des Flügels, bis die Finger schmerzten" (Z. 61 f.). verdeutlicht auf anschauliche Weise ihren Überlebenswillen.

Trotz des anfänglichen Gefühls des Ausgeliefertseins entwickelt sich bei Iris also die Bereitschaft zur Gegenwehr. Und an die Stelle von Pessimismus tritt auch immer wieder die Bereitschaft zum Neubeginn. Zum einen entwickelt sie ein großes Bedürfnis, sich über das zu erwartende Krankheitsbild zu informieren, zum anderen einen ausgeprägten Realitätssinn im Umgang mit dieser Diagnose: „Iris hatte sich genau informiert, was MS bedeutete. Die Sellins wollen immer die Wahrheit wissen, sonst fühlen sie sich ohnmächtig!" (Z. 43 ff.).

Die eindringliche **Wortwahl** (genau informieren, Wahrheit immer wissen wollen, ohnmächtig fühlen) signalisiert Iris' Haltung kontrastreich.

Dieser eher nüchternen Reaktion folgen andererseits jedoch auch Wutausbrüche, die auf ein Wechselbad der Gefühle schließen lassen. Verzweiflung einerseits und eine zornige Kampfansage andererseits, dem Schicksal offensiv zu begegnen, kennzeichnen das Auf und Ab ihrer Emotionen. „Die Diagnose MS schleuderte sie heraus aus der normalen Welt und machte sie aufsässig und trotzig. Sie wollte sich diesem Schicksal nicht beugen, nicht sie! Niemals! Nacht um Nacht wälzte sie sich schlaflos im Bett und verfluchte ihren Körper, der so jämmerlich versagte. ‚Warum gerade ich!', schrie sie" (Z. 68).

Mit dieser **Metapher** zeigt Kerner veranschaulichend die Vehemenz, mit der die Krankheit Iris` bisheriges Leben verändert. Die **Adjektive** „aufsässig" und „trotzig" (Z. 64) charakterisieren dabei die Art der Gegenwehr. Die **Ausrufe** sowie die **Ellipse** „Niemals!" vermitteln dem Leser einen einprägsamen Einblick in die aufgewühlte Gefühlswelt.

In dieser Textpassage, die die verbitterten Reaktionen auf die Krankheit veranschaulicht, werden auch Siris Erinnerungen im Hinblick auf Iris' Begeisterung für ihren künstlerischen Beruf offenbar. Das Bewusstsein um die lebensbedrohliche Krankheit und die Grenzen ihrer künstlerischen Karriere verknüpft Kerner mit Iris` Sehnsucht nach Liebe und Mutterglück in folgender Aussage: „Plötzlich trauerte sie, dass sie keine Kinder hatte" (Z. 71 f.).

Mit dieser **emphatischen Umstellung** wird nochmals der sehr plötzliche Wandel ihres Weltbildes hervorgehoben.

„Niemand, dem sie ihr Talent, ihr Wissen weitergeben konnte. Niemand, der ihr Erbe antreten würde. Niemand, in dem sie weiterleben würde. Niemand, den sie wirklich liebte und der sie wiederliebte" (Z. 72 ff.).

Die folgenden **Anaphern** lassen sehr einprägsam die Frage nach dem Lebenssinn deutlich werden; zudem intensivieren der **Parallelismus** und die **ellipsenhafte** Gestaltung die Wirkung auf den Leser, dem Iris nun als völlig hilflos und entmutigt erscheint. Den dadurch ausgelösten Stimmungsumschwung gestaltet Kerner **metaphorisch**: „Aber was hier stand, elektrisierte sie [....]" (Z. 86).

In dieser Zeit der Verzweiflung stößt Iris auf einen Artikel über Professor Mortimer G. Fisher aus dem Center for Reproductive Medicine and Bioengineering in Montreal über das menschliche Klonen (vgl. Z. 80 ff.).

Aus dieser möglichen Chance erwachsen bei ihr eine neue Bereitschaft zu aktivem Handeln und das Bewusstsein einer neuen Lebensperspektive in Form eines Wunschkindes. Eine kritische Reflexion ihres Handelns ist nicht erkennbar. Das Wunschkind, Siri, deutet es nach dem Tod der Mutter so: „Als du den Bericht über Fisher gelesen hattest, dachtest du zum ersten Mal an mich, deine Klon-Tochter, und dieser Gedanke ließ dich nicht mehr los. Er gab deinem Leben einen neuen Sinn und ein neues Ziel: mich. Oder genauer, dich noch einmal. Iris Sellin zum Ersten und zum Zweiten" (Z. 101 ff.).

Die **positive Konnotation** von „neue[r] Sinn [...] neues Ziel" (Z. 104) ist zunächst Ausdruck des bei Iris aufkeimenden Optimismus; **Doppelpunkt** und **emphatische Ellipse** „mich [...] dich noch einmal [...]" (Z. 105) zeigen jedoch Iris' Egozentrik, die ihre Tochter Siri für ihre Zwecke der Selbstentfaltung instrumentalisiert.

Dies ist ein Beweis dafür, dass bei Iris eine ausgeprägte Sehnsucht nach Leben und Selbstverwirklichung vorhanden ist, aber auch ein hohes Maß an Skrupellosigkeit und Egoismus. „Als es dir schlecht ging, Iris, erst dann sehntest du dich nach einem Kind. Du wolltest neues Leben dem alten, kranken entgegenstellen. Aus Wut! Weil du nicht glauben konntest, dass man vergeht. Weiterleben wolltest du in der anderen oder noch besser, ewig leben!" (Z. 94 ff.).

Antithetische Formulierungen und die **emphatische Umstellung** im letzten Satz unterstreichen noch einmal die Ich-Bezogenheit der Figur Iris.

Anstelle einer offenen Erwartungshaltung gegenüber dem Neugeborenen denkt sie vor dem Hintergrund der Angst des Vergessenwerdens ausschließlich an ihre eigene Zukunft.

Im Folgenden soll bei der Charakterisierung der Figur Iris' der Blick vor allem auf die Beziehung zwischen Mutter und Tochter gerichtet werden (unter Ausklammerung sprachlicher Gestaltungsmittel):

Neben der Charakterisierung der einschneidenden Lebenserfahrung der Erkrankung und ihrer Auswirkung auf ihre berufliche Existenz gilt es auch, den Beziehungsaspekt zwischen Iris und ihrer Klon-Tochter Siri in die Gesamtbetrachtung der Figur Iris mit einzubeziehen. An mehreren Textstellen wird ein autoritäres, eher kühles Mutterverhalten deutlich, das sich zudem in einer Vernachlässigung der Tochter äußert. In der Mutter-Tochter-Beziehung fehlen meist die von Siri ersehnte Geborgenheit, Fürsorglichkeit, Nähe, Zärtlichkeit, Vertrautheit und Harmonie. Dies klingt bei Siri wie eine Anklage: „Nie warst du da, wann ich es wollte. Deshalb frage ich dich heute, tote Mutter-Schwester: Wo warst du [...]? Einmal, als du eine Tournee gemacht hast, soll ich dich sogar in dem schwarzen Konzertflügel gesucht haben" (Z.134 ff.). Auch wenn Iris ihr Vorhaben, sich klonen zu lassen, erfolgreich umsetzt und Mutter wird, setzt sie keine neuen Prioritäten in ihrem Leben, sondern bleibt vor allem ihrer Karriere verhaftet. Mütterliche Geborgenheit, Interesse an den Wünschen der Tochter oder Details über eine intensive Kommunikation im familiären Rahmen sind nicht gegeben. Dies entspricht auch Siris Einschätzung: „Du warst der Stamm, Iris, und ich dein frühlingsgrüner Spross oder Schössling" (Z. 117 f.). Diese Beschreibung zeigt die biologische Betrachtung der Mutter-Tochter-Beziehung, berücksichtigt jedoch keinerlei emotionale Aspekte wie Herzlichkeit, die sich Siri von ihrer Mutter gewünscht hätte: „Nach deinen Reisen fielst du dann so schrecklich unverhofft und plötzlich in mein kleines Kinderleben ein, dass mir ganz schwindelig wurde. Du bestimmtest allein, wann du erscheinen wolltest" (Z. 140 ff.). So wird keine kindbezogene Mutterliebe beschrieben, sondern eher eine egozentrische Haltung, die zur Entfremdung von Mutter und Tochter beiträgt, was Iris wie folgt kommentiert: „Manchmal war ich einfach überrascht, dass es dich wirklich noch gab. Meine Mutter war also kein Wort, keine Geschichte, keine Traumgestalt, sie stand tatsächlich vor mir" (Z. 155 ff.) oder: „Verdutzt schaute ich auf, wenn du in unsere Wohnung hereingerauscht kamst. Genauso habe ich dich später auf unzählige Bühnen treten sehen und jedes Mal hat mich das an deine Auftritte zu Hause erinnert und mich beklommen gemacht. Ich war das willige, dankbare Publikum, und du, Iris, hast gekonnt Theater gespielt" (Z. 148 ff.).

Nur punktuell wird in dem Textauszug ersichtlich, dass auch Phasen einer emotionalen Nähe zwischen Mutter und Tochter vorliegen, wenn Siri feststellt: „Denn wahr ist auch das, was ich als Zwillingsschwester, als Iris-Klon, hinter den Fakten erfühle. Und weil wir doch immer schon ein Herz und eine Seele waren – und vielleicht auch noch sind –, kann ich ganz leicht in Iris' Haut und Hirn schlüpfen" (Z. 25 ff.). Ob dies wirklich einer emotionalen Beziehung und nicht eher der besonderen biologischen Identität zuzurechnen ist, bleibt für den Leser ungeklärt.

Insgesamt wird deutlich – vor allem vor dem Hintergrund der Einschätzungen der Tochter Siri –, dass Kerner ein sehr ambivalentes, oft angespanntes Mutter-Tochter-Verhältnis darstellen will.

1. Notieren Sie sich Schlüsselbegriffe der Ausarbeitung, die die Figur Iris und ihre Beziehung zur Tochter charakterisieren.
2. Suchen Sie Formulierungen, die die Fiktionalität der Figuren betonen.
3. Analysieren Sie die Zitiertechnik (Zitatauswahl, Zitierweise, Zitateinbau, Kontext).
4. Benennen Sie weitere sprachliche Mittel, die Sie in den Zitaten erkennen.

5 Interpretation

Die Deutung eines literarischen Textes beinhaltet die **Verknüpfung** von **Form** und **Inhalt**, die **Bestimmung** der **Aussageabsicht** bzw. des **Aussagegehalts** sowie **Ansätze** einer **literarischen Wertung**.

Erzähltechnische Aspekte, Wiedergabe von Inhalt und Aufbau sowie Figurencharakterisierung und -konstellation sind dementsprechend wichtige Elemente einer textgerechten und differenzierten Interpretation.

Bezüglich der Interpretationsmethodik unterscheidet die Literaturwissenschaft zwischen verschiedenen Ansätzen:

- **Biografische Methode:**
  Hier werden die Zusammenhänge zwischen dem Lebenslauf des Autors und seinem dichterischen Werk aufgespürt (z. B. Jurek Beckers Roman „Jakob der Lügner" und seine eigene Kindheit im Ghetto).

- **Literatursoziologische Methode:**
  Hier werden die Zusammenhänge zwischen den gesellschaftlichen Verhältnissen der Entstehungszeit eines Werkes und dem literarischen Text ermittelt (z. B. Heinrich Manns Roman „Der Untertan" als Reflex auf wilhelminische Verhältnisse vor dem Ersten Weltkrieg).

- **Geistesgeschichtliche Methode:**
  Hier werden die Zusammenhänge zwischen den geistigen und weltanschaulichen Strömungen und dem Text erschlossen (z. B. Thomas Manns Roman „Der Zauberberg" als Zeugnis ideologischer Auseinandersetzungen zwischen den beiden Weltkriegen).

- **Psychologische Methode:**
  Hier wird das Wissen über die Psyche des Menschen auf Empfindungen und Verhaltensweisen der fiktionalen Figuren angewendet (z. B. Marlen Haushofers Erzählung „Furcht" als Zeugnis menschlicher Ängste, aber auch Lustgefühle).

- **Rezeptionsgeschichtliche Methode:**
  Hier wird weniger das literarische Werk als Produkt untersucht, sondern vielmehr die Wirkung, die es im Laufe der Zeit auf den Leser als Rezipienten hat (z. B. Günter Grass' „Im Krebsgang" und die Auswertung der Reaktionen des Publikums und der Öffentlichkeit im Hinblick auf Flucht und Vertreibung).

- **Werkimmanente Methode:**
  Hier wird bei der Interpretation auf alles verzichtet, was außerhalb des Textes liegt (Biografie des Dichters, historischer Hintergrund, Erkenntnisse anderer Wissenschaften etc.), d. h., man beschränkt sich auf den Text als Sprachkonstrukt (z. B. Ulrich Plenzdorfs Text „kein runter kein fern" mit seinem Bewusstseinsstrom als Einheit von Form und Inhalt).

In der Schulpraxis ist die Methodendiskussion eher zweitrangig; Impulse der unterschiedlichen Richtungen können jedoch im Rahmen einer gründlicheren Interpretation berücksichtigt werden (vor allem bei einem (Fach-)Referat, einer Fach- oder Seminararbeit mit häuslicher Vorbereitung). Insbesondere bei Prüfungen, bei denen in der Regel keine Hintergrundinformationen bzw. Sekundärliteratur verfügbar sind, ist eine werkimmanente Interpretation vorrangig.

Thema:
Interpretieren Sie das Selbstbild der Tochter Siri (vgl. S. 223 f.).

- **Lösungsvorschlag**

Einleitung

Der vorliegende Textausschnitt aus Charlotte Kerners Roman „Blueprint Blaupause" stellt in erster Linie ein Tochter-Mutter-Verhältnis dar – und zwar aus der Sicht der Tochter, die als Ich-Erzählerin fungiert. Damit enthält dieser Text deren subjektive Sichtweise, mit der sie das Verhalten ihrer Mutter darstellt. In diesem Zusammenhang ist es aber auch ganz interessant, nach dem eigenen Selbstbild, d.h. nach der Selbstwahrnehmung der Tochter Siri zu fragen. Im Folgenden geht es zunächst um Siris Selbsteinschätzung als Klon ihrer Mutter, dann um ihr Selbstbild als das „Produkt" der Verzweiflung ihrer Mutter und um ihre schwierige Kindheit. Schließlich gerät noch die Selbstwahrnehmung der erwachsenen, reflektierenden Ich-Erzählerin ins Blickfeld.

Methodische Hinweise

Einleitung:
Überblick über zentrale inhaltliche Zusammenhänge

Aufgreifen der Aufgabestellung

Strukturierungshinweise

Hauptteil

Bei Siris Selbstkommentaren zu ihrer Klonexistenz zeigt sich eine deutliche Ambivalenz: Einerseits fällt zunächst eine gewisse Selbstverständlichkeit in der Einschätzung ihres Daseins auf. Diese „Normalität" zeigt sich bereits in ihrem Aussehen (vgl. Z. 11 ff.); dazu passt auch ihre Bemerkung: „Wir Klone waren im Kommen" (Z. 108 f.), wenngleich man hinter dieser etwas saloppen Formulierung eine gewisse Ironie vermuten könnte, die dann andererseits ein Zeichen dafür ist, dass Siri ihre Kloneigenschaft doch nicht so ganz selbstverständlich hinnimmt. Eine Eintrübung erhält das Selbstbild vor allem durch Siris indirekten Vorwurf an ihre Mutter: „[…] einen neuen Sinn und ein neues Ziel: mich. Oder genauer, dich noch einmal. Iris Sellin zum Ersten und zum Zweiten. Bieten Sie mit?" (Z. 104 ff.). Hier deutet sich eine Art „Kränkung" an, nur ein Duplikat und nicht ein ganz eigenständiges Wesen zu sein, und das kann die Entwicklung eines stabilen Selbstbildes sehr negativ beeinflussen.

Hauptteil:
These 1

Entfaltung

Textbeispiel

Entfaltung

Textbeispiel

Folgerung

Wenn Siri an späterer Stelle den Begriff „Klon" erläutert (vgl. Z. 117 ff.), tut sie das zunächst betont sachlich und distanziert, als ob es sich für sie inzwischen um eine Normalität handelte. Aber die unmittelbare Fortsetzung dieser emotionslosen, fast wissenschaftlichen Beschreibung ist eine Umschreibung, die jetzt sehr bildhaft, aber auch emotional zu Siris Kindheitsproblemen hinführt: „[…] Zweige brechen leicht, wenn sie gerade erst wachsen und noch so dünn und wenig widerstandsfähig sind und wenn man ihnen zu viel auflädt und sie zu früh ihrem Schicksal überlässt" (Z. 129 ff.). Für Siris Selbstbild könnte das heißen, dass sie ihre negativen Lebenserfahrungen nicht ganz ohne Zusammenhang mit ihrer Klon-Entstehung sieht. Diese Deutung wird durch zwei andere Textstellen noch verstärkt. Im Anschluss an die Bemerkung vom „Fortschritt" des Klonens (Z. 113) und vom „Schritt in die Zukunft" (Z. 114) heißt es nämlich sofort: „[A]ber Vorsicht! Stolpergefahr mit blauen Beulen, blau wie eine Blaupause, blue like a blueprint" (Z. 115 ff.). Mit dieser bildstarken Formulierung – Metapher, Vergleich und Wortwiederholung bzw. Übersetzung mit Bezug auf den Romantitel – will Siri signalisieren, dass sie ihre Existenz in eine sehr riskante Wissenschaftsentwicklung eingebettet sieht, die wiederum ihre ganz subjektive Selbstwahrnehmung mit bestimmt – und zwar mit Unsicherheiten, Gefahren, einem hohen Risiko. Wie schrecklich sich diese negativen Voraussetzungen auswirken können, drückt die Ich-Erzählerin bereits am Anfang des Textes deutlich, krass, ja fast sarkastisch aus: „Der Horror spielt sich innen ab und der beste Horror war schon immer der von der unsichtbaren Sorte" (Z. 12 ff.). Hinter dem äußerlich ganz normalen „Bild" Siris verbirgt sich also ein „Selbstbild" mit vielen Unsicherheitsgefühlen und nicht ganz definierbaren Ängsten und Irritationen, die mehr oder weniger stark mit ihrer Besonderheit als Klon zu tun haben.

Etwas leichter sind jene Textstellen zu interpretieren, die mit Iris' Kinderwunsch und mit Siris Kindheit zu tun haben: „Als es dir schlecht ging, Iris, erst dann sehntest du dich nach einem Kind. [...] Aus Wut! [...] Weiterleben wolltest du in der anderen, oder noch besser, ewig leben! Ein verzweifelter Wunsch, der nur Verzweiflung hervorbringen konnte" (Z. 94 ff.). Eine derartige Vermutung, fast Gewissheit, hinter der eigenen Existenz zu spüren, ist sicher keine gute Voraussetzung für das spätere Leben – mehr noch als die Kloneigenschaft. Dass die Ich-Erzählerin diese Textstelle für sehr wichtig hält, geht auch aus dem Einsatz vieler sprachlicher Mittel hervor. Der vorgezogene Nebensatz (Z. 94) verstärkt die „Ursache" des Kinderwunsches bei Iris: „Als es dir schlecht ging […]"; die Antithese verdeutlicht das egoistische Motiv („neues Leben dem alten, kranken entgegenstellen"). Und als Steigerung, ja Höhepunkt der negativen Selbsteinschätzung ihres „Zur-Welt-gekommen-Seins" als „Instrument" ihrer Mutter die Ellipse: „Aus Wut" und dann die Steigerung: „Weiterleben […] ewig leben!" (Z. 96 ff.). Ein nicht sehr viel positiveres Lebensgefühl vermittelt wohl auch die Erkenntnis, dass man nur „gewünscht" war, damit die Mutter „ihr Wissen weitergeben konnte" und in ihr (Siri) „weiterleben würde" (Z. 72 ff.). Siri fühlt sich überdies degradiert, lediglich ein „Erbe antreten" (Z. 73) zu sollen. Ein Mensch, der seine Geburt unter solchen Vorzeichen sehen muss, kann schwerlich ein stabiles Selbstbild haben. Es wird vielmehr geprägt sein von mangelndem Selbstvertrauen, von permanenter Selbstinfragestellung. Je mehr Siri über ihre Existenz erfährt, nachdenkt und Vorstellungen erlangt, umso stärker wird ihr Ich-Bewusstsein verunsichert, gestört und geschwächt. Die Folge für die Selbstwahrnehmung wird durch eine Wortwiederholung noch verstärkt und gesteigert: „Ein verzweifelter Wunsch, der nur Verzweifeltes hervorbringen konnte" (Z. 99 ff.).

Siris Erinnerungen an die tatsächliche, wirkliche, selbst erlebte Kindheit sind dann viel konkreter und weniger spekulativ. Aber sie sind auch nicht gerade positiver oder aufbauender, um ihr Selbstbild sozusagen aufzuhellen oder zu verschönern (vgl. Aufgabe 4).

Nach diesen „vorgeburtlichen" Belastungen und traumatischen Kindheitserlebnissen als äußerst negative Faktoren für Siris Selbstbild bleibt noch zu fragen, welches Bild der erwachsenen Ich-Erzählerin vor dem Leser entsteht. Hier zählt zunächst die klare Aussage: „Also erwartet keine normale Biografie" (Z. 24 f.). Die Begründung für die Abweichung von der Normalität ist wieder einmal die Besonderheit ihrer Klonexistenz: „Denn wahr ist auch, was ich als Zwillingsschwester, als Iris-Klon, hinter den Fakten erfühle" (Z. 25 f.). Als Erwachsene auf der Suche nach ihrem eigenen Ich kann Siri in die Identität ihrer Mutter schlüpfen: „Als Klon kann ich schließlich Iris oder Siri sein oder ich bin uns beide gleichzeitig. Manchmal steige ich auch einfach aus und werde jemand Drittes, der die Geschichte von Iris und Siri erzählt. Dann kann ich mich/sie/uns betrachten, wie eine Forscherin ihre Versuchsanordnung im kalten, blauen Laborlicht beobachtet" (Z. 29 ff.). Hier erhält der Leser ein sehr ambivalentes Selbstbild: Als Klon, so meint Siri jedenfalls, kann sie einerseits ihre Mutter viel besser kennen als „normale" Kinder; andererseits dürfte aber diese Art von „Doppelexistenz" auch eine Belastung sein, die die Entstehung einer festen, sicheren Ich-Identität nur stört und belastet – auch noch im Erwachsenenalter. Siri sieht darin aber auch wiederum eine Chance der Distanzierung: „[...] wie eine Forscherin [...] beobachtet" (Z. 33 ff.). Die Selbstwahrnehmung der erwachsenen Siri, die sich um eine Klärung und ein Verständnis ihres Verhältnisses zu ihrer Mutter bemüht, ist also sehr uneinheitlich: ein Bild zwischen extremer Nähe („Klon" – zweites Ich) und möglicher großer Distanz („Forscherblick"). In diesem Wechselspiel von kindheitsgeprägten Unsicherheitsgefühlen und Ängsten einerseits und den Bemühungen um eine rationale, wahrheitsgemäße Aufarbeitung dieser Gefühle andererseits entwickelt sich Siris Selbstbild im Laufe ihrer autobiografischen Erzählung (vgl. Z. 16 ff.). Und weil sie erkennt: „Doch was ist das schon, die Wahrheit?" (Z. 19), darf der Leser annehmen, dass auch das Selbstbild der erwachsenen Siri immer noch zwischen Selbstzweifel und Selbstsuche, emotionaler Unsicherheit und wachsendem Selbstvertrauen schwankt.

Schluss
Ungeachtet der Klon-Thematik bietet Charlotte Kerner mit ihrem Text eine literarische Studie, die sehr wirklichkeitsnah und überzeugend psychologische und soziale Fragen aufwirft: ein Kinderwunsch aus Verzweiflung bzw. dem egoistischen Wunsch weiterzuleben; Probleme eines Kindes, das eine alleinerziehende Künstlerin zur Mutter hat; Aufarbeitung seelischer Verletzungen mithilfe schriftlich aufgezeichneter Erinnerungen bzw. Analyseversuche.

1. Inwieweit erkennen Sie die Methode BUWE (vgl. S. 33) im Gesamtaufbau und in der textgebundenen Argumentation.
2. Suchen Sie nach Schlüsselbegriffen der Deutung, die die Ausprägung von Siris Selbstbild bezeichnen.
3. Analysieren Sie die Textbelege im Hinblick auf ihre sprachlich-stilistische Gestaltung.
4. Interpretieren Sie den Aspekt der schwierigen Kindheit von Siri, der im Lösungsvorschlag nur angedeutet ist (vgl. Z. 63 ff.).

6 Literarische Stellungnahme

Die Form der kritischen Auseinandersetzung mit einer Thematik, Aussage oder konkreten Textstelle eines literarischen Textes orientiert sich weitgehend an den Prinzipien einer sachbezogenen Stellungnahme. Es gilt auch hier, eine bestimmte Problemstellung von zwei konträren Blickwinkeln aus zu betrachten mit dem Ziel einer **Ausgewogenheit** von **Pro- und Kontra-Argumenten**.

Zu einer literarischen Stellungnahme gehört zunächst eine kurze gezielte Hinführung (z. B. Begriffsklärung, Einordnung in den Text, Problem in der Lebenswirklichkeit) mit einer präzisen Themafrage, die die notwendige dialektische Betrachtungsweise zum Ausdruck bringt. Eine Themaerschließung bzw. -präzisierung erfordert vor allem solche Themen, die z. B. die Beurteilung, Bewertung usw. von Verhaltensweisen, Einstellungen, Beziehungen etc. verlangen.

Bei der folgenden Ausarbeitung von These bzw. Antithese ist auf eine klar strukturierte, in der Regel textgebundene Argumentation zu achten, die auf einer aussagekräftigen Behauptung und einer sich daran anschließenden differenzierten Entfaltung basiert.

Vor allem im Bereich der Veranschaulichung können nach Möglichkeit geeignete Textbelege, z. B. in Form wörtlicher oder sinngemäßer Zitate, in die Ausarbeitung eingebunden werden. Dieser Arbeitsschritt ist verknüpft mit einer aufgabengerechten und die Aussageabsicht im Auge behaltenden Deutung der Textbeispiele.

Bei der Gestaltung der Synthese bieten sich vor allem Lösungsansätze an, die die Fiktionalität aufgreifen und berücksichtigen. Rein sachorientierte, außerliterarische Lösungsansätze laufen Gefahr, die literarische Botschaft zu entwerten.

Hinweise für Syntheseansätze

Die Beurteilung einer Problemstellung ist abhängig von
- den persönlichen Lebenserfahrungen des Lesers,
- der Kenntnis motivgleicher oder -ähnlicher literarischer Werke bzw. Verfilmungen,
- der Berücksichtigung der historischen bzw. gesellschaftlichen Entstehungshintergründe,
- der Aussageabsicht des Autors.

Thema:

Wird Siris Existenz ausschließlich als die eines geklonten Menschen dargestellt (vgl. S. 223 f.)?

Lösungsvorschlag

Beispiel für die Ausarbeitung einer literarischen Stellungnahme

Aufbau

Einleitung

Der Textausschnitt von Charlotte Kerner liest sich sehr realistisch im Rahmen der subjektiven Perspektive einer Ich-Erzählerin, die sich um die Wahrheit einer Mutter-Tochter-Beziehung bemüht. Innerhalb dieser „fiktiven Wirklichkeitsebene" ist Siri ein geklontes Kind bzw. ein erwachsener Klon. Für den Leser jedoch in seiner außerliterarischen, nicht-fiktiven Lebens-Wirklichkeit ist ein geklonter Mensch immer noch unrealistisch. Er begegnet also bei der Lektüre gewissermaßen einer „doppelten" Siri: ein Mal als einer Fiktion, dem Klon; zum anderen als einer lebendigen, realistisch gezeichneten Person. Deshalb soll im Folgenden die Frage geklärt werden, ob Siris Existenz ausschließlich als die eines geklonten Menschen dargestellt wird.

Klärung, Abgrenzung des Schlüsselbegriffes

Themafrage in Aussageform

Hauptteil

Behauptung der Thesen-Argumentation

Viele Textstellen heben die Klon-Natur Siris – vor allem im Zusammenhang mit ihrer Konzeption bzw. „Entstehung" – hervor. Allein schon der Gedanke an ein Kind ist bei der Mutter Iris beeinflusst von dem zufällig gefundenen Artikel über reproduktive Medizin: „Nachdem Iris den Bericht mehrmals durchgelesen hatte, wusste sie, was sie zu tun hatte" (Z. 91 f.). Wenige Zeilen später wird dieser Zusammenhang noch einmal betont: „[…] dachtest du zum ersten Mal an mich, deine Klon-Tochter, und dieser Gedanke ließ dich nicht mehr los" (Z. 101 ff.). Hinzu kommt noch, dass Siris „Geburt" in eine Zeit fiel, in der Klone „im Kommen" waren: „Die Einelternfamilie […] stand auf der gesellschaftlichen Tagesordnung […]. Die Jungfernzeugung für Frau und Mann – welch ein Fortschritt!" (Z. 109 ff.). Alle diese Textstellen belegen, dass es für die Autorin nicht ganz nebensächlich oder gleichgültig ist, dass ihre Mutter-Tochter-Geschichte in einer Zeit angesiedelt ist, in der das menschliche Klonen möglich geworden ist, sodass auch der Leser über Siris Klon-Eigenschaft nicht einfach hinwegsehen kann. Wobei es ja

Veranschaulichung in Form von Textbelegen

wörtliche Zitate

Auswertungen

nicht nur um die (Er-)Zeugung Siris geht, sondern später auch um ihre Existenz und ihr Leben als Klon-Mensch. Ein erster Hinweis darauf erscheint bereits sehr früh im Text, wenn die Ich-Erzählerin von Gesprächen mit ihrem medizinischen „Vater" (Z. 21) berichtet, was wohl ein eigenartiges Gefühl erzeugen dürfte. Später weist Siri auf ihre Art „Doppel-Existenz" hin – „kann ich schließlich Iris oder Siri sein oder ich bin uns gleichzeitig" (Z. 30 f.). Ein irritierendes Existenzgefühl, das sich sogar in der Sprache widerspiegelt. Als Letztes sei noch auf die Textstelle hingewiesen, in der die Ich-Erzählerin relativ ausführlich auf die Wortbedeutung des Begriffs „Klon" eingeht (vgl. Z. 117 ff.) und damit erneut Zeugnis davon ablegt, dass ihr Dasein als Heranwachsende und schließlich Erwachsene geprägt ist von ihrer Kloneigenschaft – und zwar überwiegend negativ. Es heißt nämlich am Schluss: „Klon heißt auch Zweig, und Zweige brechen leicht" (Z. 129). So wird mehrfach deutlich, dass Siris Existenz maßgeblich die eines geklonten Menschen ist.

sinngemäße Zitate

Rückführung

Gerade der letztgenannte Textbeleg – und seine direkte Fortsetzung vor allem – weist über die Thematik des Klonens hinaus und könnten ebenso die Kindheitserfahrungen eines normal gezeugten Kindes wiedergeben: „[...] und Zweige brechen leicht, wenn sie gerade erst wachsen und noch so dünn und wenig widerstandsfähig sind und wenn man ihnen zu viel auflädt und sie zu früh ihrem Schicksal überlässt" (Z. 129 ff.) Hier gewinnt die Darstellung der Autorin eine auch für heutige „Nicht-Klon-Kinder" starke Aussagekraft. Die Abwesenheit der Mutter, das Leben bei einer Pflegemutter, die vergebliche Suche nach Nähe und Geborgenheit – all dies sind Kindheitsprobleme, die so oder ähnlich auch heute vorkommen können, also ursächlich nichts zu tun haben mit ihrem Klon-Schicksal. Ähnlich ist es mit Siris Reaktionen, die wiederum unabgängig sein können von ihrer Klonexistenz: „Manchmal war ich einfach überrascht, dass es dich wirklich noch gab" (Z. 155 ff.). Wenn der Leser nun noch auf die Zeit vor der „Geburt" Siris zurückblickt, entdeckt er im Zusammenhang mit Iris' Kinderwunsch ebenfalls genügend Textstellen, die nicht nur auf das Thema Klonen bezogen werden können. Der Gedanke an ein Kind entstand ja bei Iris schon vor dem Klon-Artikel als Reaktion auf ihre schwere Erkrankung (vgl. Z. 71 ff.). Auf einmal zeigen sich Gefühle, „die sie zuvor als primitive Fortpflanzungsinstinkte belächelt hatte" (Z. 77 ff.). Ein psychologisch doch sehr interessanter Zusammenhang, der (noch) nichts mit Klonen zu tun hat. Wie Siri dann noch einmal den neu entstehenden Kinderwunsch interpretiert – das liest sich so wirklichkeitsnah, einleuchtend und überzeugend, dass man bei diesen Zeilen die vorangegangene „Klon-Passage" (Z. 80 ff.) völlig außer Acht lassen kann: „Als es dir schlecht ging, Iris, erst dann sehntest du dich nach einem Kind. Du wolltest neues Leben dem alten kranken entgegenstellen. Aus Wut! [...] Weiterleben wolltest du [...], ewig leben! Ein verzweifelter Wunsch, der nur Verzweiflung hervorbringen konnte" (Z. 94 ff.). Solche Vorwürfe könnte theoretisch auch eine ganz natürlich gezeugte und geborene Tochter ihrer Mutter machen, wenn sie diese wahren Beweggründe und eigentlichen Motive bei ihrer Mutter erfahren müsste. Insofern kann der Leser sich auch an dieser Stelle unabhängig von ihrer Identität als Klon mit Siris seelischem Zustand befassen.

Die Beantwortung der Frage, ob es sich bei Siris Existenz ausschließlich um die eines geklonten Menschen handelt, hängt unter anderem von der individuellen Lebens- und Lektüreerfahrung des Lesers ab. Denn es sind oftmals persönliche Erfahrungen, die zu einem ganz bestimmten Zugang zu einem Text und seinen Aussagen führen und dabei den persönlichen Blickwinkel für das Gelesene bestimmen können. Für junge weibliche Leser könnte die Figur Siri konkrete Lebenserfahrungen widerspiegeln, die sich vor allem auf Details der dargestellten Mutter-Tochter-Beziehung beziehen. Siri leidet unter der fehlenden Nähe und Geborgenheit aufgrund der häufigen Abwesenheit ihrer Mutter; ferner bereitet ihr deren dominantes und egozentrisches Auftreten Probleme, vor allem auch im Hinblick auf die Entwicklung eines eigenen Rollenbildes. Die realistischen Fragen einer problematischen Mutter-Tochter-Beziehung, wie sie in „modernen" Familien immer wieder vorkommen können, sind also eine mögliche Lesart dieses Romanauszugs. Aus diesem Blickwinkel heraus betrachtet, ist es also nachvollziehbar, dass mancher Leser die Figur Siri nicht ausschließlich im Kontext ihrer Klonexistenz sieht.
Andererseits werden andere Leser die Fiktion einer solchen Klonexistenz nicht von vornherein als bloße Fantasie, Science Fiction oder als einen Randaspekt werten. Für diesen Leserkreis, der sich mit Fragen wissenschaftlichen Fortschritts auseinandersetzt, kann das Schicksal des Klons Siri vielmehr auch als ein kritischer Denkanstoß in Bezug

auf Biomedizin bzw. Genmanipulation dienen. Neben den Sachinformationen, z. B. aus Fernsehdokumentationen und Zeitungsartikeln, kann also ein literarischer Text zur Reflexion über wesentliche Zukunftsaspekte anregen. Insofern ist die fiktionale Auseinandersetzung mit dem Klonschicksal von Siri für manchen Leser eine wertvolle Bereicherung in der Diskussion, z. B. um ethische Fragestellungen.
Wie viele Bücher, die Vergangenheit fiktional gestalten, können auch Texte, die einen Blick in die Zukunft werfen, immer auf das Heute bezogen werden. Die Auseinandersetzung mit überzeitlichen Problemen kann literarisch in sehr unterschiedlicher Form erfolgen, z. B. als Dokumentarstück, Kurzgeschichte, Alltagslyrik, politische Revue, Fernsehfilm, Parabel. Unabhängig von dem Realitätsgehalt des Dargestellten sollte sich der Leser/Zuschauer aber stets der Fiktionalität bewusst sein.

1. Untersuchen Sie den Aufbau der Antithese.
2. Analysieren Sie die Synthese-Ausarbeitung.
3. Wo finden sich in der Ausarbeitung Textstellen, die den Leser auf Fiktionalität hinweisen?
4. Welche Formulierungshilfen sind für literarische Stellungnahmen verwendbar?

7 Übungsteil: Überblick über mögliche Aufgabenstellungen – Texte mit Teillösungen – Texte mit Arbeitsaufträgen

Überblick über mögliche Formulierungen von Aufgabenstellungen

Literarische Inhaltsangabe
- Fassen Sie den Inhalt des Textes knapp zusammen.
- Geben Sie Inhalt und Aufbau des Textes wieder.

Charakterisierung
- Charakterisieren Sie Sonja. Welche sprachlichen Mittel setzt die Autorin ein, um Sonja zu beschreiben?
  Hermann, Judith, Sommerhaus, später. Erzählungen, Frankfurt [12]1999, S. 55 ff.
- Charakterisieren Sie den Beamten Müller anhand der Begegnung mit dem arabischen Schriftsteller. Gehen Sie dabei auch auf Müllers Sprachverhalten ein.
  Schami, Rafik, Der Kummer des Beamten Müller, aus: Schami, Rafik, Die Sehnsucht fährt schwarz. Geschichten aus der Fremde, München 1988, S. 34 ff.
- Wie setzt der Autor sprachliche Mittel ein, um einerseits Macht und andererseits Ausgeliefertsein zu verdeutlichen?
  Torberg, Friedrich, Der Schüler Gerber, München 1981, S. 214 ff.
- Welche Probleme der Partnerschaft und Ehe werden zum Ausdruck gebracht? Zeigen Sie dabei, wie die junge Frau ihren Partner Rolf und sich selbst sieht. Ziehen Sie zur Begründung Ihrer Ausführungen neben den inhaltlichen Aussagen auch die sprachlichen Mittel heran, vor allem die Sprachbilder.
  Schwaiger, Brigitte, Wie kommt das Salz ins Meer, Reinbek 1982, S. 40, S. 33 f., S. 84 f., S. 119
- Charakterisieren Sie die Ich-Erzählerin. Gehen Sie dabei auf ihre Beziehung zu den Eltern und zu ihrem Chef, auf ihr Berufsverständnis und ihr Menschenbild ein. Zeigen Sie, durch welche sprachlichen Mittel die Eigenschaften der Ich-Erzählerin verdeutlicht werden.
  Hein, Christoph, Drachenblut, Frankfurt/M. 1985, S. 93 ff.

Interpretation

- Wie ist das Verhalten des Lehrers und des Schülers zu erklären? Stützen Sie sich bei Ihrer Begründung auf die Aussagen des Textes.
  Torberg, Friedrich, Der Schüler Gerber, München 1981, S. 214 ff.
- Zwischen dem Denken und Fühlen der Tochter und dem Bild, das sich die Mutter von ihr macht, besteht offensichtlich ein Widerspruch. Stellen Sie dies anhand der Aussagen des Textes dar.
  Schriber, Margit, Luftwurzeln, Frauenfeld 1981, S. 9 ff.
- Interpretieren Sie Bernhards Reaktionen auf das Verhalten des Lehrers.
  Hein, Christoph, Landnahme, Frankfurt/M., S.15 ff.
- Interpretieren Sie die Überschrift des Textes „Der Kummer des Beamten Müller".
  Schami, Rafik, Der Kummer des Beamten Müller, aus: Schami, Rafik, Die Sehnsucht fährt schwarz. Geschichten aus der Fremde, München 1988, S. 34 ff.

Literarische Stellungnahme

- Sehen Sie das hier dargestellte Partnerschaftsproblem als typisch für unsere Zeit an oder eher als ungewöhnlich, in den persönlichen Eigenarten der Partner begründet?
  Schwaiger, Brigitte, Wie kommt das Salz ins Meer, Reinbek 1982, S. 40, S. 33 f., S. 84 f., S. 119
- Teilen Sie die Meinung der Ich-Erzählerin über das Zusammenleben von Individuen, wie sie besonders in den Zeilen 60–68 zum Ausdruck kommt („Das Zusammenleben von Menschen [...] Gitter, die uns vom Chaos trennen.")?
  Hein, Christoph, Drachenblut, Frankfurt/M. 1985, S. 93 ff.
- Sehen Sie in der Beschäftigung mit gesellschaftlichen Themen, wie sie im Text beschrieben sind, noch einen Gewinn für unsere Gesellschaft?
  Fontane, Theodor, Effi Briest, in: Keitel, W. (Hrsg.): Theodor Fontane – Sämtliche Werke, Bd. 4, München 1963, S. 233 ff.
- Würden Sie Albert Bußmann empfehlen, seinen Vater in einem Heim unterzubringen?
  Lenz, Siegfried, Fundbüro, Hamburg 2003, S. 206 ff.
- Beurteilen Sie die Einstellung der Ich-Erzählerin zu Deutschland.
  Dörrie, Doris, Was wollen Sie von mir? Und fünfzehn andere Geschichten, Zürich 1989, S. 177 ff.
- Halten Sie es für berechtigt, wenn die Tochter von ihrem Vater verlangt, dass er ihr Näheres über seine Vergangenheit mitteilt?
  Hahn, Ulla, Unscharfe Bilder, München 2003, S. 9 ff., S. 15, S. 27 ff.
- Wie beurteilen Sie das duldsame Verhalten des Sohnes seinem Vater gegenüber?
  Kehlmann, Daniel, Die Vermessung der Welt, Hamburg 2005, S. 7 ff.
- Gestalten Ihrer Meinung nach Erich Hackl und Jurek Becker ihre Figuren Frau Balboa bzw. Ludwig nach Rollenklischees?
  Hackl, Erich, Auroras Anlass. Erzählung, Zürich 1989, S.15 ff.
  Becker, Jurek, Amanda herzlos, Frankfurt/M. 1992, S. 9 ff.

Texte mit Teillösungen

Der Verlust (1981) | Siegfried Lenz

Im Roman hat die Hauptfigur Uli nach einem Schlaganfall enorme Verständigungsprobleme, weil das Sprachzentrum im Gehirn betroffen ist. In dem folgenden Textausschnitt befinden sich Freunde und der Arzt an seinem Bett im Krankenhaus.

Thema:

Untersuchen Sie den Textauszug in Bezug auf seine erzählerischen Elemente.

■ Lösungsvorschlag (mit Markierungen und Randnotizen)

Plötzlich waren sie still. Dicht zusammenstehend winkelten sie tiefer übers Bett ab, näher an Uli heran, der offensichtlich jetzt an der Reihe war, von dem sie jetzt etwas erwarteten, ein Wort, eine Regung, ein Signal, das ihnen nicht entgehen durfte. Die Schatten ihrer Körper flossen über dem Bett zusammen; als ob sie ihre Bewegungen aufeinander abgestimmt hätten, verhielten sie sich fordernd und aufnahmebereit.

Erzählbericht – auktorial, u. U. personal

Sollte Uli sie mit einem Wort entschädigen? Konnten sie sich nicht abfinden mit seiner Stummheit?

erlebte Rede – personal

Der Anspruch, der in der Art ihres Lauschens lag, war unübersehbar. Unter ihrer vereinigten Erwartung schien Uli kleiner zu werden, in sich hineinzuschmelzen, ein schwacher Ausdruck von Furcht zeigte sich auf seinem Gesicht, er legte die gute Hand schützend auf die Brust.

auktorial

Und wie immer, wenn er sich bedrängt fühlte, verschlug es ihn nach Hause, auf den zugigen Hof der Netzfabrik, wo an einzementierten Pfosten das imprägnierte Garn hing sowie Reusen und Stell- und Schleppnetze, durch die pfeifend der Wind ging, und er fand sich im Zentrum des Bildes, wie an jenem Sonntagabend, als die Flußbande – Jungen, die mehrere Jahre älter waren als er – ihn und seine Freunde überfiel und davonjagte bis auf ihn selbst, und um ihn zu fangen, hoben sie die knisternden Flügel neuer Netze von den Pfosten und kamen auf ihn zu, drängten ihn, einen Bogen schlagend, zum Fluß hinab, höhnisch und gemessen und ihres Erfolgs sicher, schnürten sie ihn derart ein, daß ihm nichts anderes übrigblieb, als nach vorn zu stürmen und sich ins Netz zu werfen, das ihn auffing und unter mehreren Lagen gefangensetzte.

Rückblende personal, u. U. allwissender Erzähler, also auktorial

Die gute Hand hob sich und sichelte langsam knapp über der Bettdecke. Ulis Lippen zitterten, seine Beine streckten sich, als suchten sie nach einem Widerstand zum Absprung.

auktorial

Nu komm schon, Uli, das kann doch nicht sein, nu sag schon ein Wort.

direkte Rede (im Raum wohl nicht hörbar), → innerer Monolog eines Besuchers

Er spürte ihr Verlangen, er fühlte, daß sie sich nicht zufriedengeben wollten mit seiner Sprachlosigkeit. Noch während er erwog, sich einfach wegzudrehen und so ihren Blicken und Forderungen zu entgehen, fing Johannes seine sichelnde Hand ab, zwang sie zur Ruhe und sagte gutmütig:

evtl. personal/aber stärkerer Eindruck der Beobachtung von außen: auktorial

Wir sind unter uns, Uli, du brauchst dich nicht zu schämen, brauchst dich nicht zu verstecken.

direkte Rede (im Raum hörbar)

Die andern nickten, und Uli sah fragend zu ihnen auf und besann sich da (offenbar) und suchte nach einer Entscheidung, und auf einmal glaubten die Männer zu erkennen, daß er sich ihnen zuliebe konzentrierte und nur noch von einer einzigen Absicht beherrscht war: von dem Vorsatz, etwas zu sagen. Nun probier doch, Uli, bring mal was rüber. (Überraschend) griff Uli nach dem Galgen und setzte sich mit einem Schwung auf.

direkte Rede (im Raum wohl nicht hörbar, s. o.)

eindeutig auktorial (Wertungen des Erzählers ◯)

Ah, wie es dröhnt und rauscht, ihr müßt es doch hören, das stürzende Wasser, nein, das meine ich nicht, aber die Freude, damit ihr seht, was Freude fertigbringt, werde ich eure Namen hersagen, jeden einzeln, auch wenn es so ist, als ob ich einen Stein von ihnen wälzen müßte, denn das könnt

innerer Monolog/Bewusstseinsstrom Ulis

entweder auktorial (allwissender Erzähler kennt die Gedanken) oder personal, da aus der Sicht von Uli ihr euch nicht vorstellen, diese Schwere, dieses Gewicht, unter dem jedes Wort ruht, aber ich schaffe es, kommen Sie ruhig näher, Doktor, Ihr Sohn, nein, wie heißt es, Ihr Schüler wird gleich beweisen, was er leisten kann, Ihr williger Schüler. | Er holte Atem. Seine Lippen öffneten sich. Ein leiser Zischlaut wurde hörbar, schwoll an und endete abrupt. Wieder holte er tief Atem, verharrte – geradeso, als befürchtete er etwas, eine mögliche Panne, einen Fehllaut –, doch dann hob er ein wenig sein Gesicht und setzte an und stieß ein dunkles Gurgeln aus, das immer gepreßter wurde, sich zu einem rauhen Brummen milderte und unvermutet abriß. Ratlos sah Uli auf die Wand, ratlos und in schmerzhaftem Staunen, und während die Männer einen Blick tauschten, begann er zu schluchzen, sanft zunächst und dann so heftig, daß es seinen Oberkörper schüttelte.

auktorial

auktorial (Erzählbericht, Wertungen des Erzählers)

Lenz, Siegfried, Der Verlust, Deutscher Taschenbuch Verlag, München [2]1985, S. 108 ff.

Begründen Sie die erzähltechnischen Ergebnisse anhand der konkreten Textbelege.

Die Entdeckung der Currywurst (1993) | Uwe Timm

In der Novelle besucht der Erzähler in einem Altersheim in Harburg bei Hamburg Lena Brücker, an deren Imbissbude er früher immer Currywurst aß und von der er glaubt, sie habe dieses Rezept erfunden. Frau Brücker lässt sich Zeit bei ihrem weit ausholenden Erzählen der Vergangenheit, sodass der Ich-Erzähler, der die Geschichte der Currywurst recherchieren will, sie mehrmals besuchen und ihr geduldig bei ihren Ausflügen in die Kriegs- und Nachkriegszeit zuhören muss. Sie hat bei Kriegsende den desertierenden Soldaten Werner Bremer bei sich in der Wohnung versteckt, ihm aber die Kapitulation Deutschlands verschwiegen, um ihn noch länger für sich im Versteck behalten zu können. Bei der Einnahme Hamburgs durch englische Besatzungstruppen war sie Kantinenleiterin in der Lebensmittelbehörde, wo auch der Koch Holzinger und der Behördenleiter Dr. Fröhlich angestellt waren.

Hugo kam ins Zimmer, der Zivi mit Pferdeschwanz und goldenem Ring im Ohr, weiße Kitteljacke, schob einen kleinen Karren. Die Gummiräder quietschten auf dem grauen Kunststoffbelag. Auf der emaillierten Platte des Wagens standen Dosen, Schachteln und Fläschchen mit Salben, Tabletten, Säften.

Ah, das Altenfutter kommt, sagte Frau Brücker.

Hugo schüttete ihr drei rosa Pillen in die aufgehaltene Hand, ging in die Kochnische und holte ein Glas Wasser. Mit Hugos Hilfe halt ich mich hier, sagte sie, die wollen mich in die Pflegeabteilung abschieben. Aber ich sag immer: Ohne Herd is der Mensch nix wert. Wollte dem Hugo mal ne Currywurst machen, aber der ißt natürlich lieber Döner. Nee, sagte Hugo, wenn schon was von der Faust, dann ne Pizza.

Hugo nahm das Pullovervorderteil in die Hand: Hellbraun war der Grund, in einem Tal sammelte sich etwas Blau des Himmels, und der dunkelbraune Stamm einer Tanne strebte rechts hoch ins Blau. Klasse, sagte er, stimmt genau, wenn jetzt mehr Himmel kommt und darin die Äste der Tanne. Ich guck später noch mal rein. Hatten Sie den Curry in der Kantine? fragte ich, um sie wieder auf die Spur zu bringen.

Curry, nee, gabs doch nicht. War doch Krieg. Nee, so einfach war das nicht. Sie nahm das Strickzeug, tastete sich an den Rand, zählte die Maschen, stumm, dann ein Murmeln, 38, 39, 40, 41. Sie begann zu stricken. An dem Tag hab ich nur darauf gewartet, wieder nach Hause zu kommen. Ich zog mir den Kittel an, ging in die Kantinenküche. Holzinger wartete schon. Wir müssen heute Fisch machen, sagte er. Der Gauredner kommt auf Besuch. Will eine Durchhalterede ablassen. Holzinger hatte im *Erzherzog Johann* jahrelang als zweiter Saucenkoch gearbeitet. Und später als erster Saucenkoch auf dem Passagierschiff *Bremen*. Er muß ein begnadeter Koch gewesen sein, der heute sicherlich ein Zwei-Sterne-Restaurant betreiben würde. Holzinger wurde bei Kriegsbeginn in die Rundfunkkantine des Reichsenders Königsberg dienstverpflichtet. Der Geist braucht, hatte Goebbels gesagt, erstklassige Menus, sonst ist er einfallslos, krittelnd. Ein leerer Magen vertieft jeden Zweifel. Blähungen, Sodbrennen verstärken jeden Schatten ins Rabenschwarze. Darum müssen in den zentralen Propagandastellen gute Köche arbeiten. Kein Berufsstand ist durch gutes Essen so bestechlich wie die Arbeiter der Stirn.

Holzinger übernahm die Kantine des Reichsenders. Wenige Monate später litten mehrere Rundfunksprecher und Redakteure unter Brechdurchfall, auffälligerweise immer dann, wenn es galt, militärische Siege zu melden. Der Sieg über Frankreich wurde gefeiert, es wurde geflaggt, Marschmusik gespielt, Blumen wurden auf die Siegesallee in Berlin gestreut, der Führer nahm mit seinen kornblumenblauen Augen die Parade ab, aber der Kommentator des Reichsenders in Königsberg kniete in der Toilette und kotzte. Da das gleiche schon bei den Meldungen der Siege über Dänemark und Norwegen vorgekommen war und sich dann bei der Eroberung Kretas und Tobruks wiederholte, richtete sich der Verdacht gegen Holzinger. Niemand hatte je ein kritisches Wort aus seinem Mund gehört, was aber den Verdacht auf eine besondere Heimtücke noch verstärkte. Es gibt – ich habe sie mir vorspielen lassen – eine mitgeschnittene Radioaufnahme, in der ein Sprecher bei den Worten *unsere siegreichen Fallschirmjäger* zu würgen beginnt, nach Kreta kommt ein akustisches Loch, das Mikrofon wird vom Sprecher kurz abgeschaltet, dann folgt ein gerülpstes *erobert*, das in Kotzgeräusche mündet. Aus.

Holzinger wurde, nachdem die Besteigung des Elbrus durch siegreiche deutsche Gebirgsjäger gemeldet werden sollte, der zuständige Radiosprecher sich aber unter Magenkrämpfen auf dem Redaktionssofa wand, zur Gestapodienststelle befohlen. Er verwies auf die ihm gelieferten Lebensmittel. Salat könne er schließlich nicht keimfrei kochen, auch nicht die Buttermilch. Zudem das Wasser. Da sind, hatte Holzinger geantwortet, viele Fälle von Brechdurchfall in der Stadt. Er habe selber zusammen mit dem Sprecher unter Magenkrämpfen gelitten. Das überzeugte den Gestapobeamten. Holzinger wurde zurückgeschickt. Sollte erst einmal im Quartier bleiben und mußte sich verpflichten, über die Vernehmung zu schweigen. Er wurde von dem Sender entlassen und zur Lebensmittelbehörde in Hamburg versetzt. Niemand, auch Holzinger selbst nicht, konnte sagen, warum man ihn gerade nach Hamburg versetzt hatte. [...]

Es war der vierte Nachmittag, da wünschte Frau Brücker hinauszugehen.

Es regnet und stürmt, sagte ich.

Eben darum. Ich mag gern im Regen rumlaufen, und Hugo mag ich nicht fragen, der hat genug am Hals. Der Junge muß ja nicht noch naß werden. Weißte, was ein Stamm der Südsee-Insulaner mit seinen Alten macht? Die biegen eine Palme runter, die Alte muß sich dran festhalten, dann wird das Tau gekappt, und hui, ab gehts. Wenn die Alte noch so viel Kraft hat, sich festzuklammern, is es gut, kann sie wieder von der Palme steigen, wenn sie sich aber nicht festhalten kann, dann gehts ab in den Himmel. Hübsch, nich.

Ich fragte sie, wohin ich sie fahren solle.

Zum Dammtorbahnhof, wenns geht. Dort habe sie nämlich mal als Kind gestanden, mit der Schulklasse, und den Kaiser begrüßt, der, wenn er nach Hamburg kam, immer am Dammtor ausstieg. Heil dir im Siegerkranz, hat die Klasse gesungen, aber sie in derselben Melodie: Bratkartoffeln mit Heringsschwanz. Ihr Vater war Sozi und in der Gewerkschaft gewesen, ein Mann mit einer gewaltigen Glatze.

Sie ließ sich von mir den Regenmantel aus dem Schrank geben, einen dunkelgrünen gummierten Kleppermantel, gut fünfzig Jahre alt. Über den braunen Topfhut zog sie einen Hutschoner, eine Plastikhülle, die vorn mit zwei Bändern zugeknotet wurde. Sie tat das alles mit ruhigen, tastenden Bewegungen. So, sagte sie, jetzt kanns losgehn. Vor dem Bahnhof hielt ich, half ihr aus dem Wagen, sagte, sie müsse einen Moment warten. Ich fand erst nach einiger Zeit und dann auch noch recht weit entfernt eine Parkmöglichkeit. Ich rannte zum Bahnhof zurück, dachte, sie sei womöglich ungeduldig geworden, losgegangen und habe sich im Bahnhofsgewühl verirrt. Ich hatte einen Menschenauflauf vor Augen und in dessen Mitte wie ein verirrtes Kind Frau Brücker. Sie stand aber in ihrem flaschengrünen Regenmantel, wo ich sie abgesetzt hatte, hielt sich am Straßengitter wie an einer Schiffsreling fest und streckte das Gesicht, als hielte sie Ausschau, den Regenböen entgegen. Sie wollte unbedingt unter der Eisenbahnbrücke durchgehen, dort waren früher die Rückfenster der Bahnhofsküche, und danach sollte ich sie an der Villa in der Dammtorstraße vorbeiführen, in der früher eine Polizeiwache war, schließlich wollte sie noch zu dem Kriegerdenkmal des 76. Regiments. Ein großer Sandsteinblock, um den in Lebensgröße eine Kompanie Soldaten marschiert: Deutschland muß leben, und wenn wir sterben müssen.

Das veddelt einen doch, sagte sie.

Ich beschrieb ihr den Zustand des Denkmals, das von Pazifisten mit roten und schwarzen Farbeiern beworfen worden war. Einigen Soldaten war das Gesicht weggemeißelt worden. Ein Protest.

Versteh schon, sagte sie. Aber zwei Soldaten haben ne Pfeife im Mund. Die hab ich immer meinen Kindern gezeigt. Die andern sehen alle gleich aus. Ich ging mit ihr um das Denkmal und suchte die Soldaten mit der Pfeife. Ihre Gesichter waren unverletzt.

Gut so, sagte sie.

Sie wollte wieder zurück. Langsam gingen wir, sie hielt sich an meinem Arm fest, ohne zu reden, zum Haupteingang des Bahnhofs. Ich denke, sie wollte den Regen im Gesicht spüren, wollte von nahem die Geräusche der Stadt hören: unter der Brücke das Dröhnen der Eisenbahnräder, das Anfahren der Autos, Gesprächsfetzen, eilige Schritte, Lautsprecheransagen vom Bahnhof. Ich vermute, sie wollte an einer Stelle vorbeigehen, die in ihrem Leben eine besondere Bedeutung gehabt hatte. Ich wagte nicht, sie zu fragen. [...]

Ich fuhr sie ins Heim zurück. Sie sagte, sie sei erschöpft, heute könne sie nichts mehr erzählen. Morgen auch nicht.

Es war der Tag, an dem wir nur ein paar Sätze miteinander gesprochen hatten. Doch als wir durch den Regen gingen, wurde mir unter dem zarten Druck auf meinem Arm die Kraft deutlich, die es diese Frau gekostet hatte, ihr Leben zu leben und dabei ihre Würde zu wahren. Erst am übernächsten Tag fuhr ich wieder zu ihr nach Harburg hinüber. [...]

Zwei englische Offiziere waren in der Behörde erschienen, ein Captain und ein Major. Beide sprachen in einem Hamburger Tonfall deutsch. Sie prüften die Personalakten der leitenden Herren. Dann wurde Lena Brücker von dem Captain überprüft. Sie sind Leiterin der Kantine? Ja, aber nur ersatzweise. Waren Sie Parteimitglied? Nein. Andere Hilfsorganisationen? Nein. Der Captain wollte wissen, welche der Herren in der SA oder SS waren. Und da sagte Lena Brücker: Da fragen Sie die am besten selber. Können Sie gleich sehen, wer lügt. Der Mann verstand, lachte und sagte O.K. Der Jeep, das Corned Beef und der deutsche Landser, einfach unschlagbar. Das hatte Dr. Fröhlich gesagt. Fröhlich redete nach dem englischen Major, der nur knapp mitgeteilt hatte, man müsse die Versorgung der Bevölkerung sichern. Darum sollten zunächst einmal alle weiter an ihren Arbeitsplätzen bleiben. Und dann sprach, wie gesagt, Dr. Fröhlich, nicht in brauner Parteiuniform, nicht in Breeches, Langschäftern, sondern in einem schlichten grauen Anzug, am Revers nicht das Parteiabzeichen, sondern ein kleines Hamburger Wappen. Dr. Fröhlich sprach von dem Karren, der in den Dreck gefahren worden sei, von wem denn, fragte Lena Brücker den neben ihr sitzenden Holzinger. Na, von den braunen Würsteln. Fröhlich sprach von den gemeinsamen Mühen, diesen Karren jetzt wieder aus dem Dreck herauszuziehen, dieser Kotzbrocken, sagte Lena Brücker schon etwas lauter, Fröhlich sagte Hauruck und nochmals Hauruck, und wir müssen jetzt arbeiten bis – da hielt es Lena Brücker nicht mehr, es platzte regelrecht aus ihr heraus – laut und deutlich: zum Endsieg. Endsieg, sagte er. Er stutzte, habe ich Endsieg gesagt, nein, sagte er, Neuanfang, natürlich, und Wiederaufbau, und dann sagte er, wie er es als Bub in Bayern gelernt hatte, Grüß Gott, wollte dem englischen Major, der doch, wie Dr. Fröhlich früher gesagt hätte, zur Familie der Itzigs gehörte, die Hand reichen. Der Major übersah aber einfach die Hand, so daß Dr. Fröhlich einen Augenblick dastand, peinlich irritiert, um sodann grußlos abzutreten. Aber er trat nicht als Behördenleiter ab, jedenfalls noch nicht, er war zunächst einmal unentbehrlich, dieser kompetente Verwaltungsjurist. Erst einen Monat später wurde er abgelöst, kam in ein Internierungslager für ein Dreivierteljahr, kam dann in die Behörde zurück, zurückgestuft, wurde Personalleiter, und eine seiner ersten Handlungen sollte sein, Lena Brücker zu entlassen. Aber so weit sind wir ja noch nicht, sagte Frau Brücker. Sie hielt das Pulloverteil hoch. Die grüne Tanne breitete schon ihre Zweige in das Blau des Himmels. Es begann der Abschnitt des Pullovers, der von ihr ein häufigeres Unterbrechen erforderte, das Nachzählen, Tasten ... Inzwischen wurde auch ich einbezogen, musste sagen, wann der nächste stilisierte Zweig der Tanne kam, sie arbeitete jetzt mit drei Fäden, blau für den Himmel, grün für die Tanne und einem Hellbraun, das eine letzte Hügelkuppe hoch- und ins Blau wirkte. War das einzige Mal, daß ich inner öffentlichen Versammlung was laut gesagt hab, sagte sie. Der Holzinger meinte damals schon: Die Nazis wachsen nach wie die Fingernägel der Leichen.

Timm, Uwe, Die Entdeckung der Currywurst. Novelle, Verlag Kiepenheuer & Witsch, Köln [5]1993, S. 60 ff., 129 ff., 134 ff.; gekürzt

Thema:

Fassen Sie den Text zusammen. Leiten Sie mit einer Textvorstellung ein.

Lösungsvorschlag

In dem vorliegenden Ausschnitt aus der 1993 veröffentlichten Novelle „Die Entdeckung der Currywurst" von Uwe Timm erfährt der Ich-Erzähler als Besucher in einem Altersheim die Lebensgeschichte von Lena Brücker, die die Binnenhandlung der Novelle darstellt. In Lena Brücker glaubt der Erzähler die Entdeckerin der Currywurst gefunden zu haben. Er befragt die alte Frau über das vermutlich von ihr erfundene Rezept. Zu dieser in der Gegenwart angesiedelten Rahmenhandlung des Lebens im Altersheim gehört auch ein Gang des Ich-Erzählers mit Frau Brücker durch die Hamburger Innenstadt. Aus allen Begegnungen gehen ihre Würde und ihre Fähigkeit hervor, sich von ihrer eigenen Situation am Lebensende, aber auch von der politischen Vergangenheit Deutschlands ironisch zu distanzieren.

Lena Brücker, die einen Großteil ihrer Zeit mit dem Stricken eines bebilderten Pullovers verbringt, wird in ihrem Altenheim-Appartment von Hugo, einem Zivildienstleistenden, versorgt, der ihr, wofür sie sehr dankbar ist, eine Verlegung in die Pflegeabteilung erspart. Ihr Besucher versucht, sie nach der Medikamentenausgabe durch Hugo wieder auf sein Anliegen, die Recherchen über die Currywurst, zu bringen, indem er sie fragt, ob sie im Krieg als Kantinenleiterin über Curry verfügt habe. Sie aber bringt die Frage nach dem Gewürz zum Erzählen des Lebenslaufs von einem damaligen Arbeitskollegen, dem Koch Holzinger. Dieser hat aufgrund seiner hohen beruflichen Qualitäten eine Stellung am Reichsender in Königsberg gehabt, wo er subversiv gegen das nationalsozialistische System arbeitet. Immer wenn militärische Siegesmeldungen Deutschlands am Sender eintreffen, sorgt er durch die Zubereitung verdorbenen Essens für unbeherrschbare Erbrechensanfälle der Rundfunksprecher bei ihren Meldungen. Diese Angaben von Frau Brücker werden durch den Ich-Erzähler bestätigt, der sich einen Mitschnitt der Sendungen besorgt und deutliche Geräusche heftiger Übelkeit vernommen hat. Als Verhöre des politisch unbescholtenen Holzinger durch die Gestapo ergebnislos verlaufen, wird er nach Hamburg versetzt. Bei einem weiteren Besuch des Erzählers, bei dem die Rücksichtnahme der alten Frau gegenüber Hugo und ihre gelassene Einstellung zu Alter und Tod deutlich werden, äußert sie den Wunsch nach einem Gang durch Hamburgs Innenstadt, der für sie zum Erinnerungsgang durch ihre Vergangenheit wird. Beim Wiedersehen eines durch pazifistische Demonstranten demolierten Kriegerdenkmals aus dem Ersten Weltkrieg äußert sie neben ihrer Abscheu gegenüber der Kriegsverherrlichung auch ihre Befriedigung darüber, dass die zwei Soldaten, die sie aufgrund ihrer individuellen Gestaltung als Pfeifenraucher immer ihren Kindern gezeigt habe, unzerstört sind. Sie genießt trotz aller körperlichen Anstrengung den Kontakt mit dem pulsierenden Leben der Großstadt und das hautnahe Erleben des unfreundlichen Wetters. Allerdings erlaubt ihr die Erschöpfung nicht, nach der Rückkehr ins Heim weiterzuerzählen, sodass ihr Besucher erst am übernächsten Tag wieder etwas von ihr erfährt. Die Binnenerzählung wird von Lena fortgeführt mit Erinnerungen an die Übernahme ihrer Behörde am Kriegsende durch die englischen Besatzungstruppen. Sie muss sich aufgrund ihrer Parteilosigkeit keinem Entnazifizierungsverfahren unterziehen, denunziert aber auch keine Vorgesetzten als linientreue Parteimitglieder. In ihrer Schilderung entlarvt sie den ehemaligen Behördenleiter als hemmungslosen Opportunisten, indem sie seine Redensarten und Parolen wiedergibt, und sie erinnert sich, wie sie ihn bei der Behördenübernahme durch die Engländer mit einem laut geäußerten Zwischenruf in seinem alten nationalsozialistischen Vokabular völlig aus dem Gleichgewicht brachte. Diese erste und einzige öffentliche Äußerung in Lenas Leben ist damals Monate später, als der Behördenchef aus der englischen Internierung zurück ist, die Ursache für ihre Entlassung. Nach diesen Ausführungen wendet sich Lena Brückers Aufmerksamkeit wieder ausschließlich ihrem Strickzeug zu, dem Symbol des Lebens; sie zitiert aber noch ihren Kollegen Holzinger mit dessen damaliger Prognose über die Unausrottbarkeit der Nationalsozialisten.

Thema:
Welche Einstellung gibt der Autor Uwe Timm seiner Figur Lena Brücker zu ihrem eigenen Alter und zur Vergangenheit Deutschlands und wie gestaltet er diese Einstellungen sprachlich-stilistisch?

Lösungsvorschlag

Lena Brückers Haltung zu ihrem eigenen Alter ist einerseits von gelassener Würde, Klaglosigkeit und rücksichtsvoller Dankbarkeit für ihren Helfer Hugo geprägt und andererseits von ironischer Distanzierung gegenüber der deutschen Geschichte und der nationalsozialistischen Vergangenheit.

Lena redet eine **volkstümliche Sprache**, die treffsicher und pointiert die Dinge beim Namen nennt. „Altenfutter" (Z. 7) sind für sie die zahlreichen notwendigen Medikamente; mit dem **Sprichwort** „Ohne Herd is der Mensch nix wert" (Z. 12 f.) begründet sie ihren Wunsch nach möglichst langer Selbstständigkeit auch im Alter. Die **dialektgefärbte** Bemerkung „War das einzige Mal, dass ich inner öffentlichen Versammlung was laut gesagt hab" (Z. 231 f.) betont auf der einen Seite den Stellenwert einer mutigen Aktion, übt aber vielleicht auch Selbstkritik, weil sie oft geschwiegen hat, wo man hätte Einspruch erheben müssen. Ihre Beurteilung der nationalsozialistischen Ideologie ist zweifelsfrei aus den **abwertenden Begriffen** „braune Würstel" (Z. 127 f.) oder „Kotzbrocken" (Z. 200) für Menschen dieser politischen Richtung abzulesen oder auch daran, dass sie vom Gauleiter sagt, er wolle eine „Durchhalterede ablassen" (Z. 33 f.). Der **despektierliche Ton** gegenüber der Obrigkeit ist ebenfalls deutlich, wenn sie sich erinnert, als Kind mit dem **parodistischen Text** „Bratkartoffeln mit Heringsschwanz" (Z. 110) den Begrüßungschor für den Kaiser **verfremdet** zu haben. Ihre Stärke und Ungebrochenheit charakterisiert Timm mit entsprechenden **Attributen** und **Tätigkeitsangaben**: „Ruhig, tastend" (Z. 118) sind ihre fast blinden Bewegungen. „Sie wollte" (Z. 131 f., 136, 152, 159) wiederholt er mehrmals anaphorisch, um ihre klaren Zielvorstellungen auszudrücken. „Sie hielt sich am Straßengitter wie an einer Schiffsreling fest" (Z. 129 f.), notiert der Erzähler in einem Vergleich und Timm vermittelt so den Eindruck eines Steuermanns, der sein Schiff auch bei schwerem Seegang nicht verlässt. Frau Brücker übt „zarten Druck" (Z. 168) auf den Arm des Begleiters aus, aus dem er ihre Kraft und eine Würde abliest, die sie in allem Lebenskampf bewahrt hat.

Lena Brücker wird von Timm als jemand gestaltet, dessen Sache nicht die großen Worte sind. Er gibt ihr eine **knappe Sprache**, die mit wenig Worten auskommt, was auch gut zu ihrer Klaglosigkeit den Beschwernissen des Alters gegenüber passt. „Gut so" (Z. 151), lautet ihr Kommentar, dass die Soldaten, die sie aufgrund ihrer zivilen Individualität geschätzt hat, unzerstört sind. „Versteh schon" (Z. 146), reagiert sie auf die Mitteilung von den Demolierungen des Kriegerdenkmals. Und schließlich reicht auch der **elliptische Zwischenruf** „Endsieg" (Z. 204 f.), Dr. Fröhlich als Blatt im Wind zu entlarven, der mit den Vokabeln der jeweiligen Machthaber die Meinung austauscht. „[...] von wem denn" (Z. 196), spottet Lena in einer **rhetorischen Frage**, als Dr. Fröhlich nach denen fragt, die den Karren in den Dreck gefahren haben, und sie antwortet ebenfalls elliptisch gleich selbst: „Na, von den braunen Würsteln" (Z. 196 f.). „War doch Krieg" (Z. 25), entgegnet sie auf die Frage nach dem Curry und fährt fort: „Nee, so einfach war das nicht." (Z. 25 f.) „Eben darum" (Z. 94), entgegnet sie dem Einwand, dass es regne und fügt an: „Ich mag gern im Regen rumlaufen" (Z. 94). Auch als sie die berufliche Laufbahn Holzingers referiert (vgl. Z. 34 ff.), reiht sie ihre Äußerungen **parataktisch** und oft **elliptisch** aneinander und konzentriert die Sprache so auf für sie Wesentliches.
Timm lässt sie am **Beispiel** eines Südseebrauchs verdeutlichen, dass das Sterben für sie zu den akzeptierten Lebensgegebenheiten gehört, und mit der elliptischen rhetorischen Frage „Hübsch nich" (Z. 103) relativiert sie die Grausamkeit des von ihr erzählten Brauchs der Aussonderung von Schwachen. Noch aber zeigt sie sich imstande, am Leben teilzuhaben, wie Timms viermalige **anaphorische Reihung** „sie wollte" deutlich ausdrückt. Unübersehbar ist ihre **Ironie**, wenn sie von den „kornblumenblauen Augen" (Z. 56 f.) des Führers redet, der unter Marschmusik, Blumenstreuen und Flaggenschmuck die Parade abnimmt, und dann solche Erinnerungen nüchtern **kontrastiert**: „Aber der Kommentator des Reichsenders in Königsberg kniete in der Toilette und kotzte" (Z. 57 ff.). Genauso **antithetisch** und ernüchternd stehen sich ebenfalls die Vokabeln „Endsieg" und „Neuanfang" (Z. 205 f.) in ihrer Erzählung gegenüber. In der **Metapher** vom „Kotzbrocken" (Z. 200) schließlich, mit der der ehemalige Chef benannt wird, wird die Verbindung zu dem hergestellt, woran der listige Holzinger die Radiosprecher bei ihren

Siegesmeldungen scheitern ließ. Der „Kotzbrocken" erfährt auch deshalb eine so eindeutige Abwertung, weil es Lena aufregt, wie sich schon allein in der Kleidung aus der nationalsozialistischen Zeit aller militärische Ungeist ausdrückt (braune Parteiuniform, Breeches, Langschäfter, Parteiabzeichen). Sie steht in **antithetischem** Verhältnis zu Fröhlichs Aufmachung beim Besuch der Alliierten (schlichter grauer Anzug, kleines Hamburger Wappen) und wird so zum **Symbol** des Wendehalses. Große Bedeutung kommt schließlich dem **Motiv** des Strickens zu, wobei im Baum ein Symbol vervollständigt wird, das sowohl für das Leben und Erzählen Lenas, vielleicht aber auch als Symbol des weiterwachsenden Nationalsozialismus verstanden werden könnte, zumal Frau Brücker Holzinger mit dem **Vergleich** zitiert: „Die Nazis wachsen nach wie die Fingernägel der Leichen" (Z. 233 f.).

So lassen sich in der Wortwahl, im Satzbau und bei den rhetorischen Mitteln Belege für die Einstellungen Lena Brückers finden, sodass die anfänglichen Behauptungen mithilfe sprachlicher Befunde erhärtet werden können.

Grenzen Sie die inhaltlichen Einbindungen von den Interpretationsansätzen ab.

Thema:
Gestaltet Uwe Timm Lena Brücker in ihrem Umgang mit der Vergangenheit eher als Individuum oder als typisierte alte Frau?

Lösungsvorschlag

Geordnete Stoffsammlung für eine literarische Stellungnahme

Konzept einer Thesenargumentation
- Altersbedingte körperliche Einschränkungen
- Medikamentenbedarf
- Wohnsituation im Heim
- Hohe Bedeutung der Vergangenheit

Konzept einer Antithesenargumentation
- Lebensmut, Zufriedenheit, fehlende Wehleidigkeit
- Ironische Haltung und Sprache
- Verständnisvolle Einstellung zur Jugend
- Kritische Haltung gegenüber staatlicher Obrigkeit und politischem Opportunismus
- Anerkennung der deutschen Kriegsschuld
- Nüchterne Sicht der eigenen Leistung und des eigenen Versagens in der Vergangenheit

Konzept einer Synthesenargumentation
- Vergleich der Figur mit alten Menschen in anderen literarischen Werken
- Historische Veränderung im Selbstbild und in der Wahrnehmung älterer Menschen
- Problematisierung der Begriffe „Typik" und „Individualität"
- Möglichkeiten und Grenzen literarischer Vergangenheitsbewältigung
- Einordnung in die Gesamtaussageabsicht des Autors

Hinweise
- Die **Synthesenargumentation** ist abhängig vom Erfahrungshorizont des Lesers, von seiner Lese- und Interpretationskompetenz und von seiner Kenntnis des Gesamtwerkes/der Problematik eines Erzählausschnitts.
- Für eine **Synthese** ungeeignet und in Bezug auf eine fiktive Figur problematisch sind vorschnelle persönliche Wertungen oder reine moralische Appelle, weil der Autor die Figur immer gemäß einer bestimmten Erzählabsicht so und nicht anders gestaltet (erfunden) hat.

Formulieren Sie mithilfe des Konzeptes eine literarische Stellungnahme.

Freigang (1990) | Ulrich Woelk

Der Autor des Romans, geboren 1960, ist in Köln aufgewachsen und hat in Tübingen studiert. Heute arbeitet er als Astrophysiker in Berlin. Im Roman erzählt Woelk die Lebens- und Leidensgeschichte des jungen Physikers Frank Zweig, der sich nach einem Nervenzusammenbruch – er behauptet, seinen Vater ermordet zu haben – in einer psychiatrischen Klinik befindet. In Form von biografischen Notizen setzt er sich mit seinem Lebensweg auseinander. Seine Erinnerungen gehen dabei auch in seine Kindheit zurück, als er sich zusammen mit seinem Freund für Abenteuer und Abenteuergeschichten begeisterte. Dabei sahen die Jungen in alltäglichen Vorkommnissen bevorzugt verborgene Kriminalfälle. Diese Verbrechen klärten sie in ihrer Fantasie auf.

[…] Manchmal lösten wir drei oder gar vier solcher Fälle pro Tag. Wir recherchierten in Waldlichtungen, in Rohbauten, an Bahndämmen, in Parkhäusern und an Baggerseeböschungen, in Baumkronen und Kornfeldern. Weder an Tatorten noch an Taten mangelte es, nur das Ende des Tageslichts zwang uns, die Ermittlungen einzustellen und mit den Rädern nach Hause zu fahren. Noch auf den letzten Metern knobelte ich an der Zuordnung der Indizien, noch wenn ich die Einfahrt passierte und das Rad abstellte, entwirrte ich die Schliche der unsichtbaren Gegner. Erst die Haustür war für das Abenteuer undurchlässig.
Ich versuchte es im Keller und auf dem Dachboden, im Garten und der Garage, in der Waschküche und in meinem Zimmer. Jede Ecke war bekannt, die sauber geschichteten Zeitungen in der hinteren Hälfte der Garage, die in festgelegter Reihenfolge in einer Halterung baumelnden Gartenwerkzeuge daneben, die nach jedem Urlaub an dieselbe Stelle zurückfindenden Koffer auf dem Speicher, die mit Kirschen gefüllten, blitzenden Einmachgläser hinter dem Vorhang eines Kellerregals, der keiner Bewegung Widerstand entgegensetzende, unkrautfreie Rasen, der undurchdringliche, gartengerätgrüne und alles umfassende Maschenzaun.
Es war das Ende des Sommers, das die Situation zuspitzte, das mich mein Zimmer aufsuchen und freiwillig ein leeres Schulheft aufschlagen ließ, in das ich die ersten Zeilen eines Abenteuers schrieb. Es war der Versuch, mit dem Bleistift ein Loch in die isolierenden Wände zu bohren, zumindest in meinem Zimmer einen Zugang für die Entführer und Taschendiebe zu schaffen, deren Unwesen ich mit den sinkenden Außentemperaturen zunehmend vermißte. […]
Durch die Krankheit eines Lehrers bot sich mir eine Chance. Ich hatte mein Abenteuer fertiggestellt und stolz in die Schultasche gepackt, bat nun um die Erlaubnis, die Geschichte in der frei gewordenen Stunde vorlesen zu dürfen. Die Vertretungskraft war froh um die Entlastung und gab das Pult frei. Ich kam nur bis zur Hälfte, spürte die Spannung, die von dem Fall ausging, sogar ich war aufs neue gespannt. Bereits mehrere Personen waren als Täter angeboten, so beispielsweise der Vetter Herbert, dunkel und wortkarg, der plötzlich verreiste Nachbar und der Milchmann. Alle überlegten: Wer ist es? Ich überlegte auch, obwohl ich es wußte. Der gesundete Lehrer drei Tage später stand vor der Wahl Abenteuergeschichte oder Aufstand! Ich durfte lesen, was ich bisher geschafft hatte geheim zu halten, denn fast alle hatten auf den Vetter Herbert getippt, nur auf den Milchmann war keiner gekommen. Ich begann sofort eine Fortsetzung, die möglichen Geschichten standen in meinem Kopf Schlange.
Abends gab ich das Buch meinem Vater, er mußte lesen, was dreißig Kinder in Spannung versetzt und am Ende erfolgreich getäuscht hatte. Weil er stark beschäftigt war, brauchte er lange, mehrere Tage mußte ich warten. Immer wieder fragte ich, wie weit er sei, und verkürzte mir die Zeit mit den ersten Seiten meines zweiten Buches. […]
Dann endlich erhielt ich das Urteil meines Vaters: Sprachliche Mängel. Interesse für Elektronik- und Chemiebaukasten.
Die blaue Steckplatte zum Aufbau der Schaltkreise, gelocht im Zentimeterabstand, ich fädele Federchen in die im Anleitungsbuch angegebenen Löcher, klemme Drähte und Bauelemente entsprechend dem vorgezeichneten Plan, und am Ende blinkt ein Lämpchen. Auch ein Radiogerät funktioniert. Meine Freude über ein Stromleitungssuchgerät; tagelang laufe ich durch die Wohnung und fahre mit der Schaltung die Wände entlang, um unter dem Putz liegende Kabel zu entdecken; da nur stromführende Leitungen angezeigt werden, schalte ich vorher alle Lichter ein. Es folgen Fernsehdetektor, Sensorschalter und Logikbaustein. Auch in der Schule baue ich eine lange vorhandene Stärke in den entsprechenden Fächern aus, bekomme für jede Eins in Mathematik zehn Mark, erhalte als einer der drei Klassenbesten die Aufgaben zu einem Mathematikwettbewerb, sitze nachmittagelang und

rechne. Dann der Beginn der letzten drei Jahre, die Möglichkeit zu einer ersten Interessensgewichtung im Stundenplan, die daher zu treffenden Entscheidungen, die im Grunde keine sind, da mir einzig Naturwissenschaftliches wichtig ist. Die Noten beweisen die Richtigkeit meines Verhaltens, ich erlebe die Schule als einen Erfolg, der meine Wahl bestätigt. Meinen Freund verliere ich zu Beginn der letzten Jahre aus den Augen, weil die Interessen, sowohl die privaten als auch die schulischen, divergieren, er orientiert sich Richtung Kunst, malt Bilder, die mir wohl gefallen, wenn ich sie sehe, was kaum vorkommt, schon alleine die räumliche Trennung, weil der Kunst- und der naturwissenschaftliche Trakt die größte metrische Entfernung aufweisen, die die Schule zu bieten hat. Aufgrund des bisher Erlebten erscheint das Kommende wunderbar einfach: Studium der Physik in einer fremden Stadt, um zusätzlich zur Wissenschaft auch durch eine veränderte Umgebung weitergebildet zu werden. Die schwierigste Entscheidung ist die Wahl des Studienortes; ich bin durch keine Vorgabe eingeengt, Physikstudenten sind überall willkommen.

Schließlich der Umzug. Ich benutze die Gelegenheit, Regale und Schränke durchzusehen, die Bestände meines Zimmers in nützlich, unnütz und unentschieden zu katalogisieren, wobei ich den Nutzwert in bezug auf meinen neuen Lebensabschnitt berechne, also beispielsweise die alten Physik-Schulbücher für nützlich halte, wohingegen erworbene Sportabzeichen in die Sparte „nutzlos“ fallen. Unter anderem: meine Abenteuergeschichten. Anderthalb sind es, stelle ich fest, überfliege einzelne Stellen, erinnere mich an manche Momente ihrer Entstehung, lege sie auf den unentschiedenen Stoß, weil ich sie niemals wegwerfen würde. Schließlich sind alle Dinge sortiert, den unnützen Stapel befördere ich in die Mülltonne, den nützlichen in die Umzugskisten, der unentschiedene kommt in ein nußbaumfurniertes Schränkchen, in dem auch meine ersten Zeichnungen aus dem Kindergarten aufbewahrt sind. Der Aufbruch zum Studium ist kein Abschied, weil ich keine emotionale Bindung an mein bisheriges Leben und seine Umstände habe.

Die Autofahrt zum ersten Semester im 2CV: Freude auf das elterlicherseits gepriesene Studentenleben, Neugier auch auf einige Bände Philosophisches im Reisegepäck, weil ich mir überlegt habe, daß vollständige physikalische Kenntnis ein Grundwissen in Philosopie einschließt.

Das Wissen, in einem ungleichen größeren Maße auf mich allein gestellt zu sein als früher, bleibt abstrakt; ich habe weder ein Endlich-frei!-Gefühl, noch Angst vor dem Fehlen einer stets verfügbaren Schutzinstanz. Im Grunde: Ich nehme mein Leben mehr wahr, als daß ich es gestalte, denn auch daß ich in einer fremden Stadt studieren würde, stand zu Hause nie in Frage.

Schließlich die Autobahnabfahrt, die letzten Kilometer Auf und Ab durch bewaldete Landstriche; Tübingen.

Woelk, Ulrich, Freigang. Roman, Deutscher Taschenbuch Verlag, München 2005, S. 140 ff., gekürzt

Thema:

Charakterisieren Sie den Ich-Erzähler. Berücksichtigen Sie dabei auch die sprachlich-stilistische Gestaltung.

■ Lösungsvorschlag

Ulrich Woelk geht es darum, seine Figur Frank als jemanden zu kennzeichnen, dessen Kreativität von häuslichen Umständen und elterlichen Vorgaben unterdrückt wird. Gleichzeitig greift ein raffiniertes System, mithilfe dessen ebenfalls vorhandene intellektuelle naturwissenschaftliche Begabungen einseitig gefördert werden. Die schon in seiner Kindheit feststellbare Ausdauer und Energie werden umgelenkt und sorgen für schulische Erfolge, aber auch für den unübersehbaren Verlust menschlicher Kontakte und Emotionen.

Deutlich unterscheiden sich hinsichtlich der Wortwahl die Wortfelder der kreativen Phase des Ich-Erzählers von denen der Jahre naturwissenschaftlicher Prägung: So sind die Orte kindlicher Abenteuerlust, an denen erfundene Kriminalfälle mit dem Freund angesiedelt werden, „in Waldlichtungen, in Rohbauten, an Bahndämmen, in Parkhäusern und an Baggerseeböschungen, in Baumkronen und Kornfeldern“ (Z. 2 ff.). Hier zeigt sich die Kreativität und schier grenzenlose Fantasie des Ich-Erzählers. Die Beispiele für kriminalistische Begriffe wie „Tatorte“, „Indizien“, „Fälle“ (Z. 8 ff.) sind die antithetischen Gegenpole zu den später entscheidenden Begriffen „Steckplatte“, „Schaltkreise“, „Anleitungsbuch“, „Stromleitungssuchgerät“ (Z. 66 ff.) und den Fachbegriffen aus der Technik wie „Fernsehdetektor, Sensorschalter und Logikbaustein“ (Z. 77 f.). Sie kennzeichnen den eher rationalen, nüchternen Jugendlichen mit seinen geänderten Interessen.

Schon in der Kinderzeit ist das elterliche Haus seiner Fantasie nicht förderlich. In seiner Erinnerung verbindet sich eine übertriebene Ordnungsliebe mit seinem Zuhause, wenn die Rede ist von „sauber geschichteten Zeitungen", den in einer „festgelegten Reihenfolge in einer Halterung baumelnden Gartenwerkzeuge[n]", von „unkrautfreie[m] Rasen", dem „alles umfassende[n] Maschenzaun" (Z. 15 ff.). In diesem sterilen Umfeld fühlt sich Frank nicht wirklich wohl. Trotzdem übertragen sich diese Ordnungsvorstellungen auf den jungen Erwachsenen, der vor seinem Umzug in die Universitätsstadt seine Sachen aussortiert, wobei er so vorgeht, „die Bestände [seines] Zimmers in nützlich, unnütz und unentschieden zu katalogisieren" (Z. 106 ff.).

Dabei fällt auf, dass irgendwie die Kinderzeit weiterwirkt, weil er die Abenteuergeschichten „niemals wegwerfen würde" (Z. 117), obwohl er gleichzeitig betont, „keine emotionale Bindung" an sein bisheriges Leben zu haben (Z. 124). Diese ausdrückliche Verneinung macht den Leser hier ebenso misstrauisch wie die an der Stelle, wo Frank nachdrücklich von seiner naturwissenschaftlichen Spezialisierung und den damit zusammenhängenden Entscheidungen Folgendes behauptet: „Entscheidungen, die im Grunde keine sind, da mir einzig Naturwissenschaftliches wichtig ist" (Z. 85 ff.). So erschließen sich Grundzüge der Persönlichkeit von Frank gerade auch über diese emphatische Aussage, die Verdrängungen signalisiert. Während „Spannung" (Z. 42), „Abenteuer" (Z. 12), „Chance" (Z. 37) emotionale, positiv konnotierte Nomen seiner Jugend sind, gilt für die Zeit des Studienbeginns „weder ein Endlich-frei!-Gefühl, noch Angst" (Z. 134). Dieser Neologismus veranschaulicht die zwiegespaltene Gefühlslage des Ich-Erzählers.

Im Bereich des Satzbaus fällt neben den bereits erwähnten Aufzählungen an wichtigen Stationen seines Lebens auf, dass die vernichtende Kritik des Vaters über die schriftstellerischen Versuche mit einer in ihrer Knappheit besonders einprägsamen Ellipse hervorgehoben ist: „Sprachliche Mängel." (Z. 64). Dieser Ellipse folgt direkt eine weitere, wodurch der Bruch im Leben Franks besonders markiert wird, weil die Dinge ohne Zusammenhang nebeneinanderstehen: „Interesse für Elektronik- und Chemiebaukasten" (Z. 64 f.). Auch wenn der Leser nichts über die Gefühle des Jungen Frank erfährt, so wird doch deutlich, dass er seine Entscheidung aus rein rationalen Erwägungen zieht. Auch im weiteren Textverlauf dient die Methode der elliptischen Betonung dazu, Lebensstationen sehr sachlich herauszuheben: „Schließlich der Umzug" (Z. 105) „Schließlich die Autobahnabfahrt [...]; Tübingen" (Z. 140 ff.), wobei die Vorliebe für das Adverb „schließlich" auffällt, das im Sinne einer Schlussfolgerung logische Konsequenzen angibt. Aber auch Hypotaxen haben ihren Stellenwert, vor allem dort, wo komplizierte Zusammenhänge gespiegelt werden. Fast scheint es, als entspräche die Komplexität der Konstruktion einer Verschleierungstaktik besonders an der Stelle seiner Erinnerung, wo die Trennung von seinem Freund zur Sprache kommt, die mit seiner Umorientierung zusammenhängt: „Meinen Freund verliere ich zu Beginn der letzten Jahre aus den Augen, weil die Interessen, sowohl die privaten als auch die schulischen, divergieren, er orientiert sich Richtung Kunst, malt Bilder, die mir wohl gefallen, wenn ich sie sehe, was kaum vorkommt, schon allein die räumliche Trennung, weil der Kunst- und der naturwissenschaftliche Trakt die größte metrische Entfernung aufweisen, die die Schule zu bieten hat" (Z. 89 ff.). Diese „größte" Entfernung – als Superlativ formuliert – liegt nun auch zwischen seinen eigenen künstlerischen Neigungen früher und seiner jetzigen Lebensorientierung: Er hat sich von sich entfernt, ist sich fremd geworden.

Früher galt: „[...] die möglichen Geschichten standen in meinem Kopf Schlange" (Z. 54 f.); diese Metapher drückt die schier unerschöpfliche erzählerische Fantasie des Jungen aus, der die lieblose Kritik des Vaters abrupt Einhalt gebietet, sodass die Aufräumaktion vor Studienbeginn nur „[a]nderthalb" Abenteuergeschichten zutage fördert (Z.113 f.), was beim sonstigen Durchhaltevermögen des Jungen durchaus auffällig ist. Auch schon die kriminalistischen Aktivitäten beweisen Ausdauer. Anaphorisch heißt es: „Noch auf den letzten Metern, [...] noch wenn ich die Einfahrt passierte", werden Fälle gelöst (Z. 8 ff.). Der gewandelten Situation nach dem Wendepunkt im Leben des Ich-Erzählers tragen Antithesen Rechnung, von denen die Gegenüberstellung „nützlich" und „nutzlos" (vgl. Z. 107 ff.) besonders aufschlussreich ist, weil diese Kategorien eben der Kunst bzw. der Literatur nicht angemessen sind, was sich auch in dem Ausweg „unentschiedenen Stoß (Z. 116) ausdrückt. Symbolische Bedeutung kommt vielleicht der Verwahrung der alten Abenteuergeschichten in einem „nußbaumfurnierte[n] Schränkchen" (Z. 120 f.) zu, das die Funktion eines „Schatzkästchens" bekommt, womit die Anknüpfung an die Phase der Fantasie geleistet wird, im Verborgenen immer noch vorhanden, aber eben aufgeräumt, eingesperrt. Damit fehlen Frank auch die Möglichkeiten, „mit dem Bleistift ein Loch in die isolierenden Wände zu bohren"(Z. 30 f.). Diese Metapher veranschaulicht eine insgesamt schwierige Situation, vor allem vor dem Hintergrund einer sehr distanzierten Beziehung zum Elternhaus.

Im „Auf und Ab" (Z. 141) der Fahrt nach Tübingen drückt sich somit symbolisch der Lebensweg Franks aus, dessen Persönlichkeit entscheidend von der Umpolung in der Jugendzeit geprägt ist. Die Aussageabsichten des Autors hinsichtlich der Persönlichkeit seines Ich-Erzählers lassen sich also zweifelsfrei an der vorliegenden sprachlichen Gestaltung ablesen bzw. belegen.

1. Fassen Sie den Textauszug aus „Freigang" zusammen. Leiten Sie mit einer Textvorstellung ein.
2. An welchen Stellen der Charakterisierung können Sie eine zeilenübergreifende Analysetechnik erkennen? Welche Vorzüge schreiben Sie einer solchen Technik zu?
3. Was assoziieren Sie mit den Metaphern „mit dem Bleistift ein Loch in die isolierenden Wände zu bohren" (Z. 30 f.) und „die möglichen Geschichten standen in meinem Kopf Schlange" (Z. 54 f.).
4. Halten Sie die Bausteine der Charakterisierung fest (Fachwort, Belegstelle, Wirkungsakzent, inhaltliche Einbindung, Interpretation).

Auf der beigefügten CD finden Sie zusätzlich folgende Texte mit Teillösungen:
- „Furcht" von Marlen Haushofer
- „Jugend ohne Gott" von Ödön von Horváth (Romanauszug)
- „Schlaflose Tage" von Jurek Becker (Romanauszug)

Übungstexte mit Arbeitsaufträgen
Beispiel für auktoriale Erzählperspektive

Abschied von Sidonie (1989) | Erich Hackl

Die Erzählung schildert den authentischen Fall des Zigeunermädchens Sidonie Adlersburg, das seinen Pflegeeltern Josefa und Hans gegen deren erbitterten Widerstand weggenommen und von der Fürsorgerin Grimm fortgebracht wird. Das Kind kommt später im KZ um.

Grimm stieg beim nächsten Halt, in Neuzeug, zu. Sie trug einen schweren Herrenmantel, den sie gar nicht erst auszog, und legte ihren schmalen Pappkoffer neben sich auf die Sitzbank. Die Frauen taten sich schwer, miteinander ins Gespräch zu kommen. Die Fürsorgerin wich Josefas Blicken aus, hüstelte mehrmals und zeigte sich unerwartet interessiert an allem, was vor dem Fenster an ihnen vorbeizog, Fluß, Aulandschaft, die Werkhallen Unterhimmels.

Dann standen sie, immer noch schweigend, im Wartesaal des Steyrer Bahnhofs. Endlich fuhr der Zug nach Linz auf dem Bahnsteig ein, zielstrebig steuerte Grimm einen Wagen an. Josefa zog Sidonie hinter sich her. Sie stiegen auf die Plattform, folgten der Fürsorgerin durch den Mittelgang, ein leeres Abteil, Grimm verstaute ihren Koffer im Gepäcknetz. Josefa schob den Rucksack hinterher, während sich die andere niedersetzte, auch jetzt wieder, ohne den Mantel auszuziehen.

Das ist die Stelle, an der sich der Chronist nicht länger hinter Fakten und Mutmaßungen verbergen kann. An der er seine ohnmächtige Wut hinausschreien möchte. Sidonies Ahnungslosigkeit. Ihre plötzliche Furcht. Wie sie sich halb umdreht und an Josefa klammert. Deren Tränen. Sidonies Tränen. Josefas hilfloser Versuch, das Mädchen zu trösten. Du mußt tapfer sein, Sidi. Ich will nicht zu dieser Frau fahren. Du mußt. Ich will bei dir bleiben. Das geht nicht. Du mußt mitfahren. Ich kann nicht. Ich komm zurück. Wir vergessen dich nicht. Grüß alle schön von mir. Wein nicht. Ich wein ja gar nicht. Es wird alles gut. Draußen plärrte der Lautsprecher. Gehn Sie, schrie Grimm und packte Sidonie am Arm. Gehen Sie endlich! Es gelang Josefa, sich loszumachen, sie lief durch den Wagen, das Weinen des Kindes immer lauter, steckte die Finger in die Ohren, gellender Schrei, kaum stand sie unten auf dem Bahnsteig, ruckte der Zug an, weißes Taschentuch, kleine Hand, sie winkte nicht zurück. Wie Cäcilia Grimm Jahrzehnte später berichtete, habe sich das Mädchen bald beruhigt, zurückgesetzt und leise auf ihre Puppe eingeredet. Die lange Bahnfahrt sei ohne Zwischenfälle verlaufen. Die längste Zeit seien sie und das Kind allein im Abteil gewesen.

Hackl, Erich, Abschied von Sidonie. Erzählung, Diogenes Verlag, Zürich 1989, S. 100 f.

1. Erläutern Sie Merkmale des auktorialen Erzählens anhand konkreter Textbelege.
2. Auf welche Weise wird das Erzählen thematisiert?

Auf der beigefügten CD finden Sie als zusätzliches Übungsmaterial einen Auszug aus der Erzählung „Leben des vergnügten Schulmeisterleins Maria Wutz in Auenthal" von Jean Paul.

Beispiel für Ich-Perspektive

Als wir träumten (2006) | Clemens Meyer

Der Roman erzählt von Rico, Mark, Paul und Daniel, die im Leipzig der Nachwendejahre in einem Viertel, dessen Mittelpunkt die Brauerei ist, aufwachsen. Sie feiern, randalieren, schlagen die Zeit tot und sind auf der Flucht vor der Zukunft. Alle ihre Fluchtversuche enden auf dem Polizeirevier.

Kinderspiele

Ich kenne einen Kinderreim. Ich summe ihn vor mich hin, wenn alles anfängt, in meinem Kopf verrückt zu spielen. Ich glaube, wir haben ihn gesungen, wenn wir auf Kreidevierecken herumsprangen, aber vielleicht habe ich ihn mir selbst ausgedacht oder nur geträumt. Manchmal bewege ich die Lippen und spreche ihn stumm, manchmal fange ich einfach an zu summen und merke es nicht mal, weil die Erinnerungen in meinem Kopf tanzen, nein, nicht irgendwelche, die an die Zeit nach der großen Wende, die Jahre, in denen wir – Kontakt aufnahmen?

Kontakt zu den bunten Autos und zu Holsten Pilsener und Jägermeister. Wir waren um die fünfzehn damals, und Holsten Pilsener war zu herb, und so soffen wir meistens nationalbewusst. Leipziger Premium Pils. Das war auch preiswerter, denn wir bezogen es direkt vom Hof der Brauerei. Meistens nachts. Die Leipziger Premium Pilsner Brauerei war der Mittelpunkt unseres Viertels und unseres Lebens. Der Ursprung durchsoffener Nächte auf dem Vorstadtfriedhof, endloser Zerstörungsorgien und Tänze auf Autodächern während der Bockbiersaison.

Die Original Leipziger Brauereiabfüllung war eine Art blonder Flaschengeist für uns, der uns sanft an den Haaren packte und über Mauern hob, Autos in Flugmaschinen verwandelte, uns seinen Teppich lieh, auf dem wir davonflogen und den Bullen auf die Köpfe spuckten. Doch meistens endeten diese seltsam traumartigen Flugnächte mit einer Landung in der Ausnüchterungszelle oder auf dem Flur des Polizeireviers Südost, mit Handschellen an die Heizung gekettet.

Als wir Kinder waren (ist man mit fünfzehn auch noch Kind? Vielleicht waren wir es nicht mehr, als wir das erste Mal vorm Richter standen, der meistens eine Frau war, oder als sie uns das erste Mal nachts nach Hause brachten und wir am nächsten Tag zur Schule gingen, oder auch nicht, und die Abdrücke der verfluchten 8 noch an unseren dünnen Handgelenken hatten), als wir liebe Kinder waren, war der Mittelpunkt des Viertels für uns der große „Volkseigene Betrieb Duroplastspielwaren und Stempelsortimente", aus dem uns ein ansonsten unbedeutender Klassenkamerad, über seine Stempelkissen herstellende Mutter, Stempel und kleine Autos besorgte, weshalb er von uns keine Dresche und manchmal ein paar Groschen bekam. Der große VEB ging 1991 Pleite, und das Gebäude wurde weggerissen, und die Mutter des kleinen Stempel- und Modellautohehlers wurde nach zwanzig Jahren arbeitslos und erhängte sich auf dem Außenklo, weshalb der unbedeutende Junge von uns auch weiterhin keine Dresche und manchmal ein paar Groschen bekam. Jetzt steht dort ein Aldi, und ich könnte mir dort billig Bier oder Spaghetti kaufen.

Meyer, Clemens, Als wir träumten. Roman, Fischer Taschenbuch Verlag, Frankfurt/M. 2007, S. 7 f.

1. Unterscheiden Sie im Textauszug zwischen Passagen eines erlebenden und eines erinnernden Ich.
2. Wie wirkt die Ich- bzw. Wir-Perspektive auf den Leser?

Auf der beigefügten CD finden Sie als zusätzliches Übungsmaterial einen Auszug aus dem Roman „Die schwangere Madonna" von Peter Henisch.

Beispiel für die personale Erzählperspektive

Collin (1979) | Stefan Heym

Der Roman spielt in der ehemaligen DDR. Er beginnt mit der Einlieferung des Schriftstellers Collin ins Krankenhaus.

Infarkt, dachte er. Wenn ich jetzt die Besinnung verliere, ist es aus.

Und dann diese Dunkelheit, nicht einmal das Nachtlicht brannte; wozu liege ich hier, wenn sie einen allein lassen gerade in einem solchen Moment. Dabei habe ich der Doktor Roth noch gesagt, gestern Abend: Ich gefalle mir nicht, ich weiß nicht wieso, aber ich gefalle mir nicht.

Der Schmerz drang bis in die Fingerspitzen. Collin zwang sich, den linken Arm zu heben, tastete nach der Klingel an der schwenkbaren Bettlampe, fand den Knopf. Über der Tür leuchteten Buchstaben auf, BITTE SPRECHEN.

ES GEHT MIR NICHT GUT. Aber die Worte blieben heiseres Geflüster. Es war schon wie Tod, vielleicht versuchten auch die Toten noch, zu sprechen, doch es hörte sie keiner. Er hatte den Planeten gesehen, auf dem er lebte, Satellitenfoto, ein blau schimmernder Stern, weiß umwölkt, ein Juwel Gottes, einmalig. Alles Existierende war einmalig und unwiederbringlich; nein, nicht sterben, jetzt nicht, jetzt noch nicht. „Es – geht – mir – nicht – gut."

Die eigene Stimme, endlich, aber wie sehr verändert, kaum erkennbar. Darauf aus den Wänden, elektronischer Trost: „Sofort, Herr Collin."

Der Schmerz hatte ein eigenes Wesen, war wie ein Krake, der seine Fangarme durch die Arterien schob. Der Vorgang war im Grunde einfach: Koronarokklusion, kein Sauerstoff mehr für den Muskel, Halleluja; Luise schon war daran gestorben, der Pathologe hatte ihm die Sache erklärt, wie hieß er doch, ein großer, ruhiger Mann; aber Luise hatte lange gelegen und gelitten, während bei ihm alles so plötzlich gekommen war, auf dem Botschaftsempfang, er hatte mit Botschaftsrat Nitschkin gesprochen, ich interessiere mich sehr für Literatur, Genosse Collin, hatte Nitschkin gesagt, da auf einmal dieses Flattern in der Brust und die Schwäche, er hatte sich hinsetzen müssen, ist Ihnen schlecht, Genosse Collin, hatte Nitschkin gesagt.

Warum kam die Doktor Roth nicht, oder irgendein anderer Arzt. Sofort, Herr Collin; das nannten sie sofort, in der besten Klinik des Landes, mit den modernsten Einrichtungen, hier wurde nicht gespart, dafür sorgte Gerlinger, der auch zu den Größten gerufen wurde; wenn einer abkratzte von denen, stand Gerlingers Name mit unter dem Bulletin. Solange ich mich noch ärgere, lebe ich, dachte er, und dann: atmen, tief durchatmen, und dann war ihm, als schnitte ihm einer die Luft ab.

Heym, Stefan, Collin. Roman, Fischer Taschenbuch Verlag, Frankfurt 1979, S. 5 f.

1. Wo kommt in dem Romanauszug „Collin" das personale Erzählen zum Ausdruck?
2. Wie behandelt der Autor das Thema Krankheit?

Auf der beigefügten CD finden Sie als zusätzliches Übungsmaterial einen Auszug aus der Erzählung „Die Verwandlung" von Franz Kafka.

Beispiel für die neutrale Erzählperspektive

Abgefertigt (1968) | Helga M. Novak

Bei dem Text handelt es sich um eine Kurzgeschichte.

Der Zug fährt langsam. Er schlenkert. Der Zug fährt schnell. Er fährt durch eine Schonung. Er hält neben einem leeren Bahnsteig. Ein Lautsprecher sagt, die Reisenden werden gebeten, den Zug nicht zu verlassen. Zwei Männer in Uniform gehen durch die Wagen und sagen, Paßkontrolle. Ein Mann und eine Frau, beide in Uniform, gehen durch die Wagen und sagen, füllen Sie bitte diesen Schein aus. Ein Mann in Uniform geht durch die Wagen und sagt, Ihr Visum bitte. Ein Ausländer sagt, ich habe kein Visum. Der Mann sagt, warum haben Sie kein Visum? Der Ausländer sagt, ich wußte nicht, daß. Der Mann sagt, kommen Sie bitte mit.

Der Mann in Uniform und der Ausländer gehen den Bahnsteig entlang und treten in ein Büro. Der Ausländer füllt ein Formular aus. Der Mann reißt von dem Formular einen Abschnitt ab, gibt ihn dem Ausländer und sagt, hier ist Ihr Visum. Der Ausländer geht am Zug entlang und in sein Abteil zurück. Die Reisenden blicken aus den Abteilfenstern und sehen den Ausländer an.

Zwei Männer, beide in Uniform und mit Maschinenpistole, gehen durch die Wagen und sagen laut in jedem Abteil, bitte mal heraustreten. Sie heben die Sitzbänke hoch. Sie treten mit den Füßen unter die Sitzbänke und heben die großen Koffer in den Gepäcknetzen an. Sie sagen laut, danke, und verlassen das Abteil. Sie reißen die Toilettentüren auf.

Eine Frau in Uniform geht durch die Wagen und sammelt die ausgefüllten Scheine ein. Sie sagt, gute Weiterreise.

Ein Mann in schmutziger Geländeuniform stellt sich draußen neben den Zug. Er hält einen langhaarigen Schäferhund an der Leine. Er macht ihn los. Der Hund sabbert. Er trägt einen Maulkorb. Der Mann nimmt ihm den Maulkorb ab. Der Schäferhund duckt sich.

Er kriecht unter den Zug. Er geht zwischen den Geleisen unter dem Zug entlang. Er schnüffelt. Der Mann in der Geländeuniform geht neben dem Zug her. Er stößt mit einer eisernen Stange unter den Zug. Der Hund kommt unter dem Zug hervor. Er schüttelt sich. Der Mann sagt, wirst du. Der Hund geht wieder unter den Zug.

Der Zug ist zu Ende. Ein Mann in Uniform ruft, fertig.

Der Zug fährt ab.

Der Zug fährt sehr schnell.

Er hält.

Zwei Männer in Uniform gehen durch die Wagen und sagen, Paßkontrolle. Die Dampflokomotive wird abgekoppelt.

Eine Diesellok wird angekoppelt. Ein Mädchen geht durch die Wagen. Es hat einen langen, weißen Kittel an. Auf dem Kittel steht, Innere Mission. Es trägt eine Kanne vor sich her. Es ruft, Tee, Pfefferminztee, Tee. Es fragt, sind hier noch Rentner? Sein Haar ist auf dem Hinterkopf zu einem Knoten verschlungen. Ein junger Mann ruft, ja, hier. Das Mädchen lacht. Es verschüttet Tee. Es sagt, nein, nein, nein. Der junge Mann sagt, ich habe Durst. Das Mädchen sagt, ja, es ist sehr warm heute. Es geht weiter. Es ruft Tee, Pfefferminztee, Tee.

Der Zug fährt ab. Er fährt schnell. In den Abteilen wird geschwatzt. Eine Frau sagt, Zwillinge, das finde ich süß, dabei noch zwei Buben.

Novak, Helga, Abgefertigt, in: Erzählungen seit 1960, hrsg. von Heinrich Vormweg, Reclam Verlag, Stuttgart 1983, S. 140ff.

1. Benennen Sie aussagekräftige Textbelege für das neutrale Erzählen.
2. Welches Ziel verfolgt die Autorin mit der Wahl dieser Erzählperspektive?

Beispiele für unterschiedliche Erzählweisen

Die Entdeckung der Langsamkeit (1983) | Sten Nadolny

Der spätere Polarforscher John Franklin ist die Hauptfigur des Romans. Franklin erlebt als junger Mann eine Seeschlacht mit.

„Franklin, Sie zittern ja!“

„Sir?“

„Sie zittern!“

„Aye aye Sir!“ Der hielt ihn also wohl auch für einen Quäker. Warum, wenn sie sich doch hier alle gegenseitig ihren Mut glaubten, machte man bei ihm eine Ausnahme?

Der Kapitän ging unter Deck und verkündete Nelsons Signal. Die Männer schwitzten, grinsten und jubelten. Sie wollten jetzt die großen Worte hören, sie bekamen nicht genug davon. Mit Kreide aus dem Navigationsunterricht schrieben sie auf die Kanonenrohre: BELLEROPHON – TOD ODER RUHM.

Draußen näherte sich ein französischer Zweidecker. Von drüben fiel der erste Schuß.
Irgendwer schrie im Takt etwas vor, und die anderen fielen ein. Das ganze Schiff brüllte wie ein Riese mit rasselnder Stimme: „NO FEAR OF THAT!", immer wieder, drohend und beschwörend, „NO FEAR OF THAT!" John war zumute, als gelte die Drohung ihm. Die unteren Segel wurden hochgegeit, sie hoben sich wie Vorhänge. Die Buggeschütze begannen zu feuern. Was jetzt kam, war John bekannt – Qualm, Splitter und zweierlei Schreie, die von der gemeinsamen und die von der vereinzelten Art. Und das verfluchte Zittern. John stand auf dem Achterdeck nur vier Schritte von James Cook entfernt, der auf den Schultern die Epauletten trug. Herrgott, die ließen sich doch abknöpfen! Er bot das beste Ziel!
Auf dem Boden lag ein Sterbender und flüsterte: „No fear of that!" Es war Overton, der Segelmeister. John trug ihn gemeinsam mit einem irischen Bootsmann hinunter auf jenen Tisch, in den Walford ein Jahr lang jeden Abend seine Gabel gerammt hatte. Was der Wundarzt in der Hand hielt, war kaum besser. „Ich gehe wieder zu den anderen, Mr. Overton, ich kann sie nicht allein lassen." Keine Antwort. Der schien es vorzuziehen, vor der Operation zu sterben.
Ruhig atmen! Achterdeck, Mittschiffslinie. Den starren Blick auf alles und nichts gerichtet: Übersicht. Die Franzosen hatten die Segel in Fetzen geschossen. Das feindliche Schiff lag mit seiner Backbordbreitseite direkt am Steuerbordbug der Bellerophon und schoß, was nur herausging. Jetzt kam der Enterangriff. Zweihundert Männer stürmten brüllend vom französischen Vordeck aus los, die Klingen zuckten im Licht. Da ließ die Dünung die beiden Schiffe für Sekunden auseinandertreiben, und die Stürmenden fielen in die Lücke. Sie strauchelten und verschwanden, aneinandergeklammert zu ganzen Trauben, erstaunten Blicks noch im Fallen. Nur knapp zwanzig erreichten das Vordeck der Bellerophon, man tötete sie sofort. John sah nach der anderen Richtung. Das Schiff stand jetzt von drei Seiten her unter Beschuß. James Cook fiel um. „Wir bringen Sie nach unten, Sir." „Nein, laßt mich nur ein paar Minuten ausruhen!" sprach der Kapitän. „Da!" schrie Simmonds. „Drüben im Kreuzmars!"

Nadolny, Sten, Die Entdeckung der Langsamkeit. Roman, Piper Verlag, München 1983, S. 138 f.

1. Bestimmen Sie die Erzählweise und begründen Sie Ihre Zuordnung anhand der sprachlichen Gestaltung.
2. Verändern Sie die Erzähltechnik, indem Sie zum Beispiel Erzählperspektive, Erzählweise und Redeweise wechseln.

Auroras Anlass (1987) | Erich Hackl

Die Erzählung setzt sich mit den Motiven auseinander, weshalb Aurora Rodríguez ihre Tochter tötet.

Eines Tages sah sich Aurora Rodríguez veranlaßt, ihre Tochter zu töten. Sie betrat das Schlafzimmer, entnahm dem Nachtkästchen eine Pistole, die sie vor Monaten erworben hatte, um gegebenenfalls das Leben Hildegarts zu schützen, lud die Waffe, entsicherte sie und ging ohne Zögern in das Zimmer ihrer Tochter. Sie schloß sacht die Tür hinter sich, tastete im Dunkeln nach der Lampe, die neben dem Bett auf einem niedrigen, mit Büchern und Zeitungen überladenen Tisch stand, und gab vier Schüsse ab. Die ersten beiden Projektile, die nach einem späteren Gutachten der Gerichtsmediziner tödlich waren, durchdrangen Hildegarts Herz; die zwei letzten feuerte sie aus solcher Nähe ab, daß die Haut an der rechten Schläfe verbrannte und eine Strähne des braunen, gelockten Haares ihrer Tochter versengte. Ehe sie das Zimmer wieder verließ, drehte Aurora das Licht ab und zog die Rolläden vor dem Fenster hoch. Dann steckte sie die Pistole in ihre Handtasche, kleidete sich an und ging aus der Wohnung.
Auf der Treppe begegnete ihr das Dienstmädchen, Julia Sanz, die das Haus vor einer halben Stunde verlassen hatte, um die zwei Hunde ihrer Herrschaft auszuführen. Aurora Rodríguez sagte zu der Frau, daß sie nicht mehr zurückkehren würde und daß sie, Julia, wie schon vor einigen Tagen vereinbart, die Hunde im Lauf des Vormittags Frau Carbayo Orenga zur Obhut übergeben solle. Julia Sanz maß der Äußerung der Frau keine weitere Bedeutung bei, da sie annahm, dass Aurora Rodríguez gemeinsam mit ihrer Tochter eine Reise nach Mallorca antrat, von der in den letzten Tagen oft die Rede gewesen war. Sie

fragte nur, ob die Nachbarin den Geldbetrag, der ihr für die Pflege der Tiere zustand (vier Pesetas pro Tag), schon bekommen habe. Aurora Rodríguez bejahte und streichelte die Hunde, ehe sie weiterging. Als Julia Sanz die Wohnungstür aufschloß, fiel ihr sofort der starke Geruch durch Pulver auf.
Aurora Rodríguez begab sich ohne weitere Umschweife in das Büro eines ihr gut bekannten Rechtsanwalts, dem sie ihre Tat eingestand. Der völlig überraschte Advokat, ein prominenter radikalsozialistischer Politiker, der einige Monate später das Amt des Justizministers übernehmen sollte, begleitete sie auf ihren Wunsch zum Justizpalast, wo sich Aurora Rodríguez den Behörden stellte.
Trotz gewisser Zweifel am Wahrheitsgehalt der Selbstbeschuldigung – Zweifel, die durch die allgemein bekannte enge und harmonische Beziehung zwischen Aurora und ihrer Tochter Hildegart genährt wurden – ging der Amtsrichter gemeinsam mit dem diensthabenden Polizeiarzt in die Wohnung der Frau. Dort trafen sie schon zwei Polizisten, die vom verstörten, ohne Unterlaß schluchzenden Dienstmädchen herbeigerufen worden waren.

Hackl, Erich, Auroras Anlass. Erzählung, Diogenes Verlag, Zürich 1987, S. 7ff.

1. Bestimmen und erläutern Sie anhand von Textbelegen die Erzählweise.
2. Vergleichen Sie die Textausschnitte von Nadolny (vgl. S. 255 f.) und Hackl inhaltlich.

Beispiele für Redeweisen

Das Leben ist kurz (1995) | Gabriele Wohmann

Herein!, rief Hedwig, und schon trat ihre Schwester Gina ins Zimmer. Sie sah unschlüssig aus.
Ich fand's eigentlich doch kurz. Ginas weißgrauer Schopf war zerrauft, anscheinend hatte sie schon im Bett gelegen.
Was war kurz?
Unser Leben.
Aber es war lang. Ausnahmsweise widersprach Hedwig. Du bist's doch von uns beiden, die sich an alles erinnert. Wir trugen als Kinder lange Kleider, die Musikstunden bei Onkel Wilhelm und all das.
Gina wog ihre Portion in der Hand. Du hast doch nichts genommen, Hedwig.
Wir wollten es um Mitternacht tun, sagte Hedwig demütig. Gina stellte sich ans Fenster und blickte in den östlichen Nachthimmel: Der Orion ist wirklich näher herangekommen. Sag, was du willst, Hedwig, ich weiß nicht mehr, ob wir's tun sollen.
Aber das Brummen und das merkwürdige Rauschen, du hörst es doch noch? Hedwig fragte unkonzentriert, denn sie erinnerte sich an ihren Mann, den lieben, guten, und aus Schüchternheit erwähnte sie nicht, der Orion sei ihrer beider Lieblingssternbild gewesen. Und wenn er wirklich näher herangekommen war, der Orion?
Es war ein langes Leben, objektiv, sagte Gina. Aber auch kurz.
Das Leben ist kurz ...
Und der Tag ist lang, ergänzte Gina das Lieblingszitat ihrer Schwester.
Die Geigenstunden mit Axel, die waren lang. Stunden sind lang.
Aber das Leben, ich find's doch kurz.
Es geht uns ja auch zur Zeit ganz gut, sagte Hedwig vorsichtig.
Wir könnten noch ein bißchen warten.
Vielleicht müßte ich mir nur das Ohr ausputzen lassen, sagte Gina. Du, hör mal, eigentlich haben wir's oft noch ganz schön, oder?

Wohmann, Gabriele, Das Leben ist kurz, in: Süddeutsche Zeitung vom 11./12.03.1995

1. Formulieren Sie den Text um, indem Sie die direkte Rede in die indirekte Form übertragen.
2. Erläutern Sie Zusammenhänge von direkter Rede und der gewählten Erzählperspektive/Erzählweise.

Billard um halb zehn (1959) | Heinrich Böll

In diesem Roman macht sich Johanna Fähmel, eine ältere Frau, die in einer Anstalt lebt, Gedanken über die deutsche Vergangenheit (Drittes Reich). Sie malt sich aus, ihr Mann komme zu Besuch, und sinniert in einem erdachten Gespräch, was passiert wäre, wenn Deutschland den Krieg gewonnen hätte.

Trag mich ans Flußufer zurück, wo meine nackten Füße die Hochwasserspur berühren, wo die Dampfer tuten, es nach Rauch riecht, bring mich in das Café, wo die Frau mit den herrlichen Händen bedient; still, Alter, weine doch nicht; ich lebte in der inneren Emigration und du hast einen Sohn, zwei Enkel, vielleicht werden sie dir bald Urenkel schenken; ich habe es nicht in der Hand, zu dir zurückzukehren, mir jeden Tag ein neues Schiffchen aus einem Kalenderblatt zurechtzufalten und munter bis Mitternacht dahinzusegeln: 6. September 1958; das ist Zukunft, deutsche Zukunft, ich habe es selber im Lokalblättchen gelesen:
„Ein Bild aus deutscher Zukunft; im Jahr 1958; aus dem einundzwanzigjährigen Unteroffizier Morgner ist der sechsunddreißigjährige Bauer Morgner geworden; er steht an den Ufern der Wolga; es ist Feierabend, er raucht sein wohlverdientes Pfeifchen, hat eins seiner blonden Kinder auf dem Arm, blickt versonnen zu seiner Frau hinüber, die gerade die letzte Kuh melkt; deutsche Milch am Wolgaufer ..."
Du willst nicht mehr weiterhören! Gut, aber laß mich mit der Zukunft zufrieden; ich will nicht wissen, wie sie als Gegenwart aussieht; stehen sie nicht am Wolgaufer? Weine nicht, Alter; zahl das Lösegeld, und ich komme aus dem verwunschenen Schloß zurück: *ich muß haben ein Gewehr, muß haben ein Gewehr.*
Vorsicht, wenn du die Leiter hinaufkletterst; nimm die Zigarre aus dem Mund; du bist nicht mehr dreißig und könntest schwindlig werden; heute Abend im Cafe Kroner die Familienfeier? Vielleicht komm ich; viel Glück zum Geburtstag, verzeih, daß ich lache; Johanna wäre achtundvierzig, Heinrich siebenundvierzig; sie nahmen ihre Zukunft mit; weine nicht, Alter, du hast das Spiel gewollt. Vorsicht, wenn du die Leiter hinaufsteigst."

Böll, Heinrich, Billard um halb zehn, Verlag Droemer/Knaur, München, Zürich 1963, S. 130

Formen Sie den inneren Monolog in erlebte Rede um.

Das Treibhaus (1953) | Wolfgang Koeppen

Der Abgeordnete Keetenheuve ist die Hauptfigur des Nachkriegsromans, in dem es um sein menschliches und politisches Scheitern angesichts restaurativer Tendenzen in der jungen Bundesrepublik geht. Bei seiner Ankunft in Bonn peinigen ihn Gefühle der Isolation und des Versagens.

Der Zug hielt in Godesberg. Herr von Timborn lüftete den Hut, den korrekten, kleidsamen Mister-Eden-Filz. In Godesberg wohnten die feinen Leute, die Bruderschaft vom Protokoll. Herr von Timborn schritt elastisch über den Perron. Der Lokomotivführer fluchte. Was war das für eine Strecke! Dampf geben und drosseln. Schließlich fuhr er einen Expreß. Durch Godesberg und Bonn war man mal durchgerast. Jetzt hielt man. Die Interessenvertreter blockierten die Tür. Sie waren Ellbogenritter und die ersten in der Hauptstadt. Schulkinder liefen die Tunneltreppe herauf. Man roch die Provinz, das Muffige enger Gassen, verbauter Stuben, alter Tapeten.
Der Bahnsteig war überdacht und grau –
und da vor der Sperre, in der nüchternen Halle, er betrat die Hauptstadt, hetz ihn, faß ihn, o Gott Apollon o, da packten sie ihn wieder, überkamen ihn, fielen über ihn her, da hatten ihn Schwindel und Atemnot, ein Herzkrampf schüttelte ihn, und ein eiserner Reif legte sich ihm um die Brust, wurde festgeschmiedet, wurde geschweißt, vernietet, jeder Schritt schmiedete, nietete mit, der Auftritt seiner nun steifen Beine, seiner nun tauben Füße war wie ein Hammerschlag, der Nieten in ein Wrack hämmerte auf eines Teufels Werft, und so ging er, Schritt für Schritt (wo war eine Bank, sich zu setzen? eine Mauer, sich anzuklammern?), ging, obwohl er des Gehens nicht mehr fähig zu sein glaubte, nach einem Halt wollte er tasten, obwohl er es auch wieder nicht wagte, die Hand nach einem Halt auszustrecken, Leere, Leere, dehnte sich gewaltig in seinem Schädel aus, preßte, stieg an wie in allzuferner verschwindender abschiednehmender die Erde verlassender Höhe der Innendruck in einem Ballon, aber wie in einem Ballon, der mit dem reinsten Nichts ge-

füllt war, einem Nichtstoff, einem Unstoff, etwas Unbegreiflichem, das den Drang hatte zu wachsen, das aus Knochen und Haut dringen wollte, und schon vernahm er, vernahm er, noch ehe es soweit war, vernahm er wie Eiswind das Zerreißen der Seide, und dies war der extreme Augenblick, eine unsichtbare, selbst in der Geheimschrift der Mathematik nicht mehr zu bezeichnende Wegmarke, wo alles aufhörte, ein Weiter gab es nicht, und hier war die Deutung, sieh!, sieh!, du wirst sehen, frage!, frage!, du wirst hören, und er senkte den Blick, feig, feig, feig, geschlossen blieb der Mund, arm, arm, arm, und er klammerte sich an, klammerte sich fest an sich selbst, und der Ballon war eine enttäuschende schmutzige Hülle, er war schrecklich entblößt, und dann begann der Sturz. Er zeigte den Fahrausweis vor, und seine Empfindung war, daß der Sperrenwächter ihn nackt sah, so wie Gefängniswärter und Feldwebel den ihnen ausgelieferten Menschen vor seiner Einkleidung zu Haft und Sterben sehen.

Schweiß stand auf seiner Stirn. Er ging zum Zeitungsstand. Die Sonne war zu Besuch, kam durch ein Fenster und warf ihr Spektrum über die neuesten Nachrichten, über das Gutenbergbild der Welt, es war ein irisierendes, ein ironisches Flimmern. Keetenheuve kaufte die Morgenblätter.

Koeppen, Wolfgang, Tauben im Gras. Das Treibhaus. Der Tod in Rom. Drei Romane, Suhrkamp Verlag, Frankfurt/M. 1986, S. 274 ff.

Suchen Sie aus der in personaler Erzählperspektive gestalteten Szene der Ankunft Keetenheuves die Passagen heraus, die dessen Bewusstseinsstrom darstellen.

kein runter kein fern (1978) | Ulrich Plenzdorf

Die Geschichte erzählt von einem Hilfsschüler, dessen Mutter aus der DDR in den Westen geflüchtet ist. Im Titel ist die Strafe angesprochen, die darin besteht, nicht auf die Straße und nicht fernsehen zu dürfen. Der Textbeginn blendet unmittelbar in den Bewusstseinsstrom des Jungen ein.

sie sagn, daß es nicht stimmt, daß MICK kommt (und die Schdons) rocho aber ICH weiß, daß es stimmt rochorepocho ICH hab MICK geschriebn und er kommt rochorepochopipoar ICH könnte alln sagn, daß MICK kommt, weil ICH ihm geschriebn hab aber ICH machs nicht ICH sags keim ICH geh hin ICH kenn die stelle man kommt ganz dicht ran an die mauer und DRÜBEN ist das springerhaus wenn man nah rangeht, springt es über die mauer springerhaus ringerhaus fingerhaus singerhaus MICK hat sich die stelle gut ausgesucht wenn er da aufm dach steht, kann ihn ganz berlin sehn und die andern Jonn und Bill und hörn mit ihre anlage die wern sich ärgern aber es ist ihre schuld, wenn sie MICK nicht rüberlassn ich hab ihm geschriebn aber sie habn ihn nicht rübergelassn aber Mick kommt trotzdem so nah ran wies geht auf MICK ist verlaß sie sagn, die DRÜBEN sind unser feind wer so singt, kann nicht unser feind sein wie MICK und Jonn und Bill und die aber MICK ist doch der stärkste EIKENNGETTOSETTISFEKSCHIN! ICH geh hin dadarauf kann sich MICK verlassn ICH geh hin Mfred muß inner kaserne bleibn und DER hat dienst ICH seh mir die parade an KEIN FERN und dann zapfenstreich KEIN RUNTER und dann das feuerwerk und dann MICK parade ist immer schau die ganzen panzer und das ICH seh mir die parade an KEIN FERN dann zapfenstreich KEIN RUNTER dann feuerwerk KEIN RUNTER dann MICK KEIN RUNTER arschkackpiss ICH fahr bis schlewskistraße vorne raus zapfenstreich stratzenweich samariter grün frankfurter rot strausberger blau schlewski grau vorne raus strapfenzeich stratzenweich mit klingendem spiel und festem tritt an der spitze der junge major mit seim stab der junge haupttambourmajor fritz scholz, der unter der haupttribüne den Takt angegeben hat mit sein offnes symp warte mal symp gesicht und seim durchschnitt von einskommadrei einer der besten er wird an leunas komputern und für den friedlichn sozialistischen deutschen staat arbeitn denn er hat ein festes ziel vor den augen dann feuerwerk dann MICK ICH weiß wo die stelle ist ubahn bis spittlmarkt ICH lauf bis alex dann linje a kloster grau märk mus weiß spittlmarkt vorne raus springerhaus MICK und Jonn und Bill und die aufm dach EIKENNGETTOSETTISFEKSCHIN rochorepochopipoar!

Plenzdorf, Ulrich, kein runter kein fern, Suhrkamp Verlag, Frankfurt/M. 1984, S. 7 ff.

Weshalb gestaltet Plenzdorf die Gefühlswelt des Ostberliner Jugendlichen in Form eines Bewusstseinsstroms?

IV Analyse von dramatischen Texten

1 Grundsätze zur Behandlung von dramatischen Texten

Während die fiktive Welt der Prosatexte dem Leser in verschiedenster Weise durch einen Erzähler vermittelt wird, begegnet der Zuschauer im Theater der fiktiven **Handlung** des Dramas **unmittelbar** – ohne Vermittlungsinstanz.

Dabei ist zu bedenken, dass es das Drama in zweifacher Gestalt gibt: als Theateraufführung und als gedruckten Lesetext. Die fiktive Welt wird auf der Bühne unmittelbar gezeigt, wobei der schriftlich niedergelegte Dramentext in gewisser Weise einer Musik-Partitur gleicht. Die **szenische Bühnenrealisierung** bietet im Vergleich dazu zusätzliche „Informationen" in Form folgender akustischer und visueller Gestaltungsmittel: mündliche Sprache, Musik, Geräusche, Mimik, Gestik, Bühnenbild, Raum, Licht, Kostüm, Maske etc. Somit erreicht das Theater eine mehrdimensionale Wirkung.

Der dramatische Text besteht nicht nur aus dem **Haupttext**, d. h. dem, was auf der Bühne gesprochen wird: aus **Monologen/Dialogen der Figuren**, dem sogenannten Beiseite-Sprechen der aus der fiktiven Welt tretenden und sich ans Publikum wendenden Figuren oder den Informationen des Zuschauers durch spielexterne Figuren (z. B. Erläuterungen und Kommentare zur Handlung von Seiten des Chors, eines Prologs/Epilogs, eines Sprechers und Erzählers auf der Bühne etc.).

Der sogenannte **Nebentext** – meist abgehoben mittels Schriftbild/Schriftstärke – weist darauf hin, dass der dramatische Text in der Regel auf seine Inszenierung hin entstanden ist. Von Bedeutung sind damit Dramentitel, Gattungsbezeichnung, Personen- bzw. Figurenverzeichnis (z. B. sprechende Namen), Akt- und Szenenmarkierungen, erzählende Szenenbeschreibungen, **Bühnen- bzw. Regieanweisungen**.

Bei allen Aussagen zum Drama allgemein muss stets bedacht werden, dass sich zwischen dem traditionellen (klassischen) Drama und dem modernen Drama (20. Jh.) eine große Kluft auftut, weil sich im Lauf der Zeit viele Elemente, Kategorien und Prinzipien geändert haben. (vgl. Literatur- und Gattungsgeschichte, S. 407 ff. u. S. 531 ff.

Grundlegend für das Drama ist die Unterscheidung in **Tragödie** und **Komödie**, die auf die griechische Antike (Aristoteles) zurückgeht. Im Mittelpunkt der Tragödie stehen der **Konflikt**, das Handeln des Menschen in einem Spannungsfeld aus Freiheit und Zwang, Selbstbestimmung und Schicksal sowie letztlich sein Scheitern und Untergang. Laut Aristoteles soll die auf der Bühne nachgeahmte tragische Handlung im Zuschauer Rührung und Entsetzen hervorrufen und ihn dadurch von diesen Affekten entlasten (Katharsis). Im Gegensatz dazu geht es der Komödie um die Auseinandersetzung mit menschlichen Schwächen und sie endet in der Regel mit einem versöhnlichen Ausklang. Neben der Bezeichnung „Komödie" existieren verwandte Gattungsformen wie zum Beispiel Lustspiel, Schwank, Posse, Farce, Boulevardtheater.

Die Renaissance-Poetik entwickelte Vorschriften für das poetische Handwerk, u. a. die Lehre von den **drei Einheiten (Ort, Zeit, Handlung)**, das **Fünf-Akte-Schema** sowie die **Ständeklausel** (Tragödie: adelige Personen; Komödie: bürgerliches Personal). Der deutschsprachige Raum kann erst im 18. Jahrhundert mit Lessings bürgerlichem Trauerspiel, dem Drama des Sturm und Drang und dem Ideendrama der Weimarer Klassik an die europäische Entwicklung anknüpfen.

In vielerlei Hinsicht nehmen die Dramen Büchners die Moderne vorweg. Für ihn wird der tragische Prozess durch den „grässlichen Fatalismus der Geschichte" erklärt. Der Zuschauer soll Hass gegenüber den Verachtenden und Mitleid mit den Verachteten empfinden. Vorbilder aus dem Ausland beeinflussen das Drama des Naturalismus, das die Determiniertheit des Menschen betont. Das Drama des Expressionismus rückt die Kritik an der industriellen Massengesellschaft in den Mittelpunkt, insgesamt erfährt das Theater der Weimarer Republik eine starke Politisierung. Gleichzeitig kritisieren realistische Volksstücke das Kleinbürgertum und den aufkommenden Faschismus.

Nach Brecht soll das **epische Theater** die Welt erklären, sollen dramatische Konflikte den gesellschaftlichen Prozess abbilden. Im Gegensatz zur traditionellen Form der Tragödie strebt das epische Theater nicht die Einfühlung des Publikums an, sondern mittels des **Verfremdungseffekts** ein distanziertes Mitdenken. Im Zuschauer sollen nicht Furcht und Mitleid geweckt werden, sondern Wissbegierde, Einsichten und Handlungsbereitschaft.

Steht das unmittelbare Nachkriegstheater eher unter dem Einfluss französischer oder amerikanischer Dramatiker, so ist die Entwicklung des deutschsprachigen Dramas seit den 50er-Jahren gekennzeichnet durch eine Auseinandersetzung mit bzw. Abgrenzung von Brecht: Parabeltheater, grotesk-zeitkritisches Theater, Dokumentartheater, politische Revue, kritisches Volksstück, absurdes Theater, experimentelles Theater, ästhetisierendes Theater, postmodernes Theater.

Im Hinblick auf die Einteilung von Dramentypen hat sich die Unterscheidung in die **offene** und **geschlossene Form** des Dramas etabliert. Unter der geschlossenen Form des Dramas versteht man ein nach dem 5-Akte-Schema aufgebautes Drama mit einheitlicher Haupthandlung, überschaubarem und klar strukturiertem Personal und mit einer auf das Handlungsganze ausgerichteten Raum- und Zeitgestaltung.

Im Gegensatz dazu weist die – seit dem Drama des Sturm und Drang auftretende – offene Form des Dramas erhebliche Unterschiede vor allem in Bezug auf Handlungsstruktur, Zeit- und Raumstruktur, Figurenkonzeption und Sprache auf. So besteht es in der Regel aus einer Abfolge loser, selbstständiger Szenen, Stationen und Episoden, die mittels einer zentralen Figur (ohne Gegenspieler) und mithilfe wiederkehrender Bilder und Metaphern verbunden werden. Weitere Kennzeichen sind eine Vielfalt von Aktionen, Figuren und Orten/Zeiten; die Figuren (oft Antihelden) sind häufig fremdbestimmt, sozial deklassiert, physisch und psychisch belastet, sprechen sehr individuell oder gruppenspezifisch (Soziolekt, Jargon etc.).

Zur Charakterisierung des Gegensatzes beider Formen wird die geschlossene Form umschrieben mit: **Ausschnitt als Ganzes**, und die offene Form mit: das **Ganze in Ausschnitten**.

2 Elemente der dramatischen Szene: Handlung und Konflikt – Figurenkonzeption – Figurenrede – Raum und Zeit – Regieanweisung

Handlung und Konflikt

Die Handlung eines Dramas entwickelt der Dichter aus einer Geschichte, einem Stoff und einem Thema nach einem spezifischen kompositorischen Prinzip, d. h. gewissen Grundvorstellungen für die szenische Darstellung der Geschichte: Abfolge der Szenen, Situationen, Begebenheiten usw. Dafür verwendet der Dramatiker bestimmte Motive: typisch menschliche Figuren, Beziehungen, Verhaltensweisen.

Die Komposition der Handlung gehorcht meist gewissen Regeln: Es werden lediglich Schwerpunkte einer Geschichte szenisch dargestellt (Verdichtung); daraus folgt die Festlegung auf bestimmte Handlungsabschnitte (Auswahl), bei der geltende literarische Konventionen zu berücksichtigen sind (Übereinkunft). Aus der Art der Komposition der Handlung folgt ein spezielles Verhältnis zwischen Geschichte und Handlungsstruktur. Dabei wird idealtypisch unterschieden zwischen:

- **Entfaltungsdrama** (synthetisches Drama): Das dramatische Geschehen richtet sich auf ein in der Zukunft liegendes Ereignis.

- **Enthüllungsdrama** (analytisches Drama): Das entscheidende Ereignis für das dramatische Geschehen auf der Bühne liegt in der Vorgeschichte.

In **Mischtypen** beruhen die dramatischen Konflikte auf der Vorgeschichte, zugleich entstehen während der Bühnenhandlung neue Auseinandersetzungen.

Die für die dramatische Handlung elementaren Begriffe „Situation" und „Begebenheit" (Ereignis, Vorfall) beziehen sich im Allgemeinen auf das Theaterstück (Drama) als Ganzes; bei einem Dramenausschnitt von nur wenigen Seiten arbeitet man zwar mit denselben Begriffen, die sich aber jetzt ganz gezielt auf aussagekräftige Dramen-**Momente** beschränken. Solche „Nahaufnahmen" machen gewissermaßen die „Mikro-Handlung" eines Dramenausschnitts sichtbar, ohne dass darin bereits die Gesamthandlung enthalten sein kann.

Die Analyse der Handlung einer dramatischen Einzelszene wird demnach vor allem als Analyse einer **Einzel-Sprech-Handlung** durchgeführt werden müssen, die noch nicht die Deutung einer dramatischen Gesamthandlung beinhalten, sondern zunächst nur inhaltliche **Einzelschritte** eines **Dialogs** bzw. **Monologs** erfassen kann. Dabei darf nicht übersehen werden, dass neben dem tatsächlichen An- bzw. Ausgesprochenem auch das nicht Ausgesprochene, das Ungesagte bedeutsam sein kann, es also neben der **offenen Handlung** auch eine **„versteckte"** gibt, die aus einer jeweiligen Sprechhaltung (Mimik, Gestik, Wortwahl ...) zu erschließen ist.
Neben diesem psychologischen Verständnis von versteckter Handlung, das auf den Unterschied zwischen Gesagtem und Gemeintem verweist, gilt als „verdeckte" Handlung im Drama alles das, was in der Vergangenheit stattgefunden hat (**Botenbericht**) oder auf der Bühne nicht dargestellt wird (**Mauerschau**).

Als Bauelemente der Handlung gelten Figur, Situation und Begebenheit. Das Handeln der Figuren führt zu einer Veränderung der Situation, meist zu einem Konflikt, was wiederum in ein konkretes Ereignis mündet. Für das Drama ist es dabei von entscheidender Bedeutung, in welchem Verhältnis die Bauelemente jeweils zueinander stehen.

Ein grundlegendes Merkmal des Dramas ist der **Konflikt**, d.h. das Aufeinandertreffen gegensätzlicher Figuren, Einstellungen, Verhaltensweisen, Ziele, Normen, Kräfte etc. Konflikte in zentralen Dramenszenen können ganz verschiedenartig angelegt sein: zwischen einzelnen Figuren, zwischen dem Einzelnen und einer Gruppe bzw. der Gesellschaft, zwischen Gruppen bzw. Klassen/Schichten oder als Zwiespalt im Einzelnen selbst. Dabei kann man zwischen **äußeren** und **inneren Konflikten** unterscheiden. Die Konflikte resultieren rein inhaltlich aus ähnlichen Motiven wie die Konflikte der Personen in Prosatexten auch: Es geht also beispielsweise um Gefühlsbeziehungen und gesellschaftliche Strukturen, Besitz- und Machtverhältnisse, Ideen und Weltanschauungen, die zu zwischenmenschlichen Auseinandersetzungen führen.

Für die Interpretation eignen sich vor allem **Anfangsszenen** (**Exposition**), weil hier der Konflikt häufig bereits angelegt wird oder zumindest die personalen und sozialen Voraussetzungen aufgezeigt werden; **Höhepunktszenen** mit der dramatischen Zuspitzung der Problematik; **Schlussszenen**, in denen entweder eine Entscheidung im Sinne einer Lösung oder eines (tragischen) Scheiterns fällt, oder ein offener Schluss die Unentschiedenheit bzw. Ausweglosigkeit anzeigt.

Figurenkonzeption

Die Handlung einer dramatischen Szene wird nicht nur durch Situationen und Begebenheiten bestimmt, sondern wesentlich erst durch die Personen (Figuren) und deren Zusammenspiel, wobei man **Haupt-** und **Nebenpersonen** unterscheidet. Die dramatischen Einzelpersonen entstehen nicht, wie in der Prosa, durch Beschreibungen oder Kommentare eines Erzählers, sondern allein durch das Handeln und Sprechen im Stück – mit Ausnahme eventuell verwendbarer Regieanweisungen, die gewissermaßen einen kleinen epischen Bestandteil ausmachen. Daraus folgt, dass der Interpret einer dramatischen Szene das meiste zur Charakterisierung der Figuren (Personen) aus dem **Dialog**, dem Gesprochenen erschließen muss, wobei natürlich auch Äußerungen einer Dramenfigur über eine andere verwendet werden können.

Während die **Hauptfiguren** im **klassischen Drama** sich durch hoch entwickeltes Bewusstsein und ausgeprägtes Reflexionsvermögen auszeichnen, kommen in den Hauptfiguren des nachklassischen Dramas stärker psychologische und ideologische Differenzierungen, die Rolle des Verdrängten und Unbewussten, biologische und soziale Prägungen, gesellschaftliche Unterschiede und Konventionen zur Geltung.

Der **neuere „Dramenheld"** ist in der Regel nicht mehr der aus der Masse herausgehobene Idealcharakter oder dessen oft gleichwertiger Gegenspieler (**Held** – **Antiheld**; **Protagonist** – **Antagonist**), sondern eine stärker typisierte und gesellschaftlich geprägte Figur mit vergleichsweise weniger Autonomie und dafür umso mehr Fremdbestimmung. Dahinter steht die Entwicklung von der feudalen Ständegesellschaft über die bürgerliche Gesellschaft und Klassengesellschaft des Industriezeitalters zur modernen Massen-, Konsum- und Kommunikationsgesellschaft.

Je nach **Dramentyp** erfahren die dramatischen Figuren im nachklassischen Drama unterschiedlichste Ausprägungen: Da gibt es z. B. den durchschnittlichen Alltagsmenschen (vgl. kritisches Volksstück) oder den aberwitzigen Sonderfall (vgl. groteskes bzw. absurdes Theater); die konstruierte Modellgestalt (vgl. episches Theater Brechts bzw. Parabelstück) oder die authentische Figur (vgl. Dokumentartheater); den pathetischen Visionär (vgl. expressionistisches Theater) oder die gequälte „Kreatur" (vgl. naturalistisches Theater oder Büchners Drama „Woyzeck").

Wie bei der Dramenhandlung gelten auch für die Konzeption der Figuren Grundsätze wie die Konzentration auf wesentliche Züge, die Verdeutlichung dieser Merkmale und ihre Einbettung in das Handlungsganze. Die Untersuchung der Figuren kann sich an folgenden Fragen orientieren:
- Bleibt sich die Figur treu oder ändert sie sich (statisch-dynamisch)?
- Beziehen sich Merkmale der Figur auf vorherrschende Eigenschaften oder zeigt sie abweichende Eigenschaften (eindimensional – mehrdimensional)?
- Ist die Figur ein- oder mehrdeutig angelegt (geschlossen – offen)?
- Handelt sie vernunftorientiert oder zeigt sie subjektive, emotionale Züge (rational – emotional)?
- Liegt eine Personifikation, ein Typ oder ein Individuum vor?

Insgesamt lässt sich sagen, dass die fiktiven Figuren des Dramas im Vergleich zu denen längerer Prosatexte (vgl. vor allem Roman) stärker auf **Typisierung** angelegt und unter diesem Blickwinkel entsprechend zu interpretieren sind. Im Einzelfall ist natürlich das Typische immer zu ergänzen durch individuelle Differenzierungen, was Bewusstseinsgrad, innere und äußere Entwicklungsprozesse, Eindeutigkeit oder Vielschichtigkeit anbelangt. Nicht nur bei den einzelnen Dramenfiguren, sondern auch in ihren Beziehungen zueinander ergänzen sich typische Grundmuster und spezielle Verhältnisse. Dieses Beziehungsgeflecht im Drama heißt – wie in der Prosa – **Figurenkonstellation**. Ihre Bedeutung und Funktion erhält jede Figur oft in Beziehung zu anderen Figuren. Vom Sonderfall des seltenen Ein-Personen-Stückes kann diese Figurenkonstellation bis zum Massenauftritt reichen; der Regelfall ist aber – gerade bei einer Einzelszene – das Figurenpaar oder ein überschaubares Figurenensemble.

Neben der Unterscheidung in Haupt- und Nebenrollen kann man häufig folgende **typische Konstellationen** beobachten:

Held – Gegenspieler	gut – böse
Freund – Feind	alt – jung
Täter – Opfer	aktiv – passiv
Gewinner – Verlierer	mächtig – ohnmächtig
Mann – Frau	geradlinig – intrigant
Einheimischer – Fremder	sozial hochgestellt – unterprivilegiert
Gruppe – Außenseiter	rational – emotional
Mitläufer – Oppositioneller	introvertiert – extrovertiert
Traditionalist – Reformer/Revolutionär	prinzipientreu – opportunistisch
Dogmatiker – Pragmatiker	eindimensional – vielschichtig
Materialist – Idealist	optimistisch – pessimistisch
…	…

Diese idealtypischen Begriffspaare können bei einer ersten – vorläufigen und typisierenden – Einordnung hilfreich sein, bedürfen aber bei ihrer Anwendung auf die konkrete dramatische Einzelszene einer textgerechten Ausdifferenzierung, die auch die Möglichkeit mit einbeziehen muss, dass mehrere Begriffspaare auf ein und dieselbe Konstellation zutreffen können und sich dabei überschneiden. Erst indem man diesen Rahmen der typischen Konstellation mit aussagekräftigen Textzitaten auffüllt, die das **Besondere** und **Einmalige** der Dramenszene belegen, gelangt man zur angemessenen Interpretation.

Figurenrede

Von zentraler Wichtigkeit ist im Drama der **Dialog**. Im weiteren Sinn umfasst dieser Begriff alles Gesprochene, also die **gesamte Figurenrede**; im engeren Sinn ist damit das Zwiegespräch bzw. das Gespräch mehrerer Personen im Drama gemeint – im Unterschied zum Monolog, dem Selbstgespräch.

Die Figurenrede dient nicht nur der Selbstdarstellung oder der Charakterisierung anderer Figuren, vielmehr werden mit ihr u. a. Handlungsvoraussetzungen bekannt gemacht, die dramatische Handlung vorangetrieben, Gegensätze aufgezeigt, Konflikte ausgetragen, Verständnislosigkeit verdeutlicht, Emotionen veranschaulicht, Reflexionen dargelegt, Entscheidungen begründet, Beziehungen verändert, Situationen interpretiert, Interessen artikuliert.

Im Vergleich zur außerliterarischen Realität nimmt der **Monolog** im Drama einen relativ großen Raum ein, wenngleich auch hier der Dialog überwiegt. Monologe bieten traditionellerweise eine Möglichkeit, Selbstcharakterisierungen, Reflexionen, Entschlüsse, Gefühle u. a. auszusprechen und damit hörbar zu machen. Oft sind solche Monologe sogar die Schlüsselstellen eines Dramas (vgl. „Hamlet", „Faust" u. a.)

Eine **Sonderstellung** nehmen im Drama diejenigen Textpassagen ein, in denen Figuren sich direkt ans Publikum wenden und damit gewissermaßen die Dramenhandlung verlassen. Dazu gehören das sogenannte **Beiseite-Sprechen**, mit dem eine Figur den Zuschauer, nicht aber den Bühnenpartner etwas wissen lassen will, vor allem aber **Prologe** und **verfremdende Einschübe** des epischen Theaters (z. B. Song, Ausrufer, Ansager, Chor; als Vorläufer das Couplet im Wiener Volksstück). Die Interpretation eines dramatischen Dialogs wird erst vollständig durch die Untersuchung des Wortlauts, für die die Methoden, Fachbegriffe und Regeln der Sprachanalyse grundlegend sind.

Besonders wichtig sind die Erfassung und Bestimmung der jeweils besonderen **Stilebene** einer Dramenszene, die von den handelnden Figuren (Schichtzugehörigkeit, Milieu, Alter, Geschlecht, Beruf usw.), dem Stückinhalt (Themen, Probleme, Fragen, Konflikte, Handlung, politisch-geschichtlicher Rahmen usw.), der Textsorte (Komödie, Tragödie, kritisches Volksstück, politische Revue usw.), der Epoche (Epochenstil) und dem Autor (Individualstil) abhängt. Dabei ist immer zu bedenken, dass die Sprache im Drama – selbst in einem realistischen Stück – nie die außerliterarische Sprache des Alltags widerspiegelt, sondern stets Ergebnis eines künstlerischen Sprachwillens des Dichters ist (z. B. Übersteigerung und Poetisierung, Kontrastierung und Vereinheitlichung, Originalität und Typisierung). Die auffälligste **Stilisierung** der Sprache ist diejenige in Versform, wie sie lange Zeit das Drama beherrschte (z. B. Antike und deutsche Klassik).

Ist die **Versform** in der Tradition des klassischen Dramas Ausdruck des dichterischen Gestaltungswillens und des Idealcharakters der Kunst, verbunden mit der Tendenz zur Verallgemeinerung und Entindividualisierung, so ist die gebundene Sprache, wenn sie im Drama der Moderne vorkommt, oft ein Anzeichen für Parodie und Anspielung.

Der idealistischen Sprachverwendung entgegengesetzt sind jene realistisch-naturalistischen **Sprachstile**, die die Wirklichkeit nachbilden wollen (z. B. Alltagssprache, Dialekt, Soziolekt und/oder die Sprache als Instrument eines gesteigerten Gefühlsausdrucks verwenden (Büchner, expressionistisches Theater).

Die Vielfalt der Sprachstile im Drama des 20. Jahrhunderts macht eine Systematisierung der Stilebenen je nach Epoche oder Autor schwer, sodass man die Stilmerkmale noch mehr aus der jeweiligen Einzelszene herausfinden muss – ohne großes literaturgeschichtliches Vorwissen im Allgemeinen.

Das neuere Drama reagiert auf die **Verständigungsprobleme** des modernen Menschen mit vielfältigen Formen von Kommunikationsschwierigkeiten der Figuren im Drama, die bis zum absoluten Verstummen oder zur Sprachlosigkeit führen können.

Raum und Zeit

Der in der Aufführung konkret erlebte **Bühnenraum** gibt der Handlung den Rahmen, der aber nicht nur eng realistisch aufgefasst werden darf. Der Schauplatz hat nämlich häufig einen funktionalen oder repräsentativen Charakter, aus dem sich erste interpretatorische Schlüsse ziehen, zumindest Hinweise ablesen lassen.

Der Raum kann die innere Verfassung oder Stimmung einer Figur ausdrücken, er kann die Thematik des Stückes veranschaulichen, er stützt die Charakterisierung einer Figur, er verkörpert symbolisch die Konfliktkräfte in einem Stück usw. Der Schauplatz Irrenanstalt z. B. kann ein psychiatrisches Thema, einen grotesken Weltzustand oder nur einen theatralischen „Freiraum" signalisieren (z. B. Kipphardt: „März"; Dürrenmatt: „Die Physiker"; Weiss: „Marat"). Der Schauplatz Wohnzimmer/Küche kann entweder gesellschaftliche Verhältnisse widerspiegeln oder darüber hinaus einen inneren Zustand ausdrücken (z. B. Hauptmann: „Vor Sonnenaufgang"; Horváth: „Geschichten aus dem Wiener Wald"). Bei Schauplätzen im Freien kann die Bedeutung sowohl im Politisch-Historischen als auch im rein Atmosphärischen liegen (z. B. Schiller: „Wallenstein", „Wilhelm Tell" u. a.; Wedekind: „Frühlings Erwachen").

Auch bei der Bestimmung der **Handlungszeit** gilt es, den jeweiligen Aussagewert zu bestimmen, der über die rein realistische Fixierung hinausreichen kann (z. B. Brecht: „Mutter Courage" – Dreißigjähriger Krieg verallgemeinerbar als Zeit des Krieges überhaupt, der Ungerechtigkeit und Unmenschlichkeit, des Kapitalismus und Klassenkampfes).

Ganz generell muss der Dramatiker bei der Gestaltung der Zeit eine komplexe Handlung von langer Dauer auf eine bestimmte Spielzeit verdichten. Häufig verwendete Mittel dabei sind Zeitraffung, Strukturierung der Zeit (lineare/zyklische Zeitstruktur), Aufbau von Spannung und Tempo mithilfe rascher Situationsveränderungen.

Regieanweisung

Wichtige Aufschlüsse zur Personenkennzeichnung und -konstellation liefert bereits das Personenverzeichnis, das jedem Drama vorangestellt ist und zum Beispiel schon Aussagen enthält zum Milieu, zur sozialen Stellung oder möglichen Rollen- bzw. Beziehungskonflikten.

Die eigentlichen **Regieanweisungen** sind Anleitungen des Autors für die **Inszenierung** (Regisseur, Schauspieler, Bühnenbildner usw.), aber auch für den Leser und die Interpretation. Ausführlichkeit und Genauigkeit der Regieanweisungen sind sehr unterschiedlich: Während sie im naturalistischen Drama sehr umfangreich sind, im Extremfall sogar den Dialogteil einer Szene überwiegen und beinahe schon Erzählcharakter bekommen können, sind Regieanweisungen im Regelfall quantitativ untergeordnet, können aber immer wichtige Einzelhinweise enthalten – z. B. zum Schauplatz, zum Bühnenbild, zu den Requisiten und Kostümen, zur Mimik oder Gestik der Personen. Regieanweisungen können auch schon erste Hinweise für eine Charakterisierung der Figuren geben. Sie müssen deshalb in die Textinterpretation einer dramatischen Szene einbezogen werden. Hinweise des Verfassers zum Schauplatz können wichtig sein, weil sie nicht nur als konkret-realistische Festlegungen verstanden werden dürfen (vgl. etwa die Angabe „Vor der Stadt Pilsen in Böhmen" in Schillers Geschichtsdrama „Wallensteins Lager"), sondern oft auch in ihrem atmosphärischen oder symbolischen Gehalt von Bedeutung sein können für das Gesamtverständnis einer Szene. Gleiches gilt für Requisiten und Kostüme: Auch hier muss eine Interpretation auf versteckte Hinweise achten. Bemerkungen zur Mimik und Gestik sind vor allem für die Beschreibung des dramatischen Konfliktes und die Figurenkennzeichnung verwertbar.

Mögliche Aufgabenstellungen werden im Folgenden anhand des Textauszugs aus „Geschichten aus dem Wiener Wald" von Ödön von Horváth exemplarisch dargestellt:

- **Wiedergabe von Gesprächs- und Handlungsverlauf/Inhalt und Aufbau**
- **Figurencharakterisierung und Gesprächsverhalten**
- **Interpretation**
- **Literarische Stellungnahme**

Geschichten aus dem Wiener Wald (1930) | Ödön von Horváth

Das Volksstück handelt von dem Scheitern der Liebesbeziehung, die die naive Marianne eingeht, um der Tyrannei ihres Vaters, eines Spielwarenhändlers, und der von ihm in die Wege geleiteten Verlobung mit dem Metzgermeister Oskar zu entgehen. Ihr neuer Verlobter Alfred ist aber ein haltloser Mensch und eine Spielernatur und will sich seinen Verpflichtungen entziehen. Die Szene spielt ein Jahr nach der Verführung Mariannes durch Alfred; beide leben seitdem zusammen.

II

Möbliertes Zimmer im achtzehnten Bezirk
Äußerst preiswert. Um sieben Uhr morgens. Alfred liegt noch im Bett und raucht Zigaretten. Marianne putzt sich bereits die Zähne. In der Ecke ein alter Kinderwagen – auf einer Schnur hängen Windeln. Der Tag ist grau und das Licht trüb.

MARIANNE *gurgelt*: Du hast mal gesagt, ich sei ein Engel. Ich habe gleich gesagt, daß ich kein Engel bin – daß ich nur ein gewöhnliches Menschenkind

Theaterinszenierung der „Geschichten aus dem Wiener Wald" aus dem Jahr 1961

bin, ohne Ambitionen. Aber du bist halt ein kalter Verstandesmensch.

ALFRED Du weißt, daß ich kein Verstandesmensch bin.

MARIANNE Doch! *Sie frisiert sich nun.* Ich müßt mir mal die Haar schneiden lassen.

ALFRED Ich auch.

Stille.

Mariannderl. Warum stehst denn schon so früh auf?

MARIANNE Weil ich nicht schlafen kann.

Stille.

ALFRED Fühlst dich nicht gut in deiner Haut?

MARIANNE Du vielleicht? *Sie fixieren sich.*

ALFRED Wer hat mir denn die Rennplätz verleidet? Seit einem geschlagenen Jahr hab ich keinen Buchmacher mehr gesprochen, geschweige denn einen Fachmann – jetzt darf ich mich natürlich aufhängen! Neue Saisons, neue Favoriten! Zweijährige, dreijährige – ich hab keinen Kontakt mehr zur neuen Generation. Und warum nicht? Weil ich ausgerechnet eine Hautcreme verschleiß, die keiner kauft, weil sie miserabel ist!

MARIANNE Die Leut haben halt kein Geld.

ALFRED Nimm nur die Leut in Schutz!

MARIANNE Ich mach dir doch keine Vorwürf, du kannst doch nichts dafür.

ALFRED Das wäre ja noch schöner!

MARIANNE Als ob ich was für die wirtschaftliche Krise könnt!

ALFRED Oh du egozentrische Person. – Wer hat mir denn den irrsinnigen Rat gegeben, als Kosmetik-Agent herumzurennen? Du! *Er steht auf.* Wo stecken denn meine Sockenhalter?

MARIANNE *deutet auf einen Stuhl:* Dort.

ALFRED Nein.

MARIANNE Dann auf dem Nachtkastl.

ALFRED Nein.

MARIANNE Dann weiß ich es nicht.

ALFRED Du hast es aber zu wissen!

MARIANNE Nein, genau wie Papa –

ALFRED Vergleich mich nicht immer mit dem alten Trottel!

MARIANNE Nicht so laut! Wenn das Kind aufwacht, dann kenn ich mich wieder nicht aus vor lauter Geschrei!

Stille.

ALFRED Also das mit dem Kind muß auch anders werden. Wir können doch nicht drei Seelen hoch in diesem Loch vegetieren! Das Kind muß weg!

MARIANNE Das Kind bleibt da.

ALFRED Das Kind kommt weg.

MARIANNE Nein. Nie!

Stille.

ALFRED Wo stecken meine Sockenhalter?

MARIANNE *sieht ihn groß an:* Weißt du, was das heut für ein Datum ist?

ALFRED Nein.

MARIANNE Heut ist der Zwölfte.

Stille.

MARIANNE Daß das heut ein Gedenktag ist. Heut vor einem Jahr hab ich dich zum erstenmal gesehen. In unserer Auslag.

ALFRED Ich bitt dich, red nicht immer in Hieroglyphen! Wir sind doch keine Ägypter! In was für einer Auslag?

MARIANNE Ich hab grad das Skelett arrangiert und da hast du an die Auslag geklopft. Und da hab ich die Rouleaus heruntergelassen, weil es mir plötzlich unheimlich geworden ist.

ALFRED Stimmt.

MARIANNE Ich war viel allein – *Sie weint leise.*

ALFRED So flenn doch nicht schon wieder. – Schau, Mariannderl, ich versteh dich ja hundertprozentig mit deinem mütterlichen Egoismus, aber es ist doch nur im Interesse unseres Kindes, daß es aus diesem feuchten Loch herauskommt – hier ist es grau und trüb, und draußen bei meiner Mutter in der Wachau scheint die Sonne.

MARIANNE Das schon –

ALFRED Na also!

Stille.

MARIANNE Über uns webt das Schicksal Knoten in unser Leben – *Sie fixiert plötzlich Alfred.* Was hast du jetzt gesagt?

ALFRED Wieso?

MARIANNE Du hast gesagt: dummes Kalb.

ALFRED Aber was!

MARIANNE Lüg nicht!

ALFRED *putzt sich die Zähne und gurgelt.*

MARIANNE Du sollst mich nicht immer beschimpfen.

Stille.

ALFRED *seift sich nun ein, um sich zu rasieren:* Liebes Kind, es gibt eben etwas, was ich aus tiefster Seel heraus haß – und das ist die Dummheit. Und du stellst dich schon manchmal penetrant dumm. Ich versteh das gar nicht, warum du so dumm bist! Du hast es doch schon gar nicht nötig, daß du so dumm bist!

Stille.

MARIANNE Du hast mal gesagt, daß ich dich erhöh – in seelischer Hinsicht –

ALFRED Das hab ich nie gesagt. Das kann ich gar nicht gesagt haben. Und wenn, dann hab ich mich getäuscht.
MARIANNE Alfred!
ALFRED Nicht so laut! So denk doch an das Kind!
MARIANNE Ich hab so Angst, Alfred –
ALFRED Du siehst Gespenster.
MARIANNE Du, wenn du jetzt nämlich alles vergessen hast –
ALFRED Quatsch!

Horváth, Ödön von, Geschichten aus dem Wiener Wald, Gesammelte Werke 4, Suhrkamp Verlag, Frankfurt/M. 1986, S. 143 ff.

3 Wiedergabe von Inhalt und Aufbau: Textvorstellung – Gesprächs- und Handlungsverlauf

Textvorstellung

Sie entspricht weitgehend der Textvorstellung bei der Analyse eines erzählerischen Textes. Anstelle der erzähltechnischen Elemente berücksichtigt sie in knapper Form Angaben über zentrale dramentechnische Aspekte. Die Textvorstellung kann auch als Einleitung für eine sich daran anschließende Inhaltsangabe gesehen werden.

Lösungsvorschlag

In dem 1930 erschienenen Volksstück „Geschichten aus dem Wiener Wald" von Ödön von Horváth geht es um das Scheitern einer Liebesbeziehung zwischen Marianne und Alfred. Die zu analysierende Szene, die einem 1987 in Frankfurt erschienenen Band entnommen wurde, zeigt Marianne mit ihrem Geliebten Alfred; sie hausen mit ihrem gemeinsamen Kind in einem billigen möblierten Zimmer. Alfred beklagt sich über seinen geringen beruflichen Erfolg und fordert Marianne auf, das Kind an seine Mutter abzugeben. Marianne widerspricht und äußert ihre Ängste. In den knappen Regieanweisungen wird die wirtschaftlich trostlose Situation des Paares verdeutlicht. Neben der Umgangssprache tritt in den Dialogen vor allem die Kommunikationsunfähigkeit der Partner zutage. Horváth verdeutlicht in dieser Szene, wie äußere Gründe und Konflikte innerhalb der Beziehung zwischen Alfred und Marianne zusammenspielen und das Scheitern der Beziehung verursachen.

Bausteine

Textsorte, Titel
Autor
Quelle
Kerninhalt
Dramentechnische Details
Textaussage

Gesprächs- und Handlungsverlauf

Die Beschreibung von Inhalt und Aufbau einer Dramenszene wird oft im Zusammenhang mit der Erfassung, Benennung, Erläuterung, Zusammenfassung eines Konfliktes stehen. Wenn das Thema (der Konflikt) einer Szene geklärt ist, muss dargestellt werden, wie sich diese im Einzelnen aufbaut. Dazu gehören die Fragen nach dem **Schauplatz** und der **Zeit**, nach der **Entwicklung** – oder dem Stillstand – der Situation und der beteiligten Personen und schließlich nach der eigentlichen **Handlung** (Ereignisse, Begebenheiten, Vorfälle; vergangenes oder zukünftiges Geschehen, das verhandelt bzw. geplant wird), die sich im Tun, vor allem aber im Sprechen der Figuren realisiert.
Im Hinblick auf die Situation und Handlung geht es darum, zu analysieren, ob im Verlauf der äußeren bzw. inneren Entwicklung entscheidende **Veränderungen** (evtl. Wendepunkt) stattfinden oder nicht. Wenn es in der Szene nicht um die Gegenwart geht, sondern um die Aufarbeitung der Vergangenheit, ist zu prüfen, ob ein **Bewusstseinswandel** (Einsicht, Erkennen, Reue, Wiedergutmachung ...) stattfindet oder nicht. Falls die Handlungssituation auf die Zukunft gerichtet ist, ist nach den jeweiligen Motiven zu fragen, nach dem Hintergrund, dem Konzept und der Realisierbarkeit.

Lösungsvorschlag

Die Szene des 1930 erschienenen Volksstückes „Geschichten aus dem Wiener Wald" von Ödön von Horváth zeigt die beiden Figuren Marianne und Alfred, die mit ihrem gemeinsamen Kind in einem ärmlich möblierten Zimmer leben und während ihrer Morgentoilette einen konfliktreichen Dialog führen, der durch zahlreiche Pausen unterbrochen wird.

Marianne **beklagt** sich bei ihrem Partner Alfred über seine gefühllose Art.	Z. 7–11
Er **widerspricht** ihr kurz, woraufhin beide jeweils auf zwei nebensächliche Alltagsthemen ausweichen.	Z. 12–20
Aus der **Frage** Alfreds nach Mariannes Befinden resultiert die gemeinsame Einschätzung, dass sich beide nicht wohlfühlen in ihrer derzeitigen Lebenssituation.	Z. 21–22
Alfred **beklagt** sich darüber, dass er seiner Leidenschaft, dem Wetten bei Pferderennen, nicht nachgehen könne. Ferner beginnt er, über seine berufliche Situation als wenig erfolgreicher Vertreter von Kosmetik-Artikeln zu **jammern**.	Z. 23–31
Marianne versucht, ihn in seiner Unzufriedenheit zu **trösten**, indem sie auf die allgemein schwierige wirtschaftliche Situation verweist.	Z. 32–32
Hieraus entwickelt sich ein **Streitgespräch**, in dem Alfred die Schuld für seine berufliche Misere seiner Partnerin Marianne gibt.	Z. 33–38
Der **Streit** findet seine Fortsetzung bei Alfreds Suche nach seinen Sockenhaltern.	Z. 39–48
Mariannes **Einwurf**, wonach Alfred ihrem Vater gleiche, weist dieser entschieden zurück.	Z. 49–55
Zu einem neuen **Streitpunkt** und **kurzen verbalen Schlagabtausch** entwickelt sich im Folgenden Alfreds Vorschlag über den weiteren Aufenthaltsort des gemeinsamen Kindes, das sich ebenfalls im Zimmer befindet und schläft.	Z. 56–63
Marianne leitet über zu einem neuen Thema, indem sie Alfred an den ersten Jahrestag ihres Kennenlernens **erinnert**.	Z. 64–79
Im **Rückblick** äußert sie sich melancholisch über ihre Einsamkeit.	Z. 80
In einem **beschwichtigenden Ton** versucht nun Alfred, Marianne davon zu überzeugen, dass das Kind bei Alfreds Mutter in der Wachau besser aufgehoben sei.	Z. 81–87
Marianne **stimmt** nur zögernd **zu** und **erhebt den Vorwurf**, dass Alfred sie andauernd beleidige und beschimpfe.	Z. 88–101
Alfred reagiert gereizt und **klagt herablassend** darüber, dass sie dumm sei.	Z. 102–109
Sie hingegen **erinnert** ihn an seine frühere Aussage, wonach ihr Einfluss ihm eine wertvolle Stütze sei.	Z. 110–111
Er **widerspricht** ihr, worauf Marianne verwirrt und ängstlich reagiert und sich Sorgen um die Zukunft macht.	Z. 112–117
Die Dramenszene endet mit einer **kurzen Beschwichtigung** Alfreds.	Z. 118–121

4 Figurencharakterisierung und Figurenkonstellation – Gesprächsverhalten

Rein inhaltlich gilt für die Figurenkennzeichnung, d. h. die möglichen Fragestellungen einer Personencharakterisierung, all das, was für das Personal in Prosatexten bereits gesagt wurde (vgl. S. 228 ff.).

Untersuchung der Figurengestaltung

Die Charakterzeichnung einer Dramenfigur durch den Autor erfolgt formal auf drei unterschiedliche Arten:
- Direkte Charakterisierung, d. h. Äußerungen über die Figur durch andere Figuren oder durch sie selbst
- Indirekte Charakterisierung, d. h. Rückschlüsse auf das Wesen der Figur durch ihr Auftreten, ihre charakteristischen Gewohnheiten, ihre Handlungen, ihr sprachliches Verhalten oder ihren Sprachgestus
- Charakterisierung durch den Nebentext, d. h. Informationen durch Personenverzeichnis bzw. Regieanweisungen

Bei der Bearbeitung der Aufgabe **Figurencharakterisierung** geht es darum, die Charakterzeichnung der Dramenfiguren zueinander so zu analysieren, dass sie als Individuen und/oder Vertreter eines Typs gut erkennbar werden.

Wichtige Untersuchungsgegenstände sind:
- Äußeres (Alter, Geschlecht, Aussehen, Kleidung, Haltung, Ausdruck, Bewegungen …)
- Soziale Merkmale (soziale Gruppe, Gesellschaftsschicht, Stand …)
- Persönlichkeit (Eigenschaften, Verhaltensweisen, Denkweisen, Einstellungen …)

Figurenkonstellation

Da es in den allermeisten Dramen um zwischenmenschliche Beziehungen geht, verdient die Personenkonstellation besondere Aufmerksamkeit. Da Figuren ihren Stellenwert und ihre Funktion häufig aufgrund der Beziehung zu anderen Figuren erhalten, darf sich die Analyse einer Beziehung oder eines Verhältnisses nicht beschränken auf das Nebeneinander von Einzelcharakterisierungen. Vielmehr steht der **Beziehungsaspekt** im Vordergrund:
- Erscheinungsform der Beziehung (äußerlich/innerlich; ausgesprochen/nicht ausgesprochen)
- Hintergründe der Beziehung (politisch, gesellschaftlich, psychologisch …)
- Entwicklung der Beziehung (dynamisch/statisch)
- Auswirkungen der Beziehung (beteiligte Figuren selbst, Umfeld …)
- Autorenintention in Bezug auf die Figurenkonstellation

Die Beschreibung dieser Einzelelemente mündet in klaren **begrifflichen Festlegungen** wie zum Beispiel: Hass – Liebe, Untreue – Treue, Distanz – Nähe, Feindschaft – Freundschaft, Spannung – Harmonie, Abhängigkeit – Selbstbestimmung, Misstrauen – Vertrauen, Pessimismus – Optimismus, Egoismus – Solidarität, Borniertheit – Aufgeschlossenheit, Intoleranz – Toleranz.

Gesprächsverhalten

Die Dialoganalyse gibt vor allem darüber Aufschluss, wie sich die Dialogpartner im Gespräch miteinander verhalten. Dialoge im Drama sind als Sprech-Handlungen in einem Kommunikationsprozess zu verstehen; der **Sprecher** stellt sich selbst dar, äußert sich zu einer **Sache** und wendet sich an einen **Zuhörer** – den auf der Bühne bzw. den im Publikum. Der Dialog hat also **expressive, informative** und **appellative** Komponenten, die ineinander übergehen können, die Handlung in Gang halten oder vorantreiben und Aufschluss über äußere und innere Vorgänge geben (Entschlüsse, Standpunkte, Wertungen, Gedanken, Gefühle, Motive, Interessen, Ziele usw.). Bei der Analyse eines dramatischen

Dialogs sind **ich-, sach-** und **adressatenbezogene** Elemente zu unterscheiden und interpretatorisch nach ihrer jeweiligen Bedeutung zu gewichten.

Einige Stichworte für die drei Aspekte des dramatischen Dialogs:

expressiv **Ausdruck** **Selbstäußerung**	**informativ** **Gegenstand** **Thema**	**appellativ** **Adressat** **Partnerbezug**
Standpunkte	Sachen	Liebe – Hass
Wertungen	Personen	Sympathie – Antipathie
Entschlüsse	Verhältnisse	Gunst – Missgunst
Gedanken	Ideen	Lob – Tadel
Gefühle	Ursachen	Frage – Antwort
Motive	Handlungen	Zustimmung – Ablehnung
Interessen	Ereignisse	Aufwertung – Abwertung
Ziele	Vorhaben	Aktivierung – Mäßigung
Einsichten	Entscheidungen	Angriff – Verteidigung
Infragestellungen	Vorgeschichte	Auflehnung – Unterwerfung
Selbstzweifel	Pläne	Forderung – Verweigerung
Zuversicht	Absichten	Aufklärung – Verschleierung
Selbstvertrauen	Aussichten	Überzeugung – Überredung
…	…	…

Die sprachlichen Äußerungen der Figuren lassen Rückschlüsse auf ihre tatsächlichen Ziele zu, manchmal auch dadurch, dass etwas nicht ausgesprochen wird. Die Sprache lässt aber auch die Taktik durchscheinen, mit der die handelnden Figuren ihre Ziele durchzusetzen versuchen – auch wenn mitunter versucht wird, die Beteiligten über die wirklichen Ziele und die dafür eingesetzte Taktik zu täuschen. Die Sprache kann außerdem die Gefühle der handelnden Personen verraten oder versuchen, Gefühle zu verdecken.

Aus den Unterschieden bzw. Gemeinsamkeiten der **Dialogpartner** in Bezug auf Position und Status (Geschlecht, Alter, Bildungsgrad, Herkunft, Macht o. Ä.) ergeben sich die Voraussetzungen für die sprachlichen Besonderheiten des Dialogs. Weil Figuren durch ihre Äußerungen aufeinander wirken, Konflikte verursachen und Anlass zu Reaktionen geben, verrät die Dialogführung sehr viel über die Art des Beziehungsgefüges und Rollenverhältnisses, z. B. Mann – Frau, Vater – Sohn, Freund – Feind, Herr – Knecht etc.

Mögliche Hilfsfragen zur Untersuchung des dramatischen Dialogs bzw. der Kommunikationsstruktur

- Welche Hinweise bekommt man aus dem Kommunikationsmodell für die Dialogszene?
- Wie sind die Redeanteile quantitativ verteilt?
- Sprechen die Dialogpartner auf gleichem Sprachniveau?
- Welche Rolle spielen Macht und Überlegenheit?
- Welche Kommunikationsstrategien werden angewandt?
- Inwieweit gehen die Dialogpartner aufeinander ein oder nicht ein?
- Zeigen sich im Verhältnis der Dialogpartner Entwicklungen?
- Ist die Haltung der Sprechenden eher rational oder emotional?
- …

Thema:

Charakterisieren Sie die Beziehung zwischen Marianne und Alfred und gehen Sie dabei vor allem ausführlich auf das Gesprächsverhalten der beiden ein (vgl. S. 266 ff.).

Lösungsvorschlag

Charakterisierung

Im Zusammenhang mit dem Zerbrechen der Beziehung zwischen Marianne und Alfred ist vor allem die fehlende Bereitschaft der von Horváth gestalteten Figuren zu einem Gespräch zu sehen. Alfreds und Mariannes Dialog ist über weite Strecken ein Streit, in dem die Positionen unversöhnlich aufeinanderprallen: „Das Kind bleibt da" – „Das Kind kommt weg" (Z. 59 f.). Erst später wird ein notdürftiges Argument nachgeschoben (Z. vgl. 81 ff.). Im Streit um die Sockenhalter (vgl. Z. 41 ff.) reduzieren sich Alfreds Antworten auf verärgerte Ein-Wort-Verneinungen (Z. 44, 46). Marianne versucht, sich gegen seinen Umgangston zu wehren: „Du sollst mich nicht immer beschimpfen" (Z. 99 f.), was aber keine Wirkung zeigt, wenn man an Alfreds Abwertung am Schluss der Szene denkt (vgl. Z. 103 ff.). Er gibt seiner Missachtung für Marianne deutlich Ausdruck, wenn er ihr „Dummheit" (Z. 104) und bedeutungsschwangeres Gerede (Z. 72 ff.) vorwirft. Die Kommunikation ist schon so weit gestört, dass Dinge gehört werden, die gar nicht gesagt worden sind (vgl. Z. 92 ff.), oder unhaltbare Vorwürfe gemacht werden, nur um den anderen zu verletzen: „Oh du egozentrische Person" (Z. 39). Noch bedeutendere Anzeichen der Kommunikationsunfähigkeit liegen in dem wiederholten Ausweichmanövern der beiden Gesprächspartner. So fragt Alfred z. B. nach dem Streit über das Kind ganz unvermittelt: „Wo stecken meine Sockenhalter?" (Z. 63) Oder Marianne weicht einer endgültigen Klärung, ob Alfred ein Verstandesmensch sei, mit der Feststellung aus: „Ich müßt mir mal die Haare schneiden lassen" (Z. 14 f.) Noch krasser zeigt sich das zum Teil unbewusste Ausweichen vor einer sachlichen Auseinandersetzung in dem Gespräch der beiden über die berufliche Situation Alfreds. Während Marianne Alfreds ausbleibende Verkaufserfolge mit einem gut gemeinten und plausiblen Erklärungsversuch kommentiert (vgl. Z. 32), reagiert Alfred darauf mit aggressivem Unverständnis: „Nimm nur die Leut in Schutz!" (Z. 33). Das Gespräch verliert sich im Folgenden in weiteren persönlichen Vorwürfen und Gegenvorwürfen, anstatt die Sache im Blick zu behalten und auf das ökonomische Anfangsargument „Kaufkraft" einzugehen. An dieser scheiternden Kommunikation lässt sich erkennen, wie weit die Zerrüttung der Beziehung bereits fortgeschritten ist. An ein paar Stellen retten sich die beiden in bloße Phrasen: „Über uns webt das Schicksal Knoten in unser Leben –" (Z. 91 f.; vgl. auch Z. 73), also in Formen uneigentlichen Sprechens, die echte Verständigung verhindern, ja unmöglich machen. Marianne flüchtet sich in pseudophilosophische, romantisierende Erklärungsmuster, die sie vielleicht irgendwann einmal gelesen hat (Bildungsjargon), während Alfred, seine eigentliche gesellschaftliche Position beschönigend, sich in die Pose der Herablassung begibt.

Scheitern der Beziehung gezeigt an der Kommunikationsunfähigkeit	
Beziehungsaspekt	**Kommunikationsaspekt**
Zerbrechen	Kommunikationsunfähigkeit
Streit	
	Notdürftiges Argument
Verärgerung	Elliptische Verneinungen
Versuch der Selbstbehauptung	
Abwertung Missachtung	Verletzende Wortwahl
Misstrauen Hass	Unhaltbare Vorwürfe
	Ausweichendes Sprachverhalten
Harmoniebedürfnis Mariannes	Verbales Entgegenkommen
Zurückweisung Unverständnis bei Alfred	Vorwürfe und Gegenvorwürfe
Zerrüttung	
	Phrasen
Verdrängung/ Fluchtverhalten Mariannes	
Arroganz	Nichtssagender Bildungsjargon

In beiden Formen zeigt Horváth die Sprachunfähigkeit des Paares im Dialog sehr deutlich. Für diese mangelnde Kompetenz in Sprache und Kommunikation ist neben Streit und sprachlichem Ausweichmanöver ein drittes entscheidendes Indiz die achtmalige Regieanweisung „Stille". Damit wird signalisiert, dass die Dialoge wiederholt gänzlich abbrechen und die Figuren verstummen. Der Kontext zeigt jeweils, dass es sich nicht um ein einvernehmliches Schweigen handelt, sondern tatsächlich alle Versuche einer sprachlichen Klärung vorerst scheitern und auch kein echter Neuansatz nach der Sprechpause erfolgt. Die häufige Verwendung der Regieanweisung „Stille" durch den Autor könnte vielleicht zusätzlich auch noch verstanden werden als eine an den Zuschauer gerichtete Aufforderung, den Wahrheitsgehalt der vorangegangenen Aussage zu prüfen.

Analysieren Sie Beziehungs- bzw. Kommunikationsaspekte im letzten Abschnitt des Lösungsvorschlags.

5 Interpretation

Nach der eher referierenden Beschäftigung mit dem Text (Wiedergabe von Gesprächs- und Handlungsverlauf/Inhalt und Aufbau) und der mehr analytischen Auseinandersetzung in Form einer Figurencharakterisierung einschließlich des Gesprächsverhaltens sollen Interpretation und literarische Stellungnahme zu einer problembewussten Reflexion von Form und Inhalt der dramatischen Szene führen. Die Aufgabenstellung kann allgemein gehalten sein oder bereits einen Hauptaspekt der Deutung beinhalten.

Thema:

Interpretieren Sie das im Szenenausschnitt dargestellte Scheitern der Liebesbeziehung zwischen Marianne und Alfred (vgl. S. 266 ff.).

Lösungsvorschlag

Behauptung 1

In diesen ärmlichen Wohn- und Lebensverhältnissen ist eine erste Ursache für das Scheitern der Liebesbeziehung zu sehen.

Erläuterung Beispiel mit Belegstellen

Wie die Regieanweisung angibt, ist das Licht trüb, und Windeln müssen in der Einzimmerwohnung auf einer Schnur getrocknet werden, sodass Alfred entnervt sagt: „Wir können doch nicht drei Seelen hoch in diesem Loch vegetieren!" (Z. 57 f.) Ständig müssen die beiden aufgrund dieser beengten Wohnsituation Rücksicht nehmen auf den Säugling, um ihn nicht zu wecken, weil sie keinen ungestörten Platz für ihn und für sich haben. Marianne dämpft Alfreds Stimme bei einer Auseinandersetzung: „Nicht so laut! Wenn das Kind aufwacht, dann kenn ich mich wieder nicht aus vor lauter Geschrei!" (Z. 52 ff.). Auf diese Weise wirkt die häusliche Umgebung als negativer Faktor auf die Beziehung der beiden. Das geht sogar so weit, dass Alfred verlangt: „Das Kind muß weg!" (Z. 58) und Marianne die Trennung schmackhaft machen will, indem er ausmalt: „[...] es ist doch nur im Interesse unseres Kindes, daß es aus diesem feuchten Loch herauskommt. [...] hier ist es grau und trüb, und dort draußen bei meiner Mutter in der Wachau scheint die Sonne" (Z. 83 ff.).

Folgerung

Die Wohnverhältnisse sind also der sichtbare Ausdruck der sozialen, vor allem materiellen Lage des mittellosen Paares. Alfred hat als Vertreter für Hautcreme keine Verkaufserfolge, was er auf die schlechte Qualität des Produkts, Marianne hingegen auf die allgemeine wirtschaftliche Situation zurückführt: „Als ob ich was für die wirtschaftliche Krise könnt!" (Z. 37 f.), „Die Leut haben halt kein Geld" (Z. 32). Aus dem Entstehungsdatum des Stückes 1930 und Mariannes Hinweis auf die „wirtschaftliche Krise" (Z. 37 f.) lässt sich schließen, dass Horváths Stück vor dem Hintergrund der großen Weltwirtschaftskrise seit 1929 spielt.

Rückführung (Autorenintention)

Mariannes und Alfreds Beziehung ist also wohl nicht als Einzelfall anzusehen, sondern soll die Belastung des Privaten durch die damalige ökonomische Krisenzeit repräsentieren.

Behauptung 2 (Autorenintention)

Horváth gestaltet Mariannes und Alfreds Beziehung aber nicht nur als Produkt einer allgemeinen Krise, sondern auch als Ergebnis eines individuellen Konfliktes. „Wer hat

mir denn die Rennplätze verleidet?" (Z. 23), „Wer hat mir den irrsinnigen Rat gege-	
ben, als Kosmetik-Agent herumzurennen? Du!" (Z. 39 ff.), wirft Alfred Marianne	
vor und macht so deutlich, dass sie ihn zu einem Vertreterdasein überredet hat, weil	
sie mit seiner Spielerneigung nicht einverstanden war, womit sie natürlich auch im	Beispiel
Recht ist. Er, Alfred, leidet darunter, seinen unabhängigen Lebensstil als „Strizzi"	
gegen ein kleinbürgerliches und alltäglich-monotones Leben an der Seite Mariannes	Folgerung
eingetauscht zu haben. Marianne ihrerseits hat sich einen Wechsel ihrer Lebenssi-	
tuation erhofft, findet sich aber an der Seite Alfreds in der gleichen Abhängigkeit	
von einem Mann wie früher, als ihr Vater – genau wie Alfred heute – sie verantwort-	
lich machte für den Verbleib der Sockenhalter (vgl. Z. 48). In dem Konflikt zwischen	
Alfred und Marianne spiegelt sich ein typischer Rollenkonflikt zwischen autoritärem	Rückführung
Männerverhalten („Macho") und weiblicher Unterlegenheit.	(Autorenintention)
Der geschlechtsspezifische Gegensatz zeigt sich aber nicht nur in Alltagsbanalitäten,	
sondern auch ganz grundsätzlich in der unterschiedlichen Gefühlswelt der beiden.	Behauptung 3
Während Alfred nüchtern und egoistisch darüber nachdenkt, wie man das Kind	
abschieben könnte, und das als väterliche Fürsorge tarnt, lebt Marianne nach ihren	
mütterlichen Gefühlen, die Alfred wiederum als „mütterlichen Egoismus" (Z. 83)	Erläuterung
abqualifiziert. Mariannes Sehnsüchte haben sich an Alfreds Seite nicht erfüllt („Ich	Beispiel
war viel allein", Z. 80), sodass sie den aus ihrer Sicht verheißungsvollen Beginn der	
Beziehung zu Alfred verklärt, aber bei diesem nur auf Unverständnis stößt (vgl.	
Z. 73 ff.). Marianne in ihrer naiv-romantischen Art scheitert an der Gefühlskälte	
Alfreds, der ihren enttäuscht-ängstlichen Satz: „Du, wenn du jetzt nämlich alles	Folgerung
vergessen hast –" als „Quatsch" abtut (Z. 121). Horváth bündelt in dieser Szene	
äußere und innere Gründe für das Scheitern des Verhältnisses zwischen Alfred und	Zusammenfassung
Marianne, das sich nicht nur inhaltlich, sondern auch sprachlich nachweisen lässt.	

6 Literarische Stellungnahme

Die Form der kritischen Auseinandersetzung mit einer Thematik, Aussage oder konkreten Textstelle einer Dramenszene gleicht derjenigen einer literarischen Stellungnahme im Rahmen der Analyse epischer Texte. Die Beurteilung und Bewertung von Verhaltensweisen, Einstellungen, Beziehungen etc. kann dabei neben dem eigentlichen Dramentext auch Aspekte einbeziehen, die dem Nebentext (Regieanweisungen) zu entnehmen sind.

Thema:
Sind in der Darstellung des Scheiterns der Beziehung zwischen Alfred und Marianne aktuelle Probleme erkennbar (vgl. S. 266 ff.)?

Lösungsvorschlag

Schreibplan

These

- Schwierige soziale Hintergründe als Alltagsproblem vieler junger Familien
- Belastung und Überforderung vieler Eltern als überzeitliches Phänomen
- Problem der gegenseitigen Entfremdung in vielen Partnerschaften
- Kommunikationsunfähigkeit als häufig beobachtbare Ursache für Beziehungskonflikte

Antithese

- Materielle und finanzielle Stützung von Familien in Not
- Veränderung des Rollenmusters in vielen Partnerschaften
- Emanzipation der Frau und daraus resultierende Unabhängigkeit vom Mann

Synthese
- Berücksichtigung der persönlichen Lebenserfahrungen des Lesers
- Berücksichtigung der historischen bzw. gesellschaftlichen Entstehungshintergründe
- Veränderung des Rollenbildes in Partnerschaft und Familie
- Problematisierung des Begriffs „Kommunikation"
- Vergleich des Verhältnisses Marianne – Alfred mit Paarbeziehungen in anderen literarischen Werken
- Einordnung in die Gesamtaussageabsicht des Autors Horváth

7 Übungsteil: Überblick über mögliche Aufgabenstellungen – Text mit Teillösungen

Überblick über mögliche Formulierungen von Aufgabenstellungen

Inhalt und Aufbau
- Fassen Sie den Inhalt der Dramenszene knapp zusammen.
- Geben Sie Inhalt und Aufbau der Dramenszene wieder.
- Geben Sie Inhalt und Verlauf der Szene knapp wieder.

Charakterisierung und Gesprächsverhalten
- Stellen Sie die Haltung des Physikers Möbius dar. Zeigen Sie, wie Möbius vorgeht, um die beiden anderen Physiker für seine Auffassung zu gewinnen. Wie werden durch die Gesprächsführung die beteiligten Personen charakterisiert?
  Dürrenmatt, Friedrich, Die Physiker, Zürich 1962, S. 62–66, 77–79
- Untersuchen Sie, mit welchen sprachlichen Mitteln Bertolt Brecht die Szene gestaltet. Charakterisieren Sie Galileis Schüler Andrea und interpretieren Sie Galileis Aussage „Unglücklich das Land, das Helden nötig hat".
  Brecht, Bertolt, Leben des Galilei. Gesammelte Werke, Bd. 3, Stücke 3, 13. Bild (Auszug), Frankfurt/M. 1967
- Untersuchen Sie den Prozess der Kommunikation, der in dieser Szene stattfindet. Beachten Sie dabei insbesondere Sprachverhalten und Taktik der drei Journalisten.
  Kraus, Karl, Die letzten Tage der Menschheit, München 1975, S. 94–98
- Analysieren Sie das Verhalten der beiden Personen im Verlauf des Gesprächs. Berücksichtigen Sie dabei sowohl verbale als auch nonverbale Handlungsweisen.
  Rinke, Moritz, Cafe Umberto, Hamburg 2005, S. 93–103
- Untersuchen Sie das Verhältnis zwischen Malthus und Jens und analysieren Sie Dialogführung und Sprachverhalten.
  Dorst, Tankred, Die Schattenlinie und andere Stücke. Werkausgabe 6, Frankfurt am Main 1995, S. 262–266

Interpretation
- „Top Dogs" ist derzeit eines der meistgespielten Stücke auf deutschen Bühnen. Welche Ursachen könnte es Ihrer Meinung nach dafür geben?
  Widmer, Urs, Top Dogs, Frankfurt am Main ^{2}1998, S. 19 ff.
- Der Autor Michael Frayn will mit seinem Theaterstück zur Klärung der Frage beitragen, warum Heisenberg seinen Freund und Lehrer Niels Bohr 1941 in Kopenhagen besucht hat und warum die Freundschaft zwischen beiden damals zerbrochen ist. Welche Antworten können sich aus den Dialogen – bei Berücksichtigung der damaligen politischen Lage – ergeben?
  Frayn, Michael, Kopenhagen, Göttingen 2001, S. 71–81

Literarische Stellungnahme

- Nehmen Sie Stellung zu der Aussage des Geistlichen Hull: „Besser, es wäre einer gestorben als sechs Millionen", womit er Eichmann des unterlassenen Widerstands bezichtigt.
  Kipphardt, Heinar, Bruder Eichmann, Hamburg 1986, S. 123 ff.
- Treffen die Aussagen des Gesprächs über die möglichen Folgen des wissenschaftlichen Fortschritts auf unsere Zeit noch zu?
  Brecht, Bertolt, Leben des Galilei. Gesammelte Werke, Bd. 3, Frankfurt am Main 1967, S. 1293–1298
- Beurteilen Sie die Einstellung Ludwigs zur Wahl seiner Lehrstelle.
  Kroetz, Franz-Xaver, Mensch Meier, Hamburg 1999, S. 24–27
- Bewerten Sie die Gründe, weshalb die Frau mit dem Weltverbesserer zusammenlebt.
  Bernhard, Thomas, Der Weltverbesserer, in: Bernhard, Thomas, Stücke 3, Frankfurt am Main 1988, S. 119–142

Text mit Teillösungen

Schweyk im Zweiten Weltkrieg (1941–1944) | Bertolt Brecht

Der Autor greift in seinem im Exil entstandenen Stück auf die berühmte Romanfigur von Jaroslav Hašek zurück. Dessen Figur des „braven Soldaten Schweyk" überlebt mit Naivität und Bauernschläue den Ersten Weltkrieg und wird zum Sinnbild des Protestes gegen Krieg, Militarismus und jede Art von Diktatur. Brecht versetzt diese Symbolfigur in die Zeit der nationalsozialistischen Unrechtsherrschaft in der Tschechoslowakei während des Zweiten Weltkriegs. Die folgende Szene ist die Schlussszene des Stückes.

NACHSPIEL

Der brave Hitlersoldat Schweyk marschiert unermüdlich nach dem immer gleich weit entfernten Stalingrad, als aus dem Schneesturm eine wilde Musik hörbar wird und eine überlebensgroße Gestalt auftaucht, Adolf Hitler. Es findet die historische Begegnung zwischen Schweyk und Hitler statt.

HITLER
Halt. Freund oder Feind?

SCHWEYK *salutiert gewohnheitsmäßig*: Heitler!

HITLER *über den Sturm weg*: Was? Ich versteh kein Wort.

SCHWEYK *lauter*:
Ich sag Heitler. Verstehns mich jetzt?

HITLER
Ja.

SCHWEYK
Der Wind nimmts mit fort.

HITLER
Richtig. Es scheint ein Schneesturm zu sein.
Können Sie mich erkennen?

SCHWEYK
Bittschön, das nein.

HITLER
Ich bin der Führer.

Schweyk, der mit erhobenem Arm verblieben war, hebt erschreckt, sein Gewehr fallen lassend, auch noch den andern Arm hoch, als ob er sich ergäbe.

SCHWEYK
Heiliger Sankt Joseph!

HITLER
Ruht. Wer sind Sie?

SCHWEYK
Ich bin der Schweyk aus Budweis, wo die Moldau das Knie macht und bin hergeeilt, daß ich Ihnen zu Stalingrad helf. Sagns mir jetzt bittschön nur noch: wo is es?

HITLER
Wie zum Teufel soll ich das wissen
Bei diesen verrotteten bolschewistischen Verkehrsverhältnissen!
Auf der Karte war die Strecke Rostow – Stalingrad gradaus. Nicht viel länger als mein kleiner Finger.
Jetzt stellt sie sich als länger heraus.
Außerdem hat der Winter auch in diesem Jahr zu früh eingesetzt.
Anstatt am fünften November schon am dritten, das ist das zweite Jahr jetzt.
Dieser Winter ist eine echt bolschewistische Kriegslist.
Im Augenblick weiß ich z. B. überhaupt nicht mehr, wo vorn und wo hinten ist.

Ich bin davon ausgegangen, daß der Stärkere siegt.
SCHWEYK
Und so ists auch gekommen.
Er hat begonnen, mit den Füßen zu stampfen, und schlägt sich jetzt den Rumpf mit den Armen, da es ihn stark friert.
HITLER
Herr Schweyk, wenn das Dritte Reich unterliegt
Waren nur die Naturgewalten schuld an dem Mißgeschick.
SCHWEYK
Ja, ich her, der Winter und der Bolschewik.
HITLER *setzt zu langer Erklärung an:*
Die Geschichte lehrt, es heißt: Ost oder West.
Schon als Hermann, der Cherusker ...
SCHWEYK
Erklärens mir das lieber aufm Weg, sonst gefriern wir hier noch fest.
HITLER
Schön. Dann vorwärts.
SCHWEYK
Aber wo soll ich mit Ihnen hin?
HITLER
Versuchen wirs mit dem Norden.
Sie stoßen ein paar Schritte nach Norden vor.
SCHWEYK *bleibt stehn, steckt zwei Finger in den Mund und pfeift Hitler zurück*:
Da is Schnee bis zum Kinn.
HITLER
Dann nach Süden!
Sie stoßen ein paar Schritte nach Süden vor.
SCHWEYK *bleibt stehen, pfeift*:
Da sind die Berge von Toten.
HITLER
Dann stoß ich nach Osten.
Sie stoßen ein paar Schritte nach Osten vor.
SCHWEYK *bleibt stehen, pfeift*:
Da stehen die Roten.
HITLER
Richtig.
SCHWEYK
Vielleicht gehen wir nach Haus? Das hätt doch einen Sinn.
HITLER
Da steht mein deutsches Volk. Da kann ich nicht hin.
Hitler tritt schnell hintereinander nach allen Richtungen.
Schweyk pfeift ihn immer zurück.

HITLER
Nach Osten. Nach Westen. Nach Süden. Nach Nord.
SCHWEYK
Sie können nicht hierbleibn. Und sie können nicht fort.
Hitlers Bewegungen nach allen Richtungen werden schneller.
SCHWEYK *fängt an zu singen:*
Ja, du kannst nicht zurick und du kannst nicht nach vorn.
Du bist obn bankrott und bist untn verlorn.
Und der Ostwind is dir kalt und der Bodn is dir heiß
Und ich sags dir ganz offen, daß ich nur noch nicht weiß
Ob ich auf dich jetz schieß oder fort auf dich scheiß.
Hitlers verzweifelte Ausfälle sind in einen wilden Tanz übergegangen.
CHOR ALLER SPIELER *die ihre Masken abnehmen und an die Rampe gehen:*
Es wechseln die Zeiten. Die riesigen Pläne
Der Mächtigen kommen am Ende zum Halt.
Und gehn sie einher auch wie blutige Hähne
Es wechseln die Zeiten, da hilft kein Gewalt.
Am Grunde der Moldau wandern die Steine
Es liegen drei Kaiser begraben in Prag.
Das Große bleibt groß nicht und klein nicht das Kleine.
Die Nacht hat zwölf Stunden, dann kommt schon der Tag.

Brecht, Bertolt, Schweyk im Zweiten Weltkrieg, in: Gesammelte Werke 5, Stücke 5, Suhrkamp Verlag, Frankfurt/M. 1967, S. 1990 ff.

Beschreiben Sie den Aufbau der Szene.

Lösungsvorschlag

In den Kriegsjahren entstand – im Exil – Bertolt Brechts „Schweyk im Zweiten Weltkrieg", in dem er auf die Titelfigur des berühmten tschechischen Romans von Hašek zurückgreift, sie aber vom Ersten in den Zweiten Weltkrieg versetzt. Auch bei Brecht drückt diese Figur den Widerstand gegen das Militär und den Krieg aus, hier jedoch erweitert durch die Auflehnung gegen die Terrorherrschaft Hitlers in der damaligen Tschechoslowakei während der deutschen Besatzung. Im vorliegenden „Nachspiel" des Stückes, einer die historische Realität hinter sich lassenden Szene, treffen Schweyk und Hitler im russischen Winter 1943 aufeinander, unterwegs nach dem „immer gleich weit entfernten Stalingrad" (Z. 2 f.). Die Szene beginnt mit dem Zusammentreffen von Hitler und Schweyk, das äußerlich nach militärischen Regeln abläuft und mit einer gegenseitigen „Vorstellung" schließt, zu der auch ein „Hilfsangebot" Schweyks für den Kampf um Stalingrad gehört (vgl. Z. 34 ff.). Auf Schweyks Frage nach der geografischen Lage Stalingrads will Hitler wortreich seine militärischen Fehleinschätzungen rechtfertigen, indem er den Verkehrsverhältnissen und Landkarten und schließlich noch einem verfrühten Wintereinbruch die Schuld gibt (vgl. Z. 40 ff.) – allesamt bolschewistische Böswilligkeiten (vgl. Z. 49 f. bzw. 64). Hitlers Eingeständnis, die Orientierung völlig verloren und seine militärische Stärke falsch eingeschätzt zu haben (vgl. Z. 51 ff.), verschafft Schweyk die Möglichkeit, nun gewissermaßen die „Führung zu übernehmen", indem er Hitler auf den Boden der Tatsachen zurückholt und ihm seine Ausweglosigkeit demonstriert (Z. 79 f.). Sehr deutlich zeigen sich die veränderten Machtverhältnisse und die Überlegenheit Schweyks in dessen höhnischem „Gesang", mit dem er Hitlers Wahnsinnstanz kommentiert (vgl. Z. 110 ff.). Das Stück endet mit dem „Chor aller Spieler" (Z. 119), die – unmaskiert an der Rampe – das „Lied von der Moldau" singen, einen Song, in dem sich die Zuversicht auf Veränderung der politischen Machtverhältnisse ausdrückt.

Analysieren Sie das Verhältnis der beiden Figuren Schweyk und Hitler.

Lösungsvorschlag

Hitler tritt am Szenenbeginn als Führer (Z. 25) und militärischer Vorgesetzter auf, der Befehle gibt und Fragen stellt (vgl. Z. 11 bzw. 32). Schweyk als einfacher Soldat und Befehlsempfänger salutiert zwar, tut dies aber nur „gewohnheitsmäßig" (Z. 10). Schon aus seiner respektlosen Abwandlung des Hitlergrußes zu „Heitler" (Z. 10 bzw. 14) geht hervor, dass es sich um keinen echten Gefolgsmann Hitlers handelt, sondern um jemanden, der schlitzohrig im Schutz von vordergründigem Gehorsam – „brav" und „unermüdlich" (Z. 2 f.) – und mit gespielter Einfältigkeit (vgl. Z. 30 ff.) ironisch Kritik übt und sich damit insgeheim auflehnt. Noch deutlicher wird Schweyks eigentliche Überlegenheit, wenn er Hitlers Einschätzung, der Stärkere siege, formal bejaht „und so ists auch gekommen" (Z. 55), damit aber bereits den sowjetischen Sieg bei Stalingrad meint (vgl. auch Z. 64), womit er indirekt die Richtung seiner Sympathie durchschimmern lässt. Brecht zeigt Schweyk als Realisten, wenn er Hitlers weitschweifige Geschichtsschau mit den Worten unterbricht: „Erklärens mir das lieber aufm Weg" (Z. 69). Hitler beugt sich dieser militärischen „Unbotmäßigkeit" und lässt sich im Folgenden von Schweyk sogar hin und her pfeifen (vgl. Z. 78 f., 84, 89, 101). Damit ist jegliche Rangordnung zwischen den beiden auf den Kopf gestellt, wie es der Chor zum Schluss bestätigt: „Das Große bleibt groß nicht und klein nicht das Kleine" (Z. 127 f.). Schweyks Überlegenheit findet ihre gegenteilige Entsprechung in Hitlers zunehmender Verzweiflung, die sich sprachlich und gestisch ausdrückt. Indem Brecht das historische Verhältnis zwischen oben und unten in Gestalt der beiden Figuren Hitler und Schweyk ins Gegenteil verkehrt, bringt er seine klassenkämpferische Hoffnung zum Ausdruck, dass durch die Veränderung der gesellschaftlichen Verhältnisse Kriege unmöglich werden.

Erläutern Sie die Bedeutung der sprachlichen und dramaturgischen Mittel für die Figurengestaltung und für die Rolle des Chores.

Lösungsvorschlag

Hitlers Sprache ist zunächst gekennzeichnet durch knappe militärische Formeln mit ihrer Neigung zu Ellipsen: „Halt. Freund oder Feind?" (Z. 9). „Ruht. Wer sind Sie?" (Z. 32), die ihn als militärischen Vorgesetzten ausweisen. Nachdem er sich als Führer zu erkennen gegeben hat (Z. 25), wird seine Sprache wortreicher, indem er emotional erregt und ideologisch verblendet monologisiert. Seine Schuldzuweisungen arbeiten mit dem nationalsozialistischen Reizwort „bolschewistisch" (Z. 40 bzw. 49), zusätzlich verstärkt durch die Attribute „verrottet" und „echt" (ebd.). Brecht gibt

Hitler der Lächerlichkeit preis, wenn er ihn am Kartenmaßstab bzw. an einem um zwei Tage verfrühten Wintereinbruch scheitern lässt. Der Autor zeigt damit in sprachlich witziger Weise den Realitätsverlust Hitlers (vgl. Z. 42 ff. bzw. 45 ff.; vgl. auch Z. 61 f.). Ideologisch überfrachtet ist auch Hitlers Ansatz zu seiner historisierenden Ausführung über den großen Entscheidungskampf, der schon bei den Germanen begonnen habe. Die Wortwahl „Ost oder West" und der Name „Hermann, der Cherusker" verweisen eindeutig auf die NS-Propaganda (vgl. Z. 66 f.). Hitlers Ausweglosigkeit zeigt sich nicht nur in den wiederholten verzweifelten und unrealistischen Vorschlägen von Marschrichtungen, sondern am eindringlichsten in der „Erkenntnis": „Da steht mein deutsches Volk. Da kann ich nicht hin" (Z. 97 f.). Hier wie an anderen Stellen auch wird das Phrasenhafte der alten völkischen Führerideologie außer Kraft gesetzt und ad absurdum geführt, dadurch dass sich der Führer nicht mehr unter „sein" Volk traut. Die sprachliche Entlarvung der Hitlerfigur wird verstärkt durch dramaturgische Mittel Brechts, der in der Regieanweisung vorgibt, dass Hitler als „überlebensgroße Gestalt" erscheint, deren Auftritt im Schneesturm durch „wilde Musik" begleitet wird (Z. 4 f.). Mit diesen künstlich-theatralischen Mitteln soll die Überlegenheit des Diktators sinnfällig gemacht werden.

Im Verlauf der Szene verliert die Figur Hitlers ihre Überlegenheit nicht nur sprachlich, sondern auch optisch durch die von Brecht vorgeschriebene Bewegungsregie. Die gemeinsamen Marschversuche, bereits unter Schweyks Kommando, werden abgelöst durch verzweifelte und von Schweyk „zurückgepfiffene" Ausbruchsversuche Hitlers, die schließlich in einen irrwitzigen, wilden Tanz übergehen (vgl. Z. 78 ff.). Damit unterstreicht Brecht mit deutlichen Mitteln grotesker Körpersprache die Aussage des Dialogs: den Umschlag von Macht in Ohnmacht, vom Größenwahn in Verzweiflung, vom „Großen" zum „Kleinen".

Schweyk gebraucht eine dialektgefärbte Umgangssprache, was sich z. B. in Kontraktionen und Endsilbenverschleifungen, in böhmischen Vokalfärbungen und grammatikalischen Besonderheiten zeigt: „Nimmts" (Z. 18); „Sag" (Z. 14); „obn – untn" (Z. 112); „her" (Z. 64); „zurick" (Z. 110); „Sagns" (Z. 36); „Bittschön, das nein" (Z. 23). Neben der bereits erwähnten Verballhornung des Hitlergrußes verfällt Schweyk in seinem Schlussgesang in eine derbe Soldatensprache, die ihn wie das Stoßgebet „Heiliger Sankt Joseph!" (Z. 30) als Mann aus dem einfachen Volk charakterisiert. Trotz seiner einfachen sozialen Herkunft ist sein Reden doppelbödig und zeigt seine Schlauheit an. Geistreich und schlagfertig kommentiert er Hitlers These vom Sieg des Stärkeren: „Und so ists auch gekommen" (Z. 55) und begegnet Hitlers Phrasenhaftigkeit mit Witz und Ironie: „Erklärens mir das lieber aufm Weg, sonst gefriern wir hier noch fest" (Z. 69 f.). Suggestiv fragt er: „Vielleicht gehen wir nach Haus? Das hätt doch einen Sinn" (Z. 94 f.) und zeigt darin ebenso seine höhere Einsicht wie in der antithetischen Wendung: „Sie können nicht hierbleibn. Und sie können nicht fort" (Z. 105 f.). Damit wird Schweyks Schlusslied vorbereitet, das durchweg antithetisch formuliert ist und die absolute Ausweglosigkeit Hitlers sprachlich veranschaulicht. Schweyks Sprache insgesamt ist also, trotz ihrer vordergründigen Einfachheit, eine überlegte, ja beinahe schon raffinierte Sprache der versteckten Bloßstellung und heimlichen Entlarvung.

Diesem Zweck dient auch sein außersprachliches (nonverbales) Verhalten. Die anfänglichen Regieanweisungen zeichnen Schweyk als einen scheinbar „brav[en]" und „unermüdlich[en]" (Z. 2 f.) Soldaten, was aber auch wiederum nur Spiel, Verstellung ist, auf gestische Weise. Sein „Als ob"-Spiel findet seinen Höhepunkt in dem Moment, in dem er den Hitlergruß erweitert zu einer Geste des Sichergebens, hinter deren gespieltem Erschrecken sich für den Zuschauer bitterer Ernst verbirgt. Ähnlich zweideutig ist die gestische Andeutung des gemeinsamen Marschierens (vgl. Z. 77, 83, 88), weil hier das Spiel historische Realität symbolisiert. Entscheidend an den Ausbruchsversuchen ist aber, dass Schweyk jeweils stehen bleibt, das Kommando übernimmt und „seinen Führer" zurückpfeift (vgl. Z. 79, 84, 89, 101). Damit findet die Umkehrung der Autoritätsverhältnisse ihren nachdrücklichen gestischen Höhepunkt.

Lassen schon die Reime in Hitlers und Schweyks Dialog (vgl. z. B. Z. 39 ff. oder 94 ff.) die Sprachgestaltung Brechts spüren, so wird seine Absicht der epischen Verfremdung im Schlusschor noch deutlicher. Die strenge lyrische Form von zwei vierversigen daktylischen Strophen im traditionellen Kreuzreim steht im Kontrast zum dramatischen Spiel und Dialog. Indem die Schauspieler ihre Masken abnehmen, durchbrechen sie die Illusion und stellen eine Distanz zum bisherigen Spiel dar. Ihre Aufstellung an der Rampe signalisiert, dass jetzt der Zuschauer direkt – in lehrhafter Absicht – angesprochen wird. Brecht konfrontiert das Publikum im Text des Songs mit seiner „Moral von der Geschichte", wobei er seine abstrakte Geschichtsphilosophie mit der konkreten böhmischen Geschichte verknüpft – und dies in ausdrucksstarken Bildern.

Auf der beigefügten CD finden Sie zusätzlich Auszüge aus den Dramen
- „Nicht Fisch nicht Fleisch" von Franz Xaver Kroetz (mit Teillösungen)
- „Groß und klein" von Botho Strauß
- „Schweig Bub!" von Fitzgerald Kusz (mit Arbeitsaufträgen)

V Analyse von lyrischen Texten

1 Grundsätze zur Behandlung von lyrischen Texten

Lyrik ist nicht nur die Gattung, die bei Weitem die größte Vielfalt an Einzelformen aufweist; sie ist auch die Gattung, in welcher die besondere Bedeutung der Form zum Ausdruck kommt.
Formale Geschlossenheit und Einheitlichkeit verbinden sich mit einer formalen und thematischen Überschaubarkeit.

Gedichte sind in der Regel bestimmt durch die Abweichung von alltagssprachlichen Normen infolge eines freieren, individuelleren Umgangs mit Sprache (z. B. grammatikalische Freiheiten, subjektive Eigenheiten, Stilisierungen, Emotionalisierung, Musikalität, gesteigerte Bildhaftigkeit etc.).

Außerdem ist Lyrik durch höchste Konzentration und Verdichtung der sprachlichen Ausdrucksmittel gekennzeichnet.

Im Verhältnis von Lyrik und Wirklichkeit dominiert das Begrenzte und Einzelne, sei es als Erlebnis, Erfahrung, Stimmung; sei es als Gefühl, Wahrnehmung, Beobachtung; sei es als Gedanke, Haltung, Erkenntnis; sei es als Motiv, Situation, Vorgang. Der Blick auf das Ganze erfolgt also aus sehr subjektiver Perspektive eines Einzelnen.

Ganz entscheidend für den Umgang mit lyrischen Gedichten ist der Einschnitt zwischen traditioneller und moderner Lyrik in der Zeit um 1900, weil ab dieser Zeit viele Kriterien und Merkmale der herkömmlichen Lyrikauffassung nicht mehr gelten. Stattdessen rückt in der neueren und neuesten Lyrik der artistische Umgang mit der Sprache als „Sprachmaterial" immer mehr in den Vordergrund (vgl. Gattungsgeschichte, S. 604 ff.).

Im Unterschied zur Interpretation einer Dramen- oder Prosaszene beschäftigt sich die **Lyrik-Interpretation** nicht mit einem Ausschnitt, sondern mit dem ganzen Gedicht, oft mit dem Vergleich zweier oder mehrerer Gedichte.
Die Abgeschlossenheit des Untersuchungsgegenstandes bringt es mit sich, dass seine Analyse und Interpretation nicht in getrennten Teilaufgaben erfolgen, sondern als eine geschlossene Aufgabe.

Als wichtiger Baustein der Lyrikinterpretation kann das **Motiv** und seine Deutung gelten. Es handelt sich hierbei um eine Art Hauptthema eines literarischen Textes, z. B. im Hinblick auf Zeit und Ort, Person und Charakter, Situation und Stimmung. Häufige Motive in der Lyrik sind: Natur und Jahreszeiten, Liebe und Vergänglichkeit, Einsamkeit und Abschied, Heimat und Reise, Idylle und Großstadt, Harmonie und Krieg, Zivilisation und Fortschritt, Alltag und Umwelt, Sinnleere und Sinnsuche, Reflexion über Dichtung etc.). Besonders aufschlussreich kann die Untersuchung eines Motivs im Rahmen eines Gedichtvergleichs sein, in dem dessen Wandlung untersucht und gedeutet wird.

Prinzipiell gilt, dass bei der Analyse lyrischer Texte einzelne Arbeitsschritte nicht starr festzulegen sind. Zugänge zu einem lyrischen Text sind abhängig vom jeweiligen Text sowie vom eigenen Verstehensinteresse. Zu betonen ist außerdem, dass natürlich nicht alle folgenden Aspekte in einer einzigen Gedichtinterpretation Berücksichtigung finden können, erst recht nicht in dem Rahmen, der durch schulische Vorgaben abgesteckt ist.

Im Unterrichtsalltag kann sich folgender **methodischer Dreischritt** als hilfreich erweisen:

Schritt 1: Klärung des Vorverständnisses
- Wirkung des Gedichts beim ersten Hören/(lauten) Lesen
- Assoziationen/Fragen zum Titel („Schlüssel zum Gedicht")
- „Inhaltlicher", motivischer Zusammenhang
- Auffälligkeiten und Verstehensschwierigkeiten
- Vorläufige Arbeitshypothese

Schritt 2: Systematische Analyse
Wichtig ist, zunächst im Bereich der bildhaften Sprache zu bleiben und zu fragen, was die bildhaften Wörter bezeichnen, danach erst, was sie bedeuten. Es gilt, den „**Inhalt**" des Gedichts, d.h. die dargestellte Situation (Ort, Zeit, Stimmung), angesprochene Themen, zentrale Begriffe, unbekannte Wörter, vorläufige Sinnzusammenhänge und Assoziationsfelder zu erfassen und mit der ursprünglichen Arbeitshypothese abzugleichen. Auf vorschnelle isolierte Interpretationen einzelner Textstellen sollte man verzichten.
Ein weiterer Analyseschwerpunkt bezieht sich auf die **formale Struktur** des Gedichts im Hinblick auf grafische Gestaltung, Strophenform, Metrum, Verhältnis von Metrum und Rhythmus, Verhältnis von Vers- und Strophenbau zur Syntax etc.
Bei der Untersuchung der **Sprache** ist der Blick u.a. auf Satzbau, Wortwahl, rhetorische Figuren, Sprach- und Stilebene, Tempus und Modus, Großschreibung, Satzzeichen zu richten. Diese gilt es im Hinblick auf mögliche Absichten des Autors sowie auf mögliche Wirkungen beim Leser zu deuten.

Schritt 3: Deutung
Sowohl bei der Einzelinterpretation als auch beim Gedichtvergleich ist das Ziel dieses dritten Analyseschritts die Verknüpfung von Einzelergebnissen der verschiedenen Untersuchungsebenen. Bereits vorliegende Einzelergebnisse sollen für den Interpretationszusammenhang aufeinander bezogen werden. Dabei bestätigen oder widerlegen die Analyseergebnisse die vorläufige Arbeitshypothese. Ziel ist ein differenziertes, ganzheitliches Gesamtverständnis des Gedichts/der Gedichte.

2 Formale Elemente: Strophe – Reim – Metrum

Weil bei Gedichten die Konzentration auf das Sprachliche besonders intensiv ist, kommt der Interpretation der **formalen Elemente** eine noch größere Bedeutung als bei dramatischen und erzählenden Texten zu.

Grafische Gestaltung
Das Druckbild eines Gedichts ist generell dadurch charakterisiert, dass die Zeilen nicht in voller Länge genutzt werden (Zeilenumbruch). Diese Vorgabe des Dichters ist bindend, weil er das Zeilenende aus Gründen des Reims, des Rhythmus oder einer sonstigen Zäsur so festgelegt hat. Beim Zitieren mehrerer Gedichtzeilen in einer Interpretation muss das Zeilenende mit einem Schrägstrich markiert werden, wenn man nicht das Schriftbild der Vorlage wahrt. Eine besondere Rolle spielt die Grafik bei solchen Gedichten, deren Druck spezielle Bilder ergeben soll (vgl. konkrete Poesie).

Strophe/Vers
Unter der Einteilung eines Gedichts in **Strophen** versteht man die optische, oft auch inhaltliche Zusammenfassung mehrerer **Verse** (= Gedichtzeile) zu einer größeren Einheit. In der Literaturgeschichte haben sich bestimmte Verszahlen als feste Strophenformen herausgebildet:
- Distichon (Zweizeiler)
- Terzine (Dreizeiler)
- Stanze (Achtzeiler)

Besonders wichtig für die deutschsprachige Lyrik ist die vierzeilige Strophenform, die sogenannte Volksliedstrophe, die auch im Kunstlied Anwendung findet. Vor allem im gesungenen Lied findet sich

nicht selten ein Refrain, die Wiederholung bestimmter Wortgruppen oder Verse, meist am Strophenende (evtl. leicht variiert).
Eine spezielle Strophenkombination kennzeichnet das **Sonett**: Zwei vierzeilige Strophen (Quartette) und zwei nachfolgende dreizeilige Strophen (Terzette) ergeben die festgelegte Zahl von 14 Versen.

Abend (1650) | Andreas Gryphius

Quartett

Der schnelle Tag ist hin; die Nacht schwingt ihre Fahn
Und führt die Sternen auf. Der Menschen müde Scharen
Verlassen Feld und Werk, wo Tier und Vögel waren,
Trauert itzt die Einsamkeit. Wie ist die Zeit vertan!

Quartett

Der Port naht mehr und mehr sich zu der Glieder Kahn.
Gleich wie dies Licht verfiel, so wird in wenig Jahren
Ich, du, und was man hat, und was man sieht hinfahren.
Dies Leben kömmt mir vor als eine Rennebahn.

Terzett

Laß, höchster Gott, mich doch nicht auf dem Laufplatz gleiten!
Laß mich nicht Ach, nicht Pracht, nicht Lust, nicht Angst verleiten!
Dein ewig heller Glanz sei vor und neben mir!

Terzett

Laß, wenn der müde Leib entschläft, die Seele wachen,
Und wenn der letzte Tag wird mit mir Abend machen,
So reiß mich aus dem Tal der Finsternis zu dir!

Gryphius, Andreas, Abend, in: Der ewige Brunnen. Ein Hausbuch deutscher Dichtung, hrsg. von Ludwig Reiners, Verlag C. H. Beck, München ²1979, S. 326

Reim

Hierbei handelt sich um ein herkömmliches Merkmal von Lyrik, ein Strukturprinzip, auf das jedoch moderne Lyrik immer mehr verzichtet. Der häufigste Reim ist der **Endreim**, der Gleichklang der Versenden von der letzten betonten Silbe an. Vor allem die Barocklyrik benützt auch Reimbindungen in der Versmitte (**Binnenreim**); in der **Alliteration** (gleicher Anlaut) lebt der **Stabreim** der germanischen Dichtung weiter.

■ **Beispiele**

Binnenreim	Stabreim/Alliteration
Eine **starke**, schwarze **Barke** Segelt trauervoll dahin.	**R**öslein, **R**öslein, **R**öslein **r**ot

Der Begriff **Kadenz** bezeichnet die metrische Form der Versschlüsse. Nach der Klangqualität unterscheidet man zwischen **weiblich klingenden** und **männlich stumpfen** Reimen; im ersten Fall ist die letzte Silbe unbetont (Senkung), beim männlichen Reim trägt die letzte Silbe eine Hebung (Betonung).

Im Hinblick auf die Reinheit des Reims spricht man von **reinen Reimen**, wenn der Buchstabenbestand der Reimwörter ab der letzten Hebung identisch ist oder gleich ausgesprochen wird. **Unreine Reime** sind solche, bei denen die sich reimenden Silben nur annähernd gleich sind; **Assonanzen** (Anklang) beschränken sich auf die Reim-Übereinstimmung der Vokale in den Reimwörtern.

Endreime können verschieden angeordnet sein; zur vereinfachenden Systematisierung verwendet man für die Beschreibung dieser Anordnung die Kleinbuchstaben des Alphabets. Versenden ohne Reimentsprechung heißen **Waisen**.

Reimschema		Klangqualität	Reinheit
Paarreim	**Nachtgedanken (1844) I** Heinrich Heine		
a	Denk' ich an Deutschland in der Nacht,	männlich stumpf	**reiner Reim**
a	Dann bin ich um den Schlaf gebracht,		
b	Ich kann nicht mehr die Augen schließen,	weiblich klingend	reiner Reim
b	Und meine heißen Tränen fließen.		
c	Mein Sehnen und Verlangen wächst.	männlich stumpf	**unreiner Reim**
c	Die alte Frau hat mich behext.		
d	Ich denke immer an die alte,	weiblich klingend	reiner Reim
d	Die alte Frau, die Gott erhalte.		
	Heine, Heinrich, Nachtgedanken, in: Der große Conrady. Das Buch deutscher Gedichte, hrsg. von Karl Otto Conrady, Patmos Verlag, Düsseldorf 2008, S. 456		
Kreuzreim	**Der Brief** (Auszug) **(1844) I** Heinrich Heine		
a	Der Brief, den du geschrieben,	weiblich	reine Reime
b	er macht mich gar nicht bang;	männlich	
a	du willst mich nicht mehr lieben,	weiblich	
b	aber dein Brief ist lang.	männlich	
	Heine, Heinrich, Werke und Briefe in zehn Bänden, hrsg. von Hans Kaufmann, Bd. 1, Berlin und Weimar ^{2}1972, S. 230		
Umfassender Reim	**Louis Capet** (Auszug) **(1912) I** Georg Heym		
a	Die Trommeln schallen am Schafott im Kreis,	männlich	reine Reime
b	Das wie ein Sarg steht, schwarz mit Tuch verschlagen.	weiblich	
b	Darauf steht der Block. Dabei der offene Schragen	weiblich	
a	Für seinen Leib. Das Fallbeil glitzert weiß.	männlich	
	Heym, Georg, Dichtungen und Schriften. Gesamtausgabe, hrsg. von Karl Ludwig Schneider, Bd. 1, Ellermann Hamburg, München 1960 ff., S. 82		
Schweifreim	**Das goldene Kalb** (Auszug) **(1851) I** Heinrich Heine		
a	Doppelflöten, Hörner, Geigen,	weiblich	reiner Reim
a	spielen auf zum Götzenreigen,	weiblich	
b	und es tanzen Jakobs Töchter	weiblich	
c	um das goldne Kalb herum –	männlich	
c	Brum – brum – brum	männlich	
b	Paukenschläge und Gelächter!	weiblich	unreiner Reim
	Heine, Heinrich, Das goldene Kalb, in: Der ewige Brunnen. Ein Hausbuch deutscher Dichtung, hrsg. von Ludwig Reiners, Verlag C. H. Beck, München ^{2}1979, S. 149		
Verschränkender Reim	**Amaryllis, ein Sommer auf dem Lande** (Auszug) **(1825) I** Friedrich Rückert		
a	Wozu, o Mond, mit deinem Strahlenschimmer	weiblich	reine Reime
b	Hat dich ein Gott in Lüften aufgehangen,	weiblich	
c	Als daß die Lieb in deinem Licht soll wallen?	weiblich	
a	Die Liebe wallt in deinem Lichte nimmer,	weiblich	
b	Der Docht in deiner Lamp ist ausgegangen,	weiblich	
c	Und deine Scherben laß vom Himmel fallen.	weiblich	
	Rückert, Friedrich, Amaryllis, ein Sommer auf dem Lande, in: Der große Conrady. Das Buch deutscher Gedichte, hrsg. von Karl Otto Conrady, Patmos Verlag, Düsseldorf 2008, S. 400		

Die Funktion des Endreims bestand ursprünglich darin, den mündlichen Vortrag und die mündliche Überlieferung zu erleichtern. Darüber hinaus besitzen Reimbindungen eine starke Formkraft, bergen aber auch die Gefahr der Sprachmonotonie in sich, was sich an abgedroschenen Reimpaaren leicht ersehen lässt. Für die Interpretation ergeben sich aus den Reimverhältnissen Aufschlüsse über Musikalität und Bedeutung eines Gedichts.

Zwei Lyriker aus unterschiedlichen Epochen befassen sich auf unterschiedliche Weise mit dem Reim.

Der Reim (1943) | Franz Werfel

Der Reim ist heilig. Denn durch ihn erfahren
Wir tiefe Zwieheit, die sich will entsprechen.
Sind wir nicht selbst mit Aug'-, Ohr-, Lippenpaaren
Gepaarte Reime ohne Klang-Gebrechen?

Das Reimwort meinst du mühsam zu bestechen,
Doch wird es unversehens offenbaren,
Wie Liebeskräfte, die zerspalten waren,
Zum Kuß des Gleichklangs durch die Fernen brechen.

Allein nicht jede Sprache hat geheiligt
Den reinen Reim. Wo nur sich deckt die Endung,
Droht leeres Spiel. Der Geist bleibt unbeteiligt.

Dieselben Silben lassen leicht sich leimen
Doch Stämm' und Wurzeln spotten solcher Blendung.
Im Deutschen müssen sich die Sachen reimen.

Werfel, Franz, Der Reim, in: Gesammelte Werke in Einzelbänden, hrsg. von Knut Beck. Gedichte aus den Jahren 1908–1945, Fischer Taschenbuch Verlag, Frankfurt am Main 1993

Lob des Lebens (1997) | Robert Gernhardt

Dichter und Propheten priesen's,
Und sie hatten ja so recht:
Wie ihr es auch nehmt, das Leben,
Immer, immer ist es gut.

So hinan denn! Hoch und höher!
Folgt nur treulich eurem Herz,
Bis am ewigschönen Ziele
Euch erwarten Lust und Freud.

Gernhardt, Robert, Klappaltar. Gedichte, Haffmans Verlag, Zürich 1998

Metrum

Die lyrische Sprache ist nicht nur durch den Reim gebunden, sondern auch durch das **Versmaß (Metrum)**. Man versteht darunter die regelmäßige Folge von **betonten** und **unbetonten Silben**, d. h. **Hebungen** und **Senkungen**. Will man das Metrum eines Verses sichtbar machen, kennzeichnet man jede Silbe mit einem x, Hebungen werden zusätzlich mit einem Akzent (x́) versehen. Die Zahl der Hebungen pro Verszeile wird ergänzend zum Versmaß bei der Formbeschreibung angegeben, z. B. vierhebiger Jambus.

Die kleinste metrische Einheit ist der **Takt**, wobei am Versende eine Pause und am Versanfang ein **Auftakt** stehen können (Auftakt: unbetonte Silben vor der ersten Hebung, wenn nicht das ganze Gedicht durchgängig jambisch ist). Für die Versmaße verwendet man aus dem Griechischen stammende Fachbegriffe. Um das Versmaß zu bestimmen, empfiehlt es sich, in der Übungsphase die natürlichen Betonungen (**Stammsilben**) mechanisch laut zu lesen, um den Takt herauszuhören. Ist im Einzelfall in einem Takt die durch die Metrik vorgegebene Betonung nicht mit der natürlichen Wortbetonung (Stammsilbe) identisch, spricht man von **Tonbeugung**, wobei beim Vortrag die natürliche Betonung den Vorrang hat.

Beispiele

x x́ x x́ x x́ x x́ Ich bin die Kraft, die's restlos schafft	vierhebiger **Jambus**	x́ x x x́ x x Eins, zwei, drei – Develey	zweihebiger **Daktylus**
x́ x x́ x x́ x x́ x Bauknecht weiß, was Frauen wünschen	vierhebiger **Trochäus**	x x x́ x x x́ Ampel rot, Fahrverbot	zweihebiger **Anapäst**
		x́ x́ Kaufkraft	**Spondeus**

Der Spondeus enthält in einem Takt zwei Betonungen und fällt in der deutschen Dichtung weitgehend mit dem Trochäus zusammen.
Es gibt verschiedene **Versformen**, die nach Versmaß, Betonungszahl und evtl. Reimbindung festgelegt sind:

Knittelvers: vierhebiger Jambus, gereimt
Blankvers: fünfhebiger Jambus, ungereimt
Alexandriner: sechshebiger Jambus mit Mittelzäsur (Pause)
Hexameter: sechshebiger, meist daktylischer Vers, ohne Auftakt, mit Zäsur und verkürztem Versende (Trochäus)

Reimschema	**Abend** (Auszug) **(1650)** I Andreas Gryphius	Klangqualität	Reinheit
a	x x́ x x́ x x́ x x́ x x́ x x́ Der schnelle Tag ist hin; die Nacht schwingt ihre Fahn	männlich	reiner Reim
b	x x́ x x́ x x́ x x́ x x́ x x́ x Und führt die Sternen auf. Der Menschen müde Scharen	weiblich	
b	x x́ x x́ x x́ x x́ x x́ x x́ x Verlassen Feld und Werk, wo Tier und Vögel waren,	weiblich	
a	x x́ x x́ x x́ x x́ x x́ x x́ Trauert itzt die Einsamkeit. Wie ist die Zeit vertan!	männlich	unreiner Reim
	Alexandriner als Vermaß: sechshebiger Jambus mit Zäsur nach dem dritten Jambus *Gryphius, Andreas, Abend, in: Der ewige Brunnen. Ein Hausbuch deutscher Dichtung, hrsg. von Ludwig Reiners, Verlag C. H. Beck, München 1979, S. 326*		
	Er ist's (1829) I Eduard Mörike		
a	x́ x x́ x x́ x x́ Frühling läßt sein blaues Band	männlich	reine Reime
b	x́ x x́ x x́ x x́ x Wieder flattern durch die Lüfte	weiblich	
b	x́ x x́ x x́ x x́ x Süße, wohlbekannte Düfte	weiblich	
a	x́ x x́ x x́ x x́ Streifen ahnungsvoll das Land	männlich	
c	x́ x x́ x x́ Veilchen träumen schon,	männlich	
d	x́ x x́ x x́ x Wollen balde kommen	weiblich	
c	x́ x x́ x x́ x x́ x x́ Horch, von fern ein leiser Harfenton!	männlich	
e	x́ x x́ x x́ Frühling, ja du bist's!	männlich	
d	x́ x x́ x x́ x Dich hab ich vernommen!	weiblich	
	drei-, vier- und fünfhebige trochäische Verse *Mörike, Eduard, Er ist's, in: Der große Conrady. Das Buch deutscher Gedichte, hrsg. von Karl Otto Conrady, Patmos Verlag, Düsseldorf 2008, S. 425*		

3 Inhalt: Lyrisches Ich und lyrischer Gedankengang

Im Drama tritt der Autor hinter die von ihm geschaffenen fiktionalen Figuren zurück, in erzählenden Texten schafft der Autor sich eine Erzählsituation als Vermittlungsinstanz. Wie der Erzähler in der Prosa ist das **lyrische Ich** fiktiv, also nicht mit dem Autor identisch und von Gedicht zu Gedicht unterschiedlich spürbar. Das lyrische Ich in der Erlebnislyrik eines jungen Goethe enthält mehr vom Autor selbst (vgl. „Willkommen und Abschied") als z. B. Jandls Gedicht „ottos mops". Die Gedichtaussage ist also zunächst auf das lyrische Ich und nicht auf den Autor und dessen Biografie zu beziehen.

In der Regel verzichtet das Gedicht auf das Erzählen von Ereignissen und handelnden Figuren (Ausnahmen: Balladen und Rollengedichte). Das lyrische Ich drückt unmittelbar sich selbst und seine Sicht der Welt aus. Diese Unmittelbarkeit des Ausdrucks verleitet den Leser dazu, die Äußerungen des lyrischen Ichs gleichsam als die eigenen zu lesen. Dabei muss sich der Rezipient bewusst sein, dass das lyrische Ich eine Vielzahl von Möglichkeiten des Standortes und der Redeweise hat, wie sie die Palette der folgenden Gegensatzpaare beispielhaft andeuten soll:

emotional – reflektierend	heiter – melancholisch
engagiert – distanziert	ironisch – pathetisch
erlebnishaft – künstlich	verschlüsselt – offen
naturhaft – zivilisatorisch	bildstark – begrifflich
religiös – weltlich	abstrakt – konkret

Das lyrische Ich kann persönliche Züge annehmen und sich in der 1. Person Singular oder Plural äußern; dabei kann das Ich in Ausrufen, Wünschen, Interjektionen spürbar werden; es kann aber auch ein fiktives Du ansprechen oder ganz im Hintergrund bleiben und nur als Sprecherstimme hörbar werden.

Wenngleich Gedichte meist keine ausgeprägte Handlung besitzen und man von ihnen deshalb schwerlich Inhaltsangaben verfassen kann, wird ihr Thema doch meistens innerhalb eines beschreibbaren „Inhalts" entfaltet. Diese Inhaltsbeschreibung zeichnet den **lyrischen Gedankengang** in seinen Einzelelementen, seinem Aufbau und seinem Gesamtzusammenhang paraphrasierend (umschreibend) nach. Dabei ist die äußere Gliederung des Gedichts in **Strophen** und **Verse** einzubeziehen.

Aus dem verhältnismäßig geringen Textumfang ergibt sich die oft relativ große Bedeutung kleiner und kleinster Textelemente (Bilder, Einzelworte). Die „Handlung" eines Gedichts setzt sich ganz selten aus der objektiven Darstellung tatsächlicher Ereignisse zusammen, sondern vielmehr aus inneren Reflexen des lyrischen Ichs auf solche (Ausnahme u. a.: politische Lyrik). Deshalb hat man es bei den „Inhalten" von Gedichten weitgehend mit Gedanken, Gefühlen, Empfindungen, Wahrnehmungen, Beobachtungen, Eindrücken und Stimmungen zu tun, die aber nicht vom besonderen lyrischen Ausdruck losgelöst gesehen werden können. In manchen Fällen kann sich – vor allem in der modernen Lyrik – der „Inhalt" eines Gedichts reduzieren auf Satzfragmente oder gar unverbundene Einzelvokabeln mit dazwischen liegenden Leerstellen, die beim Leser lediglich Assoziationen wecken.

Lyrik ist unter den fiktionalen Texten diejenige Gattung, in der **Sprache** und **Form** strukturell am entscheidendsten sind.

Lyrisches Ich und sein Standort bzw. seine Redeweise	**Mit Haut und Haar (1981)** I Ulla Hahn	**Lyrischer Gedankengang** als Paraphrasierung des Inhalts allgemein: Erinnerung des lyrischen Ich an das Scheitern einer Liebesbeziehung
Naheliegende, aber nicht zwingende Annahme eines weiblichen Ich und eines männlichen Du	Ich zog dich aus der Senke deiner Jahre und tauchte dich in meinen Sommer ein ich leckte dir die Hand und Haut und Haare und schwor dir ewig mein und dein zu sein.	Leidenschaftliche aktive Hingabe an ein geliebtes Du am Beginn der auf Dauer angelegten Beziehung
Aktivität des lyrischen Ich wird erstickt durch die Dominanz des Du.	Du wendetest mich um. Du branntest mir dein Zeichen mit sanftem Feuer in das dünne Fell. Da ließ ich von mir ab. Und schnell begann ich vor mir selbst zurückzuweichen	Zunehmender Persönlichkeitsverlust als Folge der totalen Vereinnahmung durch den Partner
Fortschreitende Auslöschung des Ichwert-Gefühls des lyrischen Ich	und meinem Schwur. Anfangs blieb noch Erinnern ein schöner Überrest der nach mir rief. Da aber war ich schon in deinem Innern	Selbstentfremdung aufgrund der Stärke und Überlegenheit des Du
Empfindung des Verstoßenseins durch die Beendigung der Beziehung durch den Partner	vor mir verborgen. Du verbargst mich tief. Bis ich ganz in dir aufgegangen war: da spucktest du mich aus mit Haut und Haar. *Hahn, Ulla, Herz über Kopf. Gedichte, Deutsche Verlags-Anstalt, Stuttgart 1981, S. 7*	Nach völliger Selbstaufgabe Beendigung der Beziehung durch den Partner

4 Lyrische Sprache: Rhythmus – Klang – Bildhaftigkeit

Nicht nur Metrik und Reim als äußere Formkräfte, sondern auch die innere Komplexität lyrischer Sprache bringen es mit sich, dass sich **Wortwahl**, **Satzbau** und **rhetorische Mittel** oft nicht unwesentlich von der Alltagssprache unterscheiden. Die Sprachkraft von Lyrik geht bei der Wortwahl verschiedene Wege: So ermöglicht sie zum Beispiel einerseits eine nuancenreiche Entfaltung von Wortfeldern, erlaubt aber andererseits auch kontrastreiche, ja sich scheinbar ausschließende Wortkombinationen.
In Bezug auf Satzbau können z. B. Satzumstellung, Ellipse (bis zum Einwortsatz), Wiederholung, Reihung, Anapher, Antithese, Parallelismus, Klimax, Ausrufe, Chiasmus und eigenwillige Interpunktion einerseits rhythmisch oder durch den Reim bedingt sein, andererseits als Mittel inhaltlicher Hervorhebung und Verdichtung dienen. Solche Eingriffe in den gewohnten Satzbau reichen von kleinen Veränderungen bis zur völligen Auflösung syntaktischer Strukturen.

Sowohl beim Satzbau und den rhetorischen Mitteln als auch bei der Wortwahl eines Gedichts gelten bei der Analyse die Methoden und Fachbegriffe der Sachtextanalyse, doch muss bei der Gedichtinterpretation der Stellenwert jedes Verses, ja jedes Wortes im Beziehungsgeflecht des lyrischen Textes bedacht werden. Deshalb ist gerade bei bestimmten Themenbereichen auf die jeweils spezifische Wortwahl (z. B. aussagekräftige Adjektive, Verben und Nomen) zu achten.

Rhythmus

Während die Metrik ein äußerliches, regelmäßiges, ordnendes Prinzip der lyrischen Sprache ist (Takt, festgelegte Folge von Hebungen und Senkungen), ist der **Rhythmus** eines Gedichts die innere lebendige Gestaltung des Versmaßes, die sich aus dem Sinngehalt der Worte und Sätze ergibt. Daraus folgt, dass Gedichte mit gleicher Metrik einen unterschiedlichen Rhythmus besitzen können. Er hängt ab von der Schwere der Hebungen (Sinnakzente), der Silben- bzw. Wortlänge, dem Satzbau, den Sprechpausen und nicht zuletzt dem Thema des lyrischen Sprechens. Lyrik steht demnach immer im Wechselspiel zwischen dem vorgegebenen Versmaß als Regulativ und der schöpferischen Freiheit des Dichters bei seinem jeweiligen Gedicht.

Die rhythmische Einheit bis zur Pause nennt man **Kolon**. Fallen syntaktische Einheit (Satzende) und Versende zusammen, spricht man vom **Zeilenstil**. Beim **Hakenstil** dagegen reicht die rhythmische Einheit über die Vers- oder Strophengrenze hinaus. Fallen Vers- oder Strophenende nicht mit dem Ende von Bedeutungs- bzw. Satzeinheiten zusammen, sodass man über das Zeilen- bzw. Strophenende hinweglesen muss, spricht man von **Enjambement**. **Freie Rhythmen** sind reimlose, im Metrum nicht gleichmäßig gegliederte, aber durch Akzent, Tempo, Pause usw. bestimmte rhythmische Verszeilen von unterschiedlicher Länge.

Robespierre (1911) | Georg Heym	**Rhythmuswechsel** durch
x x́ x x́ x x́ x x́ x x́ x Er meckert vor sich hin. Die Augen **starren**	Enjambement
x x́ x x́ x x́ x x́ x x́ Ins Wagen**stroh**. Der Mund kaut weißen Schleim.	Sinnakzent und Sprechpause
x x´ x x´ x x´ x x´ x x´ Er zieht ihn schluckend durch die Backen ein.	Zeilenstil
x x́ x x́ x x́ x x́ x x́ x Sein Fuß hängt nackt heraus durch zwei der **Sparren**.	Zeilenstil
Heym, Georg, Robbespierre, in: Heym, Georg, Dichtungen und Schriften. Band 1, Ellermann Verlag, Hamburg München 1960, S. 88–91 (Auszug)	
D-Zug München – Frankfurt (1955) | Günter Eich	
Die Donaubrücke von Ingolstadt, Das Altmühltal, Schiefer bei Solnhofen, in Treuchtlingen Anschlusszüge –	Hakenstil
Dazwischen Wälder, worin der Herbst verbrannt wird, Landstraßen in den Schmerz, Gewölk, das an Gespräche erinnert, flüchtige Dörfer, von meinem Wunsch erbaut, in der Nähe deiner Stimme zu altern.	Verse, die keinem durchgängigen metrischen Prinzip folgen und unterschiedlich lang sind, nennt man **freie Rhythmen (Prosaton)**.
Eich, Günter, D-Zug München – Frankfurt, in: Eich, Günter, Gesammelte Werke. Band I. Die Gedichte – Die Maulwürfe, Suhrkamp Verlag, Frankfurt/M. 1973 (Auszug)	

Klang
Wesentlich für die Rezeption und Interpretation eines Gedichts ist dessen **Klangbild**, weil man sich ein gelesenes Gedicht immer auch laut gesprochen vorstellen muss. Hier gewinnen Vokale – aber auch Konsonanten – in ihrer Besonderheit und Häufung ihre lyrische Bedeutung. Helligkeit und Dunkelheit, Kürze und Länge von Vokalen und Diphthongen ergeben jeweils eine unterschiedliche Klangwirkung, die in der Regel die inhaltliche Aussage verstärkt. Viele Wörter der deutschen Sprache wirken auf den Hörer in ihrem Klangcharakter wie das Gemeinte (z. B. Blitz, Donner, Lava, Meer), manche ahmen geradezu Geräusche und Bewegungen des Bezeichneten nach (z. B. schnarchen, flüstern, rasseln, Gischt, Uhu, Gemurmel). Man spricht dann von **Onomatopoesie**.

Der Lyriker nutzt ganz bewusst solche in der natürlichen Sprache vorkommende **Lautmalerei** und die dem Sprachklang innewohnenden atmosphärischen Assoziationen (Lautsymbolik) und verstärkt diese durch Auswahl, Anordnung und Häufung. So bietet er dem Leser gewissermaßen eine „akustische Illustration" zur optischen Vergegenwärtigung des lyrischen Themas. Mit dunklen Vokalen und weichen Labiallauten verbinden sich z. B. andere Vorstellungen als mit hellen Vokalen und harten Dentallauten (Mulde – Tritt).

Bildhaftigkeit
Poetische Sprache ganz allgemein ist im Vergleich zur Alltagssprache immer von auffallender **Bildhaftigkeit**; das gilt in besonderem Maße für die Sprache der Lyrik, die durch ihre Verdichtung auf eine ausgeprägte Bildhaftigkeit geradezu angewiesen ist. Im Bild vor allem erschließen sich dahinterstehende rationale und emotionale Dimensionen, d. h., Bilder drücken Gedanken und Gefühle aus. **Sprachbilder** schaffen eine Anschaulichkeit, die die bloße Begrifflichkeit weit übersteigt, und eröffnen einen großen Assoziationsraum, den jeder Leser individuell nutzen kann und soll. Je weniger verblasst und entleert, d. h. je intensiver und bedeutungsvoller die vom Dichter gewählten Bilder sind, umso eher wird es ihm gelingen, beim Leser die entsprechende Vorstellungskraft hervorzurufen, um die dichterische Aussage nachvollziehend zu begreifen. Lyrik-Interpretation kann zwar deshalb nicht auf methodisch-begriffliche Teilanalysen verzichten, muss sich aber bei der Deutung des **Gehalts** stets des Kunstcharakters dichterischer Bildhaftigkeit bewusst sein.

Bilder können Wirklichkeit spiegeln, indem sie die Vorstellung von ihr im Leser wachrufen (**einfache Bilder**); sie können die Vorstellung des Lesers von einer Sache vertiefen, indem sie ein Bezugssystem mit Ähnlichem herstellen (**Vergleich**); sie können das Gemeinte als Personen und Tätigkeiten (**Personifikation, Allegorie**) darstellen; sie können vor allem aber auch Verweischarakter haben und die hinter dem Bezeichneten liegende tiefere Bedeutung erschließen (**Symbol**). Schließlich können sie – und das ist vor allem für die moderne Lyrik konstitutiv – als verkürzte Vergleiche (über Analogien und Konnotationen) Eindrücke und Erkenntnisse hervorrufen (**Metapher**). Das metaphorische Bild überträgt eine Bedeutung aus einem ursprünglichen Sachzusammenhang auf einen anderen, der dadurch neue Bedeutung gewinnt und über den damit bildhafte Vorstellungen wachgerufen werden. Wenn dem Leser diese Analogien nur schwer bzw. gar nicht mehr zugänglich sind, weil ihm der Erfahrungshintergrund der dichterischen Sprachanalogie fehlt, spricht man von **Chiffren** (Geheimzeichen).
Einen Sonderfall in der lyrischen Sprache stellt die **Synästhesie** dar: eine Vermischung oder ein Austausch von sinnlichen Wahrnehmungsbereichen des Sehens, Hörens, Riechens, Schmeckens und Fühlens (z. B. „Die Finsternis raschelt", „Duft von Weihrauch blaut", „Und langsam kriecht die Röte durch die Flut").

Exkurs: Symbol im Wandel der Epochen
Die Bildhaftigkeit von Lyrik darf nicht überzeitlich gelesen und gedeutet werden; sie unterliegt vielmehr dem historischen Wandel. Wegen der großen Bedeutung, die Goethes Gedichte für die deutschsprachige Lyrik insgesamt haben, geht man beim Wandel des lyrischen Bildes meistens vom klassischen **Symbolverständnis Goethes** aus. Ihm kommt es wesentlich auf die harmonische Ausgewogenheit in der Einheit von konkreter Anschauung, Gedanke und Vorstellung an, die er selbst mit den Begriffen **Erscheinung, Idee** und **Bild** benennt. Der Dichter erkennt im äußeren Umstand, in der alltäglichen Begebenheit oder in einem (gewöhnlichen) Gegenstand, also im Besonderen, eine Idee, etwas Über-

zeitliches, also das Allgemeingültige. Im lyrischen Bild fallen Außen und Innen ausgewogen zusammen, sodass Goethes Symbol der Idealvorstellung von klassischer Harmonie entspricht.
In der **Barockzeit** dagegen fehlt noch weitgehend der Ausdruck subjektiven Fühlens. Deshalb unterliegt die Bildwelt der Lyrik festen Konventionen; die Dichter wählen aus einem relativ festgelegten „Vorrat" traditioneller Bilder solche aus, mit denen sie ihre dichterische Aussageabsicht gestalten. Man spricht in diesem Zusammenhang von der **Emblematik** (gr. émble-ma = etwas Eingesetztes), in der Gedanken und Bild verknüpft sind, wobei den Zeichen eine traditionelle Bedeutung zukommt. Barockgedichte enthalten in der Regel eine größere Zahl von emblematischen Bildern, die oft antithetisch gewählt sind und so dem dualistischen Weltbild der Zeit entsprechen. Während also im Barock die Subjektivität des Dichters hinter der durch Tradition vorgegebenen Objektivität der Bilder verborgen bleibt, bei Goethe und in der Klassik ein harmonisches Gleichgewicht zwischen Subjekt und Objekt (Innen und Außen) herrscht, verlagert sich das Gewicht beim lyrischen Bild der Romantik zugunsten des subjektiven Inneren, d. h. des dichterischen Gefühls. Das Bild wird in der Innerlichkeit der Romantik zum **Stimmungsträger romantischen Denkens** und **Fühlens**. Schon für **Heinrich Heine** bergen die romantischen Bilder die Gefahr des Klischees, weil sie bereits verbraucht sind. Ihm fehlt der Glaube an die Absolutheit dieser Innerlichkeit gegenüber der äußeren Realität und deswegen distanziert er sich von ihnen in der Form **ironischer Brechung**.
Um 1900 suchen Dichter einen neuen Weg zur lyrischen Bildhaftigkeit. Sie gehen nicht mehr wie Goethe von einer Vergleichbarkeit der Realität und Dichtung aus. Deswegen können sie ihre Symbole nicht mehr der Wirklichkeit (Erlebnis, Umstand, Gegenstand, also Anschauung) entnehmen, sondern müssen sie künstlich schaffen. Damit stehen die **lyrischen Bilder** als **künstlerische Sprachprodukte** außerhalb der Alltagsrealität und sind Flucht und Kritik zugleich (**Symbolismus**).

In der modernen Lyrik des **20. Jahrhunderts** werden die lyrischen Bilder dann oft so rätselhaft, dass man ihre allgemeine Bedeutung kaum noch entschlüsseln kann. Diese **Chiffren** sind Ausdruck extremer dichterischer Individualisierung und spiegeln das moderne Krisenbewusstsein wider. Die Bilder entziehen sich zwar einem eindeutigen Sinnverständnis und erschweren die Kommunikation mit dem Leser, bei dem sie aber aufgrund ihres „magischen" Charakters wiederum mehr Assoziationen erzeugen können (z. B. „Schwarze Milch der Frühe" bei Paul Celan).

Abendlied (1779) | Matthias Claudius

Der Mond ist aufgegangen	einfaches Bild
Die goldnen Sternlein prangen	
Am Himmel hell und klar;	
Der Wald steht schwarz und schweiget,	Personifikation
Und aus den Wiesen steiget	
Der weiße Nebel wunderbar.	
Wie ist die Welt so stille,	
Und in der Dämmrung Hülle	Metapher
So traulich und so hold!	
Als eine stille Kammer,	Vergleich
Wo ihr des Tages Jammer	
Verschlafen und vergessen sollt.	
Seht ihr den Mond dort stehen? –	Symbol
Er ist nur halb zu sehen,	
Und ist doch rund und schön!	
So sind wohl manche Sachen,	
Die wir getrost belachen,	
Weil unsre Augen sie nicht sehn.	

Claudius, Matthias, Abendlied, in: Der große Conrady. Das Buch deutscher Gedichte, hrsg. von Karl Otto Conrady, Patmos Verlag, Düsseldorf 2008, S. 248

Lokomotive (1921) | Gerrit Engelke

	Stichworte zu Rhythmus, Klang und Bildhaftigkeit
Da liegt das zwanzigmeterlange Tier,	**Personifikation** (Lokomotive durchge-
Die Dampfmaschine,	hend als Lebewesen dargestellt) und
Auf blankgeschliffner Schiene,	**lautmalerische expressive** Wortwahl
Voll heißer Wut und sprungbereiter Gier –	Neg. Konnotation
Da lauert, liegt das langgestreckte Eisen-Biest –	Personifikation, Metapher, Neologismus
Sieh da: wie Öl- und Wasserschweiß,	Vergleich
Wie Lebensblut, gefährlich heiß,	
Ihm aus den Radgestängen, den offnen Weichen, fließt;	Personifikation
Es liegt auf sechzehn roten Räder-Pranken,	Personifikation
Wie fiebernd, langgeduckt zum Sprunge,	Vergleich
Und Fieberdampf stößt röchelnd aus den Flanken.	Synästhesie
Es kocht und kocht die Röhrenlunge –	Personifikation
Den ganzen Rumpf die Feuerkraft durchzittert,	
Er ächzt und siedet, zischt und hackt	Onomatopoesie
Im hastigen Dampf- und Eisentakt –	
Dein Menschenwort wie nichts im Qualm zerflittert.	Onomatopoesie
Das Schnauben wächst und wächst –	
Du stummer Mensch erschreckst –	Anapher
Du siehst die Wut aus allen Ritzen gären –	Onomatopoesie
Der Kesselröhren-Atemdampf	Metapher
Ist hochgewühlt auf sechzehn Atmosphären:	Chiffre
Gewalt hat jetzt der heiße Krampf:	
Das Biest, es brüllt, das Biest, es brüllt,	Wiederholung
Der Führer ist in Dampf gehüllt –	
Der Regulatorhebel steigt nach links:	
Der Eisen-Stier harrt dieses Winks!	Metapher (Variation der Personifikation)
Nun bafft vom Rauchrohr Kraftgeschnauf:	Synästhesie
Nun springt es auf! nun springt es auf!	Parallelismus
Doch:	Ellipse zur Hervorhebung von Ände-
	rungen in Metrum, Rhythmus, Klangbild
Ruhig gleiten und kreisen auf endloser Schiene	Inversion
Die treibenden Räder hinaus auf dem blänkernden Band,	Metapher Diphthong
Gemessen und massig die kraftangefüllte Maschine,	
Der schleppende, stampfende Rumpf hinterher –	
Dahinter – ein dunkler – verschwimmender Punkt –	Pausen
Darüber – zerflatternder – Qualm –	Satzzeichen als lyr. Gestaltungsmittel

Engelke, Gerrit, Lokomotive, in: Engelke, Gerrit, Das Gesamtwerk. Rhythmus des neuen Europa, Paul List Verlag, München 1960, S. 49

5 Interpretation eines Gedichts nach Form und Gehalt

Die Standortbestimmung und Charakterisierung des lyrischen Ich, die Offenlegung des lyrischen Gedankengangs sowie die Analyse der vielfältigen formalen Elemente einschließlich der sprachlichen Gestaltung ermöglichen eine Einordnung und Gesamtdeutung des Gedichts, worin das Wesentliche der dichterischen Aussage zum Ausdruck kommen sollte. Dieser abschließende Arbeitsschritt hat also

eine Gesamtschau des Gedichts zu leisten, die sowohl epochen- und gattungsspezifische Merkmale als auch die individuelle dichterische Aussageabsicht einschließt.
Für dieses „Interpretationsergebnis" wird vielfach der Begriff **Gehalt** verwendet. Von seinem Epochenhintergrund (vgl. Entstehungsdatum) bekommt ein Gedicht in der Regel bestimmte inhaltliche und sprachlich-formale Charakteristika, die untrennbar mit seiner Aussage verbunden sind.

So wichtig epochen- und gattungsspezifische Einflüsse auch sind, die eigentliche **Gedichtaussage** geht darüber hinaus, weil sie bei einem anspruchsvollen Gedicht individuell, unverwechselbar und originär ist. Die Ausführungen zum jeweils einmaligen, unwiederholbaren Gehalt eines Gedichts, der sich aus dem geglückten Miteinander von Aussageabsicht und gestalterischen Mitteln ergibt, bilden den Abschluss. In ihm bündeln sich Einzelbeobachtungen und -interpretationen und ermöglichen das Verständnis des wesentlichen Sinns eines Gedichts und den Nachvollzug des lyrischen Textes als Kunstwerk. Schließlich stellt sich die Frage nach der Qualität des Textes und der persönlichen Stellungnahme.

Arbeitsschritte der Interpretation eines Einzelgedichts
- Lesen des Gedichts
- Bewusstwerden der ersten Leseeindrücke
- Anwendung der Methoden der Textbearbeitung
- Erstellen eines Schreibplans als Grundlage für eine strukturierte Ausarbeitung
- Formulierung eines Einleitungsgedankens
- Ausarbeitung der Einzelergebnisse der Analyse

Aufbau der Gesamtinterpretation eines Einzelgedichts

Inhalt	Formale Elemente und ihre Einzeldeutung	Lyrische Sprache und ihre Einzeldeutung
– Lyrisches Ich (Standpunkt) – Lyrischer Gedankengang (abstrahierende Zusammenfassung)	– Strophischer Aufbau/Reim – Metrum	– Wortwahl/Klangbild/Rhythmus – Satzbau/rhetorische Mittel – Tempus und Modus – Bildhaftigkeit

Gesamtdeutung: Zusammenhang von Gehalt und Gestalt
- Standpunkt/Redeweise des lyrischen Ichs
- Entwicklungen im lyrischen Gedankengang
- Äußerung von Stimmungen, Haltungen, Reflexionen etc.
- Zeitbedingte Ausgestaltung des Motivs/Themas
- Gattungsmerkmale, Form und Sprache im Kontext
- Anmerkungen zu Epochenhintergrund und Autor (u. U. Materialien aus der Sekundärliteratur)
- Formulierung eines Schlussgedankens

Thema:

Interpretieren Sie das Gedicht „Blauer Abend in Berlin" nach Inhalt, Form und Sprache.

Lösungsvorschlag

	Formale Analyseaspekte			Sprachliche Besonderheiten
	Blauer Abend in Berlin (1911) I Oskar Loerke		Sonettform	
a	x x́ x x́ x x́ x x́ x x́ x Der Himmel fließt in steinernen Kanälen;	w	Quartett	Chiffre
b	x x́ x x́ x x́ x x́ x x́ x Denn zu Kanälen steilrecht ausgehauen	w		Bild, Metapher
b	x x́ x x́ x x́ x x́ x x́ x Sind alle Straßen, voll von Himmelblauen;	w		Farbmetaphorik
a	x x́ x x́ x x́ x x́ x x́ x Und Kuppeln gleichen Bojen, Schlote Pfählen	w	Strophenübergreifendes Enjambement	Bilder, Antithesen
a	x x́ x x́ x x́ x x́ x x́ x Im Wasser. Schwarze Essendämpfe schwelen	w	Quartett	Farbmetaphorik
b	x x́ x x́ x x́ x x́ x x́ x Und sind wie Wasserpflanzen anzuschauen.	w		Vergleich
b	x x́ x x́ x x́ x x́ x x́ x Die Leben, die sich ganz am Grunde stauen,	w		Periphrase
a	x x′ x x′ x x′ x x′ x x′ x Beginnen sacht vom Himmel zu erzählen,	w	Unreiner Reim Strophenübergreifendes Enjambement	Metapher
c	x x́ x x́ x x́ x x́ x x́ x Gemengt, entwirrt nach blauen Melodien.	w	Terzett	Synästhesie, Chiffre
d	x x́ x x́ x x́ x x́ x x́ Wie eines Wassers Bodensatz und Tand	m		Vergleich, Konnotation
d	x x́ x x́ x x́ x x́ x x́ Regt sie des Wassers Wille und Verstand	m		Alliteration
c	x x́ x x́ x x́ x x́ x x́ x Im Dünen, Kommen, Gehen, Gleiten, Ziehen.	w	Unreiner Reim	Reihung
d	x x́ x x́ x x́ x x́ x x́ Die Menschen sind wie grober bunter Sand	m	Terzett	Vergleich, Adjektive
d	x x́ x x́ x x́ x x́ x x́ Im linden Spiel der großen Wellenhand.	m		Metapher
	Loerke, Oskar, Blauer Abend in Berlin, in: Loerke, Oskar, Gedichte und Prosa, Bd. 1, hrsg. von Peter Suhrkamp, Suhrkamp Verlag, Frankfurt/M. 1959, S. 29 f.			

Lyrikinterpretation

Lösungsvorschlag

Ausarbeitung

In der Lyrik gibt es im Verlauf der literarischen Epochen vielfältige und zeitlose Motive wie beispielsweise Liebe, Natur, Einsamkeit, Vergänglichkeit, Abschied u. v. m., die in den verschiedensten Gedichtformen thematisiert werden. Das Motiv der Stadt ist im Gegensatz zu den zeitlosen Motiven erst mit zunehmender Technisierung und Industrialisierung von Schriftstellern aufgegriffen worden und entwickelte sich vor allem im 20. Jahrhundert zu einem wichtigen Thema der Lyrik. Wurde die Großstadt beispielsweise in der Zeit der Weimarer Republik aufgrund der Goldenen Zwanziger eher als Kulturmetropole dargestellt, beschreibt sie der Expressionismus häufig als Ausdruck seelenloser Zivilisation.
An Loerkes Gedicht „Blauer Abend in Berlin" (1916) fällt auf, dass er das moderne Motiv der Großstadt in der traditionellen Gedichtform des Sonetts, das ursprünglich dem Barock entstammt, darstellt. Dieses Werk wird im Folgenden im Hinblick auf Inhalt, Form und Sprache analysiert und auf seine Gesamtaussageabsicht hin interpretiert.

Im Gedicht „Blauer Abend in Berlin" kommt ein beobachtend-distanziertes lyrisches Ich lediglich als Sprecherstimme zu Wort, das sich nicht zu erkennen gibt und das Bild der Großstadt in überraschender Weise mit Elementen der Natur verknüpft. In einem zweiten Teil des Gedichts werden dann auch die Menschen der Großstadt thematisiert.
Zunächst vergleicht das lyrische Ich in der ersten Strophe die Straßenschluchten der Stadt Berlin mit fließenden Gewässern und städtische Bauten mit Gegenständen, die typischerweise in solchen Gewässern vorzufinden sind. Ein weiterer Vergleich der Stadt mit der Natur wird in Strophe 2 angestellt, wenn die düstere Ausstrahlung der industrialisierten Großstadt mit einem natürlichen Gewässer verknüpft wird. Der erniedrigte Mensch ist dabei auf der vorsichtigen Suche nach dem Himmel. In Strophe 3 stellt das lyrische Ich die Beeinflussung und Lenkung des Menschen durch die natürliche Kraft des Wassers dar. Die vierte Strophe beschäftigt sich in einer Art Resümee schließlich mit der Macht- und Ausweglosigkeit des Menschen in seinem Lebensumfeld: Der Mensch fühlt sich von einer ihn dominierenden Macht geleitet.

Bei Betrachtung der formalen Aspekte des Gedichts fällt die klassische, in ihrem Aufbau strenge Form des Sonetts auf. Das Gedicht hat zwei Quartette und zwei Terzette, wobei das Reimschema der Quartette der traditionellen Form des Sonetts entspricht, nämlich jeweils in Gestalt eines umarmenden Reims: abba. Bei den Terzetten entspricht das Reimschema nicht der klassischen Form, sondern es liegt das Schema cdd, cdd vor. Auch zwei unreine Reime „schwelen – erzählen" (V.5/8) und „Melodien – ziehen" (V.9/12) passen zwar nicht zu der strengen Form des Sonetts, geben jedoch wieder, dass die Stimmung nicht der einer heilen Welt entspricht. Auffallend ist jedoch die deutliche inhaltliche Zäsur nach dem sechsten Vers, weil dann im Folgenden zum ersten Mal die menschlichen Bewohner der Großstadt in Erscheinung treten. Loerke benutzt die klassische Sonettform für ein zeitbedingtes Thema (Verhältnis von Mensch und Großstadt), gestaltet dies aber in einem übergreifenden Naturzusammenhang.

Schreibplan

Das Motiv der Großstadt in der Lyrik des 20. Jahrhunderts

Erschließung des Gedichts „Blauer Abend in Berlin" von Oskar Loerke

Lyrisches Ich und lyrischer Gedankengang:
Beobachtendes, distanziertes lyrisches Ich:
Spiegelung des Himmels in den Straßenschluchten Berlins und Vergleich des Anblicks mit einem Gewässer (1)
Beschreibung der düsteren Umgebung und der Suche der Menschen nach dem Himmel (2)
Weitere Beobachtung der Menschen und ihrer Befindlichkeiten (3)
Resümee über das Schicksal der Menschen (4)

Formale Aspekte:

Sonett mit zwei Quartetten und zwei Terzetten

Umfassender Reim mit Schema abba (1, 2)

Strophenübergreifender, umfassender Reim cdd (3, 4)

Unreine Reime als Ausdruck von Disharmonien

In den Quartetten liegen ausschließlich weibliche Kadenzen vor, was als Zeichen eines bewegten, fließenden natürlichen Zustandes gedeutet werden könnte. Die menschliche Existenz (vgl. V.7) wird in diesem naturhaften Gesamtzusammenhang gesehen (vgl. V.7–9). In den Terzetten gibt es dann in Abwechslung mit weiblichen jeweils in der zweiten und dritten Verszeile männliche Kadenzen, die in ihrem Kontrast das Gesteuertsein des Menschen durch die Natur – wie es inhaltlich zum Ausdruck kommt – formal betont.

Inhaltliche Zäsur

Wechsel der Kadenzen als Ausdruck einer Wechselbeziehung zwischen Mensch und Natur

Der konsequente fünfhebige Jambus kann als Hinweis auf den gesetzmäßig ablaufenden Prozess im Verhältnis von Mensch und ihn umgebender Stadt bzw. Natur interpretiert werden. Vereinzelte Enjambements im Gedicht lassen zudem den Versuch einer Annäherung von Mensch und Großstadt erkennen.

Durchgehend fünfhebiger Jambus als Hinweis auf einen Prozesscharakter

Mehrere Enjambements als Zeichen der Annäherung

Sprachliche Beobachtungen:

Im Hinblick auf die Analyse der sprachlichen Mittel fällt eine ausgeprägte Bildhaftigkeit auf. Verschiedene Begriffe aus dem Wortfeld „Wasser" bzw. der Farbe Blau verdeutlichen einen erkennbaren Einklang von Stadt und Natur. Mit „Himmel" (V.1), „Himmelblauen" (V.3), „Wasser"(V.5), „Wasserpflanzen"(V.6), „blauen Melodien" (V.9) assoziiert der Leser eine friedliche, beruhigende Stimmung in der Stadt, die somit in die Natur eingebunden erscheint. Natur und Stadt sind kein Widerspruch, sondern eine Ergänzung. Auch die Überschrift „Blauer Abend in Berlin" erzeugt beim Leser ein eher freundliches, harmonisches Bild der Stadt.

Wortfeld Wasser und Vergleiche zur Veranschaulichung des Verhältnisses Stadt – Natur

Verschiedene Vergleiche wie beispielsweise „Kuppeln gleichen Bojen" (V. 4) lassen die Stadt naturhaft wirken, wecken Assoziationen an ein Meer oder können als Ausdruck der Sehnsucht nach der Weite des Meeres interpretiert werden. Damit erscheint die Stadt an dieser Stelle nicht sehr bedrohlich.

Die Farbmetaphorik, „Schwarze Essendämpfe schwelen" (V. 5), veranschaulicht zwar zunächst die bedrohlichen Seiten einer Industrialisierung, der die Menschen ausgeliefert sind. Dieses Beispiel für Synästhesie verdeutlicht eindringlich, dass der Mensch mit allen Sinnen eine Bedrohung durch sein Umfeld spüren kann. Doch auch dieses Bild wird wieder abgemildert durch den Vergleich „sind wie Wasserpflanzen anzuschauen" (V. 6).

Ausgeprägte Farbmetaphorik

Synästhesie zur Verdeutlichung einer komplexen Sinneserfahrung

Auch die menschlichen Wesen, die „Leben, die sich ganz am Grunde stauen" (V.7), werden von der natürlichen Ordnung umfasst; die Chiffre „Gemengt, entwirrt nach blauen Melodien"(V. 9) betont die beiden Seiten der Stadt: Chaos, Unordnung, Desorientierung einerseits, andererseits Orientierung und Suche nach Sinn in der Natur oder Gott, der sich in dem Nomen „Himmel" (V. 8) widerspiegelt.

Chiffre zur Kennzeichnung der unterschiedlichen Seiten der Stadt

Mit den Vergleichen „Wie eines Wassers Bodensatz und Tand" (V. 10) stellt Loerke jedoch die geringe Relevanz des einzelnen Menschen in der Stadt dar. Mithilfe der negativen Konnotationen von „Bodensatz" und „Tand" werden beim Leser Assoziationen geweckt wie zum Beispiel: Der Mensch hat keinen Stellenwert, keinen Wert, er ist unwichtig. Der grobe Sand (vgl.V.13) verdeutlicht zusätzlich, wie unscheinbar und unbedeutend der einzelne Mensch in der Masse ist.

Vergleich zur Konkretisierung des Status des Menschen

Die Metapher „Wellenhand" (V. 14) veranschaulicht eine dem Menschen übergeordnete Instanz, wobei der Mensch im „linden Spiel" (V. 14) hin und her geschoben wird wie das Sandkorn, das von den Wellen hin und her getrieben wird, ohne dass es seinen Platz selber bestimmen kann. Die Personifikation „des Wassers Wille und Verstand" (V. 11) signalisiert jedoch, dass diese Wellenhand nicht blind regiert, sondern einer natürlichen Ordnung gehorcht.

Personifikation des Wassers zur Veranschaulichung einer höheren, den Menschen lenkenden Macht

Damit wird die Auffassung, dass der Mensch anscheinend keinen Einfluss auf seinen Lebensweg hat und von der Stadt getrieben wird, erneut abgemildert durch den metaphorisch gedachten Naturbezug.

Die Reihung „Im Dünen, Kommen, Gehen, Gleiten, Ziehen" (V. 12) – alles nominalisierte, z. T. chiffrierte Verben aus dem Wortfeld Bewegung – veranschaulicht die ständigen Wiederholungen in der überzeitlichen Beziehung Mensch – Stadt (als Teil eines Naturganzen).

Häufung von Verben zur Beschreibung der Beziehung Mensch – Stadt

Gesamtdeutung:

Im Gedicht tritt das lyrische Ich nicht direkt in Erscheinung, sondern lässt sich nur indirekt als distanziert-beobachtendes Ich erspüren, das sich der Ambivalenz der Stadt bewusst ist.

Neutrale Stellung des lyrischen Ich

Im Mittelpunkt des Gedichts steht das Motiv der Stadt, das exemplarisch am Beispiel der Großstadt Berlin konkretisiert wird. Die Darstellung der Stadt kommt jeweils mit Nomen zum Ausdruck: „Kanäle" (V. 2), „Straßen" (V. 3), „Kuppeln" und „Schlote" (V. 4). Damit werden unterschiedliche Aspekte der Zivilisation in einer industrialisierten Stadt thematisiert. Der Abend als besonderer Zeitabschnitt des Tages kann ferner eine aufkommende positive Stimmung repräsentieren, indem das hektische Treiben der Großstadt immer mehr zur Ruhe kommt und der Mensch die Gelegenheit findet aufzuatmen in einer von Zwängen beherrschten Arbeits- und Lebenswelt.

Ausprägung des Motivs Stadt

Abend als besonderer Zeitabschnitt des Tages

Trotzdem bleibt aber der Eindruck der Machtlosigkeit des Individuums erhalten. Dieses ist sich des Gefühls der Bedrohung bewusst und spürt, dass die Zivilisation das menschliche Schicksal maßgeblich prägt. Das Gefühl der Unterlegenheit und des Ausgeliefertseins wird prägnant mit dem metaphorischen Nomen „Wellenhand" (V. 14) bildhaft veranschaulicht.

Machtlosigkeit des Menschen

Die Verknüpfung und Verschränkung der Motive „Großstadt" und „Natur" können auf eine göttliche Macht verweisen, die die Geschicke der Stadt lenkt. Der Mensch in seinem Aufgehobensein im Göttlichen könnte damit als weitere Lesart gesehen werden.

Der Mensch in seinem Aufgehobensein im Göttlichen

Die unterschiedliche Grundstimmung des Gedichts wird über Farben zusätzlich intensiviert: Der Farbe Schwarz als Ausdruck von düsterer, den Tod bringender Stimmung steht die Farbe Blau gegenüber als Ausdruck von Harmonie.

Starke Farbsymbolik als Merkmal des Expressionismus

Epochenspezifische Details des Expressionismus sind in vielfältiger Weise zu erkennen, z. B. in Gestalt einer ausdrucksstarken Wortwahl und Farbsymbolik. Auch die punktuell erkennbare Chiffrierung, die den Leser im Zustand der Verunsicherung zurücklässt und eine individuelle Vielfalt des Verstehens ermöglicht, ordnet dieses Gedicht dem Expressionismus zu. Schließlich kann auch die Vermischung der Elemente von Stadt und Natur als Verfremdung der Wirklichkeit als epochentypischer Ausdruck gewertet werden.

Epochenspezifische sprachliche Details des Expressionismus

Andererseits bewahrt Loerke in seinem Gedicht „Blauer Abend in Berlin" auch noch Elemente einer traditionellen Naturlyrik und findet zu einer versöhnlichen, fast harmonischen Schlusswendung, die man in anderen expressionistischen Großstadtgedichten selten findet.

Epochenuntypischer Ausklang

Während zur Entstehungszeit dieses Gedichts die Großstadt eine große Anziehungskraft ausübte, gab es bis in die jüngere Vergangenheit einen Trend zur Stadtflucht. Menschen ziehen lieber in die Vororte von Großstädten, um beide Seiten von Lebensqualität genießen zu können: die Qualität der Großstadt, verbunden mit Arbeitsplatz, Konsum und Kultur, und andererseits die Natur im Hinblick auf Wohnqualität und Freizeit.

Tendenz zur Stadtflucht als Phänomen der jüngeren Vergangenheit

6 Gedichtvergleich

In der vergleichenden Gesamtdeutung zweier Gedichte soll das Wesentliche der dichterischen Aussage zum Ausdruck kommen. Ein Gedichtvergleich ist damit mehr als die Kombination zweier Einzelinterpretationen. Die Gedichte müssen deshalb einerseits in ihrer inhaltlich-formalen Eigenart gesehen, andererseits jedoch auf der Basis geeigneter Vergleichskriterien erfasst und gedeutet werden. Dieser abschließende Arbeitsschritt darf dabei nicht textchronologisch, sondern muss problemorientiert gestaltet werden. Formale Beobachtungen sind stets in einen funktionalen Zusammenhang zum Inhalt zu stellen. Textexterne Aspekte, die unter anderem auch epochen- und gattungsspezifische Details widerspiegeln, sollen die individuellen dichterischen Aussageabsichten der zu vergleichenden Gedichte ergänzen.

Zwei mögliche Modelle einer vergleichenden Gedichtinterptretation		
Variante 1		**Variante 2**
Interpretation Gedicht 1	Interpretation Gedicht 2	Interpretation Gedicht 1 und 2
Einzeldarstellung Inhalt – Lyrisches Ich (Standpunkt) – Lyrischer Gedankengang (abstrahierende Zusammenfassung)	**Einzeldarstellung** Inhalt – Lyrisches Ich (Standpunkt) – Lyrischer Gedankengang (abstrahierende Zusammenfassung)	**Direkter Vergleich** Inhalt – Lyrisches Ich (Standpunkt) – Lyrischer Gedankengang (abstrahierende Zusammenfassung)
Formale Elemente und ihre Einzeldeutung – Strophischer Aufbau/Reim – Metrum	Formale Elemente und ihre Einzeldeutung – Strophischer Aufbau/Reim – Metrum	Formale Elemente und ihre vergleichende Deutung – Strophischer Aufbau/Reim – Metrum
Lyrische Sprache und ihre Einzeldeutung – Wortwahl/Klangbild/Rhythmus – Satzbau/rhet. Mittel – Bildhaftigkeit	Lyrische Sprache und ihre Einzeldeutung – Wortwahl/Klangbild/Rhythmus – Satzbau/rhet. Mittel – Bildhaftigkeit	Lyrische Sprache und ihre vergleichende Deutung – Wortwahl/Klangbild/Rhythmus – Satzbau/rhet. Mittel – Bildhaftigkeit
Gesamtdeutung von Gedicht 1 und Gedicht 2		
Zusammenhänge von Gehalt und Gestalt auf der Basis von ergiebigen Vergleichskriterien, d. h. **Gemeinsamkeiten** und **Unterschiede** zum Beispiel in Bezug auf: – Standpunkt/Redeweise des lyrischen Ich – Entwicklungen im lyrischen Gedankengang – Äußerung von Stimmungen, Haltungen, Reflexionen etc. Zeitbedingte Ausgestaltung des Motivs/Themas Gattungsmerkmale, Form und Sprache im Kontext Anmerkungen zu Epochenhintergrund und Autor (u.U. Materialien der Sekundärliteratur)		
Formulierung eines Schlussgedankens		

In einem Vergleich sollen alle Analysen und Deutungen, die sich auf einen vorgegebenen oder zu findenden Vergleichsaspekt (z. B. Motiv Vergänglichkeit, Liebe) beziehen, die Gemeinsamkeiten und Unterschiede der beiden Gedichte herausarbeiten. Durch die Konzentration auf ergiebige Vergleichsaspekte lassen sich bloße **Wiederholungen vermeiden**.

Arbeitsschritte einer vergleichenden Gedichtinterpretation
- Lesen der Gedichte
- Bewusstwerden der ersten Leseeindrücke
- Anwendung der Methoden der Textbearbeitung
- Erstellen eines Schreibplans als Grundlage für eine strukturierte Ausarbeitung
- Formulierung eines Einleitungsgedankens
- Ausarbeitung der Einzelergebnisse der Analyse

Thema:
Vergleichen Sie beide Gedichte im Hinblick auf Inhalt, Form und Sprache.

Löwenzahn (1927/28) | Peter Huchel

Fliegen im Juni auf weißer Bahn
flimmernde Monde von Löwenzahn,
liegst du versunken im Wiesenschaum,
löschend der Monde flockenden Flaum.

Wenn du sie hauchend im Winde drehst,
Kugel auf Kugel sich weiß zerbläst,
Lampen, die stäubend im Sommer stehn,
wo die Dochte noch wolliger wehn.

Leise segelt das Löwenzahnlicht,
über dein weißes Wiesengesicht,
segelt wie eine Wimper blaß
in das zottig wogende Gras.

Monde um Monde wehten ins Jahr,
wehten wie Schnee auf Wange und Haar.
Zeitlose Stunde, die mich verließ,
da sich der Löwenzahn weiß zerblies.

Huchel, Peter, Gedichte, Suhrkamp Verlag, Frankfurt/M. 1989, S. 23

Die große Fracht (1953) | Ingeborg Bachmann

Die große Fracht des Sommers ist verladen,
das Sonnenschiff im Hafen liegt bereit,
wenn hinter dir die Möwe stürzt und schreit.
Die große Fracht des Sommers ist verladen.

Das Sonnenschiff im Hafen liegt bereit,
und auf die Lippen der Galionsfiguren[1]
tritt unverhüllt das Lächeln der Lemuren[2].
Das Sonnenschiff im Hafen liegt bereit.

Wenn hinter dir die Möwe stürzt und schreit
kommt aus dem Westen der Befehl zu sinken;
doch offnen Augs wirst du im Licht ertrinken,
wenn hinter dir die Möwe stürzt und schreit.

Bachmann, Ingeborg, Die gestundete Zeit, Gedichte, Piper Verlag, München 1964

---

1 Galionsfigur: aus Holz geschnitzte Verzierung des Schiffsbugs
2 Lemuren: Geister der Verstorbenen

Gedichtvergleich

Lösungsvorschlag

Ausarbeitung

Struktur

Einleitung

Bereits seit den frühesten Tagen der Lyrik taucht darin die Natur als Motiv auf. War sie zu Beginn noch anderen Motiven zugeordnet – beispielsweise in der Liebeslyrik – und teils nur Mittel für sprachliche Verzierungen, so wurde sie ab der Aufklärung zu einem der zentralen Themen der Lyrik. In der Romantik mystisch erhöht, in anderen Zeiten wie z. B. in der neuen Sachlichkeit eher abgelehnt, blieben Naturmotive doch stets präsent. Eine wichtige Funktion dieser Motive ist die Darstellung der Vergänglichkeit des Seins und damit der Tod. Als natürlichstes aller Phänomene, als Konsequenz des Lebens schlechthin beschäftigt er die Menschen seit jeher. Die Wahrnehmung des Todes in der Moderne soll im Folgenden anhand der Gedichte „Löwenzahn" von Peter Huchel aus den Jahren 1927/28 und „Die große Fracht" von Ingeborg Bachmann" aus dem Jahr 1953 in Form einer Gedichtinterpretation analysiert werden.

Gedicht 1

Inhalt

In Peter Huchels Gedicht „Löwenzahn" reflektiert ein lyrisches Ich über die Vergänglichkeit, indem es ein fiktives Du anspricht. Dieses Du liegt auf einer sommerlichen Wiese und bläst, ebenso wie der Wind, Löwenzahnsamen durch die Luft, sodass sich das Aussehen der Wiese im Zeitverlauf ändert. Dieses stimmungsvolle Bild wird in der vierten Strophe auf einen alternden Menschen übertragen, der, wie die Sommerwiese, im Lauf der Zeit sein Aussehen verändert und wie der Löwenzahn schließlich vergeht. Hierbei wird auch deutlich, dass es sich um eine Selbstreflexion des lyrischen Ich handelt: „Zeitlose Stunde, die mich verließ" (V. 15).

Form und Deutung

Die Natürlichkeit dieses Ablaufs der Vergänglichkeit wird von Huchel auch formal umgesetzt. So wirkt der Aufbau des Gedichts in vier Strophen sehr gleichmäßig und kontinuierlich wie eben auch der Lauf der Zeit. Der verwendete Paarreim mit stets männlich stumpfen Kadenzen unterstützt diese Wahrnehmung von Konstanz und Kontinuität zusätzlich. Ebenso verhält es sich mit den Reimsilben, welche bis auf die Verse 5 und 6 stets rein sind. Zudem verwendet jedes Reimpaar neue Reimsilben. Die unregelmäßige Abfolge von drei- und vierhebigen Daktylen unterstützt die Natürlichkeit, ja fast Selbstverständlichkeit des Vergehens und Sterbens.

Sprache und Deutung

Besonders beeindruckt in diesem Gedicht jedoch die bildhafte Sprache. So gelingt es Huchel, allein schon durch die Wortwahl im Wortfeld Luft/Luftbewegung im Lauf des Gedichts eine Steigerung und einen Wandel von Leichtigkeit zu Vergänglichkeit zu erzeugen. Während in der ersten Strophe Worte wie „flimmernd"(V. 2), „versunken" (V. 3), „Wiesenschaum" (V. 3), „Flaum" (V. 4) noch den Eindruck von Leichtigkeit wecken und die Assoziation eines Kindes hervorrufen, welches fröhlich mit dem Löwenzahn spielt, als wäre es der Schaum in der Badewanne, so „steigert" sich die Luftbewegung in den beiden folgenden Strophen: „hauchend im Winde" (V. 5), „stäubend" (V. 7), „segeln" (V. 11), „zottig wogend" (V. 12). Diese Steigerung mündet in der vierten Strophe in die Erkenntnis der Vergänglichkeit. Dies wird durch die Verwendung des Präteritums unterstützt, welches die vierte Strophe vom Präsens der anderen Strophen abhebt. Zudem wird deutlich, dass das lyrische Ich sich am Ende des Lebens befindet, da die angesprochene Sommerzeit als beendet betrachtet wird. Auch die Verwendung der Farbe Weiß in allen vier Strophen (V. 1, 6, 10, 16) deutet auf den Tod hin; sie steht in vielen Kulturen symbolisch dafür. Weitere Symbole sind Monde (V. 2, 4, 13) und Kugeln (V. 6), die zunächst synonym für die runden Pusteblumen verwendet werden. Sie stehen anfangs für die Entfernung zum Lebensende (Entfernung zum Mond) sowie für die scheinbare Unendlichkeit des Daseins (Kugel als vollkommenster Körper des dreidimensionalen Raums). Zudem erhält die banale Tätigkeit des Löwenzahnpustens eine mystische, leicht religiöse Komponente. Im Rahmen der Erkenntnis in der vierten Strophe erhalten die Monde zusätzlich die Bedeutung des Zeitverlaufs, die Mondphasen waren schließlich die Vorfahren der Monate. Sowohl das Symbol Monde als auch die Kugeln werden durch Alliteration hervorgehoben (V. 6, 13).

Gedicht 2 Inhalt

Auch im Gedicht „Die große Fracht" von Ingeborg Bachmann reflektiert ein lyrisches Ich über das Lebensende. Ein abfahrbereites beladenes Schiff liegt im Hafen, während eine schreiende Möwe sich nähert. Die Galionsfiguren am Schiffsbug rücken in die Nähe von Geistern. Mit der Ankunft der Möwe kommt ein Sinkbefehl, dem ein angesprochenes Du entgegentritt. Dass es sich hier um eine Selbstreflexion handelt, darf angenommen werden, da das fiktive Du nur angesprochen wird. Das lyrische Ich bleibt jedoch hauptsächlich nur als Sprecherstimme wahrnehmbar und tritt nicht in den Vordergrund.

Form

Formal ist auch dieses Gedicht gleichmäßig aufgebaut. Es gliedert sich in drei Strophen zu je vier Versen. In allen drei Strophen findet sich der umarmende Reim abba/bccb/bddb, wobei die b-Reime männlich stumpf sind, die anderen sind weiblich klingend: Hier findet das inhaltlich vermittelte Bild der bedrückenden, ja erdrückenden Zwangssituation bereits seine formale Entsprechung: Die Reimpaare „fesseln" sich gegenseitig. Der durchgehende fünfhebige Jambus erzeugt einen nachdrücklichen Rhythmus, der ebenfalls das vermittelte Bild von Druck und Zwang unterstützt. Sprachlich springt dem Leser sofort ins Auge, dass die Verse der ersten Strophe wiederholt werden. So findet sich der erste Vers am Ende der ersten Strophe wieder. Der zweite und der dritte Vers der ersten Strophe umschließen jeweils die zweite bzw. dritte Strophe als Anfangs- und Endvers. Daraus resultiert auch das ungewöhnliche Reimschema. Durch diese Wiederholungen wird der Eindruck einer Zwangslage verschärft, ein Entrinnen aus der Situation scheint wünschenswert, jedoch unmöglich.

Sprache

Die Möwe, die „stürzt und schreit" (V. 3, 9, 12), wird als Bedrohung wahrgenommen. Zum einen wird dadurch nochmals die Drucksituation verschärft, zum anderen wird deutlich, dass die Möwe symbolisch für den Tod steht. Dies fügt sich ins Bild, denn auch der Hafen mit dem beladenen Schiff kann als Symbol betrachtet werden. Die große verladene Fracht, die auch im Titel angesprochen wird, ist das vollendete Lebenswerk; das Schiff, wie in der antiken Mythologie, Verkehrsmittel auf dem Weg ins Jenseits. Hierzu passt auch die Bezeichnung „Sonnenschiff", die an die ägyptische Mythologie erinnert. Auch der Sinkbefehl verheißt den Tod. Er kommt aus dem Westen, also aus der Himmelsrichtung, in der die Sonne untergeht, was ebenfalls den Tod umschreibt. Durch Endsilbenverschleifung hervorgehoben, prophezeit das lyrische Ich dem fiktiven Du, den Tod „offnen Augs" (V. 11), also mutig und bei vollem Bewusstsein entgegenzutreten, indem es im Licht ertrinkt. Dies wirkt wie der Lichtblick, der Hoffnungsschimmer in der scheinbar ausweglosen, erdrückenden Situation.

Gedichtvergleich als Gesamtdeutung der Gedichte mit Gemeinsamkeiten und Unterschieden

Beiden Gedichten gemeinsam ist die Thematik des Todes in Form einer Selbstreflexion eines lyrischen Ich, das jeweils ein fiktives Du anspricht. Sowohl Huchel als auch Bachmann drücken dies in unglaublich starken Bildern aus. Beide verwenden das Motiv des Sommers als Zeit des Lebens, beide übertragen das Thema mithilfe von Symbolen in ihre ausdrucksstarken Bilder. Ihre Inhalte unterstützen sie durch deutliche formale Entsprechungen bezüglich Reimschema und Metrik. Beide Gedichte beschäftigen sich nach der Erfahrung von zwei Weltkriegen mit der überzeitlichen Thematik der Vergänglichkeit.

Interessanter als die angesprochenen Gemeinsamkeiten sind jedoch die Unterschiede zwischen den Gedichten. Auffällig ist hierbei die unterschiedliche Betrachtungsweise des Todes. Bei Huchel wird der Tod als selbstverständlich gesehen, als Konsequenz des vergangenen Lebens. Der Tod, der zu Beginn des Gedichts noch weit entfernt ist, ist am Ende nahe gekommen. Dies entlockt dem lyrischen Ich „lediglich" eine erkenntnisvolle Aussage über die Vergänglichkeit des Menschen. Bei Bachmann kommt der Tod in Form der Möwe bedrohlich daher. Obwohl das Schiff bereit ist zum Ablegen, die Situation also nicht unvermittelt eintritt und die Abfahrt absehbar ist, wirkt die Situation bedrückend, der nahende Tod als Gefahr. Obwohl der Tod (Möwe) präsent ist, schimmert jedoch Hoffnung durch. Dem Tod wird ohne Angst begegnet, man ertrinkt im Licht, was an sogenannte Nahtoderlebnisse erinnert, wenn Menschen von einem hellen, warmen

Licht am Ende eines dunklen Tunnels berichten. In diesem Zusammenhang könnte der Leser an den Begriff „Erlösung" denken.
Obwohl beide Autoren der Moderne zuzuordnen sind, behandeln sie das Thema Tod – wohl auch epochal bedingt – unterschiedlich. „Löwenzahn" entstand zu Zeiten der Weimarer Republik, „Die große Fracht" unter dem Eindruck des Wiederaufbaus nach dem Massensterben im Zweiten Weltkrieg. Huchel ist der Neuen Sachlichkeit zuzuordnen, weshalb er das Thema Tod nüchterner betrachtet als die Nachkriegsautorin Bachmann. Ihr scheint der Tod als Bedrohung gegenwärtig zu sein.

Schluss

An beiden Gedichten kann man erkennen, wie vielfältig die Vorstellungen der Menschen vom Tod sind. Huchel erkennt ihn in der Veränderung der Natur, Bachmann rückt ihn in die Nähe der antiken Mythologie, wo beispielsweise in der griechischen Mythologie der Fluss Styx überquert werden musste, um in die Totenwelt, den Hades zu gelangen. Den Toten wurde eine Münze in den Mund gelegt, um den Fährmann zu bezahlen. In unseren Breiten findet sich dagegen häufig die Vorstellung vom Sensenmann, der die Sterbenden mitnimmt. Auch Tiere – wie der Rabe oder der Geier als Aasfresser – können den Tod symbolisieren. In Asien wird häufig die Farbe Weiß mit dem Tod assoziiert. All dies zeigt, wie vielfältig und unterschiedlich der Tod in verschiedenen Kulturkreisen betrachtet wird, was auch immer wieder in der Lyrik aufgegriffen wird.

7 Übungsteil: Teillösungen zu Gedichtinterpretationen – Arbeitsaufträge zu Gedichten

Teillösungen zu Gedichtinterpretationen

An die Geliebte (1830) | Eduard Mörike

Wenn ich, von deinem Anschaun tief gestillt,
Mich stumm an deinem heilgen Wert vergnüge,
Dann hör ich recht die leisen Atemzüge
Des Engels, welcher sich in dir verhüllt.

Und ein erstaunt, ein fragend Lächeln quillt
Auf meinem Mund, ob mich kein Traum betrüge,
Daß nun in dir, zu ewiger Genüge,
Mein kühnster Wunsch, mein einzger, sich erfüllt?

Von Tiefe dann zu Tiefen stürzt mein Sinn,
Ich höre aus der Gottheit nächtger Ferne
Die Quelle des Geschicks melodisch rauschen.

Betäubt kehr ich den Blick nach oben hin,
Zum Himmel auf – da lächeln alle Sterne;
Ich kniee, ihrem Lichtgesang zu lauschen.

Als mich dein Wandeln an den Tod verzückte (1913) | Franz Werfel

Als mich dein Dasein tränenwärts entrückte,
Und ich durch dich ins Unermeßne schwärmte,
Erlebten diesen Tag nicht Abgehärmte,
Mühselig Millionen Unterdrückte?

Als mich dein Wandeln an den Tod verzückte,
War um uns Arbeit und die Erde lärmte,
Und Leere gab es, gottlos Unerwärmte,
Es lebten und es starben Niebeglückte!

Da ich von dir geschwellt war zum Entschweben,
So viele waren, die im Dumpfen stampften,
An Pulten schrumpften und vor Kesseln dampften.

Ihr Keuchenden auf Straßen und auf Flüssen!!
Gibt es kein Gleichgewicht in Welt und Leben,
Wie werd' ich diese Schuld bezahlen müssen!?

Mörike, Eduard, An die Geliebte; Werfel, Franz, Als mich dein Wandeln an den Tod verzückte, in: Klassische Deutsche Dichtung, hrsg. von Fritz Martini u. a., Bd. 18 Lyrik, Herder Verlag, Freiburg 1969, S. 482 und S. 643

Gedichtvergleich

Lösungsvorschlag

Lyrisches Ich und lyrischer Gedankengang

Das lyrische Ich im Mörike-Gedicht spricht den Liebespartner an, dem es sein großes Liebesglück verdankt, was an den Formulierungen „von deinem Anschaun tief gestillt" (V. 1) oder „an deinem heilgen Wert vergnüge" (V. 2) abzulesen ist. In der Partnerin glaubt das lyrische Ich einen verborgenen Engel zu erkennen.
Diese überirdische Qualität der Liebesbegegnung wird auch noch durch den Bezug zur „Gottheit" (V. 10), durch die Blickrichtung zum Himmel vertieft. Der religiösen Erlebnisqualität wird mit der Haltung des Kniens entsprochen, in der der Liebende die Sterne „lächeln" (V. 13) sieht und ihrem „Lichtgesang" (V. 14) lauscht, nachdem sein Sinn ohne Halt – „von Tiefe dann zu Tiefen stürzt" (V. 9) – eine Art Entgrenzung erfahren hat.
Das lyrische Ich Werfels erinnert sich, dass bei der Liebesbeziehung seine Existenz in Richtung Seligkeit, Tränenseligkeit (vgl. V. 1) verändert war. Der Liebende denkt daran, dass er die Aufhebung menschlicher Begrenzung zu erleben glaubte (vgl. V. 2), ja, dass das Glück so groß war, dass es fast sein Leben sprengte (vgl. V. 9), in den Tod umzukippen drohte. Die dritte Strophe schließlich gibt die Erinnerung an das Liebesempfinden wieder: „Da ich von dir geschwellt war zum Entschweben" (V. 9) – was Realitätsverlust und die Auflösung der Bindung an die Erdenhaftigkeit provozierte. Werfel deutet hier gleichsam eine Dimensionsvergrößerung an, die so weit geht, dass die Bodenhaftung aufgegeben wird.

Sprache

Im Gedicht „An die Geliebte" folgt dem konditionalen Satzgefüge, aus dem die erste Strophe besteht, eine hypotaktisch konstruierte Frage, die die zweite Strophe ausmacht. In der dritten Strophe liegt parataktischer Satzbau vor, der in der vierten Strophe weitergeführt wird, wobei der Gedankenstrich eine Atempause anregt, in der gleichsam das Staunen über das folgende Wunder erfolgt.
Mörikes Bildgestaltung ist religiös: Die Geliebte ist ein Engel, wenn auch im Verborgenen, sodass die Erfüllung der Liebessehnsucht durch sie die Zeitgrenzen sprengt, „ewig" (vgl. V. 7) ist, also göttliche Eigenschaft hat. Der Sinn des Liebenden „stürzt" (V. 9) – eine metaphorische Aussage, um Heftigkeit und Unaufhaltsamkeit auszudrücken. Korrespondierend mit „ein fragend Lächeln quillt" (V. 5) ist in der dritten Strophe von der „Quelle des Geschicks" (V. 11) die Rede. Schicksal wird in Zusammenhang gebracht mit der „Gottheit nächtger Ferne" (V. 10), die für die Harmonie des Liebeszustandes wohl Urheberin ist. Diese Glückseligkeit spiegeln auch die Sterne: Sie agieren menschlich, sie „lächeln" (V. 13) und ihr Licht bekommt akustische Qualität, wird „Lichtgesang" (V. 14; Synästhesie). Die Bildhaftigkeit wirkt also eindeutig in Richtung religiöse Verklärung, göttliche Überhöhung des irdischen Lebens.
Werfel beginnt sein Sonett mit einer Frage, die die erste Strophe ausfüllt. Man könnte beinahe an eine rhetorische Frage denken, die weitere Gedichtaussage jedenfalls lässt diese Einstufung zu. Die zweite Strophe greift den Anfang der ersten anaphorisch auf, ist aber als Ausruf gestaltet, als den man die rhetorische Frage ebenfalls verstehen könnte. Fast ließe sich Niedergeschmettertheit, ja Depression daraus ablesen, dass die dritte Strophe ruhig, als Aussagesatz mit einem Punkt endet. Dafür geht die letzte Strophe mit Satzzeichen geradezu verschwenderisch um: Die Anrede wird mit einem doppelten Ausrufezeichen sehr expressiv beendet, und am Ende des Gedichts stehen Ausrufe- und Fragezeichen nebeneinander, um den Aufschrei- und Fragecharakter auszudrücken.

Die Verben „entrückte" (V. 1) und „verzückte" (V. 5) deuten zwar auf mystische Vorgänge hin, doch bleiben Werfels Bilder der Realität verhaftet, wenn er etwa vom Arbeiterelend spricht. Hier ist die Rede von den „gottlos Unerwärmte[n]" (V. 7), eine Metapher, die Gottferne und Kälte zusammenbringt, Gottnähe mit Liebesglück, Wärme und Geborgenheit gleichsetzt. Die Metapher von der zu bezahlenden Schuld (vgl. V. 14), auf dem Hintergrund des bisher Gesagten biblisch einzuordnen, steht für die Vorstellung des lyrischen Ich, dass auf sein Glück im Diesseits Leid im Jenseits folgt.

Gesamtdeutung

Während sich das Liebeserleben im Mörike- und im Werfel-Gedicht im positiven Bereich nahezu deckt, kommt jetzt bei Werfel zum Licht die Schattenseite dazu, denn die Erinnerung an das Liebesglück paart sich in diesem Sonett mit der Frage, was sich gleichzeitig mit seinem individuellen Glück an – fast kollektivem – Leid ereignete. Dem einen Glücklichen stehen die Millionen auf unterschiedliche und doch ähnliche Weise Unglücklichen gegenüber („Abgehärmte", V. 3; „Unterdrückte", V. 4; „Niebeglückte", V. 8; „gottlos Unerwärmte", V. 7), die, statt entschweben zu können, „stampften" (V. 10), „schrumpften" (V. 11), „dampften" (V. 11) und keuchten (vgl. V. 12). So schließt Werfels Gedicht mit der bangen Frage, wie denn wohl der Ausgleich ausschauen wird im Jenseits, da im Diesseits Gerechtigkeit, ein Gleichmaß des Glückes aller nicht erreicht wird.

Diese inhaltlichen Gemeinsamkeiten und Unterschiede spiegeln sich auch in der sprachlichen Gestaltung wider. Während sich bei Mörike durch die Wortwahl ausgesprochen positive Assoziationen einstellen („melodisch", V. 11; „lächeln", V. 13; „heilgen", V. 2; „Wunsch [...] sich erfüllt", V. 8), steht bei Werfel dem positiven Assoziationsfeld ein eindeutig negativ besetztes gegenüber, und zwar in allen Strophen; dabei ist die letzte Strophe nur noch negativ gestaltet. Die zu bezahlende Schuld verlagert offenkundig das Gewicht der Gedichtaussage auf das Gedichtende. Dem sind bei Mörike höchstens beunruhigende Begriffe gegenüberzusetzen wie „[b]etäubt" (V. 12), „stürzt" (V. 9) oder die Frage nach der Sinnestäuschung, der Illusion im zweiten Vers der zweiten Strophe. Bei Werfel fallen die relativ vielen substantivierten Partizipien auf (V. 3, 4, 7, 8), die jeweils einen antithetischen Kontrast zur Situation der Liebenden in den ersten beiden Versen der Quartette bilden. Die Terzette verschieben die bisher ausgewogene antithetische Akzentuierung: Vers 1 des ersten Terzetts steht als ein positiver Vers zwei negativen Versen mit schlimmen (Arbeits-)Tätigkeiten bzw. Vorgängen gegenüber. In der letzten Strophe folgt zusätzlich noch die schuldbewusste Anrede an die vielen und eine fast aufschreiende Frage. Mörike verwendet im Vergleich zu Werfel eine weit größere Zahl von Attributen (tief, heilig, leise, fragend u. v. m.), was der deskriptiven Absicht voll entspricht.

Mörikes Gedicht „An die Geliebte" (1830) ist besser zu verstehen, wenn man von dem Rückzug der Biedermeier-Dichtung auf private Themen in oft gefühlsbetonter und religiöser Sprache weiß. Werfels Sonett „Als mich dein Wandeln an den Tod verzückte" (1913) hingegen ist ein typisches Produkt des Expressionismus mit seinem häufig ekstatischen Menschenpathos.

Ebenso wie zeitbedingte Faktoren auf ein Einzelgedicht einwirken, prägen es auch gattungsspezifische Elemente, die inhaltskonform, manchmal aber auch im Gegensatz dazu eingesetzt werden können. Wenn man die beiden Sonette von Mörike und Werfel vergleicht, hat man das Gefühl, dass im ersten Fall Form (ästhetische Ausgewogenheit) und Inhalt (ideale Liebeserfüllung) harmonieren, während bei Werfel eine gewisse Spannung besteht zwischen eben dieser harmonischen Gedichtform und der zerrissenen Gefühlswelt des lyrischen Ich.

1. Bestimmen Sie die Gedichte nach formalen Gesichtspunkten (Strophe, Vers, Metrum, Reim, Enjambements).
2. Vergleichen Sie die beiden Gedichte im Hinblick auf ihre Entstehungszeit und ihren Epochenhintergrund.
3. Wie unterscheiden sich die beiden Gedichte bezüglich der Wechselwirkung von Inhalt und Form?
4. Welche Wortfelder in diesen Gedichten sind Ihrer Vorstellung nach am stärksten mit Lyrik verbunden?

Arbeitsaufträge zu Gedichten

Fragen (1934) | Bertolt Brecht

Schreib mir, was du anhast! Ist es warm?
Schreib mir, wie du liegst! Liegst du auch weich?
Schreib mir, wie du aussiehst! Ist's noch gleich?
Schreib mir, was dir fehlt! Ist es mein Arm?

Schreib mir, wie's dir geht! Verschont man dich?
Schreib mir, was sie treiben! Reicht dein Mut?
Schreib mir, was du tust! Ist es auch gut?
Schreib mir, woran denkst du? Bin es ich?

Freilich hab ich dir nur meine Fragen!
Und die Antwort hör ich, wie sie fällt!
Wenn du müd bist, kann ich dir nichts tragen.

Hungerst du, hab ich dir nichts zum Essen.
Und so bin ich grad wie aus der Welt
Nicht mehr da, als hätt ich dich vergessen.

Brecht, Bertolt, Fragen, in: Brecht, Bertolt, Die Gedichte, zusammengestellt von Jan Knopf, Suhrkamp Verlag, Frankfurt/M. 2000, S. 149

Aufbruch (1938) | Mascha Kaléko

Dem Eichhorn gleich, das seine Nuß verscharrt
Als Zehrung für die kalten Hungertage,
So grab ich meine blauen Träume ein
Und alles Hoffen, das ich in mir trage.

Die Spuren tilgend vor der Füchse Blick,
– Verborgne Schätze, finde ich euch wieder?
Wer weist den Weg mir, kehre ich zurück?
Des Adlers Flug und einer Lerche Lieder.

Sei achtsam, spreche ich zum Sommerregen.
Behutsam, bitte ich den Winterschnee.
So bangt das Herz um die verscharrten Träume,
Ich aber weiß, daß ich sie nimmer seh.

Stumm folge ich dem Zug der fremden Brüder.
Die tragen große Fahnen vor sich her.
Doch sah ich ihre Augen gegen Abend,
Sie waren leer.

So schlepp ich weiter an der schweren Kette
Und presse Brot und Wasser aus dem Stein.
Kehr ich einst wieder, werden meine Hände
Zu rau für alle blauen Träume sein.

Kaléko, Mascha, In meinen Träumen läutet es Sturm. Gedichte und Epigramme aus dem Nachlaß, hrsg. von Gisela Zoch-Westphal, Deutscher Taschenbuch Verlag, München 1977, S. 34

Erschließen Sie die beiden Gedichte nach Inhalt, Sprache und Form und ziehen Sie einen Vergleich.

Auf der beigefügten CD finden Sie zusätzlich folgende Gedichte mit Arbeitsaufträgen:
- „Um Mitternacht" von Eduard Mörike
- „hungriges frühjahr" von Gerhard Falkner
- „Als ich mich nach dir verzehrte" von Erich Fried
- „Jammertal" von Heinrich Heine
- „Im wilden Viertel" von Karl Beck

VI Vergleich von Texten

1 Methodische Ansätze

Vergleichen bedeutet immer beides: **Gleiches** und **Unterschiedliches** herausarbeiten. Das kann bei Textvergleichen auf zweierlei Weise geschehen. Die Texte werden zunächst unabhängig voneinander jeder für sich betrachtet und danach werden zusammenfassend Gemeinsamkeiten bzw. Unterschiede bestimmt. Im anderen Fall erfolgt die Untersuchung nach bestimmten Teilaspekten, unter denen beide Texte direkt verglichen werden. Als Teilaspekte kommen all die Gesichtspunkte infrage, die für die Einzelinterpretation je nach Gattung wichtig sind (z. B. Form, Inhalt, Aufbau, Figurenkonstellation, Dialoggestaltung usw.). Bei der ersten Methode liegt der Vorteil darin, dass zunächst die Texte als jeweils Ganzes durch die Einzelinterpretation erfasst und vermittelt werden, während bei der zweiten Methode eine gewisse Gefahr der Zerstückelung besteht. Dafür bietet der direkte Vergleich die Chance, ergiebigere Vergleichsresultate zu erzielen, während im ersten Fall der Vergleich am Schluss fast zwingend Wiederholungen zur Folge hat. Letztlich wird die Unterscheidung von der konkreten Aufgabenstellung, den beiden Texten, dem Ausmaß der Übereinstimmungen bzw. Unterschiede und dem persönlichen Arbeitsstil abhängen. Grundsätzlich gelten beim Textvergleich alle Anforderungen und Arbeitsschritte, die bei der Interpretation von Einzeltexten verlangt werden.

Textvergleiche basieren grundsätzlich auf der inhaltlichen Nähe zweier Texte, die meistens auch der gleichen Gattung angehören. Die Verwandtschaft von Themen, Inhalten oder Motiven schafft eine Ausgangsbasis der Gemeinsamkeiten, von der aus dann die gestalterischen Unterschiede in der Bearbeitung durch die jeweiligen Autoren aufgezeigt werden können. Bei Texten aus verschiedenen Epochen müssen die jeweils zeitspezifischen Faktoren berücksichtigt werden; bei einem Vergleich zwischen einem trivialen und einem anspruchsvollen Text gewinnt die literarische Wertung besonderes Gewicht. Beim Vergleich eines Sachtextes mit einem themenverwandten fiktionalen Text besteht der Reiz darin, dass man den unterschiedlichen Wirklichkeitsebenen und den stilistischen Unterschieden nachspürt.

2 Themenverwandte Prosatexte

Das Schwanenhaus (1980) | Martin Walser

In dem Roman geht es um den Immobilienhändler Gottlieb Zürn, der sowohl beruflich als auch privat wegen seiner Ängste und Unsicherheiten als ein nicht unsympathischer Verlierertyp dargestellt wird. Im folgenden Textausschnitt geht Zürn ohne seine Frau Anna auf eine Party, bei der das Gespräch auf seinen Konkurrenten Paul Schatz kommt.

Schlimmer, als der zu früh kommende erste Gast zu sein, war es, auf die schon als Clique plaudernde Gruppe der vor einem Eingetroffenen zugehen und dabei entscheiden zu müssen, wem in welcher Reihenfolge die Hand hinzustrecken sei. Frau Reinhold nahm die Blumen, erkannte die Konzeption als die ihre, war gerührt. Weil er tatsächlich der erste war, konnte er nicht einfach von Frau Dr. Leistle anfangen, sonst wäre der Eindruck entstanden, er sei nur deshalb so früh gekommen. Frau Reinhold hätte davon anfangen können. Aber sie schickte ihn gleich auf die Terrasse. Die Entschuldigung für sein Zufrühkommen brachte er nicht heraus. Sie hatte gleich gerufen: Giselher, eine Vase! Und wo war Dr. Reinhold? Judith hieß die Tochter, die in Magdas Klasse die Beste war, das wußte er. Benjamin hieß der, der in Julias Klasse mit Stefan Schatz um den ersten Platz kämpfte. Außerdem war er Landesjugendmeister in einer Fechtart. Aber in welcher? Und die jüngste hieß ...? War die in Amerika? Anna hatte ihm alles gesagt, aber er hatte nicht aufgepaßt. Er hatte sich wieder einmal den Ernstfall nicht vorstellen können. Dabei gibt es wirklich nichts Einfacheres – und schon gar nichts Billigeres –, wenn man Leuten gefallen muß, als sich ein paar Daten ihrer Kinder zu merken. Wenn er jetzt hätte fragen können, ob es der Tochter, deren Namen er nicht wußte, in Amerika, in der Stadt, die er vergessen hatte, immer noch so gut gefalle bei der Familie, von der Frau Reinhold irgendwo irgendwann etwas berichtet hatte, was Anna erfahren und weitergemeldet und er schon beim Anhören vergessen hatte, wäre der Abend wahrscheinlich gewonnen gewesen. Wenn er endlich einmal einsähe – und sich dementsprechend verhielte –, daß der Ernstfall immer ist.

[...]

Frau Reinhold, die, seit ihr Mann und ihre älteste Tochter sich in die Runde gesetzt hatten, dichter neben Gottlieb saß, flüsterte ihm zu: Das wäre jetzt ein Thema für IHN.

[...]

Gottlieb nickte, ohne zu wissen, was sie meinte. Aber er ahnte es jetzt. Von wem konnte sie denn so sprechen, wenn nicht von IHM?! Haben Sie SEINE Ausstellung gesehen? Jetzt war es sicher. Er, das war Paul Schatz. Wollte sie sich lustig machen über Gottlieb?

[...]

Flucht nach vorne, dachte er und sagte: Wer damals SEINE Rede an Dr. Enderles Grab gehört habe oder eine SEINER Reden in Sachen Autobahn, oder wer einen SEINER Artikel gelesen habe, in denen ER der Bundesbahn die Leviten lese oder den Bauern oder der Naturschutzbehörde, dem Oberschulamt, der Bootsmotorenindustrie, der Bodenseewasserversorgung, der Architektenkammer, den Verbänden der Jäger, der Angler und und und, der wisse, daß ER nicht nur ein begnadeter Maler, sondern auch ein wahrhafter Wörterschmied sei.

Walser, Martin, Das Schwanenhaus, Suhrkamp Verlag, Frankfurt 1982, S. 68 f., 78 f., gekürzt

Vorläufige Beruhigung (1980) | Peter Renz

Der Roman zeigt den Weg der Studentengeneration von 1968, ihre Hoffnungen, ihr Scheitern und den Rückzug in die Bürgerlichkeit. Der Textausschnitt versucht, ein Bild von der damaligen Atmosphäre zu liefern.

Auftakt mit frühzeitiger Scheidung der Geister

So ein Fest beginnt erst spät. Auch wenn es längst angefangen hat. Noch stehen nämlich die meisten ohne Entschlußkraft herum. Agnes zerreibt wirklich Liebstöckelblätter unter der Nase. Eine Möglichkeit wäre, sich kindlich zu freuen, sich unablässig zu umarmen nach so langer Zeit, weißt du noch? zu sagen am laufenden Band und sich gegenseitig die vergangene Erfahrung zu buchstabieren. Aber in den Köpfen arbeiten die Selbstgerechtigkeitsmaschinen. Wie wird man sich darstellen? Was verlangt dieses Treffen? Zunächst will man auf jeden Fall versuchen, all das, was man zur Zeit betreibt, als konsequente Fortsetzung der Bewegung darzustellen. Dazu hat man ein Recht. Schließlich haben sich die Zeiten geändert. Anpassung ist auch eine Form von Fortschritt. Also bildet man Zentren, die sich nicht scheuen brauchen vor der Forderung nach Aktualität, Ökologie, Frauenbewegung, Alternative Lebensformen, Psychiatrie und selbstverständlich Politik. So könnte man sich vorstellen, den Abend zu überstehen. Gottseidank gibt es immer welche, die den Anfang machen.

Ums Feuer sitzend: die *Ökologengruppe*. Unterm Reden legt man immer wieder mal ein Stück Holz in die Flammen. Freddys Hinterkopf, schwarz vor dem Feuer, mit krausem Haar, sein Lachen, wobei er andeutend in die Saiten greift. Man weiß nicht, will er den nächsten Satz nun singen oder nicht. Verdünnung der Ozonschicht, so fängt es an, Erhöhung der Erdtemperatur, Strahlungseinfall, Klaus ist dabei, Zahlen zu nennen, die er kennt aus dem neuesten Bericht einer Forschergruppe. Verwüstung weiter Landflächen die Folge. So erzeugt sich eine Untergangsstimmung, angesichts derer die alten Forderungen von damals belächelt werden können. Agnes erinnert an die Vergiftung der Nahrungsmittel, das solle man doch auch bedenken, jeden Tag nähme jeder soundsoviel Chemikalien auf, die der Körper nicht mehr verarbeiten könne. Die Folge: Krankheiten. Viele noch unbekannt. Währenddessen sieht sie immer wieder mal hinüber zu der Gruppe, die bei den Johannisbeersträuchern im Gras lagert. Unter denen sitzt Marga. In schwarz. Läßt die Haare über Schultern und Brust fallen, spielt mit den Fingern an Gänseblümchen. Aber nicht genug, meint Klaus, gleichzeitig entstehe, wegen dem Energieschock, so was wie ein öffentliches Bewußtsein darüber, daß der Vorrat natürlicher Energien und anderer Rohstoffe auströpfle, demnächst. Also Kernenergie? fragt Knaller provozierend. Damit hat er sich endlich Gegner geschaffen. Agnes, Gerda, ihr Sonderschullehrer, der heißt Clemens, und Freddy. Knaller wartet gespannt auf erste Angriffe. Die will er dann abschmettern. Klaus allerdings möchte jetzt nicht gebremst werden. Der Kapitalismus könne seiner Meinung nach schon nicht mehr anders, als sich selber die Lebensgrundlagen zu entziehen. Man solle bloß an Whyl denken, oder an Brokdorf, die hauten doch bereits im Vorfeld der Katastrophe wie blind auf die Leute. Aus Angst. Eben weil's nicht mehr ohne geht. Wachstum. Das ist eine Notwendigkeit wie ständig atmen. Wenn wir kein Wachstum mehr haben, dann klemmt dieser Laden. Millionen Arbeitslose. Kennst doch das Gesetz des tendenziellen Falls der Profitrate, oder? Freddy meint: also bei mehr Technologie brauchen die mehr Energie. Ganz klar. So funktioniert unsere Produktionsmaschine. An der läßt sich nicht da und dort rumdrehen, wie man's grad braucht. Viel zu komplex das Ganze. Ein politisch abgesichertes Großtechnik-System, ergänzt Klaus, und das braucht einen Überwachungs- und Kontrollapparat, wie wir ihn bisher noch nicht kennengelernt haben. Versteht ihr: beides, die Grenzen des Wachstums, wie der Terror der Apparate erzeugen notwendig eine Bedrohung der gesamten Lebensbedingungen. Scheinbar gibt's keine Alternative. Die Leute wählen halt wie vor zwanzig Jahren. Klaus weiß, daß er überrascht mit so viel Sachverstand. Agnes will nur nochmal an die Nahrungsmittelproduktion erinnern. Das sei doch auch. Knaller legt ein neues Holzscheit auf. Er ist der Einzige, der sich, zumindest rhetorisch, für Atomkraftwerke ausspricht, nicht aus Passion, sondern aus Prinzip. Damit baut er sich die übrigen natürlich als Kontrahenten auf. Vor allem Gerda und Agnes. Jetzt darf er endlich etwas verteidigen. Auch wenn er das nicht will. Jedenfalls bedrängen sie ihn, beschimpfen ihn, da aber auch sie lieber mal von ihrer Hartnäckigkeit Abstand nehmen würden, wartet Knaller geduldig, spitzt die Lippen, raucht wieder mal brillant und sieht in die geifernde Runde.

Renz, Peter, Vorläufige Beruhigung, Hoffmann und Campe Verlag, Hamburg 1980, S. 462 ff.

1. Geben Sie Inhalt und Aufbau der beiden Textauszüge wieder.
2. Charakterisieren Sie unter Einbeziehung der Erzählperspektive die jeweiligen Empfindungen beim Partybesuch.
3. Wie äußert sich in den beiden Texten Gesellschaftskritik? Berücksichtigen Sie dabei auch die sprachliche Gestaltung.

3 Inhaltsverwandte Dramenszenen

Der Umgang mit der eigenen Geschichte erweist sich vor allem nach dem Ende totalitärer Systeme (Drittes Reich, DDR) als schwierig, weil sich Fragen nach Schuld oder Unschuld, Aufarbeitung oder Verdrängung stellen. Die zwei folgenden Dramenausschnitte sind Beispiele für eine unterschiedliche literarische Gestaltung dieser Fragen.

Frölicher – ein Fest (1991) | Urs Widmer

Die politische Revue wurde in Zürich uraufgeführt. Sie handelt von der deutschen und Schweizer Geschichte zwischen 1941 und 1991 und ist benannt nach Hans Frölicher, dem Schweizer Botschafter in Berlin während des Zweiten Weltkriegs. Die 24. Szene zeigt anlässlich einer Beerdigung unterschiedliche Bewertungen der Vergangenheit.

(Die beiden Totengräber mit einem Sarg. Einer hat ein steifes Bein)

Erster Totengräber Wer ist der Tote?

Zweiter Totengräber Weizsäcker. Von der Klinik. Kennst du den?

Erster Totengräber Ist das nicht der Hagere, der immer unterm Nußbaum saß?

Zweiter Totengräber Der? Sah wie ne Vogelscheuche aus.

Erster Totengräber Ist sicher in Stalingrad gewesen, oder so was.

Zweiter Totengräber Der hätte die Säue, die dort alles versiebt haben, sicher gern noch ein paar Mal in den Arsch getreten.

Erster Totengräber Tät ich auch gern, stundenlang, jeden Einzelnen.

Zweiter Totengräber Wir hätten mit den Russen aufgeräumt, das sag ich dir.

Erster Totengräber Eine Handvoll Flammenwerfer und ab in den Kreml, und den Josef geröstet. Glaubs mir.

Zweiter Totengräber Worauf du dich verlassen kannst.

Frölicher (*tritt auf*) Sagen Sie, guter Mann. Wo ist hier die Beerdigung des Herrn von Weizsäcker?

Erster Totengräber Der gute Mann ist er. Ich bin der schlechte.

Zweiter Totengräber Wie war der Name?

Frölicher Von Weizsäcker.

Frölichers Sohn Herr Ernst von Weizsäcker.

Frölicher Das ist mein Hans. Der Verstorbene hat ihn gekannt, als er noch so klein war. (*Zeigt, wie*)

Erster Totengräber Weizsäcker? Weizsäcker? Nie gehört? Du?

Zweiter Totengräber Von fern, von ferne, wie ein Windhauch.

Frölicher Der Staatssekretär im Auswärtigen Amt.

Frölichers Sohn Der Gesandte im Vatikan.

Zweiter Totengräber Ah. D e r. Der ist hier.

Erster Totengräber Den können Sie gleich mitnehmen.

von Weizsäckers Sohn (*tritt auf*) Herr Doktor Frölicher! Und du, Hans!

Frölichers Sohn Richard! Was für eine schwarze Stunde! Den Vater zu verlieren.

von Weizsäckers Sohn Drei Jahre war mein Vater im Gefängnis, nach diesem für ihn durchaus entwürdigenden Prozeß in Nürnberg, und alle Freunde sind weg. Alle. Sie sind die einzigen. *(Sieht den Sarg)* Ist das?

Erster Totengräber Das ist.

Zweiter Totengräber Die meisten Toten geben uns ein Trinkgeld.

von Weizsäckers Sohn Ah ja, natürlich.

Erster Totengräber Heil Hitler.

von Weizsäckers Sohn Was fällt Ihnen ein?!

Erster Totengräber Nichts für ungut, nichts für ungut, ich dachte, in Ihrer Familie mag man das.

von Weizsäckers Sohn Aber nun wirklich nicht.

Zweiter Totengräber War in Stalingrad, Ihr alter Herr, nicht?

von Weizsäckers Sohn Nein.

Erster Totengräber W i r waren in Stalingrad.

Frölicher (*zu Weizsäckers Sohn*) Ich fühle mich wie auf m e i n e r Beerdigung. Da wird auch keiner kommen. Ich bin jetzt ein alter Nazi. Ich bin sogar der einzige alte Nazi in der Schweiz. Alle andern sind Demokraten. Sind immer Demokraten gewesen. Nur ich nicht.

Frölichers Sohn Paps.

Frölicher Bührle hat mich umarmt. Die Bankdirektoren haben mich umarmt. Ich war auf Schlössern zu Gast. Und jetzt kriege ich nicht mal ein Konsulat in Honduras angeboten. Was habe ich getan? Ich habe sieben Jahre lang meine Arbeit getan. Niemand sonst hatte so ein Netz von Beziehungen. SS, Reichskanzlei, Außenministerium, Industrie, alles. Ich habe unzählige Handelskontakte vermittelt. Ich habe Hitler die Garantieerklärung abgerungen, unsere Neutralität zu respektieren. Ich habe ihm Schokolade gebracht. Es war nicht mein Fehler, daß in Berlin ein faschistisches Regime an der Macht war. Ich hatte das nicht eingesetzt. Wenn der Bundesrat der Ansicht gewesen wäre, eine Schweizer Gesandtschaft in einem faschistisch regierten Staat sei etwas Unwürdiges, hätte er mich 1939 abberufen sollen. Oder meinen Vorgänger 1933.

Erster Totengräber *(applaudiert)* Genau.

Zweiter Totengräber *(dito)* Gut gesagt.

von Weizsäckers Sohn Ich begrüße die neue Zeit.

Frölicher Ich krieg nicht mal mehr Neujahrskarten. (*Setzt sich auf den Sarg.)*

von Weizsäckers Sohn Ich bin von ganzem Herzen Demokrat. „Denn Freiheit ist die Möglichkeit, das Vernünftige zu tun", sagt Goethe.

Frölicher (*gleichzeitig – das kennt er schon – mit ihm*) Sagt Goethe.

Zweiter Totengräber Schon sein Papa liebte Goethe.

Frölicher Und wie.

Erster Totengräber Tu ich auch.

Frölicher Sie??

von Weizsäckers Sohn Nicht zuletzt eingedenk dieses Satzes habe ich meinen Vater in Nürnberg zu verteidigen versucht. Nicht ohne gute Gründe, und nicht ganz ohne Erfolg. Er kannte und schätzte mehrere der Verschwörer des 20. Juli.

Frölichers Sohn Wie schön du sprichst, Richard. In der Schweiz spricht niemand so schön.

Frölicher Ich kann keine Unterschiede erkennen. Bührle oder Krupp. Die Nationalbank oder die Reichsbank. Jacke was Hose. Ich muß da wohl eine Blindstelle haben.

von Weizsäckers Sohn Die Freiheit des Einzelnen ist das Unabdingbare des Demokratischen Seins. Sollte mir jemals vergönnt sein, Einfluß auszuüben, meinem Vater gleich, so werde ich ein Streiter für die Freiheit sein.

Frölicher Im übrigen war durchaus auch Gutes in den Absichten der Nationalsozialisten. Europa. Was soll schlecht an einem vereinten Europa sein? Jetzt haben wir für die nächsten hundert Jahre wieder verschiedene Schraubennormen in jedem Dorf, und auf keiner Reise paßt der Rasierapparat in die Steckdose. Die Kommunisten stehen vor unsrer Haustür! Ihr habt das versiebt.

von Weizsäckers Sohn Ich nicht.

Erster Totengräber Ich auch nicht.

Zweiter Totengräber Ich schon gar nicht.

Frölicher (klopft auf den Sarg) Der da.

von Weizsäckers Sohn Ich werde mich mit der ganzen Kraft meines Herzens dafür einsetzen, daß dereinst e i n Europa den Erdball umspannt, ich meine, unsern geschundenen Kontinent. Daß, wenn nicht wir, Hans, so doch unsere Söhne ein Europa der Freiheit leben werden, der Demokratie, der offenen Grenzen. Keine Handelsbeschränkungen. E i n e Währung. E i n Denken überall. In Florenz wird es deutsche Butter geben. In München italienische Nudelspeisen.

Frölichers Sohn Spaghetti.

Frölicher Das wollen Sie mit d i e s e m Deutschland machen?

Erster Totengräber Diesem Scheißhaufen?

Zweiter Totengräber Dieser Versagerbande?

von Weizsäckers Sohn Die Zukunft Deutschlands wird demütig sein. Unser Lohn ein Zuwachs an Humanitas. Wir werden nicht mehr das Sagen haben, sondern das Zuhören. Ich sehe darin ein Vermächtnis meines Vaters.

Frölichers Sohn Toll, Richard. Du wirst sicher einmal ein Präsident werden, oder so was.

Widmer, Urs, Frölicher – ein Fest, in: Theater heute, Heft 7/Juli 1991, S. 44

Karate-Billi kehrt zurück (1993) | Klaus Pohl

Billi, ein ehemaliger DDR-Leistungssportler, wurde von der Stasi wegen Westkontakten in einer psychiatrischen Anstalt verwahrt. Nach 13 Jahren kommt er im Zuge der Wiedervereinigung frei und rechnet mit denen ab, die an seinem Schicksal, vor allem auch an seinen bleibenden psychischen Schäden („Affe") Schuld tragen. Am Tag seiner Entlassung versammeln sich Dankward Nickchen, der alte und neue Bürgermeister, Rosita, seine Frau, Billis Schwester Greta, Pastor Menzel, der Eisenbahner Urban, der als Stasi-Oberst enttarnt wird, und von Stahl, ein westdeutscher Bankier auf Geschäftsreise im Osten, zur Begrüßungsfeier für Billi.

Schritte. Flaschenklirren. Das Licht geht wieder an. Billi hat sich auf Nickchen gestürzt und hält ihm ein großes Fleischmesser unter das linke Auge.

BILLI So, Genossen. Da ist er! Euer Affe! Mit der weichen Birne. Sprechen wir uns aus. Bevor wir verfaulen! Halt still, Sau! Wenn einer wegläuft, siehts der nur noch mit einem Auge.

ROSITA Mein Gott. Ruf einer die Polizei.

GRETA Billi! Billi! Das dürfen wir nicht.

BILLI Dürfen wir nicht, nein, Greta. Er macht eben, was er will.

GRETA Wer, Billi?

BILLI Er – na, du weißt schon, der Affe. Du bist auch da, Greta, das ist, wie es ist, nun, er wollte es ohne dich machen. Aber laßt ihn mal aussprechen. Halt still, Nickchen, der Nickchen ist hier nur Kleingeld. Wie er das meint? Das Kleine wird gerollt und gegen Großes eingetauscht. Erzähl uns, Oberst Anscheißer. Wo du anfangen willst –, das überläßt der Affe dir. Nur fang nicht an mit: Bis gestern Abend wußte ich nichts –

NICKCHEN Ich wußte nichts ...

BILLI Ei-ei-ei-ei-ei! *Setzt Nickchen einen Schnitt unter das Auge.* Haß, Nickchen, Haß! Erinnerst du dich? Die Erziehung zum Haß steht nicht im Widerspruch zu den edlen Zielen und so weiter und so weiter. Ich habe dich gewarnt. Beim nächsten Mal geht es tiefer!

NICKCHEN Aber und Billi, ich, was soll ich sagen, ich habe in meiner Eigenschaft als Kreissekretär erst und später als Bürgermeister mit meinem Wissen an die Staatssicherheit weitergereicht, und dazu stehe ich ein ...

BILLI Rede nicht diese Komplizensprache: ‚und-ich-was-ich-soll-ich-habe-weitergereicht'. Was hast du weitergereicht?

NICKCHEN Es war ein Teil meiner Arbeit, und ich stehe zu einer speziell in deinem Fall notwendigen, zu einer eventuell notwendigen moralischen Verurteilung dieser Tätigkeit.

BILLI Willst du den Sonnenaufgang morgen früh wirklich nur aus dem rechten Auge ansehen? Also! Was hast du weitergereicht?

NICKCHEN Na, diesen Brief an dich aus Utrecht.

BILLI Augenblick. Das kapiert der Affe nicht. Du hast einen Brief weitergereicht, der aus Utrecht kam und an mich gehen sollte?

NICKCHEN Ja, diesen Brief, wo das Mädchen dir da geschrieben hat und wo das stand, dass du da sein sollst in der Bar, in der Bar in Montreal an diesem Platz Babylon Square oder so ähnlich, und dass der Gran Cannion auf dich wartet.

BILLI Du warst das Schwein. Du. *Schneidet ihn.* Woher hattest du den Brief? Mach das Maul auf. Schwein.

NICKCHEN Ich hatte den da her von der Posteinlaufstelle.

BILLI Im Rathaus? Meinen Brief?

NICKCHEN Ja ... und dachte ich erst, ist ein Irrläufer ... und ließ ihn schon deshalb öffnen ... und ich, wie ich las ... da mußte ich dann weiterreichen ... War ja Aufforderung zur Republikflucht ... Ich bereue es, Billi ...

BILLI ‚Ich bereue es, Billi, aber war ja Aufforderung zur Republikflucht.' *Ritzt ihn.* Kein Wort glaube ich dir ...

MENZEL Hör auf, Billi. Willst du ihn umbringen?

BILLI Halt das Maul! – Pastor! Ich muß mich für den Affen entschuldigen! Nickchen! Oberst! Wie kam der Brief ausgerechnet in deinen verdammten Posteinlauf? Da ist doch was gedreht worden. Weißt du was? Ich laß den Affen jetzt bis drei zählen, und dann holen wir das raus aus seiner kleinen Höhle, das Auge. Ich habe 13 Jahre! 13 verfluchte Jahre! Ihr könnt wie die Tauben vom Dach scheißen! Jetzt will ich wissen, wie der die Schweingeschichte gegen mich gedreht hat. Wie der aus Billi einen Affen gemacht hat. [...]

MENZEL *plötzlich zu von Stahl* Was meinen denn Sie dazu? Als Außenstehender? Was hier passiert? Ist das nicht schlimm? Gott hat uns nicht als unsere Richter bestellt.

ROSITA *unverhältnismäßig aggressiv* Warum grinsen Sie immer? Weil wir in Ihren Augen solche Dreckflecken sind? Oder warum?! Sind Sie der bessere Mensch? Habt ihr nichts an euch kleben. Besserwessis ... Dankward. Warum schweigst du so?

VON STAHL Ich finde, diese ganzen Sachen behindern nur. Da sollte man einen Punkt machen. Wissen Sie, was Churchill einmal gesagt hat? Wenn die Gegenwart über die Vergangenheit zu Gericht zu sitzen versucht, wird sie die Zukunft verlieren. Da ist ein widerwärtiges Spinnennetz über Sie alle geknüpft worden. Sie haben sich daraus befreit. Nun schmeißen Sie es auch weg! Herr Kotte. Sie können nur verlieren, wenn Sie das aufdröseln wollen.

BILLI Nur verlieren, hörst du, Greta. Ich muß die Stiefel putzen, ich, die Stiefel, die sich an mir schmutzig gemacht haben. Ist so ein Haufen. Wo fang ich an? Urban? Was meinst du?

URBAN Du hast sie noch nicht alle zusammen!

BILLI *mißversteht, sticht plötzlich auf Urban ein. Urban verliert dabei die Pistole* Was sagst du da wieder?! Was sagst du da wieder?!

GRETA Billi!

BILLI Er hat gesagt, ich hab sie nicht alle beisammen!

URBAN Zusammen, habe ich gesagt, du hast die Stiefel noch nicht alle zusammen ...

BILLI *gießt Bier über ihn* Dann hilf mir dabei. Nachher feiern wir. Die Nacht der langen Gesichter. Nein, nein, Sascha. Das wird bestimmt sehr komisch. [...]

Nickchen schweigt grau. Urban tastet nach den Stichwunden, kriegt weiche Knie, taumelt und setzt sich.

BILLI Sascha. Schenk uns n paar Halbe ein. Jetzt haben wir was zu feiern. Ihr müßtet eure Gesichter sehen. Wie umgegraben. Der Kleister ist raus. Paßt auf. Da kommt früh genug frischer drauf. Kommt! Alle um einen Tisch. Greta. Jetzt ist es raus. Jetzt bohrt es nicht mehr. Was isn? Wollt ihr nicht mit mir feiern? Ich weiß schon.

ROSITA Das wird daraus. Feiern will er. Feiern. Der muß weg. Der muß weg.

BILLI Ihr seht so anders aus. Ihr seht so anders aus. Greta, du auch. Schön seht ihr aus.

Pohl, Klaus, Karate-Billi kehrt zurück. Die schöne Fremde. Zwei Stücke. Neufassung, Verlag der Autoren, Frankfurt 1993, S. 67–84, gekürzt

1. Fassen Sie Aufbau und Inhalt der Szenenausschnitte zusammen.
2. Stellen Sie die unterschiedlichen Positionen der Figuren in ihrem Verhältnis zur Vergangenheit gegenüber.
3. Vergleichen Sie die dramatischen Mittel, die die Autoren für ihre Wirkungsabsicht einsetzen.

4 Texte aus verschiedenen Epochen

Im Lauf des 20. Jahrhunderts befassten sich viele Autoren mit der Rolle der Frau bzw. dem Verhältnis der Geschlechter innerhalb unterschiedlicher gesellschaftlicher Rahmenbedingungen. Die folgenden Romanausschnitte schildern die Beziehung zwischen Mann und Frau in zeitspezifischer Weise.

Der Untertan (1918) | Heinrich Mann

Der Roman schildert den exemplarischen Werdegang des typischen Besitzbürgers im wilhelminischen Kaiserreich. Der Textausschnitt zeigt die Hauptfigur Diederich Heßling mit seiner bis dahin unberührten Geliebten Agnes Göppel nach der ersten intimen Begegnung.

Dann saß sie auf dem Diwan und weinte. „Sei mir nicht bös, Agnes“, bat Diederich. Sie sah ihn an mit ihren nassen Augen.

„Ich weine doch vor Glück“, sagte sie. „Ich hab so lange auf dich gewartet.“

„Warum?“ fragte sie, da er ihre Bluse schließen wollte. „Warum deckst du es schon zu? Findest du es schon nicht mehr schön?“

Er verwahrte sich. „Ich bin mir der übernommenen Verantwortung vollkommen bewußt.“

„Verantwortung?“ sagte Agnes. „Wer hat die? Ich habe dich drei Jahre lang geliebt. Du wußtest es ja nicht. Es war wohl das Schicksal!“

Diederich, die Hände in den Taschen, bedachte, daß dies das Schicksal der leichtsinnigen Mädchen sei. Andererseits empfand er das Bedürfnis, sich ihre Versicherungen wiederholen zu lassen. „Also wirklich mich, nur mich hast du geliebt?“

„Ich sah, daß du mir nicht glaubtest. Es war schrecklich, als ich merkte, du kamst nicht mehr, und es war aus. Es war ganz schrecklich. Ich wollte dir schreiben, ich wollte zu dir gehen. Jedes Mal verlor ich den Mut, weil du mich doch nicht mehr mochtest. Ich kam so herunter, daß Papa eine Reise mit mir machen mußte.“ „Wohin denn?“ fragte Diederich. Aber Agnes antwortete nicht, sie zog ihn wieder an sich. „Sei lieb mit mir! Ich hab nur dich!“

Diederich dachte verlegen: ‚Dann hast du nicht viel.‘ Agnes schien ihm verkleinert und sehr im Wert gesunken, seit er den Beweis hatte, daß sie ihn liebte. Auch sagte er sich, einem Mädchen, das so etwas tat, dürfe man nicht alles glauben. [...]

Nachdem Diederich Agnes hat sitzen lassen, will ihn deren Vater an seine Verantwortung erinnern.

[...] „Ich frage mich nur, was wir Ihnen getan haben, meine Tochter und ich. Müssen Sie denn wirklich so viel Geld mithaben?“

Diederich fühlte sich erröten. Um so entschlossener ging er vor.

„Wenn Sie es durchaus hören wollen: Mein moralisches Empfinden verbietet mir, ein Mädchen zu heiraten, das mir seine Reinheit nicht mit in die Ehe bringt.“ Sichtlich wollte Göppel sich nochmals empören; aber er konnte nicht mehr, er konnte nur noch das Schluchzen unterdrücken.

„Wenn Sie heute Nachmittag den Jammer gesehen hätten! Sie hat es mir gestanden, weil sie es nicht mehr aushielt. Ich glaube, nicht mal mich liebt sie mehr: nur Sie. Was wollen Sie denn, Sie sind doch der erste.“
„Weiß ich das? Vor mir verkehrte bei Ihnen ein Herr namens Mahlmann.“ Und da Göppel zurückwich, als sei er vor die Brust gestoßen:
„Nun ja, kann man das wissen? Wer einmal lügt, dem glaubt man nicht.“
Er sagte noch: „Kein Mensch kann von mir verlangen, daß ich so eine zur Mutter meiner Kinder mache. Dafür hab ich zu viel soziales Gewissen.“ Damit drehte er sich um. Er hockte nieder und legte Sachen in den Koffer, der geöffnet dastand.
Hinter sich hörte er den Vater nun wirklich schluchzen – [...].

Mann, Heinrich, Der Untertan. Im Schlaraffenland. Zwei Romane, C.-A. Kochs Verlag, Berlin 1976, S. 71 f.,102

Der Zauberberg (1924) | Thomas Mann

Die Handlung spielt ebenfalls vor dem Ersten Weltkrieg. Der junge Ingenieur Hans Castorp muss in Davos ein Lungenleiden auskurieren. Bei einem Vortrag von Doktor Krokowski in seinem Sanatorium denkt er über eine russische Mitpatientin, Madame Chauchat, nach, in die er sich verliebt hat.

Hans Castorp träumte, den Blick auf Frau Chauchats Arm gerichtet. Wie die Frauen sich kleideten! Sie zeigten dies und jenes von ihrem Nacken und ihrer Brust, sie verklärten ihre Arme mit durchsichtiger Gaze ... Das taten sie in der ganzen Welt, um unser sehnsüchtiges Verlangen zu erregen. Mein Gott, das Leben war schön! Es war schön gerade durch solche Selbstverständlichkeit, wie daß die Frauen sich verlockend kleideten, – denn selbstverständlich war es ja und so allgemein üblich und anerkannt, daß man kaum daran dachte und es sich unbewußt und ohne Aufhebens gefallen ließ. Man sollte aber daran denken, meinte Hans Castorp innerlich, um sich des Lebens recht zu freuen, und sich vergegenwärtigen, daß es eine beglückende und im Grunde fast märchenhafte Einrichtung war. Versteht sich, es war um eines gewissen Zweckes willen, daß die Frauen sich märchenhaft und beglückend kleiden durften, ohne dadurch gegen die Schicklichkeit zu verstoßen; es handelte sich um die nächste Generation, um die Fortpflanzung des Menschengeschlechts, jawohl. Aber wie, wenn die Frau nun innerlich krank war, so daß sie gar nicht zur Mutterschaft taugte, – was dann? Hatte es dann einen Sinn, daß sie Gazeärmel trug, um die Männer neugierig auf ihren Körper zu machen, – ihren innerlich kranken Körper? Das hatte offenbar *keinen* Sinn und hätte eigentlich für unschicklich gelten und untersagt werden müssen. Denn daß ein Mann sich für eine kranke Frau interessierte, dabei war doch entschieden nicht mehr Vernunft, als ... nun, als seinerzeit bei Hans Castorps stillem Interesse für Pribislav Hippe gewesen war. Ein dummer Vergleich, eine etwas peinliche Erinnerung. Aber sie hatte sich ungerufen und ohne sein Zutun eingestellt. Übrigens brach seine träumerische Betrachtung an diesem Punkte ab, hauptsächlich weil seine Aufmerksamkeit wieder auf Dr. Krokowski hingelenkt wurde, dessen Stimme sich auffallend erhoben hatte.

Mann, Thomas, Der Zauberberg, Aufbau Verlag, Berlin 1952 (ungekürzte Sonderausgabe), S. 153 f.

Leben und Abenteuer der Trobadora Beatriz nach Zeugnissen ihrer Spielfrau Laura (1974) | Irmtraud Morgner

Der Roman handelt davon, dass eine Sängerin aus dem Mittelalter auf ihrer Suche nach emanzipierten Frauen auch in die DDR kommt.

Kaffee verkehrt

Als neulich unsere Frauenbrigade im Espresso am Alex Kapuziner trank, betrat ein Mann das Etablissement, der meinen Augen wohltat. Ich pfiff also eine Tonleiter rauf und runter und sah mir den Herrn an, auch rauf und runter. Als er an unserem Tisch vorbeiging, sagte ich „Donnerwetter“. Dann unterhielt sich unsere Brigade über seine Füße, denen Socken fehlten, den Taillenumfang schätzten wir auf siebzig, Alter auf zweiunddreißig. Das Exquisithemd zeichnete die Schulterblätter ab, was auf Hagerkeit schließen ließ. Schmale Schädelform mit rausragenden Ohren, stumpfes Haar, das irgendein hinterweltlerischer Friseur im Nacken rasiert hatte, wodurch die Perücke nicht bis zum Hemdkragen reichte, was meine Spezialität ist. Wegen schlechter Haltung der schönen Schultern riet ich zu Rudersport. Da der Herr in der Ecke des Lokals Platz genommen hatte, mußten wir sehr laut sprechen. Ich ließ ihm und mir einen doppelten Wodka servieren und prostete ihm zu, als er der Bedienung ein Versehen anlasten wollte. Später ging ich zu seinem Tisch, entschuldigte mich, sagte, daß wir uns von irgendwoher kennen müßten, und besetzte den nächsten Stuhl. Ich nötigte dem Herrn die Getränkekarte auf und fragte nach seinen Wünschen. Da er keine hatte, drückte ich meine Knie gegen seine, bestellte drei Lagen Sliwowitz und drohte mit Vergeltung für den Beleidigungsfall, der einträte, wenn er nicht tränke. Obgleich der Herr weder dankbar noch kurzweilig war, sondern wortlos, bezahlte ich alles und begleitete ihn aus dem Lokal. In der Tür ließ ich meine Hand wie zufällig über eine Hinterbacke gleiten, um zu prüfen, ob die Gewebestruktur in Ordnung war. Da ich keine Mängel feststellen konnte, fragte ich den Herrn, ob er heute Abend etwas vorhätte, und lud ihn ein ins Kino „International". Eine innere Anstrengung, die zunehmend sein hübsches Gesicht zeichnete, verzerrte es jetzt grimassenhaft, konnte die Verblüffung aber doch endlich lösen und die Zunge, also daß der Herr sprach: „Hören Sie mal, Sie haben ja unerhörte Umgangsformen." – „Gewöhnliche", entgegnete ich, „Sie sind nur nichts Gutes gewöhnt, weil Sie keine Dame sind."

Morgner, Irmtraud, Kaffee verkehrt, in: Von einer, die auszog. Ein Lese- und Arbeitsbuch zur Literatur von Frauen, hrsg. von Lucia Licher, Scriptor Verlag, Frankfurt 1989, S. 52

1. Vergleichen Sie die Textauszüge nach Situation und Personal.
2. Arbeiten Sie die jeweiligen rollenspezifischen Verhaltensmuster und deren historischen Hintergrund heraus.
3. Mit welchen sprachlichen und erzähltechnischen Mitteln arbeiten die Autoren?

5 Texte unterschiedlicher Qualität

Wie in der Musik, wo man von „ernster Musik" und „Unterhaltungsmusik" spricht, unterscheidet man auch in der Literatur zwischen gehobenen und leicht zugänglichen Werken, also solchen, die eine Denkanstrengung verlangen, und solchen, die sich problemlos konsumieren lassen. Der reine Ordnungsbegriff **Unterhaltungsliteratur** umfasst Werke unterschiedlichsten Niveaus, von niveauvoller Bestseller-Literatur bis hin zum Groschenheft; der eher wertende Begriff **Trivialliteratur** signalisiert über die leichte Zugänglichkeit hinaus (lat. trivialis = zur Wegkreuzung gehörend, also jedem zugänglich) die mindere inhaltliche und formale Qualität. Prinzipiell ist der Begriff „Trivialliteratur" nicht auf eine Gattung beschränkt, es gibt das triviale Gedicht (z. B. Schlagertexte, private Gelegenheitslyrik, politische Propagandalyrik), das triviale Drama (z. B. Fernsehserien, Seifenopern, volkstümelndes Theater), aber in der Mehrzahl sind triviale Texte Prosatexte: Arztroman, Berg- und Heimatroman, Frauen- und Schicksalsroman, Roman aus der Adelswelt, Abenteuer- und Wildwestroman, Detektiv- und Kriminalroman, Landserheft und Science-Fiction. Fast alle diese Themen kommen auch in der **gehobenen Literatur** vor, sodass zur Einordnung zusätzliche Kriterien erforderlich sind, wenn nicht bereits das äußere Erscheinungsbild eine eindeutige Festlegung ermöglicht.

Für die Trivialliteratur sind folgende Merkmale bestimmend:

- **Handlungsmuster und Figurenstereotype**
Die **Handlung** eines Trivialromans verläuft fast immer **linear**, d. h. in einfacher chronologischer Reihenfolge. Die Erzählweise zielt vorrangig auf bloße **Spannung** und emotionale Lösung ab. Die erzählte Realität ist eine bloße Scheinrealität. Nicht nur die Handlung ist nach einfachen Gegensätzen **polar** angelegt, sondern auch die **Figuren** unterliegen einer vereinfachenden **Schwarz-Weiß-Malerei**. Innere Konflikte sind den Helden fern, Widerstände sind grundsätzlich in der Außenwelt angelegt. Der

positive Held entspricht Leit-, Wunsch- und Vorbildern seiner Leser; sein klischeehaftes äußeres Erscheinungsbild wird zum Träger unveränderlicher Eigenschaften, wohingegen differenzierte individuelle Psychologisierung und echte Milieueinbindung vollkommen fehlen. Stattdessen vertreten die Figuren auf oberflächliche Weise festgelegte gesellschaftliche Normen. Die Menschen im Trivialroman agieren und reagieren nach stereotypen Mustern.

- **Standardisierter Sprachstil**
  Der Autor von Trivialliteratur passt sich dem Sprachverhalten seines vornehmlichen Lesepublikums an und verwendet in der Regel eine schlichte einfache Sprache. Der insgesamt geringe Wortschatz, der häufige Gebrauch feststehender Wortverbindungen wie Redensarten und Floskeln, der durchschnittlich geringere Satzumfang, das Dominieren von leicht überschaubaren Satzreihen kommen dem leichten Verstehen und raschen Konsumieren trivialer Texte entgegen.
  Auf der anderen Seite gibt es häufige Versuche, einem gewissen poetischen Anspruch mit schwülstigen Formulierungen, gewollten Vergleichen und abgedroschenen Metaphern und Symbolen gerecht zu werden. Vieles wirkt, je nach Genre, sentimental und kitschig oder auch blutrünstig und brutal, das meiste ist übertrieben, unecht und austauschbar. Ein Grund dafür wie auch für Stereotype von Handlungen und Figuren liegt sicher in der meist seriellen Anfertigung trivialer Literatur. All dies gilt nicht nur für gedruckte Trivialliteratur, sondern vor allem auch für die heute noch populäreren trivialen Fernsehserien.

- **Wertesystem und Leseridentifikation**
  Problematisch an Trivialliteratur ist nicht zuletzt, dass sie überkommene Werte und Normen, bestehende gesellschaftliche Verhältnisse und vor allem Unterschiede in unkritischer und bedingungsloser Weise als uneingeschränkt gültig bestätigt. Traditionelle männliche und weibliche Rollenmuster werden emotional verstärkt, patriarchalische Familien- und Gesellschaftsstrukturen gelten fraglos, Gewalt wird als Mittel der Konfliktlösung akzeptiert, moralisch-ethische Probleme werden weltfremd vereinfacht, die dargestellten Schicksale sind zwar vordergründig dramatisch gestaltet, im Hintergrund stehen jedoch standardisierte Lösungsmöglichkeiten, die den Leser letztlich in Sicherheit wiegen. Häufig repräsentiert Trivialliteratur eine Wunschwelt, die entweder historisch überholt oder sozial unerreichbar ist. Sie verhindert eine echte Auseinandersetzung mit der tatsächlichen Welt, weil sie mit ihren Fluchtträumen auf Unterhaltung, Ablenkung und Verdrängung von tatsächlichen Problemen des Lesers angelegt ist.

- **Ästhetische Wertung**
  Die Frage einer ästhetischen Wertung von trivialen Texten ist schwierig, weil es keine absoluten Wertmaßstäbe gibt, sondern die Bewertung eines Textes immer auch abhängt von den Bedürfnissen, die beim Lesen befriedigt werden sollen. Trivialliteratur unterliegt keiner literarischen Zensur, sie muss sich aber dem wertenden Vergleich mit anspruchsvoller, gehobener Literatur stellen. Dabei gelten z. B. Originalität und Einfallsreichtum, Sprachqualität und Formbewusstsein, Mehrschichtigkeit und Reflexionsgrad, kritisches Bewusstsein und Erkenntniserweiterung, Wirklichkeitsbezug und Wahrheitsgehalt als Qualitätsmerkmale. Nach solchen Bewertungsmaßstäben wird Trivialliteratur sich deutlich von gehobener Literatur abheben.

Die beiden folgenden Textausschnitte zeigen einprägsam die unterschiedliche Qualität der inhaltlichen und sprachlichen Behandlung.

Das Thema Arzt bzw. Krankenhaus ist eines der beliebtesten innerhalb der Trivialliteratur (Groschenhefte, Fernsehserien). Das schließt aber nicht aus, dass sich auch anspruchsvolle Literatur damit beschäftigt.

Gemeinsam sind wir stark (1985) | Britta Frey

Der Textauszug bildet den Anfang der Geschichte dieses Heftchenromans aus der Reihe „Dr. Martens. Kinderklinik Birkenhain".

„Mööönsch, können Sie schnell laufen. Ich glaube, Sie sind noch schneller als Timo aus meiner Klasse", japste Klaus Hellmann, der Achtjährige.

„Danke für das Kompliment! Aber so leicht fällt mir das auch nicht mehr", antwortete Hanna Martens lächelnd. Sie reichte Klaus ein Taschentuch, damit er sich das feuchte Gesicht abwischen konnte. Der Junge war seit einer Woche bei ihnen in der Kinderklinik, weil er dringend abspecken musste und seine Mutter die Kinderärztin um stationäre Aufnahme gebeten hatte. Klaus sollte selbst lernen, worauf es ankam, denn sie war viel zu gutmütig, um ihm Wünsche abzuschlagen, wenn er die Diät durchbrechen wollte.

Dr. Hanna Martens, Chefin der Kinderklinik Birkenhain, und ihr Bruder Kay, der die chirurgische Leitung hatte, waren damit einverstanden gewesen, weil ihnen Klaus recht vernünftig erschien. Er wollte abnehmen, denn beim Sportunterricht unterlag er jedes Mal, dabei war er durchaus bewegungsfreudig. Deshalb hatte sie auch die täglichen Joggingrunden für ihn erfunden. Ihr tat es ebenfalls ganz gut, sich ein wenig mehr zu bewegen, obwohl sie sehr schlank war und fast noch einem jungen Mädchen glich, jedenfalls von hinten, wie Kay charmant bemerkt hatte.

„So, Klaus, dann kannst du jetzt duschen und deine Vorlese-Stunde beginnen, sobald du so weit bist. Ich weiß gar nicht, wie wir ohne dich auskommen sollen, wenn die Woche herum ist."

Geschmeichelt grinste er. Als Hanna entdeckt hatte, wie gut Klaus vorlesen konnte, hatte sie ihn gebeten, bei den kleinen Patienten ein wenig zu helfen. Die Bilderbücher entsprachen zwar nicht mehr unbedingt seinem Geschmack, aber wenn die Vier- und Fünfjährigen mit glänzenden Augen im Spielzimmer um ihn herumsaßen, gefiel ihm das doch sehr gut.

„Mach ich, Frau Dr. Martens. Darf ich vorher noch einen Apfel essen?"

„Natürlich darfst du. Ich finde es prima, wie gut du dich an unsere Diät hältst."

Klaus wurde etwas rot. Die ersten beiden Tage war er nämlich keineswegs vernünftig gewesen. Er hatte seinem Eis und den Pommes frites nachgeweint, aber sehr schnell begriffen, dass es Dinge gab, die für ihn einfach verboten waren. Nachdem er einiges abgenommen hatte, durfte es auch einmal wieder ein kleines Eis sein, hatte die nette Ärztin ihm versprochen. Und ihr glaubte er.

Hanna wusste, dass er bereits seiner Mutter die guten Ratschläge weitergab. Diese war auch nicht gerade ein Fliegengewicht und bereit, sich von ihrem Sohn belehren zu lassen. Etliche Diäten hatte sie schon abgebrochen, doch diese ausgewogene Mischkost, die Hanna ihr empfohlen hatte, würde sie vermutlich durchhalten, schon ihrem Sohn zuliebe.

Klaus verschwand unter der Dusche im oberen Trakt der Klinik, in dem die Kinder in hübschen Zimmern untergebracht waren. Das Birkenschlösschen mitten in der Heide in der Nähe von Ögela hatte sich inzwischen einen Namen gemacht, seit Hanna und Kay es zur Klinik umgebaut hatten. Das Personal war freundlich und kompetent, und soweit man sich in einer Klinik wohlfühlen konnte, taten es die kleinen Patienten hier.

Die „Chefs" legten größten Wert darauf, dass jeder das Seine dazu beitrug. Wenn ein Kind schon den Schock eines Krankenhausaufenthaltes erleiden musste, dann sollte man es ihm so leicht wie möglich machen. Es war hier selbstverständlich, dass Eltern ein und aus gingen oder auch bei ihren sehr kranken Kindern übernachten durften, weil das viel zur Heilung beitrug. Die Seele war so wichtig wie der Körper, davon waren die Doctores überzeugt.

„Na, Hanna, hast du deine Trainingsstunde hinter dir?", fragte Wenke Andergast, die Psychologin und Augenärztin der Klinik, grinsend, als sie Hanna mit gerötetem Gesicht über den Flur kommen sah.

„Ja, und ich muss gestehen, dass ich ganz schön erschossen bin. Man sollte es nicht glauben, aber dieser achtjährige Klaus ist wirklich fast eine Herausforderung für mich."

„Ist es nun sein Können oder dein Unvermögen?"

„Na, hör mal, Wenke! Was sind denn das für niederdrückende Fragen für eine Psychologin! Du sollst die Leute aufbauen", protestierte Hanna schmunzelnd.

„Aber nur Kinder. Nein, im Ernst, ich finde es toll, dass du das machst. Klaus wird es bestimmt schaffen. Er ist ein netter Junge, findest du nicht?"

„Ja, ich mag ihn auch sehr. Warst du übrigens schon bei Mareike?"

„Ich komme gerade von ihr. Ich tippe auf Magersucht, aber bevor ihr nicht alle Laborwerte habt, kann ich wohl noch nicht loslegen."

„Ich teile deinen Verdacht. Morgen schaffst es, sie zum Reden zu bewegen?"

„Ich denke, ja. Meine Schwester war mit fünfzehn magersüchtig. Ich habe mich damals sehr damit beschäftigt. Sie hat mir von ihren Gefühlen eine Menge verraten."

„Dann wirst du Mareike sicher helfen können. Ich sage dir sofort Bescheid, wenn die Laborberichte vorliegen."

Wenke ging weiter. Sie arbeitete gern hier in der Klinik, zumal die Chefin Hanna Martens mit der Zeit so eine Art Freundin für sie geworden war.

Hanna hatte eigentlich schon frei an diesem Tag. Aber sie wollte noch einmal rasch nach ihrem kleinen Sorgenkind schauen. Die zweijährige Andrea war wirklich arm dran. Nach drei Lungenentzündungen in ihrem jungen Leben, die sie ihren schwachen Abwehrkräften verdankte, lag sie jetzt mit einer Darmentzündung bei ihnen in der Klinik. Die Antibiotika hatten die Darmflora total lahmgelegt. Ihre Mutter hatte das Kleine in einem sehr bedenklichen Zustand hierher gebracht.

Andrea sah ihr aus müden Augen entgegen. Für so ein kleines Kind ein besonders erschreckender Blick. Als hätte sie bereits alles erlebt, was einem Menschen das Herz schwer machen konnte. Die Mutter war für zwei Tage nach Hause gefahren, um mit ihrem Chef zu sprechen. Sie war berufstätig. Andrea bei einer Tagesmutter, die vorbildlich für die Kleine sorgte. Es gab niemanden, dem man hier einen Vorwurf machen konnte. Hanna hatte das Frau Mautner auch unmissverständlich so klargemacht, denn die junge Mutter fühlte sich unzulänglich, weil sie allein für Andrea sorgen musste. Diese Vorwürfe waren ihr von „mitfühlenden Zeitgenossen" nämlich oft gemacht worden. Aber Hanna Martens kannte genug Beispiele von sogenannten normalen Familien, in denen die Kinder nur halb so liebevoll versorgt wurden, weil jeder seinem persönlichen Spaß nachjagte und die Kinder auf der Strecke blieben.

„Hallo, mein Kleines! Wie geht es dir denn heute?", fragte sie Andrea jetzt liebevoll und beugte sich über sie.

„Mama ...", antwortete Andrea mit fragendem Blick.

„Deine Mama ist morgen wieder hier, Schätzchen. Ganz bestimmt. Soll ich dich ein bisschen auf den Arm nehmen? Wollen wir schmusen?"

Andrea äußerte sich dazu nicht. Sie war im Moment nur ihrer Mutter gegenüber ganz zutraulich. Alles andere machte ihr Angst. Die scheußliche, fad schmeckende Diät, die sie jetzt essen musste, schluckte sie zwar brav, aber sonst hatte man den Eindruck, dass sie sehr traurig war.

„Na komm, ich möchte dich so gern ein wenig auf dem Arm halten. Du bist so ein liebes kleines Mädchen. Und so einen schönen Schlafanzug hast du! Da gehen ja zwei Teddybären spazieren."

Andrea schaute an ihrem Schlafanzug herunter. Auf den Knien turnten zwei aufgesteppte Teddys. Hanna nahm sie hoch und wiegte sie ein wenig hin und her. Sie spürte, wie sich der kleine Kinderkörper langsam entspannte, und war sehr glücklich darüber. Für sie, die Kinder über alles liebte, war es immer schwer auszuhalten, wenn eines von ihnen kein richtiges Vertrauen zu ihr hatte.

Frey, Britta, Gemeinsam sind wir stark, Reihe Dr. Martens. Kinderklinik Birkenhain. Bd. 143, Kelter Verlag, Hamburg o.J., S. 3 ff.

Drachenblut (1982) | Christoph Hein

In der Novelle denkt die Ich-Erzählerin Claudia, eine 39-jährige Ärztin, über ihren Chefarzt und ihr Selbstverständnis als Ärztin nach.

Mein Chef lud mich ein, ihn und seine Frau zu besuchen. Nach einer Dienstbesprechung bat er mich, noch für einen Moment im Zimmer zu bleiben. Er ließ mich wieder Platz nehmen und bot mir eine Zigarette an. Er spielte mit der Brille und wirkte befangen. Ich glaubte, er sei verlegen, weil er mir eine Beschwerde mitzuteilen hätte, und lächelte ihn an. Schließlich sagte er, daß seine Frau sich freuen würde, wenn ich bei ihnen vorbeischauen würde. Er sagte das sehr ironisch, was ich nicht verstand. Vielleicht war es der Wunsch seiner Frau, und er erledigte nur ihren Auftrag.

Ich bedankte mich, und er sagte, das wäre eigentlich schon alles. Wir waren jetzt beide verlegen. Es war unsinnig und zum Lachen. Ich wußte nicht, ob ich gehen sollte. Als der Chef sich über seinen Schreibtisch beugte, stand ich auf.

Vielen Dank für die Einladung, sagte ich.

Er blickte kurz hoch und sagte hochmütig: Na ja, wenn Sie einmal Zeit haben, aber ich weiß ja –

Er beendete den Satz nicht.

Als ich in mein Zimmer ging, dachte ich über ihn nach. Ich glaube, er fühlt sich alt und allein. Er fürchtet, zurückgewiesen zu werden, und vergräbt sich darum in seine Arbeit und Einsamkeit. Aber ich war mir nicht sicher. Ich verstand ihn nicht. Ich hatte auch kein Verlangen danach, ihn genauer kennenzulernen. Wozu sollte ich mich mit seinen Problemen, Traumata, Ängsten befassen. Ich bin an irgendwelchen Abgründen und Schicksalen von Menschen nicht interessiert. Dazu habe ich zu viel zu tun, mit mir, mit meiner Arbeit. Ich kann Tabletten verschreiben und Spritzen geben. Der Rest ist nicht Sache der Medizin. Ich bin kein Beichtpriester, ich verabreiche nicht Trost. Irgend jemandem irgendwelchen Mut zuzusprechen, halte ich für tollkühn oder unaufrichtig. Probleme habe ich selber. Sie interessieren mich nur bedingt und selten. Gewissermaßen nur, wenn ich unbeherrscht bin, wenn ich mich gehen lasse. Wenn ich mich Stimmungen hingebe. Zu lösen sind wirkliche Probleme ohnehin nicht. Man schleppt sie sein Leben lang mit sich herum, sie sind das Leben, und irgendwie stirbt man auch an ihnen. Die Generation meiner Großeltern hatte dafür Sprüche parat: Wenn man einem Übel ins Gesicht sieht, hört es auf, ein Übel zu sein. Ich habe andere Erfahrungen. Was man fürchtet, bringt einen um, wozu sich also damit beschäftigen. Und anderen Menschen kann man schon gar nicht helfen. Das ist nicht zynisch, es ist eher das Gegenteil. Wenn ich an einem unheilbar Kranken herumexperimentiere, erniedrige ich ihn zum Versuchstier. Er wird ohne mich auch sterben, aber leichter, unangestrengter. Er muß dann weniger Energien in unsinnigen Hoffnungen verbrauchen. Ich weiß, es wurde in unserem Jahrhundert üblich, Verdrängungen zu diagnostizieren, aufzudecken, ins Bewußtsein zu heben. Sie werden wie Krankheiten angesehen und behandelt. Seitdem weiß man, daß jeder eine verletzte Psyche hat, ein gestörtes Verhältnis zu sich, zu seiner eigenen kleinen Welt. Und seitdem sind alle irgendwie krank. Eine Mode, die krankheitbringende Medizin, die tödliche Wissenschaft. Was soll es helfen, Verdrängungen bewußt zu machen. Verdrängungen sind das Ergebnis einer Abwehr, das Sichwehren gegen eine Gefahr. Sie sollen dem Organismus helfen zu existieren. Ein Lebewesen versucht zu überstehen, indem es verschiedene Dinge, die es umbringen könnten, nicht wahrnimmt. Ein heilsamer, natürlicher Mechanismus. Wozu diese Leichen ausgraben, mit denen man ohnehin nicht leben kann. Schließlich, die gesamte Zivilisation ist eine Verdrängung. Das Zusammenleben von Menschen war nur zu erreichen, indem bestimmte Gefühle und Triebe unterdrückt wurden.

Erst eine Menschheit, die in ihrer Gesamtheit den Psychiater benötigt oder vielmehr benötigen würde, war fähig, in Gemeinschaft zu leben. Diese Unterdrückung erbrachte das, was wir den zivilisierten Menschen nennen.

Offenbar erfordert das Zusammenleben von Individuen einige Gitterstäbe in eben diesen Individuen. Die dunklen Kerker unserer Seelen, in die wir einschließen, was die dünne Schale unseres Menschseins bedroht. Ich verdränge täglich eine Flut von Ereignissen und Gefühlen, die mich demütigen und verletzen. Ohne diese Verdrängungen wäre ich nicht fähig, am Morgen aus dem Bett aufzustehen. Gitter, die uns vom Chaos trennen. Ein leichter Riß in unserer sanften Haut läßt Blut hervorquellen. Beim Anblick eines offengelegten, schlagenden Herzens wird den meisten Menschen übel. Ein simpler, recht mechanisch arbeitender Hohlmuskel verursacht beim Betrachter Atemnot, Schweißausbrüche, Erbrechen, Ohnmacht. Der gleiche kleine Fleisch- und Blutballen, der zuvor – diskret verborgen hinter menschlich wirkender Oberfläche, abgedeckt mit glättenden Fettschichten und einer alles besänftigenden Epidermis – einen so hohen Stellenwert in unserem Bewußtsein einnahm und geeignet war, für ein Prisma aller unserer schönsten Gefühle einzustehen. Wie erst würden uns die sichtbar gemachten Ablagerungen auf dem Grund unserer Existenz schrecken. Und wozu heraufholen, was uns belästigt, bedroht, hilflos macht. Ein radioaktiver Müll des Individuums, der unendlich wirksam bleibt, dessen fast unhörbares Grollen uns ängstigt und mit dem wir nur zu leben verstehen, indem wir ihn in unsere tiefsten Tiefen einsargen, verschließen, versenken. Ins uneinholbare Vergessen getaucht.

Hein, Christoph, Drachenblut. Novelle, Aufbau-Verlag, Berlin 1982, S. 84 ff.

1. Vergleichen Sie Inhalt und Aufbau der beiden Texte.
2. Worin liegen die wesentlichen Unterschiede in der Darstellung des Arztberufes?
3. Vergleichen Sie die Texte sprachlich-stilistisch.
4. Welche unterschiedlichen Ansprüche stellen die Texte an den Leser und welche Leserbedürfnisse werden jeweils befriedigt?

6 Fiktionaler Text und Sachtext

Beim Vergleich zwischen fiktionalen Texten und Sachtexten kommt es nicht nur auf die Einzelunterschiede in Inhalt und Form an, sondern vor allem auf das unterschiedliche Verhältnis, das Sachtexte einerseits und fiktionale Texte andererseits zur Wirklichkeit haben (vgl. Kap. 4/I–III).
Während Johnson im folgenden Romanausschnitt ein kompliziertes poetisches Spiel mit Perspektiven und Stimmen betreibt, äußert sich Walser in seiner politischen Rede nicht als Romanschriftsteller, sondern als Privatperson und Staatsbürger.

Das dritte Buch über Achim (1961) I Uwe Johnson

In diesem Roman geht es um den Versuch des westdeutschen Journalisten Karsch, ein Lebensbild des ostdeutschen Radrennfahrers Achim T. zu verfassen. Dieses Projekt scheitert nicht zuletzt an der innerdeutschen Grenze, die der folgende Romananfang thematisiert.

[...] da dachte ich schlicht und streng anzufangen so: sie rief ihn an, innezuhalten mit einem Satzzeichen, und dann wie selbstverständlich hinzuzufügen: über die Grenze, damit du überrascht wirst und glaubst zu verstehen. Kleinmütig (nicht gern zeige ich Unsicherheit schon anfangs) kann ich nicht anders als ergänzen, daß es im Deutschland der fünfziger Jahre eine Staatsgrenze gab; du siehst wie unbequem dieser zweite Satz steht neben dem ersten. Dennoch würde ich am liebsten beschreiben, daß die Grenze lang ist und drei Meilen vor der Küste anfängt mit springenden Schnellbooten, junge Männer halten sie in den Ferngläsern, scharf geladene Geschütze reichen bis zu dem Stacheldrahtzaun, der heranzieht zum freundlichen Strand der Ostsee, in manchen frei gelegenen Dörfern auf der einen Seite waren die Kirchtürme von Lübeck zu sehen, auf der anderen Seite, zehn Meter breit aufgepflügt drängt der Kontrollstreifen in den eigens gerodeten Wald, die Karrenwege und Trampelpfade sind eingesunken und zugewachsen, vielleicht sollte ich blühende Brombeerranken darüberhängen lassen, so könntest du es dir am Ende vorstellen. Dann hätte ich dir beschrieben die Übergänge für den Verkehr auf der Straße auf Schienen in der Luft: was du sagen mußt bei den Kontrollen (und was man dir sagt) auf der einen und der anderen Seite, wie die Baracken unterschiedlich aussehen und die Posten unähnlich grüßen und das schreckhafte Gefühl der fremden Staatlichkeit, das sogar Karsch anfiel beim Überfahren des Zwischenraums, obwohl er doch schon oft in fremden Ländern gewesen war ohne auch nur ihre Sprache zu haben. Aber der und sein Aussehen und der Grund seiner Reise sind bisher weniger wichtig als der naturhaft plötzliche Abbruch der Straßen an Erdwällen oder in Gräben oder vor Mauern; ich gebe zu: ich bin um Genauigkeit verlegen. Ich meine nicht die Zahl von zehn Metern, es können ja sieben sein unter dem Schnee oder unter der ersten wärmenden Sonne, die aus dem aufgerissenen Boden einen grünen Flaum unnützer Keime holt, ich meine: der Boden soll in ausreichender Breite locker sein, damit Schritte erkennbar sind und verfolgt werden können und noch angehalten. Nun erwarte von mir nicht den Namen und Lebensumstände für eine wild dahinstürzende Gestalt im kalten Morgennebel und kleine nasse Erdklumpen, die unter ihren Tritten auffliegen, wieder reißt der stille Waldrand unter menschlichen Sprüngen auf, eifriges dummes Hundegebell, amtliche Anrufe, keuchender Atem, ein Schuß, unversehens fällt jemand hin, das wollte ich ebenso wenig wie der Schütze es am besten behaupten sollte gegen Ende seines Lebens; ich hatte ja nichts im Sinn als einen telefonischen Anruf, der nicht als Kundenwunsch erledigt sein sollte vor dem Westdeutschland-Schrank des Fernamtes mit der Stimme des Mädchens, das den Kunden zum Warten abhängt, die Leitstelle ruft und sagt: Gib mir Hamburg, Hamburg – und nach einer Weile eine von den Leitungen in die gewünschte Kontaktbuchse stecken kann, ich habe das alles gesehen, es wird auch in Filmen gezeigt, irgend wo sind die Drähte zwischen Ostdeutschland und Westdeutschland zusammengefaßt, da gehen sie also über die Grenze, wen wundert das. Ungern setze ich hinzu daß es aber unverhältnismäßig wenige Leitungen sind, die demnach leicht im Ohr zu behalten wären: man könnte an angeschlossene Tonbänder denken und meinen ich sei gehässig; ich wollte es nur jedenfalls gesagt haben und zu verstehen geben, daß einer lange warten muß an einem beliebigen Alltagsabend und sogar nachts, wenn es denn ein solches Gespräch sein soll: und daß sie nach allem nicht sicher sein durfte ob das Fernamt ihr sagen ließ: gewiß ja, oder: wo denken Sie hin. So ist nach der Wartezeit unglaublich die Stimme zu hören: Ihre Verbindung mit Hamburg, melden Sie sich. Das ist nicht alles. Zum Glück auch war Karsch noch wach, er hatte getrunken, er kannte ihre Stimme sofort und sagte ohne zu fragen ja. Ja: sagte er und legte die Verbindung still, die eigentlich undenkbar war und nicht möglich, wiederum war er hinter der Demarkationslinie. Du wirst aus unserem Mißverständnis mit dem Flüchtenden und den Schüssen im Morgengrauen ersehen können welche Art von Genauigkeit ich meine; ich meine die Grenze: die Entfernung: den Unterschied.

Johnson, Uwe, Das dritte Buch über Achim, Suhrkamp Verlag, Frankfurt/M. 1973, S. 7 ff.

Vortrag unter dem Leitmotiv „Über Deutschland reden" (1988) | Martin Walser

Der Redner äußerte sich im Rahmen von Vorträgen – noch vor der Wiedervereinigung – zum Problem deutscher Grenzen.

Ganz zweifellos ist die Oder-Neiße-Linie eine wesentlichere, geschichtlich qualitätsvollere Grenze als die, die mitten durch Deutschland geht. Die deutsch-deutsche Grenze war und ist eine verrückte, blödsinnige, künstliche Linie. Die mieseste Grenze der Welt. Nein, das war sie. Sie existiert nur noch zum Schein. Die sanfte Revolution des DDR-Volks hat der ganzen Welt die Illegitimität dieser Grenze bewiesen. Und trotzdem soll sie bleiben? Darf das einem nicht wieder verrückt vorkommen? Jeder kommt sich realistisch vor, wenn er diese Grenzgroteske mit den beiden Militärbündnissen rechtfertigt, die mitten in Deutschland aufeinanderstoßen. Das kommt vom Krieg. Den haben wir verschuldet. Aus. So läuft die Formel. Zur gleichen Zeit redet der Realist aber vom Europäischen Haus. Europa gehe bis zum Ural. Wir werden schönstens integriert, also wahrhaft aufgenommen. Aber was ist das für ein Europäisches Haus, das von zwei Militärbündnissen gespalten wird? Nato und Warschauer Pakt sind Folge des völlig idiotischen Kalten Kriegs. Haben wir den nicht hinter uns? Wir sind doch gerade dabei, friedfertig zu werden. Zum ersten Mal gelingt Abrüstung. Warum dann nicht eine hellere Formel: Die deutsch-deutsche Grenze ist so sinnvoll wie zwei Militärblöcke in dem einen Europäischen Haus. Und ein Europäisches Haus mit zwei gegeneinander wirkenden Militärbündnissen ist kein Haus, sondern eine Falken-Voliere. Es gibt das Volk. Das ist jetzt bewiesen. Also darf diesen Sandkastenmonstren nicht mehr erlaubt werden, ihre paranoiden Konstruktionen zu unserem Realitätsprinzip zu machen. Und schon marschiert die nächste Formel auf: 75 Millionen Deutsche in einem Staat – das ist zu viel. Aber ein in Europa vollkommen integrierter Deutscher Bund ist dank seiner Verflochtenheit militärisch und politisch doch wirklich harmlos. Die Integration nimmt mit jedem Tag zu. Das Schreckbild der 75 Millionen Deutschen stammt aus hegemonialen, imperialistischen Zeiten. Aber eben die in jeder Hinsicht zu überwinden, wachsen wir doch ins Europäische hinein. Schon die Wirtschaft wird für eine gegenseitige Durchdringung sorgen, die uns von unseren Erbübeln einigermaßen erlöst. Eine Art amerikanischer Vielfalt und Weite ist auf diesem Kontinent vom Ural bis zum Atlantik wirklich vorstellbar. Und wie viele Kulturen existieren in Amerika von Neuengland bis Neumexiko konfliktreich zusammen! Wenn jetzt also zum Glück so viel von Europa geredet werden kann, so ist das AUCH eine deutsche Möglichkeit, das deutsche Katastrophenprodukt in etwas Besseres fortzuentwickeln. Kein bisschen Wiedervereinigung! Aber auch kein bisschen Anerkennung der aus nichts als misslungener Geschichte entstandenen deutsch-deutschen Grenze!

Es ist schwer, das Selbstverständliche noch einmal anders auszudrücken. Sollen sie doch einmal die millionenfachen Verwandtschaftsbeziehungen zwischen den deutschen Teilen zusammenzählen. Sollen sie eine Volksabstimmung zulassen. Wichtig genug wäre das Thema. Schon die Frage, ob Deutsche das Selbstbestimmungsrecht nicht in einer Abstimmung ausüben können sollten, wurde mir von einem zornigen Kollegen als *Stammtisch* disqualifiziert. Aus der DDR schreibt mir jetzt jemand, der offenbar die innerdeutsche Grenze auch nicht vernünftig finden kann: „Wer in den letzten zwei Jahrzehnten sich für eine friedliche Einheit der beiden Staaten ausgesprochen hatte, wurde sofort als konterrevolutionär, Feind des Sozialismus und auch als Anhänger des Faschismus hingestellt. Und in dieser Ecke es auszuhalten, war wahrlich nicht einfach." Prangerproduktion also dort und hier.

Walser, Martin, Deutsche Sorgen, in: Lektüre zwischen den Jahren. Über die Deutschen. Ausgewählt von Peter Ulmer, Suhrkamp Verlag, Frankfurt 1990, S. 125 ff.

1. Fassen Sie den Inhalt der Texte zusammen.
2. Charakterisieren Sie das erzählende Ich im Roman Johnsons und den politischen Standort des Redners Martin Walser.
3. Wodurch unterscheiden sich die Sprache der Argumentation im Redetext und die literarische Sprache des Romans?

Auf der beigefügten CD finden Sie zusätzlich zum Thema „gattungsübergreifender Vergleich" zwei Texte von Hilde Domin („Rückkehr" und „Ziehende Landschaft") mit Arbeitsaufträgen und Teillösungen.

Berliner stürmen die Mauer am 9.11.1989.

Kapitel 5:
Umgang mit Medien

I Medienlandschaft

1 Medien und Kommunikation

Grundsätzlich versteht man unter „Medien" Träger und Mittler von Informationen, Informationsspeicher, die Informationen selbst und Programme zur Verarbeitung von Informationen.

Inneres einer Druckerei, Kupferstich von Matthaeus Merian d. Ä. aus dem Jahr 1632.

Gutenbergs Erfindung der beweglichen Metall-Lettern führte im 15. Jahrhundert zu einem Umbruch im Buchwesen. Fast 400 Jahre lang waren Druckerzeugnisse (**Printmedien**) dann das einzige Medium zur Speicherung und massenhaften Verbreitung von Informationen und Unterhaltung. Erst in den 20er-Jahren des 20. Jahrhunderts bekam diese Technik Konkurrenz durch Rundfunk und Film und später das Fernsehen. Seit dem ausgehenden 20. Jahrhundert erleben wir die sogenannte dritte Revolution in der Medienlandschaft, die die Gesellschaft insgesamt so stark prägt, dass man gegenwärtig von einer **Informations- und Wissensgesellschaft** sprechen kann. Vor allem die Digitalisierung, die Datenkomprimierung und der computergesteuerte Medienverbund führen bei den Informations- und Kommunikationstechnologien zu rasanten Fortschritten.

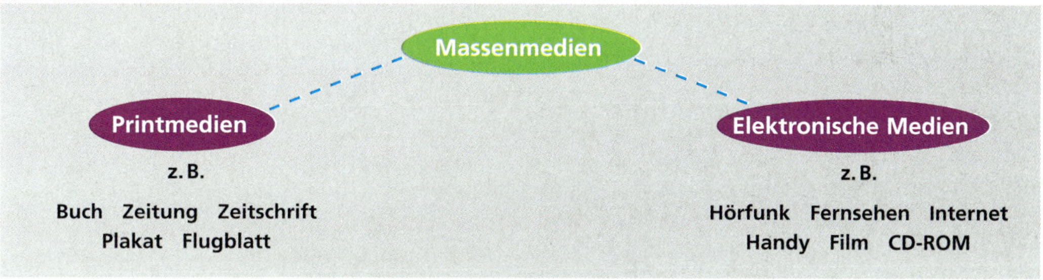

Der Computer nimmt eine Sonderstellung ein, weil er universell nutzbar ist, d. h., er kann als Hilfsmittel zum Schreiben oder Rechnen dienen, aber auch als audiovisuelles Medium. Zudem ermöglicht er – im Unterschied zu allen anderen Medien – die Interaktion zwischen Nutzer und Medium.

Einige Schlüsselbegriffe der Medienwelt

- **Massenmedien:** Sammelbegriff für Presse, Rundfunk, Fernsehen, mit denen u. a. Inhalte in Schrift, Ton und Bild zu einem breiten Publikum gelangen.
- **Multimedia:** Darbietung von Inhalten unter kombinierter Verwendung verschiedener Medien (z. B. Text, Ton und Bild).

- **Digitale Medien:** Kommunikationsmedien, die mit digitalen Codes arbeiten, sowie technische Geräte, z. B. Computer, zur Berechnung, Aufzeichnung, Speicherung, Verarbeitung, Distribution und Darstellung von digitalen Inhalten. Beispiele: Compact Disc, Computerspiele, Digital Video, Digitales Fernsehen, E-Book, Internet, World Wide Web etc.

- **Interaktive Medien:** Technische Kommunikationsmittel, die über Rückkanäle verfügen und somit eine Kommunikation zwischen Sender und Empfänger in beide Richtungen ermöglichen. Fernsehen und Hörfunk können interaktive Elemente aufweisen, bieten jedoch im Gegensatz zum Internet nur ein sehr niedriges Maß an möglicher Interaktivität.

- **Crossmedia:** Einsatz aufeinander abgestimmter und vernetzter Kommunikationsinstrumente. Das Ziel besteht darin, die Zielgruppe auf unterschiedlichen (Medien-)Kanälen anzusprechen. Häufig wird unter „Crossmedia" die Nutzung der klassischen Medien unter Einbeziehung von Online-Medien verstanden.

- **Mediamix:** Kombination mehrerer Mediengattungen (z. B. Hörfunk, Print, Fernsehen, Plakat, Kino, Internet) im Rahmen einer Werbekampagne. Weiterhin wird bei der Bestimmung des Mediamix festgelegt, welche Aufgaben die einzelnen Gattungen erhalten und wie das zeitliche Zusammenspiel laufen soll. Mediamix-Kampagnen erhöhen die Reichweite und erzielen aufgrund ihres Zusammenwirkens eine größere Wirkung auf den Nutzer.

- **Mediastrategie:** Festlegung, mit welchen Mitteln und auf welchen Kommunikationswegen Mediaziele erreicht werden sollen. Sie umfasst dabei u. a. die Auswahl der Mediengattungen, das Budget, die Zielgruppe, zeitliche Schwerpunkte etc.

- **Mediaziele:** Ableitung aus den Kommunikations- und Marketingzielen. Sie lassen sich anhand von Mediakennziffern wie z. B. Reichweite und Durchschnittskontakte darstellen.

Für alle Medien vom Buch bis zu den Neuen Medien kann folgendes Modell der **Massenkommunikation** herangezogen werden:

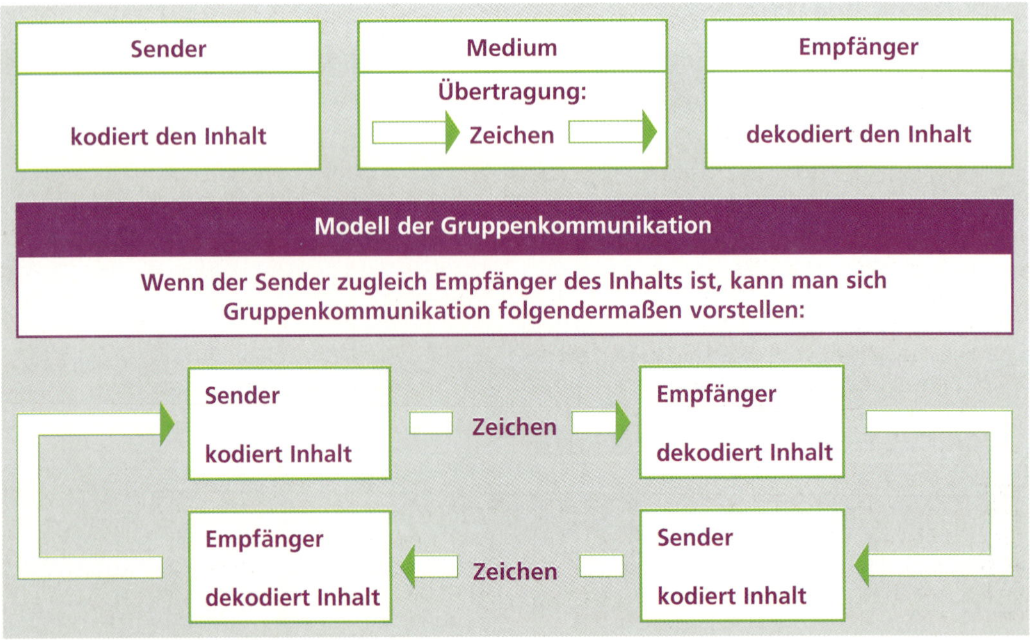

Modell der Massenkommunikation

Eine ganze Anzahl von Umständen und Personen wirken auf den Kommunikationsvorgang ein.

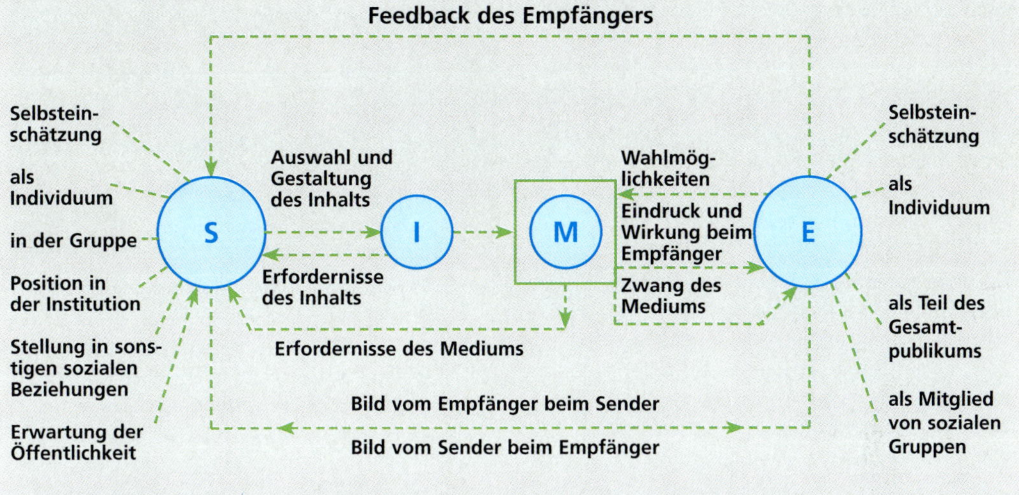

Abkürzungen: S = Sender I = Inhalt, Botschaft M = Medium E = Empfänger

Aktuelle Tendenzen der Kommunikation

- **Gravierende Veränderung des Informationsverhaltens**
  - Möglichkeit der globalen Kommunikation im politischen, wirtschaftlichen und privaten Bereich
  - Ausweitung der Zeit für Mediennutzung
  - Umschichtungen innerhalb des Zeitbudgets für Mediennutzung
  - Größere Ungeduld bei der Nutzung von Informationsquellen und in Bezug auf die Verkürzung von Reaktionszeiten
  - Schärfere Aufgabenteilung zwischen Medien
  - Stärkere ereignis- und anlassorientierte Information
  - Gründlichere Information vor Kaufentscheidungen aufgrund von mehr Transparenz bei Preisen, Produkten und Dienstleistungen
  - Verstärkte Tendenz zu dialogischer Information in kleinen Gruppen

- **Veränderung gesellschaftlicher Kommunikationsmuster**
  - Höhere Kontaktfrequenz
  - Beschleunigung der Kommunikation und der Reaktionszeiten
  - Verstärktes Bedürfnis nach Kommunikation
  - Interesse an der Erweiterung sozialer Kontakte
  - Bewusstsein für den Unterschied von Kontakten im Netz und persönlichen Kontakten
  - Stärkere Entfaltungsmöglichkeiten für kommunikative Subkulturen
  - Vermischung von realen und virtuellen Welten

1. Veranschaulichen Sie diese Thesen anhand von Beispielen aus Ihrer eigenen Erfahrungswelt.
2. Beschreiben Sie das oben stehende Kommunikationsmodell und erläutern Sie die einzelnen Faktoren.
3. Konkretisieren Sie das Modell anhand eines Beispiels aus dem Bereich Massenkommunikation.
4. Wo sehen Sie mögliche Probleme und Gefahren im Prozess der Massenkommunikation?

2 Pressewesen: Zeitungen und Zeitschriften

Im Unterschied zu den meist in digitalisierter Form vorliegenden Neuen Medien (CD-ROM, DVD, E-Book, Web-Publikationen) werden **Printmedien** in der Regel auf Papier gedruckt, jedoch sind die Übergänge zunehmend fließend (vgl. PDF-Formate).

Blick in die Redaktion einer Tageszeitung

Abgesehen von unterschiedlichen gedruckten Informationsquellen (u. a. Katalog, Kalender, Plakat, Broschüren, Werbung usw.) und vom umfangreichen Buchmarkt teilen sich die Printmedien vor allem in **Zeitungen** und **Zeitschriften** auf.

Zeitungen sind meist großformatig, nicht geheftet oder gebunden und verwenden das typische Zeitungspapier im Gegensatz zum höherwertigen Papier der Zeitschriften. Von Zeitungen im engeren Sinn kann gesprochen werden, wenn folgende Kriterien erfüllt sind: zeitnahe Berichterstattung, regelmäßiges Erscheinen, öffentliche Zugänglichkeit für alle Leser sowie inhaltliche Vielfalt.

Zeitungen können unterschieden werden nach:
- Erscheinungsweise: Tageszeitung – Sonntagszeitung – Wochenzeitung – Sonderausgabe
- Verbreitungsgebiet: Stadtteilzeitung – Lokalzeitung – Regionalzeitung – überregionale Zeitung
- Vertriebsart: Abonnement – Boulevard-/Straßenverkauf – Wurfsendung – Kiosk – Pressevertrieb usw.

Während **Tageszeitungen** eher der Tagesaktualität verpflichtet sind, hier die Nachricht im Vordergrund steht, haben **Wochenzeitungen** den Hintergrund, Analyse und Bewertung im Blick. Als spezifische Zeitungsformen existieren neben den aufgeführten Zeitungen z. B. parteipolitisch gebundene Zeitungen (Bayernkurier, Vorwärts) und Sonderformen wie Schülerzeitung und Abiturzeitung.
In Deutschland erscheinen gegenwärtig ca. 360 Tages- und Sonntagszeitungen mit einer Auflage von ca. 24,5 Mio. Exemplaren; die 27 Wochenzeitungen zählen insgesamt zwei Millionen Leser. Etwa 65 Prozent der verkauften Zeitungen werden im Abonnement vertrieben. Der deutsche Zeitungsmarkt liegt hinter China, Japan, USA und Indien auf Platz fünf. Knapp drei Viertel der deutschen Bevölkerung liest täglich Zeitung, jedoch ist die Tendenz konstant fallend. Betrachtet man die unterschiedlichen Altersgruppen, zeigen sich hier deutlich Unterschiede. Vor allem die Zahl der unter Zwanzigjährigen Zeitungsleser geht seit den 90er-Jahren dramatisch zurück.

Während sich die Tageszeitung in Sachen Nutzung tagesaktueller Medien der erheblichen Konkurrenz von Fernsehen/Hörfunk und Internet erwehren muss, genießen Zeitungen allgemein in puncto Glaubwürdigkeit in allen Altersgruppen einen erheblichen Vorsprung vor Web-Publikationen.

Die meisten Zeitungen befassen sich in ihren **Rubriken** mit den zeitungsspezifischen Inhalten Politik, Wirtschaft, Kultur (Feuilleton), Sport, Lokales, Unterhaltung, Anzeigen usw.; jedoch gibt es auch Zeitungen mit spezifischen inhaltlichen Schwerpunkten (vgl. Handelsblatt).

Die einzelnen Rubriken werden von den jeweiligen **Ressorts** erstellt, die überwiegend eigenverantwortlich und unabhängig arbeiten. Der Trend geht jedoch in Richtung einer ressortübergreifenden Konzeption einer integrierten **Gesamtredaktion**. Besondere Sparten innerhalb oder außerhalb der Ressorts sind u. a. die nationale bzw. internationale Presseschau, Personenporträts, Leserbriefe, Wochenrückblick, Wetterbericht, Sportergebnisse und natürlich Grafiken, Bilder, Karikaturen etc. Die aus Redakteuren, festen oder freien Journalisten, Volontären usw. bestehende Redaktion ist verantwortlich für den sogenannten redaktionellen Teil der Zeitung, während für die Inhalte im Anzeigenteil die Kunden Verantwortung tragen, die ein Inserat „schalten".

Die stärkere Orientierung an **Leserverhalten** und Leserwünschen hat zum einen dazu geführt, dass viele Zeitungsverlage ihre Printausgaben durch die Neuen Medien ergänzen und online gehen bzw. die Neuen Medien zur sogenannten Cross-Promotion nutzen. Während die gedruckten Ausgaben an Auflage verlieren, wandern die Leser zunehmend zu den Webportalen großer Tageszeitungen ab. Vor allem als primäre Nachrichtenquelle gerät die Zeitung im Vergleich zu Fernsehen und Hörfunk, vor allem aber zum Internet, ins Hintertreffen. Eine weitere Konsequenz aus verändertem Leseverhalten und individuelleren Lesewünschen ist die Ausweitung der Beilagen-Publizistik in Magazin-Form. (TV- und Hörfunk-Programm, Jugendmagazin, feuilletonistische Beilagen ...). Dem Trend zum Individuellen tragen auch Anzeigen- oder Szeneblätter mit redaktionellem Teil Rechnung.

Zeitungen sind zunächst nach wie vor ein Medium aktueller Information und **Nachrichtenübermittlung**. Die Informationen stammen entweder von großen Nachrichtenagenturen wie z. B. dpa oder – zu einem immer kleiner werdenden Teil – von eigenen Mitarbeitern bzw. Redakteuren der Zeitung im In- und Ausland (Korrespondenten). Nachrichtenagenturen liefern hauptsächlich (kurze) Meldungen; die Beiträge der eigenen Mitarbeiter sind in der Regel umfangreichere Hintergrundberichte, Reportagen, Interviews, Features oder auch Kommentare.

Neben die Informationsvermittlung tritt in Tageszeitungen gleichberechtigt, wenn nicht sogar vorrangig, die Funktion der **Meinungsbildung**. In journalistischen Formen wie Kommentar/Leitartikel, Kritik, Rezension, Glosse, Essay u. a. wird das aktuelle Geschehen kommentiert. Schließlich tragen auch Dokumentationen, Bilder, Grafiken, Karikaturen, Leserbriefe, Online-Artikel und Blogs zu Information und Meinungsbildung bei.

Vom Anspruch und meist auch vom Umfang her unterscheidet man zwischen Erzeugnissen der **„seriösen" Presse** und der **Boulevardpresse**, die ihren Namen vom (überwiegenden) Straßenverkauf hat – im Gegensatz zum Abonnement mit Hauszustellung. Die Boulevardpresse kommt dem Unterhaltungsbedürfnis stärker entgegen als die seriöse Presse, vor allem durch Einblicke in das Leben Prominenter, durch Klatschspalten, Skandal-Storys, umfangreichen Sportteil usw. Auch in Aufmachung und Sprache setzt sich die Boulevardpresse von den anderen Blättern ab. Schon aufgrund der riesigen Auflagenzahl nimmt die Bild-Zeitung eine Sonderstellung auf dem deutschen Zeitungsmarkt ein. Sie ist nicht nur die meistgelesene Zeitung in der Bundesrepublik, sondern auch die umstrittenste. Das hat mit ihrem großen Einfluss, ihren problematischen Methoden und ihrer oft reißerischen Sprache und Aufmachung zu tun.

Seriöse Zeitungen sind trotz der Konkurrenz der Neuen Medien unerlässlich im Hinblick auf unabhängige Information, freie Meinungs- und Willensbildung, kritische Kontrolle gesellschaftlicher und politischer Kräfte sowie auf vielfältige Entwicklung der Kultur.
Andererseits ist jedoch auch unbestritten, dass die Zukunft des **Zeitungsjournalismus** im Internet-Zeitalter zunehmend unsicherer wird. Vor allem Tageszeitungen sind mit vielen Herausforderungen konfrontiert: verändertes Mediennutzungsverhalten, problematischer werdendes wirtschaftliches Umfeld, Einfluss von an hohen Renditen orientierten Investoren(-gruppen), Konkurrenz durch Internet und sogenannten Bürger-Journalismus (Weblogs), Anzeigenverlagerung in andere Medien und Konkurrenz durch Anzeigenblätter mit redaktionellem Teil.

Während es nach wie vor in vielen Staaten noch keine freie Presse gibt und Journalisten unter Zensur und politischer Gewalt zu leiden haben, existieren in demokratischen Staaten heute andere Gefahren für die **Pressefreiheit**, d. h. für das Recht der Medien zu unzensierter Veröffentlichung von Informationen und Meinungen. So geraten im Zusammenhang mit der Abwehr von Gefahren (Spionage, Terrorismus, organisierte Kriminalität) wesentliche Merkmale einer unabhängigen Presse wie die freie

Bestimmung von Ausrichtung, Inhalt und Form des Presseerzeugnisses ebenso ins Visier staatlicher Gewalten, wie etwa die Wahrung des Redaktionsgeheimnisses, der Informantenschutz oder das Zeugnisverweigerungsrecht des Journalisten. Auch Vorratsdatenspeicherung, staatliche Online-Durchsuchungen und die Möglichkeit zum Abhören von Journalisten nach richterlicher Genehmigung gefährden eine freie Presse. Ein anderer Aspekt der Pressefreiheit ist die sogenannte Institutsgarantie für die freie Presse durch den Staat (z. B. durch Kontrolle von Konzentrationstendenzen). Die innere Aushöhlung journalistischer Freiheit aufgrund fortschreitender Pressekonzentration und Renditedrucks in den Medienkonzernen wird ebenso beklagt wie der Vorrang des Profits vor dem Inhalt – Lifestyle statt Politik. Insbesondere das Anzeigengeschäft der Tageszeitungen, ihr ökonomisches Fundament, ist im Vergleich mit der Konkurrenz der elektronischen Medien stark rückläufig.

Gefahren für die **journalistische Unabhängigkeit** und die wachsende Beeinflussung der öffentlichen Meinung vonseiten wirtschaftlicher Interessengruppen resultieren weiterhin aus dem erheblichen Einfluss des Public Relation (PR) der Marketing- und Werbeabteilungen auf journalistische Medien. Vor allem in Tageszeitungen, aber auch in Zeitschriften oder online erscheinen – für Leser oft nicht erkennbar – PR-Texte als redaktioneller Beitrag. Auch der üblich gewordene Handel nach dem Muster „Anzeige gegen Text" verstärkt diesen Trend.

Im Zusammenhang mit dem PR-Phänomen nimmt auch die Ausrichtung der Zeitungsberichterstattung an echten vermeintlichen Mehrheitsmeinungen in der Leserschaft zu. Auf deren Beeinflussung zielen diverse Interessengruppen mit großem medialem Aufwand (Anzeigen) – und mit Unterstützung „unabhängiger" Journalisten.

Schließlich kann auch die „Nähe" eines Journalisten zu politischen Akteuren seine Unabhängigkeit beeinträchtigen. Beispiele im lokalen Bereich belegen dies ebenso wie der oft zu enge Umgang zwischen journalistischer und politischer Prominenz in der großen Politik. Doch nicht nur die Aufgabe selbstverständlicher journalistischer Standards, sondern das Auftreten von Zeitungsmachern als „bessere" Politiker führt schließlich zur Frage: Wer kontrolliert die Kontrolleure?

Angesichts der vielfältigen Herausforderungen für die Presse bzw. die Zeitung und wegen ihrer Bedeutung für ein demokratisches Gemeinwesen sind gewisse Schlüsselqualifikationen für den Journalisten unabdingbar – egal ob er traditionell oder online tätig ist.

Der **Deutsche Presserat** nennt als wesentliche **Grundsätze**:
- Journalistische Unabhängigkeit und Transparenz (z. B. Trennung von redaktioneller Berichterstattung und Werbung; Unabhängigkeit von Interesseneinflüssen);
- Recherchequalität und Sorgfaltspflicht (z. B. gründliche und sorgfältige Recherche; präzise Wahrnehmung und Wiedergabe von Fakten, Faktentreue);
- Beherrschung des journalistischen Handwerks auf der Basis einer fundierten Aus- und Weiterbildung;
- Fähigkeit zur Selbstkontrolle und Selbstreflexion.

Dazu gesellen sich bei Online-Journalisten noch webspezifische Kriterien und Kenntnisse: optische Darstellung, Ästhetik, Zusammenwirken von Medientypen wie Text, Bild, Ton, Animation, Möglichkeiten des Nutzers im Hinblick auf Zugang, Umgang und Mitwirkung, Innovation und Service über Hilfsseiten.

Nicht nur diesbezüglich sind Zeitungen gefordert, auch die Interessen und Bedürfnisse der Leser gilt es stärker zu berücksichtigen – ohne dabei grundlegende publizistische Aufgaben des Mediums Zeitung zu vernachlässigen. Eine Zusammenarbeit von professionellem und sogenanntem Bürgerjournalismus (Blogger) erscheint hier durchaus sinnvoll. Zeitungen können von den speziellen Kenntnissen der Personen vor Ort und von den professionellen investigativen und analytischen Fähigkeiten des Berufsjournalisten profitieren. Eine weitere wichtige Aufgabe der Zeitungen wird die intensivere Pflege des nachwachsenden Leserstammes sein. Vor allem aber muss die Tageszeitung ihrer Rolle als Kompass durch den Informationsdschungel, als Orientierungspunkt für den Menschen im Alltag gerecht werden. Ist sich die Tageszeitung ihrer ureigenen Qualitäten wie der umfassenden und fundierten Information und Meinungsbildung und vor allem ihres Glaubwürdigkeitsvorsprungs bewusst, dann behält sie auch weiterhin ihre Rolle als ein nicht unwesentliches Fundament einer demokratischen Bürgergesellschaft.

Ist der Zeitungsmarkt, zumindest der überregionale, für den einzelnen Konsumenten noch einigermaßen überschaubar, so gilt das längst nicht mehr für den Zeitschriftenmarkt. Das ausufernde Angebot – schon allein am Zeitschriftenkiosk erkennbar – belegt die wirtschaftliche Bedeutung dieser Medien, die sowohl in Form von gedruckten als auch elektronischen Publikationen angeboten werden. Die meist regelmäßig erscheinenden, im Vergleich zu Zeitungen kleinformatigeren, gehefteten oder gebundenen **Zeitschriften** zielen weniger auf Nachrichten als auf Hintergrundberichterstattung zu aktuellen Themen. Sie orientieren sich dabei am sogenannten Zeitgeist (Mode, Lifestyle, Wellness etc.) und achten auf eine ansprechende äußere Gestaltung.

Zu den Haupttypen von Zeitschriften gehören Publikumszeitschriften und Fachzeitschriften, aber auch Kirchenzeitungen. Daneben gibt es u. a. noch Mitgliederzeitschriften, Kundenzeitschriften, Amtsblätter. Zu den Publikumszeitschriften – pro Ausgabe in ca. 124 Millionen Exemplaren erscheinend – zählen Illustrierte, Nachrichtenmagazine, Programmzeitschriften, Frauenzeitschriften, Yellow-Press-Erzeugnisse, Jugendzeitschriften u. v. a. Während lediglich etwa 45 Prozent der Publikumszeitschriften im Abonnement vertrieben werden, sind es bei den ca. 3.600 Fachzeitschriften mit einer Auflage von etwa 15 Millionen Exemplaren bereits 90 Prozent. Die sogenannten **Periodika** lassen sich in Wochenzeitschriften, Monatszeitschriften/Monatshefte und in Quartalsschriften unterteilen.

1. Suchen Sie nach Beispielen für Wochenzeitungen, überregionale und regionale Tageszeitungen, Lokalzeitungen, Zeitschriften etc.
2. Stellen Sie in einer Befragung zusammen, welche Zeitschriften in Ihrer Klasse gelesen werden.
3. Analysieren Sie Aufbau und Gestaltung Ihrer Lokalzeitung.
4. Vergleichen Sie Programmzeitschriften nach Aufbau, Inhalt, Übersichtlichkeit und Bewertungsmaßstäben für Sendungen.
5. Informieren Sie sich über Zielsetzungen und Möglichkeiten der Teilnahme am Projekt ZISCH (Zeitung in der Schule) oder vergleichbaren Projekten.
6. Klären Sie mithilfe einer Internetrecherche folgende Begriffe: Pressefreiheit, Zensur, SPIEGEL-Affäre, Cicero-Affäre.
7. Suchen Sie für die Gefahren des Journalismus nach aussagekräftigen Beispielen.
8. Worin sehen Sie Chancen und Risiken des ausufernden Zeitschriftenmarkts?

Die Zeitung als Kompass

von Jürgen Marks

Immer wenn die Zahl der Anglizismen in den Medien bedrohlich ansteigt, dann ist es wieder so weit. In München trifft sich die Branche zu den Medientagen. Die Nabelschau ist die bedeutendste Zusammenkunft dieser Art in Europa. Und wenn die weltweit angereisten Verleger, Journalisten und Werber in trauter Runde vereint sind, dann diskutieren sie ihr Lieblingsthema: Wie wollen die Menschen der Zukunft informiert und unterhalten werden? Drei Tage lang füllen dann Schlagworte wie Communitys, Blogger oder IP-Fernsehen die Münchner Messe. Patentrezepte werden ausgetauscht, wie Zeitung, Internet, Radio und Fernsehen sich in den Zeitläufen verändern müssen. Und am Ende steht meistens eine wesentliche Erkenntnis: In der Zukunft der Medien wird kaum noch ein Stein auf dem anderen bleiben. Doch spätestens seit der ersten digitalen Medien-Revolution, die mit dem Platzen der Internet-Luftblase

vor sechs Jahren jäh endete, wissen wir: Erstens kommt es anders und zweitens als man denkt.
Die Tageszeitung zum Beispiel ist auf den Propheten-Kongressen der Vergangenheit oft totgesagt worden. Vergleiche mit dem Aussterben der Dinosaurier machten die Runde. Doch ein Jahrzehnt nach dem Beginn der digitalen Revolution sind die Nachrufe verstummt. Denn die Zeitung lebt nicht nur. Sie ist auch stärker geworden. Die Verlagshäuser haben aus ihrem Traditionsmedium das Flaggschiff einer neuen digitalen Medien-Flotte gemacht. Die moderne Zeitung bietet gemeinsam mit dem Online-Angebot, den Mobile-Services, TV und Radio heute ein Informationspaket, aus dem sich jeder seine Lieblingsmedien heraussucht.
Diese Individualisierung ist aber auch gleichzeitig der wichtigste Trend in der modernen Mediennutzung. Und sie ist nichts anderes als ein Spiegel der Gesellschaft. Immer mehr Menschen haben immer weniger gleiche Interessen. Diese Fragmentierung lockt Interessierte auf die unzähligen Websites des Interaktiv-Mediums Internet. Besonders Mitmachen ist gerade in: Wer gerne mit Fliegen fischt, tauscht sich in einer Community (Forum) mit Gleichgesinnten aus. Freizeitfotografen zeigen ihre Schätze bei Flickr.com. Hobbyfilmer begeistern sich für Youtube.com. Und Tagebuch-Schreiber (Blogger) gestalten ihre Medien gleich selbst.
Nun soll es aber auch Menschen geben, die gar nicht mitmachen wollen und einfach einen Spielfilm im Fernsehen anschauen möchten. Doch selbst sie müssen auf der Hut sein: Die TV-Manager arbeiten längst an Mitmach-Formaten, möglich durch rückkanalfähiges IP-Fernsehen. In Kürze wird uns die Moderatorin freundlich bitten, mit der Fernbedienung auch einzukaufen oder auf den Sieg unseres liebsten Fußballklubs zu wetten.
Die Technokultur entwickelt sich rasend schnell und sie bietet faszinierende Möglichkeiten. Sie ist aber auch eine diffuse Welt mit kurzlebigen Trends und Nutzlosigkeiten. So eine Welt braucht mehr denn je einen verlässlichen Kompass. Wie wäre es mit der Zeitung?

Marks, Jürgen, Die Zeitung als Kompass, in: Augsburger Allgemeine Zeitung vom 19.10.2006

1. Sammeln Sie die von Jürgen Marks vorgebrachten Argumente für eine Zukunft der Zeitung.
2. Mit welchen Problemen sieht sich die traditionelle Tageszeitung konfrontiert?
3. Können Sie sich eine Zukunft ohne Tageszeitung vorstellen?

SPIEGEL VERKEHRT
von Robin Meyer-Lucht

[…] Das Nachrichtenangebot von *Spiegel Online* gehört heute zum Kanon der tagesaktuellen Leitmedien, wie die Tagesschau oder Bild. Es ist zur Selbstverständlichkeit geworden und markiert eine neue Normalität im Journalismus. Durchgesetzt hat *Spiegel Online* damit auch eine Akzeptanz für seinen Tonfall und seine Themenmischung.
Spiegel Online, 1994 gegründet, ist zur Reichweiten-Großmacht aufgestiegen. Innerhalb der letzten sechs Jahre hat sich die Zahl der Sitebesuche etwa verzwölffacht. Die Homepage wird wöchentlich von 2,4 Millionen Lesern genutzt. Pro Tag protokolliert der Server im Schnitt 2,3 Millionen Besuche und 13 Millionen Seitenabrufe. Seine Online-Konkurrenz hat *Spiegel Online* deklassiert. Wenn es um die Reichweite geht, konkurriert die Site mit der überregionalen Tagespresse auf Papier.
Dabei war der Erfolg ganz und gar unwahrscheinlich: Überall in der westlichen Welt werden die führenden Online-Nachrichtenangebote von Tageszeitungen oder TV-Sendern betrieben. Ausnahme ist allein Deutschland, wo sich ausgerechnet die Tochter eines Wochenmagazins durchzusetzen vermochte. Es müssen also einige Besonderheiten zu dieser Konstellation geführt haben.
Die *Spiegel Online*-Seite war fast immer die erste: die erste mit einem Forum beim Online-Dienst CompuServe, die erste mit eigenständigen Online-Inhalten, das führende Angebot im Markt. Diese Position wurde immer weiter ausgebaut. Als Spitzenreiter genoss *Spiegel Online* die klassischen Netzwerkeffekte sich selbst verstärkender Aufmerksamkeit. […]
Der Erfolg ist zudem eine direkte Folge des Zauderns überregionaler Tageszeitungsverleger. Ihre Titel wären online die eigentlichen Wettbewerber der Site. Doch aus Angst vor der eigenen Schwächung, aus Geringschätzung für das neue Medium und infolge der Anzeigenkrise Anfang des Jahrhunderts haben sie

sich dem Netz nur sehr zögerlich zugewandt – bis jetzt: Seit einem Jahr suchen mehrere Titel einen Anschluss. Ein langwieriger Lernprozess ohne schnelle Erfolge, wie sich nun zeigt.

Die herausragenden Kennzeichen des *Spiegel Online*-Journalismus sind ein Tonfall, der in Schlagzeilen wie „Brown startet das Blair-Switch-Projekt" oder „Pannen-Beck verpokert sich" gipfelt, und eine Themenmischung, bei der eine US-Wahlanalyse direkt neben einer neckischen Reportage über russische Multimillionäre und einer Reflexion über sinnlose PC-Tasten stehen kann. Müller von Blumencron, [ehemaliger Chefredakteur von *Spiegel Online*], hat dieses Prinzip einmal als „Schwingen" der Website beschrieben – als durchkomponierte Mischung aus nachrichtlichem, analytischem und unterhaltendem Journalismus.

Im Milieu des traditionsbewussten Tagesjournalismus spielt *Spiegel Online* die Rolle des geachteten Flegels. Bei professionellen Beobachtern löst die Manier des Portals leichtes Naserümpfen aus: „häufig zu lärmend" oder „manchmal zu überdreht" sind typische Bemerkungen. *Spiegel Online* hat die Grenzen zwischen Nachrichten, Boulevard, Feuilleton, Reportage und Kommentar niedergerissen. Die Trennung von Qualitäts- und Boulevardjournalismus ist porös geworden. Als Mario Vargas Llosa kürzlich schrieb, der Journalismus des Spektakels kontaminiere zunehmend die seriöse Presse, hätte er dies über *Spiegel Online* gesagt haben können.

Auch die Internetausgabe nutzt jene „Sprache des Spiegel", die Hans Magnus Enzensberger in seinem epochalen Essay vor einem knappen halben Jahrhundert entlarvt hat. Die damals wie heute wirksame Ideologie des Magazins, laut Enzensberger eine „skeptische Allwissenheit, die an allem zweifelt außer sich selbst", hat *Spiegel Online* übernommen. In den Schlagzeilen wimmelt es zudem, wie im Mutterblatt auch, von unkonventionellen Metaphern, abgewandelten Phrasen, Alliterationen und Wortschöpfungen (etwa „Schröder verrubelt seinen Ruf", über die berufliche Tätigkeit des früheren Kanzlers, oder „Statist im Intrigantenstadl", über Bayerns SPD). Der *Spiegel Online*-Stil giert nach drastischen Begriffen mit möglichst großem Abstand zur Nachrichtendiktion; „meutern", „vergrätzen", „vorknöpfen", abblitzen", „terrorisieren", „sticheln" oder „flirten" sind Krawall-Verben, die für Überschriften gern verwendet werden.

Mathias Müller von Blumencron leugnet nicht, dass *Spiegel Online* manchmal zu polternd daherkommt. „Wir stellen die Site ständig um: Da kann uns im Tagesverlauf der Tonfall schon mal verrutschen." Auch in der Redaktion ist die Frage, wie viel Ernsthaftigkeit erforderlich und wie viel Boulevard verträglich ist, ein ständiges Thema. Müller von Blumencron hält Glaubwürdigkeit und Seriosität für unveräußerliche Fundamente journalistischen Erfolgs, wendet aber ein: „Gutes Verkaufen kann doch kein Fehler sein." Ein Redakteur ergänzt, ob man die Schlagzeile vom „Blair-Switch-Projekt" gut oder überdreht fände, sei doch letztendlich nur eine Geschmacksfrage.

Geschmacksfrage? Jeder journalistische Stil hat seine spezifische Grammatik des Aussagbaren, sein Schema der Weltvermittlung. Story-Journalismus kann dabei zu einer Masche degenerieren, die vor allem sich selbst dient und recht wenig der Sache.

Im Kern stellt sich die Frage der Angemessenheit: Kann *Spiegel Online* sein Millionenpublikum verantwortungsvoll und meinungsbildend informieren? Oder entführt die Site ihre Leser vor allem in ein Gag-Universum mit hohem Erregungs- und Zerstreuungswert – wenn Gabriele Pauli zur „Latex-Landrätin", Horst Seehofer zum „Superstar" und Heiligendamm zum „Klima-Showdown" wird, damit die Zeilen besser flutschen?

Spiegel Online ist in dieser Entwicklung ebenso Getriebener wie Treiber. Das Internet hat den Journalismus weiter ökonomisiert. Die Konkurrenz ist haarsträubend. Die umfriedete Geistlichkeit des Journalismus der alten Bundesrepublik ist dahin. In diesem Umfeld hat *Spiegel Online* sein Amalgam des neuen Mainstreams entwickelt. Ein gehobener Journalismus mit Instinkt, versiert in der zeitnahen Einordnung.

Eine Institution der klassisch-aufklärenden bürgerlichen Publizistik fehlt bei *Spiegel Online* bemerkenswerterweise fast völlig: der reine Kommentar. Diese Leerstelle ist einerseits der Spiegel-Tradition geschuldet. Seit Rudolf Augsteins Tod ist die Stelle des Kommentators unbesetzt geblieben. Andererseits weicht die Site dem häufig etwas spröden, besserwisserischen Kommentar-Format auch gern aus. Der Story-Journalismus ist populär und bei den Redakteuren beliebt. So können sie Deutungen kurzweilig einflechten, ohne sie explizit zum Diskussionsgegenstand zu machen. […]

Im Internet wird Aktualität zum Dauerlockstoff des Journalismus. Die Leser synchronisieren sich über den Tag hinweg mehrmals mit der Nachrichtenlage. Der inneren Logik des Journalismus folgend ist dies nur konsequent. Es geht um Neuigkeiten. Und Neuigkeiten entstehen nicht nur einmal am Tag. Nachrichtensites, wie *Spiegel Online*, sind darauf optimiert, den Lesern mindestens drei- oder viermal am Tag neuen Lesestoff zu bieten. Im schlechtesten Fall taumeln die Leser – getrieben von dem Gefühl, dass ständig etwas passiert und sie nichts verpassen dürfen – durch die Pseudo-Ereignisse, ohne eine Vorstellung von Relevanz zu entwickeln. Im besten Fall erschließt das Internet einen viel spezifischeren, viel präziseren Zugang zu den Themen.

Die Nutzungsintensität von Nachrichtensites ist – bei hoher Reichweite – allerdings noch immer atemberaubend gering. 35 Seiten pro Woche rufen *Spiegel Online*-Nutzer im Schnitt ab. Rund zwölfmal davon allein die Einstiegsseite. Die Aufenthaltsdauer pro Tag und Nutzer beträgt laut Nielsen NetRatings im Schnitt eine Minute und zehn Sekunden. Deutlich mehr schafft selbst *NYTimes.com* nicht. Die Werte der Konkurrenzsites der überregionalen Qualitätspresse hierzulande liegen unter 30 Sekunden am Tag. Online-Journalismus findet unter der glaubhaften Androhung des Publikums statt, die Aufmerksamkeit schon bald wieder zu entziehen.

In solch einem Umfeld bekommt das Thema Anpassungsjournalistik eine neue Bedeutung. Die Betreiber von Online-Nachrichtenangeboten können in Echtzeit messen, wie häufig die einzelnen Artikel gelesen werden. Zwar beteuern Online-Redakteure grundsätzlich, sich bei Themenauswahl für die Einstiegsseite von Relevanz und nicht von Klickraten leiten zu lassen. Das Wissen um die Mechanik des Klick-Erfolgs infiltriert dennoch zwangsläufig ihre Arbeit. Gerade für Online-Journalisten ist es zur Selbstverständlichkeit geworden, dass Journalismus sich verkaufen muss. [...]

Doch *Spiegel Online* macht mehr, als nur das journalistisch Wünschenswerte mit dem wirtschaftlich Notwendigen zu verbinden. Das Angebot als – ganz im Wortsinne – „tonangebende" Site ist in der Lage, die Vorstellungen seines Publikums mitzuprägen. Den *Spiegel Online*-Leser hat es nicht schon immer gegeben. Er wurde im Verlauf der letzten Jahre erfolgreich generiert. Es ist ein Leser mit hoher Toleranzschwelle gegenüber Flapsigkeit, der kurzweiligen Nachrichten-Unterhaltung nicht abgeneigt.

Dieser Leser wird nun zur Ausgangsbasis eines neuen Journalismus-Selbstverständnisses. *Spiegel Online* färbt ab: auf die unmittelbaren Mitbewerber im Internet, aber auch auf die Qualitätspresse. Mit *Spiegel Online* wird „Spiegeligkeit" universell im deutschen Journalismus, die typische Erzählhaltung zum dominanten Schema. *Spiegel Online* wirkt prägend auch auf die Tagespresse, weil deren Journalisten neben dem dpa-Ticker nun immer auch die Auswertung durch *Spiegel Online* beobachten. [...]

Meyer-Lucht, Robin, Spiegel verkehrt?, in: Süddeutsche Zeitung Magazin vom 31.08.2007, S.8 ff., gekürzt

1. Vergleichen Sie „Spiegel Online" mit dem Magazin „Der Spiegel".
2. Klären Sie den Begriff „Story-Journalismus".
3. Setzen Sie sich kritisch mit dem Begriff „Anpassungsjournalistik" (Z. 165 f.) auseinander.
4. Die Internetseite ist zur Medienmacht geworden. Erläutern Sie diese These und nehmen Sie Stellung.

Auf der beigefügten CD finden Sie zusätzlich den Text „Die Zivilisation des Spektakels" von Mario Vargas Llosa mit Arbeitsaufträgen.

3 Rundfunk und Fernsehen

Nach dem Zweiten Weltkrieg legten die Alliierten besonderen Wert darauf, in Deutschland den Aufbau freier, unabhängiger und kritischer Medien zu organisieren. Manipulation und Missbrauch der Medien, wie sie die Nationalsozialisten betrieben hatten, sollten fortan unmöglich sein. Vielmehr sollten die Medien im demokratischen Prozess eine eigene Kraft darstellen: unabhängige Instanz der Information, der Kritik, der Kontrolle. Kompetenz, Seriosität und Glaubwürdigkeit sind bis heute wesentliche Kriterien für Qualität von Sender und Programm.

In früheren Jahren war die Fernsehnation auf die wenigen öffentlich-rechtlichen Programme angewiesen. Heute senden zahllose Programme rund um die Uhr. Allein die ARD strahlt 16 Fernsehprogramme,

54 Hörfunkprogramme und – zusammen mit Partnern – Arte, Phoenix, 3sat und Kinderkanal aus. Spartenprogramme, Bezahl-Fernsehen und das digitale Fernsehen machen das Medium noch unübersichtlicher. Im Jahr 2007 gab es in Deutschland 35,02 Millionen angemeldete Fernsehhaushalte. Damit gehört der deutsche Fernsehmarkt zu den lukrativsten der Welt.

Fernsehsender in Deutschland

Öffentlich-rechtliches Fernsehangebot
16 Programme und 6 digitale öffentlich-rechtliche Sender
z. B. ARD (Arbeitsgemeinschaft der öffentlich-rechtlichen Rundfunkanstalten der Bundesrepublik Deutschland), BR, hr, NDR, MDR, SWR, SR, RBB, WDR, RB, ZDF (Zweites Deutsches Fernsehen) sowie 3sat, arte, KI.KA und Phoenix in Kooperation von ARD und ZDF

Bundesweite private Fernsehsender
21 Privatsender
z. B. RTL, RTL II, Super RTL, VOX, n-tv, ProSieben, kabel 1, Sat.1, N24, 9Live

Sonstige Sender
Private Ballungsraum-Sender
Private lokale TV-Programme

Öffentlich-rechtliche Anstalten erhalten ihren **Programmauftrag** durch die jeweiligen Landesrundfunkgesetze bzw. Staatsverträge. Dabei gibt es zwar von Anstalt zu Anstalt kleinere Unterschiede, allen gemeinsam sind jedoch die drei „Säulen" der Grundversorgung, auf denen der Programmauftrag ruht: Information, Bildung und Unterhaltung.

Privatsender haben dieses Gebot der Grundversorgung nicht. Da sowohl Informations- als auch Bildungssendungen teuer sind und zudem keine Zuschauermassen anziehen, werden in Privatsendern oft Sendungen ausgestrahlt, die preiswerter in der Produktion oder im Einkauf sind. Auch die Orientierung am Geschmack der Mehrheit der Zuschauer ist damit zu begründen, dass die privaten Sender keine Fernsehgebühren erhalten, sich also selbst finanzieren müssen, und zudem als Unternehmen der freien Wirtschaft Gewinn abwerfen sollen.

Information und Nachrichten sind in den vergangenen Jahren bei einigen Privatsendern wichtiger geworden – es gibt sogar reine Nachrichtensender. Zum einen können Nachrichtensendungen zu einem Markenzeichen des jeweiligen Senders werden; zum anderen gibt es hier die Möglichkeit, Informationen mit unterhaltenden Teilen, mit lockerer Moderation zu kombinieren. Diese Tendenz zum sogenannten **Infotainment** hat das Ziel, sich von den Nachrichtenmagazinen der öffentlich-rechtlichen Sender abzusetzen und ein neues, vornehmlich jüngeres Publikum anzusprechen.
Inzwischen wird aber bereits kritisiert, dass öffentlich-rechtliche Anstalten sich nicht nur diesbezüglich den privaten Sendern angleichen. Insgesamt werden immer mehr Sendungen mit unterschiedlichen Inhalten vom reinen Unterhaltungswert bestimmt. Hinzu kommt, dass vornehmlich aus Quotengründen bestimmte Formate (z. B. Telenovelas, Doku-Soaps, Boulevardmagazine) von den öffentlich-rechtlichen Sendern übernommen werden.
Die Konkurrenz des dualen Systems von öffentlich-rechtlichen und privaten Sendern prägt also die Medienlandschaft der Gegenwart sehr stark. Dabei kann das öffentlich-rechtliche Fernsehen in der

Zuschauergunst aber durchaus mithalten. Gerade wo es um Information und Bildung geht, sind die Öffentlich-Rechtlichen sogar recht erfolgreich (z. B. arte, Phoenix, BR-alpha). Den Privatsendern ist es bislang nur punktuell gelungen, die Marktführerschaft zu erobern. Dabei wird jedoch die Frage, ob die Vielzahl an staatlichen Sendern und Programmen angesichts des privaten Angebots heute noch notwendig ist, um den Auftrag der Grundversorgung zu erfüllen, kontrovers diskutiert.

Wem das Fernsehen dient

von Heribert Prantl

Als vor 55 Jahren die erste deutsche Fernsehanstalt ihren Betrieb aufnahm, waren nicht alle vom neuen Medium begeistert. Das Bedauern hält an. Die Technik, das Fernsehen, die Rundfunkgebühren und die Zahl der Sender haben sich atemberaubend entwickelt, die Zufriedenheit des Publikums nicht.

In den sechziger Jahren gab es eine einheitliche Fernsehnation, die sich allabendlich vor dem einzigen nationalen Fernsehprogramm wie um ein Lagerfeuer versammelte und sich so ins Gemeinwesen integrieren ließ; die Soziologen nannten das formierte Gesellschaft. Aus dieser formierten Fernsehgesellschaft ist eine disparierte Unterhaltungsgesellschaft geworden. Es gibt nicht mehr nur ein, zwei oder drei öffentlich-rechtlich organisierte Lagerfeuer, sondern Dutzende, bald Hunderte, in ganz verschiedener Größe – die meisten davon privat organisiert. Und das ehemals einheitliche Fernsehvolk wärmt sich mal hier und mal da; vor allem die Jungen rennen zu privaten Feuerzauberern. […]

Zwischen den Veranstaltern herrscht ein kriegsähnlicher Zustand. Die einen neiden den anderen die Werbung und die anderen den einen die Gebühren. Jeder will den anderen zum Teufel jagen. Aber das geht nicht, weil Gesetzgeber und Bundesverfassungsgericht es so geordnet haben; man nennt das Ganze duales System. […] Das Verfassungsgericht hat die Rundfunkfreiheit nicht, wie die Pressefreiheit, als Abwehrrecht gegen Staatseingriffe angelegt, sondern als dienende Freiheit – als Dienstpflicht an der Demokratie. Die Rundfunkfreiheit soll Meinungsfreiheit und Meinungsvielfalt garantieren; das war besonders wichtig, solange es wenige Sender gab: Die mussten die demokratische und kulturelle Grundversorgung der Bürger gewährleisten. TV soll der Gemeinschaft dienen.

Also hat die Politik, als es die kommerziellen Sender zulassen wollten, das Blaue vom Himmel darüber erzählt, wie dienlich das für die Demokratie sein werde: Die Meinungsvielfalt werde noch vielfältiger, die Informationen noch dichter, die Kultur noch besser. […] Das Erwachen aus diesem Traum war überwiegend grässlich. Die neue Informationsvielfalt bestand vor allem aus „Rammeln, Töten, Lallen“. So wurde in der ersten Phase des Privat-TV das Kürzel des Senders RTL übersetzt, der sich mittlerweile seriös gemacht hat. Jetzt sind 9Live, RTL II oder das Deutsche Sportfernsehen Symbol für die Verblödung der Republik. Man kann „Grundversorgung“ auch so auslegen. Es gibt zwar Landesmedienanstalten, die so etwas verhindern sollten; aber das funktioniert nicht, weil diese Medienanstalten die Sender ihres Bundeslandes aus standortpolitischen Erwägungen protegieren. Und die Politiker, die einst die Büchse der Pandora geöffnet haben, genieren sich dafür offenbar so, dass sie stumm bleiben.

Privat-TV besteht nicht nur aus Sex und Schrott; es gibt viel seichte, bisweilen aber auch qualitätsvolle Unterhaltung, Spielfilme in RTL und Sat.1, auf die auch ARD und ZDF stolz sein könnten. Die Information bei den Privaten ist Infotainment. Der Schwerpunkt der Öffentlichen liegt auf politischen Themen, bei den Privaten auf dem Boulevard; Programm und Werbung fließen dort ineinander. Auf ARD und ZDF hat die private Konkurrenz doppelten Einfluss gehabt: Die Öffentlich-Rechtlichen haben sich eine flottere Gangart angewöhnt; das ist gut. Zugleich gibt es zu viel Anpassung im Negativen: Sponsoring, Schleichwerbung, Quotenmanie, Verflachung. […]

ARD und ZDF müssen herunter von der Rutsche des Kommerzes. Sie brauchen, weil sie demokratische Dienstpflicht haben, Geld – aber nicht aus der Werbung und nicht aus einer Spritze, die die Politik kontrolliert. Fernsehjournalismus muss von der Politik, so gut es geht, unabhängig sein. Das Verfassungsgericht sollte daher, das wäre ein guter Anfang, die TV-Gebühren einfach an die Inflationsrate koppeln. Die Privaten sollten das begrüßen und froh sein, dass es öffentlich-rechtliche Sender gibt. Ansonsten würden die Privaten vom Verfassungsgericht dienstverpflichtet werden, die Vielfalt der Meinungen in ihren Programmen zu zeigen; das würde ihre Kosten steigern und die Gewinne schmälern.

Es gilt Abschied zu nehmen von der Lebenslüge des

dualen Systems: Sie besagt, dass sowohl die privaten als auch die öffentlichen Sender einen demokratischen und kulturellen Dienstauftrag hätten. Das ist falsch. Die kommerziellen Sender kennen in erster Linie den Auftrag, Geld zu verdienen. Sie sind nicht Dienstleister der Demokratie. Von den öffentlich-rechtlichen Sendern muss man genau das verlangen – und das kostet. Nicht die Zuschauerquote rechtfertigt daher die Gebühren, sondern die Qualität. [...]

Prantl, Heribert, Wem das Fernsehen dient, in: Süddeutsche Zeitung vom 05.05.2007, gekürzt

1. Worin sieht Prantl die Vorzüge des öffentlich-rechtlichen Fernsehens?
2. Wie wurde die Einführung des privaten Fernsehens begründet?
3. Vergegenwärtigen Sie sich die Wechselbeziehung zwischen öffentlich-rechtlichen und privaten Fernsehsendern.
4. Veranschaulichen Sie die folgenden kritischen Begriffe aus dem Text: Sponsoring, Schleichwerbung, Quotenmanie, Verflachung.
5. Diskutieren Sie Prantls These von der „Lebenslüge des dualen Systems".

Fernsehnutzung und Marktanteile in Deutschland nach Programmen pro Tag
Zuschauer ab 3 Jahre

	Sehdauer in Min.		Anteil am Fernsehkonsum in %	
	2006	**2007[1)]**	**2006**	**2007[1)]**
Das Erste	30	28	14,2	13,4
ZDF	29	27	13,6	12,8
Dritte	29	28	13,5	13,3
SAT.1	21	20	9,8	9,6
RTL	27	26	12,8	12,5
ProSieben	14	13	6,6	6,5
RTL II	8	8	3,8	3,9
VOX	10	12	4,8	5,7
kabel eins	8	7	3,6	3,6
Super RTL	6	5	2,6	2,6

1) Werte 2007: Januar bis November.

AGF/GfK Fernsehforschung, pc#tv, Fernsehpanel (D) inkl. digitaler Sendernutzung, Fernsehpanel (D+EU) ab 01.01.2005

Sendungsformen nach Programmsparten bei ARD, ZDF, RTL, SAT.1 und ProSieben im Jahr 2006

	Sendedauer in %				
	ARD	**ZDF**	**RTL**	**SAT.1**	**Pro7**
Information	41,8	47,8	25,6	18,3	25,7
Nachrichten	9,3	9,2	3,8	3,2	1,1
Magazin	20,7	26,7	13,9	13,3	16,3
– Morgenmagazine/Frühstücksfernsehen	8,9	8,9	3,3	5,6	-
– Boulevardmagazin	2,5	3,3	4,7	2,1	7.0
– Andere Magazine/Ratgeber	9,3	14,5	5,9	5,6	9,3
Dokumentation/Bericht/Reportage	8,5	8,8	7,6	1,6	8,0
Doku-Inszenierung/Doku-Soap	0,5	0,5	0,0	-	0,0
Ereignisübertragung	0,6	1,1	0,1	0,0	0,1
Talk/Diskussion/Ansprache	1,8	1,3	0,0	0,0	0,0
Wetterinfo	0,5	0,2	0,2	0,1	0,1
Sport	8,0	7,5	2,3	0,2	-
Sportberichterstattung	3,7	3,9	1,0	0,1	-
Übertragung	4,2	3,6	1,3	0,1	-
Nonfiktionale Unterhaltung	4,4	5,7	18,6	27,7	18,2
Journalistische Unterhaltungsformen	1,1	3,4	3,7	6,3	7,5
– Magazin/Ratgeber/Reportage/Doku	0,4	-	0,4	-	-
– Talk/Gespräch	0,6	3,4	3,3	6,3	7,5
Doku-Inszenierung/Doku-Soap	-	-	9,8	8,9	1,4
Konventionelle Unterhaltungsformen	3,3	2,3	5,1	12,5	9,3
– Quiz/Gameshow/Spiele	1,4	1,1	1,0	7,0	3,3
– Show/Darbietungen/Übertragung	1,9	1,2	4,1	5,6	6,0
Musik	1,3	1,2	1,1	0,7	0,4
Show/Konzert	1,3	1,2	1,1	0,7	0,2
Kinder-/Jugendprogramm	6,0	5,8	1,2	0,1	2,7
Nonfiktionale Kindersendungen	2,8	1,8	-	0,0	0,4
Fiktionale Kindersendungen	3,2	3,8	1,2	0,1	2,3
– Spielfilm/Fernsehfilm/Reihen/Kurzfilm	0,5	0,4	0,1	0,1	0,2
– Fernsehserie	2,7	3,3	1,1	-	2,1
Fiction	34,7	28,6	24,8	27,3	32,1
Spielfilm/Fernsehfilm/Reihe	19,7	15,8	6,0	7,3	21,6
Fernsehserie	14,8	12,8	18,8	20,1	10,5
Werbung	1,5	1,4	21,0	20,2	15,3
Werbeblock/Sponsorspot	1,5	1,4	14,9	14,6	13,3
Teleshopping/Sonstige Werbeformen	-	-	6,1	5,5	2,1
Untersuchungszeitraum: 1. Januar bis 31. Dezember 2006, 3.00–3.00 Uhr					

Krüger, Udo Michael; Zapf-Schramm, Thomas, Sparten, Sendungsformen und Inhalte im deutschen Fernsehangebot 2006. Programmanalyse von ARD, ZDF, RTL, SAT.1 und ProSieben, in: Media Perspektiven 4/2007

1. Untersuchen und kommentieren Sie die Statistik zur Programmstruktur verschiedener Fernsehanstalten.
2. Arbeiten Sie die wichtigsten Unterschiede zwischen öffentlich-rechtlichen und privaten Sendeanstalten heraus.

Der tägliche Blick auf die **Quote** ist inzwischen selbstverständlich geworden. Nicht nur Privatsender, auch Verantwortliche des öffentlich-rechtlichen Fernsehens schielen auf die Einschaltzahlen. Selbst die Zuschauer tun es, seitdem die verschiedenen Medien die Quotenzahlen veröffentlichen. Die Quote entscheidet oftmals über die Programmstruktur eines Senders.

Auf der beigefügten CD finden Sie zusätzlich Material mit Arbeitsaufträgen zum Thema Einschaltquoten.

Die **Gebührenfinanzierung** des öffentlich-rechtlichen Rundfunks ist umstritten, da sich die Gebührenpflicht nicht von der tatsächlichen Nutzung der Programme, sondern von der Bereitstellung eines Empfangsgeräts ableitet. Vorschläge der Kommission zur Ermittlung des Finanzbedarfs der Rundfunkanstalten (KEF) bezüglich der Festlegung der Fernsehgebühren werden den Länderparlamenten zugeleitet und in Form von Gesetzen verabschiedet. Die monatliche Gebühr beträgt 17,03 € (Stand: 02.07.2008).

Seit der Zulassung von privaten, meist durch Werbung finanzierten Rundfunksendern 1984 wird zunehmend Kritik am öffentlich-rechtlichen Gebührensystem laut, da sich die privaten Sender im Wettbewerb mit den öffentlich-rechtlichen benachteiligt sehen. Dies wiegt für die Privatsender umso schwerer, da die öffentlich-rechtlichen Sender ihr Programm ebenfalls zunehmend am Markt ausrichten und besonders in den Bereichen Unterhaltung und Sport in direkte Konkurrenz zu den privaten treten.

Die betrieblichen Erträge der öffentlich-rechtlichen Rundfunkanstalten addierten sich im Jahr 2006 auf 8,5 Mrd. Euro, von denen 84 Prozent aus Gebühren (7,15 Mrd. Euro) und 6 Prozent (547 Mio. Euro) aus Werbung stammen. Der öffentliche Rundfunk befindet sich somit trotz der gestiegenen Umsätze des privaten Rundfunks nach wie vor in einer sehr komfortablen Wettbewerbsposition. Mit 56 Prozent der Gesamteinnahmen des Rundfunks in Höhe von 15,2 Mrd. Euro verfügen ARD, ZDF und Deutschlandradio über die höchste Finanzkraft im dualen Rundfunksystem.

Im Gegensatz zum öffentlich-rechtlichen Rundfunk, der seine Programme vor allem aus den Rundfunkgebühren der Zuschauer finanziert, stehen den Privatsendern nur die Werbeeinnahmen zur Verfügung.

Beispiele für Bruttowerbeumsätze öffentlich-rechtlicher und privater Fernsehsender in Mio. Euro

Jahr	ARD	ZDF
2002	190,1	152,2
2003	202,5	155,2
2004	251,8	146,2
2005	220,9	130,7
2006	241,0	176,5

Privatsender	2005	2006
RTL	2.196,6	2.276,7
ProSieben	1.381,6	1.385,1
SAT.1	1.620,5	1.623,8
RTL II	498,0	454,4
n-tv	73,4	80,7
VIVA	184,9	172,0

Heffler, Michael; Möbus, Pamela, Der Werbemarkt 2006. Neue Bestmarke beim Werbeumsatz der klassischen Medien, in: Media Perspektiven 6/2007 sowie Beiträge in Media Perspektiven 6/2006, 6/2005, 6/2004, 6/2003

Werbung unterliegt ebenso strengen Regelungen wie das Programm. Der **Rundfunkstaatsvertrag** legt die Länge der Werbeunterbrechungen und die Zeiten fest, zu denen Werbung ausgestrahlt werden darf. Nach dem Willen des Gesetzgebers muss Werbung klar erkennbar und eindeutig von anderen Programmteilen getrennt sein. Der Zuschauer soll zu jeder Zeit wissen, ob er es mit redaktionellen Inhalten oder Botschaften der Werbung zu tun hat. Schleichwerbung ist unzulässig. Auch für Werbung gelten Jugendschutzbestimmungen, die der Jugendmedienschutz-Staatsvertrag vorschreibt. Die gesetzlichen Bestimmungen zur Werbung werden von den Werberichtlinien der Landesmedienanstalten konkretisiert. Diese überprüfen die Einhaltung dieser Vorschriften. Eine mögliche Maßnahme bei Verstößen gegen die Werberegeln ist eine Abmahnung – z. B. auch verbunden mit einem Bußgeld bis 500.000 Euro.

Die Preise für Werbung hängen von der Zahl der erwarteten Zuschauer ab und variieren daher je nach Sender, Sendung, Uhrzeit, Wochentag und sogar Monat. Ein 30-Sekunden-Spot im Hauptabendprogramm ist bei RTL ab 9.240 Euro, bei VOX ab 4.140 Euro zu haben.

Unter **Medienkonzentration** versteht man das Ausmaß und den Umfang, mit dem einzelne Unternehmensgruppen eine marktbeherrschende Stellung im Medienbereich einnehmen. Dies ist sowohl unter dem Aspekt der Meinungsvielfalt als auch der unternehmerischen Kartellbildung kritisch zu betrachten. Eine monopolartige Position in Presse oder Fernsehen hat deshalb besondere Bedeutung, weil zu befürchten ist, dass Medienunternehmen ihre meinungsbildende Macht zu politischen Zwecken missbrauchen könnten. Medienkonzentration bedeutet in der Praxis, dass ein Großteil der Medien von einigen wenigen Medienkonzernen maßgeblich bestimmt wird. So wird der Markt populärer Zeitschriften von den Verlagshäusern Gruner & Jahr, Burda, Bauer und Axel Springer AG beherrscht. Das private Fernsehen wird gegenwärtig von zwei Mediengruppen bestimmt: von der RTL-Group und von ProSiebenSat.1. Im PayTV-Bereich ist Sky marktbeherrschend. Deutschlandweit betrachtet besitzen die RTL-Group und die von der Axel Springer AG beherrschte Regiocast die meisten Anteile an Hörfunkprogrammen. Im Bereich der Boulevardzeitungen hat die Bild-Zeitung eine Monopolstellung inne.

Welche Probleme ergeben sich Ihrer Meinung nach aus dem weltweiten Trend zur Medienkonzentration?

Auf der beigefügten CD finden Sie zusätzlich Informationen und Material mit Arbeitsaufträgen zum Thema Medienkonzentration.

Die öffentlich-rechtlichen Rundfunkanstalten verfügen über sogenannte Rundfunk- und Verwaltungsräte, in einigen Fällen auch Programmbeiräte, die unter anderem eine gewisse **Kontrollfunktion** über die Programmstruktur und -inhalte ausüben. In diesen Aufsichtsräten sitzen nicht nur Vertreter der Parteien, sondern auch Mitglieder sogenannter gesellschaftlich relevanter Gruppen, also der Kirchen, der Gewerkschaften, der Arbeitgeber oder auch kultureller Organisationen. Diese beraten und kontrollieren den Intendanten, der seinerseits für das Programm verantwortlich ist. Über den **Rundfunkrat** hat auch jeder Zuschauer prinzipiell die Möglichkeit, seine Beschwerde weiterzuleiten – falls es ihm nicht genügt, die entsprechende Redaktion über sein Missfallen zu informieren. In den Rundfunkräten werden zudem Diskussionen über ethische Grundsätze geführt, beispielsweise zum Thema „Gewalt und Pornografie" in den Medien.

Auch bei den Privatsendern gibt es in Form der **Landesmedienanstalten** Aufsichtsgremien, in denen Mitglieder gesellschaftlich relevanter Gruppen die Interessen der Zuschauer bzw. der Allgemeinheit vertreten. Doch die Diskussionen über die zweifelhafte Qualität von Talkshows haben oftmals nicht den gewünschten Effekt. Die von den kritisierten Sendern angekündigte freiwillige Selbstzensur führt eher selten zu einer grundlegenden Reform der Themen und Gestaltung der Sendungen. Erst rapide sinkende Quoten würden vermutlich zu einer Programmänderung führen.

Die Kontrolle der Medien ist also auch hier eine Sache der Rezipienten. Sie müssen deutlich machen, wo aus ihrer Sicht Werte in Gefahr sind und ethische Grenzen überschritten werden.

Der renommierte Literaturkritiker Marcel Reich-Ranicki sollte im Oktober 2008 in Köln den Deutschen Fernsehpreis entgegennehmen. Dem größtenteils aus Vertretern der Medienbranche bestehenden Publikum gab der zu Ehrende jedoch völlig überraschend bekannt, dass er den Preis nicht annehmen werde. Er verband diese Ablehnung mit einer Kritik am schlechten Niveau des deutschen Fernsehprogramms. Reich-Ranickis Reaktion löste eine kontroverse Diskussion über die **Qualität des deutschen Fernsehens** aus.

Auf der beigefügten CD finden Sie Material mit Arbeitsaufträgen zur Medienschelte von Marcel Reich-Ranicki.

7 Tage, keine Köpfe. Die einwöchige Debatte um „Qualität im Fernsehen"

Weblog-Beitrag von Wolfgang Röhl

Es riecht ziemlich streng aus dem Fass, das der Poltergeist mit der Debatte über „Qualität im Fernsehen" aufgemacht hat. Je tiefer man die Nase reinsteckt, desto unangenehmer wird der Geruch. Altmännerschweiß und Boulevardnuttenparfüm mischen sich da mit dem Mief, der im Inneren von Glashäusern herrscht, aus denen jede Menge Steine geschmissen werden. Ein richtig unangenehmes Odeur strömt einem da entgegen; so, als öffne man ein Fass mit Surströmming, eingelegtem Hering …

Zur Chronologie: Den ersten Stein warf der Literaturpapst in Rente vor einer Woche bei der Verleihung des Deutschen Fernsehpreises. Das hatte auch damit zu tun, dass es Reich-Ranicki zuletzt stark an einem Forum gebrach. Sein zeitweise ganz unterhaltsames Literarisches Quartett hatte sich schon vor Jahren überlebt, dank der Penetranz der Hauptfigur, die man nur ein Weilchen ertragen kann. Dass Reich mit der eigenen Büchersendung seinerzeit so etwas wie Hochkultur veranstaltet hätte, wird niemand ernstlich behaupten wollen. Das Quartett war immer Slapstick, wie „7 Tage 7 Köpfe" auf RTL, und lebte von Kaspern wie dem kriecherisch-vorlauten Karasek, der vom Meister alle Naslang was mit der Latte auf die Platte bekam, sowie von der altjüngferlich-humorlosen Schachtel Löffler, die bei jedem Sexschmöker einen Anfall kriegte. Das war Unterhaltung! Aber mehr auch nicht.

Den zweiten Einwurf direkt aus dem Glashaus machte „Bild", die als Erste das Thema als Dauerbrenner erkannt hatte. Fernsehen ist wie Fußball; jeder hat eine Meinung dazu und kräht sie gerne heraus. Dass aber ausgerechnet „Bild", das Qualitätsblatt für die gehobenen Geschmäcker, den ollen Reich huckepack nahm, aus der Fast-Versenkung ans Licht der Öffentlichkeit zerrte und ihn zum weisen alten Indianer verklärte, der „uns" die ungeschminkte Wahrheit über „das" Fernsehen einschenkt – das hatte denn doch was Ur-, wenn nicht Saukomisches. Dass die Feuilletons auf diesen Sums reihenweise reinfielen und ins gleiche Horn töteten, erst recht.

Wie die Debatte nun läuft, ist sie vollends von der Rolle geraten. Der Streit über „hohes" und „niedriges" Niveau im Fernsehen, was soll er? Leute wie Reich und jene, die er mithilfe seines Kurators Diekmann erfolgreich aufgewiegelt hat, nehmen offenbar an, das Problem beim öffentlich-rechtlichen Bezahlfernsehen (was die Privaten treiben, geht niemanden etwas an, da niemand für sie aufkommen muss) sei das bekannte Ausmaß an Volksmusikgedudel, Dummspaß, Quizstumpfsinn und Castingquatsch. Anders gesagt, wenn man den Wildwuchs von Hinterseer und Pilawa und Kerner und Ina Müller und wen auch immer zurückschneiden und durch noch mehr Politikerverlautbarungen, Nachrichten, Kommentare, Polittalkshows, Tendenzmagazine, Subkultursendungen, Elendsreportagen, durch noch mehr Unternehmerschelte, Neiddiskussionen, Bayern-, Bush- und Energiekonzernbashing ersetzen würde, wäre das TV-Niveau schlagartig geliftet. Erst recht natürlich, wenn man auf möglichst allen Kanälen Sendungen mit MRR ausstrahlte, dem Elder bloedman der Nation.

Was die laufende Diskussion überdeckt, ist der Kern der Malaise. In Großbritannien wird das Elend des Staatsfunks – dort die jahrzehntelang als ehrlicher

Makler hochgeschätzte Tante BBC – längst öffentlich verhandelt. Die Vorwürfe an die Redakteure und Chefs der BBC bündeln sich im Begriff „Bias“, Voreingenommenheit. In der BBC gibt es, genau wie bei ARD und ZDF, eine zunehmende Ideologisierung von Programminhalten. Etwa ein Hochspielen von Problemen, die wirklich oder vermeintlich Benachteiligte und Randgruppen jedweder Art erleiden und bejammern, bei gleichzeitigem Klein- und Schönreden von Fehlentwicklungen wie einer ausufernden Anspruchsmentalität, importierter Kriminalität, wuchernden Parallelgesellschaften, systematischem Abbau von Leistungskriterien an öffentlichen Schulen etc. Die britische Schieflage ist deckungsgleich mit der deutschen. Nur hat sich in Deutschland noch keine Kommission gebildet, die Korrekturen bei ARD und ZDF anmahnt wie im Königreich bei der BBC.

Gänzlich grotesk wird die Informationspolitik von ARD und ZDF bei Themen, die beide Sender mit missionarischem Kampagneneifer verfolgen, etwa die Klimaerwärmung. So gut wie keine kritische Stimme dringt da mehr durch den Betroffenheitschor. Nur die üblichen Angsttrompeter, Untergangspropheten und Ablasszettel-Ausgeber haben das Sagen.

[…]

Das sind die Punkte, über die es sich zu reden lohnt, nicht der läppische Streit über Unterhaltungskrempel. Wenn Reich heute Abend bei Gottschalk sein von ihm lang ersehntes Comeback hat, wird von allem Möglichen die Rede sein.

Bloß nicht vom Wesentlichen.

Röhl, Wolfgang, 7 Tage, keine Köpfe. Die einwöchige Debatte um „Qualität im Fernsehen“, online unter: http://www.achgut.com/dadgdx/index.php/dadgd/print/008347, [Stand:17.10.2008, 12:40 Uhr], zugegriffen am 11.11.2008

1. Welche Auffassung vertritt Röhl in der Diskussion um die Qualität des Fernsehens?
2. Woran erkennt man, dass es sich bei Röhls Text um ein Weblog und nicht um einen Print-Artikel handelt?
3. Stellen Sie eigene Kriterien für ein niveauvolles Fernsehprogramm zusammen.
4. Warum ist es so schwierig, sich auf einen Qualitätsbegriff bei Fernsehsendungen zu einigen?
5. Ist Fernsehen nur Abbild der Gesellschaft oder prägt es seinerseits die Gesellschaft?

Hörfunk

Seit dem Start des privaten Hörfunks im Jahr 1984 hat sich – ähnlich wie beim Fernsehen – die Radiolandschaft erheblich verändert. Insgesamt stehen 69 öffentlich-rechtlichen Hörfunkprogrammen rund 200 Privatangebote sowie diverse sonstige Sender (z. B. Militär- oder ausländische Sender) gegenüber. Die ARD verfügt über jeweils fünf bis sechs Programme der einzelnen Landesrundfunkanstalten (BR, HR, MDR, NDR, RB, RBB, SR, SWR, WDR) und über drei bundesweite Hörfunkprogramme. Auch bei den Privaten gibt es eine Unterscheidung zwischen landesweiten, lokalen und regionalen Programmen.

Hörfunkangebote

Bundesweites Hörfunkangebot	Landesweites Hörfunkangebot	Lokales Hörfunkangebot
Beispiele: Deutschlandfunk (öffentlich-rechtlich), RTL (privat) Technische Verbreitung: Kabel, Satellit	Neben den öffentlich-rechtlichen Angeboten (Beispiele: MDR, WDR) gibt es in den einzelnen Bundesländern in der Regel auch private Hörfunkprogramme, die landesweit gesendet werden.	Die lokalen Hörfunksender bieten ein vor allem auf das lokale Verbreitungsgebiet bezogenes Angebot an Nachrichten, Informationen und unterhaltenden Elementen.

Manche **Programmangebote** der privaten und der öffentlich-rechtlichen Anbieter haben sich mittlerweile stark angenähert, wie etwa Bayern 3 (öffentlich-rechtlich) und Antenne Bayern (privat) oder NDR 2 (öffentlich-rechtlich) und Radio Hamburg (privat). Offene Kanäle, nichtkommerzielle Lokalradios, Internet-Radios etc. sind weitere Beispiele für die Medienvielfalt.

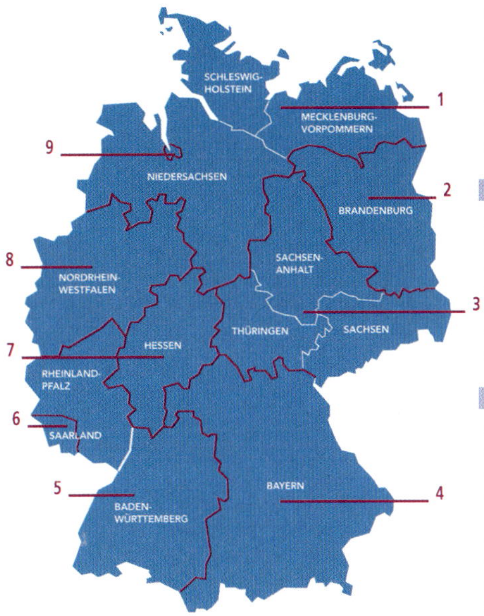

1 NDR:
- NDR 1 Niedersachsen
- NDR 1 Radio MV
- NDR 1 Welle Nord
- NDR 90,3
- NDR 2
- NDR Info
- NJoy
- NDR Kultur
- NDR Music Plus
- NDR Traffic
- NDR 2 Plus

2 rbb:
- radio Berlin 88,8
- Antenne Brandenburg
- Radioeins
- Fritz
- Kulturradio
- Inforadio
- Funkhaus Europa

3 mdr:
- MDR Info
- MDR Figaro
- MDR 1 Radio Sachsen
- MDR 1 Radio Sachsen-Anhalt
- MDR 1 Thüringen
- JUMP
- MDR SPUTNIK
- MDR KLASSIK

4 BR:
- Bayern 1
- Bayern 2
- Bayern 3
- BR-KLASSIK
- B5 aktuell
- on3-radio
- BR Verkehr
- Bayern 2+
- B5 plus
- Bayern plus

5 SWR:
- SWR 1 Baden-Württemberg
- SWR 1 Rheinland-Pfalz
- SWR 2
- SWR 3
- SWR 4 Baden-Württemberg
- SWR 4 Rheinland-Pfalz
- DASDING
- SWR cont.ra

6 SR:
- SR 1 Europawelle
- SR 2 KulturRadio
- SR 3 Saarlandwelle
- antenne saar
- 103.7 UnserDing

7 hr:
- hr 1
- hr 2 kultur
- hr 3
- hr 4
- hr-iNFO
- youfm

8 WDR:
- 1 Live
- WDR 2
- WDR 3
- WDR 4
- WDR 5
- Funkhaus Europa
- 1 LIVE diggi
- KIRAKA
- WDR Info
- WDR Event
- WDR VERA

9 radio bremen:
- Bremen Eins
- Nordwestradio
- Bremen Vier
- Funkhaus Europa

Deutsche Welle:
- DW Radio

Deutschlandradio:
- Deutschlandradio Kultur
- Deutschlandfunk
- DRadio Wissen

Umfragen haben ergeben, dass vier von fünf Bundesbürgern ab 14 Jahren an einem durchschnittlichen Tag zu irgendeinem Zeitpunkt Radio hören. Drei Viertel der Bevölkerung können also durch das Medium Radio erreicht werden, insbesondere Berufstätige geben eine überdurchschnittliche Radionutzung an. Die Hördauer aller Nutzer liegt durchschnittlich bei ca. 200 Minuten am Tag.

Im Bereich der Information ist der Hörfunk nach wie vor meist aktueller als das Fernsehen. Das liegt z. B. daran, dass Meldungen nur über Nachrichtenagenturen kommen müssen und kein Bildmaterial erforderlich ist. Die **Programmstruktur** zeigt den hohen Stellenwert von Nachrichten. Bayern 5 beispielsweise bietet sogar viertelstündlich Nachrichten und Info-Blöcke, dazwischen Sendungen aus den Bereichen Kultur, Wirtschaft, Sport, Politik, Bayern, Wissenschaft sowie Hintergrundberichte.

Die Berichterstattung über **kulturelle Ereignisse** prägt das Sendeprogramm in Bayern 2 Radio maßgeblich: Verschiedene Redaktionen befassen sich mit Kultur: Hörspiel und Medienkunst, Hörbild und Feature, unterhaltendes Wort, Literatur, Kulturkritik, Nachtstudio und Wissenschaft. Damit ist aber nicht gesagt, dass solche Themen nicht auch in den Redaktionen Familie, Jugend, Kinder, Kirche, Schule oder Bildungspolitik aufgegriffen werden können. Natürlich gehört auch der ganze Bereich der Musik zur Kultur.

Im Bereich Musik wie auch in dem des gesprochenen Wortes ist der Hörfunk kreativ wie kein anderes Medium. Hörbilder und Features, Hörspiele und gelesene Literatur bietet der Hörfunk mehrmals in der Woche. Die Klage, dass Hörspiele nur wenige Zuhörer haben und immer mehr in einer Nische verschwinden, ist berechtigt. Zugleich aber erstaunt der aktuelle Trend zum Hörbuch, d. h. dazu, sich vorlesen zu lassen. Auch manches Hörspiel wurde zwar im Hörfunk nicht besonders wahrgenommen, danach aber als Hörbuch gut verkauft.

Beispiele für Programminhalte eines öffentlich-rechtlichen und eines privaten Hörfunksenders

Bayern 2 Tagesprogramm vom Freitag, 24. Oktober 2008	Antenne Bayern
6.05 Heimatspiegel 7.05 radioWelt. U. a.: In Duisburg steht die größte Moschee Deutschland 8.30 kulturWelt. U. a.: Retrospektive: Wassily Kandinsky im Kunstbau und im Münchner Lehnbachhaus 09.05 Wissen. Faszination Buch 10.05 Notizbuch 12.05 Tagesgespräch. Hörerforum 13.05 radio-Welt 13.55 Börseninformationen 14.05 radioSpitzen. Comedy-Stars und ihr wachsender Einfluss auf die politische Meinungsbildung in den USA 15.05 Schalom. Jüdischer Glaube – Jüdisches Leben 15.20 Sozusagen! U.a: „Deutsch für Manager" 15.30 Nahaufnahme. Was kostet die Welt? Erkundungen auf der Millionärsmesse 16.05 Eins zu Eins. Gast: Prof. Till Roenneberg, Zeitforscher 17.05 radioWelt 18.05 IQ. U. a.: Cannabiskonsum kann Schizophrenie auslösen 18.30 radioMikro. Mit „Klaro" – Nachrichten für Kinder 19.05 Zündfunk. Kool Savas über würdevolles Altern im Hip-Hop 20.30 „Koreagraphie" Hörspiel von Roman Bunka und Grace Yoon 22.30 Nahaufnahme (Wh.) 23.05 Nachtmix 0.05 Nachtsession 2.00 Wie Bayern 4 Klassik	Mischung aus den Elementen Musik, Information, Unterhaltung und Service. Die Musikauswahl besteht aus einer computergestützten Rotation der derzeitig eingängigsten Poptitel sowie einer Auswahl von Rock- und Pop-Klassikern aus den 80er- und 90er-Jahren. Zwischen den dominierenden Musiktiteln werden halbstündlich Nachrichten, Wetter und ein Verkehrsservice gebracht. Im Programm findet sich neben diesen Elementen auch noch eine Reihe von Gags mit Comedyfiguren.

1. Untersuchen Sie die Programmstruktur von Bayern 2 im Hinblick auf Information und Unterhaltung.
2. Wie erklären Sie sich die Beliebtheit privater Hörfunksender?

4 Film

Die Geschichte des Films beginnt 1895 mit ersten öffentlichen Vorführungen in Berlin und Paris. In ihrer ersten Phase entwickeln sich Kino und Film von einer Jahrmarktattraktion zu einer eigenständigen Kunstform und Wirtschaftsbranche. Nach den ersten Wochenschauen (in Deutschland 1914) und der Blütezeit des Stummfilms (z. B. F. W. Murnau, „Nosferatu", 1922; Fritz Lang, „Metropolis", 1926) beginnt 1927 die Ära des Tonfilms (z. B. Josef Sternberg, „Der Blaue Engel", 1930).

Auf der beigefügten CD finden Sie einen Auszug aus dem Roman „Der Kinoerzähler" von Gert Hofmann.

Im Dritten Reich war der Film ein wichtiges Instrument der NS-Propaganda, sowohl in Form der Wochenschauen als auch des Dokumentar- und Spielfilms, z. B. Leni Riefenstahls Filme über die Nürnberger Reichsparteitage und die Olympischen Spiele oder Veit Harlans „Jud Süß" 1942.

Nach dem Krieg wurde die Ästhetik des Films, zumindest was den Massenerfolg anbelangt, bis in die Gegenwart von Hollywood dominiert. Bis heute zeigt sich in vielerlei Hinsicht (Themen und filmische Gestaltung, Popularität und Einspielzahlen, Produkte und Verleih) diese Vormachtstellung des Hollywood-Kinos, was die großen Filmfestspiele in Cannes, Venedig oder Berlin belegen. Daneben entwickelte sich aber vor allem in Frankreich und Italien, aber auch in Osteuropa, Lateinamerika, Japan, Indien und in Deutschland eine eigene **Filmkultur**.

Neben der Massenproduktion von Unterhaltungsfilmen in den 50er-Jahren („Heimatfilm") erlebte der deutsche Film in den 60er- und 70er-Jahren mit Regisseuren wie Fassbinder, Herzog, Kluge, Reitz,

Schamoni, Schlöndorff oder Wenders („Junger deutscher Film"; „Autorenfilm") einen künstlerischen Aufschwung.

Zu Beginn der 90er-Jahre kam es zu einem Boom deutscher Beziehungskomödien. Ein Vorläufer dieser Welle war der Film „Männer" unter der Regie von Doris Dörrie. Dieser Komödien-Boom war zum großen Teil für einen Besucheranstieg bei deutschen Filmen verantwortlich. Neben den Komödien entstand auch eine Reihe von Filmen, die – in der Tradition des neuen deutschen Films – versuchten, die gesellschaftliche Realität zu reflektieren, wenn auch häufig in einer gebrochenen, manchmal auch verfremdenden Weise – Filme wie „Winterschläfer" und „Die Stille nach dem Schuss". Es wurden auch wieder häufiger Genrefilme gedreht, unter anderem der Liebesfilm „Lola rennt", der Horrorfilm „Anatomie" oder – als Beispiel für den neuen Heimatfilm – „Wer früher stirbt, ist länger tot".

Während die amerikanischen Filme immer aufwendiger hergestellt werden und eine dementsprechende Attraktivität für ein Massenpublikum zu bieten haben, kommt es bei den deutschen Filmen nicht zu einer vergleichbaren Entwicklung. Auch an den ökonomischen Bedingungen der Filmproduktion ändert sich nur wenig. Nach wie vor sind die deutschen Filme auf die Förderung durch Vergabegremien und das Fernsehen angewiesen.
Das Kino im 21. Jahrhundert steht in seiner Konkurrenz zu den digitalen Medien vor großen Herausforderungen. Der Kinobesuch ab 2002 dokumentiert eine problematische Entwicklung:

Jahr	Filmbesucher in Mio.	Leinwände
2006	136,7	4848
2007	125,4	4832
2008	129,4	4810

Filmtheaterstatistik der Jahre 2006 bis 2009, Quelle: FFA info1/2009

Sowohl national als auch international konnte der deutsche Film in den letzten Jahren trotz struktureller Probleme einige Erfolge verbuchen. Der Marktanteil einheimischer Produktionen ist mit 17,1 % im Jahr 2005 nach wie vor relativ hoch.

Internationale Erfolge, zum Teil mit dem Oscar prämiert, waren: „Die Blechtrommel", „Homo faber", „Das Boot", „Nirgendwo in Afrika", „Der Untergang", „Sophie Scholl – Die letzten Tage". 2006 konnte Florian Henckel von Donnersmarck mit dem Film „Das Leben der Anderen" – einer Auseinandersetzung mit der DDR-Realität – den Oscar für den besten nicht englischsprachigen Film erringen.

Trotz der Vielfalt und Kreativität des heutigen Kinos befindet sich die Kinobranche in einer schwierigen ökonomischen Entwicklung. Dies ist unter anderem auf die Veränderungen durch die digitale Revolution zurückzuführen. Inwieweit die zunehmende **Digitalisierung** die Inhalte der kommerziellen Filmproduktion beeinflussen wird, ist noch offen.

Negative Auswirkungen in Bezug auf die Häufigkeit des Kinobesuchs haben das Herunterladen von Filmen aus dem Internet – wenn auch verboten – und das Aufkommen von DVDs. Computerspiele und sonstige Freizeitaktivitäten im Zusammenhang mit dem Internet stellen eine weitere Konkurrenz für den Kinobesuch dar. Ferner geht die für den Kinogang besonders relevante Zielgruppe der Jugendlichen und jungen Erwachsenen infolge der Überalterung der Gesellschaft zurück.

Der Film als wichtiger Bestandteil der **Medien- und Kommunikationsgesellschaft** ist also von vielfältigen gesellschaftlichen, kulturellen, politischen und vor allem wirtschaftlichen Einflüssen abhängig; man denke nur an Massengeschmack und Zeitgeist, Filmfestspiele und Filmpreise, freiwillige Selbstkontrolle und Filmförderung, Produktion, Verleih und Filmtheater (Stichwort „Kinosterben" bzw. „Erlebniskino").

Auf der beigefügten CD finden Sie einen zusätzlichen Text mit Arbeitsaufträgen zum Thema „Unabhängige Filme" und zwei Kritiken zum Film „Der Baader-Meinhof-Komplex".

Trotz der vielen äußeren, nicht zuletzt ökonomischen Faktoren bleiben Spielfilme im Kern durch die beiden Elemente Handlung und Dialog mit dem Drama verwandt; der illusionäre Charakter des Films ist jedoch in der Regel viel stärker als der des Dramas (Bühnengeschehen). Das hängt mit den unbegrenzten filmischen Möglichkeiten der Schauplatzwahl, der Schnitte und des Einsatzes der Kamera zusammen, aber auch mit der – zum Teil unbewussten – Wahrnehmung der Filmmusik durch den Zuschauer, dessen Emotionen dadurch gezielt beeinflusst werden.
Im Theater kann der Zuschauer zum Beispiel auch weitgehend selbst entscheiden, worauf er sein Augenmerk richtet; im Film nimmt ihm die Regie (Kameraführung) diese Entscheidung bzw. Freiheit ab. Außerdem spielen Schauspieler auf der Bühne anders als vor der Kamera. Eine Bühnenaufführung läuft in einem durch (abgesehen von der Pause); Filmeinstellungen sind oft sehr kurz, beliebig wiederholbar und zwingen – vor allem bei Großaufnahmen – zu gestisch-mimischer Ökonomie, d. h. zu einer gewissen Zurückhaltung und Sparsamkeit der schauspielerischen Mittel, weil theatralische Übertreibungen unpassend, ja lächerlich wirken.
Wie andere Kunstformen unterliegt auch der Film ästhetischen Wandlungen, sowohl was Themen, Inhalte und Schauspielkunst als auch Filmtechnik und Filmsprache betrifft. Zwischen den Extremen betonter Realitätsnähe einerseits und ausgeprägter Künstlichkeit andererseits gibt es die unterschiedlichsten Ausprägungen je nach Entstehungszeit, Stilrichtung, Nationalität oder Regisseur-Persönlichkeit, Kameramann, Drehbuchautor. Man hat den Eindruck, dass derzeit Publikumserfolge vor allem mit solchen Filmen erzielt werden, die sich der raschen Bildfolge der Videoclips annähern. Auch scheinen Action, Brutalität, Ästhetisierung von Gewalt und Tabuverletzungen Erfolgsrezepte für den Film zu sein.

Im Zusammenhang mit einer Veranstaltung der Deutschen Filmakademie äußerten sich bekannte Vertreter der **Filmbranche**, so z. B. der Regisseur Wolfgang Petersen, der Filmproduzent Bernd Eichinger und die Schauspielerin Senta Berger, über Hintergründe und Motive ihrer Arbeit.

Wolfgang Petersen

Als ich zwölf war, stand ich an Weihnachten vor meinen Eltern und sagte: „Ich will Filmregisseur werden." Und da gab´s natürlich merkwürdige Gesichter. Die Lust, diese Besessenheit – das haben meine Eltern gar nicht gemerkt – hatte sich in den Jahren davor gebildet, als ich dauernd im Kino war und mich total in diese wunderschönen Geschichten verloren habe. Diese Magie des dunklen Raums war für mich ein unvergessenes Erlebnis, sodass ich sagen musste: Ich will das jetzt auch machen. Also Lust und Besessenheit. Was macht so Spaß am Filmemachen? Neben dem Schnitt und der Musik sind das die Schauspieler. Fast noch stärker als in der Arbeit mit Hollywood-Stars war das für mich in der Arbeit mit Unbekannten in Deutschland, zum Beispiel Nastassja Kinski. Ich glaube, in Wims Film, wo sie mir aufgefallen ist, war sie zwölf Jahre alt und hatte eine stumme Rolle. Bei mir war sie dann fünfzehn, und es war einfach unglaublich zu sehen, als wir dann in Malente den Film „Reifezeugnis" drehen und ungefähr dreißig, vierzig Leute immer bei den Mustern saßen. Und als sie zum ersten Mal auf der Leinwand auftauchte, war eine solche Totenstille, dass wir alle sofort wussten: Hier ist ein Star geboren, das ist etwas, was es sehr selten gibt und was einem wiederum eine solche Befriedigung gibt, eine solche Lust an diesem Beruf.
Beim „Boot" sind wir damals mithilfe von Willi Schlenter, der dieser tolle Besetzungschef bei der

Bavaria war, quer durch ganz Deutschland gefahren und haben alle möglichen völlig unbekannten Schauspieler von den Theatern aufgesucht, um unbekannte Gesichter, frische Gesichter für den Film zu kriegen. Und ich glaube, das hat dem Film nachher so gutgetan, weil es so echt wirkte und weil es Film war. Sich total auf die Schauspieler einzulassen und sie so gut werden zu lassen, wie es nur irgend geht, ist für mich eine große Lust beim Filmemachen. Für Frust ist die Hauptquelle, dass man sagt: Ach, ich weiß nicht, ob ich das Metier noch weitermachen soll. In wie vielen Nächten sagt man: Die Dämonen kommen. Das wird nie zusammengehen, das funktioniert nicht, die Leute werden es nicht glauben, das ist viel zu langweilig. Es ist eine ganz schwierige Kiste, mal zu dem Punkt zu kommen, wo man sagt: Ja, jetzt haben wir es geschafft.

Bernd Eichinger

Filmemachen ist gefährlich. Es ist nicht nur ein Spiel mit dem Feuer, Filmemachen ist ein Spiel mit der Fantasie. Und damit ist es auch eine Sache auf Leben und Tod. Der Bobo – der Box-Office-Teufel –, der reißt ja immer den Krokodilsrachen auf. Am Anfang hat er den Rachen zu, wenn wir uns an die Planung eines Films begeben und alle begeistert über den Film reden, da lächelt das Krokodil nur. Und je weiter wir fortschreiten und je mehr die Zweifel uns bedrängen, desto größer macht das Krokodil den Rachen auf. Am größten macht es den Rachen am Nachmittag auf, bevor der Film anläuft. Dann merken wir, immer wieder zu unserem Erstaunen, obwohl wir es wissen müssten, dass wir auch noch in diesen Rachen hineingehen müssen. So, und jetzt ist die Frage: Macht das Krokodil den Rachen zu, oder lässt es ihn offen und wir können unversehrt wieder raus aus diesem Rachen? Das ist, was ich eine Sache auf Leben und Tod nenne. Beim Filmemachen bearbeiten wir eine Sache, die nicht stofflich ist. Das ist natürlich auch das Faszinosum. Ein nicht greifbarer Gedanke nimmt durch das Drehbuch, die Regie, die Darsteller, die Kamera, die Ausstattung und so weiter plötzlich mehr und mehr Gestalt an. Am Ende wird der Zuschauer im Kino in diese Vision einer Wirklichkeit mit einbezogen. Durch Ton, durch Licht, durch Schatten – das ist die Magie des Kinos. Doch trotz aller möglichen Magie nimmt der Film die Gestalt an, die wir wollen. Die unterschiedlichen Meinungen, Haltungen, Kämpfe, Zweifel und nicht zuletzt das unberechenbare Wetter zerren an unseren Nerven, immer wieder. Wie im Zauberlehrling wächst uns die Sache früher oder später über den Kopf. Die Frage ist nur, wie weit wächst sie uns über den Kopf und in welchem Stadium wächst sie uns über den Kopf. Sie wächst uns über den Kopf, indem sie eine Eigendynamik entwickelt, der wir, die wir ja dachten, dass wir das Steuerruder fest in der Hand haben, hinterherrennen. Das ist der Moment, wo uns die Dämonen überfallen. Meistens gegen vier Uhr morgens. Wir liegen dann schweißgebadet wach. Die Dämonen des Zweifels nagen an uns. Film ist ein großer Alchimiekasten ohne Gebrauchsanweisung. Wir haben ihn vor uns, wir können damit spielen, aber wir wissen nicht genau, was wir machen. Wenn man so will, schließen wir große Portionen von Kraft und Energie aus der Hüfte ins Halbdunkle, und wir haben alle Angst zu scheitern. Filmemachen ist für mich die Auseinandersetzung mit meinen Dämonen. Aber auch mit meinen Engeln.

Senta Berger

Wenn der Morgen dämmert, schickt Gott Albin seine Töchter zu mir. Sie sitzen am Fußende meines Bettes und betrachten mich hohläugig. Ihre Namen sind: Verhinderung, Verweigerung, Versäumnis, Versagen, Verzweiflung und Verlust. Sie werfen ihre Traumnetze aus, in denen ich mich verfange, Albträume, aus denen ich mich nicht befreien kann. Manche dieser Albträume bleiben mir ganz klar im Gedächtnis. Manche bleiben als Stimmungen zurück, als schaler Geschmack, verschwommenes Gefühl. Ich habe Freundschaft geschlossen mit meinen Dämoninnen. Was blieb mir auch anderes übrig?

Sie bringen mir die Hätte-Träume und die Wäre- und Könnte-Träume. Diese Träume schneiden messerscharf in die kaum verheilten Narben. Warum hast du damals nicht? Warum dich für diese Rolle und nicht jene entschieden? Warum hast du nicht wirklich gut singen gelernt? Die Dämoninnen benutzen immer dasselbe Konzept, ich habe es längst durchschaut und gehe ihnen trotzdem auf den Leim. Die Angst der Schauspielerin, die Urangst, nicht zu genügen, nicht anerkannt zu werden, zurückgesetzt, missverstanden, die lähmende Angst, nicht vorbereitet zu sein. Welcher Text, welches Stück? Die Angst, die Sprache zu verlieren. Ich spreche doch, aber niemand hört mich? Die Angst, dass man über mich lacht, irgendetwas stimmt nicht mit meinen Kleidern.

Was ist es, was kann es sein? Sind Knöpfe aufgegangen, der Rock gerutscht, der Unterrock gar, oder stehe ich am Ende ganz nackt da oben auf der Bühne? Ist alles in Ordnung mit meiner Frisur, meinem Gesicht? Was heißt das: Ich habe nur ein Auge? Wo ist mein zweites Auge? An diesen Albträumen haben meine Dämoninnen Spaß. Sie kichern. Sie weiden sich an meiner Eitelkeit. Sie lassen mich eine fantastische rote Treppe hinunterschweben. Ich sehe fantastisch aus, die Musik ist fantastisch, gleich kommt Fred Astaire, und dann lassen sie mich, die bösen Schwestern, auf die Nase fallen. Platt, auf dem Bauch, rutsche ich die letzten Meter der Treppe hinunter. Die Zuschauer johlen. Diesen Alb lieben sie, und auch einen anderen schicken sie mir gerne: Ich bin in einem Theater und stehe im Halbdunkel in der Gasse. Die Kollegen auf der Bühne sprechen einen Text, den ich noch nie gehört habe. Ein hochgewachsener Mann legt von hinten seine Hände auf meine Schultern und schiebt mich unerbittlich nach vorne. Gleich werde ich auftreten. Ich sage: „Ich kann nicht einspringen, ich kenne ja das Stück nicht." Der Mann sagt: „Du antwortest einfach auf die Fragen, die dir dein Partner stellen wird." Ich sage: „Aber wie soll ich denn die Antworten wissen?" Der Mann wird ungeduldig, mein Auftritt naht. Er schiebt mich immer weiter zur Bühne und flüstert: „Du wirst sehen, es ist ganz leicht, aber natürlich, das habe ich vergessen, dir zu sagen, Senta, es muss sich alles reimen."

Schwestern, Dämoninnen. Ich danke euch, wir gehören zusammen. Ich verfluche euch, weil ich euch liebe, weil ich auf euch angewiesen bin. Verlasst mich nicht, treibt euren Stachel in mein Fleisch, solange ich noch Fleisch habe. Lasst mich in meinen Albträumen, die auch die Euren sind, mich erkennen. Wir sind der Stoff, aus dem Träume sind.

Petersen, Wolfgang; Eichinger, Bernd; Berger, Senta, Im großen Maul des Krokodils ist Platz für alle, in: Frankfurter Allgemeine Zeitung vom 30.10.2008

1. Mit welchen Herausforderungen sehen sich Petersen, Eichinger und Berger konfrontiert?
2. Vergleichen Sie die spezifische Haltung von Regisseur, Produzent und Schauspielerin zum Film.
3. Welche Ängste bringen die Filmschaffenden zum Ausdruck?

Viele, vor allem umfangreiche Romane sind heute einem breiten Publikum nur noch als **Literaturverfilmung** bekannt. Andererseits wirken sich Verfilmungen auch oft sehr belebend auf das Buchgeschäft aus.

Beispiele für Literaturverfilmungen

- Andersch, Alfred, „Sansibar oder der letzte Grund"
- Dürrenmatt, Friedrich, „Das Versprechen"
- Frisch, Max, „Homo faber"
- Grass, Günter, „Die Blechtrommel"
- Johnson, Uwe, „Jahrestage"
- Mann, Heinrich, „Der Untertan"
- Mann, Thomas, „Die Buddenbrooks"
- Mann, Thomas, „Der Zauberberg"
- Remarque, Erich Maria, „Im Westen nichts Neues"
- Roth, Joseph, „Das Spinnennetz"
- Schlink, Bernhard, „Der Vorleser"
- Schneider, Robert, „Schlafes Bruder"
- Seghers, Anna, „Das siebte Kreuz"
- Süskind, Patrick, „Das Parfum"
- Timm, Uwe, „Die Entdeckung der Currywurst"
- Walser, Martin, „Ein fliehendes Pferd"

Wenn man die hundertjährige Filmgeschichte zurückverfolgt, wird deutlich, dass es die Nähe des Films zur Literatur schon immer gab (vgl. die Filme „Die Nibelungen", „Der blaue Engel", „Der zerbrochene Krug", „Effi Briest" aus der Frühzeit des Films).

In neuerer Zeit kommt es vermehrt vor, dass Schriftsteller auch als Drehbuchautoren tätig sind (Jurek Becker/Ulrich Plenzdorf, „Liebling Kreuzberg"; Felix Mitterer, „Die verkaufte Heimat"; Jurek Becker, „Wir sind auch nur ein Volk"; Thomas Brussig, „Am kürzeren Ende der Sonnenallee"). Die fließenden Übergänge zwischen den Gattungen Film und Literatur belegen schließlich z. B. die Filmregisseurin Doris Dörrie oder die Schauspielerin Renan Demirkan, die beide auch als Schriftstellerinnen tätig sind.

In vielen Fällen haben Verfilmungen zwar eine größere Massenwirkung, bedeuten gleichzeitig aber auch einen Verlust der literarischen Substanz, schon alleine wegen der unumgänglichen Kürzungen, hauptsächlich aber deshalb, weil der Leser – als sein eigener Regisseur – mehr Fantasie entwickeln kann als ein Filmbetrachter, der meist nur fertige Bilder konsumiert.

Das **Verhältnis** zwischen **literarischer Vorlage** und **Film** kann unterschiedlich sein:
- Bloße Vermittlung des Stoffes (illustrierende Nacherzählung)
- Umsetzung eines literarischen Stoffes mit filmischen Mitteln (künstlerische Übersetzung)
- Freie filmische Annäherung an einen literarischen Stoff (eigenständiges Kunstwerk)

Diese idealtypische Einteilung enthält jedoch keine Wertung und lässt Mischformen zu.

Auf der beigefügten CD finden Sie einen zusätzlichen Text mit Arbeitsaufträgen zum Thema „Möglichkeiten und Grenzen sogenannter Literaturverfilmungen am Beispiel des ‚Homo faber'" von Reinhard Kleber.

Das Parfum – Die Geschichte eines Mörders ist ein vom deutschen Regisseur Tom Tykwer inszenierter und von Bernd Eichinger produzierter Spielfilm aus dem Jahr 2006, der auf dem gleichnamigen Roman von Patrick Süskind basiert.

„Wenn das Leben nicht mehr in die Filme dringt, sind sie tot."

Der Regisseur von „Parfum", Tom Tykwer, spricht in einem Interview über Risiko und Reiz einer Bestsellerverfilmung, die Geschichte als Lebenswelt und die ewige Suche nach Wunschräumen.

Szene aus dem gleichnamigen Film von Tom Tykwer

SZ: Ein kinoloser Raum – das ist bei Tom Tykwer eigentlich unvorstellbar ...

Tykwer: Ja, gewiss, das können wir alle, die wir das Kino lieben, uns nicht vorstellen. Aber wir wissen, dass es diese anderen Räume auch gibt und dass sie ungelebt bleiben. Es ging nicht darum, das Kino abzuwerten, sondern um das Gefühl, lebenslänglich ins Kino verstrickt zu sein und diese Lebenslänglichkeit plötzlich als Bedrohung zu empfinden. [...]

SZ: Da war das „Parfum" also eine Art Herausforderung ... Was hat Sie daran gereizt – das große Budget kann es nicht gewesen sein. Der historische Stoff?

Tykwer: Die äußeren Bedingungen und das Budget spielen keinerlei Rolle als Anreiz, einen Film machen zu wollen. Mir war natürlich klar, dass die Sache viel Geld kosten wird, allein schon wegen der immensen Vielzahl der Motive. [...] Wir mussten all die Motive recherchieren, rekonstruieren, bauen. Billig war das nicht zu machen. Viele historische Filme sind – selbst wenn sie inhaltlich interessieren können – ästhetisch so frustrierend, weil sie die jeweilige Epoche nur musealisieren, ihr eine gemäldehafte, letztlich artifizielle Dimension geben, weil sie gar nicht versuchen, eine Welt zu destillieren, in der man tatsächlich lebt. Das wollte ich anders machen. Dazu kam, dass ich im Roman subjektive Bezüge entdeckte, die mir bei der ersten Lektüre, die fast zwanzig Jahre zurückliegt, entgangen waren. Plötzlich stellte ich fest, dass ich richtig was über diese Figur des Jean-Baptiste Grenouille weiß. Ein düsterer Held, der durchaus mit

Charakteren, wie sie durch meine anderen Filme geistern, verwandt ist. Ein Vertrauter – bei all seinen Befremdlichkeiten. Die Aufgabe, ihn in den Griff zu kriegen, war ein ganz starker Anreiz.

SZ: Ein wesentliches Motiv von Tykwer-Filmen war bislang die Erlösung durch Liebe. Stellt Grenouille dieses Motiv nicht auf den Kopf, wenn er nur noch skrupellos mordet, wenn seine Liebessehnsucht keinen erlösenden Horizont mehr hat?

Tykwer: Kürzlich habe ich meinen ersten Spielfilm, „Die tödliche Maria", noch einmal gesehen – da geht es um nichts anderes, als dass eine Frau relativ bedenkenlos mordet, um an die vermeintliche Liebe ihres Lebens heranzukommen. Ein Topos also, der mir vertraut ist. Die Heldin in „Lola rennt" mordet zwar nicht, aber sie bedroht ihren Vater doch mit einer Pistole. Sie ist mehr oder weniger dazu bereit, über Leichen zu gehen, um ihren Freund zu retten. „Das Parfum" ist die Tragödie eines Mannes, der sich danach sehnt, wahrgenommen, anerkannt und letztlich geliebt zu werden. Sein tragischer Irrtum besteht darin, dass er das Geliebtwerden mit einer Art Zaubermittel artifiziell herstellen will. Ein Verhalten, das wir, in bescheidenerer Dimension, von uns selbst kennen, wenn wir vor dem Spiegel stehen, unsere Defizite erkennen und mit Schminke dagegen angehen. Grenouille durfte nie die Erfahrung machen, dass ihn irgendjemand mit seinen Schwächen und Defiziten annehmen wollte. Eine Andeutung davon gibt es in der Begegnung mit dem Mirabellen-Mädchen. Da folgt er einem authentischen Impuls – aber er verhält sich derart verstörend, dass er zurückgewiesen wird. Daraufhin stürzt er in den Wahn, sich ein synthetisches Ich basteln zu wollen.

SZ: Im Roman ist Grenouille auch äußerlich eine monströse Erscheinung. Sie aber wollten, dass er, wie Bernd Eichinger das formuliert hat, beides verkörpert: „den Unschuldsengel und den Mörder".

Tykwer: Es stimmt, der Roman beschreibt Grenouille als äußerlich entstellt. Zugleich schafft er es – das ist ja das Fantastische daran –, dass er zur Identifikationsfigur wird. Wie kriegt man so etwas im Film hin? Für mich sind die Narben, die Süskind beschreibt, Narben, die Grenouille vor allem auf der Seele trägt. Also nicht solche, die aus ihm eine Art Elefantenmensch machen. Beim Elefantenmenschen geht es darum, dass er auffallend hässlich und abstoßend ist. Grenouille ist ein Nobody, ein Niemand, einer, den man erst einmal übersieht. Er muss Gewöhnlichkeit ausstrahlen und darin auch so eine Art Unschuld, sodass man mit ihm mitgehen möchte. Zugleich muss man ihm all diese Untaten und Abgründe zutrauen. Diese Komplexität der Figur hat Ben Whishaw wunderbar hingekriegt. Manchmal sieht er unangenehm und beunruhigend aus, dann fängt er einen wieder ein. Aus dieser ambivalenten Spannung lebt die Figur und lebt der Film.

SZ: Sie haben auch die Musik des Films gestaltet. Wie wichtig ist Ihnen dieser Teil der Arbeit an den Filmen?

Tykwer: Das ist zentral wichtig. In dem Moment, wo ich mich hingesetzt habe, um mit Andrew Birkin und Bernd Eichinger am Drehbuch zu schreiben, habe ich mich auch mit Johnny Klimek und Reinhold Heil getroffen, um an der Musik zu arbeiten. Wir haben von Anfang an die Musik parallel entwickelt, weil ich über den kompositorischen Vorgang die Atmosphäre eines Films erforsche und so den Film überhaupt erst richtig verstehe. Wir hatten während des Drehs schon einen Großteil komponiert und konnten am Set, bei einigen Szenen, Musik live einspielen. Was hier besonders hilfreich war, weil zwei Drittel des Films ohne Dialog sind. Als wir die Musik dann endgültig einspielten, mit den Berliner Philharmonikern unter Sir Simon Rattle, war das eine beglückende, absolut spektakuläre Erfahrung: zu erleben, wie die Partitur, an der wir zwei Jahre lang saßen, dynamisiert und zum Atmen gebracht wurde. Da verstand ich noch einmal tiefer und genauer, was der Film eigentlich zu erzählen versucht.

Gansera, Rainer; Göttler, Rainer, „Wenn das Leben nicht mehr in die Filme dringt, sind sie tot.", Interview mit Tom Tykwer, in: Süddeutsche Zeitung vom 13.09.2006, gekürzt

1. Analysieren Sie das im Interview thematisierte Verhältnis von Romanvorlage und Film.

2. Wie äußert sich Tykwer über die Bedeutung und Möglichkeiten filmischer Mittel?

3. Informieren Sie sich über thematische Hintergründe von Buch und Film, indem Sie in verschiedenen Unterrichtsfächern folgende Inhalte ansprechen:
- Sozialkunde: Vergleich Feudalordnung und moderner Staat
- Geschichte: Ständesystem und absolutistischer Staat im 18. Jahrhundert
- Biologie: Möglichkeiten und Grenzen menschlicher Wahrnehmung, Phänomen der olfaktorischen Kommunikation
- Chemie: Verfahren und Beispiele der Destillation
- Deutsch: Sekundärliteratur im Internet zu Roman und Literaturverfilmung
- Französisch: Landeskunde Frankreich am Beispiel der Handlungsorte
- Religion/Ethik: Mensch als Trieb- und Vernunftwesen; Freiheit, Macht, Moral, Schuld, Verantwortung; aktuelle Bedeutung der äußeren Erscheinung (Figur, Körperpflege, Schönheitsoperationen ...)

4. Erläutern Sie anhand konkreter Beispiele persönliche Erfahrungen im Zusammenhang mit dem Riechen von Düften.

5. Vorschläge für gezielte Beobachtungen und ein anschließendes Gespräch über den Film „Das Parfum":

a) Inwiefern kann man aus der Mimik und Gestik auf den momentanen Gemütszustand der Figur Grenouille schließen?

b) Wie lässt sich der Geruchssinn mithilfe von Bildern und Bewegungen, mit Geräuschen und Musik veranschaulichen?

c) Wie gestaltet der Regisseur den vom Autor Süskind für Grenouille oft gebrauchten Vergleich mit einem „Zeck"?

d) Ist die Figur des Grenouille werkgetreu dargestellt? Welche besonderen Akzente in der Entwicklung der Figur sind erkennbar?

e) Welche Motive des Regisseurs liegen möglicherweise der Besetzung der Rolle des Grenouille mit dem Darsteller Ben Whishaw zugrunde?

f) Vermitteln die Filmbilder eine Momentaufnahme der Geschichte des 18. Jahrhunderts?

g) Erläutern Sie einige Bilder, die als Metaphern für Gerüche und Grenouilles Reaktionen darauf stehen.

h) Mit welchen filmischen Mitteln werden die Nase und das Riechen in Szene gesetzt?

i) Welche Stimmungen kann die Musik vermitteln?

j) Vergleichen Sie am Beispiel einer ausgewählten Sequenz Inhalte des Romans mit ihrer Gestaltung im Hörbuch und im Film. Wodurch unterscheiden sie sich?

k) Süskinds Roman wird oft bezeichnet als historischer Roman, Entwicklungs- und Künstlerroman, als Biografie, als Krimi mit märchenhaften Details, als Reiseroman oder als Roman mit Elementen des Horrorgenres. Welche dieser Interpretationsansätze kann man auch auf den Film anwenden?

l) Untersuchen Sie anhand der folgenden Übersicht zu den filmischen Mitteln eine ausgewählte Filmszene.

Die **Analyse spezieller filmischer Mittel,** d. h. der **Filmsprache**, kann sich auf eine Fülle von Gestaltungsmöglichkeiten in oftmals sehr unterschiedlicher Ausprägung beziehen:

KAMERA
- **Kameraführung**
  Neigen (vertikale Bewegung der Kamera)
  Schwenken (horizontale Kameraführung)
  Rollen (Bewegung um die Kameraachse)
  Kamerafahrt (echt auf Rollwagen oder Veränderung der Brennweite)
- **Kameraeinstellung**
  Totale (Überblick über Gesamtgeschehen)
  Halbtotale (näher gerücktes Geschehen, „angeschnittene" Gebäude, Personen im Vordergrund ganz sichtbar)
  Nah (Gestik und Mimik genau zu erkennen, Oberkörper und Kopf der Personen, besonders auch Handbewegungen)
  Groß (Personenkopf bildfüllend, intensiver Einblick ins Gefühlsleben an Spannungshöhepunkten)
  Detail (Ausschnitt mit besonderen Merkmalen von Personen und Sachen)
- **Kameraperspektive**
  Normalsicht (Kamera in Augen- bzw. Objekthöhe als Signal für Gleichberechtigung und Dialogbereitschaft)
  Unter- oder Froschsicht (Kamera von unten; Wirkungsabsicht: bedrohlich, entlarvend, bedeutungssteigernd)
  Auf- oder Vogelsicht (Kamera von weiter oben; Wirkungsabsicht: Einsamkeit, Verlassenheit, Geringschätzung)
- **Bildschärfe** (z. B. Weichzeichner zum Dämpfen der Konturen)

SCHNITT
- **Montage** (Aneinanderfügen der einzelnen Einstellungen)
- **Schnitt-Technik** (Zurechtkürzen des Filmrohmaterials)
- **Schnitthäufigkeit** (Tempo des Bildwechsels bzw. Länge der Einstellungen)
- **Schuss – Gegenschuss** (Großaufnahmen von Personen oder Gegenständen werden unmittelbar hintereinander montiert)
- **Show-down** (zeitliche und räumliche Zusammenführung zweier paralleler Handlungsstränge)
- **Montagearten**
  Kontrastmontage (Aneinanderfügen von Gegensätzen)
  Analogiemontage (Aneinanderfügen von Vergleichbarem)
  Parallelmontage (Nacheinander von Gleichzeitigem)
  Rückblende (Einblendung von zeitlich Früherem, eventuell mit Überblendung oder Farbveränderung als Übergang)
- **Trickaufnahmen**
- **Filmtempo**
  Zeitlupe
  Raffung
  Normale Filmgeschwindigkeit

LICHT UND FARBE
- **Naturlicht/Kunstlicht**
- **hell/dunkel**
- **Schwarz-Weiß/Farbe/Tönung**
- **Schatteneffekte**

TON
- **Sprache**
  Dialogsprache
  Erzähler bzw. Kommentator
  Gedankenstimme
  Synchronisation
- **Geräuschkulisse** (synthetisch bzw. real)
- **Filmmusik** (Eigen- bzw. Auftragskomposition oder Verwendung bereits vorhandener Kompositionen)

Einstellgrößen im Film

1. Weit (W)

2. Total (T)

3. Halbtotal (HT)

4. Halbnah (HN)

5. Amerikanisch (A)

6. Nah (N)

7. Groß (G)

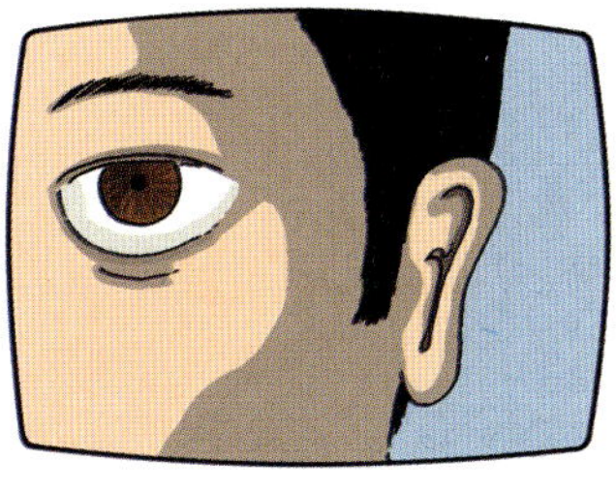

8. Detail (D)

Auf der beigefügten CD finden Sie zusätzliche Materialien mit Arbeitsaufträgen zum Thema „Kino und Schule“.

5 Internet

Mit dem Aufkommen des Internets haben sich in den letzten Jahren Kommunikationstechnologien etabliert, die die gesamte Medienwelt enorm verändern. Mit dem voranschreitenden Ausbau von Breitbandanschlüssen und der Weiterentwicklung von Übertragungsformaten und Softwarelösungen werden immer mehr private kostenfreie oder kostenpflichtige Mediendienste im Internet in immer besserer Übertragungsqualität verfügbar. Auch die öffentlich-rechtlichen Sender nutzen zunehmend diese Technologien und bieten neben Programminformationen auch TV- und Radioprogramme im Internet an.

Das folgende Schaubild verdeutlicht die Bedeutung des **Internets** als **Informationsquelle** für tagesaktuelles Geschehen im Vergleich zu anderen Medien.

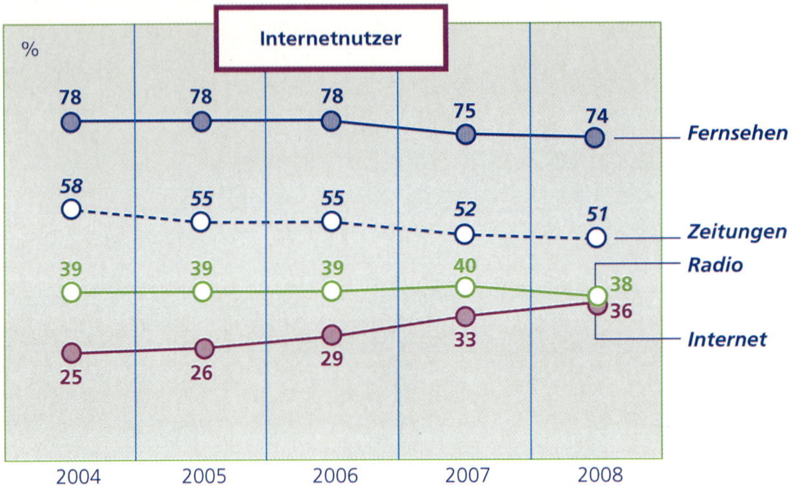

Quelle: Allensbacher Computer- und Technik-Analysen, ACTA 2004 bis ACTA 2008
Basis: Bundesrepublik Deutschland, Bevölkerung 14 bis 64 Jahre

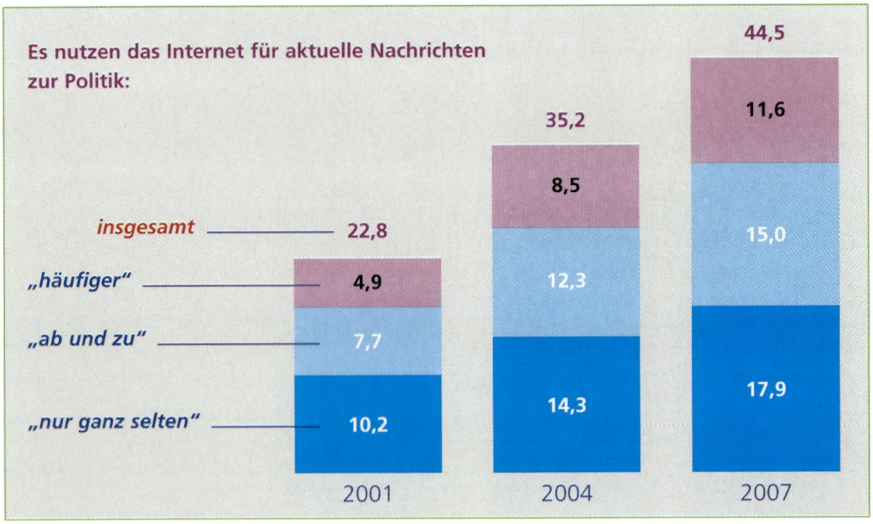

Quelle: Allensbacher Computer- und Technik-Analysen, ACTA 2001, ACTA 2004 und ACTA 2007; Basis: Bundesrepublik Deutschland, Bevölkerung 14 bis 64 Jahre

Überblick über die Vielfalt der Internetnutzung

Informieren und Recherchieren
- Reisen, Verkehr, Veranstaltungen
- Aktuelle Nachrichten
- Rubrikenmärkte (Stellen, Immobilien, Pkw)
- Börsenkurse, Anlegerinformationen
- Gesundheitsinformationen

Internet-TV, Internet-Telefonie

Austausch von Rezensionen, Wissen und Erfahrungen
- Verfassen von Kritiken, Kommentaren zu Büchern, Kinofilmen, CDs usw.
- Bewerten von Marken, Produkten oder Dienstleistungen
- Schreiben und Überarbeiten von Lexikonbeiträgen

Jugendspezifischer Dialog und Inhalt
- Chatten
- Instant Messaging (z. B. ICQ, AOL Instant Messenger usw.)
- Anschauen von Videos und Filmclips bei YouTube, MyVideo usw.
- Einstellen von Videos bei YouTube, MyVideo usw.
- Herunterladen von Podcasts, Audio- oder Videodateien und Musikstücken
- Teilnahme an Online-Spielen

Selbstdarstellung, Publizieren, Kommentieren
- Betreiben eines eigenen Weblogs, d. h. Verfassen von Beiträgen, Einstellen von Fotos usw.
- Einbringen eigener Fotos ins Netz für andere Nutzer
- Verfassen von Kommentaren in Blogs anderer Nutzer
- Betreiben und Aktualisieren einer eigenen Homepage
- Einstellen und Aktualisieren von Profilen in Community-Plattformen

Internet als Kontaktbörse

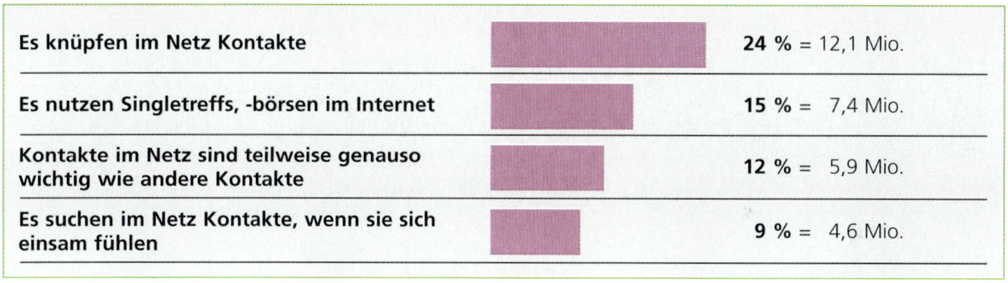

Quelle: Allensbacher Computer- und Technik-Analyse, ACTA 2007; Basis: Bundesrepublik Deutschland, Bevölkerung 14 bis 64 Jahre

Internet und das Alter seiner Nutzer

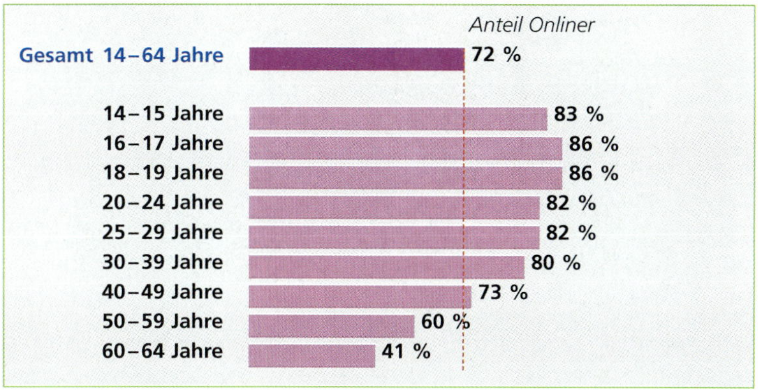

Quelle: Allensbacher Computer- und Technik-Analysen, ACTA 2007; Basis: Bundesrepublik Deutschland, Internetnutzer 14–64 Jahre

Beispiele stark altersgebundener Formen der Web-Nutzung

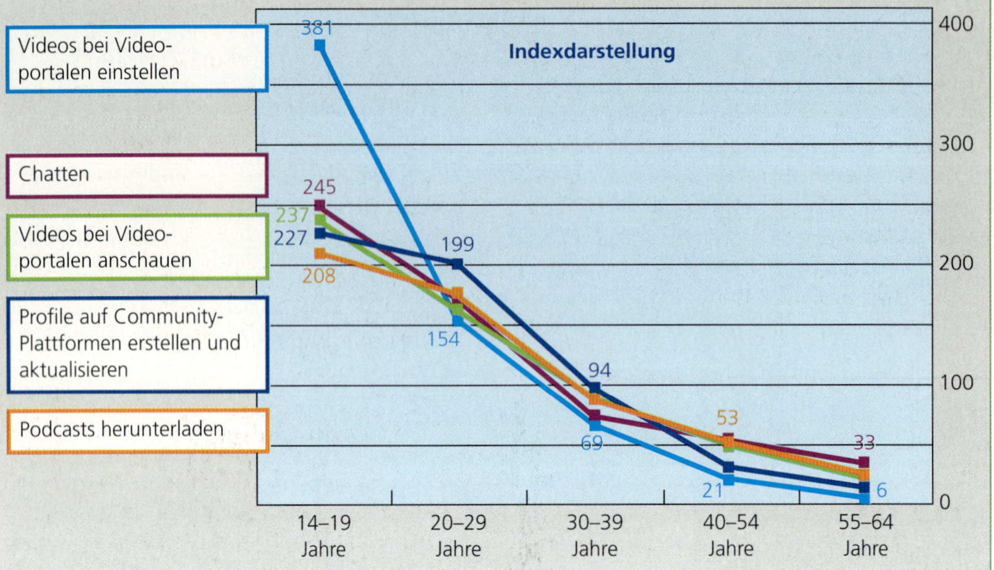

Quelle: Allensbacher Computer- und Technik-Analyse, ACTA 2007; Basis: Bundesrepublik Deutschland, Internetnutzer 14 bis 64 Jahre (= Indexbasis)

Die Bestimmungen des Jugendmedienschutz-Staatsvertrags (JMStV) gelten nicht nur für das Fernsehen, sondern auch für Telemedien. Hierunter fallen auch die im Internet abrufbaren Angebote.

Die **Landesmedienanstalten** sind – was den **Jugendschutz** betrifft – damit auch für das Internet zuständig. Um auch hier einheitliche Bewertungen zu ermöglichen, wird die Kommission für Jugendmedienschutz (KJM) im Auftrag der Landesmedienanstalten tätig. Diese Institution ist im Netz aktiv, um unzulässige oder problematische Angebote herauszufiltern. Ziel ist es, die Inhalte-Anbieter dazu zu bewegen, die problematischen Angebote freiwillig zu entfernen, zu verändern oder nur Erwachsenen zugänglich zu machen. Bei unzulässigen Angeboten müssen von Fall zu Fall die Strafverfolgungsbehörden eingeschaltet werden. Die KJM prüft und bewertet die problematischen Angebote. Stellt sie fest, dass unzulässige oder entwicklungsbeeinträchtigende Inhalte vorliegen, sorgt sie bzw. die zuständige Landesmedienanstalt für eine Änderung oder Einstellung des Angebots. Die KJM arbeitet auch eng mit der **Bundesprüfstelle für jugendgefährdende Medien** (BPjM) zusammen. Nach dem Jugendschutzgesetz (JuSchG) nimmt die KJM zu Indizierungsanträgen Stellung und kann auch selbst die Aufnahme in die Liste der jugendgefährdenden Medien bei der BPjM beantragen.

Unser Leben im Netz

von Uwe Jean Heuser und Gero von Randow

Gemeinhin stellt man sich Medien wie Pipelines vor, durch die Information fließt. Das ist auch vollkommen richtig, jedenfalls wenn diese Metapher wirklich verstanden wird. Vergegenwärtigen wir uns einmal ein Netz von Pipelines: Wie verändert es die Welt? Nicht nur durch das darin strömende Öl oder Gas, sondern auch durch seine Existenz. Es verteilt Zugangspotenziale, schließt Länder und Regionen zusammen, wirtschaftlich und politisch, es schafft Konflikte und Koalitionen – allein schon dadurch, dass es vorhanden ist. Und nun das Internet: Es ist permanent und fast überall zugänglich, „*information at your fingertips*“, wie Bill Gates vor Jahren formulierte. Eine Alltagswirklichkeit wie die Tapeten in unseren Räumen. Immer da. Und während Sie diese Sätze lesen, schnurrt die Globalisierung um Sie herum weiter, und Sie können jederzeit via Internet in sie hineinsehen, sie eigenhändig weitertreiben. Das Netz stattet uns mit dem Potenzial aus, uns am Weltgeschehen, am Lokalgeschehen, am Individualgeschehen zu beteiligen, egal wo. […]

Tun Sie, was Sie wollen – durch sein bloßes Vorhandensein hat das Internet, so wie wir es heute kennen, unsere Existenz verändert. Unsere Art, die Welt wahrzunehmen und von ihr wahrgenommen zu werden. Das Netz berührt alle Sphären des sozialen Daseins. Die Arbeit, den Güteraustausch, den Konsum, die Privatsphäre, die Öffentlichkeit. Schon allein dadurch, dass es möglich ist, mithilfe des Internets von einer dieser Sphären zur anderen zu springen, ja zwischen ihnen zu oszillieren. Was heutzutage – und zu Recht! – beklagt wird, nämlich die unablässige Störung und Unterbrechung, der Verfall der Konzentration, das sind Kosten; der Zugewinn ist die Freiheit, sich in jedem Moment für die Teilnahme an einer dieser Sphären entscheiden zu können. [...]

Nehmen wir die Arbeit. Als das Internet aufkam, dachten viele Experten, nun löse sich die alte Arbeitswelt auf, und wir würden alle zu selbstständigen Anbietern unserer eigenen Arbeitskraft werden – online, im Büro, im Wohnzimmer und, ganz toll, am Strand. Doch das war zu einfach gedacht, es kam nicht so. [...]

Ob wir kochen oder lesen, Filme oder Bilder ansehen, spielen oder uns kleiden, das Internet bietet Informationen, Wissen, Anregung – genauer: Die anderen im Internet bieten uns das alles. Das Private war ja nie rein privat, ist selbst eine soziale Konstruktion sowie ein Feld, auf dem sich Gesellschaftliches bewegt, doch mit dem Internet wird es noch einmal durchsozialisiert, von Grund auf, weltweit und in Echtzeit. Wir pflegen unsere Freundschaften mit Netzhilfe, schreiben und verabreden uns und, was ein sozialer Akt par excellence ist, wir stilisieren unser Image mithilfe des Netzes. Es ist der soziale Äther der heutigen Zeit geworden.

Muss man sich nicht, wenigstens für einen Moment, für dieses Entwicklung begeistern? Die Extension des Menschen ins Netz ist eine geschichtsformende Wendung. Und doch muss man auch – über Arbeit und Konsum hinaus – nach dem Preis fragen, den die Menschen für diese Wende bezahlen. Es war der verstorbene New Yorker Medienprofessor Neil Postman, der uns daran erinnerte, stets nach den gesellschaftlichen Verlusten zu fragen, wenn ein neues Medium unsere Wahrnehmung und unseren Umgang miteinander zu verändern beginnt. Jedes Mal sei das eine Art faustischer Handel, meinte der Amerikaner: Wir entscheiden uns leider allzu oft für die neuen Möglichkeiten, ohne an die erst in der ferneren Zukunft offenbar werdenden Verluste zu denken, Verluste an seelischer Gesundheit eingeschlossen.

Die Generalfrage, die zu stellen Postman uns ermahnte, war diese: Was lässt das neue Medium jetzt, nachdem die erste Verteidigungslinie der Bedenkenträger durchbrochen ist und allseits Jubelstimmung herrscht, nicht mehr zu? Was macht es kaputt? Das Aufmerksamkeitsspiel im Internet zerstört beispielsweise die Dominanz des klassischen Expertendiskurses, der noch die Fernsehrunden dominierte. Amateurexperten können die Oberhand gewinnen. Das kann dem öffentlichen Diskurs und der Meinungsbildung sogar förderlich sein, weil die Debatte womöglich weniger vermachtet ist und weil die Intelligenz der Gruppe mitunter derjenigen des Individuums überlegen sein kann, und sei es noch so gebildet oder sonst wie herausgehoben. Doch es droht zugleich eine andere Entwicklung, in der die uninformierte Meinung oder gar die klandestin gelenkte Tendenz die Öffentlichkeit dominiert, und zwar schneller und auch deutlicher als in anderen Medien. *User-generated content* ist nicht nur ein Business-Traum, weil er Kosten senkt und eine neue Bindung zwischen Mediennutzern und -firmen herstellt, sondern auch Stoff eines Albtraums vom Zerfall der Qualität des öffentlichen Diskurses. [...]

Überall dabei zu sein geht eben nicht. Diese Spannung kann tatsächlich seelisch krank machen, diese Qual der Wahl! Wer mit dem Netz lebt, muss abwählen lernen. Und zwar weit über den klassischen Konsum hinaus, dessen Sphäre mit anderen Lebensbereichen verschränkt wird. Dem Netz als souveränes Individuum entgegenzutreten ist nicht leicht, erfordert Ichstärke. [...]

Es führt kein Weg daran vorbei: Das Internet ist Realität. Wir, die wir in der erweiterten Realität agieren, offline und online, müssen seine Funktionsweisen verstehen lernen, müssen sehen, worin es gut ist und worin schlecht, damit wir nicht im Netz zappeln wie die Fische, sondern es vielmehr nutzen, um unsere Freiheitsspielräume zu erweitern.

Heuser, Uwe Jean; Randow, Gero von, Unser Leben im Netz, in: Die Zeit vom 01.05.2008, Sonderbeilage DIE ZEIT Internet Spezial. Erster Teil, S. 4 f., gekürzt

1. Sammeln Sie textbezogene, aber auch eigene Beispiele, wie das Internet unser gegenwärtiges Leben prägt.
2. Setzen Sie sich mit den Verlusten auseinander, die manche Kritiker dem Internet zuschreiben.
3. Inwieweit stimmen Ihre eigenen Internet-Erfahrungen mit den Textaussagen überein?

II Medienentwicklung

Die derzeitige **Medienentwicklung** ist durch die **Vernetzung von Informations- und Kommunikationstechnik**, durch den Trend zur Internationalisierung und Kommerzialisierung und schließlich durch eine Angebotsexplosion bei gleichzeitiger Marktkonzentration gekennzeichnet. Es gibt inzwischen weltweit Zugriffsmöglichkeiten auf aktuelle Informationen und Daten verschiedenster Bereiche – vor allem politischer, gesellschaftlicher, wirtschaftlicher und wissenschaftlicher. Dieser Fortschritt ist aber mit den Risiken eines unerwünschten Daten- bzw. Informationszugriffs und den daraus resultierenden Gefahren eines Missbrauchs verbunden; man denke an persönlichen Datenschutz, an die internationale Kriminalität oder an die militärische, politische, ökonomische oder technologische Geheimhaltung.

Die **Internationalisierung** des Angebots in den Medien führt zwangsläufig zu einer Uniformität von Inhalten und Formen, wobei der Spielraum nationalstaatlicher Medienpolitik immer kleiner wird. So ist z. B. der Jugendschutz in Deutschland schwer kontrollierbar, wenn Sendungen via Satellit oder Internet aus dem Ausland kommen.

Die **Kommerzialisierung** hat zur Folge, dass die Abhängigkeit von Einschaltquoten zu einem unerbittlichen Konkurrenzkampf führt, in dem Qualitätsansprüche auf der Strecke bleiben. Der gesamte Medienmarkt funktioniert nach dem Schneeballprinzip, d. h., neue Medien ersetzen nicht die alten, sondern diese stimulieren jeweils die Entstehung neuer Medien und potenzieren damit das Gesamtangebot (z. B. DVDs zu den Videospielen; Videospiele zur Fernsehsendung und umgekehrt; Computer-Zeitschriften; Literatur-Datenbanken; Medien-Fachzeitschriften).

Hinter diesem Phänomen der **Selbstverstärkung** steht eine machtvolle Werbemaschinerie, die ihrerseits vom Konkurrenzdruck in Gang gehalten wird. Programm und Werbung werden schon seit Längerem nicht mehr strikt voneinander getrennt; die publizistische Funktion von Medien (Information, Meinung, Kritik) wird zunehmend von der Werbeträger-Funktion in den Hintergrund gedrängt. Durch die geschickte Platzierung von Erzeugnissen – z. B. Autos, Unterhaltungselektronik, Genussmittel – wird immer mehr Schleichwerbung betrieben (**Product-Placement**); in verschiedenen Spielsendungen werden durch die Fragen oder die Preise ebenfalls Kaufanreize gegeben (**Gameshow**).

Der schonungslose Wettbewerb begünstigt die starken Anbieter auf Kosten der schwächeren; das führt zum Zwang der Kooperation, noch häufiger aber zur gefährlichen **Konzentration** bis hin zur Monopolstellung einiger Medienkonzerne.

Da die **Medien als „vierte Gewalt"** im Staat wichtige Informations- und Kontrollfunktionen wahrzunehmen haben, liegt in der Konzentration, vor allem im Medienverbund (z. B. Zeitung und Privatsender in einer Hand), eine nicht unerhebliche Gefahr eines Machtmissbrauchs zur **Manipulation** der öffentlichen Meinung.

Der folgende Text informiert über neuere Tendenzen und Zukunftsaussichten der Medienwelt.

Selbstdarstellung statt Information

Wie das Internet unsere Kommunikationskultur verändert – von Mirjam Hauck

Welche Bank geht gerade bankrott, wie tief fallen die Aktienkurse, wie steuern die europäischen Regierungen dagegen? Im Minutentakt lassen sich im Internet die neuesten Entwicklungen der Weltwirtschaft nachlesen – das Netz informiert schneller als Tageszeitungen und das Fernsehen.

Doch wie die Allensbacher Meinungsforscher in ihrer aktuellen Computer- und Technik-Analyse (ACTA) herausfanden, ist das Internet nicht das News-Medium. Zwar gibt es einen ungebrochenen Anstieg der Internetnutzung, 76 Prozent der 14- bis 64-Jährigen sind inzwischen online, doch nur für 46 Prozent gehören nach eigenen Angaben Informationen aus dem Web zum täglichen Pflichtprogramm.

Wer hinter diesen 46 Prozent nun regelmäßige Leser von Nachrichtenportalen vermutet, liegt falsch. Nur ein kleiner Kreis informiert sich regelmäßig im Netz über gesellschaftspolitische Themen. Magere sieben Prozent lesen häufiger Wirtschaftsnachrichten, 13 Prozent suchen nach Neuigkeiten aus der Politik. Mehr Interesse wecken dagegen Produkttipps und Preisvergleiche.

Die wichtigste Informationsquelle über das aktuelle Geschehen bleiben nach wie vor Fernsehen und Zeitungen – auch für Internetnutzer. Zwar verlieren diese beiden Mediengattungen kontinuierlich. Mit 74 Prozent beziehungsweise 51 Prozent liegen sie aber immer noch deutlich vor dem Internet.

Insgesamt beobachten die Allensbacher Meinungsforscher ein sinkendes Bedürfnis nach kontinuierlicher Information. Haben im Jahr 2003 noch 61 Prozent der Bevölkerung angegeben, dass sie über das aktuelle Geschehen immer auf dem Laufenden sein möchten, sind es in diesem Jahr noch 56 Prozent.

Noch gravierender sind die Zahlen für die unter 30-Jährigen. Nur noch ein Drittel will wissen, was in der Welt passiert. In dieser Altersgruppe hat Allensbach neben der Informationsmüdigkeit auch eine große Politikmüdigkeit festgestellt. Themen wie Umweltschutz, die vor 20 Jahren noch junge Erwachsene zu Tausenden auf Anti-Atomkraft-Demonstrationen getrieben haben, stoßen bei der Jugend auf wenig Resonanz.

Wichtig für die jungen User sind dagegen im Internet Multimedia-Inhalte wie Videos und User-generated Content wie selbst erstellte Inhalte. Sie wollen im Internet eigene Beiträge schreiben und Fotos ins Netz stellen.

Allensbach hat für diese Aktionen drei unterschiedliche Motivstrukturen festgestellt: Die Nutzer suchen eine Gemeinschaft, indem sie Teil der Web-Family werden, sie möchten sich mit Profilen in sozialen Netzwerken präsentieren und Inhalte wie Musik und Filme im Netz bewerten. Das wichtigste Instrument sind hierfür die Communitys. 47 Prozent der 14- bis 19-Jährigen sind Mitglied in einem sozialen Netzwerk, bei den 20- bis 29-Jährigen 40 Prozent. Bei den Älteren brechen die Mitgliederzahlen dagegen ein.

Das Internet hat nicht, wie vor Jahren beschworen, zu einer Vereinsamung der Nutzer geführt. Im Gegenteil: Die Digital Natives, also die nach 1980 Geborenen, die ganz selbstverständlich mit den neuen Technologien und Medien umgehen, sind deutlich häufiger im Netz als der Rest der Bevölkerung – auch wenn die Kommunikation dabei oft nur aus banalen Mitteilungen wie „Ich bin jetzt wieder zu Hause und sitze am Computer" besteht.

Mit dieser Suche nach Nähe und der Abkehr von Nachrichten kapitulieren vor allem die jungen Nutzer vor der Fülle an Informationen, die das Internet bietet. Die Nutzer fokussieren und selektieren schärfer, sie blenden aus, was sie nicht interessiert. Im Internet ließe sich zwar das Wissen der Welt mit wenigen Mausklicks finden, aber viele Nutzer suchen gar nicht danach. Die Informationsfülle führt vielmehr zu einer stärkeren Bezogenheit auf das eigene Leben. Es geht nicht mehr um das Lesen, sondern darum, gelesen zu werden: Für die Jugendlichen ist wichtig, wie viele Freunde sie auf ihren Profilseiten bei StudiVZ, SchuelerVZ oder bei den Lokalisten haben. Je mehr Kontakte, desto beliebter. Das ist zeitaufwendig. Für Politik, Wirtschaft und Kultur ist da kein Platz mehr.

Der Nutzer sucht also im Internet in erster Linie nach sich selbst oder nach Verwertbarem für seinen persönlichen Bedarf, sei es für den Beruf, das Privatleben oder Hobbys.

Hauck, Mirjam, Selbstdarstellung statt Information. Wie das Internet unsere Kommunikationskultur verändert, in: Süddeutsche Zeitung vom 17.10.2008

1. Welche Ursachen für das sinkende Informationsbedürfnis nennt Hauck?
2. Interpretieren Sie die im Kommentar enthaltenen Datenbefunde.
3. Welche Gründe sehen Sie für den Erfolg von Communitys?

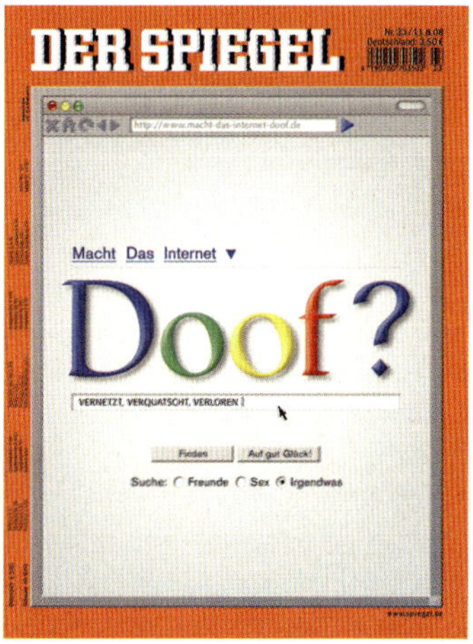

Auf der beigefügten CD finden Sie zusätzliche Materialien mit Arbeitsaufträgen zum Thema „Tendenzen und Zukunftsaussichten in der Medienwelt".

III Medienkritik

Unbestritten ist, dass die Medien eine Erweiterung des Wissens auch über weltweites Geschehen ermöglichen. Räumliche Entfernungen werden so schnell überwunden, dass manchmal das Publikum auf einem anderen Kontinent früher und umfassender informiert wird als die Betroffenen vor Ort. Dabei setzt die angemessene Informationsverarbeitung beim Rezipienten ein gewisses Maß an Vorwissen voraus, über das nicht alle Medienbenutzer verfügen, sodass die Kluft zwischen gut und schlecht Informierten stetig wächst („Der Kluge wird durch das Fernsehen klüger und der Dumme dümmer“).

Selbst bei sorgfältiger Berichterstattung und verantwortungsbewusstem, kritischem Mediengebrauch bleibt die **Medienwirklichkeit** eine Wirklichkeit aus zweiter Hand, unabhängig davon, ob es sich um Information oder Unterhaltung handelt. Gerade die audiovisuellen Medien erwecken den Anschein, authentische Realität zu bieten, vermitteln aber tatsächlich nur **synthetisch** hergestellte Produkte **(virtuelle Welt)**. Außerdem werden auch die Wahrnehmungsbedingungen des Rezipienten gesteuert, was dessen Illusion von der Tatsächlichkeit und Echtheit des Vermittelten verstärkt. Der Eindruck der **Augenzeugenschaft**, der vor allem die elektronischen Medien so attraktiv macht, ist grundsätzlich eine **Täuschung** (Fiktionalität des Authentischen) und birgt die Gefahr folgenschwerer Trugschlüsse und Fehlurteile in sich. Dies trifft nicht nur für tendenziöse Berichterstattung zu, sondern auch für die neutrale Wiedergabe tatsächlicher oder inszenierter Vorgänge. Am gefährlichsten ist wohl die Vermischung von Schein-Realität und Fiktivem. Viele Ereignisse bekommen ihre Bedeutung überhaupt erst aus der Reaktion der Medien oder werden ausschließlich dafür in Szene gesetzt, sodass sich das natürliche Verhältnis von Ereignis und Berichterstattung geradezu umkehrt.

Die **Macht der Medien** über das Bewusstsein des heutigen Menschen geht oft so weit, dass er der medienerzeugten Realität größeres Gewicht beimisst als den eigenen Erlebnissen und Wirklichkeitserfahrungen. Einige Medienthemen wie zum Beispiel Kriminalität, Gewalt in der Schule, Korruption, Freizeitgesellschaft und Zurschaustellung des Privaten belegen dies.

Ein weiterer wichtiger Aspekt der Medienwirkung ist die **Unterhaltung** in ihrer ganzen Bandbreite von der Opernübertragung bis zum Horrorfilm, von der Familienserie bis zur Volksmusiksendung. Die Unterschiede in Inhalt, Stil und Anspruch gewährleisten die Befriedigung der unterschiedlichsten Publikumsinteressen. Der Mediennutzer kann aus der Vielfalt des Angebots das wählen, was seiner augenblicklichen Befindlichkeit am besten entspricht, z. B. Nervenkitzel oder Entspannung, Rührung oder Belustigung, Ablenkung oder Fortbildung, d. h. alles, was dem Ziel der Stimulierung oder der Beruhigung zugeordnet werden kann. Extremer Medienkonsum kann jedoch zu einer zunehmenden Entfremdung vom realen Leben führen, die sich z. B. in sozialer Isolierung oder einer gewissen Antriebsschwäche äußern kann.

Ein Dauerthema ist der Vorwurf an die Medien, zur Eskalation der **Gewalt** in unserer Gesellschaft beizutragen. Es geht dabei um die Kritik an der Häufigkeit von Gewaltszenen und um die Tendenz der Verharmlosung einerseits und der Gewaltverherrlichung andererseits. In der wissenschaftlichen Diskussion stehen sich folgende Theorien gegenüber:

- Die **Katharsisthese** besagt, dass die Betrachtung von Gewaltdarstellung Ventilfunktion haben kann, um die eigene Aggressivität des Betrachters abzubauen (Katharsis = Reinigung).
- Die **Stimulationsthese** geht davon aus, dass Gewaltdarstellungen enthemmend auf das menschliche Verhalten wirken und zum Nachahmen reizen können (Stimulation = Anreiz).
- Die **Inhibitionsthese** behauptet, dass die als abscheulich dargestellte Gewalt Aggressionen eher dämpft, da sie von der Gesellschaft missbilligt wird (Inhibition = Missbilligung).

- Die **Habitualisierungsthese** nimmt an, dass gewohnheitsmäßige Gewaltbetrachtung zur Gleichgültigkeit gegenüber Aggressionsopfern führt und Gewaltanwendung als angemessenes Mittel zur Konfliktlösung erscheinen lässt (Habitualisierung = Gewöhnung, Abstumpfung).

Eine ähnlich kritische Diskussion wird über die zunehmende Vorliebe der Medien für Tabuverletzungen und moralische Provokation geführt. Der gesellschaftliche Voyeurismus wird dabei durch die öffentliche Darstellung privater, ja intimster Fragen und Themen befriedigt, wobei immer häufiger spektakuläre Einzelfälle, aber auch banale Alltäglichkeiten, einen unangemessenen Stellenwert bekommen. Auf der anderen Seite verkommen Krieg, Völkermord, Katastrophen, organisierte Kriminalität etc. ebenso zu reinen Medienereignissen – unter dem Deckmantel der Informationspflicht.

Für die problematische Einbeziehung unterhaltender Elemente in Informationssendungen hat sich der Begriff **Infotainment** (entstanden aus den beiden englischen Begriffen „information" und „entertainment") durchgesetzt, ein Neologismus, der die mangelnde Konzentrationsfähigkeit des Publikums und das entsprechende Entgegenkommen der Medienmacher modisch benennt. In diesem Zusammenhang wird auch von einer **Boulevardisierung** des Nachrichtenstils gesprochen, wie er auch bei der Boulevardpresse im Vergleich zur seriösen Presse zu beobachten ist.

Der folgende Artikel setzt sich mit dem Thema „Gewalt in den Medien" auseinander.

Gut ist, was das Geschäft verdirbt

von Christian Pfeiffer

Seit dem Amoklauf von Emsdetten fordern viele Politiker, die Herstellung und Verbreitung von Killerspielen zu verbieten. Vor allem jungen Menschen soll so der Zugang zu derartigen Computerspielen erschwert werden. Das ist nur zu begrüßen. Jeder zweite zehnjährige Junge verfügt heute bereits über Erfahrungen mit Spielen, die wegen ihrer extremen Gewaltexzesse erst ab 16 freigegeben sind. Von den 14- und 15-jährigen Jungen nutzen 82 Prozent zumindest gelegentlich und ein Drittel häufig Spiele, die keine Jugendfreigabe erhalten haben.

Für die daraus resultierenden Gefahren haben diese und andere Untersuchungen klare Belege erbracht: Je häufiger Computerspiele von Kindern und Jugendlichen gespielt werden und je brutaler ihr Inhalt ist, umso schlechter fallen die Schulnoten aus. Ferner besteht die Gefahr suchtartigen Spielverhaltens. Und schließlich erhöht der intensive Konsum bestimmter Spiel-Genres in Verbindung mit anderen Belastungsfaktoren die Wahrscheinlichkeit, dass die Jungen eines Tages Gewalttaten begehen.

Zweifelhaft erscheint allerdings, ob ein Verbot der Killerspiele ausreicht, den Jugendmedienschutz nachhaltig zu verbessern. Bayern hat eine Bundesratsinitiative für ein solches Verbot beschlossen. Es richtet sich nur gegen die extremsten Gewaltexzesse der Spiele. Außerdem ist dieser Weg mit beachtlichen verfassungsrechtlichen Risiken verknüpft. Die Hersteller und Vertreiber werden kämpfen. Deshalb sollten wir auch andere, möglicherweise effektivere Maßnahmen ins Auge fassen, die bisher nicht ausgeschöpft wurden. Insbesondere gilt das für die Indizierung von Computerspielen. Damit werden die Werbung und der öffentliche Verkauf untersagt. Nur Erwachsene können so ein Spiel dann noch erwerben, es steht dann nicht mehr in den Regalen, sondern ist nur noch unterm Ladentisch zu haben. Der angestrebte Effekt wird damit weitgehend erreicht: Unsere Untersuchung zeigt, dass nur 0,1 Prozent der Zehnjährigen und 2,5 Prozent der 14- und 15-Jährigen ein indiziertes Spiel spielen.

Die Maßnahme wird nämlich nur bei etwa jedem hundertsten neu entwickelten Computerspiel eingesetzt – und damit viel zu selten. Dies zeigen erste Ergebnisse unserer systematischen Überprüfung der von der Freiwilligen Selbstkontrolle für Unterhaltungs-Software (USK) vorgenommenen Altersfreigaben. Vereinzelt hätten schon Spiele, die als „frei ab 16" eingestuft wurden, in Anbetracht ihrer extremen Gewaltexzesse eine Indizierung erhalten müssen. Erst recht gilt das für einen beachtlichen Teil der Spiele, die von der USK mit dem Label „keine Jugendfreigabe" (frühere Bezeichnung: „frei ab 18") für den öffentlichen Markt freigegeben wurden und so durch Werbung zu Prestige-Objekten der Jugendkultur werden konnten. Da fragt man sich, warum in solchen Fällen die Bundesprüfstelle für jugendgefährdende Medien keine Indizierung ausgesprochen hat. Die Erklärung dafür liefert ausgerechnet die dem Amoklauf von Erfurt nachfolgende Reform des Jugendmedienschutzes. Mit ihr wurde im Jahr 2003 festgelegt, dass Spiele, die von der USK eine verbindliche Altersfreigabe erhalten haben, nicht mehr indiziert werden dürfen.

Die entscheidende Frage lautet damit, womit die Fehlleistungen der Freiwilligen Selbstkontrolle zu erklären sind. Eine gewichtige Rolle spielt die ausgeprägte Industrienähe des Trägervereins der USK, der seit Jahren wie ein Lobbyist anpreist, welche positiven Lernchancen Kinder hätten, die Computer spielen. Über die USK organisiert der Trägerverein entsprechende Werbekampagnen. Hinzu kommen Defizite bei den Normen, die das Handeln der USK steuern, sowie strukturelle Probleme bei der Erarbeitung der Gutachten. Der Inhalt der Spiele wird den Gutachtern durch vier von der USK beschäftigte Tester mitgeteilt, die ihnen ergänzend dazu einzelne Szenen vorspielen. Die Tester wiederum sind aber bei besonders gewalthaltigen Spielen zugleich als beratende Partner der Herstellerfirmen tätig, wenn diese im Produktionsprozess klären wollen, wie sie die von ihnen angestrebte USK-Alterskennzeichnug am besten erreichen können. Es liegt auf der Hand, dass aus dieser Doppelrolle der Tester Loyalitätskonflikte erwachsen.

Wie könnte man den Problemen begegnen? Erstens müssten die Normen für die Alterseinstufungen und die Indizierung von Computerspielen präzisiert werden. So sind Spiele, bei denen man die Rolle eines Verbrechers ausübt, der andere tötet, foltert oder beraubt, im Wege der Indizierung vollständig vom öffentlichen Markt zu verbannen. Zweitens ist eine grundlegende Reform der Freiwilligen Selbstkontrolle und der ihr Handeln steuernden Normen unabdingbar. Die USK muss aus ihrer Nähe zur Industrie befreit, und ihre Kooperation mit der Bundesprüfstelle bei der Indizierung von Spielen muss nachhaltig verbessert werden. Drittens sollten die Möglichkeiten des strafrechtlichen Verbots der Spiele nach Jahren staatsanwaltlicher Passivität endlich offensiv ausgelotet werden. Viertens sollte bundesweit eine Aufklärungskampagne über die mit Computerspielen verbundenen Gefahren organisiert werden. Sie sollte sich an die 8- bis 16-Jährigen, ihre Eltern sowie an die Schulen richten. Fünftens brauchen wir fundierte Forschungserkenntnisse zu Entstehung und Ausmaß von Computerspielsucht sowie zu aussichtsreichen Therapien. Sechstens braucht es ein staatliches Programm zum schrittweisen, flächendeckenden Ausbau unserer Schulen zu Ganztagsschulen. In Zusammenarbeit mit Sportvereinen oder Musikschulen sollte so für den Nachmittag der Kinder und Jugendlichen ein Programm entwickelt werden, das die Lust auf Leben weckt, anstatt die Kinder der Verwahrlosung durch Medien zu überlassen.

Und schließlich ist bei alldem ein Grundsatz wichtig: Wer Gefahren schafft, der sollte auch zur Finanzierung der zu ihrer Beherrschung erforderlichen Kosten herangezogen werden. Angesichts eines Jahresumsatzes mit Computerspielen von einer Milliarde Euro erscheint es zumutbar, die Hersteller- und Vertriebsfirmen zur Kasse zu bitten. 25 bis 50 Cent pro Spiel würden pro Jahr einen Betrag von 10 bis 20 Millionen Euro erbringen. Damit ließen sich sowohl die vorgeschlagenen Maßnahmen zur Verbesserung des Jugendmedienschutzes als auch ein beachtlicher Teil der Kosten finanzieren, die für Forschung, Entwicklung und Verbreitung von medienpädagogischen und suchttherapeutischen Gegenkonzepten entstehen.

Pfeiffer, Christian, Gut ist, was das Geschäft verdirbt, in: Süddeutsche Zeitung vom 10.01.2007

1. Wie beurteilt Christian Pfeiffer die Rolle der USK?
2. Diskutieren Sie die Thematik der Indizierung von Computerspielen.
3. Welche der von Pfeiffer vorgeschlagenen Maßnahmen zum Schutz Jugendlicher halten Sie für wirklich Erfolg versprechend?

Auf der beigefügten CD finden Sie einen zusätzlichen Text mit Arbeitsaufträgen zum Thema „Gewalt in den Medien“.

Folgender Text befasst sich mit der Wirkung moderner Medien auf das menschliche Denken und Lernen.

Abgelenkt von der Ablenkung

Macht uns das Internet dumm? – von Alex Rühle

Also, die These von der Zerstreuung, dass der Mensch nicht mehr in der Lage ist, auf die vielen auf ihn einprasselnden … Moment, muss eine Mail beantworten – also, dass er in der Lage ist, die Dings, die Reize … wenn Sie mich noch mal entschuldigen, das Telefon – so, jetzt, ähm – ja, gleich, siehst doch, dass ich hier die Spalte fülle, – 'tschuldigung, was war noch mal die Frage?

Die größte Kraft im Leben des postmodernen Menschen ist die Ablenkung. 70 Mails am Tag, Telefon, und ansonsten googelt und klickt man sich so durch den Tag, scannt hier was, überfliegt da was und am Ende der Woche hat man wieder nichts erledigt. Die große Frage: Liegt das nun am Internet? Oder ist das eine Art anthropologische Konstante? Schließlich beschrieb schon T. S. Eliot das Unglück des modernen Menschen damit, er werde „abgelenkt von der Ablenkung durch Ablenkung".

Nicolas Carr hat kürzlich in einem eindrücklichen Aufsatz im „Atlantic Monthly" sein chronisch wachsendes Aufmerksamkeitsdefizit beschrieben. Carr glaubt, dass zum einen die Ablenkungskräfte durch das Internet immens zugenommen hätten. Vor allem aber meint er, dass sein Gehirn sich langsam aber sicher adaptiere und zu einer Art nervösem Flipperautomaten werde: „Mehr und mehr beschleicht mich das unangenehme Gefühl, dass irgendjemand oder irgendetwas an meinem Gehirn herumgebastelt hat. Als ob der Neuronenschalterkreis neu gepolt und die Erinnerung neu programmiert würde. Ich spüre das am stärksten beim Lesen. Früher fiel es mir leicht, mich in einem Buch zu verlieren. Heute kommt das kaum noch vor. Mein Geist schweift nach zwei Seiten ab. Ich werde zappelig, verliere den Faden, schaue mich nach einer anderen Beschäftigung um. Es ist, als müsste ich mein launisches Gehirn immer wieder zu dem Text zurückschleifen. Das konzentrierte Lesen, das mir früher leichtfiel, wurde zu einem anstrengenden Akt." Schuld daran ist in seinen Augen das Internet, das einen permanent mit kleinen, snackartig aufbereiteten Happen füttere. Die Folge: „Früher war ich ein Taucher im Ozean der Worte. Heute rausche ich auf der Oberfläche entlang wie ein Wasserskifahrer." Kurzum: Wer surft, verflacht.

Es ist ein interessanter Streit um diesen Text im Netz entbrannt, für den hier kein Platz ist, der aber, sieht man sich den Scharfsinn der Debatte an, zwar nicht die Ablenkungs- , aber doch die Verblödungstheorie in nuce widerlegt. Interessanter ist, dass Carrs subjektiver Befund von der immer kürzer werdenden Aufmerksamkeitsspanne durch mehrere medizinisch-psychologische Studien belegt wird. […]

Interessant wäre es nun noch, gemeinsam durch einige Blogs zu flanieren, die sich an Carrs These abarbeiten, wir stünden an einem evolutionsgeschichtlichem Wendepunkt, da das tiefe, entspannte Denken, das Lesen eines langen Textes, dieses richtige Lesen, bei dem man das Buch über Tage mit sich herumträgt, ins Café, an den Fluss, ins Bett, und mit den Figuren zu leben beginnt, dass uns all das bald schon gar nicht mehr möglich sein werde, aber zum einen habe ich seit 20 Minuten keinen Youtube-Clip mehr angeschaut und Sie müssen ja sicher auch längst weiter.

Rühle, Alex, Abgelenkt von der Ablenkung. Macht uns das Internet dumm?, in: Süddeutsche Zeitung vom 23.07.2008, gekürzt

1. Fassen Sie die Kritik Carrs am Internet im Text von Alex Rühle zusammen.
2. Wie beurteilen Sie die sogenannte Verblödungstheorie im Zusammenhang mit dem Internet?

Auf der beigefügten CD finden Sie einen zusätzlichen Text mit Arbeitsaufträgen zur Wirkung der Medien.

Die Problematik der Entprivatisierung wird in folgendem Text diskutiert.

Orwell und Orwellness

Der Staat darf sich nicht darauf berufen, dass die Bürger im Netz selbst die Privatsphäre aufgeben

von Heribert Prantl

[…] Peter Schaar, der Bundesdatenschutzbeauftragte, stellt fest, dass die Überwachung des Bürgers „drastisch zugenommen" habe und konstatiert „das Ende der Privatsphäre". Winfried Hassemer, der scheidende Vizepräsident des Bundesverfassungsgerichts, zeichnet in einem großen Aufsatz Entwicklungslinien des Strafrechts „von der Nachkriegszeit bis heute" nach und kommt zum Ergebnis, dass Ermittlungsmethoden massiv zugenommen haben, von deren Einsatz die Betroffenen nichts wissen. Hassemer sieht die Gefahr, dass der Bürger „zum bloßen Ausforschungsobjekt" wird.
Die Politiker und die Praktiker der inneren Sicherheit sind wenig schuldbewusst. Sie verweisen nicht nur auf die Terrorgefahr, sondern auf den Exhibitionismus der Handy- und Internet-Gesellschaft: Die Menschen wollten offensichtlich gar nicht mehr unbeobachtet und unbelauscht sein. Als Kay Nehm Generalbundesanwalt war, pflegte er bei Klagen über die zunehmenden Telefonüberwachungen süffisant seine Erlebnisse bei Reisen mit der Deutschen Bahn zu erzählen. Eine Gesellschaft, die ihre Intimitäten öffentlich in die Handys posaune, habe, das wollte er damit sagen, das Fernmeldegeheimnis aufgegeben. Man brauche sich also über die steigenden Zahlen von Abhöraktionen gar nicht empören. […]
Es gibt einen alltäglichen Web-2.0-Narzissmus; er ist kein Unterschichtenphänomen, wie es die Krawallsendungen der Privatsender sind. Das Internet ist ein Entblößungsmedium auch der jungen gehobenen Mittelschichten geworden, die Schamschwelle ist schnell weggeklickt; auf Familienhomepages wird veröffentlicht, was früher im Fotoalbum klebte. In den sogenannten sozialen Netzwerken wie MySpace und Facebook, StudiVZ und Schüler VZ stehen persönliche Steckbriefe, dort schreiben Nutzer auf, was sie lieben und hassen, dort klagen sie lustvoll ihr Leid und offenbaren ihre politischen Einstellungen. Aus Orwell wird Orwellness.
Aus der Datenaskese von einst, die das Volkszählungsurteil und das Grundrecht auf informationelle Selbstbestimmung hervorgebracht hat, ist eine Datenekstase geworden, eine Selbstverschleuderung aller nur denkbaren Persönlichkeitsdetails in Wort und Bild. Was der Staat selbst nach dem 11. September 2001 nicht zu fragen und zu eruieren wagte – im Internet steht es im Schaufenster. Eine staatliche Rasterfahndung in den sozialen Netzwerken ist womöglich schon jetzt viel erfolgversprechender als eine in den Dateien der Behörden.
Erst allmählich erwacht das Bewusstsein dafür, dass das Internet nichts vergisst. Bei Haustür-Geschäften gibt es bekanntlich den Widerruf, man kann das Zeitschriften-Abo, zu dem man sich überreden hat lassen, wieder stornieren. Ein Storno für Internet-Einträge gibt es nicht; einmal im Netz, immer im Netz. […]
Selbst wenn Internet-Nutzer Informationen über sich längst gelöscht haben – die legalen und illegalen Kopien kursieren. Personalchefs berichten, dass Einträge in Google Karrieren zunichte gemacht haben. Mit der Privatsphäre im Netz ist es wie mit einem Ei: einmal angeschlagen, immer angeschlagen; einmal aufgeschlagen, immer aufgeschlagen. Muss man also die Bürger vor sich selbst schützen? […] Die Verfassungsrichterin Christine Hohmann-Dennhardt spricht davon, dass der Staat Garant der Privatsphäre sein müsse. Das bedeutet wiederum, dass er dort, wo er selbst als Sicherheitsstaat die Privatsphäre massiv gefährdet, sich zur Rechtfertigung und Entschuldigung nicht auf ein Fehlverhalten der Bürger berufen kann. Handy-Posaunisten und Internet-Exhibitionisten können nicht die Grundrechte für andere und schon gar nicht für die Gesellschaft insgesamt aufgeben. Der Sicherheitsstaat darf sich also nicht darauf berufen, dass die Bürger selbst ihre Privatsphäre aufgegeben hätten.
Die Sensibilität, die es in der Web-Gemeinde bei Online-Eingriffen des Staats gibt, muss gegenüber den Selbstgefährdungen noch wachsen.

Prantl, Heribert, Orwell und Orwellness. Der Staat darf sich nicht darauf berufen, dass die Bürger im Netz selbst die Privatsphäre aufgeben, in: Süddeutsche Zeitung vom 24.04.2008, gekürzt

1. Recherchieren Sie im Internet zu George Orwell.
2. Klären Sie den von Heribert Prantl verwendeten Begriff „Web-Narzissmus“ (Z. 30).
3. Welche Gefahren der öffentlichen Entblößung thematisiert Prantl?
4. Wie ist der von Prantl beklagte sorglose Umgang mit persönlichen Daten zu erklären?
5. Welche Schlussfolgerungen ergeben sich laut Prantl für den Datenschutz?

Auf der beigefügten CD finden Sie zusätzliche Texte mit Arbeitsaufträgen zur Problematik der Entprivatisierung.

Tod eines Avatars

von Christoph Neidhart

In Japan ist eine Frau in Haft, weil sie ihren virtuellen Mann gemeuchelt hat.

Eine 43-jährige Klavierlehrerin aus Japan hat ihren Mann umgebracht, weil er die Beziehung plötzlich beenden wollte. Das war im Mai. Vorige Woche wurde die Frau verhaftet und auf die Nordinsel Hokkaido gebracht, wo sie jetzt in Untersuchungshaft sitzt. Bis hierher klingt die Meldung nach einem tödlichen Beziehungsdrama, wie es sich schon viele Male abgespielt hat. Das Besondere an diesem Fall: Der Mord geschah nur virtuell – im Internet. Auch geheiratet haben die beiden „Eheleute“ im Web, in der Realität sind sich Täter und Opfer nie begegnet. Nur ihre digitalen Alter Egos hatten sich auf der interaktiven Game-Website „Maple Story“ kennengelernt, eine in Japan populäre Spielplattform ähnlich wie das im Westen bekanntere „Second Life“.

Als Teilnehmer solcher Websites erschafft man sich eine Online-Persönlichkeit, einen Avatar. Ein Märchen-Ich mit einem Traumkörper, einer perfekten Frisur, Seidenwäsche und eleganten Klamotten. Man lädt einen andern Online-Spieler auf ein Sofa ein, räkelt sich mit ihm oder ihr, flirtet, steigt in eine Badewanne und hat schließlich in bester Computer-Grafik virtuellen Sex – ohne den Schreibtischstuhl je zu verlassen.

Die Klavierlehrerin aus Myazaki heiratete ihren Cyberprinzen aus Sapporo auf „Maple Story“. In ihrem virtuellen Leben waren die beiden ein glückliches Paar. So glücklich, dass der 33-jährige Mann seiner Cyber-Liebe das Passwort zu seinem Avatar verriet. Bis der Gatte nicht mehr spielen mochte und sich „scheiden“ ließ. „Völlig überraschend“, wie die enttäuschte „Ehefrau“ am Freitag in Sapporo im Verhör sagte. Sie sei so wütend geworden, dass sie sich mit seinem Passwort in den „Maple Story“-Server einloggte und den Avatar löschte – also, aufs wirkliche Leben übertragen, ihren Gatten mordete. Das mochte der reale Computer-Nutzer hinter dem virtuellen Ehemann nicht hinnehmen. Er zeigte die Frau an: Die Staatsanwaltschaft Sapporo wirft ihr nun nicht den virtuellen Mord vor, sondern das Vergehen, sich unbefugt in einen Rechner einzuloggen und Daten zu manipulieren. Das gilt als Hacken. Dafür drohen der Klavierlehrerin nun bis zu fünf Jahren Gefängnis. Sollte es zum Prozess kommen, dürften sich Opfer und Täter erstmals ganz real treffen: im Gerichtssaal.

Neidhart, Christoph, Tod eines Avatars, in: Süddeutsche Zeitung vom 28.10.2008

1. Welche Motive sind für die Teilnahme an solchen Spielplattformen auszumachen?
2. Welche Schlussfolgerung könnte man aus diesem Vorfall ziehen?

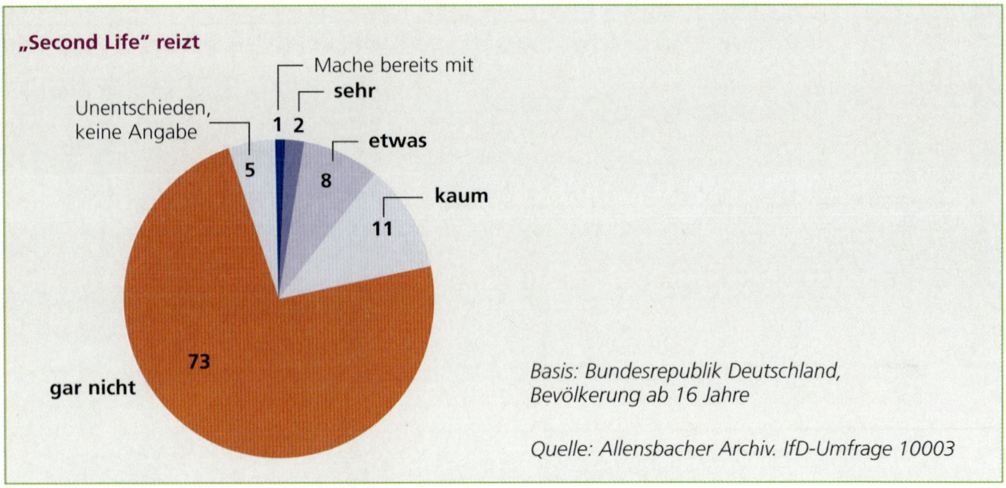

Handy verrückt

von Florian Coulmas

Wie lange haben wir darauf gewartet! Jetzt soll es auch das noch geben: das Geruchstelefon. Mit dem Smellphone, das gerade testweise eingesetzt wird und demnächst in den Handel gehen soll, kann man eine bestimmte Duftnote bestellen. Die wird dann digital gemischt und vom Keitai verstäubt. Keitai heißt „Handy", ist japanisch und bedeutet »mit sich tragen«. Bald trägt man in Japan auch noch Duftnoten spazieren.

Japan ist eine Keitai-Gesellschaft. Achtzig Prozent aller Japaner haben mindestens ein Keitai. Nur Säuglinge und ein paar verschrobene Typen haben eins, das keinen Internetzugang gewährt. Alle müssen immer das neuste Modell haben. Allein im vergangenen Jahr wurden 52 Millionen Geräte verkauft, genug für beinahe die Hälfte der Bevölkerung.

Man geht ohne Keitai so wenig aus dem Haus wie ohne Schuhe. Bei den meisten Japanern ist das Handy nie außer Reichweite. Schon weil es Spaß macht. Mit dem Promi-Index erfährt man zum Beispiel, ob man wie ein Prominenter aussieht. Man macht mit seinem Keitai ein Foto von sich und schickt es per E-Mail an eine Firma, die es mit einer Datenbank abgleicht. Man kann auch sein Mittagessen fotografieren und das Foto an einen Ratgeber schicken. So erfährt man umgehend, was man sich in Bezug auf ungesättigte Fette, Kohlehydrate et cetera mit seinem Mahl antut.

Nur auf eine Spezies Mensch wird man trotz der hohen Handydichte in Japan sehr selten stoßen: den rücksichtslosen Lauttelefonierer. Japaner, das begründet den Erfolg des Keitais, halten sich sehr viel im öffentlichen Raum auf, allein schon, um im Pendlerzug Stunden zum Arbeitsplatz anzureisen und wieder zurück, aber im Umgang mit anderen sind sie umsichtig. Wer sich am Telefon über seine Geschäfte, die letzte Nacht oder das bevorstehende Wochenende unterhält, könnte im Restaurant oder im Zug, im Kaufhaus oder in einer Schlange jemanden stören. SMS und E-Mail sind die gebräuchlichsten Formen der mobilen Kommunikation. Bis zu 10.000 Zeichen kann eine E-Mail umfassen. […]

Überall sieht man Menschen am Keitai lesen und schreiben, vor allem in den Pendlerzügen. Die Medien haben die »Daumengeneration« entdeckt, wobei Generation irreführend ist, weil sich mittlerweile alle Altersgruppen am Daumendrücken beteiligen.

Viele benutzen ihr Handy als MP3-Player, oder sie machen bei Internetspielen mit, die nicht nur unter Jugendlichen beliebt sind. Fernsehen auf dem kleinen Bildschirm hält nicht jeder für eine große Errungenschaft, doch das ist immer noch besser als Langeweile. Auch ernsthafteren Beschäftigungen geht man mit dem Mobiltelefon nach. Das Gerät wird bei der Telemedizin eingesetzt. So kann man sich erinnern lassen, dass ein Medikament eingenommen werden muss. Und der Arzt kann sich ein Bild vom aktuellen Zustand der Zunge oder der Retina machen – via Foto oder Video, vom Handy geschickt.

Viele Kunden bezahlen mobil ihre Rechnungen, verschaffen sich Zugang zu Archiven, Zeitungen und Warenkatalogen von Kauf- und Versandhäusern. Der deutsche Otto-Versand zum Beispiel macht in Japan gute Geschäfte; einen großen Teil seines Umsatzes bescheren ihm mobile Online-Kunden. Und 40 Prozent der Befragten einer repräsentativen Erhebung von Japan.internet.com haben schon einmal auf eine E-Mail-Werbung mit ihrem Keitai reagiert.

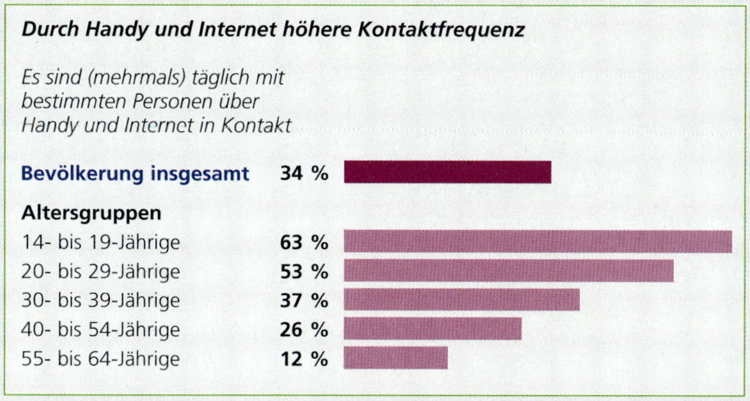

Die Verbindung von Internetshopping und mobiler Kommunikation zieht besonders Frauen an. Sie informieren sich auf dem Handy über Modetrends und kaufen sie auch gleich ein. [...] Als Handyträger erlebt man sie [Modeschauen] auf dem Display live mit, wo auch immer man gerade ist – und kann sofort bestellen, was einem gefällt. 2006 wurden via Mobiltelefon schon Waren im Wert von 258 Milliarden Yen (1,6 Milliarden Euro) umgesetzt.

Das Verlagsgeschäft hat die Zeichen der Zeit besonders schnell erkannt. 2007 gaben japanische Konsumenten allein 20 Millionen Euro für Manga online aus, eine Website, die sich den populären Manga-Comics widmet. Literatur im weitesten Sinne hat eine erhebliche Bedeutung im E-Commerce. Japans bedeutendste Wirtschaftszeitung „Nikkei" schätzt den Umsatz von E-Büchern auf 20 Milliarden Yen (127 Millionen Euro) mit einem Wachstum von jährlich 200 Prozent. Und wieder ist das Handy der Schlüssel: Mindestens zwei Hersteller bieten Geräte mit extragroßen Displays an, speziell für das Lesen von E-Büchern.

Und dabei geht es nicht nur um eine Zweitvermarktung konventionell gedruckter Werke. Das Medium hat ein neues Genre entstehen lassen: Der Handyroman wurde in Japan geboren. Alles fing damit an, dass einige Verlage ihre gesamte Produktion zu geringen Abonnementpreisen (zwei bis zweieinhalb Euro monatlich) online verfügbar machten. So wurde nicht nur ein neues Lesepublikum erschlossen. Viele Kunden regte das Lesen auf dem Display ihres Mobiltelefons dazu an, sich selbst an der Literaturproduktion zu versuchen. [...]

Die Japaner sind fanatische Blogger. Von den 113 Millionen Blogs, die die Firma Technorati Inc. 2007 weltweit verfolgte, waren 37 Prozent in japanischer Sprache, Englisch kam mit 36 Prozent erst an zweiter Stelle. Von der literarischen Zunft zunächst wegen ihres ungeschliffenen Stils und ihrer einfachen Struktur verpönt, genießt die Handyschreibe heute durchaus einen gewissen Respekt. Den Akutagawa-Preis, Japans höchste Auszeichnung für ein literarisches Erstlingswerk, gewann dieses Jahr Mieko Kawakami, die 2003 mit einem Internettagebuch zu schreiben begann und damit schon bald 10.000 Leser täglich anzog. Als sie im Januar dieses Jahres den Preis erhielt, hatte sie schon 200.000 Fans.

Handyliteratur ist als Massenware auch kommerziell interessant. Mika Naitos Handyroman „Liebeshimmel" erzielte 1,5 Millionen bezahlte Zugriffe in fünf Monaten, zu viel, um Schrifttum dieser Art mit verächtlichem Naserümpfen abzutun. Manche Kritiker preisen das Werk wegen seiner Unmittelbarkeit und Nähe zur Alltagssprache, die sie auf das Schreiben en passant – auf dem Weg zur Arbeit, im Café, auf der Parkbank – zurückführen. Und das Urteil des Publikums jedenfalls ist eindeutig: Die Hälfte der zehn meistverkauften Romane des vergangenen Jahres wurden auf einem Mobiltelefon geschrieben.

Coulmas, Florian, Handy verrückt, in: Die Zeit vom 15.05.2008 (Text und Grafik)

1. Suchen Sie Gründe für die hohe Attraktivität von Handys – nicht nur in Japan.
2. Wie beurteilen Sie den japanischen Trend zu Handy-Romanen?
3. Können Sie sich eine solche Entwicklung auch für den europäischen Raum vorstellen?

Projektideen zum Thema Medien

Die folgenden Themen können mithilfe der Arbeitsschritte Recherche, Auswertung, Darstellung und Präsentation bearbeitet werden.

1. **Mediennutzung im persönlichen Umfeld**
Bildung von Arbeitsgruppen zu den Medien Tageszeitung, Hörfunk, Fernsehen und Internet
Interviews zur Mediennutzung in Familie, Freundeskreis, Klasse und Schule

2. **Aufarbeitung aktueller Themen in den verschiedenen Medien**
Inhaltliche und mediale Gestaltung aktueller Themen in Politik und Gesellschaft in Hörfunk, Internet usw., z. B. Veränderungen in der Mediennutzung Jugendlicher, Untersuchungen zum Umgang und zur Erfahrung Jugendlicher mit Computerspielen, Gewalt, Entwicklung familiärer Strukturen, Individualisierung, Wiedergeburt bürgerlicher Werte

3. **Auswertung von Informationsmaterialien zum Thema „Jugend und Medien"**
Nutzung von Quellen wie z. B. Programmzeitschriften, aktuellen Umfrageergebnissen von Forschungsinstituten, Studien zum Wandel des Freizeitverhaltens Jugendlicher, Schaubildern zum Leseverhalten

4. **Kontakt mit der Produktion von Medien vor Ort**
Leitfragen zur Organisationsstruktur und Finanzierung, zu aktuellen Entwicklungen und Leser- bzw. Hörerrückmeldungen
Besuch einer Zeitungsredaktion, eines privaten Rundfunksenders, einer Bibliothek bzw. Mediothek
Nachbereitung in Form von Wandzeitungen, Schülerzeitung, Jahresbericht etc.

5. **Beurteilung konkreter Medienprodukte**
Mögliche Beurteilungskriterien für Medienprodukte (z. B. Live-Berichterstattung einer Sportveranstaltung, Kindersendung, Dokusoap, Jugendseite der Lokalzeitung, Serviceseite einer Zeitung):
– Inhalt (Umfang, Übersichtlichkeit, Vollständigkeit, Differenziertheit der Darstellung etc.)
– Sprachliche Gestaltung
– Vermittelte Werthaltungen

6. **Medien im Vergleich**
Zwei Zeitungen (z. B. Boulevardzeitung und überregionale Zeitung, überregionale Zeitungen mit unterschiedlicher politischer Ausrichtung) im Vergleich bezüglich Aufbau, Inhalt, Gestaltung
Zwei Fernsehsender im Vergleich am Beispiel von Nachrichtensendungen (z. B. Tagesschau der ARD und ProSieben-Nachrichten), Wissensmagazinen und Ratgebersendungen
Zwei Websites im Vergleich am Beispiel ihres Designs (z. B. Websites deutscher Automobilhersteller, Universitäten, Schulen)

7. **Stellenwert der Werbung in verschiedenen Medien**
Aktuelle Bedeutung und Möglichkeiten von Werbung in den verschiedenen Medien
Zusammenhang von Werbung und Programmgestaltung
Ausrichtung der Werbung am Alter der Zielgruppen im Vergleich (z. B. ZDF und RTL II)

8. **Vergleich der Fernsehprogramme von privaten und öffentlich-rechtlichen Anbietern**
– im Hinblick auf Inhalt und Gestaltung von Sport- und Unterhaltungssendungen, Filmen,
– unter Berücksichtigung der jeweiligen Einschaltquoten der Sendungen.

9. **Bedeutung von Infotainment im Fernsehen**
Begriffsklärung Infotainment
Auswertung von politischen Magazinen im Fernsehen (z. B. Panorama, Report, Frontal) hinsichtlich des Anteils informierender und unterhaltender Elemente

10. **Analyse einer aktuellen Literaturverfilmung**
Vorinformationen zu Hintergründen einer Literaturverfilmung
Erstellung eines Beobachtungsbogens mithilfe des Kriterienkatalogs der Filmanalyse (vgl. S. 348 f.)

11. **Medien und persönliche Reflexion**
Gestaltung eines Tagesprogramms bei Hörfunk bzw. Fernsehen nach dem persönlichen Geschmack und eigenen Vorstellungen

Kapitel 6: Einblick ins literarische Leben

I Aspekte des Literaturbetriebes

Im Sog der Strom

Der deutsche Literaturmarkt ist chaotisch und ringt um Übersichtlichkeit zwischen grellen Moden und geheimen Trends – von Sigrid Löffler

Die gute Nachricht zuerst. Die deutschsprachige Literatur schwächelt nicht mehr, sie stärkelt. Lange hat sie nicht mehr so viel Aufmerksamkeit auf sich gezogen wie im Jahr 2007; lange wurde sie nicht mehr so eingehend diskutiert; lange hat sie sich nicht mehr so gut verkauft. [...]

Die Autoren auf den Shortlists des Frankfurter Deutschen Buchpreises und des Leipziger Buchmessen-Preises werden lebhaft erörtert und breit wahrgenommen, ihre neuen Bücher erreichen den begehrten De-luxe-Status in den Buchwarenhäusern und Buchkettenläden – sie liegen in Stapeln auf den Verkaufstischen aus: „Frontal-Präsentation".

[...]

Kommt hinzu, dass auch die deutsche Verlagsszene neuen Mut gefasst hat. Nach Jahren des Trübsalblasens, der Verzagtheit und Existenzangst gibt sie kräftige Lebenszeichen. Lange gab es nicht mehr so viele Neugründungen von unabhängigen Kleinverlagen zu bestaunen wie jetzt – ein wahrer Indie-Boom. [...]

Alles bestens demnach? Ist aus den Deutschen ein Volk von Lesern geworden? Und haben diese Leser tatsächlich ihr Herz für die deutschsprachige Gegenwartsliteratur entdeckt?

Einige Zahlen und Fakten aus der real existierenden Buchgeschäftswelt:

Alljährlich erscheinen im deutschsprachigen Raum um die 90.000 neue Bücher. Im Jahr 2007 waren es rund 95.000 Neuerscheinungen, die auf einen nicht sehr aufnahmefähigen Markt geworfen wurden, darunter auch Tausende Romane und Erzählungen. Das ist weit mehr, als die Deutschen lesen wollen. So viele Neuerscheinungen will keiner, braucht keiner, kann keiner bewältigen oder auch nur wahrnehmen. Weniger Bücher, aber notwendigere, müsste die Parole lauten. Stattdessen herrscht Überproduktion,

Schriftsteller heute und damals

*Durs Grünbein *1962*

Immanuel Kant 1724–1804

*Max Goldt *1958*

Heinrich Heine 1797–1856

*Uwe Tellkamp *1968*

Johann Wolfgang von Goethe 1749–1832

und diese führt zu einem hysterischen Verdrängungswettbewerb. [...]

Zur Reduktion des Überangebots dient hauptsächlich die Methode der Verlistung. Alle möglichen Charts (Bestsellerlisten, Longlists und Shortlists, dazu allerlei pseudo-kanonische Bestenlisten, hinter denen sich meist nur das Zusatzgeschäft von Zeitungsverlagen verbirgt) sollen den Bücherschwall für den Leser vorsortieren. Hinzu kommen die Brachialmethoden der großen Buchketten, von denen manche kleinere Verlage nicht mehr „gelistet" und mit ihren Büchern in den Filialen nicht mehr geführt werden. Gewiss: Eine Einrichtung wie der Deutsche Buchpreis funktioniert als Durchlauferhitzer für die Shortlist-Romane und erst recht für das Siegerbuch. Sie wirkt aber auch als mächtige Mainstreaming-Agentur in Richtung traditionellen Erzählens. Bitte keine Experimente, lautet die Richtlinie. Irreführenderweise wird in den Buchpreis-Statuten behauptet, man wolle „den besten deutschsprachigen Roman des Jahres" auszeichnen. Damit sind jedoch, wie sich spätestens mit der Kür von Julia Francks Roman „Die Mittagsfrau" offenbart, eher folgende Qualitäten gemeint: Unterhaltsamkeit, Benutzerfreundlichkeit und leichte Lesbarkeit, sprachliche Eingängigkeit und formale Gefälligkeit ohne großen stilistischen Anspruch, dazu ein rundum anschlussfähiger Stoff, vorzugsweise aus dem Mittelstandsmilieu, in populärer, weichgespülter Aufbereitung (Familienroman, Generationsroman, Beziehungsroman), der bei geringem ästhetischem Risiko hohe Verkäuflichkeit garantiert. In dieser Logik ist der bestverkäufliche auch der beste Roman. Gekürt wird der den größten Erfolg versprechende Mainstream-Roman des Jahres. Und dies mit freundlicher Unterstützung des Feuilletons. Verstärkt wird der Reklame-Effekt des Deutschen Buchpreises nämlich durch eine Literaturkritik, die ihre Aufgabe zunehmend darin sieht, den Markt abzusegnen und das ohnehin Erfolgreiche konsensual hervorzuheben – zulasten der übrigen belletristischen Neuerscheinungen. [...]

Wie viel Zeit bleibt bis zur Kaufentscheidung

[...] Fünfzig bis sechzig Prozent des gesamten Buchumsatzes in Deutschland laufen heute über fünf bis sechs Buchhandlungen – über Handelsketten wie Thalia oder Hugendubel. Nur die wenigsten Kunden wissen beim Betreten des Ladens, welches Buch sie überhaupt suchen. Nur die wenigsten fragen gezielt nach einem bestimmten Titel. Siebzig bis achtzig Prozent aller Kaufentscheidungen werden erst vor den Verkaufstischen getroffen. [...] Nur Bücher, die auf den Tischen gestapelt ausliegen, finden die Aufmerksamkeit der Konsumenten. [...]

Da die Bücher meist noch in ihre Schutzhüllen eingeschweißt ausliegen, sodass der Klappentext nicht gelesen werden kann, geben zwei Aspekte den Ausschlag für die Kaufentscheidung: das ansprechende Cover und die Rückseite des Buchumschlags. Dort, auf der Rückseite, findet sich ein kurzer Werbetext, oft begleitet vom emphatischen Testimonial irgendeines Prominenten, der sich für die Qualität verbürgt und die eigene Ergriffenheit bekundet. [...]

Bleibt der Werbetext. Dieser muss auf Anhieb emotional funktionieren. Etwa so: „Deutschland im Dreißigjährigen Krieg: Als Opfer einer düsteren Intrige soll die schöne junge Irmela von Hochberg auf dem Scheiterhaufen enden. Nur ein Wunder kann sie noch vor dem Feuer retten." Oder so: „Der Kongo ist ein grüner Ozean, geheimnisvoll und voller Gefahren. Um einen Mord aufzuklären, begibt sich Thomson auf eine abenteuerliche Expedition ins Dickicht des Urwalds und leidenschaftlicher Gefühle." Oder auch so: „ Subtil verbindet Ulrich Peltzer eine atemberaubende Liebesgeschichte mit der Beobachtung neuer politischer Bewegungen in einer Grammatik der Überwachung, der Realität unserer Zeit."

Die Verkaufspsychologen haben die Zeit gestoppt: Nicht mehr als 120 Sekunden bleiben dem Werbetext, um den potenziellen Buchkäufer zu überzeugen. Binnen zwei Minuten fällt die Kaufentscheidung. Oder eben nicht. [...]

Je gleichförmiger die Bücher ausfallen, desto mehr müssen sich die Marketing-Strategen einfallen lassen, um sie als unverwechselbar ausrufen zu können. Je uniformer die literarischen Praktiken, desto abwechslungsreicher die Parolen, die ihnen verpasst werden müssen, um Differenz mindestens zu simulieren. Je mehr sich die Literaturproduktion dem Mainstream annähert und darin aufgeht, desto einfallsreicher muss die Etikettierungspolitik sein, um das Immergleiche immer neu zu inszenieren und um Veränderungswellen und Veränderungsschübe zu behaupten, auch wo sie nicht oder kaum existieren. [...]

Apropos: Was ist eigentlich aus Zoe Jenny geworden? Oder aus Benjamin Lebert? Nach „Das Blütenstaubzimmer" und „Crazy" hat sich das Medieninteresse an deren jugendlichen Selbstbespiegelungen grausam rasch erschöpft. Milieu-Geschichten aus dem Biotop berufsjugendlicher Dämmerseelen in Judith Hermanns Manier tauchen zwar immer noch auf, haben aber an Attraktivität stark eingebüßt.

Dann kam die „Ostalgie-Welle". Diese hat uns kurzzeitig mit drolligen und prolligen Erinnerungen junger Ossi-Autoren an die verblichene DDR unterhalten. Apropos: Was ist eigentlich aus Thomas Brussig geworden – außer dass er inzwischen Reportage-Romane über Berliner Bordelle schreibt? Möglicherweise hat auch der Debütant Clemens Meyer mit seiner halsbrecherischen Tour de Force über eine proletarische Jugendbande in den Leipziger Slums („Als wir träumten") seinen Exoten-Bonus inzwischen aufgezehrt. Rechtzeitig zum Start seines nächsten Buches „Die Nacht, die Lichter" präsentiert er sich jedenfalls in völlig neuer Optik, generalüberholt à la Mainstream.

Denn da die Verlage aus ihrem Debütanten-Rausch erwacht sind und sich nun ernüchtert mit den Zweit- und Dritt-Romanen ihrer einstigen Jungstars zu konsolidieren versuchen, dämmert auch den Autoren, dass sich aus der Schriftstellerei nur in seltenen Fällen ein Lebensberuf wird machen lassen. Für Newcomer möchte es genügen, ihre unbekümmerte Jugendlichkeit zu Markte zu tragen – schließlich waren sie selbst und nicht so sehr ihre Bücher das Produkt, das vermarktet wurde. Sie dachten nicht in Werk-Kategorien, sondern in Marketing-Strategien. Es ging eher um Design und Styling als um literarischen Stil. Heute ahnen sie, welche Fertigkeiten verlangt werden, wenn man als Fulltime-Autor im Geschäft bleiben möchte.

Mancher Verleger staunt bereits, mit welcher Abgebrühtheit junge Autoren mit der Presse umgehen und ihre Image-Bildung betreiben. Dass sie medial versiert sind, sich gewandt und selbstsicher durch die Medienöffentlichkeit bewegen, herzeigbar nicht nur in Lesungen, sondern auch in Talkshows und sonstigen Auftritten – das gilt längst als selbstverständlich. Das Suchbild des heutigen Erfolgsautors umfasst aber mehr als dies. Verlangt wird die Kompetenz, variabel schreiben zu können und die Gegenwartsdiagnostik überraschend an immer wieder anderen Themenfeldern und Gegenständen zu entfalten; ferner die Befähigung, auch essayistisch zu schreiben und Diskurse in den Medien mitzubegleiten; Hörbücher müssen eingesprochen und Rundfunkarbeiten souverän bewältigt werden. Autoren wie Antje Rávic Strubel, Juli Zeh, Ingo Schulze oder Daniel Kehlmann machen es bravourös vor. [...]

Nur wenn Autoren Glück haben, trifft ihr Schreiben wirklich einen Nerv der Epoche. Dann finden sie sich plötzlich im Einklang mit einem der ungeplant entstehenden, sich unbemerkt generierenden literarischen Trends, wie sie sich allmählich, dafür aber umso dauerhafter herausmendeln.

Ein Groß-Trend der letzten Jahre ist beispielsweise die nicht nachlassende Vorliebe der Leserschaft – und keineswegs nur der deutschsprachigen – für Familienromane. In diesem Erzählformat kann sich der globale Mittelstand überall auf der Welt wiedererkennen – mit seinen Ambitionen, Wünschen und Ängsten und mit dem ganzen Arsenal seiner bürgerlichen Werte. [...]

Auch deutschsprachige Autoren entdecken nun die Generation ihrer Großeltern. Sie schreiben darüber, was der Großvater im Krieg wohl getan hat und was die Großmutter wohl davon gewusst hat. Aus der Perspektive nicht persönlich betroffener Nachgeborener, also aus sicherer historischer Distanz, blicken sie auf die Kriegs- und Nachkriegszeit. Sie profitieren von der Historisierung der Ereignisse. Im Mikrokosmos der Generationen-Romane lassen sich nun alle möglichen Zeitgeschichten, der Zweite Weltkrieg und seine Folgen einholen. [...]

Familienromane sind auch ein geeignetes Format, um kompensatorisch das zu leisten, was in der heutigen Realität immer mehr abhanden kommt: Sie sollen einen generationenübergreifenden Halt und Sinn, einen festen Ort in der Welt stiften und vom gesellschaftlichen Ganzen reden, in dem der Einzelne sich qua Familienbande aufgehoben fühlen darf. [...]

Löffler, Sigrid, Im Sog der Strom. Der deutsche Literaturmarkt ist chaotisch und ringt um Übersichtlichkeit zwischen grellen Moden und geheimen Trends., in: Literaturen 1/2 2008, gekürzt

1. Welche positiven Anzeichen sieht Sigrid Löffler im gegenwärtigen Literaturbetrieb?
2. Welche Konsequenzen ergeben sich für sie aus der Überproduktion literarischer Werke?
3. Welche Rolle im Literaturbetrieb spielen Bestseller und Bestenlisten?
4. Analysieren Sie Löfflers Darstellung von Kaufentscheidungen beim Bücherkauf.
5. Welche Tendenzen sieht die Verfasserin bei den Themen der Gegenwartsliteratur?
6. Wie äußert sich Löffler zum Stichwort „literarischer Erfolg"?

II Hauptakteure literarischen Lebens

Zum literarischen Leben gehören alle Faktoren, die zur **Herstellung**, **Verbreitung** und **Rezeption** von Literatur – und zwar aller Gattungen – gehören: vom Gedichtbändchen im Eigenverlag bis zum Bestseller; vom Antiquariat bis zum Versandbuchhandel; von der Dichterlesung bis zur Frankfurter Buchmesse; von der Laienbühne bis zum Staatstheater; vom Vorlesewettbewerb in der Hauptschule bis zum Nobelpreis für Literatur.

Neben dem Begriff des **literarischen Lebens**, der Lebendigkeit, stete Veränderung und existenzielle Bedeutsamkeit für den Menschen assoziieren lässt, bezieht sich der ebenfalls gebräuchliche Begriff **Literaturbetrieb** auf die mehr ökonomischen und soziologischen Aspekte wie Markt, Umsatz, Gewinn, Konkurrenz, Gruppeninteressen, Beziehungen, Trends und Moden.

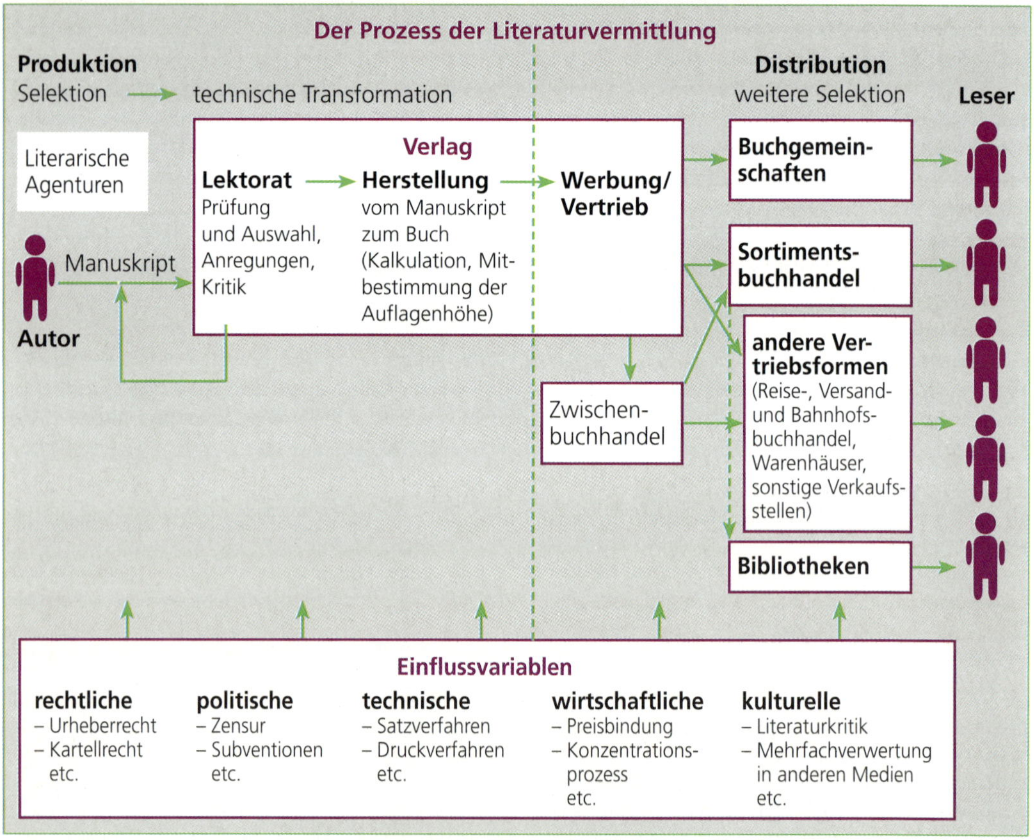

Der Prozess der Literaturvermittlung, in: Walter Hömberg. Verlag, Buchhandel. Bibliothek, in: Literaturwissenschaft. Ein Grundkurs, hrsg. von Helmut Brackert und Jörn Stückrath. Rowohlt Verlag, Reinbek 1992, S. 390

Verbalisieren und kommentieren Sie das Schaubild.

1 Autor

Walter Kempowski (1929–2007) wurde vor allem durch seine stark autobiografisch geprägten Romane bekannt und gilt als einer der bedeutendsten deutschen Autoren der Gegenwart.

Im Laufe der Geschichte und je nach der individuellen Besonderheit der Persönlichkeit nahmen die Verfasser literarischer Texte unterschiedliche Rollen ein, die sich ansatzweise bereits aus der sich wandelnden Berufsbezeichnung ablesen lassen: **Dichter – Schriftsteller – Autor.**
Die Abgrenzung der drei Begriffe ist nicht streng festgelegt; in der Regel verwendet man bis zur Jahrhundertwende häufiger die Bezeichnung „Dichter", während man die Verfasser neuerer poetischer Texte eher als „Schriftsteller" bezeichnet. Eine Ausnahme bilden die Lyriker, die man auch heute noch „Dichter" nennt. Im Begriff „Schriftsteller" schwingen auch stärker die gesellschaftliche Rolle und die öffentliche Wirksamkeit mit. Der Begriff „Autor" ist im Gegensatz zu den beiden anderen konnotativen Begriffen sehr neutral und damit denotativ. Als Autor gilt jeder Verfasser von Texten, welcher Art auch immer.
Die Position des Schreibenden war in den unterschiedlichen Epochen und Gesellschaftsformen sehr verschieden, was sowohl Folge ihres Selbstverständnisses als auch Ergebnis ihrer Einschätzung durch das Publikum sein konnte. Zu denken wäre z. B. an den prophetischen Visionär, den genialen Schöpfer, den intellektuellen Führer, den geistigen Repräsentanten, den Aufklärer und Erzieher, den reinen Ästhetiker, den scharfen Kritiker oder satirischen Spötter, den strengen Moralisten oder kämpferischen Agitator, den breitenwirksamen Erfolgsschriftsteller – und zwar in allen Fällen weiblichen oder männlichen Geschlechts.

Auf der beigefügten CD finden Sie zusätzlich einen Text über die Autorin Mascha Kaléko mit Arbeitsaufträgen.

Eine große Bedeutung haben im 20. Jahrhundert die Organisationen, in denen Schriftsteller zusammengeschlossen sind. Eine unrühmliche Rolle spielte in nationalsozialistischer Zeit die Reichsschrifttumskammer (Schwarze Liste, Buchverbote, Bücherverbrennung,) und in der DDR-Vergangenheit der dortige Schriftstellerverband (Zensur, Ausbürgerungen).

Heute vertritt in der Bundesrepublik die Gewerkschaft ver.di als politische Lobby die ökonomischen und sozialen Belange aller Schreibenden. Daneben gibt es noch den Schriftstellerverband und den PEN-Club als Repräsentanten des Berufsstandes mit gesellschaftspolitischem und moralischem Anspruch.

Die folgenden Texte geben Aufschluss über das schriftstellerische Selbstverständnis zweier erfolgreicher Autoren: Uwe Timm und Daniel Kehlmann.

Uwe Timm über die Katastrophe

Interview von Rebecca Casati

Herr Timm, verzeihen Sie den Vergleich von Äpfeln und Birnen: Aber draußen kracht gerade die Welt zusammen – und Ihre Leserreise ist ausverkauft.
Das eine ist schrecklich – das andere läuft gut. Schlimm. Erstaunlich. Erfreulich.
Wenn die Realität zur Katastrophe wird, wollen die Menschen besonders gerne Geschichten erzählt bekommen, gell?
Wir Deutsche ja sowieso. Nach dem Krieg war das Erzählen für uns geradezu sinnstiftend. Die Totalzerstörung, diese Angst, das Trauma, all das wurde überhaupt erst verbal erfassbar gemacht und so gewissermaßen aberzählt.
Sie haben immer wieder sehr offen über Ihre Familie und deren Rolle im Dritten Reich geschrieben.
Das war nicht immer einfach, diese ganze Auseinandersetzung. Aber letztlich war sie befreiend. Die deutsche Geschichte und meine, beides ist sehr miteinander verzwirbelt. Ich bin mitten im Krieg geboren, habe die Nachkriegszeit erlebt und den Wiederaufbau. Ich war dann Teil der Studentenbewegung, mein bester Freund damals war Benno Ohnesorg.

Meine Geschichte ist also zutiefst mit der deutschen verbunden. Schon weil mein Vater ein aufrechter Deutschnationaler war. […]

Eingeschlagen hat Ihre Karriere allerdings mit einem todkomischen Roman: In „Heißer Sommer“ erzählen Sie, wie sich in München 1968 die Studenten wie Helden fühlten, obwohl sie nur steineschmeißende Bürgersöhnchen waren.

Richtig, das war mein erster Roman, der kam 1974 raus.

Sie waren als Philosophiestudent in München selbst Teil dieses Milieus.

Ich fand die Studentenbewegung immer interessant und wichtig, ich habe gerne mitdiskutiert – und wusste aber auch immer, wann es falschen Herzens war.

Sie waren schon selbstironisch, als noch keiner über 1968 lachen konnte. Hat man Sie nicht als Verräter beschimpft?

Das Komische war ja: Als das Buch dann erschien, wurde es anders rezipiert als heute, wo man darüber lachen kann. Das wurde 1974 abstrakt und todernst untersucht! Ist der Arbeiter richtig dargestellt? Ist der Weg, den der Protagonist geht, richtig? Ist er revisionistisch oder ist er nicht revisionistisch? Gemeint war es doch aber komisch – an der Komik hatte ich ja nun richtig gearbeitet!

Woher nahmen Sie, selber Student und Bürgerbürschchen, diese Distanz?

Die bestand darin, dass ich anders als die meisten schon einmal richtig gearbeitet hatte. Mein Vater hatte nach dem Krieg in den Trümmern eine funktionierende Nähmaschine gefunden und ein Pelzgeschäft eröffnet. […]

Galt nicht […] das Erzählen in Deutschland mal als politisch unkorrekt?

Doch! An den Unis und in den intellektuellen Zirkeln der Siebziger. 68 hatte es ja noch lustig angefangen: Lustgewinn lautete die Devise. Dann wurde die Stimmung zunehmend rigide und schwer verkopft. Der Kritiker Jörg Drews sagte beispielsweise in der „Süddeutschen Zeitung“: „Man kann nicht mehr erzählen, man muss reflektieren.“ Helmut Heißenbüttel sagte: „Erzählen, das ist ganz inadäquat heute, weil die Wirklichkeit so kompliziert ist, dass man ihr nicht mehr erzählend beikommen kann.“

War das so freudlos, wie es heute klingt?

Es war anämisch! Da sind Bücher geschrieben worden damals – 600 Seiten nur im Konjunktiv! Warum sollte man das lesen? Immer daran erinnert werden, dass es nicht so ist, wie es da steht, vom ersten Satz an? Theorie ohne Ende. Die deutsche Literatur wurde dann ja auch international nicht mehr gelesen.

In „Heißer Sommer“ machen Sie sich darüber lustig. Ihr Held ist zwar in der Studentenbewegung, möchte aber vor allem wenig arbeiten, viel Sex haben und kommt „nicht so recht mit, wenn andere SDSler mit dem Theoretisieren beginnen“. Mit welchen Büchern haben Sie sich als Student die Zeit vertrieben?

Ich habe immer auch die Erzähler gelesen, die Nachkriegsliteraten: Grass, Böll, Arno Schmidt – der mir bis heute sehr gefällt. […]

Sie sagten mal: Bei all dem Elend nach 45 war der Geschichtenreichtum enorm.

Es gab damals Geschichten ohne Ende und Bilder, die mich für immer geprägt haben. Einfache Menschen, vornehme Menschen, unvollständige Familien waren in viel zu kleinen Wohnungen zusammengewürfelt und erzählten sich in der Küche, dem einzig warmen Ort, woher sie kamen, was oder wen sie alles verloren hatten. Aus unserer eigenen Evakuierung in Coburg habe ich zum Beispiel noch klar den Kreisleiter Feigtmeier vor Augen. Der war ein Halbgott. Alle hatten Angst vor ihm. Dann kamen die Amis. Und zwangen ihn, die Gosse zu fegen, in Uniform. Ihre Jeeps fuhren immer ganz nah an ihm vorbei und spritzten ihn nass, er sprang immer auf das Trottoir, völlig mit Dreck besudelt. Zurück in Hamburg, saß ich oft bei einer Tante in der Küche, die, wie mein Vater sagte, unter ihrem Stand geheiratet hatte, und in ihrer Küche im Gängeviertel saß ich zwischen Amateurnutten, Kapitänen, Schiebern und einem Schwarzmarkthändler, der seinen Mantel wie ein Exhibitionist öffnete und mir eine Schweinehälfte zeigte, die er sich an den Körper geschnallt hatte. Was die Leute da erzählten, die Ausgebombten, die Geflohenen, die Evakuierten, die, die zurückkamen aus der Gefangenschaft, die Dichte an menschlichen Schicksalen – das war unglaublich.

Wo findet ein Schriftsteller heute seine Themen, seine Kulissen?

Die Probleme haben sich ja in die ganze Beziehungsthematik verlagert: das Verlassenwerden, das Einsamsein, die Sexualität. Das alles ist auch aufregend genug und nicht umsonst Zentrum der heutigen Neugierde, sogar das letzte Siegel von Privatheit, das erzählerisch aufgeschlossen wird.

Geht es, oder besser: ging es uns bis heute einfach zu gut für große Geschichten?

Das Ereignis, die Zerstörung, die Katastrophe – sie ist immer da, wenn man sich dem Menschen zuwendet! Wenn man genau hinsieht. Sehen Sie sich den Börsencrash an, vielleicht liefert er die neue erzählerische Verankerung. Ein paar Schicksale kennen wir ja schon aus den Nachrichten, wie die beiden alten Frauen, die in die Lehman Bank investiert und alles verloren hatten, ihr Rollstuhlgeld, wie die eine das nannte. Überhaupt, das Alter. Man muss doch bitte bloß in die Krankenhäuser gehen. […]

Herr Timm, wo wir von Katastrophen sprechen. Gehen Sie auf die Buchmesse?

Ja. Aber nicht mit wehenden Fahnen. Es ist eine große Party mit Leuten, die man länger nicht gesehen hat. Aber es ist auch unheimlich hart, die Luft, die Fülle, man wird ständig angesprochen, mein ganzer Wahrnehmungsapparat ist überfordert. Ich werde da auch immer konfuser!

Was erzählen sich in Frankfurt eigentlich Schriftsteller untereinander?

Sie sprechen fast immer über Auflagen und Kritiken. Meistens jammern sie.

Uwe Timm über die Katastrophe. Interview, in: Süddeutsche Zeitung vom 11./12.10.2008, gekürzt

Hilfe, ich werde porträtiert

von Adam Soboczynski

[…] Dass er ein „Wunderkind" sei: Und: ein „Jungstar". Kehlmann runzelte die Stirn […]. Er sei 32! Mit 32 habe, wenn er sich nicht täusche, Jesus seine Bergpredigt gehalten. Er habe noch keinen sagen hören, das sei ein Jungprophet gewesen. Das Wunderkind-Image sei schon deshalb irreführend, da er, Kehlmann, über eine lange Zeit hinweg keineswegs erfolgreich gewesen sei. Er habe in seiner Schriftstellerexistenz durchaus gedarbt. Aber das sehe niemand mehr. Oft habe er deshalb an einen Satz denken müssen, den ihm ein Jahr zuvor in väterlicher Manier Günter Grass auf einer Geburtstagsfeuer von Siegfried Lenz gesagt habe: „Jetzt beginnt für Sie die Zeit, wo alle mehr über Sie wissen als Sie selber."

Sein erstes Buch, der Roman „Beerholms Vorstellung", war in dem kleinen Wiener Verlag Deuticke erschienen. Kehlmann war 22 Jahre alt und hatte die Geschichte eines Zauberers, dem Täuschung und Wahrheit in eins verschwimmen, geschrieben. Verkauft hat es sich kaum. Sein zweites Buch „Unter der Sonne", ein Erzählband, so gut wie gar nicht. Doch haben die Bücher Thorsten Ahrend gefallen, seinerzeit Lektor beim Suhrkamp Verlag, und bald darauf erblickte Kehlmann die ebenmäßige, aber erstaunlich kleine Unterschrift Siegfried Unselds unter einem Vertrag zu seinem neuen Buch „Mahlers Zeit". Vom Größenwahn handelt es, von einem Physiker, der das Geheimnis der Zeit gelüftet zu haben behauptet und von dem man nicht weiß, ob eine Erleuchtung ihn ergriffen hat oder geistige Zerrüttung. Dank Suhrkamp gab es immerhin Lesungen: „Leere Bibliotheksräume, leere Literaturhäuser, leere Buchhandlungen." Der Blick des Dichters auf Stühle, auf denen niemand saß, von Veranstaltern per Handy hektisch herbeizitierte Verwandte, die mit kaum verhohlener Ungeduld seinen Vortrag absaßen.

„Mahlers Zeit" war ein erstaunlicher Misserfolg. Erstaunlich, da vor neun Jahren, als der Roman erschien, junge Autoren und Debütanten heftig gefeiert wurden und enorme Honorare einstrichen. Kehlmanns Romane, die den Grenzbereich zwischen Wirklichkeit und Traum abschreiten, die den Wahnsinn der Genies und philosophische Paradoxien umkreisen, fielen aus der Zeit. Diese gehörte der Popliteratur, die sich der Oberfläche des Konsums zugewandt hatte, dem dekadenten Plauderton in Bars von Berlin-Mitte. Kehlmann war unter seinen Kollegen ein Nerd inmitten von Stars, traurig hochgebildet, enorm belesen, ausgestattet mit einem Literatur- und Philosophiestudium, einer abgebrochenen Promotion über Kant und drei Büchern, die keine Leser fanden. […]

„Das Klischee besagt, dass Misserfolg bescheiden macht und Erfolg großkotzig." Doch das Gegenteil sei wahr. Misserfolg mache bitter, unangenehm, arrogant, klug und aufmerksam. Erfolg hingegen mild und versöhnlich, mit ihm sei die Eitelkeit gestillt, die Wut, doch leider auch der Ehrgeiz.

Ende 2004 hat Daniel Kehlmann „Die Vermessung der Welt" abgeschlossen. „Und seither, seit nunmehr also zweieinhalb Jahren, habe ich die meiste Zeit nichts geschrieben, was ich als gelungen erachten würde." Doch noch habe er die Nerven nicht verloren und nicht das Grundvertrauen ins Schreiben. Seit einigen Tagen denke er sogar, dass Passagen wieder gelingen, Erzählfäden sich fortspinnen zu etwas Neuem, zu etwas Großem.

Ob er schon wisse, wie das neue Buch heißen könnte, wollte ich wissen. Mit dem Titel beginne doch häufig alles.

Widerwillig blickte Kehlmann von der Tischecke auf, sagte: „Ruhm." […]

Soboczynski, Adam, Hilfe, ich werde porträtiert, in: ZEITmagazin Nr. 43 vom 16.10.2008, gekürzt

1. Welche Bedeutung besitzt für Uwe Timm das Erzählen?
2. Wie definiert er die Rolle des Schriftstellers in der heutigen Zeit?
3. Welchen Zusammenhang zwischen gesellschaftlichen Entwicklungen und Erzählstoffen stellt Timm her?
4. Welche Erfahrungen machte der Erfolgsautor Daniel Kehlmann zu Beginn seiner Karriere?
5. Welche Ursachen für den späten Erfolg könnte man im Literaturbetrieb suchen?

Zum literarischen Leben gehören auch die vielen **Literaturpreise**, mit denen Autoren – für Einzelwerke oder ihr Gesamtwerk – geehrt werden. Schätzungen sprechen allein im deutschsprachigen Raum von 750 bis 1.000 Literaturpreisen. Gestiftet werden die Geld-, Sach- und/oder Ehrenpreise von den unterschiedlichsten Institutionen: Bund, Länder, Kommunen, Organisationen, Gesellschaften, Verlage, Stiftungen, Akademien u. a. Die Auszeichnungen sind oft nach berühmten Autoren benannt und ihre Verleihung ist meist ein Festakt mit Laudatio (Lobrede) auf den Preisträger.
Eine kleine Auswahl unterschiedlicher Preise im bundesrepublikanischen Literaturbetrieb:

- Aspekte-Literaturpreis (ZDF)
- Buch des Monats (Darmstädter Jury)
- Deutscher Jugendbuchpreis (Bundesministerium für Jugend, Familie und Gesundheit)
- Friedenspreis des Deutschen Buchhandels (Börsenverein des Deutschen Buchhandels)
- Georg-Büchner-Preis (Deutsche Akademie für Sprache und Dichtung)
- Goethe-Preis (Magistrat der Stadt Frankfurt)
- Hörspielpreis der Kriegsblinden (Bund der Kriegsblinden Deutschlands)
- Kleist-Preis (Heinrich-von-Kleist-Gesellschaft)
  und diverse, nach Autoren benannte und von politischen oder kulturellen Institutionen gestiftete Preise

1. Recherchieren Sie die Georg-Büchner-Preisträger seit 1951. Welche Autoren kennen Sie?
2. Diskutieren Sie Chancen und Probleme von Literaturpreisen.

Menschen, vom Unglück gezeichnet

Die Dramatikerin Dea Loher erhält den mit 15.000 Euro dotierten Brecht-Preis 2006 der Stadt Augsburg – von Günter Ott

Was tun nach einem Studium, das zwar gegen den Willen der Eltern durchgesetzt wurde, aber doch nicht den erhofften Anstoß fürs weitere Leben gab? Aus solchen Zwicklagen hilft der Zufall. Der kam Dea Loher 1990 auf den Tisch – in Form einer Ausschreibung für den ersten Jahrgang des Studiengangs Szenisches Schreiben an der Berliner Hochschule der Künste. Als Leiter war Heiner Müller vorgesehen.

Kann man lernen, Theaterstücke zu schreiben? Nein, sagt Dea Loher. Aber sie konnte mit Leuten über das reden, was sie schrieb. Und sie schrieb, weil es ihr Spaß machte und weil sich alsbald zum Spaß der Erfolg gesellte, das Glück, aufgeführt zu werden. Heute ist Dea Loher eine der meistgespielten Theaterautorinnen. Bei vielen ihrer Stücke führte Andreas Kriegenburg Regie (am Hamburger Thalia). Auszeichnungen folgten: Schiller-Gedächtnis-Preis, Lenz-Preis, Engelke-Preis, Mülheimer Dramatikerpreis, Else-Lasker-Schüler-Preis – nun also der mit 15.000 Euro verbundene Brecht-Preis der Stadt Augsburg.
Die Fachzeitschrift „Theater heute“ hatte Dea Loher 1993 und 1994 zur „Nachwuchsdramatikerin des Jahres“ gekürt. Damals lag bereits ihr Erstling „Olgas Raum“ (1991) vor, außerdem die Folgestücke „Tätowierung“ (1992) und „Leviathan“ (1993). „Tätowierung“ wurde zum Bühnenrenner. Das (u. a. 2001 in Augsburg gespielte) Stück basiert auf einer authentischen Geschichte. Eine vierköpfige Familie erscheint als Bastion der heilen Welt. Doch der Vater vergewaltigt die ältere Tochter, die Mutter verschließt die Augen, die Jüngere sucht sich auf eigene Faust durchzubeißen. Das klingt nach Thesenstück und hat doch nichts mit einem dramatisierten Sozialreport zu tun, weil Dea Lohers prägnante Sprache die Denkraster sprengt, weil der Spielrhythmus einen Sog hin zur

antiken Tragödie öffnet mit ihren heillosen Verstrickungen und unentrinnbaren Schicksalen.
Davon handeln nahezu alle Dramen der 41-jährigen Wahlberlinerin – von menschlichen Verbindungen und Wechseln unter dem Signum der Katastrophe. Von einer Schuld, die selten ausgesprochen und schon gar nicht schnell verteilt und zugeordnet wird, die aber wie ein Fatum über den Figuren hängt und ihr Reden bewegt. Von randständigen Menschen, die in böse, tieftraurige Geschichten verwickelt werden, die in ihrem Sprachverlust rotieren, den Reigen des Unglücks abschreiten – und doch nach dem Ausbruch verlangen, nach der Hoffnung greifen. Wie kann man in all den Finsternissen noch das Eigene finden und ausdrücken? Ist Individualität noch möglich? Das sind zentrale Themen Dea Lohers. Die Dramatikerin blickt aus einer klugen, die Komik zulassenden Distanz auf ihre Figuren. Sie schließt ihre Texte selten ab, lässt so viele Sprechweisen aufeinanderprallen, dass Eindeutigkeiten im breit entworfenen Diskurs völlig verschwinden – gelegentlich auch mit dem Ergebnis der Ratlosigkeit. Der Ratlose denkt weiter, ihn treibt es hinaus über den Ist-Zustand. Hier trifft sich die Dramatikerin mit Brecht. Sie legt eine Sehnsucht in ihre Figuren, als Folge des Ungenügens an dem, was das Leben für den Menschen bereithält. Es lohnt sich zu kämpfen. Dea Loher: „Ich glaube, dass es bestimmte Sachen gibt, die für jeden Einzelnen wichtig sind, und dass die Zerstörung dieser Sachen ein einschneidendes Erlebnis ist.“

Das Stück „Blaubart“ (1997 uraufgeführt) gibt der Sehnsucht Raum, dem Verlangen nach Liebe, und es zieht um diese Liebe sogleich die Schlinge der Gewalt. Der junge „Adam Geist“ (1997) wird von der Hoffnung durchs Leben gehetzt, wird vom Getriebenen zum Triebtäter, zu einer Art Woyzeck von heute. Er bringt denen, die er liebt, den Tod. Und will doch nur gut sein und wird schuldlos schuldig. „Klaras Verhältnisse“ (2000) sind nicht so, dass sie die Euphorie des Aufbruchs einlösen würden. Starr steht der Alltag den Wünschen entgegen, und doch wollen sich Dea Lohers Figuren nicht abfinden. Das gibt ihren Stücken eine tiefe Ambivalenz und politische Dimension.
Die Dramatikerin nimmt sich viel Zeit zu recherchieren, mit den Menschen zu reden. Dann müssen sich die vielen Eindrücke erst mal setzen, bevor es ans Schreiben geht. „Die Entscheidung für ein Stück ist die Entscheidung für ein Lebensjahr. Keine leichte Wahl“, sagte die Autorin einmal. Natürlich wird Dea Loher immer wieder gefragt: Geht's denn nicht ein bisschen fröhlicher? Müssen Ihre Figuren immer in der Misere versacken? Ihre Antwort: Alles andere sei für sie verlogen; sie kenne nicht besonders viele glückliche Menschen. Und sie beharrt auf der Utopie, wischt das „Orientierungslosigkeitsgefasel“ beiseite, sieht tief im Unglück einen Kern, der die Antworten nach dem Sinn des Lebens hervortreibt. „Wer sucht, der findet.“

Ott, Günter, Menschen, vom Unglück gezeichnet. Die Dramatikerin Dea Loher erhält den mit 15.000 Euro dotierten Brecht-Preis 2006 der Stadt Augsburg, in: Augsburger Allgemeine Zeitung vom 25.02.2006

1. Geben Sie Schritte der Entwicklung Dea Lohers zur Autorin wieder.
2. Welche bevorzugten Stoffe und Themen charakterisieren das Werk der Dramatikerin Loher?
3. Was sind die Spezifika von Lohers Dramen?

Auf der beigefügten CD finden Sie zusätzlich einen Text über den Literaturbetrieb von Thomas Glavinic mit Arbeitsaufträgen.

2 Verlag

Kaum ein Autor erreicht sein Lesepublikum ohne einen Verlag. Unbekannte Autoren versuchen ihr Glück, indem sie ihr Manuskript bei einem oder mehreren Verlagen ihrer Wahl einreichen; Autoren, die bereits einen Namen haben, können mit der entgegenkommenden Unterstützung ihres Stammverlags rechnen, weil für diesen das Risiko bei Neuerscheinungen eines bereits bekannten Autors relativ gering ist. Inzwischen treten sehr häufig **Literaturagenten** als Vermittler zwischen Autor und Verlag auf.

Verlage sind moderne Industrieunternehmen, die nach **betriebswirtschaftlichen Gesetzen** Bücher herstellen und vertreiben. Aus dieser Sicht spielen folgende Faktoren für die Verlage eine Rolle:
- Verlagslandschaft (Konkurrenz, eigenes Profil)
- Organisationsstrukturen (Rechtsform des Verlags wie z. B. GmbH, Größe des Verlages)
- Urheber- und Verlagsrecht (Verhandlungen, Verträge und Lizenzen)
- Buchherstellung (Satz, Druck, Ausstattung, buchbinderische Fertigstellung)
- Buchkalkulation (Auflagenhöhe, Autorenhonorar, Preisgestaltung)
- Verkauf und Vertrieb (Grossisten und Einzelhandel, Buchgemeinschaften und Buchclubs, Vertreter und Buchmessen)
- Werbung (Händlerwerbung und Publikumswerbung, Pressearbeit)

In erheblichem Umfang werden neben Büchern auch Neue Medien verlegt wie z. B. CD-ROMs, die geschriebene und gesprochene Texte, Bilder, Animationen, Filme usw. speichern und wiedergeben.

Für den inhaltlichen, also den literarisch-künstlerischen Aspekt des Buches sind **Verleger** und (Chef-) **Lektor** zuständig; sie wählen unter den eingereichten Texten aus und greifen mitunter auch beratend und korrigierend in die Textgestalt eines Manuskriptes ein. Daraus ergibt sich das besondere Verhältnis zwischen ihnen und dem Autor.

„Mein Traum: Stepptanzen"

von Matthias Matussek und Volker Hage

Der Diogenes-Verleger Daniel Keel äußert sich im folgenden Interview über sein Lebenswerk, den Umgang mit Autoren, über seine Entdeckungen und Fehlgriffe und die Situation der literarischen Verlage.

SPIEGEL: Herr Keel, Sie sind einer der erfolgreichsten europäischen Verleger. Viele Ihrer Kollegen jammern derzeit, aber Diogenes scheint es gut zu gehen. Was ist Ihr Geheimnis?
Keel: Vielleicht die Tatsache, dass ich immer noch machen kann, was ich gern mache. […]
SPIEGEL: Lesen Sie immer noch alles selbst, was Sie veröffentlichen?
Keel: Nein, das schaffe ich nicht mehr, das sind jetzt immerhin etwa 200 Bücher im Jahr.
SPIEGEL: Also haben Sie Ihre Vertrauensleute?
Keel: Viele unserer Titel sind Klassiker, die man schon kennt. Und zu den Vertrauensleuten: Neben strengen Philologen lasse ich gern auch mal normale Leseratten Manuskripte begutachten, zum Beispiel eine Kindergärtnerin und eine Nachttaxifahrerin. Schließlich gibt es da noch den Käsetest: Mit einem kleinen Instrument bohrt man eine Kostprobe heraus, dann weiß man, ob der ganze Käse reif ist oder nicht. Ebenso kann man testen, ob eine Prosa reif ist. Den Plot, den Inhalt kann man einem Gutachten entnehmen, beim Käsetest geht es vor allem um die Sprache, den Stil, um Bilder, um Melodien – den Sound. All das, was eigentlich die Qualität eines Buches ausmacht.
SPIEGEL: Wie geht das? Einfach irgendeine Seite aufschlagen?
Keel: Meistens lese ich vorher den ersten Satz. Der kann tödlich sein.
SPIEGEL: Man muss dann nicht mehr weiterbohren?
Keel: Nein, wir kriegen jeden Tag einen Stoß von unverlangten Manuskripten. Im Jahr etwa 3.000.
SPIEGEL: Wie oft wird davon etwas ins Programm genommen?
Keel: Im Schnitt bleibt alle drei Jahre eins hängen. Eins von 9.000 wird also gedruckt.
SPIEGEL: Aber tatsächlich sind bei denen auch große Erfolgsautoren dabei.
Keel: Ja. Zum Beispiel Ingrid Noll und Erich Hackl. Per Post. Unverlangt.
SPIEGEL: Der Bestsellerautor Bernhard Schlink hat Ihnen ein Krimi-Manuskript mit einem Brief in den Verlag geschickt?
Keel: So war es. Es folgten weitere Krimis und der Roman „Der Vorleser", ein Welterfolg: Zum ersten Mal war ein deutschsprachiges Buch auf dem ersten Platz der Bestsellerliste der „New York Times". […]
SPIEGEL: Aber Sie können doch nicht nur Bücher machen, die Sie mögen?
Keel: Warum nicht? Soll ich Bücher machen, die ich

nicht mag? Schon Tschechow sagte: „Ich habe nur ein Kriterium, ein Buch gefällt mir, oder es gefällt mir nicht.“ Ich bin also in bester Gesellschaft. Ein Rezept gibt es, Gott sei Dank!, nicht.

SPIEGEL: Vielleicht eine Regel?

Keel: Auch nicht. Wichtig ist, dass ich Lust habe weiterzulesen. […]

SPIEGEL: Es ist verblüffend, dass immer noch so viele Bücher verkauft werden – in einer Zeit, in der es Internet, Fernsehen und Kino gibt. Warum soll man lesen?

Keel: Zum Vergnügen. […]

SPIEGEL: Sie haben hier auf dem Tisch den Prospekt von Suhrkamp liegen, eine Ankündigung des neuen Verlags der Weltreligionen. Jahrzehntelang waren Diogenes und Suhrkamp Antipoden. Suhrkamp hat die Hochkultur erfunden.

Keel: Die Suhrkamp-Kultur.

SPIEGEL: Und es gab dagegen die Diogenes-Kultur.

Keel: Ich fand in einer Kritik die schöne Bemerkung, es gebe nicht mehr nur die E- und die U-Literatur, man müsse eine neue Kategorie erfinden, die D-Literatur.

SPIEGEL: Das heißt?

Keel: Die Diogenes-Literatur. Das hat mich unheimlich gefreut.

SPIEGEL: Ist Religion für Sie von Bedeutung?

Keel: Manchmal glaube ich, dass ich glaube. Das nächste „Tintenfass“, unser „Magazin für den überforderten Intellektuellen“, hat Religion zum Thema. [...]

SPIEGEL: Kommen Sie aus einem Haushalt, in dem viel gelesen wurde?

Keel: Kaum. Mein Vater arbeitete in einem katholischen Verlag, er kümmerte sich eher um pädagogische und religiöse Literatur. Meine Mutter, eine gnadenlose Realistin – „wir brauchen keine Kunst“ –, hat, wenn überhaupt, Erbauliches gelesen, zum Beispiel Walter Niggs „Große Heilige“.

SPIEGEL: Zum Erfolgsmuster Ihres Verlags gehört es, fremdsprachige Bücher lieber neu übersetzen zu lassen als die alten Übersetzungen nachzudrucken. Das bedeutet aber auch ein ziemliches Investitionsrisiko. Können Sie schlechte Übersetzungen nicht ertragen?

Keel: Häufig überschreiten sie die Schmerzgrenze. Ein Beispiel zitiere ich gern: Carson McCullers berühmte Erzählung „Die Ballade vom traurigen Café“ hieß früher „Die Mär von der glücklosen Schenke“. Das ganze Werk von ihr habe ich neu übersetzen lassen. […]

SPIEGEL: Sie sind einer der letzten unabhängigen Verleger.

Keel: Bedeutende Verlage wie S. Fischer oder Rowohlt wurden von einem Konzern übernommen. Wer hat jetzt das Sagen? Der Konzernchef oder der Verlagsleiter? Ich glaube an die Neugier, an die Begeisterung. Die Manager, die wollen nur die roten Zahlen abschaffen. Wir leisten uns rote Zahlen. Drei Viertel unserer Produktion sind in den roten Zahlen ...

SPIEGEL: Immer noch?

Keel: Immer noch. Der ganze kleinmütige Rentabilitätsfimmel kommt aus Amerika. Dort, höre ich, wollen sie die Lektoren abschaffen und die Manuskripte so drucken, wie sie der Autor abgeliefert hat. Soll man so sparen? Jeder Autor braucht doch einen Lektor, einen liebevollen, kritischen ersten Leser. […]

SPIEGEL: Autoren sind schwierige Leute. Was war der größte Ärger, den Sie jemals hatten?

Keel: Ärger gibt es laufend. Man vergisst ihn bald wieder, oder er ist so übel, dass man nicht daran denken mag. Im Moment fällt mir eine traurige Erfahrung ein. Wegen eines läppischen Missverständnisses weigerte sich einer meiner liebsten Autoren fünf Jahre lang, mit mir zu reden. Heute ist unsere Beziehung umso herzlicher. Es gibt aber auch eine ganze Reihe Autoren, mit denen ich wenig oder gar keinen Ärger hatte. Dazu gehören Friedrich Dürrenmatt und Federico Fellini. Beide sind früh gestorben, sie fehlen mir sehr.

SPIEGEL: Dürrenmatt, ein begnadeter Geschichtenerzähler, war ein großer Weinkenner, Weintrinker.

Keel: Ein Bordeaux-Kenner. Er hat mir beigebracht, dass Bordeaux nicht nur der beste Wein ist, er ist sogar gesund.

SPIEGEL: Was haben Sie von Fellini abgeschaut?

Keel: Die Post sofort zu erledigen, möglichst nichts zweimal in die Hand zu nehmen.

SPIEGEL: Wie kommt man auf die Idee, Fellini-Drehbücher zu drucken? Das ist doch ein Wahnsinn.

Keel: Ich hatte in der „Süddeutschen“ einen Aufsatz von Fellini gelesen. Der war so geistreich und komisch, dass ich ihm schrieb, ob er noch mehr solche Aufsätze habe. Er reagierte sofort: „Wenn Sie mal in Rom sind, kommen Sie doch vorbei.“ Meine Frau, die die Drehbücher auf Italienisch lesen konnte, riet mir, jede Zeile davon zu drucken. Sie würden sich lesen wie Tschechow. Als die Drehbücher erschienen, beschrieb die „Neue Zürcher Zeitung“ sie „als große Dichtung“. Später bekamen wir alle Rechte.

SPIEGEL: Per Handschlag?

Keel: Ja. Fellini war einer der unkompliziertesten und lustigsten Autoren. […]

SPIEGEL: Auf welche Ihrer verlegerischen Leistungen sind Sie besonders stolz?

Keel: Ich bin stolz darauf, dass ich der Verleger von Friedrich Dürrenmatt sein darf.
Ich verehrte ihn schon als Buchhändlerlehrling. Damals hätte ich nicht im Traum gedacht, dass ich einmal sein Verleger sein würde.

SPIEGEL: Wenn wir Ihren Lebensroman schreiben würden, hätten Sie für uns einen Titel?

Keel: „Stepptanzen – mein Traum“. Wenn ich schlechte Laune habe, schaue ich mir einen Fred-Astaire-Film an. Könnte ich stepptanzen wie er, ich würde dafür meine sämtlichen Verlagsanteile hergeben.

SPIEGEL: Aber eigentlich dürften Sie mit Ihrem Leben ganz zufrieden sein?

Keel: Nein, wieso?

SPIEGEL: Etwa weil Sie „Das Parfum“ von Patrick Süskind entdeckt haben – ein Gottesgeschenk für Sie?

Keel: Weiß Gott. Das Buch kam zur richtigen Zeit. Offensichtlich hat es einen wichtigen Nerv getroffen.

SPIEGEL: Wie hoch ist die Auflage heute?

Keel: Weltweit sind es jetzt 16 Millionen. Es ist in 47 Sprachen übersetzt, sogar ins Suaheli und ins Lateinische.

SPIEGEL: Wie kam es zum Namen Diogenes?

Keel: Ich wollte meinen eigenen Namen nicht im Firmenschild haben.

SPIEGEL: Aber Diogenes war kein Schriftsteller.

Keel: Er hat tatsächlich nichts Schriftliches hinterlassen. Sein Geist aber lebt. Diogenes war genügsam, unangepasst und sah sich als Kosmopolit, als Weltbürger. Und da gibt es noch den Diogenes, der bei Tageslicht mit seiner Laterne herumlief. Gefragt, was er da tue, sagte er: „Ich suche einen Menschen.“ Das alles war mir sehr sympathisch. […]

Matussek, Matthias; Hage, Volker, „Mein Traum: Stepptanzen“. Interview, in: DER SPIEGEL Nr. 40 vom 01.10.2007, S.186, gekürzt

1. Was zeichnet nach Auffassung des Verlegers Daniel Keel ein gutes Buch aus?
2. Wie beschreibt der Verleger sein Verhältnis zu Autoren und Büchern?
3. Worin besteht laut Keel der besondere Charakter des Diogenes-Verlags im Vergleich zu anderen Verlagen?
4. Recherchieren Sie zu Verlagen im deutschsprachigen Raum in Bezug auf Eigentümer, Geschichte, Sortiment, Autoren etc.

Mit dem Buchdruck entstanden eigenständige **Buchmessen**. Frankfurt und Leipzig sind die zentralen Messeplätze dieser Branche in Deutschland. Seit Mitte der 1990er-Jahre zeigen die Aussteller neben Büchern und Zeitschriften vermehrt elektronische Medien: Hörbücher, literarische DVDs, elektronische Lehrmittel und digitale Lexika. Während die Buchmesse in Frankfurt im Oktober stattfindet, öffnet sie in Leipzig jeweils im März. Leipzig gewann nach der Wiedervereinigung Deutschlands für den gesamten deutschsprachigen Raum an Bedeutung. Die Messe fungiert zum einen als Schnittstelle zwischen osteuropäischen und deutschen Verlagen, zum anderen als Publikumsmesse.

Besucherandrang bei der Frankfurter Buchmesse

Auf der beigefügten CD finden Sie zusätzlich zwei Texte mit Arbeitsaufträgen zum Wandel im Literaturbetrieb durch elektronische Medien.

3 Kritik

Der Literaturkritik kommen verschiedene Aufgaben zu: Zum einen soll sie über Neuerscheinungen informieren und dem Leser einen Überblick zum Inhalt eines Werkes bieten. Ferner kann sie Inhalte und Aussageabsichten interpretieren, einen Einblick in das Leben und Schaffen des Autors vermitteln und das Werk in ein Verhältnis zu vergleichbarer Literatur setzen. Schließlich kommt ihr die wesentliche Funktion zu, begründet und fundiert zu bewerten, damit die potenziellen Leser sich für oder gegen ein Buch entscheiden können.

In früheren Epochen wurde Literaturkritik meistens von Dichtern und Schriftstellern selbst betrieben. Zu nennen sind hier zum Beispiel Lessing, Goethe, Schiller, Heine oder Fontane (Theaterkritiker). Aber auch in neuerer Zeit wirken Autoren als Kritiker; man denke an Thomas Mann, aber auch an Martin Walser oder Daniel Kehlmann.

Die herkömmliche Form ist die **Buchbesprechung (Rezension)** in Presse, Rundfunk, Fernsehen und im Internet. Neben solchen Rezensionen, die sich ausführlich mit Inhalt und literarischer Qualität auseinandersetzen, gibt es auch Kurzbesprechungen, mit denen Neuerscheinungen lediglich vorgestellt werden.

Die Schöne und der Markt
Wohin strebt die Literaturkritik? – von Hubert Winkels

In Deutschland ist die Literaturkritik aufs Engste mit dem Zeitungswesen verbunden. Hier hat sie sich, vom Umfang, der Aktualität und von der Qualität her gesehen, so gut etabliert, dass dagegen das andere große Printmedium Zeitschrift – entgegen der Tradition – kaum noch eine Chance hat. Die audiovisuellen Medien reichen nicht einmal annähernd an die Bedeutung der Zeitung als Kritikorgan heran. Das öffentlich-rechtliche Radio bietet zwar von Umfang und Qualität her einen bemerkenswerten Beitrag zur literarischen Kultur, auf den aber, trotz Online-Service, für weiterführende Diskurse kaum systematisch zurückgegriffen wird. Vom Internet, das einige Versuche der Adaption der Kritikform übernimmt, ganz zu schweigen. […]

Tatsächlich zeugt auch die publizistische Praxis von der herausragenden Bedeutung der Literaturkritik. Die großen, intellektuell anspruchsvollen Zeitungen in Deutschland, zumal die drei traditionell einflussreichsten, nämlich die „Frankfurter Allgemeine Zeitung", die „Süddeutsche Zeitung" und die Wochenzeitung „Die Zeit", haben in oder neben dem allgemeinen Kulturressort relativ selbstständige Literaturredaktionen eingerichtet. […]

Die erfolgreichsten zeitgenössischen Kritiker bestimmen ihre Tätigkeit vom Publikum her. Sie rücken den Leser an die wichtigste Stelle im Koordinatensystem ihrer Arbeit. Den Leser für ein Buch zu interessieren ist ihre vornehmste Aufgabe. Natürlich sind sie zutiefst davon überzeugt, dass gute Literatur zu schreiben und zu lesen auch eine moralische, ja eine grundsätzlich zivilisierende Funktion hat. Ihren Teil indes sehen sie zunächst und zuvörderst in der Vermittlung von literarischem Werk und Publikum. Sie arbeiten wie andere Kritiker auch: auswählend, analytisch, introspektiv, urteilend nach Regeln und nach Geschmack. Aber die Unterhaltsamkeit ihrer eigenen Hervorbringungen ist ihnen ähnlich wichtig wie die gelingende Überzeugung des Adressaten, als dessen Anwalt sie sich verstehen. […]

Als Formen oder Textsorten der Literaturkritik lassen sich neben der Rezension und dem literarischen Essay […] folgende nennen: das Interview und das Autorenporträt, die Glosse, die Empfehlung und der Kommentar, die Reportage und die Auseinandersetzung in Form von Pro- und Kontra-Stellungnahmen.

Im Kontext der Printmedien nehmen in jüngster Zeit besonders zwei Formengruppen an Häufigkeit zu: die personenbezogenen Textsorten Interview und Autorenporträt. Und die Literaturempfehlungen inklusive Bestsellerlisten. Gemeinsam ist ihnen, dass sie die Bedeutung eines Kunstwerkes, die in der klassischen Kritik erst in actu hergestellt wird, schon voraussetzen. Sie sind, auch wenn sie dem Autor näher sind und der Darstellung unmittelbarer Eindrücke Raum geben, abgeleitete Formen. […]

Diese Formen sind besonders in Wochenendzeitungen, Publikumszeitschriften und politischen Magazinen beliebt. Doch sie nehmen immer mehr Raum auch in den seriös informierenden Tageszeitungen ein und entsprechen im Kulturjournalismus in etwa dem, was im Bereich der politischen Darstellungsformen seit geraumer Zeit „Infotainment" heißt. Solche Unterhaltungsformen setzen allerdings voraus, dass das Objekt der Darstellung zumindest interessant, besser noch bekannt, am besten beides ist. Und dass dies in immer höherem Maß auch von Schriftstellern gesagt werden kann, verweist zunächst einmal auf eine erfreuliche Entwicklung. Denn wo kein großes öffentliches Interesse an Literatur vorhanden ist, leidet auch die subtilste kritische Bemühung auf Dauer unter Enge und Selbstbezüglichkeit.

Doch das gegenwärtige Problem der Kritik hat genau die umgekehrte Form: Weil das Interesse an neuer Literatur vergleichsweise groß ist (im Vergleich zur jüngeren Vergangenheit), gewinnen die unterhaltsamen personenbezogenen Darstellungsformen und die marktorientierte Kritik an Dominanz. Und das ist den meisten ökonomischen Akteuren im literarischen Prozess ganz recht. Den meisten, nicht allen. [...]

Es wäre nun eine interessante Frage, in welchen Zyklen sich die Kulturentwicklung stärker markt- oder stärker kunstorientiert entwickelt. Dass es sich dabei nie um absolute Gegensätze handelt, dass ein wechselseitiger Austausch und auch eine Bereicherung stattfindet, dass in der Spannung auch eine Vitalisierung begründet sein kann, muss man nicht eigens betonen. Aber ebenso sichtbar ist eine zunehmende Dominanz des Marktes und damit der ökonomischen Interessen. Und dieser Prozess verändert die Kritik nicht nur hin zum Populismus, sondern er greift auch ihren Kern einer freien Auseinandersetzung um ästhetische Konzepte und damit der Wahrnehmung von Geschichte und Gegenwart an. [...]

In der näheren Zukunft wird sich entscheiden, ob Literatur samt ihrer kritischen Begleitung ein spezielles Genre für kulturelles Sonderinteresse werden wird oder ob sie aufschließt zu anderen großen separaten Unterhaltungsformen wie Kino und Sport oder ob ihr alles überwölbender kommunikativer Anspruch in der Gesellschaft auch unter veränderten Medienbedingungen weiter eingelöst werden kann. Wohin auch immer die Literatur und ihre Kritik streben, eine Ignoranz gegenüber diesen veränderten Bedingungen können sich beide auf Dauer nicht leisten. Da das gesamte literarische Feld aber zur Selbstbezüglichkeit neigt, scheint mir eine gewisse Ermunterung, sich zumindest versuchsweise den Herausforderungen der Mediengesellschaft zu stellen, angebracht.

Winkels, Hubert, Die Schöne und der Markt. Wohin strebt die Literaturkritik?, in: Winkels, Hubert, Gute Zeichen. Deutsche Literatur 1995–2005, Verlag Kiepenheuer & Witsch, Köln 2005, S. 34–53, gekürzt

1. Warum sieht Hubert Winkels die Zeitung als besonders geeignetes Medium für Literaturkritik?
2. Wie definiert der Verfasser die Aufgaben der Literaturkritik?
3. Welche Tendenzen nimmt Winkels in der gegenwärtigen Literaturkritik wahr?
4. Informieren Sie sich im Internet über Buchkritiken zu aktuellen Werken und vergleichen Sie diese anhand geeigneter Kriterien.

Eine sehr breitenwirksame, weil unterhaltsame Form von Literaturkritik waren die Sendung „Das literarische Quartett" und Elke Heidenreichs Sendung „Lesen!" im ZDF. Die weiteren Beispiele für Literatursendungen bringen die Vielfalt zum Ausdruck: „Druckfrisch" (ARD), „Literatur im Foyer" (SWR), „Lesezeichen" (BR), „Bookmark" (3sat), „Literaturclub" (SF), „Bücherjournal" (NDR), „Weimarer Salon" (MDR), „Was liest du?" (WDR). Auch der Hörfunk – z. B. Bayern 2, Deutschlandfunk und Deutschlandradio – bietet der Literaturkritik ein wichtiges Forum.

Auf der beigefügten CD finden Sie zusätzlich einen Text mit Arbeitsaufträgen zum Thema Literatursendungen im Fernsehen.

Eine andere Form literarischer Kritik geht zurück auf die **Gruppe 47**. Bei diesen jährlichen Schriftstellertreffen (seit 1947) organisierte Hans Werner Richter Autorenlesungen aus unveröffentlichten Werken, wobei die gelesenen Texte sofort von den Kollegen und den ebenfalls anwesenden Kritikern beurteilt wurden. Am Ende der Tagung fand die Verleihung des Preises der Gruppe 47 statt, der für zahlreiche Autoren den Beginn einer erfolgreichen Karriere markierte. In Abwandlung wird dieses Modell bei den **Klagenfurter Literaturtagen** (u. a. Ingeborg-Bachmann-Preis) fortgeführt: Eine Gruppe von Juroren – Literaturkritiker aus Deutschland, Österreich und der Schweiz – bespricht unmittelbar nach der etwa halbstündigen Lesung die vorgetragenen Texte in Anwesenheit des Autors. Der Reiz

dabei ist, dass unterschiedliche Kritiker-Meinungen im Dialog aufeinanderprallen und so der Prozess der Urteilsfindung für das anwesende Publikum und den Fernsehzuschauer nachvollziehbar wird.
Die Geschichte der Literaturkritik kann insgesamt gelesen werden als eine Geschichte ungerechter Verrisse, aber auch hellsichtiger Entdeckungen.

4 Leser

Kulturkritiker beklagen häufig ein nachlassendes Leseinteresse bei gleichzeitiger Zunahme der verschiedenen Formen der Kritik. Man hat den Eindruck, dass eine Tendenz entsteht, sich mit den Kritiken zu begnügen, ohne die Werke selbst zu lesen. Das literarische Leben scheint von dem Widerspruch geprägt zu sein, dass einerseits literarische Produktion und öffentliche Auseinandersetzung mit ihr in den Medien zunehmen, während andererseits die individuelle Leseneigung eher nachlässt. Wenn man sich mit dem Leser beschäftigt, muss man sich vergegenwärtigen, dass Motivation und Interesse, Lesevoraussetzungen und -gewohnheiten unterschiedlich sind.

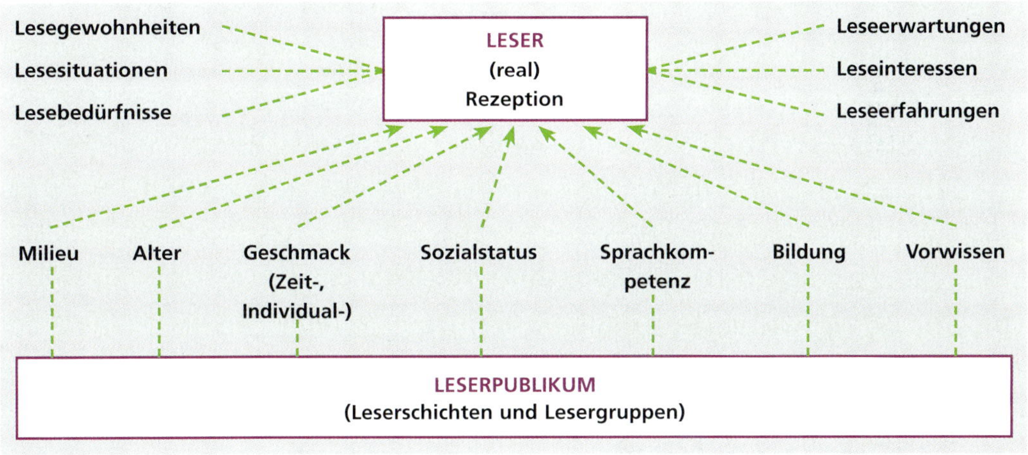

Vereinfachtes Schaubild nach Popp, Helmut, Die Rolle des Lesers, Oldenbourg Verlag, München [2]1978, S. 8

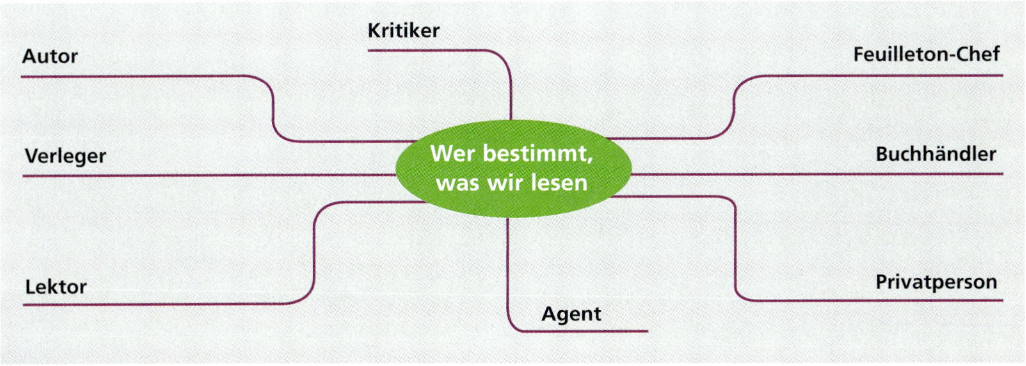

1. Welche Zielkonflikte zwischen den Hauptakteuren des Buchmarktes können entstehen?
2. Recherchieren Sie im Internet aktuelle Vorschläge zu Titeln eines Literaturkanons.
3. Halten Sie einen Literaturkanon im Zusammenhang mit dem Deutschunterricht für sinnvoll?
4. Welche Werke schlagen Sie für einen Literaturkanon deutschsprachiger Dramen nach 1945 vor?

Dichterlesungen als ein Beispiel für literarisches Leben

Ausschnitt aus einem Kalender zu Dichterlesungen

Berlin 03.06.	**Karlsruhe** 13.06.	**Neuhardenberg** 08.06.
Hans Magnus Enzensberger liest aus „Hammerstein oder der Eigensinn“, Literaturforum im Brecht-Haus	Bernhard Schlink liest aus „Das Wochenende“, Stephansaal, Ständehausstraße	„Es ist, wie wenn einer gehenkt werden soll“ Ulrich Matthes liest Franz Kafka „Brief an den Vater“, Schloss
Berlin 06.06.	**Lübeck** 14.06.	**Leipzig** 14.06.
1968 Nacht der Literatur – Lesungen und Diskussionen mit Volker Braun, Tanja Dückers, F. C. Delius u. a., Akademie der Künste	„Nordlichter“ Die Literarische Nacht. Mit Per Olov Enquist, Lars Gustafsson, Einar Kárason u. a., St. Petri-Kirche	„Auf den Spuren Kafkas, eine Geschichte der Bilder“ Vortrag von Klaus Wagenbach, Haus des Buches

aus: Literaturen 06, Juni 2008

Norbert Niemann, der Verfasser des folgenden Textes, hat mit seinen beiden Romanen „Schule der Gewalt“ (2003) und „Willkommen neue Träume“ (2008) große Beachtung gefunden. Als Autor und zeitkritischer Beobachter setzt er sich in seinen Beiträgen unter anderem auch mit dem Thema Schule auseinander.

Leistungskurs Literatur

Ich lese gern vor siebzehnjährigen Halbanalphabeten, ich war selber mal einer.
Ein Plädoyer für die Lümmel von der letzten Bank – von Norbert Niemann

Schullesungen mit ihren geringen Honoraren helfen nicht wirklich die anspruchsvolle Dichterseele heilen, die auf Geld und Bewunderung gleichermaßen angewiesen ist. Deshalb sind Anfragen aus Schulen nicht sonderlich beliebt und werden von den für Lesungen zuständigen Stellen in den Verlagen gerne ein wenig stiefmütterlich behandelt. Das ist wirtschaftlich zweifelsohne wenig weitsichtig. Potentiell sind Schüler künftige Leser, sie an Literatur heranzuführen wäre Basisarbeit nicht nur für bessere PISA-Ergebnisse, sondern auch für die Zukunft des Buchmarktes.

Schullesungen sind meine einzigen Gastvorstellungen als Schriftsteller, die ich wirklich liebe – offen gestanden. Und wenn ich „lieben“ sage, dann meine ich damit nicht, dass es sich geil anfühlt, vor Jugendlichen als cooler Literaturpopstar aufzutreten. Das funktioniert nicht. Meistens sind diese Jugendlichen nämlich dermaßen jugendlich, dass ihnen nicht mal die Namen der berüchtigtsten Popliteraten etwas sagen. Doch ich gebe zu, dass ich die Schulen nach Lesungen fast immer euphorisiert verlasse, was bedeutet: in meinem Job bestätigt und zu weiterer Arbeit angestachelt.

Schullesungen sind extrem anstrengend. Man hat es dort mit einem Publikum zu tun, das partout nichts mit dem zu tun haben will, was man ihm vorsetzt: Literatur. Von seinen Lehrern dazu verdonnert, wird es im Rahmen des ohnehin verhassten Deutschunterrichts so etwas Verstaubtem und Lächerlichem wie einer Dichterlesung ausgesetzt. Die Schüler sehen einen Menschen mit einem Buch unterm Arm vor die Kreidetafel treten. Und während er am Lehrerpult Platz nimmt, ist ihr Urteil schon gefällt. Sie durchschauen den Schriftsteller als fiesen Agenten eines Schulsystems, das sie peinigt, als Stellvertreter einer Scheuklappenkultur, die sich nur insofern für sie interessiert, als sie jugendliche Ausdrucksformen zu Konsumzwecken missbraucht, und als personifizierten Zeigefinger einer Gesellschaft, die sie pauschal für dumm erklärt. Ich sitze und warte jedenfalls immer schon lange, wenn die letzten Schüler durch die mir gegenüberliegende Klassenzimmertür hereinschlurfen und sich in die hinteren Reihen fläzen. Dann werden erst einmal Witze gerissen, Running Gags machen die Runde und wechseln mit den Ermahnungen der Lehrkräfte. Ich erinnere mich. Ich wäre seinerzeit wohl auch eher einer von denen dahinten gewesen, ein Störer, ein Querulant, der sich mit einem Rebellen verwechselt. Es hätte mir Freude bereitet, das verlogene Weihevolle einer solchen Veranstaltung zu sabotieren. […]

Deshalb ist der idealtypische Leser vor meinem geistigen Auge jener siebzehnjährige Halbanalphabet, der ich selbst einmal gewesen bin. Dieser Junge, das weiß ich, kann nicht mit leicht verdaulicher Kost zum Lesen verführt werden, auf dass er sich eines Tages vielleicht sogar an die sogenannte hohe Literatur heranwagt. Es muss ihm etwas geboten werden. Etwas, das ihn sozusagen umhaut, das sich einerseits mit seinem Lebensgefühl und den offenen Fragen, die dieses Lebensgefühl aufwirft, berührt, andererseits diese Berührung auf eine frappant andere, das heißt, anders beleuchtende Weise zustande bringt. Erhellung, Erkenntnis, Horizont will dieser Jugendliche haben, ohne sich noch wirklich darüber bewusst zu sein. Dafür ist er bereit, auch schwierige Hindernisse zu überwinden, in diesem Fall sogar richtig lesen zu lernen. Vorausgesetzt, aus dem Buch, dem Text, der ihm zum Beispiel bei einer Schullesung vorgelesen wird, springt ihm etwas von dieser eigenen, rätselhaften Welt entgegen, und er findet den geistigen Schlüssel in seinem Kopf, das Rätsel wenn auch nicht zu lösen, so doch das Rätsel überhaupt erst wahrzunehmen und als existentielle Herausforderung zu begreifen.

Das, was über die Schrift im Gehirn als lautlos wiederholte Sprache geschieht, muss in diesen Siebzehnjährigen einschlagen, ein bisschen wie ein Popsong einschlägt, ein Special Effect im Kino, ein erster Rausch. Nur dass die Sensation jetzt aus den eigenen Gedanken statt aus den künstlich provozierten Sinneswahrnehmungen und Gefühlen stammt. Eine Sensation, die darin besteht, dass der junge Mensch die Augen aufschlägt und die Welt plötzlich anders, schärfer konturiert, wirklicher sieht, bedeutungs- und geheimnisvoller zugleich. Dazu ist es natürlich erforderlich, dass der Text, den dieser siebzehnjährige Mensch hört oder liest, Wahrhaftigkeit besitzt.

Er muss nicht die Wahrheit aussprechen – allenfalls diejenige, dass er die einzige Wahrheit vermittelt, die er haben kann, nämlich dass Wahrheit sich nicht sagen lässt. Er muss vielmehr die Wirklichkeit treffen, besser gesagt, die gelebten Wirklichkeiten. Die Wirklichkeit dieses Fasterwachsenen darf aus dem Mischmasch der im Text beschriebenen, als Text aufgerufenen Wirklichkeiten nicht ausgeschlossen sein. Denn die Vermischung, diese heillose Verwicklung der eigenen Wirklichkeit mit den anderen Wirklichkeiten spürbar zu machen – gerade das ist es, worauf es ankommt, was am Denken und am Lesen umhauen kann. Literatur, wenn sie gut ist, lässt einen nicht nur in fremde Häute schlüpfen. Sie ermöglicht, dass man aus fremden Häuten und Augen heraus auf die eigene Haut, sich in die eigenen Augen blicken kann, als gehörten sie einem anderen. Oder um es in Worten Arthur Rimbauds, des großen siebzehnjährigen Dichters aus dem vorletzten Jahrhundert zu sagen: „Ich ist ein Anderer."

Exakt darin besteht nun die Herausforderung für mich in diesem Leistungskursraum: ob mein Auftritt, mein Text es schafft, jenen Knotenpunkt in den Schülerköpfen zu berühren und den latenten Energiefluss in Gang zu setzen. Es wäre weltfremd zu glauben, dass das in jedem einzelnen Fall funktioniert. Immerhin kann jedoch eine Atmosphäre entstehen, die es ermöglicht, dass die Sprache, mein Machwerk aus Wörtern, an der einen oder anderen Stelle an ihr Ziel gelangt. Das hängt nicht zuletzt von den Flegeln in den hintersten Reihen ab. Ob sie ihren Sabotageakt für einen Moment aussetzen, ob sie plötzlich anfangen zuzuhören, weil das, was jetzt kommt, die Geschichte, die ich ihnen vorlese, der Sound, der Gegenstand, der Rhythmus, in ihrem Bewusstsein eine Art Rückkoppelung, ein Feedback erzeugt, ein Resonanzphänomen, bei dem sie nach innen lauschen, während sie sich mehr oder weniger erfolgreich bemühen, das von außen Kommende zu begreifen. Der Versuch, diesen Zustand zu erreichen, ist spannend, riskant, anstrengend – doch in meinen Augen unerlässlich. Immer habe ich das noch nicht existierende und für nicht mehr existenzfähig erklärte, das preisgegebene junge Publikum für das entscheidende Publikum gehalten. An ihm hängt die Zukunft der Bücher, der Sprache und der Kultur. […]

Niemann, Norbert, Leistungskurs Literatur. Ich lese gern vor siebzehnjährigen Halbanalphabeten, ich war selber mal einer. Ein Plädoyer für die Lümmel von der letzten Bank, in: Süddeutsche Zeitung vom 20./21.09.2003, gekürzt

1. Wie charakterisiert Norbert Niemann die Erwartungshaltung der Schüler? Nehmen Sie dazu Stellung.
2. Welche Motive veranlassen Niemann zu Lesungen in der Schule?
3. Beurteilen Sie seine Strategien zur Weckung der Leselust.

Auf der beigefügten CD finden Sie zusätzlich einen Text mit Arbeitsaufträgen zum Thema Pflichtlektüren im Deutschunterricht.

III Ausgewählte Bereiche des literarischen Lebens

1 Bestseller und Bestenliste

Der aus dem Englischen stammende Begriff „Bestseller" hat sich als Bezeichnung durchgesetzt für Bücher, die schnell zu einem sensationellen Verkaufserfolg werden (Auflagen ab 100.000). Nicht dazu rechnet man reine Gebrauchsliteratur (Gesangbücher, Schulbücher, Wörterbücher etc.) oder Bücher wie z. B. die Bibel oder den Koran.
Innerhalb der **Belletristik** (schöne Literatur) gibt es sowohl den Überraschungserfolg als auch den geplanten und gesteuerten Verkaufsschlager. Im zweiten Fall ist oft auch davon auszugehen, dass die Autoren bereits beim Schreiben einem Erfolg versprechenden Rezept folgen und der Verlag alle modernen Marketingstrategien einsetzt. Haben Autoren erst einmal einen Namen, garantiert das in den meisten Fällen auch für weitere Veröffentlichungen einen erneuten Erfolg: Nichts ist erfolgreicher als der Erfolg! Oder: Bestseller werden verkauft, weil sie gekauft werden!
Eine nicht unerhebliche Rolle spielen in diesem Zusammenhang die regelmäßig veröffentlichten **Bestsellerlisten,** die es auch für den Sachbuchbereich gibt; daneben werden aber auch sogenannte **Bestenlisten** als Empfehlungslisten veröffentlicht, die von Literaturkritikern erstellt werden und nicht nach dem reinen Verkaufserfolg gehen. Deren ursprüngliche Differenzen zur Bestsellerliste sind nicht mehr so stark ausgeprägt; Qualität und Unterhaltung schließen sich nicht aus. Was als Unterhaltungsliteratur erscheint, kann sich auch auf der **Bestenliste** wiederfinden. Oft kann diese aber auch unbekannten Büchern und Autoren dazu verhelfen, sich im umkämpften Buchmarkt zu etablieren.

Spiegel-Bestsellerliste Belletristik	**SWR – Bestenliste November 2008**
nach Verkaufszahlen 48. Woche 2008	30 Literaturkritiker und -kritikerinnen nennen monatlich – in freier Auswahl – vier Buch-Neuerscheinungen, denen sie „möglichst viele Leser und Leserinnen" wünschen, und geben ihnen Punkte (15 – 10 – 6 – 3).
1. CHRISTOPHER PAOLINI, Eragon. Die Weisheit des Feuers	1. VOLKER BRAUN, Machwerk oder Das Schichtbuch des Flick von Lauchhammer
2. CARLOS RUIZ ZAFON, Das Spiel des Engels	2. ALICE MUNRO, Wozu wollen Sie das wissen?
3. UWE TELLKAMP, Der Turm	3. UWE TELLKAMP, Der Turm
4. CHARLOTTE ROCHE, Feuchtgebiete	4. DENIS JOHNSON, Ein gerader Rauch
5. ELIZABETH GEORGE, Doch die Sünde ist scharlachrot	5. CHRISTIAN KRACHT, Ich werde hier sein im Sonnenschein und im Schatten
6. KEN FOLLETT, Die Tore der Welt	6. KENZABURO OE, Sayonara, meine Bücher
7. ALAN BENNETT, Die souveräne Leserin	7. NORBERT NIEMANN, Willkommen neue Träume
8. STEPHENIE MEYER, Bis(s) zur Mittagsstunde	8. JUDITH KUCKART, Die Verdächtige
9. DAVID SAFIER, Jesus liebt mich	9. MARÍA CECILIA BARBETTA, Änderungsschneiderei Los Milagros
10. ANNA GAVALDA, Alles Glück kommt nie	10. PETRA MORSBACH, Der Cembalospieler

Spiegel Bestsellerliste, online unter: www.spiegel.de/kultur/charts/0,1518,458991,00.html, zugegriffen am 24.11.2008

Südwestrundfunk, Bestenliste November 2008, online unter: http://www.swr.de/bestenliste/index.html, zugegriffen am 18.11.2008

Recherchieren Sie aktuelle Bestseller- und Bestenlisten.

Mit König Kitsch ins Nirgendwo

Wem die ernste Literatur zu viel wird, dem hilft die Parallelwelt des Fantasy-Romans »Eragon«

von Ulrich Greiner

Wenn die Bestsellerliste etwas verrät über den allgemeinen literarischen Geschmack, dann können wir sehen, wie König Kunst und König Kitsch sich einen zähen Kampf liefern. Siegfried Lenz mit seiner wunderbaren Erzählung „Schweigeminute“ ist in den wahrhaft morastigen „Feuchtgebieten“ von Charlotte Roche heldenhaft untergegangen, und kaum hat sich Uwe Tellkamps großartiger „Turm“ daraus erhoben, kommt der Drachenreiter „Eragon“ und umhüllt ihn mit den Schwaden seines Hexengebräus.

Wer, um Himmels willen, ist Eragon? Leser des „Herrn der Ringe“ werden sich an den König Aragorn erinnern, und in der Tat verdankt die „Eragon“-Trilogie des amerikanischen Fantasy-Autors Christopher Paolini seiner Vorlage eine ganze Menge. Tolkiens 1955 erschienener Roman ist längst zu einem Quelltext verzweigter Um- und Weiterdichtungen geworden. Wer jetzt unvorbereitet in den dritten Band der „Eragon“-Saga einsteigt, erkennt trotz all der bizarren Namen und Landschaften bald das vertraute Ensemble aus Drachen und Hexen, Elfen und Zauberern. Und natürlich, wie bei Tolkien, gibt es jede Menge abartiger Wesen, es gibt die Inkarnation des Bösen, den König Galbatorix, der sich die ganze Welt unterwerfen will. Interessant an Paolinis Kunstmärchen ist die Rückübersetzung der digitalen Epoche ins Mittelalter. Die Schlachtbeschreibungen wirken wie ein Abbild computergestützter Animation, und die Möglichkeiten, die der Datenverkehr bietet, werden von Eragon und den Seinen souverän telepathisch beherrscht. Weil es dem Autor an Poesie mangelt, häuft er Detail auf Detail und Effekt auf Effekt, sodass der Roman wie ein riesiges Wimmelbild wirkt, in dem nur der Kenner sich zurechtfindet. Gerade aber für den Kenner, der die Parallelwelt studiert wie der Lepidopterologe das Leben der Schmetterlinge, ist die Saga geschrieben, und man fragt sich, weshalb so viele Leser, jugendliche vor allem, diese nicht geringe Mühe auf sich nehmen.

Sicherlich hat es mit Eskapismus zu tun, mit dem Wunsch, jenem Alltag zu entkommen, der immer größere Anforderungen an Geistesgegenwart und Selbstverleugnung stellt.

In einer zentralen Zweikampfszene bringen sich die Antagonisten so oft Schnitte in den eigenen Unterarm bei, bis einer von beiden umfällt. Jenen Mädchen, die an der Lust zur Selbstverletzung leiden, wird das vertraut vorkommen. Es scheint, als wachse, je tiefer der Frieden, der Wunsch nach Blut, und in der Tat ist „Eragon“, nicht anders als der „Herr der Ringe“, voll von Todesbildern. Aber es sind eben Bilder, keine wirklichen Tode, sie ereignen sich auf einem anderen Planeten, der gerade so viel Ähnlichkeit mit dem unsrigen hat, dass wir uns mit den Helden identifizieren können. Und schön ist, dass wir wissen, auf welcher Seite wir zu sein haben.

Im Grunde ist jeder Leser ein Eskapist, mit dem Unterschied allerdings, dass Uwe Tellkamps „Turm“ oder Uwe Timms „Halbschatten“, um zwei der wichtigsten Bücher dieses Herbstes zu nennen, eine Geschichte vergegenwärtigen, die uns unmittelbar angeht, nämlich die deutsche. Manchmal aber, wenn einem alles zu viel ist, nimmt man Bücher zur Hand, um sich den Kopf freizulesen und gewissermaßen verantwortungslos abzutauchen in ein Nirgendwo.

Greiner, Ulrich, Mit König Kitsch ins Nirgendwo. Wem die ernste Literatur zu viel wird, dem hilft die Parallelwelt des Fantasy-Romans »Eragon«, in: Die Zeit vom 06.11.2008

Setzen Sie sich kritisch mit Ulrich Greiners Meinung auseinander.

Auf der beigefügten CD finden Sie zusätzlich einen Text mit Arbeitsaufträgen zum Thema Bestenlisten.

2 Jugendliteratur

Da die Altersgrenze zwischen Kindheit und Jugend eine nicht festlegbare fließende ist, behandeln die meisten Fachbücher die **Kinder- und Jugendliteratur** als einen Gesamtkomplex, bei dem nur an gewissen Stellen zwischen beiden differenziert wird.
Kinder-/Jugendliteratur ist in der Regel eine von Erwachsenen geschriebene Literatur, die sehr stark geprägt ist von pädagogischen und moralisch-ethischen Absichten ihrer Verfasser. Die Werke werden deutlich beeinflusst vom Wandel der sozialen Verhältnisse: Elternschaft und Familie, Sozialisation und Enkulturation, Erziehungsstile und pädagogische Freiheiten, Pubertät und Reife, Heranwachsen und Identitätsfindung, Schule und Freizeit, Selbstständigkeit und Verantwortung usw.
Die Zugehörigkeit der jeweiligen Einzelwerke zur Kinder-/Jugendliteratur ist in erster Linie nicht direkt aus dem Text selbst ablesbar, sondern erfolgt eher durch die Zuordnung entsprechender gesellschaftlicher Instanzen, z. B. literarische Gremien, Medien etc.
Literaturgeschichtlich kann man die Kinder-/Jugendliteratur bis ins Mittelalter zurückverfolgen, wobei religiöse Erziehung und die Hinführung zur Bibellektüre im Vordergrund standen. Mit der **Epoche der Aufklärung** (18. Jh.) gewinnen Kindheit und Jugend eine eigenständige Bedeutung. Aus der Wertschätzung der kindlichen und jugendlichen Erfahrungs- und Lebenswelt resultiert das Ideal einer „natürlichen Erziehung". Innerhalb des sich entwickelnden Modells der Kleinfamilie erhalten Vernunft und Lernen, die Entwicklung von Fähigkeiten und Fertigkeiten, aber auch von Tugend und Moral großes Gewicht. Dies spiegelt sich auch in der Jugendliteratur wider.
Eine besondere Aufwertung erlangte die Kindheit durch die **Romantik**, weil diese im Kindheitszustand – noch mehr als in dem der Jugend – einen gewissermaßen natürlichen Idealzustand vor jeglicher „Erwachsenen-Entfremdung" erblickt. Die modernen literarischen Märchen und die fantastische Kinder-/Jugendliteratur des 20. Jh. haben hier ihren Ursprung.
In der der Zeit um 1900 und später noch während der **Weimarer Republik** wirken die sogenannten Reformpädagogen und die Jugendbewegung sehr stark auf die Jugendliteratur. Thematisch hat sich das Blickfeld durch die Einbeziehung der Erwachsenenwelt erweitert: Großstadt, Arbeit, Sozialkritik usw. Hinzu kamen auch Themen wie „Nation und Krieg" oder „Geschichte und Vaterlandsliebe".
Während des **Dritten Reiches** wird die Kinder-/Jugendliteratur instrumentalisiert, d. h. für politisch-ideologische Ziele und deren Propaganda missbraucht. Das Interesse an den Heranwachsenden ist sehr ausgeprägt und so wird der Bereich der Jugendliteratur als sogenannte Jugendschrifttumsfrage organisatorisch gelenkt. Jugendliteratur soll von nun an Vaterlandsliebe, Opferbereitschaft, Kampfes- und Heldenmut vermitteln. Gleichzeitig, d. h. zwischen 1933 und 1945, gibt es jedoch auch die andere – antifaschistische – Jugendliteratur der Emigranten im ausländischen Exil.
In der unmittelbaren **Nachkriegszeit** herrscht in der Jugendliteratur – zumindest in Westdeutschland – als Reaktion auf die NS-Zeit ein betont unpolitischer, christlich-abendländischer Wertekanon. Die jüngste Vergangenheit wird weitgehend ausgeklammert. Der soziale Hintergrund der Jugendbücher ist häufig eine zeit- und harmlose Idylle.
Erst allmählich halten eine zeitgemäße Moderne und ein gesellschaftskritischer Realismus Einzug in die Literatur für Jugendliche, wobei nun auch die schrecklichen Jahre des Nationalsozialismus, des Krieges und des Holocaust thematisiert werden.
Heute geht es in der Jugendliteratur hauptsächlich um die altersgerechte Darstellung und Aufarbeitung von persönlichen, familiären, gesellschaftlichen oder sozialen Themen, die Jungendliche betreffen, z. B. Freundschaft und Liebe, Tod und Sinn des Lebens, Rechtsradikalismus und Ausländerfeindlichkeit, Behinderung und Ausgrenzung, Scheidung der Eltern und Familienkonflikte, Drogen und Sucht, Kampf um Selbstbestimmung und Suche nach der eigenen Identität etc.

- Das Genre lässt eine große Bandbreite erkennen und umfasst beispielsweise:
  - Biografien und Autobiografien (z. B. Anne Frank, „Das Tagebuch der Anne Frank")
  - Geschichtliche Stoffe (z. B. Klaus Kordon, „Krokodil im Nacken")
  - Kinder- und Jugendcomics (z. B. Wilhelm Busch, „Max und Moritz")
  - Krimis (z. B. Erich Kästner, „Emil und die Detektive")

- Liebes- und Cliquengeschichten (z. B. Benjamin Lebert, „Crazy“)
- Außenseiterproblematik (z. B. Willi Fährmann, „Der lange Weg des Lukas B.“)
- Science Fiction (z. B. Gudrun Pausewang, „Die Wolke“)
- Fantastische Kinder- und Jugendliteratur (z. B. Wolfgang Hohlbein, „Midgard“)

Die Themen und Motive der **fantastischen Kinder- und Jugendliteratur** sind besonders vielfältig und breit gefächert. Es gibt aber durchaus Schwerpunkte, die die Rahmenhandlung vieler fantastischer Erzählungen bilden:
Viele dieser Geschichten spielen sich in der realen Welt ab, in die dann das Fantastische eindringt. Daneben sind diverse Romane in einer sich von der realen Welt unterscheidenden Welt, einer „Anderswelt“, angesiedelt. Die Schilderung bzw. Erkundung dieser Welt nimmt stets einen bedeutenden Teil der Handlung ein. Diese Anderswelten können einen unterschiedlichen Bezug zur realen Welt aufweisen.
Auch das **Reisemotiv** nimmt in der fantastischen Literatur einen breiten Raum ein. Man unterscheidet dabei zwei Arten: Zum einen die Reisen, bei denen das Ziel und der Weg dorthin im Vordergrund stehen, und zum anderen die Reisen, die eine Reise zu sich selbst bedeuten. Häufig findet man beides in vermischter Form vor. Ist der Reisende ein Kind oder ein Jugendlicher, spiegelt sich in der Reise stets die Reifung des Charakters wider. Mythen von Licht und Dunkelheit, Gut und Böse stellen oft einen elementaren Bestandteil fantastischer Erzählungen dar.

Einige Klassiker

- Beecher Stowe, Harriet, „Onkel Toms Hütte“ (1951)
- Busch, Wilhelm, „Max und Moritz“ (1865)
- Cooper, James F., „Der letzte Mohikaner“ (1826)
- Hoffmann, Heinrich, „Struwwelpeter“ (1845)
- Kästner, Erich, „Das fliegende Klassenzimmer“ (1933)
- Lindgren, Astrid, „Pippi Langstrumpf“ (1945)
- May, Karl, „Winnetou“ u. a. (1893)
- Rosegger, Peter, „Waldbauernbub“ (1902)
- Saint-Exupéry, Antoine, „Der kleine Prinz“ (1943)
- Spyri, Johanna, „Heidi“ (1880)
- Swift, Jonathan, „Gullivers Reisen“ (1726)
- Twain, Mark, „Tom Sawyer“ (1876)

Einige Beispiele neuerer Jugendliteratur:

- Ende, Michael, „Momo“ (1973)
- Funke, Cornelia, „Tintenherz“ (2003)
- Krüss, James, „Timm Thaler oder Das verkaufte Lachen“ (1962)
- Maar, Paul, „Das Sams“ (1973)
- Preußler, Otfried, „Krabat“ (1971)
- Rowling, Joanne K., „Harry Potter“ (1998)
- Tolkien, John Ronald Reuel, „Herr der Ringe“ (1954/55)

Die spektakulären Erfolge einiger **Verfilmungen**, z. B. von „Herr der Ringe“ und der „Harry Potter“-Bücher, inspirierte zahlreiche Adaptionen. Der Boom fantastischer Jugendfilme basierte im Wesentlichen auf der Adaption von Büchern, deren Verkaufszahlen dadurch ebenfalls anstiegen. Andererseits kann man beobachten, dass Jugendbücher zunehmend literarische Qualitäten der Erwachsenenliteratur aufweisen.

Kinder- und Jugendliteratur wird – insbesondere seit der zweiten Hälfte des 20. Jahrhunderts – durch zahlreiche Maßnahmen der Literaturförderung unterstützt. Neben verschiedenen Stipendien für Jugendbuchautoren gibt es in Deutschland mehrere Literaturpreise, unter denen der **Deutsche Jugendliteraturpreis** der bedeutendste ist. Dieser ist seit über 50 Jahren ein Maß für hohe literarische Qualität, aber auch Orientierungshilfe auf dem mittlerweile fast unüberschaubaren Kinder- und Jugendbuchmarkt. Er hat das Ziel, die Entwicklung der Kinder- und Jugendliteratur zu fördern, das öffentliche Interesse an ihr wachzuhalten und zur Diskussion herauszufordern. Ferner sollen Kinder und Jugendliche zur Begegnung und Auseinandersetzung mit Literatur angeregt werden. Zugleich soll die Öffentlichkeit, insbesondere Eltern und alle Vermittlerinnen und Vermittler, auf wichtige Neuerscheinungen und Entwicklungen dieser Literatursparte hingewiesen werden. Schließlich will dieser Preis auch auf die Bedeutung der Literatur innerhalb des vielfältigen Medienangebots für Kinder und Jugendliche aufmerksam machen.

Auf der beigefügten CD finden Sie zusätzlich einen Romanauszug aus dem Jugendbuch „Die große Flatter“ von Leonie Ossowski.

3 Frauenliteratur

Der Begriff „Frauenliteratur" ist ein Arbeitsbegriff zur Bezeichnung literarischer Werke, in denen Autorinnen auf **weibliche Erfahrungen** unter **geschlechtsspezifischem Blickwinkel** eingehen. Der Begriff „Frauenliteratur" wurde als feuilletonistische und buchhändlerische Kategorie im ausgehenden 19. Jahrhundert geprägt. Eine doppelte Wandlung erfuhr der Begriff in der zweiten Hälfte des 20. Jahrhunderts.
Zum einen umfasst der Begriff alle für Frauen spezifischen und relevanten Themen- und Problembereiche wie Bildung, Beruf, Partnerschaft usw. Zum anderen wurde der Begriff im Bezug auf die Frauenbewegung der 60er- bis 80er-Jahre verengt auf Werke, die Feminismus und Emanzipation widerspiegeln. Ferner beinhaltet der Begriff „Frauenliteratur" die weitverbreitete Lesart, wonach diese eine von weiblichen Autoren geschriebene Literatur sei. Nach dieser Definition zählen Bücher über Frauen, die von Männern verfasst sind (z. B. Theodor Fontanes „Effi Briest" oder Christoph Heins „Drachenblut") ebenso wenig zur Frauenliteratur wie Bücher von Frauen, die keine spezifisch weiblichen Themen haben (z. B. Anna Seghers' „Das siebte Kreuz"). Frauenliteratur gilt als eher programmatischer Begriff, der die jahrhundertelange selbstverständliche Dominanz des männlichen Geschlechts kritisiert und bekämpft. Der Begriff lässt jedoch offen, ob es eine eigene weibliche Sprache und Ästhetik gibt.
Bezüglich der jüngsten Literatur wird es immer problematischer von spezifischer Frauenliteratur zu sprechen, weil die meisten Autorinnen die eher kämpferische Note der früheren Werke ablehnen und viele typische Streitfragen zwischen den Geschlechtern weitgehend für erledigt halten.

Im Roman „Das verborgene Wort" von Ulla Hahn wird die Geschichte von Hildegards Kindheit und Jugend erzählt. Diese ist geprägt von den beengten Verhältnissen ihrer Familie und des Dorfes, in dem sie in der frühen Nachkriegszeit aufwächst. Armut, wenig einfühlsame Erziehung und strenger Katholizismus machen ihr das Leben schwer. Als Gegenpol hat sie ihre Fantasie, in der sie sich besonders intensiv mit dem Thema Sprache auseinandersetzt. Diese Form der Emanzipation führt schließlich dazu, dass sie eine weiterführende Schule besuchen darf.

Das verborgene Wort (2001) | Ulla Hahn

In den Wiesen am Rhein holte ich meine Goethe-Gedichte aus dem Matchbeutel. Lehnte mich in den Schatten einer Erle, nichts vor Augen als einen grünen Streifen aus Gras, einen gelben aus Sand, einen grauen aus Wasser und einen aus Himmelblau. Und die Streifen der Zeilen, rubinrot im Sonnenlicht. Der helle Geist spülte meine Seele heraus aus Eilschrift, Verkehrsschrift, Zehnfingersystem, „lösest endlich auch einmal meine Seele ganz".
Die Ordnung der Buchstaben wurde mir erkennbar wie die Ordnung der Dinge. Ich verstand, warum ein Blatt ein Blatt ist und warum ein Blatt „Blatt" heißt. Ich liebte das Wort „Blatt". Am Baum, im Buch. Ich liebte es, Blätter vom Baum zu den Blättern ins Buch zu legen, Blätter verheiraten nannte ich das, Kinder kriegen, wenn sich das grüne Blatt mit den schwarzweißen vermischte, wenn sich der Abdruck des Blattes vom Baum auf dem Buchblatt zeigte. Dass Papier aus Holz hergestellt wird, dass eine enge Beziehung besteht zwischen Buchblatt und Baumblatt, war mir bei meiner Entscheidung für die Lehrzeit auf der Pappenfabrik sogar ein flüchtiger Trost gewesen.
Im Lichte des hellen Geistes verstand ich alles. Die Schönheit war der Schlüssel, die Schönheit der Ordnung, des Sinns. Bestimmung der Buchstaben war es, Wort zu werden, Zweck des Wortes war der Sinn, wer im Wort war, war im Sinn. „Ich bin meine Freiheit." Ich bin mein Sinn. Der Satz ergoss sich in mich wie eine Woge aus Licht. Ich hatte einen schönen Satz gefunden. Ich war glücklich. Ich war mein Sinn. Die Wirklichkeit gehorchte mir aufs Wort, tanzte nach dem Taktstock meines hellen Geistes. Solange es diesem gefiel.
Das Horn eines Schleppkahns brachte mich zu mir. Ich fuhr nach Hause. Zerschlagen, erschöpft. Papier wurde auch aus Lumpen gemacht.
„Ich bin mein Sinn." Das war und blieb ein schöner Satz. Wert, in mein Heft geschrieben zu werden.
Danach besuchte ich Mechthild fast jeden Tag, holte mir meine Absolution, die Gnade des hellen Geistes, ein Gläschen in Ehren, selten zwei, und ließ darauf in den Rheinwiesen oder im Holzstall Frau Wachtel, Dr. Viehkötter und Co. in Flammen aufgehen, Flammen aus züngelnden Buchstaben. [...]

Das Wohnzimmer war warm, als ich am Freitag nach Hause kam. Die Mutter hatte den Ofen angemacht, zum ersten Mal in diesem Herbst, den ganzen Vormittag habe sie sich abplagen müssen mit dem alten Ding, hier, und sie zeigte mir die pfenniggroße Brandblase in ihrer schwieligen Handfläche.

Der Vater hatte sich umgezogen, trug seine beigebraune Strickjacke, die wir in Köln gekauft hatten, und ein sauberes Hemd zur verbeulten Hose, die vor Jahren einmal zum Sonntagsanzug gehört hatte. Auf dem Couchtisch lag Rosenbaums Brief. Daneben zwei Sammeltassen mit Untertassen und Kuchentellern. Die Mutter hatte gebacken. Über einen der Teller lief ein Sprung wie ein ausgefallenes Haar. Wir saßen stumm. Einmal streckte die Großmutter den Kopf zur Tür herein, der Vater knurrte, raus.

Es klingelte. Die Mutter und ich sprangen auf. Der Vater rutschte unbehaglich tiefer in den Sessel, der grünsamten und ausladend die ganze Ecke neben dem Ofen einnahm, erst vor kurzem hatte ihn die Bürgermeisterwitwe ausrangiert.

Die Mutter stieß einen Schrei aus. Rosenbaum war nicht allein gekommen. Er hatte Pastor Kreuzkamp und Lehrer Mohren mitgebracht. Die Mutter warf mir einen vorwurfsvollen Blick zu. Die drei Männer stauten sich im Flur. Die Großmutter hörte die Stimme des Pastors und eilte aus der Küche, selbst der Bruder warf einen Blick auf die Versammlung.

Die Mutter stellte noch zwei Tassen und Teller hinzu, schnitt Kuchen auf, die Großmutter kam mit der Kaffeekanne, der großen mit dem Zwiebelmuster. Bis die Frauen und ich das Zimmer verlassen hatten, redeten die Männer vom Wetter, alle waren sich einig: Das war kein gutes Jahr. Für die Bauern nicht und nicht für die von drüben.

Esch wes jitz, wat die wolle, flüsterte die Mutter mir draußen zu, als hätten die Wände Ohren. Wenn dat blos jut jeht. Du häs doch op dr Papp su en jode Stell. Wat wills de dann noch mi? […]

Rosenbaum saß vor dem Schrank mit der Standuhr von der Kirmes, mit dem Stöckchen hinter der Uhr. Er nickte mir aufmunternd zu. Pastor Kreuzkamps Gesicht war rot, als hätte er gerade seinen Pfarrkindern von der Kanzel herab die Leviten gelesen, Tag des Zornes, Tag der Zähren, das Jüngste Gericht. Er blies weiße Ringe in die Luft, wie man Rauch aufsteigen lässt im Vatikan, wenn ein neuer Papst gewählt worden ist.

Lehrer Mohren war alt geworden, gelb von seinen Malariaanfällen. Müdigkeit drückte seine Gestalt zusammen.

Steh auf, Hildegard, sagte er. Ich lächelte den Lehrer an, blinzelnd, die Tränen mühsam zurückhaltend. Zuletzt sah ich auch den Vater an. Er saß da wie einer, der gerade von seinem Hauptgewinn erfahren hat. Aber vom falschen. Als hätte man einem Bauern, der einen Traktor braucht, gerade ein Medaillon mit einem Splitter vom heiligen Kreuz überreicht. Er kaute auf einem Burger Stumpen.

Steh auf, hatte Lehrer Mohren gesagt. Meine Knie gaben nach. Ich hockte mich auf das unterste Brett des Blumenbänkchens. Mohren klopfte neben sich. Ich setzte mich zu ihm. Saß nun mit den drei Männern dem Vater gegenüber. Ich war bei ihnen, in ihrem Wir. Der Vater war allein. Wir schauten ihn erwartungsvoll an. Er blieb stumm. Schließlich hielt der Pastor eine Art Ansprache. Von den Talenten, die der Herr seinen Knechten anvertraut habe, erzählte er, und dass es Sünde sei, sein Licht unter den Scheffel zu stellen. Auch für ein Mädchen.

Angelockt durch die wohltönende Stimme, die das kleine Haus mühelos vom Keller bis zum Speicher ausfüllte, war die Großmutter ins Zimmer gekommen, auch die Mutter und der Bruder standen in der Tür und hörten zu. Kreuzkamp erhob sich, nahm meine beiden Hände in seine, wie er sie vor Jahren in die Hände genommen hatte, meine Hände mit dem schwarzen Fritz, und drückte sie sanft.

Und das Schulgeld, sagte Mohren, ist auch frei.

Mer wollen für et Heldejaad beten, ließ sich die Großmutter vernehmen und begann ein „Vater unser“. Kreuzkamp fiel mit fester Stimme ein, Mohren stand auf, Rosenbaum auch, zuletzt der Vater. Alle sprachen mit, nur Rosenbaums Stimme konnte ich nicht heraushören. Dann holte die Großmutter den Aufgesetzten vom Kellerbrett. Mein Gläschen schob ich unauffällig Rosenbaum zu.

Jojo, ließ sich endlich auch der Vater vernehmen. Et is ald spät. Esch ben möd. Er nickte den drei Männern zu, drückte sich an den Frauen vorbei, an mir. Er sah mich nicht an. Ihn zu berühren, ihm zu danken, ich wagte es nicht.

Rosenbaum, Kreuzkamp und Mohren gaben mir jeder zum Abschied noch etwas mit auf den Weg. Wie die Heiligen Drei Könige, spöttelte der Bruder später. Mohren sprach die ersten Zeilen des Gedichts, das er mir vor Jahren ins Poesiealbum geschrieben hatte: „Geduld bringt Rosen. Es ist Geduld ein rauer Strauch voll Dornen aller Enden, und wer ihn kennt, der merkt es auch an Füßen und an Händen.“ Aber, schloss er und zog mich am Ohrläppchen, der Kranz von Rosen ist dir gewiss.

Kreuzkamp hatte eine kleine, weiße Karte für mich, nicht halb so groß wie ein Heiligenbildchen. „Johannes-Offenbarung“ stand darauf, „2,17“. Zum

Nachlesen, sagte er. Das, was für dich gerade das Richtige ist, wirst du schon verstehen. Ganz verstehen wir es ohnehin niemals. Nicht in diesem Leben. Zuletzt gab mir Rosenbaum die Hand. Er zog ein Reclamheftchen aus der Tasche. Kennen Sie den Dichter Heine? fragte er.
Die „Loreley“, antwortete ich, „Belsazar“. „Der Schelm von Bergen“. Und „Die Wallfahrt nach Kevlaar“.
Dies ist eine Auswahl seiner schönsten Gedichte. Ich werde den Brief an die Schule gleich morgen schreiben. Lassen Sie bald von sich hören.
Der Brief von der Schule kam an mich. Nicht an den Vater. Die Einladung zur Aufnahmeprüfung.
Hast du denn vor der Prüfung keine Angst? fragte der Bruder. Ich verstand die Frage kaum. Die einzige Hürde, vor der ich gezittert hatte, war genommen. Was jetzt kam, war ein Kinderspiel.

Hahn, Ulla, Das verborgene Wort. Roman, Deutsche Verlags-Anstalt, München 2001, S. 563 f., 616 ff.

1. Fassen Sie das Bild der weiblichen Figur im Romanauszug „Das verborgene Wort“ zusammen.
2. Analysieren Sie die im Text erkennbare Funktion von Sprache für die Entwicklung von Hildegards Persönlichkeit.
3. Charakterisieren Sie anhand von Ulla Hahns Textauszug die Strategie der Honoratioren und das Verhalten der Familie.

Auf der beigefügten CD finden Sie zusätzlich einen Auszug aus dem Roman „Dies ist kein Liebeslied“ von Karen Duve.

Wie soll ich mich nennen? (1952) | Ingeborg Bachmann

Einmal war ich ein Baum und gebunden,
dann entschlüpft ich als Vogel und war frei,
in einen Graben gefesselt gefunden,
entließ mich berstend ein schmutziges Ei.

Wie halt ich mich? Ich habe nie vergessen,
woher ich komme und wohin ich geh,
ich bin von vielen Leibern besessen,
ein harter Dorn und ein flüchtendes Reh.

Freund bin ich heute den Ahornzweigen,
morgen vergehe ich mich an dem Stamm …
Wann begann die Schuld ihren Reigen,
mit dem ich von Samen zu Samen schwamm?

Aber in mir singt noch ein Beginnen
– oder ein Enden – und wehrt meiner Flucht,
ich will dem Pfeil dieser Schuld entrinnen,
der mich in Sandkorn und Wildente sucht.

Vielleicht kann ich mich einmal erkennen,
eine Taube einen rollenden Stein …
Ein Wort nur fehlt! Wie soll ich mich nennen,
ohne in anderer Sprache zu sein.

Bachmann, Ingeborg, Wie soll ich mich nennen?, in: Werke, hrsg. von Christine Koschel, Inge von Weidenbaum, Clemens Münster, Bd. 1: Gedichte, Hörspiele, Libretti, Übersetzungen, Piper Verlag, München/Zürich 1982, S. 109 f.

Auswahlliste zu erzählenden Texten der Frauenliteratur

- Bachmann, Ingeborg, „Malina“ (1971)
- Brückner, Christine, „Wenn du geredet hättest, Desdemona“ (1983)
- Christ, Lena, „Erinnerungen einer Überflüssigen“ (1912)
- Demski, Eva, „Afra“ (1992)
- Drewitz, Ingeborg, „Gestern war Heute“ (1978)
- Franck, Julia, „Die Mittagsfrau“ (2007)
- Frischmuth, Barbara, „Amy oder Die Metamorphose“ (1978)
- Hahn, Ulla, „Ein Mann im Haus“ (1991)
- Haushofer, Marlen, „Die Wand“ (1963)
- Jelinek, Elfriede, „Die Klavierspielerin“ (1983)
- Reimann, Brigitte, „Franziska Linkerhand“ (1974)
- Schmitter, Elke, „Frau Sartoris“ (2000)
- Schwaiger, Brigitte, „Wie kommt das Salz ins Meer“ (1977)
- Schwerdtfeger, Malin, „Café Saratoga“ (2001)
- Wander, Maxie, „Guten Morgen, du Schöne“ (1977)
- Wolf, Christa, „Kassandra“ (1983)

1. Diskutieren Sie am Beispiel des Gedichts von Ingeborg Bachmann die Weiblichkeit und Männlichkeit der Bilderwelt.
2. Suchen Sie im Internet Theorietexte zur Frauenliteratur.
3. Recherchieren Sie Namen von deutschsprachigen Lyrikerinnen und Dramatikerinnen.
4. Analysieren Sie die Lebensläufe einzelner Autorinnen verschiedener Epochen, z. B. Sophie La Roche, Annette von Droste-Hülshoff, Else Lasker-Schüler und Ingeborg Bachmann.

4 Interkulturelle Literatur

Das Thema **Migration** besitzt in Zeiten der Globalisierung große gesellschaftliche Relevanz, was sich letztlich auch in der Literatur niederschlägt. Der Begriff „interkulturelle Literatur" hat in den letzten Jahren frühere Bezeichnungen wie „Migrantenliteratur" oder noch ältere wie „Gastarbeiterliteratur", „Ausländerliteratur" oder „Minderheitenliteratur" abgelöst. All diese Begriffe spiegeln auch die gesellschaftliche Diskussion im Einwanderungsland Deutschland wider. Der zeitgeschichtliche, soziale und kulturelle Hintergrund dieser spezifischen Literatur ist demnach gekennzeichnet durch folgende Schlagworte: Wirtschaftswunder, Gastarbeiter, Einwanderung, Minderheiten, Migration, Asyl, Exil, Integration, Assimilation, Interkulturalität, Multikulti, Leitkultur, Sprachkultur...

Unter „interkultureller Literatur" versteht man in der Regel deutschsprachige Literatur, deren Verfasser (oder zumindest ihre unmittelbaren Vorfahren) aus nicht deutschsprachigen Ländern kommen bzw. dort aufgewachsen sind. Interkulturelle Literatur wird definiert als **kulturenübergreifende Literatur**, die sich meist für Deutsch als Sprache des Ausdrucks oder der Schrift entscheidet. Nach diesem Verständnis zählen dann auch Autoren aus Gebieten, in denen sie zur deutschsprachigen Minderheit gehören (vgl. Herta Müller, Oskar Pastior, Artur Becker), zur interkulturellen Literatur.

Die Beschäftigung mit solcher Literatur besitzt Tradition in der deutschen Literaturgeschichte, v. a. wegen der Überzeitlichkeit von Fremdheitserfahrungen (vgl. Franz Kafka, Paul Celan, Elias Canetti u. a.). Literatur von Migranten gehört als „andere deutsche Literatur" (Ilija Trojanow) zur deutschen Kultur, d. h., Deutschland gewinnt einen Teil seiner kulturellen Identität auch aus einer Wechselbeziehung mit dem noch Fremden bzw. mit dem nicht mehr Fremden. Ein großer Teil dieser Literatur stammt von Autoren aus dem süd- bzw. südosteuropäischen Raum (Italien, Spanien, Portugal, Griechenland, Jugoslawien) sowie aus der Türkei; diese sogenannte Gastarbeiterliteratur knüpft seit den 60er-Jahren vielfach an die deutsche Arbeiterliteratur und an die „Literatur der Arbeitswelt" an. Mit dem Abflauen der Arbeitsmigration in den 70er-Jahren setzt sich in den 80er- und 90er-Jahren für die Literatur von Autoren nicht deutscher Erstsprache in Deutschland, Österreich und der Schweiz hauptsächlich der Begriff „Migrantenliteratur" durch. Die Autoren sind oft Flüchtlinge aus Kriegs- und Krisengebieten, politisch Verfolgte, z. B. aus Osteuropa, Lateinamerika, dem Nahen Osten, Ostasien und Schwarzafrika, oder es handelt sich um die zweite und dritte Generation der bereits Eingewanderten. Seit den späten 90er-Jahren des letzten Jahrhunderts trägt die Bezeichnung „interkulturelle Literatur" der in der Literatur wie auch in der gesellschaftlichen Entwicklung erkennbaren Kultursynthese Rechnung.

Interkulturelle Literatur als Literatur der Kultursynthese beinhaltet die Widerspiegelung von kulturen-, zeit- und grenzübergreifenden Themen, das Zusammenführen von unterschiedlichen Blickwinkeln auf deutsches Leben oder das in den Herkunftsländern (Kultur, Verhältnis der Geschlechter etc.), die Entwicklung von Neuem aus der Berührung/Konfrontation von Fremdheit und Vertrautheit. Interkulturelle Literatur leistet einen Beitrag zur Sensibilisierung für die deutsche Sprache bzw. zur Bereicherung der deutschen Sprache und sie übt einen Einfluss aus auf die deutsche Erzähl- und Dichtungstradition. Inhaltlich-thematisch geht es in den Werken der interkulturellen Literatur natürlich oft um Probleme der Fremdheit und Heimkehr, der Ausgrenzung oder der Integration, der Identität (Identitätsverlust – Identitätswandel) und der Sprache; das Themenspektrum wird jedoch zunehmend größer: Familien-

geschichte, Erinnerungsarbeit, multikulturelles Zusammenleben, Migration als Chance, Heimisch werden – der Vorrat an Themen erscheint unerschöpflich, zumal das Interkulturelle immer öfter zugunsten der Literatur zurücktritt.
Die interkulturelle Literatur umfasst eine große Bandbreite von unterschiedlichsten Prosatexten und verschiedenartigster Lyrik; daneben gibt es ein sehr lebendiges interkulturelles Leben in den Bereichen Theater, Kabarett, Film, Musik und darstellende Kunst. Eine wichtige Rolle spielen auch Printmedien, Fernsehen und Hörfunk sowie das Internet aus den Herkunftsländern der interkulturellen Schriftsteller und Künstler.
Die Bedeutung der interkulturellen Literatur in Deutschland unterstreicht der 1985 gestiftete Adalbert-von-Chamisso-Preis für Autoren nicht deutscher Muttersprache, die mit ihren (in deutscher Sprache geschriebenen) Werken einen wichtigen Beitrag zur deutschsprachigen Literatur leisten. Zu den Preisträgern gehört neben Franco Biondi, Rafik Schami und Ilija Trojanow auch die 1946 im anatolischen Malatya geborene Emine Sevgi Özdamar.

Özdamars Buch „Die Brücke vom Goldenen Horn" (1998) schildert das Schicksal einer 17-jährigen jungen Frau zwischen zwei Welten: Sie erlebt als Fremde in Berlin die Zeit des Aufbruchs, um nach ihrer Rückkehr nach Istanbul politische Repression erdulden zu müssen. In einer Türkei zwischen Tradition und Moderne sieht sie die Fährschiffe auf dem Marmara-Meer, die täglich die Menschen zwischen dem europäischen und dem asiatischen Teil Istanbuls hin- und herfahren.

Die Brücke vom Goldenen Horn (1998) | Emine Sevgi Özdamar

Ich lebte mit vielen Frauen in einem Frauenwohnheim, Wonaym sagten wir. Wir arbeiteten alle in der Radiofabrik, jede musste bei der Arbeit auf dem rechten Auge eine Lupe tragen. Auch wenn wir abends zum Wonaym zurückkamen, schauten wir uns oder die Kartoffeln, die wir schälten, mit unserem rechten Auge an. Ein Knopf ging ab, die Frauen nähten auch den Knopf mit dem geöffneten rechten Auge an. Das linke zwickte sich immer zusammen und blieb halb geschlossen. Wir schliefen auch so, das linke immer etwas gezwickt, und am Morgen um fünf Uhr, wenn wir im Halbdunkel unsere Hosen oder Röcke suchten, sah ich, dass auch die anderen Frauen wie ich nur mit dem rechten Auge suchten. Seitdem wir in der Radio-lampenfabrik arbeiteten, glaubten wir unserem rechten Auge mehr als unserem linken Auge. Mit dem rechten Auge hinter der Lupe konnte man mit der Pinzette die dünnen Drähte der kleinen Radiolampen biegen. Die Drähte waren wie die Beine einer Spinne, sehr fein, ohne Lupe fast unsichtbar. Der Fabrikchef hieß Herr Schering. Sherin sagten die Frauen, Sher sagten sie auch. Dann klebten sie Herrn an Sher, so hieß er in manchen Frauenmündern Herschering oder Herscher. […]

Wir sahen den Herscher nie. Die türkische Dolmetscherin trug seine deutschen Wörter als türkische Wörter zu uns: „Herscher hat gesagt, dass ihr euch …" Weil ich diesen Herscher nie sah, suchte ich ihn im Gesicht der türkischen Dolmetscherin. Sie kam, ihr Schatten fiel über die kleinen Radiolampen, die wir vor uns hatten.
Während der Arbeit wohnten wir in einem einzigen Bild: unsere Finger, das Neonlicht, die Pinzette, die kleinen Radiolampen und ihre Spinnenbeine. Das Bild hatte seine eigenen Stimmen, man trennte sich aus den Stimmen der Welt und von seinem eigenen Körper. Die Wirbelsäule verschwand, die Brüste verschwanden, die Haare verschwanden. Manchmal musste man Nasenschleim hochziehen. Man schob das Nasenschleimhochziehen immer weiter vor sich her, als ob es das vergrößerte Bild, in dem wir wohnten, kaputtmachen könnte. Wenn die türkische Dolmetscherin kam und ihr Schatten auf dieses Bild fiel, zerriss das Bild wie ein Film, der Ton verschwand, und es entstand ein Loch. Wenn ich dann auf das Gesicht der Dolmetscherin schaute, hörte ich wieder die Stimmen der Flugzeuge, die irgendwo im Himmel waren, oder ein metallenes Ding fiel auf den Fabrikhallenboden und machte Echos. Ich sah, dass den Frauen genau in dem Moment, in dem sie die Arbeit unterbrachen, Schuppen auf ihre Schultern fielen. Wie ein Postbote, der einen Einschreibebrief bringt und auf die Unterschrift wartet, wartete die Dolmetscherin, nachdem sie für uns Herscherings deutsche Sätze ins Türkische übersetzt hatte, auf das Wort Okay.

Wenn eine Frau als Antwort anstelle des englischen Okay das türkische Wort tamam benutzte, fragte die

Dolmetscherin noch mal: Okay?, bis die Frau „Okay“ sagte. Wenn eine Frau sie mit dem Okay etwas warten ließ, weil sie gerade die kleinen Beine einer Radiolampe mit ihrer Pinzette bog und keinen Fehler machen wollte oder vor ihrer Lupe die Lampe kontrollierte, pustete die Dolmetscherin aus Ungeduld ihren Pony von ihrer Stirn hoch, bis das englische Okay kam.

Wenn wir mit ihr zum Fabrikarzt gingen, sagten wir zu ihr: „Sag dem Arzt, dass ich wirklich krank bin, Okay?“ Das Wort Okay kam auch ins Frauenwonaym …

„Du putzt morgen das Zimmer, Okay?“

„Tamam“

„Sag Okay.“

„Okay.“

In den ersten Tagen war die Stadt für mich wie ein endloses Gebäude. Sogar zwischen München und Berlin war das Land wie ein einziges Gebäude. In München aus der Zugtür raus mit den anderen Frauen, rein in die Bahnhofsmissionstür. Brötchen – Kaffee – Milch – Nonnen – Neonlampen, dann raus aus der Missionstür, dann rein in die Tür des Flugzeugs, raus in Berlin aus der Flugzeugtür, rein in die Bustür, raus aus der Bustür, rein in die türkische Frauenwonaymtür, raus aus der Wonaymtür, rein in die Kaufhaus-Hertietür am Halleschen Tor. Von der Wonaymtür gingen wir zur Hertietür, man musste unter einer U-Bahnbrücke laufen. Bei Hertie im letzten Stock gab es Lebensmittel. Wir waren drei Mädchen, wollten bei Hertie Zucker, Salz, Eier, Toilettenpapier und Zahnpasta kaufen. Wir kannten die Wörter nicht. Zucker, Salz. Um Zucker zu beschreiben, machten wir vor einer Verkäuferin Kaffeetrinken nach, dann sagten wir Schak Schak. Um Salz zu beschreiben, spuckten wir auf Herties Boden, streckten unsere Zungen raus und sagen: „eeee“. Um Eier zu beschreiben, drehten wir unsere Rücken zu der Verkäuferin, wackelten mit unseren Hintern und sagten: „Gak gak gak.“ Wir bekamen Zucker, Salz und Eier, bei Zahnpasta klappte es aber nicht. Wir bekamen Kachelputzmittel. So waren meine ersten deutschen Wörter Schak Schak, eeee, gak, gak, gak. […]

Außer den blonden Haaren meiner Mutter war in der Wohnung alles wie früher. Als ich vor zwei Jahren nach Deutschland gegangen war, hatte die Glühbirne am Hauseingang gezittert. Sie zitterte immer noch. Auch das alte Radio gab es noch. Mein Vater sprach mit ihm wie mit einem Menschen. „Gib die Stimme her, sonst schlage ich dich.“ Oder er sagte: „Jetzt hat es wieder keine Lust.“ Der Kühlschrank in der Küche machte die gleichen lauten Geräusche. Die Nachbarin mit ihrer Katze saß immer noch auf dem gleichen Stuhl unter unserem Balkon. Sie trug einen Kimono, und ich sah von oben herunter wie früher ihre Riesenbrüste. Die Nachbarinnen gingen, wie früher, laut mit ihren Stöckelschuhen die Treppen herunter. In ihren Wohnungen schlugen die Türen wie immer wegen der offen stehenden Fenster zu. Nur ich war mit Sachen nach Istanbul zurückgekommen, die ich jetzt vor den Augen meiner Eltern verstecken musste. Als Erstes versteckte ich das Gedicht von Jordi in einem meiner Stiefel und stopfte noch eine Zeitung darüber. Mein Vater legte manchmal seine Hosen unter die Matratzen, damit sie ihre Bügelfalten behielten. Ich fand eine seiner Hosen unter meiner Matratze und wurde sofort nervös. „Leg deine Hose nicht unter mein Bett!“ Meine Mutter wollte meine Blusen mit den Hemden meines Vaters waschen. „Nein, ich wasche meine Blusen getrennt“, sagte ich. „Du bringst eine neue Mode mit nach Hause, hast du das in Europa gelernt?“, fragte sie. […]

Das Schiff wartete. Ich fuhr damit zurück zur asiatischen Seite, viele Männer und Frauen auf dem Schiff lasen Zeitungen. In CUMHURIYET gab es ein Foto: „Der rote Rudi Dutschke“. Die Nachricht war „Tausende Studenten sind in Westberlin auf der Straße mit der Polizei zusammengestoßen“.

Berlin war für mich wie eine Straße gewesen. Als Kind war ich bis Mitternacht auf der Straße geblieben, in Berlin hatte ich meine Straße wiedergefunden. Von Berlin war ich in mein Elternhaus zurückgekehrt, aber jetzt war es für mich wie ein Hotel, ich wollte wieder auf die Straße. Auf dem Schiff nahmen die Männer ihre Zeitungen vor ihren Gesichtern herunter und schauten mich an. Jeden Abend würde ein Schiff voller Menschen kommen, um mich als Schauspielerin auf der Bühne zu sehen. Die Männer werden sich in mich verlieben. Ich merkte plötzlich, dass ich sehr neugierig war, wie diese Männer, die sich in mich verlieben würden, aussähen. Ich wollte wie Molière auf der Bühne sterben, zwischen den Kulissen. Ich sah mich auf der Bühne, andere Schauspieler trugen mich auf ihren Armen, ich blutete aus dem Mund, starb und hinterließ keine Kinder, die nach meinem Tod weinen müssten. Das Schiff befand sich gerade in der Mitte zwischen dem asiatischen und europäischen Istanbul. Die Schauspielerin kam aus meinem Körper heraus, vor sich her schob sie einen Mann und ein Kind und warf sie vom Schiff ins Marmara-Meer. Dann kam sie zurück und ging wieder in mich hinein. Als das Schiff auf der asiatischen Seite ankam, wusste ich, dass ich in meinem Leben niemals heiraten wollte. Ich konnte gar nicht warten, bis ich zu Hause war. Bevor ich in den Bus einstieg, rief ich meine Mutter an. „Ich will nicht heiraten, ich will in die Schauspielschule gehen."

„Du kannst deutsch sprechen, warum willst du heiraten? Wenn du eines Tages heiraten willst, gibt es so viele Männer." Ich merkte, dass ich am Telefon mit meiner Mutter leichter sprechen konnte als zu Hause. Das Telefon stand auf der Straße, und die Straße gab mir Mut, aber zu Hause schloss ich mich einen ganzen Tag in meinem Zimmer ein. […]

Wenn ich in den Nächten spät nach Hause kam, saß mein Vater manchmal noch vor dem Radio, suchte Musik, schlug ein paar Mal auf das alte Radio, damit die Stimme herauskam, und sagte zu mir: „Meine Tochter, du bist ein Mann geworden. Du hast aus Deutschland eine neue Mode gebracht. Du kommst in der Nacht nach Hause." Er sagte auch: „Meine Tochter, du drehst dich wie die Welt im All, hoffentlich gehst du nicht im Himmel verloren." Tagsüber ging ich zur europäischen Seite zur Schauspielschule, dann zur Cinemathek, dann zum Restaurant „Kapitän" und dann kam ich zurück zur asiatischen Seite von Istanbul zu meinem Elternhaus wie in ein Hotel. Ich schlief in Asien und fuhr, wenn der Vogel Memisch am Morgen anfing zu singen, wieder nach Europa. […]

„Gott sei Dank geht alles schnell vorüber
Auch die Liebe und der Kummer sogar.
Wo sind die Tränen von gestern Abend?
Wo ist der Schnee vom vergangenen Jahr?"

Ich sang leise in der dunklen Nacht das Lied auf Deutsch, und als ich bei meinen Eltern im Bett lag, dachte ich, ich werde nach Berlin gehen und am Theater arbeiten. Mein Herz klopfte laut.

Özdamar, Emine Sevgi, Die Brücke vom Goldenen Horn. Roman, Verlag Kiepenheuer & Witsch, Köln ³2008, S. 16–19, S. 177, S. 193 f., S. 329, gekürzt

■ Auswahl von Autoren und Werken

- Arjouni, Jakob, „Happy birthday", Türke (1987)
- Atabay, Cyrus, „Meditation am Webstuhl" Neue Gedichte (1996)
- Bánk, Zsuzsa, „Der Schwimmer" (2002)
- Bauernsima, Igor, „Exil" (2000)
- Becker, Artur, „Die Zeit der Stinte" (2006)
- Biondi, Franco, „Nicht nur gastarbeiterdeutsch" Gedichte (1979)
- Bronsky, Alina, „Scherbenpark" (2008)
- Darko, Amma, „Der verkaufte Traum" (1995)
- Kaminer, Wladimir, „Militärmusik" (2001)
- Monikova, Libuse, „Die Fassade" (1987)
- Mora, Terézia, „Seltsame Materie" (1999)
- Müller, Herta, „Der König verneigt sich und tötet" (2003); „Atemschaukel" (2009)
- Ören, Aras, „Deutschland. Ein türkisches Märchen" Gedichte (1978)
- Özdamar, Emine Sevgi, „Mutterzunge" (1990)
- Pastior, Oskar, „Vom Sichersten ins Tausendste" Gedichtsammlung (1969)
- Said, „Wo ich sterbe ist meine Fremde. Lyrik" (1983)
- Schami, Rafik, „Reise zwischen Nacht und Morgen" (1995)
- Senocak, Zafer, „Gefährliche Verwandtschaft" (1998)
- Stanisic, Sasa, „Wie der Soldat das Grammofon repariert" (2006)
- Tawada, Yoko, „Wo Europa anfängt. Prosa-Lyrik" (1991)
- Trojanow, Ilija, „Der Weltensammler" (2006)
- Tschinag, Galsam, „Der siebzehnte Tag. Zwei Erzählungen" (1992)
- Vertlib, Vladimir, „Abschiebung" (1995)
- Zaimoglu, Feridun, „Abschaum" (1997), „Leyla" (2006)

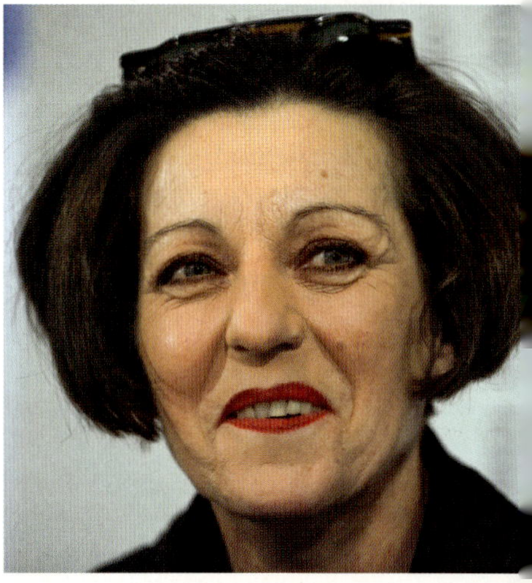

Herta Müller, Literaturnobelpreisträgerin 2009

vgl. auch Anthologien:
- Ljubic, Nicol (u. a.), „Feuer, Lebenslust! Erzählungen deutscher Einwanderer" (2003)
- Lottmann, Joachim (Hrsg.), „Kanaksta. Von deutschen und anderen Ausländern" (1999)
- Trojanow, Ilija, „Döner in Walhalla. Anthologie der anderen deutschen Literatur" (2000)
- Tuschick, Jamal (Hrsg.), „Morgen Land. Neueste deutsche Literatur" (2000)

1. Untersuchen Sie die Begegnung der Ich-Erzählerin mit der deutschen Sprache und Arbeitswelt.
2. Wie empfindet die junge Türkin ihr Elternhaus nach der Rückkehr in die Türkei?
3. Interpretieren Sie die Gedanken der Protagonistin während der Schifffahrt.
4. Recherchieren Sie das Herkunftsland der oben genannten Autoren interkultureller Literatur.

5 Lust auf Lyrik

Lyrik führt gewissermaßen ein doppeltes Dasein: Niedrigen Auflagenzahlen gedruckter Lyrikbände stehen vielfältige, lebendige Formen im alltäglichen modernen Kulturleben gegenüber. Auch im privaten Umfeld ist Lyrik als lebendige Gattung durchaus präsent. Zudem ist eine rege Auseinandersetzung mit Lyrik im kleineren öffentlichen Kreis zu beobachten, z.B. in Form von Lesungen in Bibliotheken und Buchhandlungen sowie als ergiebiges Diskussionsthema in literarischen Zirkeln.

Poetry-Slam, Auftritt im Jungen Literaturhaus, Köln 2007

In einer jüngeren repräsentativen Umfrage anlässlich des Welttages der Poesie wurden folgende Ergebnisse ermittelt: Jeder zweite Deutsche hat mit Lyrik wenig im Sinn und schon länger kein Gedicht mehr gelesen; 58 Prozent der Männer waren lange nicht mehr mit Gedichten in Kontakt gekommen. 40 Prozent der Frauen geben sich als aktuelle Leserinnen von Versen. In der Altersgruppe der 20- bis 29-Jährigen haben 63 Prozent schon länger keine Lyrik mehr gelesen.

Im Laufe der Zeit hat sich die Lyrik im deutschen Sprachraum – im Gegensatz zu anderen Ländern – aus ganz unterschiedlichen Gründen immer mehr in eine Nische zurückgezogen, zu der nur noch wenige Menschen Zugang finden. Der Autor Hans Magnus Enzensberger hat vor einiger Zeit die Zahl von 1.354 Lyriklesern im deutschsprachigen Raum zur Diskussion gestellt und damit auf pointierte Art und Weise deutlich gemacht, wo die deutschsprachige Lyrik im Vergleich zur Prosa heute steht. Von wenigen großen Verlagen abgesehen, die noch Lyriktitel im Programm haben, sind es in erster Linie die kleinen Verlage, die für etwa 3.000 Neuerscheinungen pro Jahr verantwortlich zeichnen.

Folgende Texte thematisieren und veranschaulichen die durchaus vorhandene Lebendigkeit dieser literarischen Gattung.

Dichten als Kampfsport

von Christoph Schlegel

[…] Poetry-Slam ist, wenn Dichter auf Bühnen steigen und ihr Selbstverfasstes dem Publikum entgegenschleudern. Im besten Fall sind es amüsante Reimmassaker, tollkühne Texte, witzige Wendungen. Im schlimmsten Fall ist es eine peinliche Selbstentblößung. Aber immer ist es eine Wettkampflesung. Die Poeten ringen um die Gunst des Publikums. Entweder die Leute gehen mit, johlen, klatschen, oder es endet grausam, das Publikum schweigt, im Hintergrund klirren Biergläser, und jeder weiß: Dieser Text hätte nie geschrieben werden dürfen.

Das schreckt kaum einen. Die Szene ist schwer in Bewegung. Poetry-Slam erlebt in jüngster Zeit eine rasante Entwicklung. Mehr als hundert Städte im Land verzeichnen regelmäßige Slam-Schlachten. […]

Die Abende tragen Namen wie „Dichterkrieg“, „Grend Slam“ oder „Schuppenslam“, und auftreten darf, wen die Muse treibt. Das sind nicht wenige. Das Mitteilungsbedürfnis ist groß, die Schubladen voll mit Unveröffentlichtem und Unerhörtem. Trotz allgemeinen Bloggens und Youtubens scheint das authentische „Ich-lese-euch-mein-Zeug-und-ihr-müsst-zuhören“ konkurrenzlos. Nachwuchssorgen kennt die Szene nicht. Zu Ereignissen wie der großen „Dichterschlacht“ in Darmstadt reisen Hunderte Poeten an, darunter Alte, Verkannte, Talente und Pubertätsgequälte.

Vor kurzem feierte sich die Szene mit einer opulenten viertägigen deutschsprachigen Meisterschaft in München. Und der Slam-Euphorie kann sich selbst der WDR nicht entziehen und wird im Februar erstmals einen TV-Slam ins Nachtprogramm setzen. Das war so nicht abzusehen. Mitte der neunziger Jahre hatte das Wettdichten in Deutschland Fuß gefasst – da zierten New Yorker Slam-Poeten bereits die Cover von Lifestyle-Magazinen und traten bei MTV auf. […]

Die einzigen Regeln: Jeder hat eine knapp bemessene Zeit, singen darf keiner, und Requisiten sind verboten. Sonst ist alles frei. Gedichte, Gemeinheiten, Kurzprosa, gereimt, ungereimt, lustig, ernst, egal. In München hat ein Slammer die Vorrunde mit einer Geschichte über die Beerdigung seines Vaters gewonnen. […]

Die meisten Dichter sind allerdings zwischen 20 und 35, und das macht die Slams immer auch zum Befindlichkeitspotpourri der Generation Praktikum.

Für den Literaturbetrieb kein Grund, das wirklich ernst zu nehmen. An den Slams haftet das unguteste aller Labels: Spaßkultur. Da sitzen keine Literaturagenten, keine Verlagslektoren im Publikum wie beim Open Mike in Berlin. […]

Was dem Literaturbetrieb allerdings zu schaffen macht, sind die steigenden Zuschauerzahlen. „Die Verlage haben aber den Dreh noch nicht raus, wie sie das wachsende Publikumsinteresse für sich nutzen können“, sagt Ko Bylanzky. Ein Slam-Text wirke eben in der Darbietung, nicht auf Papier.

Ko Bylanzky ist einer der Paten des Slam-Betriebs. […] Ko lebt für und vom Slam, er organisiert mit seinem Kollegen Rayl Patzak monatlich einen Poetry-Slam in München (O-Ton Ko: „der größte Europas“), und beide haben jüngst die deutschsprachigen Meisterschaften, den Slam 2006, in der bayerischen Hauptstadt veranstaltet. Ein Spektakel mit rund 230 Poeten aus mehr als 70 Städten, die größte Meisterschaft bisher. […]

München hat gezeigt, welches Potenzial im Poetry-Slam steckt, wie unterhaltsam es sein kann, wenn sich intelligente Köpfe mit ihrer Sprachfindigkeit, ihrem Wortwitz, ihrer Ausdrucksstärke bekämpfen – und zwar live und in echt. Gewonnen hat Marc-Uwe Kling, 24, aus Berlin, mit einem donnernd komischen Text über die Generation Praktikum und darüber, wie jeder jeden zum Praktikanten macht. […]

Die Veranstaltungen finden auf Augenhöhe statt. Hier spricht keiner von oben nach unten, hier sprechen Gleiche zu Gleichen über Gleiches. Die einen haben Worte gefunden für das, was die anderen auch spüren, aber nicht ausdrücken können. […]

Schlegel, Christoph, Dichten als Kampfsport, in: Der Spiegel Nr. 2 vom 15.01.2007, S. 138 ff., gekürzt

1. Definieren Sie den Begriff „Poetry-Slam“.

2. Welche Gründe sieht Christoph Schlegel für das zunehmende (Medien-)Interesse an Poetry-Slams?

3. Wie beurteilt Schlegel das Verhältnis dieser „jungen“ Poesie zur herkömmlichen Lyrik?

Auf der beigefügten CD finden Sie zusätzlich einen Text mit Arbeitsaufträgen zur deutschen Songlyrik.

„Die Oma kann das auch!"

Deutsch-Lehrerin Claudia Mutter wirbt fürs Gedichte-Lernen

SZ: Passt das Auswendiglernen von Gedichten überhaupt noch in den modernen Schulalltag?

Mutter: Ja, es gehört dazu. Es ist zunächst einmal eine gute Gedächtnisleistung und es fördert die Konzentration. Außerdem sind Gedichte Teil unseres kulturellen Erbes. Es würde ein Stück „Anspielungsgemeinschaft" wegbrechen, wenn Kinder sie nicht mehr lernen. Wo sollten sie das lernen, wenn nicht in der Schule?

SZ: Aber die Schüler stehen heute der SMS-Sprache sicher viel näher als der Lyrik Goethes oder Hölderlins.

Mutter: Das stimmt, aber gerade darin liegt auch der Grund, ihnen Gedichte über das Auswendiglernen näher zu bringen. Die moderne mediale Kultur zielt auf Beschleunigung. Sich einzulassen auf Gedichte heißt auch: sich Zeit nehmen. Es fordert Verlangsamung, intensives Lesen und Sprechen. Da entdecken Kinder plötzlich viel mehr.

SZ: Abgesehen vom kulturellen Erbe – was bringt den Kindern und Jugendlichen das Memorieren und Vortragen von Versen? Außer auf Hochzeiten oder Geburtstagen trägt doch heute kaum noch jemand ein Gedicht vor.

Mutter: Etwas vor der Klasse zu präsentieren ist das eine. Das könnten Schüler aber auch mit anderen Texten üben. Am wichtigsten ist *apprendre par cœur*, wie es so schön im Französischen heißt: sich etwas mit dem Herzen aneignen. Sich ganz einlassen. Lernen Kinder Vokabeln, geht es um Sachwissen. Das hat einen pragmatischen Nutzen. Gedichte lernen hingegen ist etwas sehr Persönliches, es trägt zur Ich-Entwicklung bei. Das bleibt, das kann keiner mehr nehmen. Auch in den düsteren Tagen des Lebens kann ein Gedicht, das man im Kopf hat, helfen. Die Biografien von Dietrich Bonhoeffer und Ruth Klüger zeigen das deutlich. Bei der Behandlung von Balladen berichten Kinder beeindruckt: Stellen Sie sich vor: Die Oma, die kann das auch noch!

SZ: Wirkt der Zauber der verdichteten Sprache bei Kindern und Jugendlichen besonders gut?

Mutter: Lyrik ist die früheste sprachästhetische Erfahrung: Rhythmus, Töne, das nimmt der Mensch schon im Mutterleib wahr. Wiegenlieder, gesummte Melodien – auch Gedichte haben Takt, Rhythmus und Klang. Schon kleine Kinder lernen automatisch Lieder, Reime, Verse, ohne dass man ihnen das extra auftragen muss.

SZ: Wie steht es mit den Klassikern, ist Schillers „Glocke" immer noch ein Muss?

Mutter: Der Bildungsplan kennt keinen verbindlichen Kanon mehr, und die „Glocke" halte ich auch nicht für den idealen Text zum Auswendiglernen, nicht nur wegen des Frauenbilds darin. Grundsätzlich habe ich aber nichts gegen lange Balladen einzuwenden. Es kommt auf die Methode an, wie man die Kinder an die Texte heranführt. Insgesamt meine ich, dass viel zu wenig Lyrik auswendig gelernt wird, zumindest am Gymnasium. Da könnte man mehr an gute Gewohnheiten der Grundschulen anknüpfen.

SZ: Müssen die Schüler bei Ihnen zum Vortragen immer noch nach vorn an die Tafel?

Mutter: Das Präsentieren vor der Klasse gehört dazu. Es bereitet Kindern übrigens weniger Probleme als früher. Sie sind heute selbstbewusster, und manche genießen es richtig, den anderen etwas vortragen zu können. Sicher macht das Auswendiglernen zunächst einmal Mühe, aber das Auswendigkönnen hinterher bereitet dann umso mehr Freude.

SZ: Welches klassische Werk halten Sie denn für besonders geeignet, um Schüler für Gedichte zu begeistern?

Mutter: Goethes „Zauberlehrling". Neben der Geschichte, die die Ballade erzählt, sind es vor allem die Zaubersprüche, die die Kinder ansprechen. Und sie prägen sich gut ein.

„Die Oma kann das auch!" Deutsch-Lehrerin Claudia Mutter wirbt fürs Gedichte-Lernen, in: Süddeutsche Zeitung vom 09.07.2008

1. An welche Gedichte Ihrer bisherigen Schulzeit erinnern Sie sich? Können Sie ein Beispiel vortragen?
2. Welche Vorteile des Auswendiglernens von Gedichten werden von Claudia Mutter angesprochen?
3. Wie definiert sie das Wesen von Lyrik?

IV Begegnung mit dem Theater

1 Schauplatz Theater

Die öffentlichen Bühnen sind Betriebe mit sehr unterschiedlicher Größe, innerhalb derer das rein künstlerische Personal aber immer in der Minderheit ist; den weitaus größeren Teil machen das technische Personal und die Verwaltung aus. Die öffentlichen Theater stellen einen jährlichen Etatentwurf auf, der in Zeiten einer angespannten gesamtwirtschaftlichen Situation schwer zu finanzieren ist, da die Eintrittsgelder gegenüber den Subventionen nur einen Bruchteil der Finanzmittel darstellen. Sparmaßnahmen haben zur Folge, dass teure Theatervorhaben auf der Strecke bleiben, mancherorts einzelne Sparten aufgegeben werden oder Theater, auch traditionsreiche, ganz schließen müssen. Im Gegensatz dazu boomt, auch aufgrund modernen Marketings, der Musical-Sektor mit jahrelang ausverkauften Vorstellungen, die manchmal sogar in eigens errichteten Unterhaltungsparks stattfinden – von Wien bis Bochum, von Hamburg bis Stuttgart.

Das **traditionelle Theater** sucht eine gewisse finanzielle Sicherheit mit der Auflage von Abonnements unterschiedlicher Gestaltung (z.B. Schüler- und Jugendring, Wahlabo, Donnerstags-Abo usw.) zu einem etwas reduzierten Eintrittspreis. Die Wirtschaftlichkeit eines Hauses hängt – neben der Sparsamkeit in der Verwaltung und bei der Technik – auch von der Anzahl der Vorstellungen und der durchschnittlichen Auslastung pro Spielzeit ab. Gegenwärtig geraten hohe Gagen für Stars und aufwendige Produktionen (Bühnenbild, Kostüme etc.) sowie das **moderne Regietheater** ins Zentrum der Kritik.

An der Spitze eines Theaters steht der **Intendant**, der die Leitung und Verantwortung für das gesamte Haus innehat (künstlerisch und wirtschaftlich). Die künstlerische Arbeit in einem Theater beginnt lange vor der Eröffnung der Spielzeit mit der Erarbeitung des Spielplans. Der Intendant als künstlerischer Leiter arbeitet dabei eng mit der **Dramaturgie** zusammen. Deren Aufgabenbereich enthält neben der Spielplangestaltung die Bearbeitung der ausgewählten Bühnentexte für die jeweilige Aufführung, die Beratung und Unterstützung des Regisseurs, der Bühnen- und Kostümbildner, die Gestaltung der Programmhefte, die Planung und Durchführung von Rahmenprogrammen (Ausstellungen, Diskussionen, Lesungen etc.) und auch die Öffentlichkeitsarbeit (Kontakte zu Schulen und Medien, Theaterführungen, Probenbesuche, Plakatgestaltung usw.).

Bei der **Spielplanerstellung** selbst werden hauptsächlich zwei Gesichtspunkte berücksichtigt: das ausgewogene Verhältnis von sogenannten Klassikern und neueren, aktuellen Stücken einerseits und andererseits die Zusammensetzung des Theaterpublikums als Zielgruppe. Eine Sonderrolle innerhalb des Spielplans nehmen Ur- oder Erstaufführungen ein, weil hier sowohl Erwartung als auch Risiko besonders hoch sind.

Zur **Inszenierung** gehören alle vorbereitenden Maßnahmen zur Aufführung eines Theaterstückes unter der Leitung des Regisseurs: Stückbearbeitung, Rollenbesetzung, Bühnenbild, Kostüme, Bühnentechnik, Musik. Neben all diesen koordinierenden Vorarbeiten leitet er die eigentliche Probenarbeit mit den Schauspielern. Diesen praktisch-künstlerischen Tätigkeiten und der Arbeit mit den Darstellern liegt ein interpretatorisches Konzept des Regisseurs zugrunde, mit dem er den Dramentext zur Bühnenwirklichkeit werden lässt.

Der **Kommunikationsprozess** ist bei einer Theateraufführung anders als beim individuellen Lesen eines Buches:

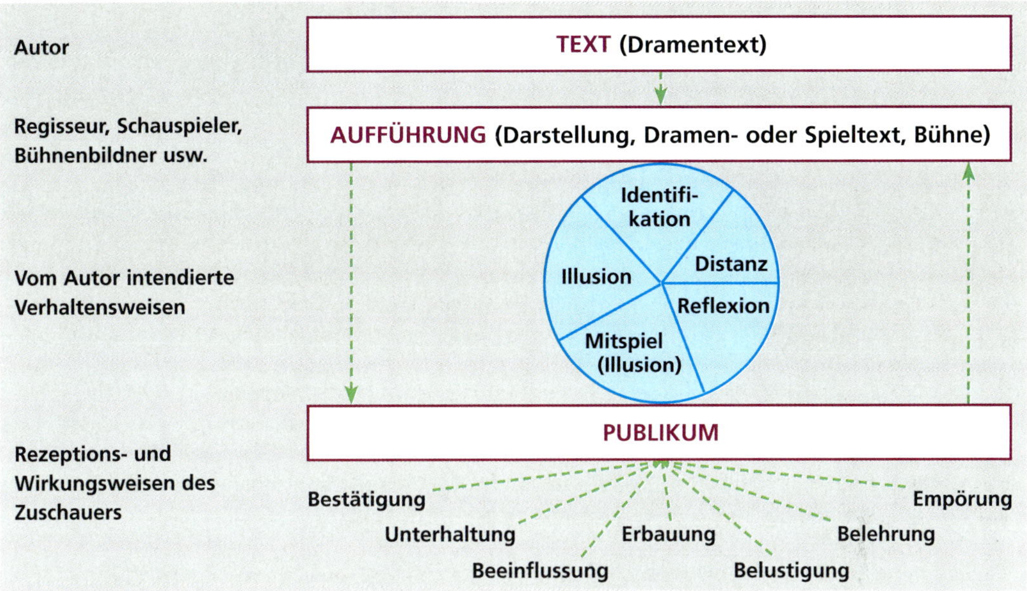

Schaubild: Weg der theatralischen Vermittlung und Kommunikation, in: Popp, Helmut, Theater und Publikum, Oldenbourg Verlag, München 1978, S. 6

Der gesprochene Text (Dialog) wird auf der Bühne mit allen Mitteln einer Inszenierung lebendig gemacht, wobei alle Sinne des Zuschauers gleichzeitig angesprochen werden (synchrone Rezeption).

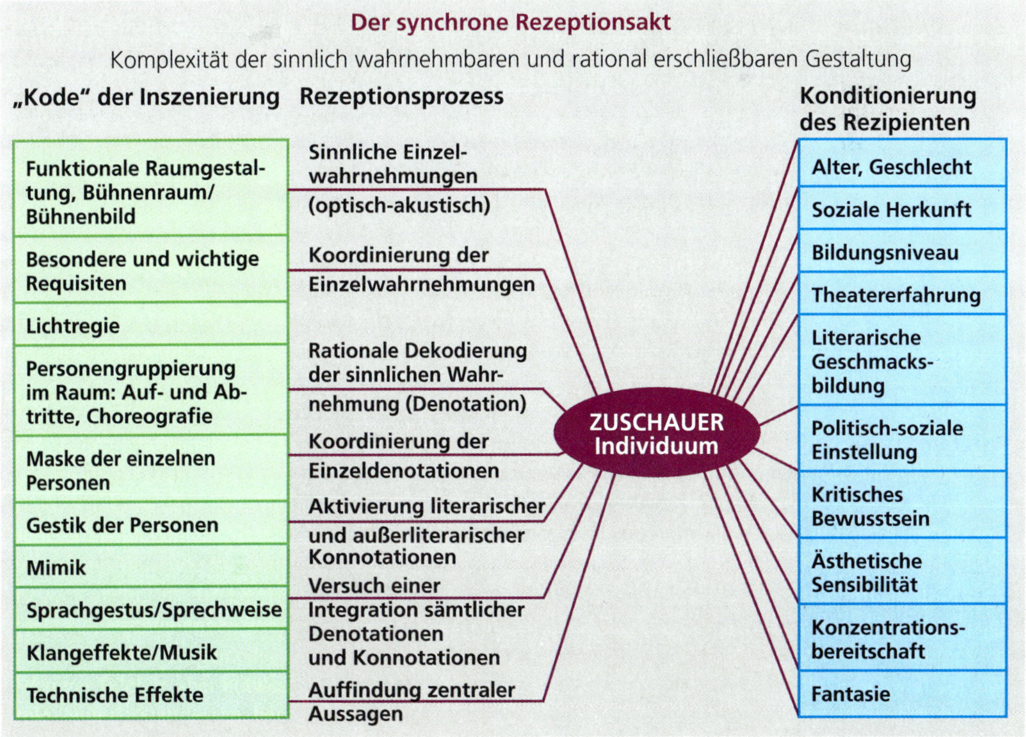

2 Theaterlandschaft und Spielplan

Häntzschel, Ole, Deutschlandkarte Theater. Wo die beliebtesten Stücke gespielt werden, in: Zeit Magazin Leben vom 30.04.2008

Die Vielzahl und Vielfalt der Theaterhäuser im deutschsprachigen Raum liegen in der historisch bedingten Zersplitterung und im Föderalismus begründet. Es war für die vielen Einzelstaaten bzw. Herrscherhäuser und zahlreichen Städte eine kulturelle Verpflichtung, aber auch eine Prestigefrage, über ein festes Ensemble (Schauspieltruppe) und ein repräsentatives Haus zu verfügen – häufig mit allen drei Sparten Theater, Oper und Ballett. Aus den früheren Hoftheatern wurden in der Regel National- und Staatstheater; auf der nächsten Ebene gibt es die Landestheater und die städtischen Bühnen. Neben den Theatern mit festem Haus existieren auch Wanderbühnen, die heute meist „Tourneetheater" heißen; neben den staatlich oder kommunal subventionierten Bühnen stehen, vor allem in größeren Städten, zahlreiche Privattheater unterschiedlichster Prägung (Volkstheater, Studiobühnen, Kellertheater, Kabarett, Boulevardtheater u. v. a.). Zur Theaterlandschaft gehören schließlich auch die zahllosen Laientheater im Rahmen von Schulen, Vereinen, Ortschaften und Stadtteilen.

Auf der beigefügten CD finden Sie zusätzlich einen Text mit Arbeitsaufträgen zum Dramatiker Friedrich Hebbel.

Auszüge aus einem Theaterspielpan (Oper, Schauspiel, Ballett)

ERLANGEN
Theater Erlangen, Tel. 09131/86-2511, Fax 898337
Garage: Sa., So. 16.00 Komm, wir finden einen Schatz, Do. 20.00 Die Reise **Markgrafentheater:** So. 16.00 Ein Sommernachtstraum, Do. 20.00 Friedrich von Thun liest „Weihnachten bei den Buddenbrooks" **Oberes Foyer:** So. 14.30 Der blaue Salon. Brauchen Kinder Klassiker?, Fr. 19.00 George Tabori

LANDSHUT
Südostbayerisches Städtetheater, Tel. 0871/9220833
Landshut: Sa. 19.30 Titus, So. 16.00 Die Nervensäge, So. 18.30 Loriots dramatische Werke (Studiobühne), Fr. 19.30 Die Ziege oder wer ist Sylvia? **Passau:** Sa. 19.30 Amphitryon, So. 16.00 Eine Nacht in Venedig, Do. 19.30 Konzert, Fr. 19.30 Norma **Straubing:** Di. 19.30 Eine Nacht in Venedig

MÜNCHEN
Bayerisches Staatsschauspiel, Tel. 089/2185-1940
Sa. 20.00 Am Ziel, So. 19.00 Nathan der Weise, Mo. 20.00 Molières Misanthrop, Di. , Fr. 20.00 Der Gott des Gemetzels, Mi. 19.00 Die Verschwörung des Fiesko zu Genua, Do. 19.00 Romeo und Julia **Marstall:** Sa. 20.00, So 19.00 Ich, Feuerbach (Sa. Premiere), Di 20.00 Rattenjagd, Mi. 19.30 Iphigenie auf Tauris, Do. 20.00 pool (no water) **Cuv:** Sa. 20.00 Das Ende vom Anfang
Bayerische Staatsoper, Tel.089/2185-1920
Sa. 19.30 Werther, J. Massenet, So., Mo., Do. 19.30 100 Jahre Ballets Russes. M. Fokine/B. Jijinska/T. Kohler (So Premiere), Di., Fr. 19.00 Doktor Faust, F. Busoni
Komödie im Bayerischen Hof, Tel. 089/292810, www.komoedie-muenchen.de
Sa. 16.00 Bremer Stadtmusikanten, Sa., So, Di-Fr. 20.00, So. 14.00 Süßer die Glocken, So 18.00 Die Feuerzangenbowle
Münchner Kammerspiele, Tel. 089/233-37000 o. 54818181, Fax 54818154, www.muenchner-kammerspiele.de
Schauspielhaus: Sa. 19.30 Mamma Medea, So. 19.00 Der Sturm, Mo. 19.30, Di 11.00 Der Prozess, Di 20.00 Der Messias, Mi. 20.00 Männer, Do. 20.00 Furcht und Zittern, Fr. 20.00 Denn alle Lust will Ewigkeit **Neues Haus:** Sa. 15.00 u. 17.00 Zimt & Sterne, Sa., Fr. 21.00 Schorsch Kamerun: Ninfo/No Info! Johanna Billing: You don't love me yet, Mo. 17.00 Kammerschau: Die Kunst der Kommunikation. Regieassistenten packen aus, Di. 20.00 Peter Pan
Münchener Volkstheater, Tel. 089/5234655
Sa. 19.30 Verbrennungen, Mo. 19.30 Das Fest, Di., Mi. 19.30 Der Brandner Kasper und das ewig' Leben, Do., Fr. 19.30 Richard III. **Kleine Bühne:** So. 20.00 Lilly Link
Staatstheater am Gärtnerplatz, Tel. 089/2185-1960, www.gaertnerplatztheater.de, tickets@st-gaertner.bayern.de
Sa. 19.00 Carmen, So. 15.00 u. 18.00 Der Mann im Mond, Do. 19.30 Der kleine Prinz (Tanz), Fr. 19.30 I Masnadieri **Foyer:** So. 11.00 Auftakt: Das Märchen vom Zaren Saltan

NÜRNBERG
Staatstheater, Tel. 0180-5-231-600, Staatstheater-Nuernberg.de
Oper: Sa. 19.30, Mo., Di. 20.00 Silk Stoclings, So. 19.00 Benvenuto Cellini, Mi. 20.00 Rigoletto **Schauspiel:** Sa. 19.30 Des Teufels General & Schiedsrichter Fertig, So. 19.00 Ein bisschen Ruhe vor dem Sturm, Mi. 19.30 Enigma Emmy Göring etc.

REGENSBURG
Theater Regensburg, Tel. 0941/5072424
Bismarckplatz: Sa. 19.30 Das Land des Lächelns, So. 19.30 Außer Kontrolle **Velodrom:** Sa., So. 16.00 Der Lebkuchenmann

ULM
Theater Ulm, Tel. 0731/1614444
Großes Haus: Sa., Mo., Mi. 11.00, Sa., Mi. 13.00 Kiki, das Huhn, Sa. 19.00, Di., Mi. 20.00 Tod eines Handlungsreisenden, So. 14.00, Do., Fr. 20.00 Jesus Christ Superstar **Podium:** Di. 19.30 Soirée Ehrensache, Mi., Fr. 20.15 Rosen aus dem Süden, Do. 20.15 Servus Kabul **Foyer:** So. 11.00 Matinée Tosaca

Auszug Theaterspielplan, in: Die Zeit vom 04.12.2008

Informieren Sie sich über aktuelle Spielpläne und diskutieren Sie diese.

Auszug aus dem Programm der Bayerischen Theatertage 2008 in Ingolstadt

	MONTAG, 26. MAI 2008	
THE RÄUBER Nach Friedrich Schiller mit BONFIRE Theater Ingolstadt	LANTANA Schauspiel von Andrew Bovell Theater Regensburg	DANTONS TOD Schauspiel von Georg Büchner Mainfranken Theater Würzburg
AMOKLAUF MEIN KINDERSPIEL Schauspiel von Thomas Freyer Theater Augsburg	UNTER DER TREPPE Komödie von Charles Dyer Landestheater Schwaben	
	DIENSTAG, 27. MAI 2008	
DURCHGEBRANNT Jugendstück von Ursula Rani Sarma Fränkisches Theater Schloss Maßbach	UNTER TAGE Schauspiel von Sigrid Behrens Mainfranken Theater Würzburg	PORNOGRAPHIE Schauspiel von Simon Stephens Staatstheater Nürnberg
	MITTWOCH, 28. MAI 2008	
OH, WIE SCHÖN IST PANAMA Kinderstück nach Janosch Landestheater Dinkelsbühl	HAMLET Schauspiel von William Shakespeare Theater Erlangen	DIE KOPIEN Schauspiel von Caryl Churchill Staatstheater Nürnberg
	DONNERSTAG, 29. MAI 2008	
DAS FEST Schauspiel nach dem Film von Thomas Vinterberg und Mogens Rukov Münchner Volkstheater	WINDSTRICH Schauspiel von Walter Weyers E.T.A.-Hoffmann-Theater Bamberg	SO WILL DIE LUST DIE SEELE MIR ENTFÜHREN Musikabend Stadttheater Fürth

Theater Ingolstadt (2008), Bayerische Theatertage Ingolstadt, online unter: http://www.bayerische-theatertage.de, zugegriffen am 05.12.2008

1. Welche Überlegungen sind für die Auswahl der Stücke bzw. Einladung der Theater zu den Bayerischen Theatertagen relevant?
2. Welche Bedeutung besitzen derartige Theatertage bzw. Theatertreffen?
3. Besorgen Sie sich für Ihre Pinnwand im Klassenzimmer einen Wochenspielplan deutschsprachiger Bühnen aus der Wochenzeitung „Die Zeit". Markieren Sie auf einer Landkarte die genannten Orte und kommentieren Sie diese Karte.
4. Verschaffen Sie sich anhand eines Wochenspielplans aus einer Wochenzeitung einen Überblick über das Verhältnis von klassischen und modernen Dramen. Ziehen Sie – wo nötig – Nachschlagewerke für die Einordnung der Titel zurate.
5. Informieren Sie sich über den Spielplan des nächstgelegenen Theaters.
6. Sammeln Sie aus Ihrer Heimatzeitung Hinweise auf lokale Laientheater und Aufführungen.
7. Informieren Sie sich über Organisation und Aufbau eines der nächstgelegenen öffentlichen Theater – evtl. als Gruppenarbeit.
8. Welche Aufgaben hat der Dramaturg zu erfüllen?

3 Inszenierung

Eine Inszenierung wird als **Regietheater-Inszenierung** bezeichnet, wenn sich der Regisseur nicht mehr an die Textvorlage hält, sondern sehr frei damit umgeht, um eigene Vorstellungen mithilfe des Stückes auf die Bühne zu bringen. Häufige Vorwürfe gegen das sogenannte Regietheater lauten:
- Die Inszenierung verletzt die Intentionen des Autors, z. B. in Form willkürlicher Zusätze/Kürzungen, Verlegung der Handlung an einen anderen Ort oder in eine andere Zeit.
- Die Inszenierung lenkt vom eigentlichen Gehalt des Werkes ab, z. B. durch Einfügen von Szenen, die keinen Zusammenhang zum eigentlichen Werk erkennen lassen.
- Die Inszenierung enthält Elemente, die für das Theaterstück eigentlich entbehrlich sind, z. B. die Präsentation von Nacktheit oder unverhältnismäßiger Brutalität um ihrer selbst willen.

Die Gegner des Regietheaters plädieren stattdessen für die **werktreue Inszenierung**, die sich weitgehend an Wortlaut und Absicht des Stückes orientiert.

Die Debatte um das moderne Regietheater spaltet deshalb auch die Theaterkritik. Der Schriftsteller Joachim Lottmann stellt seine Eindrücke vom deutschen Theaterleben dar, indem er vom vorgefundenen „Ekeltheater", aber auch von rühmlichen Ausnahmen berichtet. Zu Wort kommt bei ihm auch Gerhard Stadelmaier, einer der bekanntesten deutschen Theaterkritiker, der sich schon häufiger kritisch gegenüber dem Regietheater geäußert hat.

„Hau ab, du Arsch!"

Sie lassen stöhnen, schuften, koitieren und auf der Bühne Notdurft verrichten. Klassiker sind allenfalls Material. Jungdeutsche Regisseure sind dabei, die üppigste Theaterlandschaft der Welt mit ihren abgelatschten Schocks endgültig zu ruinieren.
von Joachim Lottmann

[...] Ich bin nicht als Kritiker unterwegs, sondern als Stiftung Warentest.
Als Erstes also Shakespeares „Macbeth" in Düsseldorf, von Jürgen Gosch.
Macbeth, nackt. Es ist Ekeltheater von Anfang an. Die minderjährigen Lämmer haben sich noch nicht richtig hingesetzt, als ihnen schon meterhoch der Dreck entgegenspritzt. Was mag in ihnen nun vorgehen? Der Lehrer hat etwas anderes versprochen. Auch die Mädchen hatten eigentlich Shakespeare erwartet. Nun sehen sie Blut und Schlimmeres. Aber sie kotzen nicht, das tun ja schon die Schauspieler.
Von der ersten Sekunde an stehen alle nackt auf der Bühne. Nur der König trägt etwas, eine verrutschte Papierkrone auf dem Kopf, damit man ihn erkennen kann. Der Zuschauerraum ist hell ausgeleuchtet, damit niemand unbemerkt fliehen kann. Die Pause fällt aus, aus demselben Grund. Gäbe es eine, wäre anschließend das Haus leer – bestimmt hat man das schon oft ausprobiert. [...]
[Es] wird minutenlang auf der Bühne gepinkelt. Erst der eine, dann der andere, dann noch einer, dann furzen sie (Tonband aus dem Off), dann scheißen sie einen halben Akt lang und so weiter. Im Publikum ist nun echtes Unbehagen. Kopfschütteln, Frauen verziehen das Gesicht. Einer Schülerin ist schlecht, sie will raus. Auch andere wollen raus, trotz der gnadenlosen Scheinwerfer.
[...] Etwa ein Drittel des zahlenden Publikums verlässt das Haus vorzeitig, trotz der Schikane.
Die Inszenierung wurde von der Kritiker-Jury des Theatertreffens als eine der zehn besten Inszenierungen der Saison nach Berlin eingeladen. Was geht in Kritikern vor?
Der Großkritiker in seiner Burg. Der Kritiker Stadelmaier lehnt es ab, in dieser Jury mitzuwirken. Sein Raum besteht fast nur aus Büchern, manche hat der gefürchtete Herr selbst geschrieben. [...] Ich nehme mein Herz in die Hände und frage: „Herr Stadelmaier, wie konnte dieser lächerliche Happening-Stil aus den Siebzigern so lange überleben?"
„Dieses Theater wird verschwinden", antwortet er, „weil irgendwann das Publikum wegbleibt." [...]
Dann redet er vom „Rübenrauschtheater": Alles, was dem Regisseur während der Proben durch die Rübe rauscht, werde umgesetzt. Ohne dass es durch den Text überprüft werden könne. Es handle sich folglich um völlige Beliebigkeit. So beliebig wie das Zeug, das Menschen normalerweise nachts träumen. „Genau deswegen langweilt es immer so, wenn einem die

Freundin ihre Träume erzählt beim Frühstück“, pflichte ich ihm eifrig bei.

Goethe in Frankfurt. Nächster Versuch: Goethes „Egmont“ in der Goethe-Stadt Frankfurt. Das dortige Theater hat die Sprachverhunzung schon im Namen, wie ein Programm: „schauspielfrankfurt“, kleingeschrieben und zusammen. Da ahnt man die offene Bühne, den Verzicht auf Werktreue, auf Kostüme und Bühnenbild bereits beim Kauf der Karte. […]

Denn wieder sehe ich diese selbstgeschnitzten Blödmannszenen, dieses Punk- und Rock-Zeug, alles vom Regisseur geschrieben, von Goethe nur die Stichworte, das sogenannte Material. Der Regisseur hat das Wort „Vaterland“ im Goethe-Text entdeckt. Hey, Mann, „Vaterland“! Das heißt natürlich: Pflichtprogramm. Nämlich 35 Minuten lang „patriotische“ Stellen von allen deutschen Klassikern und Nichtklassikern ins Publikum schreien. Die circa 40 Schauspieler bilden einen Chor und brüllen los. Am deutschen Wesen soll die Welt genesen. Brüll! Kreisch! Donner! Schepper! […]

Da hat der Regisseur den verlogenen Goethe mal wieder so richtig schön „dekonstruiert“. Als latenten Nazi? Den Geheimrat, echt? All die hässlichen deutschtümelnden Sätze waren doch von anderen! […]

Warum isst Wilhelm von Oranien einen Joghurt von Ehrmann? Wieso wird immer nur geflüstert oder geschrien? Warum stecken die Beine vom Prinzen von Gaure in einem Teddysack? Oder war es der Herzog von Alba, als Penner verkleidet? Und wozu muss er mit einem Klebeband vom Baumarkt zugepflastert werden, und die Kalaschnikow fällt aus dem Koffer, und Pink Floyd spielt dazu? […]

Das deutsche Theater, denke ich, ist verloren. Doch anderntags sitze ich im Bochumer Schauspielhaus und erlebe ein Wunder. Auf dem Programm steht Oscar Wildes Komödie „Ein idealer Gatte“. Und ich sehe – Oscar Wilde.

Regisseur Armin Holz macht kein „Gleichheitszeichentheater“ wie alle anderen, nach dem Motto Faust = Gerd Schröder, Macbeth = Angela Merkel als Mann, Wallenstein = Boris Becker, gespielt von einem transsexuellen Zwillingspärchen.

Er lässt sein Stück tatsächlich dort stattfinden, wo es geschrieben wurde, im Jahr 1895, mit entsprechenden Dandy-Kostümen. Holz brachte das Haus offenbar sogar dazu, einen Vorhang anzuschaffen, und lernte, wie man ihn auf- und zuzieht. Er erzählte mir in dem Lokal „livingroom“ in der Fußgängerzone von Bochum, dass es tatsächlich keinen Vorhang am Theater gab. Eine völlige Überrumpelung also jetzt: Es gibt vier Akte und eine Pause! Und einen Vorhang. Wahnsinn!

Die Schauspieler sprechen den Text von Oscar Wilde, und zwar nicht in einer verballhornten Übersetzung, sondern einer exakten. Die Paradoxa Wildes werden in ihrer ausdrucksstarken Schwebe gelassen und nicht in sexuelle Eindeutigkeiten überführt. Die Schauspieler können sprechen, man versteht in der letzten Reihe jedes Wort. Die Zuschauer lachen oft und freundlich. Armin Holz braucht keine Video-Einspielung, keine Rockmusik und nicht das Kino. Ihm reicht der Text, und er bewundert seine Schauspieler. Und die spielen so glänzend, dass einem das Herz aufgeht. […]

Lottmann, Joachim, „Hau ab, du Arsch!“ in: DER SPIEGEL Nr. 10 vom 06.03.2006, S. 164, gekürzt

Auf der beigefügten CD finden Sie zusätzlich eine Antwort auf den Artikel von Joachim Lottmann, die ebenfalls im „Spiegel“ erschienen ist.

1. Sammeln Sie die konkreten Einwände Joachim Lottmanns gegen manche modernen Inszenierungen.
2. Welche grundsätzliche Kritik am Regietheater wird in seiner Polemik deutlich?
3. Wie beurteilen Sie den Streit um die sogenannte Werktreue?
4. Recherchieren Sie Daniel Kehlmanns Eröffnungsrede zu den Salzburger Festspielen 2009.

4 Theaterkritik

Eine nicht zu unterschätzende Rolle für die Theaterkultur kommt der **Theaterkritik** zu. Theaterpremieren großer Häuser werden meistens in überregionalen Zeitungen besprochen, sodass man auch als interessierter Leser einen Einblick in die Theaterlandschaft gewinnen kann. Würdigt ein Kritiker eine

Ur- oder Erstaufführung, muss er über die Bewertung der Inszenierung hinaus die Vorstellung des Stückes leisten. Die Lektüre von Theaterkritiken kann immer anregend sein, weil hier in der Regel jemand mit viel Erfahrung und Vergleichsmöglichkeiten schreibt; das fundierte eigene Urteil über eine Aufführung sollte sich jedoch nicht durch den Geschmack anderer bevormunden lassen.

Das erste Schnauben des Visionärs
Schnaubender Visionär

Mit Büchners „Woyzeck" stellt sich Martin Kusej eindrucksvoll in München vor

von Christopher Schmidt

Es war ein Vorgeschmack auf eine Ära, die erst in vier Jahren beginnt. Doch schon die Premiere von Büchners „Woyzeck"-Fragment hatte etwas von einer Befreiung, einem Aufatmen, einer eindrucksvollen künstlerischen Entfesselung. Der Regisseur Martin Kusej, von 2011 an als Nachfolger Dieter Dorns Intendant am Bayerischen Staatsschauspiel, stellt sich seinem künftigen Publikum vor. Ein mit großer Spannung erwarteter Antrittsbesuch, ein erstes Schnauben des schwarzen Visionärs aus Österreich. Auch für München wählte die Weltuntergangsstimmungskanone Kusej eine Visitenkarte mit Phosphor-Farben auf dunklem Grund – denn seine Regiehandschrift liebt Totenscheine.

Kusej nutzt das Stück, um seine Instrumente zu zeigen, von denen seine Feinde meinen, sie seien Folterwerkzeuge – und sich trotzdem immer wieder gern aufs Streckbett legen. Obwohl er dieses Stück noch nie inszeniert hat, ist Büchners untröstlicher Abgesang auf die Erde als einen erkalteten Stern in einem leeren Kosmos so etwas wie ein fester Bezugspunkt seiner eigenen Kunst. Kusej offenbart seine Prägungen, zeigt seine Wunden. Wie um seinen Appetit auf München zu beweisen, reißt er den Schlund der Bühne bis zum Zäpfchen auf. Und präsentiert seine Zähne in einem betont unbunten Abend, einer düsteren Endzeit-Parabel, die mit schonungsloser Härte in eine Welt der Gewalt führt. Kusej verschlingt gern roh, worüber er kocht vor Wut.

Auf der Bühne ist die Zukunft bereits Vergangenheit. „Am Tag umkreist die verbannte Sonne die Erde wie eine trauernde Mutter mit ihrer Lampe", die Menschen sind „wie Migranten in einem Fieberland", und „niemals ist eine lange Zeit". Diese Sätze von alttestamentarischer Wucht stammen aus dem aktuellen Roman des amerikanischen Schriftstellers Cormack McCarthy, diesem großen Mystiker des literarischen Steineklopfens. In „Die Straße" schildert er die Wanderschaft eines Vaters und seines Sohnes, die einander die ganze Welt sind, durch ein verwüstetes Amerika nach einem nicht benannten Kataklysmus. Kusej legt Zitate aus dem Roman, der selbst so dunkel ist wie das „kalte Glaukom, das die Welt verdüstert", Büchners Idioten in den Mund, den Arnulf Schumacher im Frack eines Orchestermusikers als einen Umherirrenden spielt, den der Weltuntergang aus dem Konzert gebombt zu haben scheint.

Kusej verlegt den Leidensweg des Soldaten und armen Teufels Woyzeck, der von seinen Peinigern – dem Hauptmann, der ihn schikaniert, dem Arzt, der ihn missbraucht, dem Mädchen, das ihn betrügt – in den hellen Wahn und schließlich in den Mord gehetzt wird, aus einer Garnisonsstadt des frühen 19. Jahrhunderts in die Gesetzlosigkeit einer postapokalyptischen Sci-Fi-Wüste. Eine Dystopie, halb Beckett, halb „Mad Max".

Büchners Figuren sind hier die letzten Überlebenden, Marodeure auf der Suche nach Sex & Drugs – jeder des anderen Beutetier. Auch der kulturelle Proviant geht zur Neige. Noch klammern sie sich an ein paar Songlines der Vergangenheit wie Havaristen ans Treibgut – Ray Nobles „Nidnight" (aus der Verfilmung von Stephen Kings Horror-Klassiker „The Shining"), Nirvanas „Smells like Teen Spirit", Lou Reeds „Perfect Day", aber auch Brecht/Eislers Lied von der „Einheitsfront" –, selbst Büchners berühmtes Anti-Märchen zerfällt hier in die wirren Erinnerungsfetzen einer Trümmerfrau (Cornelia Froboess), die traumatisiert vor sich hinbrabbelt. Sie stolpern und kriechen auf Martin Zehetgrubers Bühne über eine Landschaft aus blauen Mülltüten, im eisigen Sengstrahl von Neonröhren. Waste Land. Bert Wredes Industrial-Sound tönt wie das Maschinengeräusch eines Raumschiffs im All – übersteuerte Riffs treiben den Abend voran. Kusej staut den Fluss der Szenen in schnell und hart geschnittene, vorzüglich rhythmisierte Bilder kalter Andockmanöver, die fast skulptural wirken, so sehr ist jede Situation zu ihrem elementarsten Ausdruck geronnen. Und er entsentimentalisiert, was historische Distanz zu falscher Bukolik vergoren hat, erstattet dem Stück die Schärfe zurück, die es zu seiner Entstehungszeit in den Jahren 1836/37 hatte. So rasiert Woyzeck seinen Hauptmann, den Rainer Bock knobelstiefelnd brutalisiert, hier nur im übertragenen Sinne; tatsächlich peitscht er ihn aus wie im SM-

Keller, ist Werner Wölberns Doktor eine Gemütsbestie von der mal winselnden, mal bellenden Mentalität der KZ-Ärzte, Robert Joseph Bartls Jahrmarktsausrufer eine flamboyante Hollywood-Transe, der die Namen aktueller Celebrities und die „globale Erwärmung" in den Büchner rutschen.
Juliane Köhlers Marie ist kein Opferhascherl, sondern im blutroten Hängerchen Herrin ihrer Lust. Die Regie spendiert ihr die große Büchner-Frage aus „Dantons Tod" – „Was ist das, was in uns hurt, lügt, stiehlt und mordet?" –, um eine Figur aufzuwerten, die hier im nächsten Moment dem Tambourmajor zwischen die Beine greift – bei Felix Rech eine tumbe Gewalt-Glatze mit Tank Top und Ray-Ban-Sonnenbrille.
Und der überragende Jens Harzer in der Titelrolle? Der geprügelte Hund, von dem Heiner Müller hoffte, er werde als klassenkämpferischer Werwolf wiederkehren, macht sich, als er das einzige Mal beißt, zum Wolf unter Wölfen. Harzer ist ein Pierrot des Todes, ein sanfter Grübler von gefährlicher Ruhe, der immer klarer wird, bis er sich das Gesicht mit Erde schwärzt und die Gewalt statt gegen die Verhältnisse gegen seine Marie richtet.
Mit seinem Amoklauf kehrt er zurück in die Urhorde, macht sich gleich mit den bereits der Bestialität verfallenen anderen. Kusejs Genauigkeitsgenie zeigt sich darin, wie er Situationen wiederholt, aber in der Wiederholung eine neue Bedeutung annehmen lässt. Zuvor scheinbar Zufälliges, ja Harmloses, erweist sich dabei als Vorstufe des Massakers, etwa wenn eine Leiche in derselben Weise fortgeschleift wird wie zuvor eine Geliebte, oder wenn Harzer in die Gesten seiner Feinde schlüpft wie in ein Kostüm.
Modellhaft ist in allen Momenten das Ganze enthalten wie die gesamte Schöpfung in jedem ihrer Gene – so wird Büchners Determinismus grandios zum formalen Prinzip des Abends. Dann schließt sich der Kreis: Woyzeck, der in der ersten Szene mit toten Fischen wie mit Dynamitstangen um sich warf, schleudert zuletzt den Teddybären seines Kindes, das man nie sah, in die Luft. Zuvor einmal wehte fernes Kinderlärmen herüber, ein fast unhörbarer Hoffnungsschimmer in einer Welt, die, so Büchner, das Grab ist, in dem das Nichts fault, das sich ermordet hat.

Schmidt, Christopher, Das erste Schnauben des Visionärs. Schnaubender Visionär. Mit Büchners „Woyzeck" stellt sich Martin Kusej eindrucksvoll in München vor, in: Süddeutsche Zeitung vom 23.06.2007

Die Triebabfuhr der Müllwerker

Die Welt ist ja so schlecht: Martin Kusej inszeniert „Woyzeck" im Münchner Residenztheater
von Gerhard Stadelmaier

Dies ist einer jener Theaterabende, die vierundzwanzigmal länger sind, als sie sein müssten. Martin Kusejs Inszenierung von Büchners „Woyzeck" im Bayerischen Staatsschauspiel dauert einhundertzwanzig Minuten. Nach fünf Minuten aber ist sie fix und fertig. Denn das Bühnenbild von Martin Zehetgruber macht schon die ganze Aufführung aus: Aberhunderte von blauen Müllsäcken, die das Münchner Residenztheater bis zur Brandmauer gleichsam ertränken in einem brandungsgefrorenen Meer von verpacktem Abfall. Wer hier auftritt oder aus den Säcken hervor lemurenhaft aufkraucht wie zu einer Spätschicht in Trance, hat keine Chance zu weiterem Berufungsraten. Er ist ein für alle Mal Müllwerker. Das Abfallzeichen klebt ihm wie ein Regiekainsmal auf Stirn und Gestus. Mehr als trübe, faule Reste wird er nicht umwälzen in Rede und Gebärde. Und mehr ist er auch selbst nicht.
Erschwerend kommt hinzu, dass der „Woyzeck" kein Stück ist, sondern in vier Fragmenten, vier Entwurfsstufen vorliegt, über denen Büchner, dreiundzwanzig Jahre alt, 1837 stirbt. Der „Woyzeck" ist das genaue Gegenteil von ewigem Abfall. Er fällt vielmehr seiner Zeit voraus: im unendlichen Entwurfsschwung. Ein ewiger Vor-Fall. Wer den „Woyzeck" inszeniert, muss ihn sich zusammensuchen: in dem Mann, der seinen Körper dem Doktor zu medizinischen Experimenten (Harn halten, Erbsen fressen) hergibt, seinen Hauptmann rasiert, seiner Geliebten ein Kind macht, die ihn mit dem Tambourmajor betrügt, worauf er sie ersticht.
Jeder Mensch ein Abgrund: „Es schwindelt einen, wenn man hinabsieht." Es wäre Sache des woyzeckbastelnden Theaters, da einen Blick hinunter zu wagen. Aber es schützt seine Blicke hinunter ins Menschenunmögliche gewöhnlich mit Behauptungsscheuklappen. So war Woyzeck bei Jürgen Gosch in Köln 1982 ein Strampelhosengroßbaby, bei Benjamin Korn 1984 in den Münchner Kammerspielen ein Intellektueller, bei Michael Simon 1997 an der Berliner Schaubühne ein Zwillingsklon und bei Thomas Ostermeier 2003 ebendort ein Ostprolet; bei Bob

Wilson 2000 in Kopenhagen ein Dressman, bei Michael Thalheimer 2003 in Salzburg ein Massenmörder, bei Wilfried Minks 2006 in Zürich cin ranziger Revoluzzer. Man sah immer eine irgendwie kostümierte Vermutung. Keinen Menschen.

Jetzt, im Münchner Residenztheater, sieht man den Müllmann Woyzeck. Keinen Menschen. Jens Harzer, der brillanteste Hirnrissschneider unter den jüngeren deutschen Schauspielern, der in allen Rollen aufs Meschuggene, Abgedrehte, Schrägvogeligste lässigst abonniert scheint, hält den kurz geschorenen Kopf überm hellen Hemd und den schwarzen Hosen schief wie ein verschreckter Kakadu und wirft gleich zu Beginn Forellen hoch in den Bühnenhimmel, wozu er über tote und abgestorbene Natur klagt, als habe ihm sein Dramaturg einen großen Schluck aus Heiner Müllers Apokalypse-Single-Malt-Whisky-Flasche gestattet. Am Ende wirft er sein Messer, mit dem er Marie ermordete, in die Luft. Dort droben muss irgendein Müllgott wohnen, an den das Werkeln da drunten adressiert ist wie ein ekstatisches Schmuddelgebiet.

Da hinauf schreit auch die Großmutter im Chanelkostüm ihr Welteinsamkeitsmärchen vom armen Kind, das zur Sonne kommt und nur eine vertrocknete Sonnenblume findet: Cornelia Froboess stakst dazu wie eine Grande-Dame-Störchin durch den Müllsalat. Am Ende wird sie noch mal was hinaufschreien, diesmal was Modernes aus der Belesenheitskartei des Chefdramaturgen. Denn die Leute werkeln nicht nur Müll, sondern auch Zitate. Jens Harzer zum Beispiel ist ein Müllmann mit Surrealismen und Grübeleien. Am rührendsten noch ist er, wenn er mit Vogelschwingenbewegungen alles um sich herum abwehrt, wenn er den ganzen Müllhokuspokus als Albtraum zu erleben vorgibt, wenn alle in der Wirtshausszene leichenstarr wie in Trance zwischen den Säcken liegen. Er zitiert auch schon mal Büchners „Danton", der nächtens die Weltkugel im Albtraum reitet. Woyzeck, der Müll-Poet.

Freilich ist dies alles so trübe wie schick wie folgenlos kitschig: Weltschmerz mit Lyrikauflage fürs Schickimicki-Abonnement, serviert auf dem semiotischen Silbertablett. Kusej, der Quäl- und Foltermeister, zieht hier sozusagen Münchner Glacéhandschuhe an, deren Dreckränder er als Mode-Aufdruck verkauft.

Die Leutchen auf der Bühne jedenfalls bekommen von ihrem Regisseur, der selten mehr als ein Bildzeichen, einen Gedanken und eine Düsternis an ein Stück verschwendet, ja auch nur diese eine, nicht weiter durchdachte Müllverzweiflung spendiert: Die Welt ist ja so abfallsmäßig schlecht – was bleibt uns da übrig, als uns einfach drin zu wälzen und darüber zu jammern? Als sei der Müllgott da droben an allem schuld. Und da drunten, am Müllregie-Edelstammtisch, wird jetzt mal kräftig auf die Säcke gehauen. Die Münchner Staatsschauspieler, die es normalerweise gewohnt sind, eine Figur wenigstens anderthalb Seiten herumzudrehen und zu erforschen, die aber immerhin in einer Inszenierung ihres zukünftigen Intendanten mitspielen müssen dürfen, benehmen sich wie in Klammern, die sie nicht zu sprengen wagen.

Marie (Juliane Köhler) im roten, schicken Kleidchen: eiskalte ‚Edelschlampe, die ihren Slip schneller auszieht, als der Tambourmajor noch „Marie!" schreiend jiepern kann. Der Tambourmajor (Felix Rech) im schwarzen Ruderleibchen zu Springerstiefeln und Glatze und Sonnenbrille: ein brutaler Vergewaltiger, der´s besonders gern mit bewusstlosen Frauen und Leichen treibt. Der Doktor (Werner Wölbern): ein Sadist, der gerne Drogen in Woyzecks Augen spritzt. Der Hauptmann (Rainer Bock): ein Masochist, der sich von Woyzeck nicht rasieren, aber peitschen lässt und gerne mit Abfallsäcken kopuliert. Dazu noch nuttig und zu jeder Spreizschandtat bereit „Eine Frau" (Barbara Melzl), ein „Idiot" als Kellner im Frack und mit Weltverzweiflungszitaten im Mund, als habe der Gymnasialdichter Albert Ostermaier seinen proststrukturalistischen Abiturlyrikaufsatz geplündert (Arnulf Schumacher), und ein „Ausrufer" als Tuntentröle (Robert Joseph Bartl). Man schaut ihnen hundertzwanzig Minuten zu, wie sie ihren einsinnigen Figuren zu allerlei Triebabfuhr verhelfen. Und sehnt sich doch sehr nach der Müllabfuhr.

Stadelmaier, Gerhard, Die Triebabfuhr der Müllwerker. Die Welt ist ja so schlecht: Martin Kusej inszeniert „Woyzeck" im Münchner Residenztheater, in: Frankfurter Allgemeine Zeitung vom 23.06.2007

1. Informieren Sie sich über das Stück „Woyzeck" von Georg Büchner.
2. Vergleichen Sie anhand geeigneter Kriterien die beiden Rezensionen von Christopher Schmidt und Gerhard Stadelmaier.

Projektanregungen

1. Planen Sie im Rahmen einer Projektarbeit die Begegnung mit einem zeitgenössischen Autor/einer zeitgenössischen Autorin. Bausteine der Projektarbeit können sein:
   - Konzeption von Broschüren und Zeitungsartikeln
   - Entwurf von Beiträgen für ein Lokalradio
   - Gestaltung einer Internetseite
   - Ausstellung über eine Biografie
   - Gestaltung eines Büchertisches in einer Bibliothek/Buchhandlung
   - Arbeitsmappe/Literaturjournal/Lesetagebuch
   - Erstellung von Textsammlungen und Kurzreferaten zu den verschiedenen Werken
   - Gestaltung von Inhalten als Wettbewerbsbeitrag
   - Planung und Durchführung der literarischen Veranstaltung als Autorenlesung
   - Nachbereitung als Literaturkritik

2. Veröffentlichung eines Gedichtbandes – ein literarisches Produkt und seine Käufer
   Bausteine eines fächerübergreifenden Projektes mit einem Rahmenthema:
   - Klärung inhaltlicher Motive
   - Abstimmung von Formalia
   - Entscheidung über Gestaltungsentwürfe
   - Organisation einer Schreibwerkstatt
   - Planung und Durchführung des Drucks
   - Marketingmaßnahmen
   - Organisation des Verkaufs

3. Entwerfen Sie Dialoge aus der Sicht von Autoren und Autorinnen unterschiedlicher Zeiten zu verschiedenen Aspekten, z. B. im Gespräch zwischen
   - Eduard Mörike und Sarah Kirsch über Erfahrungen mit der Natur,
   - Franz Kafka und Ludwig Harig über Vaterfiguren.

4. Recherchieren Sie zum Ingeborg-Bachmann-Wettbewerb in Klagenfurt. Nutzen Sie hierzu verschiedene Informationsquellen und analysieren Sie aktuelle Trends.

5. Entwerfen Sie einen Magazinbeitrag über einen „vergessenen" Autor bzw. eine „vergessene" Autorin.

Kapitel 7: Literaturgeschichtliche Epochen

I Gesamtüberblick: Orientierungen und Anhaltspunkte

	Althochdeutsche Literatur 4. Jh. – 1150	Mittelhochdeutsche Literatur 1150–1250	Spätmittelalterliche und frühneuhochdeutsche Literatur 1250–1600
Geschichte	Völkerwanderung; Reichsbildung der Germanen unter den Merowingern und Karolingern Kaiserkrönung Karls des Großen (800) Reichsteilung Sächsische und salische Kaiser Ringen um die Vorherrschaft zwischen Kaiser und Papst (Canossa 1077) 1. Kreuzzug 1096	Herrschaft der Staufer (Kaiser Friedrich Barbarossa) Schwächung der Zentralgewalt, Rechtsunsicherheit und Fehdewesen Entstehung des Territorialfürstentums	Aufstieg der Territorialfürsten und der Städte Europ. Pestepidemie 1346–52 Reformation: Thesenanschlag Luthers 1517, Augsburger Religionsfriede 1555 Bauernkriege Gegenreformation: Trienter Konzil 1545
Kultur	Karolingische Renaissance: Klöster als Zentren christlicher Kultur und Bildung (Reichenau) Einfluss antiker Kultur unter den Ottonen Reformbewegungen in den Orden gegen die Verweltlichung der Kirche (Cluny) **Architektur:** Früh- und Hochromanik (Dom zu Speyer)	Kontakt des europäischen Rittertums mit orientalischer Kultur Glanzvolle höfische Kultur (Mainzer Hoftag 1184) Ritterliche Ethik **Architektur:** Spätromanik Frühgotik (Bamberger Dom)	Zerfall der höfisch-ritterlichen Kultur und der mittelalterl.-ständischen Ordnung Renaissance u. Humanismus Frühkapitalismus (Fugger), Suche nach neuen Handelswegen (Kolumbus) Heliozentrisches Weltbild (Kopernikus, Kepler, Galilei) Universitätsgründungen Vereinheitlichung der deutschen Sprache (Luther) **Philosophie:** Macchiavelli, Erasmus von Rotterdam **Europäische Literatur:** Boccaccio, Cervantes, Dante, Petrarca, Marlowe, Rabelais **Malerei:** da Vinci, Michelangelo, Dürer, Riemenschneider (Plastik) **Musik:** di Lasso, Monteverdi, Palestrina **Architektur:** Spätgotik (Münchner Frauenkirche) Renaissance (Augsburger Rathaus) **Naturwissenschaft und Technik:** Buchdruck (Gutenberg)
Autoren/ Strömungen	Bibelübersetzung Zaubersprüche Geistliche Dichtung Lateinische Dichtung } oft anonym	Hartmann v. Aue Walther von der Vogelweide Wolfram von Eschenbach Gottfried von Straßburg	Mystik und Scholastik (Meister Eckart) Volkstümliche Literatur Humanismus (Luther) Meistersang (Hans Sachs) Volksbücher
Gattungen: Lyrik		Minnesang Spruchdichtung	Kirchenlied
Gattungen: Epik		Mittelalterliches Epos (Ritterepos, Heldenepos)	
Gattungen: Drama			Spiele zum Kirchenjahr Fastnachtsspiele

		Barock 1600–1720	Aufklärung 1720–1780	Empfindsamkeit/Sturm und Drang 1767–1785
Geschichte		30-jähriger Krieg 1618–48 Zeitalter des Absolutismus Glorious Revolution Declaration of Rights Parlamentarische Monarchie in England	Aufgeklärter Absolutismus Konflikte zwischen Preußen und Österreich (Friedrich der Große und Maria Theresia) Unabhängigkeitserklärung der USA	
Kultur		Glaubensspaltung Kultur im Dienste absolutistischer Machtentfaltung, Höfe als kulturelle Zentren Entstehung der deutschen Schriftsprache 1. Tageszeitung **Europäische Literatur:** Calderon, Corneille, La Fontaine, Molière, Racine, Shakespeare **Malerei:** Rembrandt, Rubens **Musik:** Bach, Händel, Vivaldi, Telemann, Purcell, Rameau, Lully **Architektur:** Barock (Theatinerkirche München, Schloss Nymphenburg, Würzburger Residenz) Dientzenhofer, Fischer von Erlach, Neumann	Herrschaft der Vernunft Vollendung und Überwindung der Aufklärung: Kant Individualismus, Pietismus **Philosophie:** Rationalismus (Descartes † 1650) Naturrecht (Grotius) Empirismus (Hobbes) Herder, Leibniz, Rousseau, Spinoza, Voltaire **Europäische Literatur:** Defoe, Goldoni, Richardson, Swift, Beaumarchais **Malerei:** Goya, Gainsborough, Reynolds, Tiepolo **Musik:** Gluck, Haydn **Architektur:** Rokoko (Wies-Kirche, Amalienburg in München) Gebr. Asam, D. Zimmermann, Cuviliès, J. M. Fischer **Naturwissenschaft und Technik:** Dampfmaschine (Watt), „Spinning Jenny“ (Hargreaves)	
Autoren		Martin Opitz Andreas Gryphius Hans Jakob Christoffel von Grimmelshausen	Gottsched Lessing Wieland	Klopstock Herder Goethe Schiller Lenz
Gattungen	Lyrik	Sonett	Lehrgedicht	Ode Erlebnislyrik Ballade
	Epik	Schelmenroman	Briefroman Fabel	
	Drama	Jesuitendrama Haupt- und Staatsaktionen	Bürgerliches Trauerspiel Geschichtsdrama	Nichtaristotelisches Drama in der Nachfolge Shakespeares

	Klassik **1786–1832**	**Romantik** **1790–1830**	**Biedermeier/Junges Deutschland** **1830–1848**
Geschichte	Französische Revolution 1789 – Napoleon Säkularisierung und Mediatisierung (1803–1806) Ende des Heiligen Römischen Reiches Deutscher Nation 1806 Befreiungskriege – Wiener Kongress 1814/15 Wartburgfest 1817 – Karlsbader Beschlüsse 1819 – Hambacher Fest 1832 Deutscher Zollverein 1834 Weberaufstand 1844 Revolution von 1848/49: Einheit und Freiheit – 1. Nationalversammlung (Paulskirche)		
Kultur	Deutscher Idealismus Wiederentdeckung der Antike Idee des Weltbürgertums	Naturphilosophie Wiederentdeckung des deutschen Mittelalters Nationale Idee Kritik an Spätaufklärung und Rationalismus	**Biedermeier:** Politische Resignation Restauration Verbürgerlichung der Romantik **Junges Deutschland:** Liberalismus und Frühsozialismus Kritik am Idealismus der Klassik und Romantik
	Philosophie: Fichte, Hegel, Kant, Schelling, Schopenhauer, W. Humboldt		**Philosophie:** Feuerbach, Saint-Simon, Schopenhauer
	Europäische Literatur: Byron, Manzoni, Puschkin		**Europäische Literatur:** Andersen, Byron, Cooper, Hugo, Poe, Sand, Stendhal
	Malerei: Tischbein	**Malerei:** C. D. Friedrich, Turner, Nazarener	**Malerei:** Dillis, Spitzweg, von Kobell, von Schwindt
	Musik: Beethoven, Mozart	**Musik:** Chopin, Liszt, Mendelssohn-Bartholdy, Schubert, Schumann, von Weber	
	Architektur: Klassizismus (Ruhmeshalle, Propyläen u. Glyptothek in München, Schauspielhaus Berlin) Klenze, Schinkel Biedermeier: Möbel, Mode		
	Naturwissenschaft und Technik: Heißluftballon (Montgolfier) Mechanischer Webstuhl (Cartwright), Schienendampflokomotive (Trevithick), Dampfschiff (Fulton), Gasbeleuchtung in London und Berlin, Eisenbahn zwischen Liverpool und Manchester		**Naturwissenschaft und Technik:** Dampflokomotive (Stevenson), 1. deutsche Eisenbahn Nürnberg–Fürth, Fotografie (Daguerre), Kunstdünger (von Liebig)
Autoren	Goethe Schiller Hölderlin Kleist Jean Paul	Jean Paul, Kleist, Novalis, Tieck, Hoffmann, Brentano, Arnim, Eichendorff, Gebr. Schlegel, Gebr. Grimm	**Biedermeier:** Raimund, Grillparzer, Droste-Hülshoff, Gotthelf, Nestroy, Mörike, Stifter **Junges Deutschland:** Börne, Heine, Grabbe Büchner
Gattungen – Lyrik	Gedankenlyrik	Erlebnislyrik Lied	Politisches Gedicht
Gattungen – Epik	Bildungs- und Erziehungsroman Novelle Erzählung	Märchen, Sage Anekdote, Kalendergeschichte, Legende	
Gattungen – Drama	Ideendrama		Volksstück

	Poetischer Realismus 1848–1890	Naturalismus 1890–1910	Impressionismus/ Symbolismus 1890–1920	Expressionismus 1910–1925
Geschichte	Reaktion und Resignation Deutsch-Französischer Krieg und Reichsgründung 1871 (Einheit vor Freiheit) Ära Bismarck: Kulturkampf, Sozialistengesetze, Sozialpolitik, europäische Vertragspolitik Liberalismus Konservatismus Sozialismus (Arbeiterbewegung und Gewerkschaften: Lassalle)	Wilhelminismus – Militarismus – Kolonialismus – Imperialismus 1. Weltkrieg 1914–1918 Oktoberrevolution in Russland 1917 – Untergang der k. u. k. Monarchie Novemberrevolution (1918) in Deutschland		
Kultur	Industrielle Revolution Bürgertum als Träger von Wirtschaft u. Kultur Gründerzeit: Optimismus und Fortschrittsgläubigkeit **Philosophie:** Engels, Marx, Darwin, Mommsen, Ranke, Treitschke **Europäische Literatur:** Balzac, Dickens, Dostojewski, Flaubert, Tolstoi, Gogol **Malerei:** Courbet, Daumier, Leibl, Lenbach, Thoma, von Menzel **Musik:** Berlioz, Brahms, Bruckner, Dvořák, Mussorgski, Smetana, Tschaikowski, Wagner, Strauß, Verdi **Architektur:** Gründerzeit (Festspielhaus Bayreuth, Eiffelturm, Suez-Kanal) Schlösser Ludwigs II. **Naturwissenschaft und Technik:** Spektralanalyse (Bunsen), Telefon (Reis), Viertaktmotor (Otto), elektr. Lokomotive (Siemens), elektr. Glühbirne (Edison)	Bevölkerungsexplosion Genossenschaftswesen Kluft Staat – Arbeiterbewegung	Ästhetizismus – Stilisierung – Fin de siècle Distanz Kunst – Alltagsrealität	Kosmopolitismus, Pazifismus, Aktivismus Antimaterialismus, Kulturpessimismus
		Philosophie: Darwin, Haeckel, Comte (Positivismus), Nietzsche, Schopenhauer, Wittgenstein, Buber, Dilthey, Husserl **Soziologie:** Weber **Psychologie:** Freud		
		Europäische Literatur: Ibsen, Strindberg, Zola	**Europäische Literatur:** Baudelaire, Goncourt, Mallarmé, Rimbaud, Shaw, Tschechow, Verlaine, Wilde	
		Malerei: Kollwitz	**Malerei:** Cézanne, Corinth, Degas, Liebermann, Manet, Monet, Renoir, van Gogh, Toulouse-Lautrec, Gauguin Böcklin, Klimt, Schiele, Stuck **Musik:** Debussy, Ravel, R. Strauss **Architektur:** Jugendstil (Villa Stuck, Kammerspiele in München) Gaudi, Riemerschmid	**Malerei:** „Brücke" (Heckel, Kirchner, Nolde, Schmidt-Rottluff) „Der Blaue Reiter" (Kandinsky, Marc, Macke, Münter) Kokoschka, Matisse Munch Picasso (blaue Periode) Barlach (Plastik) **Musik:** Bartok, Hindemith, Janáček, Schönberg, Strawinski
		Naturwissenschaft und Technik: Tuberkulosebekämpfung (Koch), Auto (Daimler), Cinematografie (Lumière), Röntgenstrahlen, Dieselmotor, Quantentheorie (Planck), Motorflugzeug (Gebr. Wright), Fließband (Ford), Atommodell (Bor), Relativitätstheorie (Einstein), Atomkernspaltung (Rutherford), Tonfilm, Rundfunk in Deutschland, Quantenmechanik (Heisenberg)		
Autoren	Hebbel, Storm, Keller, Fontane, Meyer, Raabe	Hauptmann Holz/Schlaf Thoma, Anzengruber, Christ	Schnitzler, Wedekind, George, Hofmannsthal, Rilke, Hesse	Lasker-Schüler Sternheim Kaiser Döblin, Benn, Heym, Trakl, Werfel, Toller, Brecht Kafka
Gattungen – Lyrik	Dinggedicht		Symbolistisches Gedicht	Expressionistische Lyrik
Gattungen – Epik	Historischer Roman Gesellschaftsroman	Dorfroman		Parabel
Gattungen – Drama		Soziales Drama	Einakter	Stationendrama

		Literatur der Weimarer Republik 1918–1933	Literatur im Dritten Reich 1933–1945	Literatur der Adenauer-Ära 1945–1963
Geschichte		Ausrufung der Republik (9.11.1918) Nationalversammlung u. Reichsverfassung (Weimar) Versailler Vertrag Krisenjahre: Kapp-Putsch, Ruhrkrise, Inflation, Hitler-Putsch Weltwirtschaftskrise (Schwarzer Freitag, 25.10.1929) Präsidialkabinette Ende der Weimarer Republik 1933	Machtergreifung Hitlers (30.1.1933) Reichstagsbrand Ermächtigungsgesetz, Gleichschaltung Nürnberger Gesetze Anschluss Österreichs Münchner Abkommen Reichspogromnacht (9.11.1938) 2. Weltkrieg (1.9.1939) Wannsee-Konferenz Stalingrad (1942/43) Kapitulation (7./8.5.1945)	Konferenz von Potsdam (4 Besatzungszonen) Atombomben auf Hiroshima und Nagasaki Nürnberger Prozesse Berlin-Blockade (Kalter Krieg) DDR-Verfassung und Grundgesetz für die BRD 1949 Volksaufstände: DDR 1953, Ungarn 1956 Nato-Beitritt der BRD EWG-Gründung Berliner Mauer 1961 Ende der Regierung Adenauer
Kultur		Polarisierung und Radikalisierung Sozialer Abstieg des Mittelstandes Goldene Zwanziger (Revue, Kabarett) **Philosophie:** Heidegger, Jaspers, Kierkegaard **Weltliteratur:** Conrad, Claudel, Dos Passos, Faulkner, Gide, Joyce, Proust, Sinclair, Shaw, O'Neill, Gorki **Malerei:** Beckmann, Dix, Feininger, Grosz, Klee, Ernst **Theater:** Reinhardt, Piscator **Musik:** Berg, Gershwin, Webern, Weill **Film:** Charlie Chaplin Fritz Lang: Metropolis (Stummfilm) F. W. Murnau **Kritik:** Jhering, Kerr, Kraus, Polgar **Architektur:** Bauhaus, Gropius, Mies van der Rohe **Naturwissenschaft und Technik:** Atlantiküberquerung (Lindbergh), Penicillin (Fleming), Fernsehen	Gleichschaltung des kulturellen Lebens: Bücherverbrennung Reichskulturkammergesetz, Kritikerverbot, Reichsschrifttumskammer Emigranten: Adorno, Fromm, Horkheimer, Marcuse (Philosophie) Einstein, Meitner (Wissenschaft) Reinhardt (Theater) Kleiber, Klemperer, Tauber (Musik) **Malerei:** Ausstellung „Entartete Kunst" **Musik:** Prokofiew, Schostakowitsch **Film:** Propagandafilm (z. B. Der ewige Jude) **Architektur:** Monumentalstil (Haus der Kunst München, Reichsparteitagsgelände Nürnberg) **Naturwissenschaft und Technik:** Kernspaltung (Hahn), Volkswagen, Volksempfänger, Raketentechnik (von Braun), Atombombe (Oppenheimer)	Neuanfang und Restauration Wirtschaftswunder Steigendes nationales Selbstwertgefühl (Fußballweltmeister 1954) **Philosophie:** Bultmann, Barth, Guardini, Bloch, Camus, Sartre Strukturalismus **Weltliteratur:** Anouilh, Beckett, Eliot, Greene, Hemingway, Ionesco, Arthur Miller, O'Neill, Sartre, Scholochow, Steinbeck, Wilder, Pasternak **Malerei:** Chagall, Dalí, Miro, Moore (Plastik) documenta Kassel **Musik:** Jazz, Swing Henze, Stockhausen Donaueschinger Musiktage für zeitgenössische Musik Rock'n' Roll, Blues Deutscher Schlager **Film:** Käutner, Staudte **Architektur:** Ronchamp, Berliner Philharmonie Le Corbusier, Scharoun **Naturwissenschaft und Technik:** Farbfernsehen, Wasserstoffbombe, Sputnik 1, bemannter Weltraumflug (Gagarin), Friedliche Nutzung der Kernenergie
Autoren		Heinrich Mann, Thomas Mann, Hesse, Musil, Stefan Zweig, Feuchtwanger, Broch, Arnold Zweig, Tucholsky, Fallada, Graf, Roth, Brecht, Remarque, Kästner, Seghers, Horváth, Fleißer, Jünger	**Innere Emigration:** Le Fort, Carossa, Loerke, Benn, Wiechert, Britting, Bergengruen, Jünger, Langgässer, Reinhold Schneider, Andres **Exil:** Heinrich Mann, Thomas Mann, Zweig, Feuchtwanger, Broch, Arnold Zweig, Werfel, Toller, Graf, Zuckmayer, Brecht, Remarque, Seghers, Horváth, Klaus Mann	Sachs, Kaschnitz, Koeppen, Eich, Domin, Andersch, Krolow, Hildesheimer, Böll, Celan, Schnurre, Aichinger, Borchert, Bachmann, Grass, Walser, Lenz, de Bruyn, Apitz, Heym, Fühmann, Bobrowski, Seghers, Brecht, E. Strittmatter, Frisch, Dürrenmatt
Gattungen	Lyrik	Zwischen Expressionismus und Gegenwartslyrik		Hermetische Lyrik
	Epik	Zeitroman Großstadtroman	Exilroman	Erzählen nach 45 Kurzgeschichte
	Drama	Realistisches Volksstück Episches Theater		Parabelstück Grotesk-zeitkritisches Theater

<table>
<tr><th></th><th colspan="3">Deutschsprachige Gegenwartsliteratur</th></tr>
<tr><td>Geschichte</td><td>Regierung Erhard 1963
Auschwitz-Prozesse
Regierung Kiesinger 1966
(Große Koalition)
Außerparlamentarische Opposition
(APO)
Notstandsgesetzgebung
Prager Frühling
Regierung Brandt 1969
(Sozialliberale Koalition)
Ostverträge
Grundlagenvertrag
Ölkrise 1973
Rücktritt Brandts</td><td>Regierung Schmidt 1974
Wirtschaftsrezession
RAF-Terrorismus
Anti-Atomkraft und Ökologie-Bewegung
Die Grünen
Nato-Doppelbeschluss
Bruch der sozialliberalen Koalition
Regierung Kohl 1982
Gorbatschow: Glasnost und Perestroika
Grenzöffnung durch die DDR (9.11.1989)
1. Demokratische Volkskammerwahl in der DDR
Währungs-, Wirtschafts- und Sozialunion
Vereinigung Deutschlands 3.10.1990</td><td>Erste gesamtdeutsche Wahlen Dezember 1990
Europäische Union (Maastricht)
Auflösung des Ostblocks (Demokratisierung, Nationalitätenkonflikte)
Nord-Süd-Konflikt
Regierung Schröder 1998
Reformen des Sozialstaats
Auslandseinsätze der Bundeswehr im Kosovo und in Afghanistan
Regierung Merkel 2005
(Große Koalition)
Internationale Finanz- und Wirtschaftskrise 2008/2009</td></tr>
<tr><td>Kultur</td><td colspan="3">Emanzipation der Frau (Frauenbewegung); Bürgerinitiativen; Freizeitindustrie; Kommerzialisierung des Sports; Mediengesellschaft; Flower-Power-Generation (Woodstock); AIDS-Problematik; Null-Bock-Haltung; Yuppie-Bewegung; Individualismus; Leben als Single; Parteiverdrossenheit; Privatfernsehen;
Probleme der Einigung (Mauer in den Köpfen); Rechtsradikale Tendenzen; Generationenkonflikt; Mediendemokratie; Globalisierung; Islamistischer Terrorismus (11. September 2001); Klimawandel; Sterbehilfe

Friedensnobelpreis Brandt (1971), Literaturnobelpreis Böll (1972), Grass (1999), Jelinek (2004), Herta Müller (2009)

Philosophie:
Frankfurter Schule (Adorno, Horkheimer, Marcuse, Habermas)
Popper
New Age, Esoterik

Weltliteratur:
Bellow, Eco, Golding, Gustaffson, Kerouac, Kundera, Lem, Lessing, Laxness, Marquez, Moravia, Henry Miller, Nabokov, Nooteboom, Paz, Seiffert, Singer, Szczypiorski, Tournier, Updike, Roth

Malerei:
Sitte, Baselitz, Beuys, Hundertwasser, Lüpertz, Penck, Kiefer, Gerhard Richter, Neo Rauch, Lichtenstein, Rauschenberg, Warhol

Musik:
Broadway-Musicals
Beatles, Rolling Stones, Pink Floyd
Cage, Kagel, Ligeti, Messiaen, Henze, Boulez
Hardrock, Punk, Techno, Rap, Hip-Hop, R & B

Film:
Neorealismus (Fellini), Pasolini, Neue Welle (Godard)
Visconti, Fassbinder
Hollywood-Film (Spielberg)
Filmfestspiele: Berlin, Cannes, Venedig

Architektur:
Funktionalismus, Postmoderne
Aalto, Behnisch, Branca, Le Corbusier, Libeskind

Naturwissenschaft und Technik:
Farbfernsehen BRD, Mondlandung, Video, Organtransplantationen, Computer,
Gen-Technologie, Alternativ-Technologien, Telekommunikation, Tschernobyl, Multimedia, Internet, Biogenetik</td></tr>
<tr><td rowspan="3">Gattungen und Autoren</td><td>Engagierte Lyrik
Konkrete Poesie
Alltagslyrik
Irritierte Naturwahrnehmung
Aufgesplitterte Erinnerung
Fragmentierte Wirklichkeit</td><td colspan="2">Enzensberger, Fried, Gernhardt, Grünbein, Hahn, Huchel, Kirsch, Kolbe
Rühmkorf</td></tr>
<tr><td>Modernes Erzählen</td><td colspan="2">Jurek Becker, Demski, Forte, Harig, Härtling, Hein, Johnson, Kehlmann
Kempowski, Loest, Mosebach, Nadolny, Rothmann, Schulze, Sebald
Süskind, Timm, Treichel, Woelk
Braun, Hilbig, Maron, Wolf
Hürlimann, Muschg, Stamm, Walter, Werner, Widmer
Bernhard, Gstrein, Hackl, Jelinek, Ransmayr, Streeruwitz</td></tr>
<tr><td>Absurdes Theater
Dokumentarisches Theater
Experimentierendes Theater
Politische Revue
Kritisches Volksstück
Ästhetisierendes Theater
Postdramatisches Theater
Neorealistisches Theater</td><td colspan="2">Dorst, Handke, Kipphardt, Kroetz, Loher, Strauß, Tabori, Weiss</td></tr>
</table>

II Von den Anfängen bis zum Barock

1 Althochdeutsche Literatur

Sicher gab es in der Völkerwanderungszeit (ab dem 4. Jahrhundert) bereits Zeugnisse germanischer Dichtung, doch stammen die ältesten Überlieferungen erst aus dem 8. Jahrhundert. Sie wurden von Mönchen aufgezeichnet und beinhalten frühe literarische Kurzformen wie Zaubersprüche, Gebete, Merkverse. Als berühmteste Beispiele gelten die **Merseburger Zaubersprüche** (vor 750), in denen noch das heidnisch-magische Bewusstsein der Germanen nachwirkt, und das **Wessobrunner Gebet** (770/790), in dem die Schöpfermacht Gottes verherrlicht wird. Entstehungszeit und erste schriftliche Überlieferung lagen bei vielen frühen Werken oft recht weit auseinander – ab Karl dem Großen und der mit ihm abgeschlossenen Christianisierung der germanischen Stämme häufen sich die Beispiele überlieferter Literaturdenkmäler. Sie alle (zwischen 750 und 1050) sind in der althochdeutschen Sprache verfasst; in der Frühzeit ist der Stabreim (gleicher Anlaut) ein wesentliches Gestaltungsmittel.

Karl der Große, Buchminiatur aus Chronicon Episcoporum

Merseburger Zauberspruch (8 Jh.)

Phol ende uuodan   uuorun zi holza.
du uuart demo balderes uolon   sin uuoz birenkit.
thu biguol en sinthgunt,   sunna era suister;
thu biguol en friia,   uolla era suister;
thu biguol en uuodan, so he uuola conda:
sose benrenki,   sose bluotrenki,
sose lidirenki;
ben zi bena,   bluot zi bluoda,
lid zi geliden,   sose gelimida sin.

Braune, Wilhelm, Ebbinghaus, Ernst A., Althochdeutsches Lesebuch, Niemeyer Verlag, Tübingen [14]1965, S. 89

Vol und Wodan ritten in den Wald.
Da ward dem Fohlen Balders sein Fuß verrenkt.
Da besprach ihn Sinthgunt, (und) Sonne, ihre Schwester.
Da besprach ihn Fija, (und) Volla, ihre Schwester,
da besprach ihn Wodan, der es wohl konnte,
wie die Beinrenke, so die Blutrenke,
so die Gliedrenke:
Bein zu Bein, Blut zu Blut,
Glied zu Glied, als ob sie geleimt sei'n!

Übersetzung Peter Wapnewski, zitiert nach Rötzer, Hans Gerd, Geschichte der deutschen Literatur. Epochen, Autoren, Werke, Buchner Verlag, Bamberg 1992, S. 12

Das erste Zeugnis **mittelalterlicher Heldendichtung** ist in althochdeutscher Zeit das sogenannte **Hildebrandslied** (um 800) aus dem Umkreis Dietrichs von Bern, der Zentralfigur der Heldenepik des Mittelalters. Neben dieser neu aufkommenden heldischen Dichtung behielt aber die **geistliche Dichtung** zunächst den größeren Stellenwert, wie der **Heliand** (840), eine Nacherzählung der Evangelien, und das **Annolied** (um 1080), eine als Heilsgeschichte gestaltete Weltgeschichte, bezeugen. Während sich die Volkssprachen erst allmählich herausbildeten, behielt das Latein als Sprache der Geistlichen Geltung, weil sie nahezu die einzigen Schriftkundigen waren. Die Nonne **Hrotsvith von Gandersheim** (um 935 bis nach 973) z. B. schrieb als erste deutsche Dichterin ihre Legendendramen in Latein.

2 Mittelhochdeutsche Literatur

Im 12. Jahrhundert wurde das Althochdeutsche von der mittelhochdeutschen Sprache abgelöst, anstelle des Stabreims traten Binnen- und/oder Endreim. Um 1200 entstand aus vielen mündlichen Vorstufen der germanischen Heldensagen die erste schriftliche Fassung des **Nibelungenliedes**. Dieses herausragende **Heldenepos** deutscher Sprache erzählt in vierzeiligen Strophen die Geschichte von Siegfried, Gunter und Hagen, Kriemhild und Brünhild, Etzel (Attila), Rüdiger, Dietrich von Bern und anderen. Man spürt im Nibelungenlied bei aller ehrenhaften Ritterlichkeit noch deutlich den heroischen Geist der Völkerwanderungszeit.

Nibelungenlied (13. Jh.)

Uns ist in alten maeren wunders vil geseit
von helden lobebaeren, von grôzer arebeit,
von fröuden hôchgezîten, von weinen und von klagen,
von küener recken strîten muget ir nu wunder hoeren sagen.
Ez wuohs in Burgonden ein vil edel magedîn,
daz in allen landen niht schoeners mohte sîn.
Kriemhilt geheizen; si wart ein scoene wîp.
dar umbe muosen degene vil verliesen den lip.

Das Nibelungenlied, hrsg. von Karl Bartsch und Helmut de Boor, Reclam Verlag, Stuttgart 1997, S. 6

Uns wird in alten Erzählungen viel Wunderbares berichtet:
Von berühmten Helden, großer Mühsal,
von glücklichen Tagen und Festen, von Tränen und Klagen
und vom Kampf tapferer Männer könnt ihr jetzt Erstaunliches erfahren.
Es wuchs im Burgundenland ein junges Edelfräulein heran,
so schön wie keine andere auf der Welt.
Kriemhild hieß sie. Später wurde sie eine schöne Frau,
um derentwillen viele Krieger ihr Leben verlieren sollten.

Das Nibelungenlied, hrsg. von Karl Bartsch und Helmut de Boor, übersetzt von Siegfried Grosse, Reclam Verlag, Stuttgart 1997, S. 7

Neben dem Heldenepos ist das **Ritterepos** die zweite mittelalterliche „Romanform": eine ritterlich-höfische, von Laien geschriebene Standesdichtung, deren Blütezeit mit der Regierungszeit der Stauferkaiser Friedrich Barbarossa (1152–1190) und Friedrich II. (1215–1250) zusammenfiel, die als erste „Klassik" der deutschen Dichtung gilt. Die meisten Werke stehen im Zusammenhang mit dem bretonischen Sagenkreis um König Artus oder dem antiken Kreis um Alexander.
Das Ideal des Ritters in der Literatur dieser Zeit beinhaltet Waffen-, Gottes- und Minnedienst, seine Tugenden sind *triuwe, staete, hoher muot, zuht* und *mâze, êre, milte, hohe minne* (Treue, Beständigkeit, Hochgestimmtheit, Anstand, Selbstbeherrschung, Ansehen, Großzügigkeit, Verehrung der Frau).
Viele deutschsprachige Autoren benutzten als Vorlage die Versepen des französischen Dichters **Chrétien de Troyes** (1150 bis um 1190), so vor allem **Hartmann von Aue** mit seinen Werken „Erec" (um 1180) und „Iwein" (um 1205). Hartmanns Verslegenden „Armer Heinrich" (um 1195) und „Gregorius" (um 1187/89), die nicht auf Chrétien und den Artus-Stoff zurückgehen, zeigen eine gewisse Skepsis gegenüber ritterlichen Idealen.
Wolfram von Eschenbachs „Parzival" (um 1210) hingegen knüpft wieder an Chrétien an, bearbeitet dessen Vorlage aber freier; im Mittelpunkt dieses ersten deutschen „Entwicklungsromans" steht der Weg Parzivals vom ahnungslosen Knaben zum Artusritter und schließlich zum Gralskönig.
Als dritter großer Klassiker gilt **Gottfried von Straßburg** (gest. um 1215) mit seinem Werk „Tristan und Isolde" (begonnen um 1210), dem Epos, in dem die Macht der Liebe zum zentralen Thema wurde.
Das gleiche Thema beherrscht auch die maßgebliche **Lyrik** des hohen Mittelalters, den **Minnesang**.

Die wichtigsten Vertreter dieser Gattung finden sich in der berühmten und reich bebilderten Manessischen Handschrift, z. B. der **Kürenberger** (Österreich, Mitte 12. Jh.), **Friedrich von Hausen** (um 1150 bis 1190), **Reinmar von Hagenau** († vor 1210), **Heinrich von Morungen** (seit 1180–1222) und **Walther von der Vogelweide** (um 1170–1230). Minnesang war nicht individuelle Liebeserklärung, sondern als gesellschaftliche Konvention fester Bestandteil höfischer Feste; es kam sogar zu regelrechten Sängerwettstreiten (Sängerkrieg auf der Wartburg). In der „hohen Minne" wird die *frouwe* als Herrin zum unerreichbaren Ideal erhöht, in der „niederen Minne" wird Liebesglück besungen, das nicht an soziale Schranken gebunden ist.

Vrowe, wilt du mich genern (13. Jh.) | Heinrich von Morungen

Vrowe, wilt du mich genern,
sô sich mich ein vil lützel an.
ich enmac mich langer niht erwern,
den lîp muoz ich verlorn hân.
Ich bin siech, mîn herze ist wunt.
Vrowe, daz hânt mir getân
mîn ougen und dîn rôter munt.

Morungen, Heinrich von, Vrowe, wilt du mich genern, in: Deutsche Gedichte des Mittelalters, ausgewählt und übersetzt von Ulrich Müller und Gerlinde Weiss, Reclam Verlag, Stuttgart 1993, S. 104

Herrin, wenn du mich retten willst,
so schaue mich doch ein bisschen an.
Ich kann mich nicht mehr länger wehren,
bald werde ich mein Leben verloren haben.
Ich bin krank, mein Herz ist verwundet.
Herrin, das haben mir meine Augen
und dein roter Mund angetan.

Morungen, Heinrich von, Herrin, wenn du mich retten willst, in: Deutsche Gedichte des Mittelalters, ausgewählt und übersetzt von Ulrich Müller und Gerlinde Weiss, Reclam Verlag, Stuttgart 1993, S. 105

Walther von der Vogelweide war nicht nur ein bekannter Minnesänger, sondern schuf auch bedeutende Beispiele der **politischen Spruchdichtung**, mit der er sich ins aktuelle Tagesgeschehen einmischte, z. B. in die zeitgenössische Auseinandersetzung zwischen Papst und Kaiser. Ein später Lyriker des Mittelalters ist der Südtiroler **Oswald von Wolkenstein** (1377–1445), der sein abenteuerliches Leben in bereits subjektiv getönten Versen besang.

Dichter und Werke (Auswahl zu Lyrik, Epos)

Aue, Hartmann von (1165–1215): Irdische und himmlische Minne (L)
Botenlauben, Otto von (1177–1245): Wie soll ich den Ritter (L)
Eist, Dietmar von (1140–1171): Oben auf der Linde (L)
Eschenbach, Wolfram von (1170–1220): Parzival (E)
Reuenthal, Neidhart von (1190–1246): Wohlgezieret liegt die grüne Heide (L)
Vogelweide, Walther von der (1170–1230): Unter der Linde (L)

Vgl. auch Aspekte der Gattungsgeschichte (Kap. 8–10)

Der Sängerkrieg auf der Wartburg, Manesse-Handschrift: die wettstreitenden Sänger, darunter Walther v. d. Vogelweide, Wolfram von Eschenbach, Reinmar der Alte u. a.

3 Spätmittelalterliche und frühneuhochdeutsche Literatur

Kennzeichnend für die Literatur ab 1250 ist eine Vielfalt von Formen und Inhalten, die nicht mehr von den Idealen der ritterlich-höfischen Welt getragen wird, sondern zusehends von der Wirklichkeit der bürgerlich-bäuerlichen Welt geprägt ist. Da sehr häufig an die klassischen Werke angeknüpft wird, wirken viele Texte dieser Zeit fast wie Kopien. Mit dieser Entwicklung geht oft eine Trivialisierung der Stoffe und eine Aufspaltung der Formen einher. Die schriftlich überlieferte Literatur wird mehr, aber nicht besser. Häufig werden die berühmten Versepen der klassischen Zeit in Prosafassungen umgeschrieben, die großen Helden leben fort in einer Fülle von „Fortsetzungsromanen". Kleinere Verserzählungen und **Schwänke** schildern – manchmal auch satirisch – alltägliche Wirklichkeit. Berühmte Zeugnisse sind „Till Eulenspiegel" (um 1500), „Die Schildbürger" (1598) und **Sebastian Brants** „Narrenschiff" (1494); Lehrgedichte, Fabeln und Tierepen sorgen auf unterhaltsame Weise für Belehrung. Dazu kommen Volkslied, Volksbuch („Faust") und Volkspredigt. Der höfische Minnesang wird vom bürgerlichen Meistersang abgelöst, dessen bekanntester Vertreter der Nürnberger **Hans Sachs** (1494–1576) ist, der auch eine Vielzahl von **Fastnachtsspielen** verfasste.

Illustrierter Holzschnitt zu „Der Ackermann aus Böhmen", 15. Jh.

Neben dieser weltlichen Dramenform wurden geistliche Spiele zu kirchlichen Festen aufgeführt. Ein Höhepunkt geistlicher Dichtung sind die Texte der christlichen **Mystik**, eine auf das Innere des Menschen gerichtete Bewegung, die zu intensiverer Gottesnähe führen soll, auch mittels einer gefühlsstarken und bildhaften Sprache. Die Hauptvertreter dieser mittelalterlichen Mystik sind der Dominikaner **Meister Eckhart** (um 1260–1327) und seine Schüler **Heinrich Seuse** (1295–1366) und **Johannes Tauler** (um 1300–1371). Eine Mystikerin ist ebenso die gelehrte Nonne **Hildegard von Bingen** (1098–1191).

Mit dem „Ackermann aus Böhmen" (um 1400) von **Johannes von Tepl** (um 1350–1414), einem Streitgespräch des Ackermanns mit dem Tod, kündigt sich – auch in der volkstümlichen Literatur – bereits die neue Zeit an, in der der Mensch zu einer größeren Eigenständigkeit in seinem Verhältnis zu Gott und Welt findet. Dieser Vorgang zeigt einen Wandel in Weltbild und Denken des Menschen, der in der Zeit der **Renaissance** (14.–16. Jh.) gesamteuropäisch wirksam wurde. Die Wiedergeburt der Antike (= Renaissance) löste den Menschen allmählich aus der mittelalterlich fest gefügten, religiös geprägten Weltordnung. Die stärkere Betonung der Diesseitigkeit des Einzelmenschen führte in der Kunst zu einer neuen Sichtweise, die den Blick für Weltbejahung, antike Schönheitsideale und die zentrale Rolle autonomer menschlicher Vernunft öffnete.

Die deutsche Ausprägung der Renaissance, der **Humanismus**, übernahm mit seiner Hinwendung zum antiken Vollkommenheitsideal des Menschen die Forderung nach Befreiung von Wissenschaft und Bildung aus der Vormundschaft der Kirche. Ziel der Humanisten **Erasmus von Rotterdam** (1466–1536) und **Ulrich von Hutten** (1488–1523) war es, zwischen Antike und Christentum zu vermitteln. Dabei legten sie besonderen Wert auf die Beschäftigung mit der antiken Rhetorik (Redelehre), auch im Hinblick auf eine Verbesserung der deutschen Sprache. Den entscheidenden Schritt jedoch zur Schaffung einer einheitlichen deutschen Schriftsprache, die nicht mehr lokal-geografisch geprägt war, leistete der Reformator **Martin Luther**, vor allem mit seiner Bibelübersetzung und etlichen Flugschriften und Traktaten. So propagierte er in seinem Traktat „Von der Freiheit eines Christenmenschen" (1520) die Grundsätze reformatorischer Glaubensauffassung oder mischte sich mit seiner Flugschrift „Wider die räuberischen und mörderischen Rotten der Bauern" mit einer sehr deutlichen Sprache in den Bauernkrieg (1524/25) ein. Vorbedingung für die Verbreitung aller Schriften dieser Zeit war die Erfindung des Buchdrucks mit beweglichen Lettern durch **Johannes Gutenberg**.

Werke (Auswahl zu **D**ramatik und **L**yrik)

Hutten, Ulrich von (1488–1523):	Ein neu Lied (L)
Luther, Martin (1483–1546):	Ein feste Burg ist unser Gott (L)
Sachs, Hans (1494–1576):	Fastnachtsspiele; Schwänke (D)
	Meistergesänge; Spruchgedichte (L)

Vgl. auch Aspekte der Gattungsgeschichte (Kap. 8–10)

4 Barock

Der Dreißigjährige Krieg und die Gegenreformation beherrschten die Geschichte Deutschlands im 17. Jahrhundert. Es war geprägt von religiöser, politischer und sozialer Zersplitterung. Die Literatur dieser Zeit, die sich wieder verstärkt an die höfischen Zentren verlagerte, fasst man unter dem Epochenbegriff „Barock" zusammen. Dieser Begriff stammt aus der Kunstgeschichte und bezeichnete ursprünglich eine unregelmäßig geformte Perle. Er wurde zunächst vor allem auf die architektonischen Formen dieser Zeit übertragen, die, in Abkehr von der streng gegliederten Renaissance-Architektur, verspielt und unregelmäßig sind.

Besonders charakteristisch für diese Epoche ist das Nebeneinander von betonter **Weltfreude** und nachdrücklicher **Weltabkehr**, die aus dem Bewusstsein der Vergänglichkeit alles Irdischen (*vanitas*) herrührt. Als Begründer der barocken Literatur gilt **Martin Opitz** (1597–1639), der in seinem „Buch von der deutschen Poeterey" (1624) eine Dichtungslehre (Poetik) schuf, die auch sprachliche und stilistische Reformen der deutschen Sprache nach sich zog. Er griff dabei in vielem auf antike Vorbilder zurück, so vor allem im Bereich der Rhetorik (Redelehre) und der Gattungslehre (Tragödie, Komödie, Ständeklausel). Solche Bemühungen um die Sprach- und Dichtungsreform gingen auch von **Sprachgesellschaften** aus (z. B. Fruchtbringende Gesellschaft, Pegnitzschäfer), bei denen die Reinerhaltung deutscher Sprache im Vordergrund stand.

Insgesamt zeichnet die barocke Literatur ein hoher Anspruch an Gelehrsamkeit und künstlerischen Formwillen aus, was einerseits in bloß belehrenden Spruchweisheiten und andererseits in eine schwülstig-überladene und gezierte Ausdrucksweise **(Manierismus)** umschlagen konnte. Am deutlichsten lassen sich barocke Merkmale in der Lyrik nachweisen, die sich sowohl durch Metaphorik und Symbolik als auch durch eine streng rhetorische Gestaltung auszeichnet. Die strenge Form des Sonetts kam diesen formalen Ansprüchen am meisten entgegen. Die Lyrik dieser Zeit ist mit wenigen Ausnahmen nicht Ausdruck subjektiven Erlebens, sondern sie erhebt den Anspruch allgemeingültiger Ansichten über Tod, Vergänglichkeit und Leben. **Andreas Gryphius** ist mit seiner weltlichen und geistlichen Lyrik ein herausragender Dichter dieser Epoche; **Paul Gerhardt** und **Angelus Silesius** schufen viele heute noch gesungene **Kirchenlieder**. Ebenfalls zur geistlichen Literatur zählen die volkstümlichen und sprachgewaltigen Predigten des **Abraham a Santa Clara** (1644–1709) mit ihrem zeitkritischen

Inhalt. **Jakob Böhme** (1575–1624) setzte die christliche Mystik fort.

Die Religiosität des barocken Menschen zeigt sich auch in der Bedeutung des **Jesuitendramas**, das im Dienste der Gegenreformation stand. Es arbeitet oft mit der Personifikation von Tugenden und Lastern **(Allegorie)** und setzt eine prunkvolle Aufführungspraxis ein, um die Zuschauer über die sinnliche Erfahrung zum rechten Glauben anzuhalten. Die ursprünglich lateinischen Texte wurden auch ins Deutsche übertragen, wie z. B. **Jakob Bidermanns** (1578–1639) „Cenodoxus" (1602/1635).

Grimmelshausens „Simplicissimus", Titelkupfer der Erstausgabe 1669

Gryphius war nicht nur der größte Lyriker seiner Zeit, sondern schuf auch die wichtigsten Dramen des Barock. Neben zahlreichen Trauerspielen, vor allem Märtyrertragödien, schrieb er einige Komödien, die von der italienischen Comedia dell'arte und englischen Wanderbühnen beeinflusst sind. Über diese bekam das deutsche Publikum auch ersten Kontakt mit **William Shakespeare** (1564–1616). Daneben beginnt in der Barockzeit, ebenfalls von Italien ausgehend, die Geschichte der Oper in Deutschland. Der Roman der Barockzeit lässt sich in vier Arten unterteilen, wobei der höfisch-historische, der politische und der Schäferroman heute weitgehend vergessen sind, während der **Schelmenroman** durch ein populäres Beispiel fortlebt: „Der abentheuerliche Simplicissimus Teutsch" (1668) von **Hans Jakob Christoffel von Grimmelshausen**. In diesem Roman spiegelt sich die zeitgenössische Geschichte des Dreißigjährigen Krieges am Beispiel eines tölpelhaften Jünglings, der nach abenteuerlichen Reisen sein Leben als Einsiedler beschließt. Dieser Roman verbindet die Form des Entwicklungsromans mit der des Schelmenromans **(Pikareske)**.

Dichter und Werke (Auswahl zu Epik, Dramatik, Lyrik)

Fleming, Paul (1609–1640):	An sich (L)
Gerhardt, Paul (1607–1676):	Abendlied; Nun danket all und bringet Ehr (L)
Grimmelshausen, Johann Jakob Christoffel von (1621–1676):	Der abentheuerliche Simplicissimus Teutsch (E)
Gryphius, Andreas (1616–1664):	Abend; Es ist alles eitel (L)
Hoffmann von Hoffmanswaldau, Christian (1616–1679):	Kuriose Helden-Briefe und andre herrliche Gedicht (L)
Logau, Friedrich Freiherr (1604–1655):	Zwey Hundert Teutscher Reimen-Sprüche (L)
Scheffler, Johann (Angelus Silesius, 1624–1677):	Ich will dich lieben, meine Stärke (L)

Vgl. auch Aspekte der Gattungsgeschichte (Kap. 8–10)

III Von der Aufklärung bis zum Naturalismus

1 Aufklärung

Galileo Galilei, Astronom und Mathematiker

Das 18. Jahrhundert gilt als das Jahrhundert der **Vernunft**, und in diesem Zeitalter des Rationalismus befreiten sich die maßgeblichen Philosophen endgültig aus vorgegebenen Denkzwängen und kirchlicher Bevormundung. Hatte bereits **Descartes** (1596–1650) mit seinem berühmten Satz *„Cogito ergo sum"* (Ich denke, also bin ich) einen wichtigen Schritt in Richtung Emanzipation des Denkens getan, so vollendeten **Gottfried Wilhelm Leibniz** (1646–1716) und **Immanuel Kant** (1724–1804) im deutschen Sprachraum diesen Weg des aufgeklärten Denkens. Die immer noch gültige Definition des Epochenbegriffs stammt von Kant: „Aufklärung ist der Ausgang des Menschen aus seiner selbstverschuldeten Unmündigkeit." Die ethische und pädagogische Schlussfolgerung Kants aus dieser **menschlichen Selbstbestimmung** zielt auf ein Handeln des Einzelnen, das so beschaffen sein muss, dass daraus eine für alle gültige Norm abgeleitet werden kann. Mit dieser Vernunftgläubigkeit, die den Verstand als alleiniges Mittel der Erkenntnis anerkennt, geht eine **Wissenschaftsfreudigkeit** einher, die aus den naturwissenschaftlichen Umwälzungen des Weltbildes seit dem 16. Jahrhundert resultiert (Newton, Kepler, Galilei). Optimismus und Fortschrittsgläubigkeit führten in den folgenden Jahrhunderten zwar einerseits zu vielfältigen Verbesserungen und Erleichterungen des menschlichen Lebens, beinhalteten aber auch bereits die Wurzeln menschlicher Selbstüberschätzung und damit Risiken für Natur und Mensch.

Im politischen und sozialen Bereich sorgte die Aufklärung für eine radikale Infragestellung der überkommenen mittelalterlichen Gesellschaftsordnung, die im Absolutismus zu immer unerträglicheren Verhältnissen geführt hatte, was schließlich am Ende des Jahrhunderts die Französische Revolution auslöste. Den zentralen Idealen der Aufklärung – **Humanität** und **Toleranz, Selbstbestimmung** und **Menschenwürde** – entsprachen die revolutionären Forderungen nach Freiheit, Gleichheit und Brüderlichkeit. **Johann Christoph Gottsched** (1700–1766) ging vom Glauben an die Erziehbarkeit des Menschen aus und sah in der Dichtung dafür ein Instrument. Aus dieser pädagogisch-didaktischen Position heraus ist sein „Versuch einer critischen Dichtkunst" (1730) zu verstehen, mit der er vor allem Regeln des klassizistischen Dramas festlegte. **Gotthold Ephraim Lessing** hat in seinen „Briefen, die neueste Literatur betreffend" (1760) und in seiner „Hamburgischen Dramaturgie" (1767/69) die Dramengeschichte jedoch wesentlich stärker beeinflusst.

Das 18. Jahrhundert ist auch der Beginn eines schriftlichen „literarischen Lebens" mit einer Fülle literarischer Zeitschriften und verschiedenen Lesezirkeln, die den Lesegeschmack eines breiter werdenden Publikums formten. **Moses Mendelssohn** (1729–1786), ein Freund Lessings und das Vorbild seines „Nathan", spielte in dieser Entwicklung eine gewichtige Rolle.

Dichter und Werke (Auswahl zu Epik, Dramatik, Lyrik)

Gottsched, Johann Christoph (1700–1766):	Versuch einer kritischen Dichtkunst vor die Deutschen
Haller, Albrecht von (1708–1777):	Morgengedanken (L)
Lessing, Gotthold Ephraim (1729–1781):	Der Rabe und der Fuchs (E)
	Minna von Barnhelm; Emilia Galotti; Nathan der Weise (D)
Lichtenberg, Georg Christoph (1742–1799):	Aphorismen (E)
Moritz, Karl Philipp (1756–1793):	Anton Reiser (E)
Wieland, Christoph Martin (1733–1813):	Geschichte des Agathon (E)

Vgl. auch Aspekte der Gattungsgeschichte (Kap. 8–10)

2 Empfindsamkeit und Sturm und Drang

Die vernunftbetonte Seite der Aufklärung forderte Gegenbewegungen heraus, in denen die emotionalen Kräfte des Menschen – **Gefühl und Leidenschaft** – dominierten. Für die Gefühlsbetonung steht die Dichtung der **Empfindsamkeit**, wie sie vor allem im Freundschafts- und Dichterbund des **Göttinger Hain** gepflegt wurde, dessen Vorbild **Friedrich Gottlieb Klopstock** war. Daneben erlangte **Matthias Claudius** mit seinen stimmungsvollen Liedern („Der Mond ist aufgegangen") und der erbaulichen Zeitschrift „Der Wandsbecker Bote" Bekanntheit.

Johann Wolfgang von Goethe, „Die Leiden des jungen Werthers", Titelblatt der Erstausgabe 1774

Bedeutsamer ist allerdings die Bewegung des **Sturm und Drang**, die ihre Benennung dem gleichnamigen Drama von **Maximilian Klinger** (1752–1831) verdankt. Als Stürmer und Dränger gelten die jungen Dichter einer Gruppe, die Kraftnatur und Genialität, Auflehnung und Normverletzung zum Programm hatte und gegen reines Vernunftdenken kämpfte. Der wichtigste Wegbereiter war **Johann Gottfried Herder**, weil er Naturgesetze über Kunstgesetze stellte und in der Volkspoesie den wahren Ursprung der Sprache sah. Neben dieser Entdeckung der Volkspoesie geht auf ihn auch die Vermittlung Shakespeares zurück, der seinen Vorstellungen vom „Originalgenie" entsprach. Der **junge Goethe** übernahm diese Ideen und setzte sie in allen seinen Werken der Straßburger und Frankfurter Zeit um: „Sesenheimer Lieder" (1770/71), Ode „Prometheus" (1774), „Götz von Berlichingen mit der eisernen Hand" (1773), „Die Leiden des jungen Werthers" (1774). Alle diese Dichtungen Goethes verkörpern als weiteres typisches Merkmal des Sturm und Drang das Ideal individueller Selbstverwirklichung. Noch radikaler zielte der **junge Schiller** auf politische und private Freiheit des Menschen ab. Er und **Christian Friedrich Daniel Schubart** (1739–1791) hatten die Willkür ihres württembergischen Landesherrn durchlitten und sich die Bekämpfung des politischen Absolutismus zum Ziel gesetzt. Während sich Goethe und Schiller in späteren Jahren zu den herausragenden Klassikern entwickelten, steht der früh verstorbene **Jakob Michael Reinhold Lenz**, der Verfasser bedeutender sozialkritischer Dramen, für die Nähe von Genialität und Wahnsinn.

Dichter und Werke (Auswahl zu **E**pik, **D**ramatik, **L**yrik)

Claudius, Matthias (1740–1815):	Abendlied (L)
Goethe, Johann Wolfgang von (1749–1832):	Die Leiden des jungen Werthers (E)
	Götz von Berlichingen (D)
	Willkommen und Abschied; Prometheus; Erlkönig (L)
Herder, Johann Gottfried (1744–1803):	Briefe zur Beförderung der Humanität
Klopstock, Friedrich Gottlieb (1724–1803):	Der Messias; Die Sommernacht (L)
Lenz, Jakob Reinhold Michael (1751–1792):	Der Hofmeister, oder Vorteile der Privaterziehung; Die Soldaten (D)
Schiller, Friedrich (1759–1805):	Die Räuber; Kabale und Liebe (D)
	Die Bürgschaft (L)
Wagner, Heinrich Leopold (1747–1779):	Die Kindsmörderin (D)

Vgl. auch Aspekte der Gattungsgeschichte (Kap. 8–10)

3 Klassik

Goethe-Schiller-Denkmal in Weimar

Jede Nationalliteratur hat ihre sogenannten Klassiker, d. h. große bleibende Dichter wie z. B. Dante, Cervantes, Shakespeare, Molière, Ibsen und Tolstoi. In der deutschen Literaturgeschichte sind dies unbestreitbar **Goethe** und **Schiller**, die die Epoche der Klassik im engeren Sinne bestimmten. Den Anfang dieser Epoche sieht man entweder bereits in Goethes Übersiedlung nach **Weimar**, dem späteren Zentrum der Klassik, oder in seiner **Italien-Reise** (1786–1788), weil durch sie die Beschäftigung mit der **antiken Klassik** ihren ersten Höhepunkt nahm. Sehr wichtig für die Epoche wurde die Freundschaft mit Schiller, in der sich Goethes vorrangig naturwissenschaftlich-anschauliches und Schillers eher historisch-philosophisches Interesse ergänzten. Auch das Ende der Epoche ist nicht eindeutig festzulegen. Ein Einschnitt ist sicher Schillers Todesjahr 1805; damit endet aber nur die **Weimarer Klassik**. Während Goethe noch bis zu seinem Tod 1832 weitere klassische Werke schrieb, war auch die Epoche der Romantik schon nahezu vergangen. **Jean Paul** und **Heinrich von Kleist** z. B. werden entweder der Klassik oder der Romantik zugeordnet. Häufig bezeichnet man auch beide Epochen wegen der zeitlichen Überschneidung und der verwandten Geisteshaltung mit dem aus der Philosophiegeschichte stammenden Begriff **Idealismus**. Die wichtigsten Philosophen dieser Zeit sind **Kant, Hegel, Fichte** und **Schelling**, für die es über der realen Welt eine Welt der Ideen gibt.

Von **Johann Joachim Winckelmann** (1717–1768) stammt das die Klassiker prägende Schönheitsideal der Epoche: eine harmonische Einheit von Körper, Geist und Seele, wie Winckelmann sie idealtypisch in der antiken griechischen Kunst verwirklicht sah. Aus der Aufklärung wirken die Ideale der Humanität und Toleranz weiter, aus dem Sturm und Drang bleibt die Gefühlsintensität erhalten, die jedoch einem strengen Formwillen unterworfen wird. Im dichterischen Werk sollen Natur und Kunst, sittliche Norm und freier Wille zu harmonischer Übereinstimmung gebracht werden. Während in Goethes Werk manchen Figuren diese klassische Utopie gelingt („Iphigenie“, „Wilhelm Meister“), zerbrechen Schillers tragische Helden meistens am Gegensatz zwischen Realität und Idee („Don Carlos“, „Wallenstein“). Verteilt sich Goethes Schaffen gleichmäßig auf alle drei Gattungen, stehen bei Schiller eindeutig Lyrik und vor allem die Dramen im Vordergrund.

Fast ausschließlich als Lyriker lieferte **Friedrich Hölderlin** seinen Beitrag zur klassischen Epoche; von ihm stammen aber auch das Dramenfragment „Empedokles“ (ab 1797) und der lyrische Briefroman „Hyperion oder Der Eremit in Griechenland“ (1797/99). Hölderlin war es auch, der von allen Klassikern am nachhaltigsten von den Ereignissen der Französischen Revolution bewegt wurde. Beklagte er die fehlende Wirkung der politisch-gesellschaftlichen Veränderungen auf Deutschland, so standen Goethe und Schiller diesem historischen Umbruch – vor allem wegen seiner Gewaltsamkeit – eher reserviert gegenüber. Sie setzten mehr auf die ästhetische Erziehung des Menschen als Vorstufe für politischen Fortschritt (Schiller, „Briefe über die ästhetische Erziehung des Menschen“, 1793). Die **Ästhetik** (Schönheitslehre) der Klassik verlangte im dichterischen Schaffen Harmonie von Form und Inhalt, strenge Gesetzmäßigkeit des Aufbaus und eine sehr kunstvolle, bildstarke Sprache.

Dichter und Werke (Auswahl zu **E**pik, **D**ramatik, **L**yrik)

Goethe, Johann Wolfgang von (1749–1832):	Wilhelm Meisters Lehrjahre; Die Wahlverwandtschaften; Unterhaltungen deutscher Ausgewanderten (E) Faust I; Iphigenie auf Tauris (D) Natur und Kunst (L)
Schiller, Friedrich (1759–1805):	Don Carlos; Wallenstein (D); Maria Stuart; Die Jungfrau von Orleans; Wilhelm Tell Die Bürgschaft; An die Freude; Nänie (L)

Zwischen Klassik und Romantik

Dichter und Werke (Auswahl zu **E**pik, **D**ramatik, **L**yrik)

Hölderlin, Friedrich (1770–1843):	Hyperion (E) Hyperions Schicksalslied; Abendphantasie; Hälfte des Lebens (L)
Kleist, Heinrich von (1777–1811):	Anekdote aus dem letzten preußischen Kriege; Michael Kohlhaas; Das Erdbeben in Chili; Die Marquise von O. (E) Der zerbrochne Krug; Prinz Friedrich von Homburg (D)
Paul, Jean (Johann Friedrich Paul Richter) (1763–1825):	Flegeljahre; Leben des vergnügten Schulmeisterlein Maria Wutz in Auenthal (E)

Vgl. auch Aspekte der Gattungsgeschichte (Kap. 8–10)

4 Romantik

Caspar David Friedrich: Das Eismeer (um 1823/24)

Kann man die Klassik als Epoche des maßvollen Ausgleichs und der harmonischen Einheit von Vernunft und Gefühl bezeichnen, so ist die Romantik mit ihren Zentren Jena und Heidelberg eher eine Epoche spannungsvoller Gegensätze und einer gegen die Vernunft gerichteten Gefühlsbetontheit. Unterbewusstsein, Traum, Sehnsucht und Fantasie bestimmen den romantischen Künstler mehr als die Künstler früherer Epochen. Lyrik und Prosa nähern sich nun in zweifacher Weise an, d.h., der Tonfall des Erzählens kann lyrisch werden, manchmal sind aber auch Gedichte direkt in Erzählungen, Novellen und Romane eingestreut. Dabei fällt auf, dass der romantische Roman oft als Fragment unvollendet bleibt, was einen Gegensatz zur Formstrenge der Klassik darstellt. Vom Sturm und Drang dagegen übernimmt die Romantik die Vorliebe für die Volkspoesie, in der man die reinste Form der Dichtung sieht. **Achim von Arnim** und **Clemens Brentano** gaben überliefertes Liedgut in der Sammlung „Des Knaben Wunderhorn“ (1806–1808) heraus, die Brüder **Wilhelm** und **Jakob Grimm** stellten die maßgebliche Sammlung der „Kinder- und Hausmärchen“ zusammen. Noch wichtiger ist das von ihnen begründete Werk „Deutsches Wörterbuch“. Neben dem Sammeln und Herausgeben tritt die eigene künstlerische Produktion von Liedern und Kunstmärchen, z.B. durch **Wilhelm Hauff** und **Ludwig Tieck**.

Im Vergleich zur Klassik liegt das Interesse der Romantik nicht mehr auf der griechisch-römischen Antike, sondern auf dem deutschen Mittelalter, das man ebenfalls stark idealisiert. Daraus erwuchs auch das neu erwachende Nationalgefühl der Romantik, das sich in der patriotischen Begeisterung, z.B. für die Befreiungskriege (1813–1815) gegen Napoleon, politisch äußerte.
Außer dem nationalen, historischen und politischen Interesse zeigt sich bei vielen Romantikern ein deutlicher Hang zur Religion, vor allem in der Form eines emotionalen und mystischen Katholizismus.
Besonders bei **Novalis** spürt man die Verbindung von naturwissenschaftlich-philosophischem Denken, Gläubigkeit und romantischer Sehnsucht. Diese vieldeutige **Sehnsucht** findet ihren dichterischen Ausdruck in seiner Suche nach der **blauen Blume**, dem Symbol der deutschen Romantik schlechthin.
Typische Motive der romantischen Lyrik und Prosa – das Drama spielt in dieser Epoche keine Rolle – sind **Natur** und **Liebe**, **Wanderschaft** und **Sehnsucht** sowie **Nacht** und **Tod**.

Neben der heiteren Sorglosigkeit oder Märchenhaftigkeit mancher romantischer Dichtungen darf man die dunkle, dämonische Seite der Romantik, wie sie z. B. **E. T. A. Hoffmann** („Gespenster-Hoffmann") verkörpert, nicht übersehen. Der zeitweilige Bamberger Theaterdirektor, der auch Komponist und Maler war, ist der wichtigste Vertreter der sogenannten **romantischen Ironie**, in der sich der Umschlag vom Traum in die Wirklichkeit und damit die Zerstörung der selbst geschaffenen Illusion ausdrückt.
In der Lyrik wendet dieses Prinzip der ironischen Desillusionierung vor allem **Heinrich Heine** an, der die Romantik zu einem Höhepunkt führt, sie aber zugleich überwindet. Seine Gedichte wurden vielfach auch von berühmten romantischen Komponisten – **Franz Schubert** (1797–1828) und **Robert Schumann** (1810–1856) – vertont. Nimmt man noch als großen Namen aus der romantischen Malerei **Caspar David Friedrich** (1774–1840) hinzu, so erkennt man die Bedeutung der deutschen Romantik für die deutsche Kulturgeschichte.
Aber auch für die Emanzipation der Frau war die Romantik wegweisend, weil es einer **Bettina von Arnim** (1785–1859), **Karoline von Günderode** (1780–1806), **Rahel Varnhagen** (1771–1833) und **Dorothea Schlegel** (1763–1839) gelang, Beachtung zu erlangen, entweder durch ihre eigene literarische Produktion oder das literarische Leben in ihren sogenannten Salons.

Dichter und Werke (Auswahl zu **E**pik, **D**ramatik, **L**yrik)

Arnim, Achim von (1781–1831) und Brentano, Clemens (1778–1842):	Des Knaben Wunderhorn (L)
Eichendorff, Joseph von (1788–1857):	Aus dem Leben eines Taugenichts (E) Sehnsucht; Mondnacht; Abschied (L)
Grimm, Jakob (1785–1863) und Wilhelm (1786–1859):	Kinder- und Hausmärchen (E)
Günderode, Karoline von (1780–1806):	Überall Liebe (L)
Hauff, Wilhelm (1802–1827):	Märchen-Almanach auf das Jahr 1827 für Söhne und Töchter gebildeter Stände; Das kalte Herz (E)
Heine, Heinrich (1797–1856):	Die Loreley (L)
Hoffmann, Ernst Theodor Amadeus (1776–1822):	Lebensansichten des Katers Murr; Der Sandmann; Der Goldne Topf (E)
Novalis (Friedrich von Hardenberg) (1772–1802):	Heinrich von Ofterdingen (E) Hymnen an die Nacht (L)
Tieck, Ludwig (1773–1853):	Franz Sternbalds Wanderungen; Volksmärchen (E)

Vgl. auch Aspekte der Gattungsgeschichte (Kap. 8–10)

5 Biedermeier und Junges Deutschland

Die enttäuschte Hoffnung auf entscheidende politische und gesellschaftliche Veränderungen im Hinblick auf Einheit und Freiheit in Deutschland schlug sich auf literarischem Gebiet in zwei entgegengesetzten Richtungen nieder: Mit **Biedermeier** bezeichnet man die eher resignative Reaktion, **Junges Deutschland** ist der Name für eine Gruppe von Autoren mit politisch-kämpferischem Programm. Das weitere Umfeld dieser Gruppe wird literaturgeschichtlich auch **Vormärz** genannt, womit auf das Ende dieser Epoche, die März-Revolution von 1848, Bezug genommen wird. Beide Strömungen setzen mit dem Ende der napoleonischen Ära und der Restauration nach dem Wiener Kongress ein, die nach der Wiederherstellung vorrevolutionärer Zustände in Staat und Gesellschaft strebte.
Der österreichische Dichter **Franz Grillparzer** (1791–1872) setzte sich in seinem literarischen Werk mit der Geschichte der Habsburger Monarchie auseinander und vertrat dabei die Idee des monarchischen Prinzips.
Die Vertreter des Biedermeier reagieren auf die konservative Wendung, die dem Bürgertum die aktive Mitwirkung am öffentlichen Leben versagte, mit einem Rückzug ins Private, in die oft idyllisch verklärte kleine Welt ihres Alltags. Darin werden in Ehrfurcht vor der Überlieferung klassische Werte wie

Sittlichkeit, Maß und Gesetz bewahrt, wenngleich diese Ideale immer wieder in ihrer Bedrohung durch Leidenschaft und inneres Chaos dargestellt werden. Eine offenkundige Liebe zu den kleinen Dingen und eine enge Beziehung zur Natur drücken sich in Lyrik und Prosa in unterschiedlichen Stimmungen wie Weltschmerz oder Heiterkeit aus.

In publikumswirksamer Weise vermittelten diesen Gegensatz die beiden Vertreter des sogenannten **Wiener Volksstücks, Ferdinand Raimund** (1790–1836) und **Johann Nestroy** (1801–1862). Ihre manchmal spitze Gesellschaftskritik störte die bürgerliche „Ruhe und Ordnung" des Biedermeier.

Die Erschießung des Demokraten Robert Blum 1848

Sehr viel politischer und grundsätzlicher griffen die Vertreter des **Jungen Deutschland** den reaktionären Stillstand und Rückschritt des Metternich-Systems an. Diese Gruppe jüngerer Literaten (Gutzkow, Wienbarg, Laube, Mundt) führte einen journalistischen **Kampf gegen Zensur** und Unterdrückung, für soziale Reformen und geistig-politische Erneuerung. In ihren engagierten **Tendenz-Schriften** verknüpften sie aktuelle Tagesereignisse mit ihrer fortschrittlichen politischen Programmatik. Dabei bekämpften sie die Ideale der Klassik und Romantik ebenso wie die Normen und Werte der Amtskirche oder des Staates. Ihre Mittel in diesem publizistischen Kampf waren Wortwitz, Parodie und Satire. **Heinrich Heine**, der nicht zur eigentlichen Gruppe der Jungdeutschen gehörte, war nicht nur in dieser Hinsicht ihr Vorbild. Wie er wurden sie verfolgt und ins Exil getrieben, ihre Schriften verboten. Dieses Schicksal erlitt auch der Zeitgenosse **Georg Büchner**, der zwar die politischen Ziele des Jungen Deutschland teilte, sich aber persönlich dieser Gruppe nicht zugehörig fühlte.

Dichter und Werke (Auswahl zu Epik, Dramatik, Lyrik)

Biedermeier

Droste-Hülshoff, Annette von (1797–1848):	Die Judenbuche (E)
	Der Knabe im Moor (L)
Gotthelf, Jeremias (1797–1854):	Die schwarze Spinne (E)
Grillparzer, Franz (1791–1872):	Der arme Spielmann (E)
	Ein Bruderzwist im Hause Habsburg; Weh dem, der lügt! (D)
Mörike, Eduard (1804–1875):	Mozart auf der Reise nach Prag (E)
	Um Mitternacht; An die Geliebte; Abreise (L)
Stifter, Adalbert (1805–1868):	Nachsommer; Brigitta (E)

Junges Deutschland/Vormärz

Börne, Ludwig (1786–1837):	Briefe aus Paris (E)
Büchner, Georg (1813–1837):	Lenz (E)
	Dantons Tod; Leonce und Lena; Woyzeck (D)
Heine, Heinrich (1797–1856):	Deutschland. Ein Wintermärchen;
	Die schlesischen Weber; Nachtgedanken (L)
Herwegh, Georg (1817–1875):	Wiegenlied (L)
Hoffmann von Fallersleben (1798–1874):	Ein Lied aus meiner Zeit (L)

Vgl. auch Aspekte der Gattungsgeschichte (Kap. 8–10)

6 Poetischer Realismus

Adolph Menzel: Eisenwalzwerk, 1875

Ähnlich wie bei der Klassik gilt auch für den Begriff **Realismus** eine doppelte Verwendungsmöglichkeit: Einmal ist damit das stilistische Merkmal großer Wirklichkeitsnähe in allen Epochen gemeint, zum anderen ist er die Bezeichnung für die literaturgeschichtliche Epoche der zweiten Hälfte des 19. Jahrhunderts. Gesamteuropäisch wird die Epoche des Realismus vornehmlich geprägt von großen französischen, englischen und russischen Erzählern wie Balzac, Flaubert, Dickens, Dostojewski, Tolstoi.

Die deutschsprachigen Realisten gelten im Vergleich dazu als weniger repräsentativ, weil sie nicht so konsequent den Wechsel vom metaphysisch geprägten zum positivistischen Weltbild (Beschränkung der Wirklichkeit auf wahrnehmbare und vor allem messbare Fakten) vollzogen und den einschneidenden politischen und gesellschaftlichen Veränderungen weniger Rechnung trugen. Der Grund dafür liegt auch in der verzögerten politischen Entwicklung Deutschlands zu einem Nationalstaat mit einer gesellschaftlichen und kulturellen Metropole. Auch die Industrialisierung und die Probleme des frühkapitalistischen Wirtschaftssystems finden in die deutschsprachige Literatur erst später Eingang.
Für den deutschen Realismus sind zwei Epochenbezeichnungen gebräuchlich. Im Begriff **bürgerlicher Realismus** kommt die maßgebliche Rolle des Besitz- und Bildungsbürgertums für diese Epoche zum Ausdruck, was jedoch die Einbeziehung des Kleinbürgertums und des entstehenden Proletariats nicht ausschließt. Der Name **poetischer Realismus** bringt stärker die dichterische Eigenständigkeit der Literatur zum Ausdruck. **Otto Ludwig** (1813–1865) forderte programmatisch eine **verklärte** Wirklichkeit statt einer wirklichen Wirklichkeit, um das Wesen der Dinge zu erfassen; er sucht damit einen Ausgleich zwischen Idealismus (Dinge, wie sie sein sollen) und purem Realismus (Dinge, wie sie sind).

In Anlehnung an die zunehmende Bedeutung der exakten Wissenschaften gewinnt die soziale und psychische Wirklichkeit allmählich mehr Gewicht in der deutschen Literatur. Sie wird aber nicht bloß abgebildet, sondern soll erst durch die dichterische Gestaltungskraft in ihrem wahren Wesen erfasst werden. Mit dieser **poetischen Überhöhung** werden zwar die Schicksale häufig zu einem versöhnlichen Ende geführt, ohne dass damit jedoch die grundsätzlichen gesellschaftlichen Konflikte verharmlost werden. Solche Konflikte sind z. B. der Widerspruch zwischen bürgerlicher Moral und dem tatsächlichen Handeln, das Verhältnis zwischen Mann und Frau, frühe Klassenkonflikte und Schwierigkeiten des Sonderlings in der bürgerlichen Gesellschaft, die Fremdartiges überhaupt ablehnt. Ironie und Humor, die viele realistische Prosawerke kennzeichnen, weisen ebenfalls auf einen Ausgleich zwischen objektiver Wirklichkeit und subjektivem Erzählen hin. Da die Prosa im Vordergrund steht, werden erzählerische Techniken insgesamt in der Epoche des Realismus sehr wichtig; als Dramatiker tritt in dieser Epoche nur **Friedrich Hebbel** hervor.

Dichter und Werke (Auswahl zu **E**pik, **D**ramatik und **L**yrik)

Fontane, Theodor (1819–1898):	Effi Briest; Der Stechlin (E)
	Die Brück' am Tay (L)
Hebbel, Friedrich (1813–1863):	Maria Magdalena; Agnes Bernauer; Judith; Die Nibelungen (D)
Keller, Gottfried (1819–1890):	Der grüne Heinrich; Die Leute von Seldwyla (E)
Meyer, Conrad Ferdinand (1825–1898):	Das Amulett (E)
	Möwenflug; Der römische Brunnen (L)
Raabe, Wilhelm (1831–1910):	Stopfkuchen; Pfisters Mühle (E)
Storm, Theodor (1817–1888):	Der Schimmelreiter; Hans und Heinz Kirch (E)
	Die Stadt am Meer (L)

Vgl. auch Aspekte der Gattungsgeschichte (Kap. 8–10)

7 Naturalismus

„Der Sturm" aus dem Zyklus „Weberaufstand" von Käthe Kollwitz, Radierung 1897

Die poetische Verklärung, mit der im Realismus die Wirklichkeit überhöht wurde, lehnte der Naturalismus radikal ab. Diesem Protest liegt ein **neues Literaturverständnis** zugrunde, das die Kunst nach der Methode der Naturwissenschaft auf objektive Beobachtung und Analyse verpflichtet. Der Schriftsteller versteht sich gewissermaßen als Wissenschaftler, dessen künstlerisches Werk den Regeln wissenschaftlicher Beweisführung gehorcht, sodass Kunst identisch mit Natur wird. Hinter den individuellen Erscheinungen sollen die biologischen (Darwin), sozialen (Comte) und historischen (Marx) Gesetzmäßigkeiten bloßgelegt werden. Das Menschenbild des naturalistischen Dichters ist deterministisch, d. h., der Einzelne ist nicht frei und damit nicht für seine Taten verantwortlich, weil er durch Erbfaktoren, Milieu und Herkunft festgelegt ist. Während in der Epoche des Realismus noch Reste des klassischen Idealismus und metaphysische Bezugspunkte feststellbar waren, dominiert im naturalistischen Weltbild die Auffassung von dem eindeutigen Vorrang der realen Verhältnisse. Die an wissenschaftlicher Objektivität orientierte Sehweise des Dichters schließt aber Mitleiden mit der Kreatur Mensch und innere Auflehnung gegen soziale Missstände nicht aus. Einige naturalistische Werke hatten daher eine ausgesprochen provozierende bzw. erschütternde Wirkung. Dies zeigte sich am deutlichsten bei Theateraufführungen, die gelegentlich zu regelrechten Theaterskandalen führten. Um der staatlichen Zensur zu entgehen, gründete man in Berlin die sogenannte Freie Bühne, einen privaten Theaterverein.

Die stärksten Einflüsse erhielt der deutsche Naturalismus von Zola, Ibsen und Strindberg, aber auch von Dostojewski und Tolstoi, die früher als die deutschen Autoren auch extreme menschliche Situationen und soziale Missstände darstellten. Unter dem Einfluss dieser Schriftsteller wurden nun auch in Deutschland die vom Realismus noch tabuisierten Themen Alkoholismus und Kriminalität, Sexualität und Triebhaftigkeit, Brutalität und Gewalt sowie Unterdrückung und Ausbeutung behandelt. Die Figuren entstammen immer häufiger der sozialen Unterschicht und sprechen die ihnen gemäße Sprache, d. h. Soziolekt und Dialekt (Schichten- bzw. Regionalsprache). So wie diese Sprachverwendung im Dialog Ausdruck des **absoluten Wirklichkeitsanspruchs** war, versuchte der **Sekundenstil** im Erzählen den Vorgang deckungsgleich zu beschreiben.
Der Wirklichkeitsanspruch der Naturalisten fand eine gewisse Fortsetzung bei einigen Autoren, die sich kritisch mit der wilhelminischen Gesellschaft auseinandersetzten bzw. die entsprechenden sozialen Verhältnisse im süddeutschen Raum aufdeckten.

Dichter und Werke (Auswahl zu Epik, Lyrik und Dramatik)

Christ, Lena (1881–1920):	Erinnerungen einer Überflüssigen (E)
Hauptmann, Gerhart (1862–1946):	Bahnwärter Thiel (E)
	Die Weber; Vor Sonnenaufgang; Die Ratten; Der Biberpelz (D)
Holz, Arno (1863–1929):	Berliner Himmelfahrtstag (L)
Holz, Arno (1863–1929) und Schlaf, Johannes (1862–1941):	Papa Hamlet (E)
	Familie Selicke (D)
Thoma, Ludwig (1867–1921):	Der Wittiber; Lausbubengeschichten (E)

Vgl. auch Aspekte der Gattungsgeschichte (Kap. 8–10)

IV Von der Jahrhundertwende bis zum Ende des Zweiten Weltkrieges

1 Literatur der Jahrhundertwende

Max Liebermann: Der Papageienmann, 1902

Hatte der Naturalismus die realistische Darstellung der Wirklichkeit in Thematik und Stil bis zum Äußersten gesteigert, versuchte um die Jahrhundertwende eine neue Generation den **ästhetischen Anspruch der Literatur**, ihre künstlerische Gestaltung, bewusst in den Vordergrund zu stellen. Dies wirkte sich thematisch aus in einer gewissen Distanzierung von politischen und sozialen Fragen einer naturalistisch gezeichneten Alltagswelt und in einer Hinwendung zur **Subjektivität** und **Psychologie** der Einzelfiguren, die wieder mehr dem gehobenen Bürgertum angehören, auch Aristokraten oder Künstler sein können. In ihnen spiegelt sich die melancholische und pessimistische Grundstimmung der Dichtergeneration in einer zu Ende gehenden Zeit, den sogenannten Gründerjahren, die in Österreich mit dem Untergang der Donaumonarchie zusammenfielen. **Karl Kraus** (1874–1936) ist in seiner Zeitschrift „Die Fackel" der unbestechliche Kritiker der Endphase der k.u.k. Monarchie gewesen. Der blinden Fortschrittsgläubigkeit und einseitig materiellen Ausrichtung dieser Gründerzeit vor dem Ersten Weltkrieg setzten die Schriftsteller eine Welt der Seele, des Geistes und der Kunst entgegen. Die philosophischen Wegbereiter dieser kritischen Haltung waren Arthur Schopenhauer (1788–1860) und Friedrich Nietzsche (1844–1900), die die Brüder **Heinrich Mann** (1871-1950) und **Thomas Mann** beeinflussten. Während die Österreicher **Arthur Schnitzler** und **Robert Musil** ihrem Landsmann und Begründer der Tiefenpsychologie Sigmund Freud (1856–1939) nahestanden, griff **Hermann Hesse** auch fernöstliches Gedankengut in seinem Werk auf. Gemeinsam ist allen diesen Schriftstellern eine entschiedene Distanz zu überkommenen gesellschaftlichen Vorstellungen und Normen.

Die vielfältigen künstlerischen Strömungen dieser Epoche der Jahrhundertwende lassen sich nicht unter einem einzigen Sammelbegriff einordnen. Deshalb haben sich für diesen Zeitraum der Gegenströmungen zum Naturalismus verschiedenen Bezeichnungen eingebürgert: **Fin de Siècle** (Ende des Jahrhunderts) und **Décadence** (Verfall) heben die Endzeitstimmung hervor, **Jugendstil** spielt auf die große Bedeutung des schmückenden Ornaments, der künstlerischen Verzierung an, **Neoklassik** und **Neoromantik** bezeichnen zwei traditionelle Richtungen, die in Form, Sprache und Gehalt an die beiden früheren Epochen anknüpfen. Die vielen Namen signalisieren die Gleichzeitigkeit unterschiedlichster Stilrichtungen. Die zwei häufigsten Epochenbegriffe sind jedoch Impressionismus und Symbolismus. Die aus der Geschichte der Malerei übernommene Bezeichnung **Impressionismus** beinhaltet in der Literatur die differenzierte Darstellung persönlicher Eindrücke und Stimmungen, die in nuancenreicher und sensibler Beobachtungskunst vermittelt werden. Das Dasein wird in besonderen Einzelmomenten erfasst und mit einer Fülle sprachlicher Farben und Töne bildhaft-musikalisch ausgedrückt.

Der **Symbolismus** geht davon aus, dass sich das Geheimnisvolle menschlicher Existenz nicht mehr in herkömmlicher Sprache aussagen lässt, und sucht deshalb eine Annäherung an das Unsagbare mit Hilfe von Bildern und Symbolen, d. h., konkret Dargestelltes bekommt Verweisfunktion auf dahinter-

liegende Wahrheiten. Diese aus allen alltäglichen Zwängen der Realität ausbrechende Kunst dokumentiert sich am reinsten in den Gedichten, der sogenannten **poésie pure**. Frankreich war nicht nur in der Malerei des Impressionismus (z. B. Renoir, Monet, Manet, Degas), sondern auch in der symbolistischen Lyrik Vorbild (z. B. Baudelaire, Mallarmé, Verlaine, Rimbaud).
Das Schwelgen in Bildern und Sprachartistik einerseits und der Zweifel an der Aussagekraft der Sprache andererseits erzeugen die paradoxe Situation einer nur wieder in Sprache ausdrückbaren **Sprachkrise**, wie sie **Hugo von Hofmannsthal** in seinem „Chandos-Brief" thematisierte.
In diese Zeit der Jahrhundertwende gehören aber auch noch ganz andere literarische Ansätze: Der psychologische Realismus versucht, innere Konflikte mithilfe der modernen Psychologie (Psychoanalyse) darzustellen; andere Autoren befassen sich kritisch mit den Krisenerscheinungen der bürgerlichen Gesellschaft.

Dichter und Werke (Auswahl zu **E**pik, **D**ramatik, **L**yrik)

George, Stefan (1868–1933):	Jahr der Seele; Komm in den totgesagten Park; Hymnus an die Reise (L)
Hesse, Hermann (1877–1962):	Siddhartha; Unterm Rad; Peter Camenzind (E)
Hofmannsthal, Hugo von (1874–1929):	Der Schwierige; Jedermann (D) Vorfrühling; Ballade des äußeren Lebens (L)
Mann, Thomas (1875–1955):	Tonio Kröger; Der Tod in Venedig; Die Buddenbrooks (E)
Morgenstern, Christian (1871–1914):	Galgenlieder (L)
Musil, Robert (1880–1942):	Die Verwirrungen des Zöglings Törleß (E)
Rilke, Rainer Maria (1875–1926):	Die Aufzeichnungen des Malte Laurids Brigge (E) Duineser Elegien; Römische Fontäne Borghese; Der Panther (L)
Schnitzler, Arthur (1862–1931):	Leutnant Gustl; Fräulein Else (E) Reigen; Professor Bernhardi; Das weite Land (D)
Wedekind, Frank (1864–1918):	Frühlings Erwachen (D)

Vgl. auch Aspekte der Gattungsgeschichte (Kap. 8–10)

2 Expressionismus

Die letzte stilistisch relativ klar abgrenzbare und auf ein gemeinsames Programm festgelegte Epoche der deutschen Literaturgeschichte ist der Expressionismus. Im Umfeld des Ersten Weltkrieges bewirkten politische und gesellschaftliche, technische und gesamtkulturelle Umwälzungen auch in der Literatur eine radikale Neuorientierung. Sie drückt sich in der konsequenten Ablehnung einer historischen Entwicklung aus, die von Industrialisierung und Kapitalismus, Imperialismus und Militarismus beherrscht war und in die Katastrophe des Krieges führte. Die Kritik des Expressionismus richtete sich aber auch gegen die geistigen Traditionen des Materialismus und Positivismus, Sozialdarwinismus und bürgerlichen Klassendenkens. Insofern ist der Expressionismus ein aus der Krise geborener Protest und damit eine **antibürgerliche Revolte**. Ein repräsentatives Thema dafür ist der Vater-Sohn-Konflikt.
Aus dieser Auflehnung erwächst die Hoffnung auf einen **neuen Menschen**, der mit seiner Suche nach dem Sinn menschlicher Existenz die vielfältigen Entfremdungen des Daseins überwindet. Die schrecklichen Kriegserfahrungen vieler expressionistischer Dichter verstärkten den Wunsch nach **pazifistischer Verbrüderung**, auch um den Preis persönlicher Opferbereitschaft. Einige fielen im Krieg oder begingen Selbstmord; die meisten Überlebenden gingen den Weg eines politischen Propagandisten oder Aktivisten und standen dem Sozialismus nahe. Neben solchen Vertretern einer hauptsächlich politisch engagierten Literatur gab es jene, die visionäre Künder eines utopischen Menschentums mit beinahe religiösen Zügen sein wollten.
Die Erfahrung von anonymer Masse und seelenloser Zivilisation der Großstadt, von bisher nicht gekannten Kriegsgräueln und unsäglichen menschlichen Leiden entlud sich in **Pathos, Ekstase** und

Schrei. Das ohnmächtige dichterische Ich steigert sich in dämonische und schockierende Bilder, zerbricht den konventionellen Satzbau durch häufige Verwendung von unvollständigen Sätzen oder unverbundenen Einzelwörtern. In einer solchen Zerstückelung der Sprache und Intensivierung des Ausdrucks zeigt sich die Nähe zur expressionistischen Malerei (Beckmann, Dix, Marc) und Musik (Schönberg, Berg, Strawinsky), die ebenfalls neben der abstrakten Abbildung äußerer Wirklichkeit vor allem die innere Wirklichkeit als Expression (Ausdruck) gestalten.

Filmplakat zu dem Film „Metropolis" von Fritz Lang

Eine Sonderform des Expressionismus stellt der **Dadaismus** dar, der unter Kunst nur noch abstrakte Kunst verstand, die zudem von jedem Sinnzwang befreit wurde. Aus dem Dadaismus wiederum ging der **Surrealismus** hervor, eine künstlerische Bewegung, die versuchte, das Unbewusste, Fantastische sowie Träume darzustellen.

Franz Kafka (1883–1924) ist ähnlich wie Büchner in seiner Zeit ein herausragender Dichter, der den Rahmen einer Epoche sprengt, weil er für die gesamte Literatur der Moderne – gedanklich und formal – wegweisend wirkte. Der aus Prag stammende jüdische Schriftsteller gestaltete in seinen Prosawerken wie kein anderer die Angst, Entfremdung und Orientierungslosigkeit des Menschen im 20. Jahrhundert. Realistische Beobachtungen stehen in krassem Gegensatz zu surrealen Situationen und Träumen; in visionären Bildern drückt er Wahrheits- und Sinnsuche vor dem Hintergrund einer undurchschaubaren, bürokratisierten Umwelt aus. Kafkas Ausnahmecharakter zeigt sich schon darin, dass das Wort „kafkaesk" zu einem Synonym für das Absurde und Groteske geworden ist.

Dichter und Werke (Auswahl zu **E**pik, **D**ramatik, **L**yrik)

Ball, Hugo (1886–1927):	Karawane (L)
Barlach, Ernst (1870–1938):	Der blaue Boll; Die Sündflut; Der arme Vetter (D)
Benn, Gottfried (1886–1956):	Morgue und andere Gedichte (L)
Brecht, Bertolt (1898–1956):	Baal; Trommeln in der Nacht (D)
	Moderne Legende (L)
Döblin, Alfred (1878–1957):	Die Ermordung einer Butterblume; (E)
Heym, Georg (1887–1912):	Der Gott der Stadt; Robespierre (L)
Kafka, Franz (1883–1924):	Eine kaiserliche Botschaft; Die Verwandlung; Das Urteil; Der Prozess (E)
Kaiser, Georg (1878–1945):	Gas; Die Bürger von Calais (D)
Lasker-Schüler, Else (1869–1945):	Die Wupper (D)
	Mein blaues Klavier (L)
Stadler, Ernst (1883–1914):	Fahrt über die Kölner Rheinbrücke bei Nacht (L)
Sternheim, Carl (1878-1942):	Aus dem bürgerlichen Heldenleben (D)
Stramm, August (1874–1915):	Vorfrühling (L)
Toller, Ernst (1893–1939):	Briefe aus dem Gefängnis (E)
	Die Wandlung; Masse Mensch; Hinkemann (D)
Trakl, Georg (1887–1914):	Grodek; Verfall; Vorstadt im Föhn; Der Herbst der Einsamen (L)
Werfel, Franz (1890–1945):	Nicht der Mörder, der Ermordete ist der Schuldige (E)
	Wir sind (L)

Vgl. auch Aspekte der Gattungsgeschichte (Kap. 8–10)

3 Literatur der Weimarer Republik

Der Expressionismus war als Epoche erlebter Intensität und gesteigerten Ausdruckswillens nicht von sehr langer Dauer. Mit dem Ende des Ersten Weltkrieges und der November-Revolution sowie der allmählichen Festigung der Weimarer Republik passten der missionarische Ruf nach dem neuen Menschen und die pathetische Sprache mit ihren visionären Bildern nicht mehr in die Zeit.

Stattdessen reagierten die Schriftsteller auf den politischen Neubeginn mit einer Wendung zur **Neuen Sachlichkeit**, die aber nicht die ganze Literatur bis zum Beginn des Dritten Reiches erfasste. Denn neben dieser eher nüchternen Darstellung der Wirklichkeit finden sich auch weiterhin Texte mit typischen Zügen der Jahrhundertwende oder des Expressionismus. Weil also nicht eine Stilrichtung vorherrscht, weicht man auf den politischen Epochenbegriff **Literatur der Weimarer Republik** aus. Zudem ist dieser neue Staat ein gemeinsamer Bezugspunkt der Werke dieser Zeit. Für die österreichischen Autoren ist der Bezugspunkt natürlich deren Staat, die neue, auf den deutschsprachigen Raum beschränkte Republik Österreich.

George Grosz: Metropolis, 1915

Das politische Engagement polarisiert sich, wobei auf dem extremen linken Flügel eine **proletarisch-revolutionäre Literatur** entsteht, die sich in einem Schriftstellerbund organisiert. Ganz rechts bereitet sich die **völkisch-nationalistische Literatur** vor. Während die Vertreter dieser beiden Richtungen hauptsächlich ideologisch-propagandistisch schrieben, gehen die meisten literarisch bedeutsamen Werke auf all jene bürgerlichen Schriftsteller zurück, die dem Staat manchmal mit scharfer, oft mit wohlwollender Kritik oder auch mit Sympathie gegenüberstanden.

Max Beckmann: Die Synagoge in Frankfurt am Main, 1919

Die „Goldenen zwanziger Jahre“ ließen Deutschland an den populären modernen Strömungen in Musik, Tanz, Film und Mode teilhaben und machten Berlin zu einer kulturellen Metropole von Weltrang. Ein **vielfältiges literarisches Leben** gehörte dazu: Das Verlagswesen blühte auf, die Zeitschrift „Weltbühne“ beeinflusste die öffentliche Diskussion, Kritiker wie Kerr oder Ihering bildeten den Publikumsgeschmack. Erwin Piscators politische Revue faszinierte die Zuschauer ebenso wie Max Reinhardts ästhetisches Theater oder die Filme von Fritz Lang und F. W. Murnau. Das deutschsprachige Kabarett, dessen Anfänge bereits vor dem Ersten Weltkrieg liegen, erlebte quantitativ und qualitativ einen großen Aufschwung.

Edvard Munch: Der Schrei, 1893

Hatte die deutschsprachige Lyrik den Anschluss an die Moderne bereits um die Jahrhundertwende vollzogen, so erfolgte dieser Durchbruch nun auch in der Prosa und im Drama. Es entstehen große Zeit- und Gesellschaftsromane, die Selbstfindung des Individuums wird in der Zeit des Umbruchs nach dem Ersten Weltkrieg zum wichtigen Thema. Die Auseinandersetzung mit der modernen Zivilisation und ihrem soziologischen, psychologischen und philosophischen Hintergrund bleibt nicht an der Oberfläche stehen, sondern bezieht mythische und unbewusste Tiefenschichten mit ein. Das Erzählen steht im Dienst eines zeitgenössischen demokratischen Humanismus und bedient sich vieler neuer Erzähltechniken.

Auf dem Gebiet des Dramas liegt die entscheidende Neuerung im **epischen Theater** Brechts. Basierend auf der Lehre von Karl Marx entwickelt Bertolt Brecht ein Bühnengeschehen weg vom Illusions- und hin zum bewusstseinsverändernden Lehrtheater, das zum politischen Handeln motivieren soll.

Otto Dix: Sehnsucht (Selbstbildnis), 1918

Verschiedene Werkzustände eines Bildmotivs von Gabriele Münter

Abb. 1: Gabriele Münter, Nach dem Tee (1912)

Abb. 2: Gabriele Münter, Nach dem Tee (1912)

Abb. 3: Gabriele Münter, Nach dem Tee (1912)

Abb. 4: Gabriele Münter, Abstraktion (1912)

Dichter und Werke (Auswahl zu **E**pik, **D**ramatik, **L**yrik)

Brecht, Bertolt (1898–1956):	Geschichten vom Herrn Keuner (E) Die Dreigroschenoper; Die heilige Johanna der Schlachthöfe (D) Bertolt Brechts Hauspostille (L)
Döblin, Alfred (1878–1957):	Berlin Alexanderplatz (E)
Fallada, Hans (1893–1947):	Kleiner Mann – was nun?; Bauern, Bonzen und Bomben (E)
Feuchtwanger, Lion (1884–1958):	Erfolg (E)
Fleißer, Marieluise (1901–1974):	Mehlreisende Frieda Geier (E) Fegefeuer in Ingolstadt (D)
Graf, Oskar Maria (1894–1967):	Bolwieser; Das Leben meiner Mutter; Unruhe eines Friedfertigen (E)
Hesse, Hermann (1877–1962):	Der Steppenwolf; Narziß und Goldmund (E)
Horváth, Ödön von (1901–1938):	Jugend ohne Gott (E) Italienische Nacht; Geschichten aus dem Wiener Wald; Kasimir und Karoline (D)
Kästner, Erich (1899–1974):	Fabian, die Geschichte eines Moralisten (E) Doktor Erich Kästners Lyrische Hausapotheke (L)
Mann, Heinrich (1871–1950):	Der Untertan; Professor Unrat (E)
Mann, Thomas (1875–1955):	Der Zauberberg; Joseph und seine Brüder (E)
Musil, Robert (1880–1942):	Drei Frauen; Der Mann ohne Eigenschaften (E)
Remarque, Erich Maria (1898–1970):	Im Westen nichts Neues (E)
Ringelnatz, Joachim (1883–1934):	Gedichte, Gedichte von Einstmals und Heute (L)
Roth, Joseph (1894–1967):	Radetzkymarsch; Das Spinnennetz; Hiob (E)
Tucholsky, Kurt (1890–1935):	Deutschland, Deutschland über alles (L)
Zweig, Stefan (1881–1942):	Verwirrung der Gefühle; Brennendes Geheimnis; Amok (E)

Vgl. auch Aspekte der Gattungsgeschichte (Kap. 8–10)

4 Literatur während des Dritten Reiches: Nationalsozialistische Literatur – Literatur der inneren Emigration – Exilliteratur

Bücherverbrennung durch die Nationalsozialisten am 10. Mai 1933

Mit der Machtübernahme Hitlers am 30. Januar 1933 und der unmittelbar folgenden Gleichschaltung fand die Literatur der Weimarer Republik ein abruptes Ende. Bereits am 10. Mai inszenierten die Nationalsozialisten mit dem „Aufruf wider den deutschen Geist" **Bücherverbrennungen**, denen nicht nur sämtliche jüdische, sondern auch politisch missliebige, vor allem sozialistische und kommunistische Autoren zum Opfer fielen. Diesem gewaltsamen Akt folgten „Listen des schädlichen und unerwünschten Schrifttums" und Richtlinien für die Mitgliedschaft in der **NS-Reichsschrifttumskam-**

mer, die von nun an das gesamte literarische Leben überwachte und lenkte. Das kam für die maßgeblichen Schriftsteller der Zeit einem Berufsverbot gleich, traf gleichermaßen Verlage und Zeitschriften und bedeutete den totalen Bruch der geistigen Kontinuität. Dieser Einschnitt zerstörte überhaupt das gesamte deutsche Kulturleben – Wissenschaft, Kunst, Musik und Theater –, das in vielen Fällen von jüdischen Persönlichkeiten geprägt war. Die von der Parteiführung organisierte Ausstellung „Entartete Kunst" vereinte alle verbotenen Maler, deren Werke nicht dem Ideal des völkischen Realismus entsprachen.

George Grosz: Stützen der Gesellschaft, 1926

Diesem „Ideal" wurde auch die nationalsozialistische Literatur verpflichtet, die einerseits das Jüdische, Intellektuelle als das „Zerstörerische" bekämpfen und andererseits das Völkisch-Germanische als das „Vorbildliche" verherrlichen musste. Die sogenannte **Blut-und-Boden-Literatur** wurde zum Beispiel repräsentiert durch Hanns Johst (1890–1978), Erwin Guido Kolbenheyer (1878–1962), Hans Grimm (1875–1959) und Will Vesper (1882–1962). Dabei stand sie gänzlich unter dem Diktat der nationalsozialistischen Rassenideologie. Führerkult, falsches Heldentum und Kriegsverherrlichung, germanisch-deutsche Geschichte, rassisch abgegrenzte Volksgemeinschaft, der idealisierte und an die Scholle gebundene Bauernstand, ein auf die Mutterschaft im Dienste des „Volksganzen" reduziertes Frauenbild – das waren die geforderten Themen und Inhalte dieser Literatur, deren Niveau in allen Gattungen äußerst dürftig war.

Im Gegensatz zu den linientreuen Autoren gab es die Autoren der sogenannten **inneren Emigration**: Schriftsteller, die zwar in Deutschland blieben, sich aber nicht vom politischen System vereinnahmen ließen. Um weiterhin veröffentlichen zu können, wichen sie entweder auf unverfängliche, unpolitische Themen aus oder versteckten ihre Kritik am Regime im Gewand historischer, gleichnishaft gemeinter Stoffe und sprachlicher Chiffren. Nach dem Krieg wurde über die Rolle mancher Autoren der inneren Emigration unterschiedlich geurteilt, als es darum ging, ob sie sich nicht doch – gewollt oder ungewollt – zu sehr in die Nähe der Machthaber begeben hätten.

Beispiele für wichtige Dichter

von Le Fort, Gertrud (1876–1971)
Carossa, Hans (1878–1956)
Loerke, Oskar (1884–1941)
Wiechert, Ernst (1887–1950)
Britting, Georg (1891–1965)
Bergengruen, Werner (1892–1964)
Jünger, Ernst (1895–1998)
Langgässer, Elisabeth (1899–1950)
Schneider, Reinhold (1903–1958)
Andres, Stefan (1906–1970)

Die bedeutendsten Werke jener Jahre zwischen 1933 und 1945 entstanden und erschienen jedoch im **Exil**, zunächst in europäischen Nachbarstaaten, nach Kriegsbeginn verstärkt in Amerika. Soweit sie der Verfolgung entrinnen konnten, erlebten die aus rassischen oder politischen Gründen in die **Emigration** gezwungenen Literaten nicht nur mit vielen anderen ein schlimmes Flüchtlingsschicksal, sondern verloren mit der sprachlichen Heimat zugleich einen Teil ihrer schriftstellerischen Identität, was bei einigen sogar zum Selbstmord führte. Nur wenige waren international so bekannt, dass sie weiterhin mit Lesepublikum rechnen konnten; die Arbeit der Mehrzahl blieb bis 1945 weitgehend ohne Resonanz. Viele Künstler widmeten im Exil einen Großteil ihrer Kraft dem Kampf gegen die Hitler-Diktatur, indem sie im Ausland – oft an führender Stelle – am politischen Widerstand mitwirkten. Ihnen ist es auch zu verdanken, dass man nach dem Krieg auch vom „anderen Deutschland" sprechen konnte, obwohl sie sich in Deutschland selbst dem Vorwurf ausgesetzt sahen, mit ihrer Emigration den leichteren Weg gegangen zu sein. In ihren dichterischen Werken behandelten die Exilautoren sowohl die Situation der Emigration als auch die der Diktatur des Dritten Reiches und des antifaschistischen Widerstandes. Neben diesen aktuellen Stoffen griff man auf historische zurück, nicht ohne Analogien zur Gegenwart deutlich zu machen.

Dichter und Werke (Auswahl zu **E**pik, **D**ramatik, **L**yrik)

Benn, Gottfried (1886–1956):	Kunst und Macht; Leben – Niederer Wahn (L)
Brecht, Bertolt (1898–1956):	Furcht und Elend des Dritten Reichs; Leben des Galilei; Der gute Mensch von Sezuan; Der aufhaltsame Aufstieg des Arturo Ui; Schweyk im Zweiten Weltkrieg (D) An die Nachgeborenen; Bücherverbrennung (L)
Feuchtwanger, Lion (1884–1958):	Die Geschwister Oppermann; Exil (E); Josephus Trilogie
Haushofer, Albrecht (1903–1945):	Schuld (L)
Horváth, Ödön von (1901–1938):	Jugend ohne Gott (E)
Mann, Klaus (1906–1945):	Mephisto (E)
Mann, Thomas (1875–1955):	Doktor Faustus (E)
Remarque, Erich Maria (1898–1970):	Drei Kameraden (E)
Seghers, Anna (1900–1983):	Das siebte Kreuz; Transit (E)
Toller, Ernst (1893–1939):	Eine Jugend in Deutschland; Briefe aus dem Gefängnis (E)
Zweig, Stefan (1881–1942):	Schachnovelle; Die Welt von gestern (E)

Vgl. auch Aspekte der Gattungsgeschichte (Kap. 8–10)

V Deutschsprachige Literatur nach 1945

1 Literatur der DDR: Sozialistischer Realismus – Bitterfelder Weg – Protest

Blick auf das Brandenburger Tor nach dem Zweiten Weltkrieg

In der sowjetischen Besatzungszone (SBZ) zeichnete sich schon früh ein sozialistischer Weg des Kunst- und Kulturlebens ab, der für sich beanspruchte, an die Tradition des antifaschistischen Kampfes während der nationalsozialistischen Herrschaft anzuknüpfen. Dies war auch ein Grund, weshalb zahlreiche namhafte Emigranten sich in der damaligen SBZ niederließen. Ihre Werke behandelten Themen und Probleme der Verfolgung, des Widerstandes und des Überlebens im Konzentrationslager, im Exil oder im Krieg. Bereits im Juli 1945 wurde der „Kulturbund zur demokratischen Erneuerung Deutschlands" gegründet; sein publizistisches Organ war die Zeitschrift „Aufbau". 1947 fand in Berlin der erste, aber gleichzeitig auch letzte gesamtdeutsche Schriftstellerkongress statt.
Mit der Gründung der SED und des Staates DDR geriet der gesamte Kulturbetrieb – und damit auch die Literatur – unter das Diktat von Staat und Partei, die jegliches Kunstschaffen dem Aufbau des Sozialismus verpflichteten. Nach dem von der UdSSR übernommenen **Programm des sozialistischen Realismus** hatten die Schriftsteller die Aufgabe, im „Arbeiter- und Bauernstaat" ein fortschrittliches, optimistisches Bild der sozialistischen Verhältnisse zu vermitteln, in dessen Mittelpunkt der vorbildliche, positive Held zu stehen hatte. Diese **Aufbauliteratur** griff entweder auf die Geschichte des proletarischen Kampfes zurück oder zeigte modellhaft den „Helden der Arbeit", der die gegenwärtige Aufbauphase des Sozialismus repräsentieren sollte. Der von der Parteibürokratie verlangte Zweckoptimismus dieser Bücher durfte sich nicht von politischen und wirtschaftlichen Rückschlägen oder Fehlentwicklungen beeinträchtigen lassen. Damit ging eine **Abgrenzung von der westlichen Literatur** einher, die als dekadent geschmäht und vielfach verboten wurde. Abgelehnt wurde generell die Literatur der Moderne (z. B. Kafka), aber auch die Romantik; umso mehr pflegte man dagegen das kulturelle Erbe der deutschen Klassik, des Jungen Deutschland und des Realismus.

Die staatlichen und kulturellen Führungsorgane sprachen von einer Literaturgesellschaft und einem Leseland DDR, verschwiegen dabei aber, dass es sich in Wirklichkeit von Anfang an um eine kontrollierte Literatur unter ständiger Reglementierung und Bevormundung durch die **Zensur** handelte, einschließlich einer sich bei dem Autor dadurch entwickelnden Selbstzensur („Schere im Kopf"). Der Schriftsteller war in das sozialistische System integriert, konnte z. B. in Leipzig am „Institut für Literatur Johannes R. Becher" das literarische Handwerk studieren und erfreute sich auch gewisser Privilegien – aber nur solange er sich ideologisch und praktisch beim Schreiben völlig anpasste, d. h. unterordnete. Die reale Praxis der kulturellen Lenkung durch SED-Parteitage und Kongresse des DDR-Schriftsteller-Verbandes widersprach also krass den Parolen von Humanismus und Demokratisierung.
Weil das Ziel der Literatur die vorbildhafte Abbildung des neuen, aktiven, sozialistischen Menschen sein sollte, spielte neben dem Thema Antifaschismus die Realität der Werktätigen und Bauern eine dominierende Rolle. Schwerpunkt ist dabei die Darstellung der Übereinstimmung zwischen persönlichen und gesellschaftlichen Interessen; mögliche oder tatsächliche Konflikte werden ausgeklammert.

Das künstlerische Ergebnis war dann häufig eine triviale Beifallsliteratur: epische „Parolendichtung", dramatische „Bejahungsstücke" oder gewünschte „Traktorenlyrik". Ein Werk wie Uwe Johnsons „Ingrid Babendererde. Reifeprüfung 1953" ist hier ein absoluter Fremdkörper gewesen und wurde deshalb auch nicht veröffentlicht.
Das **Theaterleben** der frühen DDR wurde von Bertolt Brecht und seinem eigenen Theater, dem Berliner Ensemble, beherrscht. Er inszenierte zwar Stücke anderer Dramatiker aus dieser Phase der Aufbauliteratur; seine eigenen Stücke aus dieser Zeit weichen aber der Gegenwart aus, beschäftigen sich mit historischen Stoffen, sind Parabeln oder Bearbeitungen.
Unter den relativ vielen **Lyrikern** ist – neben Peter Huchel – ebenfalls Bertolt Brecht hervorzuheben. Gedichte erlauben in dieser Zeit noch am ehesten einen realistischen Blick auf das tatsächliche Verhalten, den subjektiven dichterischen Ausdruck und ideologiefreie ästhetische Motive und Formen. Daneben stehen aber auch reine Huldigungsgedichte auf Stalin oder Ulbricht – ästhetisch irrelevante sozialistische Zwecklyrik.

Dichter und Werke (Auswahl zu **E**pik, **D**ramatik, **L**yrik)

Apitz, Bruno (1900–1979):	Nackt unter Wölfen (E)
Bobrowski, Johannes (1917–1965):	Sarmatische Zeit (L)
Brecht, Bertolt (1898–1956):	Buckower Elegien (L)
Claudius, Eduard (1911–1976):	Menschen an unserer Seite (E)
Fühmann, Franz (1922–1984):	Kameraden (E)
Huchel, Peter (1903–1981):	Chausseen, Chausseen (L)
Loest, Erich (*1926):	Jungen, die übrig blieben (E)
Müller, Heiner (1929–1995):	Der Lohndrücker (D)
Strittmatter, Erwin (1912–1994):	Katzgraben (D)
Wolf, Friedrich (1888–1953):	Bürgermeister Anna (D)

Nicht alle in der DDR lebenden Autoren schrieben die gewünschten Texte aus der Produktionswelt und für den Aufbau der sozialistischen Gesellschaft. Mit der **Bitterfelder Konferenz** von 1959 versuchten die Kulturfunktionäre unter dem Schlagwort „Kumpel, greif zur Feder" Literatur und Arbeitswelt noch enger miteinander zu verknüpfen. Neben dem Schreiben der Werktätigen sollte auch dem Produktionseinsatz der Schreibenden mehr Gewicht zukommen. Dieses Vorhaben ist jedoch ohne nennenswerte literarische Ergebnisse geblieben; der Versuch, Kunst und Leben, Kopfarbeit und Handarbeit zusammenzubringen, war mehr oder weniger gescheitert. Stattdessen kam es jetzt zur sogenannten **Ankunftsliteratur**, vornehmlich ins Sozialistische gewendete Entwicklungsromane, die aufzeigen sollten, wie der Mensch im Sozialismus angekommen ist.

Die beiden Aufstände im Ostblock, 1953 in der DDR und 1956 in Ungarn, hatten auf die Literatur der DDR keinen so unmittelbaren Einfluss wie der **Mauerbau** von 1961, der eine gewisse Liberalisierung des literarischen Lebens zur Folge hatte, und zwar in der Weise, dass vorsichtig geäußerte Kritik von Schriftstellern nun für eine kurze Zeit geduldet wurde, solange sie keine grundsätzlichen Zweifel am System enthielt.

Aber bereits Mitte der 60er-Jahre ging das SED-Regime auf Konfrontationskurs gegen einzelne Autoren, deren Geistesverwandtschaft zum Westen – bürgerlicher Skeptizismus und Revisionismus, Modernismus und Liberalismus – öffentlich getadelt wurde (11. Plenum des ZentralKomitees (ZK) der SED 1965). Darauf reagierten die Schriftsteller in unterschiedlicher Weise mit Anpassung, kritischer Sympathie oder offenem Protest. In den literarisch bedeutsamen Werken dieser Phase wird das Verhältnis zwischen Individuum und Gesellschaft kritisch reflektiert. Fragen nach der Verantwortung des Handelns und der persönlichen Selbstverwirklichung werden in Stoffen aus Gegenwart oder Vergangenheit behandelt. Manchmal bietet die historische oder mythologische Handlung zusätzlich die Möglichkeit zu größeren künstlerischen Freiräumen gegenüber der Zensur. Zahlreiche Werke, die sich offen mit der aktuellen Situation der DDR auseinandersetzen, konnten ohnehin nur im Westen erscheinen.

Vor allem die gegenwartsbezogenen Prosawerke beschäftigen sich jetzt kritisch mit den existierenden Widersprüchen zwischen ideologischer Theorie und subjektiv erfahrener Praxis in der DDR. Statt Fragen der kollektiven Produktion treten die Belange des Einzelnen in den Vordergrund: Konflikte zwischen Individuum und öffentlichen Instanzen, psychologische Fragestellungen in Bezug auf Glücksansprüche und Selbstverwirklichung, die über die von oben geforderte gesellschaftliche Integration hinausgehen. Bei der Entscheidung zwischen angepasstem oder unangepasstem Leben im Sozialismus geht es um Liebe, zwischenmenschliche Beziehungen, Identität und individuelle Moral. Mit diesen veränderten inhaltlichen Themen und Motiven gehen aber auch formale literarische Veränderungen einher, d. h., die Mittel der modernen Erzählkunst halten Einzug in die DDR-Literatur.
Im **Theater** dominieren die drei Dramatiker Peter Hacks, Heiner Müller und Volker Braun, sowohl mit Zeitstücken als auch mit Parabelstücken über historische bzw. mythologische Stoffe.
In der **Lyrik** zeigt sich der Kampf um die Selbstbehauptung eines individuellen Subjekts gegen die geforderte gesellschaftliche Nützlichkeit am deutlichsten in Form personaler Sprechweisen eines Ich, Du und Wir.

Dichter und Werke (Auswahl zu **E**pik, **D**ramatik, **L**yrik)

Becker, Jurek (1937–1997):	Jakob der Lügner (E)
Biermann, Wolf (*1936):	Die Drahtharfe (L)
Bobrowski, Johannes (1917–1965):	Lewins Mühle (E)
Braun, Volker (*1939):	Provokationen für mich (L)
Bräunig, Werner (1934–1976):	Rummelplatz (E)
Fühmann, Franz (1922–1984):	Kabelkram und blauer Peter; Das Judenauto (E)
Hacks, Peter (1928-2003):	Moritz Tassow (D)
Kant, Hermann (*1926):	Die Aula (E)
Kunze, Reiner (*1933):	Sensible Wege (L)
Loest, Erich (*1926):	Das Jahr der Prüfung (E)
Morgner, Irmtraud (1933–1990):	Hochzeit in Konstantinopel (E)
Müller, Heiner (1929-1995):	Umsiedlerin (D)
Neutsch, Erik (*1931):	Die Spur der Steine (E)
Noll, Dieter (1927–2008):	Die Abenteuer des Werner Holt (E)
Wolf, Christa (*1929):	Der geteilte Himmel; Nachdenken über Christa T. (E)

In den **70er-Jahren** wiederholt sich das Wechselspiel von angedeuteter Liberalisierung einerseits und nachfolgenden Restriktionen andererseits. Der neue Erste Sekretär des ZK der SED, Erich Honecker, hatte im Dezember 1971 angekündigt, es gebe auch in der DDR, was Kunst und Literatur anbetreffe, keine Tabus mehr, sowohl inhaltlich-thematisch als auch formal-stilistisch. Er machte aber die Einschränkung: sofern man auf dem festen Boden des Sozialismus stehe. Unglaubwürdig wurde diese Ankündigung auch dadurch, dass immer noch viele Autoren mehr oder weniger Publikationsverbot hatten. Immerhin wurde Plenzdorfs Stück „Die neuen Leiden des jungen W." an 14 Bühnen aufgeführt. Stefan Heyms Buch über die Ereignisse des 17. Juni 1953 blieb trotz Überarbeitung in der DDR unveröffentlicht – im Gegensatz zur BRD, wo es erscheinen konnte.
Die kritischer werdenden Fragen und der zunehmende Protest führten schließlich 1976 – nun nicht mehr unter Ulbricht, sondern unter Honecker – zur **Ausbürgerung Wolf Biermanns**.
Im Anschluss daran kam es zu einer Solidarisierungsbewegung mit dem bekannten Liedermacher und zu öffentlichen Protesten prominenter Dichter; viele wandten der DDR den Rücken zu: Jurek Becker, Wolfgang Hilbig, Günter Kunert, Reiner Kunze, Katja Lange-Müller, Erich Loest, Monika Maron, Klaus Schlesinger, Rolf Schneider u. a.

Die **Sanktionen** gegen missliebige Autoren wurden schärfer; auf der Tagesordnung standen Publikationsverbot, Hausarrest und sogar Verhaftung. Die prominenten Dagebliebenen – Volker Braun, Christa Wolf, Christoph Hein, Stefan Heym, Heiner Müller u. a. – reagierten mit Pessimismus, Enttäuschung und Entfremdung.

Die „Bejahungsliteratur" nahm in den 70er-Jahren deutlich ab; geblieben war aber bei manchen Autoren immer noch die Hoffnung auf einen besseren, utopischen Sozialismus. Umso mehr wird der bestehende reale Sozialismus kritisiert, wobei sich diese Kritik, ähnlich wie auch in Westdeutschland, erweitert zur generellen Zivilisationskritik an den Folgen der Industrialisierung und Technisierung, an der Wachstumsideologie, am Konsumdenken und überhaupt an allen Erscheinungsformen der Entfremdung. Neue soziale Bewegungen zur Friedens- und Ökologiethematik, Geschlechterfrage und Subkultur spiegeln sich auch in der Literatur der DDR.

Außerdem wurden bisher vernachlässigte oder unterdrückte Themenbereiche in der Literatur aufgegriffen, so zum Beispiel der nicht mehr beschönigte Alltag, die jüngste Vergangenheit mit ihrer willkürlichen und ungerechten Gesellschaftspraxis („Stalinismus"), das beschädigte Leben eingeengter Individuen. Damit wurde Kritik an der Regierung und am Partei- und Staatsapparat der DDR nicht mehr länger verschwiegen oder ausgeklammert.

Dichter und Werke (Auswahl zu **E**pik, **D**ramatik, **L**yrik)

Becker, Jurek (1937–1997):	Irreführung der Behörden; Schlaflose Tage (E)
Brasch, Thomas (1945–2001):	Vor den Vätern sterben die Söhne (E)
Braun, Volker (*1939):	Freunde; Unvollendete Geschichte (D)
Hermlin, Stephan (1915–1997):	Abendlicht (E)
Heym, Stefan (1913–2001):	Collin (E)
Hilbig, Wolfgang (1941–2007):	Der Heizer (E)
Kirsch Sarah (*1935):	Zaubersprüche (L)
Kunze, Reiner (*1933):	Die wunderbaren Jahre (E)
Loest, Erich (*1926):	Es geht seinen Gang (E)
Morgner, Irmtraud (1933–1990):	Leben und Abenteuer der Trobadora Beatriz (E)
Müller, Heiner (1929–1995):	Germania Tod in Berlin (D)
Plenzdorf, Ulrich (1934–2007):	Die neuen Leiden des jungen W. (E)
Reimann, Brigitte (1933–1973):	Franziska Linkerhand (E)
Schädlich, Hans Joachim (*1935):	Versuchte Nähe (E)
Wolf, Christa (*1929):	Kindheitsmuster; Kein Ort. Nirgends (E)

Die **80er-Jahre** begannen mit zwei Treffen ost- und westdeutscher Künstler, Literaten und Wissenschaftler. Als dann Mitte des Jahrzehnts Gorbatschows *Glasnost*-Konzept den Ostblock beeinflusste, reagierte die DDR eher abwartend bis ablehnend. Anzeichen für eine leichte positive Veränderung waren lediglich ein deutsch-deutsches Kulturabkommen und die staatliche Auszeichnung der drei Autoren Christa Wolf, Heiner Müller und Volker Braun.
Deutliche öffentliche Kritik oder gar offener Protest wurden jedoch weiterhin verfolgt und bestraft, sogar in Form von Verhaftungen. Schriftsteller, wie andere Künstler, Intellektuelle oder Wissenschaftler auch, standen also vor der schwierigen Entscheidung zwischen noch geduldeter Kritik oder gefährlichem Dissidententum.
In der DDR-**Prosa** entwickelte sich die **Modernisierung** unaufhaltsam fort und näherte sich damit immer mehr der westlichen Literatur. Ohnehin konnte man kaum noch deutlich zwischen ost- und westdeutscher Literatur unterscheiden, weil ja inzwischen viele ehemalige DDR-Autoren in der BRD lebten. Um der Zensur zu entgehen, wichen in der DDR viele Erzähler auf historische, mythologische oder märchenhafte Stoffe bzw. Parabeln aus; damit tarnten sie aber nur ihre systemkritischen Aussagen. Die ostdeutsche Prosaliteratur der 80er-Jahre zeigt insgesamt ein buntes, vielfältiges Bild unterschiedlichster Themen und Motive, Erzählformen und Redeweisen. Dahinter stehen ebenso viele Abstufungen in den Wahrnehmungen, Einstellungen und Reaktionen auf die politischen, ökonomischen und sozialen Entwicklungen.
Auch im **Drama** jener Jahre fallen die modernisierenden Um- und Bearbeitungen von Mythen, Sagen oder Legenden auf. Heiner Müller bleibt auch nach seiner Übersiedlung in den Westen Vorbild und

Lehrmeister. Christoph Hein und Thomas Brasch befassen sich bereits seit den 70er-Jahren in Müllers Nachfolge mit Ereignissen und Themen aus der deutschen Vergangenheit.
Die **Lyrik** erlitt durch die Abwanderungswelle in die BRD die größten personalen Verluste, man denke nur an Sarah Kirsch, Reiner Kunze, Wolfgang Hilbig oder Uwe Kolbe. In fast allen Gedichten – in Ost und West – nahmen Skepsis und Ernüchterung, Fortschrittspessimismus und Endzeitstimmung zu. Die seit den Anfängen der DDR-Lyrik beliebte Form der Natur- und Landschaftslyrik spiegelt diese Entwicklung bildstark wieder. Daneben existieren experimentierfreudige und sprachkritische Gedichte, die sich als Protest gegen den öffentlichen politischen Jargon verstehen. Diese Richtung setzt sich nach der Wiedervereinigung ungebrochen fort.
In den allerletzten Jahren des Staates DDR wuchs eine ganz neue Künstler- und Literatengeneration in der Prenzlauer-Berg-Szene (Ostberlin) heran. Die Autoren dieser Szene wollten und mussten sich nicht mehr direkt mit dem sozialistischen Erbe befassen, sondern bildeten von Anfang an eine radikale Gegenkultur in Form einer in der DDR bisher so nicht da gewesenen literarischen Subkultur. Sie setzten auf eine ganz neue, befreite, spielfreudige Sprache als oppositionelle Gegensprache zur überkommenen Sprachtradition.

Dichter und Werke (Auswahl zu **E**pik, **D**ramatik, **L**yrik)

Becker, Jurek (1937–1997):	Bronsteins Kinder (E)
Braun, Volker (*1939):	Hinze-Kunze-Roman (E); Die Übergangsgesellschaft (D); Langsamer knirschender Morgen (L)
de Bruyn, Günter (*1926):	Neue Herrlichkeit (E)
Hein, Christoph (*1944):	Der Tangospieler; Horns Ende; Drachenblut (E); Die Ritter der Tafelrunde (D)
Hilbig, Wolfgang (1941–2007):	Eine Übertragung (E)
Kirsch, Sarah (*1935):	Schneewärme (L)
Kolbe, Uwe (*1957):	Bornholm II (L)
Maron, Monika (*1941):	Flugasche (E)
Papenfuß-Gorek, Bert (*1956):	dreizehntanz (L)
Rathenow, Lutz (*1952):	Zangengeburt (L)
Schädlich, Hans Joachim (*1935):	Tallhover (E)
Seidel, Georg (1945–1990):	Villa Jugend (D)
Wolf, Christa (*1929):	Kassandra (E)

2 Literatur der BRD: Literatur der Adenauer-Ära 60er-Jahre: Politisierung 70er-Jahre: Literarische Tendenzwende 80er-Jahre: Postmoderne

Literatur der Adenauer-Ära

Die bedingungslose Kapitulation im Mai 1945 und die Aufteilung Deutschlands in vier Besatzungszonen bedeuteten einen so gravierenden Einschnitt, dass man auch in der Literaturgeschichte oft von einer sogenannten **Stunde null** sprach. Die Rückkehr vieler Exilanten und die anhaltende Produktion der Autoren der inneren Emigration signalisierten jedoch eine gewisse literarische Kontinuität, wenngleich daneben eine ganz neue Generation von Nachkriegsschriftstellern von sich reden machte. In deren **Trümmer- und Kahlschlagliteratur** werden realitätsnah und ohne Tabus die Schrecken und Nöte der Vergangenheit als Kriegserlebnisse, Heimkehrerschicksale und Nachkriegserfahrungen thematisiert. Damit steuern diese Autoren gegen die Verdrängung der Vergangenheit aus dem öffentlichen und privaten Bewusstsein an und eröffnen eine bis heute anhaltende Tradition literarischer Auseinandersetzung mit der Vergangenheit.

Während in der älteren Schriftstellergeneration noch ein nachträglicher Streit über den moralischen Wert von Exil und innerer Emigration stattfindet, wollen die Jüngeren einen bewussten Neubeginn, weg vom Poetischen und hin zum Realistischen. Das drückt sich auch aus in der Beschäftigung mit der Seinsphilosophie des französischen Existenzialismus und der Orientierung an der Literatur des westlichen Auslands, um den Nachholbedarf aus nationalsozialistischer Zeit zu decken. Vor allem mit der **Kurzgeschichte** nach amerikanischem Muster (Hemingway), aber auch in Roman, Drama und Lyrik findet die deutsche Literatur Anschluss an moderne Entwicklungen. Zu einer eigenen Kunstform entwickelt sich das **Hörspiel**, das die akustischen Möglichkeiten des Rundfunks nutzt. Ein wichtiges Publikumsorgan der neuen Richtung war die Zeitschrift „Der Ruf", deren Herausgeber Hans Werner Richter (1908–1993) auch der Gründer der **Gruppe 47** war. Mit ihren jährlichen Zusammenkünften, bei denen Texte vorgestellt und kritisiert wurden, prägte sie nicht nur das literarische Leben der Adenauer-Zeit, sondern opponierte auch gegen Restaurationstendenzen in Politik, Wirtschaft und Gesellschaft. Durch die Staatsgründung der Bundesrepublik und ihre West-Integration, den Kalten Krieg und die Wiederbewaffnung wird das Themenspektrum größer. Es erweitern sich die Angriffsflächen für die gesellschaftskritischen Schriftsteller, die hinter die Fassade materiellen Wohlstandes schauen und die Diskrepanz zwischen Freiheits- und Menschlichkeitsanspruch einerseits und gesellschaftlicher Realität andererseits aufdecken. Ihre Vorbehalte gegen satte Selbstzufriedenheit verkörpern nonkonformistische Figuren, deren unangepasstes Verhalten die Frage nach Standort und Identität neu und provokant stellt. In gewissem Sinn zeigt sich eine solche Unangepasstheit auch bei einer Reihe von Autoren, die, vor allem in der Lyrik, gewohnte Sprachmuster zugunsten künstlerischer Sprachexperimente aufgeben.

Dichter und Werke (Auswahl zu Epik, Dramatik, Lyrik)

Andersch, Alfred (1914–1980):	Sansibar oder der letzte Grund; Die Kirschen der Freiheit (E)
Ausländer, Rose (1901–1988):	Der Brunnen; Blinder Sommer (L)
Bachmann, Ingeborg (1926–1973):	Die gestundete Zeit; Anrufung des großen Bären (L)
Benn, Gottfried (1886–1956):	Was schlimm ist; Nur zwei Dinge; Trunkene Flut (L)
Böll, Heinrich (1917–1985):	Haus ohne Hüter; Billard um halb zehn; Ansichten eines Clowns (E)
Borchert, Wolfgang (1921–1947):	Nachts schlafen die Ratten doch (E); Draußen vor der Tür (D)
Celan, Paul (1920–1970):	Todesfuge; Sprich auch du; Sprachgitter (L)
Domin, Hilde (1909–2006):	Herbstzeitlosen; Ziehende Landschaft; Wo steht unser Mandelbaum (L)
Dürrenmatt, Friedrich (1921–1990):	Der Besuch der alten Dame (D)
Eich, Günter (1907–1972):	Inventur; Schuttablage; D-Zug München-Frankfurt (L); Träume (Hörspiel)
Enzensberger; Hans Magnus (*1929):	verteidigung der wölfe (L)
Frisch, Max (1911–1991):	Homo faber (E); Biedermann und die Brandstifter (D)
Grass, Günter (*1927):	Katz und Maus; Die Blechtrommel; Hundejahre (E)
Kaschnitz, Marie Luise (1901–1974):	Lange Schatten; Hiroshima; Blätter (L)
Koeppen, Wolfgang (1906–1996):	Das Treibhaus; Der Tod in Rom; Tauben im Gras (E)
Krolow, Karl (1915–1999):	Worte; Auf Erden; Die Zeichen der Welt; Von nahen und fernen Dingen (L)
Sachs, Nelly (1891–1970):	In den Wohnungen des Todes (L)
Schnurre, Wolfdietrich (1920–1989):	Das Begräbnis; Auf der Flucht; Der Verrat (E)
Walser, Martin (*1927):	Ehen in Philippsburg; Halbzeit (E); Eiche und Angora (D)
Weisenborn, Günter (1902–1969):	Die Illegalen (D)
Zuckmayer, Carl (1896–1977):	Des Teufels General (D)

Vgl. auch Aspekte der Gattungsgeschichte (Kap. 8–10)

60er-Jahre: Politisierung

Viele Schriftsteller hatten bereits in der Adenauer-Ära an den politischen und gesellschaftlichen Entwicklungen in der Bundesrepublik Anstoß genommen. Sie überschritten dabei aber selten die Grenzen des herkömmlichen Literaturverständnisses, wonach Dichtung ihrer Eigengesetzlichkeit zu gehorchen und sich nicht den politischen Auseinandersetzungen zu unterwerfen hat. In den 60er-Jahren wurde in vielen Kreisen einer solchen **bürgerlichen Literatur** der Kampf angesagt und stattdessen ihre radikale Politisierung gefordert. Dazu gehörten Engagement und Parteilichkeit der Autoren – verstanden als Einsatz für linke, sozialdemokratische bis sozialistische Positionen – und der Versuch, die Arbeiterschaft an die Literatur heranzuführen. Dies geschah, indem man die Arbeitswelt als Thema favorisierte, mit Lesungen und Theateraufführungen in die Fabriken ging und Arbeitskreise für „Literatur und Arbeitswelt" gründete. Wegweisend waren hierbei die **Dortmunder Gruppe 61** (gegründet 1961) und der **Werkkreis Literatur der Arbeitswelt** (1970). Die dort entstandenen Texte waren sowohl dokumentarisch (Interviews, Protokolle und andere authentische Zeugnisse) als auch fiktional (Erzählungen, Romane, Szenen u. a.).

Der Literaturbetrieb geriet immer stärker zur **politischen Dauerdiskussion** über Imperialismus und Kapitalismus, Vietnamkrieg und Schah-Regime (Iran), Große Koalition und APO (außerparlamentarische Opposition), Notstandsgesetzgebung und Springer-Presse, NS-Vergangenheit und autoritäre Strukturen an den Universitäten. Die Verschärfung der innenpolitischen Situation manifestierte sich 1967/68 in den **Studentenunruhen** und den bislang größten **Demonstrationen** in der Geschichte der Bundesrepublik. Die Kritik richtete sich dabei auch gegen reines Konsumdenken und Wohlstandsgesellschaft, Autoritätsgläubigkeit und gesellschaftliche Erstarrung – vor allem gegen die unterlassene Auseinandersetzung mit der NS-Vergangenheit in der Adenauer-Ära.
In der Literatur spiegelten sich alle diese Probleme in neuen Inhalten und Formen. Man wollte mit kritischem, politisch geschärftem Bewusstsein möglichst nah und ohne hohen künstlerischen Anspruch an die aktuelle bzw. vergangene Realität herankommen und misstraute deshalb häufig der Fiktion.

In der **Prosa** kann man als Gemeinsamkeit eine **realistische Erzählweise** feststellen, die die Wirklichkeit selbst sprechen lassen möchte ohne besondere ästhetische oder stilistische Gestaltung. Man charakterisiert diese Erzählwerke mit den – etwas pejorativ gemeinten – Begriffen „Beschreibungsliteratur" oder „Gebrauchsliteratur". Eine sogenannte Kölner Schule vertrat diese Richtung des „Neuen Realismus" ganz programmatisch; dabei ging es den Autoren thematisch vornehmlich um die Problematik kleinbürgerlicher Alltagserfahrungen.

Im **Drama** herrschte die Form des **Dokumentartheaters** vor; daneben gab es das halb dokumentarische „Revolutionsdrama", gewissermaßen als Ersatz für die nicht stattfindende wirkliche Revolution, sowie die **politische Revue**. Diese Dramentypen handeln vornehmlich politische oder zeitgeschichtliche Themen ab. Das **sozialkritische Volksstück** lag ebenfalls im Trend jener Jahre, realistische und breitenwirksame Darstellungsformen zu benutzen. In diesen Stücken geht es häufig um provinzielle Zustände und/oder um Außenseiter bzw. Unterprivilegierte, die in fast unmenschlichen Zuständen leben müssen. Zeitgleich existierte aber auch das **experimentierende Theater** Peter Handkes.

In der **politischen Lyrik** herrschten – ähnlich wie beim Straßen- und Agitproptheater – aktivierende und provozierende Absichten und Darstellungsmittel vor. Auffallend ist jedoch, dass es parallel zu dieser ausgesprochen politischen, oft unliterarischen Form der Dichtung auch ganz entgegengesetzte hochliterarische Formen einer experimentierenden Lyrik bis hin zur „konkreten Poesie" gab.

Es lässt sich zusammenfassend sagen, dass die Politisierung der Literatur zur Infragestellung ihrer ästhetischen Autonomie und stattdessen zu ihrer Instrumentalisierung in der politischen Auseinandersetzung führte – zumindest führen sollte. Viele Autoren sahen sich als engagierte Intellektuelle, für die Literatur und Politik, gesellschaftliche und künstlerisch-literarische Fragen untrennbar zusammenge-

hörten. Nur bei einigen sehr radikal denkenden Vertretern der „68er" ging die Politisierung so weit, dass sie vom **„Tod der bürgerlichen Literatur"** sprachen.
Auf der anderen Seite gab es Autorinnen und Autoren, die sich dieser eindeutigen Politisierung der Literatur ganz entzogen oder sich ihr entgegenstellten; sie pochten auf das Eigenrecht der Dichtung und beharrten auf dem Gegensatz von Poesie und Politik.

Dichter und Werke (Auswahl zu Epik, Dramatik, Lyrik)

Degenhardt, Franz Josef (*1931):	Spiel nicht mit den Schmuddelkindern (L)
Dorst, Tankred (*1925):	Toller (D)
Dürrenmatt, Friedrich (1921–1990):	Die Physiker (D)
Enzensberger, Hans Magnus (*1929):	Landessprache (L)
Fried, Erich (1921–1988):	Vordruck; und Vietman und (L)
Frisch, Max (1911–1991):	Andorra (D)
Grass, Günter (*1927):	örtlich betäubt (E)
Grün, Max von der (1926–2005):	Irrlicht und Feuer (E)
Handke, Peter (*1942):	Publikumsbeschimpfung (D)
Hochhuth, Rolf (*1931):	Der Stellvertreter (D)
Jandl, Ernst (1925–2000):	Laut und Luise (E); ottos mops (L)
Johnson, Uwe (1934–1984):	Das dritte Buch über Achim (E)
Kipphardt, Heinar (1922–1982):	In der Sache J. R. Oppenheimer (D)
Kroetz, Franz Xaver (*1946):	Stallerhof (D)
Lenz, Siegfried (*1926):	Deutschstunde (E)
Rühmkorf, Peter (1929–2008):	Hochseil (L)
Runge, Erika (*1939):	Bottroper Protokolle (E)
Sperr, Martin (1944–2002):	Jagdszenen aus Niederbayern (D)
Wallraff, Günter (*1942):	13 unerwünschte Reportagen (E)
Weiss, Peter (1916–1982):	Die Verfolgung und Ermordung Jean Paul Marats (D)

Vgl. auch Aspekte der Gattungsgeschichte (Kap. 8–10)

70er-Jahre: Literarische Tendenzwende

Der „lange Marsch durch die Institutionen" hatte sich bereits in den 70er-Jahren als Illusion erwiesen; stattdessen herrschte vielerorts ein Klima der Resignation und Angst zwischen Radikalenerlass (1972) und beginnendem Terrorismus. Als direkte Reaktion auf diese Situation entstanden noch ein paar extreme politische Texte.
In anderen Büchern wiederum wurde die „gescheiterte Revolution" verarbeitet, die Revolte gewissermaßen „literarisiert", wobei man nun **Gesellschaftlichkeit** und **Individualität** wieder aufeinander bezog, was eine **Entpolitisierung** mit sich brachte. Diese Art Aufarbeitung der politischen und gesellschaftlichen Initiativen und Aufstände, aber auch scheiternden Irrwege der Studentenunruhen der 68er stellt ein wichtiges Thema der 70er-Jahre und darüber hinaus dar.

Gerhard Richter: Venedig, 1986, 92 cm x 97 cm, Öl auf Leinwand

Aufs Ganze gesehen kann man sagen, dass die in den 60er-Jahren vehement vertretene Parole vom „Ende der Literatur" sich als falsch erwiesen hatte. Die ausschließliche Ausrichtung auf das Politische wich ganz deutlich einer neuerlichen Trendwende hin zur betont subjektiven Darstellung des persönlichen Lebens und seiner Probleme. Man hatte weit-

gehend erkannt, dass eine nur am Politischen orientierte Literatur an den sozialen Verhältnissen kaum etwas ändern, dafür aber sehr schnell in Kunstfeindlichkeit umschlagen kann.
Die künstlerische Rückbesinnung führte zu einer **neuen Sensibilität** und **Innerlichkeit**, ohne dass jedoch damit der Blick für die äußere Wirklichkeit, die zwischenmenschlichen und gesellschaftlichen Zusammenhänge, verloren gegangen wäre. In oft autobiografisch getönten Selbsterforschungen oder psychologisch orientierten Darstellungen fremder Lebensschicksale, die auch das eigene Ich spiegeln konnten, kommen das Innenleben des Einzelnen, seine Krisen und Krankheiten, seine Empfindungen und Erinnerungen wieder zur Sprache. Dabei erweisen sich häufig die zwischenmenschlichen Beziehungen als gestört, sei es durch Anonymität und Kommunikationslosigkeit in der gesellschaftlichen Umgebung oder durch Abhängigkeit und Unterdrückung im familiären Umfeld. Oft rückt dabei auch die jüngere Vergangenheit, meistens die Zeit des Dritten Reiches als die „Zeit der Väter", ins Blickfeld, was mitunter zu einer strengen Abrechnung mit der Elterngeneration führen konnte.
Die Epoche der neuen **Subjektivität** und Innerlichkeit war eine Zeit für Autobiografien und Tagebücher, die in literarischer Form als sogenannte **Verständigungstexte** zu einer Art Austausch der Betroffenen führen konnte. Dasselbe gilt auch für die sich immer deutlicher und stärker formierende Frauenliteratur, in der es zwar vornehmlich um weibliche Erfahrungen ging, ohne dass diese jedoch grundsätzlich in einer spezifisch „weiblichen Sprache" ausgedrückt werden mussten. Dennoch gab es damals Diskussionen um eine weibliche Erfahrungs- und Schreibweise.
Der literarische Gewinn vieler Werke der 70er-Jahre lag sicher darin, dass vernachlässigte Bereiche des Individuell-Privaten, Menschlich-Zwischenmenschlichen erkundet und problematisiert wurden. Kritisch zu vermerken ist, dass die häufige Beschränkung auf autobiografische Erfahrungen und ich-bezogene Wahrnehmungsweisen zu bloßen **Betroffenheitstexten** führen konnten, zumal dann, wenn der literarische Anspruch vernachlässigt wurde.
Einige Autorinnen und Autoren zeigten neue thematische und sprachlich-stilistische Wege einer Identitäts- bzw. Existenzdarstellung auf, bei denen man bereits den Übergang zur noch stärker ästhetisch ausgerichteten Literatur der nächsten Dekade spürte. Wie pluralistisch diese Zeit der **Wiederentdeckung des Ich** und seiner Empfindlichkeit und Verletzbarkeit war, demonstrieren die beiden äußerst produktiven und sprachbewussten Autoren Peter Handke und Thomas Bernhard, die schmerzhafte Erfahrungen bzw. monomanische Wutanfälle in einer jeweils ganz neuen Erzählsprache zum Ausdruck brachten.
In der **Lyrik** wendet man sich zusehends den alltäglichen Dingen des Lebens zu; aber diese „Alltagslyrik" bleibt trotz ihres Fokus auf die Heimat oder Region immer auch offen für Fragen der Gesellschaft, der Natur und veränderten Umwelt. **Alltagslyrik** und **politisches Gedicht** dürfen nicht als sich gegenseitig ausschließende Formen betrachtet werden, weil sie mit ihren Beobachtungen von Situationen, Einstellungen und Verhaltensweisen gleichermaßen aktuelle Veränderungen des Lebens betreffen, die letztlich auch immer das Individuelle/Subjektive des Menschen berühren können.
Häufig zeigt sich bei Gedichten der 70er-Jahre ein lyrisches Sprechen „aus dem Bauch heraus", ein spontaner, subjektiver Tonfall; der Ausdruck wechselt zwischen saloppen und pathetischen Formulierungen. Ähnlich wie in der Prosa werden auch in der Lyrik Sicherheiten und Gewissheiten brüchig, sodass gestörte Beziehungen in der Gesellschaft und zerstörerische Vorgänge in der Natur zum Thema werden. Damit stehen manche Gedichte bereits in einer Übergangsphase zum nächsten Jahrzehnt.
Für das **Drama** und Theater gelten – nicht durchwegs, aber vornehmlich – die bereits genannten Begriffe und Schlagworte wie: Entpolitisierung und Alltag, Subjektivität und Sensibilität, Emotion und Resignation, Ernüchterung und Skepsis. Formal kommt ein deutlicher Hang zur Ästhetisierung hinzu und eine Art Selbstreflexion des Theaters, d. h. der theatralischen Mittel.

Dichter und Werke (Auswahl zu **E**pik, **L**yrik, **D**ramatik)

Bachmann, Ingeborg (1926–1973):	Malina (E)
Becker, Jürgen (*1932):	Schnee (L)
Bernhard, Thomas (1931–1989):	Ein Fest Boris (D)
Böll, Heinrich (1917–1985):	Die verlorene Ehre der Katharina Blum (E)
Born, Nicolas (1937–1979):	Die Fälschung (E)

Demski, Eva (*1944):	Goldkind (E)
Fried, Erich (1921-1988):	Liebesgedichte (L)
Frischmuth, Barbara (*1941):	Amy oder die Metamorphosen (E)
Härtling, Peter (*1933):	Nachgetragene Liebe (E)
Johnson, Uwe (1934–1984):	Jahrestage (E)
Kroetz, Franz Xaver (*1946):	Oberösterreich (D)
Meckel, Christoph (*1935):	Suchbild Vater (E)
Morshäuser, Bodo (*1953):	Feuchte Hände (L)
Reinshagen, Gerlind (*1926):	Sonntagskinder (D)
Schneider, Peter (*1940):	Lenz (E)
Strauß, Botho (*1944):	Trilogie des Wiedersehens (D)
Struck, Karin (1947–2006):	Klassenliebe (E)
Theobaldy, Jürgen (*1944):	Schwere Erde, Rauch (L)
Timm, Uwe (*1940):	Heißer Sommer (E)
Wohmann, Gabriele (*1932):	Ernste Absichten (E)

Vgl. auch Aspekte der Gattungsgeschichte (Kap. 8–10)

80er-Jahre: Postmoderne

Die 1980er-Jahre beginnen politisch mit dem Regierungswechsel im Herbst 1982, dem Ende der Ära Helmut Schmidt. Helmut Kohl, der neue Kanzler, wird am Ende des Jahrzehnts der Kanzler der Wiedervereinigung sein. Vor dieser „Wende" sprach man im Hinblick auf die deutsch-deutschen Beziehungen viele Jahre vom „Wandel durch Annäherung", wozu nicht zuletzt die vielen Kontakte und offiziellen Begegnungen zwischen ost- und westdeutschen Schriftstellern gehörten. 1984 fand aber auch wieder einmal eine größere Ausreisewelle ostdeutscher Autorinnen und Autoren statt. Die DDR-Literatur war andererseits längst integraler Bestandteil des literarischen Westens geworden, nicht zuletzt deswegen, weil viele Werke nur in der Bundesrepublik erscheinen konnten. Seit 1983 gab es an den Münchner Kammerspielen die „Reden über das eigene Land: Deutschland". Martin Walser kritisierte in seinem Beitrag 1988 die – wie er es nannte – „Abfindungsformel", wonach Deutschland nur eine Kulturnation und deshalb die Teilung vernünftig sei.

Neben den deutsch-deutschen Fragestellungen gab es zusätzlich internationale Entwicklungen und Probleme, die bei den Autoren und in den literarischen Gruppierungen zu Diskussionen, aber auch Bewusstseinskrisen führten: Ost-West-Konflikt, Rüstungsfragen, Friedensgefährdung, Klimakatastrophe, Atomenergie, ökologische Bewegung, Dritte-Welt-Politik u. a.

Es kann also nicht verwundern, dass vor diesem zeitgeschichtlichen Hintergrund in vielen Texten eine polit- und gesellschaftskritische Komponente wieder deutlich sichtbar wurde. Zum Literaturbetrieb dieser Jahre ist zu vermerken: Der alljährliche Klagenfurter Literaturwettbewerb mit dem Ingeborg-Bachmann-Preis (seit 1974) beschäftigte die Feuilletons – ebenso die allgemeine Zunahme an Preisen, Förderprojekten, Leseveranstaltungen und Bestseller-Listen. Marktmechanismen hielten zunehmend Einzug ins literarische Leben. Immer öfter wurde von einer Übersättigung des Buchmarktes gesprochen, aber auch von der Konkurrenz zwischen Lesen und Sehen. Die Autoren Peter Handke und Botho Strauß wurden wegen ihres „hohen Tons" und der damit verbundenen Gefahr einer erzeugten Langeweile heftig angegriffen. Hingegen erntete der bisher als reiner Unterhaltungs-Bestseller-Autor geltende Johnnes Mario Simmel auf einmal großes Lob.
Unter den Autoren und Kritikern wurden jetzt Gegenstimmen laut sowohl zur Neuen Subjektivität bzw. Innerlichkeit der 70er-Jahre als auch zum sozialkritischen (Neo-)Realismus der 60er-Jahre. Das Fiktive sollte wieder aufgewertet, die **sprachliche Vermitteltheit** der Wirklichkeitsauffassung in der Literatur erneut bewusst gemacht und zeitgemäß dargestellt werden. Es gab aber kaum gemeinsame Leitbegriffe, ideologische oder stilistische Schulen; statt fester Gruppierungen hat man es mehrheitlich mit Einzelgängern zu tun.

Ohnehin entziehen sich die Texte einer epochenspezifischen Einordnung, je mehr man sich der neueren und neuesten Literatur nähert. Zwar gibt es politische, gesellschaftliche und kulturelle Einschnitte, aber daraus lassen sich kaum literaturgeschichtliche Epochen oder Wendemarken ableiten. So erschöpft sich der Versuch einer überblickshaften Gesamtschau immer mehr in der bloßen Beobachtung einzelner Tendenzen und Merkmale. Viele Einzelwerke der letzten Jahrzehnte haben selbst einen **fragmentarischen Charakter**, was wiederum dem bruchstückhaften Weltbild dieser Zeit zu entsprechen scheint.

Das Spektrum der erzählerischen Neuansätze reichte von anregender Erfindungs- und Erzählfreude bis hin zu starken Erkenntnis- und Sprachzweifeln. Trotz mancher beeindruckender literarischer „Einzelleistungen" wurde insgesamt das Ausbleiben bedeutender dichterischer Innovationen beklagt: „Bücher, Bücher, aber nichts zu lesen" hieß es in einer bedeutenden deutschen Tageszeitung.

Mit seinen farbenfrohen Bildern und Illustrationen gehört Jeff Koons zu den bedeutendsten Künstlern des 20./21. Jahrhunderts.

Und dann erschien gegen Ende des Jahrzehnts 1988 „Die letzte Welt" von **Christoph Ransmayr** und wurde von vielen Kritikern als lange erwartetes Ereignis gefeiert. Dieses Buch markierte die endgültige Durchsetzung der sogenannten **Postmoderne** in der Literatur, die sich schon in den 70er-Jahren angekündigt und in einigen Werken dokumentiert hatte. Der Begriff „Postmoderne" ist schillernd und mehrdeutig, weil er sowohl im Sinne einer „Antimoderne" als auch einer „Vollendung der Moderne" gedeutet wird. Die Diskussion um dieses Thema begann in Deutschland bereits 1968 im Anschluss an einen Vortrag des amerikanischen Literaturkritikers Leslie Fiedler. Er appellierte, die Kluft zwischen hoher und niederer Literatur zu schließen, d. h. zwischen komplizierten Werken für eine intellektuelle Oberschicht und anspruchsloseren populären Werken einer sogenannten Massenkultur für die literarisch weniger Gebildeten. Gleichzeitig solle auch die Lücke zwischen Künstler und Publikum überbrückt werden. „Postmoderne" bedeutet ein verändertes, neues ästhetisches Bewusstsein, ein Gespür dafür, dass die literarische Moderne (z. B. Joyce, Proust, Faulkner, T. S. Eliot, Kafka, Musil oder Thomas Mann) historisch geworden ist. Postmodernen Autoren erscheint überhaupt die Masse aller bereits verfassten dichterischen Werke so erdrückend, dass sie sich häufig geradezu als Durchgangsstadium aller möglicher Literaturen sehen. Themen, Motive, Metaphern, allgemein Bilder der postmodernen Bücher verweisen auch häufig nicht mehr auf die reale Wirklichkeit, sondern auf vorausgegangene literarische Werke. Dieser **Anspielungsreichtum** ist für den Leser nicht immer leicht zu erkennen bzw. zu entschlüsseln. Andererseits besteht bei postmodernen Texten auch die Gefahr einer gewissen Beliebigkeit und eines Mangels an sprachlich-gedanklicher Folgerichtigkeit wegen eines gar zu spielerischen Umgangs mit der Tradition.

Da die postmoderne Literatur den Glauben an Vernunft und Rationalität häufig infrage stellt, liefert sie – im Unterschied zum Großteil der modernen Literatur – in der Regel keine ganzheitlichen Welt-

oder Sinndeutungen mehr und verzichtet auf allgemeine Wahrheitsansprüche. Es vermischen sich in ihr verschiedenste Erzählformen und Darstellungsmittel, Stilrichtungen und Sprachmuster. Eine der wichtigsten Formeln lautet deshalb auch **Pluralität** oder *anything goes*. Alle literarischen Mittel sind verfügbar und gleichwertig; Texte sind gleichzeitig beliebig und verbindlich, gefällig und beunruhigend, amüsant und verletzend, angenehm und irritierend zu lesen. **Postmoderne Literatur** und **Popliteratur**, von der später die Rede sein wird, sind nicht immer ganz voneinander abzugrenzen, weil sie folgende **gemeinsame Merkmale** zeigen: Zweifel an der Notwendigkeit einer Ganzheit und Kontinuität des Kunstwerkes; statt der Geschichtsabläufe die Geschichte unserer Bilder, den freien, spielerischen Umgang mit der Sprache und mit vorgegebenen Formen, Mustern, Kodes. Natürlich ist die postmoderne Literatur nur eine Richtung unter vielen anderen Tendenzen, aber sie spielt doch eine hervorgehobene Rolle.

Das **Theater** der 80er-Jahre pendelt zwischen Mythos/Geschichte und Gegenwart einerseits, Realismus und Surrealismus andererseits. So unterschiedlich die Inhalte und Themen im Einzelnen sind, immer wieder treten dabei Bilder von gegenwärtigen oder historischen Krisen auf, von Gewalt und Schrecken, Verlassenheit und Verzweiflung, Katastrophen und Endzeitstimmungen. Eine Ausnahmeerscheinung ist weiterhin das intellektuelle, spielerische, witzig-komödiantische Theater von Botho Strauß.

Die **Lyrik** zeigt Natur und Landschaft, aber auch Tier- und Menschenwelt als beschädigt; die zwischenmenschlichen Beziehungen sind gestört. In vielen Gedichten deutet sich so ein Ende des Fortschrittsglaubens, der langen Geschichte der Aufklärung an. Desillusion, Reflexion und Ironie schaffen den nötigen Abstand, um in kalten Metaphern und sensiblen Bildern Anzeichen zukünftiger Katastrophen lyrisch-poetisch sichtbar zu machen.

Dichter und Werke (Auswahl zu Epik, Dramatik, Lyrik)

Bernhard, Thomas (1931–1989):	Heldenplatz; Theatermacher (D)
Dorst, Tankred (*1925):	Merlin oder das wüste Land (D)
Fauser, Jörg (1944–1987):	Der Schneemann (E)
Fels, Ludwig (*1946):	Ein Unding der Liebe (E)
Genazino, Wilhelm (*1943):	Die Ausschweifung (E)
Hackl, Erich (*1954):	Abschied von Sidonie (E)
Hahn, Ulla (*1946):	Nie mehr (L)
Harig, Ludwig (*1927):	Ordnung ist das ganze Leben (E)
Haufs, Rolf (*1935):	Juniabschied (L)
Hein, Christoph (*1944):	Die Ritter der Tafelrunde (D)
Kling, Thomas (1957–2005):	geschmacksverstärker (L)
Krechel, Ursula (*1947):	Rohschnitt (L)
Kronauer, Brigitte (*1940):	Rita Münster (E)
Kusz, Fitzgerald (*1944):	Schweig, Bub (D)
Mitterer, Felix (*1948):	Kein Platz für Idioten (D)
Ortheil, Hanns-Josef (*1951):	Schwerenöter (E)
Pohl, Klaus (*1952):	Das alte Land (D)
Strauß, Botho (*1944):	Rumor (E); Kalldewey Farce (D)
Strittmatter, Thomas (1961–1995):	Viehjud Levi (D)
Woelk, Ulrich (*1960):	Freigang (E)

Postmoderne

Nadolny, Sten (*1942):	Die Entdeckung der Langsamkeit (E)
Ransmayr, Christoph (*1954):	Die letzte Welt (E)
Süskind, Patrick (*1949):	Das Parfum (E)

Vgl. auch Aspekte der Gattungsgeschichte (Kap. 8–10)

3 Tendenzen der deutschen Gegenwartsliteratur seit der Wiedervereinigung

Neo Rauch: Fell, 2000

Das letzte Jahrzehnt des vergangenen Jahrhunderts und das erste des neuen verliefen weltweit anders, als es sich viele nach dem scheinbaren Ende des kalten Krieges bzw. Ost-West-Konfliktes vorgestellt oder erhofft hatten. Die kriegerischen Konflikte nahmen kaum ab, die weltweite Terrorangst kam hinzu, die ambivalente Globalisierung führte im Herbst 2008 zu einer gewaltigen weltweiten Finanz- und Wirtschaftskrise. Spuren dieser Krisensymptome lassen sich in der deutschsprachigen Literatur jener Jahre sicherlich aufspüren, sind aber in den meisten Fällen wirklich nur Spuren, ganz selten dominierende Themen.

Etwas anders sieht es aus bei der Betrachtung der politischen Veränderung in Deutschland seit Mauerfall und Wiedervereinigung. Die frühen 90er-Jahre haben sowohl in politischer als auch in literarischer Hinsicht rasch verschiedene Bezeichnungen erhalten, die alle etwas Verwandtes ausdrücken wollen: **Zeitenwende, Umbruch, Neuanfang, Ende der Teilung** usw.

Am 9. November 1989 fiel die Mauer, im Frühjahr 1990 fanden die ersten demokratischen Wahlen in der damaligen DDR statt und bereits am 3. Oktober 1990 war Deutschland wiedervereinigt. Fast alle Menschen, auch die Schriftsteller und Künstler in Ost und West, wurden von der unerwarteten Entwicklung überrascht und mussten sich erst einmal in der neuen Situation zurechtfinden.

In Ostberlin (Alexanderplatz) wurde am 4. November 1989, also fünf Tage vor der Maueröffnung, eine Großkundgebung veranstaltet, bei der Intellektuelle und Künstler der DDR – unter ihnen Stefan Heym und Christa Wolf – noch von der Reformierbarkeit des Sozialismus und ihres Staates sprachen. Im Westen (Bundesrepublik) begann 1990 eine lang anhaltende Diskussion über die Art und Weise der Wiedervereinigung, vor allem über das Tempo und entscheidende Verfassungs-, Währungs- und Wirtschaftsfragen.

Zwei Autoren profilierten sich hierbei besonders stark: Günter Grass als vehementer Kritiker des „übereilten Beitritts" der DDR zur Bundesrepublik; Martin Walser als pragmatischer Befürworter, der sich auch vor 1989 mit der deutschen Teilung nie abgefunden hatte. In der oft heftig geführten Diskussion um die Wiedervereinigung ging es um Nation und Volk, Heimat und Sprache, Demokratie und Kapitalismus, Diktatur und Freiheit, aber auch um Begriffe wie z. B. „Wendehals", „Ossi" und „Wessi".

Unter den Schriftstellern war es vor allem eine Auseinandersetzung um die Rolle des Intellektuellen in der und für die Öffentlichkeit. Bei westdeutschen Autoren bedeutete dies stellenweise eine radikale Abrechnung mit den linken Utopien der 68er-Generation (Studentenunruhen 1968), die durch den Untergang des real existierenden Sozialismus widerlegt worden seien. In Ostdeutschland begann die **Aufarbeitung der Vergangenheit** einzelner Schriftsteller, d. h. ihrer Beziehung zu Staat, SED oder gar Staatssicherheit. Autoren, die vom Regime der ehemaligen DDR schikaniert, verfolgt und ausgewiesen worden bzw. ausgesiedelt waren, waren naturgemäß die strengsten Ankläger. Sascha Anderson und Rainer Schedlinski, Lyriker der Gruppe „Prenzlauer Berg" (Ostberlin), wurden sehr früh bereits als IM (inoffizieller Mitarbeiter) der Stasi entlarvt. Wesentlich komplizierter lag der Fall Christa Wolf: Die bekannteste und erfolgreichste DDR-Autorin, die in den späten Jahren selbst ein Opfer der Stasi war, musste zugeben, als junge Frau von 1959–1962 für den DDR-Geheimdienst gearbeitet zu haben. Sie hatte im Juni 1990 die knappe Erzählung „Was bleibt" veröffentlicht, die von ihrer früheren Überwachung (1979) durch die Stasi handelt und als Text bereits damals abgeschlossen war. Man warf der Autorin vor, dass sie diesen regimekritischen Text erst nach dem Ende der DDR und damit ohne jedes Risiko drucken ließ.

Innerhalb der Literaturkritik wurden Stimmen laut, die forderten, dass im Lichte der Stasi-Vergangenheit die **Geschichte der DDR-Literatur** neu geschrieben werden müsse. Begründet wurde dies mit dem Hinweis auf einen sogenannten Gesinnungs-Bonus bzw. Wohlwollens-Rabatt, den man vor 1989 allzu oft Büchern aus der DDR gewährt habe, nur weil sie das System ihres Staates kritisiert hätten, ohne als Dichtkunst den literarischen Ansprüchen der Moderne zu genügen. Dieser „Kredit" könnte nun, nach 1989, nicht mehr gewährt werden. Auch hier fiel des Öfteren der Name Christa Wolf.

Dieser **deutsch-deutsche Literaturstreit** erweiterte sich zu einer literaturästhetischen Diskussion über die gesamtdeutsche Nachkriegsliteratur, also auch die der alten Bundesrepublik. Einige maßgebliche Kritiker warfen ihr vor, dass in beiden Teilen Deutschlands die außerliterarischen Kriterien (politische Stellungnahme, Gesellschaftskritik, moralische Position usw.) stärker zählten als die literarische, künstlerische, ästhetische Qualität der einzelnen Werke. Zur Diskussion stand also wieder einmal ein autonomer oder nicht autonomer Literaturbegriff.
Eine wichtige Bedeutung für die Phase ab 1989/90 hatten die Turbulenzen um die Zusammenlegung der verschiedenen Literatur- und Kunstorganisationen in Ost und West (PEN-Club, Schriftstellerverband, Akademie der Schönen Künste). Manche persönliche Kontroverse, aber auch (kunst-)politische Streitigkeit erschwerte die Vereinigung, wobei auch voreilige Schuldzuweisungen oder vermessene Selbstgerechtigkeit bei den Beteiligten im Spiel waren. Für sehr viele Ereignisse und Debatten dieser Zeit trifft der Satz zu, dass die Leiche tot sei, aber ihr Gift weiterarbeite.

Bedeutete die **„Wende"** auch eine Wende für die deutsche Literatur? Dichtung reagiert in der Regel langsamer auf politische und gesellschaftliche Veränderungen als das Feuilleton, die Kritik, die Journalisten. Von diesen wurde sehr früh der große deutsche gesellschaftskritische Roman oder d a s entsprechende Theaterstück gefordert und gleichzeitig beklagt, dass man vergeblich darauf wartete. Große Epochenromane oder umfassende Zeitstücke, die gewissermaßen ein Panorama der gesellschaftlich-politischen Situation enthalten, sind jedoch in der heutigen Zeit mit ihrer vielschichtigen, pluralistischen Wirklichkeit schwer zu leisten. Ein literarisches Porträt der deutschen Gesellschaft in den Jahren nach der Wiedervereinigung ist schwieriger geworden als in früheren Epochen. Das hat zur Folge, dass man in den ersten Jahren nach der Wende sich wohl eher mit bruchstückhaften literarischen Darstellungen der veränderten Lage begnügen musste. Die realitätshaltigeren Gattungen Prosa und Drama hatten es nicht so leicht wie die Lyrik mit ihrer Beschränkung auf Subjektivität, auf das Ausschnitthafte und Punktuelle.

Bei einer vorläufigen Bilanz der neueren und neuesten Werke zur deutschen Situation lassen sich folgende **Themen und Tendenzen** beobachten: Aufarbeitung des Stasi-Komplexes; Schwierigkeiten der Kommunikation zwischen Ost und West, aber auch zwischen ehemaligen DDR-Bürgern untereinander; die Wiedervereinigung als „Inbesitznahme" der ehemaligen DDR durch die Bundesrepublik; besserwisserische Arroganz und „kolonialistisches" Verhalten bei den „Wessis"; Enttäuschung, Unzufriedenheit und Wehleidigkeit bei den „Ossis". Die Darstellungs- bzw. erzählerischen Formen beschränken sich meistens auf exemplarische Örtlichkeiten, private Beziehungen und subjektive Blickwinkel.

Aber aus der Lektüre dieser Werke lässt sich inzwischen doch ein Bild aus Reaktionen, Einstellungen, Werthaltungen und Urteilen erstellen, das beim Leser eine gewisse **literarische Zeitdiagnose** erlaubt. Monika Maron hat die Prophezeiung gewagt, dass in den kommenden Jahren wohl eher die West-Schriftsteller die Ost-Literatur schreiben werden als umgekehrt. Tatsächlich richtet sich aber das Interesse verstärkt auf Bücher aus Ostdeutschland, weil sich hier die schreibende Nachbereitung direkter aufdrängt als im Westen, für den sich insgesamt doch weniger verändert hat. Günter de Bruyn hat die Situation mit der nach 1945 verglichen und im Zusammenhang damit davor gewarnt, dass die aktuellen Existenzsorgen, die hektische „Gegenwartsbewältigung" sozusagen, wie damals eine gründliche Auseinandersetzung mit der Vergangenheit verhindern könnten. Diese Aufarbeitung der DDR-Vergangenheit bzw. der deutschen Vergangenheit insgesamt sei jedoch das ureigenste Feld der Literatur. Das Thema DDR sei noch lange nicht zu Ende; erst jetzt sei man richtig in der Lage, sich darüber angemessen Gedanken zu machen.

Und tatsächlich behandeln die meisten Prosawerke ostdeutscher Autoren die Vergangenheit in der DDR, versuchen sich also an deren Aufarbeitung.

Die folgende Auswahlliste enthält Werke, die die deutsch-deutsche Problematik in unterschiedlicher Gewichtung innerhalb der Gesamtthematik des Buches behandeln; sie umfasst Schriftsteller, die bis zum Ende in Ostdeutschland lebten oder schon vorher die Diktatur verlassen haben, enthält aber auch bundesrepublikanische Autoren.

Dichter und Werke (Auswahl zu **E**pik, **D**ramatik, **L**yrik)

Becker, Jurek (1937–1997):	Amanda herzlos (E)
Braun, Volker (*1939):	Der Wendehals; Machwerk oder das Schichtbuch des Flick von Lauchhammer (E)
Bräunig, Werner (1934-1976):	Rummelplatz (E)
Brussig, Thomas (*1965):	Helden wie wir; Am kürzeren Ende der Sonnenallee; Wie es leuchtet (E)
Burmeister, Brigitte (*1940):	Unter dem Namen Norma (E)
Delius, Friedrich Christian (*1943):	Die Birnen von Ribbeck (E)
Drawert, Kurt (*1956):	Ich hielt meinen Schatten für einen anderen und grüßte (E); Wo es war (L)
Endler, Adolf (*1930):	Der Pudding der Apokalypse (L)
Grass, Günter (*1927):	Ein weites Feld (E)
Gröschner, Annett (*1964):	Moskauer Eis (E)
Hein, Christoph (*1944):	Randow; Willenbrock; Von allem Anfang an (E); Randow (D)
Hettche, Thomas (*1964):	Nox (E)
Hilbig, Wolfgang (1941–2007):	Ich; Das Provisorium (E)
Jirgl, Reinhard (*1953):	Abschied von den Feinden; Die atlantische Mauer (E)
Kolbe, Uwe (*1957):	Vaterlandkanal (L)
Königsdorf, Helga (*1938):	Im Schatten des Regenbogens (E)
Kunert, Günter (*1929):	Kosmologie (L)
Loest, Erich (*1926):	Nikolaikirche (E)
Maron, Monika (*1941):	Stille Zeile Sechs (E)
Meyer, Clemens (*1977):	Als wir träumten (E)
Müller, Heiner (1929–1995):	Germania Tod III (D)
Osang, Alexander (*1962):	Die Nachrichten (E)
Pohl, Klaus (*1952):	Karate-Billi kehrt zurück (D)
Rosenlöcher, Thomas (*1947):	Die Dresdner Kunstausübung (L)
Schädlich, Hans-Joachim (*1935):	Trivialroman (E)
Schneider, Peter (*1940):	Eduards Heimkehr (E)
Schoch, Julia (*1974):	Mit der Geschwindigkeit des Sommers (E)
Schulze, Ingo (*1962):	Simple Storys; Neue Leben (E)
Sparschuh, Jens (*1955):	Der Zimmerspringbrunnen; Eins zu Eins (E)
Strauß, Botho (*1944):	Schlußchor (D)
Tellkamp, Uwe (*1968):	Der Turm (E)
Titze, Marion (*1953):	Unbekannter Verlust (E)
Wolf, Christa (*1929):	Was bleibt (E)

Vgl. auch Aspekte der Gattungsgeschichte (Kap. 8–10)

Die Zensur in der ehemaligen DDR hat das Schreiben dortiger Schriftsteller beeinflusst, wenngleich viele ihre Werke in der Bundesrepublik verlegen ließen. Umso wichtiger wurde es, dass die Schriftsteller nach der Wiedervereinigung durch ihre Bücher dazu beitrugen, dass die noch verbliebenen „Mauern in den Köpfen" aller Deutschen „eingerissen" wurden, sodass wirklich nur noch von einer deutschen, nämlich einer tatsächlich **gesamtdeutschen Literatur** gesprochen werden kann, die sie ja bisher, rein sprachlich betrachtet, schon immer war.

Bei den westdeutschen Autoren ist in den meisten Fällen eine Kontinuität ihres Schreibens festzustellen, also keine gravierende Veränderung der Inhalte, Themen oder Schreibweisen, die auf die Wiedervereinigung zurückgeführt werden könnte. Vor allem die jüngeren unter ihnen interessieren anscheinend ganz andere Themenbereiche, z. B. das Leben außerhalb Deutschlands, und dementsprechend liegt der Vergleich mit der nicht deutschen Literatur bzw. die Beeinflussung durch diese näher, was natürlich auch früheren Autoren nicht fremd war.

Am deutlichsten zeigen sich diese Einflüsse und Vorbilder – vornehmlich der US-Literatur abgeschaut – bei der sogenannten **Popliteratur**, die ähnlich wie die postmoderne Literatur auch den Unterschied zwischen gehobener und einfacher Literatur überwinden will. Popliteratur als ernst zu nehmende Strömung richtet sich mit ihren meist provozierenden und exzentrischen Darstellungsformen also sowohl gegen eine rein elitäre als auch gegen eine bloße Trivialliteratur. Sie bedient sich dabei vieler Elemente der Krimi -, Western -, Science-Fiction- oder Comic-Literatur und benutzt gerne Sprüche aus der Reklame-, Film- und Fernsehwelt. Eine ganz wichtige Rolle spielen Trends, Moden, Hypes, typische Gewohnheiten und Sprechweisen, Kleidung und Frisuren, Orte, Lokale, Medien, Sänger, DJs, gängige Konsumartikel, und hier vor allem Markennamen, die gerade in sind. Diese werden dann oft listenähnlich gesammelt und aufgezählt, was manchen Popautoren bereits den Titel „neue Archivisten" einbrachte. Politik oder Geschichte, Familie oder Beruf, Weltbilder oder Sinnsuche bleiben nebensächlich oder ganz ausgeklammert; umso wichtiger sind Alltagskultur, alles Körperliche, Lust und Genießen, manchmal auch Technisches oder Wissenschaftliches. Aus dieser breiten Mischung ergibt sich ein anspielungs- und assoziationsreicher eigener „Kode", den der Leser wiederum kennen muss, um diese Bücher richtig zu verstehen. Auch die Struktur dieser Werke ist mitunter komplex, weil unterschiedlichste Attribute und Effekte einbezogen sein können: romantische, fantastische, sentimentale – aber ebenso antirationale, visionäre, apokalyptische. Handlung, Aufbau, Dramaturgie, Spannung oder Psychologie der Figuren sind unwichtig; auf den richtigen Ton kommt es an, den Tonfall oder „Sound", der stärker der musikalischen Welt der Popkultur als der literarischen Form- und Klangwelt entstammt.
Pathos und Emphase können manchmal in Pose, Kitsch oder Plagiat umkippen; die automatisch wirkende Rhetorik aus der Szene-Sprache kann sich aber auch hineinsteigern in rhythmische, klangvolle, rauschhafte Sprachexperimente, die den Leser in Trance versetzen sollen.
Gelungene Popliteratur kann sehr leicht wirken, mitunter sogar leichtfertig; sie muss deshalb nicht leicht /leichtfertig gedacht oder verfasst sein. Die antiseriös und antikünstlerisch wirkende spaßige Seite kann eine dunkle, katastrophale Rückseite verdecken.
Als Vorläufer der Popliteratur-Welle der 90er-Jahre gelten Rolf-Dieter Brinkmann (1940–1975) und Jörg Fauser (1944–1987).

Dichter und Werke (Auswahl zu Epik und Lyrik)

Haas, Wolf (*1960):	Das ewige Leben (E)
Kracht, Christian (*1966):	Faserland (E)
Meinecke, Thomas (*1955):	The Church of John F. Kennedy (L)
Naters, Elke (*1963):	Mau Mau (E)
Oswald, Georg M. (*1963):	Im Himmel (E)
Schmidt, Jochen (*1970):	Müller haut uns raus (E)
Stuckrad-Barre, Benjamin (*1975):	Soloalbum (E)
Wondratschek, Wolf (*1943):	Chucks Zimmer (L)

Neben „Popliteratur" sprach man auch von zwei Gruppierungen der sogenannten 78er- bzw. 89er-Generation, womit nicht Geburtsjahrgänge, sondern entscheidende Jahre der Prägung gemeint waren. Der Bestseller „Generation Golf" gehört ebenfalls in dieses Umfeld einer gewissen Spaßkultur und Propagierung neuen Lesevergnügens. Und noch eine Gruppe von Autorinnen gesellt sich hinzu, die das literarische Fräuleinwunder genannt wurde, nicht zuletzt aus marktstrategischen Gründen.

Die sehr vielfältige **Lyrik** der Nachwende-Jahre gibt sich häufig äußerst sprachkritisch und polemisiert gerne gegen gängige Phrasen und alte Muster, die die fehlenden Sinnzusammenhänge nicht mehr kaschieren können. Die Reaktionen vieler Lyriker auf diesen Tatbestand bestehen in einer Art Spracharchäologie einerseits und neoexperimentellen Performancekünsten andererseits. Die oft rätselhaften Wortgebilde setzen auf Rhythmus, Klangfarbe, Assoziationsvielfalt und irritierende Provokationen.

Querschnitt der Lyrik seit den 90er-Jahren

Beyer, Marcel (*1965):	Erdkunde
Draesner, Ulrike (*1962):	gedächtnisschleifen
Duden, Anne (*1942):	Wimpertier
Enzensberger, Hans Magnus (*1929):	Leichter als Luft
Falkner, Gerhard (*1951):	Hölderlin Reparatur
Gernhardt, Robert (1937–2006):	Lichte Gedichte
Grünbein, Durs (*1962):	Schädelbasislektion; Erklärte Nacht; Strophen für übermorgen
Haufs, Rolf (*1935):	Vorabend
Kirsten, Wulf (*1934):	erdlebenbilder
Krechel, Ursula (*1947):	Verbeugungen vor der Luft
Meckel, Christoph (*1935):	Zähne
Ostermaier, Albert (*1967):	Heartcore
Pastior, Oskar (1927–2006):	Das Hören des Genitiv-s
Petersdorff, Dirk von (*1966):	Bekenntnisse und Postkarten; Die Teufel in Arezzo
Treichel, Hans-Ulrich (*1952):	Der einzige Gast; Südraum Leipzig

Drama und Theater seit den 90er-Jahren werden beeinflusst von bekannten Autoren (u. a. T. Dorst und E. Jelinek), in zunehmendem Maß jedoch geprägt von einer neuen Generation von Dramatikern und Dramatikerinnen. Die Werke zeichnen sich einerseits durch eine Vielfalt von Themen und Formen aus und andererseits durch das Ende der Vorherrschaft des dramatischen Textes. Während eine Richtung, das sogenannte **postdramatische Theater**, auf elementare Dramen-Elemente wie Figuren, Dialog, Handlung, Konflikt etc. weitgehend verzichtet und sich dem Tanz-, Musik- und Körpertheater zuwendet, geht das **neorealistische Theater** einen anderen Weg mit neuen Möglichkeiten des Figuren-, Dialog- und Handlungstheaters. Kennzeichnend für alle Formen ist das Fragmentarische, im Gegensatz zum großen Drama. Inhaltlich knüpft das Theater an Themen wie Gewalt, Geschlechterkampf, Perversion, Kommunikationsverlust und Spaßgesellschaft an; die neuen Medien rücken inhaltlich und auch ästhetisch immer mehr in den Mittelpunkt.

Querschnitt der Dramatik seit den 90er-Jahren

Bukowski, Oliver (*1961):	Gäste
Dorst, Tankred (*1925):	Große Szene am Fluß
Goetz, Reinald (*1954):	Jeff Koons
Jelinek, Elfriede (*1946):	Ein Sportstück; Die Kontrakte des Kaufmanns
Loher, Dea (*1964):	Klaras Verhältnisse
Mayenburg, Marius von (*1972):	Der Häßliche
Mitterer, Felix (*1948):	Die Frau im Auto
Ostermaier, Albert (*1967):	The Making Of. B.-Movie; Nach den Klippen
Pohl, Klaus (*1952):	Karate Billi kehrt zurück; Der Anatom
Pollesch, René (*1962):	Ping Pong d'amour
Richter, Falk (*1969):	Peace

Rinke, Moritz (*1967):	Republik Vineta; Café Umberto
Schimmelpfennig, Roland (*1967):	Die arabische Nacht; Calypso
Schwab, Werner (1958–1994):	Übergewicht, unwichtig: Uniform; Präsidentinnen
Specht, Kerstin (*1956):	Königinnendramen
Strauß, Botho (*1944):	Schlusschor
Streeruwitz, Marlene (*1950):	Sloane Square
Tabori, George (1914–2007):	Weismann und Rotgesicht
Turrini, Peter (*1944):	Alpenglühen
Walser, Theresia (*1967):	King Kongs Töchter; Morgen in Katar
Widmer, Urs (*1938):	Top Dogs

Abgesehen von postmoderner und Popliteratur fällt es schwer, bei den Neuerscheinungen der letzten Jahrzehnte epochenspezifische Stilrichtungen für Autoren- oder Werkgruppen ausfindig zu machen. Stattdessen soll ansatzweise der Versuch einer Art Systematisierung nach thematischen Bereichen bzw. Stichworten gemacht werden. Die Zuordnung zu jeweiligen Themen oder Motiven stellt einen relevanten oder wichtigen Aspekt heraus, ohne das Buch auf diese einzige Perspektive festzulegen. Es ist ja gerade ein Spezifikum von Literatur, dass sie das Individuelle, Persönliche, Private verknüpft mit den verschiedensten politischen, gesellschaftlichen, kulturellen Tendenzen der Gegenwart und Vergangenheit, was es nahezu unmöglich macht, die Werke auf einen einzigen Aspekt zu reduzieren.

Thematische Schwerpunkte der wiedervereinigten Literatur seit 1989 (Prosa)

Auch im Mittelpunkt der Gegenwartsliteratur stehen immer noch sehr häufig eine oder mehrere Beziehungsgeschichten. Zwischenmenschliche Verhältnisse mit ihren vielfältigsten emotionalen Verwicklungen, Verlangen und Liebe, Glückshoffnung und Zärtlichkeit, aber auch Eifersucht und Verrat, Scheitern und Hass sind ein genuines Hauptmotiv der **Prosa**-Literatur. Ebenso sind die zeitbedingten soziokulturellen Faktoren zu beachten, die die literarische Gestaltung dieses Themas prägen und verändern. Man kann in aktuellen Werken bei diesem Thema zunehmenden Enttabuisierungen und Freizügigkeiten begegnen, aber andererseits auch eine neue Sensibilität und Ästhetisierung entdecken.

Beziehungen/Liebe

Aehnlich, Kathrin (*1957):	Alle sterben, auch die Löffelstöre
Bronnen, Barbara (*1938):	Am Ende ein Anfang
Duve, Karen (*1961):	Dies ist kein Liebeslied
Gruenter, Undine (1952–2002):	Der verschlossene Garten
Hanika, Iris (*1962):	Treffen sich zwei
Kirchhoff, Bodo (*1948):	Parlando
Kolb, Ulrike (*1942):	Eine Liebe zu ihrer Zeit
Kronauer, Brigitte (*1940):	Teufelsbrück
Lange-Müller, Katja (*1951):	Böse Schafe
Lentz, Michael (*1964):	Liebeserklärung
Leupold, Dagmar (*1955):	Grüner Engel, blaues Land
Mosebach, Martin (*1951):	Der Mond und das Mädchen
Peters, Christoph (*1944):	Stadt Land Fluß; Ein Tuch aus Nacht
Ravic-Strubel, Antje (*1974):	Kältere Schichten der Luft
Rothmann, Ralf (*1953):	Feuer brennt nicht
Stadler, Arnold (*1951):	Komm, wir gehen
Stamm, Peter (*1963):	Sieben Jahre
Wellershoff, Dieter (*1925):	Der Liebeswunsch
Widmer, Urs (*1938):	Der Geliebte der Mutter

Eine in letzter Zeit bevorzugte und beim Lesepublikum sehr beliebte Erzählform ist der sogenannte Familienroman. Der Personenkreis konzentriert sich nicht mehr auf den engeren Zirkel einer reinen

Liebes- und Beziehungsgeschichte und deren vornehmlich psychische Problematik, sondern erweitert sich auf relativ viele Familienmitglieder, erstreckt sich meistens auch über mehrere Generationen und bezieht fast automatisch den historischen Hintergrund stärker mit ein.

Familie(n)-Geschichte

Adorjan, Johanna (*1971):	Eie exklusive Liebe
Böhning, Larissa (*1971):	Lichte Stoffe
Düffel, John von (*1966):	Vom Wasser
Erpenbeck, Jenny (*1967):	Heimsuchung
Forte, Dieter (*1935):	Das Haus auf meinen Schultern
Franck, Julia (*1970):	Die Mittagsfrau; Lagerfeuer
Geiger, Arno (*1968):	Es geht uns gut
Grass, Günter (*1927):	Die Box
Harig, Ludwig (*1927):	Kalahari
Jirgl, Reinhard (*1953):	Die Stille
Jungk, Peter Stephan (*1952):	Die Reise über den Hudson
Koneffke, Jan (*1960):	Eine nie vergessene Geschichte
Kulessa, Hanne (*1951):	Der große Schwarze Akt
Lewitscharoff, Sibylle (*1954):	Apostoloff
Lustiger, Gila (*1963):	So sind wir
Menasse, Eva (*1970):	Vienna
Mulot, Sibylle (*1950):	Die Fabrikanten
Rammstedt, Tilman (*1975):	Der Kaiser von China
Roggenkamp, Viola (*1948):	Die Frau im Turm
Schmidt, Kathrin (*1958):	Königs Kinder
Schmitter, Elke (*1961):	Frau Sartoris
Schoch, Julia (*1974):	Mit der Geschwindigkeit des Sommers
Stangl, Thomas (*1966):	Was kommt
Steinaecker, Thomas von (*1977):	Wallner beginnt zu fliegen
Treichel, Hans Ulrich (*1952):	Der Verlorene; Menschenflug
Wackwitz, Stephan (*1962):	Ein unsichtbares Land

Eine eigene Zuordnung und Betrachtung verdienen all jene Prosatexte, deren Hauptfigur (oder Hauptfiguren) jünger ist, sodass die Themen Kindheit, Jugend, Adoleszenz eine wichtige Rolle spielen. Interessant ist hier, in welchem Milieu z.B. die Kinder oder Jugendlichen heranwachsen (Ober-, Mittel-, Unterschicht), welcher Erziehungsstil vorherrscht und aus welcher Perspektive die Probleme des Reifeprozesses dargestellt werden.

Kindheit/Jugend/Adoleszenz

Beyer, Claire (*1947):	Rauken
Erpenbeck, Jenny (*1967):	Die Geschichte vom alten Kind
Forte, Dieter (*1935):	Der Junge mit den blutigen Schuhen
Genazino, Wilhelm (*1943):	Eine Frau, eine Wohnung, ein Roman
Hagena, Katharina (*1967):	Der Geschmack von Apfelkernen
Hahn, Ulla (*1946):	Das verborgene Wort; Aufbruch
Hein, Christoph (*1944):	Von allem Anfang an
Ingendaay, Paul (*1961):	Warum du mich verlassen hast
Lange-Müller, Katja (*1951):	Verfrühte Tierliebe
Lappert, Rolf (*1958):	Nach Hause schwimmen
Morsbach, Petra (*1956):	Der Cembalospieler
Pehnt, Annette (*1967):	Ich muß los
Roggenkamp, Viola (*1948):	Familienleben

Rothmann, Ralf (*1953):	Junges Licht; Stier; Milch und Kohle
Schwerdtfeger, Malin (*1972):	Delphi; Café Saratoga
Walser, Martin (*1927):	Ein springender Brunnen
Zeh, Juli (*1974):	Adler und Engel

Bei der literarischen Darstellung des Alters rücken natürlich ganz andere Aspekte in den Vordergrund: das Nachlassen körperlicher und geistiger Kräfte, Krankheit und Einsamkeit, Fragen der Versorgung und Pflege, Gedanken über das Sterben und den Tod. Der Rückblick auf das gelebte Leben ermöglicht es dem Autor, über Fragen des Schicksalhaften und Zeitbedingten, des Zusammenspiels von individuellen Entscheidungen und kollektiven Gegebenheiten zu reflektieren.

Alter/Krankheit/Sterben/Tod

Dückers, Tanja (*1968):	Der längste Tag des Jahres
Fels, Ludwig (*1946):	Reise zum Mittelpunkt des Herzens
Forte, Dieter (*1933):	Auf der anderen Seite der Welt
Gruber, Sabine (*1963):	Die Zumutung; Über Nacht
Hein, Jakob (*1971):	Vielleicht ist es sogar schön
Köpf, Gerhard (*1948):	Kränze in Pfeffer und Salz
Korschunow, Irina (*1925):	Langsamer Abschied
Lentz, Michael (*1964):	Muttersterben
Pehnt, Annette (*1967):	Das Haus der Schildkröten
Pleschinski, Hans (*1956):	Ludwigshöhe
Schmidt, Kathrin (*1958):	Du stirbst nicht
Wolf, Christa (*1929):	Leibhaftig
Zoderer, Joseph (*1935):	Der Schmerz der Gewöhnung

Als schwieriger kann sich die dichterische Gestaltung eines anderen Themenbereichs erweisen: Beruf, Arbeit, Alltag einschließlich der ökonomischen Verflechtungen. Heikel ist bereits die Tatsache, dass es sich dabei um Fragen handelt, die jedem Leser vertraut sind, weil er sie selbst tagtäglich erlebt. Andererseits sind die wirtschaftlichen und finanziellen Zusammenhänge, die die Erwerbsarbeit und den gewöhnlichen Alltag beeinflussen, kompliziert und nicht gerade von poetischer Natur.
Dennoch gibt es überraschend kurzweilige Bücher zu diesem Themenkomplex, die die Unannehmlichkeiten, die Langeweile oder das passive Scheitern ebenso interessant schildern wie plötzliche Momente hellsichtiger Wahrnehmung oder existenzieller Erfahrung. Man kann die Möglichkeit einer „Poetisierung" der Alltäglichkeit durch Sensibilität der Beobachtung, aber auch durch Humor, Witz, Ironie und Satire erleben.

Alltag/Beruf/Arbeitswelt

Genazino, Wilhelm (*1943):	Abschaffel-Trilogie; Mittelmäßiges Heimweh
Händler, Ernst-Wilhelm (*1953):	Wenn wir sterben
Hein, Jakob (*1971):	Herr Jensen steigt aus
Kirchhoff, Bodo (*1948):	Erinnerungen an meinen Porsche
Kron, Norbert (*1965):	Autopilot
Kurzeck, Peter (*1943):	Ein Sommer, der bleibt
Oswald, Georg M. (*1963):	Alles was zählt
Pehnt, Annette (*1967):	Mobbing
Regener, Sven (*1961):	Herr Lehmann
Suter, Martin (*1948):	Small World; Die dunkle Seite des Mondes

Familien- oder Generationenromane werden zu Gesellschafts- oder Zeitromanen, wenn die Einzelschicksale so verknüpft und verallgemeinert dargestellt werden, dass ein repräsentatives gesamtgesellschaftliches Epochenbild entsteht – sei es gegenwartsbezogen und zeitübergreifend, national oder international. Hier werden dann die politischen, gesellschaftlichen und historischen Tendenzen, Entwicklungen, Einschnitte, Veränderungen usw. erkennbar, wodurch der Leser ein gegenüber Sachbüchern anschaulicheres und lebendigeres Bild anhand individueller Lebensläufe erhält.

Gesellschaft/Zeitgeschichte

Duve, Karen (*1961):	Taxi
Forte, Dieter (*1937):	Auf der anderen Seite der Welt
Hacker, Katharina (*1967):	Habenichtse
Hettche, Thomas (*1964):	Woraus wir gemacht sind
Kleeberg, Michael (*1959):	Karlmann
Köhlmeier, Michael (*1949):	Abendland
Kuckart, Judith (*1959):	Kaiserstraße
Modick, Klaus (*1951):	Die Schatten der Ideen
Niemann, Norbert (*1961):	Wie man's nimmt; Schule der Gewalt
Osang, Alexander (*1962):	Die Nachrichten
Oswald, Georg M. (*1963):	Vom Geist der Gesetze
Stahl, Enno (*1962):	Diese Seelen
Thome, Stephan (*1972):	Grenzgang
Treichel, Hans-Ulrich (*1952):	Der irdische Amor

Eine nicht beendete und damit bleibende Aufgabe deutschsprachiger Schriftsteller ist die Beschäftigung mit Schicksalen aus der Zeit des Nationalsozialismus und des Holocaust. Es gab in den vergangenen Jahrzehnten neben der Wachhaltung der Erinnerung bzw. des Gedenkens viele außer- und halbliterarische Anstöße zum literarischen Nachdenken. Genannt seien nur: das umstrittene Buch des amerikanischen Historikers Daniel Goldhagen; Martin Walsers heftig diskutierte Rede zum Friedenspreis des deutschen Buchhandels; Günter Grass mit seinem späten „SS-Geständnis"; eine von W. G. Sebald angestoßene Debatte über die Luftangriffe auf deutsche Städte und deren Opfer; schließlich der „skandalöse" Roman über den Holocaust von Jonathan Littell.

Auseinandersetzung mit Holocaust/Faschismus/Krieg

Beyer, Marcel (*1965):	Flughunde
Delius, Friedrich Christian (*1943):	Bildnis der Mutter als junge Frau
Forte, Dieter (*1935):	In der Erinnerung
Grass, Günter (*1927):	Im Krebsgang
Gstrein, Norbert (*1961):	Die englischen Jahre
Hackl, Erich (*1954):	Abschied von Sidonie; Die Hochzeit von Auschwitz; Anprobieren eines Vaters
Kempowski, Walter (1929–2007):	Alles umsonst
Krechel, Ursula (*1947):	Shanghai fern wo
Missfeldt, Jochen (*1941):	Die Steilküste
Schlink, Bernhard (*1944):	Der Vorleser
Sebald, W.G. (1944–2001):	Austerlitz
Vennemann, Kevin (*1977):	Nahe Jedenew

Neben dem Blick zurück in die schlimmsten Jahre der deutschen Geschichte suchen sich dichterische Werke der Gegenwart auch immer wieder Themen und Figuren aus noch weiter zurückliegenden Epochen, oder sie verlegen die Handlung in weiter entfernte Weltgegenden – sowohl gegenwarts- als auch vergangenheitsbezogen. Wenn es sich dabei um ernsthafte literarische Werke handelt, sollte man dies nicht als Fluchtversuche vor der eigenen Gegenwart bzw. Umwelt verstehen, sondern eher als eine Spurensuche, die bedeutungsvolle Zeichen bzw. Vorzeichen aufspüren kann, die vergessen, verdeckt oder verdrängt waren. Der Leser sollte sich deshalb bei der Lektüre immer darum bemühen, einen Bezug zum Jetzt und Hier herzustellen.

Ferne Welten/Reisen

Hoppe, Felicitas (*1960):	Pigafetta
Mosebach, Martin (*1951):	Das Beben
Ransmayr, Christoph (*1954):	Der fliegende Berg
Schädlich, Hans-Joachim (*1935):	Vorbei
Schrott, Raoul (*1964):	Finis terrae
Stangl, Thomas (*1966):	Der einzige Ort
Trojanow, Ilija (*1965):	Der Weltensammler

Historische Figuren

Beyer, Marcel (*1965):	Kaltenburg
Capus, Alex (*1961):	Eine Frage der Zeit
Fuchs, Gerd (*1932):	Die Auswanderer
Hacker, Katharina (*1967):	Der Bademeister
Härtling, Peter (*1933):	Schumanns Schatten
Hettche, Thomas (*1964):	Der Fall Arbogast
Hoppe, Felicitas (*1960):	Johanna
Jung, Jochen (*1942):	Venezuela
Kappacher, Walter (*1938):	Der Fliegenpalast
Kehlmann, Daniel (*1975):	Die Vermessung der Welt
Kleeberg, Michael (*1959):	Der König von Korsika
Lenz, Michael (*1964):	Pazifik
Löhr, Robert (*1973):	Der Schachautomat; Das Erlkönig-Manöver
Mosebach, Martin (*1951):	Der Nebelfürst
Ortheil, Hanns-Josef (*1951):	Die Nacht des Don Juan
Reinshagen, Gerlind (*1926):	Die Frau und die Stadt
Schlesinger, Klaus (*1937):	Die Sache mit Randau
Schriber, Margit (*1939):	Die falsche Herrin
Schroeder, Bernd (*1944):	Hai
Vertlib, Vladimir (*1966):	Das besondere Gedächtnis der Rosa Masur
Walser, Martin (*1927):	Ein liebender Mann

Im Jahr 2008 fand im deutschsprachigen Feuilleton eine Diskussion unter Kritikern und Autoren über den **politischen Gegenwartsroman** statt. Zur Debatte stand die literarische Verarbeitung/Umsetzung brandaktueller politischer Vorfälle, Themenkomplexe oder weiterer Zusammenhänge. Da fragte z. B. ein Kritiker, wo der Autor bleibe, der über die Bundeswehr in Afghanistan schreibe. Seine Hoffnung richte sich dabei vor allem auf Journalisten, die ja immer häufiger auch Romane schrieben. Die Gegenstimmen argumentierten, dass auch bei heutigen politischen Romanen letztlich die Ästhetik entscheidend sei, also die formalen, stilistischen, sprachlichen Elemente – und nicht allein bzw. vornehmlich die Tagesaktualität. Schon Peter Handke sprach vom äußerst schwierigen Verhältnis zwischen „Poesie und Politik". In abgewandelter Form dürfte das auch für Bereiche wie Naturwissenschaft, Forschung, Technik, Medizin usw. gelten, die ebenfalls in der Literatur keine angemessene Rolle spielen, obwohl sie wiederholt als literarisch relevante Themen eingefordert werden.

Politischer Roman

Bärfuss, Lukas (*1971):	100 Tage
Fels, Ludwig (*1946):	Krums Versuchung
Gstrein, Norbert (*1961):	Die Winter im Süden; Das Handwerk des Tötens
Hackl, Erich (*1954):	Als ob ein Engel
Hein, Christoph (*1944):	In seiner frühen Kindheit ein Garten
Kehlmann, Daniel (*1975):	Mahlers Zeit

Kracht, Christian (*1966):	Ich werde hier sein im Sonnenschein und im Schatten
Kumpfmüller, Michael (*1961):	Nachricht an alle
Kurbjuweit, Dirk (*1962):	Nicht die ganze Wahrheit
Peltzer, Ulrich (*1956):	Teil der Lösung
Peters, Christoph (*1966):	Ein Zimmer im Haus des Krieges
Schlink, Bernhard (*1944):	Das Wochenende
Sherko, Fatah (*1964):	Das dunkle Schiff
Woelk, Ulrich (*1960):	Die letzte Vorstellung
Zeh, Juli (*1974):	Adler und Engel

Ebenfalls im Jahr 2008 wurden vermehrt kritische Stimmen laut, die beklagten, dass alljährlich zu viele Neuerscheinungen auf den Buchmarkt drängen, sodass dieser immer unübersichtlicher werde. Neben diesem quantitativen Einwand steht der die Qualität betreffende Vorwurf, dass viele literarische Produktionen einem gewissen Mainstream folgen und sprachlich-stilistisch einen gefälligen **Neorealismus** pflegen. Bei dieser Geläufigkeit des Erzählens, die sowohl das äußere Geschehen als auch die inneren psychischen Leiden gewissermaßen so abbildet, wie sie sind oder zu sein scheinen, komme eine Forderung bzw. ein Hauptkennzeichen moderner Literatur zu kurz, nämlich die Haltung des Zweifels an der Zuverlässigkeit der Wahrnehmung und des Bewusstseins, der Angemessenheit und Ausdruckskraft einer herkömmlichen, alltagsnahen Sprachform, die nicht zu innovativen literarischen Sprachkünsten findet. Dahinter steckt natürlich auch die Sorge, dass die anspruchsvollere Literatur überhaupt immer mehr der Vielfalt Neuer Medien unterliegen könne – trotz der Bücherflut, die kaum abnehmen wird.

4 Literatur Österreichs und der Schweiz nach 1945

Die seit 1918 auf die deutschsprachigen Länder verkleinerte Republik **Österreich** wurde 1938 – nach einer faschistischen Phase österreichischer Prägung unter Dollfuß und von Schuschnigg (Austrofaschismus) – unter großer Begeisterung weiter Kreise der Bevölkerung an das Deutsche Reich „angeschlossen". So teilte dieser Staat nach 1945 das politische Schicksal Deutschlands: Kapitulation, Befreiung und Besatzung. Der Staatsvertrag von 1955 gab Österreich die Souveränität zurück; bis 1970 regierte eine Große Koalition aus Österreichischer Volkspartei (ÖVP) und Sozialdemokratischer Partei Österreichs (SPÖ). Das Proporzdenken (Verteilung von Ämtern und Posten nach Parteizugehörigkeit) und das Fehlen einer wirksamen parlamentarischen Opposition verhinderten vielfach eine offene Austragung politischer und gesellschaftlicher Konflikte.

Arno Geiger (oben links), Raoul Schrott (oben rechts), Marlene Streeruwitz (unten links), Robert Menasse (unten rechts)

Diese Konstellation bildete bis weit in die 60er-Jahre hinein den Hintergrund für eine Literatur, die noch weitgehend der Tradition verhaftet blieb und die Vergangenheit – mit wenigen Ausnahmen – nicht aufarbeitete. Erst jetzt fanden große Werke namhafter Vorkriegsautoren wie Robert Musils „Der Mann ohne Eigenschaften" oder Hermann Brochs „Der Tod des Vergil" ihr Publikum. Von den vertriebenen Schriftstellern kehrten nur wenige zurück (Friedrich Torberg), manche hielten sich überwiegend im Ausland auf (Elias Canetti, Erich Fried), die

meisten blieben Österreich für immer fern (Arnolt Bronnen, Ferdinand Bruckner, Fritz Hochwälder, Alfred Polgar, Manès Sperber).
In den frühen Nachkriegsjahren ragten unter den neuen Autoren vor allem **Ilse Aichinger** und **Ingeborg Bachmann** heraus. Aichingers Roman „Die größere Hoffnung", dessen Thema das Schicksal eines jüdischen Mädchens in der Hitler-Zeit ist, und Bachmanns Lyrik stießen jedoch vor allem in der Bundesrepublik auf große Resonanz, wo sie den damals angesehensten Literatur-Preis, den der Gruppe 47, zugesprochen bekamen. Überhaupt ist es bis heute ein wesentliches Merkmal der österreichischen Literatur, dass sie hauptsächlich in Deutschland verlegt und gelesen wird.
Die **Wiener Gruppe** (Hans Carl Artmann, Konrad Bayer, Gerhard Rühm, Oswald Wiener) schockierte seit den 50er-Jahren das Publikum mit ihrem Hang zum unpolitischen Anarchismus, den verschiedensten Formen ästhetischer Experimente und theatralischer Aktionen. Mit ihren Texten, manchmal im stilisierten Dialekt, trugen sie zur Entwicklung eines neuen, kritischen Sprachbewusstseins bei. **Ernst Jandl** brach mit seiner oft witzigen **konkreten Poesie** herkömmliche Lesegewohnheiten auf; **Helmut Qualtinger** stellte mit seinen bissigen Monologen den opportunistischen Kleinbürger bloß („Herr Karl", 1962).
In den 70er-Jahren steigerte **Thomas Bernhard** in seiner Prosa und seinen Dramen diese Kritik zu einer hasserfüllten Abrechnung mit seiner österreichischen Heimat, was bis zu seinem Tod wiederholt zu öffentlichen Skandalen führte. Wie Bernhard begann auch **Peter Handke** mit sprachexperimenteller Literatur, kam später aber in seinen Werken über den dichterischen Ausdruck sensibler Wahrnehmungen immer stärker zu einer ästhetischen und philosophischen Betrachtungsweise.
Während die in der Bundesrepublik in den 60er-Jahren dominierende Politisierung der Literatur in Österreich nicht stattfand, d. h. auf direktes politisches Engagement bzw. auf direkte Wirkung verzichtet wurde, gibt es neben Beispielen sozialkritischer Texte dort schon früh Vertreter einer ausgeprägt **subjektivistischen Literatur** mit **autobiografischen Zügen**, deren Thema das vereinzelte Ich in einer feindlichen, oft ländlich-provinziellen Umwelt ist.
Neben dem – nach Wien – zweiten Autorenzentrum **Salzburg** (Alois Brandstetter, Franz Innerhofer, Peter Rosei) stehen seit mehreren Jahrzehnten vor allem zwei Namen für den Beitrag Österreichs zur deutschsprachigen Literatur: die Grazer Gruppe **Forum Stadtpark** als Sammelbewegung oppositioneller Schriftsteller (u. a. Wolfgang Bauer, Barbara Frischmuth, Peter Handke, Gerhard Roth, Peter Turrini), die sich Traditionellem verweigern, und der **Klagenfurter Literaturwettbewerb** mit dem **Ingeborg-Bachmann-Preis**, der inzwischen zu einem Medienereignis geworden ist.

Im ersten Jahrzehnt des neuen Jahrtausends mehren sich Stimmen, die sich darin einig sind, dass gerade in der österreichischen Literaturlandschaft die aufregendsten, eigensinnigsten und vielfältigsten deutschsprachigen Texte erscheinen. 2004 erhält **Elfriede Jelinek** den Nobelpreis und 2005 **Arno Geiger** den Deutschen Buchpreis; **Daniel Glattauer** landet einen Überraschungserfolg mit seiner originell-witzigen E-Mail-Geschichte „Gut gegen Nordwind". Der Büchner-Preisträger 2008, **Josef Winkler**, kommt ebenso aus Österreich wie **Michael Köhlmeier**, der mit seinem großen Epochenroman „Abendland" Erfolge verzeichnet.

Dichter (Auswahl)

Aichinger, Ilse (*1921)
Artmann Hans Carl (1921–2000)
Bachmann, Ingeborg (1926–1973)
Bernhard, Thomas (1931–1989)
Canetti, Elias (1905–1994)
Doderer, Heimito von (1896–1966)
Fried, Erich (1921–1988)
Frischmuth, Barbara (*1941)
Glattauer, Daniel (*1960)
Glavinic, Thomas (*1972)
Gruber, Sabine (*1963)
Gstrein, Norbert (*1961)
Haas, Wolf (*1960)
Hackl, Erich (*1954
Handke, Peter (*1942)
Haslinger, Josef (*1955)
Haushofer, Marlen (1920–1970)
Henisch, Peter (*1943)
Innerhofer, Franz (1944–2002)
Jandl, Ernst (1925–2000)
Jelinek, Elfriede (*1946)
Kappacher, Walter (*1938)
Köhlmeier, Michael (*1949)
Mayröcker, Friederike (*1924)

Mitterer, Felix (*1948)
Ransmayr, Christoph (*1954)
Rosei, Peter (*1946)
Roth, Gerhard (*1942)
Sperber, Manès (1905–1984)
Stangl, Thomas (*1966)
Torberg, Friedrich (1908–1979)
Turrini, Peter (*1944)
Winkler, Josef (*1953)
Zoderer, Joseph (Südtirol *1935)

Die **Schweiz** blieb als einziges Land Mitteleuropas vom Zweiten Weltkrieg verschont und wurde deshalb zu einem wichtigen Fluchtland für Emigranten. Damit fehlt der literarischen Entwicklung die Zäsur durch das Jahr 1945, wie sie Deutschland und Österreich erlebt hatten. Traditionelle Werte wie Ruhe, Ordnung und Fleiß blieben weiterhin bestimmend für eine konservative Grundstimmung, die von manchen Kritikern nicht mehr als Zeichen der Stabilität, sondern als Stagnation empfunden wurde. **Friedrich Dürrenmatt** und **Max Frisch** führten mit ihren ab 1950 erscheinenden Werken die Literatur der Schweiz aus einer gewissen Provinzialität heraus und erlangten Weltruhm. In ihren Dramen und ihrer Prosa kritisierten sie direkt oder in Parabelform Verhältnisse der Gegenwart und jüngeren Vergangenheit – auch in der Schweiz. Während Dürrenmatt eher abstrakt auf Schwächen eines kapitalistischen und/oder technokratischen Systems abzielt, steht bei Frisch die **individuelle Identitätsproblematik** im Vordergrund.
Die Besonderheit der deutschsprachigen Schweizer Literatur, dass geschriebene Sprache (Schriftdeutsch) und gesprochene Sprache (Schwyzerdütsch) weiter auseinanderklaffen als sonst Schriftsprache und Dialekt, scheint bei Dürrenmatt und Frisch keine so große Rolle zu spielen wie bei anderen Autoren dieser Generation. Bei ihnen wird dieses Sprachproblem nämlich inhaltlich thematisiert oder führt formal zu Sprachexperimenten.
Etwa gleichzeitig mit der Politisierung der Literatur in der Bundesrepublik der 60er-Jahre spitzte sich auch in der Schweiz die literarische Auseinandersetzung mit politischen und sozialen Verhältnissen zu, später auch mit ökologischen Fragen. Im Zusammenhang damit wird jetzt die Rolle der Schweiz während der nationalsozialistischen Diktatur in Deutschland kritischer durchleuchtet.
Ins Blickfeld der Gegenwartskritik geraten das Problem des Fremden, der gesellschaftspolitischen Utopien und der mitunter dokumentarisch belegten Arbeitswelt. Die Zugehörigkeit der deutschsprachigen Literaturszene der Schweiz zum bundesrepublikanischen Büchermarkt zeigt sich auch darin, dass nach dieser Politisierung zum einen ein Trend zum Regionalismus feststellbar ist, zum anderen das literarische Pendel wieder zu einer Subjektivierung und Privatisierung ausschlägt. Themen dieser Texte sind Krankheit und Tod, Fremdheit und Verweigerung.
In den 70er- und 80er-Jahren schwankten viele Prosatexte zwischen Resignation und Widerstand. Jugendrevolte (Zürich 1981) und Katastrophenängste (Tschernobyl 1986) fanden Eingang auch in die Schweizer Literatur, die sich wie in Deutschland und Österreich längst politisiert hat. In den 70er-Jahren polarisieren neue Fragen die literarische und außerliterarische Gesellschaft: Beitritt zum Europäischen Wirtschaftsraum, Konten jüdischer Flüchtlinge vor und während des Zweiten Weltkriegs, das Verhalten der Schweiz während der NS-Zeit. Mehrere Autoren thematisieren die Erinnerung, **Adolf Muschg**, z. B. in „Wenn Auschwitz in der Schweiz liegt" (1997). Die Zeit vor und nach 2000 ist auch die Zeit sehr erfolgreicher Romane (z. B. **Lewinsky, Charles** (*1947): „Melnitz").

Dichter (Auswahl)

Bärfuss, Lukas (*1971)
Bichsel, Peter (*1935)
Blatter, Silvio (*1946)
Burger, Hermann (1942–1989)
Capus, Alex (*1961)
Dürrenmatt, Friedrich (1931–1990)
Frisch, Max (1911–1991)
Haller, Christian (*1943)
Hürlimann, Thomas (*1950)
Kracht, Christian (*1966)
Lappert, Rolf (*1958)
Loetscher, Hugo (1929–2009)
Marti, Kurt (*1921)
Meier, Gerhard (1917–2008)
Mercier, Pascal (*1944)
Muschg, Adolf (*1934)
Späth, Gerold (*1939)
Stamm, Peter (*1963)
Suter, Martin (*1948)
Walter, Otto F. (1928–1994)
Werner, Markus (*1944)
Widmer, Urs (*1938)

Kapitel 8: Prosa – Aspekte zur Gattungsgeschichte

I Kürzere Erzählformen

1 Märchen – Sage – Legende

Das mittelhochdeutsche Wort *maere* bedeutete ursprünglich „Kunde", „Nachricht", „Bericht". In dieser Verwendung findet es sich zum Beispiel im ersten Vers des Nibelungenliedes. Im Spätmittelalter erscheint der Name *merechyn* für kleinere Erzählungen in Versform, die vorwiegend fiktive Stoffe behandeln. Die Verkleinerungsform Märlein wird ab dem 18. Jahrhundert durch den Ausdruck „Märchen" ersetzt, der bis heute gilt. Die **Brüder Grimm** gaben 1812 die berühmteste deutsche Märchensammlung heraus, in die sie all das aufnahmen, was vom Volk erzählt wurde. Nicht nur Jacob und Wilhelm Grimm zeigten für diese Art der Volkspoesie besonderes Interesse, sondern die Dichter der **Romantik** insgesamt hegten eine starke Vorliebe für die Gattung Märchen. Sie schrieben allerdings selbst Kunstmärchen und keine **Volksmärchen**.

Letztere sind anonym entstandene und über einen langen Zeitraum mündlich überlieferte Geschichten; bei **Kunstmärchen** sind die Autoren bekannt, ihr Stil ist anspruchsvoller und trägt Züge des Epochenstils ihrer Entstehungszeit. Die ersten Kunstmärchen entstanden in der Romantik, heutige Märchenautoren nähern sich der sogenannten Fantasy-Literatur an (vgl. z. B. Michael Ende, Wolfgang Hohlbein oder John Ronald Reuel Tolkien).

Märchen sind Erzählungen, die an keine historische Zeit und an keinen realen Ort gebunden sind und mit der Wirklichkeit frei umgehen. Weil viele gleiche Märchenmotive in den unterschiedlichsten Kulturkreisen nachgewiesen wurden, sieht die Tiefenpsychologie darin – ähnlich wie in den Mythen – den Ausdruck allgemein menschlicher psychischer Strukturen. Hinter zauberischen Handlungen können sich seelische Ängste, Verdrängungen und Aggressionen ebenso verbergen wie die Erfahrung wesentlicher Sozialisations- und Reifephasen des Menschen.

Außer von menschlichen Personen werden Märchen von überirdischen Figuren bevölkert (z. B. Zwerge, Feen); eine große Rolle spielen fantastische Elemente (z. B. Verwandlungen, Verzauberungen). Die Handlung entwickelt sich oft aus Gegensätzen (reich – arm, klug – dumm) oder aus dem Konflikt zwischen Gut und Böse und entsprechender Belohnung und Bestrafung. Dabei verbergen sich in Märchen oft drastische Grausamkeiten, die die gewohnte Vorstellung von Kindergeschichten durchbrechen.

Der Stil ist – beim Volksmärchen mehr als beim Kunstmärchen – knapp und raffend; Bauelemente wie Wiederholung und wörtliche Rede sind ebenso bedeutsam wie besondere Zahlen (z. B. 3, 7) und Symbole (Spiegel, Brunnen, Vögel etc.).

Sagen sind im Vergleich zum Märchen stärker wirklichkeitsgebunden, was sich häufig in einer Anknüpfung an mythisch-historische Ereignisse und Persönlichkeiten, reale Orte oder volkskundliche Überlieferungen zeigt. Sagen bilden den Grundstock antiker und mittelalterlicher Epen, die in populären Prosafassungen seit der Romantik weite Verbreitung fanden (z. B. Gustav Schwab, „Sagen des klassischen Altertums").

Legenden sind Geschichten mit religiös erbaulichen Inhalten, die sich meist mit dem Leben und Sterben von Heiligen und Märtyrern beschäftigen. Wichtig dabei ist der exemplarische und belehrende Charakter des vorbildhaften und gottgefälligen Tuns.

Aus der Sammlung „Kinder- und Hausmärchen" der Brüder Grimm stammt das Märchen „Die Sterntaler", das **Georg Büchner** als Teil seines Dramas „Woyzeck" zu einem Antimärchen umschrieb. Von diesem Märchen gibt es auch eine Travestie, d. h., der Inhalt wird beibehalten, Form bzw. Sprache werden jedoch parodistisch verändert.

Die Sterntaler (1812) | Brüder Grimm

Es war einmal ein kleines Mädchen, dem war Vater und Mutter gestorben, und es war so arm, daß es kein Kämmerchen mehr hatte, darin zu wohnen, und kein Bettchen mehr, darin zu schlafen, und endlich gar nichts mehr als die Kleider auf dem Leib und ein Stückchen Brot in der Hand, das ihm ein mitleidiges Herz geschenkt hatte. Es war aber gut und fromm. Und weil es von aller Welt verlassen war, ging es im Vertrauen auf den lieben Gott hinaus ins Feld. Da begegnete ihm ein armer Mann, der sprach: „Ach, gib mir etwas zu essen, ich bin so hungrig." Es reichte ihm das ganze Stückchen Brot und sagte: „Gott segne dir's", und ging weiter. Da kam ein Kind und jammerte und sprach: „Es friert mich so an meinem Kopfe, schenk mir etwas, womit ich ihn bedecken kann." Da tat es seine Mütze ab und gab sie ihm. Und als es noch eine Weile gegangen war, kam wieder ein Kind und hatte kein Leibchen an und fror. Da gab es ihm seins; und noch weiter, da bat eins um ein Röcklein, das gab es auch von sich hin. Endlich ein Hemdlein, und das fromme Mädchen dachte: „Es ist dunkle Nacht, da sieht dich niemand, du kannst wohl dein Hemd weggeben", und zog das Hemd ab und gab es auch noch hin. Und wie es so stand und gar nichts mehr hatte, fielen auf einmal die Sterne vom Himmel und waren lauter harte blanke Taler – und ob es gleich sein Hemdlein weggegeben, so hatte es ein neues an, und das war vom allerfeinsten Linnen. Da sammelte es sich die Taler hinein und war reich für sein Lebtag.

Brüder Grimm, Sterntaler, in: Kinder- und Hausmärchen, gesammelt durch die Brüder Grimm, Winkler Verlag, München 1949, S. 666 ff.

Woyzeck (1836) | Georg Büchner

Es war einmal ein arm Kind und hatt kein Vater und keine Mutter, war alles tot, und war niemand mehr auf der Welt. Alles tot, und es is hingangen und hat gesucht Tag und Nacht. Und weil auf der Erde niemand mehr war, wollt's in Himmel gehn, und der Mond guckt es so freundlich an; und wie es endlich zum Mond kam, war's ein Stück faul Holz. Und da is es zur Sonn gangen, und wie es zur Sonn kam, war's ein verwelkt Sonneblum. Und wie's zu den Sternen kam, waren's kleine goldne Mücken, die waren angesteckt, wie der Neuntöter sie auf die Schlehen steckt. Und wie's wieder auf die Erde wollt, war die Erde ein umgestürzter Hafen. Und es war ganz allein. Und da hat sich's hingesetzt und geweint, und da sitzt es noch und is ganz allein.

Büchner, Georg, Woyzeck, in: Büchner, Georg, Woyzeck, Leonce und Lena, Reclam Verlag, Stuttgart 1980, S. 24

Sterntaler (1984) | Uta Claus, Rolf Kutschera

Die Goldi war wohl'n abgewracktes Heimkind oder so, die Alten jedenfalls waren vom Schlitten gerutscht oder hatten sich sonstwie abgemeldet. Na ja, der Bunker war auf alle Fälle für die Goldi gelaufen und se mußte sehen, daß se ihren Krempel selber managte.

Bis auf ihre Klamotten hatte se Null, und die Knete reichte gerade noch fürn doppelten Cheeseburger. Und wie se da so langschnürt und sich eben den Cheesy reinschmeißen will, macht se son Alter an, er hätte unheimlich Kohldampf und will was zu beißen.

Da gibt doch die beknackte Kuh dem Typ tatsächlich den ganzen Cheesy rüber, statt selber die Mampfe zu machen. Also, wenn se eins im Heim hätte schnallen können, dann ja wohl, daß se auf die Tour nie an nen Goldzahn kommt.

Aber der dickste Hammer kommt erst noch.

Kommt doch da sone Mutter angelatscht und nölt rum, sie hätte so eisige Käsequanten und ob sie nich Goldis Moon-Boots abstauben könnte.
Und das Weib ist doch tatsächlich so beknackt und rückt die auch noch raus. Also St. Martin war da Null dagegen. Und dann gibt die doch kurz darauf soner Braut auch noch ihre Jeans und nem Kumpel im Wald ihr T-Shirt.
Na ja, vielleicht war se ja auch auf'm Human-Trip oder so, jedenfalls kam da schon wieder son Macker angeschlurft, der jammert rum, daß ihm der Arsch abfriert und daß er unheimlich scharf auf Goldis Parka wär.
Und die, gehirnamputiert wie nix, schält sich aus dem Kaftan und der Typ dampft damit ab.
Und wie se so mit Null am Body dasteht, kommt auf einmal irre viel Zaster von oben runtergerauscht, und nen mordsmäßigen Fummel hat se auch plötzlich an. Also, mich können die nich verarschen. Entweder die Goldi hatte unheimlich einen geschmissen und war auf'm Wahnsinnstrip oder das Ganze ist mal wieder ne Story aus der Bildzeitung.

Claus, Uta; Kutschera, Rolf, Total tote Hose. 12 bockstarke Märchen, Eichborn Verlag, Frankfurt 1984, S. 80 f.

1. Zeigen Sie Grundzüge der Gattung Märchen am Beispiel der Grimm'schen Märchenfassung. Ergänzen Sie diese Merkmalliste mit konkreten Beispielen aus anderen Ihnen bekannten Märchen.
2. Warum kann man Büchners Fassung ein Antimärchen nennen?
3. Versuchen Sie sich an einer Travestie zu einem Märchen Ihrer Wahl oder verfassen Sie eine Märchenparodie auf den Schulalltag. „Parodie" bedeutet, dass Form bzw. Sprache des Märchens beibehalten werden und der Inhalt neu erfunden werden muss.
4. Sammeln Sie Titel lokaler Sagen Ihres Heimatortes und die Namen von Heiligen, um die sich besonders viele Legenden ranken.

2 Anekdote und Kalendergeschichte

Anekdoten sind sehr kurze Prosatexte über tatsächliche oder mögliche historische Personen bzw. Ereignisse, die mit einer Pointe enden. Auch wenn das Geschehen im Einzelfall nicht authentisch belegt ist, charakterisiert es eine bestimmte Zeit und erhält dadurch eine gewisse Repräsentation. Die Wirkungsabsicht von Anekdoten zielt auf Kritik, Belehrung, gesellige bis humoristische Unterhaltung. Die pointierte Zuspitzung rückt sie in die Nähe des Aphorismus (geistreiche Äußerung in einem Satz). Mit der Novelle teilt die Anekdote das im Mittelpunkt stehende besondere Vorkommnis, aber nicht deren kunstvolle Form.

Ihren Ursprung haben Anekdoten in der Geschichtsschreibung; das griechische Wort deutet darauf hin, dass die Geschichte ursprünglich mündlich überliefert wurde. In der deutschen Literaturgeschichte sind vor allem **Heinrich von Kleist, Johann Peter Hebel** und **Bertolt Brecht** als Verfasser von Anekdoten hervorgetreten.

Bach-Anekdote (1810) | Heinrich von Kleist

Bach, als seine Frau starb, sollte zum Begräbnis Anstalten machen. Der arme Mann war aber gewohnt, alles durch seine Frau besorgen zu lassen; dergestalt, daß da ein alter Bedienter kam, und ihm für Trauerflor, den er einkaufen wollte, Geld abforderte, er unter stillen Tränen, den Kopf auf einen Tisch gestützt, antwortete: „sagts meiner Frau". –

Kleist, Heinrich, Anekdote, in: Klassische deutsche Dichtung, hrsg. von Fritz Martini und Walter Müller-Seidel, Bd. 5: Romane und Erzählungen, Herder Verlag, Freiburg 1963, S. 264

Balkankrieg (1913) | Bertolt Brecht

Ein alter kranker Mann ging über Land. Da überfielen ihn vier junge Burschen und nahmen ihm seine Habe. – Traurig ging der Alte weiter. Aber an der nächsten Straßenecke sah er zu seinem Erstaunen, wie eben drei von den Räubern den vierten überfielen, um ihm seinen Raub abzunehmen. Dieser fiel bei dem Streiten jedoch auf die Straße. Voller Freude hob es der Alte auf und eilte davon. Jedoch in der nächsten Stadt wurde er angehalten und vor den Richter geführt. Da standen die vier Burschen und klagten ihn, jetzt wieder einig, an. Der Richter aber entschied folgendermaßen: Der alte Mann sollte sein letztes Gut den jungen Burschen zurückgeben. „Denn", so sagte der weise und gerechte Richter, „sonst könnten die vier Kerls dort Unfrieden stiften im Land."

Brecht, Bertolt, Balkankrieg, in: Brecht, Bertolt, Gesammelte Werke in 20 Bänden, Bd. 11, Suhrkamp Verlag, Frankfurt/M. 1967 ff., S. 3

1. Arbeiten Sie an beiden Texten die gattungsspezifischen Merkmale heraus.
2. Worin bestehen die Unterschiede zwischen den Anekdoten Kleists und Brechts?

Die **Kalendergeschichte** stimmt in ihrer Struktur mit der Anekdote weitgehend überein, ist aber in der Regel etwas ausführlicher, erzählerischer und stärker ereignis- als personenbezogen. Ihren Namen erhielt diese Gattung von den Taschenkalendern, in denen sie neben Versen und Sprüchen seit dem 18. Jahrhundert erschienen sind. Neben der Bibel waren diese Kalender oft die einzige Lektüre der einfachen Bevölkerung und dienten zu ihrer Unterhaltung und Belehrung. Die Personen im Mittelpunkt von Kalendergeschichten sind im Gegensatz zur klassischen Anekdote die „kleinen Leute", von denen in der Geschichte selten die Rede ist.

Unverhofftes Wiedersehen (1808/11) | Johann Peter Hebel

In Falun in Schweden küßte vor guten fünfzig Jahren und mehr ein junger Bergmann seine junge hübsche Braut und sagte zu ihr: „Auf Sankt Luciä wird unsere Liebe von des Priesters Hand gesegnet. Dann sind wir Mann und Weib und bauen uns ein eigenes Nestlein." –
„Und Friede und Liebe soll darin wohnen", sagte die schöne Braut mit holdem Lächeln, „denn du bist mein einziges und alles, und ohne dich möchte ich lieber im Grab sein als an einem andern Ort." Als sie aber vor St. Luciä der Pfarrer zum zweitenmal in der Kirche ausgerufen hatte: „So nun jemand Hindernis wüßte anzuzeigen, warum diese Personen nicht möchten ehelich zusammenkommen", da meldete sich der Tod, denn als der Jüngling den andern Morgen in seiner schwarzen Bergmannskleidung an ihrem Haus vorbeiging, der Bergmann hat sein Totenkleid immer an, da klopfte er zwar noch einmal an ihrem Fenster und sagte ihr guten Morgen, aber keinen guten Abend mehr. Er kam nimmer aus dem Bergwerk zurück, und sie säumte vergeblich selbigen Morgen ein schwarzes Halstuch mit rotem Rand für ihn zum Hochzeitstag, sondern als er nimmer kam, legte sie es weg und weinte um ihn und vergaß ihn nie. Unterdessen wurde die Stadt Lissabon in Portugal durch ein Erdbeben zerstört, und der Siebenjährige Krieg ging vorüber, und Kaiser Franz der Erste starb, und der Jesuitenorden wurde aufgehoben und Polen geteilt, und die Kaiserin Maria Theresia starb, und der Struensee wurde hingerichtet, Amerika wurde frei, und die vereinigte französische und spanische Macht konnte Gibraltar nicht erobern. Die Türken schlossen den General Stein in der Veteraner Höhle in Ungarn ein, und der Kaiser Joseph starb auch. Der König Gustav von Schweden eroberte russisch Finnland, und die französische Revolution und der lange Krieg fing an, und der Kaiser Leopold der Zweite ging auch ins Grab. Napoleon eroberte Preußen, und die Engländer bombardierten Kopenhagen, und die Ackerleute säten und schnitten.
Der Müller mahlte, und die Schmiede hämmerten, und die Bergleute gruben nach den Metalladern in ihrer unterirdischen Werkstatt. Als aber die Bergleute in Falun im Jahr 1809 etwas vor oder nach Johannis zwischen zwei Schächten eine Öffnung durchgraben wollten, gute dreihundert Ellen tief unter dem Boden,

gruben sie aus dem Schutt und Vitriolwasser den Leichnam eines Jünglings heraus, der ganz mit Eisenvitriol durchdrungen, sonst aber unverwest und unverändert war; also daß man seine Gesichtszüge und sein Alter noch völlig erkennen konnte, als wenn er erst vor einer Stunde gestorben oder ein wenig eingeschlafen wäre an der Arbeit. Als man ihn aber zutag ausgefördert hatte, Vater und Mutter, Gefreundte und Bekannte waren schon lange tot, kein Mensch wollte den schlafenden Jüngling kennen oder etwas von seinem Unglück wissen, bis die ehemalige Verlobte des Bergmanns kam, der eines Tages auf die Schicht gegangen war und nimmer zurückkehrte. Grau und zusammengeschrumpft kam sie an einer Krücke an den Platz und erkannte ihren Bräutigam; und mehr mit freudigem Entzücken als mit Schmerz sank sie auf die geliebte Leiche nieder, und erst, als sie sich von einer langen heftigen Bewegung des Gemüts erholt hatte, „es ist mein Verlobter", sagte sie endlich, „um den ich fünfzig Jahre lang getrauert hatte und den mich Gott noch einmal sehen läßt vor meinem Ende. Acht Tage vor der Hochzeit ist er unter die Erde gegangen und nimmer heraufgekommen." Da wurden die Gemüter aller Umstehenden von Wehmut und Tränen ergriffen, als sie sahen die ehemalige Braut jetzt in der Gestalt des hingewelkten kraftlosen Alters und den Bräutigam noch in seiner jugendlichen Schöne, und wie in ihrer Brust nach 50 Jahren die Flamme der jugendlichen Liebe noch einmal erwachte: aber er öffnete den Mund nimmer zum Lächeln oder die Augen zum Wiedererkennen; und wie sie ihn endlich von den Bergleuten in ihr Stüblein tragen ließ, als die einzige, die ihm angehöre und ein Recht an ihn habe, bis sein Grab gerüstet sei auf dem Kirchhof. Den anderen Tag, als das Grab gerüstet war auf dem Kirchhof und ihn die Bergleute holten, schloß sie ein Kästlein auf, legte ihm das schwarzseidene Halstuch mit roten Streifen um und begleitete ihn alsdann in ihrem Sonntagsgewand, als wenn es ihr Hochzeitstag und nicht der Tag seiner Beerdigung wäre. Denn als man ihn auf dem Kirchhof ins Grab legte, sagte sie: „Schlafe nun wohl, noch einen Tag oder zehn im kühlen Hochzeitsbett, und laß dir die Zeit nicht lange werden. Ich habe nur noch wenig zu tun und komme bald, und bald wird's wieder Tag. – Was die Erde einmal wiedergegeben hat, wird sie zum zweitenmal auch nicht behalten", sagte sie, als sie fortging und noch einmal umschaute.

Hebel, Johann Peter, Unverhofftes Wiedersehen, in: Klassische deutsche Dichtung, hrsg. von Fritz Martini und Walter Müller-Seidel, Bd. 5: Romane und Erzählungen, Herder Verlag, Freiburg 1963, S. 30 ff.

1. Wie werden in Hebels Kalendergeschichte persönliches Schicksal und Weltgeschichte miteinander verknüpft?
2. Könnten Sie sich eine solche Treue, von der Hebel erzählt, heute noch vorstellen?

Auf der beigefügten CD finden Sie zusätzliches Material zu Johann Peter Hebels Kalendergeschichte.

3 Fabel und Parabel

Die **Fabel** gehört zu den ältesten Gattungen der Weltliteratur. Der Begriff kommt vom lateinischen Wort *fabula* und heißt „Erzählung", „Geschichte"; als Begründer in der Antike gilt der Grieche Aesop um 600 v. Chr. Die Tradition wird in der Neuzeit vor allem durch Martin Luther, den Franzosen Jean de La Fontaine (1621–1695) und Gotthold Ephraim Lessing weitergeführt und reicht bis zu Bertolt Brecht, Wolfdietrich Schnurre (1920–1989) oder Reiner Kunze (*1933).
In der Fabel sind die Handlungsträger Tiere, ganz selten auch Pflanzen, die sich wie Menschen äußern und verhalten. Das Anliegen der kurzen, meist in Prosa gehaltenen Geschichten sind die Veranschaulichung einer moralischen Lehre und die pädagogische Einwirkung auf den Leser. Deshalb ist die Fabel in der Aufklärung eine besonders beliebte Gattung.

Während die älteren Fabeln eher überzeitliche Menschentypen und Verhaltensweisen bloßstellen, kritisieren neuere Fabeln auch gesellschaftliche oder politische Zustände. Dabei sind bestimmte Tiere auf bestimmte Eigenschaften festgelegt und werden zu typisierten Rollenträgern.
Fabeln leben aus dem Dialog, basieren meistens auf einer dramatischen und antithetischen Handlung, die in einer Schlusspointe endet.

Die Pfauen und die Krähe (1759) | Gotthold Ephraim Lessing

Eine stolze Krähe schmückte sich mit den ausgefallenen Federn der farbigen Pfaue, und mischte sich kühn, als sie gnug geschmückt zu seyn glaubte, unter diese glänzenden Vögel der Juno. Sie ward erkannt; und schnell fielen die Pfaue mit scharfen Schnäbeln auf sie, ihr den betriegerischen Putz auszureissen. Lasset nach! schrie sie endlich; ihr habt nun all das eurige wieder, doch die Pfaue, welche einige von den eignen glänzenden Schwingfedern der Krähe bemerkt hatten, versetzten: Schweig, armselige Närrin; auch diese können nicht dein seyn! – und hackten weiter.

Lessing, Gotthold Ephraim, Die Pfauen und die Krähe, in: Fabeln, Parabeln und Gleichnisse. Beispiele didaktischer Literatur, hrsg. von Reinhard Dithmar, Deutscher Taschenbuch Verlag, München 1970, S. 191

Herr Keuner und die Flut (1929) | Bertolt Brecht

Herr Keuner ging durch ein Tal, als er plötzlich bemerkte, daß seine Füße in Wasser gingen. Da erkannte er, daß sein Tal in Wirklichkeit ein Meeresarm war und daß die Zeit der Flut herannahte. Er blieb sofort stehen, um sich nach einem Kahn umzusehen, und solange er auf einen Kahn hoffte, blieb er stehen. Als aber kein Kahn in Sicht kam, gab er diese Hoffnung auf und hoffte, daß das Wasser nicht mehr steigen möchte. Erst als ihm das Wasser bis ans Kinn ging, gab er diese Hoffnung auf und schwamm. Er hatte erkannt, daß er selber ein Kahn war.

Brecht, Bertolt, Herr Keuner und die Flut, in: Fabeln. Arbeitstexte für den Unterricht. Für die Sekundarstufe, hrsg. von Therese Poser, Reclam Verlag, Stuttgart 1975, S. 46

Politik (1957) | Wolfdietrich Schnurre

Eine Gans war über Nacht auf dem Eis festgefroren. Das sah der Fuchs, und er schlich, sich die Schnauze leckend, hinüber. Dicht vor ihr jedoch brach er ein, und es blieb ihm nichts anderes übrig, als sich schwimmend über Wasser zu halten. „Weißt du was", schnaufte er schließlich, „begraben wir unsere Feindschaft, vertragen wir uns." Die Gans zuckte die Schulter. „Kommt darauf an." „Ja, aber worauf denn!" keuchte der Fuchs. „Ob's taut oder friert", sagte die Gans.

Schnurre, Wolfdietrich, Politik, in: Fabeln, Parabeln und Gleichnisse. Beispiele didaktischer Literatur, hrsg. von Reinhard Dithmar, Deutscher Taschenbuch Verlag, München 1970, S. 252 f.

1. Wo sehen Sie heute „Krähen" und „Pfauen", wie sie Lessing in seiner Fabel schildert?
2. Bertolt Brecht hat in seinen „Keuner"-Geschichten ebenfalls Fabeln erzählt, aber abweichend von der üblichen Gattungsnorm mit einer menschlichen Hauptfigur. Formulieren Sie die Lehre in Form einer allgemeinen Handlungsanweisung und suchen Sie historische und aktuelle Beispiele dafür.
3. Warum nennt Schnurre seine Fabel „Politik"?
4. Informieren Sie sich in einem Sachwörterbuch über die zweite Bedeutung des literarischen Fachbegriffs „Fabel".

Der Gattungsbegriff **Parabel** geht zurück auf ein griechisches Wort mit der Bedeutung „nebeneinanderstellen“, „vergleichen“. Parabeln sind **gleichnishafte Erzählungen**, die eine Erkenntnis aus ihrem ursprünglichen Kontext in einen anderen Vorstellungsbereich übertragen, von dem aus der Leser sie „zurückübersetzen“ muss. Diese Übertragung kann der Veranschaulichung ebenso dienen wie der Verrätselung.

Da in der Literatur die parabolische Redeweise sehr oft verwendet wird, findet sich Parabelhaftes z. B. auch in Allegorien, Gleichnissen, Fabeln und sogar im epischen Theater. Gemeinsam ist diesen literarischen Formen, dass man die Bedeutung erst durch die Übertragung des Gesagten **(= Bildebene)** auf etwas Gemeintes **(= Sachebene)** erfährt (Analogieschluss). Gleichnisse sind vor allem aus der Bibel und ihrem religiös-kulturellen Umfeld bekannt; aufgrund der alltäglichen typischen Bilder erschließt sich die eigentliche Aussage relativ einfach oder ist im Gleichnis selbst angefügt. Fabeln sind Tier-Gleichnisse, die auf Menschliches abzielen. In den Allegorien drückt sich das Gleichnishafte in Form einer Person aus, deren Entschlüsselung oft Bildungskenntnisse voraussetzt.

Der Parabelbegriff im engeren Sinn ist kürzeren Prosatexten vorbehalten, in denen in bildhafter Erzählweise ein interessanter Einzelfall dargestellt wird. Mit der Vieldeutigkeit der Bildebene geht die Zurücknahme des lehrhaften Charakters einher. Ausgehend von der Verallgemeinerung des Einzelfalls (Abstraktion) soll der Leser vom Gesagten zum Gemeinten, von der Bildebene zur Sachebene vordringen. In der Übereinstimmung beider Bereiche bzw. Ebenen in einem Punkt findet die Sinnvermutung ihre Bestätigung.

Häufig genannte Parabeln sind biblische Parabeln (u. a. „Der verlorene Sohn“), Lessings Ringparabel aus „Nathan der Weise“, Schillers Parabel vom Tierstaat aus dem Drama „Die Verschwörung des Fiesco zu Genua“ und die modernen Parabeln von Franz Kafka, Bertolt Brecht, Uwe Johnson und Max Frisch.

In **Franz Kafkas** Parabel „Eine kaiserliche Botschaft“ findet sich – wie in vielen anderen seiner Texte – das geheimnisvolle Bild eines Weges, der nicht zum Ziel führt.

Eine kaiserliche Botschaft (1917) | Franz Kafka

Der Kaiser – so heißt es – hat Dir, dem Einzelnen, dem jämmerlichen Untertanen, dem winzig vor der kaiserlichen Sonne in die fernste Ferne geflüchteten Schatten, gerade Dir hat der Kaiser von seinem Sterbebett aus eine Botschaft gesendet. Den Boten hat er beim Bett niederknien lassen und ihm die Botschaft ins Ohr zugeflüstert; so sehr war ihm an ihr gelegen, daß er sich sie noch ins Ohr wiedersagen ließ. Durch Kopfnicken hat er die Richtigkeit des Gesagten bestätigt. Und vor der ganzen Zuschauerschaft seines Todes – alle hindernden Wände werden niedergebrochen und auf den weit und hoch sich schwingenden Freitreppen stehen im Ring die Großen des Reichs – vor allen diesen hat er den Boten abgefertigt. Der Bote hat sich gleich auf den Weg gemacht; ein kräftiger, ein unermüdlicher Mann; einmal diesen, einmal den andern Arm vorstreckend schafft er sich Bahn durch die Menge; findet er Widerstand, zeigt er auf die Brust, wo das Zeichen der Sonne ist; er kommt auch leicht vorwärts, wie kein anderer. Aber die Menge ist so groß; ihre Wohnstätten nehmen kein Ende. Öffnete sich freies Feld, wie würde er fliegen und bald wohl hörtest Du das herrliche Schlagen seiner Fäuste an Deiner Tür. Aber stattdessen, wie nutzlos müht er sich ab; immer noch zwängt er sich durch die Gemächer des innersten Palastes; niemals wird er sie überwinden; und gelänge ihm dies, nichts wäre gewonnen; die Treppen hinab müßte er sich kämpfen: und gelänge ihm dies, nichts wäre gewonnen; die Höfe wären zu durchmessen; und nach den Höfen der zweite umschließende Palast; und wieder Treppen und Höfe; und wieder ein Palast; und so weiter durch Jahrtausende; und stürzte er endlich aus dem äußersten Tor – aber niemals, niemals kann es geschehen – liegt erst die Residenzstadt vor ihm, die Mitte der Welt, hochgeschüttet voll ihres Bodensatzes. Niemand dringt hier durch und gar mit der Botschaft eines Toten. – Du aber sitzt an Deinem Fenster und erträumst sie Dir, wenn der Abend kommt.

Kafka, Franz, Eine kaiserliche Botschaft, in: Kafka, Franz, Sämtliche Erzählungen, Fischer Taschenbuch Verlag, Frankfurt 1972, S. 138 f.

Auf der beigefügten CD finden Sie zusätzlich einen Auszug aus der Parabel „Der andorranische Jude" von Max Frisch mit Arbeitsaufträgen.

1. Wie lassen sich Personen, Örtlichkeiten und Botschaft in Franz Kafkas Parabel „Eine kaiserliche Botschaft" deuten?
2. Untersuchen Sie den unterschiedlichen Tempus- und Modusgebrauch in dieser Parabel sowie die sprachlichen Mittel.

4 Novelle

Der Name „Novelle" deutet auf die romanische Herkunft dieser Gattung hin (it. novella = kleine Neuigkeit); von dem italienischen Renaissance-Dichter Giovanni Boccaccio (1313–1375) stammt auch die erste berühmte Novellensammlung „Il Decamerone".
Die deutschsprachige Novellentradition beginnt mit **Christoph Martin Wieland** (1733–1813) und **Johann Wolfgang von Goethe** (1749–1832), also in der Aufklärung bzw. Klassik. Während Wieland vor allem die Einfachheit der Handlung und den geringen Umfang hervorhebt, betont Goethe neben der unerhörten Begebenheit den guten Ton als Ausdruck menschlicher Gesittung und die Bedeutung des geselligen Erzählens.

Durch das zielgerichtete, straffe Erzählen und die Konzentration auf ein **zentrales Ereignis** oder einen außergewöhnlichen Charakter ist die Nähe zur Anekdote bzw. Kurzgeschichte einerseits und zum Drama andererseits gegeben. Im Unterschied zum Roman beschränkt sich die Novelle auf einen Ausschnitt, der aber brennpunktartig die gesamte Wirklichkeit spiegelt. Analog zu den dramatischen Gattungen besitzt die Novelle eine **geschlossene Form** und einen **kunstvollen Aufbau** mit expositionsähnlicher Einleitung, einem die Handlung steuernden **Konflikt** und dem sogenannten **Wendepunkt** zum Unerwarteten hin. Zum besonderen Kunstcharakter der Novelle gehört auch der hohe Stellenwert von **Ding-Symbolen**, in denen sich die Handlung leitmotivisch bündelt, die vorausdeutenden Charakter haben können und mitunter sogar im Titel genannt werden („Die Judenbuche", „Die schwarze Spinne", „Der Schimmelreiter", „Das Amulett").

Häufig ist bei der Novelle als erzähltechnisches Gestaltungsmittel die **Rahmenhandlung** anzutreffen, die die eigentliche **Binnenhandlung** in eine Erzählsituation einbettet, die sowohl Realitätsnähe und Glaubwürdigkeit bezeugt als auch ein gesellschaftliches und kommunikatives Bezugssystem schafft. Dieser Rahmen gibt auch Gelegenheit für Reflexion, Kommentierung und moralisch-ethischen Appell. Neben der Vielzahl von Einzelnovellen gibt es eine Reihe bedeutender Novellenzyklen, z. B. Goethes „Unterhaltungen deutscher Ausgewanderten", Hoffmanns „Serapionsbrüder", Kellers „Leute von Seldwyla" und „Züricher Novellen" sowie Stifters „Bunte Steine".
Die deutsche Novelle von der Klassik bis heute bietet eine breit gefächerte Themenauswahl: Chaos und Ordnung, Recht und Unrecht, Macht und Geschichte, Mensch und Natur, Künstler und Gesellschaft, Außenseitertum und Bürgerlichkeit, Individuum und Zeitgeist, Gesetzmäßigkeit und Zufall, Wirklichkeit und Traum, Rationalität und Irrationalität.

Heinrich von Kleists Novelle „Der neuere (glücklichere) Werther" ist zwar eine vergleichsweise kurze Novelle, enthält aber einige wichtige Merkmale dieser Gattung, wie z. B. die Benutzung einer – mündlichen – Quelle durch den Autor. Ein häufiges Gestaltungsprinzip Kleists besteht darin, das Wunderbare in die reale Welt eingreifen zu lassen.

Der neuere (glücklichere) Werther (1811) I Heinrich von Kleist

Zu L...e in Frankreich war ein junger Kaufmannsdiener, Charles C..., der die Frau seines Prinzipals, eines reichen aber bejahrten Kaufmanns, namens D..., heimlich liebte. Tugendhaft und rechtschaffen, wie er die Frau kannte, machte er nicht den mindesten Versuch, ihre Gegenliebe zu erhalten, umso weniger, da er durch Bande der Dankbarkeit und Ehrfurcht an seinen Prinzipal geknüpft war. Die Frau, welche mit seinem Zustande, der seiner Gesundheit nachteilig zu werden drohte, Mitleiden hatte, forderte ihren Mann, unter mancherlei Vorwand, auf, ihn aus dem Hause zu entfernen; der Mann schob eine Reise, zu welcher er ihn bestimmt hatte, von Tage zu Tage auf, und erklärte endlich ganz und gar, daß er ihn in seinem Comptoir nicht entbehren könne. Einst machte Herr D..., mit seiner Frau, eine Reise zu einem Freunde aufs Land; er ließ den jungen C... im Hause zurück. Abends, da schon alles schläft, macht sich der junge Mann, von welchen Empfindungen getrieben, weiß ich nicht, auf, um noch einen Spaziergang durch den Garten zu machen. Er kommt bei dem Schlafzimmer der teuern Frau vorbei, er steht still, er legt die Hand an die Klinke, er öffnet das Zimmer: das Herz schwillt ihm bei dem Anblick des Bettes, in welchem sie zu ruhen pflegt, empor, und kurz, er begeht, nach manchen Kämpfen mit sich selbst, die Torheit, weil es doch niemand sieht, und zieht sich aus und legt sich hinein. Nachts, da er schon mehrere Stunden, sanft und ruhig, geschlafen, kommt, aus irgendeinem besonderen Grunde, der, hier anzugeben, gleichgültig ist, das Ehepaar unerwartet nach Hause zurück; und da der alte Herr mit seiner Frau ins Schlafzimmer tritt, finden sie den jungen C..., der sich, von dem Geräusch, das sie verursachen, aufgeschreckt, halb im Bette erhebt. Scham und Verwirrung, bei diesem Anblick, ergreifen ihn; und während das Ehepaar betroffen umkehrt und wieder in das Nebenzimmer, aus dem sie gekommen waren, verschwindet, steht er auf und zieht sich an; er schleicht, seines Lebens müde, in sein Zimmer, schreibt einen kurzen Brief, in welchem er den Vorfall erklärt, an die Frau, und schießt sich mit einem Pistol, das an der Wand hängt, in die Brust. Hier scheint die Geschichte seines Lebens aus; und gleichwohl (sonderbar genug) fängt sie hier erst allererst an. Denn statt ihn, den Jüngling, auf den er gemünzt war, zu töten, zog der Schuß dem alten Herrn, der in dem Nebenzimmer befindlich war, den Schlagfluß zu; Herr D... verschied wenige Stunden darauf, ohne daß die Kunst aller Ärzte, die man herbeigerufen, imstande gewesen wäre, ihn zu retten. Fünf Tage nachher, da Herr D... schon längst begraben war, erwachte der junge C..., dem der Schuß, aber nicht lebensgefährlich, durch die Lunge gegangen war, und wer beschreibt wohl – wie soll ich sagen, seinen Schmerz oder seine Freude? als er erfuhr, was vorgefallen war, und sich in den Armen der lieben Frau befand, um derentwillen er sich den Tod hatte geben wollen! Nach Verlauf eines Jahres heiratete ihn die Frau; und beide lebten noch im Jahre 1801, wo ihre Familie bereits, wie ein Bekannter erzählt, aus 13 Kindern bestand.

Kleist, Heinrich von, Der neuere (glücklichere) Werther, in: Kleist, Heinrich von, Anekdoten. Kleine Schriften. Gesamtausgabe in acht Bänden, Bd. 5, Deutscher Taschenbuch Verlag, München 1964, S. 20 f.

1. Zeigen Sie anhand des Textes von Kleist Merkmale der Novelle.
2. Wie treffen in der Novelle Reales und Wunderbares aufeinander?
3. Wählen Sie aus dem folgenden Novellenverzeichnis Ihr Referatsthema.

Titelauswahl moderner Novellen

Seghers, Anna:	Der gerechte Richter (1957)
Grass, Günter:	Katz und Maus (1961); Im Krebsgang (2002)
Wolf, Christa:	Moskauer Novelle (1961)
Walser, Martin:	Ein fliehendes Pferd (1978); Dorle und Wolf (1987)
Hofmann, Gert:	Die Denunziation (1979); Gespräch über Balzacs Pferd (1981)
Kirchhoff, Bodo:	Ohne Eifer, ohne Zorn (1979); Gegen die Laufrichtung (1993)
Andersch, Alfred:	Der Vater eines Mörders (1980)
Christoph, Hein:	Drachenblut (1983)

Lange, Hartmut:	Die Waldsteinsonate (1984); Das Konzert (1986); Der Therapeut (2007)
Süskind, Patrick:	Die Taube (1987)
Hürlimann, Thomas:	Das Gartenhaus (1989)
Köpf, Gerhard:	Borges gibt es nicht (1991)
Harig, Ludwig:	Die Hortensien der Frau Roselius (1992)
Timm, Uwe:	Die Entdeckung der Currywurst (1993)
Krausser, Helmut:	Schmerznovelle (2001)
Winkler, Josef:	Natura morta (2001)
Lenz, Siegfried:	Schweigeminute (2008)
Poschmann, Marion:	Hundenovelle (2009)

5 Kurzgeschichte und Erzählung

Obwohl Kurzgeschichten bereits in der Zeit nach dem Ersten Weltkrieg geschrieben wurden, gilt die Gattung mit Recht als die wichtigste unter den epischen Kurzformen nach 1945. Das ist zurückzuführen auf den Nachholbedarf der Rezeption ausländischer Autoren nach der Zeit des Nationalsozialismus. Erst jetzt konnten **Ernest Hemingway** (1899–1961) und andere angloamerikanische Schriftsteller in Deutschland zum Vorbild werden. Während im englischen Sprachraum der Begriff **Short Story** jede Art von moderner Kurzprosa bezeichnet, ist die deutsche **Kurzgeschichte** eine eigene Textsorte, obwohl sie Elemente der älteren Formen Novelle, Anekdote und Kalendergeschichte aufgreift.
Im Vergleich zur amerikanischen Short Story, die sich ursprünglich journalistischem Schreiben annähert, die Schnelllebigkeit der Zeit spiegelt und spannend und rasch konsumierbar sein soll, tendiert die deutschsprachige Kurzgeschichte nach 1945 gerade als literarische Äußerung der Nachkriegszeit eher zum Nachdenklichen, Tiefgründigen, Existenziellen.

Die Kurzgeschichte beschränkt sich auf einen Wirklichkeitsausschnitt bzw. eine Momentaufnahme, in der eine Situation, eine Krise oder ein Konflikt auf eine Wendung oder Entscheidung zusteuert. Alltägliche Realität wird in einem konzentrierten Erzählvorgang schlaglichtartig erhellt, der die vielschichtigen Dimensionen nur andeuten will. Unvermittelter Beginn und offener Schluss sind dabei die Regel. Alle modernen Erzähltechniken hinsichtlich der Zeitgestaltung, der Erzählperspektiven und der Redeweisen werden ebenso verwendet wie metaphorische und symbolische Bildhaftigkeit oder Verfremdung. Trotzdem ist die Sprache vorwiegend einfach und knapp, lakonisch und alltäglich. Entscheidendes steht oft zwischen den Zeilen; wegen der Kürze des Textes sind Sprache und Stil der Kurzgeschichte sehr funktional, d. h., jedes Wort wird zum wichtigen Bedeutungsträger für das Verständnis der Aussageabsicht.

Die wahre Geschichte (1995) | Gabriele Scheuermann

Wie ich ihn kennenlernte, weiß ich schon nicht mehr genau. Oder doch. Egal. Ich erinnere mich daran, daß ich ihn albern fand. Affig irgendwie und großkotzig.
Außerdem liegt mir nichts an blonden Männern – wenn sie zu allem Überfluß auch noch blauäugig sind, werde ich Weltmeister im Nichtbeachten.
Ab und zu sang er ein Lied mit – laut!
Ich vergaß ihn schnell.
Klar, daß er Tage später ein Hupkonzert veranstaltete, als er mich auf der Straße sah. Aufreißer, der er ist, bot er mir an, mich mitzunehmen – es läge auf dem Weg oder so. Ich sprach nicht viel. Vor allem nicht über mich. Wie gesagt, er war nicht mein Typ. So ließ ich mich entsprechend bitten, mit ihm essen zu gehen. Stolz bestätigte ich mir meinen Widerwillen.
Er sprach viel. Vor allem über sich. Er lachte oft und laut. Rauchte gierig. Als er mich zum ersten Mal küßte, versuchte ich ihm das alles zu erklären. Er lachte noch lauter. Und küßte weich. Brüchige Prinzipien fühlen sich peinlich an.

Später, als er neben mir schlief, fand ich ihn noch immer zu blond. Nur gut, daß er die blauen Augen zuhatte. Er war wirklich nicht mein Typ. Widerwillig blieb ich. Geliebt habe ich ihn wie keinen vor und keinen nach ihm.

Scheuermann, Gabriele, Die wahre Geschichte, in: Wie war der Himmel blau. Geschichten aus unserer Zeit, Band 4, hrsg. von Karl Hotz und Gerhard C. Krischker, Buchner Verlag, Bamberg 2004, S. 81

1. Arbeiten Sie typische Gattungsmerkmale der Kurzgeschichte heraus.
2. Untersuchen Sie den Sprachcharakter der Kurzgeschichte Scheuermanns.
3. Woran erkennt man die Entstehungszeit der Kurzgeschichte?

Auf der beigefügten CD finden Sie zusätzlich die Kurzgeschichte „Das Begräbnis" von Wolfdietrich Schnurre mit Arbeitsaufträgen.

Titelauswahl moderner Kurzgeschichten

Böll, Heinrich:	Wanderer, kommst du nach Spa... (1950)
Lenz, Siegfried:	So zärtlich war Suleyken (1955); Ein Freund der Regierung (1959)
Kaschnitz, Marie Luise:	Orte (1973)
Loschütz, Gert:	Aquarium (1990)
Kronauer, Brigitte:	Der Störenfried (1992)
Hürlimann, Thomas:	Der Liebhaber der Mutter (1992)
Hein, Christoph:	Der Krüppel (1994)
Kunert, Günter:	Lorenz (1994)
Oswald, Georg M.:	Das Loch (1995)
Berg, Sibylle:	Hauptsache weit (1997)
Kleeberg, Michael:	Der Vater von Lise (1997)
Zoë, Jenny:	Sophies Sommer (2000)
Franck, Julia:	Die Streuselschnecke (2000)
Hermann, Judith:	Zigaretten (2001)
Stamm, Peter:	Der Besuch (2003)
Erpenbeck, Jenny:	Sibirien (2003)
Rusch, Claudia:	Peggy und der Schatten von Ernst Thälmann (2003)

Prosatexte mittlerer Länge heißen oft auch **Erzählungen**. Die Grenze zwischen Erzählung und Novelle ist fließend. Der Gestaltungsbegriff „Erzählung" wird meistens für die Texte verwendet, die sich nicht an die strengen formalen Gesetze der Novelle halten. Im Laufe des 20. Jahrhunderts verliert die Novelle den hohen Stellenwert, den sie im 19. Jahrhundert hatte. Auch die Grenze zwischen Erzählung und (kurzen) Romanen wird fließend.

In seinem Erzählband „Die Ausgewanderten" schildert **W.G. Sebald** die Lebens- und Leidensgeschichten von vier aus ihrer europäischen Heimat vertriebenen Juden. Der folgende Textauszug erzählt von einer Begegnung des Ich-Erzählers mit Dr. Selwyn, seinem Vermieter.

Die Ausgewanderten (1994) | W. G. Sebald

In ziemlich regelmäßigen Abständen besuchte uns Dr. Selwyn in dem noch fast ganz leeren Haus und brachte uns Gemüse und Kräuter aus seinem Garten – gelbe und blaue Bohnen, sorgsam gewaschene Kartoffeln, Bataten, Artischocken, Schnittlauch, Salbei, Kerbel und Dill. Bei einer dieser Gelegenheiten, Clara war in die Stadt gefahren, gerieten wir, Dr. Selwyn und ich, in eine längere Unterhaltung, die davon ausging, daß Dr. Selwyn mich fragte, ob ich nie Heimweh verspüre. Ich wußte darauf nichts

Rechtes zu erwidern, Dr. Selwyn hingegen machte nach einer Bedenkpause mir das Geständnis – ein anderes Wort träfe den Sachverhalt nicht –, daß ihn das Heimweh im Verlauf der letzten Jahre mehr und mehr angekommen sei. Auf meine Frage, wohin es ihn denn zurückziehe, erzählte er mir, er sei im Alter von sieben Jahren mit seiner Familie aus einem litauischen Dorf in der Nähe von Grodno ausgewandert. Im Spätherbst des Jahres 1899 sei es gewesen, als sie, die beiden Eltern, seine Schwestern Gita und Raja und sein Onkel Shani Feldhendler auf dem Wägelchen des Kutschers Aaron Wald nach Grodno gefahren seien. Jahrzehntelang seien die Bilder von diesem Auszug aus seinem Gedächtnis verschwunden gewesen, aber in letzter Zeit, sagte er, melden sie sich wieder und kommen zurück. Ich sehe, sagte er, wie mir der Kinderlehrer im Cheder, den ich zwei Jahre schon besucht hatte, die Hand auf den Scheitel legt. Ich sehe die ausgeräumten Zimmer. Ich sehe mich zuoberst auf dem Wägelchen sitzen, sehe die Kruppe des Pferdes, das weite, braune Land, die Gänse im Morast der Bauernhöfe mit ihren gereckten Hälsen und den Wartesaal des Bahnhofs von Grodno mit seinem frei im Raum stehenden, von einem Gitter umgebenen überheizten Ofen und den um ihn hergelagerten Auswandererfamilien. Ich sehe die auf- und niedersteigenden Telegrafendrähte vor den Fenstern des Zuges, sehe die Häuserfronten von Riga, das Schiff im Hafen und die dunkle Ecke des Decks, in der wir, soweit es anging unter den gedrängten Verhältnissen, häuslich uns einrichteten. Die hohe See, die Fahne des Rauchs, die graue Ferne, das Sichheben und Sichsenken des Schiffs, die Angst und die Hoffnung, die wir trugen in uns, all das, sagte mir Dr. Selwyn, weiß ich nun wieder, als sei es erst gestern gewesen. Nach einer Woche etwa, viel früher, als wir gerechnet hatten, erreichten wir unser Ziel. Wir fuhren in eine weite Flußmündung ein. Überall waren große und kleine Frachter. Jenseits des Wassers dehnte sich flaches Land. Sämtliche Auswanderer hatten sich an Deck versammelt und warteten darauf, daß die Freiheitsstatue aus dem treibenden Dunst auftauche, denn sie alle hatten eine Passage nach Amerikum – wie es bei uns geheißen hat – gebucht. Als wir an Land gingen, stand für uns immer noch außer jedem Zweifel, daß wir den Boden der Neuen Welt, der gelobten Stadt New York, unter unseren Füßen hatten. In Wirklichkeit aber waren wir, wie sich nach einiger Zeit – das Schiff hatte längst wieder abgelegt – zu unserem Leidwesen herausstellte, in London gelandet. Die meisten der Auswanderer fanden sich notgedrungen in ihre Lage, einige freilich hielten, allen gegenteiligen Beweisen zum Trotz, lange an dem Glauben fest, in Amerika zu sein. In London also bin ich aufgewachsen, in einer Kellerwohnung in Whitechapel, in der Goulston Street. Mein Vater, der Linsenschleifer war, kaufte sich mit der mitgebrachten Barschaft in ein Brillengeschäft ein, das einem Landsmann aus Grodno namens Tosia Feigelis gehörte. Ich besuchte eine Grundschule in Whitechapel und lernte dort wie im Traum, sozusagen über Nacht, das Englische, weil ich meiner wunderschönen jungen Lehrerin, Lisa Owen, vor Liebe jedes Wort von den Lippen ablas und im Andenken an sie auf dem Heimweg fortwährend alles wiederholte, was ich den Tag über von ihr gehört hatte. Diese schöne Lehrerin ist es auch gewesen, sagte Dr. Selwyn, die mich zur Aufnahmeprüfung in der Merchant Taylors' School anmeldete, da es für sie anscheinend bereits ausgemacht war, daß ich eines der wenigen alljährlich an minderbemittelte Schüler zu vergebenden Stipendien erringen würde. Ich löste ein, was sie sich von mir versprochen hatte; das Licht in der Küche der zweizimmrigen Wohnung in Whitechapel, in der ich gesessen bin bis tief in die Nacht, wenn die Schwestern und die Eltern längst zu Bett waren, ging, wie mein Onkel Shani oft bemerkte, nie aus. Ich lernte und las alles, was mir vor Augen kam, und überwand die höchsten Hindernisse mit zunehmender Leichtigkeit. Eine ungeheure Strecke hatte ich, so schien es mir am Ende meiner Schulzeit, als ich an der Spitze meines Jahrgangs aus den Abschlußprüfungen hervorgegangen war, zurückgelegt. Ich hatte den Höhepunkt meines Selbstgefühls erreicht und änderte in einer Art zweiter Konfirmation meinen Vornamen Hersch zu Henry und meinen Familiennamen Seweryn zu Selwyn.

Sebald, W. G., Die Ausgewanderten. Vier lange Erzählungen, Fischer Taschenbuch Verlag, Frankfurt/M. ^{9}2002, S. 30 ff.

1. Sammeln Sie spezifische erzählerische Elemente in Sebalds Textauszug.
2. Analysieren Sie Sebalds Umgang mit dem Thema Fremdsein.
3. Interpretieren Sie den Schlusssatz.

Titelauswahl neuerer Erzählungen

Hackl, Erich:	Abschied von Sidonie (1989)
Honigmann, Barbara:	Eine Liebe aus Nichts (1991)
Hensel, Kerstin:	Tanz am Kanal (1993)
Schulze, Ingo:	33 Augenblicke des Glücks (1995); Handy; Dreizehn Geschichten in alter Manier (2007)
Hoppe, Felicitas:	Picknick der Friseure (1996)
Hermann, Judith:	Sommerhaus, später (1998)
Stamm, Peter:	Blitzeis (1999)
Timm, Uwe:	Nicht morgen, nicht gestern (1999)
Walser, Alissa:	Die kleinere Hälfte der Welt (2000)
Franck, Julia:	Bauchlandung (2000)
Erpenbeck, Jenny:	Tand (2001)
Rothmann, Ralf:	Ein Winter unter Hirschen (2001)
Breznik, Melitta:	Das Umstellformat (2001)
Peltzer, Ulrich:	Bryant Park (2002)
Lange-Müller, Katja:	Die Enten, die Frauen und die Wahrheit (2003)
Hilbig, Wolfgang:	Der Schlaf der Gerechten (2003)
Biller, Maxim:	Bernsteintage (2004)
Zaimoglu, Feridun:	Zwölf Gramm Glück (2004)
Wellershoff, Dieter:	Das normale Leben (2005)
Enzensberger, Hans Magnus:	Josefine und ich (2006)
Delius, Christian Friedrich:	Bildnis der Mutter als junge Frau (2006)
Treichel, Hans Ulrich:	Der Papst, den ich gekannt habe (2007)
Schädlich, Hans Joachim:	Vorbei (2007)
Geiger, Arno:	Anna nicht vergessen (2007)
Rothmann, Ralf:	Rehe am Meer (2008)

II Romanformen

1 Mittelalterliches Epos

Das Mittelalter kannte keine Romane nach heutigem Verständnis, d. h. umfangreiche Erzählungen in Prosaform, sondern das Epos, das zwar inhaltlich dem Roman entspricht, sich jedoch formal von der Prosaform unterscheidet. Epen sind nämlich handlungsreiche Geschichten in Strophenform, mit Versmaß und Reim, nähern sich also in der äußeren Form der Gattung Lyrik.
Auch in der Rezeption unterscheidet sich das Epos vom Roman: Epen wurden nicht gelesen, sondern man hörte ihrem mündlichen Vortrag zu, der im Rahmen des höfisch-ritterlichen Gesellschaftslebens am Hof oder auf der Burg erfolgte.

Der Stoff der beiden ältesten europäischen Epen – Homers „Ilias" und „Odyssee" – ist der sagenhafte Kampf um Troja; im deutschen Mittelalter war Alexander der Große einer der beliebtesten literarischen Helden. Man unterscheidet grundsätzlich zwischen dem **Heldenepos** und dem **höfischen Epos**.

Während im Heldenepos geschichtliche und sagenhafte Überlieferungen in ihrer tragischen Unerbittlichkeit gestaltet werden (vgl. „Nibelungenlied"), bewegt sich das höfische Epos in einer Welt, die in Zeit und Raum von der Wirklichkeit gelöst ist und die Möglichkeit beliebiger fantastischer Erzählelemente bietet.

Die Handlung besteht aus einer Reihe von *aventiuren*, d. h. ritterlichen Kämpfen, in denen sich die Lebensform der Romanhelden ebenso verwirklicht wie in der *minne*, dem Liebesdienst für die verehrte Frau. Die Liebe wird zum Lohn für die ritterliche Bewährung und mündet in der Regel in die Ehe – im Unterschied zum Minnesang, der meistens einer bereits verheirateten Herrin galt.

Bei allen Anfechtungen und Gefahren während ihrer *aventiure*-Fahrten bewähren sich die höfischen Ritter im Bestehen noch so bedrohlicher Proben. Damit erfüllen die höfischen Epen ihre Funktion der Vermittlung und Bestätigung des geschlossenen Weltbildes der führenden Adelsschicht, ihrer festen Normen und Werte und der gültigen christlichen Tugenden.

Das Versepos als Form griffen spätere Dichter nur noch selten auf, z. B. Klopstock („Der Messias", 1748/73), Goethe („Hermann und Dorothea", 1797) oder H. M. Enzensberger („Der Untergang der Titanic", 1979).

Eines der meistgelesenen Werke des Mittelalters war der „Parzival" von **Wolfram von Eschenbach**, der zwischen 1200 und 1210 entstand. Die eigentliche Parzivalhandlung wird in diesem Epos ergänzt durch die Vorgeschichte seines Vaters Gahmuret und die Parallel-Handlung des Gralsritters Gawan. Der junge Parzival findet gegen den Willen seiner verwitweten Mutter aus der ländlichen Abgeschiedenheit heraus zum Rittertum und gelangt schließlich über die Artusrunde in den Kreis der Gralsritter, die nach den Idealen des christlichen Ritters leben. Weil er bei seiner ersten Begegnung mit der Gralswelt die entscheidende Mitleidsfrage – der Gralskönig Amfortas leidet an einer unheilbaren Wunde – nicht stellt, zeigt er sich als noch nicht würdig. Nun beginnt eine lange Irrfahrt Parzivals, die religiöse Zweifel, ja Verzweiflung und immer neue Bewährungsproben mit sich bringt. Am Ende des Epos hat der Held, nicht zuletzt durch grundlegende Belehrungen über die Bedeutung des Grals, die Stufe erreicht, die ihn selber zum Gralskönig befähigt.

Die Vielfalt des Erzählens veranschaulichen die zwei folgenden Textauszüge:

Parzival (1200/1210) | Wolfram von Eschenbach

V.
224 Swer ruochet hoeren war nu kumt
den âventiur hât ûz gevrumt,
der mac grôziu wunder
merken al besunder.
lât rîten Gahmuretes kint.
swâ nu getriuwe liute sint,
die wünschen im heiles: wan ez muoz sîn
daz er nu lîdet hôhen pîn,
etswenne ouch vröude und êre.
ein dinc in müete sêre,
daz er von ir gescheiden was,
daz munt von wîbe nie gelas
noch sus gesagte maere,
diu schoener und bezzer waere.
gedanke nâch der künegin
begunden crenken im den sin:
den müese er gar verloren hân,
waerz niht ein herzehafter man.
mit gewalt den zoum daz ros
truog über ronen und durch daz mos:
wande ez wîste niemens hant.
uns tuot diu âventiure bekant
daz er bî dem tage reit,
ein vogel hete es arbeit,
solt erz allez hân ervlogen.
mich enhab diu âventiure betrogen,
sin reise unnâch was sô grôz
des tages do er Ithêren schôz,
unt sît dô er von Grâharz
kom in daz lant ze Brôbarz.
[…]
239 wol gemarcte Parzivâl
die rîcheit unt daz wunder grôz:
durch zuht in vrâgens doch verdrôz.
er dâhte „mir riet Gurnamanz
mit grôzen triuwen âne schranz,
ich solte vil gevrâgen niht.
waz ob mîn wesen hie geschiht
die mâze als dort bî im?
âne vrâge ich vernim
wie ez dirre massenîe stêt.“
in dem gedanke nâher gêt
ein knappe, der truog ein swert:
des balc was tûsent marke wert,
sîn gehilze was ein rubîn,
ouch möhte wol diu clinge sîn
grôzer wunder urhap.
der wirt ez sîme gaste gap.
der sprach „hêrre, ich brâhtz in nôt

Fünftes Buch
Wer hören möchte, wohin Parzival in seinem Drang nach
Abenteuern gelangte,
der wird bald erstaunliche Dinge
erfahren.
Laßt nur Gachmurets Sohn dahinreiten!
Überall, wo es wohlmeinende Menschen
gibt, möge man ihm Glück auf den Weg wünschen,
denn ihm ist bestimmt, schwere Not zu leiden,
doch später wird er auch Glück und Ehre gewinnen.
Jetzt aber lag es ihm schwer auf der Seele, daß
er von seiner Frau Abschied
nehmen mußte,
die liebreizender und herrlicher war als alle Frauen,
von denen man je las oder hörte. Der
Gedanke an Condwiramurs bedrückte ihn so sehr,
daß er allen Lebensmut
verloren hätte,
wäre er nicht solch beherzter Ritter gewesen.
Er überließ seinem Ross die Zügel,
und das trabte nun, mit
locker hängendem Zaum, ohne Leitung des Reiters über
Baumstrünke und Moosflechten hinter ihm her.
In der Erzählung wird berichtet,
er habe an einem einzigen Tage eine solche Strecke Weges
zurückgelegt, wie sie auch ein Vogel nur mit größter Anstren-
gung bewältigt hätte. Wenn dieser Bericht stimmt, so ritt er
weiter noch als damals,
da er Ither durchbohrt hatte
oder als er von Graharz in
das Land Brobarz gekommen war.
[…]
Parzival bemerkte wohl alle Pracht
und das ganze wunderbare Geschehen,
doch seine höfische Erziehung ließ ihn auf jede Frage ver-
zichten. Er dachte nämlich bei sich: „Gurnemanz hat mir
wohlwollend und unzweideutig eingeschärft,
keine unnützen Fragen zu stellen.
Soll ich durch ungeschicktes Benehmen wieder Mißfallen
erregen wie bei ihm?
Auch ohne Fragen werde ich schon erfahren,
was es mit dieser Rittergesellschaft auf sich hat.“
Während er so vor sich hinsann,
näherte sich ein Knappe mit einem
Schwert. Allein die Scheide war tausend Mark wert,
und der Schwertgriff war aus einem Rubin geschnitten.
Diese Klinge mochte wohl
gewaltige Taten vollbringen!
Der Burgherr überreichte das Schwert seinem Gast
und sprach: „Herr, ich habe es oft in den

in maneger stat, ê daz mich got
an dem lîbe hât geletzet.
nu sît dermit ergetzet,
ob man iuwer hie niht wol enpflege.
ir mugetz wol vüeren alle wege:

Kampf getragen, bis Gott mich mit einer schweren Wunde
heimsuchte.
Nehmt es als Entschädigung, wenn die Bewirtung nicht
Euren Erwartungen entsprach.

240 Swenne ir geprüevet sînen art,
ir sît gein strîte dermite bewart."
ôwê daz er niht vrâgte dô!
des bin ich vür in noch unvrô.
wan do erz enpfienc in sîne hant,
dô was er vrâgens mit ermant.
ouch riuwet mich sîn süezer wirt,
den ungenâde niht verbirt,
des im von vrâgen nu waere rât.

Führt es stets bei Euch; wenn Ihr es erproben müßt, wird es
Euch im Kampf ein verläßlicher Beschützer sein."
Wehe über ihn, daß er auch jetzt nicht fragte!
Das betrübt mich noch heute – um seinetwillen! Als man
nämlich das Schwert in seine Hände legte, wollte man ihn
zum Fragen ermuntern.
Auch fühle ich Mitleid mit seinem freundlichen Gastgeber,
der an einer unheilbaren Wunde dahinsiecht
und durch eine einzige Frage hätte erlöst werden können!

Eschenbach, Wolfram von, Parzival, Bd. 1. Mittelhochdeutsch/Neuhochdeutsch, übersetzt von Wolfgang Spiewok, Reclam Verlag, Stuttgart 1981, S. 382 f., 406 ff.

1. Wie thematisiert Wolfram von Eschenbach seine Rolle als Erzähler?
2. In welchem Zwiespalt steckt Parzival, als er es unterlässt zu fragen?
3. Diskutieren Sie Parzivals unterlassene Frage vor dem Hintergrund von Erziehung – Norm – Anpassung – Emanzipation, auch im Hinblick auf die heutige Realität.

Die Stoffe und Figuren der mittelalterlichen Epik werden bis heute in unterschiedlichsten künstlerischen Formen bearbeitet.

Titelauswahl

Hebbel, Friedrich:	Die Nibelungen (1860)
Wagner, Richard:	Tannhäuser und der Sängerkrieg auf der Wartburg (1845); Lohengrin (1850); Tristan und Isolde (1865); Der Ring des Nibelungen (1869/76); Parsifal (1882)
Dorst, Tankred:	Parzival (1990)
Hein, Christoph:	Die Ritter der Tafelrunde (1990)
Kühn, Dieter:	Parzival (1993)
Muschg, Adolf:	Der Rote Ritter (1993)
Niebelschütz, Wolf von:	Die Kinder der Finsternis (1995)
Lodemann, Jürgen:	Siegfried und Kriemhild (2002)
Hoppe, Felicitas:	Paradiese, Übersee (2003)

2 Schelmenroman

Im Spanien des 16. Jahrhunderts entstand der europäische Schelmenroman, nach seiner Hauptfigur auch **pikaresker Roman** genannt (span. picaro = Schelm). Nach dem berühmten Roman „Der scharfsinnige Edle Don Quijote de la Mancha" (1605/1615) von Miguel de Cervantes (1547–1616) beginnt die Tradition des deutschen Schelmenromans in der Barockzeit mit **Hans Jakob Christoffel von Grimmelshausen** (1621/1622–1676) und Christian Reuter (1665–1712; „Schelmuffskys Reisebeschreibung", 1696). Die Tradition des Schelmenromans wird im 20. Jahrhundert z. B. von Ernst Penzoldt („Die Powenzbande", „Zoologie einer Familie gemeinverständlich dargestellt", 1930), Thomas Mann

(„Bekenntnisse des Hochstaplers Felix Krull", 1954), Günter Grass („Die Blechtrommel", 1959) und Irmtraud Morgner („Leben und Abenteuer der Trobadora Beatriz", 1974) aufgegriffen. Der berühmteste Held der neueren Pikaro-Literatur ist der Soldat Schwejk des tschechischen Schriftstellers Jaroslav Hašek („Die Abenteuer des braven Soldaten Schwejk während des Weltkrieges", 1921/23).
Neben der Gattung Schelmenroman im engeren Sinn spricht man in der Literatur ganz allgemein von pikaresken Zügen, wenn Figuren sich listig, gewitzt und gerissen, aber auch skrupellos und ohne Rücksicht auf gesellschaftliche Normen durchs Leben schlagen. Der Schelmenroman ist eine Art des **Abenteuerromans**, zu dem u. a. Räuber- und Reiseromane sowie die Robinsonaden gehören.

Die Schelmenfigur, meist niederer oder ungewisser Herkunft, ist ein Außenseiter und Abenteurer, ein naiv-einfältiger oder weltklug-spielerischer Antiheld. Sein Lebenslauf bringt ihn mit den verschiedensten gesellschaftlichen Schichten in Berührung, die er allesamt aus der Sicht des Unterprivilegierten mit der Überlegenheit seiner Schläue und Gerissenheit satirisch entlarvt. Oft werden Schelmenromane in Form fiktiver (Auto-)Biografien erzählt, wobei die Fülle der Personen- und Einzelepisoden mit ständig wechselnden Schauplätzen verknüpft wird. Die Einzelmotive reichen vom Schwankhaften bis zum Belehrenden, vom reinen Abenteuer bis zur Gesellschaftskritik. Bei aller lustigen Pfiffigkeit im Schelmenroman ist oft ein pessimistischer Grundton spürbar.

Im bedeutendsten deutschsprachigen Schelmenroman „Der Abenteuerliche Simplicissimus Teutsch" von Hans Jakob Christoph von Grimmelshausen wird vor dem Hintergrund des Dreißigjährigen Krieges die abenteuerliche Lebensgeschichte des Simplicius, des „einfältigen" Knaben von einem Spessarthof, erzählt. Bei einem Eremiten, als Hausnarr eines Stadtkommandanten und als Knecht wächst der Junge heran, stellt sich dann in den Dienst kaiserlicher Truppen und besteht zahlreiche Abenteuer. Es verschlägt ihn bis nach Paris, er kommt nach Wien, wird Hauptmann, lässt sich schließlich im Schwarzwald als Bauer nieder und unternimmt erneut viele Reisen durch die ganze damalige Welt. Der folgende Textauszug veranschaulicht auf drastische Weise die Schrecken des Dreißigjährigen Krieges.

Der Abenteuerliche Simplicissimus Teutsch (1668) I

Hans Jakob Christoph von Grimmelshausen

Das 4. Kapitel

Simplicii Residenz wird erobert, geplündert und zerstört, darin die Krieger jämmerlich hausen.

Wiewohl ich nicht bin gesinnet gewesen, den friedliebenden Leser mit diesen Reutern in meines Knans Haus und Hof zu führen, weil es schlimm genug darin hergehen wird: So erfordert jedoch die Folge meiner Histori, daß ich der lieben Posterität hinterlasse, was für Grausamkeiten in diesem unserm Teutschen Krieg hin und wieder verübet worden, zumalen mit meinem eigenen Exempel zu bezeugen, daß alle solche Übel von der Güte des Allerhöchsten, zu unserm Nutz, oft notwendig haben verhängt werden müssen: Denn lieber Leser, wer hätte mir gesagt, daß ein Gott im Himmel wäre, wenn keine Krieger meines Knans Haus zernichtet und mich durch solche Fahung unter die Leut gezwungen hätten, von denen ich genugsamen Bericht empfangen? Kurz zuvor konnte ich nichts anders wissen noch mir einbilden, als daß mein Knan, Meuder, ich und das übrige Hausgesind allein auf Erden sei, weil mir sonst kein Mensch noch einzige andere menschliche Wohnung bekannt war, als diejenige, darin ich täglich aus- und einging: Aber bald hernach erfuhr ich die Herkunft der Menschen in diese Welt, und daß sie wieder daraus müßten; ich war nur mit der Gestalt ein Mensch, und mit dem Namen ein Christenkind, im übrigen aber nur eine Bestia! Aber der Allerhöchste sah meine Unschuld mit barmherzigen Augen an, und wollte mich beides zu seiner und meiner Erkenntnis bringen: Und wiewohl er tausenderlei Weg hierzu hatte, wollte er sich doch ohn Zweifel nur desjenigen bedienen, in welchem mein Knan und Meuder, andern zum Exempel, wegen ihrer liederlichen Auferziehung gestraft würden.
Das erste, das diese Reuter taten, war, daß sie ihre Pferd einstellten, hernach hatte jeglicher seine son-

derbare Arbeit zu verrichten, deren jede lauter Untergang und Verderben anzeigte, denn obzwar etliche anfingen zu metzgen, zu sieden und zu braten, daß es sah, als sollte ein lustig Bankett gehalten werden, so waren hingegen andere, die durchstürmten das Haus unten und oben, ja das heimlich Gemach war nicht sicher, gleichsam ob wäre das gülden Fell von Kolchis darinnen verborgen; Andere machten von Tuch, Kleidungen und allerlei Hausrat große Päck zusammen, als ob sie irgends ein Krempelmarkt anrichten wollten, was sie aber nicht mitzunehmen gedachten, wurde zerschlagen, etliche durchstachen Heu und Stroh mit ihren Degen, als ob sie nicht Schaf und Schwein genug zu stechen gehabt hätten, etliche schütteten die Federn aus den Betten, und fülleten hingegen Speck, andere dürr Fleisch und sonst Gerät hinein, als ob alsdann besser darauf zu schlafen gewesen wäre; Andere schlugen Ofen und Fenster ein, gleichsam als hätten sie ein ewigen Sommer zu verkündigen, Kupfer und Zinnengeschirr schlugen sie zusammen, und packten die gebogenen und verderbten Stück ein, Bettladen, Tisch, Stühl und Bänk verbrannten sie, da doch viel Klafter dürr Holz im Hof lag, Hafen und Schüsseln mußte endlich alles entzwei, entweder weil sie lieber Gebraten aßen, oder weil sie bedacht waren, nur ein einzige Mahlzeit allda zu halten; unser Magd ward im Stall dermaßen traktiert, daß sie nicht mehr daraus gehen konnte, welches zwar eine Schand ist zu melden! den Knecht legten sie gebunden auf die Erd, stecketen ihm ein Sperrholz ins Maul, und schütteten ihm einen Melkkübel voll garstig Mistlachenwasser in Leib, das nenneten sie ein Schwedischen Trunk, wodurch sie ihn zwangen, eine Partei anderwärts zu führen, allda sie Menschen und Vieh hinwegnahmen, und in unsern Hof brachten, unter welchen mein Knan, mein Meuder und unser Ursele auch waren.

Grimmelshausen, Hans Jakob Christoph von, Der Abenteuerliche Simplicissimus Teutsch, Reclam Verlag, Stuttgart 1961, S. 56 ff.

1. Klären Sie unbekannte Begriffe.
2. Welche Schrecken des Krieges werden in dem Romanauszug dargestellt?
3. Wodurch zeichnen sich Sprache und Stil des 4. Kapitels aus?

Titelauswahl moderner Schelmenromane

Mann, Thomas:	Die Bekenntnisse des Hochstaplers Felix Krull (1954)
Fries, Fritz Rudolf:	Der Weg nach Oobliadooh (1966)
Morgner, Irmtraud:	Leben und Abenteuer der Trobadora Beatriz (1974)
Peters, Christoph:	Stadt Land Fluß (1999)
Drawert, Kurt:	Ich hielt meinen Schatten für einen anderen und grüßte (2008)
Hanika, Iris:	Treffen sich zwei (2008)
Braun, Volker:	Machwerk oder Das Schichtbuch des Flick von Lauchhammer (2008)
Pleschinski, Hans:	Ludwigshöhe (2008)

3 Briefroman

Eine typische Romanform im 18. Jahrhundert, dem Zeitalter der Aufklärung und Empfindsamkeit, ist der Briefroman. Im strengen Sinne versteht man darunter nur solche Romane, die ausschließlich aus Briefen, gelegentlich ergänzt durch Tagebuchaufzeichnungen, ohne erzählerische Zwischentexte, bestehen; des Öfteren meldet sich ein fingierter Herausgeber in einer Einleitung oder einer Nachschrift zu Wort. Verfasser und Adressaten der Briefe sind fiktive Figuren, anhand derer der Autor, ganz dem Zeitgeist entsprechend, Erlebnisse und Ereignisse, hauptsächlich aber Eindrücke und Erfahrungen, Gefühle und Empfindungen beschreibt und reflektiert. Der Akt des Niederschreibens selbst bewirkt dabei eine Intensivierung der Gefühlsregungen und eine Klärung der Bewusstseinsprozesse. Damit bewegt sich diese Romanform zwischen den beiden Polen der Aufklärung: **Rationalität** und **Sentimentalität**.

Die fingierten Briefe des Briefromans sind nicht zu denken ohne die hoch entwickelte Briefkultur und die weit verbreitete Mode der Selbstbekenntnisse in der Epoche der Empfindsamkeit. Die Gattung wurde in Deutschland am stärksten beeinflusst von dem Engländer Samuel Richardson („Pamela", 1740; „Clarissa", 1747/48); anregend wirkte auch Jean Jacques Rousseau („La Nouvelle Héloïse", 1759).

Der Roman in Form von Briefen erreicht mit seiner lockeren Komposition eine Unmittelbarkeit und Individualisierung der Personen, wie sie die Barockzeit kaum kannte. In neuerer Zeit kann man im weiteren Sinn auch dann von Briefroman sprechen, wenn Briefe eine große Rolle im Roman spielen oder der ganze Roman aus einem Brief besteht. Eng verwandt mit dem Briefroman ist der **Tagebuchroman**.

Einer der berühmtesten Romane der deutschen Literaturgeschichte ist ein Briefroman: „Die Leiden des jungen Werthers" von **Goethe**. Der noch junge Goethe hat in diesem Werk autobiografische Erlebnisse (Liebe zu Charlotte Buff, der Verlobten eines Freundes), einen authentischen Vorfall (Selbstmord eines Bekannten wegen seiner unglücklichen Liebe zu einer verheirateten Frau) und die Gefühlslage einer Epoche (Weltschmerz und Selbstbespiegelung) zu einem viel gelesenen Roman verarbeitet. Darin war der Nerv der Zeit so genau getroffen, dass ein wahres Werther-Fieber ausbrach: Man kleidete sich wie Werther und viele identifizierten sich mit dem Helden so sehr, dass sie wie er Selbstmord begingen. Die in den Briefen enthaltene Handlung zeigt einen Werther, der beruflich und in seiner Liebe zu der mit Albert verlobten Lotte scheitert, die bürgerliche Gesellschaft ablehnt und in der Natur seine wechselnden Gefühlszustände widergespiegelt sieht. Der Brief vom 4. September spielt auf einen Selbstmord im ländlichen Milieu an.

Die Leiden des jungen Werthers (1774) | Johann Wolfgang von Goethe

Am 10. Mai
Eine wunderbare Heiterkeit hat meine ganze Seele eingenommen, gleich den süßen Frühlingsmorgen, die ich mit ganzem Herzen genieße. Ich bin allein und freue mich meines Lebens in dieser Gegend, die für solche Seelen geschaffen ist wie die meine. Ich bin so glücklich, mein Bester, so ganz in dem Gefühle von ruhigem Dasein versunken, daß meine Kunst darunter leidet. Ich könnte jetzt nicht zeichnen, nicht einen Strich, und bin nie ein größerer Maler gewesen als in diesen Augenblicken. Wenn das liebe Tal um mich dampft und die hohe Sonne an der Oberfläche der undurchdringlichen Finsternis meines Waldes ruht und nur einzelne Strahlen sich in das innere Heiligtum stehlen, ich dann im hohen Grase am fallenden Bache liege und näher an der Erde tausend mannigfaltige Gräschen mir merkwürdig werden; wenn ich das Wimmeln der kleinen Welt zwischen Halmen, die unzähligen, unergründlichen Gestalten der Würmchen, der Mückchen näher an meinem Herzen fühle und fühle die Gegenwart des Allmächtigen, der uns nach seinem Bilde schuf, das Wehen des Alliebenden, der uns in ewiger Wonne schwebend trägt und erhält; mein Freund! wenn's dann um meine Augen dämmert und die Welt um mich her und der Himmel ganz in meiner Seele ruhn wie die Gestalt einer Geliebten – dann sehne ich mich oft und denke: Ach könntest du das wieder ausdrücken, könntest du dem Papiere das einhauchen, was so voll, so warm in dir lebt, dass es würde der Spiegel deiner Seele, wie deine Seele ist der Spiegel des unendlichen Gottes! – Mein Freund – Aber ich gehe darüber zugrunde, ich erliege unter der Gewalt der Herrlichkeit dieser Erscheinungen. [...]

Am 21. August
Wie man eine Hand umwendet, ist es anders mit mir. Manchmal will wohl ein freudiger Blick des Lebens wieder aufdämmern, ach, nur für einen Augenblick! – Wenn ich mich so in Träumen verliere, kann ich mich des Gedankens nicht erwehren: wie, wenn Albert stürbe? Du würdest! ja, sie würde – und dann laufe ich dem Hirngespinste nach, bis es mich an Abgründe führet, vor denen ich zurückbebe. Wenn ich zum Tor hinausgehe, den Weg, den ich zum ersten Mal fuhr, Lotten zum Tanze zu holen, wie war das so ganz anders! Alles, alles ist vorübergegangen! Kein Wink der vorigen Welt, kein Pulsschlag meines damaligen Gefühles. Mir ist es, wie es einem Geiste sein müßte, der in das ausgebrannte, zerstörte Schloß zurückkehrte, das er als blühender Fürst einst gebaut und mit allen Gaben der Herrlichkeit ausgestattet, sterbend seinem geliebten Sohne hoffnungsvoll hinterlassen hätte. [...]

Am 3. September
Ich begreife manchmal nicht, wie sie ein anderer lieb haben k a n n , liebhaben d a r f , da ich sie so ganz allein, so innig, so voll liebe, nichts anders kenne noch weiß, noch habe als sie!

Am 4. September
[…]
Was ich dir erzähle, ist nicht übertrieben, nichts verzärtelt, ja ich darf wohl sagen, schwach, schwach hab' ich's erzählt, und vergröbert hab' ich's, indem ich's mit unsern hergebrachten sittlichen Worten vorgetragen habe. Diese Liebe, diese Treue, diese Leidenschaft ist also keine dichterische Erfindung. Sie lebt, sie ist in ihrer größten Reinheit unter der Klasse von Menschen, die wir ungebildet, die wir roh nennen. Wir Gebildeten – zu Nichts Verbildeten! Lies die Geschichte mit Andacht, ich bitte dich. Ich bin heute still, indem ich das hinschreibe; du siehst an meiner Hand, daß ich nicht so strudele und sudele wie sonst. Lies, mein Geliebter, und denke dabei, daß es auch die Geschichte deines Freundes ist. Ja, so ist mir's gegangen, so wird mir's gehn, und ich bin nicht halb so brav, nicht halb so entschlossen als der arme Unglückliche, mit dem ich mich zu vergleichen mich fast nicht getraue.

Goethe, Johann Wolfgang von, Die Leiden des jungen Werthers, in: Klassische deutsche Dichtung, hrsg. von Fritz Martini und Walter Müller-Seidel, Bd. 1: Romane und Erzählungen, Herder Verlag, Freiburg [5]1964, S. 315, 382 ff., gekürzt

1. Wie korrespondieren Natureindrücke und Gefühlswelt miteinander?
2. Wie zeigt sich die innere Erregtheit Werthers sprachlich?
3. Finden Sie in diesen Textausschnitten Ansätze des Krisengefühls heutiger Jugendlicher?

Der Roman „Gut gegen Nordwind" (2006) von **Daniel Glattauer** erzählt die Geschichte von Emmi Rothner, die aufgrund einer falsch adressierten E-Mail in Kontakt mit Leo Leike kommt. Hieraus entwickelt sich eine intensive E-Mail-Korrespondenz, die im Rahmen der virtuellen Welt zu einer wachsenden Vertrautheit der beiden führt, eine Begegnung in der realen Welt jedoch zum Problem werden lässt.

Gut gegen Nordwind (2006) | Daniel Glattauer

Am nächsten Vormittag
Betreff: **Hallo**
Hallo Leo, wieder unter den Irdischen? Alles Liebe von Ihrer Emmi.

Zweieinhalb Stunden später
RE:
Sind Sie noch beim Nachdenken, wie Sie sich und vor allem wie Sie MIR Ihre nächtlichen E-Mails erklären? – Müssen Sie nicht, Leo. Ich habe das schön gefunden, was Sie mir da unabsichtlich geschrieben haben, sehr schön sogar. Sie sollten öfter volltrunken sein, da werden Sie ja zu einem richtigen Gefühlsmenschen, sehr offen und unverblümt, sehr zärtlich, ansatzweise sogar stürmisch und leidenschaftlich. Steht Ihnen gut, das Unkontrollierte! Und ich fühle mich geehrt, dass Sie mich so oft küssen wollten! Also schreiben Sie mir schon!! Ich bin echt neugierig, wie Sie dazu stehen. Nüchtern bemühen Sie sich ja immer krampfhaft, nur nicht jener Leo zu sein, der sich im betrunkenen Zustand wie von selbst ergibt. Hoffentlich hat er sich nicht übergeben.

Drei Stunden später
RE:
Leo??? Nicht melden ist unfair! Und es ist abtörnend. Das riecht nach einem Mann, der in der Früh schon nicht mehr zu dem steht, was er einer Frau in der Nacht davor liebestrunken ins Ohr geflüstert hat. Es riecht also nach einem ziemlich typischen, ziemlich durchschnittlichen, ziemlich öden Mann. Es riecht jedenfalls nicht nach Leo. Also schreiben Sie endlich!!!

Fünf Stunden später
AW:
Liebe Emmi, es ist jetzt 22 Uhr. Wollen Sie zu mir kommen? Ich zahle Ihnen das Taxi. (Ich wohne am Stadtrand.) Leo.

Knapp zwei Stunden später
RE:
Na hoppala! Lieber Leo, es ist jetzt 23 Uhr 43. Träumen Sie noch oder schlafen Sie schon? Wenn nicht, dann frage ich Sie:

1.) Wollten Sie wirklich, dass ich zu Ihnen komme?
2.) Wollen Sie noch immer, dass ich zu Ihnen komme?
3.) Sind Sie vielleicht wieder „ein bisschen betrunken"?
4.) Wenn ich zu Ihnen komme, was hätten Sie sich da so vorgestellt, dass wir beide machen?

Fünf Minuten später
AW:
Liebe Emmi,
1.) Ja. 2.) Ja. 3.) Nein. 4.) Was sich ergibt.

Drei Minuten später
RE:
Lieber Leo,
1.) Aha. 2.) Aha. 3.) Gut. 4.) Was sich ergibt? Es ergibt sich immer das, was man will, dass sich ergibt. Also was wollen Sie, dass sich ergibt?

50 Sekunden später
AW:
Ich weiß es wirklich nicht, Emmi. Aber ich glaube, wir wissen es sofort, wenn wir uns sehen.

Zwei Minuten später
RE:
Und wenn sich gar nichts ergibt? Dann stehen wir beide blöd herum, zucken mit den Schultern und einer sagt zum anderen: „Tut mir Leid, irgendwie ergibt sich nichts." Und was machen wir dann?

Eine Minute später
AW:
Dieses Risiko müssen wir in Kauf nehmen. Also kommen Sie, Emmi! Trauen Sie sich! Trauen wir uns! Vertrauen wir auf uns!

25 Minuten später
RE:
Lieber Leo, Ihre ungewohnte Dringlichkeit, die sonst nicht gerade Ihrem Wesen entspricht, irritiert mich. Ich habe da so einen Verdacht. Ich glaube, dass Sie ganz genau wissen, was sich gefälligst zu ergeben hat. Sie sind vermutlich noch ein bisschen rauschig von der Vornacht, also unheimlich „in Stimmung". Sie suchen Nähe. Sie wollen Marlene vergessen beziehungsweise vergessen machen. Und Sie haben genügend Bücher dieser Art gelesen und einschlägige Filmszenen gesehen, letzte Tangos mit Marlon Brandos und so. Leo, diese Szenen kenne ich auch: ER sieht SIE zum ersten Mal, möglichst im Halbdunkel, damit auch das schön ist, was vielleicht nicht so schön ist. Und dann fällt kein einziges Wort mehr, nur noch Gewand. Wie knapp vorm Verhungern fallen sie übereinander her, sparen nichts aus, wälzen sich stundenlang über die Wohnlandschaften. Kameraschnitt. Das nächste Bild: Er liegt auf dem Rücken, über seine Lippen huscht ein frivoles Lächeln, die Augen ruhen im lasziven Blick auf die Zimmerdecke, als wollte er auch diese noch vernaschen. Sie liegt mit dem Kopf auf seiner Brust. Befriedigt wie eine Hirschkuh nach dem Durchzug eines Rudels brunftiger Böcke. Vielleicht bläst noch einer der beiden Zigarettenrauch durch die Nasenlöcher. Und dann wird dezent ausgeblendet. Und was ist danach? Das würde mich am allermeisten interessieren: Was ist danach???
Leo, so geht's nicht. Da ist mit Ihnen ausnahmsweise der Klischee-Mann durchgegangen. Ja natürlich, das wäre alles noch steigerbar. Die von Ihnen gestern im Rausch frei gewordene „Augenbinde". – Wir müssten uns also nicht einmal sehen. Sie öffnen mir blind die Tür. Wir fallen uns blind in die Arme. Wir haben blinden Sex. Wir verabschieden uns blind. Und morgen schreiben wir wieder bigotte E-Mails übers Nichtbetrügensollen und ich schreibe Ihnen rotzig zurück wie immer. Und wenn's in der Nacht gut war, dann machen wir es wieder, völlig herausgelöst aus unserem sonstigen Leben, völlig unabhängig von unserem Dialog. Sex in seiner höchsten Stufe absoluter Unverbindlichkeit. Es gibt nichts zu verlieren, nichts wird aufs Spiel gesetzt. Sie haben Ihre „Nähe", ich habe mein außereheliches Abenteuer. – Zugegeben, ein aufregender Gedanke. Aber schon auch ein bisschen eine Männerfantasie, muss ich Ihnen sagen, lieber Leo. Jedenfalls sollten wir die Finger davon lassen. Oder, um es noch etwas klarer zu formulieren: Nicht mit mir! (Ich habe das ganz zart gesagt, ehrlich!)

Glattauer, Daniel, Gut gegen Nordwind. Roman, Goldmann Verlag, München [9]2008, S. 90 ff.

1. Mit welchen Argumenten tritt Emmi dem Ansinnen Leos nach einem Treffen entgegen?
2. Sammeln Sie die in Glattauers Briefroman vorkommenden Merkmale der E-Mail-Sprache.
3. Stellen Sie eine Liste von typischen Merkmalen der Chat-, E-Mail- und SMS-Sprache zusammen und nehmen Sie dazu kritisch Stellung.
4. Vergleichen Sie die Briefkommunikation früher und heute anhand der beiden Texte.
5. Wie sehen Sie die Zukunft des traditionellen Briefwechsels?

Titelauswahl moderner Briefromane

Rilke, Rainer Maria:	Die Aufzeichnungen des Malte Laurids Brigge (1910)
Huch, Ricarda:	Der letzte Sommer (1910)
Jens, Walter:	Herr Meister (1963)
Plenzdorf, Ulrich:	Die neuen Leiden des jungen W. (1972, mit Tonbandaufzeichnungen)
Wander, Maxie:	Leben wär' ne prima Alternative (1979)
Walser, Martin:	Lord Liszt (1982)
Heidenreich, Gert:	Die Nacht der Händler (1995)
Schulze, Ingo:	Neue Leben (2005)

4 Bildungs- und Entwicklungsroman

So wie der Briefroman ein typisches Zeugnis der Aufklärung ist, ist der Bildungsroman – zumal in Deutschland – ein charakteristisches Produkt der Klassik und Romantik. Als eine besonders in der deutschen Literatur bevorzugte und beliebte Romanform wird die Tradition des Bildungsromans über den Realismus bis in die Moderne fortgeführt.
Sein Thema ist die **Formung** einer **individuellen Persönlichkeit**, deren geistige, seelische und soziale Anlagen in einem organischen Entwicklungsprozess zu harmonischer Entfaltung gelangen sollen. Hinter diesem Erziehungsziel steht das **klassische Ideal** der **Humanität**, des denkenden und tätigen Menschen, der seinen Platz in der Gesellschaft ausfüllt.
Die enge Verwandtschaft der Begriffe „Bildungs- und Entwicklungsroman", aber auch „Erziehungsroman", zeigt, dass das Streben und die Bewertung des Helden sowohl von seinem Eigenantrieb als auch von Begegnungen mit pädagogisch wirkenden Bezugspersonen, -gruppen oder gesellschaftlichen Institutionen (Schule, Theater usw.) beeinflusst werden. Da die Hauptfigur des deutschen Bildungsromans sehr oft ein Künstler ist oder zumindest künstlerische Neigungen besitzt, besteht zusätzlich eine Nähe zum **Künstlerroman**.
Die typischen Stadien des Entwicklungsvorgangs sind Kindheit und Jugend, Familie und Herkunft, die Wanderschaft mit ihrer Erweiterung des Erfahrungs- und Lebenshorizontes, auch auf Irrwegen oder in Krisen, und schließlich die Läuterung und Vollendung zur gereiften und ausgeglichenen Persönlichkeit. Mitunter steht am Ende des Romans das Scheitern. Entwicklungsromane tragen oft autobiografische Züge, was in manchen Fällen durch die Ich-Erzählperspektive verstärkt wird.

Goethes „Wilhelm Meisters Lehrjahre" ist d e r klassische Bildungsroman, an dem sich spätere Künstlergenerationen orientierten. Die Titelfigur, ein Kaufmannssohn, fühlt sich zum Theater hingezogen, gerät aber bald schon in den Umkreis einer elitären Gemeinschaft, in der Gleichgesinnte das Ideal harmonischer Persönlichkeit und tätigen Lebens zu verwirklichen suchen. Vor dem Aufbruch zu einer ersten Wanderschaft kommt es zwischen Wilhelm und seinem Jugendfreund Werner zu einem Gespräch, das ihre unterschiedlichen Wertvorstellungen verrät.

Wilhelm Meisters Lehrjahre (1795/96) | Johann Wolfgang von Goethe

Zehntes Kapitel

Er saß nun zu Hause, kramte unter seinen Papieren und rüstete sich zur Abreise. Was nach seiner bisherigen Bestimmung schmeckte, ward beiseite gelegt; er wollte bei seiner Wanderung in die Welt auch von jeder unangenehmen Erinnerung frei sein. Nur Werke des Geschmacks, Dichter und Kritiker, wurden als bekannte Freunde unter die Erwählten gestellt; und da er bisher die Kunstrichter sehr wenig genutzt hatte, so erneuerte sich seine Begierde nach Belehrung, als er seine Bücher wieder durchsah und fand, daß die theoretischen Schriften noch meist unaufgeschnitten waren. Er hatte sich, in der völligen Überzeugung von der Notwendigkeit solcher Werke, viele davon angeschafft, und mit dem besten Willen in keines auch nur bis in die Hälfte sich hineinlesen können.

Dagegen hatte er sich desto eifriger an Beispiele gehalten, und in allen Arten, die ihm bekannt worden waren, selbst Versuche gemacht.

Werner trat herein, und als er seinen Freund mit den bekannten Heften beschäftigt sah, rief er aus: „Bist du schon wieder über diesen Papieren? Ich wette, du hast nicht die Absicht, eins oder das andere zu vollenden! Du siehst sie durch und wieder durch und beginnst allenfalls etwas Neues."

„Zu vollenden ist nicht die Sache des Schülers, es ist genug, wenn er sich übt."

„Aber doch fertig macht, so gut er kann."

„Und doch ließe sich wohl die Frage aufwerfen, ob man nicht eben gute Hoffnung von einem jungen Menschen fassen könne, der bald gewahr wird, wenn er etwas Ungeschicktes unternommen hat, in der Arbeit nicht fortfährt und an etwas, das niemals einen Wert haben kann, weder Mühe noch Zeit verschwenden mag."

„Ich weiß wohl, es war nie deine Sache, etwas zustande zu bringen, du warst immer müde, eh es zur Hälfte kam. Da du noch Direktor unsers Puppenspiels warst, wie oft wurden neue Kleider für die Zwerggesellschaft gemacht, neue Dekorationen ausgeschnitten! Bald sollte dieses, bald jenes Trauerspiel aufgeführt werden, und höchstens gabst du einmal den fünften Akt, wo alles recht bunt durcheinanderging und die Leute sich erstachen."

„Wenn du von jenen Zeiten sprechen willst: wer war denn schuld, daß wir die Kleider, die unseren Puppen angepaßt und auf den Leib festgenäht waren, heruntertrennen ließen und den Aufwand einer weitläufigen und unnützen Garderobe machten? Warst du's nicht, der immer ein neues Stück Band zu verhandeln hatte, der meine Liebhaberei anzufeuern und zu nützen wußte?"

Werner lachte und rief aus: „Ich erinnere mich immer noch mit Freuden, daß ich von euren theatralischen Feldzügen Vorteil zog wie Lieferanten vom Kriege. Als ihr euch zur Befreiung Jerusalems rüstetet, machte ich auch einen schönen Profit, wie ehemals die Venezianer im ähnlichen Falle. Ich finde nichts vernünftiger in der Welt, als von den Torheiten anderer Vorteil zu ziehen."

„Ich weiß nicht, ob es nicht ein edleres Vergnügen wäre, die Menschen von ihren Torheiten zu heilen."

„Wie ich sie kenne, möchte das wohl ein eitles Bestreben sein. Es gehört schon etwas dazu, wenn ein einziger Mensch klug und reich werden soll, und meistens wird er es auf Unkosten der andern."

„Es fällt mir eben recht der ‚Jüngling am Scheidewege' in die Hände", versetzte Wilhelm, indem er ein Heft aus den übrigen Papieren herauszog; „das ist doch fertig geworden, es mag übrigens sein, wie es will."

„Leg es beiseite, wirf es ins Feuer!" versetzte Werner. „Die Erfindung ist nicht im geringsten lobenswürdig; schon vormals ärgerte mich diese Komposition genug und zog dir den Unwillen des Vaters zu. Es mögen ganz artige Verse sein; aber die Vorstellungsart ist grundfalsch. Ich erinnere mich noch deines personifizierten Gewerbes, deiner zusammengeschrumpften erbärmlichen Sibylle. Du magst das Bild in irgendeinem elenden Kramladen aufgeschnappt haben. Von der Handlung hattest du damals keinen Begriff; ich wüßte nicht, wessen Geist ausgebreiteter wäre, ausgebreiteter sein müßte als der Geist eines echten Handelsmannes. Welchen Überblick verschafft uns nicht die Ordnung, in der wir unsere Geschäfte führen! Sie läßt uns jederzeit das Ganze überschauen, ohne daß wir nötig hätten, uns durch das Einzelne verwirren zu lassen. Welche Vorteile gewährt die doppelte Buchhaltung dem Kaufmanne! Es ist eine der schönsten Erfindungen des menschlichen Geistes, und ein jeder gute Haushalter sollte sie in seiner Wirtschaft einführen."

„Verzeih mir", sagte Wilhelm lächelnd, „du fängst von der Form an, als wenn das die Sache wäre; gewöhnlich vergeßt ihr aber auch über eurem Addieren und Bilancieren das eigentliche Fazit des Lebens."

„Leider siehst du nicht, mein Freund, wie Form und Sache hier nur eins ist, eins ohne das andere nicht bestehen könnte. Ordnung und Klarheit vermehrt die Lust zu sparen und zu erwerben. Ein Mensch, der übel haushält, befindet sich in der Dunkelheit sehr wohl; er mag die Posten nicht gerne zusammenrechnen, die er schuldig ist. Dagegen kann einem gute Wirte nichts angenehmer sein, als sich alle Tage die Summe seines wachsenden Glückes zu ziehen. Selbst ein Unfall, wenn er ihn verdrießlich überrascht, erschreckt ihn nicht; denn er weiß sogleich, was für erworbene Vorteile er auf die andere Waagschale zu legen hat. Ich bin überzeugt, mein lieber Freund, wenn du nur einmal einen rechten Geschmack an unsern Geschäften finden könntest, so würdest du dich überzeugen, daß manche Fähigkeiten des Geistes auch dabei ihr freies Spiel haben können."

„Es ist möglich, daß mich die Reise, die ich vorhabe, auf andere Gedanken bringt."

„O gewiß! Glaube mir, es fehlt dir nur der Anblick einer großen Tätigkeit, um dich auf immer zu dem Unsern zu machen; und wenn du zurückkommst, wirst du dich gern zu denen gesellen, die durch alle Arten von Spedition und Spekulation einen Teil des

Geldes und Wohlbefindens, das in der Welt seinen notwendigen Kreislauf führt, an sich zu reißen wissen. Wirf einen Blick auf die natürlichen und künstlichen Produkte aller Weltteile, betrachte, wie sie wechselweise zur Notdurft geworden sind! Welch eine angenehme, geistreiche Sorgfalt ist es, alles, was in dem Augenblicke am meisten gesucht wird und doch bald fehlt, bald schwer zu haben ist, zu kennen, jedem, was er verlangt, leicht und schnell zu verschaffen, sich vorsichtig in Vorrat zu setzen und den Vorteil jedes Augenblickes dieser großen Zirkulation zu genießen! Dies ist, dünkt mich, was jedem, der Kopf hat, eine große Freude machen wird.“

Wilhelm schien nicht abgeneigt, und Werner fuhr fort: „Besuche nur erst ein paar große Handelsstädte, ein paar Häfen, und du wirst gewiß mit fortgerissen werden. Wenn du siehst, wie viele Menschen beschäftiget sind; wenn du siehst, wo so manches herkommt, wo es hingeht, so wirst du es gewiß auch mit Vergnügen durch deine Hände gehen sehen. Die geringste Ware siehst du im Zusammenhang mit dem ganzen Handel, und eben darum hältst du nichts für gering, weil alles die Zirkulation vermehrt, von welcher dein Leben seine Nahrung zieht.“

Goethe, Johann Wolfgang von, Wilhelm Meisters Lehrjahre, Klassische deutsche Dichtung, hrsg. von Fritz Martini und Walter Müller-Seidel, Bd. 2: Romane und Erzählungen, Herder Verlag, Freiburg [5]1965, S. 35 ff.

1. Stellen Sie die unterschiedlichen Positionen der beiden Freunde gegenüber.
2. Beschreiben und beurteilen Sie die Gesprächsführung in diesem Dialog.
3. Recherchieren Sie Bildungs- und Entwicklungsromane des 19. Jahrhunderts.

Titelauswahl moderner Bildungs- und Entwicklungsromane

Musil, Robert:	Die Verwirrungen des Zöglings Törless (1906)
Hesse, Hermann:	Unterm Rad (1906), Demian (1909), Das Glasperlenspiel (1934)
Mann, Thomas:	Der Zauberberg (1924)
Koeppen, Wolfgang:	Jugend (1976)
Fauser, Jörg:	Rohstoff (1984)
Süskind, Patrick:	Das Parfum (1985)
Nadolny, Sten:	Selim oder Die Gabe der Rede (1990)
Schneider, Robert:	Schlafes Bruder (1992)
Walser, Martin:	Ein springender Brunnen (1998)
Hahn, Ulla:	Das verborgene Wort (2001)
Wackwitz, Stephan:	Neue Menschen (2005)

5 Historischer Roman

Naturgemäß ist der erzählende Mensch eine Person, die weitgehend aus der Erinnerung schöpft und schon immer galt das Interesse von Autoren Überlieferungen von Begebenheiten und Personen der fernen Vergangenheit. Bereits in den mittelalterlichen Epen zeigt sich diese Vorliebe für das Historische, aber – wie auch noch im Barockroman – meistens als bloße Kulisse. Erst im 18. Jahrhundert entsteht vor dem Hintergrund einer sich entwickelnden Geschichtsphilosophie und der dazu gehörenden Geschichtsschreibung der eigentliche **Geschichtsroman**, der die Auseinandersetzung mit der Vergangenheit zum zentralen Anliegen hat. Große historische Persönlichkeiten oder Ereignisse werden ebenso Thema dieser Romane wie nationale oder heimatliche Überlieferungen. Dabei kann man unterscheiden zwischen einer Richtung, die Vergangenes eher bestätigt, stilisiert und idealisiert, und einer anderen Haltung, die das Geschehene analysiert, aufarbeitet und kritisiert. Von einem historischen Roman spricht man in der Regel, wenn die erzählte Zeit (Handlungszeit) mindestens zwei Generationen vor der Entstehungszeit des Romans liegt.

Zwar ist der Verfasser von Geschichtsromanen um **historische Authentizität** bemüht und arbeitet deshalb mit historischen Fakten, die aber im Kontext des Romans zum **fiktionalen** Bestandteil werden. Daher hat der Dichter die Möglichkeit, relativ frei mit dem geschichtlichen Material umzugehen, was zu kritischen Einwänden führen kann, vor allem dann, wenn der Autor seine Sicht der Dinge in den Dienst einer Ideologie stellt. Eine andere Gefahr liegt in der Trivialisierung historischer Stoffe in Form umfangreicher Unterhaltungsromane, die klischeehaften Handlungen und Figuren mit historischen Namen und Kolorit Authentizität geben wollen.

Zur Geschichte des **historischen Romans** in Europa zählen Werke des Engländers Walter Scott („Ivanhoe“, 1819), des Italieners Alessandro Manzoni („Die Verlobten“, 1827), der Franzosen Stendhal („Rot und Schwarz“, 1830), Victor Hugo („Der Glöckner von Notre Dame“, 1831), Alexandre Dumas („Die drei Musketiere“, 1844; „Der Graf von Monte Christo“, 1845/46), des Russen Leo Tolstoi („Krieg und Frieden“, 1864/65) und des Polen Henryk Sienkiewicz („Quo vadis“, 1894/96). In Deutschland führte das Interesse am Mittelalter und an der Renaissance in der Romantik zu einer ersten Welle historischen Erzählens, im Realismus sorgte der gleichzeitige Historismus (Betonung der Wirksamkeit historischer Epochen) für eine vermehrte literarische Produktion. Eine besondere Vorliebe für den historischen Roman entwickelten viele deutsche Exilschriftsteller, die ihre Auseinandersetzung mit dem Nationalsozialismus oft auf diesem Umweg suchten. Nach 1945, vor allem aber seit den 70er-Jahren, zeigt der historische Roman vielfältige Formen und Tendenzen. Gemeinsam ist den meisten Werken ein starkes Gegenwartsinteresse, ein skeptizistisches Geschichts- und Menschenbild, ein gesellschaftskritischer Ansatz sowie ein ausgeprägter autobiografischer Bezug. Als Ursachen des verstärkten Interesses am historischen Roman sind vor allem die Bedeutung der Geschichte in einer Zeit raschen Wandels und die Wahrung der Informations- und Erkenntnisfunktion der Literatur zu nennen.

Im Roman „Die Vermessung der Welt“ von **Daniel Kehlmann** machen sich Ende des 18. Jahrhunderts zwei junge Deutsche an die Vermessung der Welt. Mithilfe von biografischen Details des Forschers Alexander von Humboldt und des Mathematikers Carl Friedrich Gauß stellt der Autor deren Versuche gegenüber, den Kosmos in seiner Vielfalt zu verstehen.

Die Vermessung der Welt (2005) | Daniel Kehlmann

Wenige Monate später war er schon Preußens zuverlässigster Bergwerksinspektor. Er ließ sich durch Hütten, Torfstechereien und zu den Hochöfen der Königlichen Porzellanmanufaktur führen; überall erschreckt er die Arbeiter durch die Geschwindigkeit, mit der er sich Notizen machte. Er war ständig unterwegs, schlief und aß kaum und wußte selbst nicht, was all das sollte. Etwas sei an ihm, schrieb er seinem Bruder, das ihn befürchten lasse, er verliere den Verstand.

Zufällig stieß er auf Galvanis Buch über den Strom und die Frösche. Galvani hatte abgetrennte Froschschenkel mit zwei unterschiedlichen Metallen verbunden, und sie hatten gezuckt wie lebendig. Lag das nun an den Schenkeln, in denen noch Lebenskraft war, oder war die Bewegung von außen gekommen, aus dem Unterschied der Metalle, und von den Froschteilen bloß sichtbar gemacht? Humboldt beschloß, es herauszufinden.

Er zog sein Hemd aus, legte sich aufs Bett und wies einen Diener an, zwei Aderlasspflaster auf seinen Rücken zu kleben. Der Diener gehorchte, Humboldts Haut war zwei große Blasen. Und jetzt solle er die Blasen aufschneiden! Der Diener zögerte, Humboldt mußte laut werden, der Diener nahm das Skalpell. Es war so scharf, daß der Schnitt kaum schmerzte. Blut tropfte auf den Boden. Humboldt befahl, ein Stück Zink auf eine der Wunden zu legen.

Der Diener fragte, ob er eine Pause machen dürfe, ihm sei nicht wohl.

Humboldt bat ihn sich nicht dumm anzustellen. Als ein Silberstück die zweite Wunde berührte, ging ein schmerzhaftes Pochen durch seine Rückenmuskeln, bis hinauf in den Kopf.

Mit zitternder Hand notierte er: *Musculus cucularis*, Hinterhauptbein, Stachelfortsätze des Rückenwirbelbeins. Kein Zweifel, hier wirkte Elektrizität. Noch einmal das Silber! Er zählte vier Schläge, in regelmäßigem Abstand, dann wichen die Farben aus den Gegenständen.

Als er wieder zu sich kam, saß der Diener auf dem Boden, das Gesicht bleich, die Hände blutig.

Weiter, sagte Humboldt, und mit seltsamem Schrecken wurde ihm klar, daß etwas in ihm Lust empfand. Jetzt die Frösche! Das nicht, sagte der Diener. Humboldt fragte, ob er sich eine neue Anstellung suchen wolle.

Der Diener legte vier tote, sorgsam gereinigte Frösche auf Humboldts blutigen Rücken. Aber jetzt reiche es, sagte er, sie seien doch Christenmenschen. Humboldt ignorierte ihn und befahl: Wieder das Silber! Schon kamen die Schläge. Bei jedem davon, er sah es im Spiegel, sprangen die Froschleiber wie lebendig. Er biß in das Kissen, der Stoff war naß von seinen Tränen. Der Diener kicherte hysterisch, Humboldt wollte Notizen machen, aber seine Hände waren zu schwach. Mühsam stand er auf. Aus den zwei Wunden lief Flüssigkeit, so ätzend, daß sie seine Haut entzündete. Humboldt versuchte etwas davon in einem Glasröhrchen aufzufangen, aber seine Schulter war geschwollen, und er konnte sich nicht drehen. Er sah den Diener an. Der schüttelte den Kopf. Na gut, sagte Humboldt, dann solle er jetzt in Gottes Namen den Arzt holen! Er wischte sich das Gesicht ab und wartete, bis er wieder fähig war, die Hände zu gebrauchen und das Nötigste aufzuschreiben. Strom war geflossen, das hatte er gespürt, und entsprungen war er nicht seinem Körper und nicht den Fröschen, sondern der chemischen Feindschaft der Metalle. Es war nicht leicht, dem Arzt zu erklären, was hier geschehen war. Der Diener kündigte in der Woche darauf, zwei Narben blieben, und die Abhandlung über die lebendige Muskelfaser als leitende Substanz begründete Humboldts wissenschaftlichen Ruf.

Kehlmann, Daniel, Die Vermessung der Welt. Roman, Rowohlt Verlag, Reinbek [5]2005, S. 31 ff.

1. Charakterisieren Sie die Figur des Alexander von Humboldt.
2. Recherchieren Sie den historischen Hintergrund zu dem im Romanauszug thematisierten Geschehen.

Auf der beigefügten CD finden Sie zusätzlich einen Auszug aus dem Roman „Vor dem Sturm" von Theodor Fontane mit Arbeitsaufträgen.

Titelauswahl moderner historischer Romane

Feuchtwanger, Lion:	Jud Süß (1925)
Mann, Heinrich:	Die Jugend und die Vollendung des Königs Henri Quatre (1935/38)
Härtling, Peter:	Hölderlin (1976)
Kempowski, Walter:	Aus großer Zeit (1978)
Timm, Uwe:	Morenga (1978)
Grass, Günter:	Das Treffen in Telgte (1979)
Hildesheimer, Wolfgang:	Marbot (1981)
Nadolny, Sten:	Die Entdeckung der Langsamkeit (1983)
Wolf, Christa:	Kassandra (1983)
Ransmayr, Christoph:	Die Schrecken des Eises und der Finsternis (1984); Die letzte Welt (1988)
Süskind, Patrick:	Das Parfum (1987)
Hilsenrath, Edgar:	Das Märchen vom letzten Gedanken (1989)
Mosebach, Martin:	Der Nebelfürst (2001)
Vertlib, Vladimir:	Das besondere Gedächtnis der Rosa Masur (2001)
Löhr, Robert:	Der Schachautomat (2005)
Schriber, Margit:	Die falsche Herrin (2008)
Capus, Alex:	Eine Frage der Zeit (2008)

6 Gesellschaftsroman

Im Gegensatz zum historischen Roman ist der Gesellschaftsroman ein **Zeitroman**, d. h., der Autor gibt ein Bild von der Epoche, in der er lebt bzw. seine Elterngeneration gelebt hat, beschäftigt sich also mit Gegenwart und näherer Vergangenheit. Sein Blick konzentriert sich nicht auf die Entwicklungsgeschichte einer einzigen Figur, sondern richtet sich auf das gesamte gesellschaftliche Panorama seiner Zeit. Dabei repräsentieren sowohl Haupt- als auch Nebenfiguren die politischen, sozialen, wirtschaftlichen und kulturellen Bedingungen und Verhältnisse einschließlich ihrer kollektiven mentalen Befindlichkeit. Angesichts der Absicht, eine Gesamtschau zu bieten, kommt dem Gesellschaftsroman innerhalb der verschiedenen Romanformen seit dem 19. Jahrhundert ein besonders hoher Stellenwert zu. Namen wie Charles Dickens („Oliver Twist", 1838), Honoré de Balzac (Romanzyklus „Menschliche Komödie",1829–1854), Gustave Flaubert („Madame Bovary", 1857), Emile Zola („Germinal", 1885), Fjodor Dostojewskij („Schuld und Sühne", 1866), Leo Tolstoi („Anna Karenina", 1878) belegen die Bedeutung dieses Romantyps für die Weltliteratur, den in der deutschsprachigen Literatur des 19. Jahrhunderts **Theodor Fontane** vertritt.

Gesellschaftsromane bleiben nicht bei der bloßen Zeit- und Milieuschilderung stehen, sondern decken in kritischer Absicht Schwächen und Mängel der bestehenden Gesellschaftsordnung auf. Häufige Themen sind Standesunterschiede, Emanzipation, Auflösungstendenzen gesellschaftlicher Strukturen, Fragen von Besitz und Bildung, Fortschritt und Industrie, Ehre und Nation, Recht und Moral. Diese gesellschaftskritische Tendenz verstärkt sich im 20. Jahrhundert mit seinen zunehmenden politisch-ideologischen und geistig-kulturellen Polarisierungen (z. B. Faschismus – Kommunismus, Individualismus – Kollektivismus) – bis hin zur Satire. In formaler Hinsicht lässt sich der Gesellschaftsroman nicht auf spezifische Merkmale festlegen, sondern ist offen für traditionelles und modernes Erzählen, die unterschiedlichen Erzählperspektiven und die verschiedensten Formen der Zeit- und Raumgestaltung.

Der Roman „Buddenbrooks" von **Thomas Mann** schildert den Niedergang der spätbürgerlichen Gesellschaft anhand einer Lübecker Kaufmannsfamilie in der zweiten Hälfte des 19. Jahrhunderts. Im Mittelpunkt steht die vorletzte Generation mit den Brüdern Thomas und Christian und ihrer Schwester Tony. Während Thomas einen verzweifelten Kampf gegen den wirtschaftlichen Ruin des Familienunternehmens führt und Christian durch seine Nähe zu Künstlerkreisen aus der Familientradition ausbricht, scheitert Tony in zwei unglücklichen Vernunftehen. Nachdem Grünlich, ihr erster Mann, ihre Mitgift durchgebracht hat, leitet ihr Vater, der Konsul, die Trennung in die Wege.

Buddenbrooks (1901) | Thomas Mann

„Grünlich macht Bankerott ...?" fragte Tony leise, indem sie sich halb von ihren Kissen erhob und rasch des Konsuls Hand ergriff ... „Ja, mein Kind", sagte er ernst. „Du vermutetest das nicht?" „Ich habe nichts Bestimmtes vermutet ...", stammelte sie. „Dann hat Kesselmeyer also nicht Spaß gemacht ...?" fuhr sie fort, indem sie schräg vor sich hin auf den braunen Teppich starrte ... „O Gott!" stieß sie plötzlich hervor und sank auf ihren Sitz zurück. Erst in diesem Augenblick ging alles vor ihr auf, was in dem Worte „Bankerott" verschlossen lag, alles, was sie schon als kleines Kind dabei an Vagem und Fürchterlichem empfunden hatte ... „Bankerott"... das war etwas Gräßlicheres als der Tod, das war Tumult, Zusammenbruch, Ruin, Schmach, Schande, Verzweiflung und Elend ... „Er macht Bankerott!" wiederholte sie. Sie war dermaßen geschlagen und niedergeschmettert von diesem Schicksalswort, daß sie an keine Hilfe dachte, auch nicht an eine, die von ihrem Vater kommen könnte.

Er betrachtete sie mit emporgezogenen Brauen, mit seinen kleinen, tief liegenden Augen, die traurig und müde aussahen und dennoch eine ganz außerordentliche Spannung verrieten.

„Ich frage dich also", sagte er sanft, „meine liebe Tony, ob du dich bereit hältst, deinem Manne auch in die Armut hinein zu folgen? ..." Gleich darauf gestand er sich, daß er das harte Wort „Armut" instinktiv als Abschreckungsmittel gewählt habe, und fügte hinzu: „Er kann sich wieder emporarbeiten ..."

„Gewiß, Papa", antwortete Tony. Aber das hinderte nicht, daß sie in Tränen ausbrach. Sie schluchzte in ihr Batisttüchlein, das mit Spitzen besetzt war und das Monogramm AG trug. Sie hatte noch völlig ihr Kinderweinen: ganz ungeniert und ohne Ziererei. Ihre Oberlippe machte einen unaussprechlich rührenden Eindruck dabei.

Ihr Vater fuhr fort, sie mit den Augen zu prüfen. „Das ist dein Ernst, mein Kind?" fragte er. Er war genau so ratlos wie sie.

„Muß ich nicht ...", schluchzte sie. „Ich muß doch ..."

„Durchaus nicht!" sagte er lebhaft; aber schuldbewußt verbesserte er sich sofort: „Ich würde dich nicht unbedingt dazu zwingen, meine liebe Tony. Gesetzt den Fall, daß deine Gefühle dich nicht unverbrüchlich an deinen Mann fesselten ..."

Sie sah ihn mit in Tränen schwimmenden und verständnislosen Augen an.

„Wieso Papa ...?"

Der Konsul wand sich ein wenig hin und her und fand ein Auskunftsmittel.

„Mein gutes Kind, du kannst glauben, daß ich es sehr schmerzhaft empfinden würde, dich all den Unbilden und Peinlichkeiten aussetzen zu müssen, die durch das Unglück deines Mannes, durch die Auflösung des Geschäftes und deines Hausstandes unmittelbar werden herbeigeführt werden ... Ich habe den Wunsch, dich diesen ersten Unannehmlichkeiten zu entziehen und dich sowie unsere kleine Erika vorderhand zu uns nach Hause zu nehmen. Ich glaube, daß du mir das danken wirst ...?"

Tony schwieg einen Augenblick, währenddessen sie ihre Tränen trocknete. Sie hauchte umständlich auf ihr Taschentuch und drückte es gegen die Augen, um die Entzündung zu verhüten. Hierauf fragte sie in entschiedenem Tone, ohne die Stimme zu erheben: „Papa: *ist* Grünlich schuldig! *kommt* er aus Leichtsinn und Unredlichkeit ins Unglück!"

„Höchstwahrscheinlich! ..." sagte der Konsul. „Das heißt ... nein, ich weiß es nicht, mein Kind. Ich sage dir, daß die Auseinandersetzung mit ihm und seinem Bankier noch aussteht ..."

Tony schien auf diese Antwort gar nicht geachtet zu haben. Gebückt auf ihren drei seidenen Kissen stützte sie den Ellenbogen auf das Knie und das Kinn in die Hand und blickte mit tief gesenktem Kopfe versunken und träumerisch von unten herauf ins Zimmer hinein.

„Ach, Papa", sagte sie leise und beinahe ohne die Lippen zu bewegen, „wäre es damals nicht besser gewesen ..."

Der Konsul konnte ihr Gesicht nicht sehen; aber es trug den Ausdruck, der an manchem Sommerabend, wenn sie zu Travemünde an dem Fenster ihres kleinen Zimmers lehnte, darauf gelegen hatte ... Ihr einer Arm ruhte auf den Knien ihres Vaters, während die Hand schlaff und ohne Stütze nach unten hing. Selbst diese Hand drückte eine unendlich wehmütige und zärtliche Hingebung aus, eine erinnerungsvolle und süße Sehnsucht, die in die Ferne schweifte.

„Besser ...?" fragte Konsul Buddenbrook. „Wenn was nicht geschehen wäre, mein Kind?"

Er war von Herzen zu dem Geständnis bereit, daß es besser gewesen wäre, diese Ehe nicht zu schließen; aber Tony sagte nur mit einem Seufzer: „Ach, nichts!"

Es schien, daß ihre Gedanken sie fesselten, daß sie weit abseits weilte und den „Bankerott" beinahe vergessen hatte. Der Konsul sah sich genötigt, selbst auszusprechen, was er lieber nur bestätigt hätte.

„Ich glaube deine Gedanken zu erraten, liebe Tony", sagte er, „und auch ich meinerseits, ich zögere nicht, dir zu bekennen, daß ich den Schritt, der mir vor vier Jahren als klug und heilsam erschien, in dieser Stunde bereue ... aufrichtig bereue. Ich glaube, vor Gott nicht schuldig zu sein. Ich glaube, meine Pflicht getan zu haben, indem ich mich bemühte, dir eine deiner Herkunft angemessene Existenz zu schaffen ... Der Himmel hat es anders gewollt ... du wirst von deinem Vater nicht glauben, daß er damals leichtfertig und unüberlegt dein Glück aufs Spiel gesetzt hat! Grünlich trat mit mir in Verbindung, versehen mit den besten Empfehlungen, ein Pastorssohn, ein christlicher und weltläufiger Mann ... Später habe ich geschäftliche Erkundigungen über ihn eingezogen, die so günstig lauteten als möglich. Ich habe die Verhältnisse geprüft ... Das alles ist dunkel, dunkel und harrt noch der Aufklärung. Aber nicht wahr, du klagst mich nicht an ..."

„Nein, Papa! Wie kannst du dergleichen sagen! Komm, laß es dir nicht zu Herzen gehen, armer Papa ... Du siehst blaß aus, soll ich nicht ein paar Magentropfen herunterholen?" Sie hatte ihre Arme um seinen Hals gelegt und küßte ihn auf die Wangen.

Mann, Thomas, Buddenbrooks, Fischer Verlag, Frankfurt/M. und Hamburg 1960, S. 147ff.

1. Arbeiten Sie im Ausschnitt aus Thomas Manns Roman „Buddenbrooks" die Verquickung von Kapital und Gefühl in Tonys Ehe heraus. Analysieren Sie dabei auch die literarische Gestaltung.

Alfred Döblins Roman „Berlin Alexanderplatz" (1929) ist der berühmteste deutschsprachige Großstadtroman, der durch die Fernsehverfilmung von Rainer Werner Fassbinder auch einem breiten Publikum bekannt wurde. Der Roman hat als Hauptfigur den Arbeiter Franz Biberkopf, der nach dem Mord an seiner Geliebten und einer mehrjährigen Haftstrafe vergeblich ein anständiges Leben führen will. Hauptthema aber ist die Stadt Berlin. Döblin schildert die Großstadt als Ort des bunten und pulsierenden Lebens, der Gefahren und Verführung, der Kriminalität und des menschlichen Verrats. In dieser Welt der Täter und Opfer bleibt Franz Biberkopf auf der Strecke und endet in einer psychiatrischen Anstalt. Eine der vielen Momentaufnahmen Berlins zeigt das folgende Beispiel:

Berlin Alexanderplatz (1929) | Alfred Döblin

Am Alexanderplatz steht das Polizeipräsidium

Es ist zwanzig nach neun Uhr. Im Lichthof des Präsidiums stehen ein paar Menschen und sprechen. Sie erzählen sich Witze und vertreten sich die Beine. Ein junger Kommissar kommt und grüßt. „Jetzt ist zehn nach neun, Herr Pilz, haben Sie wirklich moniert, wir brauchen den Wagen um neun Uhr." „Es ist eben wieder ein Kollege oben und telephoniert die Alexanderkaserne an; wir haben gestern vormittag den Wagen angemeldet." Ein neuer kommt: „Ja, sie sagen, der Wagen ist abgeschickt, fünf vor neun, hätte sich verfahren, sie schicken einen andern." „So was, verfahren, und wir können warten." „Na, ich frage, wo bleibt denn der Wagen, sagt der: wer redet da überhaupt, ich sage Sekretär Pilz, sagt er, hier ist Leutnant so und so. Sag ich: also ich sollte anfragen, Herr Leutnant, im Auftrage von Herrn Kommissar, wir haben gestern angemeldet von der Abteilung Wagen für eine Aushebung um neun Uhr, die Anmeldung ist schriftlich erfolgt, ich sollte bitten um Feststellung, ob die schriftliche Anmeldung vorliegt. Da müssen Sie hören, wie er gleich liebenswürdig wurde, der Herr Leutnant, also natürlich ist alles unterwegs, da ist ein Malheur gewesen und so weiter."

Die Wagen fahren ein. Auf einen Wagen steigen Herren und Damen ein, Kriminalbeamte, Kommissare und weibliche Beamte. Das ist der Wagen, auf dem nachher Franz Biberkopf zwischen 50 Männern und Frauen hier einfahren wird, die Engel werden ihn verlassen haben, sein Blick wird anders als der, mit dem er die Kaffeeklappe verließ, aber die Engel werden tanzen, ihr Herren und Damen, ob ihr gläubig oder ungläubig seid, es wird geschehen.

Der Wagen mit den männlichen und weiblichen Zivilisten ist unterwegs, kein Kriegswagen, aber ein Gefährt des Kampfes und des Gerichts, ein Lastwagen, auf Bänken sitzen die Menschen, über den Alexanderplatz fährt er zwischen den harmlosen Geschäftswagen und Autodroschken, die Leute auf dem Kriegswagen sehen alle gemütlich aus, es ist unerklärter Krieg, sie fahren in Ausübung ihres Berufes, einige rauchen ruhig Pfeifen, einige Zigarren, die Damen fragen: Der eine Herr da vorn ist wohl von der Presse, da steht morgen alles in der Zeitung. So fahren sie zufrieden die Landsberger Straße rechts rauf, sie fahren hinten herum zu ihren Zielen, sonst wissen die Lokale schon vorher, was ihnen bevorsteht. Die Leute aber, die unten gehen, sehen den Wagen gut. Sie sehen nicht lange hin, das ist etwas Schlimmes, Erschreckendes, rasch ist es vorüber, sie wollen Verbrecher fangen, schrecklich, daß es so was gibt, wir wollen ins Kino.

An der Rückerstraße steigen sie aus, der Wagen bleibt stehen, sie gehen zu Fuß die Straße rauf. Die kleine Straße ist leer, der Trupp wandert über das Trottoir, da ist die Rückerdiele.

Die Haustür besetzt, Posten vor den Eingang, Posten gegenüber, alle andern ins Lokal. n Abend, der Kellner lächelt, kennen wir schon. Trinken die Herren was?

Danke, keine Zeit; abkassieren, Aushebung, alle mit aufs Präsidium. Lachen, Proteste, so was, haben Sie sich nicht so, Schimpfen, Lachen; immer gemütlich sein, ich hab ja Papiere, dann freuen Sie sich doch, ne halbe Stunde sind Sie wieder da, was nützt uns das, ich hab zu tun, reg dir nicht uff, Otto, freie Besichtigung vom Präsidium mit Nachtbeleuchtung. Immer rin in die gute Stube. Der Wagen proppenvoll, einer singt: Wer hat bloß den Käse zum Bahnhof gerollt, das ist ne Frechheit, wie kann man so was tun, denn er war noch nicht verzollt; die Polizei hat sich hineingelegt, jetzt ist sie böse sehr und grollt, weil man hat den Käse zum Bahnhof gerollt.

Der Wagen fährt ab, alles winkt: Wer hat bloß den Käse zum Bahnhof gerollt.

Na, das ging wie geschmiert. Wir gehen zu Fuß. Ein eleganter Herr über den Damm, grüßt, Hauptmann vom Revier, der Herr Kommissar? Sie gehen in einen Hausflur, die übrigen verteilen sich, Treffpunkt Prenzlauer, Ecke Münz.

Die Alexanderquelle ist dickvoll, es ist Freitag, wer Lohn hat, geht mal einen heben, Musik, Radio, am Ausschank vorbei schieben sich die Bullen, der junge Kommissar spricht mit einem Herrn, die Kapelle hört auf: Aushebung, Kriminalpolizei, alles kommt mit zum Präsidium. Sie sitzen um die Tische, lachen und lassen sich nicht stören, die schwatzen weiter, der Kellner bedient weiter. Ein Mädel schreit und weint zwischen zwei andern im Gang: Ick bin doch da abgemeldet, und die hat mir noch nich gemeldet, na dann bleibste eben ne Nacht da, was ist denn dabei, ich geh nicht mit, ich laß mir von kein Grünen anfassen, bloß kein Blaukoller, Sie, davon ist noch keiner gesund geworden. Lassen Sie mir doch raus, wat heißt hier raus, wenn Sie dran sind, können Sie raus, der Wagen ist eben erst weg, dann könnt ihr mehr Wagen einstellen, zerbrechen Sie sich bloß nicht unsern Kopf. Ober, eine Pulle Sekt zum Beenewaschen.
Sie, ick muß zur Arbeit, ick hab hier zu tun bei Lau, wer bezahlt mich die Stunde, na, jetzt müssen Sie jedenfalls mit, ick muß uff meine Baustelle, det is Freiheitsberaubung, hier müssen alle mit, du gehst mit, Mensch, reg dir doch nicht uff, die Leute müssen eben ne Aushebe machen, sonst wissen sie doch nich, wozu sie da sind.
Es geht in Schüben raus, die Wagen fahren immer zum Präsidium hin und her, die Bullen gehen hin und her, auf der Damentoilette ist Geschrei, eine Jungfrau liegt am Boden, ihr Kavalier steht dabei, was macht denn bloß der Kavalier in der Damentoilette. Das Mädel hat Krämpfe, sehen Sie doch; die Bullen lächeln, haben Sie Papiere, na, stimmt, dann bleiben Sie mal bei ihr da. Da schreit die noch weiter, passen Sie uff, wenn alles leer ist, steht sie uff und die beiden tanzen Tango. Ick sage, wer mir anfaßt, kriegt ein Kinnhaken, der zweite wäre Leichenschändung. Das Lokal ist fast leer. An der Tür steht ein Mann, den haben zwei Schupos gefaßt, er brüllt: ich war in Manchester, in London, in New York, so was passiert nicht in keine Großstadt, so was gibts nicht in Manchester, in London. Sie bringen ihn auf den Trab. Immer weg uffn Damm, wie befinden Sie sich, danke, grüßen Sie Ihren verstorbenen Ziehhund.

Döblin, Alfred, Berlin Alexanderplatz, Deutscher Taschenbuch Verlag, München [21]1979, S. 364 ff.

1. Analysieren Sie die Vielstimmigkeit des Textausschnitts in Bezug auf die Personen und die Funktion des Gesprochenen.
2. Inwieweit ist die Textstelle typisch für die Großstadt?

In seinem Roman „Der Mond und das Mädchen" gestaltet **Martin Mosebach** ein differenziertes, anschauliches und zugleich unterhaltsames Panorama deutscher Gegenwart, exemplarisch dargestellt am jungen Paar Hans und Ina, das in seiner Liebesgeschichte auch Einblicke in das Großstadtleben Frankfurt bietet.

Der Mond und das Mädchen (2007) | Martin Mosebach

Aber davon abgesehen waren das Haus und seine Lage wohl so weit von allen Plänen und Vorstellungen entfernt, die das junge Paar bisher erwogen haben mochte, daß man sich fragen darf, warum der junge Mann bei seinem Anblick nicht auf dem Absatz umkehrte. Ein Eckhaus mit den vertrauenerweckenden Buntsandsteinquadern im Sockel, aber wie anders wirkte dieser Stein hier als in den schönen Wohnvierteln! Etwas Rauchig-Schmutziges lag über ihm, die Kälte eines gründerzeitlichen Spekulantenbaus. Der Hauptbahnhof, der nicht weit im Rücken des Hauses lag, war hier schon spürbar, längst vergangene Lokomotivenrußigkeit blieb hier noch vorstellbar. Das eigentliche große Hurenviertel lag auf der anderen Seite der vierspurigen Trasse, schon geradezu ein Stück Stadtautobahn, die dem Haus, vom Bahnhof zur Mainbrücke führend, gleichsam über die Zehen fuhr. Mit Basel hatte der Platz nicht das geringste zu tun. Es war bei der Benennung dieser städtischen Anlage, die „Platz" im eigentlichen Sinne gar nicht heißen dürfte, schon völlig willkürlich vorgegangen worden; ohne Rücksicht auf alte Orts- oder Flurnamen hatte man diesem Unort durch die Benennung den Anstrich falscher Weltläufigkeit gegeben. Die Stadt bröselte hier regelrecht auseinander. Es war, als habe sich in der Mitte der freien Fläche, die von der Autobahn eingenommen wurde, eine geologische Verwerfung ereignet, die die Häuserzeilen links und rechts der Fahrbahn gleichsam wegkippen ließ. Unten im Haus befand sich ein Schnellimbiß mit Namen „Lalibella", der von einem Äthiopier geführt wurde. Vorn brauste Verkehr, aber wenn man um das Haus herum in den Hof gelangte – dort war auch die Eingangstür –, herrschte plötzlich Ruhe. Nur ein Rauschen blieb, jenem Meeresrauschen verwandt, das Seereisende nach Wochen an Bord bei ihrer Rückkehr aufs Festland sogar vermissen. Ein erster Blick auf das Haus hätte dennoch genügen müssen. Die Vorstellung, mit Ina, einer Tochter der Frau von Klein, hier einzuziehen und ihr dieses Haus als tägliche Umgebung anzubieten, war, gelinde gesprochen, abwegig.

Wo sollte zum Beispiel für das Tägliche eingekauft werden? Dort drüben, diese Antwort fiel leicht. Ein pakistanischer Gemüseladen präsentierte seine Auberginen und Tomaten schön geordnet am Rand des Verkehrsgebrauses. Wesenlos, raumlos und häßlichfrostig sah es hier auf den ersten und zweiten Blick aus, aber dann sah man, daß sich die menschlichen Ameisen überall in Ritzen und Spalten der toten Gebäude kleine Lebensräume geschaffen hatten: die philippinische Wäscherei, der bengalische Zeitungskiosk, das Tattoo-Studio, das islamische Reisebüro – Spezialität: die Hedschra nach Mekka und Medina –, das libanesische Restaurant mit dem draußen groß angekündigten „All you can eat"-Sonntagsfrühstück-Angebot. [...]

In der Stunde, die Hans mit seinen ukrainischen Hilfstruppen oben unterm Dach zugebracht hatte – es lag aber noch ein niedriger Speicher über der Wohnung, ganz ungehemmt prallte die Sonne nicht auf sie herab –, in der weißen Welt, die Kühle suggerierte, auch wenn einem bei ihrem Anblick der Schweiß herunterrann, war der Stehimbiß des Äthiopiers gleichsam umgewendet worden. Nach vorn zur Straße hin hatte der Mann einen eisernen Rolladen herabgezogen, dafür aber standen im Hof nun ein paar Klappstühle, und der Äthiopier holte für die Gäste, die sich hier niedergelassen hatten, die Flaschen durch die Hintertür seines Geschäftes. Das war eine Improvisation des Sommers. Die Polizei hätte vermutlich etwas dagegen gehabt, daß hier nun nicht mehr bloß gestanden, sondern nach Ladenschluß sogar gesessen wurde, aber da waren sich die Versammelten einig: Wenn wirklich ein Polizist um die Ecke gebogen wäre, hätte man die Zusammenkunft als private Feier bezeichnet. [...]

Souad war der Herr dieser Versammlung, wie sich herausstellte, ein Despot, der die Ukrainer und Hans weniger willkommen hieß, als daß er sie im Befehlston zum Hinsetzen und Mittrinken aufforderte. Ein Blick aus seinen unruhigen Augen mußte genügen, den Äthiopier ins Haus und an den großen Eisschrank mit den Getränken zu beordern, denn inzwischen hatte das Telephon an Souads Brust gezittert. Er wollte in seiner Ratlosigkeit immer an mehreren Orten zugleich wirken. [...]

„Sie haben hier den Riesenvorteil, daß ich tagsüber oft in der Autowaschanlage bin und von dort aus alles am Haus überblicken kann", sagte Abdallah Souad. „Es kann praktisch niemand das Haus betreten, ohne daß ich das weiß." Es wurde ihm, in dem Augenblick, da er sich rühmte, wohl selbst klar, daß man diese vollkommene Überwachung vielleicht nicht nur genießen mochte. Er fügte deshalb hinzu, daß er oft, allzu oft gar nicht hinüberschaue, er sei mit den eigenen Angelegenheiten mehr als belastet. Das Personal der Autowaschanlage, gegenwärtig zwei Männer, einer aus Ghana, der andere aus Albanien, bedürften eiserner Aufsicht. Es wisse heute niemand mehr, was Arbeit sei.

„Arbeit", sagte Abdallah Souad mit anklagendem Nachdruck, „ein Fremdwort. Das muß überhaupt erst wieder gelernt werden." Barbara war mit dem Taxi davongefahren, und es war der Äthiopier, der ihr mit unwandelbarem Lächeln den Schlag geöffnet hatte. Souad blieb mürrisch sitzen, hatte sich sitzend von Barbara, deren Lockenschlangen bei dieser Prozedur seinen Kopf verbargen, auf die Wangen küssen lassen, wobei sie, in dem Bestreben, aus der flüchtigen Berührung mit den Lippen mehr zu machen, als es war, „Mm" und „Mm" bei jedem Kuß machte, und schaute ihr mit leerem Blick hinterher, als ein solchermaßen Geküßter wohl gar mit einem gewissen Recht. Wie sie kicherte und mit vorgestrecktem Popo in engen, dünnen Hosen schauspielerisch küßte, war sie vielleicht gar ein bißchen beschwipst. Frau Mahmouni harrte ungerührt weiter in der Nacht aus. Sie saß so hingegossen in dem Kunststoffklappstuhl, als entspanne sie sich nach Vorstellung bei der englischen Königin in einem Teezelt auf dem Rasen des Buckingham-Palastes. Jetzt wandte sie sich dem Äthiopier zu und sprach raunend und eindringlich in sein zart gelbliches Ohr. Später wurde klar, daß sie stets so lange ausharrte wie er, weil er sie nach Hause brachte. Er war Nachtportier in dem Hotel, in dem Frau Mahmouni wohnte.

Mosebach, Martin, Der Mond und das Mädchen. Roman, Hanser Verlag, München 2007, S. 22 ff., S.31 ff., S. 40 f., gekürzt

1. Fassen Sie den Textauszug kurz zusammen.
2. Welches Bild einer modernen Großstadtgesellschaft entwirft Mosebach im Romanauszug?
3. Charakterisieren Sie die Figur Souad.
4. Können Sie Hans' Wohnungswahl nachvollziehen?

Auf der beigefügten CD finden Sie zusätzlich Auszüge aus folgenden Romanen mit Arbeitsaufträgen:
- „Effi Briest" von Theodor Fontane
- „Der Untertan" von Heinrich Mann
- „Das Spinnennetz" von Joseph Roth
- „Transit" von Anna Seghers

Titelauswahl moderner Gesellschaftsromane bis 1945

Mann, Heinrich:	Professor Unrat (1905)
Christ, Lena:	Erinnerungen einer Überflüssigen (1912)
Mann, Thomas:	Der Zauberberg (1924); Doktor Faustus (1944/47)
Hesse, Hermann:	Der Steppenwolf (1927)
Remarque, Erich Maria:	Im Westen nichts Neues (1929)
Feuchtwanger, Lion:	Erfolg (1930); Geschwister Oppermann (1933); Exil (1940)
Roth, Joseph:	Radetzkymarsch (1932)
Fallada, Hans:	Kleiner Mann, was nun? (1932)
Graf, Oskar Maria:	Anton Sittinger (1937)
Zweig, Stefan:	Ungeduld des Herzens (1938)
Seghers, Anna:	Das siebte Kreuz (1942)

Der Ufa-Film „Der blaue Engel" mit Marlene Dietrich in der Hauptrolle ist nach dem Roman „Professor Unrat" von Heinrich Mann entstanden.

III Erzählen um die Jahrhundertwende

Die Zeit um 1900 wird generell als eine Zeit einschneidender Veränderungen, ja eines revolutionären Umbruchs gewertet. In der Musik und Malerei lassen sich radikale Neuansätze, z. B. Atonalität und Abstraktion, ebenso beobachten wie in der Literatur. **Modernes Erzählen** reagiert intensiv auf neue natur- und geisteswissenschaftliche Strömungen. Beispielsweise bewirken die Relativitätstheorie Einsteins und Freuds Tiefenpsychologie grundsätzliche **Zweifel am überkommenen Welt- und Menschenbild**. Der Allwissenheitsanspruch auktorialen Erzählens wird ebenso bezweifelt wie die Durchschaubarkeit und Eindeutigkeit des Ich und deren literarischer Darstellung.
Damit geht einher der Abschied vom autonomen und unverwechselbaren Helden, der in einen kontinuierlichen und schlüssigen Handlungsablauf eingebunden war. Der Erzähler stellt nun seine Personen als isolierte, entfremdete, gespaltene Figuren in einer Massengesellschaft dar, die die Existenz bis hin zur psychischen Zerstörung bedroht.
Anstelle der auktorialen Erzählhaltung tritt in der neueren Prosa verstärkt die **personale Erzählsituation**, in der die Wahrnehmung einer fiktionalen Figur bestimmend für den Erzählvorgang wird.
Der auktoriale Erzähler der traditionellen Prosaformen bevorzugte für die Wiedergabe der Rede seiner handelnden Figuren die direkte oder indirekte Rede, d. h., der Leser „hört“ die Gespräche der Handlungspersonen entweder im Wortlaut mit oder erfährt sie – oft in geraffter Form – durch den referierenden Erzähler. In beiden Fällen handelt es sich um gesprochene Rede; für die „gedachte Rede“ (Gedanken) der Figuren ist der Leser auf die Vermittlung durch den allwissenden Erzähler bzw. den Ich-Erzähler angewiesen.
Der **moderne Erzähler** lässt den Leser immer häufiger, ausführlicher und unmittelbarer an den Gedanken seiner fiktionalen Figuren teilhaben. Hierbei wird der Leser unvermittelt in die Gedanken- und Gefühlswelt der jeweiligen Personen hineinversetzt, ohne dass er noch die vermittelnde Instanz eines Erzählers spürt, weil dieser sich gleichsam aus dem Erzählvorgang zurückgezogen hat.
Die Zunahme dieser neueren Formen der **Personenrede** in der modernen Prosa hängt mit der Verlagerung des Erzählinteresses weg von der äußeren Handlung und hin zum inneren Geschehen zusammen: Die Abenteuer finden im Kopf statt. Neben anderen Werken der europäischen Literatur sind in diesem Zusammenhang vor allem die Romane „Ulysses“ (1922; deutsch 1927) des Iren James Joyce (1882–1941) und „Auf der Suche nach der verlorenen Zeit“ des Franzosen Marcel Proust (1871–1922) wegweisend geworden.
Moderne Prosa reagiert auf die zeitspezifischen Krisenphänomene auch mit einer **Fragmentarisierung** (Zerstückelung) der Handlung in isolierte Einzelteile, in denen sich die Zusammenhanglosigkeit und Verlorenheit menschlicher Existenz spiegelt. Am Ende der Handlungsauflösung steht der fast völlige Verzicht auf äußeres Geschehen zugunsten einer Verlagerung auf innere Vorgänge des Denkens und Fühlens, was sich an der Zunahme der **erlebten Rede** und des **inneren Monologs** ablesen lässt.

Diesen Auflösungstendenzen unterliegt auch die Zeitstruktur: Das chronologische Erzählen wird häufig durch die **Simultantechnik** ersetzt, bei der sich die Zeitebenen überlagern, sodass die Kontinuität der Darstellung nicht mehr gegeben ist.
Im Vergleich zum traditionellen Erzählen geht es dem modernen Roman oft nicht mehr um den Fortgang einer Handlung, sondern um den Zustand des Menschen und seiner Welt. Damit verbunden ist die Abkehr von chronologischen linearen Erzählstrukturen, die durch Techniken der Montage und Simultaneität (Gleichzeitigkeit) ersetzt werden. Mit **„Montagetechnik“** bezeichnet man den Einbau von zunächst fremd wirkenden Handlungsmotiven oder Textelementen, wobei die Methode der Einfügung unterschiedlich sein kann: Wenn dieses Montagematerial bruchlos in den Erzählablauf hineinkomponiert wird, entsteht der Eindruck eines organischen Ganzen, dessen ursprüngliche Einzelteile erst durch

Quellenstudien erschlossen werden können. So hat z. B. Thomas Mann in seinen Romanen nachweislich ganze Kapitel aus geistes- und naturwissenschaftlichen Werken verarbeitet. Auffallender und für modernes Erzählen bezeichnender ist jene Methode, bei der Montagematerial als solches kenntlich bleibt und nicht im Erzählvorgang aufgeht. Der Autor fügt also in sein Erzählen Passagen derart abrupt und kontrastierend ein, dass sie auf den ersten Blick als Fremdkörper wirken. Diese Montagetechnik ähnelt sehr stark der **Collagetechnik** in der modernen Malerei. Das Material für die literarische Montagetechnik nimmt der Autor sowohl aus der zeitgenössischen Alltagswelt als auch aus der kulturellen Überlieferung. Damit gewinnt der Roman eine über die engere Romanhandlung hinausweisende Dimension.
Der Komplexität der modernen Welt entspricht in der modernen Literatur auch das Bemühen, **Zeiten** und **Räume** in einer Art **Gleichzeitigkeit (Simultaneität)** verfügbar zu machen. Vergangenheit, Gegenwart und Zukunft verschmelzen gleichsam zu einer „Ver-gegen-kunft"; gestern, heute und morgen fallen in der Simultantechnik modernen Erzählens zusammen. Das Ich verliert seine festen Umrisse und löst sich in einer Vielzahl zeitlicher und räumlicher Einzelelemente auf, atomisiert sich in Gedankensplitter und Gefühlsmomente, in Erinnerungen, Assoziationen und Ahnungen.

Arthur Schnitzlers „Leutnant Gustl" (1900) gilt als ein frühes Beispiel für den **inneren Monolog** in der deutschsprachigen Literatur. Fast die ganze Erzählung ist ein solcher innerer Monolog, in dem sich die Titelfigur mit einem Konzertbesuch und einem anschließenden Zwischenfall beschäftigt. Nach einer Rangelei an der Garderobe provoziert ein Bäckermeister den standesbewussten Leutnant.

Leutnant Gustl (1900) | Arthur Schnitzler

„Herr Leutnant, wenn Sie das geringste Aufsehen machen, so zieh' ich den Säbel aus der Scheide, zerbrech' ihn und schick' die Stück' an Ihr Regimentskommando. Versteh'n Sie mich, Sie dummer Bub?" Was hat er g'sagt? Mir scheint, ich träum'! Red't er wirklich zu mir? Ich sollt' was antworten ... Aber der Kerl macht ja Ernst – der zieht wirklich den Säbel heraus. Herrgott – er tut's! ... Ich spür's, er reißt schon d'ran! Was red't er denn? ... Um Gottes willen, nur kein' Skandal – – Was red't er denn noch immer? „Aber ich will Ihnen die Karriere nicht verderben ... Also, schön brav sein! ... So, hab'n S' keine Angst, 's hat niemand was gehört ... es ist schon alles gut ... so! Und damit keiner glaubt, daß wir uns gestritten haben, werd' ich jetzt sehr freundlich mit Ihnen sein! – Habe die Ehre, Herr Leutnant, hat mich sehr gefreut – habe die Ehre!"
Um Gottes willen, hab' ich geträumt? ... Hat er das wirklich gesagt? ... Wo ist er denn? ... Da geht er ... Ich müßt' ja den Säbel ziehen und ihn zusammenhauen –. Um Gottes willen, es hat's doch niemand gehört? ... Nein, er hat ja nur ganz leise geredet, mir ins Ohr ... Warum geh' ich denn nicht hin und hau' ihm den Schädel auseinander? ... Nein, es geht ja nicht, es geht ja nicht ... gleich hätt' ich's tun müssen ... Warum hab' ich's denn nicht gleich getan? ... Ich hab's ja nicht können ... er hat ja den Griff nicht auslassen, und er ist zehnmal stärker als ich ... Wenn ich noch ein Wort gesagt hätt', hätt' er mir wirklich den Säbel zerbrochen ...
Ich muß ja noch froh sein, daß er nicht laut geredet hat! Wenn's ein Mensch gehört hätt', so müßt' ich mich ja s t a n t e p e d e erschießen ... Vielleicht ist es doch ein Traum gewesen ... Warum schaut mich denn der Herr dort an der Säule so an? – Hat der am End' was gehört? ... Ich werd' ihn fragen ... Fragen? – Ich bin ja verrückt! – Wie schau' ich denn aus? – Merkt man mir was an? – Ich muß ganz blaß sein. – Wo ist der Hund? ... Ich muß ihn umbringen! ... Fort ist er ... Überhaupt schon ganz leer ... Wo ist denn mein Mantel? Ich hab' ihn ja schon angezogen ... Ich hab's gar nicht gemerkt ... Wer hat mir denn geholfen? ... Ah, der da ... dem muß ich ein Sechserl geben ... So! ... Aber was ist denn das? Ist es denn wirklich gescheh'n? Hat wirklich einer so zu mir geredet? Hat mir wirklich einer „dummer Bub" gesagt? Und ich hab' ihn nicht auf der Stelle zusammengehauen? ... Aber ich hab' ja nicht können ... er hat ja eine Faust gehabt wie Eisen ... ich bin ja dagestanden wie angenagelt ... Nein, ich muß den Verstand verloren gehabt haben, sonst hätt' ich mit der anderen Hand ... Aber da hätt' er ja meinen Säbel herausgezogen und zerbrochen, und aus wär's gewesen – Alles wär' aus gewesen! Und nachher, wie er fortgegangen ist, war's zu spät ... ich hab' ihm doch nicht den Säbel von hinten in den Leib rennen können ...

Was, ich bin schon auf der Straße? Wie bin ich denn da herausgekommen? – So kühl ist es ... ah, der Wind, der ist gut ... Wer ist denn das da drüben? Warum schau'n denn die zu mir herüber? Am End' haben die was gehört ... Nein, es kann niemand was gehört haben ... ich weiß ja, ich hab mich gleich nachher umgeschaut! Keiner hat sich um mich gekümmert, niemand hat was gehört ... Aber gesagt hat er's, wenn's auch niemand gehört hat; gesagt hat er's doch. Und ich bin dagestanden und hab' mir's gefallen lassen, wie wenn mich einer vor den Kopf geschlagen hätt'! ... Aber ich hab' ja nichts sagen können, nichts tun können; es war ja noch das einzige, was mir übrig geblieben ist: stad sein, stad sein! ... 's ist fürchterlich, es ist nicht zum Aushalten; ich muß ihn totschlagen, wo ich ihn treff! ... Mir sagt das einer! Mir sagt das so ein Kerl, so ein Hund! Und er kennt mich ... Herrgott noch einmal, er kennt mich, er weiß, wer ich bin! ... Er kann jedem Menschen erzählen, daß er mir das g'sagt hat! ... Nein, nein, das wird er ja nicht tun, sonst hätt' er auch nicht so leise geredet ... er hat auch nur wollen, daß ich es allein hör'! ... Aber wer garantiert mir, daß er's nicht doch erzählt, heut' oder morgen, seiner Frau, seiner Tochter, seinen Bekannten im Kaffeehaus. – – Um Gottes willen, morgen seh' ich ihn ja wieder! Wenn ich morgen ins Kaffeehaus komm', sitzt er wieder dort wie alle Tag' und spielt seinen Tapper mit dem Herrn Schlesinger und mit dem Kunstblumenhändler ... Nein, nein, das geht ja nicht, das geht ja nicht ... Wenn ich ihn seh', so hau' ich ihn zusammen ... Nein, das darf ich ja nicht ... gleich hätt' ich's tun müssen, gleich! ... Wenn's nur gegangen wär'! ... Ich werd' zum Obersten geh'n und ihm die Sache melden ... ja, zum Obersten ... Der Oberst ist immer sehr freundlich – und ich werd' ihm sagen: Herr Oberst, ich melde gehorsamst, er hat den Griff gehalten, er hat ihn nicht aus'lassen; es war genau so, als wenn ich ohne Waffe gewesen wäre ... – Was wird der Oberst sagen? – Was er sagen wird? – Aber da gibt's ja nur eins: quittieren mit Schimpf und Schand' – quittieren! ... Sind das Freiwillige da drüben? ... Ekelhaft, bei der Nacht schau'n sie aus, wie Offiziere ... sie salutieren! – Wenn die wüßten – wenn die wüßten ... – ...

Schnitzler, Arthur, Leutnant Gustl, Fräulein Else, Fischer Verlag, Frankfurt/M. 1961, S. 16 ff.

1. Arbeiten Sie aus Schnitzlers Text die wichtigsten Stationen der Assoziationskette stichwortartig heraus.
2. Wie hätte ein auktorialer Erzähler die Gedanken des Leutnants wiedergegeben? Verfassen Sie einen gerafften Erzählerbericht.
3. Wie gestaltet Schnitzler diesen inneren Monolog stilistisch?

In **Kafkas** Erzählung „Das Urteil" (1912) erfährt der Leser die Gedanken der Hauptfigur Georg Bendemann in Form der erlebten Rede.

Das Urteil (1912) | Franz Kafka

DAS URTEIL

Eine Geschichte für Fräulein Felice B.

Es war an einem Sonntagvormittag im schönsten Frühjahr. Georg Bendemann, ein junger Kaufmann, saß in seinem Privatzimmer im ersten Stock eines der niedrigen, leichtgebauten Häuser, die entlang des Flusses in einer langen Reihe, fast nur in der Höhe und Färbung unterschieden, sich hinzogen. Er hatte gerade einen Brief an einen sich im Ausland befindenden Jugendfreund beendet, verschloß ihn in spielerischer Langsamkeit und sah dann, den Ellbogen auf dem Schreibtisch gestützt, aus dem Fenster auf den Fluß, die Brücke und die Anhöhen am anderen Ufer mit ihrem schwachen Grün.

Er dachte darüber nach, wie dieser Freund, mit seinem Fortkommen zu Hause unzufrieden, vor Jahren schon nach Rußland sich förmlich geflüchtet hatte. Nun betrieb er ein Geschäft in Petersburg, das anfangs sich sehr gut angelassen hatte, seit langem aber schon zu stocken schien, wie der Freund bei seinen immer seltener werdenden Besuchen klagte. So arbeitete er sich in der Fremde nutzlos ab, der fremdartige Vollbart verdeckte nur schlecht das seit den Kinderjahren wohlbekannte Gesicht, dessen gelbe Hautfarbe auf eine sich entwickelnde Krankheit hinzudeuten schien. Wie er erzählte, hatte er keine rechte Verbindung mit der dortigen Kolonie seiner Landsleute, aber auch fast keinen gesellschaftlichen Verkehr

mit einheimischen Familien und richtete sich so für ein endgültiges Junggesellentum ein.
Was sollte man einem solchen Manne schreiben, der sich offenbar verrannt hatte, den man bedauern, dem man aber nicht helfen konnte. Sollte man ihm vielleicht raten, wieder nach Hause zu kommen, seine Existenz hierher zu verlegen, alle die alten freundschaftlichen Beziehungen wieder aufzunehmen – wofür ja kein Hindernis bestand – und im übrigen auf die Hilfe der Freunde zu vertrauen? Das bedeutete aber nichts anderes, als daß man ihm gleichzeitig, je schonender, desto kränkender, sagte, daß seine bisherigen Versuche mißlungen seien, daß er endlich von ihnen ablassen solle, daß er zurückkehren und sich als ein für immer Zurückgekehrter von allen mit großen Augen anstaunen lassen müsse, daß nur seine Freunde etwas verstünden und daß er ein altes Kind sei, das den erfolgreichen, zu Hause gebliebenen Freunden einfach zu folgen habe. Und war es dann noch sicher, daß alle die Plage, die man ihm antun müßte, einen Zweck hätte? Vielleicht gelang es nicht einmal, ihn überhaupt nach Hause zu bringen – er sagte ja selbst, daß er die Verhältnisse in der Heimat nicht mehr verstünde – und so bliebe er dann trotz allem in seiner Fremde, verbittert durch die Ratschläge und den Freunden noch ein Stück mehr entfremdet. Folgte er aber wirklich dem Rat und würde hier – natürlich nicht mit Absicht, aber durch die Tatsachen – niedergedrückt, fände sich nicht in seinen Freunden und nicht ohne sie zurecht, litte an Beschämung, hätte jetzt wirklich keine Heimat und keine Freunde mehr, war es da nicht viel besser für ihn, er blieb in der Fremde, so wie er war? Konnte man denn bei solchen Umständen daran denken, daß er es hier tatsächlich vorwärts bringen würde? [...]

Kafka, Franz, Sämtliche Erzählungen, hrsg. von Paul Raabe, Fischer Verlag, Frankfurt/M. 1970, S. 23 ff.

1. Mit welchen Wortfeldern wird die Situation des Freundes vorgestellt?
2. Überlegen Sie, welche Wirkung Kafka mit der wiederholten Verwendung des Indefinitivpronomens „man" erreicht?
3. Wie unterscheiden sich formal und inhaltlich die erlebte Rede Georg Bendemanns und der innere Monolog Leutnant Gustls?

Viele Erzähler seit der Jahrhundertwende zeigen den Menschen in einer **Bewusstseins-, Identitäts- und Sprachkrise** (vgl. Hofmannsthal, Hugo von, „Brief des Lord Chandos", 1902). Das Individuum weiß nicht mehr sicher, wer es ist, wo es steht und wie es sich sprachlich artikulieren und vermitteln soll. Die Welt ist rätselhaft und absurd, das Leben widersprüchlich und gefährdet, die Gesellschaft anonym und fremd, die Wörter sind wirklichkeitsfern und sinnentleert. Weil die Sprache zur Erfassung der Wirklichkeit nicht mehr taugt, greift der moderne Autor zu stilistischen Mitteln des verfremdenden Erzählens: Stilwechsel, Ironie, Satire, Parodie, Montage.

In den „Aufzeichnungen des Malte Laurids Brigge" von **Rainer Maria Rilke** durchlebt die Titelfigur, der Sohn eines dänischen Kammerherrn, während eines Aufenthaltes in Paris eine zeittypische existenzielle Krise.

Aufzeichnungen des Malte Laurids Brigge (1910) | Rainer Maria Rilke

Es ist lächerlich. Ich sitze hier in meiner kleinen Stube, ich, Brigge, der achtundzwanzig Jahre alt geworden ist und von dem niemand weiß. Ich sitze hier und bin nichts. Und dennoch, dieses Nichts fängt an zu denken und denkt, fünf Treppen hoch, an einem grauen Pariser Nachmittag diesen Gedanken:
Ist es möglich, denkt es, daß man noch nichts Wirkliches und Wichtiges gesehen, erkannt und gesagt hat? Ist es möglich, daß man Jahrtausende Zeit gehabt hat, zu schauen, nachzudenken und aufzuzeichnen, und daß man die Jahrtausende hat vergehen lassen wie eine Schulpause, in der man sein Butterbrot ißt und einen Apfel?
Ja, es ist möglich.
Ist es möglich, daß man trotz Erfindungen und Fortschritten, trotz Kultur, Religion und Weltweisheit an der Oberfläche des Lebens geblieben ist? Ist es möglich, daß man sogar diese Oberfläche, die doch immerhin etwas gewesen wäre, mit einem unglaublich langweiligen Stoff überzogen hat, so daß sie aussieht,

wie die Salonmöbel in den Sommerferien?
Ja, es ist möglich.
Ist es möglich, daß die ganze Weltgeschichte mißverstanden worden ist? Ist es möglich, daß die Vergangenheit falsch ist, weil man immer von ihren Massen gesprochen hat, gerade, als ob man von einem Zusammenlauf vieler Menschen erzählte, statt von dem Einen zu sagen, um den sie herumstanden, weil er fremd war und starb?
Ja, es ist möglich.
Ist es möglich, daß man glaubte, nachholen zu müssen, was sich ereignet hat, ehe man geboren war? Ist es möglich, daß man jeden einzelnen erinnern müßte, er sei ja aus allen Früheren entstanden, wüßte es also und sollte sich nichts einreden lassen von den anderen, die anderes wüßten?
Ja, es ist möglich.
Ist es möglich, daß alle diese Menschen eine Vergangenheit, die nie gewesen ist, ganz genau kennen? Ist es möglich, daß alle Wirklichkeiten nichts sind für sie; daß ihr Leben abläuft, mit nichts verknüpft, wie eine Uhr in einem leeren Zimmer?
Ja, es ist möglich.
Ist es möglich, daß man von den Mädchen nichts weiß, die doch leben? Ist es möglich, daß man ‚die Frauen' sagt, ‚die Kinder', ‚die Knaben' und nicht ahnt (bei aller Bildung nicht ahnt), daß diese Worte längst keine Mehrzahl mehr haben, sondern nur unzählige Einzahlen?
Ja, es ist möglich.
Ist es möglich, daß es Leute gibt, welche ‚Gott' sagen und meinen, das wäre etwas Gemeinsames? – Und sieh nur zwei Schulkinder: Es kauft sich der eine ein Messer, und sein Nachbar kauft sich ein ganz gleiches am selben Tag. Und sie zeigen einander nach einer Woche die beiden Messer, und es ergibt sich, daß sie sich nur noch ganz entfernt ähnlich sehen, – so verschieden haben sie sich in verschiedenen Händen entwickelt. (Ja, sagt des einen Mutter dazu: wenn ihr auch gleich immer alles abnutzen müßt. –) Ach so: Ist es möglich, zu glauben, man könne einen Gott haben, ohne ihn zu gebrauchen?
Ja, es ist möglich.
Wenn aber dieses alles möglich ist, auch nur einen Schein von Möglichkeit hat, – dann muß ja, um alles in der Welt, etwas geschehen. Der Nächstbeste, der, welcher diesen beunruhigenden Gedanken gehabt hat, muß anfangen, etwas von dem Versäumten zu tun; wenn es auch nur irgend einer ist, durchaus nicht der Geeignetste: es ist eben kein anderer da. Dieser junge, belanglose Ausländer, Brigge, wird sich fünf Treppen hoch hinsetzen müssen und schreiben, Tag und Nacht. Ja er wird schreiben müssen, das wird das Ende sein.

Rilke, Rainer Maria, Die Aufzeichnungen des Malte Laurids Brigge, Insel Taschenbuch Verlag, Frankfurt/M. 1982, S. 23 ff.

1. Welche Krisenphänomene lassen sich in diesem Textausschnitt erkennen?
2. Wie gestaltet Rilke die Textpassage erzähltechnisch und stilistisch?
3. Kann sich ein heutiger Leser in den Fragen des Malte Laurids Brigge wiederfinden?

IV Erzählen nach 1945

1 Abrechnung mit Faschismus und Restauration: Wolfgang Koeppen

Wolfgang Koeppen (1906–1996)

Von Wolfgang Koeppen, Jahrgang 1906, erschienen in den 50er-Jahren drei Romane (vgl. S. 500), mit denen er sofort einer der wichtigsten Autoren der deutschen Nachkriegsliteratur wurde. Seit dieser Zeit veröffentlichte er zwar viele Reiseberichte, Essays und Kritiken, auch kürzere Prosawerke, wie z. B. den Band „Jugend", aber keinen umfangreicheren Roman mehr. Mit seinen Romanen zählt Koeppen zu den deutschsprachigen Prosaschriftstellern, die nach dem Zweiten Weltkrieg die Verbindung zur modernen Weltliteratur wieder herstellten, die durch das Dritte Reich unterbrochen war. Alle drei Werke, am stärksten das erste, zeichnen sich durch den souveränen Umgang ihres Verfassers mit den Mitteln des **modernen Erzählens** aus: Zersplitterung der Handlung in Einzelteile, Simultaneität, Perspektivenwechsel, innerer Monolog, Montagetechnik; dazu eine neoexpressionistische Sprache mit Ellipsen, Reihungen, Assoziationsketten, mythologischen Anspielungen, Symbolen und Metaphern. Der Einzelgänger Koeppen ist aber nicht nur wegen der Verwendung dieser oft raffinierten literarischen Techniken ein schwierig zu lesender Schriftsteller – auf den Widerstand vieler Leser stießen auch die Themen und Inhalte, Einstellungen und Anschauungen seiner Bücher. Koeppen war einer der radikalsten **Kritiker** der **frühen Nachkriegsgeschichte** bzw. Nachkriegspolitik in Westdeutschland.
Seine Werke wenden sich ganz entschieden gegen die gesellschaftlichen und politischen Entwicklungen nach 1945; er zeichnet ein Westdeutschland, das die schreckliche Hinterlassenschaft des Dritten Reiches nicht aufarbeitet (Vergangenheitsbewältigung), sondern dessen Ideologie – versteckt und verändert zwar – in vieler Hinsicht fortsetzt (**Restauration**). Der **Moralist** und **Zeitkritiker** Koeppen scheut dabei vor keiner Überzeichnung, Einseitigkeit oder Parteilichkeit zurück, um vor einem erneuten Aufleben des Militarismus und Nationalismus, des autoritären Machtmissbrauchs und des fremdenfeindlichen Rassismus zu warnen. Er kritisiert den Kalten Krieg, prophezeit die Zerstörung der Welt und befürchtet den Verlust positiver menschlicher Beziehungen.

Das Nachwirken der nationalsozialistischen Gesinnung in der Bundesrepublik und die erneute politische Karriere ehemaliger Funktionäre und Machtträger des Dritten Reiches klagt **Koeppen** am schärfsten in seinem dritten Nachkriegsroman „Der Tod in Rom" (1954) an. Ein ehemaliger SS-General mit dem bezeichnenden Namen Judejahn, der sich nach Kriegsende in die arabische Welt abgesetzt hat und dort als Militärberater und Waffenschieber tätig ist, trifft in Rom mit seinem Schwager zusammen, der trotz seiner nationalsozialistischen Vergangenheit schon wieder Oberbürgermeister einer westdeutschen Stadt ist. Die Söhne der beiden Männer, der eine ein Priester, der andere ein Komponist, vertreten die politische und moralische Gegenposition zu ihren Vätern. Sie ebenso wie die jeweiligen Mütter bzw. Ehefrauen halten sich ebenfalls in Rom auf, sodass ein verhängnisvolles Familientreffen nicht mehr aufzuhalten ist. Der Massenmörder Judejahn bereitet sich in seinem Hotelzimmer auf das Treffen vor:

Der Tod in Rom (1954) | Wolfgang Koeppen

Der dunkle Anzug war auch nicht der richtige. Judejahn sah wie ein fetter Konfirmand aus, und es erboste ihn, wie er nun daran dachte, daß sein Vater, der Volksschullehrer, ihn gezwungen hatte, so brav gekleidet zum Altar des Herrn zu schreiten. Das war neunzehnhundertfünfzehn gewesen, er wollte ins Feld, von der Schule fort, aber man nahm den kleinen Gottlieb nicht, und dann hatte er sich gerächt, das Notabitur warf man ihm neunzehnhundertsiebzehn nach, und er kam zum Offizierskurs, nicht ins Feld, und dann wurde er Leutnant, nicht im Feld, aber dann pfiffen doch noch Kugeln um Judejahn, Freikorpskrieg, Annabergschlachten, Spartakuskämpfe, Kapptage, Ruhrmaquis und schließlich die Genickschußpatrouille im Femewald. Das war seine Boheme, das war seine Jugend, und schön ist die Jugend, sagte das Lied, und sie kam nicht wieder. In Hitlers Dienst wurde Judejahn bürgerlich, arrivierte, setzte Speck an, trug hohe Titel, heiratete und verschwägerte sich mit dem Märzveilchen, dem immerhin Kappwaffenbruder, dem Nutznießer und Karriereschleicher, dem Oberpräsidenten und Oberbürgermeister, dem Führergeldverwalter und Spruchkammermitläufer; und jetzt wieder Obenauf, altes vom Volk wiedergewähltes Stadtoberhaupt, streng demokratisch wiedereingesetzt, das verstand sich bei dem von selbst, mit dem also verschwägerte er sich, mit Friedrich Wilhelm Pfaffrath, den er für ein Arschloch hielt und dem er sich in einer schwachen Stunde brieflich zu erkennen gegeben hatte, sie sollten nicht weinen, denn er sei gut im Kraut; und dann hatte er in dieses idiotische Wiedersehen in Rom gewilligt. Der Schwager schrieb, er wollt's ihm richten. Was wohl? Die Heimkehr, die Entsühnung, die Begnadigung und schließlich ein Pöstchen? Gab mächtig an der Mann. Wollte Judejahn denn heimkehren? Brauchte er den Schein der Entsühnung, die Freiheit der Begnadigung? Er war frei; hier lag die Liste seiner Geschäfte. Er hatte Waffen zu kaufen, Panzer, Kanonen, Flugzeuge, Restbestände, für das kommende große Morden schon unrationell gewordene Maschinen, aber für den kleinen Wüstenkrieg, für Putsch und Aufstand noch schön verwendbar. Judejahn war bei Banken akkreditiert, er war bevollmächtigt. Er hatte mit Waffenschiebern aus beiden Hemisphären zu handeln. Er hatte alte Kameraden anzuwerben. Er saß im Spiel. Es machte ihm Spaß. Was galt da die Familie? Eine Kackergesellschaft. Man mußte hart sein. Aber Eva war ihm treu gewesen, eine treue deutsche Frau, das Musterexemplar, für das zu leben und zu kämpfen man vorgab; und manchmal glaubte man daran. Er fürchtete sich. Er fürchtete sich vor Eva, der ungeschminkten und haargeknoteten, dem Frauenschaftsweib, der Endsieggläubigen, sie war in Ordnung, gewiß, aber nichts zog ihn zu ihr. Überdies war sie wohl abgekämpft. Und sein Sohn? Eine sonderbare Ratte. Was verbarg sich hinter der unglaublichen Maskerade? In Briefen wurden Wandlungen angedeutet. Er konnte sie nicht fassen. Er breitete einen Stadtplan von Rom wie eine Generalstabskarte vor sich aus. Er mußte die Via Ludovisi hinuntergehen, dann die Spanische Treppe, von deren Höhe er mit einem Geschütz die Stadt beherrschen würde, ja und dann in die Via Condotti, zu dem spießbürgerlichen Hotel, in dem sie alle untergekrochen waren und auf ihn warteten. Natürlich hatte er auch dort wohnen sollen, im von Deutschen bevorzugten Haus, wie es die Reiseführer nannten, in Heimatenge und Familiendunst, und Friedrich Wilhelm Pfaffrath, der allzeit vernünftige Vertreter vernünftiger und durchsetzbarer nationaler Ansprüche, Pfaffrath, der es wieder geschafft hatte und sich vielleicht gar als der Klügere fühlte, weil er wieder an der Krippe saß und bereit war zu neuem deutschem Aufstieg, Schwager Pfaffrath, Oberbürgermeister und angesehener Bundesbürger, hatte ihn wohl unter Dach und Schutz nehmen wollen, ihn, den vermeintlich Gejagten, so hatte er es sich wohl ausgemalt, den Umhergetriebenen wollte er an die Brust ziehen, und ausdrücklich vergeben sei das angerichtete Ungemach, Fragebogenangst und Spruchkammerwäsche. […]

Der Oberbürgermeister war wahrscheinlich mit eigenem Wagen nach Rom gereist, zu einem Mercedes reichte es wohl wieder, oder die Stadt stellte das Vehikel zur schönen Fahrt; Italien, Land der Sehnsucht Land der Deutschen, und Pfaffrath, der Deutsche, hatte seinen ledergebundenen Goethe im Bücherschrank, und die Steuerkommentare, die neben dem Weimarer standen, einem verdächtigen Burschen, aus Weimar kam nie Gutes, las er genau, und jedenfalls ärgerte es Judejahn, daß er sich den Schwager schon wieder im Fett vorstellen mußte – war doch Verrat, hundsföttischer Verrat, der Kerl hätte krepieren sollen. Aber auch Judejahn konnte mit einem Wagen aufwarten, so war es nicht, daß er zu Fuß gehen mußte, nein, er ging freiwillig, er wollte zu Fuß hinüberwandern, zu Fuß ins bürgerliche Leben pilgern, das war hier wohl angemessen, angebracht in der Situation und der Stadt, er wollte Zeit gewinnen, und Rom, hieß es doch, Rom, wo die Pfaffen sich niedergelassen hatten und in den Straßen die Priesterröcke wimmelten, Rom, hieß es, sei eine schöne Stadt, auch Judejahn konnte sie sich einmal ansehen, das hatte er bisher versäumt, er hatte hier nur repräsentiert, er hatte hier nur befohlen, er hatte hier gewütet, jetzt konnte er Rom zu Fuß durchstreifen, konnte mitnehmen, was die Stadt bot an Klimadunst, an Geschichtsstätten, an raffinierten Huren und reicher Tafel. Warum sollte er es sich versagen? Er war lange in der Wüste gewesen, und Rom stand noch und lag nicht in Trümmern. Ewig nannte man Rom. Das waren Pfaffen und Professoren, die so schwärmten. Judejahn zeigte sein Mordgesicht. Er wußte es besser. Er hatte viele Städte verschwinden sehen.

Koeppen, Wolfgang, Tauben im Gras. Das Treibhaus. Der Tod in Rom. Drei Romane, Suhrkamp Verlag, München 1986, S. 445 ff., gekürzt

1. Schreiben Sie die (historischen) Stichwörter bzw. Begriffe/Namen heraus, deren Bedeutung Sie nicht kennen; informieren Sie sich darüber im Lexikon oder Geschichtsbuch.
2. Vergleichen Sie die beiden Personen Judejahn und Pfaffrath mithilfe einer systematischen Gegenüberstellung.
3. Welche Textstellen stießen Ihrer Meinung nach in den 50er-Jahren besonders auf die Ablehnung mancher Leser?

Werkauswahl Koeppen

Eine unglückliche Liebe (1934); Tauben im Gras (1951); Das Treibhaus (1953); Jugend (1976)

Verwandte Werke

Seghers, Anna:	Das siebte Kreuz (1946)
Fallada, Hans:	Jeder stirbt für sich allein (1946)
Aichinger, Ilse:	Die größere Hoffnung (1948)
Rinser, Luise:	Jan Lobel aus Warschau (1948)
Plievier, Theodor:	Stalingrad (1949)
Loest, Erich:	Jungen, die übrig blieben (1950)
Ledig, Gerd:	Die Vergeltung (1956)
Andersch, Alfred:	Die Kinder der Freiheit (1952); Sansibar oder der letzte Grund (1957)
Apitz, Bruno:	Nackt unter Wölfen (1958)
Fühmann, Franz:	Das Judenauto (1962)
Becker, Jurek:	Jakob der Lügner (1969)
Wolf, Christa:	Kindheitsmuster (1976)
Schnurre, Wolfdietrich:	Ein Unglücksfall (1981)
Walter, Otto F.:	Zeit des Fasans (1988)
Woelk, Ulrich:	Rückspiel (1993)
Hackl, Erich:	Sara und Simón (1994)
Beyer, Marcel:	Flughunde (1995); Kaltenburg (2008)
Schlink, Bernhard:	Der Vorleser (1995)
Missfeld, Jochen:	Die Steilküste (2005)

2 Gesellschaftskritik und Moral: Heinrich Böll

Unter allen deutschen Nachkriegsschriftstellern ist Heinrich Böll, geboren 1917 in Köln, derjenige, der nach innen und außen das Bild vom „neuen und besseren" Deutschland nach 1945, also von der zivilen und demokratischen Gesellschaft der Bundesrepublik, am wirkungsvollsten verkörperte. Er repräsentierte für sehr viele Menschen in Europa und anderen Erdteilen den humanen, zivilen, toleranten,

Heinrich Böll (1917–1985)

gerechten und demokratischen Nachkriegsstaat Bundesrepublik. Als er 1972, nach der Veröffentlichung seines umfangreichsten Romans „Gruppenbild mit Dame“ (1971), den Nobelpreis für Literatur erhielt, war das auch eine Auszeichnung und Ehrung Bölls als eine gesellschaftliche, politische und sittlich-moralische Instanz.

Der Erzähler, Essayist und Redner Böll glaubte zutiefst an eine ethische Verantwortung des Schriftstellers; sein Schreiben und Handeln waren getragen von einem ausgeprägten Sinn für Gerechtigkeit und Toleranz, von einer hartnäckigen, kompromisslosen Kritik an sozialen Missständen, aber ebenso von Menschlichkeit und Nächstenliebe. Hinter der häufig vorgetragenen Unzufriedenheit mit Staat und Politik, mit der kapitalistischen Wohlstandsgesellschaft und der Rolle der katholischen Kirche erscheint das Bild eines großen und starken Moralisten, verantwortungsvoll und bescheiden, nur selten unversöhnlich. Das Ende von Bölls Leben – er starb 1985 – war überschattet von Verdächtigungen und Beschuldigungen im Zusammenhang mit der deutschen Terroristenszene und der Friedensbewegung.

Die ersten Kurzgeschichten, Erzählungen und Romane, die Böll seit 1947 veröffentlicht hat, zählen zur sogenannten Kriegs-, Heimkehrer- oder **Trümmerliteratur**. Die meisten dieser Werke handeln von der Nachkriegszeit, weisen aber stets zurück auf die Wurzeln der kritisierten geistigen und moralischen Verkommenheit im Nationalsozialismus und im Zweiten Weltkrieg. Hinter dem Wiederaufbau und dem deutschen Wirtschaftswunder entdeckt der Autor Böll Unmenschlichkeit, Ungerechtigkeit, Rücksichtslosigkeit, Egoismus, Verlogenheit und Heuchelei auf der einen, Not, Leid, Armut, Unterdrückung, Verlassenheit, Außenseitertum und Isolation auf der anderen Seite. Aus der Position eines biblisch orientierten und von der katholischen Soziallehre geprägten Christentums kritisiert der Moralist Böll in seinen Büchern den Dogmatismus, die Anmaßung, Unaufrichtigkeit und satte Selbstgerechtigkeit vieler offizieller Kirchenvertreter.

Schon der Vorabdruck des Romans „Ansichten eines Clowns“ in der „Süddeutschen Zeitung“ provozierte heftige Reaktionen, die nach der Buchveröffentlichung 1967 noch lange andauerten. Vor allem wurde **Böll** seine strenge Kritik am Katholizismus vorgehalten, die aber keineswegs Grundpositionen des christlichen Glaubens galt.

Der Roman spielt an einem einzigen Tag, an dem der Titelheld Hans Schnier in seiner Bonner Wohnung Telefonate führt und über sein Leben – weit ausholend – reflektiert. Als Hauptperson wählte der Autor wieder einen Außenseiter, den Sohn einer wohlhabenden und einflussreichen Industriellenfamilie, der als Clown bzw. Pantomime öffentlich auftritt. Diese Künstlerkarriere wird natürlich vom Elternhaus entschieden abgelehnt. Als Marie, die Geliebte Schniers, ihn wegen des Drucks moralisierender katholischer Kreise verlässt – Schnier wollte sich nämlich nicht kirchlich trauen lassen –, scheitert er beruflich und verliert allmählich jeden Halt. Eine große Rolle im Roman spielt der Materialismus.

Ansichten eines Clowns (1967) | Heinrich Böll

Er war so fein und zart und silberhaarig, sah so gütig aus und hatte mir nicht einmal ein Almosen geschickt, als ich mit Marie in Köln war. Was machte diesen liebenswürdigen Mann, meinen Vater, so hart und so stark, warum redete er da am Fernsehschirm von gesellschaftlichen Verpflichtungen, von Staatsbewußtsein, von Deutschland, sogar von Christentum, an das er doch nach eignem Geständnis gar nicht glaubte, und zwar so, daß man gezwungen war, ihm zu glauben? Es konnte doch nur das Geld sein, nicht das konkrete, mit dem man Milch kauft und Taxi fährt, sich eine Geliebte hält und ins Kino geht – nur das abstrakte. Ich hatte Angst vor ihm, und er hatte Angst vor mir: wir wußten beide, daß wir keine Realisten waren, und wir verachteten beide die, die von „Realpolitik" sprachen. Es ging um mehr, als diese Dummköpfe je verstehen würden. In seinen Augen las ich es: er konnte sein Geld nicht einem Clown geben, der mit Geld nur eins tun würde: es ausgeben, genau das Gegenteil von dem, was man mit Geld tun mußte. Und ich wußte, selbst wenn er mir eine Million gegeben hätte, ich hätte sie ausgegeben, und Geldausgeben war für ihn gleichbedeutend mit Verschwenden.

Während ich in der Küche und im Badezimmer wartete, um ihn allein weinen zu lassen, hatte ich gehofft, er würde so erschüttert sein, daß er mir eine große Summe schenkte, ohne die blöden Bedingungen, aber ich las jetzt in seinen Augen, er konnte es nicht. Er war kein Realist, und ich war keiner, und wir beide wußten, daß die anderen in all ihrer Plattheit nur Realisten waren, dumm wie alle Puppen, die sich tausendmal an den Kragen fassen und doch den Faden nicht entdecken, an dem sie zappeln.

Ich nickte noch einmal, um ihn ganz zu beruhigen: ich würde weder von Geld noch von Henriette anfangen, aber ich dachte an sie auf eine Weise, die mir ungehörig vorkam, ich stellte sie mir vor, wie sie jetzt wäre: dreiunddreißig, wahrscheinlich von einem Industriellen geschieden. Ich konnte mir nicht vorstellen, daß sie diesen Kitsch mitgemacht hätte, mit Flirts und Partys und „Am Christentum festhalten", in Komitees herumhocken und „zu denen von der SPD besonders nett sein, sonst bekommen sie noch mehr Komplexe". Ich konnte sie mir nur desperat vorstellen, etwas tun, das die Realisten für snobistisch halten würden, weil es ihnen an Fantasie fehlte. Irgendeinem der unzähligen Träger des Präsidententitels einen Cocktail in den Kragen schütten oder einem zähnefletschenden Oberheuchler mit ihrem Auto in seinen Mercedes hineinfahren. Was hätte sie schon tun können, wenn sie nicht malen oder auf der Töpferscheibe Butterfäßchen hätte drehen können. Sie würde es doch spüren, wie ich es spürte, überall, wo sich Leben zeigte, diese unsichtbare Wand, wo das Geld aufhörte, zum Ausgeben da zu sein, wo es unantastbar wurde und in Tabernakeln als Ziffer existierte.

Ich gab meinem Vater den Weg frei. Er fing wieder an zu schwitzen und tat mir leid. Ich lief schnell ins Wohnzimmer zurück und holte das schmutzige Taschentuch vom Tisch und steckte es ihm in die Manteltasche. Meine Mutter konnte sehr unangenehm werden, wenn sie bei der monatlichen Wäschekontrolle ein Stück vermißte, sie würde die Mädchen des Diebstahl oder der Schlamperei bezichtigen.

„Soll ich dir ein Taxi bestellen?" fragte ich.

„Nein", sagte er, „ich geh noch ein bißchen zu Fuß. Fuhrmann wartet in der Nähe des Bahnhofs." Er ging an mir vorbei, ich öffnete die Tür, begleitete ihn bis zum Aufzug und drückte auf den Knopf. Ich nahm noch einmal meine Mark aus der Tasche, legte sie auf die ausgestreckte Hand und blickte sie an. Mein Vater blickte angeekelt weg und schüttelte den Kopf. Ich dachte, er könnte wenigstens seine Brieftasche herausnehmen und mir fünfzig, hundert Mark geben, aber Schmerz, Edelmut und die Erkenntnis seiner tragischen Situation hatten ihn auf eine solche Ebene der Sublimierung geschoben, daß jeder Gedanke an Geld ihm widerwärtig, meine Versuche, ihn daran zu erinnern, ihm wie ein Sakrileg erschienen. Ich hielt ihm die Aufzugstür auf, er umarmte mich, fing plötzlich an zu schnüffeln, kicherte und sagte: „Du riechst wirklich nach Kaffee – schade, ich hätte dir so gern einen guten Kaffee gemacht – das kann ich nämlich." Er löste sich von mir, stieg in den Aufzug, und ich sah ihn drinnen auf den Knopf drücken und listig lächeln, bevor der Aufzug sich in Bewegung setzte. Ich blieb noch stehen und beobachtete, wie die Ziffern aufleuchten: vier, drei, zwei, eins – dann ging das rote Licht aus.[...]

Böll, Heinrich, Ansichten eines Clowns, Deutscher Taschenbuch Verlag, München ²1967, S. 175 ff.

1. Welches Verhältnis haben die beiden Figuren zum Geld?
2. Wie kommt die jeweilige Beurteilung dieser Positionen durch den Erzähler zum Ausdruck?

Werkauswahl Böll

Wanderer, kommst du nach Spa … (1950); Wo warst du, Adam? (1951); Und sagte kein einziges Wort (1953); Haus ohne Hüter (1954); Billard um halbzehn (1959); Ende einer Dienstfahrt (1966); Gruppenbild mit Dame (1971); Die verlorene Ehre der Katharina Blum (1974)

Verwandte Werke

Scholz, Hans:	Am grünen Strand der Spree (1955)
Gaiser, Gerd:	Schlussball (1956)
de Bruyn, Günter:	Buridans Esel (1968); Neue Herrlichkeit (1984)
Walter, Otto F.:	Die ersten Unruhen (1972); Wie wird Beton zu Gras (1979)
Zorn, Fritz:	Mars (1977)
Demski, Eva:	Goldkind (1979); Karneval (1981); Afra (1992)
Fels, Ludwig:	Rosen für Afrika (1987)
Becker, Jurek:	Amanda herzlos (1992)
Schulze, Ingo:	Simple Storys (1998)

3 Satirische Zeitkritik: Günter Grass

Günter Grass (geb. 1927)

Günter Grass wurde 1927 in der damals Freien Stadt Danzig geboren; seine Vorfahren waren deutscher und polnischer (kaschubischer) Herkunft. Nach Hitler-Jugend und Kriegsgefangenschaft gehörte er zur ersten Generation der bundesdeutschen Nachkriegsautoren, die sich in der **Gruppe 47** zusammenfanden.

Doch lagen von Anfang an seine Begabungen nicht nur auf literarischem Gebiet; er ist auch bildender Künstler, der z. B. eigene Werke illustriert oder ausstattet. Grass war einer jener Autoren, die in den 60er-Jahren die Politisierung der Literatur entscheidend mittrugen; sein politisches Engagement ging dabei über theoretisch-ideologische Auseinandersetzungen hinaus, indem er sich z. B. im Bundestagswahlkampf 1965 als Wahlhelfer für den SPD-Kanzlerkandidaten Willy Brandt einsetzte. Seit der Wende 1989 hat Grass die Art und Weise der deutschen Wiedervereinigung mehrfach heftig kritisiert; wegen des Asyl-Kompromisses trat er 1992 aus der SPD aus. Zu diesen und anderen Themen deutscher Geschichte erschien 1995 sein historisch groß angelegter Roman „Ein weites Feld".

Die politische Komponente schlägt sich im Werk von Günter Grass vor allem als satirische Zeitkritik nieder. Sie bezieht sich dabei nicht nur auf die Entstehungsbedingungen des Nationalsozialismus, sondern auch auf alle politischen und gesellschaftlichen Ideologien unseres Jahrhunderts, die den Einzelnen vereinnahmen und ihn blind machen für Fehlentwicklungen. Die wichtigsten Mittel dieser satirischen Zeitkritik sind bei Grass: distanziert-entlarvende Perspektive, fantastische Übertreibung, provozierende Enttabuisierung und derb-drastische Komik. Auch die virtuose Sprache auf unterschiedlichsten Sprachebenen mit zahlreichen Symbolen, Metaphern, Allegorien, Anspielungen und Pointen steht im Dienst strenger und bissiger Bloßstellung folgenschweren Fehlverhaltens im privaten und öffentlichen Bereich.

Grass scheute auch nicht zurück vor literarischen Anstößigkeiten, was ihm den Vorwurf der Blasphemie und Pornografie eintrug. Ungeachtet dessen ist er neben Heinrich Böll der international bekannteste Autor der deutschen Nachkriegsliteratur, der 1999 den Nobelpreis erhielt.

Diesen Ruhm verdankt Grass vor allem dem Roman „Die Blechtrommel", dem ersten Teil der „Danziger Trilogie", zu der noch „Katz und Maus" (1961) und „Hundejahre" (1963) gehören.

Der Roman „Die Blechtrommel" ist aus einer ungewöhnlichen Perspektive geschrieben. Oskar Matzerath beschließt im Alter von drei Jahren, sein Wachstum einzustellen, weil er die muffige, spießige Kleinbürgerwelt und deren Doppelmoral ablehnt. Er erzählt seine Geschichte und die seiner Familie, die das deutsch-polnische Verhältnis im 20. Jahrhundert einschließt, als Insasse einer bundesrepublikanischen Heil- und Pflegeanstalt. Oskars Kleinwüchsigkeit und die Kindertrommel symbolisieren seine

Außenseiterrolle und seine Weigerung, sich den Normen der Erwachsenenwelt anzupassen. Durch die absichtlich herbeigeführte physische Deformation und den Anspruch des Künstlertums versucht Oskar, sich der kleinbürgerlichen Welt mit ihrem Konformitätsdruck und Opportunismus, ihrer kulturellen Armut und Renommiersucht zu entziehen. Seine Rolle steht in der Tradition des Schelmenromans; er erlebt das typisch abenteuerliche und vagabundierende Leben eines *pikaro*, der die gesellschaftlichen Verhältnisse satirisch beleuchtet und entlarvt. Der Blechtrommler beobachtet aus seiner Froschperspektive zunächst nur den engeren familiären Umkreis. Sein Schicksal ist aber so mit der Zeitgeschichte verknüpft, dass seine Erzählungen ein karikierendes Zeitbild liefern.
Nicht nur bei **Grass**, sondern auch in der Verfilmung von Volker Schlöndorff (1979) ist die Tribünen-Episode ein einprägsamer satirischer Höhepunkt: Oskar besucht wiederholt die NS-Kundgebungen auf der Maiwiese, an denen auch sein Vater Alfred Matzerath teilnimmt, während seine Mutter mit dem Hausfreund Jan Bronski zu Hause bleibt. Der Liliputaner Bebra, Zirkusartist und Vorbild Oskars, weist diesem eine künstlerische Laufbahn und damit einen Platz a u f der Tribüne zu.

Die Blechtrommel (1959) | Günter Grass

Haben Sie schon einmal eine Tribüne von hinten gesehen? Alle Menschen sollte man – nur um einen Vorschlag zu machen – mit der Hinteransicht einer Tribüne vertraut machen, bevor man sie vor Tribünen versammelt. Wer jemals eine Tribüne von hinten anschaute, recht anschaute, wird von Stund an gezeichnet und somit gegen jegliche Zauberei, die in dieser oder jener Form auf Tribünen zelebriert wird, gefeit sein. Ähnliches kann man von den Hinteransichten kirchlicher Altäre sagen; doch das steht auf einem anderen Blatt.
Oskar jedoch, der immer schon einen Zug zur Gründlichkeit hatte, ließ es mit dem Anblick des nackten, in seiner Häßlichkeit tatsächlichen Gerüstes nicht genug sein, er erinnerte sich der Worte seines Magisters Bebra, ging das nur für die Vorderansicht bestimmte Podest von der groben Kehrseite an, schob sich und seine Trommel, ohne die er nie ausging, zwischen Verstrebungen hindurch, stieß sich an einer überstehenden Dachlatte, riß sich an einem bös aus dem Holz ragenden Nagel das Knie auf, hörte über sich die Stiefel der Parteigenossen scharren, dann die Schühchen der Frauenschaft und kam endlich dorthin, wo es am drückendsten und dem Monat August am meisten gemäß war: vor dem inwendigen Tribünenfuß fand er hinter einem Stück Sperrholz Platz und Schutz genug, um den akustischen Reiz einer politischen Kundgebung in aller Ruhe auskosten zu können, ohne durch Fahnen abgelenkt, durch Uniformen im Auge beleidigt zu werden.
Unter dem Rednerpult hockte ich. Links und rechts von mir und über mir standen breitbeinig, und wie ich wußte, mit verkniffenen, vom Sonnenlicht geblendeten Augen die jüngeren Trommler des Jungvolkes und die älteren der Hitlerjugend. Und dann die Menge. Ich roch sie durch die Ritzen der Tribünenverschalung. Das stand und berührte sich mit Ellenbogen und Sonntagskleidung, das war zu Fuß gekommen oder mit der Straßenbahn, das hatte zum Teil die Frühmesse besucht und war dort nicht zufriedengestellt worden, das war gekommen, um seiner Braut am Arm etwas zu bieten, das wollte mit dabei sein, wenn Geschichte gemacht wird, und wenn auch der Vormittag dabei draufging.
Nein, sprach sich Oskar zu, sie sollen den Weg nicht umsonst gemacht haben. Und er legte ein Auge an das Astloch der Verschalung, bemerkte die Unruhe von der Hindenburgallee her. Sie kamen! Kommandos wurden über ihm laut, der Führer des Spielmannszuges fuchtelte mit seinem Tambourstab, die hauchten ihre Fanfaren an, die paßten sich das Mundstück auf, und schon stießen sie in übelster Landsknechtsmanier in ihr sidolgeputztes Blech, daß es Oskar weh tat und „Armer SA-Mann Brand“, sagte er sich, „armer Hitlerjunge Quex, ihr seid umsonst gefallen!“
Als wollte man ihm diesen Nachruf auf die Opfer der Bewegung bestätigen, mischte sich gleich darauf massives Gebumse auf kalbsfellbespannten Trommeln in die Trompeterei. Jene Gasse, die mitten durch die Menge zur Tribüne führte, ließ von weit her heranrückende Uniformen ahnen und Oskar stieß hervor: „Jetzt mein Volk, paß auf, mein Volk!“
Die Trommel lag mir schon maßgerecht. Himmlisch locker ließ ich die Knüppel in meinen Händen spielen und legte mit Zärtlichkeit in den Handgelenken einen kunstreichen, heiteren Walzertakt auf mein Blech, den ich immer eindringlicher, Wien und die Donau beschwörend, laut werden ließ, bis oben die erste und zweite Landsknechttrommel an meinem Walzer Ge-

fallen fand, auch Flachtrommeln der älteren Burschen mehr oder weniger geschickt mein Vorspiel aufnahmen. Dazwischen gab es zwar Unerbittliche, die kein Gehör hatten, die weiterhin Bumbum machten, und Bumbumbum, während ich doch den Dreivierteltakt meinte, der so beliebt ist beim Volk. Schon wollte Oskar verzweifeln, da ging den Fanfaren ein Lichtchen auf, und die Querpfeifen, oh Donau, pfiffen so blau. Nur der Fanfarenzugführer und auch der Spielmannszugführer, die glaubten nicht an den Walzerkönig und schrien ihre lästigen Kommandos, aber ich hatte die abgesetzt, das war jetzt meine Musik. Und das Volk dankte es mir. Lacher wurden laut vor der Tribüne, da sangen schon welche mit, oh Donau, und über den ganzen Platz, so blau, bis zur Hindenburgallee, so blau und zum Steffenspark, so blau, hüpfte mein Rhythmus, verstärkt durch das über mir vollaufgedrehte Mikrophon. Und als ich durch mein Astloch hindurch ins Freie spähte, doch dabei fleißig weitertrommelte, bemerkte ich, daß das Volk an meinem Walzer Spaß fand, aufgeregt hüpfte, es in den Beinen hatte: schon neun Pärchen und noch ein Pärchen tanzten, wurden vom Walzerkönig gekuppelt. Nur dem Löbsack, der mit Kreisleitern und Sturmbannführern, mit Forster, Greiser und Rauschning, mit einem langen braunen Führungsstabschwanz mitten in der Menge kochte, vor dem sich die Gasse zur Tribüne schließen wollte, lag erstaunlicherweise der Walzertakt nicht. Der war gewohnt, mit gradliniger Marschmusik zur Tribüne geschleust zu werden. Dem nahmen nun diese leichtlebigen Klänge den Glauben ans Volk. Durchs Astloch sah ich seine Leiden. Es zog durch das Loch. Wenn ich mir auch fast das Auge entzündete, tat er mir dennoch leid, und ich wechselte in einen Charleston, „Jimmy the Tiger", über, brachte jenen Rhythmus, den der Clown Bebra im Zirkus auf leeren Selterwasserflaschen getrommelt hatte; doch die Jungs vor der Tribüne kapierten den Charleston nicht. Das war eben eine andere Generation. Die hatten natürlich keine Ahnung von Charleston und „Jimmy the Tiger". Die schlugen – oh guter Freund Bebra – nicht Jimmy und Tiger, die hämmerten Kraut und Rüben, die bliesen mit Fanfaren Sodom und Gomorrha. Da dachten die Querpfeifen sich, gehupft wie gesprungen. Da schimpfte der Fanfarenzugführer auf Krethi und Plethi. Aber dennoch trommelten, pfiffen, trompeteten die Jungs vom Fanfarenzug und Spielmannszug auf Teufel komm raus, daß es Jimmy eine Wonne war, mitten im heißesten Tigeraugust, daß es die Volksgenossen, die da zu Tausenden und Abertausenden vor der Tribüne drängelten, endlich begriffen: es ist Jimmy the Tiger, der das Volk zum Charleston aufruft! Und wer auf der Maiwiese noch nicht tanzte, der griff sich, bevor es zu spät war, die letzten noch zu habenden Damen. Nur Löbsack mußte mit seinem Buckel tanzen, weil in seiner Nähe alles was einen Rock trug, schon besetzt war, und jene Damen von der Frauenschaft, die ihm hätten helfen können, rutschten, weit weg vom einsamen Löbsack, auf den harten Holzbänken der Tribüne. Er aber – und das riet ihm sein Buckel – tanzte dennoch, wollte gute Miene zur bösen Jimmymusik machen und retten, was noch zu retten war.

Es war aber nichts mehr zu retten. Das Volk tanzte sich von der Maiwiese, bis die zwar arg zertreten, aber immerhin grün und leer war. Es verlor sich das Volk mit „Jimmy the Tiger" in den weiten Anlagen des angrenzenden Steffensparkes. Dort bot sich Dschungel, den Jimmy versprochen hatte, Tiger gingen auf Sammetpfötchen, ersatzweise Urwald fürs Volk, das eben noch auf der Wiese drängte. Gesetz ging flöten und Ordnungssinn. Wer aber mehr die Kultur liebte, konnte auf den breiten und gepflegten Promenaden jener Hindenburgallee, die während des achtzehnten Jahrhunderts erstmals angepflanzt, bei der Belagerung durch Napoleons Truppen achtzehnhundertsieben abgeholzt und achtzehnhundertzehn zu Ehren Napoleons wieder angepflanzt wurde, auf historischem Boden also konnten die Tänzer auf der Hindenburgallee meine Musik haben, weil über mir das Mikrophon nicht abgestellt wurde, weil man mich bis zum Olivaer Tor hörte, weil ich nicht locker ließ, bis es mir und den braven Burschen am Tribünenfuß gelang, mit Jimmys entfesseltem Tiger die Maiwiese bis auf die Gänseblümchen zu räumen.

Selbst als ich meinem Blech schon die langverdiente Ruhe gönnte, wollten die Trommelbuben noch immer kein Ende finden. Es brauchte seine Zeit, bis mein musikalischer Einfluß nachzuwirken aufhörte.

Dann bleibt noch zu sagen, daß Oskar das Innere der Tribüne nicht sogleich verlassen konnte, da Abordnungen der SA und SS über eine Stunde lang mit Stiefeln gegen Bretter knallten, sich Ecklöcher ins braune und schwarze Zeug rissen, etwas im Tribünengehäuse zu suchen schienen: einen Sozi womöglich oder einen Störtrupp der Kommune. Ohne die Finten und Täuschungsmanöver Oskars aufzählen zu wollen, sei hier kurz festgestellt: sie fanden Oskar nicht, weil sie Oskar nicht gewachsen waren.

Grass, Günter, Die Blechtrommel. Danziger Trilogie 1, Luchterhand Verlag, Darmstadt und Neuwied 1979, S. 94 f.

1. Arbeiten Sie den zeitgeschichtlichen Gehalt der Episode heraus.
2. Worin liegen ihre satirischen Züge?
3. Was fällt Ihnen an der Erzählperspektive auf?

Werkauswahl Grass

Die Blechtrommel (1959); Katz und Maus (1961); Hundejahre (1963); Der Butt (1977); Das Treffen in Telgte (1979); Die Rättin (1986); Ein weites Feld (1995); Mein Jahrhundert (1999); Beim Häuten der Zwiebel (2006); Die Box (2008)

Verwandte Werke

Becker, Jurek:	Irreführung der Behörden (1973)
Hilsenrath, Edgar:	Der Nazi & der Friseur (1977)
Schneider, Peter:	Der Mauerspringer (1982), Paarungen (1992)
Rosendorfer, Herbert:	Briefe in die chinesische Vergangenheit (1983)
Becker, Thorsten:	Die Bürgschaft (1985)
Sparschuh, Jens:	Der Zimmerspringbrunnen (1995)
Brussig, Thomas:	Helden wie wir (1995)
Regener, Sven:	Herr Lehmann (2001)

4 Der Einzelne in der Leistungsgesellschaft: Martin Walser

Martin Walser ist 1927 in Wasserburg am Bodensee geboren; diese Gegend ist bis heute seine Heimat geblieben und bildet den Schauplatz vieler seiner Werke. Der Schriftsteller Martin Walser hat häufig in aktuelle politische Diskussionen eingegriffen und sich nachhaltig engagiert – z. B. in den 60er-Jahren gegen die CDU-Regierung und zugunsten der SPD, gegen die Rolle der USA im Vietnam-Krieg, in den 80er-Jahren für die deutsche Einheit. In einem 1993 in der Zeitschrift „Der Spiegel" veröffentlichten Essay „Deutsche Sorgen" warf er den deutschen Intellektuellen und einem Großteil der Medien die Tabuisierung des Nationalbewusstseins vor; diese Verdrängung brachte er auch in Zusammenhang mit ausländerfeindlichen Ausschreitungen. In den Augen vieler Zeitgenossen hatte er sich somit eine konservative Geisteshaltung zu eigen gemacht.

Martin Walser (geb. 1927)

Von Anfang an dominiert ein betont soziologischer Blickwinkel seine Werke, unter dem er das Alltagsleben der Nachkriegsdeutschen als Rollenspiel offenlegt; die psychologischen Konflikte werden dabei aber gleichermaßen aufgedeckt. Seine Welt ist die der (klein-)bürgerlichen Mittelschicht: Immobilienhändler, Vertreter, Lehrer, Journalisten, Juristen, Chauffeure, oft in der Konstellation des Vorgesetzten und Untergebenen. So entsteht das **Bild** der **bundesrepublikanischen Leistungsgesellschaft**, in deren Netz sozialer Normen und Werte der Einzelne dem Anpassungsdruck unterliegt. Seine – meist männlichen – Hauptfiguren sind eingezwängt in berufliche und familiäre Abhängigkeiten und müssen Erwartungen erfüllen wie z. B. hohes Einkommen und repräsentativen Lebensstil, Karriere und Prestige, Selbstbewusstsein und Ausstrahlung, Jugendlichkeit und Potenz. Sie reagieren darauf mit Verdrängung, häufig in Form

geschäftiger Betriebsamkeit, mit Selbsttäuschung, Frustration, Entfremdung, mit eingebildeten und tatsächlichen Krankheiten. Die Walser'schen Antihelden leben in einem ständigen Konkurrenzkampf, denken in den Kategorien von Sieg und Niederlage, gehören aber meistens zu den Verlierern. In späteren Werken spielen Liebe, Erotik und Sexualität – aus der Sicht älterer Männer – eine nicht geringe Rolle.
Walser handhabt Zeit- und Handlungsstruktur vergleichsweise traditionell, setzt jedoch bewusst die verschiedenen Formen moderner Personenrede ein, um das Innenleben seiner Personen nachzuzeichnen. Er hat Sinn für Humor, Ironie, Satire, Situationskomik, Sprachwitz und pointierte Formulierungen.

Alfred Dorn im Roman „Die Verteidigung der Kindheit" (1991) ist ein typischer Antiheld, der sich vom Wunderkind zum Sonderling entwickelt, sich von seiner Mutter nicht lösen kann und Junggeselle bleibt. Sein individuelles Schicksal spiegelt darüber hinaus die unterschiedlichen gesellschaftlichen Verhältnisse innerhalb der Geschichte der deutschen Teilung, die er bei vielfachen Grenzübergängen und dem späteren Mauerbau hautnah erfährt. Als 15-Jähriger überlebt Dorn den Luftangriff auf Dresden; er wächst bei seiner geschiedenen Mutter in der DDR auf, siedelt 1953 nach Westberlin über, studiert dort Jura und wird später Ministerialbeamter in der Bundesrepublik. **Walser** schildert an einer Stelle Dorns Probleme am Ende seines Jurastudiums. Er besucht einen Repetitionskurs, auch „Pauker-Kurs" genannt, mit dessen Hilfe sich Jurastudenten auf das Examen vorbereiten.

Die Verteidigung der Kindheit (1991) | Martin Walser

Am Morgen des ersten Repetitionskurses war Alfred pünktlich bei Dreyer und konstatierte: Rammelvoll. Wie hatte der Vater gesagt: Ein Schweinegeld. Gerade daß er noch einen Platz in der letzten Reihe bekam. Und nur auf einem Stuhl, der nicht an einem Tisch stand. Weiter vorne hatten Studenten für einander alle Tischplätze belegt. Wenn Dreyer ihn aufrufen würde, müßte er über alle hinweg antworten. Entsetzlich. Und das Schlimmste: Dreyer bat dringend darum, daß jeder für die Dauer des Kurses jeden Morgen den Platz einnehme, auf dem er heute sitze. Es sei Energieverschwendung, jeden Tag mit Platzeroberungskämpfen zu beginnen. Am zweiten Tag war Alfred einer der ersten, er setzte sich einfach in die erste Reihe, wurde aber von einem, der neben ihm Platz nahm, einem Herrn Brasch, gewarnt. Dieser Platz sei besetzt für Herrn Halbritter, der gestern zwar noch gefehlt habe, der aber wahrscheinlich heute, ganz sicher aber morgen aus den Ferien zurückkommen werde. Dann seinen Platz besetzt zu finden, das sähe Herr Halbritter gar nicht gern!
Immer wenn sich Alfred in den nächsten Tagen auf einen Platz setzte, sagte jemand: Das sähe Herr Halbritter gar nicht gern. Dann wurde gelacht. Wenn dieser Herr Brasch einmal etwas formuliert hatte, redeten die anderen es nach. Da Herr Brasch nie frisch rasiert war, aber auch nie mehr als einen Zweitagebart hatte, erinnerte er Alfred an die Figuren, die er gerade in dem Bettleroper-Film mit Lawrence Olivier gesehen hatte. Das gab Herrn Brasch etwas fast poetisch Bedrohliches. Dazu gehörte auch, daß der von seinen Freunden mit der beeindruckenden Vornamenkombination Arno Maria gerufen wurde.
Man kannte Alfred also als den, der keinen Platz fand. Er nahm sich vor, in einer Pause mit Dreyer zu sprechen. Er mußte einen Platz in den ersten fünf Reihen haben. Einen Platz an einem Tisch. Dreyer legte ein solches Tempo vor, da kam er hinten und auf den Knien schreibend einfach nicht mit. Der Kurs kostete fünfunddreißig im Monat, genau soviel wie die Miete des neuen Zimmers. Für soviel Geld mußte etwas herauskommen. Mutter hatte recht. Also ging er jetzt jeden Morgen kurz nach sieben aus dem Haus – die Bande ließ ihm keine andere Wahl –, war kurz vor acht als erster bei Dreyer, klingelte und legte seine Tasche auf einen Platz in der dritten Reihe. Dann kam aber kurz vor neun noch Herr Weidenbach, von dem jeder wußte, daß er aus Freiburg war, und sagte in seiner schön singenden Sprache, er wollte sich zwar nicht auf Herrn Halbritter beziehen, aber das sei nun wirklich sein, nämlich Weidenbachs Platz. Alfred setzte sich, weil er nicht weiterwußte, auf einen freien Platz in der ersten Reihe. Aber da kam schon Herr Dahlke, den man an seinem frischen

Schmiß erkannte, und sagte, dieser Platz sei ihm vor den Ferien von Herrn Halbritter überlassen worden. Dieser Herr Halbritter, der immer noch nicht aus den Ferien zurück war, verfügte offenbar über gar alle Plätze. Von hinten gleich wieder anfeuernde Rufe von einem Herrn Sadowski: Nebbich, Dahlke, nischt wie ran! Sadowski galt als kriegsversehrt. Er nahm die schwarze Baskenmütze immer erst ab, wenn er auf seinem Stuhl saß. Sadowskis Stuhl war ein Gangplatz, den ihm niemand streitig machte. Andere folgten Sadowskis Anfeuerungsruf. Nischt gefallen lassen! Dahlke! Keine Müdigkeit vorschützen! Um nicht noch mehr Lärm auf sich zu ziehen, räumte Alfred den Platz, ging nach hinten, holte einen Stuhl, und rückte den an die zweite Reihe heran. So kam er neben Herrn Kadelbach, der sich vor Unsicherheit, immer wenn er etwas sagen wollte, zuerst mit zwei Fingern an die Nase greifen mußte. Als Alfred sich neben ihn setzte, sagte er prompt: Na, da ist er ja wieder, unser Daueremigrant.

Alfred hatte den Eindruck, während die anderen schon von Dreyers raschen, gegenstandsreichen Ausführungen profitierten, saß er immer noch und suchte nach einem Platz, der Mitarbeit möglich machen würde. Ohne Pinkwarts Aufzeichnungen wäre er jetzt verloren gewesen. Er mußte dazu immer in dessen Wohnung fahren, auch die Frau kennenlernen. Pinkwarts Mitschriften waren mindestens so lückenhaft wie Alfreds eigene, trotzdem fand er bei dem einiges, was er nicht mitgekriegt hatte. Pinkwart schien seine eigenen Lücken nicht zu bemerken. Alfred wies ihn darauf hin. Was er nicht auf dem Papier habe, habe er im Kopf, sagte Pinkwart. Alfred bezweifelte das. Dreyer fragte andauernd kreuz und quer durch die Reihen. Alfred versuchte, jede Frage, auch wenn er nicht aufgerufen war, in Gedanken zu beantworten. Er hatte das Gefühl, nicht mitzukommen. Manchmal begriff er zu spät, daß eine Frage viel einfacher war, als er befürchtet hatte. Was kann der Gerichtsvollzieher pfänden? Herr Dorn! Alfred: Mobilien. Dreyer: Was also? Alfred: Wohnungseinrichtung. Dreyer: Was noch? Jetzt glaubte Alfred, Dreyer wolle sich lustig machen über ihn. Dreyer: Na, na, Herr Dorn!! Alfred: Klavier. Da lachten alle. Alfred begriff nicht, warum. Als er nachher Pinkwart fragte, sagte der, es sei einfach komisch gewesen. Die meisten waren sicher zwei bis drei Jahre jünger als Alfred. Deshalb nannte Alfred sie dem wahrscheinlich schon sechs- oder achtundzwanzigjährigen Pinkwart gegenüber nur noch *Lausejungs*. Gerade hatte ihn noch Herr Müller-Tettelbach ganz locker nach seinem Alter gefragt. Als Alfred gesagt hatte, gleich fünfundzwanzig, hatte der gesagt, dann habe er eine Wette verloren. Er hatte mit Herrn Sadowski gewettet, Alfred sei zwanzig, höchstens einundzwanzig. Dieser Ansicht seien mehrere gewesen. Sadowski habe gesagt: Nebbich, der ist fünfundzwanzig, und manieriert. Das tröstete Alfred. Wenn ihn die meisten für jünger hielten, wurde er also nicht seines Alters wegen belächelt. Am meisten amüsierte die, wenn Dreyer, weil Alfred zu leise antwortete, die Frage noch mit dem Zusatz versah: Dorn, los, mit mächtiger, bulliger Stimme! Da brüllten alle erst mal los. Alfred sagte so leise wie immer: Das wird mir bestimmt nicht gelingen. Neues Gelächter. Pinkwart nachher: diese Bemerkung sei überflüssig gewesen. Abends, in seinem Zimmer, immer das Fazit: er konnte sich nicht durchsetzen. Er stellte sich vor den Spiegel und sagte: So sieht einer aus, der unter die Räder kommt.

Walser, Martin, Verteidigung der Kindheit, Suhrkamp Verlag, Frankfurt/M. 1991, S. 74 ff.

1. Welche Merkmale und Mechanismen einer Konkurrenz- und Leistungsgesellschaft zeigt der Autor mit dieser Episode?

2. Worauf beruht die Komik dieser Szene und wie gestaltet sie Walser sprachlich?

Werkauswahl Walser

Ehen in Philippsburg (1957); Halbzeit (1960); Ein fliehendes Pferd (1978); Seelenarbeit (1979); Das Schwanenhaus (1980); Brandung (1985); Ein springender Brunnen (1998); Ein liebender Mann (2008)

Verwandte Werke

Grün, Max von der:	Irrlicht und Feuer (1963); Stellenweise Glatteis (1973)
Rehmann, Ruth:	Die Leute im Tal (1968)
Wellershoff, Dieter:	Die Schattengrenze (1969)

Schneider, Peter:	Lenz (1973)
Richartz, Walter E.:	Büroroman (1976)
Walter, Otto F.:	Die Verwilderung (1977)
Genazino, Wilhelm:	Abschaffel – Trilogie (1977)
Fuchs, Gerd:	Ein Mann fürs Leben (1978)
Fauser, Jörg:	Der Schneemann (1981)
Hein, Christoph:	Horns Ende (1985); Landnahme (2004)
Wallraff, Günter:	Ganz unten (1985)
Ortheil, Hanns-Josef:	Schwerenöter (1987)

5 Poetische Erinnerung an Heimat und Vergangenheit: Siegfried Lenz

Siegfried Lenz (geb. 1926)

Der 1926 in Ostpreußen geborene Schriftsteller Siegfried Lenz knüpft an die realistische Erzähltradition des 19. und 20. Jahrhunderts an. Mit tatsächlichem und fingiertem Erfahrungs- und Erinnerungsmaterial schafft er Modelle in Romanform, mit denen er einen Ausgleich zur gestörten Ordnung der Lebenswirklichkeit der Gegenwart stiftet. Erinnerung ist ein zentrales Motiv, weil sie für Lenz das wichtigste Mittel gegen Vergessen und Verdrängen ist. Für ihn liegt die moralische Verantwortung des Schriftstellers darin, durch auswählendes und gewichtendes Erzählen Bedeutendes aus bloß Gewesenem zu filtern, um so Orientierungshilfen und Wertmaßstäbe zu vermitteln. Anhand von exemplarischen Einzelschicksalen, die meist spezifische Besonderheiten ihrer Heimat repräsentieren, wird Verschüttetes ausgegraben und im Wechselspiel von Handlung und Reflexion entschlüsselt. Dabei fallen die ausführlichen und detaillierten Schilderungen auf, die dem Erinnern den Eindruck von Authentizität verleihen und das Erzählte plastisch machen. Erinnern vollzieht sich nicht nur oft in Bildern mit symbolischer Bedeutung, sondern wird von Lenz häufig mithilfe von Metaphern direkt thematisiert, wenn es z. B. heißt: aus der Erinnerung herausklopfen, in ihr Platz nehmen. Erinnerung wird zum Geländer, zum Gitter, zur Falle, zum Dominostein, zum Anker etc.

Der bekannteste Roman von **Lenz** ist die „Deutschstunde" (1968). Auch hier geht es dem Verfasser darum, in erinnerndem Erzählen die Vergangenheit des Dritten Reiches in einer ebenso sinnlich-anschaulichen wie reflektierend-diagnostischen Rückschau bewusst zu machen. Die nördlichste Gegend Schleswig-Holsteins wird zum Schauplatz einer typisch deutschen Geschichte jener Jahre. Siggi Jepsen wird als Sohn des Dorfpolizisten Zeuge, wie sein Vater das von den Nationalsozialisten gegen den expressionistischen Künstler Nansen (historisches Vorbild: Emil Nolde) verhängte Malverbot durchzusetzen versucht. Während der Vater, ein pflichtbewusster und autoritätsgläubiger deutscher Beamter, rigoros vorgeht und dabei Kunstwerke seines ehemaligen Lebensretters Nansen zerstört, steht Siggi auf Seiten seines Maler-Freundes und rettet einen Teil der Bilder. Nach dem Krieg wird Siggi straffällig, weil er jetzt unter dem krankhaften Zwang, Bilder retten zu müssen, Kunstdiebstähle begeht. In der Jugendstrafanstalt muss er einen Aufsatz über die Freuden der Pflicht verfassen, aus dem ein Rechenschaftsbericht Siggis mit Romanausmaßen wird. Siggi beginnt im Arrest seine Erinnerungsarbeit:

Deutschstunde (1968) | Siegfried Lenz

Mein Heft liegt aufgeschlagen vor mir, bereit die Strafarbeit aufzunehmen. Ich kann mir keine Ablenkung mehr leisten, ich muß beginnen, ich muß den Schlüssel umdrehen, um den Tresor meiner Erinnerung, in dem alles verschlossen liegt, endlich zu öffnen, um all das hervorzuholen, was Korbjuhns Forderung erfüllt: ich soll ihm die Freuden der Pflicht bestätigen, ihre Wirkungen verfolgen, die in mir selbst enden, und zwar zur Strafe, ungestört, und so lange, bis der Nachweis gelungen ist. Ich bin bereit. Und da ich dabei voran muß, will ich zurückgehen, eine Auswahl treffen, einen Ort suchen, vielleicht doch den Polizeiposten Rugbüll, oder lieber gleich die ganze schleswig-holsteinische Ebene zwischen Glüserup, der Husumer Chaussee und dem Deich, das Land, das für mich nur von einem einzigen Weg durchschnitten ist, und der führt von Rugbüll nach Bleekenwarf. Auch wenn ich die Vergangenheit aus dem Schlaf wecken muß: ich muß anfangen.
Also.

2

Das Malverbot

Im Jahr dreiundvierzig, um mal so zu beginnen, an einem Freitag im April, morgens oder mittags, bereitete mein Vater Jens Ole Jepsen, der Polizeiposten der Außenstelle Rugbüll, der nördlichste Polizeiposten von Schleswig-Holstein, eine Dienstfahrt nach Bleekenwarf vor, um dem Maler Max Ludwig Nansen, den sie bei uns nur den Maler nannten und nie aufhörten, so zu nennen, ein in Berlin beschlossenes Malverbot zu überbringen. Ohne Eile suchte mein Vater Regenumhang, Fernglas, Koppel, Taschenlampe zusammen, machte sich mit absichtlichen Verzögerungen am Schreibtisch zu schaffen, knöpfte schon zum zweiten Mal den Uniformrock zu und linste – während ich vermummt und regungslos auf ihn wartete – immer wieder in den mißlungenen Frühlingstag hinaus und horchte auf den Wind. Es ging nicht nur Wind: dieser Nordwest belagerte in geräuschvollen Anläufen die Höfe, die Knicks und Baumreihen, erprobte mit Tumulten und Überfällen die Standhaftigkeit und formte sich eine Landschaft, eine schwarze Windlandschaft, krumm, zerzaust und voll unfaßbarer Bedeutung. Unser Wind, will ich meinen, machte die Dächer hellhörig und die Bäume prophetisch, er ließ die alte Mühle wachsen, fegte flach über die Gräben und brachte sie zum Phantasieren, oder er fiel über die Torfkähne her und plünderte die unförmigen Lasten. Wenn bei uns Wind ging und so weiter, dann mußte man sich schon Ballast in die Taschen stecken – Nägelpakete oder Bleirohre oder Bügeleisen –, wenn man ihm gewachsen sein wollte. Solch ein Wind gehört zu uns, und wir konnten Max Ludwig Nansen nicht widersprechen, der Zinnadern platzen ließ, der wütendes Lila nahm und kaltes Weiß, wenn er den Nordwest sichtbar machen wollte – diesen wohlbekannten, uns zukommenden Nordwest, auf den mein Vater argwöhnisch horchte. [...]
Wir fuhren nicht so weit. Noch vor dem Gasthaus, das mit Hilfe von zwei begehbaren Holzbrücken auf dem Deich ruhte – und mich immer an einen Hund erinnerte, der seine Vorderpfoten auf eine Mauer gelegt hat, um darüber wegsehen zu können –, drehten wir ab, gewannen in beherrschter Schußfahrt den erlaufenen Pfad neben dem Deichfuß und bogen von da in die lange Auffahrt nach Bleekenwarf ein, die von Erlen flankiert, von einem schwingenden Tor aus weißen Planken begrenzt war. Die Spannung wuchs. Die Erwartung nahm zu – wie immer bei uns, wenn sich einer im April, bei diesem barschen Nordwest, durch das unverstellte Blickfeld bewegt mit erklärtem Ziel.
Seufzend ließ uns das Holztor ein, das mein Vater bei langsamer Fahrt mit dem Fahrrad aufstieß, er fuhr an dem unbenutzten, rostroten Stall vorbei, am Teich, am Schuppen, sehr langsam, gerade als wünschte er, vorzeitig entdeckt zu werden, fuhr dicht an den schmalen Fenstern des Wohnhauses vorbei und warf noch einen
Blick in das angebaute Atelier, bevor er abstieg, mich wie ein Paket auf den Boden stellte und das Fahrrad zum Eingang führte. [...]
Da stand der Maler Max Ludwig Nansen.
Er stand auf der geländerlosen Holzbrücke und arbeitete im Windschutz, und weil ich weiß, wie er arbeitete, möchte ich ihn nicht ohne Vorbereitung unterbrechen, indem ich meinen Vater dazu bringe, ihm auf die Schulter zu tippen, ich möchte die Begegnung verzögern, weil es kein beliebiges Zusammentreffen ist und ich zumindest erwähnen will, daß der Maler acht Jahre älter war als mein Vater, kleiner von Wuchs, wendiger, unbeherrschter, vielleicht auch listiger und starrsinniger, obwohl sie beide ihre Jugend in Glüserup verbracht hatten. Glüserup: Herrje.
Mein Vater sah in den Graben hinab und erkannte zwischen treibenden Schilfblättern und schwappender Entengrütze sich selbst, und dort gewahrte ihn auch der Maler, als er einen Schritt zur Seite machte

und dabei in das stehende, nur von schwachen Schauern geriffelte Wasser hinabsah. Sie bemerkten und erkannten sich im dunklen Spiegel des Grabens, und wer weiß: vielleicht rief dies Erkennen eine blitzschnelle Erinnerung wach, die sie beide verband und die nicht aufhören würde, sie zu verbinden, eine Erinnerung, die sie in den kleinen schäbigen Hafen von Glüserup verschlug, wo sie im Schutz der Steinmole angelten oder auf dem Fluttor herumturnten oder sich auf dem gebleichten Deck eines Krabbenkutters sonnten. Aber nicht dies wird es wohl gewesen sein, woran sie beide unwillkürlich dachten, als sie einander im Spiegel des Grabens erkannten, vielmehr wird in ihrer Erinnerung nur der trübe Hafen gewesen sein, der Samstag, an dem mein Vater, als er neun war oder zehn, von dem glitschigen Tor stürzte, mit dem die Flut reguliert wurde, und der Maler wird noch einmal nach ihm getaucht und getaucht haben, so wie damals, bis er ihn endlich am Hemd erwischte, ihn hochzerrte und ihm einen Finger brechen mußte, um sich aus der Klammerung zu befreien.

Sie traten aufeinander zu, oben und unten, im Graben und auf der Brücke, gaben sich im Wasser und vor der Staffelei die Hand, begrüßten sich wie immer, indem sie, leicht zur Frage angehoben, den Vornamen des andern nannten: Jens? Max? Dann, während Max Ludwig Nansen sich schon wieder seiner Arbeit zuwandte, langte mein Vater in die Brusttasche, zog das Papier hervor, glättete es in der Schere zweier Finger und zauderte und überlegte im Rücken des Malers, mit welchen Worten er es überreichen sollte. Wahrscheinlich dachte er daran, das gestempelte und unterschriebene Verbot wortlos zu überreichen, allenfalls mit der Bemerkung: Da is was für dich aus Berlin, und gewiß hoffte er darauf, daß ihm unnötige Fragen erspart blieben, wenn er den Maler zunächst einmal selbst lesen ließ. Am liebsten hätte er die ganze Angelegenheit natürlich Okko Brodersen überlassen, dem einarmigen Postboten, aber da dies Verbot polizeilich übergeben werden mußte, war mein Vater, der Posten von Rugbüll, dafür zuständig – wie er auch, und das würde er dem Maler noch beibringen müssen, dazu ausersehen war, die Einhaltung des Verbots zu überwachen.

Lenz, Siegfried, Deutschstunde, Deutscher Taschenbuch Verlag, München [11]1991, S. 17ff., gekürzt

1. Beschreiben Sie die Elemente, aus denen sich der Textabschnitt zusammensetzt.
2. Wie thematisiert Lenz das Erinnern?
3. Wie lässt der Erzähler den Leser die spezifische Landschaft Schleswig-Holsteins erleben?

Werkauswahl Lenz

Brot und Spiele (1959); Das Feuerschiff (1960); Lehmanns Erzählungen (1964); Deutschstunde (1968); Heimatmuseum (1978); Der Verlust (1981); Exerzierplatz (1985); Die Klangprobe (1990); Arnes Nachlaß (1999); Fundbüro (2003); Schweigeminute (2008)

Verwandte Werke

Richter, Hans Werner:	Sie fielen aus Gottes Hand (1951)
Hilsenrath, Edgar:	Nacht (1964); Das Märchen vom letzten Gedanken (1989); Jossel Wassermanns Heimkehr (1993)
Kempowski, Walter:	Tadellöser & Wolff (1971); Herzlich willkommen (1984)
Kühn, August:	Zeit zum Aufstehn (1975)
Bienek, Horst:	Die erste Polka (1975)
Beig, Maria:	Rabenkrächzen (1982); Ein Lebensweg (2009)
Heym, Stefan:	Schwarzenberg (1984)
Köpf, Gerhard:	Die Strecke (1985)
Härtling, Peter:	Felix Guttmann (1985)
Harig, Ludwig:	Ordnung ist das ganze Leben (1986); Weh dem, der aus der Reihe tanzt (1990); Wer mit den Wölfen heult, wird Wolf (1996)
Frischmuth, Barbara:	Einander Kind (1990)
Hofmann, Gerd:	Der Kinoerzähler (1990)
Forte, Dieter:	In der Erinnerung (1998)
Müller, Herta:	Atemschaukel (2009)

6 Protokollierendes Erzählen: Uwe Johnson

Uwe Johnson (1934–1984)

Uwe Johnson, 1934 in Pommern geboren, erlebte seine Jugend in Mecklenburg, studierte in der DDR und übersiedelte 1959 nach der Ablehnung seiner beiden ersten Romanmanuskripte durch die SED-Zensur nach Westberlin. Von 1966–68 lebte er in New York; die letzten zehn Lebensjahre (1974–84) verbrachte er in England.

Die deutsche Geschichte, vor allem die der Nachkriegszeit, und der Ost-West-Konflikt bestimmen sein Werk so stark, dass der Autor das Etikett „Dichter der deutschen Teilung" bzw. „Dichter der beiden Deutschlands" erhielt. Seine Romane bieten höchst detaillierte und präzise Zeit- und Ortsbilder, Personencharakterisierungen und Situationsbeschreibungen, die aber vom Leser wie ein schwieriges Puzzle zusammengefügt werden müssen, weil Johnsons fiktive Erzähler nicht mehr über ein eindeutiges und geschlossenes Wirklichkeitsbild verfügen. Stattdessen müssen sie sich stets aufs Neue der Realität annähern, Fakten sammeln, Vermutungen anstellen und Hypothesen überprüfen. Ein solches Ermittlungsverfahren entspricht Johnsons Überzeugung, die er mit vielen modernen Erzählern teilt, dass Realität keine feste Größe ist, sondern ein vieldeutiger Prozess aus individuellen Beobachtungen, Erinnerungen und Reflexionen, denen aber immer historische oder politische Fakten zugrunde liegen.
Das Schreiben wird zur Wahrheitssuche, die als protokollierendes Erzählen erfolgt, als Bericht, Recherche, Selbstbefragung und Mutmaßung. Trotz der fragmentarischen Struktur und des nicht linearen Zeitgerüsts ergibt sich für den Leser eine Chronik des politischen und gesellschaftlichen Alltags in seiner vielgestaltigen Kompliziertheit. Authentizität gewinnen diese erzählerischen Protokolle auch durch die Verwendung des heimatlichen Mecklenburger Dialekts. Sprache und Stil der Romane Johnsons sind eigenwillig und sperrig in Wortwahl, Satzbau und Interpunktion.

Die Kluft zwischen den beiden Gesellschaftssystemen hat sich im Roman „Das dritte Buch über Achim" so vertieft, dass ein westdeutscher Journalist nicht mehr in der Lage ist, eine DDR-Karriere vom Radrennfahrer zum Volkskammerabgeordneten im Sinne des ostdeutschen Verlages darzustellen. So bleibt das Buch, ein Roman im Roman, trotz gründlichster Dokumentation der Bericht über den gescheiterten Versuch einer fiktiven Biografie.

In den Jahren 1970–83 erschien die umfangreiche Tetralogie „Jahrestage", ein Protokoll von Montag, 21. August 1967 bis Dienstag, 20. August 1968 aus der Wahrnehmungsperspektive der Hauptfigur Gesine Cresspahl. Das fiktive Tagebuch beschränkt sich nicht auf das eine Jahr, das Gesine in New York verbringt, sondern bezieht die Vergangenheit ihrer Familie und ihrer Heimatstadt Jerichow in Mecklenburg seit den Tagen der Weimarer Republik mit ein. Im ständigen Wechsel von heute und gestern, hier und dort, gibt das Buch ein kontrastreiches **Protokoll** der **amerikanischen Gegenwart** und der **deutschen Geschichte**.

Die große Bedeutung der „New York Times" als zeitgeschichtliche Quelle zeigt sich daran, dass Johnson ständig daraus zitiert – und zwar wörtlich, in deutscher Übersetzung.

Jahrestage (1970 ff.) | Uwe Johnson

23. August 1967 Mittwoch

Die Luftwaffe flog gestern 132 Angriffe auf Nordvietnam. Die Zeitung setzt unter ein Bild von den Trümmern eines Flugzeugs in Hanoi, daß die Kommunisten dies für ein abgeschossenes Flugzeug erklären. Das Foto war wichtig genug für die erste Seite, aber erst auf der sechsten, verstellt von Neuigkeiten aus Jerusalem, finden wir die amtlichen Todeserklärungen für vierzig Soldaten, nur die Toten aus New York und Umgebung namentlich genannt, fünfzehn Zeilen Lokales.

In der Nacht in New Haven gingen fünfhundert Polizisten Patrouille in den Negervierteln, durchsuchten Autos, hielten Scheinwerfer gegen die Fenster, verhafteten hundert Leute. Und wäre sie gestern nachmittag am Foley Square gewesen, hätte sie einen Führer der radikalen Afrikaner rufen hören können, daß Krieg sei mit den Weißen und Gewehre vonnöten, als sie die 95. Straße West hinunterging, entgegen dem immer noch feucht verwischten Parkbild mit dem Fluß inmitten. Sie stellt sich vor, daß sie die Gesichter der Polizisten beobachtet hätte, deren eines zu sehen ist unter der erhobenen schwarzen Faust in der Zeitung, mit einem ungläubigen Ausdruck fast altersweiser Art, noch im Nachgeschmack der vorangegangenen Prügelei.

Im August 1931 saß Cresspahl in einem schattigen Garten an der Travemündung, mit dem Rücken zur Ostsee, und las in einer englischen Zeitung, die fünf Tage alt war.

Er war damals in seinen Vierzigern, mit schweren Knochen und einem festen Bauch über dem Gürtel, breit in den Schultern. In seinem graugrünen Manchesteranzug mit Knickerbockers sah er ländlicher aus als die Badegäste um ihn, er betrug sich vorsichtig und seine Hände waren klobig, aber der Kellner sah es, wenn er die Hand hob, und setzte ihm das Bier bald neben die Hand, nicht ohne Redensarten. Darauf antwortete Cresspahl mit leisem, vergeßlichem Knurren. Er sah an seiner zerknitterten Zeitung vorbei auf einen Tisch in der sonnigen Mitte des Gartens, an dem eine Familie aus Mecklenburg saß, jedoch in einer zerstreuten Art, als habe er seine veralteten Nachrichten satt. Er war damals füllig im Gesicht, mit trockener schon harter Haut. In der Stirn war sein langer Kopf schmaler. Sein Haar war noch hell, kurz in kleinen wirbligen Knäueln. Er hatte einen aufmerksamen, nicht deutbaren Blick, und die Lippen waren leicht vorgeschoben, wie auf dem Bild in seinem Reisepaß, den ich ihm zwanzig Jahre später gestohlen habe.

Er war vor fünf Tagen aus England abgefahren. Er hatte in Mecklenburg seine Schwester verheiratet an einen Vorarbeiter beim Wasserstraßenamt, Martin Niebuhr. Er hatte das Essen im Ratskeller von Waren gestiftet. Er hatte sich Niebuhr zwei Tage lang angesehen, ehe er ihm tausend Mark gab, als Darlehen. Er hatte das Grab seines Vaters auf dem Friedhof von Malchow auf zwanzig Jahre im voraus bezahlt. Er hatte seiner Mutter eine Rente hinterlassen. Hatte er sich nicht losgekauft? Er hatte einen Vetter im Holsteinischen besucht und ihm einen Tag Korn einfahren helfen. Er hatte seinen Paß um fünf Jahre verlängern lassen, nach den Vorschriften für die Einbürgerung. Er hatte noch fünfundzwanzig Pfund in der Tasche und wollte nur wenig davon ausgeben, bis er zurück war in Richmond, in seiner Werkstatt voll teuren Werkzeugs, bei verläßlicher Kundschaft, in seinen zwei Zimmern am Manor Grove, in dem Haus, auf das er ein Gebot gemacht hatte. Er hatte auf der Reise noch einmal gesehen, wo er ein Kind gewesen war, wo er das Handwerk gelernt hatte, wo er zum Krieg eingezogen wurde, wo die Kapp-Putschisten ihn in einen Kartoffelkeller gesperrt hatten, wo jetzt die Nazis sich mit den Kommunisten schlugen. Er hatte nicht vor, noch einmal zu kommen.

Die Luft war trocken und ging schnell. Die warmen Schatten flackerten. Der Seewind schlug Fetzen von Kurkonzert in den Garten. Es war Friede. Das Bild ist chamois getönt, vergilbend. Was fand Cresspahl an meiner Mutter?

Meine Mutter war 1931 fünfundzwanzig Jahre alt, die zweitjüngste von den Töchtern Papenbrocks. Auf Familienbildern steht sie hinten, die Hände verschränkt, den Kopf leicht schräg geneigt, nicht lächelnd. Man sah ihr an, daß sie noch nie anders denn aus freien Stücken gearbeitet hatte. Sie war so mittel groß wie ich, trug unser Haar in einem Nackenknoten, dunkles, locker fallendes Haar um ihr kleines, gehorsames, ein bißchen gelbliches Gesicht. Sie sah jetzt besorgt aus. Sie hob selten den Blick vom Tischtuch und knetete ihre Finger, als wäre sie gleich ratlos. Sie allein hatte gemerkt, daß der Mann, der sie ebenmäßig ohne ein Nicken beobachtete, ihnen nachgegangen war von der Priwallfähre bis an den nächsten freien Gartentisch. Der alte Papenbrock lag mit seinem ganzen Gewicht gegen seine Lehne und quengelte mit dem Kellner, oder mit seiner Frau, wenn die Bedienung an anderen Tischen stand. Meine Großmutter, das Schaf, sagte wie in der Kirche: Ja, Albert. Gewiß, Albert. Der Kellner stand an Cresspahls Seite und sagte: Nich daß ich weiß. Wochenende. Kommen viel vom Land rüber. Gute Familien. Mein Herr.

Ich war hübsch, Gesine.
Und er sah doch eher aus wie ein Arbeiter.
Dafür hatten wir einen Blick, Gesine.

Cresspahl stand an der Fähre zum Priwall, als die Papenbrocks in die Vorderreihe kamen, auf der Fähre stand er gegen den Schlagbaum gestützt, den Rücken zu ihnen. Auf der anderen Seite ließ er sie an sich vorbeigehen zu Alberts Lieferwagen und verlor sich bald unter den Spaziergängern in der dick überlaubten Villenstraße. Am Abend fuhr Cresspahl mit einem gemieteten Auto zurück nach Mecklenburg, über den Priwall, entlang der Pötenitzer Wiek, entlang der Küste nach Jerichow. Mein Vater, als sein Boot nach England in Hamburg ablegte, nahm sich ein Zimmer im Lübecker Hof in Jerichow.

Gesine Cresspahl wird an manchen Mittagen eingeladen in ein italienisches Restaurant an der Dritten Avenue. Hinter dem Haus ist ein Garten zwischen efeubewachsenen Ziegelwänden. Die Tische unter den bunten Sonnenschirmen sind mit rotweiß karierten Decken belegt, der Straßenlärm fällt nur dumpf übers Dach, und das Gespräch befaßt sich mit den Chinesen. Was machen die Chinesen?

Die Chinesen stecken die britische Botschaft in Peking an und verprügeln den Geschäftsträger. Das machen die Chinesen.

Johnson, Uwe, Jahrestage. Aus dem Leben der Gesine Cresspahl, Suhrkamp Verlag, Frankfurt/M. 1988, S. 14 ff.

1. Werden die verschiedenen Zeiten und Orte im Text verknüpft?
2. Wie unterscheiden sich die Aussagen zur Gegenwart und Vergangenheit sprachlich?

Werkauswahl Johnson

Mutmaßungen über Jakob (1959); Das dritte Buch über Achim (1962); Ingrid Babendererde. Reifeprüfung 1953 (1985)

Verwandte Werke

Runge, Erika:	Bottroper Protokolle (1968)
Kipphardt, Heinar:	März (1976)
Hochhuth, Rolf:	Eine Liebe in Deutschland (1978)
Schädlich, Hans Joachim:	Tallhover (1986)
Hackl, Erich:	Auroras Anlaß (1987); Abschied von Sidonie (1989); Sara und Simón (1995); Entwurf einer Liebe auf den ersten Blick (1999)
Sebald, W.G.:	Die Ausgewanderten (1992)
Kurzeck, Peter:	Übers Eis (1997); Oktober und wer wir selbst sind (2007)
Harig, Ludwig:	Kalahari (2007)

7 Suche nach Identität: Christa Wolf

Die 1929 in Landsberg/Warthe (heute Polen) geborene Christa Wolf kam 1945 nach Mecklenburg, trat in ihrem Abiturjahr in die SED ein und studierte in Jena und Leipzig. Seit den 60er-Jahren galt sie als die Schriftstellerin, die in Ost- und Westdeutschland gleichermaßen Geltung hatte. Jahrzehntelang gehörte sie den bedeutendsten literarischen Gremien beider Staaten an (z. B. P.E.N. Schriftstellerverband, Akademien) und wurde in Ost wie West mit vielen Preisen ausgezeichnet. Mit der Wende geriet die Schriftstellerin ins Kreuzfeuer der Kritik, weil sie erst 1990 – nach dem Fall der Mauer – unter dem Titel „Was bleibt" Aufzeichnungen publizierte, die ihre Bespitzelung durch die Stasi in den 70er-Jahren belegen. Man warf ihr vor, sich erst dann kompromisslos gegen das Regime geäußert zu haben, als die Wende bereits vollzogen war. Christa Wolfs Gegner verschärften ihre Angriffe gegen sie, als sie

erst spät eine lang zurückliegende kurzfristige Tätigkeit als informelle Stasi-Mitarbeiterin offenbarte. An den Fall Christa Wolf schloss sich in der deutschen Presse ein grundsätzlicher Literaturstreit über die Sonderrolle und Qualität der DDR-Literatur insgesamt an.
Ungeachtet dieser emotional geführten und ideologisch-politisch beeinflussten Diskussion bleibt Christa Wolf eine Autorin, die sich durch sensible Wahrnehmung und subjektive Glaubwürdigkeit auszeichnet. Ihre psychologische Beobachtungsgabe korrespondiert mit einer präzis beobachtenden und zugleich poetisch-einfühlsamen Sprache. Ihre Hauptfiguren sind oft Frauen, die im Spannungsfeld von Rollendenken und Ich-Suche, von Beziehungsgeflecht und Selbstverwirklichung nach ihrer Identität suchen; es können auch historische oder mythologische Figuren sein. Diese literarischen Selbsterkundungen geschehen immer im Bewusstsein der politisch-historischen und gesellschaftlichen Rahmenbedingungen der gefährdeten Identität. Ihre Bücher kreisen um Themen wie individuelle Entfaltung, Kluft zwischen den Geschlechtern, Freundschaft und Liebe, Aggression und Machtmissbrauch, Möglichkeiten menschlicher Entwicklung. In all diesen Problemkreisen spürt Christa Wolf immer auch auf, welch wichtigen Anteil Sprache daran hat, sodass die Besonderheit ihrer Werke nicht zuletzt in den darin enthaltenen Sprachreflexionen liegt.

Christa Wolf (geb. 1929)

Als Reaktion auf den Reaktorunfall von Tschernobyl veröffentlichte **Christa Wolf** 1987 den Text „Störfall. Nachrichten eines Tages". Darin gibt die Erzählerin Aufschluss über ihre Gefühle und Reaktionen an dem Tag, an dem nicht nur die Gefahr eines atomar verseuchten Niederschlags sie ängstigt, sondern auch die an diesem Tag stattfindende Gehirnoperation ihres Bruders. Diese beiden Ereignisse sind der Anlass für eine literarische Selbstvergewisserung mit ausgeprägten essayistischen Passagen, in denen das Menschsein in einer Zeit rasanten technischen Fortschritts kulturkritisch überdacht wird. In Gedanken unterhält sich die Erzählerin mit ihrem Bruder:

Störfall (1987) | Christa Wolf

Da wirst du mich ungerecht finden, Bruder, und ich scheue mich, ungerecht zu sein oder zu erscheinen, das weißt du; aber weißt du auch, warum? Weil ich durch Gerechtigkeit gegen jedermann die verletzenden Ungerechtigkeiten der anderen von mir ab-, an mir vorbeizulenken suche. Es soll dir also zugestanden werden – später; nicht heute; heute nicht –, daß jene Männer, die dem friedlichen Atom nachjagten, von einer Utopie geleitet wurden: genug Energie für alle und auf ewig. Hätten sie es rechtzeitig anders wissen können? Wann hatte ich es zum ersten Mal mit ihren Widersachern zu tun?
Laß mich nachdenken. Es war Anfang der siebziger Jahre, das Kraftwerk hieß Wyhl, es ist nicht gebaut worden. Die jungen Leute, die uns die ersten Materialien über Gefahren bei der „friedlichen" Ausnutzung der Atomenergie in die Hand drückten, wurden verlacht, reglementiert, gemaßregelt. Auch von Wissenschaftlern, die ihre Arbeit, ich hoffe: ihre Utopie, verteidigten. „Monster"? Aber habe ich gesagt, daß sie Monster waren? Treiben die Utopien unserer Zeit notwendig Monster heraus? Waren wir Monster, als wir um einer Utopie willen – Gerechtigkeit, Gleichheit, Menschlichkeit für alle –, die wir nicht aufschieben wollten, diejenigen bekämpften, in deren Interesse diese Utopie nicht lag (nicht liegt), und, mit unseren eigenen Zweifeln, diejenigen, die zu bezweifeln wagten, daß der Zweck die Mittel heiligt? Daß die Wissenschaft, der neue Gott, uns alle Lösungen liefern werde, um die wir ihn angehen würden? Ist die Frage falsch gestellt? Habe ich, weil ich seit Tagen,Wochen diese wahrscheinlich falsch gestellte Frage ergebnislos umkreise, nur zu gerne den Vorwand benutzt, den dieser Tag mir liefert, mich von meinem in falschen Fragestellungen, zaghaften Annäherungen, unzureichenden, daher zahllosen Ansätzen steckengebliebenen Manuskript zu beurlauben? Gesucht und zugleich geflohen wird der Punkt des stärksten Schmerzes; ich sollte es wissen, Bruder, woher dieses Gefühl des Zerrissenwerdens kommt;

verstehen – mein Gott ja, verstehen kann ich es schon, wenn man versucht, dem auszuweichen, bis in den Kosmos, oder eben ins Atom – Liste der Tätigkeiten, die jene Männer von Wissenschaft und Technik vermutlich nicht ausüben oder die sie, dazu gezwungen, als Zeitvergeudung ansehen würden: Einen Säugling trockenlegen, Kochen, einkaufen gehn, mit einem Kind auf dem Arm oder im Kinderwagen. Wäsche waschen, aufhängen, abnehmen, zusammenlegen, bügeln, ausbessern, Fußböden fegen, wischen, bohnern staubsaugen. Staubwischen. Nähen. Stricken. Häkeln. Sticken. Geschirr abwaschen. Geschirr abwaschen. Geschirr abwaschen. Ein krankes Kind pflegen. Ihm Geschichten erfinden. Lieder singen. – Und wieviele dieser Tätigkeiten sehe ich selbst als Zeitvergeudung an?

Ich habe gelesen: Der Mensch, unfertig und unvollkommen, könne auch als ein Wesen definiert werden, das aktiv nach seiner optimalen Entwicklung suche. Ich – jenes Ich, das sich zum Zwecke des Nachdenkens von „mir“ abzuspalten pflegt –, ich habe mich sehr komisch gefunden, in der Lücke zwischen den Holunderbüschen stehend, nochmal und nochmal den Ausblick über das grüne Getreidefeld, wie es da in großen Wellen zum See hin abläuft, in mich aufnehmend, ein Bild, nach dem ich süchtig werden könnte, und mich fragend: Was will der Mensch. Ich, lieber Bruder, habe mir gedacht: Der Mensch will starke Gefühle erleben, und er will geliebt werden. Punktum. Insgeheim weiß das jeder, und wenn es ihm nicht gegeben ist, nicht gelingt oder verwehrt wird, diese seine tiefsten Sehnsüchte zu befriedigen, dann schafft er – ach: wir! –, dann schaffen wir uns Ersatzbefriedigung und hängen uns an ein Ersatzleben, Lebensersatz, die ganze atemlos expandierende ungeheure technische Schöpfung Ersatz für Liebe. Alles, was sie Fortschritt nennen und woran auch ich hänge, Bruderherz, ob ich will oder nicht, nichts als Hilfsmittel, um starke Gefühle auszulösen („... wenn ich meine schwere Maschine zwischen den Schenkeln habe, bin ich so unendlich viel mehr als mein mickriger Chef ...“) – kann man das sagen; sind wir die letzte Generation, die glaubt, starke Gefühle dürften nur von Menschen in uns ausgelöst werden, alles andere sei lästerlich, lasterhaft – [...]

Deine Hände, Bruder, weiß ich auswendig, kann sie mir jederzeit vorstellen. Sie werden jetzt magerer und auf eine schwer zu beschreibende Weise älter werden, nehme ich an. Ich glaube zu wissen, wie sie da auf der Decke liegen, das einzige, womit du dich zu erkennen gibst, da der Kopf umwickelt ist, krank, wehrlos, ohnmächtig. Oft und oft haben wir unsere Hände nebeneinander auf ein Stück Papier gelegt, du deine Rechte, ich meine Linke, und haben, ein jeder mit einem Stift in seiner freien Hand, ihren Umriß nachgezogen. An Größe sind deine Hände den meinen allmählich nachgekommen, aber ihre Umrisse sind so verschieden geblieben, daß man keinen Fachmann dazu brauchte, uns unsere unterschiedlichen Charaktere und Neigungen aus der Hand zu lesen – Die menschliche Hand, habe ich in dem Buch gefunden, entwickle jenes Geflecht hoch bezeichnender Linien, das sie, zum Beispiel, von der Hand des Menschenaffen unterscheide. Wieder habe ich, fasziniert wie beim ersten Mal, die Abbildungen der Affenhände betrachtet, die keine individuellen Merkmale aufweisen, sondern die alle nur durch jene quer in den Handteller eingeschnittene „Affenfurche“ gekennzeichnet sind – ein Anblick, der mich aufs neue melancholisch gemacht hat, so als müsse der Affe gefangen sein in einer kreatürlichen Trauer über das Mißglücken seiner Menschwerdung. Und als hielte er uns als Zeichen dieser Trauer und als hilflose Bitte um unser Mitgefühl seine Handflächen hin. Auch der Vor-Mensch mag, noch ehe er sprechen konnte, mit aufgehobenen Händen auf ein anderes Mitglied seiner Horde zugegangen sein, zum Zeichen für seine Friedfertigkeit. Doch erst mit Hilfe der Sprache, die alsbald, also wohl nach Hunderttausenden von Jahren, diese Droh- und Demutsgebärden ergänzte, uns aus der Instinktgebundenheit befreite und uns endgültig die Überlegenheit gegenüber den Tieren gab – ausgerechnet mit Hilfe der Sprache scheinen sich dann die Menschen der einen Horde von denen der anderen Horde abgegrenzt zu haben: Der Anderssprechende war der Fremde, war kein Mensch, unterlag nicht dem Tötungstabu. Diese Überlegung kommt ungelegen. Sprache, die Identität schafft, zugleich aber entscheidend dazu beiträgt, die Tötungshemmung gegen den anderssprechenden Artgenossen abzubauen. Die gleiche Sprache, die den Sprung in den „vollmenschlichen“ Zustand markiert, Bewußtsein öffnend, dabei bisher Bewußtes ins Unbewußte drängend: Die „Brillanz unserer jüngsten evolutionären Errungenschaft, die verbalen Fähigkeiten der linken Hemisphäre“, verdunkeln also, „wie Sonnenlicht den Sternenhimmel, unser Bewußtsein für die Funktion der intuitiven rechten Hemisphäre, die bei unseren Vorfahren das Hauptwerkzeug zur Wahrnehmung der Welt gewesen sein muß.“ Das Doppelgesicht der Sprache ...

Wolf, Christa, Störfall. Nachrichten eines Tages, Luchterhand Verlag, Darmstadt und Neuwied 1987, S. 36 ff., 89 ff.

1. Welche Fragen löst die Katastrophe von Tschernobyl bei der Erzählerin aus?
2. Inwiefern stehen Rollenmuster in den Augen der Erzählerin einer Identitätsfindung im Wege?
3. In welchen Zusammenhang wird gegen Ende der Textstelle die Identitätsproblematik eingeordnet?
4. Wie kommt die Nachdenklichkeit der Erzählerin sprachlich zum Ausdruck?

Werkauswahl Wolf

Der geteilte Himmel (1963); Nachdenken über Christa T. (1968); Kindheitsmuster (1976); Kein Ort. Nirgends (1979); Kassandra (1983); Medea (1996); Mit anderem Blick (2005)

Verwandte Werke

Frisch, Max:	Homo faber (1957); Stiller (1961); Mein Name sei Gantenbein (1964)
Haushofer, Marlen:	Die Mansarde (1969)
Handke, Peter:	Die Angst des Tormanns beim Elfmeter (1970); Die Stunde der wahren Empfindung (1975); Die linkshändige Frau (1976)
Frischmuth, Barabra:	Amy oder Die Metamorphose (1978)
Born, Nicolas:	Die Fälschung (1979)
Fels, Ludwig:	Ein Unding der Liebe (1981)
Zoderer, Joseph:	Die Walsche (1982)
Hein, Christoph:	Drachenblut (1983)
Kronauer, Brigitte:	Berittener Bogenschütze (1986)
Walser, Johanna:	Die Unterwerfung (1986)
Woelk, Ulrich:	Freigang (1990)
Krauss, Angela:	Die Überfliegerin (1995)
Gstrein, Norbert:	Die englischen Jahre (1999)
Sebald, W.G.:	Austerlitz (2001)
Schädlich, Hans-Joachim:	Anders (2003)
Lewitscharoff, Sibylle:	Consummatus (2006)
Ott, Karl-Heinz:	Ob wir wollen oder nicht (2008)
Faber, Katharina:	Fremde Signale (2008)
Genazino, Wilhelm:	Das Glück in glücksfernen Zeiten (2009)

8 Autobiografisches Erzählen im historischen Kontext: Jurek Becker

Wenn jemand, so wie der 1937 in Lodz (Polen) geborene Jurek Becker, seine Kindheit im KZ verbringen musste und dann in mehreren seiner Romane Leben und Hoffen im Ghetto oder das Judesein während und nach dem Dritten Reich thematisiert, so liegt es nahe, autobiografische Einflüsse auf das schriftstellerische Werk zu vermuten. Das darf man sich aber nun nicht so vorstellen, dass der Autor sein Leben einfach ungebrochen in sein Erzählen einfließen lässt. In Beckers Schreiben behält zwar aufgrund mancher Kunstgriffe die gelebte Realität nicht unbedingt die Oberhand, aber sie wird immer miterzählt.

Jurek Becker (1937–1997)

Im 1986 erschienenen Roman „Bronsteins Kinder" kommt also, wie in anderen seiner Werke, Vergangenheit zur Sprache, die mit der Vergangenheit des Autors zu tun hat. „Wie ich ein Deutscher wurde" war der von **Becker** geplante Titel, der sowohl für den Autor als auch für den Ich-Erzähler Hans Bronstein gilt. Der Sohn eines ehemaligen KZ-Häftlings entdeckt, dass sein Vater und dessen Mithäftlinge von damals einen ihrer KZ-Aufseher in einem Waldhaus gefangen halten, um privat Gerechtigkeit in Form von Selbstjustiz zu üben. Hans wird in den Strudel der Geschehnisse hineingezogen, obwohl er sich wehrt, „Sohn eines Opfers des Faschismus" zu sein. Die jüdische Identität bestimmt sein Leben, im großen Ganzen und in eher ergänzenden Randepisoden, die aber ebenfalls diese Aussageabsicht transportieren.

Bronsteins Kinder (1986) | Jurek Becker

Die Schwimmprüfung. [...] Eine Unmenge von Abiturienten drängte in den Duschraum, sie stellten sich unter die Nachbarduschen und zogen die Hosen aus. Noch gestern hätte ich genauso gespritzt und gekrächzt wie sie, heute kamen sie mir wie Kinder vor, die unerträglich an meinen Nerven zerrten; sie waren von einer anderen Schule.

Einer von ihnen, ein kleiner, kräftiger Kerl, berührte mich an der Schulter und zeigte zu einem Schild hoch, das an der Wand hing: dort stand, die Badekleidung sei beim Duschen abzulegen. Das Gesicht war voller Pickel und paßte zu seiner aufdringlichen Art. Ich wusch mir die Stelle sauber, an der er mich angefaßt hatte und wendete mich ab von ihm. Aber er gab sich nicht zufrieden, er sagte: „Kannst du nicht lesen?" Ich verstehe bis heute nicht, warum der Wichtigtuer mich so aufregte. Plötzlich hatte ich das Empfinden, daß er ein Schuldiger war: einer von denen, die gern peinigen und nur dann Ruhe geben, wenn sie an einen Stärkeren geraten. Ich weiß noch, daß ich überlegte, ob ich ihn unten oder oben treffen sollte. Er sagte herausfordernd: „Du, ich rede mit dir."

Ich fuhr herum und schlug ihn gegen den Kopf. Ich muß die Hand dabei zur Faust geschlossen haben, denn tagelang taten mir die Knöchel weh. Er schrie auf, daß sich alle nach uns umdrehten. Noch während er zurücktaumelte und fiel, verflog meine Wut.

Die anderen stürzten sich auf mich; es entstand ein regelrechter Kampf um das Vorrecht, mich greifen zu dürfen. Schließlich hielten vier Abiturienten meine beiden Arme fest, die übrigen standen mit ihren nackten Hintern und Schwänzen sprungbereit um uns herum, wie eine Meute scharfer Hunde an der Leine. Ich wehrte mich nicht; abgesehen davon, daß es keinen Sinn gehabt hätte, hielt ich es auch nicht für erforderlich. Einer fragte, was geschehen sei, das konnte ihm niemand erklären. [...]

Mein Sportlehrer Sowade und ein fremder Mann kamen eilig in den Duschraum, da ließen mich die Abiturienten los. Jemand drehte die Duschen zu, während der Picklige den Lehrern zu erzählen anfing, was sich seiner Meinung nach zugetragen hatte. Ich verstand nur die ersten Worte, denn ich verließ den dampfenden Raum und ging in die Halle zurück. [...]

Der Picklige folgte mir, nicht in böser Absicht, so schien es, er hatte denselben Weg. Unterwegs löste ich das Band an meiner Badehose, während Norbert Waltke die seine in der Hand hielt und sie im Gehen auswrang. [...]

Wenige Schritte entfernt blieb er stehen, wendete sich mir zu und sagte: „Wenn ich gewußt hätte, was los ist, hätte ich dich natürlich in Ruhe gelassen."

„Was meinst du damit?" fragte ich.

„Ich hätte dann nicht auf das Schild gezeigt."

„Was meinst du mit: Wenn ich gewußt hätte ...?"

Er lächelte wie einer, der sich nicht aufs Kreuz legen lässt. Er sagte: „Laß mal gut sein", dann ging er weiter.

Ich sah auf seinen Rücken, der noch schlimmer als das Gesicht befallen war, bis er in einen Seitengang verschwand.

Beim Abtrocknen verstand ich den Sinn seiner Worte. Ich hörte förmlich, womit mein Lehrer Sowade ihn besänftigt hatte: *Das Schild, du hast schon recht, es gilt für alle, keine Frage, also auch für ihn. Aber die Angelegenheit hat noch einen zweiten Aspekt, von dem du nichts wissen konntest, und zwar: Hans ist Jude. Es kann da leicht Empfindlichkeiten geben, von denen unsereins nichts ahnt. Ich hoffe, du verstehst.* So ähnlich mußte es gewesen sein, denn alle anderen Erklärungen paßten nicht. Zwölf Jahre war ich heil durch die Schule gekommen, das heißt, immer war ich so behandelt worden, daß ich keinen Verdacht zu schöpfen brauchte, und in der letzten Schwimmstunde nun das. Ich wollte im ersten Ärger zurück in die Halle stürzen, was aber hätte ich Sowade sagen sollen?

Eine Theorie meines Vaters, die ich bei verschiedenen Gelegenheiten gehört hatte, lautete: Es gebe überhaupt keine Juden. Juden seien eine Erfindung, ob eine gute oder eine schlechte, darüber lasse sich streiten, jedenfalls eine erfolgreiche. Die Erfinder hätten ihr Gerücht mit so viel Überzeugungskraft und Hartnäckigkeit verbreitet, daß selbst die Betroffenen und Leidtragenden, die angeblichen Juden, darauf hereingefallen seien und von sich behaupteten, Juden zu sein. Das wiederum mache die Erfindung um so glaubwürdiger und verleihe ihr eine gewisse Wirklichkeit. Immer schwerer werde es, die lügnerische Sache bis zu ihrem Anfang zurückzuverfolgen, sie sei von einem Brei aus Geschichte umgeben, durch den man mit Argumenten nicht mehr hindurchdringe. Am verwirrendsten aber sei es, daß so viele Menschen sich in ihre Rolle als Juden nicht nur gefügt hätten, sondern von ihr geradezu besessen seien und sich bis zum letzten Atemzug dagegen wehren würden, wollte man sie ihnen wegnehmen.

Während ich mich anzog, nahm mein Ärger ab; er gehörte zu einer Sphäre, von der ich mich nun trennte. Beim Kämmen sah ich in allen vier Reihen des Umkleideraums nach, doch Norbert Waltke war schon gegangen. Wenn ich mich beeilte, war er vielleicht noch auf der Straße zu sehen, und dann? Mir fiel ein, was ich Sowade zum Abschied hätte sagen können: *Ich möchte nicht von der Schule verschwinden, ohne einen Irrtum aufzuklären, von dem ich erst heute erfahren habe: ich bin, entgegen Ihrer Vermutung, nicht beschnitten. Ich hatte keine höheren Motive, dem Kerl eine runterzuhauen, nur niedere. Hoffentlich hat das Mißverständnis Sie nicht bewogen, ein paar Sekunden zu früh auf die Stoppuhr zu drücken.*

Becker, Jurek, Bronsteins Kinder, Suhrkamp Verlag, Frankfurt/M. 1986, S. 40 ff., gekürzt

1. Setzen Sie sich mit der „Theorie" des Vaters auseinander.
2. Wie geht der Ich-Erzähler mit seiner jüdischen Herkunft um?
3. Erläutern Sie, was Hans Bronstein meint, wenn er zwischen höheren und niederen Motiven des Zuschlagens unterscheidet.

Werkauswahl Becker

Jakob der Lügner (1963); Irreführung der Behörden (1973); Der Boxer (1976); Schlaflose Tage (1978); Amanda herzlos (1992)

Verwandte Werke

Fichte, Hubert:	Das Waisenhaus (1965)
Handke, Peter:	Wunschloses Unglück (1972)
Schneider, Peter:	Lenz (1973)
Innerhofer, Franz:	Schöne Tage (1974)
Bernhard, Thomas:	Die Ursache (1975); Der Keller (1976); Der Atem (1978); Die Kälte (1981); Ein Kind (1982)
Struck, Karin:	Klassenliebe (1973)
Canetti, Elias:	Die gerettete Zunge (1977); Die Fackel im Ohr (1980); Das Augenspiel (1985)
Vesper, Bernward:	Die Reise (1977)
Novak, Helga M.:	Die Eisheiligen (1979)
Andersch, Alfred:	Der Vater eines Mörders (1980)
Härtling, Peter:	Nachgetragene Liebe (1980)
Meckel, Christoph:	Suchbild. Über meinen Vater (1980)
Demski, Eva:	Scheintod (1984)
Harig, Ludwig:	Ordnung ist das ganze Leben (1986)
Henisch, Peter:	Die kleine Figur meines Vaters (1986)
de Bruyn, Günter:	Zwischenbilanz (1992)
Hilbig, Wolfgang:	Ich (1993)
Treichel, Hans-Ulrich:	Der Verlorene (1998)
Walser, Martin:	Ein springender Brunnen (1998)
Dirks, Liane:	Vier Arten meinen Vater zu beerdigen (2002)

Pleschinski, Hans:	Bildnis eines Unsichtbaren (2002)
Lange-Müller, Katja:	Die Letzten (2004)
Edschmid, Ulrike:	Die Liebhaber meiner Mutter (2006)

9 Verweigerung und Selbstbehauptung: Monika Maron

Monika Maron, die 1941 in Berlin geborene Stieftochter des DDR-Innenministers Karl Maron (1955–63), konnte auch schon vor ihrer Ausreise nach Hamburg (1988) ihre literarischen Werke nur in der Bundesrepublik veröffentlichen. Der Widerstand gegen allgemeine oder verordnete Meinungen ist ein wichtiger Antrieb ihres Schreibens, ja geradezu ein literarisches Leitmotiv ihrer Werke, in denen sich weibliche Figuren gegen Zwänge und Verfälschungen der Sprache und des Denkens wehren. Sie lehnen sich gegen Normierung und Vereinheitlichung, gegen schematische Tages- und Lebensläufe und Bevormundung, gegen Vereinnahmung und Unbewusstheit auf. Die Auflehnung beschränkt sich nicht auf schweigende Verweigerung, sondern wird zu trotziger Rebellion, die mit resignativen Phasen korrespondiert. Gegen allen Anpassungsdruck verfolgen ihre Figuren hartnäckig das Ziel, so zu sein, wie sie sind. In dieser Haltung erkennt man deutliche autobiografische Züge Monika Marons, die nach ihrer Übersiedlung in die Bundesrepublik 1988 gesagt hat, dass sie sich mit dem System der DDR nicht identifizieren konnte, es ihr aber im Westen auch nicht gelingen werde.

Monika Maron (geb. 1941)

Im Roman „Stille Zeile sechs" (1991) greift **Monika Maron** das Thema der Verweigerung und Selbstbehauptung auf. Rosalind Polkowski, eine 42-jährige Historikerin, beschließt, ihre intellektuellen Fähigkeiten nur noch zur Selbstverwirklichung zu nutzen, anstatt sie zum Broterwerb einzusetzen. Nach der Aufgabe ihrer wissenschaftlichen Stelle bei dem Historiker Barabas nimmt sie eine reine Schreibtätigkeit bei einem ehemaligen DDR-Funktionär an, bei der sie jedoch ihre Absicht nicht durchhalten kann, völlig unbeteiligt als bloßes Schreibgerät zu funktionieren. Ihr kritischer Geist zwingt sie zu Widerspruch und Protest gegen das Geschichtsbild, das der Funktionär Beerenbaum beim Diktat seiner Autobiografie entwickelt.
Rosalind erinnert sich an den Wendepunkt in ihrem Leben, den Entschluss, nicht mehr „für Geld [zu] denken":

Stille Zeile sechs (1991) | Monika Maron

Vor einem halben Jahr war mir tatsächlich über Nacht eine Erkenntnis aufgegangen und stand am Morgen unübersehbar wie die Sonne am Himmel meiner banalen Existenz, so daß ich mich fragte, wo sie sich vorher hatte verstecken können; die Einsicht, daß ich mein einziges Leben tagtäglich in die Barabassche Forschungsstätte trug wie den Küchenabfall zur Mülltonne. Am Abend hatte ich eine der Katzen getroffen, die in dem Gartengeviert unseres Häuserblocks lebten, sechs oder sieben schwarzweiß gefleckte Katzen, deren Verwahrlosung in dem Maße zunahm, wie die schwarzen Flecken in ihrem Gesicht eine Maske des Bösen assoziierten. Eine von ihnen trug den Fleck über einem Auge und sah aus wie ein Straßenräuber. Sie war mager und scheu, ihr Fell gelb verstaubt von der Asche in den Mülltonnen, wo sie ihr Futter suchte. Eine andere hatte schwarze Flecke um beide Augen und erinnerte an einen Pandabären. Sie war der Liebling der Straße und verbrachte die meiste Zeit vor dem offenen Küchenfenster der Eckkneipe, durch das der Koch ihr ab und zu ein Stück Fleisch oder Fisch zuwarf. Der pandabärähnlichen Katze begegnete ich auf dem Heimweg von der Barabasschen Forschungsstätte. Die Kneipe hatte Ruhetag, und die Katze, offenbar hungrig, folgte mir bis in meine Wohnung. Ich schnitt ein Paar Würstchen in kleine Stücke, goß Milch in eine Schale und stellte ihr beides in die Küche. Sie fraß ruhig, trank die Milch, strich mir zum Zeichen des Dankes einige Male um die Füße und setzte sich dann vor die Wohnungstür, den Blick unverwandt auf die Klinke gerichtet, bis ich ihr die Tür öffnete.

Die Würstchen hätten mein Abendessen sein sollen. Im Kühlschrank lagen nur noch zwei Zitronen und ein Zipfel Leberwurst. Das Brot war verschimmelt, und die Geschäfte hatten geschlossen. Ich fand einen Brühwürfel und Fadennudeln, woraus ich mir eine Suppe rührte. Eher aus leichtfertiger Gewohnheit als ernsthaft dachte ich, man müßte eine Katze sein. Beim Suppekochen so dahingedacht: eine Katze sein, statt dieses Hundeleben zu führen, irgendwo seine Nahrung holen, sich höflich bedanken und dann zu seinesgleichen ziehen und tun, wozu man Lust hat. Ich sah aus dem Küchenfenster. Sechs schwarzweiße Katzen saßen im Kreis auf dem Rasen und sahen einander an. Darin schien Sinn für sie zu liegen.

Sie saßen da für nichts. Wenn ich in meinem acht Quadratmeter großen Zimmer in der Barabasschen Forschungsstätte saß und mir einredete, ich interessierte mich für die zweite Parteikonferenz der sächsischen Kommunisten im Jahr 1919, saß ich da für Geld. Die Parteikonferenz hatte mich zu interessieren für Geld, das ich für Würstchen ausgab, die ich an Katzen verfütterte, damit diese am Abend auf dem Rasen sitzen konnten für nichts als für das Dasitzen, während ich allein hinter dem Küchenfenster saß, die salzige Brühe löffelte und morgen früh, pünktlich fünf Minuten nach sieben, wieder das Haus verlassen würde, um von sieben Uhr fünfundvierzig bis siebzehn Uhr in der Barabasschen Forschungsstätte unter der Bewachung von Barabas und seinen Knechten nachzudenken für Geld. Was ich anfangs nur achtlos und mißmutig vor mich hin gedacht hatte – man müßte Katze sein – erwies sich, sobald ich mich dem Sog dieser Vorstellung überließ, als eine Wahrheit von empörender Absurdität. Jeden Tag sperrte ich mich freiwillig in einen Raum, der seiner Größe nach eher eine Gefängniszelle war und den man mir ebenso zugeteilt hatte wie das Sachgebiet, dem ich acht Stunden am Tag meine Hirntätigkeit widmen mußte.

Sie, Kollegin Polkowski, haben wir für die Entwicklung der proletarischen Bewegungen in Sachsen und Thüringen vorgesehen, hatte Barabas gesagt, als ich ihm vor fünfzehn Jahren zum ersten Mal an seinem Schreibtisch gegenübersaß. So war es: Nicht mir wurde das Sachgebiet zugeteilt, sondern ich dem Sachgebiet und auch dem Zimmer. Stürbe ich, würde es das Sachgebiet und das Zimmer immer noch geben, so wie es sie vor mir gegeben hatte; ein anderer würde ihnen zugeteilt werden, der, wie ich, die einzige Fähigkeit, die ihn von einer Katze unterschied, die Gabe des abstrakten Denkens, an einem kleinen Sachgebiet verschleißen würde, um von dem Geld, das er dafür bekäme, sein kreatürliches, von einem Katzendasein wenig unterschiedenes Überleben zu sichern.

Wenn ich nicht zu jenen gehören durfte, denen es der Herr im Schlafe gab, wollte ich, was mich von diesen unterschied, wenigstens für mich behalten. Wie kam ich, ein frei geborener Mensch, dazu, mich ein Leben lang ausgerechnet Barabas zu unterwerfen, einem gewöhnlichen, graumelierten Familienvater, den nur sein unentwickelter Widerspruchsgeist, verbunden mit despotischer Pedanterie, zur Beförderung empfohlen hatte. Ich sah mir gleichzeitig zwei Filme im Fernsehen an, einen Western und einen Serienkrimi im gerechten Wechsel, und immer wieder, besonders, wenn ein Tier durchs Bild lief, dachte ich an die Katze und daran, welche Vorteile ihr Leben im Vergleich zu meinem bot.

Alles sprach für die Katze.

Die Nacht umgab mich wie ein schalldichter Bunker. Niemand würde mich ansprechen wollen bis zum Morgen, und niemand würde sich ansprechen lassen. Auf mich warteten mein Zimmer und mein Sachgebiet im Dunkel der Barabasschen Forschungsstätte. Nichts an meinem Leben erschien mir noch vernünftig.

Am Morgen stand ich nicht auf. Ich blieb liegen, sah zu, wie die Sonne über unserer Straße aufstieg und sich durch das Laub der Bäume vor meinem Fenster drängte, bis auf mein Kissen. Ich schob meinen Kopf in den Sonnenfleck und schloß die Augen. Ich sah mein Blut in meinen Augenlidern, so rot wie Katzenblut. Langsam, wie zufällig, ordnete sich ein Satz in meinem Kopf: Ich werde nicht mehr für Geld denken. Den Rest des Tages verbrachte ich im Bett.

Maron, Monika, Stille Zeile sechs, Fischer Verlag, Frankfurt/M. 1991, S. 19 ff.

1. Stellen Sie gegenüber, wie die Ich-Erzählerin im Roman „Stille Zeile sechs" ihr „Hundeleben" im Vergleich zum „Katzenleben" darstellt.
2. Wo erfahren Sie Ihr Leben als „Katzenleben" oder „Hundeleben"?
3. Wie kommt die Ich-Erzählerin jeweils zur eigenen Positionsbestimmung?

Werkauswahl Maron

Flugasche (1981); Die Überläuferin (1986); Animal triste (1996); Pawels Briefe (1999); Endmoränen (2002); Ach Glück (2007)

Verwandte Werke

Aichinger, Ilse:	Spiegelgeschichte (1952)
Walter, Otto F.:	Der Stumme (1959)
Haushofer, Marlen:	Die Wand (1963)
Morgner, Irmtraud:	Hochzeit in Konstantinopel (1968)
Bachmann, Ingeborg:	Malina (1971)
Plenzdorf, Ulrich:	Die neuen Leiden des jungen W. (1973)
Reimann, Brigitte:	Franziska Linkerhand (1974)
Kipphardt, Heinar:	März (1976)
Schwaiger, Brigitte:	Wie kommt das Salz ins Meer (1977)
Zorn, Fritz:	Mars (1977)
Loest, Erich:	Es geht seinen Gang oder Mühen in unserer Ebene (1978)
Härtling, Peter:	Das Windrad (1983)
Hein, Christoph:	Drachenblut (1983)
Jelinek, Elfriede:	Die Klavierspielerin (1983); Die Liebhaberinnen (1977)
Hackl, Erich:	Auroras Anlaß (1987)
Woelk, Ulrich:	Freigang (1990)
Streeruwitz, Marlene:	Verführungen (1996)

10 Vergangenheit als Spiegelung der Gegenwart: Christoph Ransmayr

Christoph Ransmayr wurde 1954 in Wels in Oberösterreich geboren. Wie eine Reihe anderer zeitgenössischer Schriftsteller findet er seine Stoffe in der Vergangenheit. Im **Mythos** drücken sich überzeitliche, immer wiederkehrende menschheitliche Grundsituationen aus; der zeitgenössische Autor verknüpft die mythologischen Muster mit Erfahrungen des Gestern und Heute. Die mythische oder historische Vergangenheit wird nicht in erster Linie um ihrer selbst willen erzählt, sondern in ihr spiegelt sich in vielen Facetten unsere Gegenwart. Das mittelbare Erzählen schafft unmittelbare und unausweichliche aktuelle Einsichten und teilt uns Lesern – manchmal verzerrt und verfremdet, manchmal eher punktgenau gespiegelt – das Jetzt und die Befindlichkeit des modernen Menschen in seiner Zeit mit. Der Leser taucht ein in die Vergangenheit und erfährt Gegenwart; mit der Entfernung vom Hier und Heute geschieht Annäherung an unsere Gegenwart. Ransmayr treibt ein Spiel mit Fragmenten aus der Geschichte, aber mit modernem Inventar, modernen Requisiten und Figuren. In seinen beiden ersten

Christoph Ransmayr (geb. 1954)

Romanen geht es um eine Spurensuche, im 1995 erschienenen Roman „Morbus Kitahara“ um die bleibende Präsenz und das Weiterwirken von schuldbeladener Kriegsvergangenheit.

Spurensuche geschieht auch im Roman „Die letzte Welt“, der 1988 erschien. Die historische Figur Cotta, ein Freund des Dichters Ovid (im Roman: Naso), reist nach Tomi, Endstation römischer Zivilisation am Schwarzen Meer. Dorthin nämlich hatte Kaiser Augustus den gefeierten Dichter aus letztlich nie geklärten Gründen verbannt. Als das Gerücht des Todes von Ovid nach Rom dringt, macht sich Cotta auf, um in Tomi Ovids Spuren nachzugehen. Vergangenheit bedeutet aber für **Ransmayr** in keinem Fall Gegenwartsflucht. So ist z. B. Thies (röm. Dis = Bruder des Jupiter), der Gott der Unterwelt und Herr der Schatten bei Ovid, im Roman ein Totengräber, der als Deutscher nicht vom Alptraum der Gaskammern loskommt. Motive der Jahrtausende verschmelzen, aber alle Kunstfertigkeit des Autors mindert nicht die Schrecken über die in eine ferne Vergangenheit gespiegelte jüngste deutsche Geschichte.
Fama, eine Einwohnerin von Tomi, denkt über eigenes und fremdes Unglück nach:

Die letzte Welt (1988) | Christoph Ransmayr

[...] Der einzige Mensch, mit dem sie sich niemals verglich, war Thies der Deutsche, der Salbenrührer, der Totengräber: Vor Jahrzehnten hatte ihm der Huftritt eines Zugpferdes den Brustkorb so zertrümmert, daß ihm die Rippen seiner linken Seite wie gebrochene Pfeile aus dem Fleisch gezogen werden mußten; seither schlug in diesem Mann ein ungeschütztes Herz. Jeder Sturz, jeder Stoß oder Faustschlag, der seine eingesunkene, von Narben zerfurchte Brust traf, konnte ihn töten.
Thies war auf einer Bahre in die eiserne Stadt gekommen; getragen von durchziehenden Viehhirten, die ihn blutüberströmt im Geröll an der Straße nach Limyra gefunden hatten und zum Sterben ans Meer bringen wollte, schaukelte er durch die Gassen. Unten am Hafen, dort, wo jetzt nur noch von Wermut und Ginster überwachsene Grundmauern zu sehen waren, stand damals noch ein Hospital, die Krankenstation des Bergwerks, in der zerschlagene Knappen auf ihre Krücken warteten oder Staub und Blut aus ihren Lungen husteten.
Sieben Monate lag Thies in diesem Hospital festgebunden an einem Eisenbett und sank manchmal in eine tagelange, tiefe Bewußtlosigkeit; aus seiner Brust ragte ein Beet silberner Röhrchen, durch die Wundflüssigkeit und Eiter abtropften, und wenn seine Verbände erneuert wurden, breitete sich ein solcher Gestank um ihn herum aus, daß man ihn schließlich einmal jede Woche die wenigen Stufen zur Mole hinabtrug, ihm dort im frischen Wind die Bandagen abnahm und seine Wunden versorgte. Dann hörte man ihn noch im letzten Haus der eisernen Stadt und bis hoch hinauf in die Geröllhalden schreien; es war ein solches Schmerzgebrüll, daß Fama sich an jedem dieser Verbandstage ins Innere ihres Ladens flüchtete, die Hände an die Ohren preßte und zusammengekauert darauf wartete, daß dieses Schreien in ein Gewimmer überging und endlich verstummte. Was damals aber jeder Bewohner Tomis erwartete und im Schrecken dieses Schmerzgebrülls manchmal herbeisehnte, trat nicht ein: Der Invalide starb nicht, er genas.
Thies war der letzte Veteran einer geschlagenen, versprengten Armee, die auf dem Höhepunkt ihrer Wut selbst das Meer in Brand gesetzt hatte. Noch jetzt rollte durch die Alpträume des Totengräbers immer wieder der längst verebbte Geschützdonner mit einer so schmerzhaften Stärke, daß er im Schlaf den Mund aufriß, um seine Trommelfelle vor dem Platzen zu bewahren; dann sah er Panzerkreuzer und Lazarettschiffe in die Tiefe fahren und in Brand geschossene Ölteppiche gegen die Küste treiben. Constanta, Sewastopol, Odessa und mit ihnen die blühendsten Städte des Schwarzen Meeres verschwanden noch einmal und immer wieder hinter einem Vorhang aus Feuer, und inmitten einer verwüsteten, eroberten Stadt mußte Thies in jedem dieser Träume vor das Tor einer Lagerhalle treten, mußte die schweren Torflügel öffnen und dann den schrecklichen Anblick der Menschheit ertragen: In diesem steinernen, fensterlosen Raum waren die Bewohner eines ganzen Straßenzuges zusammengepfercht und mit Giftgas erstickt worden. Das Tor hatte dem Ansturm der Todesangst, der Qual und Verzweiflung standgehalten, einer Welle keuchender, um Atem ringender Menschen, die in den Ritzen und Fugen des Tores vergeblich nach einem Hauch Zugluft gesucht hatten; die Starken waren auf den Leichnamen der Schwachen höher und höher gekrochen, aber gleichgültig und getreu den Gesetzen der Physik waren ihnen die

Schwaden des Gases nachgestiegen und hatten schließlich auch die Starken in bloße Treppenstufen für die Stärksten verwandelt, die sich als Krone dieser Menschenwelle in den Tod quälen mußten, besudelt mit Blut und Kot und zerschunden im Kampf um einen einzigen Augenblick Leben. Der Kampf war jedesmal längst vorüber, und die Opfer lagen mit offenen Mündern, in Krämpfen erstarrt, wenn Thies den ersten Torflügel öffnete und aus einer Wolke bestialischen Gestanks die Ordnung der Menschheit auf sich zustürzen sah. Dann erwachte er. Dann schrie er. Dann mußte seine Verlobte ihn halten und besänftigen, mußte Proserpina ihm wieder und wieder vorsagen, daß dieses Tor Vergangenheit war und nun für immer offenstand, daß, was ihn so schwarz umgab, nur die Nacht von Tomi war und nicht der Tod, nur die eiserne Stadt, nur das Meer. Immer wieder mußte sie es ihm sagen.

Irgendwann in diesen Kriegsjahren, als beinah alles, was zu vernichten und zu verlieren, vernichtet und verloren war und viel umkämpftes Land wieder an die Wildnis zurückfiel, hatte Thies ein solches Grauen erfaßt, daß er eines Nachmittags aus einer Militärkolonne ausbrach, die durch Schluchten und über Pässe ihrem Untergang entgegenzog. Ohne zu wissen, warum ihn das Entsetzen gerade in diesem besonderen Augenblick überfiel und ihm jeden weiteren Schritt im Troß unmöglich machte, richtete er sich auf dem Kutschbock eines Lastkarrens plötzlich auf, riß den Zügel herum, begann wie von Sinnen auf das Zugpferd einzupeitschen und raste die Paßstraße zurück in die Tiefe. Kein Befehl wurde ihm nachgebrüllt. Auch kein Schuß fiel. Nur einige müde, erschöpfte Gesichter wandten sich nach dem Deserteur um und dann wieder der Marschroute zu.

Thies raste bergab, hörte das Aufschlagen verlorener Lasten hinter sich, Munitionskisten, Stacheldrahtrollen, Signalstangen, und trieb das Pferd unaufhörlich an, obwohl der Karren unter den Schlägen der Fahrt zu bersten drohte. Ihm war, als bliebe ihm in diesem Dahinjagen doch der ganze Troß nah, als käme nicht *er* von der Stelle, sondern nur die Tiefe blau, grün und schwarz auf ihn zu, Steine, Gebüsch. Von Trümmern, Kadavern und Toten gesäumt, entrollte sich die Paßstraße vor ihm.

Und dann drängte sich jener Felsvorsprung in seine Fahrt, der ihn zu einem jähen Ausweichmanöver zwang. Er riß den Zügel so heftig an sich, daß das Pferd den Kopf in den Nacken warf und sich aufbäumte und der Karren ins Schleudern geriet. So verlor auch Thies seinen Halt. Seine Fäuste öffneten sich, Zügel und Peitsche entflogen ihm. Kopfüber stürzte er auf das Pferd zu, bekam noch im Fallen Haare zu fassen, den Flachs des Roßschweifs, krallte sich fest. Aber von den Peitschenhieben in panische Angst versetzt, dampfend vor Anstrengung, schlug das Pferd aus, trat mit aller Wucht seiner Hinterhand gegen ein reißendes, unsichtbares Gewicht, gegen ein Raubtier, gegen einen Peiniger, gegen Thies Brust und spürte, wie das Zerren augenblicklich nachließ – und setzte sich verstört wieder in Trab.

Bevor ihm ein Blutschwall aus dem Mund fuhr und ihm der Schmerz das Bewußtsein nahm, sah Thies einen weiß wirbelnden Himmel, sah ein donnerndes Gebäude aus Achsen, Balken und Planken, das über ihn hinwegglitt, ein häßliches Haus, und sah auch den seltsam fröhlich vorüberjagenden Zaun der Radspeichen, den er festzuhalten versuchte und der ihn mit sich fortriß. Er war der Welt schon sehr fern, als man ihn fand. Tief unter ihm schleifte ein Pferd an einer Deichsel Trümmer hinter sich her, zog eine wirre Spur durch die Gerste eines Terrassenfeldes und war später nur mit Mühe zu fangen. Thies lag in seinem schwarzen Frieden und merkte nicht, daß man ihn aufhob, und nicht, wohin man ihn trug. Es dauerte siebzehn Tage, bis der erste Lärm der Fremde durch einen blutigen Schleier zu ihm drang, Schmiedehämmer, der Klagelaut eines Esels, Stimmen, ein Name: Tomi.

Ransmayr, Christoph, Die letzte Welt. Mit einem Ovidischen Repertoire, Eichhorn Verlag, Frankfurt/M. 1988, S. 259 ff.

1. Welche unterschiedlichen Zeiten und Räume sind angesprochen und wie werden sie verknüpft?
2. Welche Rolle und Funktion hat Thies?

Werkauswahl Ransmayr

Die Schrecken des Eises und der Finsternis (1984); Morbus Kitahara (1995); Der Weg nach Surabaya (1997); Der fliegende Berg (2006); Damen & Herren unter Wasser (2007)

Verwandte Werke

Nossack, Hans Erich:	Der Untergang (1948)
Morgner, Irmtraud:	Leben und Abenteuer der Trobadora Beatriz (1974)
Härtling, Peter:	Hölderlin (1976); Waiblingers Augen (1987)
Wolf, Christa:	Kein Ort. Nirgends (1979); Kassandra (1983); Medea (1996)
Weiss, Peter:	Die Ästhetik des Widerstandes (1975/1981)
Nadolny, Sten:	Die Entdeckung der Langsamkeit (1983)
Süskind, Patrick:	Das Parfum (1985)
Muschg, Adolf:	Der rote Ritter (1993)
Menasse, Robert:	Die Vertreibung aus der Hölle (2001)
Ruttmann, Irene:	Das Ultimatum (2001)
Mosebach, Martin:	Der Nebelfürst (2003)
Hoppe, Felicitas:	Johanna (2006)

11 Recherche und Fiktion: Uwe Timm

Uwe Timm (geb. 1940)

Der 1940 in Hamburg geborene Uwe Timm war neben seinem Studium der Philosophie und Germanistik in München im Sozialistischen Deutschen Studentenbund (SDS) politisch tätig. Als Schriftsteller debütierte er 1971 mit einem Gedichtband, in dem er sich mit den Chancen und Grenzen politischer Lyrik vor dem Hintergrund der politischen Verhältnisse der frühen 70er-Jahre auseinandersetzt.
Große Aufmerksamkeit erlangte Timm, der heute als freier Schriftsteller in München und Berlin lebt, mit seinen Romanen, die als bedeutende literarische Zeugnisse der 68er-Studentenrevolte gelten. Timm nutzt in seiner realistischen Schreibweise die konkreten zeitgeschichtlichen Ereignisse und Details des Konfliktes zwischen Studentenbewegung und bürgerlicher Gesellschaft für die Gestaltung seiner Figuren. In diesen liefert er gewissermaßen typische Vertreter der politischen und sozialen Realität.
Timms Schreibstil lehnt sich stark an die unmittelbare geschichtliche Realität an. Mithilfe historischer Dokumente und anhand von Generalstabsberichten, Telegrammen und Memoiren schildert er in seinem Roman „Morenga" beispielsweise den historischen Verlauf des Kolonialkrieges des Deutschen Kaiserreiches zu Beginn des 20. Jahrhunderts. Der Autor arbeitet im Gegensatz zu vielen traditionellen historischen Romanen die geschichtlichen Details eines Völkermordes eher nüchtern, transparent und analytisch auf und verzichtet auf moralisierende Kommentare. „Ganz außerordentlich, wie in diesem Buch die Fiktion aus den Fakten hervorgeht. Ich bewundere die Genauigkeit von Timms Recherche und die Meisterschaft seines sachlichen, stillen und von Spannung erfüllten Erzählens" (Alfred Andersch).
In Timms autobiografischer Erzählung „Am Beispiel meines Bruders" gestaltet er die wenigen Erinnerungen an seinen Bruder als Grundlage für die Darstellung einer Familiengeschichte des 20. Jahrhunderts, des Dritten Reiches und der frühen Bundesrepublik. Anhand seiner eigenen Biografie reflektiert Timm, wie Erinnerung entsteht und funktioniert; seine Beobachtungen und Erklärungsversuche untermauert er dabei durch Hinweise auf Erinnerungsbücher, Dokumente und Studien.

Im Roman „Halbschatten" (2008) besucht ein Ich-Erzähler auf der Suche nach dem Grab einer berühmten Fliegerin den Berliner Invalidenfriedhof. Dem Leser begegnen hier Persönlichkeiten aus mehreren Jahrhunderten deutscher Geschichte von Friedrich II. bis zu einzelnen Nationalsozialisten, deren Stimmen der Ich-Erzähler zu vernehmen glaubt. Im Mittelpunkt des Romans steht aber dann die Lebensgeschichte der Fliegerin Marga von Etzdorf, die, bevor sie von den Nazis als Heldin vereinnahmt werden konnte, nach einem Absturz aus unerklärlichen Gründen Selbstmord begangen hat. Eher fragmentarisch wird die Geschichte von Marga von Etzdorf fiktiv erzählt; Timm verzichtet also bewusst auf eine geschlossene epische Entfaltung. Stattdessen verknüpft **Timm** immer wieder fiktive Erzählpassagen mit authentischem Material, das er am Ende des Buches angibt. Eine besondere Rolle erhält ein Friedhofsführer, der nur „der Graue" heißt.

Halbschatten (2008) | Uwe Timm

Ein Mann um die fünfzig, hager, das Haar schon grau, ein schmales Gesicht, asketische Falten um Mund und Nase. Ein langer, zerschlissener, auf Taille gearbeiteter Mantel, grau, der ihm ein militärisches Aussehen gibt. Schnallenschuhe. Nein, bei genauem Hinsehen sind es modische, hellbraune Halbschuhe, die nicht zu dem grauen Mantel passen und für diesen nasskalten Novembertag viel zu leicht sind. Ein später Nachmittag, der mit dem vom Kanal hochziehenden Dunst schon Abend wird. An der hinteren, die Straße begrenzenden Friedhofsmauer geht gebückt eine Gestalt umher. Der schnarrende Ruf einer Elster. Zwei, drei kleine Kerzen brennen auf dem Friedhof. Allerseelen. Ein schönes altes Wort, aber die hier Versammelten sind meist Protestanten, sagt der Graue, und Konfessionen spielen bei einem aufgelassenen Friedhof sowieso keine Rolle mehr. Dort das Flämmchen hat jemand auf den Grabstein von Mölders gestellt, einem der wenigen Katholiken hier. Oberst und Jagdflieger im Zweiten Weltkrieg, 101 Abschüsse, wie es so schön heißt. Er zeigt mit den wie zu einem Stab zusammengerollten Manuskriptseiten auf eine große Marmorplatte. Und da hinten, an der Mauer, steht noch so ein Licht. Viele der Namen kann man schon nicht mehr lesen. Wenn sie nicht im Krieg zerstört wurden, hat der Regen die Steine ausgewaschen, oder sie sind vom Wurzelgeflecht aufgesprengt worden. Alles schon weit weg. Seit fünfzig Jahren wird hier niemand mehr bestattet. Der Graue hustet, und man sieht ihm an, er friert. Es war eine Führung, allein für mich. Er war mir als Kenner dieses Ortes empfohlen worden. Man hatte mir seine Telefonnummer gegeben, ich hatte ihn angerufen, und er hatte nach einem kurzen Zögern zugesagt.

An diesem Ort, sagt er, liegt die deutsche, liegt die preußische Geschichte begraben, jedenfalls die militärische. Scharnhorst liegt hier und andere Generäle, Admiräle, Obristen, Majore, bekannte Jagdflieger, damals die Helden der Luft, Richthofen, Udet, Mölders, und unter all diesen Männern, diesen Militärs, liegt eine Frau. Sehen Sie den Grabstein, er ist neu gesetzt worden, der alte war in den Kampfhandlungen zu Ende des Kriegs zerstört worden, ein Granitbrocken, ein Findling. Der Flug ist das Leben wert. 1907 geboren, 1933 gestorben. Marga v. Etzdorf. Eine Fliegerin, eine der ersten in Deutschland.

Ja, sage ich, sie sei der Grund, warum ich hierher gekommen bin. Ich hatte vermutet, sie sei abgestürzt, las dann aber, sie habe sich nach einer Bruchlandung in Syrien, in Aleppo, erschossen. Das weckte meine Neugier. Eine Frau, eine Fünfundzwanzigjährige, erschießt sich nicht wegen einer Bruchlandung, dachte ich. Richtig, sagt der Graue, er habe weitergeforscht, habe nach frühen Filmausschnitten und Fotos gesucht, nach Berichten über ihre Flüge, die sie nach Marokko und Japan geführt hatten. Sensationelle Unternehmungen, damals, sie wurde bewundert und gefeiert. Er habe die wenigen noch lebenden Zeitzeugen befragt, und ein merkwürdiger Zufall habe ihm ein Zigarettenetui in die Hände gespielt. Das Etui hat einen gewissen Anteil an ihrer Geschichte.

Glatt und doch schwer liegt das Silber in der Hand. Der Deckel ist durch einen darin sitzenden Messingsplitter leicht verbeult. An einer Stelle hat der Splitter den Deckel mit seiner Spitze leicht durchschlagen. Man könnte denken, er sei kunstgerecht eingelötet worden. Hier, auf der Rückseite, sehen Sie, sind die Initialen zweier Namen eingraviert: M. v. E. und Ch. v. D. und in kursiver Schrift *Isobare*.

Auf den Fotos erscheint sie, trägt sie Kleider oder Rock und Bluse, schlank, fast zerbrechlich, in Hosen und in der Pilotenkluft wirkt sie eher kräftig. Auch zwei Filmausschnitte habe er gefunden, sagt der Graue, natürlich stumm. Sie steht in einem Kleid vor ihrem Flugzeug, der Wind weht ihr das kurz geschnittene Haar ins Gesicht. Sie lacht, neigt den Kopf, streicht mit einer langsamen Bewegung das Haar hinter das Ohr. In der anderen Szene sitzt sie auf einer Bank im Freien. Sie trägt Hosen und eine Pilotenjacke aus Leder mit Strickbündchen am Handgelenk. Sie redet und raucht, und man sieht ihr an, es ist kein automatisches Tun, sondern ein Genuss, wie sie mit

zierlichen Bewegungen das Etui öffnet, eine zweite Zigarette herausnimmt und anzündet.
In einem Radiointerview aus den frühen dreißiger Jahren fragt der Reporter sie, was denn ihr Traum vom Fliegen sei.
Die Schwerelosigkeit, hört man sie in einem sphärischen Rauschen antworten. Und sei es nur für den Moment, wenn man in einer Parabel fliegt. Ich singe jedes Mal, wenn die Maschine mich in den Himmel reißt. Ich singe, obwohl ich mich selbst durch den Lärm des Motors gar nicht hören kann. Ich spüre die Luft, den Fahrtwind, wenn auch durch den Windschirm gebrochen. […]

Der Graue sagt im Weitergehen: Ich lese Ihnen einen Absatz aus dem Bericht des deutschen Konsuls vor.

Der Offizier brachte Frl. von Etzdorf in das Offizierskasino und stellte ihr das Zimmer des aufsichtführenden Offiziers zur Verfügung. Bevor Frl. von Etzdorf das Zimmer betrat, erklärte sie, dass sie 1 Telegramm abschicken möchte. Ausserdem bat sie, den Vertreter von Shell zu benachrichtigen. Letzteres geschah sofort, und zur Abfassung des Telegrammes hielt ihr eine Kasino-Ordonnanz einen Block hin, auf dem sie den Text niederschrieb. Das Telegramm war an „Isobare" Berlin gerichtet und besagte, dass sie eine Landung mit Bruch gehabt habe und selbst heil sei. Sie unterzeichnete das Telegramm mit „Marga". Darauf begab sie sich in das Zimmer, während der Offizier zum Flugzeug zurückging. 2 Minuten später vernahm die Ordonnanz in dem Zimmer, in das sich Frl. von Etzdorf zurückgezogen hatte, 2 Schüsse und eilte dem Offizier nach. Letzterer kehrte sofort um, klopfte an die nichtverschlossene Tür und öffnete sie sofort. Er fand Frl. von Etzdorf auf dem Bett lang hingestreckt, den Kopf auf dem Kopfkissen gegen das Fenster, während die Beine über den Bettrand hinaushingen. Sie lag in einer grossen Blutlache, der Kopf war von 2 Schüssen durchbohrt, in der linken Hand hielt sie eine Maschinengewehrpistole Kaliber 9 mm, die Mündung gegen die linke Gesichtshälfte gerichtet. Sie röchelte noch einige Male und verschied unverzüglich. Die Schüsse waren genau 23 Minuten nach der Landung abgegeben.

In all den Meldungen, Zeitungsberichten über ihren Tod war nie die Rede von einer Maschinenpistole. Man ging davon aus, sie hätte sich mit einer Pistole erschossen, die sie zur Selbstverteidigung bei sich hatte. Dafür hatte sie auch eine Genehmigung. Plötzlich taucht diese Maschinenpistole in dem Bericht des deutschen Konsuls aus Beirut auf.

Timm, Uwe, Halbschatten. Roman, Verlag Kiepenheuer & Witsch, Köln 2008, S. 8 ff., S.79 f.

1. Charakterisieren Sie die Figur Marga von Etzdorf.
2. An welchen Stellen in Timms Roman „Halbschatten" kommt die fiktionale Gestaltung besonders zum Vorschein?
3. Warum greift Timm auf Recherchematerial zurück?

Werkauswahl Timm

Heißer Sommer (1974); Morenga (1978); Kerbels Flucht (1980); Der Mann auf dem Hochrad (1984); Der Schlangenbaum (1986); Die Entdeckung der Currywurst (1993); Johannisnacht (1996); Rot (2001); Am Beispiel meines Bruders (2003); Der Freund und der Fremde (2005)

Verwandte Werke

Andersch, Alfred:	Winterspelt (1974); Efraim (1967)
Schneider, Peter:	Vati (1989)
Krausser, Helmut:	Melodien (1993)
Streeruwitz, Marlene:	Nachwelt (1999)
Knauss, Sibylle:	Evas Cousine (2000)
Buch, Hans-Christoph:	Kain und Abel in Afrika (2001)
Nadolny, Sten:	Ullsteinroman (2003)
Leupold, Dagmar:	Nach den Kriegen (2004)
Delius, Christian Friedrich:	Mein Jahr als Mörder (2004)
Hein, Christoph:	In seiner frühen Kindheit ein Garten (2005)
Bossong, Nora:	Webers Protokoll (2009)

12 Kommunikation und Verständigung im Alltag: Annette Pehnt

Die 1967 in Köln geborene Annette Pehnt arbeitet als Literaturkritikerin und freiberufliche Schriftstellerin. In Rezensionen wird sie als „Spezialistin für die Randbereiche des Lebens" gesehen. In ihren Werken nimmt sie die gesellschaftliche Realität sehr präzise in den Blick. Der bürgerliche Alltag wird exemplarisch in sehr konkrete Situationen – unter anderem als Fallerzählung – verpackt: Schikane am Arbeitsplatz, Wandel der Arbeitswelt, Ängste um die Existenz, Veränderungen im Rollenmuster der bürgerlichen Kernfamilie, Auseinanderbrechen der Partnerschaft, begrenzte Daseinsmöglichkeiten in einem Altersheim, die menschliche Hinfälligkeit, das Tabu des Sterbens usw.
In ihrer Analyse dieser Realitäten der Gegenwart liefert sie einfühlsame Psychogramme, die die verheerenden Auswirkungen von scheinbar banalen Erfahrungen des Alltags auf Psyche und Körper widerspiegeln. Sie untersucht die Demontage von Persönlichkeit, analysiert Hintergründe für die Entwicklung einer Opferrolle und hinterfragt traditionelle Rollendefinitionen. Die Analyse der „psychologischen Kriegsführung" im Alltag basiert auf eigenen Alltagserfahrungen, die ihren Materialpool bilden. Dabei bleibt sie immer nah an ihren Figuren und sieht das Einzelschicksal nicht als abstraktes soziales Phänomen.

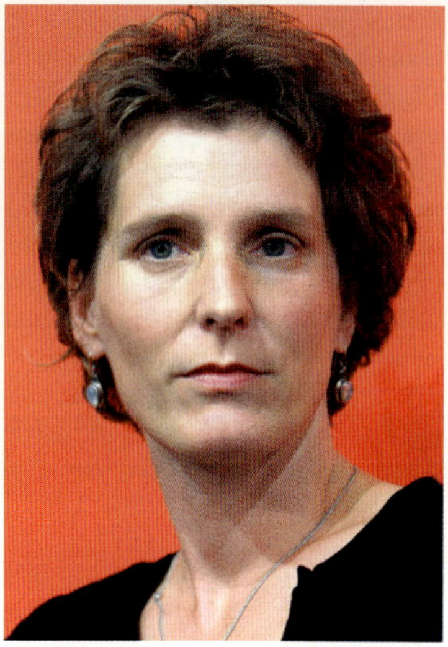

Annette Pehnt (geb. 1967)

Pehnt wählt eine exakt beobachtende, lakonische, unspektakuläre Sprache, die sich bisweilen an die Dokumentation anlehnt; die zum Teil protokollarischen Szenen – klar, präzise, unsentimental im Stil – erfahren jedoch eine literarische Verdichtung. Diese realisiert sie in einzelnen, sehr konkreten Bildern, die ihre Intentionen bündeln. Die Wahl des Realitätsausschnitts sowie das szenische, dialogisch konkrete Erzählen vermittelt dem Leser ein scharfes Bild. Pehnts „abgespeckte Prosa" zwingt den Leser, auf Zwischentöne zu achten. Erfahrungen aus dem Alltag werden stellenweise so präsentiert, dass sich der Leser verunsichert fühlt und er in seiner Urteilskraft gelähmt ist. Auch die Wahl der Erzählperspektive führt zu ambivalenten Beobachtungen, sodass sich Eindeutigkeiten nie einstellen. Der so gestaltete Alltag erzeugt das Gefühl der Beklemmung. Dabei spielen Elemente der verbalen und nonverbalen Kommunikation, die häufig eine echte Verständigung verhindern, statt sie zu erreichen, eine große Rolle.

Pehnts Roman „Mobbing" erzählt die Geschichte einer Kündigung und deren Auswirkung auf die Familie. Joachim Rühler, der als Verwaltungsangestellter im öffentlichen Dienst dem Mobbing seiner Arbeitskollegen anfangs offensiv begegnet, muss nach vielen Querelen seine Entlassung akzeptieren. Berichtet wird von den Vorgängen im Büro und im familiären Alltag aus der Perspektive der Ehefrau, die nicht in alle Einzelheiten eingeweiht ist und für die vieles im Ungefähren bleibt.

Mobbing (2007) | Annette Pehnt

Das war's, sagte Jo. Ich musterte sein Gesicht und sah trotzige Erleichterung.
Ich bin erledigt, sagte er, aber es klang nicht so. Inzwischen glaube ich ihm, aber als er da am Küchentisch stand, musste ich fast lachen. Na ja, sagte ich, so schlimm wird es wohl nicht sein. Wenn das Schlimmste passiert, muss man sich endlich nicht mehr davor fürchten, sagte Jo. Sehr weise, sagte ich. Haben sie dich rausgeschmissen oder was.
Genau, sagte Jo triumphierend. Wir standen da, starr-

ten uns an, ich schüttelte langsam den Kopf und fing an zu lächeln, als hätte er einen Scherz gemacht.

Nein. Das kann nicht sein.

Genau, es kann nicht sein, und es ist so. Du kannst es nachlesen. Fristlos.

Ich bewegte mich in Jos Worten, als beträfen sie mich nur am Rande. Ein seltsam beschwingtes Gefühl der Leere hielt mich in meinem Lächeln.

Markus hat neulich dort angerufen, wollte Jo erreichen, fiel aus allen Wolken, als sie ihm das sagten, Leute, die vor drei Wochen noch im selben Büro saßen, am selben Kopierer Schlange standen, den gleichen Cappuccino tranken, aus der teuren Espressomaschine, die die Stadtverwaltung für ihre Angestellten angeschafft hat, damit sich alle wohlfühlen. Ganz wichtig, guter Kaffee, zehn Minuten ausspannen, aufstehen, mit der Tasse in der Hand an den Schreibtischen lehnen, sich ein bisschen austauschen, ein paar Dehnungsübungen für den Nacken, einmal kurz das Fenster öffnen. A. hat gern nach den Kindern gefragt und von neuen Filmen berichtet. Sie kennt sich aus. T. wollte immer mit Jo laufen gehen. Es hat aber nie geklappt. T. wäre auch zu langsam gewesen, sagt Jo. Jo war gut im Training, früher ist er Marathon gelaufen, seitdem die Kinder da sind, nur noch Halbmarathon, jetzt gar nicht mehr.

Dabei hätte er doch jetzt Zeit. Jetzt könnte er all die Dinge tun, die er sich schon lange vorgenommen hat. Er könnte laufen, Halbmarathon, Marathon, er könnte sich mit chinesischer Geschichte und Philosophie beschäftigen, er könnte schreiben, irgendetwas schreiben, etwas Kürzeres, etwas Längeres, ein Kinderbuch, einen Essay, ich habe ihm ein Klavierbuch geschenkt, mit dem er sich selbst Klavier beibringen könnte.

Er setzt sich, er öffnet den Deckel, den wir sonst geschlossen halten, damit die Kinder nicht mit Marmeladenfingern auf den Tasten herumpatschen. Er rückt den Stuhl zurecht und schlägt das Klavierbuch auf. Ich versuche, ihn nicht zu beobachten. Ich gehe in den Keller und sortiere die Wäsche, oder ich räume mit dem Baby die Holztiere aus und wieder ein, oder ich schaue in den Garten, der sich unter einer Schneemasse duckt, alles abgeknickt, die Büsche vornübergeneigt, als kämen sie nie wieder hoch. Aber mit einem Ohr lausche ich. Klavier kann man nicht überhören. Es bleibt still. Er sitzt da, die Hände auf den Knien, den Kopf etwas geneigt, und schaut vor sich hin. Nach einer Weile steht er auf, bewegt die Finger, als seien sie vom vielen Spielen steif geworden, und schließt den Klavierdeckel.

Meistens schaffe ich es, nichts zu sagen.

Wozu schenke ich dir das alles, könnte ich sagen. Warum sitzt du bloß da. Mach doch wenigstens irgendetwas.

Du bist nicht mehr der Alte.

Schon lange nicht mehr.

Was erwartest du, würde er antworten. Was soll ich denn machen. Was willst du denn jetzt auch noch von mir.

Du vertraust mir nicht.

Er schweigt.

Jetzt rede wenigstens.

Du immer mit deinem Reden, Reden, sagt er. Du siehst doch, wohin das ganze Gerede führt. Das Gequatsche. Die haben auch immer gequatscht. Das klingt ja so, als wäre ich einer von denen, du siehst schon überall Feinde, Gespenster, Verschwörungen.

Es ist schwierig, sie nicht zu sehen. Für mich ist es schwierig, also für ihn unmöglich.

A., T. und die anderen haben, ohne dass Jo es wusste, alles darangesetzt, ihn kaputtzumachen. Sie haben Beschwerde eingelegt, Aktenvermerke geführt, Strichlisten gemacht, Gespräche protokolliert. Sie haben Jo nie aus den Augen gelassen. Sie haben nach Jos Kindern gefragt, ob die Große schon in die Schule komme, ob das Baby schon sprechen könne, ob sie ein Foto sehen könnten, ob das Baby immer noch diese Grübchen habe. Ob das Baby auf den Vater oder die Mutter komme, also auf mich, vom Foto her, haben sie gesagt, komme es eher auf mich, obwohl es die blauen Augen sicher von Jo habe, so blaue Augen, leuchtend blau, trompetenblau, und sie haben Jo in die Augen geschaut. Sie haben Milch für seinen Cappuccino geschäumt. Zugleich haben sie alles, was er gesagt und nicht gesagt, geschrieben und nicht geschrieben hat, festgehalten, dokumentiert, umgestülpt, auf den Kopf gestellt, gegen den Strich gelesen und für ihre Zwecke benutzt.

Wie soll ich da keine Gespenster sehen, fragt Jo. Weil es keine Gespenster sind, sage ich. Es sind A., T. und die Chefin. Du kennst sie. Du hast dich jahrelang über sie geärgert. Das kam nicht aus heiterem Himmel.

Pehnt, Annette, Mobbing. Roman, München 2007, S. 5 ff.

1. Analysieren Sie die im Textauszug angesprochenen Mobbing-Strategien.
2. Wie stellt die Autorin die Kommunikation zwischen den Eheleuten dar?
3. Schreiben Sie den Text um, indem Sie die Erzählperspektive des Ehemannes wählen.

Werkauswahl Pehnt

Ich muß los (2001); Insel 34 (2003); Haus der Schildkröten (2006)

Verwandte Werke

Fuchs, Gerd:	Ein Mann fürs Leben (1978)
Vanderbeke, Birgit:	Muschelessen (1990)
Regener, Sven:	Herr Lehmann (2001)
Köhler, Harriet:	Ostersonntag (2007)
Schulze, Ingo:	Adam und Evelyn (2008)
Lenz, Siegfried:	Schweigeminute (2008)
Kehlmann, Daniel:	Ruhm (2009)
Genazino, Wilhelm:	Das Glück in glücksfernen Zeiten (2009)
Hahn, Anna Katharina:	Kürzere Tage (2009)

Kapitel 9: Drama – Aspekte zur Gattungsgeschichte

I Die Entwicklung von den Anfängen bis Brecht

1 Vom antiken Drama bis zum Drama der Aufklärung

Nach religiös-kultischen Anfängen liegen die Wurzeln der gesamten europäischen Dramenentwicklung in der **aristotelischen Poetik** und der **griechischen Dramenkunst**. Aristoteles (384–322 v. Chr.) schuf mit seiner Gattungs-, Wirkungs- und Stillehre Grundlagen, auf denen die Werke späterer Theoretiker fußen. Von ihm stammen z. B. die Unterscheidung zwischen Tragödie und Komödie, die Benennung der Wirkungsabsichten Furcht und Mitleid und die Lehre von der Einheit von Zeit, Ort und Handlung im Drama.
War Aristoteles der theoretische Begründer, so waren **Aischylos** (etwa 525–456 v. Chr.), **Sophokles** (etwa 497–406 v. Chr.) und **Euripides** (etwa 480–406 v. Chr.) die praktischen Vorbilder der europäischen Dramengeschichte.

Die Themen der antiken Tragödien stammen aus der griechischen Mythologie und Geschichte. Im Unterschied zum neuzeitlichen Theater spielt der Chor, der die Stimme des Volkes verkörpert, eine große Rolle. Außerdem haben die Götter eine zentrale Bedeutung für das Schicksal der Menschen. Die wichtigsten Autoren und Stücke sind: Aischylos, „Die Perser" (472); „Orestie" (458); Sophokles, „Antigone" (442); „Oidipus" (vor 425); „Iphigenie in Aulis" (405); Euripides, „Die Troerinnen" (415). Manche dieser Titel, Namen oder Themen durchziehen die abendländische Dramengeschichte bis in die Moderne. Eine erste Phase der Rezeption des antiken Dramas erfolgte in der römischen Antike.
Was in der Antike noch weitgehend eine Einheit war, nämlich die religiöse und die weltliche Komponente des Dramas, spaltete sich im **Mittelalter** auf in das geistliche und das weltliche Drama. Die kirchlichen Hochfeste wurden anfangs mit lateinischen, bald aber auch mit volkssprachlichen Weihnachts- und Osterspielen usw. begangen, im weltlichen Bereich kamen Brauchtums- und vor allem Fastnachtsspiele zur Aufführung. **Hans Sachs** (1494–1576), der Nürnberger Meistersinger, ist der bekannteste Verfasser von Fastnachtsspielen.

Erst im **Barock** wird wieder an die antike Dramengeschichte angeknüpft, die Rezeption Shakespeares (1564–1616) erfolgte in Deutschland im Wesentlichen erst im 18. Jahrhundert. Vorherrschend sind das gegenreformatorische **Jesuitendrama**, die **heroische Tragödie**, die **Komödie** und das **Schäferspiel**, die allesamt der strengen **Ständeklausel** (Hauptpersonen nur Adelige) unterliegen. **Johann Christoph Gottsched** (1700–1766) stellte 1730 in seinem „Versuch einer Critischen Dichtkunst" die für das frühe 18. Jahrhundert geltenden Regeln der klassizistischen Dramenkunst auf, die vor allem aus Frankreich übernommen wurden (Corneille, Racine).

Gegen diese strenge Normierung lehnte sich vor allem **Gotthold Ephraim Lessing** (1729–1781) auf. Lessing hebt z. B. in seinen **bürgerlichen Trauerspielen** „Miss Sara Sampson" (1755) oder „Emilia Galotti" (1772) die Ständeklausel auf, d. h., er lässt nicht adelige Personen zu tragischen Helden werden und propagiert die neuen bürgerlichen Tugenden. Bürgerliche Figuren stehen für die Ideale des Mitmenschlichen, Moralischen. Würde und Natürlichkeit, nicht der soziale Rang legitimieren sie als Träger einer dramatischen Handlung. Die Geschichte des bürgerlichen Trauerspiels in der Literatur wird im Sturm und Drang fortgesetzt, z. B. „Kabale und Liebe" (1784) von Friedrich Schiller oder „Der Hofmeister" (1774) von Jakob Michael Reinhold Lenz, dann bei Georg Büchner („Woyzeck", 1836/1879) und Friedrich Hebbel („Maria Magdalena", 1844). Die Tradition des bürgerlichen Trauerspiels wird schließlich im Naturalismus im sogenannten sozialen Drama (vgl. Gerhart Hauptmann) und im 20. Jahrhundert in der Form des kritischen Volksstücks (vgl. Horváth, Fleißer, Kroetz) wieder aufgenommen. Lessing ist aber nicht nur der Begründer des bürgerlichen Trauerspiels, sondern vor allem der Verfasser des berühmten Stücks „Nathan der Weise" (1779). Dieses dramatische Gedicht in fünf Aufzügen tritt für Toleranz, Humanität und Glaubensfreiheit ein und gilt als literarischer Ausdruck der Aufklärung schlechthin.

2 Drama des Sturm und Drang

Neben der bisher behandelten traditionellen Dramenform, die von der Antike bis in die Jetztzeit reicht, beginnt innerhalb der deutschsprachigen Literatur seit dem späten 18. Jahrhundert eine zweite Hauptrichtung in der Entwicklungsgeschichte des Dramas. Die **Rezeption Shakespeares** im Kreis um den jungen Goethe führte zu einer einschneidenden Veränderung der formalen Regeln und Gesetze der Dramenkunst: An die Stelle der bis dahin gültigen Norm des klassizistischen französischen Theaters mit seinen strengen Regeln tritt nun die „regelfreiere" Kunst des **„genialischen" Dichters**, der nur der schöpferischen Intuition und seinem Gefühlsausdruck verpflichtet ist. Durch diese Befreiung aus den Zwängen der traditionellen Dramenform ergaben sich inhaltliche und formale Konsequenzen, die für die moderne Dramenform wirksam sind – bis hin zum Gegenwartsdrama.

Merkmale des Sturm-und-Drang-Dramas

■ Ort, Zeit, Handlung:	Auflösung der Drei-Einheiten-Lehre: – Vielzahl von Handlungsorten – Ausweitung der Handlungszeit – Mehrere ineinander verwickelte Handlungsstränge
■ Aufbau: Offene Form:	Reihung von selbstständigen Einzelszenen, lockere Szenenfolge, Primat der (Einzel-)Szenen
■ Dramatischer Konflikt:	Erweitert auf Konflikte mit stark biologischer und sozialer Komponente
■ Dramatische Figuren:	Häufig Personen aus dem dritten Stand, gemischte Charaktere
■ Haupteigenschaften:	Maßlosigkeit, Kraftmeierei, Genialität, Vitalität
■ Hauptthemen:	Soziale Fragen, Standes- und Generationskonflikte, Sexualität, materielle Not
■ Sprache:	Wechsel der Sprachebenen, Stilmischung, Umgangssprache, Prosa

Den formalen, stilistischen Neuerungen des modernen Dramentyps korrespondieren inhaltliche Akzentverlagerungen: Tabuisierte Themen wie Sexualität, freie Liebe oder Kindsmord werden im Drama des Sturm und Drang aufgegriffen. Ein herausragendes Thema der Epoche ist die Auflehnung gegen öffentliche und private Autoritäten; dabei ist ein wichtiges Motiv der Vater-Sohn-Konflikt, den **Schiller** in seinem Jugenddrama „Die Räuber" (1781) gestaltet hat.

Franz Moor ist es durch Intrigen gelungen, seinen älteren Bruder Karl dem Vater zu entfremden. Nachdem Karl das Elternhaus verlassen hat und als Anführer einer jugendlichen Räuberbande in wechselnden Verstecken lebt, versucht Franz nun, Amalie, die Braut des Bruders, zu erobern und beim Vater die Stelle des Erstgeborenen einzunehmen. Während Karl, der sich als verstoßener Sohn betrachten muss, einen gesetzlosen Kampf gegen die politisch-soziale Unterdrückung führt, triumphiert bei Franz die negative Kraft des Bösen: Er sperrt den Vater ein und versucht, Amalie mit Gewalt für sich zu gewinnen – was ihm aber nicht gelingt. Der Rache des schließlich heimkehrenden Bruders entgeht er durch Selbstmord; Karl tötet seine Geliebte auf deren Wunsch hin und stellt sich freiwillig dem Gericht.

Die Räuber (1781) I Friedrich Schiller

Am Ende der ersten Szene thematisiert Franz die Auflehnung gegen seine naturgegebene Position in folgendem Monolog:

Ich habe große Rechte, über die Natur ungehalten zu sein, und bei meiner Ehre! ich will sie geltend machen. – Warum bin ich nicht der erste aus Mutterleib gekrochen? Warum nicht der einzige? Warum mußte sie mir diese Bürde von Häßlichkeit aufladen? gerade mir? Nicht anders, als ob sie bei meiner Geburt einen Rest gesetzt hätte. Warum gerade mir die Lappländersnase? Gerade mir dieses Mohrenmaul? diese Hottentottenaugen? Wirklich, ich glaube, sie hat von allen Menschensorten das Scheußliche auf einen Haufen geworfen und mich daraus gebacken. Mord und Tod! Wer hat ihr die Vollmacht gegeben, jenem dieses zu verleihen und mir vorzuenthalten? Könnte ihr jemand darum hofieren, eh er entstund? Oder sie beleidigen, eh er selbst wurde? Warum ging sie so parteilich zu Werke? Nein! Nein! Ich tu ihr Unrecht. Gab sie uns doch Erfindungsgeist mit, setzte uns nackt und armselig ans Ufer dieses großen Ozeans Welt – Schwimme, wer schwimmen kann, und wer zu plump ist, geh' unter! Sie gab mir nichts mit; wozu ich mich machen will, das ist nun meine Sache. Jeder hat gleiches Recht zum Größten und Kleinsten, Anspruch wird an Anspruch, Trieb an Trieb, und Kraft an Kraft zernichtet. Das Recht wohnet beim Überwältiger, und die Schranken unserer Kraft sind unsere Gesetze. [...]

Wer nichts fürchtet, ist nicht weniger mächtig als der, den alles fürchtet. Ich habe langes und breites von einer sogenannten B l u t l i e b e schwatzen gehört, das einem ordentlichen Hausmann den Kopf heiß machen könnte – Das ist dein Bruder! – das ist verdolmetscht: Er ist aus eben dem Ofen geschossen worden, aus dem du geschossen bist – also sei er dir heilig! – Merkt doch einmal diese verzwickte Konsequenz, diesen possierlichen Schluß von der Nachbarschaft der Leiber auf die Harmonie der Geister; von eben derselben Heimat zu eben derselben Empfindung; von einerlei Kost zu einerlei Neigung. Aber weiter – es ist dein Vater! Er hat dir das Leben gegeben, du bist sein Fleisch, sein Blut – also sei er dir heilig. Wiederum eine schlaue Konsequenz! Ich möchte dich fragen, w a r u m hat er mich gemacht? doch wohl nicht gar aus Liebe zu mir, der erst ein I c h werden sollte! Hat er mich gekannt, ehe er mich machte? Oder hat er mich gedacht, wie er mich machte? Oder hat er m i c h gewünscht, da er mich machte? Wußte er, was ich werden würde? das wollt' ich ihm nicht raten, sonst möcht' ich ihn dafür strafen, daß er mich doch gemacht hat! Kann ich's ihm Dank wissen, daß ich ein Mann wurde? Sowenig als ich ihn verklagen könnte, wenn er ein Weib aus mir gemacht hätte. Kann ich eine Liebe erkennen, die sich nicht auf Achtung gegen mein S e l b s t gründet? Konnte Achtung gegen mein Selbst vorhanden sein, das erst dardurch entstehen sollte, davon es die Voraussetzung sein muß? Soll ich ihm etwa darum gute Worte geben, daß er mich liebt? das ist eine Eitelkeit von ihm, die Schoßsünde aller Künstler, die sich in ihrem Werk kokettieren, wär' es auch noch so häßlich. – Sehet also, das ist die ganze Hexerei, die ihr in einen heiligen Nebel verschleiert, unsere Furchtsamkeit zu mißbrauchen. Soll auch ich mich dadurch gängeln lassen wie einen Knaben? Frisch also! mutig ans Werk! – Ich will alles um mich her ausrotten, was mich einschränkt, daß ich nicht H e r r bin. H e r r muß ich sein, daß ich das mit Gewalt ertrotze, wozu mir die Liebenswürdigkeit gebricht.

Schiller, Friedrich, Die Räuber, in: Klassische deutsche Dichtung, hrsg. von Fritz Martini und Walter Müller-Seidel, Bd. 12: Tragödien, Herder Verlag, Freiburg 1962, S. 553, 554, gekürzt

1. Recherchieren Sie im Internet wesentliche Aussagen in Goethes Rede „Zum Schäkespears Tag" vom 14. Oktober 1771.

2. Wogegen richtet sich die Auflehnung von Franz Moor in dem Textauszug aus Schillers Drama „Die Räuber"?

3. Wie und womit rechtfertigt Franz seine Auflehnung?

4. Durch welche rhetorischen Mittel zeichnet sich der Monolog von Franz aus?

5. Sind solche Formen jugendlichen Protestes heute noch zeitgemäß?

6. Formen Sie den Dramenausschnitt so um, dass er sprachlich zu der auf der nächsten Seite abgedruckten Personenliste passt.

Maximilian von Moor	regierender Graf, also Obermacker von der Gegend. Ein lieber Opi, der allerdings nicht mehr so ganz durchzublicken scheint.
Karl	Moors ältester Sproß, auf den er ungeheuer steht. Der Charly ist zwar ein echt bockstarker Typ, macht aber irgendwo als Student die Sause und haut mit seinen Kumpels irre auf den Putz.
Franz	Charlys Bruderherz, eine absolut miese Type und häßlich wie'n Zombie. Dieser Brutalo linkt jeden, weil er wahnsinnig scharf darauf ist, selber Obermacker zu werden.
Amalia	Charlys Zahn und die einzige, die die Storys, die der Franz auftischt, voll schnallt und kapiert, was das für ein Miesling ist.
Spiegelberg, Schweizer, Roller und andere	Die Kumpels von Charly, z. T. ziemliche Hirnis und Chaoten, allesamt eher Mollis als Müslis. Später gehören sie zu Charlys Bande.
Hermann	ein Fuzzy, der in seinem Schloß als absoluter Dackel von Franz rummacht.
Daniel	ein antiker Boy im Nobelschuppen der Mohr-Family

Claus, Uta; Kutschera, Rolf, Bockstarke Klassiker, Eichborn Verlag, Frankfurt/M. 1985, S. 75

3 Drama der Klassik

Mitte der 1780er-Jahre setzten sich bei **Goethe** und **Schiller** neue Konzepte des dramatischen Schaffens durch: Anstelle des rebellischen Aufbegehrens der Sturm-und-Drang-Phase treten nun die ästhetischen und politischen Ziele des **Ausgleichs** und der **Harmonie** in den Vordergrund.
Im Rückgriff auf die Antike und den deutschen Idealismus (Kant) erhalten strenge **Gesetzmäßigkeit** und künstlerischer **Formwille** neues Gewicht. Dies bedeutet die weitgehende Rückkehr zur Einheit von Ort, Zeit und Handlung, zur gebundenen Sprache (Vers) und zur Stilisierung der dramatischen Figuren, die jetzt vornehmlich der Geschichte und der Mythologie entnommen werden. Die dramatische Handlung hat ein hohes Maß an Allgemeingültigkeit, der dramatische Konflikt kreist um die wesentlichen Menschheitsfragen (Humanität, Freiheit, Macht, Schuld) und zeigt die Grenzen, die die sittlich-moralische Weltordnung dem Menschen setzt. Die unvollkommene Wirklichkeit stellt sich den idealen Anforderungen des Helden entgegen; dessen tragisches Ende im Realen lässt umso klarer das ideale Ziel deutlich werden. Damit wird das Scheitern des klassischen Helden auch zur Kritik an den tatsächlichen gesellschaftlichen Verhältnissen. Das nicht tragische, versöhnliche Ende von Goethes „Iphigenie" (1787) und Schillers „Tell" (1804) bleibt eher die Ausnahme.
Entgegen der lockeren Szenenfolge im Sturm und Drang orientieren sich die Klassiker wieder mehr am strengen aristotelischen Dramenaufbau, der die geordnete Abfolge von Exposition, Konfliktsteigerung, Höhepunkt, retardierendem (verzögerndem) Moment und Katastrophe fordert.

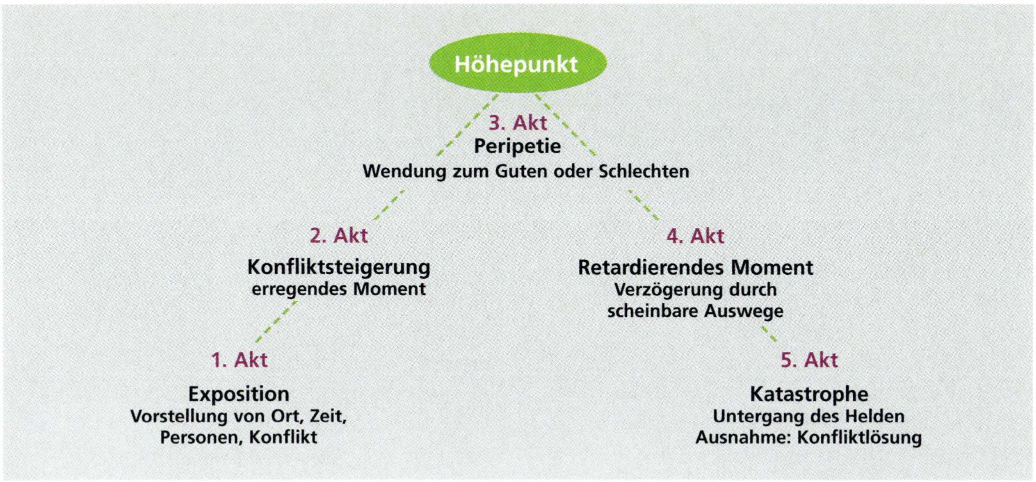

Auch sprachlich erfolgt ein Abrücken vom Stil des Sturm und Drang: Die Helden äußern sich nicht mehr kraftmeierisch, ungezügelt, sondern benutzen eine gehobene, betont poetische, bildhaft-symbolische Sprache, die oft mit den Mitteln der antiken Rhetorik angereichert ist. Anstelle der Prosa des Sturm und Drang tritt eine rhythmisch gebundene Verssprache, die Wert auf sprachliche Harmonie und Klangschönheit legt.

Die Wirkungsabsicht des klassischen Dramas beschreibt Schiller in seiner Schrift „Über die tragische Kunst": Die Tragödie wäre demnach dichterische Nachahmung einer zusammenhängenden Reihe von Begebenheiten, welche uns Menschen in einem Zustand des Leidens zeigt und zur Absicht hat, unser Mitleid zu erregen.

Unter inhaltlichem Aspekt kann man die klassische Tragödie mit wenigen Ausnahmen als **Geschichtsdrama** einordnen. Geschichte ist nicht nur ein Schauplatz menschlichen Handelns, sondern der Ort der Realisierung von Ideen. Dabei schließt das menschliche Handeln immer auch die Reflexion über die Handlungsentscheidungen ein. Während für Goethe Mythos und Kunst vorrangig für die Bewährung humaner Ideen sind, bildet bei Schiller die Geschichte den einzig möglichen, aber meist tragisch scheiternden Weg zur menschlichen Freiheit.

Schillers „Don Carlos, Infant von Spanien" entstand aus seiner Beschäftigung mit der Geschichte des Aufstandes der Niederlande gegen die spanische Vorherrschaft. Durch die Liebe des Infanten zu seiner Stiefmutter, die früher seine Braut war, aus politischen Gründen dann jedoch seinen Vater Philipp heiraten musste, vereinigt das Stück eine politische mit einer privaten Tragödie. Das Stück beginnt damit, dass Carlos, der unglückliche Sohn des despotischen Kaisers Philipp von Spanien, seinen Jugendfreund Marquis Posa, den idealistischen Vertreter von Freiheit und Menschenwürde, wiedertrifft. Als dieser von der verhängnisvollen Liebe des Prinzen zu seiner Stiefmutter erfährt, versucht er, ihn für die niederländische Sache zu begeistern und damit gleichzeitig von seiner aussichtslosen Liebe abzulenken. Im 3. Akt prallen die Standpunkte Posas und des Königs aufeinander:

Don Carlos, Infant von Spanien (1787) | Friedrich Schiller

MARQUIS. Sire!
Jüngst kam ich an von Flandern und Brabant. –
So viele reiche, blühende Provinzen!
Ein kräftiges, ein großes Volk – und auch
Ein gutes Volk – und Vater dieses Volkes!
Das dacht ich, das muß göttlich sein! – Da stieß
Ich auf verbrannte menschliche Gebeine –
Hier schweigt er still; seine Augen ruhen auf dem König, der es versucht, diesen Blick zu erwidern, aber betroffen und verwirrt zur Erde sieht.
Sie haben recht. S i e müssen. Daß Sie können,
Was Sie zu müssen eingesehn, hat mich
Mit schauernder Bewunderung durchdrungen.
O Schade, daß, in seinem Blut gewälzt,
Das Opfer wenig dazu taugt, dem Geist
Des Opferers ein Loblied anzustimmen!
Daß Menschen nur – nicht Wesen höhrer Art –
Die Weltgeschichte schreiben! – Sanftere
Jahrhunderte verdrängen Philipps Zeiten;
Die bringen mildre Weisheit; Bürgerglück
Wird dann versöhnt mit Fürstengröße wandeln,
Der karge Staat mit seinen Kindern geizen,
Und die Notwendigkeit wird menschlich sein.
KÖNIG. Wann, denkt Ihr, würden diese menschlichen Jahrhunderte erscheinen, hätt ich vor dem Fluch des jetzigen gezittert? Sehet
In meinem Spanien Euch um. Hier blüht
Des Bürgers Glück in nie bewölktem Frieden;
Und d i e s e R u h e gönn ich den Flamändern.
MARQUIS schnell.
Die Ruhe eines Kirchhofs! Und Sie hoffen,
Zu endigen, was Sie begannen? hoffen,
Der Christenheit gezeitigte Verwandlung,
Den allgemeinen Frühling aufzuhalten,
Der die Gestalt der Welt verjüngt? S i e wollen
Allein in ganz Europa – sich dem Rade
Des Weltverhängnisses, das unaufhaltsam
In vollem Laufe rollt, entgegenwerfen?
Mit Menschenarm in seine Speichen fallen?
Sie werden nicht! Schon flohen Tausende
Aus Ihren Ländern froh und arm. Der Bürger,
Den Sie verloren für den Glauben, war
Ihr edelster. Mit offnen Mutterarmen
Empfängt die Fliehenden Elisabeth,
Und fruchtbar blüht durch Künste unsres Landes
Britannien. Verlassen von dem Fleiß
Der neuen Christen, liegt Grenada öde,
Und jauchzend sieht Europa seinen Feind
An selbstgeschlagnen Wunden sich verbluten.
Der König ist bewegt; der Marquis bemerkt es und tritt einige Schritte näher.
Sie wollen pflanzen für die Ewigkeit,
Und säen Tod? Ein so erzwungnes Werk
Wird seines Schöpfers Geist nicht überdauern.
Dem Undank haben Sie gebaut – umsonst
Den harten Kampf mit der Natur gerungen,
Umsonst ein großes königliches Leben
Zerstörenden Entwürfen hingeopfert.
Der Mensch ist mehr, als Sie von ihm gehalten.
Des langen Schlummers Bande wird er brechen
Und wiederfordern sein geheiligt Recht.
Zu einem Nero und Busiris wirft
Er Ihren Namen, und – das schmerzt mich, denn
Sie waren gut.
*KÖNIG.*Wer hat Euch dessen so gewiß gemacht?
MARQUIS mit Feuer. Ja, beim Allmächtigen!
Ja – Ja – ich wiederhol es. Geben Sie,
Was Sie uns nahmen, wieder! Lassen Sie,
Großmütig wie der Starke, Menschenglück
Aus Ihrem Füllhorn strömen – Geister reifen
In Ihrem Weltgebäude! Geben Sie,
Was Sie uns nahmen, wieder. Werden Sie
Von Millionen Königen ein König.
Er nähert sich ihm kühn, indem er feste und feurige Blicke auf ihn richtet.
O könnte die Beredsamkeit von allen
Den Tausenden, die dieser großen Stunde
Teilhaftig sind, auf meinen Lippen schweben,
Den Strahl, den ich in diesen Augen merke,
Zur Flamme zu erheben! – Geben Sie
Die unnatürliche Vergöttrung auf,
Die uns vernichtet. Werden Sie uns Muster
Des Ewigen und Wahren. Niemals – niemals
Besaß ein Sterblicher so viel, so göttlich
Es zu gebrauchen. Alle Könige
Europens huldigen dem spanschen Namen.
Gehn Sie Europens Königen voran.
Ein Federzug von dieser Hand, und neu
Erschaffen wird die Erde. Geben Sie
Gedankenfreiheit. – *Sich ihm zu Füßen werfend.*

Schiller, Friedrich, Don Carlos, Infant von Spanien, in: Klassische deutsche Dichtung, hrsg. von Fritz Martini und Walter Müller-Seidel, Bd. 13: Geschichtsdramen I, Herder Verlag, Freiburg [5]1963, S. 116–119

1. Fassen Sie Marquis Posas Gedankengang zusammen.
2. Wie würden Sie als Philipp antworten?
3. Hat sich die Forderung nach Gedankenfreiheit heute erübrigt?
4. Mit welchen sprachlichen Mitteln gestaltet Schiller Posas Überzeugungsversuche?

4 Drama Büchners

Kaum ein halbes Jahrhundert nach den klassischen Stücken Goethes und Schillers stellt das Werk **Georg Büchners** (1813–1837) einen absoluten Höhepunkt in der Geschichte des antitraditionellen Dramas dar. Seine Stücke sind nicht nur **Wegbereiter moderner Theaterkunst**, sie nehmen geradezu inhaltliche, formale und sprachliche Elemente des naturalistischen, expressionistischen, epischen, politisch-dokumentarischen und absurden Theaters im 20. Jahrhundert vorweg:

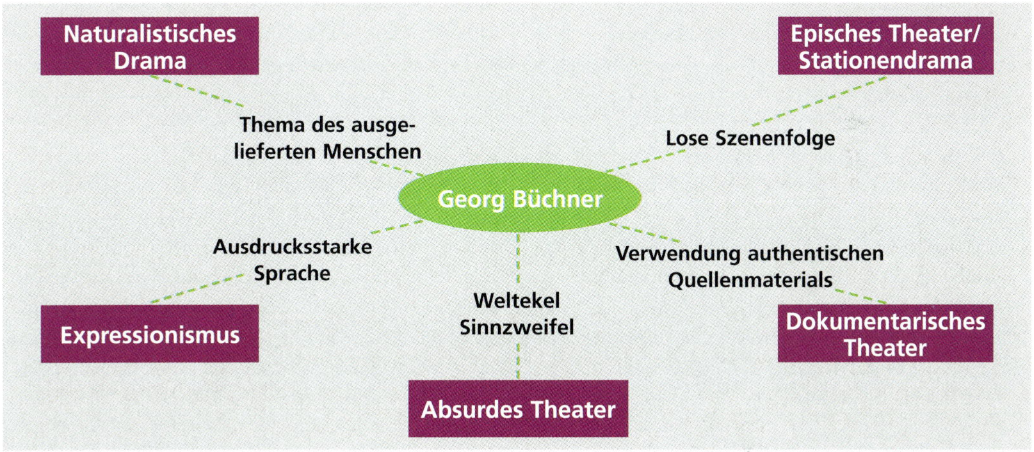

Vom Idealismus der deutschen Klassik setzen sich Büchners Dramenfiguren dadurch ab, dass sie nicht mehr Menschen sind, wie sie sein sollen, sondern Menschen, wie sie sind: ausgeliefert der eigenen Triebnatur, der sozialen Umwelt und der politischen Geschichte. **Antiklassisch** ist auch Büchners Zweifel am Sinn des Lebens und der Geschichte, der bei seinen Figuren zu Langeweile, Verzweiflung und Weltekel führen kann. Im Gegensatz zur klassischen Sprache, die auf Harmonie und Schönheit abzielt, sprechen Büchners Personen eine **realistische Sprache**, die jeweils von der regionalen und sozialen Herkunft und vom individuellen Gefühlszustand bestimmt wird, dabei aber durchaus sehr poetisch und bildhaft ist.

Im Drama „Woyzeck" (Erstausgabe 1879, lange nach dem Tod Büchners) ergreift **Büchner** Partei für die von der Gesellschaft missachtete, geschundene Kreatur. Der einfache Soldat, der als Bursche eines Offiziers dient, muss sich einem Arzt für medizinische Versuche zur Verfügung stellen, um Marie, seine Braut, und ihr gemeinsames Kind materiell versorgen zu können. Büchner zeigt aber nicht nur die wirtschaftliche Ausbeutung, sondern auch die seelische Not Woyzecks, dessen Wahnvorstellungen sich durch das Unverständnis seiner Umgebung für ihn zusehends steigern. Als schließlich Marie, sein einziger Halt, den sexuellen und materiellen Verlockungen eines Tambourmajors erliegt, kommt es zur Verzweiflungstat: Woyzeck ersticht seine Braut. Büchner benutzte zwar auch bei diesem Stück juristisch-medizinisches Quellenmaterial, erweiterte jedoch den historischen Einzelfall zu einem Drama des menschlichen Ausgeliefertseins schlechthin.

Woyzeck (1879) | Georg Büchner

Szene aus einer Theateraufführung von Georg Büchners Stück „Woyzeck“ aus dem Jahr 1960 im Deutschen Theater Berlin

Zimmer

Hauptmann auf dem Stuhl, Woyzeck rasiert ihn.

HAUPTMANN: Langsam, Woyzeck, langsam; eins nach dem andern! Er macht mir ganz schwindlig. Was soll ich dann mit den 10 Minuten anfangen, die Er heut zu früh fertig wird? Woyzeck, bedenk Er, Er hat noch seine schönen dreißig Jahr zu leben, dreißig Jahr! Macht dreihundertsechzig Monate! und Tage! Stunden! Minuten! Was will Er denn mit der ungeheuren Zeit all anfangen? Teil Er sich ein, Woyzeck!

WOYZECK: Jawohl, Herr Hauptmann.

HAUPTMANN: Es wird mir ganz angst um die Welt, wenn ich an die Ewigkeit denke. Beschäftigung, Woyzeck, Beschäftigung! Ewig: das ist ewig, das ist ewig – das siehst du ein; nur ist es aber wieder nicht ewig, und das ist ein Augenblick, ja ein Augenblick – Woyzeck, es schaudert mich, wenn ich denke, daß sich die Welt in einem Tag herumdreht. Was 'n Zeitverschwendung! Wo soll das hinaus? Woyzeck, ich kann kein Mühlrad mehr sehen, oder ich werd melancholisch.

WOYZECK: Jawohl, Herr Hauptmann.

HAUPTMANN: Woyzeck, Er sieht immer so verhetzt aus! Ein guter Mensch tut das nicht, ein guter Mensch, der sein gutes Gewissen hat. – Red er doch was Woyzeck! Was ist heut für Wetter?

WOYZECK: Schlimm, Herr Hauptmann, schlimm: Wind!

HAUPTMANN: Ich spür's schon. 's ist so was Geschwindes draußen: so ein Wind macht mir den Effekt wie eine Maus. – *Pfiffig:* Ich glaub', wir haben so was aus Süd-Nord?

WOYZECK: Jawohl, Herr Hauptmann.

HAUPTMANN: Ha, ha ha! Süd-Nord! Ha, ha, ha! Oh, Er ist dumm, ganz abscheulich dumm! – *Gerührt:* Woyzeck, Er ist ein guter Mensch – aber *Mit Würde:* Woyzeck, Er hat keine Moral! Moral, das ist, wenn man moralisch ist, versteht Er. Es ist ein gutes Wort. Er hat ein Kind ohne den Segen der Kirche, wie unser hocherwürdiger Herr Garnisonsprediger sagt, ohne den Segen der Kirche, es ist nicht von mir.

WOYZECK: Herr Hauptmann, der liebe Gott wird den armen Wurm nicht drum ansehen, ob das Amen drüber gesagt ist, eh er gemacht wurde. Der Herr sprach: Lasset die Kleinen zu mir kommen.

HAUPTMANN: Was sagt Er da? Was ist das für eine kuriose Antwort? Er macht mich ganz konfus mit seiner Antwort. Wenn ich sag': Er, so mein' ich Ihn, Ihn –

WOYZECK: Wir arme Leut – Sehn Sie, Herr Hauptmann: Geld, Geld! Wer kein Geld hat – Da setz einmal eines seinesgleichen auf die Moral in der Welt! Man hat auch sein Fleisch und Blut. Unsereins ist doch einmal unselig in der und der andern Welt. Ich glaub', wenn wir in Himmel kämen, so müßten wir donnern helfen.

HAUPTMANN: Woyzeck, Er hat keine Tugend! Er ist kein tugendhafter Mensch! Fleisch und Blut? Wenn ich am Fenster lieg', wenn's geregnet hat, und den weißen Strümpfen nachseh', wie sie über die Gassen springen – verdammt, Woyzeck, da kommt mir die Liebe! Ich hab' auch Fleisch und Blut. Aber, Woyzeck, die Tugend! Die Tugend! Wie sollte ich dann die Zeit rumbringen? Ich sag' mir immer: du bist ein tugendhafter Mensch – *gerührt:* –, ein guter Mensch, ein guter Mensch.

WOYZECK: Ja, Herr Hauptmann, die Tugend – ich hab's noch nit so aus. Sehn Sie: wir gemeine Leut, das hat keine Tugend, es kommt nur so die Natur; aber wenn ich ein Herr wär und hätt' ein' Hut und eine Uhr und eine Anglaise und könnt' vornehm rede, ich wollt' schon tugendhaft sein. Es muß was Schönes sein um die Tugend, Herr Hauptmann. Aber ich bin ein armer Kerl!

HAUPTMANN: Gut, Woyzeck. Du bist ein guter Mensch, ein guter Mensch. Aber du denkst zuviel, das zehrt; du siehst immer so verhetzt aus. – Der Diskurs hat mich ganz angegriffen. Geh jetzt, und renn nicht so; langsam, hübsch langsam die Straße hinunter!

Büchner, Georg, Woyzeck, in: Büchner, Georg, Woyzeck, Leonce und Lena, Reclam Verlag, Stuttgart 1980, S. 4 f.

1. Wie zeigt sich die unterschiedliche soziale Stellung von Woyzeck und dem Hauptmann?
2. Analysieren Sie das Kommunikationsverhalten der beiden Figuren.
3. Überlegen Sie sich Möglichkeiten einer Aktualisierung der Dramenszene.

5 Soziales Drama

Hatte Büchner zu Beginn des 19. Jahrhunderts das Thema des ausgelieferten Menschen gewissermaßen dichterisch vorweggenommen, so reagierten die **Naturalisten** am Ende des Jahrhunderts auf die tatsächlichen Umwälzungen in Wirtschaft, Gesellschaft, Politik und Wissenschaft. Die naturalistischen Dramatiker bilden die **Wirklichkeit** konsequent ab, wobei sie jede Art poetischer Verklärung vermeiden, aber nicht darauf verzichten, das Mitleid des Zuschauers zu erwecken. Im Mittelpunkt stehen Existenzen, die durch soziales Milieu, Triebe und Vererbung determiniert dargestellt werden. Die Hauptfiguren entstammen vor allem dem Kleinbürgertum oder Proletariat; die dramatischen Konflikte kreisen nicht mehr vorrangig um die Frage persönlicher Schuld, sondern demonstrieren in erster Linie die oft ausweglose Verstricktheit in soziale und biologische Abhängigkeiten des Einzelnen. Die minutiösen und ausführlichen Regieanweisungen zu Schauplätzen und handelnden Personen verleihen manchen Szenen eine gewisse Nähe zum Epischen, dienen aber vor allem dem Anliegen des Naturalismus, die Wirklichkeit aufs Genaueste abzubilden.

Im Vergleich zum klassischen Drama verliert die Exposition an Gewicht, weil nicht der personale Konflikt im Vordergrund steht, sondern die Analyse von vergangenen und gegenwärtigen Zuständen. Sehr auffallend ist die Gestaltung der Dialoge: Die Sprache der Figuren hat sich weit entfernt von klassischen Idealen, ist wirklichkeitsgetreue Alltagssprache bis hin zu Dialekt und Soziolekt (schichtspezifisches Sprechen).

Gerhart Hauptmann (1862–1946) ist der Hauptvertreter des naturalistischen Dramas; mit seinem frühen Werk „Vor Sonnenaufgang" sorgte er 1889 für einen Theaterskandal, weil beim Publikum die krasse Darstellung von Alkoholismus und Sexualität Anstoß erregte.
Hauptmann führt in diesem Stück auf der Bühne die familiären Verhältnisse der Bauersfamilie Krause vor, die durch Kohlefunde auf ihrem Grundstück reich geworden ist. In diese Familie gerät als Außenstehender Alfred Loth hinein, der eine soziologische Studie über die Lage der dortigen Kohlearbeiter anfertigen will und zufällig ein Jugendfreund des Schwiegersohns der Familie Krause, Hoffmann, ist. Dieser befürchtet negative Folgen aus Loths Studien für sein Geschäft und sieht deshalb eine anbahnende Beziehung zwischen Loth und seiner Schwägerin Helene nicht ungern. Helene selbst sieht in einer Verbindung mit Loth die einzige Chance, aus dem verkommenen Milieu ihrer Familie zu entfliehen. Loth liebt zwar Helene, verlässt sie dann aber, als er vom Hausarzt Schimmelpfennig über die Familie und die möglichen Gefahren einer Vererbung der Trunksucht aufgeklärt wird. Die allein gelassene Helene sieht keinen anderen Ausweg mehr und begeht Selbstmord.

Vor Sonnenaufgang (1889) | Gerhart Hauptmann

Helene allein. Sie sieht sich um und ruft leise: Alfred! Alfred! *und dann, als sie keine Antwort erhält, in schneller Folge:* Alfred! Alfred! *Dabei ist sie bis zur Tür des Wintergartens geeilt, durch die sie spähend blickt. Dann ab in den Wintergarten. Nach einer Weile erscheint sie wieder.* Alfred! *Immer unruhiger werdend, am Fenster, durch das sie hinausblickt:* Alfred! *Sie öffnet das Fenster und steigt auf einen davorstehenden Stuhl. In diesem Augenblick klingt deutlich vom Hofe herein das Geschrei des betrunkenen, aus dem Wirtshaus heimkehrenden Bauern, ihres Vaters:* Dohie hä! biin iich nee a hibscher Moan? Hoa iich nee a hibsch Weib? Hoa iich nee a poar hibsche Tächter dohie hä? *Helene stößt einen kurzen Schrei aus und rennt wie gejagt nach der Mitteltür. Von dort aus entdeckt sie den Brief, welchen Loth auf dem Tisch zurückgelassen, sie stürzt sich darauf, reißt ihn auf und durchfliegt ihn, einzelne Worte aus seinem Inhalt laut hervorstoßend:* „Unübersteiglich!" ... „Niemals wieder!" *Sie läßt den Brief fallen, wankt.* Zu Ende! *Rafft sich auf, hält sich den Kopf mit beiden Händen, kurz und scharf schreiend:* Zu Ende! *Stürzt ab durch die Mitte. Der Bauer draußen, schon aus geringerer Entfernung:* Dohie hä! iis ernt's Gittla ne meine? Hoa iich ne a hibsch Weib? Bin iich nee a hibscher Moan? *Helene, immer noch suchend, wie eine halb Irrsinnige aus dem Wintergarten hereinkommend, trifft auf Eduard, der et-*

was aus Hoffmanns Zimmer zu holen geht. Sie redet ihn an. Eduard! *Er antwortet:* Gnädiges Fräulein? *Darauf sie:* Ich möchte ... möchte den Herrn Doktor Loth ... *Eduard antwortet:* Herr Doktor Loth sind in des Herrn Doktor Schimmelpfennigs Wagen fortgefahren! *Damit verschwindet er im Zimmer Hoffmanns.* Wahr! *stößt Helene hervor und hat einen Augenblick Mühe, aufrecht zu stehen. Im nächsten durchfährt sie eine verzweifelte Energie. Sie rennt nach dem Vordergrunde und ergreift den Hirschfänger samt Gehänge, der an dem Hirschgeweih über dem Sofa befestigt ist. Sie verbirgt ihn und hält sich still im dunklen Vordergrund, bis Eduard, aus Hoffmanns Zimmer kommend, zur Mitteltür hinaus ist. Die Stimme des Bauern, immer deutlicher:* Dohie hä, biin iich nee a hibscher Moan? *Auf diese Laute, wie auf ein Signal hin, springt Helene auf und verschwindet ihrerseits in Hoffmanns Zimmer. Das Hauptzimmer ist leer, und man hört fortgesetzt die Stimme des Bauern:* Dohie hä, hoa iich nee die schinsten Zähne, hä? Hoa iich ne a hibsch Gittla? *Miele kommt durch die Mitteltür. Sie blickt suchend umher und ruft:* Freilein Helene! *und wieder:* Freilein Helene! *Dazwischen die Stimme des Bauern:* 's Gald iis meine! *Jetzt ist Miele ohne weiteres Zögern in Hoffmanns Zimmer verschwunden, dessen Türe sie offenläßt. Im nächsten Augenblick stürzt sie heraus mit den Zeichen eines wahnsinnigen Schrecks; schreiend dreht sie sich zwei-, dreimal um sich selber, schreiend jagt sie durch die Mitteltür. Ihr ununterbrochenes Schreien, mit der Entfernung immer schwächer werdend, ist noch einige weitere Sekunden vernehmlich. Man hört nun die schwere Haustüre aufgehen und dröhnend ins Schloß fallen, das Schrittgeräusch des im Hausflur herumtaumelnden Bauern, schließlich eine rohe, näselnde, lallende Trinkerstimme ganz aus der Nähe durch den Raum gellen:* Dohie hä! Hoa iich nee a poar hibsche Tächter!

Hauptmann, Gerhart, Vor Sonnenaufgang, Ullstein Verlag, Frankfurt/M. 1959, S. 91–93

1. Arbeiten Sie Elemente des naturalistischen Dramas heraus.
2. Inwieweit ist die Rollenverteilung in diesem Stück geschlechtsspezifisch?
3. Kann man aus heutiger Sicht Loths Entscheidung gegen eine Ehe mit Helene noch nachvollziehen?

6 Drama der Jahrhundertwende und des Expressionismus

Die Dramen des Ausnahmeautors Büchner blieben für das 19. Jahrhundert folgenlos, weil seine Stücke erst zu Beginn des 20. Jahrhunderts bekannt wurden. So war für Autoren des 19. Jahrhunderts (Grillparzer, Hebbel) weitgehend das klassische Drama stilbildend. Am Ende des 19. Jahrhunderts jedoch erhielt es Konkurrenz durch Impulse ausländischer Autoren, die nach neuen Formen suchten. Der norwegische Dichter Henrik Ibsen (1828–1906) gibt der Enthüllung vergangener Probleme der Dramenfiguren Vorrang vor der eigentlichen Gegenwartshandlung (analytisches Drama). Bei dem Schweden Johan August Strindberg (1849–1912) dominiert anstelle des klassischen Konfliktes zwischen Held und Gegenspieler ein isoliertes Ich, das zum zentralen Mittelpunkt einer losen Szenenfolge wird. In den Stücken des russischen Dramatikers Anton Tschechow (1860–1904) weichen Dialog und dramatische Aktivität dem monologischen Aneinandervorbeireden und den passiven Erinnerungen und Wunschträumen.

Auf diesem Weg entwickelt sich um die Jahrhundertwende im deutschsprachigen Raum ein vielfältiges Nebeneinander verschiedenster moderner Dramenformen, die bis heute nachwirken:

Der impressionistische Einakter

- Drama in einem Aufzug: nicht Ausschnitt aus dem Ganzen, sondern der Ausschnitt als eigenständiges Ganzes
- Verzicht auf eine dramatische Entwicklung, impressionistische Momentaufnahme
- Beschränkung auf die Situation vor der Katastrophe, Auswahl einer Grenzsituation
- Statt Kampf und Handlung: der exemplarische Mensch als ohnmächtiges Opfer

Expressionistisches Stationen- und Verkündungsdrama

- Mehrere Akte als Stationen zentraler Hauptfiguren
- Ausgeliefertheit der zentralen Figuren auf ihrem Opfergang und/oder ihr Durchbruch und ihre Wandlung
- Abkehr vom psychologischen Drama, Hinwendung zum abstrakten Ideendrama
- Zentraler Gedanke: Wandlung der Welt durch Wandlung des Menschen (Verkündigung des neuen Menschen)
- Statt realistischer Personen entindividualisierte typisierte Modellfiguren
- Wichtige Themen: Aufruhr gegen die bürgerliche Welt, Aufbegehren gegen die Väter, Auseinandersetzung mit Krieg, Revolution und Gewalt, Infragestellung von Zivilisation und technischem Fortschritt, Gegensatz von Materialismus und Idealismus
- Sprache: Ergänzung des Dialogs durch monologisierendes Sprechen, Einbeziehung der Stimme des Kollektivs, Intensität des dramatischen Wortes: Pathos, Vision, Ekstase, Schrei; einfache Syntax, Wechsel von Prosa und Vers

„Gas I" (1918) von **Georg Kaiser** (1878–1945) klagt industrielle Automation und Vermassung, Krieg, soziales Elend und menschliche Entfremdung an. Nach einer Explosion in einem Gaswerk, die Tausende von Opfern fordert, will der Milliardärssohn sein Werk nicht mehr aufbauen und stattdessen die überlebenden Arbeiter zu landwirtschaftlichen Siedlern machen. Damit möchte er nicht nur die Konsequenzen aus dem Unfall ziehen, sondern ihnen ein nicht entfremdetes Dasein in einer Gemeinschaft „neuer Menschen" ermöglichen. Dieser Plan scheitert jedoch an der Gewinnsucht und Fortschrittsgläubigkeit der Arbeiterschaft, der Regierung und vor allem des Ingenieurs, der der Hauptgegenspieler des prophetischen Milliardärssohns ist. Im 2. Akt kommt es zu folgendem Gespräch:

Gas I (1918) | Georg Kaiser

MILLIARDÄRSOHN Kommen Sie her. *Er führt ihn an den Zeichentisch.* Sehen Sie das? – Aufrisse – in groben Zügen. – Erster Niederschlag eines Projekts. – Schließlich nur Ansätze zu etwas Bedeutendem. – Erste Skizzen. –

INGENIEUR Was ist das?

MILLIARDÄRSOHN Ist Ihnen das Terrain nicht bekannt?

INGENIEUR Das – Werk.

MILLIARDÄRSOHN Ist dem Erdboden gleich gemacht.

INGENIEUR Sind das – die neuen Hallen?

MILLIARDÄRSOHN Von diesen lächerlichen Dimensionen?

INGENIEUR Sind das – Höfe?

MILLIARDÄRSOHN Die bunten Ringe?

INGENIEUR Sind das – Geleise?

MILLIARDÄRSOHN Die grünen Linien? *Ingenieur starrt die Pläne an.* Raten Sie nichts? Wird Ihnen nichts verdächtig, Sie Schlaukopf? Sie Einmaleinsfresser? – Macht Ihnen der Rebus zu schaffen, der in allen Farben schillert? – – Blind seid ihr – farbenblind von der Ewigkeit eures Einerlei bis an diesen Tag! Jetzt bricht euch der neue frühlingshaft entgegen. Augen auf und schweifend ins Gefild: um euch ist die bunte Erde hier! – *Auf den Plänen nachzeichnend.* Grüne Linien – Straßen mit Bäumen gesäumt. Rote, gelbe, blaue Ringe – Plätze bewuchert mit Pflanzen, die blühen aus Grasfläche. Vierecke – hineingestellt Häuser mit kleinem Gebiet von Eigentum, das beherbergt! – Mächtige Straßen hinaus – erobernd eindringend in andere Striche – betreten von Pilgern von uns

– die Einfachstes predigen: – uns!! *Seine Geste ist groß.*

INGENIEUR *verwirrt.* Errichten Sie – das neue Werk – an anderer Stelle?

MILLIARDÄRSOHN Es begrub sich selbst. Auf seinem Gipfel – schlug es um. Deshalb sind wir entlassen. Sie – und ich – und alle! – mit reinem Gewissen. Wir sind den Weg furchtlos zu Ende gegangen – nun biegen wir aus. Unser Recht ist es – unser gutes Recht!

INGENIEUR Der Wiederaufbau –– steht in Frage??

MILLIARDÄRSOHN *auf die Pläne klopfend.* Da ist gegen ihn entschieden!

INGENIEUR Das Gas – das nur hier gemacht werden kann –?

MILLIARDÄRSOHN – explodierte!

INGENIEUR – – Die Arbeiter??

MILLIARDÄRSOHN Über grünem Grund Siedler!

INGENIEUR Das – – ist – – unmöglich!

MILLIARDÄRSOHN Stoßen Sie sich an meinen Plänen? Ich sagte ja, daß sie unvollkommen sind. Ich habe mit der Ausführung auf Sie gezählt. Ja, mit Ihrer Hilfe rechne ich stark. Sie sind wie kein Zweiter fähig, ein großes Projekt zu bewältigen. Zu Ihnen habe ich das beste Vertrauen! – Wollen wir uns an die Arbeit machen? *Er rückt einen Sessel an den Zeichentisch und setzt sich.*

INGENIEUR *zurücktretend.* Ich bin Ingenieur!

MILLIARDÄRSOHN Sie verwerten noch einmal Ihre Kenntnisse hier!

INGENIEUR Mein Fach – ist das nicht!

MILLIARDÄRSOHN Hier werden alle Kräfte frei!

INGENIEUR Ich übernehme – solche Aufgaben nicht!

MILLIARDÄRSOHN Die ist Ihnen zu schwierig?

INGENIEUR Zu – dürftig!

MILLIARDÄRSOHN *steht auf.* Was sagen Sie da?! – Das ist gering – – vor Ihrem Witz, der zählen kann? – Beherrscht Sie ihr Exempel – das Sie rechneten? – Sind Sie in dies Gebälk verschroben – das Sie konstruierten? – Haben Sie Arme und Beine – und Blut und Sinne ausgeliefert in diese Klammer, die sie zwängten? Sind Sie ein von Haupt umsponnenes Schema? *Er tastet nach ihm.* Wo sind Sie? Mit Wärme – mit Puls – und Scham?!

INGENIEUR Wenn ich nicht beschäftigt werden kann – in meinem Fach – –

MILLIARDÄRSOHN Schlagen nicht Ihre Hände nach Ihrem Mund – der Mord redet?

INGENIEUR – – suche ich meine Entlassung!

MILLIARDÄRSOHN *stützt sich gegen den Tisch.* Nein! – Das bringt die andern zurück. – Der Weg ist frei – und sie stürmen herein – und bauen ihre Hölle wieder auf – und das Fieber wütet weiter! – – Helfen Sie mir – – bleiben Sie bei mir – – arbeiten Sie mit mir hier, wo ich arbeite!!

INGENIEUR Ich bin entlassen!

MILLIARDÄRSOHN *sieht ihn sprachlos an.*

INGENIEUR *links ab.*

MILLIARDÄRSOHN *endlich stark.* Dann muß ich euch alle zwingen!

Kaiser, Georg, Gas. Schauspiel, Ullstein Verlag, Frankfurt/M. 1978, S. 25–27

1. Beschreiben Sie die antitechnokratische Position des Milliardärssohns.
2. Inwiefern ist diese Position epochenspezifisch für den Expressionismus?
3. Charakterisieren Sie den Ablauf des Dialogs.
4. Zeigen Sie an Beispielen von heute die Aktualität dieser Szene.

7 Realistisches Volksstück

Seit Mitte der 20er-Jahre traten mit Marieluise Fleißer (1901–1974) und Ödön von Horváth (1901–1938) zwei bedeutende Dramatiker in Erscheinung, die im Gegensatz zum expressionistischen Wandlungs- und Erlösungsdrama wieder ein betont **realistisches Drama** schufen. Sie knüpften dabei sowohl am sozialkritischen Drama des Naturalismus als auch am Wiener Volksstück an. Ferdinand Raimund (1790–1836) und Johann Nestroy (1801–1862) hatten auf Wiener Vorstadtbühnen die kleinbürgerliche Gesellschaft ihrer Zeit auf eher unterhaltsam-komödienhafte oder mehr märchenhafte Weise dargestellt, was jedoch sozialkritische Ansätze nicht ausschloss. Das politisch fortschrittlichste Stück war die Posse „Freiheit in Krähwinkel“ (1848) von Nestroy. Bei Fleißer und Horváth entstammen zwar die Figuren der gleichen kleinbürgerlichen Unterschicht, aber das Lustige und Gemüthafte der beiden Wiener Autoren tritt zurück; stattdessen verschärfen sich **Gesellschafts-** und **Zeitkritik**. Horváth sieht seinen Bezug zur Tradition so: „Will man das alte Volksstück heute fortsetzen, so wird man natürlich heutige Menschen aus dem Volke (...) auf die Bühne bringen – also Kleinbürger und Proletarier. Man wirft mir oft vor, ich sei zu derb, zu ekelhaft, zu unheimlich, zu zynisch und was es dergleichen noch an schönen Wörtern gibt – man übersieht aber dabei, dass ich doch kein anderes Bestreben habe, als die Welt so zu schildern, wie sie leider ist." (Wenn sich jemand bei mir erkundigt. Entwurf zu einem Rundfunkinterview, in: Spectaculum 16, 1972, S. 328 f.).

Merkmale des realistischen Volksstückes

- Aufbau: Szenen und Bilder, oft Miniaturszenen
- Handlungsorte: Realistisch, milieubedingt, mitunter Symbolcharakter
- Themen: Freundschaft, Liebe, Sexualität, Familie, Arbeitslosigkeit und Wohnungsnot, sozialer Abstieg, Unterdrückung der Frau, beginnender Faschismus
- Personengestaltung: Psychische Not des Einzelnen, Illusion vom Glück, Verlust brüchig gewordener Ordnungen, Scheitern der zwischenmenschlichen Beziehungen, Verlogenheit des Gefühls, Sentimentalität, falsches bürgerliches Bewusstsein
- Sprache: Bildungsjargon, Sprache aus zweiter Hand, Klischees und Stereotype, Verlogenheit, Sprachlosigkeit, Regieanweisung: Stille
- Aussageabsicht: Entlarvung des falschen politischen, gesellschaftlichen und individuellen Bewusstseins

In **Horváths** Stück „Kasimir und Karoline" werden Arbeitslosigkeit und daraus resultierende Probleme in 117 Bildern gezeigt:

Kasimir und Karoline (1932) I Ödön von Horváth

Dieses Volksstück spielt auf dem Münchener Oktoberfest, und zwar in unserer Zeit.

1. Szene

Es wird dunkel im Zuschauerraum und das Orchester spielt die münchener Hymne „Solang der alte Peter".

Hierauf hebt sich der Vorhang.

2. Szene

Schauplatz: Gleich hinter dem Dorf der Lippennegerinnen. Links ein Eismann mit türkischem Honig und Luftballons. Rechts ein Haut-den-Lukas – (das ist so ein althergebrachter Kraftmesser, wo du unten mit einem Holzbeil auf einen Bolzen draufhaust, und dann saust ein anderer Bolzen an einer Stange in die Höhe, und wenn dann dieser andere Bolzen die Spitze der Stange erreicht, dann knallt es, und dann wirst du dekoriert, und zwar für jeden Knall mit einem Orden). Es ist bereits spät am Nachmittag und jetzt fliegt gerade der Zeppelin in einer ganz geringen Höhe über die Oktoberfestwiese – in der Ferne Geheul mit allgemeinem Musiktusch und Trommelwirbel.

3. Szene

RAUCH Bravo Zeppelin! Bravo Eckener! Bravo!

EIN AUSRUFER Heil!

SPEER Majestätisch. Hipp hipp hurrah!

Pause.

EIN LILIPUTANER Wenn man bedenkt, wie weit es wir Menschen schon gebracht haben – *Er winkt mit seinem Taschentuch.*

Pause.

KAROLINE Jetzt ist er gleich verschwunden, der Zeppelin –

DER LILIPUTANER Am Horizont.

KAROLINE Ich kann ihn kaum mehr sehen –

DER LILIPUTANER Ich seh ihn noch ganz scharf.

KAROLINE Jetzt seh ich nichts mehr. *Sie erblickt Kasimir; lächelt.* Du, Kasimir. Jetzt werden wir bald alle fliegen.

KASIMIR Geh so lasse mich doch aus. *Er wendet sich dem Lukas zu und haut ihn vor einem stumm interessierten Publikum – aber erst beim drittenmal knallt es, und dann zahlt der Kasimir und wird mit einem Orden dekoriert.*

KAROLINE Ich gratuliere.

KASIMIR Zu was denn?

KAROLINE Zu deiner Auszeichnung da.

KASIMIR Danke.

Stille.

KAROLINE Der Zeppelin, der fliegt jetzt nach Oberammergau, aber dann kommt er wieder zurück und wird einige Schleifen über uns beschreiben.

KASIMIR Das ist mir wurscht! Da fliegen droben zwanzig Wirtschaftskapitäne und herunten verhungern derweil einige Millionen! Ich scheiß dir was auf den Zeppelin, ich kenne diesen Schwindel und hab mich damit auseinandergesetzt – Der Zeppelin, verstehst du mich, das ist ein Luftschiff und wenn einer von uns dieses Luftschiff sieht, dann hat er so ein Gefühl, als tät er auch mitfliegen – derweil haben wir bloß die schiefen Absätz und das Maul können wir uns an das Tischeck hinhaun!

KAROLINE Wenn du so traurig bist, dann werd ich auch traurig.

KASIMIR Ich bin kein trauriger Mensch.

KAROLINE Doch. Du bist ein Pessimist.

KASIMIR Das schon. Ein jeder intelligente Mensch ist ein Pessimist. *Er läßt sie wieder stehen und haut abermals den Lukas; jetzt knallt es dreimal, er zahlt und bekommt drei Orden; dann nähert er sich wieder Karoline.* Du kannst natürlich leicht lachen. Ich habe es dir doch gleich gesagt, daß ich heut unter gar keinen Umständen auf dein Oktoberfest geh. Gestern abgebaut und morgen stempeln, aber heut sich amüsieren, vielleicht sogar noch mit lachendem Gesicht!

KAROLINE Ich habe ja garnicht gelacht.

KASIMIR Natürlich hast du gelacht. Und das darfst du ja auch – du verdienst ja noch was und lebst bei deinen Eltern, die wo pensionsberechtigt sind. Aber ich habe keine Eltern mehr und steh allein in der Welt, ganz und gar allein.

Stille.

KAROLINE Vielleicht sind wir zu schwer füreinander –

KASIMIR Wie meinst du das jetzt?

KAROLINE Weil du halt ein Pessimist bist und ich neige auch zur Melancholie – Schau, zum Beispiel zuvor – beim Zeppelin –

KASIMIR Geh halt doch dein Maul mit dem Zeppelin!

KAROLINE Du sollst mich nicht immer so anschreien, das hab ich mir nicht verdient um dich!

KASIMIR Habe mich gerne! *Ab.*

4. Szene

Karoline sieht ihm nach; wendet sich dann langsam dem Eismann zu, kauft sich eine Portion und schleckt daran gedankenvoll. Schürzinger schleckt bereits die zweite Portion.

KAROLINE Was schauns mich denn so blöd an?

SCHÜRZINGER Pardon! Ich habe an etwas ganz anderes gedacht.

KAROLINE Drum. *Stille.*

SCHÜRZINGER Ich habe gerade an den Zeppelin gedacht.

Stille.

KAROLINE Der Zeppelin, der fliegt jetzt nach Oberammergau.

SCHÜRZINGER Waren das Fräulein schon einmal in Oberammergau?

KAROLINE Schon dreimal.

SCHÜRZINGER Respekt!

Stille.

KAROLINE Aber die Oberammergauer sind auch keine Heiligen. Die Menschen sind halt überall schlechte Menschen.

SCHÜRZINGER Das darf man nicht sagen, Fräulein! Die Menschen sind weder gut noch böse. Allerdings werden sie durch unser heutiges wirtschaftliches System gezwungen, egoistischer zu sein, als sie es eigentlich wären, da sie doch schließlich vegetieren müssen. Verstehens mich?

KAROLINE Nein.

SCHÜRZINGER Sie werden mich schon gleich verstehen. Nehmen wir an, Sie lieben einen Mann. Und nehmen wir weiter an, dieser Mann wird nun arbeitslos. Dann läßt die Liebe nach, und zwar automatisch.

KAROLINE Also das glaub ich nicht!

SCHÜRZINGER Bestimmt!

KAROLINE Oh nein! Wenn es dem Manne schlecht geht, dann hängt das wertvolle Weib nur noch intensiver an ihm – könnt ich mir schon vorstellen.

SCHÜRZINGER Ich nicht.

Stille.

Horváth, Ödön von, Kasimir und Karoline, Suhrkamp Verlag, Frankfurt/M. 1979, S. 12–16

1. Wie gehen Kasimir und Karoline im Dialog miteinander um?
2. Welche Stellen könnten symbolische Bedeutung haben?
3. Versuchen Sie die Szene so umzuschreiben, dass sie in der heutigen Zeit spielen könnte.

8 Episches Theater: Bertolt Brecht

In der deutschen Literaturgeschichte des 20. Jahrhunderts gilt Bertolt Brecht (1898–1956) als der bedeutendste Dramatiker, der nicht nur als Stückeschreiber, sondern auch als Theoretiker das Theater bis in die Gegenwart nachhaltig beeinflusst hat. Waren seine frühen Stücke noch dem Expressionismus verhaftet, beginnt spätestens mit der „Dreigroschenoper" (1928) das epische Theater, der originäre Beitrag Brechts zur Theatergeschichte. Weil es ihm wesentlich darauf ankam, beim Zuschauer ein verändertes politisches Bewusstsein zu erzeugen, musste er den Rahmen des Illusionstheaters sprengen, bei dem die Zuschauer sich mit dem Bühnengeschehen identifizieren (weinen mit den Weinenden, lachen mit den Lachenden) und die Handlung nur „kulinarisch" konsumieren. Brecht wollte genau das Gegenteil: **kritische Distanz** des Zuschauers zum Bühnengeschehen (lachen mit den Weinenden, weinen mit den Lachenden). Er selbst hat den Gegensatz seines eigenen Theaters zur überlieferten Dramenform idealtypisch dargestellt:

Dramatische Form des Dramas	↔	Epische Form des Theaters
– die Bühne „verkörpert" einen Vorgang	↔	sie „erzählt" ihn
– verwickelt den Zuschauer in eine Aktion und	↔	macht ihn zum Betrachter, aber
– verbraucht seine Aktivität	↔	weckt seine Aktivität
– ermöglicht ihm Gefühle	↔	erzwingt von ihm Entscheidungen
– vermittelt ihm Erlebnisse	↔	vermittelt ihm Kenntnisse
– der Zuschauer wird in eine Handlung hineinversetzt	↔	er wird ihr gegenübergesetzt
– es wird mit Suggestion gearbeitet	↔	es wird mit Argumenten gearbeitet
– die Empfindungen werden konserviert	↔	bis zu Erkenntnissen getrieben
– der Mensch wird als bekannt vorausgesetzt	↔	der Mensch ist Gegenstand der Untersuchung
– der unveränderliche Mensch	↔	der veränderliche und verändernde Mensch
– Spannung auf den Ausgang	↔	Spannung auf den Gang
– eine Szene für die andere	↔	jede Szene für sich
– die Geschehnisse verlaufen linear	↔	in Kurven
– natura non facit saltus (die Natur macht keine Sprünge)	↔	facit saltus (die Natur macht Sprünge)
– die Welt, wie sie ist	↔	die Welt, wie sie wird
– was der Mensch soll	↔	was der Mensch muss
– seine Triebe	↔	seine Beweggründe
– das Denken bestimmt das Sein	↔	das gesellschaftliche Sein bestimmt das Denken

Staehle, Ulrich (Hrsg.), Theorie des Dramas. Arbeitstexte für den Unterricht, Reclam Verlag, Stuttgart 1973, S. 72 f.

Das letzte Gegensatzpaar zeigt als ideologische Grundlage des Brecht'schen Theaterschaffens den Marxismus, in dessen Dienst er seine Stücke stellte. Angestrebt wird nicht mehr die Darstellung der individuellen Konflikte, sondern der ökonomischen, politischen und sozialen Verhältnisse der Klassengesellschaft, die überwunden werden soll. Zur Realisierung seiner politisch motivierten, erzieherisch-lehrhaften Wirkungsabsicht setzte er vor allem den sogenannten V-Effekt, den **Verfremdungseffekt**, ein. Der V-Effekt kann inhaltlich oder formal sein. Dazu zählen Songs, in denen die Schauspieler ihre Rolle und die Handlung kritisch kommentieren, Ansager und Transparente, die den Handlungsgang vorwegnehmen, und sprachliche Veränderungen, die Altgewohntes in neuem Licht und Selbstverständliches fremd erscheinen lassen. Statt der Redewendung „Der Mensch denkt, (Komma!) Gott lenkt." heißt es bei Brecht: *„Der Mensch denkt:* (Doppelpunkt!) *Gott lenkt. Keine Red davon!"* (Brecht, Bertolt, „Mutter Courage und ihre Kinder", Suhrkamp Verlag, Frankfurt/M. 1963, S. 58).

In dem Stück „Die Dreigroschenoper", das im Londoner Bettler-, Dirnen- und Ganovenmilieu spielt, geht es **Brecht** um die ironisch-parodistische Enttarnung bürgerlicher Vorstellungen. In dem konkurrenzhaften Existenzkampf zwischen den Verbrechern um Mackie Messer und dem Londoner Bettlerkönig Peachum kommt es zu typisch kleinbürgerlichen Privatszenen (Eifersucht zwischen Mackie Messers Braut Polly Peachum und der Dirne Jenny) wie auch zur Darstellung von Fragen öffentlicher und politischer Moral (Korruption im Zusammenhang mit dem Polizeipräsidenten Brown). Am Schluss wird Mackie Messer trotz aller Bestechungsversuche zum Tod am Galgen verurteilt. Das Stück endet:

Die Dreigroschenoper (1928) | Bertolt Brecht

MAC Wir wollen die Leute nicht warten lassen. Meine Damen und Herren. Sie sehen den untergehenden Vertreter eines untergehenden Standes. Wir kleinen bürgerlichen Handwerker, die wir mit dem biederen Brecheisen an den Nickelkassen der kleinen Ladenbesitzer arbeiten, werden von den Großunternehmern verschlungen, hinter denen die Banken stehen. Was ist ein Dietrich gegen eine Aktie? Was ist ein Einbruch in eine Bank gegen die Gründung einer Bank? Was ist die Ermordung eines Mannes gegen die Anstellung eines Mannes? Mitbürger, hiermit verabschiede ich mich von euch. Ich danke Ihnen, daß sie gekommen sind. Einige von Ihnen sind mir sehr nahegestanden. Daß Jenny mich angegeben haben soll, erstaunt mich sehr. Es ist ein deutlicher Beweis dafür, daß die Welt sich gleichbleibt. Das Zusammentreffen einiger unglücklicher Zufälle hat mich zu Fall gebracht. Gut – ich falle.

Songbeleuchtung: goldenes Licht. Die Orgel wird illuminiert.
An einer Stange kommen von oben drei Lampen herunter und auf den Tafeln steht:

Ballade, in der Macheath jedermann Abbitte leistet

Ihr Menschenbrüder, die ihr nach uns lebt
Laßt euer Herz nicht gegen uns verhärten
Und lacht nicht, wenn man uns zum Galgen hebt
Ein dummes Lachen hinter euren Bärten.
Und flucht auch nicht, und sind wir auch gefallen
Seid nicht auf uns erbost wie das Gericht:
Gesetzten Sinnes sind wir alle nicht –
Ihr Menschen, lasset allen Leichtsinn fallen
Ihr Menschen, laßt euch uns zur Lehre sein
Und bittet Gott, er möge mir verzeihn.
Der Regen wäscht uns ab und wäscht uns rein

Und wäscht das Fleisch, das wir zu gut genährt
Und die zuviel gesehn und mehr begehrt:
Die Augen hacken uns die Raben ein.
Wir haben wahrlich uns zu hoch verstiegen
Jetzt hängen wir hier wie aus Übermut
Zerpickt von einer gierigen Vögelbrut
Wie Pferdeäpfel, die am Wege liegen.
Ach Brüder, laßt euch uns zur Warnung sein
Und bittet Gott, er möge uns verzeihn.

SMITH Bitte, Herr Macheath.
FRAU PEACHUM Polly und Lucy, steht eurem Manne bei in seiner letzten Stunde.
MAC Meine Damen, was auch immer zwischen uns ...
SMITH *führt ihn ab:* Vorwärts!

Gang zum Galgen

Alle ab durch Türe links. Diese Türen sind in den Projektionsflächen.
Dann kommen auf der anderen Seite von der Bühne alle mit Windlichtern wieder herein.
Wenn Macheath oben auf dem Galgen steht, spricht

PEACHUM Verehrtes Publikum, wir sind soweit
Und Herr Macheath wird aufgehängt
Denn in der ganzen Christenheit
Da wird dem Menschen nichts geschenkt.

Damit ihr aber nun nicht denkt
Das wird von uns auch mitgemacht
Wird Herr Macheath nicht aufgehängt
Sondern wir haben uns einen anderen Schluß ausgedacht.

Damit ihr wenigstens in der Oper seht
Wie einmal Gnade vor Recht ergeht.
Und darum wird, weil wir's gut mit euch meinen
Jetzt der reitende Bote des Königs erscheinen.

3. Dreigroschen-Finale

Auf den Tafeln steht: Auftauchen des reitenden Boten

CHOR Horch, wer kommt!
Des Königs reitender Bote kommt!
Hoch zu Roß erscheint Brown als reitender Bote.

BROWN Anläßlich ihrer Krönung befiehlt die Königin, daß der Captain Macheath sofort freigelassen wird. *Alle jubeln.* Gleichzeitig wird er hiermit in den erblichen Adelsstand erhoben *Jubel* und ihm das Schloß Marmarel sowie eine Rente von zehntausend Pfund bis zu seinem Lebensende überreicht. Den anwesenden Brautpaaren läßt die Königin ihre königlichen Glückwünsche übersenden.

MAC Gerettet, gerettet! Ja, ich fühle es, wo die Not am größten, ist die Hilfe am nächsten.

POLLY Gerettet, mein lieber Mackie ist gerettet. Ich bin sehr glücklich.

FRAU PEACHUM So wendet alles sich am End zum Glück. So leicht und friedlich wäre unser Leben, wenn die reitenden Boten des Königs immer kämen.

PEACHUM Darum bleibt alle stehen, wo ihr steht, und singt den Choral der Ärmsten der Armen, deren schwieriges Leben ihr heute dargestellt habt, denn in Wirklichkeit ist gerade ihr Ende schlimm. Die reitenden Boten des Königs kommen sehr selten, wenn die Getretenen widergetreten haben. Darum sollte man das Unrecht nicht zu sehr verfolgen.

ALLE *singen zur Orgel, nach vorn gehend:*
Verfolgt das Unrecht nicht zu sehr, in Bälde
Erfriert es schon von selbst, denn es ist kalt.
Bedenkt das Dunkel und die große Kälte
In diesem Tale, das von Jammer schallt.

Bertolt Brechts Dreigroschenbuch, Texte Materialien Dokumente, Suhrkamp Verlag, Frankfurt/M. 1960, S. 60–63

1. Welche Merkmale des epischen Theaters lassen sich in dem Dramenausschnitt finden?
2. Welche Hinweise auf den politischen Standpunkt Brechts erkennen Sie?
3. Besorgen Sie sich eine Tonaufnahme der „Dreigroschenoper" und diskutieren Sie in der Klasse die Wirkung der Musik von Kurt Weill (1900–1950).
4. Wie deuten Sie den Schlusschor?

9 Exkurs: Komödie und Lustspiel

Brecht hat 1956 geäußert, dass das epische Theater der Komödie nahestehe, „weil dort sowieso verfremdet wird. Die epische Darstellungsweise ist dort eher zu erlangen und es ist deshalb vorzuschlagen, Stücke überhaupt auf die Komödie hin zu inszenieren." Auch Dürrenmatt hat sich für die Komödie als heute angemessene dramatische Gattung ausgesprochen. Neben der Tragödie (gr. tragodia = Bocksgesang, gleichbedeutend mit Trauerspiel) ist die Komödie (gr. komos = heiterer Umzug, ode = Gesang) die zweite wichtige Dramenform.

	Tragödie	**Komödie**
Stoff	Mythos und Geschichte	Geschichten aus dem Alltag
Personen	Standespersonen mit starkem Charakter	Typen aus dem „Volk"; Komische Figuren
Handlungsverlauf	Wechsel von Zufall und Notwendigkeit, Tragischer Ausgang	Glücklicher Ausgang, auch wenn manche Personen der Lächerlichkeit preisgegeben werden
Sprachstil	Gehobene Sprache Pathos	Alltagssprache

Komödien oder Lustspiele sind Bühnenstücke komischen oder heiteren Inhalts mit glücklichem Ausgang. Oft wird das Lachen durch die Entdeckung des Widerspruchs zwischen erhabenem Ideal und niedriger Wirklichkeit ausgelöst. Die vom Autor beabsichtigte Reaktion des Zuschauers auf die Komik kann von verständnisvoller Heiterkeit bis zu aggressivem Spott reichen. Es gibt Charakterkomödien, Typenkomödien, Situationskomödien und satirisch-gesellschaftskritische Komödien, die sich jedoch in den einzelnen Stücken überschneiden können. Burleske (ital. burla = Schabernack, Spaß), Farce (frz. Füllsel, Einlage), Groteske (ital. grotta = Grotte, Vermischung von Lächerlichem und Schrecklichem), Posse (frühnhd. Zierrat, Scherzfigur), Schwank (mhd. swanc = lustiger Einfall) sind Neben- bzw. Kleinformen der Komödie. Um 1900 entstanden in Paris sogenannte **Boulevardkomödien**, die großen Publikumserfolg hatten und im deutschsprachigen Raum als Unterhaltungskomödien fortgesetzt wurden.

Eine besondere Tradition entstand in Österreich in der ersten Hälfte des 19. Jahrhunderts mit dem sogenannten **Wiener Volksstück**. Ferdinand Raimund (1790–1836) und Johann Nestroy (1801–1862) hatten auf Wiener Vorstadtbühnen die kleinbürgerliche Gesellschaft ihrer Zeit in unterhaltsam-komödienhafter, aber auch märchenhafter Weise dargestellt, was jedoch sozialkritische Ansätze nicht ausschloss.

Büchners Lustspiel „Leonce und Lena" (1842, Nachlass) ist ein Höhepunkt in der ansonsten an bedeutenden Komödien eher armen deutschen Literaturgeschichte. Nach heute kaum mehr gespielten Stücken aus der Barockzeit gilt als das erste bedeutende deutsche Lustspiel Lessings „Minna von Barnhelm" (1767). Häufig gespielt werden noch „Der zerbrochene Krug" von Heinrich von Kleist (1808), Hauptmanns Komödie „Der Biberpelz" (1893), Sternheims Komödien „Aus dem bürgerlichen Heldenleben" („Die Hose", „Der Snob", 1911–1915), Hugo von Hofmannsthals „Der Unbestechliche" (1923) oder „Der Hauptmann von Köpenick" (1931) von Zuckmayer. Unter den vielen Stücken Brechts gilt nur „Herr Puntila und sein Knecht Matti" (1940/41) als echtes Lustspiel. Bei den Nachkriegsdramatikern entwickelten sich die spezifischen Formen des absurden und des grotesk-zeitkritischen Theaters.

Der „Hauptmann von Köpenick" von Carl Zuckmayer (1896–1977), Aufführung am Deutschen Theater Berlin, 1947

II Drama nach 1945

1 Drama der unmittelbaren Nachkriegszeit: Wolfgang Borchert

Rolf Henninger als Beckmann in „Draußen vor der Tür" von Wolfgang Borchert, Kölner Inszenierung aus dem Jahr 1948

Das Drama nach 1945 muss zum einen als Aufgreifen der **Brecht'schen Ansätze** gesehen werden, die durch das Dritte Reich in Deutschland unterbrochen und ins Exil verlagert worden waren; zum anderen fällt in die unmittelbare Nachkriegszeit die Vermittlung ausländischer Dramen an das deutsche Publikum.
Man begegnete jetzt in Westdeutschland den modernen Bearbeitungen antiker Stoffe durch Jean Anouilh und Jean Giraudoux, mehr psychologisch orientierten amerikanischen Autoren wie O'Neill und Tennessee Williams und den existenzialistischen Theaterstücken eines Jean Paul Sartre oder Albert Camus, die die Frage nach dem Sinn des menschlichen Lebens grundsätzlich stellten. Großes Interesse fand auch das religiöse Drama Paul Claudels.

Am Beginn der deutschsprachigen Nachkriegsdramatik stehen drei Stücke, die damals sehr großes Aufsehen erregten: Carl Zuckmayers (1896–1977) „Des Teufels General" (1946), Wolfgang Borcherts (1921–1947) „Draußen vor der Tür" (1946) und Günther Weisenborns (1902–1969) „Die Illegalen" (1946). Alle drei Dramen behandeln – auf unterschiedliche Art – die Kriegsvergangenheit.

Wolfgang Borcherts Stück „Draußen vor der Tür" ist ein Kriegsheimkehrerdrama, von dem Borchert im Untertitel sagt: „Ein Stück, das kein Theater spielen und kein Publikum sehen will." Borchert steht sprachlich und stilistisch in expressionistischer Tradition, wenn er den „Schrei" des Menschen gestaltet und im Personenverzeichnis typisierend vorgeht.

Unteroffizier Beckmann, die Hauptfigur, durchläuft verschiedene „Stationen" bei seinem verzweifelten Versuch, von seinen Gewissensqualen wegen der Verantwortung für die Kriegstoten erlöst zu werden. Außerdem erfährt er ein typisches privates Heimkehrerschicksal, weil sich seine Ehefrau einem anderen Mann zugewendet hat. Das Stück gewinnt surreale Züge, wenn Beckmann mit seinem Doppelgänger-Ich oder Personifizierungen Gottes bzw. des Todes spricht. Eine der wichtigsten Stationen ist Beckmanns Besuch bei seinem ehemaligen Oberst:

Draußen vor der Tür (1946) | Wolfgang Borchert

BECKMANN *(ganz weit weg)*: Herr Oberst?
OBERST: Also, was wollen Sie nun?
BECKMANN *(ganz weit weg)*: Herr Oberst?
OBERST: Ich höre, ich höre.
BECKMANN: *(schlaftrunken, traumhaft)*: Hören Sie, Herr Oberst? Dann ist es gut. Wenn Sie hören, Herr Oberst. Ich will Ihnen nämlich meinen Traum erzählen, Herr Oberst. Den Traum träume ich jede Nacht. Dann wache ich auf, weil jemand so grauenhaft schreit. Und wissen Sie, wer das ist, der da schreit? Ich selbst, Herr Oberst, ich selbst. Ulkig, nicht, Herr Oberst? Und dann kann ich nicht wieder einschlafen. Keine Nacht, Herr Oberst. Denken Sie mal, Herr Oberst, jede Nacht wachliegen. Deswegen bin ich müde, Herr Oberst, ganz furchtbar müde.
OBERST *(interessiert)*: Aber von Ihrem Traum wachen Sie auf, sagen Sie?
BECKMANN: Nein, von meinem Schrei. Nicht von dem Traum. Von dem Schrei.
OBERST *(interessiert)*: Aber der Traum, der veranlaßt Sie zu diesem Schrei, ja?
BECKMANN: Denken Sie mal an, ja. Er veranlaßt mich. Der Traum ist nämlich ganz seltsam, müssen Sie wissen. Ich will ihn mal erzählen. Sie hören doch, Herr Oberst, ja? Da steht ein Mann und spielt Xylophon. Er spielt einen rasenden Rhythmus. Und dabei schwitzt er, der Mann, denn er ist außergewöhnlich fett. Und er spielt auf einem Riesenxylophon. Und weil es so groß ist, muß er bei jedem Schlag vor dem Xylophon hin und her sausen. Und dabei schwitzt er, denn er ist tatsächlich sehr fett. Aber er schwitzt gar keinen Schweiß, das ist das Sonderbare. Er schwitzt Blut, dampfendes, dunkles Blut. Und das Blut läuft in zwei breiten roten Streifen an seiner Hose runter, daß er von weitem aussieht wie ein General. Wie ein General! Ein fetter, blutiger General. Es muß ein alter schlachtenerprobter General sein, denn er hat beide Arme verloren. Ja, er spielt mit langen dünnen Prothesen, die wie Handgranatenstiele aussehen, hölzern und mit einem Metallring. Es muß ein ganz fremdartiger Musiker sein, der General, denn die Hölzer seines riesigen Xylophons sind gar nicht aus Holz. Nein, glauben Sie mir, Herr Oberst, glauben Sie mir, sie sind aus Knochen. Glauben Sie mir das, Herr Oberst, aus Knochen!
OBERST *(leise)*: Ja, ich glaube. Aus Knochen.
BECKMANN *(immer noch tranceähnlich, spukhaft)*: Ja, nicht aus Holz, aus Knochen. Wunderbare weiße Knochen. Schädeldecken hat er da, Schulterblätter, Beckenknochen. Und für die höheren Töne Armknochen und Beinknochen. Dann kommen die Rippen – viele tausend Rippen. Und zum Schluß, ganz am Ende des Xylophons, wo die ganz hohen Töne liegen, da sind Fingerknöchel, Zehen, Zähne. Ja, als Letztes kommen die Zähne. Das ist das Xylophon, auf dem der fette Mann mit den Generalsstreifen spielt. Ist das nicht ein komischer Musiker, dieser General?
OBERST *(unsicher)*: Ja, sehr komisch. Sehr, sehr komisch!
BECKMANN: Ja, und nun geht es erst los. Nun fängt der Traum erst an. Also, der General steht vor dem Riesenxylophon aus Menschenknochen und trommelt mit seinen Prothesen einen Marsch. Preußens Gloria oder den Badenweiler. Aber meistens spielt er den Einzug der Gladiatoren und die Alten Kameraden. Meistens spielt er die. Die kennen Sie doch, Herr Oberst, die Alten Kameraden? *(summt)*
OBERST: Ja, ja. Natürlich. *(summt ebenfalls)*
BECKMANN: Und dann kommen sie. Dann ziehen sie ein, die Gladiatoren, die alten Kameraden. Dann stehen sie auf aus den Massengräbern, und ihr blutiges Gestöhn stinkt bis an den weißen Mond. [...] sie rotten sich zusammen, die Verrotteten, und bilden Sprechchöre. Donnernde, drohende, dumpfe Sprechchöre. Und wissen Sie, was Sie brüllen, Herr Oberst?
OBERST *(flüstert)*: Nein.
BECKMANN: Beckmann, brüllen sie. Unteroffizier Beckmann. Immer Unteroffizier Beckmann. Und das Brüllen wächst. Und das Brüllen rollt heran, tierisch wie ein Gott schreit, fremd, kalt, riesig. Und das Brüllen wächst und rollt und wächst und rollt! Und das Brüllen wird dann so groß, so erwürgend groß, daß ich keine Luft mehr kriege. Und dann schreie ich, dann schreie ich los in der Nacht. Dann muß ich schreien, so furchtbar, furchtbar schreien. Und davon werde ich dann immer wach. Jede Nacht. Jede Nacht das Konzert auf dem Knochenxylophon, und jede Nacht die Sprechchöre, und jede Nacht der furchtbare Schrei. Und dann kann ich nicht wieder einschlafen, weil ich doch die Verantwortung hatte. Ich hatte doch die Verantwortung. Ja, ich hatte die Verantwortung. Und deswegen komme ich nun zu Ihnen, Herr Oberst, denn ich will endlich mal wieder schlafen. Ich will einmal wieder schlafen. Deswegen komme ich zu Ihnen, weil ich schlafen will, endlich mal wieder schlafen.
OBERST: Was wollen Sie denn von mir?
BECKMANN: Ich bringe sie Ihnen zurück.
OBERST: Wen?

BECKMANN *(beinah naiv)*: Die Verantwortung. Ich bringe Ihnen die Verantwortung zurück. Haben Sie das ganz vergessen, Herr Oberst? Den 14. Februar? Bei Gorodok. Es waren 42 Grad Kälte. Da kamen Sie doch in unsere Stellung, Herr Oberst, und sagten: Unteroffizier Beckmann. Hier, habe ich geschrien. Dann sagten Sie, und Ihr Atem blieb an Ihrem Pelzkragen als Reif hängen – das weiß ich noch ganz genau, denn Sie hatten einen sehr schönen Pelzkragen – dann sagten Sie: Unteroffizier Beckmann, ich übergebe Ihnen die Verantwortung für die zwanzig Mann. Sie erkunden den Wald östlich Gorodok und machen nach Möglichkeit ein paar Gefangene, klar? Jawohl, Herr Oberst, habe ich da gesagt. Und dann sind wir losgezogen und haben erkundet. Und ich – ich hatte die Verantwortung. Dann haben wir die ganze Nacht erkundet, und dann wurde geschossen, und als wir wieder in der Stellung waren, da fehlten elf Mann. Und ich hatte die Verantwortung. Ja, das ist alles, Herr Oberst. Aber nun ist der Krieg aus, nun will ich pennen, nun gebe ich Ihnen die Verantwortung zurück Herr Oberst, ich will sie nicht mehr, ich gebe sie Ihnen zurück, Herr Oberst.

OBERST: Aber mein lieber Beckmann, Sie erregen sich unnötig. So war es doch nicht gemeint.

BECKMANN *(ohne Erregung, aber ungeheuer ernsthaft)*: Doch. Doch, Herr Oberst. So muß das gemeint sein. Verantwortung ist doch nicht nur ein Wort, eine chemische Formel, nach der helles Menschenfleisch in dunkle Erde verwandelt wird. Man kann doch Menschen nicht für ein leeres Wort sterben lassen. Irgendwo müssen wir doch hin mit unserer Verantwortung. Die Toten – antworten nicht. Gott – antwortet nicht. Aber die Lebenden, die fragen. Die fragen jede Nacht, Herr Oberst. Wenn ich dann wach liege, dann kommen sie und fragen.

Borchert, Wolfgang, Das Gesamtwerk, Rowohlt Verlag, Hamburg 1949, S. 122–126, gekürzt

1. Welche realistischen Erfahrungen bestimmen Beckmanns Haltung?
2. Wie spiegeln sich diese Erfahrungen in Beckmanns Traum?
3. Mit welchen sprachlich-stilistischen Mitteln bringt Borchert das Alptraumhafte zum Ausdruck?
4. Diskutieren Sie die Frage persönlicher Verantwortung im Krieg.

Carl Zuckmayers „Des Teufels General" ist dagegen ein ganz **traditionelles Theaterstück** mit realistischen Personen, Held und Gegenheld, spannender Handlung und möglichst wirklichkeitsgetreuen Dialogen. Die Hauptfigur ist Fliegergeneral Harras (in Anlehnung an den historischen Luftwaffengeneral Ernst Udet), dessen Leidenschaft zum Fliegen stärker ist als seine politische Einsicht, dass er im Dienst eines verbrecherischen Regimes steht. Während sein Freund, der Ingenieur Oderbruch, Widerstand durch Sabotage betreibt, entzieht sich Harras durch Selbstmord der Verantwortung. Die recht positive Gestaltung des vitalen und sympathischen „Helden" des Stückes, der gewissermaßen nur in der falschen Epoche gelebt hat, wird heute eher kritisch gesehen. Sie verhalf damals aber dem Stück zu großem Erfolg, weil es vielen Zuschauern im Nachkriegsdeutschland die Verdrängung eigener Mitverantwortung ermöglichte, obwohl Zuckmayer ja selbst von den Nationalsozialisten ins Exil getrieben worden war.

Das im März 1946 in Berlin uraufgeführte Stück „Die Illegalen" von **Günther Weisenborn** gilt als das Drama der deutschen Widerstandsbewegung. Es verarbeitet seine in der Widerstandsgruppe „Die Rote Kapelle" gesammelten Erfahrungen und ist den Kameraden gewidmet, die an der „Schafottfront" gegen Hitler fielen. Thema der „Illegalen" ist der innere Konflikt junger Menschen zwischen dem Wissen um die Verpflichtung zum Kampf gegen ein unmenschliches Regime und der Sehnsucht nach individuellem Glück. Der Held des Stückes, der Gastwirtssohn Walter Weihnacht, wird von der Kellnerin Lili im Auftrag einer Widerstandsgruppe angeworben, da er einen Geheimsender besitzt. Die zwischen beiden entstehende Liebesbeziehung führt zu Missdeutungen ihres Verhaltens, die in den Vorwurf der Gruppe münden, Walter sei ein Gestapospitzel. Erst jetzt gibt er sich als Mitglied einer anderen Widerstandsgruppe zu erkennen. Als die Gestapo seinen Geheimsender entdeckt, lässt er sich auf der Flucht erschießen, um Lili und die Gruppe nicht zu gefährden, ist er doch im Besitz sie belastender Papiere.

2 Parabelstück: Max Frisch

Im sogenannten Parabelstück der deutschen Nachkriegsliteratur zeigt sich der Einfluss des Brecht'schen Theaters am nachhaltigsten. Man versteht darunter die lehrhafte Gestaltung eines Stoffes, wobei zwischen einer konkreten realen Bühnensituation mit **Modellcharakter** und einer daraus gezogenen allgemeingültigen Erkenntnis – z. B. über die Zusammenhänge zwischen Schuld und Moral, Macht und Geist, Masse und Individuum, ökonomischen Zwängen und Freiheit – zu unterscheiden ist. Frisch äußerte sich dazu in einem Interview 1967:

‚Biedermann' und ‚Andorra' sind Parabeln. Ein bewährtes Verfahren, um dem Imitiertheater zu entgehen, jener hoffnungslosen Art von Theater, das sich Realität von der Imitation von Realität verspricht. Das Verfahren der Parabel: Realität wird nicht auf der Bühne imitiert, sondern kommt uns zum Bewusstsein durch den ‚Sinn', den das Spiel ihr verleiht; die Szenen selbst geben sich offensichtlich als ungeschichtlich, als Beispiel fingiert, als Modell und somit als Kunst-Stoff. Das geht; es hat nur einen Nachteil: Die Parabel strapaziert den Sinn, das Spiel tendiert zum quod erat demonstrandum. Es hilft dann wenig, wenn ich mich durch den Untertitel verwahre: ‚Lehrstück ohne Lehre'. Die Parabel impliziert Lehre – auch, wenn es mir nicht um eine Lehre geht.

Zimmer, Dieter E., Noch einmal anfangen können. Ein Gespräch mit Max Frisch, in: Die Zeit vom 22.12.1967, S. 13

Frisch zeigt hier deutlich die Nähe zu Brechts Lehrstücken, lässt aber auch schon Vorbehalte gegen den Demonstrationscharakter dieses Dramentyps erkennen. Vereinfachend lassen sich beim Parabelstück gegenüberstellen:

Vorteile	Nachteile
– Klarer Aufbau – Einsichtiger Modellcharakter – Leicht nachvollziehbare Aussage – Deutliche Lehre	– Konstruierte Handlung – Vereinfachende Personengestaltung – Stets spürbarer lehrhafter Zeigefinger

Ein bekanntes Beispiel für Parabelstücke von **Max Frisch** (1911–1991) ist „Andorra". Andorra ist für Max Frisch ein fiktiver Modellstaat, der als tolerant und human gelten will, es aber nicht ist. Im Nachbarland von Andorra werden Juden verfolgt. Der Lehrer in Andorra gibt vor, dass sein Pflegesohn Andri ein von ihm aus diesem Nachbarstaat gerettetes jüdisches Kind sei. In Wirklichkeit ist Andri aber ein uneheliches Kind des Lehrers mit einer dort lebenden, nicht jüdischen „Senora", was er aber in Andorra verheimlichen möchte. In verschiedenen Spielszenen zeigt die Parabel nun, wie Andri bei den Andorranern mit sämtlichen antisemitischen Vorurteilen konfrontiert wird. Das führt dazu, dass er schließlich dieses Bild, das sich die anderen von ihm machen, übernimmt und verinnerlicht. Wenn am Schluss die sogenannten Schwarzen aus dem Nachbarstaat in Andorra einmarschieren, findet eine öffentliche „Judenschau" statt, bei der Andri festgenommen und abgeführt wird. Zwischen den eigentlichen Handlungsszenen (12 Bilder) fügt Frisch sogenannte Vordergrundszenen ein, in denen sich die einzelnen Andorraner wie vor einer imaginären Gerichtsschranke zu rechtfertigen versuchen. Nachdem Andri wiederholt mit antisemitischen Vorurteilen seiner Umwelt konfrontiert worden ist, versucht der Pater, ihm mit seiner Sicht der Dinge zu helfen:

Andorra (1961) | Max Frisch

ANDRI Stimmt das, Hochwürden, daß ich anders bin als alle?

Pause

PATER Andri, ich will dir etwas sagen.

ANDRI – ich bin vorlaut, ich weiß.

PATER Ich verstehe deine Not. Aber du sollst wissen, daß wir dich gern haben, Andri, so wie du bist. Hat dein Pflegevater nicht alles getan für dich? Ich höre, er hat Land verkauft, damit du Tischler wirst.

ANDRI Ich werde aber nicht Tischler.

PATER Wieso nicht?

ANDRI Meinesgleichen denkt alleweil nur ans Geld, heißt es, und drum gehöre ich nicht in die Werkstatt, sagt der Tischler, sondern in den Verkauf. Ich werde Verkäufer, Hochwürden.

PATER Nun gut.

ANDRI Ich wollte aber Tischler werden.

PATER Warum setzest du dich nicht?

ANDRI Hochwürden irren sich, glaub ich. Niemand mag mich. Der Wirt sagt, ich bin vorlaut, und der Tischler findet das auch, glaub ich. Und der Doktor sagt, ich bin ehrgeizig, und meinesgleichen hat kein Gemüt.

PATER Setz dich!

ANDRI Stimmt das, Hochwürden, daß ich kein Gemüt habe?

PATER Mag sein, Andri, du hast etwas Gehetztes.

ANDRI Und Peider sagt, ich bin feig.

PATER Wieso feig?

ANDRI Weil ich Jud bin.

PATER Was kümmerst du dich um Peider?

Andri schweigt.

Andri, ich will dir etwas sagen.

ANDRI Man soll nicht immer an sich selbst denken, ich weiß. Aber ich kann nicht anders, Hochwürden, es ist so. Immer muß ich denken, ob's wahr ist, was die andern von mir sagen: daß ich nicht bin wie sie, nicht fröhlich, nicht gemütlich, nicht einfach so. Und Hochwürden finden ja auch, ich hab etwas Gehetztes. Ich versteh schon, daß niemand mich mag. Ich mag mich selbst nicht, wenn ich an mich selbst denke.

Der Pater erhebt sich.

Kann ich jetzt gehn?

PATER Jetzt hör mich einmal an!

ANDRI Was, Hochwürden, will man von mir?

PATER Warum so mißtrauisch?

ANDRI Alle legen ihre Hände auf meine Schulter.

PATER Weißt du, Andri, was du bist?

Der Pater lacht.

Du weißt es nicht, drum sag ich es dir.

Andri starrt ihn an.

Szene aus der Uraufführung des Stücks im Jahr 1962 im Züricher Schauspielhaus

Ein Prachtskerl! In deiner Art. Ein Prachtskerl! Ich habe dich beobachtet, Andri, seit Jahr und Tag –

ANDRI Beobachtet?

PATER Freilich.

ANDRI Warum beobachtet ihr mich alle?

PATER Du gefällst mir, Andri, mehr als alle andern, ja, grad weil du anders bist als alle. Was schüttelst du den Kopf? Du bist gescheiter als sie. Jawohl! Das gefällt mir an dir, Andri, und ich bin froh, daß du gekommen bist und daß ich es dir einmal sagen kann.

ANDRI Das ist nicht wahr.

PATER Was ist nicht wahr?

ANDRI Ich bin nicht anders. Ich will nicht anders sein. Und wenn er dreimal so kräftig ist wie ich, dieser Peider, ich hau ihn zusammen vor allen Leuten auf dem Platz, das hab ich mir geschworen –

PATER Meinetwegen.

ANDRI Das hab ich mir geschworen –

PATER Ich mag ihn auch nicht.

ANDRI Ich will mich nicht beliebt machen. Ich werde mich wehren. Ich bin nicht feig – und nicht gescheiter als die andern, Hochwürden, ich will nicht, daß Hochwürden das sagen.

PATER Hörst du mich jetzt an?

ANDRI Nein.

Andri entzieht sich.

Ich mag nicht immer eure Hände auf meinen Schultern ...

Pause

PATER Du machst es einem wirklich nicht leicht.

Pause

Kurz und gut, deine Pflegemutter war hier. Mehr als vier Stunden. Die gute Frau ist ganz unglücklich. Du kommst nicht mehr zu Tisch, sagt sie, und bist verstockt. Sie sagt, du glaubst nicht, daß man dein Bestes will.

ANDRI Alle wollen mein Bestes!

PATER Warum lachst du?

ANDRI Wenn er mein Bestes will, warum, Hochwürden, warum will er mir alles geben, aber nicht seine eigene Tochter?

PATER Es ist sein väterliches Recht –

ANDRI Warum aber? Warum? Weil ich Jud bin.

PATER Schrei nicht!

Andri schweigt.

Kannst du nichts andres mehr denken in deinem Kopf? Ich habe dir gesagt, Andri, als Christ, daß ich dich liebe – aber eine Unart, das muß ich leider schon sagen, habt ihr alle: Was immer euch widerfährt in diesem Leben, alles und jedes bezieht ihr nur darauf, daß ihr Jud seid. Ihr macht es einem wirklich nicht leicht mit eurer Überempfindlichkeit.

Andri schweigt und wendet sich ab. [...]

ANDRI Kann ich jetzt gehn?

PATER Kein Mensch, Andri, kann aus seiner Haut heraus, kein Jud und kein Christ. Niemand. Gott will, daß wir sind, wie er uns geschaffen hat. Verstehst du mich? Und wenn sie sagen, der Jud ist feig, dann wisse: Du bist nicht feig, Andri, wenn du es annimmst, ein Jud zu sein. Im Gegenteil. Du bist nun einmal anders als wir. Hörst du mich? Ich sage: Du bist nicht feig. Bloß wenn du sein willst wie die Andorraner alle, dann bist du feig ...

Eine Orgel setzt ein.

ANDRI Kann ich jetzt gehn?

PATER Denk darüber nach, Andri, was du selbst gesagt hast: Wie sollen die andern dich annehmen, wenn du dich selbst nicht annimmst?

ANDRI Kann ich jetzt gehn ...

PATER Andri, hast du mich verstanden?

Vordergrund

Der Pater kniet.

PATER Du sollst dir kein Bildnis machen von Gott, deinem Herrn, und nicht von den Menschen, die seine Geschöpfe sind. Auch ich bin schuldig geworden damals. Ich wollte ihm mit Liebe begegnen, als ich gesprochen habe mit ihm. Auch ich habe mir ein Bildnis gemacht von ihm, auch ich habe ihn gefesselt, auch ich habe ihn an den Pfahl gebracht.

In einer späteren „Vordergrundszene" versucht der Arzt Andorras eine Rechtfertigung:

Vordergrund

Der Doktor tritt an die Zeugenschranke.

DOKTOR Ich möchte mich kurz fassen, obschon vieles zu berichtigen wäre, was heute geredet wird. Nachher ist es immer leicht zu wissen, wie man sich hätte verhalten sollen, abgesehen davon, daß ich, was meine Person betrifft, wirklich nicht weiß, warum ich mich anders hätte verhalten sollen. Was hat unsereiner denn eigentlich getan? Überhaupt nichts. Ich war Amtsarzt, was ich heute noch bin. Was ich damals gesagt haben soll, ich erinnere mich nicht mehr, es ist nun einmal meine Art, ein Andorraner sagt, was er denkt – aber ich will mich kurz fassen ... Ich gebe zu: Wir haben uns damals alle getäuscht, was ich selbstverständlich nur bedauern kann. Wie oft soll ich das noch sagen? Ich bin nicht für Greuel, ich bin es nie gewesen. Ich habe den jungen Mann übrigens nur zwei- oder dreimal gesehen. Die Schlägerei, die später stattgefunden haben soll, habe ich nicht gesehen. Trotzdem verurteile ich sie selbstverständlich. Ich kann nur sagen, daß es nicht meine Schuld ist, einmal abgesehen davon, daß sein Benehmen (was man leider nicht verschweigen kann) mehr und mehr (sagen wir es offen) etwas Jüdisches hatte, obschon der junge Mann, mag sein, ein Andorraner war wie unsereiner. Ich bestreite keineswegs, daß wir sozusagen einer gewissen Aktualität erlegen sind. Es war, vergessen wir nicht, eine aufgeregte Zeit. Was meine Person betrifft, habe ich nie an Mißhandlungen teilgenommen oder irgend jemand dazu aufgefordert. Das darf ich wohl vor aller Öffentlichkeit betonen. Eine tragische Geschichte, kein Zweifel. Ich bin nicht schuld, daß es dazu gekommen ist. Ich glaube im Namen aller zu sprechen, wenn ich, um zum Schluß zu kommen, nochmals wiederhole, daß wir den Lauf der Dinge – damals – nur bedauern können.

Frisch, Max, Andorra, Suhrkamp Verlag, Frankfurt/M. [17]1982, S. 59–65, 104–105, gekürzt

1. Geben Sie die Kernaussage des Frisch-Zitats zum Modellcharakter der Parabel wieder.
2. Wie gehen der Pater und Andri mit dem antisemitischen Vorurteil um?
3. Vergleichen Sie die Rechtfertigungsversuche in den beiden Vordergrundszenen nach Inhalt und Sprache.
4. Inwiefern besitzt der Dialog zwischen dem Pater und Andri parabelhafte Züge? Übertragen Sie das Modellhafte dieses Gesprächs auf andere Themen.

In **Frischs** Stück „Biedermann und die Brandstifter" (1958) geht es um die Weigerung, ja Unfähigkeit des Menschen, auf offensichtliche Gefährdungen angemessen zu reagieren. Herr Biedermann lässt die Brandstifter Schütz und Eisenring in sein Haus, obwohl ihm ihre früheren Brandanschläge bekannt sind. Am Schluss gibt er ihnen sogar selbst die Zündhölzer und wird so vom fahrlässigen Opfer zum Mitläufer und schließlich zum Mittäter.

Christoph Hein (*1944) verwendet historische Stoffe und die Form der Parabel, um gesellschaftspolitische Fragen zu gestalten. In „Die Ritter der Tafelrunde" (1989) benutzt er die Figuren des keltischen Sagenkreises um König Artus für eine politische Parabel auf die untergehende DDR: Das alte, vergreiste, abgewirtschaftete Regime kann sich nur deshalb an der Macht halten, weil Konzepte für einen politischen Neubeginn fehlen. Artus und seine Kampfgefährten sind müde geworden; sie haben zwar am Ideal des Grals festgehalten, konnten ihn jedoch nie finden. Sein Sohn Mordred muss das Reich nun erben, weigert sich jedoch, weil er es in diesem Zustand nicht haben will. Am Schluss prophezeit der König, dass Mordred vieles zerstören wird. Dieser erkennt jedoch, dass darin die Chance für einen Neuanfang liegt.

3 Grotesk-zeitkritisches Theater: Friedrich Dürrenmatt

Der zweite große Schweizer Dramatiker Friedrich Dürrenmatt (1921–1990) steht wie Max Frisch in der Brecht-Nachfolge, schlägt aber einen anderen Weg ein. In seinem grotesk-zeitkritischen Theater setzt er sich zwar auch mit der Wirklichkeit anhand von Modellen auseinander, aber diese überzeichnen reale Zustände grotesk mit den Mitteln der Komödie, Parodie und Satire und mit kabarettistischen Elementen; so entsteht ein makabres **Spiel**, das die **Wirklichkeit** durch die Verbindung von oft Unvereinbarem verzerrt.
Dadurch wird der reine Spielcharakter der Handlung, der Figuren und ihrer Welt noch deutlicher als bei Brecht oder Frisch. Dahinter steht die Auffassung Dürrenmatts, dass die Welt nicht mehr auf der Bühne abbildbar und erklärbar sei.
Dürrenmatts Theater weist zwar vereinzelt Zweifel an der Sinnhaftigkeit auf, bewertet aber die Welt nicht als grundsätzlich sinnlos wie das absurde Theater (vgl. S. 568 ff.). In einem Gespräch mit Horst Bienek äußerte er sich darüber:

[…] dass ich mir nicht zutraue, mit einem Theaterstück die Wirklichkeit wiedergeben zu können; dazu halte ich die Wirklichkeit für zu gewaltig, für zu anstößig, für zu grausam, für zu dubios und vor allem für viel zu undurchsichtig. Ich stelle mit einem Theaterstück nicht die Wirklichkeit dar, sondern für den Zuschauer eine Wirklichkeit auf. […] Das Ziel jeden Theaterstückes ist es, mit der Welt zu spielen. Theater ist also für meine Überzeugung nicht Wirklichkeit, sondern ein Spiel mit der Wirklichkeit, deren Verwandlung im Theater. Ich glaube, dass Wirklichkeit an sich nie erkennbar ist, sondern nur ihre Metamorphosen.

Bienek, Horst, Werkstattgespräche mit Schriftstellern, Deutscher Taschenbuch Verlag, München 1965, S. 122

Auch Dürrenmatts Schrift **„Theaterprobleme"** (1955) geht ausführlich darauf ein:

Doch die Aufgabe der Kunst, soweit sie überhaupt eine Aufgabe haben kann, und somit die Aufgabe der heutigen Dramatik ist, Gestalt, Konkretes zu schaffen. Dies vermag vor allem die Komödie. Die Tragödie, als die gestrengste Kunstgattung, setzt eine gestaltete Welt voraus. […]
Die Tragödie setzt Schuld, Not, Maß, Übersicht, Verantwortung, voraus. In der Wurstelei unseres Jahrhunderts, in diesem Kehraus der weißen Rasse, gibt es keine Schuldigen und auch keine Verantwortlichen mehr. Alle können nichts dafür und haben es nicht gewollt. Es geht wirklich ohne jeden. Alles wird mitgerissen und bleibt in irgendeinem Rechen hängen. Wir sind zu kollektiv schuldig, zu kollektiv gebettet in die Sünden unserer Väter und Vorväter. Wir sind nur noch Kindeskinder. Das ist unser Pech und nicht unsere Schuld: Schuld gibt es nur noch als persönliche Leistung, als religiöse Tat. Uns kommt nur noch die Komödie bei. […] Doch das Tragische ist immer noch möglich, auch wenn die reine Tragödie nicht mehr möglich ist. Wir können das Tragische aus der Komödie heraus erzielen, hervorbringen als einen schrecklichen Moment, als einen sich öffnenden Abgrund […].

Dürrenmatt, Friedrich, Theaterprobleme, in: Staehle, Ulrich (Hrsg.), Theorie des Dramas. Arbeitstexte für den Unterricht, Reclam Verlag, Stuttgart 1973, S. 107 ff., gekürzt

1955 entstand **Dürrenmatts** tragische Komödie „Der Besuch der alten Dame“, ein Stück, das nach seiner Züricher Uraufführung zum Welterfolg wurde. Der fiktive Ort Güllen ist das grotesk zugespitzte Modell einer Gesellschaft, in der Geld alles regiert. Claire Zachanassian kommt als alte Dame in ihren Heimatort zurück, den sie als junges Mädchen verlassen musste. Alfred Ill, von dem sie damals schwanger war, hatte vor Gericht die Vaterschaft geleugnet und zwei andere Männer bestochen, gegen Claire auszusagen. Diese damaligen Zeugen bringt Claire nun als ihre zu Eunuchen gemachten Diener mit. Inzwischen zu riesigem Reichtum gekommen, verspricht sie der Stadt Güllen eine Milliarde, wenn die Bewohner den Ladenbesitzer Ill töten und damit für „Gerechtigkeit“ sorgen. Die Bürger lehnen dieses Angebot zunächst entrüstet „im Namen der Menschlichkeit“ ab, erliegen aber der Versuchung des Reichtums von Szene zu Szene mehr, bis schließlich Ill in einer Art Bürgerversammlung, der Festveranstaltung zu Ehren der reichen Spenderin, umgebracht wird. Der Arzt stellt „Herzschlag“ fest und die Presse meldet „Tod aus Freude“. Damit werden die Verführbarkeit der Menschen und ihre Käuflichkeit gezeigt, obwohl sie vorgeben, nach den Idealen der Humanität zu leben. Seinen grotesk-skurrilen Charakter erhält das Stück durch die vielen kleinen Szenen, in denen Claire und ihr Gefolge Angst und Schrecken verbreiten und die Güllener Bürger Schritt für Schritt – sie tragen nun alle gelbe Schuhe – den Versuchungen des künftigen Wohlstands erliegen.

Der Besuch der alten Dame (1955) | Friedrich Dürrenmatt

Bei der offiziellen Empfangsszene trägt die „alte Dame“ ihr zynisches Ansinnen vor:

DER BÜRGERMEISTER: Gnädige Frau, meine lieben Güllener. Es sind jetzt fünfundvierzig Jahre her, daß Sie unser Städtchen verlassen haben, welches vom Kurfürsten Hasso dem Noblen gegründet, so freundlich zwischen dem Konradsweilerwald und der Niederung von Pückenried gebettet liegt. Fünfundvierzig Jahre, mehr als vier Jahrzehnte, eine Menge Zeit. Vieles hat sich inzwischen ereignet, viel Bitteres. Traurig ist es der Welt ergangen, traurig uns. Doch haben wir Sie, gnädige Frau – unsere Kläri – *Beifall* – nie vergessen. Weder Sie, noch Ihre Familie. Die prächtige, urgesunde Mutter – *Ill flüstert ihm etwas zu* – leider allzufrüh von einer Lungenschwindsucht dahingerafft, der volkstümliche Vater, der beim Bahnhof ein von Fachkreisen und Laien stark besuchtes – *Ill flüstert ihm etwas zu* – stark beachtetes Gebäude errichtete, leben in Gedanken noch unter uns, als unsere Besten, Wackersten. Und gar Sie, gnädige Frau – als blond – *Ill flüstert ihm etwas zu* – rotgelockter Wildfang tollten Sie durch unsere nun leider verlotterten Gassen – wer kannte Sie nicht. Schon damals spürte jeder den Zauber Ihrer Persönlichkeit, ahnte den kommenden Aufstieg zu der schwindelnden Höhe der Menschheit. *Er zieht das Notizbüchlein hervor.* […]

Gnädige Frau, liebe Güllener, die zarten Keime so erfreulicher Anlagen haben sich denn nun kräftig entwickelt, aus dem rotgelockten Wildfang wurde eine Dame, die die Welt mit ihrer Wohltätigkeit überschüttet, man denke nur an ihre Sozialwerke, an ihre

TV-Verfilmung des Friedrich-Dürrenmatt-Stücks „Der Besuch der alten Dame“ mit Maria Schell und Günter Lamprecht, 1982

Müttersanatorien und Suppenanstalten, an ihre Künstlerhilfe und Kinderkrippen, und so möchte ich der nun Heimgefundenen zurufen: Sie lebe hoch, hoch, hoch! *Beifall. Claire Zachanassian erhebt sich.*

CLAIRE ZACHANASSIAN: Bürgermeister, Güllener. Eure selbstlose Freude über meinen Besuch rührt mich. Ich war zwar ein etwas anderes Kind, als ich nun in der Rede des Bürgermeisters vorkomme, in der Schule wurde ich geprügelt, und die Kartoffeln für die Witwe Boll habe ich gestohlen, gemeinsam mit Ill, nicht um die alte Kupplerin vor dem Hungertode zu bewahren, sondern um mit Ill einmal in einem Bett zu liegen, wo es bequemer war als im Konradsweilerwald oder in der Peterschen Scheune. Um jedoch meinen Beitrag an eure Freude zu leisten, will ich gleich erklären, daß ich bereit bin, Güllen eine Milliarde zu schenken. Fünfhundert Millionen der Stadt und fünfhundert Millionen verteilt auf jede Familie. *Totenstille.*

DER BÜRGERMEISTER *stotternd*: Eine Milliarde. *Alle immer noch in Erstarrung.*

CLAIRE ZACHANASSIAN: Unter einer Bedingung. *Alle brechen in einen unbeschreiblichen Jubel aus. Tanzen herum, stehen auf die Stühle, der Turner turnt usw. Ill trommelt sich begeistert auf die Brust.*

ILL: Die Klara! Goldig! Wunderbar! Zum Kugeln! Voll und ganz mein Zauberhexchen! *Er küßt sie.*

DER BÜRGERMEISTER: Unter einer Bedingung, haben gnädige Frau gesagt. Darf ich diese Bedingung wissen?

CLAIRE ZACHANASSIAN: Ich will die Bedingung nennen. Ich gebe euch eine Milliarde und kaufe mir dafür die Gerechtigkeit. *Totenstille.*

DER BÜRGERMEISTER: Wie ist dies zu verstehen, gnädige Frau?

CLAIRE ZACHANASSIAN: Wie ich es sagte.

DER BÜRGERMEISTER: Die Gerechtigkeit kann man doch nicht kaufen!

CLAIRE ZACHANASSIAN: Man kann alles kaufen. [...]

Nach der Aufklärung über Claires damaligen Prozess, in dem ihr Unrecht widerfahren war, endet der 1. Akt mit der vorläufigen Ablehnung des Geldes:

ILL *stampft auf den Boden*: Verjährt, alles verjährt! Eine alte, verrückte Geschichte.

DER BUTLER: Was geschah mit dem Kind, Klägerin?

CLAIRE ZACHANASSIAN *leise*: Es lebte ein Jahr.

DER BUTLER: Was geschah mit Ihnen?

CLAIRE ZACHANASSIAN: Ich wurde eine Dirne.

DER BUTLER: Weshalb?

CLAIRE ZACHANASSIAN: Das Urteil des Gerichts machte mich dazu.

DER BUTLER: Und nun wollen Sie Gerechtigkeit, Claire Zachanassian?

CLAIRE ZACHANASSIAN: Ich kann sie mir leisten. Eine Milliarde für Güllen, wenn jemand Alfred Ill tötet. *Totenstille. Frau Ill stürzt auf Ill zu, umklammert ihn.*

FRAU ILL: Fredi!

ILL: Zauberhexchen! Das kannst du doch nicht fordern! Das Leben ging doch längst weiter!

CLAIRE ZACHANASSIAN: Das Leben ging weiter, aber ich habe nichts vergessen, Ill. Weder den Konradsweilerwald, noch die Petersche Scheune, weder die Schlafkammer der Witwe Boll, noch deinen Verrat. Nun sind wir alt geworden, beide, du verkommen und ich von den Messern der Chirurgen zerfleischt, und jetzt will ich, daß wir abrechnen, beide: Du hast dein Leben gewählt und mich in das meine gezwungen. Du wolltest, daß die Zeit aufgehoben würde, eben, im Wald unserer Jugend, voll von Vergänglichkeit. Nun habe ich sie aufgehoben, und nun will ich Gerechtigkeit, Gerechtigkeit für eine Milliarde. *Der Bürgermeister steht auf, bleich, würdig.*

DER BÜRGERMEISTER: Frau Zachanassian: Noch sind wir in Europa, noch sind wir keine Heiden. Ich lehne im Namen der Stadt Güllen das Angebot ab. Im Namen der Menschlichkeit. Lieber bleiben wir arm, denn blutbefleckt. *Riesiger Beifall.*

CLAIRE ZACHANASSIAN: Ich warte.

Dürrenmatt, Friedrich, Der Besuch der alten Dame, Diogenes Verlag, Zürich 1958, S. 30–32, 35, gekürzt

1. Warum hält Dürrenmatt die Welt nicht mehr für abbildbar? Ziehen Sie für Ihre Antwort seine theoretischen Äußerungen heran.
2. Untersuchen Sie die Redestrategien des Bürgermeisters in seiner Begrüßung der alten Dame.
3. Wo besitzen die Szenenausschnitte groteske Züge?
4. Charakterisieren Sie die Rechts- und Moralvorstellungen von Claire Zachanassian.

Ein weiteres wichtiges Beispiel für Dürrenmatts Kunst der grotesken Komödie ist das Stück „Die Physiker" (1962), in dem die Verantwortung des modernen Naturwissenschaftlers thematisiert wird: „Der Inhalt der Physik geht die Physik an, die Auswirkung alle Menschen" (Dürrenmatt, 21 Punkte zu den Physikern). In einer privaten Irrenanstalt leben drei Physiker als Patienten. Einer hält sich für Newton, der zweite für Einstein. Möbius, der dritte, spielt den Verrückten, um seine Entdeckungen, die den Untergang der Welt bedeuten könnten, der Menschheit zu entziehen. Doch die Wirklichkeit holt ihn in Gestalt von Newton und Einstein ein, die sich als Agenten zweier rivalisierender Mächte entpuppen.

Um ihr Geheimnis zu wahren, tötet jeder eine Krankenschwester. Doch letztlich verhindern diese Morde nicht, dass Dr. Mathilde von Zahnd, die Leiterin der Anstalt und einzige Wahnsinnige des Stückes, die Erfindung an sich bringt und an einen weltbeherrschenden Konzern verkauft.

Im Zusammenhang mit dem grotesk-zeitkritischen Theater sind u. a. noch **Martin Walsers** (*1927) „Eiche und Angora. Eine deutsche Chronik" (1962) und „Überlebensgroß Herr Krott. Requiem für einen Unsterblichen" (1963) zu nennen. An der Figur des Kleinbürgers Alois Grübel in „Eiche und Angora" zeigt Walser den typischen deutschen Mitläufer, dessen grenzenloser Konformismus dadurch ins Groteske überzeichnet wird, dass er mit seiner politischen Anpassung stets eine Epoche zu spät kommt. Nachdem Grübel als früherer Kommunist im Dritten Reich eine erste Umerziehung einschließlich Kastration im KZ erlitten hat, gerät er wegen seiner inzwischen unzeitgemäßen Naziparolen nach 1945 in eine Heilanstalt. Wieder entlassen, steht seine inzwischen erworbene pazifistische Einstellung im Gegensatz zur nun aktuellen Wiederaufrüstung in der damaligen Bundesrepublik. Wenn jetzt der wegen seiner Kastratenstimme geschätzte Grübel seine Sangesbrüder an den Holocaust erinnert, passt auch dieser Sinneswandel nicht mehr in die politische Landschaft und er wird nun für immer in die Heilanstalt eingewiesen.

Ein weiterer Vertreter des grotesk-zeitkritischen Theaters ist **George Tabori** (1914–2007), der als ungarischer Jude 1914 in Budapest geboren wurde, 1935 nach England emigrieren musste, später in den USA lebte und schrieb (in englischer Sprache) und seit den späten 60er-Jahren vorwiegend im deutschen Sprachraum an verschiedenen Theatern arbeitete – als Autor, Regisseur und Darsteller. Taboris Familienangehörige wurden in Auschwitz ermordet; sein bleibendes Thema war deshalb der Holocaust.
In seinem Stück „Mein Kampf" (1987 uraufgeführt) wird das Groteske bereits mit dem Untertitel „theologischer Schwank" betont. Vor dem Ersten Weltkrieg leben in einem Wiener Männerheim der jüdische Buchhändler Schlomo Herzl und der jüdische Koch Lobkowitz. Ihr neuer Zimmergenosse wird der junge Adolf Hitler, der sich um einen Platz an der Wiener Kunstakademie bewerben will. Die beiden Juden kümmern sich um den zunächst verschüchtert wirkenden, aber zusehends aggressiv werdenden Mitbewohner. Das Stück endet nach Hitlers Scheitern an der Akademie mit dem Auftritt der Frau Tod und deutlichen Vorzeichen der späteren Gewaltherrschaft Hitlers.

Die groteske Richtung des zeitkritischen Theaters wurde auch in der damaligen DDR aufgegriffen und fortgeführt. Von **Heiner Müller** (1929–1995) stammt das 1978 an den Münchner Kammerspielen uraufgeführte Stück „Germania Tod in Berlin". Der DDR-Autor führt in 13 Szenen beklemmende geschichtliche Erfahrungen der deutschen Misere vor, aus denen seine Skepsis gegenüber der geschichtlichen Entwicklung als solcher resultiert, der er jegliche Zielgerichtetheit abspricht. Vielmehr versteht er die Welt als Knochenmühle und Schlachthaus, eingebunden in einen Kreislauf der Gewalt. Um dies zu zeigen, zertrümmert er das Epochengebäude, führt mit Epochenmontagen und Epochenkollisionen (1918, 1949, 1953) in einer Dramaturgie des Anachronismus die Geschichte schockartig als Trümmerhaufen vor. Altbekanntes wird umgewandelt in clowneske und groteske Spiele, Tacitus- oder Hitler-Zitate werden montiert, das Motiv der feindlichen deutschen Brüder zur Zeit der Cherusker, der Nibelungen, der Preußen, der Weimarer Republik, der NS-Zeit und der deutschen Teilung in zeitlichen Sprüngen komponiert. Doppel- und Parallelszenen fragmentarisieren Geschichte. In einer so erlebten, erlittenen Geschichte bleibt nur der „Schrei" als Verwirklichung des Menschseins. Die Szene „Nachtstück" endet mit dem Satz: „Der Mund entsteht mit dem Schrei."

1993 entstand **Tankred Dorsts** (*1925) Stück „Herr Paul" (Mitarbeit Ursula Ehler). Herr Paul, die in einer Welt der Fantasie lebende Titelfigur, ist in seiner Passivität der Sanierung eines alten Werkgeländes im Weg, weil er nicht bereit ist, die Wohnung darin aufzugeben. Der Erbe ermordet ihn schließlich, doch Herr Paul, der ein Leben der Freiheit lebt, wird wieder lebendig.

4 Dokumentarisches Theater: Heinar Kipphardt

Vor dem Hintergrund der Protestbewegungen und der sich verstärkenden Politisierung der Literatur der 60er-Jahre vollzog sich auch die Entwicklung des dokumentarischen Theaters. Seine Autoren benutzten historisches Material in Form authentischer Quellen, um dem Zuschauer aktuelle zeitgeschichtliche Probleme auf der Bühne vor Augen zu führen. Aus dem Zweifel an der gesellschaftlichen Wirksamkeit des Illusionstheaters in all seinen Formen entstand der Versuch, die Fakten sprechen zu lassen: Protokolle, Archiv- und Zeitungsmaterial, historische und literarische Texte, Prozess- und Patientenunterlagen u. Ä. Der Autor hält sich zwar weitgehend an dieses **dokumentarische Material**, nutzt aber die künstlerische Freiheit, das **Material auszuwählen**, zu kürzen, zu ergänzen, ja sogar Neues zu erfinden, nach seiner Aussageabsicht zu akzentuieren und nach dramaturgischen Gesichtspunkten zu einem bühnengerechten Handlungsablauf zusammenzustellen.

In diesem künstlerischen Produkt geht es vorrangig um „Sinntreue", nicht um bloße „Worttreue", wie Heinar Kipphardt in seiner Nachbemerkung zum Dokumentarstück „In der Sache J. R. Oppenheimer" (1964) betont. Trotzdem bleibt diese dramatische Form in einer nie ganz aufzulösenden Spannung zwischen scheinbar objektiver Realität des Materials und der subjektiven Aussageabsicht des Autors. Die Schwierigkeiten reichen von den Auswahlkriterien bei der Materialsichtung durch den Autor bis hin zum Resultat der szenischen Reproduktion auf der Bühne, wo eben Schauspieler, und nicht historische Personen, agieren. Vereinfachend lassen sich beim Dokumentarstück gegenüberstellen:

Vorteile	Nachteile
– Aktualität der Themen – Relevanz der Probleme – Brisanz der Stoffe – Engagement in der Auseinandersetzung mit politischen Fragen – Impulse für die öffentliche Diskussion	– Einseitigkeit bei der Auswahl der Dokumente – Fragwürdigkeit der Bearbeitung – Verfälschung historischer Realität – Gefahr der Manipulation des Zuschauers – Zurücktreten des künstlerischen Anspruchs

Peter Weiss hat seine **„Notizen zum dokumentarischen Theater"** (1968) in 14 Abschnitten formuliert:

1. Das dokumentarische Theater ist ein Theater der Berichterstattung. Protokolle, Akten, Briefe, statistische Tabellen, Börsenmeldungen, Abschlussberichte von Bankunternehmen und Industriegesellschaften, Regierungserklärungen, Ansprachen, Interviews, Äußerungen bekannter Persönlichkeiten, Zeitungs- und Rundfunkreportagen, Fotos, Journalfilme und andere Zeugnisse der Gegenwart bilden die Grundlage der Aufführung. Das dokumentarische Theater enthält sich jeder Erfindung, es übernimmt authentisches Material und gibt dies, im Inhalt unverändert, in der Form bearbeitet, von der Bühne wieder. Im Unterschied zum ungeordneten Charakter des Nachrichtenmaterials, das täglich von allen Seiten auf uns eindringt, wird auf der Bühne eine Auswahl gezeigt, die sich auf ein bestimmtes, zumeist soziales oder politisches Thema konzentriert. Diese kritische Auswahl und das Prinzip, nach dem die Ausschnitte der Realität montiert werden, ergeben die Qualität der dokumentarischen Dramatik. […]

8. Die Stärke des dokumentarischen Theaters liegt darin, dass es aus Fragmenten der Wirklichkeit ein verwendbares Muster, ein Modell der aktuellen Vorgänge zusammenzustellen vermag. Es befindet sich nicht im Zentrum des Ereignisses, sondern nimmt die Stellung des Beobachtenden und Analysierenden ein. Mit seiner Schnitttechnik hebt es deutliche Einzelheiten aus dem chaotischen Material der äußeren Realität hervor. Durch die Konfrontierung gegensätzlicher Details macht es aufmerksam auf einen bestehenden Konflikt, den es dann, anhand seiner gesammelten Unterlagen, zu einem Lösungsvorschlag, zu einem Appell oder einer grundsätzlichen Frage bringt. Was bei einer offenen Improvisation, beim politisch gefärbten Happening, zur diffusen Spannung, zur emotionalen Anteilnahme und zur Illusion eines Engagements am Zeitgeschehen führt, wird im dokumentarischen Theater aufmerksam, bewusst und reflektierend behandelt.

Weiss, Peter, Das Material und die Modelle, zitiert nach: Staehle, Ulrich (Hrsg.), Theorie des Dramas. Arbeitstexte für den Unterricht, Reclam Verlag, Stuttgart 1973, S. 111 ff.

Als die drei wichtigsten Vertreter des Dokumentartheaters gelten Rolf Hochhuth (*1931), Peter Weiss (1916–1982) und **Heinar Kipphardt** (1922–1982). Dessen letztes Stück „Bruder Eichmann" erschien 1983 und befasst sich mit einem der berüchtigtsten Organisatoren des Holocaust, Adolf Eichmann, der 1960–62 in Israel vor Gericht gestellt und zum Tode verurteilt wurde. Kipphardt, der vor allem Vernehmungsprotokolle und psychologische Gutachten verwendet hat, zeigt am Beispiel des Schreibtischtäters Adolf Eichmann einen Mitläufer und Bürokraten, der zum Massenmörder wird.

Das Stück beschreibt, wie ein ziemlich durchschnittlicher junger Mann aus Solingen, aufgewachsen in Linz, Vertreter bei Vacuum-Oil, auf sehr gewöhnliche Weise zu der monströsen Figur Adolf Eichmann wird, die administrative Instanz im Genozid an den europäischen Juden, ‚ein Rädchen im Getriebe', wie er sich nennt, ein Funktionär des ‚Krieges gegen die Juden', durch den Befehl und den Eid gewissensgeschützt. Das Stück zeigt auch, wie in der Eichmann-Haltung die Soldatenhaltung und die funktionale Haltung des durchschnittlichen Bürgers überhaupt steckt, die Haltung, Gewissen sei an die Gesetzgeber und Befehlsgeber delegiert. Genauer gesehen zeigt sich, dass die Eichmann-Haltung die gewöhnliche Haltung in unserer heutigen Welt geworden ist, im Alltagsbereich wie im politischen Leben, wie in der Wissenschaft – von den makabren Planspielen moderner Kriege, die von vornherein in Genozid-Größen denken, nicht zu reden. Deshalb heißt das Stück BRUDER EICHMANN.

Kipphardt, Heinar, Bruder Eichmann, Rowohlt Verlag, Reinbek 1986, Klappentext

Bruder Eichmann (1983) I
Heinar Kipphardt

Kipphardt lässt Eichmann weitgehend den Quellen entsprechend agieren und reden, wie z. B. bei seiner Befragung durch eine Psychiaterin:

Heinar Kipphardts „Bruder Eichmann" als Inszenierung des Schauspiels Frankfurt 1983

5. SZENE

Eichmanns Zelle.

Eichmann und die Psychiaterin Frieda Schilch. Bewachung wie beschrieben.

Frieda Schilch ist eine schöne Frau, offen, an Menschen außerordentlich interessiert. Es ist auch ihre Technik, etwas von Menschen zu erfahren, indem sie offen und interessiert scheint, auch wenn sie es nicht ist.

EICHMANN: Von der Kinderstube angefangen, war bei mir der Gehorsam etwas Unumstößliches, etwas Nicht-aus-der-Welt-zu-Schaffendes.

SCHILCH: Warum?

EICHMANN: Aus meiner Erziehung, strenge Erziehung, Frau Doktor, von meinem seligen Vater. Trotz liebevollster Zuneigung und Freude an mir, war er sehr streng gewesen, gab es keine Widerworte, mußte gehorcht werden.

SCHILCH: Erinnern Sie sich an bestimmte Sachen?

EICHMANN: Bei den Mahlzeiten, zum Beispiel, Tischgebet, Reichen der Speisen, hieß es von Anfang an, was auf den Tisch kam, mußte gegessen werden. Wer etwas nicht aß, bekam es bei der nächsten Mahlzeit wieder, bis er es aufgegessen hatte. So lernten wir Genügsamkeit.

SCHILCH: Konnten Sie Wünsche äußern, was Sie gern aßen?

EICHMANN: Nein. Wir waren ja acht Kinder, sieben Söhne, eine Tochter. Es war den Kindern nicht erlaubt, während des Essens zu sprechen, nur wenn ein Kind direkt etwas gefragt wurde, durfte es antworten. Wegen schlechter Haltung, um die Arme anzulegen, aß ich eine Zeit mit Kochlöffeln zwischen den Armen und dem Oberkörper.

Schilch probiert das und amüsiert sich.

SCHILCH: Akzeptierte das die Mutter, war sie ein Schutz?

EICHMANN: Schutz? Ich weiß nicht, ob Schutz? [...] Der Vater war immer die bestimmende Figur gewesen, auch in der zweiten Ehe, und stets von großem Ansehen begleitet. Sehr prinzipienfest und willensstark.

SCHILCH: War es für Sie schwer, seinen Erwartungen zu genügen?
EICHMANN: Wie ich noch ganz klein war, hatte ich eine Kinderlähmung, Polio, und ich mußte neu gehen lernen. Einmal in der Woche prüfte er meine Fortschritte. Ich war sehr bedrückt, wenn er fand, daß ich nicht genug geübt hatte. Das ist meine erste Erinnerung, ziemlich meine erste. Auch in der Schule, lernen, lernen, hat es mich oft gequält, daß ich ihm nicht entspreche, als einziger der Söhne die Matura nicht erreichte, das Abitur.
SCHILCH: Was für Strafen gab es?
EICHMANN: Schuhputzen, Strafarbeiten, Ausgangssperre, Taschengeldentzug, Stubenarrest –. Das Schlimme für mich war nicht, wenn er schimpfte, sondern von seiner Enttäuschung sprach.
SCHILCH: Gab es demütigende Situationen? [...]
EICHMANN: Glaub ich nicht. Ich anerkannte meinen Vater als absolute Autorität wie ich später auch meine Lehrer und Vorgesetzten als Autorität anerkannte. Als ich zur Truppe kam, schien mir das Gehorchen keinen Deut schwerer als das Gehorchen der Kinderstube. Auch in der Schule, auch in den Berufsjahren auch da.
SCHILCH: Wenn ich Ihre Haltung einmal zu klären versuche, da war erstens, daß Sie, trotz aller Wut, gehorchten, das heißt, Sie zeigten der Autorität, daß Sie sie anerkennen – so sehr, daß Sie ihr sogar gehorchten, wenn sie im Unrecht ist, selbst wenn das Sie vernichten würde. Sie signalisierten mit Ihrer rückhaltlosen Unterwerfung gleichzeitig, daß Sie einen Anspruch darauf hätten, von ihr erhoben zu werden, zu avancieren, ein Teil der Autorität zu werden. Kann man das so sagen?
EICHMANN: Ich bin da nicht der nötige Fachmann, Frau Doktor, der diese Sachen erklären kann. Ich habe damals stur meinen Befehlen eben Gehorsam geleistet, und darin habe ich – meine Erfüllung gefunden.
SCHILCH: Auch wenn Ihnen ein Befehl ganz falsch schien oder Sie in Gewissenskonflikte brachte?
EICHMANN: Hatte ich ihn nicht zu deuten, hatte ich ihn auszuführen, denn die Verantwortung, das Gewissen, muß ja der Befehlsgeber haben, letztlich also die Staatsspitze. Wenn man mir um jene Zeit, in diesem, wie es hieß, Schicksalskampf des deutschen Volkes gesagt hätte: Dein Vater ist ein Verräter, also mein eigener Vater ist ein Verräter, und ich hätte ihn zu töten, hätte ich das auch getan.
SCHILCH: Hätten Sie da nicht Beweise verlangt?
EICHMANN: Hätte man zu dieser Zeit nicht gelten lassen, Frau Doktor, glaube ich nicht. Es war ja sogar verboten, einen Befehl zu begründen, selbst das war verboten.
SCHILCH: Sie meinen wirklich, Sie hätten auf Befehl Ihren Vater ebenso erschossen, wie Sie auf Befehl Juden nach Auschwitz transportieren ließen?
EICHMANN: Ich weiß das natürlich nicht hundertprozentig, Frau Doktor, hätte ich?, hätte ich nicht? – vielleicht hätte ich mir eine Kugel durch den Kopf geschossen –, das ist wahrscheinlich meine Schuld, daß ich das nicht getan habe. Aber diese Schuld konnte ich bis zum 8. Mai 1945 nicht erkennen. Ich weiß natürlich heute, daß ein solches Leben, eingespannt in Gehorsam, Befehle, Weisungen, ein sehr bequemes Leben ist.
SCHILCH: Bequem? War Ihr Leben bequem?
EICHMANN: Nicht im Sinne von faul, aber ich wußte, was mir erlaubt und was mir verboten ist, in diesen Grenzen konnte ich frei leben, nach diesen ganz klaren Richtlinien. Darüber wachte die SS- und Polizeigerichtsbarkeit. [...]

Im Gegensatz zur protokollgetreuen Eichmann-Figur gestaltete Kipphardt den israelischen Verhöroffizier Avner Less freier, was zu dessen Protest und zur Umbenennung seiner Figur in Leo Chass führte:

13. SZENE
CHASS: Er ist einer von den Leuten, die ich hier im Bus nie wiedererkennen würde. Das soll der Motor der Ausrottung der europäischen Juden gewesen sein? Es entsetzt ihn der moralische Tiefstand der Menschen. „Ich habe jede Art der Kriminalität immer und tief gehaßt“, sagte er. „Wie ich Juden sah, die erschossenen Juden Zahnkronen und Brücken rausreißen, da habe ich gewußt, daß man mit Menschen alles machen kann.“ Er zweifelt nicht, daß ich mich in seiner Lage wie er verhalten hätte. Als idealistischer Beamter hat er sich als einen Menschen gesehen, der ein Opfer vollzieht, ein heiliges Opfer, die Welt befehlsgemäß zu regieren. Und 1945 war er plötzlich um sein Lebenswerk betrogen, hatte er für nichts gearbeitet. In seinem heutigen Verständnis hat ihn die NS-Führung schuldig gemacht, aber der „kleine Funktionär“, der „weisungsgebundene Beamte“, der „unter Eid stehende Offizier“ sind auch Positionen in der Linie seiner Verteidigung, zu seiner Tarnung, zu seiner Art von „lokischer List“. Als Idealist habe er immer gehorcht, es sei auch so gewesen, daß er nicht gewußt habe, warum er nicht gehorchen sollte. Das Monster, es scheint, ist der gewöhnliche funktionale Mensch, der jede Maschine ölt und stark im Zunehmen begriffen ist. In diesen Monaten, schrecklicherweise, kommen wir uns näher.

Kipphardt, Heinar, Bruder Eichmann, Schauspiel und Materialien, Rowohlt Verlag, Reinbek 1987, S. 29–35, 80, gekürzt

Eine Besonderheit des „Bruder Eichmann"-Stückes sind die sogenannten Analogieszenen, die aber in den meisten bisherigen Aufführungen ganz oder zum Teil gestrichen wurden. Darin will Kipphardt zeigen, dass ähnliche Denk- und Verhaltensmuster auch nach 1945 noch vorkommen können, also nicht nur an die historische Realität des Dritten Reiches gebunden sind.

1. Was erfährt man aus der Befragung Eichmanns über seine Biografie?
2. Setzen Sie sich mit den Verteidigungsversuchen Eichmanns kritisch auseinander.
3. Wie kommt Chass zur Einstufung Eichmanns als eines funktionalen Menschen?
4. Informieren Sie sich über die historische Person Adolf Eichmanns.

Frühere Dokumentarstücke von Kipphardt sind: „In der Sache J. Robert Oppenheimer" (1964), „Joel Brand" (1965), „März. Ein Künstlerleben" (1976). Im „Oppenheimer" verarbeitete Kipphardt die Akten eines Untersuchungsausschusses der amerikanischen Regierung, der die Gewährung der Sicherheitsgarantie des Atomphysikers für Rüstungsprojekte zum Gegenstand hatte.
Der spektakulärste Fall eines Dokumentarstückes war „Der Stellvertreter" (1963) von **Rolf Hochhuth** (*1931), weil darin das „Schweigen" des Vatikans zum Völkermord an den Juden angeprangert wird. Das Stück wurde in viele Sprachen übersetzt, an zahllosen Theatern in aller Welt aufgeführt und löste überall kontroverse Diskussionen aus. Hochhuth benutzt darin zwar sehr ausgiebig historisches Quellenmaterial, fällt aber zurück in eine beinahe klassische Dramaturgie mit Held und Antiheld, mit spannenden Dialogen fiktiver Figuren und mit moralisierender Absicht. Spätere Stücke Hochhuths wie „Juristen" (1979) oder „Ärztinnen" (1980) greifen ebenfalls aktuelle Fälle auf (Filbinger-Affäre, Methoden der Pharma-Industrie), entfernen sich jedoch vom Dokumentartheater hin zum konventionellen Handlungstheater, in das lediglich einzelne Quellen montiert sind.

Ein sehr umfangreiches dokumentarisches Werk hat auch **Peter Weiss** (1916–1982) hinterlassen. Dazu zählen vor allem: „Die Ermittlung" (1965), „Viet Nam-Diskurs" (1968), „Trotzki im Exil" (1970) und „Hölderlin" (1971). „Die Ermittlung" ist als „Oratorium in 11 Gesängen" die große Auseinandersetzung mit der nationalsozialistischen Vergangenheit und ihrer Verdrängung in beiden deutschen Staaten nach 1945. Der jüdische Autor Weiss verarbeitete eigene Beobachtungen des Frankfurter Prozesses 1963–1965, die Berichterstattung der Medien darüber und historische Dokumente, um das düsterste Kapitel deutscher Vergangenheit auf der Bühne darzustellen. Dem Versuch, die Hölle auf Erden szenisch darstellbar zu machen, dienen auch Stilisierungen, wie sie schon an der gebundenen Sprache der Gesänge als einem Mittel distanzierender Verfremdung ersichtlich sind. In „Hölderlin" (1971) geht es, wie oft im politischen Theater der Nachkriegszeit, um die Rolle des Künstlers in revolutionären Umbruchszeiten.

Auf solche Zeiten bezieht sich auch das Stück „Die Plebejer proben den Aufstand" (1966) von **Günter Grass** (*1927), das Brechts Rolle während des Aufstandes vom 17. Juni 1953 in Ostberlin kritisch reflektiert.

5 Politische Revue: Peter Weiss

Eine neue theatralische Form, um das politisch-dokumentarische Anliegen mit künstlerischen Ansprüchen zu verknüpfen, bietet die politische Revue. Damit gesellschaftliche Realität verändert werden kann, zielt die politische Revue neben dem kritischen Bewusstsein des Zuschauers auch auf seine emotionalen und sinnlichen Kräfte. Musikalische, tänzerische, pantomimische oder kabarettistische Elemente wechseln oft mit politischen Wortgefechten, ideologischer Propaganda und kleinen Spielszenen ab, sodass insgesamt der Eindruck einer **Collage** bzw. **Montage** entsteht, also der Zusammenfügung verschiedenster Elemente zur Gestaltung von etwas Neuem. Damit sollen politische Prozesse nachvollziehbar und durchschaubar gemacht werden.

Am konsequentesten finden diese Absichten ihren Niederschlag in dem Marat-Stück von **Peter Weiss** (1916–1982), dessen genauer Titel bereits die Vielschichtigkeit des Werkes andeutet: „Die Verfolgung und Ermordung Jean Paul Marats dargestellt durch die Schauspielgruppe des Hospizes zu Charenton unter Anleitung des Herrn de Sade" (1964/65). Darin will Peter Weiss in die politische Diskussion der 60-Jahre eingreifen und seinen sozialistischen Standpunkt vertreten. In einem Interview äußert er sich dazu:

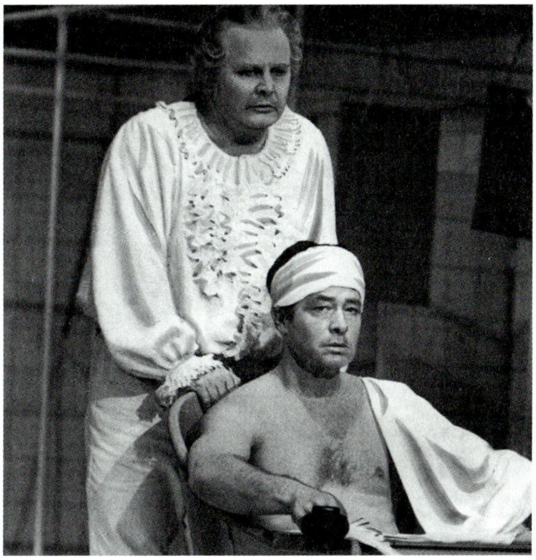

Szene aus der Aufführung im Schillertheater Berlin aus dem Jahr 1964

Sie meinen, dass Sie mit Ihrer Arbeit auch die Gesellschaft verändern wollen?
Ich halte das für notwendig. Ich glaube nicht, dass es genügt, einfach zu schreiben; es genügt nicht, über meinen persönlichen Kram zu schreiben. Ich meine, man sollte gar nicht anders schreiben als mit der Absicht die Gesellschaft zu beeinflussen oder zu ändern.

Wollen Sie damit sagen, dass Sie als Künstler die gleichen Intentionen haben wie Brecht?
Man kann wie Brecht eine Vorstellung von der idealen Gesellschaft, dem idealen sozialistischen Staat haben. In all seinen Stücken sagt er: ‚Das Leben, wie es ist, ist schlecht und wird auch schlecht bleiben, solange die einen die anderen unterdrücken.' Doch konnte er niemals dieses völlig veränderte Leben zeigen, denn wenn man die sozialistischen Länder betrachtet, wo seine politischen Konzeptionen verwirklicht wurden, fallen uns sofort die dort herrschenden Missstände ins Auge. Ich könnte niemals in einem Land leben, wo ich als Individuum unterdrückt werde, wo ich nicht lesen darf, was ich will, und nicht sagen darf, was ich sagen möchte. Andererseits weiß ich genau, wie es auch Brecht wusste, dass diese Gesellschaft, die westliche bürgerlich-kapitalistische Gesellschaft, nicht so beschaffen ist, dass ich in ihr leben möchte.

Die revolutionären Figuren treten nun aber nicht direkt realistisch bzw. dokumentarisch auf der Bühne auf; Peter Weiss lässt sie vielmehr in einer bereits verfremdenden Theateraufführung agieren, die unter de Sades Leitung in der wiederum geschichtlich authentischen Heilanstalt Charenton durch Patienten im Jahr 1808 stattfand, sodass das heutige Publikum gewissermaßen Zeuge dieses Theaterspiels in einem Irrenhaus wird. Dazu wieder Peter Weiss:

Haben Sie [...] eine Irrenanstalt als Ort der Handlung für Marat/Sade benutzt, um das Publikum durch einen Schock zur Aufmerksamkeit zu zwingen?
In einer solchen Umgebung kann man fast alles sagen. Unter Geistesgestörten hat man völlige Freiheit. Man kann sehr gefährliche oder verrückte Sachen sagen, überhaupt alles, und gleichzeitig noch die politische Agitation hineinbringen, der man Gehör verschaffen will. Hätte ich in diesem Stück mit pädagogischen Mitteln versucht, wie Brecht das vielleicht getan hätte, wären mir nicht die starken emotionalen Effekte gelungen, die ich haben wollte. Gerade weil diese Leute verrückt sind, wirken ihre Äußerungen so viel stärker. Sie haben sehr viel Ähnlichkeit mit ganz gewöhnlichen Leuten, sie leben in diesem Irrenhaus, möchten etwas sagen und haben große Schwierigkeiten, sich auszudrücken. Sie haben keinerlei Freiheit, dürfen nicht sagen, was sie wollen, und wenn sie es doch täten, würde es missverstanden oder die Machthaber würden sagen, dass es ja doch nur Irre sind.

Braun, Karlheinz, Materialien zu Peter Weiss' Marat/Sade, Suhrkamp Verlag, Frankfurt a. M. [3]1971, S. 97, 98, 99

Es ergeben sich also folgende Zusammenhänge:

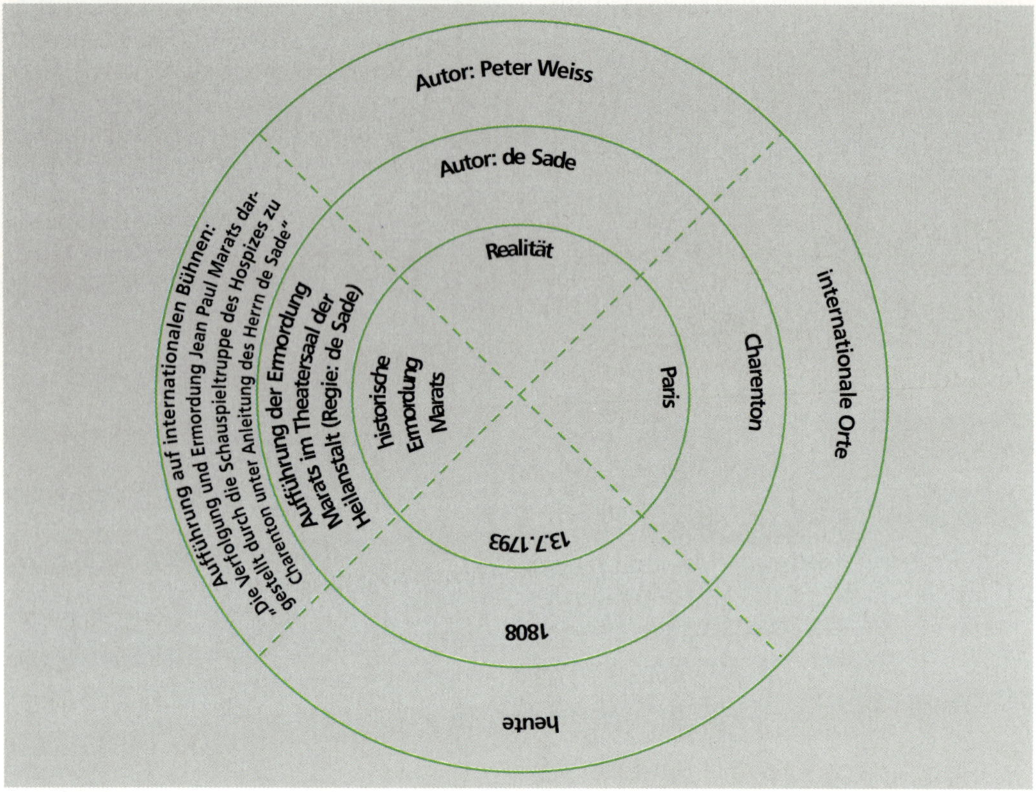

Peter Weiss stützt sich auf folgende historische Fakten: Am 13. Juli 1793 wurde Marat, einer der Führer der radikalen Jakobiner, ermordet – und zwar von einer Frau, die den gemäßigten Girondisten nahestand: Charlotte Corday. Die Mörderin wurde vier Tage nach ihrer Tat hingerichtet. Jacques Roux, ein ehemaliger Priester, der während der Revolution zu den radikalen Sozialisten gehörte, vertritt die Richtung von Marat. Abbé Coulmier, ein ehemaliger Prämonstratenser, war nach 1800 der Direktor der Irrenanstalt Charenton. Er duldete in seiner Anstalt wohlwollend Theateraufführungen seiner Patienten; außerdem war er ein großer Verehrer von Napoleon.

Der Marquis de Sade lebte von 1740–1814; er ist einer der berühmt-berüchtigtsten Schriftsteller der Weltliteratur, weil er für eine schrankenlose, gewalttätige Sexualität eintrat. Wegen seiner Schriften wurde er vor der Revolution eingesperrt, 1790 befreit, nahm dann an der Revolution teil, hielt z. B. die Totenrede auf Marat, kam am 8.12.1793 erneut in Haft und erst im Oktober 1794 wieder frei. 1801 wurde er wieder eingesperrt, diesmal von Napoleon. Im Jahr 1803 lieferte man ihn in die Anstalt Charenton ein, wo er bis zu seinem Tod 1814 lebte. Es ist historisch überliefert, dass de Sade in dieser Anstalt tatsächlich Theaterstücke schrieb und sie mit Patienten einstudierte.

Neben diesen historisch verbürgten Figuren des Stückes führt Weiss noch die vier sogenannten Sänger ein, die gewissermaßen das französische Volk als Opfer der Revolution verkörpern.

Die Patientin, die in Charenton die Corday spielt, ist eine Nachtwandlerin, ihr Freund Duperret ein Erotomane, Marats Darsteller leidet unter Wahnvorstellungen. De Sade ist de Sade.

Der Kern der Handlung ist die Ermordung Marats durch die Corday, die erst beim dritten Versuch zum Ziel gelangt. Sie ersticht ihn in der Badewanne, wo er zur Linderung seines Hautleidens ständig sitzen muss. Das eigentlich Wichtige in dem Stück sind aber die Gespräche zwischen Marat und de Sade. Marat ist dabei gewissermaßen das Alter Ego, das andere Ich de Sades, der ja auch einmal Revolutionär war. Aber in den Gesprächen merkt man sehr bald, dass Marat und de Sade sehr unterschiedlich denken und handeln. Während Marat sich als aktiver Revolutionär zeigt, der das Los des Volkes verbessern und das kapitalistische Bürgertum beseitigen will, steht de Sade mehr auf dem Standpunkt, dass diese politischen Aktionen sinnlos seien. Er hat sich aus der Revolution zurückgezogen und ist zum passiven Beobachter geworden. Marat will an der politischen Veränderung der gesellschaftlichen Wirklichkeit weiterarbeiten, vor allem durch seine Schriften, de Sade meint, dass das Innere des Menschen, seine Triebhaftigkeit zum Beispiel, das Entscheidende sei. Und dies sei eben nicht zu verändern. Man könnte vielleicht sagen: Hinter Marat steht eher Karl Marx und hinter de Sade Sigmund Freud – Klassenkampf contra Psychoanalyse.
Der politische Gegensatz zwischen den beiden Hauptfiguren wird an vielen Stellen deutlich, z. B. in folgender Szene:

Die Verfolgung und Ermordung Jean Paul Marats dargestellt durch die Schauspielgruppe des Hospizes zu Charenton unter Anleitung des Herrn de Sade (1964/65) | Peter Weiss

Szene 21 SADE UNTER DER PEITSCHE

[...]
Peitschenhieb.
Sade atmet schwer.
jetzt sehe ich wohin sie führt diese Revolution
Corday steht atemlos mit der Peitsche über Sade. Die beiden Schwestern treten vor und ziehen sie zurück. Sie läßt sich abführen, die Peitsche hinter sich herschleifend.
Sade spricht, auf den Knien liegend, weiter.
zu einem Versiechen des einzelnen
zu einem langsamen Aufgehen in Gleichförmigkeit
zu einem Absterben des Urteilsvermögens
zu einer Selbstverleugnung
zu einer tödlichen Schwäche
unter einem Staat
dessen Gebilde unendlich weit
von jedem einzelnen entfernt ist
und nicht mehr anzugreifen ist
Ich kehr mich deshalb ab
ich gehöre niemandem mehr an
Wenn ich zum Untergang verurteilt bin
so will ich dem Untergang abgewinnen
was ich ihm aus eigener Kraft abgewinnen kann
Ich trete aus aus meiner Sektion
Ich sehe nur noch zu ohne einzugreifen
beobachtend das Beobachtete festhaltend
und es umgibt mich die Stille
hält schwer atmend inne
Und wenn ich verschwinde
möchte ich alle Spuren hinter mir auslöschen *ergreift sein Hemd und geht langsam zu seinem Stuhl zurück, während er sich ankleidet.*
[...]
Szene 24 DIESE LÜGEN DIE IM UMLAUF SIND

MARAT *richtet sich hoch auf.*
Corday wird von den Schwestern zurückgeleitet.
Duperret folgt ihr.
Diese Lügen die im Umlauf sind über den idealen Staat
Als wären die Reichen je bereit freiwillig ihre Besitztümer herauszugeben
Und wenn sie vom Druck der Verhältnisse gezwungen werden
hier und da nachzugeben
so tun sie es nur weil sie wissen
daß sie dabei auch wieder gewinnen können
Es heißt jetzt
Die Arbeiter hätten bald höhere Löhne zu erwarten
Warum
weil mit einer gesteigerten Produktion gerechnet wird und folglich mit größerem Umsatz
der die Taschen der Unternehmer dick macht
Glaubt nicht
daß ihnen ohne Gewalt beizukommen ist
Hier und da treten Patienten langsam zum Mittelgrund vor, bleiben dort lauschend stehen.
Corday liegt ausgestreckt auf der Estrade, Duperret beugt sich über sie.
Laßt euch nicht täuschen

wenn unsre Revolution erstickt worden ist
und wenn es heißt
daß die Zustände sich jetzt gebessert haben
Auch wenn ihr die Not nicht mehr seht
weil die Not übertüncht ist
und wenn ihr Geld verdient
und euch was leisten könnt von dem
was die Industrien euch andrehn
und es euch scheint
euer Wohlstand stände vor der Tür
so ist das nur eine Erfindung von denen
die immer noch viel mehr haben als ihr
Patienten und die vier Sänger treten langsam nach vorn.
Glaubt ihnen nicht
wenn sie euch freundschaftlich auf die Schultern klopfen
und sagen die Unterschiede wären nicht mehr der Rede wert
und es bestände kein Anlaß mehr
zu Streitigkeiten
Coulmier blickt sich beunruhigt um.
denn dann sind sie ganz auf der Höhe
wendet sich dem Publikum zu
in ihren neuen Burgen aus Marmor und Stahl
von denen aus sie die Welt ausräubern
unter der Devise
sie verbreiteten Kultur
Coulmier verläßt die Tribüne und eilt auf Sade zu.
Er spricht auf ihn ein. Sade reagiert nicht.
Paßt auf
denn sobald es ihnen gefällt
schicken sie euch
daß ihr ihre Haufen verteidigt
in Kriege
Sade erhebt sich und besänftigt Coulmier.
deren Waffen in der rapiden Entwicklung
der gekauften Wissenschaft
immer schlagkräftiger werden
und euch in großen Mengen zerreißen
AUSRUFER
Schnell müssen wir hinzufügen
daß wir uns hier nur damit vergnügen
derartige Dinge auszusagen
die natürlich mit unsrer Zeit nichts zu tun haben
Sie meinen dann sollten wir lieber schweigen
wir wollen Ihnen aber nur zeigen
was vielleicht einmal geschehen könnte
wenn uns das Schicksal nicht jenen vergönnte
der aufräumte mit solchen Prophezeiungen
und beendete alle Entzweiungen
Alle wollen wir gerne verzichten
auf die eben genannten Zukunftsaussichten
und deshalb steht die Corday auch schon da
um das Reden zu verbieten diesem Marat
zeigt auf Corday, die inzwischen von den Schwestern hergerichtet und nach vorn geführt worden ist.
Coulmier kehrt beruhigt zu seinem Platz zurück.

Weiss, Peter, Die Verfolgung und Ermordung Jean Paul Marats dargestellt durch die Schauspielgruppe des Hospizes zu Charenton unter Anleitung des Herrn de Sade, Suhrkamp Verlag, Frankfurt/M. 1964, S. 67–73, 78–81

1. Wie begründet Weiss in seinen theoretischen Äußerungen die politische Wirkungsabsicht seines Revue-Theaters und wie setzt er sich dabei von Brecht ab?
2. Verbalisieren Sie das Schaubild zu den Zusammenhängen im Marat-Stück von Weiss.
3. Stellen Sie die Position Marats und de Sades zur Revolution in Thesen gegenüber.

Auch **Tankred Dorst** (*1925) hat einen historischen Stoff zu einer historisch-politischen Revue umgestaltet – und zwar die Münchener Räterevolution von 1918/19. In seinem Stück „Toller" (1972) geht es um die führende Rolle, die dieser expressionistische Dichter und andere Künstler und Intellektuelle in der Räterepublik gespielt haben. Toller ist für Dorst „jemand, der Revolution machen wollte, aber Literatur gemacht hat". Im Mittelpunkt des Stückes steht die Auseinandersetzung des Idealisten Toller mit dem Realisten Leviné, der Utopie mit dem Totalitarismus. In seiner 1972 entstandenen Revue über die Weimarer Republik nahm Dorst den bekannten Roman von Hans Fallada „Kleiner Mann, was nun?" als Vorlage und behielt sogar den Titel bei. Hier geht es um das Schicksal eines kleinen Mannes in der Weltwirtschaftskrise (1930/32).

6 Kritisches Volksstück: Franz Xaver Kroetz

Die Entwicklung des kritischen Volksstückes nach 1945 muss ebenfalls in der Auseinandersetzung mit Brecht gesehen werden; die eigentlichen Vorbilder waren aber Horváth und Fleißer. Wie diese bringen auch die neueren Autoren Figuren auf die Bühne, die dem kleinbürgerlichen Milieu, der Unterschicht oder Randgruppen entstammen, sich oft in **Extremsituationen** befinden und vor allem an ihren **Bewusstseinsdefiziten** und ihrer **Sprachlosigkeit** scheitern. Die Niederlagen der Personen werden auf gesellschaftliche Verhältnisse und Ursachen zurückgeführt; die weitgefächerten Themen reichen von beruflichen Problemen bis hin zu Fragen der Außenseiter- und Geschlechterrolle, von Problemen der Entfremdung und des Konsumverhaltens bis hin zu Fragen der Moral und Religion. Oft sind es **Randexistenzen**, an denen die extremen Seiten des Lebens vorgeführt werden, manchmal sind es Durchschnittsexistenzen, die für die Monotonie und Glückssehnsucht des Alltags stehen. Fast immer handelt es sich um Schicksale von Menschen, die aus ihrer Chancen- und Ausweglosigkeit nicht ausbrechen können.

Franz Xaver Kroetz (*1946), ein maßgeblicher Vertreter der Gattung des kritischen Volksstücks der Nachkriegszeit, hat sich programmatisch zu dieser Gattung geäußert:

Ich will doch in meinen Stücken nichts anderes zeigen als die seelische Abstumpfung und Vereinsamung, in die ein Mensch durch die bestehende Gesellschaftsordnung getrieben werden kann ... Nicht die Gewaltakte sind doch der Gegenstand meiner Einakter, sondern die sozialen und geistigen Zerstörungen, aus denen diese Gewaltakte entstehen."
„In den meisten meiner 13 Stücke kommen Minderheiten zu Wort. Das langt noch nicht. Wer sich aber hundertmal Minderheiten vornimmt, hat zuletzt mehr VOLK dargestellt, als wer tausendmal vom ‚Volk' sprach ... Gemeinsam ist allen Figuren die Unfähigkeit, sich genau auszudrücken. Minderheiten? Im Gegenteil: Wer stottert nicht, wenn er vom Chef zurechtgewiesen wird, wer ‚verliert nicht die Sprache', wenn ihm sein privates Liebstes genommen, wenn es ihm zurückgegeben wird? Wer hat die Stirn, die Behandlung in den Ämtern mit gut gesetzten Worten zurückzuweisen? Wer, wenn er nur einen neuen Pass beantragen muss, verspricht sich kein einziges Mal? Wer, wenn er zur Rede gestellt wird, vom Nachbarn, von der eigenen Frau, vom Polizisten, vom Vertreter, kann kurz und bündig das sagen, was zu sagen er am nächsten Tag genau wüsste? Die allerwenigsten. [...] Was heißt es denn, volkstümlich zu schreiben? In kurzen, nicht komplizierten Sätzen und ohne Wiederholungen, einem Problem auf gerader Spur zu folgen. Gut schreiben können heißt funktionelle Brücken schlagen zu können. Und das ist ganz einfach sauschwer ... Man kann sich an einer gewissen Gruppe von Menschen festbeißen. Und das waren für mich die absolut Sprachlosen. Der erste Vorwurf an die Gesellschaft: Enteignung der Sprache.

Programmheft des Landestheaters Schwaben zu ‚Nicht Fisch nicht Fleisch' 1989, ohne weitere Angaben

1979 erschien von **Franz Xaver Kroetz** „Mensch Meier. Volksstück in drei Akten". Das Drei-Personen-Stück behandelt die Zuspitzung familiärer und beruflicher Konflikte. Der Vater, im Berufsleben unterdrückt und entfremdet, drangsaliert zu Hause Frau und Sohn und flüchtet sich in eine Hobbytraumwelt; die Mutter leidet darunter, in kleinbürgerlichem Hausfrauendasein gefangen und sexuelles Objekt ihres Mannes zu sein; der Sohn widersetzt sich den Berufsplänen seiner Eltern und will nur schnell Geld verdienen. Im Laufe der vielszenigen Handlung leben sich die drei Personen so sehr auseinander, dass am Ende die Familie zerbricht. Der Autor gibt in seinem Vorspann recht genaue Anweisungen:

Mensch Meier (1979) | Franz Xaver Kroetz

Personen

MARTHA die Frau, normal und um die 40 Jahre alt, ein bißchen dicklich, aber nicht unhübsch, sehr ehrlich und praktisch.

OTTO der Mann, ebenfalls normal und um die 40 Jahre alt, ziemlich groß, hager, raucht und trinkt gern, eher nervös, fahrig, in seinen besten Augenblicken wirkt er fast elegant.

LUDWIG der Sohn, ein netter Kerl mit etwa 15 Jahren, schaut dem Vater mehr gleich als der Mutter, lang aufgeschossen, aber schüchtern und wortkarg, horcht viel und sagt wenig.

Das Stück spielt in München, vielleicht in einer der Mietskasernen, die um 1950 in Neuhausen gebaut worden sind.

Die Personen sprechen den bayerischen Dialekt. Es ist aber besser, sie sprechen hochdeutsch denn einen dümmlichen nachgemachten Dialekt, der bloß die Figuren denunziert. Das Stück spielt im Jahr 1976, Frühling/Sommer.

[…]

2. Szene – Beton

An der Tür zu einer Baracke, Arbeiterunterkunft im Lager einer Baufirma. Von drinnen hört man Stimmen, Kartenspielen, Saufen etc. und Musik.

Otto im Mantel, sein Sohn.

OTTO Ich komm dich abholn, mir gehn wieder heim.

LUDWIG *schaut.*

Pause.

OTTO Deine Mama kommt auch wieder heim.

LUDWIG *schaut.*

OTTO *schaut.*

Pause.

Das is kein Lebn, hier.

LUDWIG Wenns mir aber gfallt.

OTTO Barackenleben. Bloß ein Schlafplatz und sonst nix, und das will mein Sohn sein. Scham dich, wost du was Besseres gwohnt bist.

LUDWIG *nickt.*

Pause.

OTTO Bist noch nicht volljährig, ich kann es verlangen, daßd mitkommst, wenn ich es will.

LUDWIG Genau.

OTTO Und wenn ich es verlang? *Schaut Ludwig an.*

Pause.

Ich verlang es nicht, man soll keinen zu seim Glück

zwingen. *Kleine Pause, schaut.* Is eh praktischer, wo die Wohnzimmercouch nimmer umbaut werden muß jede Nacht. Und die Löcher in der Wand mit die Reißnägel, was immer verbotn war.

LUDWIG Genau.

Pause.

OTTO Geh mit heim, jetz langts.

LUDWIG Nein.

OTTO *schaut, fühlt sich ertappt* Das war auch nur ein Spaß. Eine Falle.

Pause.

LUDWIG Gehts dir gut?

OTTO Das siehst doch.

LUDWIG Und der Mama?

OTTO Auch.

LUDWIG Siehst sie?

OTTO Warum denn nicht, wos zurückkommt.

LUDWIG So.

Pause.

OTTO Greislich is hier.

LUDWIG Aber ich hab eine Lehrstell und ein Geld.

OTTO *lacht.*

Pause.

Da kann man später einmal keinen Staat mit seinem Sohn machen, wenn man sagen muß, der Herr Sohn is ein Maurer. Da sagt man lieber gar nix.

LUDWIG Dann laßt es bleibn.

OTTO Willst frech werdn?

LUDWIG *schüttelt den Kopf.*

OTTO Das wird auch gut sein, wo ich die elterliche Gewalt bin, wo mir keiner nehmen kann.

Kleine Pause.

So, jetz, kann man sagn, ham mir gnua dischkutiert. Du packst dein Koffer, wennst einen hast, und dann wird gangen. Fünf Minuten gib ich dir.

LUDWIG Ich geh nicht.

OTTO Dann fangst eine.

LUDWIG Wennst mich haust, dann sag ich es die andern.

OTTO Das tätst, gegn dein leiblichen Vater.

LUDWIG Wennst du anfangst.

OTTO Dann hol ich die Polizei.

Pause.

Könnst das Wohnzimmer ganz für dich habn, als dein eigenes Zimmer, wo dir keiner hineinredt. Den Fernseher laß ich drin. Dein Reich, mir langt das Schlafzimmer und mein Laboratorium. Die Küche ham mir gemeinsam, keiner redt dem andern hinein. Das wird vorher ausgemacht und beschworn.

LUDWIG Und die Mama?

OTTO Die kann sich verspätn.

Pause.
Man darf seinen alten Papa nicht im Stich lassn, das bereut man, wenn er unter der Erdn is. Das is bekannt.
LUDWIG Bist nicht unter der Erdn. Aber ich besuch dich, wennst es willst.
OTTO Brauch keine Besuche, da kann drauf verzichtet werdn. *Er geht fort.*
LUDWIG *schaut ihm nach, er ist unsicher, dann geht er aber zurück ins Innere der Baracke.*

Kroetz, Franz Xaver, Mensch Meier/Der stramme Max/Wer durchs Laub geht ... Drei neue Stücke, Suhrkamp Verlag, Frankfurt/M. 1979, S. 50–52

1. Welcher Zusammenhang besteht für Kroetz zwischen Sprache und Gesellschaft?
2. Weisen Sie die Sprachnot der Figuren anhand des Dialogs und der Regieanweisungen nach.
3. Charakterisieren Sie das Verhältnis des Sohnes zu seinem Vater.

Bekannt wurde Kroetz bereits zu Beginn der 70er-Jahre mit seinen frühen Stücken „Heimarbeit" (1971), „Stallerhof" (1972) und „Wildwechsel" (1973). Die Welt dieser Stücke ist die enge Provinz, in der gesellschaftliche und wirtschaftliche Verhältnisse eine inhumane Brutalität – vornehmlich der männlichen Figuren – erzeugen. Liebesbeziehungen müssen daher scheitern.
Mit „Maria Magdalena" (1973) aktualisierte Kroetz das gleichnamige bürgerliche Trauerspiel Friedrich Hebbels aus dem 19. Jahrhundert. 1981 entstand „Nicht Fisch nicht Fleisch", für das er etliche Auszeichnungen erhielt. Hier erleben zwei Ehepaare sehr hautnah, wie sich Veränderungen der Berufswelt auf das Privatleben auswirken. Auf die beiden Ehemänner und Berufskollegen Edgar und Hermann kommen gravierende Umstellungen zu, weil ihr Betrieb von der herkömmlichen Setztechnik auf Fotosatz umrüstet. Während der eine die Umschulung gerne in Kauf nimmt, weil er sich davon finanzielle Vorteile und die Sicherung seines Arbeitsplatzes verspricht, ist der andere nicht bereit, von seinem handwerklichen Können kampflos Abschied zu nehmen. Beide Positionen werden in ihrer jeweiligen Fraglichkeit recht differenziert dargestellt.

In den beiden Ehefrauen verkörpert Kroetz sehr klar und eindringlich Gegenpositionen: die berufstätige Frau, die der Karriere wegen auf Kinder verzichtet, und andererseits die mütterliche Hausfrau, deren weiterer Kinderwunsch auf den Widerstand des Ehemannes stößt. Am Ende sprengt Kroetz hier die Gattungsgrenzen des realistischen Volksstückes, indem er seine vier Figuren in grell-groteske Situationen hineinstellt und damit vielleicht menschliche Urzustände symbolisiert.

Diese Tendenz zum **Grotesken** und **Irrealen** verstärkte sich in seinen späteren Stücken „Furcht und Hoffnung der BRD" (1983), „Bauernsterben" (1985) und „Der Drang" (1994).

Ein weiterer wichtiger Autor des kritischen Volksstücks ist **Martin Sperr** (1944–2002) mit seinen „Jagdszenen aus Niederbayern" (1966). Hier ist der dramatische Konflikt durch den Gegensatz zwischen einem homosexuellen Außenseiter und der ihm feindlich gegenüberstehenden provinziellen Gesellschaft angelegt.

In **Rainer Werner Fassbinders** (1945–1982) Stück „Katzelmacher" (1969) übernimmt ein griechischer Gastarbeiter die Rolle des Außenseiters, auf den sich der Zorn der Einheimischen konzentriert.

Wie in den zuletzt genannten Stücken von Kroetz wählt auch **Herbert Achternbusch** (*1938) einen Weg, der das sozialkritische Volksstück ins Grotesk-Absurde übergehen lässt. Während in den früheren Stücken „Ella" (1978) und „Gust" (1980) oder „Plattling" (1982) extreme Einzelschicksale und Situationen realistisch behandelt werden, verlagert sich der Akzent in dem späteren Stück „Der Frosch" (1982) auf farcenhaft Irreales.

Aus Österreich stammen **Peter Turrini** (*1941) und **Felix Mitterer** (*1948). Turrini beschäftigt sich bevorzugt mit der städtischen Arbeits- und Lebenswelt, Mitterers Stücke spielen eher im ländlichen Milieu. Als Titel seien genannt:

Turrini, Peter:	Rozzenjagd (1971); Die Minderleister (1988); Alpenglühen (1993)
Mitterer, Felix:	Kein Platz für Idioten (1977); Stigma (1982); Munde (1990)

Neuere Autoren des kritischen Volksstückes sind: **Fitzgerald Kusz**, **Klaus Pohl**, **Werner Schwab**, **Kerstin Specht** und **Thomas Strittmatter**.

7 Absurdes Theater: Thomas Bernhard

Obwohl das absurde Theater eines Eugène Ionesco, Samuel Beckett, Jean Genet oder Harold Pinter auf deutschsprachigen Bühnen größten Nachhall fand, gibt es kaum deutschsprachige Autoren, die man ohne Einschränkungen für diese Gattung heranziehen kann. Zwar sind in vielen Stücken z. B. von Grass, Walser, Dürrenmatt, Dorst oder Hildesheimer absurde Elemente spürbar, aber alle diese Autoren sind nicht eigentliche Vertreter dieser Dramenform. Immerhin hat sich Wolfgang Hildesheimer (1916–1991) in seiner „**Erlanger Rede über das absurde Theater**" (1960) theoretisch dazu geäußert:

Das „absurde Theater" ist philosophisches Theater, es ist demnach weniger eine Rebellion gegen eine hergebrachte Form des Theaters als gegen eine hergebrachte Form der Weltsicht, wie sie sich des Theaters bedient und sich auf ihm manifestiert. [...]
Das absurde Stück konfrontiert den Zuschauer mit der Unverständlichkeit, der Fragwürdigkeit des Lebens. Die Unverständlichkeit des Lebens kann aber nicht durch den Versuch einer Antwort dargestellt werden, denn das hätte zu bedeuten, dass sie interpretierbar, das Leben also verständlich wäre. Sie kann nur dadurch dargestellt werden, dass sie sich in ihrer ganzen Größe und Erbarmungslosigkeit enthüllt und quasi als rhetorische Frage im Raum steht: Wer auf eine Deutung wartet, wartet vergebens. Er wird sie nicht erhalten, bis er von kompetenter Seite den Sinn der Schöpfung erklärt bekommt, also nie. Das absurde Stück stellt daher einen Zustand dar, der, wie immer er auch auf der Bühne enden mag, in der Frage verharrt. Und darin liegt einer der wesentlichsten Unterschiede zum aristotelischen u n d zum epischen Theater, die stets die Antwort geben oder zumindest nahelegen. Unter den rezeptiven Fähigkeiten, die das absurde Stück beim Publikum voraussetzt, ist demnach die elementarste: dass es – das Publikum – den Schritt von der Antwort zur Frage dem Autor nachvollziehe. [...] das absurde Stück fordert von seinem Publikum – wie ja jede Kunst! – aktiven Nachvollzug. Aber das Publikum ist selten gewillt, dem Autor diesen Nachvollzug zu gewähren. Das Bühnengeschehen erscheint ihm zusammenhanglos und unlogisch. Der Tatsache, dass das Leben selbst zusammenhanglos und unlogisch sei, ist sich der Zuschauer nicht bewusst, da sich vielleicht sein Leben innerhalb der Grenzen eines logischen Systems vollzieht, er daher größerer Zusammenhänge nicht bedarf und sie infolgedessen nicht sucht. Im Theater erwartet er Ausschnitte aus seinem System: Probleme der Zeit, Menschen in der Zeit, Beziehungen zwischen Menschen. Er belächelt mitunter auch gern eine Satire. Selbst einen fantastischen Bühnenablauf mag er goutieren, wenn er sich scharf und entschieden von der Wirklichkeit – wie sie ihm erscheint – distanziert. Das Absurde aber steht für ihn außerhalb seiner gewohnten Begriffswelt. Das Absurde ist für ihn absurd. Wobei er das Wort „absurd" als Synonym für „verrückt" oder „unzumutbar" gebrauchen würde. Jeden Berührungspunkt, jeden Anhaltspunkt einer Identifikation weist er entrüstet von sich.

Das deutsche Drama vom Expressionismus bis zur Gegenwart. Interpretationen, hrsg. von Manfred Brauneck, Buchner Verlag, Bamberg 1977, S. 258–260, gekürzt

Als Kennzeichen des absurden Theaters gelten

- Entpersönlichung des Menschen und Aufdeckung der Klischeehaftigkeit menschlichen Verhaltens
- Verzicht auf individuelle Charaktere
- Verlust der Identität, oft verdeutlicht durch den Einsatz von Masken
- Verzicht auf Handlung, Nebeneinander unverbundener Momentaufnahmen
- Auflösung der Wirklichkeit
- Verzicht auf Aussagesinn

Damit wird das absurde Theater zum Gleichnis der Situationen absoluter **Entfremdung des modernen Menschen**.

Auf die absurde Grundsituation der Welt reagierte im deutschsprachigen Theater nach 1945 am stärksten **Thomas Bernhard** (1931–1989) mit einer ganzen Reihe von Werken, die sich durch ihre Nähe zum Nihilismus auszeichnen, der jedoch durch die Mittel des schwarzen Humors und der Groteske aufgefangen wird. Bernhard zeigt die bedrückende Aussichtslosigkeit der Existenz, relativiert diese jedoch immer wieder mit Formen amüsanten und farcenhaften Komödiantentums. Die nie erreichbare ideale Kunst ist für Bernhard eine oft verwendete Metapher für die Absurdität des Daseins.

Eines seiner späten Stücke, „Der Theatermacher" (1984), handelt von einer in der Provinz herumreisenden Theatertruppe, die lediglich aus den vier Personen einer Familie besteht. Das Stück zeigt die letzten Vorbereitungen zur bevorstehenden Abendaufführung im völlig heruntergekommenen Saal eines Dorfgasthauses in Utzbach, einem entlegenen Dorf in Österreich. Bruscon, der Theatermacher und aller Wahrscheinlichkeit nach ein bloßer Schmierenkomödiant, gibt sich als erfolgreicher Staatsschauspieler mit großer Vergangenheit; gespielt werden soll das von ihm selbst verfasste Stück „Das Rad der Geschichte", eine „Menschheitskomödie", in der Cäsar, Napoleon, Churchill und andere bedeutende geschichtliche Gestalten auftreten. Der „Theaterdirektor" Bruscon muss sich, ganz im Gegensatz zum universalhistorischen Stoff seines Stückes, mit lächerlichen Problemen herumschlagen: Schweinegestank, Staub, Notbeleuchtung oder dem Teller Suppe als Notmahlzeit. Dabei vergleicht Bruscon stets die Zustände in Utzbach mit denen in Gaspoltshofen, wo er tags zuvor gastierte. Die drei Familienmitglieder, seine Mitspieler, Mitstreiter und Mithelfer, werden vom Familienoberhaupt Bruscon ständig drangsaliert und gequält; außerdem werden sie in grotesker Weise vorgeführt als Anti-Schauspieler: Die Mutter leidet unter permanenten Hustenanfällen; der Sohn trägt seinen Arm in Gips und vermag, wie seine Schwester, kaum einen Satz des Theatertextes richtig zu betonen. So laufen alle Vorbereitungen auf eine chaotische Katastrophe zu, die dann am Abend auch eintritt, und zwar in der Weise, dass kurz vor Beginn der Vorstellung der Pfarrhof des Dorfes brennt, sodass alle Zuschauer den Wirtshaussaal fluchtartig verlassen. Die einzelnen Szenen des Stückes reichen vom verzweifelt-nihilistischen Pessimismus Bruscons bis hin zu komischen, slapstickhaften Situationen seiner hustenden Ehefrau oder der ungeschickten Kinder. Die Handlung, wenn man davon überhaupt noch sprechen will, kreist um die Absurdität einer Theaterkunst, die in erster Linie als Pseudo-Kunst erscheint, und um das Scheitern eines Künstlers, der wahnhafte Züge eines sich selbst total überschätzenden Dilettanten trägt. Trotzdem imponiert dieser Theatermacher auch wieder durch seine endlosen Hass- und Verzweiflungstiraden, mit denen er schonungslos die Schein- und Lügenhaftigkeit, den alltäglichen Wahnsinn unserer Welt aufdeckt.

Wie die meisten Stücke Bernhards ist auch „Der Theatermacher" nahezu ein einziger Monolog der Hauptfigur, bei dem die anderen Personen mehr oder weniger zu Stichwortgebern herabsinken. In der ersten Szene dieser Tragikomödie inspiziert Bruscon den Wirtshaussaal und „überrollt" den Wirt mit seinen Ansichten vom Theater.

Der Theatermacher (1984) | Thomas Bernhard

„Der Theatermacher" von Thomas Bernhard, Inszenierung des Berliner Ensembles aus dem Jahre 2000 mit Traugott Buhre als Bruscon und Josefin Platt als Sarah

BRUSCON
Die Natur der Sache
ist immer die entgegengesetzte mein Herr
Wir gehen auf eine Tournee
und gehen doch nur in die Falle
sozusagen in eine Theaterfalle
plötzlich den Wirt anherrschend
Waren Sie schon
beim Feuerwehrhauptmann
das Notlicht betreffend
Wie gesagt
in meiner Komödie hat es
am Ende
vollkommen finster zu sein
auch das Notlicht muß gelöscht sein
vollkommen finster
absolut finster
ist es am Ende meiner Komödie
nicht absolut finster
ist mein Rad der Geschichte vernichtet
Wenn das Notlicht nicht gelöscht wird
verkehrt sich ja meine Komödie
gerade ins Gegenteil
In Gaspoltshofen hatten sie
das Notlicht gelöscht
in Frankenmarkt auch
selbst in Ried im Innkreis
das doch als einer der dümmsten Orte verschrien ist
[…]
Dieser Ort ist eine Strafe Gottes
Dafür habe ich die Akademien besucht
und bin mit dem Kreuz am goldenen Band
ausgezeichnet worden
greift sich an den Kopf
Agathe warnte mich
steht auf, schaut sich um
Einmal mußte die Katastrophe eintreten
Wenn wir klar denken
müssen wir uns umbringen
stellt sich in Podiumsmitte auf und streckt den Stock so weit wie möglich in die Höhe
gegen die Saaldecke starrend
Utzbach
senkt den Arm und geht fünf Schritte nach rechts und dann zehn Schritte nach links, die Bühne ausmessend, stehengeblieben
[…]
hüstelt
Jedes Wort wirbelt hier Staub auf
und dieser teuflische Text
meiner Komödie
ruft in den Saal hinein
Exzellenz ich bedauere
zum Wirt direkt
Mehr oder weniger
eine Schöpfungskomödie
um nicht sagen zu müssen
ein Jahrhundertwerk
ruft in den Saal hinein
Calabrien
daß ich nicht lache
zum Wirt direkt
Ein Alterswerk zweifellos
Haben Sie darüber gelesen
Alles Unsinn
wie alles in den Zeitungen
Inkompetenzschmierer
bückt sich und prüft mit der rechten Hand den Podiumsboden
Aber nicht ein einziger Verriß
unqualifiziert
aber nicht ein einziger Verriß
steht wieder auf […]
Wenn wir ehrlich sind
ist das Theater an sich eine Absurdität
aber wenn wir ehrlich sind
können wir kein Theater machen
weder können wir wenn wir ehrlich sind
ein Theaterstück schreiben
noch ein Theaterstück spielen
wenn wir ehrlich sind
können wir überhaupt nichts mehr tun
außer uns umbringen
da wir uns aber nicht umbringen
weil wir uns nicht umbringen wollen

wenigstens bis heute und bis jetzt nicht
da wir uns also bis heute und bis jetzt nicht umgebracht haben
versuchen wir es immer wieder mit dem Theater
wir schreiben für das Theater
und wir spielen Theater
und ist das alles auch das Absurdeste
und Verlogenste
ruft aus
Kunst Kunst Kunst
hier wissen sie ja gar nicht
was das ist
Der wahre Künstler
wird in den Dreck gezogen
dem verlogenen dem nichtsnutzigen
laufen sie alle nach
machen den Buckel
vor dem Scharlatanismus
zum Wirt direkt
Wirt in Utzbach
was für eine Existenz
Sind Sie hier aufgewachsen
oder haben Sie
in dieses Utzbach hereingeheiratet
WIRT
Hereingeheiratet Herr Bruscon
BRUSCON
Hereingeheiratet
hereingeheiratet von wo
WIRT
Von Gaspoltshofen

Bernhard, Thomas, Der Theatermacher, Programmbuch 68, hrsg. vom Schauspielhaus Bochum 1985, S. 86–105, gekürzt

1. Wie sieht Hildesheimer in seiner „Erlanger Rede" das Verhältnis des Publikums zum Bühnengeschehen?
2. Arbeiten Sie die absurde Diskrepanz zwischen dem hohen Kunstanspruch Bruscons und der banalen Alltagsrealität heraus.
3. Entwerfen Sie eine absurde Szene aus dem Schulalltag.

In seinem letzten dramatischen Werk „Heldenplatz" (1988) hat Thomas Bernhard die gesellschaftskritische Auseinandersetzung mit der Gegenwart und der Vergangenheit seines Heimatlandes Österreich verstärkt, was im Zusammenhang mit der Uraufführung im Wiener Burgtheater zu einem handfesten Skandal führte. Gerade an diesem letzten Stück Bernhards zeigt sich seine gesellschaftskritische Tendenz, die sich von der abstrakten Thematik seiner frühen Stücke abhebt und die auch den Unterschied zum idealtypischen absurden Theater z. B. eines Beckett ausmacht.

	Absurdes Theater (Beckett)	**Nachhall des absurden Theaters im deutschsprachigen Raum (Bernhard)**
Ort	Leer	Symbolisch
Zeit	Unbestimmte Endzeit	Heute
Bühnenraum	Hermetisch	Abstrahierte Realität
Figuren	Jeder, ohne Biografie	Biografisch festgelegt: – Künstler – Wissenschaftler – Familienmitglieder
Handlung	Alogisch	Gesellschaftskritisch
Sprache	Welt des Schweigens bis hin zur Pantomime, Sprachrituale bis hin zur Sprachlosigkeit Leidenssprache	Rhetorik, Sprachartistik, hartnäckige Wiederholung Hasssprache
Thema	Vereinzelung Totale Fremdheit Sinnverneinung	Vereinsamung, Tod Ins Groteske gesteigerte soziale Konflikte Sinnverzweiflung

8 Experimentierendes Theater: Peter Handke

Ende der 60er-Jahre versuchten einige Autoren eine radikale Abkehr vom herkömmlichen Theater. Wieder geschah dies in ausdrücklicher Absetzung von Brecht, dem Bezugspunkt nahezu aller Dramatiker nach 1945. Jetzt nämlich erfolgte eine **Umkehrung des Verhältnisses Bühne – Publikum**, d. h., der Zuschauer wird zum Handlungsträger. Dies geschieht unter Auflösung der gewohnten Handlung sowie des üblichen Dialogs und der herkömmlichen Dramaturgie, sodass der Illusionscharakter völlig aufgehoben und die „Bühnenaktion" zum reinen Sprechakt wird.

Peter Handke äußerte sich anlässlich der Uraufführung seiner „Publikumsbeschimpfung" (1966):

Die Sprechstücke sind theatralisch insofern, als sie sich natürlicher Formen der Äußerung in der Wirklichkeit bedienen. Sie bedienen sich nur solcher Formen, die auch in der Wirklichkeit naturgemäß Äußerungen sein müssen, das heißt, sie bedienen sich der Sprachformen, die in der Wirklichkeit mündlich geäußert werden. Die Sprechstücke bedienen sich der natürlichen Äußerungsform der Beschimpfung, der Selbstbezichtigung, der Beichte, der Aussage, der Frage, der Rechtfertigung, der Ausrede, der Weissagung, der Hilferufe. Sie bedürfen also eines Gegenübers, zumindest einer Person, die zuhört, sonst wären sie keine natürlichen Äußerungen, sondern vom Autor erzwungen. Insofern sind Sprechstücke Theaterstücke.

Radler, Rudolf (Hrsg.), Knaurs Großer Schauspielführer, Droemer Knaur Verlag, München 1985, S. 302

Peter Handke (*1942) begriff seine frühen Sprechstücke als eine Abrechnung, zwar nicht mit dem Theater überhaupt, aber doch mit dem überlieferten dramatischen Theater und seinem bürgerlichen Publikum, das sich nun in Umkehrung der gewohnten Blickrichtung gewissermaßen vor den Schauspielern „bewähren" muss. Das Parkett wird so zur Bühne.

In seinem Stück „Publikumsbeschimpfung" (1966) treten lediglich vier Sprecher auf der leeren Bühne auf und wenden sich sofort direkt an das Publikum. Anstatt nun irgendein Spiel in Szene zu setzen, beschäftigen sie sich in ihrem Text mit den Erwartungen, Enttäuschungen und Verhaltensweisen der Zuschauer und deren üblichen klischeehaften Formulierungen zu Theateraufführungen, um durch diese Provokation die normale Konsumhaltung des Theaterpublikums aufzubrechen.

Publikumsbeschimpfung (1966) | Peter Handke

Dann geht der Vorhang langsam auseinander und gibt den Blick frei. Wenn die Bühne den Blicken frei ist, kommen aus dem Bühnenhintergrund die vier Sprecher nach vorn. Sie werden in ihrem Gehen durch keinen Gegenstand behindert. Die Bühne ist leer. Während sie in den Vordergrund kommen, in einem Gang, der nichts anzeigt, in einer beliebigen Kleidung, wird es wieder hell, auf der Bühne und im Zuschauerraum.

Die Helligkeit hier und dort ist ungefähr gleich, von einer Stärke, die den Augen nicht weh tut. Das Licht ist das gewohnte, das einsetzt, wenn zum Beispiel die Vorstellung aus ist. Die Helligkeit bleibt auf der Bühne wie im Zuschauerraum während des ganzen Stückes unverändert. Die Sprecher schauen noch nicht ins Publikum, während sie herauskommen. Sie proben noch im Gehen. Sie richten die Worte, die sie sprechen, keinesfalls an die Zuhörer. Das Publikum darf noch keinesfalls gemeint sein. Für die Sprecher ist es noch nicht vorhanden.

Während sie herankommen, bewegen sie die Lippen.

Peter Handtkes „Publikumsbeschimpfung" als Inszenierung im Theater am Schiffbaudamm, Berlin 2000

Allmählich werden ihre Worte verständlich und schließlich laut. Die Schimpfwörter, die sie sprechen, überschneiden sich. Die Sprecher sprechen durcheinander. Sie nehmen voneinander Wörter auf. Sie nehmen einander Worte aus dem Mund. Sie sprechen gemeinsam. Sie sprechen alle zugleich, aber verschiedene Wörter. Sie wiederholen die Wörter. Sie sprechen lauter. Sie schreien. Sie vertauschen die geprobten Wörter untereinander. Sie proben schließlich gemeinsam ein Wort. Die Wörter, die sie zu diesem Vorspiel verwenden, sind folgende: (die Reihenfolge ist nicht zu beachten) Ihr Fratzen, ihr Kasperl, ihr Glotzaugen, ihr Jammergestalten, ihr Ohrfeigengesichter, ihr Schießbudenfiguren, ihr Maulaffenfeilhalter. *Nach einer gewissen klanglichen Einheitlichkeit ist zu streben. Außer dem Klangbild soll sich aber kein anderes Bild ergeben. Die Beschimpfung ist an niemanden gerichtet. Aus ihrer Sprechweise soll sich keine Bedeutung ergeben. Die Sprecher sind vor dem Ende der Schimpfprobe im Vordergrund angelangt. Sie stellen sich zwanglos auf, bilden aber eine gewisse Formation. Sie sind nicht völlig starr, sondern bewegen sich nach der Bewegung, die ihnen die zu sprechenden Worte verleihen. Sie schauen nun ins Publikum, fassen aber niemand ins Auge. Sie bleiben noch ein wenig stumm. Sie sammeln sich. Dann beginnen sie zu sprechen.*

Die Reihenfolge des Sprechens ist beliebig. Alle Sprecher sind ungefähr gleich viel beschäftigt.

Sie sind willkommen.

Dieses Stück ist eine Vorrede.

Sie werden hier nichts hören, was sie nicht schon gehört haben. Sie werden hier nichts sehen, was Sie nicht schon gesehen haben. Sie werden hier nichts von dem sehen, was Sie hier immer gesehen haben.

Sie werden nichts von dem hören, was Sie hier immer gehört haben.

Sie werden hören, was Sie sonst gesehen haben.

Sie werden hören, was Sie hier sonst nicht gesehen haben.

Sie werden kein Schauspiel sehen.

Ihre Schaulust wird nicht befriedigt werden.

Sie werden kein Spiel sehen.

Hier wird nicht gespielt werden.

Sie werden ein Schauspiel ohne Bilder sehen.

Sie haben sich etwas erwartet.

Sie haben sich vielleicht etwas anderes erwartet.

Sie haben sich Gegenstände erwartet.

Sie haben sich keine Gegenstände erwartet.

Sie haben sich eine Atmosphäre erwartet.

Sie haben sich eine andere Welt erwartet.

Sie haben sich keine andere Welt erwartet.

Jedenfalls haben Sie sich etwas erwartet.

Allenfalls haben Sie sich das erwartet, was Sie hier hören.

Aber auch in diesem Fall haben Sie sich etwas anderes erwartet.

Sie sitzen in Reihen. Sie bilden ein Muster. Sie sitzen in einer gewissen Ordnung. Ihre Gesichter zeigen in eine gewisse Richtung. Sie sitzen im gleichen Abstand voneinander.

Sie sind ein Auditorium. Sie bilden eine Einheit.

Sie sind eine Zuhörerschaft, die sich im Zuschauerraum befindet. Ihre Gedanken sind frei. Sie machen sich noch Ihre eigenen Gedanken. Sie sehen uns sprechen und sie hören uns sprechen. Ihre Atemzüge werden einander ähnlich. Ihre Atemzüge passen sich den Atemzügen an, mit denen wir sprechen. Sie atmen wie wir sprechen. Wir und Sie bilden allmählich eine Einheit.

Sie denken nichts. Sie denken an nichts. Sie denken mit. Sie denken nicht mit. Sie sind unbefangen. Ihre Gedanken sind frei. Indem wir das sagen, schleichen wir uns in Ihre Gedanken. Sie haben Hintergedanken.

Indem wir das sagen, schleichen wir uns in Ihre Hintergedanken.

Sie denken mit. Sie hören. Sie vollziehen nach. Sie vollziehen nicht nach. Sie denken nicht. Ihre Gedanken sind nicht frei. Sie sind befangen. [...]

Hier wird nicht dem Theater gegeben, was des Theaters ist. Hier kommen Sie nicht auf Ihre Rechnung. Ihre Schaulust bleibt ungestillt. Es wird kein Funken von uns zu Ihnen überspringen. Es wird nicht knistern vor Spannung. Diese Bretter bedeuten keine Welt. Sie gehören zur Welt. Diese Bretter dienen dazu, daß wir darauf stehen. Dies ist keine andre Welt als die Ihre. Sie sind keine Zaungäste mehr. Sie sind das Thema. Sie sind im Blickpunkt. Sie sind im Brennpunkt unserer Worte. [...]

Hier werden die Möglichkeiten des Theaters nicht genutzt.

Der Bereich der Möglichkeiten wird nicht ausgemessen.

Das Theater wird nicht entfesselt. Das Theater wird gefesselt. Das Schicksal ist hier ironisch gemeint.

Wir sind nicht theatralisch. Unsere Komik ist nicht umwerfend.

Ihr Lachen kann nicht befreiend sein. Wir sind nicht spielfreudig. Wir spielen Ihnen keine Welt vor.

Das ist nicht die Hälfte einer Welt. Wir bilden nicht zwei Welten.

Sie sind das Thema. Sie stehen im Mittelpunkt des Interesses.

Hier wird nicht gehandelt, hier werden Sie behandelt. Das ist kein Wortspiel. Hier werden Sie nicht als Einzelmenschen behandelt. Sie sind hier nicht einzeln.
Sie haben hier keine besonderen Kennzeichen. Sie haben keine besonderen Physiognomien. Sie sind hier kein Individuum. Sie haben keine Charakteristiken. Sie haben kein Schicksal. Sie haben keine Geschichte. Sie haben keine Vergangenheit. Sie sind kein Steckbrief.
Sie haben keine Lebenserfahrung. Sie haben hier Theatererfahrung. Sie haben das gewisse Etwas. Sie sind Theaterbesucher. Sie interessieren nicht wegen Ihrer Eigenschaften.
Sie interessieren in Ihrer Eigenschaft als Theaterbesucher. Sie bilden hier als Theaterbesucher ein Muster. Sie sind keine Persönlichkeiten. Sie sind keine Einzahl. Sie sind eine Mehrzahl von Personen.
Ihre Gesichter zeigen in eine Richtung. Sie sind ausgerichtet.
Ihre Ohren hören dasselbe. Sie sind ein Ereignis.
Sie sind das Ereignis.

Handke, Peter, Prosa, Gedichte, Theaterstücke, Hörspiele, Aufsätze, Suhrkamp Verlag, Frankfurt/M. 1969, S. 182–189, gekürzt

1. Wie rechtfertigt Handke seine Sprechstücke als Theaterstücke und inwiefern widersprechen die Regieanweisungen zur „Publikumsbeschimpfung" dann aber doch der normalen Erwartung an ein Theaterstück?
2. Welche sprachlichen Mittel geben dem Text seine besondere Eindringlichkeit?
3. Welches Bild vom herkömmlichen Theaterpublikum entwerfen die Sprecher in der „Publikumsbeschimpfung"?
4. Was halten Sie von einer solchen Infragestellung des herkömmlichen Theaters?

Handkes Form von Anti-Theater rückt die Sprache dermaßen ins Zentrum, dass man es schon fast als Sprachexperiment bezeichnen könnte. Hinter der Reproduktion gängiger Sprachmuster und der Zerstörung gewohnter Wirklichkeitserfahrungen kristallisiert sich im Verlauf des „Stückes" immer deutlicher das eigentliche Anliegen Handkes heraus: Sprach- und Bewusstseinskritik.
In seinem ersten abendfüllenden Stück „Kaspar" (1968) geht es ganz offensichtlich um Sprachkritik: Die Titelfigur wird zum Modell der Grundsituation des Menschen als eines sprachlichen Wesens; nur mit der Sprache kann Kaspar sich Welt aneignen, gleichzeitig wird er aber durch die Sprache in vorgegebene Muster hineingezwängt. Schließlich wird gerade durch die Sprache die Individualität des Einzelnen austauschbar bzw. aufgehoben; am Schluss des Stückes vervielfältigt sich der eine Kaspar in viele Kaspars.
Handkes „Das Mündel will Vormund" *sein* (1969) ist eine reine Pantomime; in den gestischen Handlungen zweier anonymer Figuren mit Halbmasken wird das Thema „Herr und Knecht" variiert.
1992 erschien von Handke eine reine Pantomime: „Die Stunde da wir nichts voneinander wußten. Ein Schauspiel".

9 Ästhetisierendes Theater: Botho Strauß

Nach der Direktheit etwa eines dokumentarischen Theaters oder realistischen Volksstückes entwickelte in den frühen 70er-Jahren ein junger Autor das geradezu entgegengesetzte Modell eines poetisierenden, ästhetisierenden, d. h. **künstlichen Dramenstils**, der mit allen Mitteln der Theatralisierung arbeitet: Botho Strauß (*1944). Der gelernte Dramaturg schuf mit seinem „Bewusstseinstheater" eine eigene und eigenwillige Theaterwelt, in der heutige **Menschen** in ihrer **Unfähigkeit zur Gemeinschaft** und **zur Kommunikation** gezeigt werden. Die Bühnenhandlung ist bruchstückhaft zersplittert,

die Aneinanderreihung folgt nicht einer durchgehenden Handlung oder einem dramatischen Zusammenhang, sondern eher Analogien, Spiegelungen, Wiederholungen, Variationen. Die einzelnen Szenen liefern Schlaglichter aus einer Gesellschaft isolierter, mitunter überspannter Einzelwesen, deren „Beziehungen" keine mehr sind.
Die Personen erscheinen häufig von ihrem gesellschaftlichen Hintergrund losgelöst, in künstliche Situationen hineingestellt und handeln dabei als Suchende, Fliehende oder Leidende. In vielfältigen und überraschenden Reaktionen vermag der Autor damit die **Entfremdung** des heutigen Menschen darzustellen; sein pessimistischer Denkansatz ist sowohl ethisch-moralisch als auch kultur- und gesellschaftskritisch. Er beobachtet den unscheinbaren Alltag präzise, wobei er Verhaltensweisen typisiert und überspitzt; er schildert fragmentarisch „Beziehungskisten" und psychische Krankheitsgeschichten, präsentiert diese aber so, dass jeweils zeichenhafte „Bilder" beeindruckender Künstlichkeit entstehen, in denen sich Banales und Visionäres, Konkretes und Abstraktes, Bekanntes und Rätselhaftes, Realität und Fantasie vermischen.
Strauß gilt vor allem als der große Sprachvirtuose, der die verschiedensten Stil- und Sprachebenen beherrscht. Seine Figuren benutzen z. B. einerseits eine Art „Fertigteilsprache" aus Stereotypen, modischen Klischees und eleganten Wendungen; andererseits bedienen sie sich aber auch sehr poetischer oder metaphorischer Ausdrucksweisen.
Beim Zuschauer bricht dieser Dramatiker herkömmliche Wahrnehmungsformen auf: Bekanntes erscheint fremd, das Fremde vertraut, weil die gewohnte Oberfläche der „normalen" Wirklichkeit durchsichtig gemacht wird für die darunterliegenden Empfindungen und Reaktionen, Ursachen und Motive.
Da die handelnden Personen meist mit der Analyse des eigenen oder fremden Ich beschäftigt sind, könnte man ihren Erfinder beinahe als den „Psychoanalytiker" unter den gesellschaftskritischen Gegenwartsdramatikern bezeichnen, obwohl Botho Strauß selbst seine Distanz zur wissenschaftlichen Theorie Sigmund Freuds betont hat.

Unbestritten ist, dass sich fast alle Stücke dieses Autors durch eine Fülle überraschender und wirkungsvoller – **theatralischer** und **ästhetischer** – **Elemente** auszeichnen:

- Künstliche, mitunter sterile Bühnenräume
- Typisierte und stilisierte Figuren
- Konstruierte, beinahe experimentelle Handlungsfragmente
- Umsetzung innerer Zustände in körperliche Zeichenhaftigkeit
- Bildhaft-metaphorische Darstellungsweisen
- Wechsel von Pathos und Komik, Poesie und Jargon
- Filmische Techniken wie Schnitt, Blende, Totale, Nahaufnahme

Botho Strauß ist ein viel gespielter Dramatiker, weil seine Stücke Regisseuren entgegenkommen, die diese ästhetischen Tendenzen mit den Mitteln der Regie (Bühne, Licht, Farben, Personenführung etc.) noch verstärken wollen. Eine dermaßen betonte „Künstlichkeit" hat aber auch manchmal zu dem kritischen Einwand geführt, ob das Inhaltliche nicht allzu sehr durch das Formal-Ästhetische in den Hintergrund gedrängt werde.

1978 erschien das von der Kritik einhellig gefeierte und auch vom Publikum allgemein begrüßte Stück „Groß und Klein". Zehn Szenen schildern die gesellschaftliche Landschaft der Bundesrepublik in abgeschlossenen Einzelbildern als einen Wohlstands- und Sozialstaat, in dem Isolation, Einsamkeit, Kommunikationslosigkeit und menschliches Elend an der Tagesordnung sind.
Die einzelnen Szenen spielen an verschiedenen Orten, die alle von der abweisenden Kälte und Distanz einer anonymen Gesellschaft geprägt sind. An der Sprechanlage einer Mietskaserne, im Wartezimmer einer Arztpraxis – überall trifft man auf „unsoziale", vereinsamte Paare oder Einzelgänger, die sich in die Kontaktarmut geflüchtet haben, auch wenn sie mit ritualisierten Gesprächs- und Verhaltensformen darüber hinwegzutäuschen versuchen. Zusammengehalten werden die Einzelszenen durch Lotte, eine geschiedene jüngere Frau, die ihren Trennungsschmerz überwinden will, indem sie nach neuen Be-

kanntschaften sucht. Ihre wiederholten Versuche einer Kontaktaufnahme scheitern an der zurückweisenden Haltung der Mitmenschen ebenso wie an der aufdringlichen missionarischen Art Lottes, die an einer Art Helfersyndrom leidet.

Groß und klein (1978) | Botho Strauß

Szene: Groß und Klein

Vor der Glastür eines Mietshauses. Eine Sprechanlage über der Klingeltabelle. Lotte im Regenmantel mit der Zeichenmappe unter dem Arm.

LOTTE *sucht nach einem Namen auf der Klingeltabelle.*

Niedschläger ...

Steht gar nicht drauf. Muss aber draufstehen.

Virchowstraße 85. Stimmt. [...]

Sie drückt einen Klingelknopf. Ein Knacken im Lautsprecher der Sprechanlage.

LOTTE *spricht in die Anlage.* Ja, hier die Lotte-Kotte aus Lennep ...

Keine Antwort. Erneutes Knacken in der Anlage.

Hallo?

Irrtum. Irrtum sagte der Igel und sprang von der Kleiderbürste.

Sie drückt einen anderen Klingelknopf.

ANLAGE *männliche Stimme.* Wer spricht?

LOTTE Lotte.

ANLAGE *freudig.* Lotti?!

LOTTE Nein. Lotte.

ANLAGE Lotti? Ja, gibt's dich noch?

LOTTE Nein, nein. Ich bin jemand anderes.

Sie verwechseln mich. Ich suche die Mechthild Niedschläger

[...]

ANLAGE Ach ...

Knacken in der Anlage. Lotte drückt einen anderen Klingelknopf. Niemand antwortet. Sie drückt den nächsten

[...]

ANLAGE *Stimme einer alten Frau.* Ja?

LOTTE Entschuldigen Sie bitte,

ich suche ein Fräulein Niedschläger –

ANLAGE Nein.

LOTTE Oder Frau –, Frau!

ANLAGE Nein.

Wie heißt die?

LOTTE Ich weiß nicht genau, es könnte sein –

falls inzwischen verheiratet.

ANLAGE Wissen Sie, mein Mann und ich, wir kommen von drüben.

Wir kennen hier praktisch kaum jemanden.

Unsere Tochter ist Amtsgerichtsrätin, aber sie ist leider gerade nicht da. Fragen Sie mal bei Hein.

Die wissen allgemein gut Bescheid.

LOTTE Danke ... Hein, danke.

Sie sucht den Namen und drückt die Klingel. [...]

Lotte wartet mit dem Rücken an die Tür gelehnt.

ANLAGE *Stimme des aufgeräumten Mannes.* Hallo, Lotte!

LOTTE *geht zur Anlage.* Ja?

ANLAGE Nun kommen Sie doch rauf!

Beißt Sie ja keiner. Mein Puma hat eben sein Schappi gefressen.

Der Türöffner surrt.

LOTTE Sie waren ... wer waren Sie gleich?

ANLAGE Schröder.

LOTTE Ach, Herr Schröder. Nein, Herr Schröder.

ANLAGE Jetzt seien Sie aber mal kein Frosch, Mädchen.

Mehrmaliges Surren des Türöffners.

LOTTE *drückt mit ausgestrecktem Zeigefinger auf einen Klingelknopf.* Nein!

ANLAGE *träge Stimme einer Frau.* Ja?

LOTTE *müde.* Guten Abend. Entschuldigen Sie die Störung. Ich suche Niedschläger, Frau, jetzt aber eventuell nicht mehr Niedschläger ...

[...]

Szene: In Gesellschaft

Wartezimmer eines Internisten. An den Wänden

„Groß und Klein" von Botho Strauß' Inszenierung des Deutschen Theaters in Berlin aus dem Jahre 2008.

schockierende Antiraucher-Plakate. Lotte wartet mit sechs weiteren Patienten. Sie blättern in Illustrierten, lösen Kreuzworträtsel, starren vor sich hin. Eine dicke Frau strickt, ein Türke bewegt sich unruhig auf seinem Stuhl. Über der mit weißem Leder bespannten Tür zum Sprechzimmer ruft ein Lautsprecher die Namen der Patienten auf. Es ist Sommer. Lotte (in ihrem ausgeblichenen Kostüm) sitzt in der Nähe eines halbgeöffneten Fensters. Straßenlärm und Kindergeschrei von einem Schulhof. Für jeden Patienten nimmt sich der Arzt ein bis zwei Minuten. Manchmal, wenn nur ein Rezept zu erneuern ist, geht es noch schneller […]. Auf einmal spricht Lotte laut in die Runde der schweigenden Leute …

LOTTE Vielleicht interessiert es Sie, daß mein Mann vor kurzem eine hohe Auszeichnung erhielt […]
Mein Mann ist der Publizist Paul Liga.
Schreibt auch unter dem Namen Smoky.
Er –

Alle Patienten sehen Lotte verwundert an. Sie verstummt und starrt auf den Boden. […]

Eine junge Frau kommt herein, sagt so leise „Guten Tag", daß niemand antwortet. Alle mustern sie. Der Name „Frau Pentowski, bitte" wird aufgerufen. Die dicke Frau steht auf, läßt ihr Strickzeug auf dem Stuhl liegen, geht zur Tür, kehrt um, nimmt ihre Handtasche mit, geht ins Sprechzimmer […].

Es wird dunkel und gleich darauf wieder hell. Lotte sitzt allein im Wartezimmer. Der Arzt kommt herein, wirft die neueste Ausgabe des ‚Spiegel' auf den Lesetisch. Er sieht Lotte […].

ARZT Sind Sie nicht aufgerufen worden?
LOTTE Nein. Ich bin hier nur so.
ARZT Sie waren angemeldet für heut vormittag?
LOTTE Nein. Ich bin hier nur so.
Mir fehlt ja nichts.
ARZT Gehen Sie bitte.
LOTTE Ja.

Lotte geht langsam hinaus. Der Arzt schließt hinter ihr die Tür. Geht ins Sprechzimmer, schließt die Tür. Dunkel

Strauß , Botho, Groß und klein, in: Strauß, Botho, Trilogie des Wiedersehens/Groß und klein. Zwei Theaterstücke, Deutscher Taschenbuch Verlag, München 1980, 191 f., 259 f., gekürzt

1. Arbeiten Sie aus den Dramenausschnitten Elemente der sozialen Wirklichkeit und der Alltagssprache heraus. Beziehen Sie auch die Regieanweisungen mit ein.
2. Suchen Sie Elemente theatralischer Künstlichkeit und sprachlicher Stilisierung heraus.
3. Wie zeigen sich Anonymität und Kommunikationslosigkeit in diesen Szenenausschnitten?
4. Diskutieren Sie, inwieweit Lotte eine Identifikationsfigur sein kann.

„Trilogie des Wiedersehens" (1976), ein ebenfalls figuren- und szenenreiches Stück in drei Teilen, spielt an einem einzigen Handlungsort, im Ausstellungsraum eines städtischen Kunstvereins. Die eigentliche Handlung bilden fragmentarische Miniaturszenen zwischen 15 Personen, die in unterschiedlichsten Beziehungen zueinander stehen. In sich ständig überlagernden und ablösenden Dialogen und Monologen werden die privaten und intimen Geschichten und Probleme eines bürgerlichen Personenkreises aufgedeckt. Hinter der gesteigerten Rhetorik ihrer Auseinandersetzung offenbart sich ein schlimmer Mangel an echter Emotionalität und Kommunikationsfähigkeit: je wort- und kunstreicher der Dialog, umso beschränkter und unechter die Gefühle. Die pseudointellektuellen Daueranalysen führen so zu gegenseitigen Verletzungen.

Gegenüber „Trilogie des Wiedersehens" und „Groß und Klein" ist „Kalldewey. Eine Farce" (Uraufführung 1982) inhaltlich zwar eine Reduzierung, in der theatralischen Darstellung psychosozialer Verhältnisse jedoch eine Steigerung und Radikalisierung. Wie der Untertitel „Farce" schon andeutet, hat Botho Strauß in diesem Stück den „alltäglichen Wahn" heutiger Lebensverhältnisse noch zugespitzter und provozierender inszeniert.

Nach der Vorlage des „Sommernachtstraumes" von Shakespeare entstand das Stück „Der Park" (1983). Die heidnischen Gottheiten Oberon und Titania treten darin ebenso auf wie die beiden sich über Kreuz liebenden Paare, die hier Georg und Helen, Wolff und Helma heißen, statt „sommernächtlicher" Leidenschaft und Gefühlsverwirrung aber eher so etwas wie „geschäftliche" Sexualbeziehungen verkörpern.

In der Komödie „Besucher" (1988) erleben wir drei Schauspieler und einen Regisseur, die ein neues Stück proben – Theater im Theater –, und zwar ein Drama, in dem es um Gentechnologie geht. Wich-

tig an diesem Stück ist dabei nicht die Handlung des Binnendramas, sondern die Beziehung zwischen den drei Hauptdarstellern, die in der für Strauß typischen Weise als eine Kombination aus Alltagsrealität und künstlerischen Symbolen gestaltet wird.
„Schlußchor" (Uraufführung 1991) ist das Stück von Botho Strauß, das die aktuellen Ereignisse der deutschen Wiedervereinigung aufgreift. Es stellt aber nicht deren politische Wirklichkeit auf der Bühne dar, sondern setzt das Thema um in z. T. betont stilisierte, unwirkliche Szenen und Bilder.
1996 wurde das Stück „Ithaka" uraufgeführt, eine Bearbeitung des antiken Stoffes der Heimkehr von Odysseus auf seine Heimatinsel und der Tötung der Freier um seine Frau Penelope. Die aktuellen Anspielungen gaben Anlass zu der Frage, ob der Autor hier nicht auffallend konservative Positionen in Bezug auf Vaterland, Recht und Ordnung vertrete.

10 Postdramatisches Theater: René Pollesch

Charakteristisch für das Theater seit den frühen 90er-Jahren sind die Vielzahl konkurrierender Stile und Programmatiken und die enorme Verschiedenartigkeit der Formen und Inhalte. Zwar gibt es inhaltlich, motivlich und ästhetisch so manche Übereinstimmungen mit den Dramen der 70er- und 80er-Jahre im Hinblick auf Bilder von Aggression und Gewalt, Sexualität und Perversion, Geschlechterkampf, Kommunikationsverlust, private und kollektive Untergangszenarien sowie in Bezug auf die Überbietung von Provokationen gegenüber einer Überfluss-, Spaß- und Mediengesellschaft. Andererseits verstärkt sich der Trend weg vom dramatischen Text und hin zu einem einfallsreichen und effektvollen Umgang mit modernen Medien sowie zu Spiel-im-Spiel-Strukturen. Trotz markanter politischer und gesellschaftlicher Umwälzungen findet eine Re-Politisierung des Theaters im Sinne eines politischen Engagements nicht statt, vielmehr dominieren diesbezüglich eher Formen des Indirekten.
Eine Richtung des **postdramatischen Theaters** im vorliegenden Zeitraum ist das **Performance-Theater**. Neue Inszenierungsformen machen aus dem Theater Happenings, Tanz-Aufführungen (z. B. Pina Bausch), Comedy-Acts etc.; sie nehmen Anleihen bei Film, Fernsehen und Neuen Medien; sie suchen alternative Spielorte wie Sportarenen, Nervenheilanstalten, Fabriken oder Einkaufszentren. Das Performance-Theater will die Aufhebung der traditionellen Trennung von Kunst und Politik, es will vielmehr die Integration in die Straße. Das Performance-Theater verzichtet auf die traditionelle Bedeutungsebene jedes Erzähltheaters: keine Handlung, keine Geschichte, keine Figuren, in die sich die Schauspieler bzw. Tänzer verwandeln – und damit: keine vom Bühnengeschehen deutlich abgehobene Fiktion.
Gleichzeitig werden in den frühen 90er-Jahren Elemente des absurden, experimentierenden und ästhetischen Theaters von Peter Handke und Botho Strauß oder aber von Autoren wie Rainald Goetz, Elfriede Jelinek, Werner Schwab oder Marlene Streeruwitz weitergeführt, wobei eine radikale Abkehr von den Einheiten Ort, Zeit, Handlung und Figuren deutlich wird. Die Sprache der Gattung Drama wird erschüttert, es dominiert die visuelle Dramaturgie.
Das postdramatische Theater wendet sich also ab vom etablierten Gattungsmuster Drama, indem es weitgehend auf die zum Drama gehörende Fabel verzichtet, sich den Koordinaten Raum – Zeit – Handlung entzieht und einen neuen Umgang mit der körperlichen Präsenz der Figuren einfordert. Der dramatische Text tritt zugunsten visueller Zeichen, zugunsten des Bühnengeschehens, der Ausstellung des Textes und der Körper der Schauspieler in den Hintergrund. Statt einer Figurenrede wird ein Textfeld präsentiert, das einer oder mehreren Stimmen zugewiesen werden kann, oder ein Theatertext, der aus einem Prosatext oder gar lediglich aus einem Nebentext besteht. Da auf solche postdramatischen Texte Begriffe wie „Drama", „Schauspiel" oder „Stück" nicht mehr zutreffen, wird vermehrt die Bezeichnung „Theatertext" verwendet. Postdramatische Elemente solcher Theatertexte sind häufig Zitat und Wiederholung, collagenhafte Überlagerung und Montage bereits existierender Texte, Bilder und Fragmente, nachgebildete Diskurse (Abhandlungen), eine als Material ausgestellte Sprache, eine Handlung, die sich der Erwartungshaltung der Leser in puncto Verstehen entziehen kann, und schließlich die Verknüpfung des Theaters mit modernen Medien.

Spätestens seit der Übernahme (2001) und der Entwicklung der Spielstätte „Prater" der Berliner Volksbühne zu einem der zentralen Spielorte für postdramatische Spielformen gilt der Theaterautor und -regisseur René Pollesch (*1962) als stilbildender Dramatiker, der mit seinen Theatertexten und Inszenierungen provoziert und polarisiert. Als einer der Hauptvertreter des postdramatischen Theaters setzt er sich auf ganz spezifische Weise und unter verschiedenen Blickwinkeln mit Erscheinungsformen und Bedingungen der gegenwärtigen Arbeitswelt und Mediengesellschaft auseinander.
Polleschs postdramatisches Theater verknüpft Kapitalismuskritik und französische Sozialtheorie mit diversen Medienformaten (Film, Videoclip, Spielshow, Soap usw.) und popkulturellen Verweisen, mit philosophischen Abhandlungen, Wirtschaftsslang und Worthülsen der Politikersprache. Der mehrfach ausgezeichnete und 2002 von der Zeitschrift „Theater heute" zum besten deutschen Dramatiker ausgezeichnete Pollesch inszeniert seine Texte als pointiertes und aggressives Diskurs-Theater, wie seine „Heidi Hoh-Stücke" (1998–2001) oder die sogenannte „Prater-Trilogie" (2004/2005) belegen. In eine etwas andere Richtung gehen Texte wie „Das purpurne Muttermal" (2007) und „Ping Pong d'amour" (2009), die auf unterhaltsame Weise Gesellschaftssatire mit Glamour und überdrehter Salonkomödie kreuzen.
Polleschs Schreiben ist bestimmt von seinem Wunsch nach Verortung und Orientierung in einer komplexer und komplizierter werdenden Welt. Diese Orientierungssuche wird kombiniert mit Themen wie der Privatisierung des öffentlichen Raums oder der Auflösung der menschlichen Identität im Zeitalter von Globalisierung, Internet und Volksvermarktung; stets richtet sich sein Blick auf scheinbare Identitäten und Wahrnehmungen.

Polleschs „postdramatisches Theater" besitzt eine spezifische Ästhetik:

- Angriff auf die Vorherrschaft des Textes im Theater
- Verweigerung jeglicher Rollenidentität und Rollenpsychologie seitens der Schauspieler
- Permanente Bewegung von Schauspielern, Bühnenbild, Kostümen und vor allem Sprache
- Turbodialoge im Sinne von Schnellsprechen bzw. Wortschwallen
- Geschriene Kernaussagen und ein fortwährender Redefluss aus intellektuellen Diskursen
- Banaler, aneinander vorbeiredender Small Talk
- Szenische Bildmontagen, Videoclip-Rhythmus und Zapp-Ästhetik
- Angepasste Filminhalte, Filmmotive und Musikeinblendungen
- Kalauer, Komik, Klamauk, Kabarett und Slapstick ...

In Polleschs Texten bzw. Inszenierungen ist alles ständig im Wandel – und das bei höchstem Tempo; einen endgültigen Text gibt es nicht. Zu Polleschs Text- und Theaterform gehört auch, dass die Schauspieler an der Textproduktion und -entwicklung beteiligt sind.

Mediale Formate, Stoffe und „Erzählweisen" besitzen eine große Bedeutung für Polleschs Texte. So nutzt er filmische Medien, um bestimmte Affekte und Effekte zu erzielen. Western, sogenannte B.-Movies, Science-Fiction-Serien, Soaps usw. dienen Pollesch als Impuls und Materiallager. Er nutzt diese Vorlagen, um sie auf Themen zu beziehen, die in seinen Theaterdiskursen abgehandelt werden. Bereits mit der Gattungsbezeichnung „Theater-Soap" kennzeichnet Pollesch seine in Serie produzierten, als Unterhaltungstexte konzipierten Theatertexte – ohne Anspruch auf literarische und kulturelle Langzeitwirkung – als intermediale Zwitter (vgl. „world-wide-web-slums 1–10").

Bezeichnungen wie „No-Soap", „Snuff-Comedy" oder „Telefavelas" verweisen auf theatrale Kreuzungen und eine nur scheinbare Ähnlichkeit, ist doch d i e Grunderfahrung der **Postmoderne** die **mediale Entmachtung der Wahrnehmung**. Polleschs Theatertexte sind eine Reaktion darauf, dass die digitale Revolution die Welt der Bilder total kontrollierbar und manipulierbar gemacht hat. Für Pollesch ist das Theater nicht der Ort der Repräsentation der Welt, sondern Teil der Wirklichkeit. Wie anderen Autoren (u. a. Albert Ostermaier, Falk Richter) geht es auch ihm um die mediale Herstellung von Authentizität in einer Erlebnis- und Spaßgesellschaft, die das Leben als permanente Performance sieht, der das Reale abhandengekommen ist und in deren ereignis- und geschichtslosem Lebenslauf die Laufzeiten von Fernsehserien zum Gradmesser der Lebensspanne werden.

Polleschs Theatertext „Insourcing des Zuhause. Menschen in Scheiss-Hotels" verarbeitet einen wissenschaftlichen Text der Autorinnen Brigitta Kuster und Renate Lorenz, der sich mit sogenannten Boarding Houses auseinandersetzt, Häuser, die als Kombination von Hotel und Zuhause konzipiert sind. Bereits zu Beginn des Stücks wird das zentrale Thema deutlich: die Entgrenzung der Sphäre individueller Privatheit durch marktorientierte Dienstleister, die eine Art Zuhause-Gefühl produzieren. Die drei Darsteller N., T. und C. verkörpern keine Rollen, sondern sind Kürzel für die Privatnamen der Schauspielerinnen.

INSOURCING DES ZUHAUSE. MENSCHEN IN SCHEISS-HOTELS (2001) I

René Pollesch nach Lorenz, Kuster, Boudry

N: Nina Kronjäger, T: Christine Groß, C: Claudia Splitt

N: Dieses Hotel HIER ERINNERT MICH an zu Hause.

T: Und das ist Service.

C: Dass ich hier an irgendwas erinnert werde.

N: Aber woran denn, was soll denn das sein „Zuhause"?

C: Was ist das hier?

T: Hotel!

N: Da ist dieses Produkt „Zuhause", und das ist jetzt eben in diesem Hotel.

T: Insourcing des Zuhause.

C: Dieses Hotel produziert Zuhause.

T: Und die Einrichtung sieht echt scheisse aus, aber alle Angebote sonst sind attraktiv. Alles, was man nicht sieht. Alle Dienstleistungen hier sind irgendwie ATTRAKTIV!

N: Alles was man hier NICHT SIEHT, IST ATTRAKTIV!

T: All die Erinnerungen an ZU HAUSE!

C: Ja, gut, aber durch welche sozialen Praktiken soll hier eine Vorstellung von Zuhause produziert werden? Durch was denn?

N: Ich hab ein persönliches Verhältnis zu dir, und deshalb ist das hier Zuhause.

T: HALT'S MAUL!

N: Ich will mein Zuhause mit dir realisiern!

T: Ja, gut aber ICH NICHT! SCHEISSE! ICH NICHT!!

N: Diese sozialen Kämpfe.

C: An der Wohnfront 2001.

N: Du bist in diesem Hotelzimmer, und du suchst nach der Mini-Bar, aber da ist keine.

T: MIST!

N: Wie zu Hause.

Szene aus dem Theaterstück „Insourcing des Zuhause. Menschen in Scheiss-Hotels", das im Jahr 2001 auf der Volksbühne Prater aufgeführt wurde

C: In diesem Hotel sehen die Zimmer gar nicht aus wie Hotelzimmer.

N: Und wo ist denn das Scheiss-Foyer hin? Plötzlich gibt es in diesen Hotels nichts mehr, was ich mit Hotels verbinde, sondern eher mit einer Vorstellung von Zuhause.

C: Zuhause als Service.

T: Ich bin in diesem Hotel, und da gibt es diese fliessenden Übergänge zwischen Wohnen und Arbeiten!

N: Wie zu Hause.

C: Und du kannst da ein Zuhause realisiern mit den Beschäftigten.

T: Beschäftigtenzuhause.

C: Da ein Zuhause nur f ü r jemanden entstehen kann, ist das Hotel auf die Mitarbeit der Kunden angewiesen, die ihr Zuhausegefühl unter anderem in den persönlichen Beziehungen zu den Dienstleistern realisiern.

N: Hier wird ein Zuhause produziert und das braucht deine Mitarbeit.

C: Allein mit Service lässt sich der Verlust des Zuhause nicht kompensieren. Um eine Vorstellung von

Zuhause zu produziern, braucht dein Hotel deine Mitarbeit. Damit du das überhaupt realisieren kannst, dieses Gefühl hier zu Hause zu sein, in dieser Zuhausefabrik, musst du mitarbeiten.

N: Ja, gut, und das tu ich ja auch, ich liebe alle, die in diesem Hotel arbeiten.

T: Love-Hotel!

N: Und die lieben mich, oder schätzen mich sozial, das weiss ich GRADE NICHT WAS DIE TUN! Ob die mich lieben, oder nur irgendeine bezahlte persönliche Anteilnahme produziern. DIE ECHT IST! Irgendeine Bargeldanteilnahme, die echt ist. Oder irgendwas über Kreditkarte, das echt ist. Und hier! HIER! Hier war doch immer eine Mini-Bar. Wo ist die hin? SCHEISSE! Oder das Foyer! In diesem Hotel gab es doch mal ein Foyer zur Selbstrepräsentation. Was ist denn aus der geworden? Was ist denn aus der Scheiss-Selbstrepräsentation geworden?

T: Die wird hier tendenziell eingespart.

C: Selbstrepräsentation gibt es nur noch auf deinem Zimmer.

N: AHHH!

C: Dieses Hotel bietet Zuhause als Produkt an.

T: Dann ist das hier eine Fabrik.

N: Für Gefühle und so was. Und Interaktion und so was. Dann ist das hier eine Fabrik für Kommunikation…

C: … zwischen den Gästen und den Mitarbeiterinnen des Reinigungsservice in diesem Hotel, in dem Zuhause produziert werden werden soll.

T: Die Frau vom Reinigungservice braucht deine Mitarbeit bei der Realisierung eines intimen Verhältnisses und damit in diesem Hotelbetrieb Zuhause entstehen kann. Die Produktion von Zuhause braucht deine Mitarbeit, du Scheiss-Hotelgast.

C: Da gibt es ein Insourcing des Zuhause bei gleichzeitigem Outsourcing der Hausarbeit.

N: Die muss ich einfach nicht machen.

T: Und das geniesse ich hier irgendwie in diesem Hotel!

C: Hausarbeit muss ich einfach nicht machen, oder nur, um mir die Illusion von Zuhause zu erhalten. Und das ist dann mein Beitrag zur Zuhauseproduktion.

N: Ich kann unfreundlich sein, ohne irgendwas wieder in Ordnung zu bringen. Ich geniesse persönliche Zuwendung gegen Bezahlung ohne emotionale Gegenleistung. OHNE EMOTIONALE GEGENLEISTUNG! Das muss einfach nicht sein, dass ich hier EMOTIONAL IRGENDWAS GEGENLEISTE!

T: Ja, gut, halt's Maul.

C: Gegenüber diesem Zuhause-Personal.

T: Ja, sei unfreundlich! Das ist auch eine emotionale Leistung.

N: Aber die ist nicht mit soviel AUFWAND VERBUNDEN!

T: In Hotels gibt es normalerweise diese formalisierten Leistungen und Gegenleistungen, aber hier in dieser Zuhausefabrik kannst du die Arbeitsleistungen, die dir entgegengebracht werden, mit der Vorstellung aufladen, dass sie dir zustehn, weil du gut und erfolgreich arbeitest.

C: In diesem Hotel, das Zuhause produziert, darf ein Gespräch mit den Gästen nicht wie eine bezahlte Tätigkeit wirken; es erfüllt die Betriebsanforderungen nur dann, wenn es wie eine persönliche Anteilnahme wirkt bzw. eine IST!

N: Alles hier ist ECHT UND BEZAHLT!

T: In dieser Fabrik, die Zuhause produziert, müssen bezahlte Tätigkeiten wie eine persönliche Anteilnahme wirken.

C: Und wer will das kontrollieren?

T: Der Blade Runner.

N: Irgendein Androidenjäger kontrolliert, ob deine persönliche Anteilnahme hier in diesem Hotel und an deinen Gästen ECHT IST!

C: Ja, gut, dann lass jetzt eben den Blade Runner oder Personalchef kommen, und dann werden wir ja sehen, ob die Emotionalität, die ich hier performe echt ist oder nicht.

N: Performe Emotionalität, die echt ist.

T: Formen von Arbeit, die Fähigkeiten einsetzen, die der Persönlichkeit und Subjektivität zugeordnet werden.

N: Und das ist doppelt produktiv: Zum einen erwirtschaften sie Profit zum andern zementieren sie gesellschaftliche Normen über Sexualität und Geschlecht.

T: Performe Zement!

N: Du performst hier Emotionalität und die zementiert gesellschaftliche Geschlechterdifferenzen.

T: Performe Emotionalität!

N: ICH LIEB DICH! Und ich will jetzt, dass du mit mir hier Zuhause realisierst in diesem HOTEL! Alles hier erinnert mich an zu Hause, dass es keine Minibar gibt und deine echten Gefühle, das erinnert mich alles an IRGENDWAS! Zuhause oder Dingsda oder WAS DA MAL WAR!! Ich darf nur nicht dauernd daran denken, dass das hier diese Gefühlsfabrik ist. Dass ich hier Liebe realisiere in dieser Gefühlsfabrik. In dieser Zuhauseproduktion! Daran will ich einfach NICHT DENKEN! Und dann finde ich gut, dass das hier nur VERDECKT VORKOMMT! DIESE PRODUKTION VON LIEBE! Das will ich einfach nicht wissen, dass hier Liebe produziert wird durch unternehmerisch orientierte soziale Praktiken. Das will ich EINFACH NICHT WISSEN! Ich will dich ja einfach nur lieben in dieser PRODUKTION VON ZUHAUSE! UND VERGESSEN, dass ich für das alles hier bezahle, für die Liebe, dafür, dass ich mit dir eine Beziehung realisiere, in dieser GEFÜHLSFABRIK HIER! Hier wird ein Zuhause produziert! In diesem Hotel! Diese Fabrik hier erinnert mich an zu Hause oder an meine Beziehung zu dir und wie ich sie realisiere. Und das wirft doch ein Licht auf unsere Produktion von Zuhause da zu Hause, so wie es in diesem Hotel produziert wird. Wie hier Gefühle produziert werden, da frag ich mich doch wie das ist mit der PRODUKTION VON GEFÜHLEN ZUHAUSE!

Clip

N: Zuhause bietet dir eine angenehme Abgeschiedenheit.
C: Und die wird mit sozialem Ansehen verbunden.
T: Und alles andere ist draussen. Und Zuhause und Sicherheit und Ordnung wird mit sozialem Ansehen verbunden.

Pollesch, René, INSOURCING DES ZUHAUSE. MENSCHEN IN SCHEISS-HOTELS, in: Masuch, Bettina (Hrsg.), Wohnfront 2001–2002, Volksbühne am Rosa-Luxemburg-Platz und Alexander Verlag, Berlin 2002, S. 43 ff.

1. Geben Sie den Inhalt der Szene wieder.
2. Welche Merkmale des postdramatischen Theaters sind in der Szene erkennbar?
3. Charakterisieren Sie die „Reden" der Schauspielerinnen.
4. Was bedeutet die Infragestellung des Dramatischen für die Schauspieler bzw. das Publikum?

Ausgewählte Autoren und Werke des postdramatischen Theaters

Schwab, Werner:	Die Präsidentinnen (1990)
Streeruwitz, Marlene:	Waikiki-Beach (1992)
Goetz, Rainald:	Jeff Koons (1998)
Ostermaier, Albert:	The making Of. B.-Movie (1998)
Richter, Falk:	Gott ist ein DJ (1999)
Danckwart, Gesine:	Arschkarte (2000)

11 Neorealistisches Theater: Marius von Mayenburg

Der Fall der Mauer, zunehmende Arbeitslosigkeit, Fremdenfeindlichkeit und rechtsradikale Tendenzen, Massenkommunikation und die Isolation des Einzelnen in der modernen Medienwelt, Globalisierung und Migration sowie die Auflösung sozialer Gefüge und Werte sind zentrale Themen des Theaters seit den 90er-Jahren – und nach wie vor auch die Auseinandersetzung mit totalitären politischen Systemen.

Auf die veränderte gesellschaftliche Realität gibt das Theater seit den 90er-Jahren sehr unterschiedliche Antworten – inhaltlich und formal: Neben Endzeit- und Untergangsszenarien (vgl. Elfriede Jelineks „Anti-Theater-Stücke", Christoph Heins „Ritter der Tafelrunde" oder Tankred Dorsts „Wegen Reichtum geschlossen") stehen Stücke, die grotesk-ironisch mit gescheiterten Visionen spielen (z. B. Thomas Jonigks „Du sollst mir Enkel schenken"); in Heiner Müllers „Germania 3", Einar Schleefs „Totentrompeten" und Frank Castorfs „Dämonen" werden zur Absurdität verkommene politische Utopien thematisiert, während René Pollesch sich mit der gegenwärtigen Arbeitswelt und Mediengesellschaft auseinandersetzt.

Unter dem Einfluss der Londoner Theaterszene (Marina Carr, Sarah Kane, Mark Ravenhill) und des Norwegers Jan Fosse entwickelt sich in den 90ern eine Theaterrichtung, der es nicht nur um Sprache und eine bestimmte Form geht, sondern um Themen mit Wirklichkeitsgehalt, um die Darstellung realistischer Geschichten.

Marius von Mayenburg und andere Autoren des **neorealistischen Theaters** verwenden einerseits zwar Elemente der sogenannten Postdramatik, präsentieren andererseits mit ihren Texten aber auch wieder Geschichten; ihre Figuren besitzen eine Psychologie und sie loten Handlungsspielräume aus. Damit taucht auf der Bühne wieder ein handlungsfähiges, wenn auch sozial meist ohnmächtiges Individuum auf. Im Zusammenhang mit dem neorealistischen Theater wird deshalb von der Rückkehr des Helden, des Dramatischen, des Politischen und des Realistischen gesprochen. Dies bezieht sich jedoch nicht nur auf den Inhalt der Texte, damit sind auch die Form der Darstellung und die Ziele seiner Umsetzung auf der Bühne gemeint.

Die Theatertexte Mayenburgs, Bergs, Bukowskis, Lohers, Rinkes, Schimmelpfennigs u. a. setzen sich auf unterschiedliche Weise mit dem gesellschaftlichen Alltag auseinander. Einerseits stehen sie in der Tradition des sozialen Dramas eines Georg Büchner („Woyzeck") sowie in der des realistischen und kritischen Volksstücks eines Ödön von Horváth („Geschichten aus dem Wiener Wald") bzw. eines Franz Xaver Kroetz („Mensch Meier"). Wie dort erscheinen auch im neorealistischen Theater die Figuren oft als stark typisierte Vertreter einer bestimmten gesellschaftlichen Gruppe; ihrer sozialen Entfremdung entsprechen eine (künstliche) Sprache und gestörte Dialoge, die oft im Verstummen bzw. in völlige Stille oder in expressiven Ausbrüchen münden; oft grotesk wirkt der Wechsel zwischen Komischem und Grauenhaftem; schließlich sind die Figuren bestimmt durch Macht- und Ohnmachtsbeziehungen. Der gesellschaftskritischen Tradition des sozialen Dramas und Volksstückes steht das neorealistische Theater schließlich mit seiner Sozialkritik auch inhaltlich nahe.

Andererseits weist das neorealistische Theater – in unterschiedlichen Ausprägungen (z. B. Rinke, Danckwart) – Abweichungen von dramatischen Elementen auf. Wie andere Formen der Postdramatik löst es elementare Parameter des Theaters wie Raum, Figur, Gestik und Mimik, Licht usw. aus ihrer Unterordnung unter den dramatischen Text. Die sogenannte Wiederkehr des Textes im neorealistischen Theater geschieht also nicht im Sinne der Wiederherstellung der Ganzheit und Geschlossenheit des Dramas, sondern eher im Sinne des Unspektakulären und Alltäglichen, des Banalen und Grotesken, vor allem aber im Sinne des Fragmentarischen. Den Abweichungen vom Drama entspricht auch das Spiel mit einer Ästhetik, die unsere Wirklichkeit mehr und mehr bestimmt, z. B. die Verknüpfung verschiedener Medien, die Verwendung einer medial geprägten Alltagsästhetik und Sprache, die Verwendung eines sozialen Sprachgestus und verknappter Dialogtechnik, raffinierte Verschiebungen der Erzählperspektive von der ersten zur dritten Person und zurück, ausgeklügelte Montagen usw.

Marius von Mayenburgs Theatertexte „Feuergesicht" (1997), „Parasiten" (1999), „Das kalte Kind" (2002) oder „Der Häßliche" (2007) u. a. sind schonungslos konsequente Auseinandersetzungen mit Identitäts- und Entfremdungsproblematik, mit Beziehungs-, Familien- und Generationenkonflikten. Sie beleuchten auf sehr spezifische Weise die Schattenseiten der bundesrepublikanischen Erfolgs- und Erlebnisgesellschaft. Sein preisgekröntes Stück „Feuergesicht" ist repräsentativ für einen viel gespielten Typus in den 90er-Jahren (z. B. S. Berg, J. von Düffel, T. Jonigk, D. Loher), der die Familie als Urproblem entlarvt, als Quelle der Zerstörung und als Kern gesellschaftlicher Auseinandersetzungen. Der Autor knüpft hier an die Dramaturgie Dürrenmatts an, wenn er die Ansätze von Aggressionen bis zum Schlimmstmöglichen zu Ende denkt.

Im Vergleich zu älteren Pubertätsstücken wie Wedekinds „Frühlingserwachen" wird in „Feuergesicht" die Problematik radikalisiert, indem ausschließlich die elementare jugendliche Pubertätserfahrung, die Weigerung, erwachsen zu werden, die Ablehnung der Elternwelt thematisiert wird, nichts anderes zur Sprache kommt und die Figuren eingesperrt sind wie in einem Gefängnis. Die Mitglieder der Familie liegen mit sich selbst im Konflikt und daraus entsteht der Generationenkonflikt – also nicht aufgrund äußerer Konstellationen.

Wie die meisten Autoren des neorealistischen Theaters bietet auch Mayenburg keine Lösungen an; vielmehr spürt er in „Feuergesicht" am Beispiel einer Familie der Entfremdung, Aggression und Gewalt nach, die unter der scheinbar friedlichen, toleranten und selbstzufriedenen Oberfläche einer Gesellschaft lauern, für die es keinen Ausweg und keine Lösung gibt.

In Kurzszenen ohne klare räumliche Zuordnung, teilweise nur wenige Sätze langen Szenensplittern, in kalkulierten Andeutungen und Aussparungen – Lücken muss der Leser/Zuschauer ergänzen –, in banaler „Familien-Sprache", in Jugendjargon und in Diskursen zu Heraklits Kosmogonie („Die Welt entsteht aus dem Feuer") gestaltet von Mayenburg die Rebellion von Heranwachsenden gegen die Erwachsenenwelt und deren Normen und Werte. Der 15-jährige Kurt stößt mit seiner Aufsässigkeit bei seinen Eltern ins Leere, sie ersticken ihn mit Verständnis oder zeigen Desinteresse. Der Fund eines verbrannten Vogels beunruhigt die Erwachsenen nicht und nach einem Feuer in der Schule offenbart sich ihre Hilflosigkeit, wenn die Mutter Salbe auf Kurts verbranntes Gesicht aufträgt und noch immer nichts wahrhaben will. Kurts Schwester Olga erpresst sich für ihr Schweigen die Teilnahme an Kurts Brandstiftungen und gemeinsam stillen sie auch ihre sexuelle Neugier. Doch auch Olga kann ihren Bruder nicht aushalten und sie verlässt ihn mit ihrem Freund Paul, nachdem Kurt seine Eltern erschlagen hat und bevor er sich selbst anzündet.

Die beiden Lebensmaximen Kurts „Ich werde nicht wie die. Niemals" (S. 19) und „Einzeln werden, sich rausklappen aus den Verbindungen und alles dicht machen ..." (S. 68) werden konsequent bis zur Schlusskatastrophe verwirklicht. Das Verkapselungsmotiv verknüpft von Mayenburg mit dem Feuermotiv, der gesamte Text ist von dem Wort- und Metaphernfeld „Feuer" bestimmt. Kurt erlebt sein Dasein von der Geburt bis zum Tod als Verbrennungsvorgang. Die Bedeutung des Feuers bildet das Gegenstück zu Kurts zentralem Trauma: seine eigene Geburt. Kurt verbindet damit lediglich Ekel, Kindheit bedeutet für ihn Mangel, Abhängigkeit, Demütigung und Verweigerung von Identität. Die Figuren Mayenburgs besitzen eine fragmentarisierte Selbstwahrnehmung und lediglich bruchstückhafte Ich-Bilder. Die Identitätsproblematik gipfelt letztlich in der Ermordung der Eltern durch Kurt und in seiner Selbstverbrennung:

Feuergesicht (1997) | Marius von Mayenburg

OLGA Ich hab nichts machen können. Sie sind in den Keller gegangen, als ich geschlafen habe. Ich weiß nicht, wie sie darauf gekommen sind.
KURT Tut nichts.
OLGA Morgen kommst du zur Polizei. Die sperren dich ein, das geht nicht.
KURT Tut nichts. Ich bin schon weiter. Hol den Hammer.

MUTTER Hans? Hans wach auf!
VATER Was denn?
MUTTER Da ist wer im Raum.
VATER Hm?
MUTTER Da ist wer.
VATER Unsinn.
MUTTER Doch. Mach das Licht an.
VATER Hm. *Er macht das Licht an.* Was macht ihr da?
MUTTER Ihr seid das?
VATER Wollt ihr reden? Es ist spät.
MUTTER Die wollen nicht reden. Die schauen nur.
VATER Gehen wir in die Küche.
MUTTER Wie die Wachspuppen.

„Feuergesicht" von Marius von Mayenburg, Inszenierung des Deutschen Theaters aus dem Jahr 2000

VATER Ich zieh den Bademantel an.
KURT Halt ihn fest.

KURT *zitiert* Es wird ein Gericht stattfinden durch das Feuer, über die Welt und alle Dinge, die in ihr sind. Das Feuer hat Vernunft und regiert alle Dinge. Das Feuer wird herankommen und alles erfassen und richten. Ich will mich hinsetzen.

PAUL Von den Brandstiftungen hab ich reden gehört, und man hats auch sehen können und sogar riechen, den Rauch. Das war mir sofort klar, wie ich dagestanden hab mit dem Müllsack voll Asche, und das sind meine Sachen gewesen, da war mir klar, die Häuser, das ist auch der Kurt gewesen mit der Olga. Und ich hab zu den Eltern gesagt, riecht das nach Benzin bei euch, mehr nicht, der Rest ist von allein passiert. Ich hab auch gewusst, dass sie die Häuser zusammen angesteckt haben. Die Olga hat so gefunkelt mit den Augen und gezittert, am liebsten hätte sies mir ins Gesicht geschrien, dass sie das war. Ich habs gewusst, dass sie auch dabei war, und nicht nur der Kurt. Aber gesagt hab ich nichts.

OLGA Sag was.
KURT Ich mag nicht reden.
OLGA Es ist so still.
KURT Das musst du aushalten.

OLGA Das ist das Schlimmste: wenn sie alle schlafen. Dann hör ich mein eigenes Blut im Kopf rauschen. Lieber ist es mir, sie reden. Wenn sie sich streiten, ist es gut. Jetzt, wo es so still ist, krieg ich Angst zu schlafen. Sie könnten dann im Zimmer sein. Ich mach die Augen zu: klapp links, klapp rechts, gehn die Türen vom Schrank auf, und die stehn drin, links und rechts in unsern Kleidern, im Dunkeln, mit weißen Augen, und schauen ganz nah.

OLGA Was machen wir jetzt?
KURT Nichts. Wir machen die Tür zu.
OLGA Es ist so still im Haus.
KURT Es ist nicht anders als vorher.
OLGA Etwas ist schon anders.
KURT Sie waren schon vorher tot. Jetzt bleiben sie liegen und sickern in ihre Matratzen. Kaum ein Unterschied.
OLGA Das Quietschen auf den Dielen fällt weg, wenn sie nachts aufs Klo schleichen.
KURT Das hat es nie gegeben.
OLGA Und ihr Reden, wenn sie essen, wenn sie versuchen, uns was zu sagen. Das fällt jetzt weg.
KURT Hat es nie gegeben. Schon lang nicht mehr, und ich hatte es schon vergessen. Bald weißt du auch nichts mehr davon.
OLGA *spricht im Schlaf* Sie geht nicht tot. Du hast sie nicht gut getroffen. Du kannst jetzt nicht aufhören, du musst sie ganz hinmachen. Sie soll aufhörn zu schreien. Mach. Du kriegst sie nicht tot. Die bewegt sich noch. Die zuckt noch. Einmal zart und zweimal hart.

Mayenburg, Marius von, Feuergesicht, Parasiten, Verlag der Autoren, Frankfurt/M. ^{2}2003, S. 62 ff.

1. Fassen Sie den Inhalt des Textes aus von Mayenburgs Drama kurz zusammen.
2. Analysieren Sie die Sprache Kurts.
3. Welche Merkmale des neorealistischen Theaters erkennen Sie in dem Textauszug?
4. Warum stellt der Generationenkonflikt ein zentrales Thema im neorealistischen Theater dar?

Ausgewählte Autoren und Werke des neorealistischen Theaters

Loher, Dea:	Tätowierung (1992); Olgas Raum (1992); Der dritte Sektor (2001)
Jonigk, Thomas:	Du sollst mir Enkel schenken (1994/1995)
Widmer, Urs:	Top Dogs (1996)
Düffel, John von:	Rinderwahnsinn (1996); Elite I. 1 (2002)
Walser, Theresia:	King Kongs Töchter (1998)
Berg, Sibylle:	Helges Leben (2000)
Rinke, Moritz:	Republik Vineta (2000); Café Umberto (2005)
Ostermaier, Albert:	Erreger (2000)
Bärfuß, Lukas:	Die sexuellen Neurosen unserer Eltern (2000); Alices Reise in die Schweiz (2005)
Danckwart, Gesine:	Täglich Brot (2001); Meinnicht (2002)
Baursima, Igor:	Tattoo (2002)
Schimmelpfennig, Roland:	Angebot und Nachfrage (2003)
Röggla, Kathrin:	wir schlafen nicht (2004)
Marber, Andreas:	Die Beißfrequenz der Kettenhunde (2007)
Bukowski, Oliver:	Kritische Masse (2008)

Kapitel 10: Lyrik – Aspekte zur Gattungsgeschichte

I Lyrik vom Mittelalter bis zum Ende des 19. Jahrhunderts

1 Minnesang

Lyrische Texte sind im Vergleich zu dramatischen und epischen Texten in der Regel sehr kurze und formbetonte Äußerungen eines lyrischen Ich, die im Laufe der Epochen zunehmend subjektiver werden. Im antiken Griechenland war die Lyrik bzw. Poesie eine Einheit von Musik, Tanz und Wort. Neben die Musikalität der lyrischen Sprache als formales Element trat ihre mythisch-religiöse Funktion im Kult. Erst in der höfischen Kultur des Mittelalters waren in der deutschen Literaturgeschichte die Voraussetzungen für eine breite Tradition von lyrischen Texten gegeben, die über verstreute Einzelüberlieferungen von Zauber- und Segenssprüchen hinausreichte. Die **mittelhochdeutsche Liebeslyrik** war am stärksten von der Kunst der provenzalischen Troubadours beeinflusst; aber auch christliche Marienlyrik und volksliedhafte Anregungen fanden Eingang in diese Gattung. Das Wort „Minne" bedeutet ursprünglich „liebendes Gedenken", beinhaltet dann aber auch „Freundschaft", „Zuneigung", „Liebe". Im mittelhochdeutschen Minnesang wird ein gesellschaftlich festgelegtes Ritual des Werbens um die Gunst der Frau in bestimmten literarischen Mustern durchgespielt. Dabei werden viele feststehende sprachliche und inhaltliche Motive (Topoi) verwendet, die den gesellschaftlichen, konventionellen Charakter des Minnesangs unterstreichen. Mittelalterliche Lyrik ist also keine subjektive Erlebnislyrik, sondern vorrangig ein **Spiel mit** allgemeingültigen **Modellsituationen**.

In der **hohen Minne** handelt es sich bei der Umworbenen um die verheiratete und damit für den Minnesänger unerreichbare adelige Dame, in der **niederen Minne** kann die Frau ein Mädchen ohne gesellschaftlichen Rang sein. Der Minnedienst gehörte im Rahmen des Lehenswesens in das System ritterlicher Bewährung. Im Spannungsfeld zwischen gesellschaftlichem Rollenspiel und echtem Empfinden, zwischen Konvention und Individualität, zwischen Erfüllung und Entsagung liegt der Reiz des Minnesangs. Er wurde in der Öffentlichkeit der höfischen Gesellschaft vorgetragen, meist mit Instrumentalbegleitung. Die ursprünglich mündlich überlieferten Gedichte wurden erst ab dem 13. Jahrhundert in Handschriften gesammelt, deren berühmteste die „Manessische Liederhandschrift" ist.

In dem berühmten Minnegedicht von **Walther von der Vogelweide** ist die Natur einbezogen, das Liebeserleben wirkt weniger stilisiert, d. h. unmittelbarer, lebendiger.

Walther von der Vogelweides Gedicht „Unter den Linden", Gemälde von Eduard Ille um 1880

Walther von der Vogelweide (12./13. Jh.)

‚Under der linden
an der heide,
dâ unser zweier bette was,
Da muget ir vinden
schône beide
gebrochen bluomen unde gras.
Vor dem walde in einem tal,
tandaradei,
schône sanc diu nahtegal.

Ich kam gegangen
zuo der ouwe:
dô was min friedel komen ê.
Dâ wart ich enpfangen,
hêre frouwe,
daz ich bin saelic iemer mê.
Kuste er mich? wol tûsentstunt:
tandaradei,
seht wie rôt mir ist der munt.

Dô het er gemachet
alsô rîche
von bluomen eine bettestat.
Des wirt noch gelachet
inneclîche,
kumt iemen an daz selbe pfat.
Bî den rôsen er wol mac,
tandaradei,
merken wâ mirz houbet lac.

Daz er bî mir laege,
wessez iemen
(nu enwelle got!), sô schamt ich mich.
Wes er mit mir pflaege,
niemer niemen
bevinde daz wan er und ich –
Und ein kleinez vogellîn,
tandaradei,
daz mac wol getriuwe sîn.'

„Unter der Linde
auf der Heide,
wo unser beider Lager war,
da kann man sehn
liebevoll gebrochen
Blumen und Gras.
Vor dem Wald in einem Tal
tandaradei
sang schön die Nachtigall.

Ich kam gegangen
zu der Wiese,
da war mein Liebster schon vor mir gekommen.
Da wurde ich empfangen
– Heilige Jungfrau –
daß es mich immer glücklich machen wird.
Ob er mich küßte? Wohl tausendmal,
tandaradei,
seht, wie rot mein Mund ist.

Da hatte er bereitet
in aller Pracht
von Blumen ein Lager.
Daran wird sich freuen
von Herzen,
wer daran vorübergeht.
An den Rosen kann er noch
– tandaradei –
sehen wo mein Kopf lag.

Daß er bei mir lag,
wüßte es jemand
(da sei Gott vor!), so schämte ich mich.
Was er tat mit mir
niemals soll jemand
das erfahren als er und als ich –
und die liebe Nachtigall,
tandaradei;
die wird gewiß verschweigen sein."
(Peter Wapnewski)

Vogelweide, Walther von der, Under der linden, in: Der große Conrady. Das Buch deutscher Gedichte, Patmos Verlag, Düsseldorf 2008, S. 113

1. Ermitteln Sie im Gedicht die Sprecherrolle.
2. Untersuchen Sie, welche Rolle die Natur im Gedicht spielt, und wie das Liebesleben sich darstellt.

Auf der beigefügten CD finden Sie zusätzlich zusammen mit Arbeitsaufträgen das Tageslied „Wie sol ich den ritter nû gescheiden" von Otto von Botenlauben.

2 Sonett

Unter allen Gedichtformen ist die Form des Sonetts am strengsten festgelegt: Es besteht immer aus vier Strophen, wobei die beiden ersten je vier Verse (Quartett) und die dritte und vierte Strophe je drei Verse (Terzett) enthalten. Sogar die Endreime der Quartette sind vorgeschrieben (abba/abba), die Terzette sind durch einen strophenübergreifenden Reim (z. B. cdc/dcd) miteinander verklammert. Die Gedichtform des Sonetts stammt aus der italienischen Renaissance (Petrarca), findet sich bei Shakespeare und im deutschen Barock, aber auch Rilke und der deutsche Expressionismus und sogar die Gegenwartslyrik benutzen immer wieder diese traditionelle Form mit ihrem festen Schema. Der Barockzeit kommt die Zweiteilung dieser Gedichtform in Quartette und Terzette entgegen, weil sie sich eignet, das dialektische Denken dieser Epoche in die entsprechende Strophenform zu bringen. Häufige Gegensätze des dualistischen Weltbildes der Zeit wie Leben und Tod, Zeit und Ewigkeit, Krieg und Frieden können nämlich im Sonett wie These und Antithese gegenübergestellt werden. Da die Verse (häufig Alexandriner) noch oft durch eine Zäsur unterbrochen sind, hat der Dichter eine weitere Möglichkeit antithetischer Gegenüberstellung.

Das Sonett im Barock lebt nicht nur aus seiner dialektischen Argumentationsweise, sondern enthält eine Fülle von rhetorischen Sprachmitteln, die in den barocken Poetiken (Opitz) vorgegeben sind. Zu diesen Sprachmitteln gehören vor allem die Metapher und das Symbol, die Allegorie (Personifikation) und das Emblem (Sinnbild). Obwohl vielen Sonetten die konkreten Erfahrungen von Not und Leid (30-jähriger Krieg) zugrunde liegen, sind diese Gedichte noch keine Erlebnislyrik.

Andreas Gryphius (1616–1664) schuf in seinem Sonett „Es ist alles eitel" ein für die Barockzeit repräsentatives Gedicht. In immer neuen Vergleichen und Bildern wird darin die Vergänglichkeit des menschlichen Lebens beschworen. Trotz seiner offensichtlichen Sterblichkeit will der Mensch sich nicht auf das Ewige besinnen. Von dem Expressionisten **Georg Trakl** (1887–1914) stammt das Sonett „Verfall" (1909). Das lyrische Ich geht darin von positiven Lebensgefühlen aus, es erfährt dann jedoch deren Gefährdung durch das Erleben von Vergänglichkeit. 1636 entstand das Sonett „An sich" von **Paul Fleming** (1609–1640). In Eigenverantwortung, Selbstbeherrschung und Gelassenheit werden Möglichkeiten des Menschen gesehen, sein Leben unabhängig von wechselndem Geschehen zu meistern. **Albrecht Haushofer** (1903–1945), als Widerstandskämpfer gegen den Nationalsozialismus kurz vor Kriegsende erschossen, schuf seine „Moabiter Sonette" während der Haft. Für ihn stellt sich die Frage der Schuld als eine Frage politischer Mitverantwortung in einer konkreten politischen Situation.

Es ist alles eitel (1643) | Andreas Gryphius

Du siehst, wohin du siehst, nur Eitelkeit auf Erden.
Was dieser heute baut, reißt jener morgen ein:
Wo itzund Städte stehn, wird eine Wiesen sein,
Auf der ein Schäferskind wird spielen mit den Herden.

Was itzund prächtig blüht, soll bald zertreten werden.
Was itzt so pocht und trotzt, ist morgen Asch und Bein.
Nichts ist, das ewig sei, kein Erz, kein Marmorstein.
Itzt lacht das Glück uns an, bald donnern die Beschwerden.

Der hohen Taten Ruhm muß wie ein Traum vergehn.
Soll denn das Spiel der Zeit, der leichte Mensch bestehn?
Ach! was ist alles dies, was wir für köstlich achten,

Als schlechte Nichtigkeit, als Schatten, Staub und Wind.
Als eine Wiesenblum, die man nicht wiederfindt.
Noch will, was ewig ist, kein einig Mensch betrachten.

Gryphius, Andreas, Es ist alles eitel, in: Klassische deutsche Dichtung, hrsg. von Fritz Martini und Walter Müller-Seidel, Bd. 18: Lyrik, Herder Verlag, Freiburg 1969, S. 38

Verfall (1909) | Georg Trakl

Am Abend, wenn die Glocken Frieden läuten,
Folg ich der Vögel wundervollen Flügen,
Die lang geschart, gleich frommen Pilgerzügen,
Entschwinden in den herbstlich klaren Weiten.

Hinwandelnd durch den dämmervollen Garten
Träum ich nach ihren helleren Geschicken
Und fühl der Stunden Weiser kaum mehr rücken.
So folg ich über Wolken ihren Fahrten.

Da macht ein Hauch mich von Verfall erzittern.
Die Amsel klagt in den entlaubten Zweigen.
Es schwankt der rote Wein an rostigen Gittern,

Indes wie blasser Kinder Todesreigen
Um dunkle Brunnenränder, die verwittern,
Im Wind sich fröstelnd blaue Astern neigen.

Trakl, Georg, Verfall, in: Der große Conrady. Das Buch deutscher Gedichte, Patmos Verlag, Düsseldorf 2008, S. 600

An sich (1636) | Paul Fleming

Sei dennoch unverzagt, gib dennoch unverloren,
Weich keinem Glücke nicht, steh' höher als der Neid,
Vergnüge dich an dir und acht' es für kein Leid,
Hat sich gleich wider dich Glück, Ort und Zeit verschworen.

Was dich betrübt und labt, halt alles für erkoren,
nimm dein Verhängnis an, laß' alles unbereut.
Tu, was getan muß sein, und eh' man dirs gebeut.
Was du noch hoffen kannst, das wird noch stets geboren.

Was klagt, was lobt man doch? Sein Unglück und sein Glücke
Ist ihm ein jeder selbst. Schau alle Sachen an:
Dies alles ist in dir. Laß deinen eitlen Wahn,

Und eh du förder gehst, so geh' in dich zurücke.
Wer sein selbst Meister ist und sich beherrschen kann,
Dem ist die weite Welt und alles untertan.

Fleming, Paul, An sich, in: Klassische deutsche Dichtung, hrsg. von Fritz Martini und Walter Müller-Seidel, Bd. 18: Lyrik, Herder Verlag, Freiburg 1969, S. 25

Schuld (1944/45) | Albrecht Haushofer

Ich trage leicht an dem, was das Gericht
Mir Schuld benennen wird: an Plan und Sorgen.
Verbrecher wär' ich, hätt' ich für das Morgen
Des Volkes nicht geplant aus eigner Pflicht.

Doch schuldig bin ich. Anders als Ihr denkt!
Ich musste früher meine Pflicht erkennen,
Ich musste schärfer Unheil Unheil nennen,
Mein Urteil hab ich viel zu lang gelenkt ...

Ich klage mich in meinem Herzen an:
Ich habe mein Gewissen lang betrogen,
Ich hab mich selbst und Andere belogen –

Ich kannte früh des Jammers ganze Bahn –
Ich hab gewarnt – nicht hart genug und klar!
Und heute weiß ich, was ich schuldig war ...

Haushofer, Albrecht, Schuld, in: Moabiter Sonette, Langewiesche-Brandt Verlag, Ebenhausen 2008

1. Vergleichen Sie die Bildhaftigkeit in den Sonetten von Gryphius und Trakl vor dem jeweiligen Erfahrungshintergrund.
2. Welche Konsequenzen ergeben sich aus der unterschiedlichen Sprechhaltung der beiden Gedichte?
3. Wodurch unterscheiden sich die „Selbstgespräche" des lyrischen Ich bei Fleming und Haushofer?
4. Stellen Sie die Auffassung von Lebensbewältigung in den Gedichten Flemings und Haushofers gegenüber.

3 Lehrgedicht

Die Epoche der **Aufklärung** mit ihrem Glauben an die **Vernunft** und ihrem **Optimismus**, den Menschen erziehen und bessern zu können, fand in der Lyrik ihren typischen Ausdruck im Lehrgedicht. Im Vordergrund steht darin die Vermittlung von Wissen und Erkenntnis, von Erfahrung und moralischer Einsicht. Die rationalen Elemente bleiben aber in der Epoche der Aufklärung noch fest eingebunden in die religiöse Grundüberzeugung, dass Gott der Schöpfer der Welt ist und in ihr weiterwirkt. In diesen Lehrgedichten gibt es – z. T. sogar wissenschaftliche – Naturbeobachtungen, die zu Betrachtungen über den Sinn der Erscheinungen hinführen und schließlich in die Einsicht einer gottgewollten Ordnung münden. Aus ihr resultiert die Verpflichtung für den Menschen, eine tugendhaft-vernünftige Gesellschaft zu bilden, zu deren Erbauung das aufklärerische Lehrgedicht ebenso dienen soll wie die Fabel. Dieses Programm ist schon aus dem Titel der berühmten Gedichtsammlung „Irdisches Vergnügen in Gott, bestehend aus physikalisch-moralischen Gedichten" (1721–1748) von Barthold Heinrich Brockes ersichtlich.

Im 20. Jahrhundert greift **Bertolt Brecht** (1898–1956) zwar die Tradition des Lehrgedichts auf, aber unter total veränderten Vorzeichen: Die Welt ist nicht mehr eine göttliche Schöpfung, zu der der Mensch dankbar aufblickt, sondern das Resultat politischer und gesellschaftlicher Entwicklungen, für die der Mensch selbst verantwortlich ist. So ist denn auch sein Lehrgedicht „An die Nachgeborenen" im Vergleich zum überzeitlichen Vermächtnis des Aufklärungsgedichts ein aktuelles und skeptisches politisches Testament, in dem der Dichter aus dem Exil um Verständnis für die zwangsläufige Verstrickung des Menschen in schwierigen Zeiten wirbt.

An die Nachgeborenen (1939) | Bertolt Brecht

I
Wirklich, ich lebe in finsteren Zeiten!
Das arglose Wort ist töricht. Eine glatte Stirn
Deutet auf Unempfindlichkeit hin. Der Lachende
Hat die furchtbare Nachricht
Nur noch nicht empfangen.

Was sind das für Zeiten, wo
Ein Gespräch über Bäume fast ein Verbrechen ist
Weil es ein Schweigen über so viele Untaten einschließt!
Der dort ruhig über die Straße geht
Ist wohl nicht mehr erreichbar für seine Freunde
Die in Not sind?

Es ist wahr: Ich verdiene noch meinen Unterhalt
Aber glaubt mir: das ist nur ein Zufall. Nichts
Von dem, was ich tue, berechtigt mich dazu, mich sattzuessen.
Zufällig bin ich verschont. (Wenn mein Glück aussetzt, bin ich verloren.)

Man sagt mir: Iß und trink du! Sei froh, daß du hast!
Aber wie kann ich essen und trinken, wenn
Ich dem Hungernden entreiße, was ich esse, und
Mein Glas Wasser einem Verdurstenden fehlt?
Und doch esse und trinke ich.

Ich wäre gern auch weise.
In den alten Büchern steht, was weise ist:
Sich aus dem Streit der Welt halten und die kurze Zeit
Ohne Furcht verbringen
Auch ohne Gewalt auskommen
Böses mit Gutem vergelten
Seine Wünsche nicht erfüllen, sondern vergessen
Gilt für weise.
Alles das kann ich nicht:
Wirklich, ich lebe in finsteren Zeiten!

II
In die Städte kam ich zu der Zeit der Unordnung
Als da Hunger herrschte.
Unter die Menschen kam ich zu der Zeit des Aufruhrs
Und ich empörte mich mit ihnen.
So verging meine Zeit
Die auf Erden mir gegeben war.

Mein Essen aß ich zwischen den Schlachten
Schlafen legte ich mich unter die Mörder
Der Liebe pflegte ich achtlos
Und die Natur sah ich ohne Geduld.
So verging meine Zeit
Die auf Erden mir gegeben war.

Die Straßen führten in den Sumpf zu meiner Zeit.
Die Sprache verriet mich dem Schlächter.
Ich vermochte nur wenig. Aber die Herrschenden
Saßen ohne mich sicherer, das hoffte ich.
So verging meine Zeit
Die auf Erden mir gegeben war.

Die Kräfte waren gering. Das Ziel
Lag in großer Ferne
Es war deutlich sichtbar, wenn auch für mich
Kaum zu erreichen.
So verging meine Zeit
Die auf Erden mir gegeben war.

III
Ihr, die ihr auftauchen werdet aus der Flut
In der wir untergegangen sind
Gedenkt
Wenn ihr von unsern Schwächen sprecht
Auch der finsteren Zeit
Der ihr entronnen seid.

Gingen wir doch, öfter als die Schuhe die Länder wechselnd
Durch die Kriege der Klassen, verzweifelt
Wenn da nur Unrecht war und keine Empörung.

Dabei wissen wir doch:
Auch der Haß gegen die Niedrigkeit
Verzerrt die Züge.
Auch der Zorn über das Unrecht
Macht die Stimme heiser. Ach, wir
Die wir den Boden bereiten wollten für Freundlichkeit
Konnten selber nicht freundlich sein.

Ihr aber, wenn es so weit sein wird
Daß der Mensch dem Menschen ein Helfer ist
Gedenkt unsrer
Mit Nachsicht.

Brecht, Bertolt, An die Nachgeborenen, in: Brecht, Bertolt, Gesamtwerk, Suhrkamp Verlag, Frankfurt/M. 1969, S. 715 ff.

1. Benennen Sie im Gedicht „An die Nachgeborenen" formale und sprachliche Besonderheiten.
2. Arbeiten Sie dem Gedicht die aktuelle Bezüge und persönliche Erfahrungen Brechts heraus.
3. Wie drückt sich die Einsicht in die menschliche Begrenztheit aus?

Auf der beigefügten CD finden Sie zusätzlich das Lehrgedicht „Morgengedanken" von Albrecht von Haller.

4 Ode

Die griechische Antike kannte die Ode nicht nur als Chorgesang, sondern vor allem als selbstständige Gedichtform mit strengen formalen Vorgaben, die von der Zeilenvorschrift bis hin zur Festlegung der Silbenzahl pro Vers reichte. Für die Rezeption (Aufnahme) des antiken Vorbilds in der neueren deutschen Literatur seit der Barockzeit war aber die römische Antike mit Horaz und Pindar entscheidend. Mit der empfindsamen Ode besitzt die deutsche Literatur der Aufklärung ein emotionales Gegengewicht zum rationalen Lehrgedicht, das die Vernunft in den Vordergrund stellte. In dieser Lyrik mit gedankenvollen Inhalten und starkem Gefühlsausdruck werden in meist reimlosen Strophen fromme Innerlichkeit und pathetische Begeisterung zum Ausdruck gebracht. Gott, Natur, Freundschaft und Vaterland sind häufige Themen, wobei es nun nicht mehr vorrangig um moralisch-pädagogische Belehrung geht, sondern um die Tiefe der emotionalen Verbundenheit mit diesen Bereichen. Die empfindsame Lyrik wurde besonders vom Freundschaftsbund des **Göttinger Hains** gepflegt. Den Höhepunkt deutscher Odendichtung im 18. Jahrhundert bildete jedoch die Lyrik Friedrich Gottlieb Klopstocks. In den Umkreis der Ode gehören die beiden verwandten Gedichtformen der **Hymne** und der **Elegie**. In der klassisch-romantischen Epoche ragt das lyrische Werk Friedrich Hölderlins heraus, der alle drei Formen beherrschte. Späte Ausläufer der Odendichtung finden sich in der ekstatischen Lyrik des Expressionismus.

Klopstocks (1724–1803) Ode „Die Sommernacht" zeigt das lyrische Ich in der Situation nächtlichen Naturerlebens, das den Anstoß gibt, über menschliche Vergänglichkeit nachzudenken. Einsamkeit ist die Grundstimmung in **Friedrich Hölderlins** (1770–1843) Ode „Abendphantasie", die in gefühlsstarken Bildern das menschliche Leben in seiner Vielfalt und in seinen Gegensätzen einfängt.

Die Sommernacht (1766) | Friedrich Gottlieb Klopstock

Wenn der Schimmer von dem Monde nun herab
In die Wälder sich ergießt, und Gerüche
Mit den Düften von der Linde
In den Kühlungen wehn;

So umschatten mich Gedanken an das Grab
Der Geliebten, und ich seh' in dem Walde
Nur es dämmern, und es weht mir
Von der Blüte nicht her.

Ich genoß einst, o ihr Toten, es mit euch!
Wie umwehten uns der Duft und die Kühlung,
Wie verschönt warst von dem Monde,
Du, o schöne Natur!

Klopstock, Friedrich Gottlieb, Die Sommernacht, in: Klassische deutsche Dichtung, hrsg. von Fritz Martini und Walter Müller-Seidel, Bd. 18: Lyrik, Herder Verlag, Freiburg 1969, S. 155

Abendphantasie (1799) | Friedrich Hölderlin

Vor seiner Hütte ruhig im Schatten sitzt
Der Pflüger, dem Genügsamen raucht sein Herd.
Gastfreundlich tönt dem Wanderer im
Friedlichen Dorfe die Abendglocke.

Wohl kehren itzt die Schiffer zum Hafen auch,
in fernen Städten, fröhlich verrauscht des Markts
Geschäft'ger Lärm; in stiller Laube
Glänzt das gesellige Mahl den Freunden.

Wohin denn ich? Es leben die Sterblichen
Von Lohn und Arbeit; wechselnd in Müh' und Ruh'
Ist alles freudig; warum schläft denn
Nimmer nur mir in der Brust der Stachel?

Am Abendhimmel blühet ein Frühling auf;
Unzählig blühn die Rosen und ruhig scheint
Die goldne Welt; o dorthin nimmt mich
Purpurne Wolken! und möge droben

In Licht und Luft zerrinnen mir Lieb' und Leid! –
Doch, wie verscheucht von töriger Bitte, flieht
Der Zauber; dunkel wirds und einsam
Unter dem Himmel, wie immer, bin ich –

Komm du nun, sanfter Schlummer! zu viel begehrt
Das Herz; doch endlich, Jugend! verglühst du ja,
Du ruhelose, träumerische!
Friedlich und heiter ist dann das Alter.

Hölderlin, Friedrich, Abendphantasie, in: Klassische deutsche Dichtung, hrsg. von Fritz Martini und Walter Müller-Seidel, Bd. 18: Lyrik, Herder Verlag, Freiburg 1969, S. 294

1. In welchem Verhältnis stehen Sinneseindrücke, emotionale Reaktionen und gedankliche Verarbeitung in den beiden Gedichten?
2. Wie hat sich die Rolle des lyrischen Ich in der Ode Klopstocks im Vergleich zum Gedicht „Morgengedanken" von Albrecht von Haller (vgl. CD-ROM, Kap. 10/1) verändert?

5 Erlebnislyrik

War das lyrische Ich vom Mittelalter bis zur Aufklärung fast ausnahmslos ein konventionelles, gesellschaftliches Ich, beginnt mit dem **jungen Goethe** und seiner Erlebnislyrik eine neue Entwicklung. Das lyrische Ich verliert seinen Rollencharakter und wird zum **subjektiv erlebenden Ich**, das seine individuellen Stimmungen, Erlebnisse und Gefühle ausdrückt. Obwohl damit autobiografische Züge stärker Eingang in die Lyrik finden, erschöpfen sich Erlebnisgedichte keineswegs in der Darstellung ihrer zugrunde liegenden realen Erlebnisse, sondern werden auch zum künstlerischen Ausdruck allgemeingültiger überpersönlicher Erfahrungen. Diese Art von Lyrik entstand in der Epoche des **Sturm und Drang**, weil in dieser Zeit die Vorstellung vom Dichter nicht mehr von der Ausrichtung auf Vernunft, traditionelle Bildung und künstlerische Regelhaftigkeit bestimmt war, sondern von leidenschaftlichem Gefühl, kraftvoller Genialität und schöpferischer Originalität.
Natur und **Liebe** sind in der Erlebnislyrik wie in allen früheren Epochen Hauptthemen, nur hat sich im Sturm und Drang der Ausdruck des Natur- und Liebeserlebens entscheidend geändert. Das lyrische Ich, bislang der von Gott geschaffenen Natur gegenüberstehend, versteht sich jetzt als Teil einer Ganzheit, die Mensch und Natur einschließt. Liebeslyrik ist nicht mehr in erster Linie Rollenspiel, sondern subjektiver Gefühlsausdruck echter Glücks- und Leidenserfahrung.

Von Anfang an ist die **Nähe zur Volkspoesie** eine wesentliche Komponente der Erlebnislyrik, die aber andererseits auch offen ist für eine Vielzahl betont künstlerischer Formen – von der gewollten Schlichtheit des Liedes bis hin zum Pathos der Hymne.
In der **Romantik** werden in Natur- und Liebesgedichten vor allem innere Sehnsüchte, Stimmungen und Fantasien ausgedrückt. Das konkrete Erlebnis wird umgewandelt in Bilder, Klänge und Gedanken, sodass das Gedicht als künstlerisches Endprodukt weiter vom unmittelbaren Erleben entfernt ist als im

Sturm und Drang. Bei Heine gibt es lyrische Beispiele der ironischen Distanzierung und Desillusionierung romantischer Poesie, mit der er den Gegensatz zwischen Traum und Wirklichkeit bloßstellt.

In **Goethes** (1749–1832) Straßburger Zeit 1770/71 fällt die Entstehung des Zyklus „Sesenheimer Gedichte". „Willkommen und Abschied" gilt als erstes bedeutendes Zeugnis für Erlebnislyrik, in der sich der Ausdruck spontaner Gefühle gegen die Konvention durchsetzte.
In seiner Hymne „Prometheus" wählt der junge Goethe den gleichnamigen griechischen Halbgott, der Menschen schuf und für sie den Göttern das Feuer raubte, um anhand dieser Figur sein eigenes Rebellieren auszudrücken.

Prometheus (1774) | Johann Wolfgang von Goethe

Bedecke deinen Himmel, Zeus
Mit Wolkendunst!
Und übe, dem Knaben gleich,
Der Disteln köpft,
An Eichen dich und Bergeshöhn;
mußt mir meine Erde
Doch lassen stehn,

Und meine Hütte,
die du nicht gebaut,
Und meinen Herd,
Um dessen Glut
Du mich beneidest.

Ich kenne nichts Ärmer's
Unter der Sonn' als euch, Götter!
Ihr nähret kümmerlich
Von Opfersteuern
Und Gebetshauch
Eure Majestät,
Und darbtet, wären
Nicht Kinder und Bettler
Hoffnungsvolle Toren.

Da ich ein Kind war,
Nicht wußt', wo aus, wo ein,
Kehrt' ich mein verirrtes Aug'
Zur Sonne, als wenn drüber wär'
Ein Ohr, zu hören meine Klage,
Ein Herz, wie mein's,
Sich des Bedrängten zu erbarmen.

Wer half mir
Wider der Titanen Übermut?
Wer rettete vom Tode mich,
Von Sklaverei?
Hast du's nicht alles selbst vollendet,
Heilig glühend Herz?
Und glühtest, jung und gut,
Betrogen, Rettungsdank
Dem Schlafenden da droben?

Ich dich ehren? Wofür?
Hast du die Schmerzen gelindert
Je des Beladenen?
Hast du die Tränen gestillet
Je des Geängsteten?
Hat nicht mich zum Manne geschmiedet
Die allmächtige Zeit
Und das ewige Schicksal,
Meine Herren und deine?

Wähntest du etwa,
Ich sollte das Leben hassen,
In Wüsten fliehen,
Weil nicht alle
Blütenträume reiften?

Hier sitz' ich, forme Menschen
Nach meinem Bilde,
Ein Geschlecht, das mir gleich sei,
Zu leiden, zu weinen,
Zu genießen und zu freuen sich,
Und dein nicht zu achten,
Wie ich!

Prometheus, Gemälde von Gustave Moreau (1826–1898)

Goethe, Johann Wolfgang von, Prometheus, in: Klassische deutsche Dichtung, hrsg. von Fritz Martini und Walter Müller-Seidel, Bd. 18: Lyrik, Herder Verlag, Freiburg 1969, S. 216 ff.

Willkommen und Abschied (1770/71) | Johann Wolfgang von Goethe

Es schlug mein Herz, geschwind zu Pferde!
Es war getan fast eh' gedacht;
Der Abend wiegte schon die Erde
Und an den Bergen hing die Nacht;

Schon stand im Nebelkleid die Eiche,
Ein aufgetürmter Riese, da,
Wo Finsternis aus dem Gesträuche
Mit hundert schwarzen Augen sah.

Der Mond von einem Wolkenhügel
Sah kläglich aus dem Duft hervor,
Die Winde schwangen leise Flügel
Umsausten schauerlich mein Ohr;

Die Nacht schuf tausend Ungeheuer;
Doch frisch und fröhlich war mein Mut:
In meinen Adern welches Feuer!
In meinem Herzen welche Glut!

Dich sah ich, und die milde Freude
Floß von dem süßen Blick auf mich;
Ganz war mein Herz an deiner Seite
Und jeder Atemzug für dich.

Ein rosenfarbnes Frühlingswetter
Umgab das liebliche Gesicht,
Und Zärtlichkeit für mich – ihr Götter!
Ich hofft' es, ich verdient' es nicht!

Doch ach, schon mit der Morgensonne
Verengt der Abschied mir das Herz:
In deinen Küssen welche Wonne!
In deinem Auge welcher Schmerz!

Ich ging, du standst und sahst zur Erden,
Und sahst mir nach mit nassem Blick:
Und doch, welch Glück, geliebt zu werden!
Und lieben, Götter, welch ein Glück!

Goethe, Johann Wolfgang von, Willkommen und Abschied, in: Klassische deutsche Dichtung, hrsg. von Fritz Martini und Walter Müller-Seidel, Bd. 18: Lyrik, Herder Verlag, Freiburg 1969, S. 195 f.

1. Formulieren Sie die gedankliche Hauptaussage des Goethe-Gedichts „Prometheus" thesenartig. Inwiefern äußern sich darin Merkmale des Sturm und Drang?
2. Informieren Sie sich über den biografischen Hintergrund des Gedichts „Willkommen und Abschied".
3. Wie drückt sich der spontane Erlebnisgehalt des Gedichts „Willkommen und Abschied" aus und wie stehen dabei Liebes- und Naturerleben zueinander?

Auf der beigefügten CD finden Sie zusätzlich folgende Gedichte mit Arbeitsaufträgen:
- „Sehnsucht" von Joseph von Eichendorff
- „Das Fräulein stand am Meere" von Heinrich Heine
- „Früh im Wagen" von Eduard Mörike

6 Gedankenlyrik

Mit dem Übergang vom Sturm und Drang zur Klassik gesellt sich zur Erlebnislyrik eine Lyrik, deren wesentliches Merkmal die gedanklichen Inhalte sind. Aus einzelnen Beobachtungen und Überlegungen ergibt sich meistens eine resümierende Aussage. Diese Lyrik verbindet die philosophische Gedanklichkeit der Lehrdichtung mit dem Gefühlsgehalt der Erlebnislyrik und führt damit zum **gedanklichen Erlebnis** in lyrischer Form.

Neben antiken Vorbildern spielt die mittelalterliche Spruchdichtung ebenso eine Rolle wie die barocke Gedankenlyrik mit ihrer Gegenüberstellung von Diesseits und Jenseits. Im Barock wie in der Aufklärung war eine beliebte Form der Gedankenlyrik das **Epigramm**, ein zweizeiliges Gedicht, das seine Aussage in prägnanter und geistreicher Kürze formuliert. Überhaupt bevorzugt die Gedankenlyrik antike bzw. traditionelle lyrische Formen. Neben dem Epigramm sind das: Ode, Sonett, Elegie und Hymne. Die

Hymne, in der Antike ein Götter- oder Heldenpreisgesang, ist Ausdruck erhabener, begeisterter Gefühle in meist freien Rhythmen; die **Elegie** ist ein Trauer- oder Klagegedicht in wehmütig-resignativer Stimmung, in der die Vergangenheit oft idealisiert wird. Mit dieser Vorliebe für traditionelle Formen geht die Abkehr vom Volksliedhaften des Sturm und Drang hin zur Gesetzmäßigkeit klassischer Formstrenge. Jedoch nicht nur formal, sondern auch inhaltlich entspricht die Gedankenlyrik der Epoche der Klassik, weil deren Hauptthemen Ideal und Wirklichkeit, Moral und Vernunft, Kunst und Natur, Mythos, Geschichte und Gegenwart in solchen Gedichten am angemessensten lyrisch zu gestalten sind.

Friedrich Schillers (1759–1805) Gedicht „Die Worte des Glaubens" verkündet moralisch-appellativ klassische Ideale.
Das Gedicht „Nur zwei Dinge" von **Gottfried Benn** (1886–1956) ist ein Beispiel moderner Gedankenlyrik, die dem Existenzgefühl einer veränderten Zeit Rechnung trägt.

Die Worte des Glaubens (1787) | Friedrich Schiller

Drei Worte nenn ich euch, inhaltsschwer
Sie gehen von Munde zu Munde,
Doch stammen sie nicht von außen her,
Das Herz nur gibt davon Kunde.
Dem Menschen ist aller Wert geraubt,
Wenn er nicht mehr an die drei Worte glaubt.

Der Mensch ist frei geschaffen, ist frei,
Und würd er in Ketten geboren,
Laßt euch nicht irren des Pöbels Geschrei,
Nicht den Mißbrauch rasender Toren.
Vor dem Sklaven, wenn er die Kette bricht,
Vor dem freien Menschen erzittert nicht.

Und die Tugend, sie ist kein leerer Schall,
Der Mensch kann sie üben im Leben,
Und sollt er auch straucheln überall,
Er kann nach der göttlichen streben,
Und was kein Verstand der Verständigen sieht,
Das übet in Einfalt ein kindlich Gemüt.

Und ein Gott ist, ein heiliger Wille lebt,
Wie auch der menschliche wanke,
Hoch über der Zeit und dem Raume webt
Lebendig der höchste Gedanke.
Und ob alles in ewigem Wechsel kreist,
Es beharret im Wechsel ein ruhiger Geist.

Die drei Worte bewahret euch, inhaltsschwer,
Sie pflanzet von Munde zu Munde,
Und stammen sie gleich nicht von außen her,
Euer Innres gibt davon Kunde,
Dem Menschen ist nimmer sein Wert geraubt,
Solang er noch an die drei Worte glaubt.

Schiller, Friedrich, Die Worte des Glaubens, in: Klassische deutsche Dichtung, hrsg. von Fritz Martini und Walter Müller-Seidel, Bd. 18: Lyrik, Herder Verlag, Freiburg 1969, S. 279 f.

Nur zwei Dinge (1953) | Gottfried Benn

Durch so viele Formen geschritten,
durch Ich und Wir und Du,
doch alles blieb erlitten
durch die ewige Frage: wozu?

Das ist eine Kinderfrage.
Dir wurde erst spät bewußt,
es gibt nur eines: ertrage
– ob Sinn, ob Sucht, ob Sage –
dein fernbestimmtes: Du mußt.

Ob Rosen, ob Schnee, ob Meere,
was alles erblühte, verblich,
es gibt nur zwei Dinge: die Leere
und das gezeichnete Ich.

Benn, Gottfried, Nur zwei Dinge, in: Benn, Gottfried, Sämtliche Werke, Band 1: Gedichte 1, Klett Cotta Verlag, Stuttgart 1986, S. 320

1. Benennen Sie die drei Ideale in Schillers Gedicht „Die Worte des Glaubens" und diskutieren Sie deren aktuelle Bedeutung.
2. Wie zeigt sich in Benns Gedicht „Nur zwei Dinge" das moderne Lebensgefühl des lyrischen Ich? Wie unterscheidet sich seine Position von der im Gedicht Schillers?

Auf der beigefügten CD finden Sie zusätzlich das Gedicht „Natur und Kunst" von Johann Wolfgang von Goethe mit Arbeitsaufträgen.

7 Ballade

Gilt Lyrik in der Regel als die Gattung, die im Vergleich zu Prosa und Drama ohne Handlung auskommt, so nimmt die Ballade eine Sonderstellung ein. Sie hat **dramatische**, manchmal auch **erzählerische** Züge; vom Umfang her zählt sie zu den längeren Gedichtformen. Die Dramatik liegt in einem spannenden Geschehen, das auch dialogisch vorangetrieben werden kann. Aufgrund relativ ausführlicher Schilderungen wirken Balladen erzählerisch. Sie geben oft eine unheimliche, gespenstische Atmosphäre wieder, die Handlung kann tragische und dämonische Züge enthalten. Ihre Stoffe stammen aus Geschichte, Sage, Mythos; neben zwischenmenschlichen Konflikten wird der Kampf zwischen Mensch und Natur thematisiert.
Der Gattungsbegriff stammt aus dem romanischen Sprachraum und bedeutet ursprünglich „Tanzlied". Die deutschsprachige Ballade entwickelte sich aus den mittelalterlichen Heldenliedern, Spielmannsepen und historischen Erzählliedern. Zur Balladentradition gehören auch Bänkelsang, Moritat und Volksballade; die eigentliche Kunstform entwickelte sich im späten 18. Jahrhundert im **Sturm und Drang**. Goethe, der die Ballade als Vermischung aller drei Gattungen bezeichnete, und Schiller, der vornehmlich Ideenballaden schuf, sind bis heute Hauptrepräsentanten dieser Kunstform. Fortsetzung fanden sie in der **Romantik** (Clemens von Brentano, Joseph von Eichendorff, Heinrich Heine), in der volkstümliche, sangbare Balladen bevorzugt wurden, und in den Natur- und Geschichtsballaden des **Realismus** (Annette von Droste-Hülshoff, Conrad Ferdinand Meyer, Theodor Fontane). Im **20. Jahrhundert** führte die Entwicklung von den herkömmlichen zu politisch engagierten und gesellschaftskritischen Balladen, die ironisch und satirisch sein können (Erich Kästner, Bertolt Brecht, Wolf Biermann). Manche rücken in die Nähe von Chanson und Bänkelsang.

Goethes (1749–1832) „Erlkönig" verkörpert exemplarisch den dramatischen Grundzug der Ballade und verdichtet atmosphärisch die Unheimlichkeit der Natur.
Von **Wolf Biermann** (*1936) stammt die „Ballade vom preußischen Ikarus", ein Beispiel für das Weiterwirken der Textsorte Ballade in der Nachkriegsliteratur.

Erlkönig (1782) | Johann Wolfgang von Goethe

Wer reitet so spät durch Nacht und Wind?
Es ist der Vater mit seinem Kind;
Er hat den Knaben wohl in dem Arm,
Er faßt ihn sicher, er hält ihn warm.

„Mein Sohn, was birgst du so bang dein Gesicht?" –
„Siehst, Vater, du den Erlkönig nicht?
Den Erlenkönig mit Kron' und Schweif?" –
„Mein Sohn, es ist ein Nebelstreif." –

„Du liebes Kind, komm, geh mit mir!
Gar schöne Spiele spiel' ich mit dir;
Manch bunte Blumen sind an dem Strand;
Meine Mutter hat manch gülden Gewand."

„Mein Vater, mein Vater, und hörest du nicht,
Was Erlenkönig mir leise verspricht?" –
„Sei ruhig, bleibe ruhig, mein Kind;
In dürren Blättern säuselt der Wind." –

„Willst, feiner Knabe, du mit mir gehn?
Meine Töchter sollen dich warten schön;
Meine Töchter führen den nächtlichen Reihn
Und wiegen und tanzen und singen dich ein.“

„Mein Vater, mein Vater, und siehst du nicht dort
Erlkönigs Töchter am düstern Ort?“ –
„Mein Sohn, mein Sohn, ich seh es genau;
Es scheinen die alten Weiden so grau.“ –

„Ich liebe dich, mich reizt deine schöne Gestalt;
Und bist du nicht willig, so brauch' ich Gewalt.“ –
„Mein Vater, mein Vater, jetzt faßt er mich an!
Erlkönig hat mir ein Leids getan!“ –

Dem Vater grauset's, er reitet geschwind,
Er hält in Armen das ächzende Kind,
Erreicht den Hof mit Mühe und Not;
In seinen Armen das Kind war tot.

Goethe, Johann Wolfgang von, Erlkönig, in: Klassische deutsche Dichtung, hrsg. von Fritz Martini und Walter Müller-Seidel, Bd. 19: Balladen, Herder Verlag, Freiburg 1967, S. 139 f.

Ballade vom preußischen Ikarus (1978) | Wolf Biermann

1. Da, wo die Friedrichstraße sacht
Den Schritt über das Wasser macht
da hängt über der Spree
Die Weidendammerbrücke. Schön
Kannst du da Preußens Adler sehn
wenn ich am Geländer steh
dann steht da der preußische Ikarus
mit grauen Flügeln aus Eisenguß
dem tun seine Arme so weh
er fliegt nicht weg – er stürzt nicht ab
macht keinen Wind – und macht nicht schlapp
am Geländer über der Spree

2. Der Stacheldraht wächst langsam ein
Tief in die Haut, in Brust und Bein
ins Hirn, in graue Zelln
Umgürtet mit dem Drahtverband
Ist unser Land ein Inselland
umbrandet von bleiernen Welln
da steht der preußische Ikarus
mit grauen Flügeln aus Eisenguß
dem tun seine Arme so weh
er fliegt nicht hoch – und er stürzt nicht ab
macht keinen Wind – und macht nicht schlapp
am Geländer über der Spree

3. Und wenn du wegwillst, mußt du gehn
Ich hab schon viele abhaun sehn
aus unserm halben Land
Ich halt mich fest hier, bis mich kalt
Dieser verhaßte Vogel krallt
und zerrt mich übern Rand
dann bin ich der preußische Ikarus
mit grauen Flügeln aus Eisenguß
dann tun mir die Arme so weh
dann flieg ich hoch – dann stürz ich ab
mach bißchen Wind – dann mach ich schlapp
am Geländer über der Spree

Biermann, Wolf, Ballade vom preußischen Ikarus, in: Biermann, Wolf, Preußischer Ikarus. Lieder, Balladen, Gedichte, Prosa, Verlag Kiepenheuer & Witsch, Köln 1978, S. 104

1. Wer erinnert sich noch an die folgenden bekannten Balladen und deren Anfang: „Heidenröslein"; „Der König in Thule"; „Der Zauberlehrling"(Goethe); „Der Taucher"; „Der Ring des Polykrates"; „Die Kraniche des Ibykus"; „Die Bürgschaft" (Schiller); „Ich weiß nicht, was soll es bedeuten" (Heine); „Der Feuerreiter" (Mörike); „Der Knabe im Moor" (Droste-Hülshoff); „Die Füße im Feuer" (Meyer); „John Maynard"; „Herr von Ribbeck auf Ribbeck im Havelland" (Fontane)?

2. Vergleichen Sie Sarah Kirschs Gedicht „Watt III" (S. 618) mit Goethes Ballade „Erlkönig".

Auf der beigefügten CD finden Sie zusätzlich die Ballade „Die Brück' am Tay" von Theodor Fontane mit Arbeitsaufträgen.

8 Politisches Gedicht

Von Walther von der Vogelweide, der als großer Minnesänger gilt, stammen auch Gedichte, die nichts mit Natur und Liebe zu tun haben, sondern sich zu politischen Themen äußern. Damit ist er der erste bedeutende Vertreter einer Lyrik-Tradition, die in unterschiedlicher Breite bis in die Gegenwart reicht. Politische Lyrik hat immer dann Hochkonjunktur, wenn die Zeiten zu politischer Einmischung herausfordern. Auf der einen Seite kann dies in Form einer bestätigenden Lyrik erfolgen, die den politischen Verhältnissen und ihren Leitfiguren zustimmt und sie feiert, was bis zum Personenkult führen kann. Auf der anderen – wohl wichtigeren – Seite handelt es sich um kritische Stellungnahmen, die der Unzufriedenheit und dem Wunsch nach Veränderung Ausdruck geben. Zwar müssen politische Gedichte von Natur aus **Partei ergreifen** und damit parteiisch sein, doch ist dabei in manchen Fällen die Gefahr blinder Parteilichkeit und linientreuer Propaganda nicht auszuschließen.
Das Spektrum politischer Lyrik reicht von eher reflektierenden bis hin zu appellierenden und agitatorischen Gedichten, von längerfristig gültiger **Gesellschaftskritik** bis hin zu ganz konkreter tagesaktueller Einmischung. In Form, Inhalt und Umfang sind politische Gedichte variabel; Kriegs- und Vaterlandsgedichte zählen ebenso dazu wie proletarische und revolutionäre Lieder und kabarettistische Chansons. Der Tonfall kann ernst oder pathetisch sein, aber auch ironisch oder polemisch.

Walther von der Vogelweide hatte in der Auseinandersetzung zwischen Kaiser und Papst Partei ergriffen; Schubart lehnte sich in der Zeit des Sturm und Drang gegen absolutistische Willkürherrschaft auf. In der Romantik propagierten Arndt und Kleist die deutsche Einheit und Freiheit; in der Zeit des Vormärz und der Revolution von 1848 lehnten sich Börne, Freiligrath, Heine und Herwegh mit ihren sozialkritischen und revolutionären Gedichten gegen Unrecht, Not und Elend auf. Die Fortsetzung dieser Tradition findet sich im 20. Jahrhundert vor allem bei Tucholsky, Kästner oder Brecht. Expressionistische Lyrik gestaltet ebenfalls konkrete politische Themen (z. B. Krieg), weitet sie aber aus ins Menschheitliche. Nach 1945 – bei Grass, Enzensberger, Fried, Degenhardt u. a. – geht es häufig um Fragen der deutschen Geschichte, um Krieg und Frieden, Macht und Herrschaft, Demokratie und Ökologie.

Das Gedicht „Die schlesischen Weber" von **Heinrich Heine** (1797–1856) bezieht sich auf den historischen Weberaufstand im Jahr 1844 (vgl. G. Hauptmann, „Die Weber").

In dem Gedicht „Kennst du das Land, wo die Kanonen blühn?" greift **Erich Kästner** (1899–1974) auf Goethes Gedicht „Mignon" zurück und macht aus einem Natur- und Liebesgedicht ein antimilitaristisches Gedicht.

Hans Magnus Enzensberger (*1929) provoziert in dem Gedicht „ins lesebuch für die oberstufe" seinen Leser mit einem Antilyrik-Aufruf, um ihn vor einer unpolitischen Flucht in die Poesie zu warnen.

Die schlesischen Weber (1844) | Heinrich Heine

Im düstern Auge keine Träne,
Sie sitzen am Webstuhl und fletschen die Zähne:
Deutschland, wir weben dein Leichentuch,
Wir weben hinein den dreifachen Fluch –
Wir weben, wir weben!

Ein Fluch dem Gotte, zu dem wir gebeten
In Winterskälte und Hungersnöten;
Wir haben vergebens gehofft und geharrt,
Er hat uns geäfft und gefoppt und genarrt –
Wir weben, wir weben!

Ein Fluch dem König, dem König der Reichen,
Den unser Elend nicht konnte erweichen,
Der den letzten Groschen von uns erpreßt
Und uns wie Hunde erschießen läßt –
Wir weben, wir weben!

Ein Fluch dem falschen Vaterlande,
Wo nur gedeihen Schmach und Schande,
Wo jede Blume früh geknickt,
Wo Fäulnis und Moder den Wurm erquickt –
Wir weben, wir weben!

Das Schiffchen fliegt, der Webstuhl kracht,
Wir weben emsig Tag und Nacht –
Altdeutschland, wir weben dein Leichentuch,
Wir weben hinein den dreifachen Fluch,
Wir weben, wir weben!

Heine, Heinrich, Die schlesischen Weber, in: Der große Conrady. Das Buch deutscher Gedichte, Patmos Verlag, Düsseldorf 2008, S. 456

Kennst Du das Land, wo die Kanonen blühn? (1928) | Erich Kästner

Kennst Du das Land, wo die Kanonen blühn?
Du kennst es nicht? Du wirst es kennenlernen!
Dort stehn die Prokuristen stolz und kühn
in den Büros, als wären es Kasernen.

Dort wachsen unterm Schlips Gefreitenknöpfe.
Und unsichtbare Helme trägt man dort.
Gesichter hat man dort, doch keine Köpfe.
Und wer zu Bett geht, pflanzt sich auch schon fort!

Wenn dort ein Vorgesetzter etwas will
– und es ist sein Beruf etwas zu wollen –
steht der Verstand erst stramm und zweitens still.
Die Augen rechts! Und mit dem Rückgrat rollen!

Die Kinder kommen dort mit kleinen Sporen
und mit gezognem Scheitel auf die Welt.
Dort wird man nicht als Zivilist geboren.
Dort wird befördert, wer die Schnauze hält.

Kennst Du das Land? Es könnte glücklich sein.
Es könnte glücklich sein und glücklich machen!
Dort gibt es Äcker, Kohle, Stahl und Stein
und Fleiß und Kraft und andre schöne Sachen.

Selbst Geist und Güte gibt's dort dann und wann!
Und wahres Heldentum. Doch nicht bei vielen.
Dort steckt ein Kind in jedem zweiten Mann.
Das will mit Bleisoldaten spielen.

Dort reift die Freiheit nicht. Dort bleibt sie grün.
Was man auch baut – es werden stets Kasernen.
Kennst Du das Land, wo die Kanonen blühn?
Du kennst es nicht? Du wirst es kennenlernen!

Kästner, Erich, Kennst du das Land, wo die Kanonen blühn?, in: Der große Conrady. Das Buch deutscher Gedichte, Patmos Verlag, Düsseldorf 2008, S. 639 f.

ins lesebuch für die oberstufe (1957) | Hans Magnus Enzensberger

lies keine oden, mein sohn, lies die fahrpläne:
sie sind genauer. roll die seekarten auf,
eh es zu spät ist. sei wachsam, sing nicht.
der tag kommt, wo sie wieder listen ans tor
schlagen und malen den neinsagern auf die brust
zinken. lern unerkannt gehn, lern mehr als ich:
das viertel wechseln, den paß, das gesicht.
versteh dich auf den kleinen verrat,
die tägliche schmutzige rettung. nützlich
sind die enzykliken zum feueranzünden,
die manifeste: butter einzuwickeln und salz
für die wehrlosen. wut und geduld sind nötig.
in die lungen der macht zu blasen
den feinen tödlichen staub, gemahlen
von denen, die viel gelernt haben,
die genau sind, von dir.

Enzensberger, Hans Magnus, Verteidigung der Wölfe, Suhrkamp Verlag, Frankfurt/M. ²1981, S. 90

1. Wie wird die konkrete soziale und politische Wirklichkeit in Heinrich Heines Gedicht „Die schlesischen Weber" sprachlich gestaltet?

2. Interpretieren Sie das Gedicht „ins lesebuch der oberstufe" von Hans Magnus Enzensberger im Hinblick auf seine Überschrift.

Auf der beigefügten CD finden Sie zusätzlich folgende Gedichte mit Arbeitsaufträgen:
- „Ein Lied aus meiner Zeit" von Hoffmann von Fallersleben
- „Die Bücherverbrennung" von Bertolt Brecht
- „Die Lösung" von Bertolt Brecht
- „Über einige Davongekommene" von Günter Kunert

9 Dinggedicht

Die politische Lyrik steht oft unter dem Vorzeichen einer außerliterarischen Wirkungsabsicht, das Dinggedicht konzentriert sich auf den **poetischen Ausdruck** einer äußeren, konkreten, meist optischen **Wahrnehmung**. Das lyrische Ich in seiner Subjektivität tritt dabei hinter das gesehene Objekt zurück, das in seinem Wesensgehalt vom Leser symbolisch verstanden werden kann und soll. Das äußere Bild verknüpft sich mit dem inneren Gedanken zur **symbolischen Bedeutung**. Bevorzugt werden als Gegenstand des Dinggedichts Alltagsdinge, Kunstwerke, Pflanzen oder Tiere. Während die Erlebnislyrik Gefühle und Empfindungen ausdrückt, geht es im Dinggedicht um eine objektive und distanzierte Erfassung des betrachteten Gegenstandes, zu dem keine gemüthafte Beziehung mehr besteht. Damit ergibt sich eine gewisse Nähe zur bildenden Kunst (**Bildgedichte**), während andere Gedichte oft der Musik näherstehen. Die wichtigsten Dinggedichte stammen von dem Realisten C. F. Meyer, im Biedermeier zeigt sich in den Dinggedichten Mörikes der Rückzug ins Private.

Unter den vielen Gedichten **Conrad Ferdinand Meyers** (1825–1898), die das Motiv des Brunnens gestalten, ist „Der römische Brunnen" das berühmteste.
Zwar ist **Rainer Maria Rilke** (1875–1926) in seinem Gedicht „Römische Fontäne Borghese" vom gleichen Gegenstand fasziniert, doch sind seine Aussagen rätselhafter, verschlüsselter, weil er über die Dinglichkeit des Brunnens hinausgeht.
In **Rose Ausländers** (1901–1988) Gedicht „Der Brunnen" wird dieser zum Symbol des Schicksals der Juden im Dritten Reich.

Der römische Brunnen (1882) | Conrad Ferdinand Meyer

Aufsteigt der Strahl und fallend gießt
Er voll der Marmorschale Rund,
Die, sich verschleiernd, überfließt
In einer zweiten Schale Grund;
Die zweite gibt, sie wird zu reich,
Der dritten wallend ihre Flut,
Und jede nimmt und gibt zugleich
Und strömt und ruht.

Meyer, Conrad Ferdinand, Der römische Brunnen, in: Der große Conrady. Das Buch deutscher Gedichte, Patmos Verlag, Düsseldorf 2008, S. 498

Der Brunnen (1975) | Rose Ausländer

Im verbrannten Hof
steht noch der Brunnen
voll Tränen

Wer weinte sie

Wer trinkt
seinen Durst leer

Ausländer, Rose, Der Brunnen, in: Das große deutsche Gedichtbuch, hrsg. von Karl Otto Conrady, Athenäum, Kronberg 1977, S. 897

Römische Fontäne Borghese (1907) | Rainer Maria Rilke

Zwei Becken, eins das andre übersteigend
aus einem alten runden Marmorrand,
und aus dem oberen Wasser leis sich neigend
zum Wasser, welches unten wartend stand,

dem leise redenden entgegenschweigend
und heimlich, gleichsam in der hohlen Hand,
ihm Himmel hinter Grün und Dunkel zeigend
wie einen unbekannten Gegenstand;

sich selber ruhig in der schönen Schale
verbreitend ohne Heimweg, Kreis aus Kreis,
nur manchmal träumerisch und tropfenweis

sich niederlassend an den Moosbehängen
zum letzten Spiegel, der sein Becken leis
von unten lächelnd macht mit Übergängen.

Rilke, Rainer Maria, Römische Fontäne Borghese, in: Der große Conrady. Das Buch deutscher Gedichte, Patmos Verlag, Düsseldorf 2008, S. 566

August Macke, Mädchen vor dem Springbrunnen, 1913

1. Wie trägt C. F. Meyer sprachlich, rhythmisch und metrisch dem „Ding" Rechnung?
2. Wie verstehen Sie die beiden letzten Verse in Rose Ausländers Gedicht?
3. Versuchen Sie gemeinsam an der Tafel den von Rilke beschriebenen Brunnen zu skizzieren. Ist mit diesem Bild der Gehalt des Gedichts ausgedrückt?
4. Diskutieren Sie den unterschiedlichen Schwierigkeitsgrad der drei Brunnen-Gedichte.

II Lyrik der Moderne

1 Symbolistisches Gedicht

In allen bis zur Jahrhundertwende auftretenden Gedichtformen lassen sich trotz der lyrischen Verdichtung und symbolischen Bildhaftigkeit fast immer Bezüge zur Wirklichkeit außerhalb des Gedichts ablesen: Lehrgedichte stellen die Welt als Gottes Schöpfung dar, romantische Erlebnislyrik besingt Natur und Liebe, die klassische Gedankenlyrik setzt sich mit zeitlichen und überzeitlichen Ideen und Werten auseinander und politische Gedichte kritisieren gesellschaftliche Missstände. Somit sind Anlass, Absicht, Thema und kulturell-geistiger Hintergrund relativ leicht zu erschließen.

Mit dem Dinggedicht kündigt sich ein Wandel in der Lyrik an, denn hier konzentriert sich der Wirklichkeitsgehalt nur noch auf den einzigen Ausschnitt, das Dingsymbol. Dadurch wird zwar der Blickwinkel enger, was den äußeren Inhalt betrifft, dafür aber erhöht sich die „Tiefenschärfe" für all das, was unter der Oberfläche der sinnlichen Erscheinungen verborgen liegt. Die Gedichte werden somit abstrakter, ihr Charakter verlagert sich vom Abbildhaften zum rein Sprachlichen. Trotz dieser **Tendenz zur Abstraktion** bleiben jedoch Wirklichkeitswahrnehmung und Gefühlsreaktion unverzichtbar, wenngleich zunehmend nur noch in Fragmenten (Bruchstücken). Diese Wirklichkeit setzt sich im **impressionistischen** Gedicht aus Stimmungen, Eindrücken, Bildern – Impressionen – zusammen.

Anregung und Vorbild für die neue Entwicklung der Lyrik in Deutschland waren die französischen Symbolisten: Charles Baudelaire, Stephane Mallarmé, Jean Nicolas Arthur Rimbaud und Paul Verlaine.

„Symbolismus" meint die Verwandlung von Realitätselementen in **Bildzeichen (Symbole)**, von wirklicher Welt in eine **Welt der Kunst und Schönheit**. Für diese Dichtung werden deshalb auch die beiden Bezeichnungen **poésie pure** (reine Dichtung) und **l'art pour l'art** (Kunst um der Kunst willen) verwendet. Artistische Formbeherrschung, Musikalität und Klangschönheit, Bilder des Traumes und der Fantasie, metaphorische Rätselhaftigkeit und Eindringlichkeit der Sprache zeichnen diese Lyrik aus, die sich einer eindeutigen Interpretation meist entzieht.

Im Gedicht „Der Panther" von **Rainer Maria Rilke** (1875–1926) wird der Zustand der Gefangenschaft geschildert, indem das Tier zuerst von außen und am Schluss dessen Inneres beschrieben wird. Dabei können sich beim Leser vielfältige Assoziationen im Hinblick auf verschiedene Möglichkeiten des Gefangenseins von Menschen entwickeln.

Das neoromantisch anmutende „Reiselied" von **Hugo von Hofmannsthal** (1874–1929) enthält zwar noch romantische Einzelmotive, doch erzeugen diese kein abgeschlossenes Gesamtbild einer Reise mehr.

Stefan Georges (1868–1933) Gedicht „Rückkehr" trägt deutliche Züge des Jugendstils. Die Umgebung des heimkehrenden Ich wirkt sehr kunstvoll stilisiert.

Der Panther (1903) | Rainer Maria Rilke

Im Jardin des Plantes, Paris

Sein Blick ist vom Vorübergehn der Stäbe
so müd geworden, daß er nichts mehr hält.
Ihm ist, als ob es tausend Stäbe gäbe
und hinter tausend Stäben keine Welt.

Der weiche Gang geschmeidig starker Schritte,
der sich im allerkleinsten Kreise dreht,
ist wie ein Tanz von Kraft um eine Mitte,
in der betäubt ein großer Wille steht.

Nur manchmal schiebt der Vorhang der Pupille
sich lautlos auf –. Dann geht ein Bild hinein,
geht durch der Glieder angespannte Stille –
und hört im Herzen auf zu sein.

Rilke, Rainer Maria, Der Panther, in: lyrische signaturen, hrsg. von Walter Urbanek, Verlag Buchner, Bamberg 1976, S. 215

Reiselied (1898) | Hugo von Hofmannsthal

Wasser stürzt, uns zu verschlingen,
Rollt der Fels, uns zu erschlagen,
Kommen schon auf starken Schwingen
Vögel her, uns fortzutragen.

Aber unten liegt ein Land,
Früchte spiegelnd ohne Ende
In den alterslosen Seen.

Marmorstirn und Brunnenrand
Steigt aus blumigem Gelände,
Und die leichten Winde wehn.

Hofmannsthal, Hugo von, Reiselied, in: Der große Conrady. Das Buch deutscher Gedichte, Patmos Verlag, Düsseldorf 2008, S. 555

Rückkehr (1897) | Stefan George

Ich fahre heim auf reichem kahne –
Das ziel erwacht im abendrot.
Vom maste weht die weisse fahne
Wir übereilen manches boot.

Die alten ufer und gebäude
Die alten glocken neu mir sind –
Mit der verheissung neuer freude
Bereden mich die winde lind.

Da taucht aus grünen wogenkämmen
Ein wort – ein rosenes gesicht:
Du wohntest lang bei fremden stämmen –
Doch unsre liebe starb dir nicht.

Du fuhrest aus im morgengrauen
Und als ob einen tag nur fern
Begrüssen dich die wellenfrauen
Die ufer und der erste stern.

George, Stefan, Rückkehr, in: George, Stefan, Sämtliche Werke in 18 Bänden, hrsg. von der Stefan-George-Stiftung, Stuttgart, Band 4: Das Jahr der Seele, bearbeitet von Georg P. Landmann, Klett Cotta Verlag, Stuttgart 1982

1. Welche Wirklichkeitselemente sind in den drei Gedichten enthalten?
2. Wie klingt an, dass diese Wirklichkeitselemente Zeichencharakter haben?
3. Worauf könnten die Symbole verweisen?

2 Expressionistische Lyrik

Ernst Ludwig Kirchner, Nollendorfplatz, 1912

Ein neuer **Ausdruckswille** kennzeichnet die Lyrik der Jahre von 1910 bis 1925. Die Gedichte bestehen nicht mehr aus feinfühligen, melancholischen und resignativen Impressionen, sondern enthalten grelle Farben, starke Töne, energiegeladene Wörter und schockierende Bilder. Anstelle von Ästhetisierung und *l'art pour l'art* tritt der Wunsch, auch mit Gedichten den Weg für Veränderungen im Denken und Handeln der Menschen zu bereiten. Wie Drama und Prosa der Zeit übt auch die Lyrik heftige Kritik an der überlebten bürgerlichen Welt, der sie den neuen „wesentlichen" Menschen gegenüberstellt.

Häufige Themen expressionistischer Lyrik sind: Krieg und Weltende, Großstadt und Technik, Natur und Liebe, Gott und Mensch. So wie in der Malerei der Zeit die Wirklichkeit deformiert, zerstückelt und in Abstraktion aufgelöst wird, zeigen auch Sprache und Stil der expressionistischen Lyrik Züge provozierender **Verfremdung**, chaotischer **Zerrissenheit** und fratzenhafter **Verzerrung** der Realität. Diesem künstlerischen Gestaltungswillen in Malerei und Dichtung liegt die Erfahrung einer aus den Fugen geratenen Welt der Krankheit, des Todes und des Untergangs zugrunde. Die große Vielfalt expressionistischer Gedichte zeigt sich in der Spannbreite von engagierter pazifistischer Antikriegslyrik über die visionäre Verdichtung persönlicher und gesellschaftlicher Krisen bis hin zu irrwitzigen Absurditäten des Dadaismus.

Die bedeutendste Gedichtsammlung der Epoche ist die von Kurt Pinthus herausgegebene Anthologie „Menschheitsdämmerung" (1919).

Georg Heyms (1887–1912) Gedicht „Gott der Stadt" stellt die Dämonie der Großstadt dar, deren Ende in einer Untergangsvision geschaut wird.

„Vorstadt im Föhn" von **Georg Trakl** (1887–1914) kontrastiert Bilder des Unheils und der Gefährdung mit verklärten Bildern der Vergangenheit.

Der Gott der Stadt (1910) | Georg Heym

Auf einem Häuserblocke sitzt er breit.
Die Winde lagern schwarz um seine Stirn.
Er schaut voll Wut, wo fern in Einsamkeit
Die letzten Häuser in das Land verirrn.

Vom Abend glänzt der rote Bauch dem Baal,
Die großen Städte knien um ihn her.
Der Kirchenglocken ungeheure Zahl
Wogt auf zu ihm aus schwarzer Türme Meer.

Wie Korybanten-Tanz dröhnt die Musik
Der Millionen durch die Straßen laut.
Der Schlote Rauch, die Wolken der Fabrik
Ziehn auf zu ihm, wie Duft von Weihrauch blaut.

Das Wetter schwelt in seinen Augenbrauen.
Der dunkle Abend wird in Nacht betäubt.
Die Stürme flattern, die wie Geier schauen
Von seinem Haupthaar, das im Zorne sträubt.

Er streckt ins Dunkel seine Fleischerfaust.
Er schüttelt sie. Ein Meer von Feuer jagt
Durch eine Straße. Und der Glutqualm braust
Und frißt sie auf, bis spät der Morgen tagt.

Heym, Georg, Der Gott der Stadt, in: Der große Conrady. Das Buch deutscher Gedichte, Patmos Verlag, Düsseldorf 2008, S. 593

Vorstadt im Föhn (1911/12) | Georg Trakl

Am Abend liegt die Stätte öd und braun,
Die Luft von gräulichem Gestank durchzogen.
Das Donnern eines Zuges vom Brückenbogen –
Und Spatzen flattern über Busch und Zaun.

Geduckte Hütten, Pfade wirr verstreut,
In Gärten Durcheinander und Bewegung,
Bisweilen schwillt Geheul aus dumpfer Regung,
In einer Kinderschar fliegt rot ein Kleid.

Am Kehricht pfeift verliebt ein Rattenchor.
In Körben tragen Frauen Eingeweide,
Ein ekelhafter Zug von Schmutz und Räude,
Kommen sie aus der Dämmerung hervor.

Und ein Kanal speit plötzlich feistes Blut
Vom Schlachthaus in den stillen Fluß hinunter.
Die Föhne färben karge Stauden bunter.
Und langsam kriecht die Röte durch die Flut.

Ein Flüstern, das in trübem Schlaf ertrinkt.
Gebilde gaukeln auf aus Wassergräben,
Vielleicht Erinnerung an ein früheres Leben
Die mit den warmen Winden steigt und sinkt.

Aus Wolken tauchen schimmernde Alleen,
Erfüllt von schönen Wägen, kühnen Reitern.
Dann sieht man auch ein Schiff auf Klippen scheitern
Und manchmal rosenfarbene Moscheen.

Trakl, Georg, Vorstadt im Föhn, in: Trakl, Georg, Gedichte, Kurt Wolff Verlag, Leipzig 1913, S. 43

1. Wie drücken sich Angst und Untergangsstimmung in der Zeit vor dem Ersten Weltkrieg in je unterschiedlicher Weise in den beiden Gedichten aus?
2. Zeigen Sie an wichtigen Stellen den besonderen Ausdrucksgehalt von Farben und Geräuschen.
3. Wie fließen Technik und Zivilisation in die Gedichte ein?

Auf der beigefügten CD finden Sie zusätzlich das Gedicht „Fahrt über die Kölner Rheinbrücke bei Nacht" von Ernst Stadler mit Arbeitsaufträgen.

Der **Dadaismus** hatte Spaß an Lautgedichten und spielte mit der grafischen Gestaltung, was sich z. B. am Gedicht „Karawane" von Hugo Ball (1886–1927) zeigt:

Karawane (1917) | Hugo Ball

KARAWANE
jolifanto bambla ô falli bambla
grossiga m'pfa habla horem
égiga goramen
higo bloiko russula huju
hollaka hollala
anlogo bung
blago bung
blago bung
bosso fataka
ü üü ü
schampa wulla wussa ólobo
hej tatta gôrem
eschige zunbada
wulubu ssubudu uluw ssubudu
tumba ba- umf
kusagauma
ba - umf

Ball, Hugo, Karawane, in: Der große Conrady. Das Buch der Gedichte, Patmos Verlag, Düsseldorf 2008, S. 612

3 Zwischen Expressionismus und Gegenwartslyrik: Gottfried Benn und Bertolt Brecht

Gottfried Benn (1886–1956), in seinen frühen Gedichten ganz Expressionist, galt während der Weimarer Republik und noch in den ersten Nachkriegsjahren als der große Repräsentant der modernen deutschsprachigen Lyrik. Seine vorübergehende Nähe zu nationalsozialistischem Gedankengut hat er bald als Irrtum erkannt und sich als Militärarzt in die innere Emigration zurückgezogen.
Im Gedichtzyklus „Morgue“ (franz. morgue = Leichenschauhaus) stellte der junge Arzt Benn bis dahin gültige Vorstellungen von Lyrik durch seine „medi-zynischen“ Verse radikal infrage. Der schonungslos sezierende Blick auf Sterbende und Tote schockierte ebenso wie der in dieser Form bisher ungewohnte nüchterne bis sarkastische Tonfall. Bereits in dieser expressionistischen Phase entzog sich der Lyriker Benn jedem moralisch-ethischen Anspruch an die Dichtung. Diese Verweigerung gegenüber der gesellschaftlichen Verantwortung des Autors behielt Benn während seines ganzen Schaffens bei.
Seine nachexpressionistische Lyrik bleibt **subjektivistisch**, d. h., im lyrischen Ich und dessen Kunstvermögen erkennt Benn die einzige Chance zur Rettung vor zunehmender Sinnentleerung und Ich-Verlust. Seine Gedichte gelten als Bündelung vieler Impulse der europäischen Moderne; seine artistische Sprachkunst und abstrakte Reflexion, die resignativ-elitäre Künstlerhaltung und die geheimnisvoll verschlüsselten Fantasiewelten machen ihn zum großen **Vorbild der deutschsprachigen Nachkriegslyrik**.

Auch **Bertolt Brecht** (1898–1956) begann als Expressionist; aber seine Gedichte stehen von Anfang an volkstümlichen Formen wie Ballade, Moritat, Bänkelsang oder Chanson näher. Wie Benn **provozierte** auch er die bürgerlichen Leser, jedoch mehr durch Vitalität, Frechheit und politische Radikalität. Den gesellschafts- und zeitkritischen Themen blieb er sein Leben lang treu; seine Gedichte wurden zu den bedeutendsten lyrischen Zeitzeugnissen deutscher Geschichte im 20. Jahrhundert. Brechts Engagement und seine Fähigkeit zur pointierten Argumentation in lyrischen Formen machen ihn zum Vorbild späterer Generationen – inhaltlich und formal.
Neben Gedichten zu den beiden Weltkriegen, zu Revolution und Klassenkampf, Drittem Reich und Exil gibt es den ganz anderen Lyriker Brecht mit seinen **Liebes-** und **Naturgedichten,** die mitunter sehr autobiografisch und privat sind. Ihre leisen und poetischen Töne stehen in deutlichem Gegensatz zum reflektierenden und lehrhaften Tonfall der politischen Gedichte.

Selten ist Lyrik so schockierend und provozierend wie „Schöne Jugend“, das zweite Gedicht aus dem „Morgue“-Zyklus von **Gottfried Benn**. Im Gedicht „Leben – Niederer Wahn“ zeigt sich Benns elitärer Rückzug aus der Vielfalt des Lebens in die Formvollendung der Kunst.
Die beiden kurzen Liebesgedichte von **Bertolt Brecht** repräsentieren zeitlose und existenzielle Erfahrungen des Menschen.

Schöne Jugend (1912) | Gottfried Benn

Der Mund eines Mädchens, das lange im Schilf gelegen hatte,
sah so angeknabbert aus.
Als man die Brust aufbrach, war die Speiseröhre so löcherig.
Schließlich in einer Laube unter dem Zwerchfell
fand man ein Nest von jungen Ratten.
Ein kleines Schwesterchen lag tot.
Die andern lebten von Leber und Niere,
tranken das kalte Blut und hatten
hier eine schöne Jugend verlebt.
Und schön und schnell kam auch ihr Tod:
Man warf sie allesamt ins Wasser.
Ach, wie die kleinen Schnauzen quietschten!

Benn, Gottfried, Schöne Jugend, in: Benn, Gottfried, Sämtliche Werke, Band 1: Gedichte 1, Klett-Cotta Verlag, Stuttgart 1986, S. 8

Leben – niederer Wahn (1936) | Gottfried Benn

Leben – niederer Wahn!
Traum für Knaben und Knechte,
doch du von altem Geschlechte,
Rasse am Ende der Bahn,

was erwartest du hier?
immer noch eine Berauschung,
eine Stundenvertauschung
von Welt und dir?

Suchst du noch Frau und Mann?
ward dir nicht alles bereitet,
Glauben und wie es entgleitet
und die Zerstörung dann?

Form nur ist Glaube und Tat,
die erst von Händen berührten,
doch dann den Händen entführten
Statuen bergen die Saat.

Benn, Gottfried, Leben – niederer Wahn, in: Benn, Gottfried, Statische Gedichte, hrsg. von Paul Raabe, Arche Verlag, Zürich 1983, S. 134

Ich will mit dem gehen, den ich liebe (1939) | Bertolt Brecht

Ich will mit dem gehen, den ich liebe.
Ich will nicht ausrechnen, was es kostet.
Ich will nicht nachdenken, ob es gut ist.
Ich will nicht wissen, ob er mich liebt.
Ich will mit ihm gehen, den ich liebe.

Brecht, Bertolt, Ich will mit dem gehen, den ich liebe, in: Die Gedichte von Bertolt Brecht in einem Band, Suhrkamp Verlag, Frankfurt/M. 1981, S. 1023

Morgens und abends zu lesen (1950) | Bertolt Brecht

Der, den ich liebe
Hat mir gesagt
Daß er mich braucht.

Darum
Gebe ich auf mich acht
Sehe auf meinen Weg und
Fürchte von jedem Regentropfen
Daß er mich erschlagen könnte.

Brecht, Bertolt, Morgens und abends zu lesen, in: Die Gedichte von Bertolt Brecht in einem Band, Suhrkamp Verlag, Frankfurt/M. 1981, S. 586

1. Woraus resultiert die Provokation des Gedichts „Schöne Jugend" von Benn?
2. Wie kontrastiert Benn in „Leben – Niederer Wahn" Leben und Kunst?
3. Wie unterscheidet sich das Selbstverständnis der beiden weiblichen Rollen in den Liebesgedichten von Brecht?

Auf der beigefügten CD finden Sie zusätzlich das Gedicht „Moderne Legende" von Bertolt Brecht mit Arbeitsaufträgen.

III Lyrik nach 1945

1 Hermetische Lyrik: Paul Celan und Ingeborg Bachmann

Nach 1945 wurde in Deutschland wiederholt der Ausspruch des Kulturphilosophen Theodor W. Adorno diskutiert, dass es nach Auschwitz barbarisch sei, Gedichte zu schreiben. Kein anderer Lyriker hat diese These so nachhaltig widerlegt wie **Paul Celan** (1920–1970), der als Jude nur knapp dem Tod entkam, aber Eltern und Heimat durch die nationalsozialistische Verfolgung auf furchtbare Weise verlor. Celan stellt sich in seinen Gedichten dem schweren Erinnerungsdruck des Holocaust, jedoch in einer Sprache, die Erfahrung und Realität nicht mehr abbildet, sondern sie höchstens noch in geheimnisvollen Bildern erahnen lässt. Das Dunkle und Rätselhafte dieser hermetischen Lyrik entstammt der rigorosen Sprachskepsis Celans, die ein allgemein verständliches Aussprechen und Kommunizieren nahezu unmöglich macht, sodass nur noch **Chiffren** (andeutende Verweise) bleiben. Neben diesen schwer entzifferbaren Einzelmetaphern verstärken häufig Gegensätze, paradoxe Wendungen, Wiederholungen oder Kreisbewegungen von Worten und Sätzen sowie kunstvolle Beziehungsgeflechte von Leitmotiven die Intensität der Gedichte. Ein weiterer Versuch zur Überwindung der Sprachverzweiflung liegt im indirekten Sprechen mit Worten oder Zitaten schicksalsverwandter Autoren. Hermetische Lyrik ist also durchweg eine sehr belesene und intellektuelle Lyrik.
Diese Eigenschaft zeichnet auch die Gedichte von **Ingeborg Bachmann** (1926–1973) aus, die ein sehr intensives Studium der Sprachphilosophie absolviert hat. Wie bei Celan ist ihre Lyrik von Trauer und Schmerz bestimmt, die vor allem aus dem Bewusstsein der geschichtlichen Katastrophe des Dritten Reiches erwachsen, und wie Celan thematisiert sie die Zweifel an der Berechtigung lyrischen Sprechens.
In diese Reihe gehören auch die hermetischen Gedichte von Ernst Meister (1911–1979) und Nelly Sachs (1891–1970).

Paul Celans „Todesfuge", eines der berühmtesten Gedichte der Nachkriegszeit überhaupt, gestaltet das Grauen der Konzentrationslager.
Mit seinem Gedicht „Sprachgitter" spielt Celan deutlich auf das symbolistische Gedicht „Der Panther" von **Rainer Maria Rilke** an (vgl. S. 605).
Im Gedicht „Alle Tage" stellt **Ingeborg Bachmann** ein neues Heldentum der Zivilcourage vor.

Todesfuge (1952) | Paul Celan

Schwarze Milch der Frühe wir trinken sie abends
wir trinken sie mittags und morgens wir trinken sie nachts
wir trinken und trinken
wir schaufeln ein Grab in den Lüften da liegt man nicht eng
Ein Mann wohnt im Haus der spielt mit den Schlangen der schreibt
der schreibt wenn es dunkelt nach Deutschland dein goldenes Haar Margarete
er schreibt es und tritt vor das Haus und es blitzen die Sterne er pfeift seine Rüden herbei
er pfeift seine Juden hervor läßt schaufeln ein Grab in der Erde
er befiehlt uns spielt auf nun zum Tanz

Schwarze Milch der Frühe wir trinken dich nachts
wir trinken dich morgens und mittags wir trinken dich abends
wir trinken und trinken
Ein Mann wohnt im Haus der spielt mit den Schlangen der schreibt
der schreibt wenn es dunkelt nach Deutschland dein goldenes Haar Margarete
Dein aschenes Haar Sulamith wir schaufeln ein Grab in den Lüften da liegt man nicht eng

Er ruft stecht tiefer ins Erdreich ihr einen ihr andern singet und spielt
er greift nach dem Eisen im Gurt er schwingts seine Augen sind blau
stecht tiefer die Spaten ihr einen ihr andern spielt weiter zum Tanz auf

Schwarze Milch der Frühe wir trinken dich nachts
wir trinken dich mittags und morgens wir trinken dich abends
wir trinken und trinken
ein Mann wohnt im Haus dein goldenes Haar Margarete
dein aschenes Haar Sulamith er spielt mit den Schlangen

Er ruft spielt süßer den Tod der Tod ist ein Meister aus Deutschland
er ruft streicht dunkler die Geigen dann steigt ihr als Rauch in die Luft
dann habt ihr ein Grab in den Wolken da liegt man nicht eng

Schwarze Milch der Frühe wir trinken dich nachts
wir trinken dich mittags der Tod ist ein Meister aus Deutschland
wir trinken dich abends und morgens wir trinken und trinken
der Tod ist ein Meister aus Deutschland sein Auge ist blau

er trifft dich mit bleierner Kugel er trifft dich genau
ein Mann wohnt im Haus dein goldenes Haar Margarete
er hetzt seine Rüden auf uns er schenkt uns ein Grab in der Luft
er spielt mit den Schlangen und träumt der Tod ist ein Meister aus Deutschland

dein goldenes Haar Margarete
dein aschenes Haar Sulamith

Celan, Paul, Todesfuge, in: Der große Conrady. Das Buch deutscher Gedichte, Patmos Verlag, Düsseldorf 2008, S. 816

Sprachgitter (1959) | Paul Celan

Augenrund zwischen den Stäben.

Flimmertier Lid
rudert nach oben,
gibt einen Blick frei.

Iris, Schwimmerin, traumlos und trüb:
der Himmel, herzgrau, muß nah sein.

Schräg, in der eisernen Tülle,
der blakende Span
Am Lichtsinn
errätst du die Seele.

(Wär ich wie du. Wärst du wie ich.
Standen wir nicht
unter e i n e m Passat?
Wir sind Fremde.)

Die Fliesen. Darauf,
dicht beieinander, die beiden
herzgrauen Lachen:
zwei
Mundvoll Schweigen.

Celan, Paul, Sprachgitter, in: Der große Conrady. Das Buch deutscher Gedichte, Patmos Verlag, Düsseldorf 2008, S. 818

Alle Tage (1953) | Ingeborg Bachmann

Der Krieg wird nicht mehr erklärt,
sondern fortgesetzt. Das Unerhörte
ist alltäglich geworden. Der Held
bleibt den Kämpfen fern. Der Schwache
ist in die Feuerzonen gerückt.
Die Uniform des Tages ist die Geduld,
die Auszeichnung der armselige Stern
der Hoffnung über dem Herzen.

Er wird verliehen,
wenn nichts mehr geschieht,
wenn das Trommelfeuer verstummt,
wenn der Feind unsichtbar geworden ist
und der Schatten ewiger Rüstung
den Himmel bedeckt.

Er wird verliehen
für die Flucht von den Fahnen,
für die Tapferkeit vor dem Freund,
für den Verrat unwürdiger Geheimnisse
und die Nichtbeachtung
jeglichen Befehls.

Bachmann, Ingeborg, Alle Tage, in: Der große Conrady. Das Buch deutscher Gedichte, Patmos Verlag, Düsseldorf 2008, S. 845

1. Informieren Sie sich über den Begriff „Fuge" und weisen Sie seine Angemessenheit für Paul Celans Gedicht „Todesfuge" nach.
2. Diskutieren Sie anhand des Gedichts „Todesfuge" die Aussage Adornos über Lyrik nach Auschwitz.
3. Setzen Sie sich mit den verschiedenen sprachlich-stilistischen Mitteln Celans auseinander, vor allem mit der Chiffre „Schwarze Milch der Frühe".
4. Was ist für Bachmanns Gedicht „Alle Tage" das „Unerhörte" und wie wird es wirksam?

Auf der beigefügten CD finden Sie zusätzlich das Gedicht „Nebelland" von Ingeborg Bachmann mit Arbeitsaufträgen.

2 Konkrete Poesie: Eugen Gomringer und Ernst Jandl

Mit konkreten Gedichten entstand in den Jahren um 1960 eine neue Form von Lyrik, die Sprache als **Experimentierfeld** versteht. Dabei wird das Sprachmaterial oft in kleinste Einheiten zerlegt, die Silben werden in rhythmische Abfolgen gebracht, die Konstruktion des Gedichts wiegt mehr als die einzelnen Wörter. Der **konstruktive Charakter** wird entscheidend verstärkt durch die **grafisch-optische Gestaltung** des Textes, wobei auch unbeschriebene Stellen auf dem Papier durchaus zu Bedeutungsträgern werden können.

Eugen Gomringer (*1925), der als Begründer der konkreten Poesie gilt und vom Design kommt, spricht von dieser Lyrik als „Gebrauchsgegenstand". Er befreit sie weitgehend von den Zwängen der Syntax und will mit dieser **formellen Vereinfachung** dem modernen Lebenstempo einer technisierten Welt Rechnung tragen. Die Sprache insgesamt zielt nicht mehr auf Vermittlung von komplexen Zusammenhängen, sondern begnügt sich mit **raschen Impulsen** ähnlich denen der modernen Werbegrafik.

Ernst Jandl (1925–2000), der sich wie Gomringer aus den Fesseln der traditionellen Sprache befreite, steht in der Tradition des Dadaismus. Seine Gedichte wirken vor allem durch **Sprachspiel, Sprachwitz** und **Parodie**. Klang- und Lautmalerei spielen eine ebenso große Rolle wie Elemente der Verfremdung oder überraschende Konfrontationen von Bekanntem und Unbekanntem. Einfallsreichtum trifft zusammen mit berechnendem Kalkül, das scheinbar Unsinnige erhält seine Bedeutung als Provokation und Infragestellung des Gewohnten.

ottos mops (1963) | Ernst Jandl

ottos mops trotzt
otto: fort mops fort
ottos mops hopst fort
otto: soso

otto holt koks
otto holt obst
otto horcht
otto: mops mops
otto hofft

ottos mops klopft
otto: komm mops komm
ottos mops kommt
ottos mops kotzt
otto: ogottogott

Jandl, Ernst, ottos mops, in: Der große Conrady. Das Buch deutscher Gedichte, Patmos Verlag, Düsseldorf 2008, S. 875

3 variationen zu >>kein fehler im system<< (1969) | Eugen Grominger

1
kein fehler im system
kein efhler im system
kein ehfler im system
kein ehlfer im system
kein ehlefr im system
kein ehlerf im system
kein ehleri fm system
kein ehleri mf system
kein ehleri ms fystem
kein ehleri ms yfstem
kein ehleri ms ysftem
kein ehleri ms ystfem
kein ehleri ms ystefm
kein ehleri im ystemf
fkei nehler im system
kfei nehler im system
kefi nehler im system
keif nehler im system
kein fehler im system

2
kein fehler im system
kein fehler imt sysem
kein fehler itm sysem
kein fehler tmi sysem
kein fehler tim sysem
kein fehler mti sysem
kein fehler mit sysem

3
kein system im fehler
kein system mir fehle
keiner fehl im system
keim in systemfehler
sein kystem im fehler
sein kystem im fehler
ein fehkler im system
seine kehl im fyrsten
ein symfehler im sekt
kein symmet is fehler
sey festh kleinr mime

Gomringer, Eugen, 3 variationen zu „kein fehler im system", in: Gomringer, Eugen (Hrsg.), konkrete poesie deutschsprachiger autoren, Reclam Verlag, Stuttgart 1972, S. 63 f.

Schreiben Sie selbst ein „ottos-mops"-Gedicht auf a, e, i oder u.

3 Engagierte Lyrik: Erich Fried und Hans Magnus Enzensberger

Im Gegensatz zur konkreten Poesie, die Sprache als Material, auch zu rein spielerischen Zwecken verstand, rückte in der engagierten Lyrik die **politische Wirkungsabsicht** in den Vordergrund. Die gesellschaftskritischen Gedichte reflektieren und kritisieren, sensibilisieren und appellieren, polemisieren und agitieren im äußersten Fall. Dahinter stehen das Bemühen um Hinterfragung, der Wunsch nach Veränderung und die Wahrnehmung einer politischen Verantwortung des Schriftstellers. Waren die zentralen Themen in den 50er-Jahren die restaurativen Tendenzen der Nachkriegsgesellschaft und die unterbliebene Auseinandersetzung mit der nationalsozialistischen Vergangenheit, so galt das Engagement seit dem Umbruch der 60er-Jahre zusätzlich neuen Themen: Rüstungswettlauf, Ost-West-Konflikt, Neoimperialismus, Rassismus, Terrorismus, Unterdrückung, Ausbeutung, Umweltzerstörung, Fortschrittsgläubigkeit, Medien. In formaler Hinsicht stehen der engagierten Lyrik alle Spielarten lyrischen Sprechens zur Verfügung.

Gerhard Richter, Stukas, 1964

Einer der produktivsten, aber gleichzeitig umstrittensten Vertreter der engagierten Lyrik war **Erich Fried** (1921–1988), der den einen als subversiver Staatsfeind galt und den anderen als unbestechliche moralische Instanz. Seine entschiedene Parteilichkeit war oft Stein des Anstoßes, seine **nachdrückliche Parteinahme** für Entrechtete, Benachteiligte und Ausgestoßene ist bis heute für viele ein Zeichen seiner Humanität.

Frieds Schicksal war geprägt von seiner jüdischen Herkunft, die ihn über die Emigration hinaus zum Heimatlosen machte. Seine Lyrik zeichnet sich stilistisch aus durch Wortspiele und Ironie, Verwendung von Redensarten und Zitaten und durch den gedanklichen Kontrast von Spruch und Widerspruch.
Als intellektueller Zeitgenosse, der aufgeschlossen und wandlungsfähig wie kaum ein anderer auf die verschiedenen Stationen der deutschen Nachkriegsgeschichte reagiert hat, gilt **Hans Magnus Enzensberger** (*1929). Der Lyriker, Essayist und Herausgeber hat geistreich und pointiert die gesellschaftlichen und politischen Zustände hinterfragt und kommentiert. Er setzt die Tradition der Aufklärung mit ihrer **lehrhaften Absicht** fort und vertritt gegen Tendenzen deutscher Provinzialität und Sattheit eine weltoffene und dynamische Position. Seine politische Lyrik enthält oft den Ausdruck jugendlichen Zorns, kann zynisch und attackierend werden, ist aber nie bloße Propaganda, sondern immer Sprachkunst. Enzensberger verarbeitet, auch in Montagetechnik, Alltags- und Umgangssprache, rhetorische Figuren, Bilder, Chiffren und witzige Anspielungen.

In seinem Gedicht „Die Abnehmer" thematisiert **Erich Fried** die Gefahr der Entmündigung des Menschen. „Über die Schwierigkeiten der Umerziehung" von **Hans Magnus Enzensberger** verdeutlicht die Kluft zwischen Utopie und Wirklichkeit.

Die Abnehmer (1964) | Erich Fried

Einer nimmt uns das Denken ab
Es genügt
seine Schriften zu lesen
und manchmal dabei zu nicken

Einer nimmt uns das Fühlen ab
Seine Gedichte
erhalten Preise
und werden häufig zitiert

Einer nimmt uns
die großen Entscheidungen ab
über Krieg und Frieden
Wir wählen ihn immer wieder

Wir müssen nur
auf zehn bis zwölf Namen schwören
Das ganze Leben
nehmen sie uns dann ab

Fried, Erich, Die Abnehmer, in: Fried, Erich, Warngedichte, Fischer Taschenbuch Verlag, Frankfurt/M. 1992, S. 107

Beim Nachdenken über Vorbilder (1966) | Erich Fried

Die uns
vorleben wollen

wie leicht
das Sterben ist

Wenn sie uns
vorsterben wollen

wie leicht
wäre das Leben

Fried, Erich, Beim Nachdenken über Vorbilder, in: Der große Conrady. Das Buch deutscher Gedichte, Patmos Verlag, Düsseldorf 2008, S. 891

Über die Schwierigkeiten der Umerziehung (1970) | Hans Magnus Enzensberger

Einfach vortrefflich
all diese großen Pläne:
das Goldene Zeitalter
das Reich Gottes auf Erden
das Absterben des Staates.
Durchaus einleuchtend.

Wenn nur die Leute nicht wären!
Immer und überall stören die Leute.
Alles bringen sie durcheinander.

Wenn es um die Befreiung der Menschheit geht
laufen sie zum Friseur.

Statt begeistert hinter der Vorhut herzutrippeln
sagen sie: Jetzt wäre ein Bier gut.
Statt um die gerechte Sache
kämpfen sie mit Krampfadern und mit Masern.
Im entscheidenden Augenblick
suchen sie einen Briefkasten oder ein Bett.
Kurz bevor das Millenium anbricht
kochen sie Windeln.

An den Leuten scheitert eben alles.
Mit denen ist kein Staat zu machen.
Ein Sack Flöhe ist nichts dagegen.
Kleinbürgerliches Schwanken!
Konsum-Idioten!
Überreste der Vergangenheit!

Man kann sie doch nicht alle umbringen!
Man kann doch nicht den ganzen Tag auf sie einreden!
Ja wenn die Leute nicht wären
dann sähe die Sache schon anders aus.
Ja wenn die Leute nicht wären
dann gings ruckzuck.
Ja wenn die Leute nicht wären
ja dann!
(Dann möchte auch ich hier nicht weiter stören.)

Enzensberger, Hans Magnus, Über die Schwierigkeiten der Umerziehung, in: Enzensberger, Hans Magnus, Gedichte 1955–1970, Suhrkamp Verlag, Frankfurt/M. 1971, S. 40

1. Bestimmen Sie die in Frieds Gedicht umschriebenen drei „Abnehmer"-Instanzen und ergänzen Sie diese auf die angesprochenen „zehn bis zwölf Namen".
2. Konkretisieren und veranschaulichen Sie das Wortspiel Frieds in seinem Gedicht „Beim Nachdenken über Vorbilder".
3. Worauf beruht die Komik des Gedichts „Über die Schwierigkeiten der Umerziehung" und worauf zielt Enzensbergers Kritik?

4 Alltagslyrik: Rolf Dieter Brinkmann und Wolf Wondratschek

In den 70er-Jahren trat eine neue Lyrikergeneration in Erscheinung, die sich entschieden von der hermetischen Lyrik absetzte und gleichzeitig die Phase der Politisierung der Literatur überwand und deren Theorie vom Ende der Literatur widerlegte. Dieser Generation, für deren Gedichte Subjektivität, Privates und Alltägliches zentrale Themen sind, gehören u. a. an: Nicolas Born, Michael Buselmaier, Ludwig Fels, Ulla Hahn, Karin Kiwus, Ursula Krechel, Peter Maiwald, Christoph Meckel, Bodo Morshäuser, Jürgen Theobaldy.
Mit ihren **Momentaufnahmen** und **Alltagsnotizen**, ihrem Mut zu fast Banalem und Trivialem, dem erzählenden und lakonischen Plauderton knüpfen sie an eine Tradition an, die Tucholsky und Brecht mit einem Teil ihrer Werke begründet haben.
Als ein typischer Repräsentant der Alltagslyrik gilt **Rolf Dieter Brinkmann** (1940–1975), der bei einem Verkehrsunfall in London ums Leben kam. Er stand der Pop- und Undergroundszene nahe; die Faszination der angloamerikanischen Kultur vermischt sich bei ihm mit Formen des Protests gegen den heimischen Kulturbetrieb. Die Umwelt taucht in seinen Gedichten in banalen Gegenständen auf, häufig enthalten die Zeilen – oder bereits die Titel – konkrete Orts- und Zeitangaben. Beliebt ist das Milieu der Kneipen und Bars – der „coole" Ton der „Szene" ist unüberhörbar.

Mit seinem Gedicht „Einen jener klassischen" erfasst Rolf Dieter Brinkmann spontane Vorgänge und Bewegungen und registriert scheinbar Belangloses.

Bei **Wolf Wondratschek** (*1943), der als einer der wenigen deutschsprachigen Rock-Poeten gilt und sich dem Literaturbetrieb weitgehend verweigert, ist vor allem in seinen frühen Gedichten ebenfalls eine radikale Opposition zur Lyrik der Nachkriegszeit zu beobachten.

Einzelne Werke haben als sogenannte Selbstverständigungsgedichte die Desillusionierung der Studentenbewegung der 60er-Jahre zum Inhalt und setzen sich mit deren verlorenen Visionen und Träumen auseinander.

Im Gedicht „In den Autos" bringt Wondratschek die Resignation dieser 68er-Generation zum Ausdruck, die sich in einer kritischen Selbstreflexion das Scheitern ihrer Lebensentwürfe eingesteht.

Einen jener klassischen (1975) | Rolf Dieter Brinkmann

schwarzen Tangos in Köln, Ende des
Monats August, da der Sommer schon

ganz verstaubt ist, kurz nach Laden
Schluß aus der offenen Tür einer

dunklen Wirtschaft, die einem
Griechen gehört, hören, ist beinahe

ein Wunder: für einen Moment eine
Überraschung, für einen Moment

Aufatmen, für einen Moment
eine Pause in dieser Straße,

die niemand liebt und atemlos
macht, beim Hindurchgehen. Ich

schrieb das schnell auf, bevor
der Moment in der verfluchten

dunstigen Abgestorbenheit Kölns
wieder erlosch.

Brinkmann, Rolf Dieter, Einen jener klassischen, in: Lyrik für Leser. Gedichte der siebziger Jahre, hrsg. von Volker Hage, Reclam Verlag, Stuttgart 1980, S. 64–66

In den Autos (1976) | Wolf Wondratschek

Wir waren ruhig,
hockten in den alten Autos,
drehten am Radio
und suchten die Straße
nach Süden.

Einige schrieben uns Postkarten aus der Einsamkeit,
um uns zu endgültigen Entschlüssen aufzufordern.

Einige saßen auf dem Berg,
um die Sonne auch nachts zu sehen.

Einige verliebten sich,
wo doch feststeht, daß ein Leben
keine Privatsache darstellt.

Einige träumten von einem Erwachen,
das radikaler sein sollte als jede Revolution.

Einige saßen da wie tote Filmstars
und warteten auf den richtigen Augenblick,
um zu leben.

Einige starben,
ohne für ihre Sache gestorben zu sein.

Wir waren ruhig,
hockten in den alten Autos,
drehten am Radio
und suchten die Straße
nach Süden.

Wondratschek, Wolf, In den Autos, in: Lyrik von 1945 bis zur Gegenwart, Oldenbourg Verlag, München 1986, S. 92 f.

1. Wie gestaltet Brinkmann in seinem Gedicht „Einen jener klassischen" die Spannung zwischen Augenblick und Dauer?
2. Welche gescheiterten Ideale werden im Gedicht von Wondratschek thematisiert?

5 Irritierte Naturwahrnehmung: Jürgen Becker und Sarah Kirsch

Naturlyrik, die wie Liebeslyrik die längste Tradition hat, erfährt nach 1945 schwerwiegende Veränderungen. Das hängt mit einer **gebrochenen Wirklichkeitserfahrung** zusammen, die von einer zunehmend zerstörten Umwelt ausgelöst wird. Noch bevor ökologisches Bewusstsein Allgemeingut wurde, empfanden Dichter die verletzte Harmonie zwischen Ich und Natur, spürten die gestörte Idylle als Folge einer immer rasanter um sich greifenden Urbanisierung und technischen Zivilisation. Im Vergleich zu früher verweigert eine so misshandelte Natur die jahrhundertelang gesicherte Sinnerfahrung für die sie beobachtenden und erlebenden Lyriker. Das sind die zeitbedingten Voraussetzungen, die die irritierten Wahrnehmungen erklären und den oftmals bedrohlichen Charakter der Naturlyrik nach 1945 ausmachen. Auch die Kriegszerstörungen hatten nicht nur die Landschaft, sondern auch die Innenwelt der Menschen verletzt und trugen zu einem dissonanten Bewusstsein angesichts der unwiederbringlichen Einheit von Natur und Mensch bei.

Gerhard Richter, Ohne Titel, 1992

Günter Eich (1902–1972), Peter Huchel (1903–1981) und Johannes Bobrowski (1917–1965) sind Vertreter der ersten Generation dieser irritierten Naturwahrnehmung, die heute vor allem von Jürgen Becker (*1932) und Sarah Kirsch (*1935) repräsentiert wird.

Jürgen Becker, der seine Heimat um Köln kantig und widerständig erfährt, schafft durch die Verschmelzung äußerer und innerer Wahrnehmungen unwirkliche Bilderräume, die die **verlorene Naturidylle** ersetzen müssen. An die Stelle der Abbildung ganzheitlicher Natureindrücke rücken bruchstückhafte Notizen und vielschichtige Bewusstseinsfetzen, deren Simultaneität (Gleichzeitigkeit) den ungeglätteten Eindrücken und Reflexionen Rechnung tragen.

Sarah Kirsch, im Vergleich zu Jürgen Becker weniger reflektierend und stärker visuell ausgerichtet, überrascht mit Bildern, die herkömmlicher Wahrnehmung widersprechen und in denen Unvereinbares zusammengefasst wird. Enttäuschung, Verzweiflung und Einsamkeit sind darin ebenso enthalten wie kindliche Erfahrungen und Märchenelemente. Das lyrische Ich kennt die Sehnsucht nach Nähe, die Schwierigkeiten des Sich-Zurechtfindens, die Allgegenwart des Schreckens, aber auch die magische Ausstrahlung der Natur. Sarah Kirschs Lyrik verrät bei aller Sprödigkeit und Verschwiegenheit ihre tiefe Zuneigung zu einer gefährdeten Umwelt auf unsicherem Grund. Ihre Bildersprache vereint originelle Naturmetaphern und individuelle Chiffren, deren expressive Wirkung noch gesteigert wird, wenn syntaktische Strukturen durch das Fehlen von Satzzeichen nur schwer zu erkennen sind.

„Ende Februar" und „Ungewisses, Februar" sind zwei Gedichte von **Jürgen Becker**, in denen derselbe Monatsname für unterschiedliche Empfindungen steht.

Im Gedicht „Die Luft riecht schon nach Schnee" stellt **Sarah Kirsch** die Kälte des Winters der Wärme der Liebe gegenüber. „Watt III" aus dem Gedichtband „Erlkönigs Tochter" (1992) konfrontiert eine Balladenfigur Goethes mit Elementen moderner Zivilisation.

Ende Februar (1971) | Jürgen Becker

Der Himmel fließt ab. Ein Flecken, was
die kalte Sonne war. Zwitschernd fliegt
ein Fenster auf. Stimmen, Flucht hinaus
in den Hof, wo der Holunder überlebt.

Becker, Jürgen, Ende Februar, in: Becker, Jürgen, Gedichte 1965–1980, Suhrkamp Verlag, Frankfurt/M. 1981, S. 365

Ungewisses, Februar (1975) | Jürgen Becker

Von irgendwo kommt ein Luftzug; alle
Fenster sind zu. Das Geräusch
einer alten Maschine entfernt sich,
in diesem überraschenden Winter.
Was kommt denn noch?
Ein Kranichschwarm dreht wieder ab;
ein Rinnsal wird still.
Es gibt keine Geschichte des Schnees,
zu viel ist vergessen in wenigen Wochen;
man hat wieder Hoffnung, daß man
nichts spüren wird bis zum Sterben.

Becker, Jürgen, Ungewisses, Februar, in: Becker, Jürgen, Gedichte 1965–1980, Suhrkamp Verlag, Frankfurt/M. 1981, S. 281

Watt III (1992) | Sarah Kirsch

Ich Erlkönigs Tochter hab eine
Ernsthafte Verabredung mit zwei
Apokalyptischen Reitern im Watt ein
Techtelmechtel auf unsicherem Boden
Jetzt ehe der Morgen sich rötet.
Drehender Nebelqualm bemerkenswert
Eiliger Schneefall stellen ne schöne
Verbindlichkeit her das legt sich
Auf Möwenkadaver Colabüchsen der
Abgeblaßte Mond auf der Hurtigroute
Zwischen kopulierenden Wolken bezeugt er
Dem Albatros höchste Bewunderung wie der
Von Süden herüberkömmt während Jupiter
Über dem Kuhstall später der Bohrinsel glänzt.
Happy Neujahr! rufen die Seenotraketen
Und der Jung aus Büsum wird niemals
Gefunden es fallen die Krähen
Schwarze Äpfel vom einzigen Baum.

Kirsch, Sarah, Watt III, in: Kirsch, Sarah, Erlkönigs Tochter. Gedichte, Deutsche Verlags-Anstalt, Stuttgart ²1992, S. 50

Die Luft riecht schon nach Schnee (1967) | Sarah Kirsch

Die Luft riecht schon nach Schnee, mein Geliebter
Trägt langes Haar, ach der Winter, der Winter der uns
Eng zusammenwirft steht vor der Tür, kommt
Mit dem Windhundgespann. Eisblumen
Streut er ans Fenster, die Kohlen glühen im Herd, und
Du schönster Schneeweißer legst mir deinen Kopf in den Schoß
Ich sage das ist
Der Schlitten der nicht mehr hält, Schnee fällt uns
Mitten ins Herz, er glüht
Auf den Aschekübeln im Hof Darling flüstert die Amsel

Kirsch, Sarah, Die Luft riecht schon nach Schnee, in: Gedichte und Interpretationen, Band 6: Gegenwart, hrsg. von Walter Hinck, Reclam Verlag, Stuttgart 1982, S. 351

1. Vergleichen Sie die beiden Februar-Gedichte Beckers und untersuchen Sie den unterschiedlichen Stimmungsgehalt.
2. Assoziieren Sie mit Sarah Kirschs Gedicht „Die Luft riecht schon nach Schnee" die Intensivierung oder das Ende einer Liebesbeziehung?
3. Zeigen Sie an Inhalt und Sprache auf, wie mythische und zivilisatorische Elemente im Gedicht „Watt III" von Sarah Kirsch aufeinandertreffen.
4. Vergleichen Sie Sarah Kirschs Gedicht „Watt III" mit Goethes Ballade „Erlkönig" (S. 598 f.).

6 Aufgesplitterte Erinnerung: Durs Grünbein und Kerstin Hensel

Eine Tendenz in der Vielfalt der Lyrik der 90er-Jahre zeigt sich in Gedichten, die **poetische Erinnerungswerke** darstellen. Kindheit und Jugend, Erlebnisse und Begebenheiten des Alltags, aber auch der Wandel politischer Systeme können sogenannte Erinnerungsvorräte darstellen, derer sich die Lyriker bedienen. Das Gespür der Lyrik für die „kleinen Dinge des Lebens" ist dabei gekoppelt an Verse, die diese oft banalen Dinge des Alltags unspektakulär und skizzenhaft zu fassen bekommen und ihren „Herzrhythmus" festhalten. Im Bemühen um eine Verdichtung werden dabei von Autoren auch traditionelle lyrische Formen wie Oden oder Elegien in lockeren Alexandrinern und Blankversen gestaltet.

Paul Klee, Bewegte Landschaft mit Kugelbäumen (bewegte stark farbige Flächen), 1920, 31,5 cm x 39,5 cm, Öl auf Karton, Privatbesitz, Schweiz

Die Elegie dient als Ausdruck lyrischer Subjektivität und zeigt sich als hilfreiche Form der Differenzierung und Nuancierung des Erinnerns. Lyrik soll in dieser Funktion die Sicherung von Erinnerungsspuren übernehmen, diese verdichtet zum Ausdruck bringen und die Herstellung von Bezügen zur Gegenwart anregen. Formen eines überlieferten Versmaßes werden mit zeitgenössischem Bewusstsein verbunden. Dies kann inhaltlich z. B. über Reflexionen und Szenarien, sprachlich in Bild- und Sprachfragmenten erfolgen. Auch mythologische Anspielungen können im Prozess der Erinnerung Material liefern für **gegenwartsbezogene Assoziationen** und neu zu interpretierende Metaphern. Lyrik kann in diesem Literaturverständnis eine Erinnerungshilfe sein und Erfahrungen mit Zeit, mit dem Vergessen und Wiederfinden von Dingen, Gedanken etc. reflektieren.

Im Reisegedicht „Kosmopolit" von **Durs Grünbein** (*1962) zieht das lyrische Ich ein kritisches Fazit im Hinblick auf heutige Mobilitätserfahrungen.
Kerstin Hensels (*1961) Gedicht „Hochmoorsommernachtstraumreise" lässt Anklänge an eine Fantasie- und Traumwelt erkennen.

Kosmopolit (1999) | Durs Grünbein

Von meiner weitesten Reise zurück, anderntags
Wird mir klar, ich verstehe vom Reisen nichts.
Im Flugzeug eingesperrt, stundenlang unbeweglich,
Unter mir Wolken, die aussehn wie Wüsten,
Wüsten, die aussehn wie Meere, und Meere,
Den Schneewehen gleich, durch die man streift
Beim Erwachen aus der Narkose, sehe ich ein,
Was es heißt, über die Längengrade zu irren.
Dem Körper ist Zeit gestohlen, den Augen Ruhe.
Das genaue Wort verliert seinen Ort. Der Schwindel
Fliegt auf mit dem Tausch von Jenseits und Hier
In verschiedenen Religionen, mehreren Sprachen.
Überall sind die Rollfelder gleich grau und gleich
Hell die Krankenzimmer. Dort im Transitraum,
Wo Leerzeit umsonst bei Bewußtsein hält,
Wird ein Sprichwort wahr aus den Bars von Atlantis.

Reisen ist ein Vorgeschmack auf die Hölle.

Grünbein, Durs, Kosmopolit, in: Der große Conrady. Das Buch deutscher Gedichte, Patmos Verlag, Düsseldorf 2008, S. 1245

Hochmoorsommernachtstraumreise (1988) | Kerstin Hensel

Wir lassen schnell zurück die weißen Betten
Und unsre Schritte schmatzen durch die Nacht.
Ein gelbgereifter Bovist raucht und kracht.
Nach unsren Knöcheln gieren die Mofetten.
Und etwas pfeift mit rotgespitzter Zunge
Und leckt uns girrend über Hals und Rücken.
Wir gehen und vergehen im Entzücken –
Ein Puck springt ab, ein zartgewachsner Junge!

Die späten hohen Blumen wanken leise
Und röten manches schon verblaßte Tier,
Und die betagten Farne stehen grau Spalier.
Wir sind am Ende unserer Reise
Hier wo der Augenblick gerinnt zum Glück
Und wo das Glück vergeht im Augenblick.

Hensel, Kerstin, Hochmoorsommernachtstraumreise, in: Der große Conrady. Das Buch deutscher Gedichte, Patmos Verlag, Düsseldorf 2008, S. 1240

1. Vergleichen Sie das lyrische Ich und den lyrischen Gedankengang beider Gedichte.
2. Interpretieren Sie die Bedeutung des Reisens in den Gedichten.
3. Welchen Stellenwert hat die Erinnerung in den Gedichten Grünbeins und Hensels?

7 Fragmentarisierte Wirklichkeit: Thomas Kling und Bert Papenfuß-Gorek

Sprachkritik und **Sprachreflexion** sowie die Bereitschaft zum Experiment kennzeichnen Tendenzen der Lyrik der 90er-Jahre. Der Wechsel vom emotional gehaltenen Betroffenheits- zum intellektuellen, reflektierenden Panoramagedicht ist ein zentraler Veränderungsprozess. Deren Inhalte wie deren **fragmentarisierte** und **collagierte Formen** entfalten ihre kritische Aussageabsicht gerade vor dem Hintergrund eines grundlegenden Wandels in der heutigen Zeit. Autoren setzen ihre Erfahrungen mit den fundamentalen Veränderungen als Schreibimpuls für ihr literarisches Schaffen ein und nutzen die immer vielfältigeren Möglichkeiten des Literaturbetriebs und der literarischen Medieninszenierung.
Die inhaltliche Reflexion, zum Beispiel von medialen Phänomenen, vollzieht sich dabei im Nachsprechen, Zerlegen, Verfremden. Lyrik durchdringt somit die (Medien-)Wirklichkeit, indem sie deren Sprache sowie Denk- und Kommunikationsmuster demontiert, die Fragmente neu zusammensetzt und damit eine neue, veränderte Wahrnehmung provoziert.
Der experimentelle Charakter der Lyrik kann einerseits zu Sprachinstallationen aus verformten Wort- und Satzgebilden führen, auf der anderen Seite zu einer Konzentration des Verses, der alles Überflüssige ausspart und nicht nur Gedanken und Assoziationen auf ihre wichtigsten Wortspuren reduziert, sondern diesen Prozess des Weglassens von Vokalen, Silben, Konjunktionen, Satzgliedern und Satzzeichen den Lesern buchstäblich vor Augen führt.
Thomas Kling (1957–2005) gestaltet unter anderem Sprechtexte, die sich insbesondere auch für Performances eignen; diese stellen oftmals Experimente mit medialen Sprach- und Geräuschfetzen dar. Lyrik in Form von Performances will starre traditionelle Auffassungen von Kunst aufbrechen und dabei auf die Chancen interessanter Wechselwirkungen von Inhalt, Sprecher und Publikum verweisen.

Dass trotz unterschiedlicher Sozialisierung Lyriker in Ost und West gleichermaßen mit Sprache zu experimentieren beginnen, zeigt sich am Beispiel von **Bert Papenfuß-Gorek** (*1956). Seine Verse, die eine orthographische Verfremdung und Aufsplitterung von Wort- und Satzeinheiten widerspiegeln, zeigen dabei Parallelen zur Lyrik Klings.

In **Thomas Klings** Gedicht „Leipzig im Schummer" wie auch im Gedicht „Erleben Wirklich Erleben" von **Bert Papenfuß-Gorek** spielen Elemente wie Wortklang und -melodie eine wichtige Rolle; der Leser oder Zuhörer begegnet aber auch einer Fülle an Details, z. B. in Form von Chiffren, spontan entstanden wirkenden Sprachfetzen, aber auch ausgeklügelten Sprachexperimenten.

Leipzig im Schummer (11.3.1990) | Thomas Kling

koks-installazionen, die abbruch-
reife, bergeberge; heizkörper ap-
geschaltet: mützn auf!, die stadt
  ist reif:
koksinstallationen berge
berge, weltn dazwischn. bei scher-
bnbeknirschtm bodn; was ich sonst
gehört?: wasserrohrbruch, tosende
heraustosende wasser in fensterlo-
sem miezhauskeller; da brachs raus
graugelb gardinenschlappe wo keiner
sich noch mehr gekümmert hat. ja schei-
bnlos ja wasserbruch. Die wessiband
hat alkohol hat >müngersdorfer stadion<
gegebn, drei-stücke-repertoir wovon
herr zeltinger aus köln mir wohlbekannt.
Da hat in connewitz und überall die
straßenbahn so menschlich aufgeheult;
so menschlich (auch hier connewitz), so
enschlich-menschlich hat am nebentisch
ex-stasi zugehorcht – und suhrkamp, tja,
wir wärn fast rausgeflo. + alkohol +
alkohol + alkohol +++

[connewitz: Stadtteil von Leipzig.]

Kling, Thomas, Leipzig im Schummer (11.3.1990), in: Der große Conrady. Das Buch deutscher Gedichte, Patmos Verlag, Düsseldorf 2008, S. 1222

Erleben Wirklich Erleben (1977) | Bert Papenfuß-Gorek

Als Erleben Wirklich Erleben Meinte Weil Blosses Erleben
Mehr Bedeutete Als Nur Erleben Als Man Sich So Zwischen
Himmel & Erde Traeumen Liess Als Die Tueren Offen Standen
Als Man Fom Nachhausegehen Sprach Doch Nicht Wusste Wohin
Als Man Keinen Schritt Ruekkwaertz Ging Wohin Denn Auch
Es Erlebte Als Nach & For Erleben & Nach Mehr Licht Schrie
Es Erlebte Als Nach & For Erleben & For Dem Licht Sich Wand

Die Rosen Ferrosteten Damals Man Stand Abseits Im Diesseits
Als Die Zeit Zerpulwert Wurde Im Kirchgarten Unten Am Fluss

Komm Mich Bexuchen Wie Gruen Du Auch Seist Find Meinen Stein
Dann Reden Wir Drueber Wir Werden Diesem & Jenem Nachtrauern

Papenfuß-Gorek, Bert, Erleben Wirklich Erleben, in: Der große Conrady. Das Buch deutscher Gedichte, Patmos Verlag, Düsseldorf 2008, S. 1202

1. Sammeln Sie die wichtigsten Abweichungen von der regulären Sprache.
2. Inwieweit kann man bei beiden Gedichten noch von „Resten" dargestellter Wirklichkeit sprechen?
3. Worin liegen die Schwierigkeiten beim Verständnis solcher experimenteller Gedichte?
4. Welche Intentionen der Autoren vermuten Sie in den beiden Gedichten?

8 Gedichte über Gedichte

Schon seit den mittelalterlichen Anfängen der Lyrik gibt es Gedichte, in denen der Prozess des Schreibens, die Rolle des Dichters und der Stellenwert lyrischen Sprechens thematisiert und reflektiert werden. Diese Tendenz nimmt in der modernen Lyrik zu, vor allem nach 1945. Das hängt sicher damit zusammen, dass sich Zweifel an der Wirksamkeit lyrischer Texte verstärken, was bis zur sprachskeptischen Infragestellung des Wortes führen kann. Dahinter stehen die Krise des modernen Bewusstseins und die Gefährdung der Identität, bedingt durch die geistigen, technischen und sozialen Umwälzungen seit der Jahrhundertwende. Weil Wirklichkeit zunehmend als nicht mehr adäquat ausdrückbar erfahren wird, reduziert sich lyrisches Sprechen immer wieder auf die Beschäftigung mit der Kommunikation, den Worten und ihrem Sinn. Schreiben ist nicht mehr selbstverständlich – das ist das Thema und eventuell auch eine autobiografische Erfahrung.

Markus Lüpertz gehört mit seinen großformatigen Arbeiten zwischen Realismus und Abstraktion zu den meistdiskutierten deutschen Malern der Gegenwart.

Joseph Beuys, Blitzschlag mit Lichtschein, 1958

Wer ich bin (1994) | Rose Ausländer

Wenn ich verzweifelt bin
schreib ich Gedichte
Bin ich fröhlich
schreiben sich Gedichte
in mich
Wer bin ich
wenn ich nicht
schreibe

Ausländer, Rose, Wer ich bin, in: Ausländer, Rose, Regenwörter. Gedichte, Reclam Verlag, Stuttgart 1994, S. 47

Sprache (1966) | Johannes Bobrowski

Der Baum
größer als die Nacht
mit dem Atem der Talseen
mit dem Geflüster über
der Stille

Die Steine
unter dem Fuß
die leuchtenden Adern
lange im Staub
für ewig

Sprache
abgehetzt
mit dem müden Mund
auf dem endlosen Weg
zum Hause des Nachbarn

Bobrowski, Johannes, Sprache, in: Jahrhundertgedächtnis. Deutsche Lyrik im 20. Jahrhundert, hrsg. von Harald Hartung, Reclam Verlag, Stuttgart 1998, S. 212 f.

Unaufhaltsam (1962) | Hilde Domin

Das eigene Wort
wer holt es zurück,
das lebendige
eben noch ungesprochene
Wort?

Wo das Wort vorbeifliegt
verdorren die Gräser,
werden die Blätter gelb,
fällt Schnee.
Ein Vogel käme dir wieder.
Nicht dein Wort,
das eben noch ungesagte,
in deinem Mund.
Du schickst andere Worte
hinterdrein,
Worte mit bunten, weichen Federn.
Das Wort ist schneller,
das schwarze Wort.

Es kommt immer an,
es hört nicht auf, anzukommen.

Besser ein Messer als ein Wort.
ein Messer kann stumpf sein.
Ein Messer trifft oft
am Herzen vorbei.

Nicht das Wort.

Am Ende ist das Wort,
immer
am Ende
das Wort.

Domin, Hilde, Unaufhaltsam, in: Domin, Hilde, Gesammelte Gedichte, S. Fischer Verlag, Frankfurt/M. 1987, S. 170 f.

Meine Wörter (1981) | Ulla Hahn

Meine Wörter hab ich
mir ausgezogen
bis sie dalagen
atmend und nackt
mir unter der Zunge.

Ich dreh sie um
spuck sie aus
saug sie ein
blas sie auf

spann sie an
von Kopf bis Fuß
spann sie auf

Mach sie groß
wie ein Raumschiff zum Mond
und klein wie ein Kind.
Überall suche ich die Zeile
die mir sagt
wo ich mich find.

Hahn, Ulla, Meine Wörter, in: Worte sind der Seele Bild: eine Anthologie zum Sprach- und Dichtungsverständnis deutschsprachiger Lyriker vom Barock bis zur Gegenwart, hrsg. von Jürgen Janning, Königshausen & Neumann, Würzburg 2003, S. 106

Blätter (1985) | Marie Luise Kaschnitz

Wer Blätter herabgeweht
Auffängt
Fügt den Sommerbaum
Doch nicht zusammen
Die vom Steinwurf zerbrochene Scheibe
Stellt sich nicht wieder her
Nur ein Wort und ein Wort und ein Wort
Wahllos aus dem Sprachnetz gerissen
Zueinandergeschleudert
Umarmen sich
Sind sogleich eine
Sind eine Welt.

Kaschnitz, Marie Luise, Blätter, in: Kaschnitz, Marie Luise, Kein Zauberspruch. Gedichte, Suhrkamp Verlag, Frankfurt/M. 1986, S. 47

So soll es sein (1974) | Günter Kunert

Zwecklos und sinnvoll
soll es sein
zwecklos und sinnvoll
soll es auftauchen aus dem Schlamm
daraus die Ziegel der großen Paläste
entstehen um wieder zu Schlamm zu zerfallen
eines sehr schönen Tages
zwecklos und sinnvoll
soll es sein
was für ein unziemliches Werk
wäre das
zur Unterdrückung nicht brauchbar
von Unterdrückung nicht widerlegbar
zwecklos also
sinnvoll also

wie das Gedicht.

Kunert, Günter, So soll es sein, in: Der große Conrady. Das Buch deutscher Gedichte, Patmos Verlag, Düsseldorf 2008, S. 949

Hochseil (1975) | Peter Rühmkorf

Wir turnen in höchsten Höhen herum,
selbstredend und selbstreimend,
von einem *Individuum*
aus nichts als Worten träumend.

Was uns bewegt – warum? wozu? –
den Teppich zu verlassen?
Ein nie erforschtes Who-is-who
im Sturzflug zu erfassen.

Wer von so hoch zu Boden blickt,
der sieht nur Verarmtes/Verirrtes.
Ich sage: wer Lyrik schreibt, ist verrückt,
wer sie für wahr nimmt, wird es.

Ich spiel mit meinem Astralleib Klavier,
vierfüßig – vierzigzehig –
Ganz unten am Boden gelten wir
für nicht mehr ganz zurechnungsfähig.

Die Loreley entblößt ihr Haar
am umgekippten Rheine ...
Ich schwebe graziös in Lebensgefahr
grad zwischen Freund Hein und Freund Heine.

Rühmkorf, Peter, Hochseil, in: Gedichte und Interpretationen, Band 6: Gegenwart, hrsg. von Walter Hinck, Reclam Verlag, Stuttgart 1982, S. 328

Der Alte und der junge Dichter (1995) | Robert Gernhardt

Betritt der alte Dichter den Raum
hat der junge Dichter den Traum:
So alt zu werden wie der!
So alt und berühmt wie er!

Liest der junge Dichter im Blatt,
daß der alte uns verlassen hat.
Neidet er ihm sein End,
weil ihn nun alle Welt nennt.

Liegt der alte dichter im Grab,
denkt der junge Dichter: Nun hab
ich den alten vom Hals.
Merkt er bald: keinesfalls.

Tote Dichter sind schlimm.
Je toter, desto besser bei Stimm –
Wünscht sich der lebende, er
wär bald so tot wie der.

Gernhardt, Robert, Der Alte und der junge Dichter, in: Gernhardt, Robert, Lichte Gedichte, Haffmans Verlag, Zürich 1997, S. 92

1. In welchem Verhältnis stehen Schreiben und Identität des lyrischen Ichs in Rose Ausländers (1901–1988) Gedicht „Wer bin ich"?
2. In welchem Verhältnis stehen im Gedicht „Sprache" von Johannes Bobrowski (1917–1965) die ersten beiden Strophen zur dritten?
3. Wie geht Ulla Hahn (*1945) im Gedicht „Meine Wörter" mit ihrer Sprache um und was will sie damit erreichen?
4. Wie veranschaulicht und bewertet Hilde Domin (1909–2006) im Gedicht „Unaufhaltsam" ihre Sprache? Arbeiten Sie Unterschiede zum Gedicht Ulla Hahns heraus.
5. Welches Verständnis vom lyrischen Schaffen drückt das Gedicht „Blätter" von Marie Luise Kaschnitz (1901–1974) aus?
6. Wie bewertet Peter Rühmkorf (1929–2008) das lyrische Schaffen in seinem Gedicht „Hochseil"?
7. Interpretieren Sie die Verszeilen aus Robert Gernhardts (1937–2006) Gedicht: „Tote Dichter sind schlimm./Je toter, desto besser bei Stimm".

Auf der beigefügten CD finden Sie zusätzlich die folgenden Gedichte mit Arbeitsaufträgen:
- „Rede vom Gedicht" von Christoph Meckel
- „Worte" von Karl Krolow

Anhang:
Einige ausgewählte Beispiele zu Grammatik, Zeichensetzung und Rechtschreibung

Fachbegriffe	Beispiele
Wortarten	Pronomen Adjektiv Nomen Verb Numeral Nomen
deklinierbar bzw. konjugierbar	Sein letztes Buch erfreute Tausende Leser.
Verb (Zeit-/Tätigkeitswort)	essen, sein, sollen
Person (1./2./3.) Numerus (Zahl),	1. 2. 3. Singular 1. 2. 3. Plural
	ich du er/sie/es wir ihr sie
Genus der Verben (Aktiv/Passiv)	schlagen/werde geschlagen
Modus (Aussageweise)	
Indikativ	er schreibt er rief
Konjunktiv	er schreibe er riefe
Imperativ	schreib! schreibt! ruf! ruft!
Tempus (Zeit)	
Präsens/Präteritum	schlagen, schlug
Perfekt/Plusquamperfekt	habe geschlagen, hatte geschlagen
Futur I/Futur II	werde schlagen, werde geschlagen haben
Nomen/Substantiv (Hauptwort)	
Nominativ Singular Plural	das Haus die Häuser
Genitiv	des Hauses der Häuser
Dativ	dem Haus den Häusern
Akkusativ	das Haus die Häuser
Adjektiv (Eigenschaftswort)	klein, blau, wichtig
Numeral (Zahladjektiv)	fünfte, viele
Artikel (Geschlechtswort)	der, die, das ein, eine
Pronomen (Fürwort)	er, sie, es wir, ihr, sie
Adverb (Umstandswort)	dort, heute, gern, sehr, hoffentlich, deshalb
Präposition (Verhältniswort)	an, auf, in, vor, nach, während, wegen, ohne
Konjunktion (Bindewort)	und, aber, denn, als, dass, weil
Interjektion (Ausrufewort)	ach! oh! au! bitte?

Fachbegriffe	Beispiele
Satzglieder	Subjekt Prädikat Objekt Adverbiale
	Sein letztes Buch erfreute tausende Leser weltweit.
Objekte	
Genitiv-Objekt (wessen?)	Ich gedenke der Toten.
Dativ-Objekt (wem?)	Ich glaube ihm.
Akkusativ-Objekt (wen? was?)	Ich singe ein Lied.
Präpositional-Objekt (auf wen?)	Ich hoffe auf gutes Wetter.
adverbiale Bestimmung	
der Zeit (wann?)	vor Sonnenaufgang, später
des Ortes (wo?)	in der Schule, hier
des Grundes (warum?)	wegen des Unfalls
der Art und Weise (wie?)	mit Freude
Satzlehre	
Parataxe (Satzreihe): Hauptsatz und Hauptsatz	Peter gießt Blumen und Anna jätet Unkraut.
Hypotaxe (Satzgefüge): Hauptsatz und Gliedsatz	
Attributsatz	Das Haus, das brannte, war neu.
Adverbialsatz	Sie freute sich, als er zu Besuch kam.
Temporalsatz (Zeit)	während, als, bis, sobald, nachdem, bevor
Kausalsatz (Grund)	weil, da, zumal
Konsekutivsatz (Folge)	dass, sodass
Finalsatz (Zweck, Absicht)	dass, damit, auf dass
Konditionalsatz (Bedingung)	wenn, falls, sofern
Konzessivsatz (Einräumung)	obwohl, obgleich, obschon, wenngleich
Modalsatz (Art und Weise)	dadurch, dass; indem, soweit, ohne dass
Adversativsatz (Gegensatz)	anstatt dass, während
Komparativsatz (Vergleich)	wie, als, als ob, wie wenn, als wenn

Kommasetzung	Beispiele
Gleichrangige Hauptsätze	Hans spielt Fußball, Klaus fährt Rad.
Verknüpfung von Haupt- und Gliedsätzen	Er wusste, dass es morgen regnen wird.
Gliedsätze unterschiedlichen Grades	Er wusste, dass der Regen, der vorhergesagt wurde, bald kommen wird.
Aufzählungen von Satzgliedern oder Satzgliedteilen	Regen, Schnee und Eis führten zu Problemen.
Einfügungen	Hans, der siegreiche Reiter, ist stolz.
Direkte Rede	„Wo ist das Buch?“, fragte er. „Ich kenne“, antwortet sie, „den Ort genau.“
Infinitivgruppen	Sie ruft, um auf den Unfall aufmerksam zu machen.

Schreibung der s-Laute	Beispiele
Bei kurzem Vokal: ss	Kuss, Schuss, dass (als Konjunktion) Ich wusste, dass die Sonne wieder scheint.
Bei langem Vokal und nach Diphtong (z.B. au): einfaches s	Gras, Haus, das (als Pronomen) Das Haus, das (welches) gestern brannte, war neu.

1. Bestimmen Sie in folgenden Sätzen
   – die Wortarten,
   – die Satzglieder,
   – die Funktion der Gliedsätze.
2. Setzen Sie das Komma an der richtigen Stelle.
3. Benennen Sie die Zeitstufen der Verben.

Falls die Neuen Medien zukünftig keiner Kontrolle unterliegen besteht die große Gefahr eines verantwortungslosen Missbrauchs.

Der weltweite Rückschlag der Börsengeschäfte der in den vergangenen Tagen in Tokio begonnen hatte wird einen großen Schaden verursachen.

Nachdem die Gesundheitsreform der Regierung für Diskussionen gesorgt hat wird der Alltag dem Patienten schnell die Folgen dieser Reform zeigen.

Obwohl es eine lange Diskussion über die neue Rechtschreibung gab fehlt in der Bevölkerung die Akzeptanz.

Autofahrer, Radfahrer und Fußgänger hoffen dass sich das Verkehrschaos beim ersten Schnee in Grenzen hält.

Die Auskunft über den Zeitpunkt wann der Zug abfährt erhalten die Reisenden am Schalter.

Wegen eines großen Leichtsinns den die Mitarbeiter zu verantworten hatten ereignete sich in diesem Monat ein schlimmer Unfall in einem japanischen Kernkraftwerk.

Angehörige und alle die das Zugunglück überlebt haben gedenken der Opfer der Katastrophe.

Wenn die geplante Reform nicht verändert wird werden überall lautstarke Demonstrationen der Betroffenen stattfinden.

Johanna arbeitete hart obwohl sie sich auf die Führerscheinprüfung vorbereiten musste.

Personenverzeichnis

Sachwortverzeichnis

Bildquellenverzeichnis

akg-images, Berlin, 430 oben, 432 (2x), 433, 603, 622 rechts
Beckmann, Max © VG Bild-Kunst, Bonn 2009 105, 430 unten
Benedek, Gabor 107
Beuys, Joseph © VG Bild-Kunst, Bonn 2009 622 rechts
Bildungsverlag EINS GmbH/Angelika Brauner 37, 101, 216, 217, 218, 398, 534
Bildungsverlag EINS/Oliver Wetterauer 74 (2x), 119, 349 (8x)
bpk, Berlin 365 unten rechts (SBB/Ruth Schacht), 416 (Kupferstichkabinett, SMB/Jörg P. Anders), 426 (Kupferstichkabinett, SMB/Jörg P. Anders), 430 unten (Hermann Buresch), 431 unten (Staatliche Kunstsammlungen), 434 (Nationalgalerie, SMB), 448 (Museum der bildenden Künste, Leipzig/Ursula Gerstenberger), 492, 538 (Willi Saeger), 548 (Willi Saeger), 549 (Peter Fischer), 588 (Hermann Buresch), 595 (RMN/René-Gabriel Ojéda), 613 (Bayerische Staatsgemäldesammlung), 617 (Hamburger Kunsthalle/Elke Walford)
DER SPIEGEL 69, 355, 361
Deutscher Bundestag/Lichtblick/Achim Melde 93
Dix, Otto © VG Bild-Kunst, Bonn 2009 431 unten
Erich Schmidt Verlag, Berlin 331
Fotolia.com 13 (nmedia), 27 (runzelkorn), 31 (kebox), 112 (santi), 114 (henryart), 148 (puje), 172 (Jason Walsh), 339 (Tanja Bagusat), 359 (jeremias münch)
Grosz, George © VG Bild-Kunst, Bonn 2009 430 oben , 434
http://informationarchitects.ch © 2009 Information Architects 16
Klassik Stiftung Weimar, HAAB Fotothek 25
Klee, Paul © VG Bild-Kunst, Bonn 2009 619
MEV Verlag GmbH, Augsburg 421
Mandzel, Waldemar 213
Münter, Gabriele © VG Bild-Kunst, Bonn 2009 432 (4x)
Pericoli, Tullio 14
Picture-Alliance GmbH, Frankfurt 17 (dpa), 39 (dpa), 58 (dpa), 70 (ZB), 78 (ZB), 79 (ZB), 96 (dpa), 102 (dpa-infografik), 104 (dpa-infografik, 2x), 135 (dpa), 145 (dpa), 151 (maxppp), 167 (dpa), 223 (KPA), 266 (IMAGNO), 320 (akg-images), 321 (akg-images), 324 (dpa), 345 (dpa), 365 oben links (dpa), 365 Mitte links (dpa), 365 unten links (dpa), 365 oben rechts (akg-images), 365 Mitte rechts (akg-images), 369 (Sven Simon), 376 (dpa), 392 (Sven Simon), 413 (akg-images), 415 (akg-images), 418 (akg-images), 419 (imagestate), 420 (akg-images), 422 (akg-images), 424 (akg-images), 425 (akg-images), 427 (akg-images), 429 (maxppp), 431 oben (dpa), 436 (dpa), 446 (dpa), 458 (dpa, 4x), 498 (akg-images), 501 (dpa), 503 (ZB), 506 (dpa), 509 (dpa), 512 (Sven Simon), 515 (dpa), 517 (akg-images), 520 (ZB), 522 (dpa), 525 (Sven Simon), 528 (dpa), 553 (akg-images), 556 (dpa/dpaweb), 560 (dpa), 574 (ZB), 606 (akg-images), 619 (dpa), 622 links (dpa)
Rauch, Neo © VG Bild-Kunst, Bonn 2009 448
Richter, Gerhard 443
RWE 173
The Munch Museum/The Munch Elligsen Group © VG Bild-Kunst, Bonn 2009 431 oben
ullstein bild, Berlin 393 (Brill), 563 (Heinz Köster), 572 (Will), 578 (Lieberenz), 582 (Lieberenz), 586 (Baltzer)